ein Ullstein Buch

Ullstein Buch Nr. 2993
im Verlag Ullstein GmbH,
Frankfurt/M – Berlin – Wien
Der in diesem
Ullstein-Taschenbuch
veröffentlichte Text von
Gerhard Schulz
erschien als ›Zweiter Teil:
Die Anfänge des totalitären
Maßnahmenstaates‹
des 1962 erschienenen Werkes
*Die nationalsozialistische
Machtergreifung*

Vom Autor für
die Taschenbuch-Ausgabe
durchgesehen und ergänzt

Umschlagentwurf:
Kurt Weidemann

Lizenzausgabe mit freundlicher
Genehmigung des
Westdeutschen Verlags,
Köln und Opladen

Printed in Germany 1974
Gesamtherstellung:
Ebner, Ulm
ISBN 3 548 02993 0

Bracher/Schulz/Sauer

Die nationalsozialistische Machtergreifung

Studien zur Errichtung des totalitären Herrschaftssystems in Deutschland 1933/34

II

Gerhard Schulz

Die Anfänge des totalitären Maßnahmenstaates

ein Ullstein Buch

INHALT

ERLÄUTERUNGEN

1. *Zitierweise der Anmerkungen*

Im Interesse einer schnellen Orientierung wird einer mehrfach zitierten Schrift in Klammern der Ort des ersten, vollständigen Zitats beigefügt. Dabei gibt die römische Ziffer das Kapitel, die arabische Ziffer die Anmerkung selbst an. Die Anmerkungen der einzelnen Teile sind jedoch unabhängig voneinander eingerichtet. Die Abkürzung *a. a. O.* wird nur verwendet, wenn sich die Angaben auf die gleiche Quelle wie in der unmittelbar vorhergehenden Anmerkung beziehen; *ebda.* bedeutet nicht nur die gleiche Quelle, sondern auch dieselbe Seitenzahl.

2. *Wichtigste Abkürzungen*

AA	Auswärtiges Amt
ADGB	Allgemeiner Deutscher Gewerkschaftsbund
ADIK	Archiv des Deutschen Industrieinstituts Köln
ADST	Archiv beim Deutschen Städtetag im Ernst-Reuter-Haus zu Berlin
AfA	Allgemeiner freier Angestelltenbund
AWA	Akademisches Wissenschaftliches Arbeitsamt
BA	Bundesarchiv Koblenz
BNSDJ	Bund Nationalsozialistischer Deutscher Juristen
BVP	Bayerische Volkspartei
DAF	Deutsche Arbeitsfront
DAZ	*Deutsche Allgemeine Zeitung*
DDP	Deutsche Demokratische Partei
DGO	Deutsche Gemeindeordnung
DGT	Deutscher Gemeindetag
DHV	Deutschnationaler Handlungsgehilfen-Verband
Dienatag	Dienst nationaler Tageszeitungen
DIHT	Deutscher Industrie- und Handelstag
DJZ	*Deutsche Juristenzeitung*
DNVP	Deutschnationale Volkspartei
Doc. C.	Document Centre Berlin
DVP	Deutsche Volkspartei
Egelhaaf	*Egelhaafs historisch-politische Jahresübersicht für 1933*, Stuttgart 1934

GGO	Gemeinsame Geschäftsordnung der Reichsministerien
GRUSA	Grundsätzliche Anordnung (der SA-Führung)
HAB	Hauptarchiv Berlin
HDv	Heeres-Druckvorschrift
HJ	Hitler-Jugend
Horkenbach	Cuno Horkenbach, Hrsg., *Das Deutsche Reich von 1918 bis heute,* Berlin 1933
HZ	*Historische Zeitschrift*
IMT	*Der Prozeß gegen die Hauptkriegsverbrecher vor dem Internationalen Militärgerichtshof. Nürnberg. 14. November 1945 bis 1. Oktober 1946,* Nürnberg 1947
KPD	Kommunistische Partei Deutschlands
MGN	Militärgerichtshof Nürnberg. Ungedr. Prozeßakten der sog. Nachfolgeprozesse vor dem US-Militärgerichtshof in Nürnberg
NSBO	Nationalsozialistische Betriebszellenorganisation
NSDAP	Nationalsozialistische Deutsche Arbeiterpartei
NSDStB	Nationalsozialistischer Deutscher Studentenbund
NSRB	Nationalsozialistischer Rechtswahrerbund
OSAF	Oberster SA-Führer
P. O.	Politische Organisation der NSDAP
RFSS	Reichsführer SS
RGBl.	*Reichsgesetzblatt*
RLM	Reichsluftfahrtministerium
RMinBl.	*Reichsministerialblatt*
RVA	Reichsverteidigungsausschuß
RWM	Reichswehrministerium
RWiM	Reichswirtschaftsministerium
SA	Sturm-Abteilung der NSDAP
SABE	SA-Befehl
SADV	SA-Dienstvorschrift
Schultheß	*Schultheß' Europäischer Geschichtskalender 1933, München 1934*
SD	Sicherheitsdienst
SPD	Sozialdemokratische Partei Deutschlands
SS	Schutz-Staffel der NSDAP
SWR	Kampffront Schwarz-Weiß-Rot
VB	*Völkischer Beobachter*

Erstes Kapitel: MACHTERGREIFUNG UND STAATSUMWÄLZUNG

A. Die Vorbereitung des totalen Staates

1. Organisation und Propaganda

Unter den Merkmalen, die Struktur und Begriff des totalen Staates bestimmen, erlangt im historischen Zusammenhang die epochale Distanz zum liberalen Rechtsstaat zentrale Bedeutung. Das Gegenbild wurde mit Ausdrücken wie »Führung« und »Ordnung« umschrieben und enthielt die Vorstellung stabilster sozialer Verhältnisse unter einer autoritären Obrigkeit, dazu bestimmt, den dynamischen Gang der industrialisierten und liberalisierten Gesellschaft in ein festes, technisch zu handhabendes System zu bannen. Es ist bezeichnend, daß der Ausdruck »autoritär« unter den höchsten Positionen der politischen Wertungsskala rangierte [1]. Schon für Beginn und Entstehung gilt in vollem Umfang der Satz: »Totaler Staat ist die Entgegensetzung gegen den liberalen Staat [2].« Seine Entwicklung gleicht einem Rückzug der fortschrittlich organisierten Gesellschaft, die in der Umkehr ihre öffentlichen Institutionen Zug um Zug wie errungene, jedoch verlassene Positionen preisgibt, so daß der Versuch, das Bekanntgewordene dieses Vorganges aufzuzeichnen, wohl einem zeitgeschichtlichen Register ähneln könnte, das fortlaufend Wandlungen und Verluste verzeichnet.

Die Diskussion über Entstehung und Entwicklung des Totalitarismus [3] ist nach den bedeutsamen Beiträgen von Franz Neumann, Sigmund Neumann, Ernst Fraenkel, Hannah Arendt und Carl Joachim Friedrich und Brzezinski durch eine Bemerkung Carl Schmitts auf einen Punkt geführt worden, der der Entgegnung bedarf. Seiner Meinung nach ist »der Begriff des Totalen«, der unstreitig eine »bestimmte Intensität der Machtorganisation enthält«, nicht an den Staat gebunden, sondern immer nur an »eine Partei, die Subjekt und Träger eines Totalitarismus sein kann« [4]. Historisch wird diese Behauptung scheinbar in vollem Umfange gerechtfertigt; denn die hinreichend bekannten totalitären Systeme dieses Jahrhunderts stützten sich oder stützen sich noch auf das Herrschaftsinstrument politischer Organisationen, die sich sogar Parteien nennen, innerhalb eines Mehrparteiensystems aufstiegen und schließlich, im Besitz der Staatsmacht, alle konkurrierenden Parteien ausschalteten. Den entscheidenden Vorgang hat Carl Schmitt mit dem Satz umschrieben: Der Staat sei »nicht mehr das Ganze«; denn es trete ihm eine Partei »bewußt als Träger einer neuen Totalität« gegenüber und dränge ihn »in eine nur quantitative Totalität« ab. Unter diesem Aspekt gebe es keine totalitären Staaten, sondern nur totalitäre Parteien. Der logische Schluß scheint danach zu sein, daß sich der Totalitarismus als extreme Auswucherungsform eines labilen Mehrparteiensystems auf den Schultern einer einzigen Partei entwickeln muß. Vor allem bedeutete diese These, gäbe sie in Wahrheit und in Gänze die Elemente und Ursprünge des Totalitarismus wieder, eine Entlastung der gesamten vortotalitären Staatsorganisation und eine strikte Begrenzung der historischen Genese des Totalitarismus auf die Geschichte totalitärer Parteien. Ihr steht die bedeutsame Analyse der Vorgeschichte des nationalsozialistischen Totalitarismus von Franz Neumann gegenüber. In der Tat verweisen bereits die Existenz wie die freien Entfaltungsmöglichkeiten totalitärer Parteien, die ja nicht nur im Nachhinein als solche erkannt und deklariert wurden, entweder auf ungewöhnliche, revolutionäre politische Situationen oder auf Voraussetzungen innerhalb von Staat und Gesellschaft – und seien es nur Lücken im verbindlichen Normengefüge –, in jedem Fall also auf den größeren Zusammenhang der wirklichen politischen Verfassung und Gesamtorganisation. Darüber hinaus werden die mannigfache Verflochtenheit und sachliche Unlösbarkeit von Staatsorganisation und politischer Entwicklung vermutbar und auch sichtbar, so daß die Notwendigkeit gegeben scheint, zur Überprüfung und gegebenenfalls zur Widerlegung der These von Carl Schmitt zu schreiten, wenigstens soweit sie Anspruch erhebt, die Generalkausalität des modernen Totalitarismus aufzudecken, und darauf hinausläuft, den totalen Staat als Medium einer emporgekommenen, ursprünglich gleichsam einem Bereich akzidentieller politischer Gewalten entstammenden Übermacht anzusehen. Im Grunde ergeben sich gerade schwerwiegende und wesentliche Probleme in bezug auf die Entstehung des totalen Staates in Deutschland 1933 aus der Tatsache, daß Bedingungen und Existenz der totalitären Bewegung bei weitem nicht ausschließlich auf das innere Leben der Parteiorganisation der NSDAP beschränkt waren und daß sie, wenngleich sie auch dazu beitrugen, diese Partei groß werden zu lassen, weder mit der NSDAP entstanden noch mit ihr endeten.

Die Konsolidierung der nationalsozialistischen Führerclique, der im parlamentarischen Verfassungsstaat keine Dauer beschieden gewesen wäre, war das Ergebnis des Umsturzes der bestehenden Staatsordnung; und sie bildete die Intention zur Umwandlung der stark differenzierten, von Grund auf pluralistischen Republik von Weimar in einen dem Prinzip und der Zielsetzung nach einheitlichen, im höchsten Maße zentralisierten, monokratischen, von der NSDAP kontrollierten Staat [5]. Indessen darf man sich die NSDAP nicht einfach als Eliteorganisation und schon gar nicht als eine Partei vorstellen, in der allen Mitgliedern theoretisch vergleichbare Chancen zukamen; sie war ein Werkzeug in den Händen weniger, eine Organisation, die lange vor dem Aufbau des totalen Staates eine konsequent entwickelte Kommandostruktur und eine Funktionenhierarchie besaß, die durch Anordnungs-, man kann sagen: Befehlsbefugnisse charakterisiert wurde, die von oben nach unten rasch abnahmen. Nicht die Partei schlechthin übte die Kontrolle und Beaufsichtigung des vereinfachten und zeitweilig bis zum höchsten denkbaren Grade zentralistisch zusammengefaßten administrativen Apparates aus; eine Vorstellung vom nationalsozialistischen Staat, der von einer Zweischichtentheorie ausginge und nach der sich die große Massenpartei gewissermaßen als eine obere, bevorrechtete Schicht darstellte, die Maschinerie der Verwaltung dagegen als die untergeordnete, unterstellte und ausführende, wäre vollkommen falsch [6].

Für den faschistischen Staat Italien ist bereits eine modifizierende Charakterisierung der Beziehungen von Partei und Staat als »Nebenschaltung des faschistischen Parteiapparats«, des »Staates in zweiter Potenz« gewählt, aber gerade hierin ein Unterschied zu den Verhältnissen des totalitären Systems in Deutschland erblickt und der Staatsapparat unter Rückgriff auf die beschriebene Zweischichtentheorie lediglich als »Diener der Partei« bezeichnet worden [7]. Wendet man das Problem in die Richtung auf eine Untersuchung der hierin angedeuteten Sachverhalte, so wird man schließlich den »soziologischen Apparat« [8] von Verwaltungen und Bürokratie eingehender Erforschung unterwerfen müssen und dabei wohl des öfteren an das Bild der *machina machinarum* erinnert werden, an die mit technizistischen Vorstellungen erfüllte Staatsidee, den *Leviathan* des Thomas Hobbes, den Carl Schmitt als die »Einheit von Gott, Mensch, Tier und Maschine« und somit »die totalste aller menschlich faßbaren Totalitäten« gedeutet hat [9] und auf die auch Franz Neumann unter ausschließlicher Anwendung auf den nationalsozialistischen Staat mit dem *Behemoth* als dem Grauen verbreitenden Symbol für die durch Bürokratie und Propaganda garantierte Einheit des Überstaates anspielt. C. J. Friedrich sieht sogar das Charakteristikum, das den modernen Totalitarismus von den Diktaturen der Vergangenheit scheidet, in dem ausgeprägt bürokratischen System der Herrschaft, das eben ohne diese Bürokratie gar nicht aufrechterhalten werden könnte [10]. Nun hat aber schon Max Weber die »Machtstellung der vollentwickelten Bürokratie« und – *vice versa* – ihre Bedeutung als »das technisch höchstentwickelte Machtmittel in der Hand dessen ..., der über sie verfügt«, erkannt [11] und das allgemeine »Vordringen der bürokratischen Struktur« beobachtet, deren unüberwindliche Stärke einmal in ihrer »technischen« Überlegenheit begründet liegt, die unter den Bedingungen sich »technischer« und rationaler ausgestaltender politischer Ordnungen höchste Bedeutung gewinnt, wie auch in dem Umstand, daß eine »voll durchgeführte Bürokratie ... zu den am schwersten zu zertrümmernden sozialen Gebilden« gehört [12]. Es hat den Anschein, daß diese Ansicht auch für die Erkenntnis des nationalsozialistischen totalen Staates von Belang sein dürfte [13].

Das Verwalten und Disponieren der Gesellschaft, das eben deshalb mit dem Ausdruck des Totalitären innerhalb des totalen Staates bezeichnet werden kann, weil es die Tendenz verfolgt oder sogar annäherungsweise das Ziel erreicht hat, jeden einzelnen möglichst einheitlich zu betreffen, in die politische Systematik einzubeziehen und keinen einzigen auszulassen, setzt auch eine zu derartigen Leistungen befähigte Organisation voraus, einen Funktionalismus, der durch eine Zweischichten- oder eine Zwei- oder Dreisäulentheorie keine hinreichend erklärende Darstellung findet. Ernst Fraenkel hat die überaus komplizierte Wirklichkeit im Gesichtswinkel normaler verfassungsrechtlicher Zustände und unter Verwendung juristischer Begriffsmittel mit dem Ausdruck »Maßnahmen-Staat« treffen wollen [14]. In der Tat ist die »Maßnahme« dank ihrer zweiseitigen Bedeutung, als Durchführung einer politischen Entscheidung und zugleich als rechtsförmige Veränderung des positiven juristischen Normensystems, als Verwaltungsakt *und* verbindliche Rechtsetzung von unbestimmter Geltungsdauer, ein charakteristisches Merkmal des nationalsozialistischen Staates. Sie ging vom »Apparat« und von der »Bürokratie« aus, worunter sowohl die behördliche Administration von der Ebene der Lokalverwaltung an aufwärts als auch die Justiz, Richterschaft, Rechtsanwälte, Staatsanwaltschaft und Strafvollzug, die Partei und ihre »Dienststellen«, schlechthin alle Ämter mit öffentlichem Charakter zu verstehen sind. Die Perfektionierung dieses Systems, die freilich keineswegs den höchsten Grad der Rationalität erreicht und durch eine Vielzahl irrationaler Einflüsse unterbrochen wird, drängt jeden nur verwendbaren einzelnen in irgendeine Rolle des »Funktionärs« hinein, macht ihn zum »Stellenwert im System des Apparats« [15] und vollendet damit die Umkehrung der politischen Ordnung aus dem liberalen Rechtsstaat, der dem einzelnen Freiheitsrechte, politische Kontrollmöglichkeiten und einige Chancen zur Anteilnahme an der Regierung garantiert und insofern vom staatsbürgerlichen Individuum ausgeht, in ein System, das die politische Einzelexistenz schlechthin aufhebt. Man sieht, welches Übergewicht Organisation und Administration auf Kosten der humanitären Ethik bekommen, daß die »Zugriffsgewalt des Staates« [16] das Recht des Individuums auflöst, da sie keine Grenze mehr respektiert und unaufhörlich neue Vorstöße unternimmt und neue Regelungen trifft und auf diese Weise die Gesellschaft einer unaufhörlichen, einer totalen Mobilisierung unterwirft, die weder Ruhe noch Sicherheit aufkommen läßt.

Um diesem Aspekt das rechte Verständnis zu sichern, bedarf es indessen auch eines Hinweises auf die in allem Technischen und Organisatorischen aufspürbare irrationale Verwurzelung des Totalitarismus. C. J. Friedrich unterscheidet die »funktionelle« und die »totalitäre« Diktatur. Die letzte gehe darauf zurück, daß eine totale Umgestaltung der Gesellschaft angestrebt werde, die jedoch auf zahlreiche Widerstände stoße, so daß eine »kritische Situation« entstehe, die durch eine rasche Ausbreitung der Machtausübung überwunden werde und zu einer »totalen Verschärfung der Herrschaftsmittel« führe. »Erst im Verlauf dieses Prozesses entsteht die totalitäre Diktatur [17].« Diese Theorie paßt besser auf das sowjetrussische Beispiel seit seinen Anfängen als auf das nationalsozialistische, das des Vorhabens einer »totalen Umgestaltung der Gesellschaft« ermangelte und in dem sich der Plan zur Ausdehnung zentralisierter Macht von Anbeginn aus machtpolitischem Kalkül und aus dem Bannkreis keineswegs heteronomer Ideologieelemente ergab. Der Zwangscharakter der Situation und die Zwangswirkung der ausgewählten Gegner zählten zu den Täuschungen, die eine zweckbewußte Propaganda erzeugte. Auch wäre der Behauptung zu begegnen, »daß der Totalitarismus nicht Ergebnis wohlüberlegter

Handlungen sein kann«. Er ist es mitnichten, wenn auch keineswegs nur im Sinne einer einzigen, konsequent verfolgten Plankonzeption; jedenfalls ist er bei weitem nicht etwa nur Ergebnis irrationaler Bewegungen und Reaktionen, wie es nach den Abläufen in den inszenierten Massenveranstaltungen und -demonstrationen einem lediglich an äußerlichen Erscheinungen interessierten Beobachter erscheinen könnte. Charakteristisch ist keineswegs das »Unüberlegte«, sondern das teilweise schlechthin Unzweckmäßige, das scheinbar Primitive und offenkundig Atavistische, das neben und trotz vieler Organisation und Technik im Politischen als ein hervorstechendes Kennzeichen des Totalitarismus, als eines der spezifischen Phänomene bei der »totalitären Durchbildung« der Diktatur erscheint. Hierin liegt auch im letzten die Disposition zur permanenten Revolutionierung des institutionellen Bereiches begründet, die im einzelnen fast immer genauestens überlegt, jedoch stets nur auf die jeweils nächsten Zwecke gerichtet ist, auf die schon früher Sigmund Neumann hingewiesen hat [18] und die die »autoritäre Anarchie« [19] als Endzustand totalitärer Diktatur unter den Umständen hybrider Organisation und administrativer Systematik denkbar und möglich werden läßt.

Der Staat trat in Deutschland zu allen Zeiten in mannigfachen Formen, aber stets gewichtig in Erscheinung – am häufigsten in der Eigenschaft als administrative Exekutivorganisation; jedoch bestand vor 1933 niemals ein unitarisch-einheitliches, zentral geleitetes Staatsgebilde, auch nicht in der Ära der Verfassung von Weimar, in der die preußische Regierung im Bereiche der inneren Politik zeitweilig mehr Macht in den Händen hielt als die Reichsregierung. Hierin führte die Machtergreifung der nationalsozialistischen Bewegung eine grundsätzliche und nachhaltige Veränderung der Verhältnisse herbei.

Die nationalsozialistische Partei war nicht nur diejenige, die hohlspiegelgleich die problematischsten und bedenklichsten, ja anrüchigsten Erscheinungen ihrer Zeit in sich zusammenfaßte, obgleich das Urteil über ihre parlamentarische und außerparlamentarische Tätigkeit in hervorragendem Maße hiervon bestimmt wird; sie war auch nicht allein ein psychologisch erklärbares Ergebnis der wirtschaftlichen Not der deutschen Nachkriegszeit, obgleich ihr Aufstieg zweifellos der beiden Krisenperioden der frühen zwanziger und dreißiger Jahre als eines wesentlichen Erklärungsgrundes bedarf; sie verfügte auch nicht über genau umrissene politische

Ziele und unbeirrbare Vorstellungen von einer erreichbaren Zukunft. Es fiele daher schwer, von einer »nationalsozialistischen« Ideologie zu sprechen; denn jeder Versuch ihres Nachweises würde an der Vielzahl heteronomer Elemente, Gefühlslagen, Weltanschauungsmomente und Ressentiments scheitern. Es wäre aber auch nicht angemessen, wollte man die Programme und propagierten Ziele des Nationalsozialismus ausschließlich als manipuliert ansehen, als jeweils zu einem erreichbaren nächsten Zweck konstruiert und im Grunde verpflichtungslos. Der Nationalsozialismus ließe sich aber ebensowenig aus älteren Reden Hitlers oder aus seinem autobiographischen Buch *Mein Kampf* ableiten. Sie enthalten viele Widersprüche in sich, so daß eine Gesamtanalyse gar häufig in Verlegenheit geriete, da hier wie überall in Hitlers Leben der Einfall den Gedanken jagte, weil es ihm an Gründlichkeit und gedanklicher Sorgfalt gebrach, so daß die Quantität die Oberflächlichkeit des jeweils mit propagandistischer Absicht und mit viel Aufwand an Gelegenheitswissen und -halbwissen drapiertem Gesagten und Geschriebenen verdecken mußte, das Hitler häufig wohl nicht einmal für sich selbst als verbindlich erachtete. So manche seiner angeblichen Einsichten und Grundsätze wurden später weder von ihm noch von der NSDAP befolgt. Sie lassen sich nur gelegentlich von einzelnen Gedanken scheiden, die offenbar in tieferen Schichten der Persönlichkeit Hitlers verwurzelt waren und uns heute aufschlußreich erscheinen, als könnten sie Motive Hitlers für spätere Zeiten wirklich erhellen.

Die NSDAP war keine originäre Bewegung, sondern verdankte den vielfachen Gegensätzen der mit dem Zusammenbrechen imperialistischer Annexionshoffnungen seit 1917 einsetzenden politischen Umwälzung, dem vielfachen »Anti« Existenz und Erfolg: dem Antiparlamentarismus, Antikapitalismus, Antimarxismus, Antikommunismus, Antiliberalismus, auch zeitweilig dem Antikatholizismus und vor allem dem Antisemitismus; aber sie war keineswegs ihre politische Artikulation, auch nicht ihr ausschließlicher organisatorischer Ausdruck, sondern Organisation eigenen Zweckes, die jedoch nicht zuletzt aus Gründen der Werbung der ständigen Nachweisung einer politischen Richtung bedurfte. Ebenso schillernd und uneinheitlich wie das Programm stellte sich auch die NSDAP in ihren Bestandteilen dar, ehe sie sich allmählich unter der Führung Hitlers aus dem nur undeutlich begrenzten politischen Sammelbecken der Enttäuschten, Verbitterten, am Kriegserlebnis Hängenden, der Depossedierten, der politisch Heimatlosen oder unentschlossen Abwartenden zu einer breiten, quasimilitärisch durchorganisierten, im Grunde jedoch programmlosen Massenorganisation ausformte.

Dagegen waren Programme und Ideologien des totalen Staates keineswegs auf die NSDAP beschränkt, standen sie nicht einmal in unmittelbarer Beziehung zum Nationalsozialismus. Um die beste Veranschaulichung des ideologischen Systems des totalen Staates von 1933 zu finden, muß man auf Ernst Jünger Bezug nehmen, eine Persönlichkeit, die selbst nicht zu den Anhängern Hitlers zählte. In dem berühmten Essay »Die totale Mobilmachung« [20] versuchte Jünger die unmittelbare Nähe von Soldat und Arbeiter darzustellen, sofern sie durch die Organisation eines Staates in Funktionen des gleichen Zweckbezuges eingewiesen werden können. Das »Bild des Krieges« leitete er in das »Bild eines gigantischen Arbeitsprozesses« über, in dem es keine Bewegung gibt, »der nicht eine zumindest indirekte kriegerische Leistung innewohnt«; jede Arbeit geht in Rüstung auf; »Rüstung bis ins innerste Mark« wird zur Vorbereitung auf den Krieg, und der Staat zum Staat der »totalen Mobilmachung«, in dem alles aneinandergeschaltet ist und von zentraler Stelle durch »einen einzigen Griff« bedient werden kann – nicht anders als ein großer Transformator, der jederzeit das gesamte gesellschaftliche Leben in »kriegerische Energie« zu verwandeln vermag. Das optimistisch-anarchische Spiel mit Folgerungen aus dem unbegrenzten Fortschritt zur organisatorisch-technischen Perfektion legt schließlich die Bahn frei zur »Mechanisierung all dessen, was mechanisierbar ist, Konzentration aller Energien, Zentralisation, Rationalisierung aller Produktionsvorgänge, Intensivierung, Normung« [21]. Jünger brach mit dem Glauben an den humanitären Fortschritt, den er »die große Volkskirche des 19. Jahrhunderts« nannte, und setzte an seine Stelle die Vision des perfekt gerüsteten, kriegsfähigen Staates. Diese Ideologie muß anarchistisch genannt werden, da »keine Idee dieser Welt und kein Bild der Vergangenheit« sie befriedigen konnte, und heroisch, wenn man die Entschlossenheit zu einem soldatischen Gehorsam gegenüber dem »Geist der Zeit« so nennen will, gegenüber einer angeblichen »Gesetzmäßigkeit« , die die »totale Mobilmachung« zu einer »höheren Mobilmachung« aufwertet, welche »die Zeit« vollzieht. Die Liberalität weicht der totalen, einseitigen Zielsetzung, die Freiheit in der Gesellschaft der organisatorischen Ausbreitung und Perfektionierung der Staatsapparatur, des seiner Rechtsverfassung entkleideten und auf die Zweckbestimmungen einer von der obersten Autorität an zentraler Stelle bedienten Apparatur reduzierten Staates. Diese Vorstellung der »totalen Mobilmachung« hat den Begriff und den bestimmenden Wesenszug des totalen Staates vorbereitet und vorgebildet [22].

Aus der Zwiegesichtigkeit von politischer, technisch-perfekter Nutzung der Organisation und alles Organisierbaren und gleichzeitiger Werbung für eine politische Richtung ergibt sich ein unauflösbarer Dualismus von Organisation und Propaganda, der sich in den späteren totalen Staat des Nationalsozialismus fortpflanzt und der bis in die historische Quellensichtung, -ordnung und -auswertung hineinlangende Folgen nach sich zieht. Neben dem Staat der Propaganda existiert der von ihm unabhängige, aber doch nicht unbeeinflußte organisatorische Staat: der Gesamtzusammenhang der Beziehungen und Funktionen staatlicher Stellen – zunächst der am 30. Januar 1933 vorgefundenen Institutionen des öffentlichen Lebens. Der Propagandastaat ist das äußerliche, absichtlich erzeugte, jedoch nicht die Wirklichkeit bezeugende Aussehen, der zum Zwecke der Massenlenkung aufrechterhaltene Anschein des organisatorischen Staates, der keineswegs invariabel ist, sondern der manipulierenden Korrektur unterliegt. Dieser Dualismus von Organisation und Propaganda trat erst innerhalb des nationalsozialistischen Staates von und nach 1933 zutage: in Gestalt der von der NSDAP übernommenen, keineswegs ausreichend präzisierten, später weiterhin vereinfachten Staatsideologien und der zunächst mit scheinbar revolutionärem Temperament, späterhin dann schrittweise, jedoch mit kaum geringerem Radikalismus umgestalteten Wirklichkeit der Institutionen und Organisationen des seiner parlamentarischen Ausstattung beraubten Staates. In parteioffiziellen Erklärungen wurde das Ziel dieser Staatsumwälzung, phasenhaft wechselnd, unter Bezug auf die verschiedenen Ideologiebereiche als »totaler Staat«, als »Führerstaat«, anfangs auch als »nationalsozialistischer Ständestaat« und als »Staat der nationalen Revolution« bezeichnet. Unter welchen ideologischen Titel die umwälzenden Maßnahmen aber auch gestellt wurden: Alle ihre Effekte betrafen das Verhältnis des einzelnen zum Staat, das in folgenschwerer Weise von den Zentralen des Staates her umgebildet wurde und daher vom einzelnen selbst weder aufgehalten noch beeinflußt werden konnte.

Wie keine andere Partei hatte die NSDAP Technik und Apparatur einer Propaganda entwickelt, die aus den weltanschaulich-politischen Diskussionen, an denen die Weimarer Ära so reich war, das Schlagwort filterte und in mannigfach variierter Abstufung von der mystifizierten Empfindung bis zum gemeinen Schimpfwort in die jeweils umworbene Menge warf und so zur politischen Gebrauchsware stempelte. In einer unter drückenden wirtschaftlichen Nöten von politischen Emotionen erregten und von weltanschaulichen Gegensätzen beherrschten Zeit trugen auch die rasche, fast legendäre Ausbreitung der NSDAP »von sieben Männern ... bis zu fast 14 Millionen Wählern«, der Marsch der uniformierten Verbände, ihre brutalen Straßengesänge und die ekstatischen Reden in den singenden Riesenversammlungen zu einem mystischen Ansehen bei. Die Parteipropaganda wußte es geschickt auszunutzen, so daß wohl manchem eine Scheidung von Trug und Wirklichkeit nicht mehr leicht wurde, was im Ergebnis nur den dunklen Seiten dieser Bewegung, den entsiegelten Ressentiments, der Neigung zu Gewalttätigkeit und terroristischer Rigorosität, den intransigenten Anti-Komplexen, dem Antisemitismus, der zynischen Rechtsverachtung und dem überspannten Nationalismus zugute kam. Ihm fielen nicht nur die große Masse der Begeisterungsbedürftigen zum Opfer, sondern ebenso Intellektuelle und Fachleute. Hierzu trug auch die weitverbreitete Angewohnheit bei, den Nationalsozialismus mit ähnlich lautenden Theorien und Ideen anderer Herkunftsbezirke zu vergleichen, in Beziehung zu setzen oder gar zu identifizieren, wobei man übersah, daß die NSDAP eine politische Organisation war, die in programmatischer Hinsicht jede Verbindlichkeit scheute, nach den Gesetzen der Machtpolitik angetreten und ihnen unter dem Zwang ihrer Führer auf die brutalste und einfachste Weise zu folgen bereit war, während Philosopheme, Theoreme und Schlagworte, die den breiten Strömen autoritärer, konservativer, völkischer, nationalistischer, sozialistischer, kulturpessimistischer und anarchistischer Richtungen entstammten, soweit sie eine irgendwie geartete Verbindung zum Nationalsozialismus eingegangen sein mögen, fast durchweg nicht nach dem Gesichtspunkt politischer Erwägungen geschaffen und vielfach auch nicht einmal verbreitet wurden. Freilich war für die NSDAP jeder Vergleich nur von Nutzen; denn jede falsche Beziehung konnte ihr werbendes Erfassen der Massen nur begünstigen.

Hitler wies schon sehr frühzeitig auf die politische Bedeutung hin, die einer engen Verknüpfung von Propaganda und Organisation seiner Ansicht nach zukam, erkannte hierbei aber – noch unter dem Eindruck seiner persönlichen Erfahrungen als militärischer Schulungsredner und politischer Agitator, der Erfolge der Propaganda und Agitation vor allem der radikalen Linksparteien in der Nach- wie in der Vorkriegszeit kennengelernt hatte, und unter den Eindrücken der erfolgreichen gegnerischen Propaganda während des Weltkrieges – der Propaganda den Primat zu, wie es im übrigen auch der werbenden Phase entsprach, in der sich die NSDAP damals und vorher befand. *Mein Kampf* enthält die Entdeckung und subtile Analyse permanenter Beeinflussungen in Geschichte und Gegenwart, die den Zwang suggestiver Wirkungen als höchtes Ziel erkannten [23]. Da ihn seine niemals kritisch überprüften Einfälle fortgesetzt zu Einseitigkeiten und Übertreibungen hinrissen, glaubte er auch bei der Beschäftigung mit der Propaganda, sofort den Schlüssel zu Weltgeschichte und Weltpolitik gefunden zu haben [24]. Zweifellos besaß Hitler ein ungewöhnliches, instinktartiges Gefühl für die Reaktionen einfacher Menschen wie großer Massen; er erkannte mit seinem »demagogischen Spürsinn« [25] die gewaltigen Möglichkeiten der Propaganda, die er mit dem Machiavellismus des radikal politisierten Kleinbürgers in Regeln faßte, nach denen Propaganda nur ein Mittel zum Zweck sei und ausschließlich von diesem aus beurteilt werden müsse [26] und nach denen sie sich unter Außerachtlassung der Intelligenz lediglich an die Masse zu wenden und »ihr geistiges Niveau . . . nach der Aufnahmefähigkeit des Beschränktesten unter denen, an die sie sich zu richten gedenkt«, einzustellen habe [27]. Es fehlte freilich jeder Reflex der Beziehungen zwischen Propaganda und objektiver Wirklichkeit.

Ohne die Voraussetzung des liberalen Staates, in dem der einzelne frei lebte und sich selbständig zu entscheiden vermochte, wäre Hitlers Propagandalehre nicht denkbar gewesen. Sie begann mit der Werbung; ». . . je umfassender die Propaganda . . ., [desto] ausschließlicher, straffer und strammer die Organisation . . ., die den Kampf praktisch durchführt« [28]. Am Ende stand der Befehl. Propaganda sollte den einzelnen in der Masse psychologisch engagieren und ihm zu diesem Zweck »eine Lehre . . . aufzwingen«. Ihr suggestiver Zwang stellte nur die Alternative zur Gewaltanwendung dar, die ohne allgemein anerkannte vorgegebene Liberalität gar nicht denkbar gewesen wäre; ihr Ziel und Ergebnis ließ sich jedoch ebensowenig mit Liberalität vereinbaren wie die materielle Gewaltsamkeit: »Wenn die Propaganda ein ganzes Volk mit einer Idee erfüllt hat, kann die Organisation mit einer Handvoll Menschen die Konsequenzen ziehen [29].« Die Organisation hatte die gesammelten politischen Energien zu verwalten, so zu erhalten, daß sie zu Zwecken verwendbar waren; sie war also von instrumentalem Rang und von zweckgebundener innerer Ordnung, in der Sprache Hitlers: der »dauernde organische und kampffähige Zusammenschluß derjenigen Anhänger, die fähig und gewillt erscheinen, den Kampf für den Sieg zu führen« [30]. Den Zweck der Organisation stellte Hitler anders dar als später Jünger, nur meinte Hitler vorerst seine Partei, während Jünger immer nur den Staat und den totalen Krieg ins Auge faßte und niemals eine Partei.

So zweckbewußt intransigent, im Grunde wahllos-demagogisch die oft von Zufälligkeiten und Opportunismen geprägte nationalsozialistische Propaganda gegen den Staat von Weimar war, so zahlreich die unverbindlich-blutrünstigen Äußerungen bekannter nationalsozialistischer Führer gegen Persönlichkeiten der demokratischparlamentarischen Ordnung trotz der Legalitätsversicherungen Hitlers waren und so umfangreich sich auch der Katalog der schillernden Gravamina und Halbwahrheiten ausnahm, die Hitler in seinem politischen Bekenntnisbuch niedergelegt hatte; sie können nicht darüber hinwegtäuschen, daß die NSDAP eine klare und vorbereitete Linie der Politik selbst in unmittelbarer zeitlicher Nähe ihrer Machtergreifung weder erkennen ließ noch in Wirklichkeit besaß. Aus der vagen Unverbindlichkeit ihrer Zielsetzung ergab sich die widerstandslos hingenommene Versuchung, reaktionär und antiliberal und sozialistisch und revolutionär gleichzeitig zu sein. Trotz der Verschwommenheit der offiziellen Parteiprogrammatik, die jedes Unterfangen einer tiefer eindringenden Untersuchung fürs erste entmutigen könnte, läßt sich eine wechselvolle Berührung mit sozialistischen und konservativ-antisozialistischen Gedanken, Philosophemen und politischen Ideologien von ungefähr erkennen. Sie stand immer unter nationalistischen und in zunehmendem Maße auch unter antisemitischen Vorzeichen und hat sich in dieser Verengung bis in äußerste Extreme hinein erhalten, was wohl die demagogische Wirkung der Parteipropaganda zu steigern vermochte, jede sachliche Erörterung indessen von vornherein ausschloß. Ohne Zweifel spielten in dem antiparlamentarisch-autoritären Grundzug der NSDAP ideologische Komponenten verschiedener Herkunft eine wichtige Rolle; die NSDAP mußte sich zudem wohl oder übel antiparlamentarisch aufführen, weil sie sich in der Wahl der Mittel, denen sie ihr Dasein und den Zulauf neuer Anhänger verdankte, der Möglichkeiten begeben hatte, im parlamentarischen Verfassungsstaat eine Rolle zu übernehmen, so daß ihr noch der Habitus einer Zerstörerin des Bestehenden blieb. In diesem äußerst engen geistigen Raum vollzog sich jedoch zwischen verschieden nuancierten Oppositionen zum Liberalismus und Sozialismus seit 1930, dem Jahr des großen Wahlerfolges, eine Verlagerung der ideologischen Reservoirs, die die Propaganda der NSDAP speisten. Sie führte zwar keineswegs zu einer Klärung und Differenzierung der offiziellen Auffassungen und Ziele, denn das Suchen emotionaler Effekte wie die mobilisierten Ressentiments selbst beherrschten zu stark und unwandelbar die Atmosphäre dieser Partei; sie blieb aber nicht ohne Einfluß auf das Verhalten ihrer Führer auf dem Wege »zur Macht« und später »an der Macht«.

Die Frage, was geschehen sollte, wenn die NSDAP einmal Herrschaft ausüben würde, ließ sich indessen in der Zeit des raschen Gewinnens neuer Anhänger zumindest nicht gänzlich und nicht auf die Dauer ignorieren. Verschiedene Autoren glaubten schon früher, innerhalb der NSDAP mehrere Richtungen erkennen zu können, die schon lange vor dem Jahre 1933 in mehr oder minder bewußter Auseinandersetzung miteinander standen. Ein größerer parteiinterner Konflikt schwelte seit der Neugründung 1924 und wurde erstmals 1930 einer breiteren Öffentlichkeit bekannt; er führte zum Parteiausschluß Otto Strassers, der 1920 von der Sozialdemokratie zur NSDAP gekommen war und sich als nationalistisch-sozialistischer Revolutionär fühlte [31]. Im Aspekt der politischen Ereignisse des ausgehenden Jahres 1932 wurde dann der Bruch zwischen Hitler und Gregor Strasser während der ersten Tage der Reichskanzlerschaft Schleichers noch weit bedeutsamer. Diese zweite innerparteiliche Auseinandersetzung war freilich weniger von grundsätzlichen Fragen als von Entscheidungen über die Parteitaktik des Augenblicks beherrscht. Dem Versuch Schleichers, sich einen arbeitsfähigen Partner in der NSDAP zu suchen, ohne die Bedingungen Hitlers annehmen zu müssen, was nicht ohne eine Erschütterung in der Parteiführung abgehen konnte, lag jedoch eine differenzierende Beurteilung der Partei selbst zugrunde, nach der Strasser und der durch die gewerkschaftsartig aufgebaute nationalsozialistische Betriebszellenorganisation geschaffene Anhang der NSDAP dem General besser für eine Teilhaberschaft an seinen Plänen geeignet schienen als die übrige Umgebung Hitlers. Arthur Rosenberg wollte die beiden Brüder Strasser sogar als Repräsentanten eines »entschieden sozialistischen linken Flügels der NSDAP« ansehen und sie neben der KPD und der linken SPD der revolutionären Bewegung zurechnen [32], wobei auch er die Möglichkeit einer Sprengung der Hitlerpartei andeutete, was dadurch hätte geschehen sollen, daß die Wählermassen der NSDAP durch eine Koalition von SPD und KPD »zur Entscheidung für oder gegen den Kapitalismus« gezwungen worden wären [33].

So eindeutige Fronten innerhalb der NSDAP hat es indessen nie gegeben. Auch Rosenberg unterschied »mindestens drei große Tendenzen«: neben der sozialistischen eine zweite, die er zugleich »kapitalistisch«, »großagrarisch« und »preußisch-militärisch« nannte und die er unter dem Ausdruck der »Gegenrevolution« zusammenfaßte, und zwischen beiden Lagern die große Gruppe ehemaliger Freikorpsleute, die sich vor allem der SA-Führung bemächtigt hatten. Noch sehr viel später ist der Gegensatz zwischen berufsmäßig »revolutionären« SA-Führern und der Parteiorganisation der NSDAP im Lichte der Ereignisse des 30. Juni 1934 besonders hervorgehoben und von hier aus bis in die zwanziger Jahre zurückverfolgt und der militante revolutionäre Charakter eines sogar in besonderer Weise uniformierten Teiles von der eigentlichen Parteiorganisation abgehoben worden [34].

Diese Differenzierungen sind insofern nützlich, als sie dazu beitragen, monistische Vorstellungen von der NSDAP zu revidieren. Doch weder die »national-marxistische« Gruppe noch die militärische Befangenheit einer Anzahl hoher SA-Führer vermögen die Beweggründe der NSDAP bei der Schaffung des totalen Staates ausreichend zu erklären. Auch das Parteiprogramm gibt hierüber keine befriedigende Auskunft. Es bleibt bemerkenswert, daß es mehr über wirtschaftliche Gegenstände besagte als über einen nationalsozialistischen Staat, daß aber auch die wirtschaftlichen Programmpunkte – in der Mehrzahl unterschiedliche und keineswegs durchweg vergleichbare Forderungen und Ansichten, die gewissen massenpsychologischen Stimmungen in der Entstehungszeit der NSDAP entsprachen – in der späteren Entwicklung dieser Partei in der Mehrzahl viel von ihrem Sinn verloren, so daß das Programm schließlich zu einer leeren Fassade versteinerte [35]. Der Umstand, daß sich nach der ersten wirtschaftlichen Krise Deutschlands während der frühen Nachkriegsjahre und der Inflation und nach den Jahren der Beruhigung dann in der zweiten, der weltwirtschaftlichen Krise am Ausgang der zwanziger Jahre verschiedene Erscheinungen, die den Aufstieg der NSDAP aus dem Getto der kleinen radikalen, verfassungsfeindlichen Partei brachten, wiederholten und sogar verstärkten, erlaubte es, daß dieses Programm, das das Signum der wirtschaftlich schwierigen, mit Unzufriedenheit und Verbitterung bezeichneten Situation trug, überhaupt noch propagandistisch benutzt werden konnte. Einige Programmsätze – so die über die »Einziehung der Kriegsgewinne« oder über die Anwendung der Todesstrafe gegen Verbrechen und Vergehen wirtschaftlichen Charakters, gegen »Wucherer, Schieber« – erinnerten als sinnlos gewordene Überreste an die Lage während der ersten Nachkriegszeit. Auch die charakteristischen antikapitalistisch-antiliberalen Forderungen des Programms, deren Bedeutung für die Entstehungsphase kaum zu hoch eingeschätzt werden kann – die Abschaffung des »arbeits- und mühelosen Einkommens«, der »Zinsknechtschaft« nach Federscher Terminologie, die Verstaatlichung der Trusts, Gewinnbeteiligung an Großbetrieben, Bodenreform und Beseitigung des Bodenzinses und »Kommunalisierung der Großwarenhäuser« – verweisen auf Herkunftsbezirke, die in ihrer spezifischen Eigenart der notvollen Nachkriegssituation nach dem Zusammenbruch der hochgespannten alldeutschen Annexionshoffnungen und den dadurch beflügelten Ressentiments angehörten. Diese Teile des Programms trafen die beleidigten Gefühle und bedienten sich ihrer, indem sie selbst die Eigensinnigkeiten und die Rezeptgläubigkeit politischer Wanderprediger übernahmen und mit bekannten sozialpolitischen Forderungen vermengten [36]. Hitlers demagogischer Scharfsinn bildete aus ihnen den »wichtigsten Programmpunkt des Kampfes der deutschen Nation«, den »Kampf gegen das internationale Finanz- und Leihkapital«, der es erlaubte, antikapitalistische Ressentiments mit nationalistischen in einer propagandistisch effektvollen Kampfparole zu vereinigen; »die scharfe Scheidung des Börsenkapitals von der nationalen Wirtschaft bot die Möglichkeit, der Verinternationalisierung der deutschen Wirtschaft entgegenzutreten, ohne mit dem Kampf gegen das Kapital überhaupt auch die Grundlage einer unabhängigen völkischen Selbsterhaltung zu bedrohen« [37]. Zu dieser Parole traten Gedanken, die andere verbreitete Komplexe für die Propaganda der nationalsozialistischen Bewegung mit Beschlag belegten: der des Kampfes gegen die Friedensverträge, des »Volkes ohne Raum« gegen die Kolonialländer, gegen die Juden, gegen die »korrumpierende Parlamentswirtschaft« und gegen die »bewußte politische Lüge und ihre Verbreitung durch die Presse.«

Erst die letzte Forderung dieser eigentümlich eklektischen Schlagwort- und Grundsatzsammlung vermittelte eine Ahnung von der Organisation des Staates, den die NSDAP anstrebte. Sie verlangte »zur Durchführung alles dessen«, was das Programm enthielt, die Schaffung »einer starken Zentralgewalt des Reiches«, die sie, freilich auch hierin nicht originell, sondern in Anlehnung an viel erörterte Gedanken, durch Herstellung der »unbedingten Autorität des politischen Zentralparlaments über das gesamte Reich und seine Organisationen im allgemeinen« und zum anderen durch die »Bildung von Stände- und Berufskammern zur Durchführung der vom Reich erlassenen Rahmengesetze in den einzelnen Bundesstaaten« erreichen wollte. Diese Forderung, von Anfang an der Kernpunkt des Programms, verband einheitsstaatliche Bestrebungen mit einem autoritären Zentralismus und mit der ständestaatlichen antiparlamentarischen Ideologie der Konservativen. Die Wirklichkeit des nationalsozialistischen Staates hat freilich später die Ziele dieser Forderung bei weitem übertroffen; das Programm von 1920 kannte weder die Ideologie des Führerstaates noch die Kommandostruktur der politischen Organisation [38]. Die destruktive antiparlamentarische, terroristische und demagogisch-propagandistische Mittel verwendende uniformierte Massenpartei entwertete diesen Ausdruck »Zentralparlament« wie beinahe das gesamte Programm; die Vorstellung von einer straff zentralisierten ständestaatlichen Staatsorganisation blieb jedoch erhalten, wurde allerdings mehrfach abgewandelt. Berücksichtigt man die spätere Benutzung von Schlagworten wie »ständischer Staat« und »Totalstaat« in den Diskussionen der ersten dreißiger Jahre, so könnte man meinen, die Verfasser des nationalsozialistischen Parteiprogramms von 1920 hätten eine solche Folge von Zusammenhängen vorausgesehen und ihr Programm in kühler Abschätzung eines mit Notwendigkeit Kommenden festgelegt; so unmittelbar scheinen sich die Forderung nach einer starken staatlichen Zentralgewalt als der einzige programmatisch formulierte Ausgangspunkt der nationalsozialistischen Bewegung und ihre Einmündung in die Wirklichkeit des totalen Staates miteinander zu verbinden. Dennoch war die Linie der Entwicklung wechselvoll und von mannigfachen Bedingungen abhängig, ohne deren Einwirkung sie sich kaum fortgesetzt hätte.

Wahrscheinlich wäre dieses so stark schillernde und uneinheitliche Programm nie ein endgültiges Parteiprogramm geworden, wenn nicht Hitlers Einschätzung der Organisation seine Einschätzung der Propaganda gestützt und ergänzt hätte. Nach dem Rückschlag, den die NSDAP in der Folge des Münchener Putsches vom November 1923 erlitt, war es schwieriger als zuvor, den gemeinsamen programmatischen Nenner dieses Sammelbeckens heterogener Elemente zu finden, das nunmehr seinen Schwerpunkt von Süd- nach Norddeutschland verlagerte. Infolgedessen strebten die beiden maßgeblichen, sich einander befehdenden Organisatoren dieser Jahre, Hitler und Strasser, gleichermaßen einen endgültigen Abschluß der Programmdiskussion und den organisatorischen Ausbau der Partei an. Die neue Parteisatzung vom 22. Mai 1926 sicherte eine zentrale Stellung des »Nationalsozialistischen Deutschen Arbeitervereins e. V. in München« als des rechtlichen Trägers der Partei und seines Vorsitzenden Adolf Hitler und rief besondere Ausschüsse ins Leben, die von nun an eine zentrale Kontrolle und Leitung der gesamten Parteientwicklung ermöglichten [39]. Es war aber kein Zufall, daß die gleiche Generalmitgliederversammlung, die die neue Satzung annahm, auch das Programm der NSDAP für unabänderlich erklärte und damit den Streit über Wesen und Ziele der Partei entschied, der ein halbes Jahr zuvor durch einen neuen Programmentwurf Gregor Strassers, den eine Versammlung der norddeutschen Parteiführer bereits angenommen hatte [40], ausgelöst worden war. Von nun an wurden Organisation und Propaganda, zentrale Führung und Werbung ungleich wichtiger als das Programm dieser Frühphase der Partei; denn mit Hilfe des fortgesetzten Ausbaus und der Straffung der Organisation und der rücksichtslosen Unterbindung innerparteilicher Programmdiskussionen überstand die NSDAP die Jahre der Stabilisierung von 1924 bis 1928 mit mehreren Parteiausschlüssen [41], bis die nächste große wirtschaftliche Krise ihr erneut Zulauf von Anhängern verschaffte; in dieser Zeit bekam Hitler die Zügel der Parteiführung fest in seine Hand.

2. *Staat und Wirtschaft in der nationalsozialistischen Propaganda*

Da es seit dem Unabänderlichkeitsbeschluß keine verbindliche Programmänderung mehr gab, das alte Programm aber kaum auf längere Sicht ausreichte, um Absichten und Ziele der NSDAP darzustellen, wurde auch einseitigen Auffassungen und Ausdeutungen nicht mehr verbindlich widersprochen. Die geistige Heterogenität der NSDAP blieb weiterhin erhalten und ließ nur noch die Berufung auf die höhere Instanz des Irrationalen und Emotionalen zu. Die Lückenhaftigkeit des Programms und die unausgereiften Gedanken, die es enthielt, die jedem kritischer Zusehenden sofort ins Auge fallen mußten, riefen indessen Zweifel an seiner Verbindlichkeit hervor, machten es sogar unglaubwürdig, so daß die Partei als Massenbewegung kaum bewertungsreif erschien. Es waren in erster Linie diese Umstände, die in den Jahren des raschen Aufstiegs der NSDAP, in denen sich die Mitgliederzahlen von Jahr zu Jahr verdoppelten [42], zu illusionären Plänen beitrugen, die NSDAP ganz oder teilweise durch Beteiligung an Macht und Verantwortung bändigen und gar benutzen zu können. Man vertraute also auf die Korrumpierfähigkeit der Nationalsozialisten, die wichtiger genommen wurde als die unmittelbar von ihnen ausgehenden Gefahren.

Das Gebiet der Wirtschaft lieferte die meisten Themen theoretischer Eröterungen. Das entsprach sicherlich nicht einer bewußten Einstufung der Wirtschaft innerhalb der Vorstellungen der nationalsozialistischen Führer und Theoretiker; denn in ihrer Bewertung rangierte beinahe ausnahmslos der Staat als in seiner Systematik übersehbare Ordnung wesentlich höher als das für viele von ihnen kaum bekannte und so schwer überschaubare weltweite Gefilde wirtschaftlicher Beziehungen und Verhältnisse. In der von Hitler bevorzugten pseudouniversalistischen Version war der Staatszweck die »Forterhaltung« der Art und die Wirtschaft »dabei nur eines der vielen Hilfsmittel, die zur Erreichung dieses Zieles eben erforderlich sind« [43]. Infolgedessen mußte seiner Meinung nach jeder »Aufschwung machtpolitischer Art« auch »die Wirtschaft heben«. Es dürfte indessen kaum eine große Massenpartei geben, die Bezüge auf wirtschaftliche Zusammenhänge aus ihrem Programm herauslassen und ohne wirtschaftspolitische Forderungen auskommen wollte. Die Propaganda der NSDAP blieb jedoch vage und vielspurig und bei wechselnden Verhältnissen immer versucht, auf ein jeweils neues Gleis auszuweichen. Sie konnte bei Arbeitern als sozialistisch und radikal antikapitalistisch gelten und bis in die potentielle Anhängerschaft der kommunistischen Partei hinein wirken und sich zugleich vor dem Grundbesitz und vor der Großindustrie als stärkstes Bollwerk gegen Sozialismus, Marxismus und Bolschewismus empfehlen. Sie konnte alles zugleich und in radikaler Weise sein und war doch in Wahrheit, auf die Dauer gesehen, nichts anderes als ein erfolgreiches, sich fortgesetzt verstärkendes Instrument zur »Nationalisierung der Massen« [44], die sie für »die große Einheitsfront« in einem nach außen starken Staat und für die Revision der Kriegsergebnisse und des Versailler Vertrages zu gewinnen suchte [45].

Auf die Ablehnung liberalen Denkens und liberalen Wirtschaftens hatte sich die NSDAP von Anfang an festgelegt. Es ist für sie in einem hohen Grade charakteristisch, daß sich in dem Kreis der Wirtschaftstheoretiker und -ideologen, die während der gesamten Zeit ihres Bestehens in der NSDAP hervortraten, niemals eine Persönlichkeit mit liberalen oder liberal gefärbten Grundsätzen befand. In dieser Hinsicht erwies sich die NSDAP einseitiger als alle anderen Parteien ihrer Zeit, sofern man nur von den Kommunisten absehen will. Die wirtschaftliche Notlage bot den besten Nährboden für eine Bewegung, die eine vollständige Abkehr von der bestehenden, in die Krise geratenen wirtschaftlichen Ordnung propagierte. Die »Opposition zu der heutigen Welt des Kapitalismus und seiner marxistischen und bürgerlichen Trabanten« [46] war bereits großen Zulaufes sicher, sobald sie sich nur als die »schärfste Opposition« gab. Aber im herkömmlichen Sinne als sozialistisch wollte die NSDAP niemals gelten und etwa ihren Gegensatz zum Kapitalismus immer nur auf anderen Gebieten als auf dem der Eigentumsordnung darstellen. Man könnte daher den Nationalsozialismus auch keineswegs zu Recht mit dem Ideenkreis des Sozialismus in Beziehung setzen, wohl aber mit jener Gruppe von Ideologien und Theoremen, die in mancherlei Gestalt dem Nachkriegspessimismus entstiegen und sich – teils mit der Attitude heroischer Resignation, teils als aktivistische Vollstrecker eines morphologischen Gesetzes – zu einer allgemeinen pessimistischen Zeitdeutung aufschwangen. Es wäre wohl nur verwunderlich gewesen, wenn die These vom »Untergang des Abendlandes« vor den Toren der Wirtschaft haltgemacht hätte. Sie bestimmte auch hier das Timbre weltanschaulicher Einfärbungen, die zwar vom Sozialismus manche Äußerlichkeit, jedoch nichts von seinen humanitären und politischen Inhalten in sich aufnahmen, dafür aber um so mehr von zeitgenössischen konservativen Gesinnungen, die in politischen Vergangenheiten verschiedener Zeitstufen ihren ideologischen Ankergrund suchten. Die Überzeugung, daß das Zeitalter der industriellen Revolution und des Kapitalismus nunmehr am Ende sei, fand sehr bald nach Einbruch der großen Krise besonders vom Tat-Kreis [47] aus Verbreitung. Auch die Verbindung von »Preußentum und Sozialismus«, die Oswald Spengler in diesen Jahren entdeckte, benutzte das Schlagwort »Sozialismus« als Tribut an eine Realität, die sonst wenig gemeinsam hatte mit den Daseinsverhältnissen eines frühneuzeitlichen »Preußentums«, das zugleich den Rückgriff der Kulturpessimisten auf die Vergangenheit decken mußte.

Die NSDAP wollte immer nur eine nationalistische, nie eine »Standes- oder Klassenpartei« sein, obgleich sie sich als »Arbeiterpartei« bezeichnete und das Vorbild des Klassenbegriffs von Marx erkennen ließ. Sozialistische Theorien dürften den meisten der nationalsozialistischen Ideologen nicht fremd gewesen sein, wenn sie auch nur ablehnende, jedoch durchaus nicht einheitliche Reaktionsweisen an den Tag legten. Sie schwankten zwischen einer bedingungslosen Überordnung des Nationalismus, wie sie sich am deutlichsten bei Otto Strasser beobachten ließ und die man mit der Maxime Moeller van den Brucks veranschaulichen kann, daß das soziale Problem, ehe es »für die Klasse gelöst werden kann . . ., für die Nation gelöst werden müsse« [48] – und dem zähen Wollen zur Liquidierung aller sozialistischen Tendenzen, um eine ungeminderte und unbegrenzte Konzentration auf die nationale Machtpolitik zu erreichen. Dem Bestreben, innerpolitische Gegensätze in möglichst wenigen Schlagworten auszudrücken, hat das Wort »Marxismus« schließlich bevorzugte Dienste geleistet. Vereinzelt traten verfälschte Anleihen bei Marx und den Marxisten auch ziemlich unverhüllt hervor, wobei dann ein inhaltlich stark überlasteter, willkürlich gebildeter Begriff des Arbeiters, den es bis dahin nicht gegeben hatte, herhalten mußte, um den proletarischen Klassenkampf wieder auszuschalten, obgleich der Klassenbegriff auch von nationalsozialistischen Propagandisten benötigt wurde, wie Goebbels darlegte: ». . . als Klasse hat das Bürgertum seine geschichtliche Rolle ausgespielt und wird vor dem Schöpfergeist einer jüngeren, gesunderen Klasse zurückweichen müssen. An seine Stelle tritt die junge Klasse – wir sagen nicht des Proletariats, weil das eine Beschimpfung deutscher Arbeiter durch jüdische Rabulistik ist – des Arbeitertums.

Dieses Arbeitertum schließt in sich alles, was für Deutschland arbeitet im Sinne der Zukunft, Faust und Stirn [49].« Der Begriff der Klasse wurde ebenso wie der Gedanke der proletarischen Revolution gegen das Bürgertum benutzt und dennoch das Odium des Proletarischen hinwegargumentiert. Zu diesem Zweck bediente sich Goebbels eines Begriffs des Arbeiters, dem nun jeder geistig oder körperlich »Schaffende« zugeordnet werden sollte; den unermeßlich weiten und unklaren Ausdruck »Arbeitertum« legte er auf eine nationalistische politische Orientierung dieses »Arbeiters« fest.

Goebbels, der trotz aller Lust am Getue und an der bombastischen Zeremonie bisweilen trefflich zu formulieren wußte, nahm von seinen Gegnern, was er zu benötigen glaubte, mobilisierte jedoch den Begriff und verwischte und verwandelte den Sinn nach eigener Absicht. Man leistete sich die antibürgerliche Gesinnung, denn die Überzeugung war weit verbreitet, daß das Bürgertum »seine Rolle ausgespielt« habe; und man griff zu dem Mythos einer schöpferischen »jungen Klasse« und nannte sie »Arbeitertum« [50], weil eben die Arbeiter die klassischen revolutionären Gegner des Bürgers waren. Mit Sozialismus wie mit sozialen Reformen hatte diese »Arbeiter«-Ideologie von Anfang an nichts gemein; die nationalsozialistischen Programmatiker neigten mehr dazu, die Reformen der Nachkriegszeit aufzuheben und statt »Wirtschaftsdemokratie« die unumschränkte Befehlsgewalt des Direktors im Betrieb und der Generaldirektoren in der Wirtschaft herzustellen [51]. Der Klassenkampfgedanke wurde zwar nicht vollkommen aufgehoben, aber doch wesentlich abgewandelt, für die politischen Zwecke des Nationalsozialismus nutzbar gemacht und die Linie des totalen Gegensatzes zwischen der illegitimen Herrschaft und den revolutionierten Beherrschten im nationalsozialistischen Sinne vor die internationale »Hochfinanz« und die »Gläubiger« verlegt [52]. In Konsequenz hieraus geriet auch die ursprüngliche Forderung des Parteiprogramms nach »Verstaatlichung« der »bereits vergesellschafteten Betriebe (Trusts)« in Vergessenheit – ohne Rücksicht auf den Unabänderlichkeitsbeschluß von 1926. Alfred Rosenberg wandte sich gegen eine »Vollsozialisierung« und versicherte, daß es der NSDAP fernliege, »in jedem Großbetrieb an sich ein Unheil zu erblicken«, und daß sie auf die »Unternehmerpersönlichkeit« nicht verzichten wolle [53]. Feder suchte den Unternehmer als unmittelbar mit der Betriebsführung befaßte Persönlichkeit, als Inhaber oder als Hauptaktionär von der »anonymisierten« und »entpersönlichten« Leitung einer Gesellschaft und von den Aktionären, den »Berufsleihkapitalisten«, zu unterscheiden, den einen günstig und den anderen ungünstig zu bewerten [54]. Die Bezeichnungen sozialer Fronten wurden so lange verschoben, bis sich die Interessen von Arbeitgebern und Arbeitnehmern nicht mehr voneinander abhoben, aber eine Differenzierung des Kapitals in »Produktionskapital« und »Fremdkapital« entstand, so daß sich nun »Unternehmer und Arbeiter gegen das Leihkapital« richteten [55].

Eine Analyse dieser Unterscheidung stößt auf die durchaus nicht zufällige positive Bewertung unmittelbarer Produktivität, der »Erzeugung« nach handfesten, naivrealistischen Vorstellungen, wie sie vor allem in der agrarischen und gewerblichen Bevölkerung vorherrschend sind, und auf die Diskriminierung vermittelnder Wirtschaftsfunktionen, vor allem des Handels und des »regierenden Leihkapitals«. Die propagandistische Technik der Gegensatzzeichnung bildete hiernach die Scheidung zwischen dem guten »schaffenden« Sachkapital und dem schlechten »raffenden« Leihkapital, das nicht an der Produktion, sondern ausschließlich am »unsittlichen« Zins interessiert sei, jedoch die produzierenden Unternehmen, die »deutsche Arbeitskraft« von sich abhängig gemacht habe. Reparationszahlungen und deutsche Auslandsanleihen bestimmten den konkreten Gegenstand dieses nationalen Protestes gegen das »vagierende Leihkapital« und dementsprechend die nationalistische Reaktion, die, sichtlich im Banne mittelalterlicher Vorstellungen, Schlagworte wie »Zinsknechtschaft« und »Mammonismus« prägte [56]. Unter dem anfangs bestimmenden Einfluß Feders verstieg sich Hitler zu der Behauptung, daß »der Kampf gegen das internationale Finanz- und Leihkapital ... zum wichtigsten Programmpunkt des Kampfes der deutschen Nation um ihre Unabhängigkeit und Freiheit geworden« sei [57]. Hierin verdichteten sich dumpfe Phobien gegen »Wucher«, »Zins- und Leihkapital« zu einer Front des Hasses, die sich mit einem nationalen »Freiheitskampf« für ein »einiges Alldeutschland« zu legitimieren suchte. Sie erhielt spezifische Färbung durch den Antisemitismus der nationalsozialistischen Propagandisten [58], der bei negativen Bewertungen mit besonderer Vorliebe herangezogen wurde, um Lücken der politischen Logik und sachliche Unklarheiten zu vernebeln. Der Antisemitismus umnebelte dabei wohl auch die eigenen Köpfe; alles Gegnerische wurde jüdisch: das »Leih- und Börsenkapital« ebenso wie der »internationale Marxismus« und auch die Warenhäuser [59]. Sogar die Forderung nach Bodenreform, nach »unentgeltlicher Enteignung von Boden für gemeinnützige Zwecke«, die der Punkt 17 des Parteiprogramms verlangte, wurde von Hitler schon 1928 dahin ausgelegt, daß in erster Linie an die Enteignung jüdischer Grundstücksgesellschaften gedacht sei [60]. Auch die parteiamtliche Kundgebung über »die Bedeutung des Landvolks und der Landwirtschaft« vom März 1930 machte für die einseitig beschriebene Notlage der Landwirtschaft »die in der deutschen parlamentarischen Demokratie tatsächlich regierende jüdische Geldweltmacht«, den »Großhandel mit landwirtschaftlichen Erzeugnissen, der größtenteils in den Händen der Juden« liege, die »meist jüdischen Konzerne« und die »Zinsknechtschaft« des Bauern unter dem »vorwiegend jüdischen Besitzer des Leihkapitals« verantwortlich [61]. Da die Juden für die Nationalsozialisten als die ausgewählten Gegner galten, wurde eben auch alles Gegnerische »jüdisch«.

Unter diesen Umständen wird man schwerlich von nationalsozialistischen Wirtschaftsauffassungen sprechen dürfen. Primitivität und Vereinfachung galten weder als unwürdig noch abschreckend, sondern als »vernünftiges« Ziel, als Chance der nationalsozialistischen Propaganda, inmitten unübersichtlich gewordener wirtschaftlicher Zusammenhänge konkrete und feste Vorstellungen anzubieten und darzustellen [62]. Objektive Einsichten wird man unter solchen Bedingungen vergeblich suchen. Auch die späteren parteioffiziellen Ergänzungen zum Parteiprogramm, stillschweigende, allerdings von dem Parteiführer Hitler veranlaßte Umgehungen des Unabänderlichkeitsbeschlusses, brachten keine sachlichen Artikulationen, sondern nur taktische Modifikationen mit Rücksicht auf politische Gegebenheiten und besondere psychologische Empfänglichkeiten bestimmter Bevölkerungsgruppen. Der bestimmende Grundzug in der Bewertung wirtschaftlicher Zusammenhänge blieb die grenzenlose Vereinfachung in der Bezeichnung der Gegensätze wie der verklärten Idealbilder.

Die diskriminierende Bewertung des nicht im primitiv-realistischen Sinne unmittelbar produktiven Wirtschaftens ließ sich nicht nur zugunsten der Hochschätzung »schaffender« Arbeit und »schaffenden« Kapitals, sondern auch zugunsten der Urproduktion anwenden, unter denen die Landwirtschaft einen besonders bevorzugten Platz einnahm. Die Konsequenz solcher Einstufungen ergab die Forderung nach Steigerung der produktiven Tätigkeit, nach Beschränkung der vermittelnden Funktionen, nach Vereinfachung der wirtschaftlichen Organisation, nach drastischer Vergröberung der Wirtschaftsgesetzgebung und weiter nach Verengung des Marktes durch Abkehr von der Weltwirtschaft und Anbahnung der Autarkie und schließlich durch Verkürzung der Wirtschaftswege. Man schreckte auch keineswegs vor dem Gedanken der Konsumeinschränkungen zurück und wußte hierbei das idealisierte Bild einer idealtypischen kargen Lebenshaltung des preußischen Offiziers und Beamten zu benutzen und den Anschein zu erwecken, als könne man den Notständen der Zeit mit verschärften Maßstäben nach dem Idealbild des entsagenden, pflichtgetreuen Staatsdieners begegnen. Die »große antikapitalistische Sehnsucht« [63], die während der Krise die Massen ergriff, hatte ebenso agrarsoziologische wie kleinbürgerliche, sozialistische und aus der deutschen Staatstradition folgende staatskonservativ-antiliberale Wurzeln, denen nun die mannigfachen Verzweigungen der nationalsozialistischen Propaganda entsprachen, die sich seit Beginn der Wirtschaftskrise mehr und mehr auf das Gebiet der Agrarpolitik ausdehnte und hier einen neuen ideologischen Kristallisationspunkt fand.

Schon seit 1928 hatte sich die NSDAP in erster Linie in den notleidenden Agrargebieten ausbreiten und dort den stärksten Anteil an dem Wählerzustrom aus den zerfallenden bürgerlichen Parteien gewinnen können. Gegenüber der Reichstagswahl vom 20. Mai 1928 stieg mit der Wahl vom 14. September 1930 die Zahl der nationalsozialistischen Stimmen in Pommern von 13 543 auf 237 000, im brandenburgischen Regierungsbezirk Frankfurt/Oder von 8 185 auf 204 595; in der Provinz Ostpreußen rückte die NSDAP im gleichen Zeitraum von 7 932 Wählern sogar schon zur stärksten Partei mit 236 507 Stimmen auf [64]. Nach dem Bruch Otto Strassers mit der NSDAP und dem Eintritt Darrés in den engeren Beraterkreis Hitlers, fast zur gleichen Zeit, wurden die Reste des »nationalen Sozialismus« Stück für Stück begraben und durch die Agrarideologie von »Blut und Boden« ersetzt [65].

Die Landwirtschaft beheimatete aber auch jene Wirtschaftsform, die in den Vorstellungen aller nationalsozialistischen Ideologen vom erstrebenswerten Idealzustand einer deutschen Wirtschaft vorherrschte: die Erzeugung durch menschliche Arbeitskraft auf eigenem Grund und Boden in einfachen Betriebsformen, die weder Aktiengesellschaften noch Konzerne und Trusts kennen. In einseitiger Konsequenz hielt auch das nationalsozialistische Agrarprogramm hieran fest, zu dessen Forderungen die Grundsätze gehörten, daß nur derjenige Land erwerben und besitzen sollte, der es selbst bewirtschaftete, und daß das landwirtschaftliche Kreditbedürfnis durch den Staat befriedigt werden müßte. Handel, Banken und Verkehr galten im Verhältnis zum Landbau als Wirtschaftszweig minderer Bedeutung, wie es Gustav Ruhland, einer der einseitigsten Agrarwirtschaftler und Agrarpolitiker, der durch seinen posthumen Anhänger Richard Walther Darré in die Reihe der geistigen Ahnen des Nationalsozialismus hineingezogen wurde, schon um die Jahrhundertwende darzulegen versucht hatte [66]. Auf diese Weise erlebten die historischen Irrtümer längst vergessener physiokratischer Schulen in der arbeitsteiligen Gesellschaft der modernen technischen Ära eine verschrobene Neuauflage, die die volkswirtschaftlich und weltwirtschaftlich existenten Probleme durch Vereinfachung und Beschränkung, letztlich also durch Konsumverzicht lösen wollte. Das Ideal des »freien Mannes auf der freien Scholle« war ein überaus romantisches Gegenbild zum großstädtischen Arbeitslosenheer, das sich rassenideologisch ausstaffieren und propagandistisch benutzen, jedoch nur auf dem Wege über eine Umwälzung der gesamten wirtschaftlichen Ordnung unter Einschluß einer radikalen Agrarreform verwirklichen ließ; auf diesem Wege drang sebst ein Stück bodenreformerischen Eifers in das nationalsozialistische Programm ein. Die »parteiamtliche Kundgebung« über »die Stellung der NSDAP zum Landvolk und zur Landwirtschaft« vom 6. März 1930 [67], der bald der Aufbau der »agrarpolitischen Abteilung« der NSDAP nachfolgte [68], faßte die Aspekte dieser Ideologie schlagwortartig zusammen: die »überragende Bedeutung des Nährstandes für das Volk« und demzufolge das Ziel eines »gesunden, kaufkräftigen Landvolks«, so daß die »Steigerung der Leistung der heimischen Landwirtschaft ... eine Lebensfrage für das deutsche Volk« wird, die »Erhaltung eines leistungsfähigen ... starken Bauernstandes«, das Landvolk als »Hauptträger völkischer Erbgesundheit«, »Jungbrunnen des Volkes« und »Rückgrat der Wirtschaft«, d. h. einer krisenfesten, militärpolitisch nutzbaren, ständisch organisierten Landwirtschaft, die zur Ernährungsautarkie befähigen sollte, da der »Traum vom Weltindustriestaat und Welthandelsstaat ohne Rückendeckung durch bebautes Land und eigenständische Landwirtschaft ... ausgeträumt« schien [69].

Dieses Programm besaß allerdings auch einen Teil, der sorgfältiger durchdacht war als andere programmatische Erklärungen der

NSDAP und der keinen Zweifel an dem Plan zuließ, der Landwirtschaft und bestimmten agrarkonservativen Vorstellungen von Bodenpolitik und landwirtschaftlichem Ständewesen zentrale Bedeutung einzuräumen und womöglich den gesamten Staat nach den Gesichtspunkten der Landwirtschaft auszurichten und eine agrarisch-ständische Ordnung aufzubauen. Er forderte eine Neuregelung des Bodenrechts und ständisch überwachte Nutzungspflicht, eine Neuregelung des gesamten Anerbenrechts, um den Bodenbesitz zu festigen und die Ertragsfähigkeit zu sichern, ein Bodenpfändungsverbot, eine Bodenertragssteuer als ausschließliche Besteuerungsart der Landwirtschaft, planmäßige Besiedlung, Schaffung staatlicher Erblehen und nicht zuletzt Grenzsiedlungen im Osten. Das Verlangen nach Bebauung und Besiedlung des Bodens aus autarkistischen ernährungswirtschaftlichen Erwägungen und überhaupt die politische Bewertung von Grund und Boden, die nicht nur die verbesserungfähige Nutzung übermäßig hoch veranschlagte, gingen nicht auf wirtschaftliche Auffassungen allein zurück, sondern nicht weniger auf halb-mythische Vorstellungen von dem genutzten Boden als dem einzig wahrhaften und unzerstörbaren Thesaurus der Nation. Die Krise der Weltwirtschaftsbeziehungen erweckte die archaische Vorstellung vom Boden als dem eigentlichen und sicheren Unterpfand einer nationalen Politik zu neuem Leben. Auch die Ansätze eines großräumlichen Imperialismus ergaben sich aus dem agrarideologischen Grundsatz, »Ernährungs- und Siedlungsraum im großen für das wachsende deutsche Volk zu schaffen«, als einer Aufgabe der Außenpolitik.

Die Versprechungen an die Landbevölkerung, die durch die Forderungen dieses Programms hindurchschienen und die zahllose Parteiagitatoren in grobe, aber handfeste Münze ausprägten, machten die NSDAP in der Situation der agrarischen Krise für weite Teile der ländlichen Bevölkerung überaus verheißungsvoll, da sie die Aussicht auf Ansiedlung tüchtiger Landarbeiter, auf Hebung der Landwirtschaft durch steuerpolitische Erleichterungen, auf »gänzliche Herabsetzung des Zinsfußes für das Leihkapital auf das Maß der Vorkriegszeit«, den Schutz der »heimischen landwirtschaftlichen Erzeugung« durch Zölle, staatliche Einfuhrregelung und »zielbewußte nationalsozialistische Erziehung«, auf Preisgestaltung für landwirtschaftliche Erzeugnisse unabhängig vom börsenmäßigen Aushandeln, auf großzügige staatliche Förderung und auf Übernahme des Großhandels durch Genossenschaften eröffneten. Es konnten allerdings nirgends Zweifel darüber bestehen, daß zur Erzielung aller dieser Regelungen dem Staat nicht nur von vornherein »das Aufsichtsrecht und oberste Schiedsrichteramt« zustehen, sondern daß er über einen bis dahin unbekannten Umfang an Rechten und an Machtmitteln gebieten würde. Tatsächlich hat dieses Programm den Nationalsozialismus selbst in entscheidendem Maße beeinflußt, ihm angesichts der kritischen Lage, in der sich der größte Teil der Landwirtschaft befand, raschen Zulauf innerhalb der ländlichen Bevölkerung gesichert, tatsächlich aber auch seine spätere Agrarpolitik in ihren großen Umrißlinien festgelegt und insofern neue, für die künftige Entwicklung überaus wichtige Beziehungen der NSDAP zur Wirtschaft angebahnt. Von einer nationalsozialistischen Staatsordnung, die vorstellungsmäßig noch unausgefüllt blieb, ließ sich immerhin sagen, daß sie auf Diktatur [70] und auf wirtschaftsständischer Organisation beruhen sollte; insoweit war diese Kundgebung eine weitere Beschwerung des Gewichtes zugunsten von Ständestaat und Diktatur. Dagegen schlug sich der proletarische Aktivismus der Betriebszellenorganisation lediglich in den Formen der untersten Organisationsstufen der Partei und in ihrer Agitation nieder, während ihm das Wirtschaftsprogramm dauernd verschlossen blieb.

3. Ständische Ordnung und Diktatur

Das Fehlen eines übereinstimmenden Bildes der Gesellschaft ersetzte der Nationalsozialismus durch den Willen, bestehende soziale Fronten zum Einsturz zu bringen. Ungleich stärker als die Ansätze zur Analyse des Bestehenden bildete sich das Wunschbild der Zukunft in Gestalt bemerkenswert handfester, simplifizierter, vom Machtdenken beherrschter Vorstellungen aus. Die Zukunft sollte jedenfalls einen starken Staat hervorbringen, dem auch eine entscheidende Rolle in einer neu aufzubauenden Wirtschaft zugedacht war. Seine einzelnen Züge und Besonderheiten wurden freilich keineswegs mit sonderlicher Sorgfalt durchdacht, aufgezeichnet oder erörtert. Die nationalsozialistischen Propagandisten verhielten sich bemerkenswert passiv und unterlagen wohl bewußt der zeitgenössischen Vielfalt konservativer Staatsideologien. Sowohl der »Totalstaat« wie der »ständische Staat« und der »autoritäre Staat« enthielten ursprünglich nichts spezifisch Nationalsozialistisches und ließen auch später in ihrer nationalsozialistischen Fortbildung die fremden Anleihen erkennen; der »Führerstaat« bildete schließlich die unvorhergesehene Synthese dieser Ideologien und insofern erst ein spezifisch nationalsozialistisches Bild eines totalitären zentralisierten Regierungs- und Herrschaftssystems. Mit sicherer Regelmäßigkeit kehrte in allen Zukunftsankündigungen der nationalsozialistischen Propaganda aber die Verbindung eines total umgewandelten Staates mit einer total umgewandelten Wirtschaftsordnung wieder, wie die NSDAP auch ihren Aufstieg als »Protest des Volkes gegen einen Staat« auszulegen suchte, der »eine Wirtschaftsordnung erlaubt und möglich macht«, die in dem verzerrenden Spiegelbild des radikalen Nationalismus als widernatürlich und während der Erschütterungen der Krise als überlebt erschien [71]. So wenig einheitlich auch im einzelnen die Linien erscheinen, denen die mehr auf den unmittelbaren Effekt als auf die Sache sehende Propaganda folgte, so grundsätzlich und allgemein war doch die Ablehnung, ja die Feindschaft, die die NSDAP der bestehenden Wirtschaftordnung gegenüber an den Tag legte. Das ganze erste Jahrzehnt ihres Bestehens stellte sie sich in radikaler Weise gegen die beherrschenden Elemente der kapitalistischen Wirtschaft, gegen Konzerne und Trusts wie gegen Banken und Börsen. Hierin ergaben sich jedoch im Fortschreiten der Krise und mit zunehmenden Wahlerfolgen der NSDAP recht beträchtliche Wandlungen. Namentlich im Laufe des Jahres 1932 und im Gefolge der politischen Ereignisse dieses Jahres, die die NSDAP um ein großes Stück der Macht näherbrachten, begannen sich ihre Beziehungen zu den großen Mächten der Wirtschaft nachhaltig zu verändern, was sich auch in finanziellen Verbindungen widerspiegelte, die 1932 noch weit größere Bedeutung erlangten, als sie zuvor besaßen.

Schon vor der Wirtschaftskrise konnte die Partei Hitlers nicht nur über Mitgliedsbeiträge, sondern in beträchtlichem Umfange auch über Zuwendungen verfügen, die sie von privater Seite des Inlandes wie des Auslandes erhielt [72]. In bezug auf die nichtdeutsche Finanzierung der NSDAP scheint sich die Feststellung zu behaupten, daß sie, »wenn auch sicher im ganzen beträchtlich und in Einzelfällen sogar recht beträchtlich, auf gar keinen Fall entscheidend für Hitlers Machtergreifung« war [73]. Wichtig wurde für Hitler der Umstand, daß er über einen seiner Anhänger, den jungen Journalisten und späteren Reichspressechef Dietrich, etwa 1928 Emil Kirdorf, den Generaldirektor der Gelsenkirchener Bergwerks-Aktiengesellschaft, für die NSDAP gewann, der Hitler schon im Herbst des gleichen Jahres dazu veranlaßte, die radikalen Untergauleiter des Ruhrgebietes, Kaufmann und Koch, gegen gefügigere und farblosere Männer auszuwechseln [74]. Es besteht zwar kein Grund zu der Annahme, daß bereits zu dieser Zeit engere oder dauerhafte Beziehungen zwischen der NSDAP und repräsentativen Kreisen der Industrie entstanden sind; aber der Zwang zu einer allmählichen Revision quasi-sozialistischer oder sozialistisch aussehender Programmteile war spürbar und setzte sich über die Person Hitlers, der nicht nur innerhalb der Partei, sondern auch für außenstehende Interessentenkreise zum wichtigsten Mann der NSDAP wurde, langsam zwar, doch schließlich unaufhaltsam durch.

Eine inhaltsreiche Geschichte der Beziehungen der NSDAP zu wirtschaftlichen Interessenten setzte mit Beginn der großen wirtschaftlichen Krise ein, in deren Verlauf das alldeutsche Erbgut der NSDAP erfolgreich gegen die sozialistischen Eindringsel ausgespielt wurde. Von entscheidender Bedeutung war zuerst die Hinwendung Hugenbergs zu Hitler, die auf die Initiative des Oberfinanzrats Bang zurückging, der ebenso wie Hugenberg zu den führenden Männern der Alldeutschen Bewegung gehört hatte, 1924 einer der Opponenten gegen die »Erfüllungspolitik« des Reichsverbandes der Deutschen Industrie geworden war [75] und seit den frühen zwanziger Jahren mit Hitler in Verbindung stand. Hugenberg, der glaubte, die NSDAP für seine Propaganda gegen den Young-Plan zu brauchen, zweigte von nun an einen Teil der Unterstützung, die er von industriellen Interessenten erhielt, an Hitler ab und gewährte ihm in seiner Presse großzügige Unterstützung [76]. Zu diesen Beziehungen traten bald andere hinzu. Göring machte die Bekanntschaft Fritz Thyssens [77], und Schacht trat mit Hitler in Verbindung, der sich in dieser Zeit von Otto Strasser trennte. Die NSDAP begann sich schließlich als Harzburger Teilhaber der »nationalen Opposition« durch Pflege eines repräsentativen Stiles zu emanzipieren und in einer wahren Propagandaschlacht in breiten, von der Krise in Mitleidenschaft gezogenen Schichten zu empfehlen. Mit finanzieller Hilfe Fritz Thyssens zog die Parteileitung in ein Münchener Palais, das den einfallslosen Namen »Braunes Haus« bekam; und während seiner Aufenthalte in Berlin hielt sich Hitler im Hotel »Kaiserhof« auf und suchte sich mit dem geschickten Gehaben des einfachen und schlichten Mannes vor dem Hintergrund eines großen Gepränges das Ansehen eines bedeutenden Oppositionsführers zu verschaffen, der viel reiste und redete, häufig Konferenzen abhielt und seine Fäden nach allen Seiten spann.

Gegen Ende des Jahres 1931 beauftragte Hitler seinen Vertrauten Wilhelm Keppler, einen bayerischen Fabrikanten, mit Hilfe Schachts unter den Wirtschaftlern, zu denen er Beziehungen unterhielt, einen ständigen Berater- und Fördererkreis zu bilden, was bis dahin noch nicht gelungen war [78]. Dieser »Freundeskreis«, den Keppler 1931/32 für Hitler zustande brachte, war so gut wie eine Gewähr dafür, daß wichtige Persönlichkeiten der Wirtschaft im Falle einer nationalsozialistischen Machtergreifung zumindest stillhalten würden. Hitler selbst hielt vor diesem Kreis erstmals am 18. Mai 1932 im »Kaiserhof« eine Ansprache, in der er die Beseitigung der Gewerkschaften und Parteien als Inhalt seines Programms bezeichnete, was ohne Widerspruch entgegengenommen wurde [79].

In dieser Zeit gingen auch einige Personalveränderungen innerhalb der Parteileitung vor sich. Seit Anfang 1931 war Otto Wagener Leiter der Wirtschaftspolitischen Abteilung und dem Organisationsleiter II, Hierl, unterstellt, ehe sie im Juni 1932 zur selbständigen Hauptabteilung IV (Wirtschaft) umgebildet wurde [80]. Neben ihm spielte Gottfried Feder eine zusehends bescheidener werdende Rolle als Vorsitzender einer Kommission für Wirtschaftstechnik und Arbeitsbeschaffung, eine sehr bedeutende dagegen seit Juni 1932 die ebenfalls selbständige Hauptabteilung V, der agrarpolitische Apparat Darrés. Die nationalsozialistische Betriebszellenorganisation wurde 1931 Wagener unterstellt, ehe sie im Juni 1932 in den Organisationsbereich von Gregor Strasser überging. Bald nach der Reichstagswahl von 1930 tauchten in der NSDAP-Führung auch andere Verbindungsleute zur Wirtschaft auf: Wilhelm Keppler galt als persönlicher Vertrauter Hitlers, und Walther Funk, neben Otto Dietrich der zweite Mann aus der Wirtschaftspresse, der während der leidenschaftlich geführten Erörterungen des Young-Planes zu den Nationalsozialisten gestoßen war [81] und als ehemaliger Chefredakteur der Berliner Börsen-Zeitung über hervorragende Verbindungen verfügte, erhielt die offizielle Bezeichnung eines Wirtschaftsbeauftragten des Führers der NSDAP. Er wurde im November 1931 Leiter eines besonderen Wirtschaftsrates innerhalb der Wirtschaftspolitischen Abteilung, in der ein Jahr später der Stabsleiter Wageners, Bernhard Köhler, den stellvertretenden Vorsitz übernahm, nachdem dieser Rat mit dem Namen einer Kommission für Wirtschaftspolitik zugleich auch größere Selbständigkeit gewonnen hatte [82]. Otto Wagener trat als erster innerhalb der NSDAP mit ständestaatlichen Gedankengängen hervor. Schon in der obersten SA-Führung hatte Wagener am Aufbau des wirtschaftspolitischen Apparates maßgeblichen Anteil. Seit 1930 gab er den Wirtschaftspolitischen Pressedienst der NSDAP heraus, in dem er sich um einen Ausgleich zwischen wirtschaftlichen Interessen und autoritärer Staatsideologie bemühte. Von seiner generalstäblerischen, vielleicht auch von seiner wirtschaftlichen Tätigkeit her war er offenkundig mit einer organisatorischen und planerischen Neigung begabt; doch den Gesamtzusammenhang der Volkswirtschaft erblickte er im Lichte einer bestimmten, mit den Mitteln ideologischer Beeinflussung erreichbaren »Wirtschaftsgesinnung«. Bald nach dem nationalsozialistischen Wahlerfolg in der Reichstagswahl von 1930 versuchte Wagener, in einer Reihe von Aufsätzen einige politisch-ökonomische Grundsätze zu entwickeln [83], die zwar kaum die Verschwommenheit des Parteiprogramms überwanden, jedoch zu einer gewissen Artikulation der bis dahin unnuancierten phraseologischen Polemik gegen »Kapitalismus« und »Marxismus« führten, die den Ansprüchen des Nationalismus genügten, ohne sozialistisch oder liberal zu sein, aber auch der liberalen Begrenzung der Staatsmacht gegenüber der Wirtschaft ein Ende setzten, ohne den Weg des Sozialismus zu gehen. Wie eine nationalökonomisch gedachte Abwandlung des Schlagwortes vom »Kampf ums Dasein« las sich die Behauptung Wageners, daß die »Expansion der Schlüsselindustrie« ein »Teil der nationalen Machtentfaltung« sei und daß infolgedessen die Gesichtspunkte des Konsums hinter die Zwecke der Produktionssteigerung zurücktreten müßten. Sie zog wirtschaftsorganisatorische Konsequenzen nach sich, die dem planenden Stabsoffizier von einst die rechte Möglichkeit zur freien Betätigung seiner Phantasie gaben. Als ferne Ziele bezeichnete er bereits die Vorstellung der autarken Wirtschaft eines »geschlossenen Wirtschaftsgebietes« Ost- und Südosteuropas als Aufnahmegebiet für die Produktion der deutschen Schlüsselindustrien.

Man kann nicht sagen, daß die Gedanken Wageners originell gewesen seien und daß seine Behauptungen und Ansichten zur Klarheit oder zu einiger Zielsicherheit geführt hätten, obgleich der naive Optimismus des Dilettanten fast alle Dinge leichter nahm, als sie in Wirklichkeit waren. Was Wagener der Öffentlichkeit, soweit sie an der NSDAP Interesse nahm, anzubieten vermochte, war der Gedanke einer künftigen Beaufsichtigung der Wirtschaft durch den Staat in einer Form, die ihm »ein Eingreifen gestattet, ohne daß er mehr in Erscheinung tritt, als es unbedingt nötig ist« [84]. Die Wirtschaft sollte so geleitet werden, daß sie den Zwecken des Staates im gewünschten Umfang nachkommen würde, was einer besonderen Organisation und – wie Wagener meinte – »zunächst einmal« einer Erziehungsarbeit »im Geist des Nationalsozialismus« bedurfte. Dieses vage formulierte Vorhaben genügte zwei Gesichtspunkten, die für die NSDAP von Belang waren: Danach schien nunmehr ein »möglichst unabhängiges selbständiges Arbeiten der Wirtschaft« – »die Bürgschaft für den gründlichen Erfolg« – auch in einem »nationalsozialistischen Staat« möglich zu sein; der Staat aber sollte über eine neu zu schaffende Organisation, mit Hilfe von Überwachungen, Vorschriften und Kontrollen, eine ständige Aufsicht führen und je nach seinen politischen Absichten Eingriffe vornehmen können. Den Ausdruck der Lenkung kannte Wagener noch nicht; aber deutlich zielten seine Äußerungen in eine Richtung, die später durch diesen Begriff noch genauer bezeichnet worden ist. Die Wirtschaft sollte sich selbst organisieren und ihre Interessen innerhalb eines »Wirtschaftsparlaments« aller »schaffenden Stände« selbst ausgleichen, der Staat hingegen Rechte und Möglichkeiten zu verhältnismäßig weit reichenden Eingriffen erhalten. Die Berufsverbände wollte Wagener zu einem umfassenden System ausbauen und die bestehenden Industrie- und Handels-, Landwirtschafts-, Handwerks- und Gewerbekammern zu Wirtschaftskammern unter staatlich eingesetzten Präsidenten in einem lückenlosen, regional und fachlich aufgebauten System zusammenfassen und zugleich eine staatlich garantierte »Kooperation« sowohl im Gesamtbereich der Wirtschaft wie innerhalb des Betriebes mit Hilfe von institutionalisierten Interessenvertretungen unter treuhänderischer Staatsaufsicht schaffen: »Betriebsräte« in den Betrieben, Kammern und Fachverbände in den einzelnen Sparten der Wirtschaft und für die gesamte Volkswirtschaft im »Wirtschaftsparlament« [85].

An ständischen Gedanken, die in gleicher Opposition zu liberalen Wirtschaftslehren und -praktiken wie zum Sozialismus standen, wurde in dieser Zeit einer Depression bisher unbekannten Ausmaßes von vielen Seiten gesponnen. Soweit sie aus dem katholischen Geistesleben kamen, gingen sie zurück auf die Ansätze in den *Soziallehren der katholischen Kirche, die die Encyklika Quadra-*

gesimo anno im Mai 1931 von höchster autoritativer Seite wieder deutlich sichtbar zu machen und hervorzuheben versuchte. Im allgemeinen gehörten sie dem Kreis konservativer Ordnungsideen an, die, auf Religion und kirchlicher Tradition beruhend, »ständische« Ausdeutungen entweder zuließen oder sogar einschlossen [86]. Sie lösten und emanzipierten sich aber auch von den Entstehungsbedingungen eines religiös begründeten Konservativismus und drängten sich schließlich auf breiter Front in Pläne und Projekte für eine reformierte »konstitutionelle Demokratie« ein, wenngleich sie auch keineswegs ausnahmslos von Grund auf gegen die parlamentarische Verfassung gerichtet waren, sondern zuweilen in sehr prononcierter Weise gegen die diktatorischen Bestrebungen der Epoche, besonders ausdrücklich gegen den Faschismus vorgebracht wurden, »um den Entwicklungsstrom von jenen Kräften abzulenken, die zur Diktatur in irgendeiner Form« drängten [87]. Während des Jahres 1932 ließ sich jedoch auch hier eine Wendung beobachten, da mitten in der großen wirtschaftlichen Krise die Spitzenverbände der Wirtschaft enger an den Staat heranrückten als je zuvor. Der Deutsche Industrie- und Handelstag etwa traf im August 1932 eine interne Regelung, künftig für die Errichtung eines Oberhauses einzutreten, das sowohl dem »Ausgleich und der Ergänzung gegenüber dem politischen Parlament« dienen als auch im Falle seines »Versagens ... Aufgaben des Ersatzes wahrnehmen« und das nicht aus politischen Wahlen hervorgehen, sondern dessen Mitglieder vom Reichspräsidenten oder von den Landesregierungen nach Präsentation ernannt werden sollten [88].

Diese Gedanken, die in der Hauptsache darauf hinausliefen, parlamentarische Institutionen ganz oder teilweise mit Repräsentationen organisierter Interessen auszufüllen, unterschieden sich noch erheblich von solchen, die eine totalitäre ständische Sozialordnung zu verwirklichen trachteten [89]. Das Beispiel des korporativen italienischen Staates, der sich im Verlauf eines Jahrzehnts scheinbar erfolgreich ausgebildet und behauptet hatte, lieferte gerade für nationalsozialistische oder der NSDAP nahestehende Ideologen eine Empfehlung für Gedanken dieser Art [90]. Die vielerorten auflebenden Erörterungen und die dahinter sichtbaren Interessen, die von den berufsständischen Selbstverwaltungen der Wirtschaft zu einem ständischen Staatsaufbau überzuleiten suchten, schienen dieses Thema ebenfalls diskussionsreif zu machen. Hierzu gehörten die handwerklichen Spitzenverbände und Kammern ebenso wie die der

Großindustrie. Bereits die vage Aussicht auf Verwirklichung solcher Gedanken zog dann das Interesse anderer Gruppen nach sich; denn es gehörte zu den stets befolgten Grundsätzen der Spitzenverbandsdiplomatie, die Entwicklung der Projekte anderer Interessenten und die Einstellung der Regierung zu beobachten und auf Mitsprache und Mitwirkung zu drängen, sobald eine Verwirklichung in den Bereich des Möglichen rückte.

Die altliberale, dem Selbstverwaltungsprinzip verpflichtete Kritik an konservativen ständestaatlichen Programmen geriet zusehends in die Isolation. Im Januar 1932 behandelte die Wirtschaftliche Vereinigung der Unternehmerverbände in Karlsruhe das Verhältnis zwischen »berufsständischer Gliederung und kapitalistischer Wirtschaftsordnung« [91]. Ihr folgten bald andere wirtschaftliche und politische Organisationen und Verbände, der Verband der Katholischen Kaufmännischen Vereine, der Wirtschaftsbeirat der Zentrumspartei [92] und schließlich der Hauptausschuß des Reichsverbandes der Deutschen Industrie [93]. Im Deutschen Industrie- und Handelstag hingegen standen solche Erörterungen im Zeichen der Unsicherheit über die kommende Entwicklung, vor allem im Hinblick auf die künftige Gestaltung der Wirtschaft. Die Zahl der Befürworter ständischer Organisationen war hier noch weit geringer als die der Skeptiker, die die Gefahr einer »Allmacht des Staates« befürchteten und mit Besorgnis auf die wenig aufschlußreiche Beteiligung der NSDAP an der Behandlung dieser Frage hinwiesen [94]. Aus dem preußischen Handelsministerium konnte man zur gleichen Zeit erfahren, daß den Kammern nach nationalsozialistischen Plänen – womit gewiß die von Wagener bekanntgegebenen gemeint waren – »in Zukunft in stärkerer Weise ein amtlicher Charakter zuerkannt« und daß sie »allzusehr zu Behörden gemacht werden sollten« [95]. Doch selbst der Geschäftsführer des Deutschen Industrie- und Handelstages hielt es für unumgänglich, mit Funk und der NSDAP in Verbindung zu treten und verbandsdiplomatische Beziehungen aufzunehmen, wie er auch in Verbindung mit den Verbänden des Handwerks trat und enge Fühlung zum Reichsverband der Deutschen Industrie suchte [96].

Während die wirtschaftliche Krise ihren Höhepunkt erreichte, erntete der Nationalsozialismus die Früchte seiner alten Beziehung zu der Wiener Schule Othmar Spanns und ihrer romantischen Soziologie, die den »Universalismus«, »ständische Bindungen« und einen »ganzheitstrunkenen Geist« gegen den »Individualismus«, gegen Kapitalismus, Sozialismus, Kommunismus, Liberalismus und Demokratie aufrief und schon 1920 die Vernichtung der »Midgardschlange des Marxismus und der Demokratie« predigte [97]. Die autoritäre Konsequenz dieser Lehre, die die Maßstäbe einer gesellschaftlichen Ordnung in dem Vergangenen als dem Eigentlichen und Natürlichen suchte, um sie kritisch gegen die Strömungen der modernen Welt zu richten, war von Anfang an offenbar. Hitler hing ihr wahrscheinlich schon zu einem frühen Zeitpunkt an [98]; und eine glaubwürdige Quelle wollte 1932 sogar wissen, daß er häufig in unauffälliger Weise mit Othmar Spann in Oberbayern zusammentraf, um von dem Wiener Professor Belehrung und Beratung zu erhalten [99]. Die »Überwindung der Krise durch ständische Neuordnung der Wirtschaft« [100], wie sie die Schule Othmar Spanns lehrte, deren Betrachtung die weltwirtschaftliche Krise als akute Ausdrucksform einer latenten universalen Krise deutete, die zu grundsätzlichen Umwandlungen des institutionellen Bereiches zwang, wurde zu einem Programm, das auch weit außerhalb der NSDAP die politischen Diskussionen mehr und mehr in Bahnen beförderte, die nicht mehr durch unübersteigbare Hindernisse von den Projekten nationalsozialistischer Ideologen getrennt schienen. Die spekulative Verknüpfung der wirtschaftlichen Krise mit der Krise des Staates, des Parlamentarismus und der Parteien [101] ergab eine Komplexion und schließlich eine Totalität des Krisenhaften, die nahezu zwangsläufig dazu verführte, ihr mit einer ebenfalls totalen Umwandlung der Staatsorganisation zu begegnen. Die Rezeption der ständischen Ideologie des Universalismus beteiligte die NSDAP an der Bewegung des konservativen Protestes.

Eine ähnliche Begünstigung widerfuhr dem Autarkiekomplex der nationalsozialistischen Propaganda, als im Verlauf der Wirtschaftskrise eine Minderung des Welthandelsvolumens eintrat, die ihre Ursache teils darin hatte, daß neue Industriestaaten zur Schutzzollpolitik übergingen, daß alte Industriestaaten während der Krise ihre Binnenmärkte und Exporte, besonders ihre gefährdeten Gewerbe und die Landwirtschaft vor fremdem Wettbewerb zu schützen suchten und auf ihrer Seite den Protektionismus verschärften und daß der nur zögernd vorankommende Prozeß einer Anpassung der Zahlungsbilanzen an die Produktions- und Absatzstruktur der Weltwirtschaft, die der Weltkrieg einschneidend verändert hatte, von der absinkenden Konjunkturwelle erneut aufgehalten wurde, was wieder den Ausgleichsmechanismus der Zahlungs- und Handelsbeziehungen belastete. Zu diesen Gründen der Auflockerung der Welthandelsbeziehungen traten psychologische hinzu, die durch Tendenzen der politischen Propaganda ausgelöst und verstärkt wurden [102]. All dies gestaltete das Thema der Autarkie und der Großraumideen aktuell, die in Deutschland seit geraumer Zeit bestanden und die an der Tagesordnung waren, seitdem Schacht als weithin anerkannter Fachmann einen wirtschaftspolitischen Systemwechsel forderte, der Deutschland eigene Rohstoff- und Siedlungsgebiete bringen sollte [103]. So erwuchs auf dem Grunde fachmännischer Überlegungen eine wirtschaftlich-politische Ideologie, die üppig zu wuchern begann, überall in das Getriebe der Propagandamaschinerie hineinwirkte und einem kaum noch realistischen Ziel zustrebte. Die Stunde ihrer Verwirklichung mußte vor allem der Landwirtschaft und der chemischen Industrie mit ihren Zweigen der synthetischen Produktion, der Stoffumwandlung und der Stoffneuschaffung gehören.

Die nationalsozialistische Propaganda verknüpfte den Autarkiegedanken zunächst mit der Agrarideologie, die selbst das Arbeitsbeschaffungsprogramm, das die NSDAP mit großem Aufwand 1932 verkündete, beeinflußt hatte [104]. Die Bevorzugung landwirtschaftlicher und vorstädtischer Siedlungen und landwirtschaftlicher Meliorationsarbeiten war zweifellos aus anderen Arbeitsbeschaffungsprogrammen übernommen worden, die sich mehr oder weniger auf eine Binnenmarktwirtschaft ausrichteten und mit ihren Versuchen zur Wiederbelebung der Wirtschaft nach der tiefgreifenden Krise zuerst und vor allem auf jenen Gebieten ansetzten, die die Rohstoffgrundlage der Industrie sicherten [105]. Doch das ausdrückliche Vorschieben des Ziels, einen »Ausgleich« zwischen Landwirtschaft und Industrie zugunsten der ersten auf diesem Wege und auf lange Sicht erreichen zu wollen, wobei der Maßstab des nationalen Ernährungsbedarfs als Ausgang genommen wurde, ließ die spezifische nationalsozialistische agrarideologische Beeinflussung erkennen. Eine Hebung der landwirtschaftlichen Produktion und Kultivierungen großen Stiles hätten eine wesentliche Vermehrung der landwirtschaftlichen Nutzfläche und eine Mehrerzeugung vornehmlich der unteren Produzentenklassen ergeben und notwendig die Forderung nach Erweiterung der landwirtschaftlichen Absatzmöglichkeiten nach sich gezogen – ein innerer Zusammenhang, der die Deckung des nationalen Ernährungsbedarfs mit der Autarkie, die den Wettbewerb ausländischer Erzeugnisse fernhalten und gleichzeitig die nationale Wirtschaft von ausländischem Einfluß befreien wollte, in eins setzte. Der zeitgemäße Gedanke des »Zwanges zur Autarkie« fand innerhalb der NSDAP aber auch noch andere Vertreter und Verteidiger: jene, die meinten, daß die Weltwirtschaft ohnehin in der Auflösung begriffen und die »Exportillusion am Ende« sei [106], und jene, die wie Feder mit dem Begriff der »Zinsknechtschaft« operierten und meinten, daß Deutschland in einer Periode der zerfallenden Weltwirtschaft unfähig sei, mit Gegenmaßnahmen zu erwidern, sobald sich andere Länder deutschen Einfuhren sperrten; die Mittel, die sie anzuwenden gedachten, nahmen bereits die spätere Devisenbewirtschaftung und Einfuhrkontrolle durch den Staat vorweg. Zu den ideologischen Grundlagen der nationalsozialistischen Autarkiegedanken gehörte schließlich aber auch der namentlich von Feder vertretene Grundsatz, die Rolle von Gold und Geld zu vermindern oder völlig zu beseitigen, was notgedrungen eine Verminderung des ohnehin diskreditierten Handelsverkehrs zur Folge haben mußte. Mit dem Golde sollten die weltwirtschaftlichen Beziehungen verschwinden; ohne Geld wäre die gesamte Volkswirtschaft auf das Niveau der Naturalwirtschaft mit ausschließlichen Materialleistungen hinabgedrückt worden [107]. Zur Verwirklichung der ständischen Ordnung wie der autarken Nationalwirtschaft aber bedurfte es nach nationalsozialistischen Vorstellungen der übermächtigen regulierenden, kontrollierenden und dirigierenden Instanz des Staates, dem eine unbegrenzte Direktionsfähigkeit zugesprochen und für den die liberale Grenzziehung gegenüber den Bereichen der Wirtschaft hinfällig wurde.

Es fehlte auch in der Wirtschaft nicht an Skepsis; und es gab Stimmen, die bereits erkannten, daß von seiten der NSDAP »die gesamte Propaganda nur unter taktischen Gesichtspunkten geschieht und das Eigentliche verschwiegen wird« [108]. Es ist aber kaum zu bestreiten, daß mit dem raschen Anwachsen der NSDAP und dem Auf- und Ausbau ihrer weitreichenden Propagandamittel diese Partei gelegentlich von Persönlichkeiten der Wirtschaft als Wertobjekt genommen wurde, auch ohne daß das, was sie wirklich wollte, eindeutig und verbindlich offenlag. Man darf nach Schacht wohl annehmen, daß mehr als von der Vorstellung einer im Besitz der Staatsmacht befindlichen NSDAP von der »propagandistischen Kraft Hitlers« attraktive Wirkungen ausgingen [109]. In ihrem Propagandaaparat wurden letztlich die »ungeheuerlichen Chancen« der NSDAP innerhalb der deutschen Bevölkerung gesehen. Das aber provozierte auch die Absicht, die propagandistischen Vorstöße der NSDAP selbst zu regulieren und ihnen ihre gelegentliche Richtung gegen die Großindustrie oder andere Interessentenkreise der Wirtschaft zu nehmen, wie es im Sommer 1932 in der Gelsenberg-Affäre und im Herbst von seiten der I.G. Farben-Industrie geschah. Die Übernahme des Flickschen Aktienpaketes der Gelsenkirchener Bergwerksgesellschaft durch die Reichsregierung hatte starke Proteste auf seiten der linken wie der rechten Presse ausgelöst und in Süddeutschland sogar zu Volksdemonstrationen geführt. Auch die Ruhrindustriellen beklagten den Einbruch der »eisenschaffenden Ministerialräte« in ihr Revier [110]. Diese Erregung der öffentlichen Meinung, an der sich auch die Presse der NSDAP beteiligte, benutzte Hitler, um über Göring mit Flick, der vordem Brüning unterstützt hatte, in Beziehungen zu treten und ihm die Hilfe der NSDAP anzubieten [111]. Ähnliches wiederholte sich im Herbst, als eine Kampagne der nationalsozialistischen Zeitungen gegen die I.G. Farben-Industrie begann, wobei diesmal die Industrie selbst mit Hitler Verbindung suchte, um sich eine wohlwollende Neutralität seiner als gefährlich erkannten Presse zu sichern [112].

Im allgemeinen aber entstanden nach allem, was bisher erwiesen ist, unmittelbare Beziehungen zwischen NSDAP und Großindustrie nur spärlich und zögernd. Finanzielle Unterstützungen waren sicherlich noch nicht politischen Engagements gleichzusetzen; sie wechselten bei Gelegenheit, gingen wohl auch zu gleicher Zeit an mehrere politische Gruppen und waren in ihrer allgemeinen Bedeutung meist nicht viel mehr als Prämie oder Versicherungsgebühr an tolerierte und für regierungsfähig gehaltene Parteien. Die NSDAP erhielt infolgedessen vor ihrem großen Erfolg in der Herbstwahl 1930 wahrscheinlich nur von wenigen Stellen finanzielle Unterstützung. Die Zuwendungen von industrieller Seite konzentrierten sich auf die bürgerlichen Parteien von der Deutschnationalen und der Deutschen Volkspartei bis zur Deutschen Demokratischen Partei und zum Zentrum; von Friedrich Flick erhielten 1931/1932 sogar die Sozialdemokraten Zuwendungen [113]. Außerordentlich stark wurde während der Kanzlerzeit Brünings von Bergbau-Seite die von der DNVP Hugenbergs abgesplitterte Konservative Volkspartei unter der Führung von Treviranus »absolut und relativ je Kopf des Wählers ... subventioniert ... wie keine andere Partei vorher und nachher« [114]. Doch das Wahlergebnis von 1930 veranlaßte den Ruhrbergbau, den Großverdiener der deutschen Wirtschaft, auch die NSDAP in den Kreis der laufend unterstützten Parteien einzubeziehen. Seine Förderungsbeiträge gingen aber nicht unmittelbar an die Parteileitung, sondern an einige ihrer führenden Männer, so an Gregor Strasser [115] und später auch an Paul Schulz und an Funk, der auf Grund seiner langen wirtschaftsjournalistischen Tätigkeit viele umittelbare Beziehungen zu Persönlichkeiten der Wirtschaft besaß. Bis Ende 1932 wurde die NSDAP von den Spitzenverbänden des Bergbaus ähnlich unterstützt wie die anderen Parteien der Rechten [116]. Auch mit den Leistungen einzelner Industrieller und Konzerne stand es nicht wesentlich anders. Ebenso bemerkenswerte wie gewichtige Ausnahmen blieben indessen Emil Kirdorf und Fritz Thyssen, der nach seinen eigenen Angaben der Partei Hitlers ungefähr 1 Million RM zahlte [117]. Thyssen benutzte schließlich auch die Gelegenheit einer Rede des bekannten sozialdemokratischen Politikers Cohen-Reuß im Herbst 1931 vor dem Industrieclub in Essen, um einen Nationalsozialisten als Sprecher der Rechten durchzusetzen, an dessen Stelle sich dann Hitler selbst einstellte [118], der in seiner Rede vor diesem Gremium wiederholte, was die nationalsozialistische Propaganda allerorten vorbrachte – jedoch in geballter Form und in Worten radikaler Entschlossenheit [119]. Diese Rede enthielt in wirtschaftspolitischer Hinsicht nichts, was zu Hoffnungen berechtigte. Für den Fall, daß es einmal nach seinem und seiner Gefolgsleute Willen gehen sollte, konnte Hitlers Ankündigung, daß die »neue politische Führung . . . die Masse der Nation in die Faust zu nehmen« beabsichtigte, ebenso wenig Gutes verheißen wie die Alternative: »entweder neuen Lebensraum mit Ausbau eines großen Binnenmarktes oder Schutz der deutschen Wirtschaft nach außen unter Einsatz der zusammengeballten deutschen Kraft«, unter der Hitler im handgreiflichen Sinne nur »8 Millionen Reserven« verstand, die Deutschland, »ohne derselben weltanschaulichen Katastrophe entgegenzugehen wie im Jahre 1918, in die Armee überführen kann« [120]. Was Hitler eigentlich wollte, konnte nach dieser Rede kaum ungewiß sein: die totale Macht, zweifellos Rüstung und wahrscheinlich auch Krieg; sie bestätigte die schlimmsten Annahmen, was geschehen würde, wenn die Krise mit Hilfe eines nationalsozialistischen totalen Staates überwunden werden sollte. Sicherlich ging von dieser Rede nicht die Wirkung aus, daß der Industrieclub »mit fliegenden Fahnen in das Lager Hitlers geeilt« wäre [121]; es ist aber bemerkenswert, daß die 500 anwesenden Industriellen – aus Unentschiedenheit, Gleichgültigkeit, in heimlicher Angst oder aus was für Gründen auch immer – ihrem Redner zuhörten, ohne in einem eindeutigen Protest oder in Erwiderungen auszudrücken, daß sie die Wahl eines solchen Instruments zur Bewältigung der Krise, wie es die NSDAP anbot, verabscheuten. Dieser Auftritt Hitlers wurde infolgedessen zu seinem persönlichen Debüt vor einer größeren Zahl bedeutender Repräsentanten wirtschaftlicher Macht; seine Rede hielt Thyssen, den Initiator dieses Tages, nicht davon ab, mit offenem Bekenntnis in die Reihen der NSDAP einzutreten, und war daher im Endergebnis zweifellos ein politischer Erfolg Hitlers [122]. In diesem entscheidungsschweren Jahr 1932 konnte Hitler eine beispiellose Propagandakampagne bestreiten, im Flugzeug und im Auto zu fast 200 Kundgebungen eilen, um auf ihnen zu sprechen [123]; und in diesem Jahr vermochte die NSDAP eine rasch angewachsene Schuldenlast von 12 Millionen Mark zu liquidieren [124].

Verschiedentlich versuchten wirtschaftliche Interessenten über den Keppler-Kreis oder über andere Verbindungsleute der NSDAP, vor allem über Funk, ihrerseits auf die NSDAP Einfluß zu gewinnen. Bekannte Wissenschaftler und Praktiker bemühten sich im Frühjahr 1932 darum, die NSDAP für Pläne einer Geld- und Kreditreform einzuspannen [125] und boten sich als Mitarbeiter auf diesen Gebieten an; Schacht versuchte sogar, auf die parteioffizielle Programmgestaltung einzuwirken, indem er Hitler empfahl, »möglichst kein detailliertes Wirtschaftsprogramm zu bringen«, was er mit dem sachlich-taktischen Hinweis begründete, daß es kein solches geben könne, »worüber sich 14 Millionen [Wähler der NSDAP] einigen könnten. Wirtschaftspolitik ist keine parteibildende Kraft, sondern sammelt bestenfalls Interessenten« [126]. Man wird wohl nicht fehlgehen, wenn man darin den Versuch einer Ausschaltung ideologischer Elemente aus der Erörterung wirtschaftlicher Probleme innerhalb der NSDAP erblickt, der die Partei in ihrer politischen Zielsetzung auf den organisatorischen Staat abdrängen sollte – da er kein parlamentarischer sein sollte, also auf den Verwaltungsstaat. Der Staat war der Preis, der zu zahlen war.

Diesen Rat Schachts wollte die NSDAP-Führung aber doch nicht vollständig befolgen. Ein erneuter Umbau der Wirtschaftspolitischen Abteilung teilte am 17. September 1932 die Hauptabteilung IV in eine neue Hauptabteilung IV A für »Staatswirtschaft« und eine Hauptabteilung IV B für »Privatwirtschaft«. Der eigentliche

Zweck dieser organisatorischen Maßnahme lag darin, daß sie Funk zum gleichberechtigten Nebenmann des abgetakelten Ideologen Gottfried Feder machte, ohne daß auf die Federsche Propaganda verzichtet werden mußte. Feders Ressort »Staatswirtschaft« hatte allerdings noch nicht gänzlich ausgespielt. Die zweigleisige Fahrt zwischen ständischem und staatssozialistischem Programm wurde auch noch in dem »Wirtschaftlichen Aufbauprogramm« fortgesetzt, das Funk und Feder unmittelbar danach gemeinsam beschlossen und veröffentlichten und das den Gedanken einer »nationalen Wirtschaft« auf der Grundlage »nationalen«, d. h. immobilen Kapitals – in erster Linie des bebaubaren, von allen verpflichtenden Beziehungen zum »internationalen Kapital« entlasteten Bodens – am weitesten ausspann [127]. Sein Inhalt bestand aus wenigen Komplexen, mit denen die NSDAP ihre Opposition gegen die Maßnahmen der Regierung Papen bezeugte und ihr Ziel als eine »grundlegende Umgestaltung des politischen und wirtschaftlichen Systems« deklarierte. Ihre eigene »Totallösung« betraf vor allem zuerst den Staat – denn »die politische Führung muß der Wirtschaftsführung« nach Überzeugung beider verantwortlicher Verfasser dieses Programms erst »die Bahn freimachen für eine durchgreifende Erneuerung« –, danach zunächst die Landwirtschaft im Sinne der »Stärkung der nationalen Volks- und Bodenkräfte«, dann das Geld- und Kreditwesen und die Außenwirtschaftsbeziehungen. Die Landwirtschaft wurde nun vollends zum wirtschaftlichen Zentralstand erhoben, der die Struktur der gesamten Volkswirtschaft und das Wesen der wichtigsten wirtschaftspolitischen Maßnahmen bestimmte: Zinssenkung, Steuerminderung, Beschränkung auf den Binnenmarkt, Getreidebewirtschaftung, Absatzschutz für agrarische Produkte und demgegenüber: Beseitigung des »raffenden« Bank-Börsenkapitals durch Verstaatlichung, binnenwirtschaftliche Kreditschöpfung großen Stils zur Arbeitsbeschaffung, Reduzierung der Auslandsverpflichtungen, Devisen- und Außenhandelskontrolle, weiter Generalumschuldung der gesamten Wirtschaft durch Zentralisierung der Schuldverhältnisse, Zentralisierung des Hypothekarkredits, Schaffung »neuer nationaler Industriezweige«, einer »nationalen Verkehrswirtschaft« und einer zentralisierten Energiewirtschaft. Das war ein durch und durch »nationales« Wirtschaftsprogramm; der Sinn des Wortes »national« war gleichbedeutend mit Zentralisation in den Händen oberster Reichsbehörden. Die Propaganda wandte sich an die Wirtschaft, ließ aber mit zunehmender Klarheit erkennen, daß der organisatorische Staat in den Mittelpunkt der Relationen rückte, indem sie wieder zu ihrem Modus zurückkehrte, »daß jede Wirtschaftssanierung« eine »weitgreifende Änderung der Reichs- und Staatsverwaltung sowie der kommunalen und der berufsständischen Selbstverwaltung« verlange.

Man kann verstehen, daß diese Programmatik und Propaganda das Sicherungsbedürfnis der sozialisierungsängstlichen Großindustrie keineswegs befriedigten und infolgedessen zu einer Festigung ihrer Beziehungen zur NSDAP noch nicht beitrugen. Die Lage änderte sich jedoch nach der für die NSDAP wenig erfolgreichen Reichstagswahl vom November 1932, wie die Bemühungen um eine Petition der Industrie an den Reichspräsidenten erkennen lassen, in der Hindenburg um »die Übertragung der verantwortlichen Leitung eines mit den besten sachlichen und persönlichen Kräften ausgestatteten Präsidialkabinetts an den Führer der größten nationalen Gruppe« ersucht wurde [128], obgleich Keppler, einer der Initiatoren dieses Schreibens, das mit dem Einverständnis von Papen zustande kam, den Winterbeginn für einen »wenig geeigneten Zeitpunkt zur Übernahme der Regierungsführung« hielt und eine kurze »nochmalige Zwischenlösung« vertrat, »die sicher mit einem Fiasko enden« und »eine weitere Stärkung der Position Herrn Hi[tlers] bedeuten« würde [129]. Während in diesen letzten Wochen des Jahres 1932 Finanzen und Zuversicht der NSDAP auf den Tiefstand sanken und die Partei von der inneren Spaltung bedroht wurde [130], entschloß sich erstmals eine Gruppe wirtschaftlicher Interessenten zu einem eindeutigen Versuch, diese Krise der NSDAP zu überbrükken, der in Anbetracht der allgemeinen innerpolitischen Situation und der Entwicklung, die die NSDAP bis dahin genommen hatte, besondere Beachtung verdient. Blieb auch die Zahl der Petenten kleiner, als die Initiatoren erwartet haben mochten [131], so hatte Hitler doch eine Gruppe gefunden, die die Unterstützung der NSDAP jetzt als eine »Sache von besonderer Dringlichkeit« betrachtete und die sich zu diesem Zweck auch der Hilfe des gestürzten Kanzlers Papen versicherte. Zweifellos lag diesen Entschlüssen die Absicht zugrunde, Schleicher möglichst bald durch einen anderen Reichskanzler zu ersetzen, da die labile Schwerindustrie von ihm schon wegen der Arbeitsbeschaffungspläne mehr befürchtete als Günstiges erwartete. Die November-Eingaben gehören daher auch zur Vorgeschichte der berühmten Aussprache zwischen Papen und Hitler, die im Kölner Haus des Frhrn. v. Schröder am

4. Januar 1933 zwischen den beiden Hauptpartnern der künftigen Reichsregierung Hitler stattfand [132].

Der Schritt des nach politischen Sicherheiten suchenden Großkapitals von der Abdämmung gegen die revolutionäre Welle, die in Gestalt der größten, militanten Massenpartei mit der Zuspitzung der Krise nach vorn drängte, zur Ablenkung in die Richtungen eigener politischer Wünsche und Vorstellungen läßt sich kaum noch ausmachen; so sehr ging an der Jahreswende 1932/33 das eine in das andere über. Eine kritische Bewertung dieses Verhaltens namhafter Industrieller zwingt selbst unter Berücksichtigung der zweifellos schwierigen wirtschaftlichen Lage im Jahre 1932 zu einem Rückschluß auf die unzureichende Treffsicherheit in der politischen Einschätzung des Kommenden. Darin zeigt sich das tragische Ausmaß der Wandlungen, denen das große Unternehmertum im Verlaufe zweier Menschenalter unterlegen hatte und die mit gewaltigen Verlusten an politischen Gesinnungen und an politischen Traditionen einhergegangen waren. Auch wenn man dem Effekt der finanziellen Unterstützungen, die die NSDAP erhielt – abgesehen von der Kassenhilfe im Dezember 1932, die zweifellos vorübergehend erheblich ins Gewicht fiel, allerdings noch keineswegs den weiteren Aufstieg der NSDAP erklären kann–, keinen entscheidenden Rang zubilligen möchte, so wird doch die Feststellung unumgänglich, daß der sichtliche Mangel an ergebnisreichen politischen Initiativen und dann bald nach dem 30. Januar 1933 das widerstandslose Einschwenken in die politische Richtung des neuen Regiments dem deutschen Kapitalismus das schlechteste Zeugnis ausstellen. Um ein wirtschaftliches System aber, das seinen Prinzipien nach auf die individuelle Freiheit wie auf die individuelle Originalität der Unternehmenden abgestimmt war, konnte es nicht gut bestellt sein, sobald die führenden Persönlichkeiten im wirtschaftlichen Leben den Sinn dafür und auch die Fähigkeit verloren hatten, das politische Szenarium zu beherrschen. Der scheinbare Ausweg mit einem einzigen Gewalthaber, dem »Mann aus Millionen«, den man sich »engagiert« zu haben glaubte, war nichts anderes als ein Ausweis solcher Mangelerscheinungen im politischen Sektor des von Fachleuten gelenkten Lebens. Er bezeugte das weithin anzutreffende Fehlen politischen Empfindens und politischen Urteilsvermögens, so daß die Situation, ihre Möglichkeiten und Unmöglichkeiten im ganzen unerkannt und unbewußt blieben. In Wirklichkeit begaben sich auch die Mächtigen der Wirtschaft unbewußt ihrer Freiheiten und gerieten innerhalb eines neuen, in der Umwälzung begriffenen, noch ungeformten Staates, den sie im vorhinein ohne Widerspruch akzeptierten, in ein Abhängigkeitsverhältnis von unbestimmbaren Mächten und von einer Bewegung, die sich des undeutlich artikulierten radikalen Protestes nur begeben hatte, weil sie einem undifferenzierten Willen zur politischen Macht gehorchte.

4. Organisationspläne für den totalen Staat der NSDAP

Es ist ein bemerkenswerter, wenn auch keineswegs verwunderlicher Sachverhalt, daß die NSDAP entgegen ihrer verhältnismäßig frühzeitigen Anteilnahme an ständestaatlichen Erörterungen vor 1933 niemals Interesse für die vielfältigen Bestrebungen zur Reichs- und Verwaltungsreform zeigte, die einen wichtigen Platz in der Geschichte der Weimarer Republik einnahmen. Sie gingen vom bestehenden Verfassungsrecht aus und folgten in der Hauptsache – weniger allerdings in den Seitenzweigen einer »konstitutionellen Reform« vornehmlich nach deutschnationalen Plänen oder einer großdeutsch-föderalistischen Reform nach den Vorstellungen des Reichsbundes deutscher Föderalisten – dem Gesichtspunkt der Änderung unter möglichst schonender Behandlung der Reichsverfassung und versagten infolgedessen der nationalsozialistischen Propaganda die Chance eines totalen Angriffs auf den parlamentarischen Verfassungsstaat. Das nationalsozialistische Interesse an Reformerörterungen, das niemals auf die revolutionäre Attitüde verzichtete, setzte erst bei solchen ständestaatlichen Projekten ein, die geeignet schienen, die vorhandene Rechts- und Staatsordnung radikal in Frage zu stellen und den pluralistischen Staat in einen totalen Staat umzuwandeln. Repräsentanten wirtschaftlicher Interessen übten häufig Kritik an der Finanz-, Außen- und Sozial- und Wirtschaftspolitik der Republik und nicht viel weniger an wesentlichen Bestandteilen der Staatsordnung selbst wie an der Praxis, Personalausstattung und Ausgabenwirtschaft der öffentlichen Verwaltung und an parlamentarischen Einrichtungen und Parteien. In den späteren Jahren führte die Neigung, die Krise der Wirtschaft mit der politischen Krise in Verbindung zu bringen, dazu, auch Diskussionen und Projekte wirtschaftspolitischer und wirtschaftsorganisatorischer mit solchen allgemein politischer Art der Staats- und Verfassungsordnung aufs engste in Zusammenhang zu bringen, was eben den eigentlichen Anziehungspunkt und Einmischungsgrund für nationalsozialistische Ideologen und Propagandisten bildete. Im stillen entstanden im Verlaufe dieser letzten Phase vor der Regierungsbetrauung Hitlers einzelne Pläne, die zwar niemals von der Parteiführung offiziell sanktioniert, nichtsdestoweniger aber später als nutzbares Material angesehen und verwendet wurden, um das Vakuum an artikulierten Vorstellungen für den Aufbau eines nationalsozialistischen Staates auszufüllen, die die Organisation und Handhabung der Staatsgewalt ermöglichen sollten.

Zu den Überläufern des Frühjahrs 1932, die der schärfergehende politische Wind von den Deutschnationalen zur NSDAP getrieben hatte, gehört auch Hans Pfundtner, ein ehemaliger Beamter des Reichswirtschaftsministeriums mit dem Titel eines Geheimen Regierungsrates, der seit Jahren als Vertrauensmann Hugenbergs eine Tätigkeit nach vielen Seiten entfaltete – unter den Berliner Stadtverordneten, als erster stellvertretender Präsident des Nationalen Klubs, als Autor politischer Artikel in der Rechtspresse, als Vertrauensmann deutschnationaler Ministerialbeamter wie als Mittelsmann zu Kreisen der Wirtschaft – und der später mit dem Herzog Carl Eduard von Coburg in enge Beziehung kam, jenem begüterten, mit Ehrenämtern in zahlreichen politischen und halbpolitischen nationalen Organisationen überhäuften einstigen Landesfürsten und Stahlhelmführer, der 1932 auch in der Gesellschaft zum Studium des Faschismus und im Nationalen Klub präsidierte und der dann während der Kanzlerkrise vom November, von Pfundtner veranlaßt, Hitler »jede Vermittlertätigkeit ... uneingeschränkt zur Verfügung« stellte [133]. Pfundtner bot seine Dienste Funk, Göring, Strasser, Goebbels und Keppler an und empfahl sich als Fachmann für »das Gebiet der Reichsverwaltung und der Handels- und Wirtschaftspolitik« und als Vermittler zu hohen Ministerialbeamten, zu Industriezweigen und Verbänden [134]. Sein Verlangen nach Würden und Mandaten stand hierbei seinem Tätigkeitsbedürfnis in nichts nach und blieb bis zum 30. Januar 1933 auch ebenso fruchtlos. Da Funk nur geringes Interesse an Pfundtners Vorschlägen zeigte, sandte er sie mit Unterstützung des aktiven Ministerialrats Lammers, der ebenfalls dem Vorstand des Nationalen Klubs angehörte, an Göring, um dessen Aufmerksamkeit auf die Personalpolitik zu lenken, ein bevorzugtes Steckenpferd Pfundtners, der auf diesem Gebiet sowohl eingehende Kenntnisse als auch hemmungslose Kritik an den bekanntesten Persönlichkeiten der leitenden Beamtenschaft in den wichtigsten Ministerien an den Tag legen konnte [135]. Höchst persönliche Interessen und sachliche Auffassungen dürften hier wie bei anderen Projekten, mit denen sich Pfundtner zur Geltung zu bringen suchte und die sowohl die politische Verwendung des Rundfunks [136] wie die Reform der Finanz- und Zollverwaltung [137] betrafen, ineinander übergegangen sein. Er legte es darauf an, sich zum Fürsprecher eines konservativen Berufbeamtentums zu machen, dem er nach Entfernung der »Parteibuchbeamten« eine »wohlwollende Einstellung der [nationalsozialistischen] Bewegung« sichern wollte [138]. Diese »Säuberung des Verwaltungsapparates und die damit verbundene Wiederaufrichtung eines fachlich vorgebildeten, verantwortungsfreudigen und national eingestellten Beamtentums« nahm unter seinen Vorschlägen den ersten Rang ein und wurde bis in Einzelheiten ausgeführt. Pfundtner gab sich keineswegs mit Personalveränderungen in der Kategorie der politischen Beamten zufrieden, denen in Preußen gegen Ende des 19. Jahrhunderts die aktive Vertretung der Regierungspolitik als besondere Pflicht auferlegt und die zu Beginn der Ära von Weimar wesentlich erweitert worden war [139] und teilweise recht häufigen Personalwechseln unterlegen hatte; sondern es war ihm um eine weitreichende »Entpolitisierung« des Beamtentums und Wiederherstellung eines Berufsbeamtentums alter Vorstellung zu tun, die er durch abgestufte, radikal gegen links gerichtete Maßnahmen erreichen wollte. »Angehörige der marxistischen Parteien« sollten »nicht einen Tag länger Dienst tun« und sofort – unter dem Vorbehalt einer gesetzlichen Regelung ihrer finanziellen Ansprüche – aus sämtlichen Ämtern, Beamte, die der Demokratischen Partei (Staatspartei) angehörten, aus allen politisch wichtigen Posten entfernt werden; hierzu rechnete Pfundtner alle Staatssekretäre, die Ministerialdirektoren in den politisch wichtigsten Ministerien [140], außerdem eine Reihe anderer leitender Beamter und Behördenchefs in Preußen [141] – die Oberpräsidenten, Regierungspräsidenten, Vizepräsidenten, Polizeipräsidenten und Landräte – und im Bereich der Justiz im Reichsgericht, in der Reichanwaltschaft, im Reichsfinanzhof und in den leitenden preußischen Stellen der Staatsanwaltschaft und des Strafvollzugs, während er im übrigen noch die Unabsetzbarkeit der Richter grundsätzlich respektierte. Gegen Zentrumsangehörige war nach Pfundtners Meinung, »solange an eine Koalition mit dieser Partei gedacht werden muß, nicht viel zu machen«; immerhin aber hielt er dafür, daß »der Versuch gemacht«

würde, die »Gewerkschaftler pp. ohne fachliche Vorbildung« unter beamtenrechtlichen Begründungen nach und nach aus ihren Ämtern zu entfernen.

Man erkennt hierin die erste Vorbereitungsstufe des Beamtengesetzes vom 7. April 1933; allerdings hatte Pfundtners Plan noch keine antisemitische Note. Offensichtlich wünschte er zwar einen radikalen, aber doch keinen durchgehenden Personalwechsel in diesen Ämtern, der mit einem unübersehbaren raschen Personalschub verbunden gewesen wäre, also zu rascher Ergänzung gezwungen und infolgedessen viele Gefahren für Pfundtners »Säuberungs«-Idee gebracht hätte. Vielmehr glaubte Pfundtner, einen großen Teil von leitenden Stellen durch Verwaltungsvereinfachungen, durch Zusammenlegung von Reichsministerien [142] und Ministerialabteilungen, durch Personalunion zwischen verschiedenen Ämtern, zwischen Reichs- und preußischen Ministerien und gar völlige Auflösung einiger Ämter und zweier preußischer Ministerien [143] einsparen zu können, wie aus dem zweiten Teil seiner Vorschläge hervorging. Überdies empfahl er, die Bedeutung der Ministerämter und des Reichskabinetts als Ganzem zugunsten des Reichskanzlers als »Vorgesetztem« dadurch zurückzuschrauben, daß einige Ministerien nur noch der Leitung von Staatssekretären anvertraut und daß ein besonderes Geschäftskabinett [144] und zur Beschlußfassung, in den wichtigsten politischen Angelegenheiten von ihm unabhängig, ein Direktorium geschaffen werden sollten.

Im ganzen waren die Vorschläge Pfundtners für die NSDAP etwas gänzlich Neuartiges. In ersten groben Umrißlinien ließen sie die Organisation eines autoritären Staates erkennen, die bisher im einzelnen nie zur Erörterung gestanden hatte. Sie rückten die Reichsverwaltung in den beherrschenden Vordergrund des nationalsozialistischen Staates und teilten selbst innerhalb der Reichsregierung nochmals die eigentlich politische Entscheidungsgewalt von den Verwaltungszuständigkeiten ab, um sie erst wieder in einer Doppelfunktion des Reichskanzlers als obersten Chefs der Exekutive und als politischen Führers zu vereinigen. Damit rückte das Beamtentum in den Vordergrund des Planes und wurde die Frage einer nationalsozialistischen Staatsorganisation in erster Linie zu einer Frage der radikalen Nationalisierung des Beamtentums, die Pfundtner durch eine vollkommene Beschränkung auf die konservativ-nationalen Teile des alten Beamtentums lösen zu können glaubte, dem nun das Heft in die Hand gegeben werden sollte. Um sie den parlamentarischen und kommunalen Einflüssen und Kontrollen zu entziehen, hatte die NSDAP nach Pfundtners Vorschlägen »im Reich und in Preußen ... sofort Neuwahlen zu erzwingen« und »möglichst schnell in den Provinzial- und Kommunalverwaltungen den marxistischen Einfluß zu brechen«. Damit hatte er die Grundzüge einer künftigen »Machtergreifung« aufgezeichnet; die weiteren Fragen unterließ er vorerst zu erörtern.

Wenn es auch nicht scheint, daß die Niederschriften Pfundtners bei ihren Adressaten schon sogleich verbindliches Interesse hervorgerufen haben, so kam seinen Plänen doch ein bedeutsamer Anteil an den Anfängen der totalitären Staatsorganisation zu. Andere Teile entstammten einer Wurzel, die auf die Münchener Parteileitung der NSDAP zurückführte. Die Organisation der Reichsleitung war zwar keineswegs definitiv; sie war häufig in Veränderung begriffen und so stark vom Persönlichen und Taktischen her bestimmt [145], daß sie im Augenblick der »Machtergreifung« weder eine nennenswerte Personalauslese zur Verfügung stellen konnte noch politische Pläne und Vorbereitungsarbeiten bereithielt. Soweit solche in der Rechtsabteilung oder in der Innenpolitischen Abteilung im Organisationsbereich Strassers entstanden waren, wurden sie erst verspätet und auf Umwegen nach außen hin bekannt. Der Hauptanteil entfiel auf zwei ehemalige preußische Beamte, Nicolai und v. Heydebrand und der Lasa, die den Staatsdienst quittiert und in der NSDAP-Reichsleitung Tätigkeit und Lebensunterhalt gefunden hatten [146]. In den Jahren 1931/32 fertigten sie Gesetzesvorschläge, Denkschriften und Verordnungsentwürfe an, die eine Anzahl charakteristischer Themen der späteren nationalsozialistischen Gesetzgebung behandelten, so daß die anfangs wenig beachteten Arbeiten dieser ehemaligen Beamten, die in ihren Laufbahnen gescheitert waren und sich innerhalb ihrer Partei keines sonderlichen Ansehens erfreuten, sondern häufig wie Außenseiter betrachtet wurden, als eine, wenn auch primitive Grundlage der Gesetzgebung des nationalsozialistischen Staates gelten können [147]. Sie erstreckten sich über mehrere Gebiete, waren offensichtlich wenig systematisch angelegt, jedoch nach der Seite einer rechtsförmigen Grundsatzregelung zur Denaturalisierung und Deklassierung des jüdischen Bevölkerungsteiles exzessiv vorangetrieben worden in Gestalt zahlreicher Denkschriften und Gesetzentwürfe zur »Ausscheidung von Juden und sonstigen Fremdstämmigen aus dem deutschen Volke« oder über die »Ausweisung der Ostjuden«, über eine Trennung von Reichsangehörigkeits- und Staatsbürgerrecht, über ein »Reichsjudengesetz« oder ein »Minderheitengesetz« oder über die »Einbürgerung deutscher Schutzgenossen«, die ein rechtes Schlaglicht auf Ausmaß und Ziele des nationalsozialistischen Antisemitismus werfen. Sie wollten selbst die fragwürdigen Konsequenzen einer pseudowissenschaftlichen »Rassenzucht« berücksichtigen und sahen schon die Einrichtung von »Sippenämtern«, die Förderung der Blutgruppenforschung (!), Sterilisationsbestimmungen und sogar eine »Strafreform [!] vom rassenhygienischen Standpunkte aus« vor [148]. Sachkenntnis, Dilettantismus und ideologische Subversion scheinen sich bei diesen Plänen in eigentümlicher Weise vereinigt zu haben, ohne eine bestimmte Richtung zu finden. So entstanden daneben Vorschläge für eine neue Reichsverfassung, für eine territoriale Neugliederung, zur Einsetzung von Sondergerichten [149], für eine Gerichtsreform, ein neues Kommunalrecht, zur Schaffung eines gebundenen Bodenerbrechts und »zur Gestaltung des deutschen Getreidehandels mit dem Ziele, die Preise in gleicher Höhe zu halten« [150]. Auch dem Berufsbeamtentum wurde eine wichtige Rolle zugedacht; ein Gesetzentwurf für die »Wiederherstellung des Rechtszustandes« sollte die Revision »aller Staatsakte« seit 1918, namentlich auf den Gebieten des Beamtenrechts und der Personalpolitik, erlauben und die »Ab- und Rückversetzung« von Beamten auch entgegen ihren wohlerworbenen Rechten legalisieren. So sehr sich an dieser Stelle die Vorhaben Nicolais und Pfundtners berührten, so sehr schieden sie sich doch auch wieder im Grundsätzlichen; denn Pfundtner wollte praktisch auf eine erhebliche Ausweitung der Kategorie der »politischen Beamten« hinaus, Nicolai jedoch auf eine allgemeine und grundsätzliche Lockerung der Rechtsverhältnisse.

All diesen Vorarbeiten wird man nicht den Charakter eines einheitlichen Organisationsplanes nachsagen dürfen. Einen solchen gab es weder innerhalb noch außerhalb der NSDAP, sondern nur Teilprojekte mit keineswegs übereinstimmenden Zielrichtungen. Der totale Staat des Nationalsozialismus erwuchs bei weitem nicht allein aus Vorstellungen und Plänen, sondern nicht minder aus einer teilweise meisterlichen Schaffung und Ausnutzung günstiger Opportunitäten, die wohl mit mancher Vorstellung, die die Propaganda erzeugte, in Widerspruch geriet, jedoch auch immer wieder in eklektischer Weise Pläne und Projekte heranzuziehen und zu nutzen suchte. Die Organisierung des nationalsozialistischen Staates war daher kein Vorgang nach politisch-technischen Normen der größten Zweckmäßigkeit, sondern durch verschiedene ideologisch-propagandistische Momente bestimmt, durchsetzt und verwirrt, der infolgedessen auch nur wieder durch Rücksicht auf Individualität und Begrenzung dieser Momente entwirrt werden kann, obgleich eine gewisse Gewöhnung eingetreten ist daran, die *dramatis personas* der Ära des Nationalsozialismus ohne viele Nuancen zu sehen, was freilich angesichts der nur wenige Nuancen kennenden Endphase des nationalsozialistischen Staates verständlich, scheinbar auch beinahe berechtigt ist.

B. Institutionelle und revolutionäre Grundlegung der Diktatur

1. Der dauernde Ausnahmezustand und die Diktatur der Reichsregierung

Der »Maßnahmestaat« wäre nicht ohne das positivistische Ordnungsprinzip denkbar gewesen, die »Gleichsetzung allen Rechts mit dem staatlich gesetzten Recht«, »die nahezu unangreifbare Grundlage der deutschen Rechtswissenschaft von der Begründung des Reiches bis zum Untergang der Monarchie« [151]. Mit dem Entschwinden dieses »Höhepunktes des Rechtspositivismus« [152] nach Zusammenbruch und Beseitigung des monarchischen Staates gerieten auch die vertrauten Grundlagen des Rechts ins Schwanken – ein folgenschwerer Vorgang, der zwar die Rechtswissenschaft und Rechtsphilosophie in großartigen Denkvorgängen miteinander verband, jedoch die Sicherheit der materiellen Rechtsverhältnisse zunehmend gefährdete. Es ist sogar ein »Merkmal der modernen Gesellschaft« genannt worden, »daß sie einen gemeinverbindlichen Begriff der materiellen Gerechtigkeit« nicht habe [153]. So sehr übersteigert diese Behauptung auch sein mag, so weist sie doch in die Richtung, aus der die Gefährdung des Rechts herkommt, und läßt sie indirekt den Grund für das eigene Festhalten an positiven Rechtsnormen erkennen: in der verzweifelten Gegenwehr der Verteidiger des Bestehenden, die möglichst viel des Gestrigen in die jeweilige Gegenwart hinüberzuziehen und zu behaupten trachten [154]. Aus dieser Periode der Monarchie übernahm die Jurisprudenz einen transplantierten Positivismus, den sie in eine Lehre vom gerade jeweils geschaffenen Recht und der daraus folgenden Nutzanwendung umzuwandeln und mit dem Bekenntnis zur Verfassung als einer jeweils bis auf weiteres verpflichtenden Norm zu verbinden und zu bewältigen versuchte. Oder sie bemühte sich um einen Halt in rechtsphilosophisch-soziologischen Kategorienlehren; oder fand zu einem historisch-soziologischen Kritizismus, so daß unter dem Einfluß romantischer Stimmungen und mit den Mitteln logischer Deduktion ein politischer Dezisionismus als die illegitime Nachgeburt des Positivismus zutage kam, der nun ein merkwürdiges Bündnis von Jurisprudenz und nationaler Revolution ermöglichte, das sich in dem Schlagwort von der »legalen Revolution« verdichtete und zu den bemerkenswertesten Erzeugnissen einer exogenen Propaganda zugunsten des Nationalsozialismus zählt. Niemand beschrieb und interpretierte den liberalen Rechtsstaat mit so gründlicher Aversion und Konsequenz wie der engagierte Kritizismus Carl Schmitts. Er verfügte über einen eigenen Verfassungsbegriff, der im Grunde nichts mit dem des parlamentarischen Interessenstaates gemein hatte, sondern sich auf die Vorstellung des »homogenen« Volkes gründete, dem nur in romantischer Verklärung schönen Idealbild der einheitlichen nationalen Volksgemeinschaft, die sich gleichsam als handlungsfähige Einheit darstellt wie die »Nation« oder das »Volk« nach den Begriffen des romantischen Nationalismus. Hier knüpften sich unsichtbare Fäden zwischen der anwachsenden NSDAP und dem Strom der antiliberalen, antidemokratischen, oppositionellen Ideologien einer nach Grundlagen und Zielen differenzierten konservativen »Revolution« [155], die in den späteren Jahren der Weimarer Republik auch die Staatslehre zu ergreifen und zu durchdringen begann. Das unter Berufung auf Rousseau begründete Prinzip der nationalen Homogenität als einziger Konzeption wahrhafter Demokratie, das die bürgerlichen Freiheiten und Menschenrechte als vage Programme und den Pluralismus der Republik als Störungen und Gefährdungen ihrer Substanz erachtete [156], bildete die erste Grundlage einer Staatslehre, die dem nationalsozialistischen Staat nutzbar wurde. Die stilisierte verbale Einheit des Unvereinbaren führte hier wie in anderen Bereichen geistigen Lebens dazu, daß jede Kontrolle über die soziale Realität verlorenging und dem um sich greifenden Nihilismus, sofern er überhaupt erkannt wurde, nichts entgegengesetzt werden konnte.

Die Waage zwischen den nicht von Haus aus nationalsozialistischen Bestandteilen des totalen Staates und den aus den Zellen der nationalsozialistischen Partei entwickelten Kräften war wechselnden Belastungen ausgesetzt und lange Zeit, will man von einer verhältnismäßig kurzen Phase indifferenter Beruhigung 1936/37 absehen, keineswegs ausgeglichen, ehe das übermächtige Gewicht der SS-Organisation im Endabschnitt der Ära sie einseitig zu Boden drückte. Aber selbst das gesonderte, vielgliedrige Herrschaftssystem der SS-Führung, das im totalen Staat heranwuchs, war weder identisch noch eine Weiterbildung des Kreises und der Ideologie der »alten Kämpfer«, die 1933 in zahllose Ämter einrückten, so daß es anfangs sogar schien, sie hätten den Staat für sich allein erobert. Im übrigen ist bekannt, wie sehr es im zeitweiligen Widerstreit mit der SA stand und daß sein Unterfangen, die Macht in diesem Staat zu erringen, mit dem Verlust der Machtstellung der SA zusammenfiel. Die anfänglich konstituierenden Elemente des autoritären Staatssystems vom Frühjahr und Sommer 1933 – konservative Kräfte, die Rechte außerhalb der NSDAP, Deutschnationale und Stahlhelmer, die Nationalsozialisten selbst, die Überläufer verschiedener Färbung und die Zuläufer aus Resignation – haben sich in den Wandlungsphasen des totalen Staates ausnahmslos selbst wandeln müssen.

Das Duumvirat Hitler–Papen, das als Spitze eines Präsidialkabinetts für Papen dank seiner besseren Beziehungen zu Hindenburg sicherlich eine überlegene Stellung gegenüber Hitler bereitgehalten hätte, verwandelte sich binnen weniger Wochen in eine übermächtige, unbestrittene Kanzlerschaft Hitlers. Papen wiederholte im Grunde schlimmer und verhängnisvoller seinen großen Irrtum des Vorjahres, die Präsidialkonstruktion in Verbindung mit einer plebiszitären Mehrheit – was eine »Rückdemokratisierung von rechts« genannt wurde [157] – für ein gesichertes politisches System und sich selbst für die Zentralfigur darin zu halten. Er verkannte die offensichtliche Möglichkeit der Nationalsozialisten, die gewohnten Bahnen aus eigener Kraft zu verlassen und ein neues System zu begründen, in dem die Macht der NSDAP weit besser zur Geltung kam; diese Unterschätzung der Potenzen der braunen Massenpartei teilte er freilich mit manchem anderen zeitgenössischen Politiker.

Hugenberg forderte schon in der ersten Sitzung des neuen Kabinetts die Unterdrückung der KPD und hielt als erster ein Ermächtigungsgesetz für notwendig [158]. Am nächsten Tage trat Vizekanzler v. Papen dafür ein, letztmalig eine Reichstagswahl abzuhalten, nicht um den Reichstag mit einer Mehrheit für die neue Reichsregierung funktionsfähig zu machen, sondern um eine Rückkehr zum parlamentarischen System ein für alle Male zu verhindern [159]. Diese Absicht ging gewiß weit über die Notwendigkeit der Regierungsbildung vom 30. Januar hinaus, an die die nichtnationalsozialistischen Reichsminister glaubten [160]. Graf Schwerin v. Krosigk empfahl eine Vertagung oder eventuelle Auflösung der Reichstagsausschüsse, um die Reichsregierung vor den Folgen der für sie ungünstigen Stimmenverhältnisse zu bewahren. Die um Sinn und Inhalt der geltenden Reichsverfassung gänzlich unbekümmerte Abwertung der vorgeschlagenen Reichstagswahl zum einmaligen Plebiszit nach dem schließlich von Hitler formulierten Kompromiß, zwar einen neuen Reichstag zu schaffen, indessen die Regierung ohne Rücksicht auf das Wahlergebnis in ihrer Zusammensetzung zu belassen und unter keinen Umständen zur parlamentarischen Regierungsweise zurückzukehren, wurde jedoch allgemein akzeptiert [161].

Am gleichen Tage regte Hugenberg die vollständige Beseitigung der »Hoheitsregierung« Braun in Preußen an, um dort endgültig eine eindeutige Lage zugunsten der Reichsregierung zu schaffen; eine solche Entscheidung glaubte er vor allem dem Bedürfnis der preußischen Beamten nach uneingeschränkter Autorität der Kommissarsregierung schuldig zu sein. Und es war der Staatssekretär Meißner, der sofort eine Auflösung des preußischen Landtages mit Hilfe einer Notverordnung des Reichspräsidenten nach Artikel 48 der Reichsverfassung anriet, während Papen eine Lösung wünschte, die den Reichspräsidenten in den Besitz einer präsidialen und diktatorischen Stellung innerhalb Preußens gesetzt hätte, ohne jedoch damit durchzudringen [162]. Man war sich noch kaum über die Wege einig, die hier eingeschlagen werden sollten, als Göring schon zwei Tage später auch gleich die Auflösung und Neuwahl der Gemeinde- und Provinzialvertretungen vorschlug [163], so daß nun schon eine vollständige Umwälzung des gesamten Legislativ- und Exekutivkörpers Preußens an Haupt und Gliedern zu erwarten war. Und der nationalsozialistische Reichsinnenminister Frick wollte nicht nur in Preußen, sondern gleichzeitig in Sachsen, Baden, Braunschweig, Bremen und Schaumburg-Lippe, wo noch in diesem Jahr gesetzmäßig Wahlen abzuhalten waren, die Landtage durch Notverordnung auflösen und Neuwahlen für den 5. März ansetzen [164]. Einstweilen rechneten die Nationalsozialisten noch nicht mit einem Faktor »Zeit« zu ihren Gunsten; sie begnügten sich mit der Konjunktur des Augenblicks, die sie für ihre Zwecke weidlich ausnutzten. Der bürokratische Schematismus ihres politischen Eroberungszuges bildete eine merkwürdige Ergänzung zu den lokalen Ausbrüchen des Terrors. Taktische Raffinesse bewies im Anfang einzig Hitler.

Es war Hitler, der im Widerspruch zu seinem Reichsinnenminister die vorgesehene Präsidialverordnung »zum Schutze des deutschen Volkes« um einen Abschnitt »Schutz gegen Gefährdung lebenswichtiger Unternehmungen« kürzte, wohingegen Papen die Aufnahme einer zusätzlichen Strafbestimmung gegen politische Beleidigungen erwirkte [165]. In der Tat schien in den ersten Tagen seiner Regierung der nationalsozialistische Kanzler nur mit Umsicht zu besorgen, wozu er »engagiert« worden war. Bei den Meinungsverschiedenheiten, die innerhalb des Kabinetts in wichtigeren Fragen auftauchten, vermochte er aber seine Stellung zusehends zu verbessern. Vermutlich wußte es Hitler schon vorher – jedenfalls konnte er sich rasch den Umstand zunutze machen –, daß die Reichsminister, die nicht Nationalsozialisten waren, der Gemeinsamkeit und der Einigkeit ermangelten, daß die meisten nur die Gesichtspunkte ihrer Ressorts vertraten, daß einige zwar abweichende politische Ziele und Absichten verfolgten, jedoch zu einer gemeinsamen Widerstandsleistung im Grunde unfähig waren. Hitler war klug genug, sich anfangs Zurückhaltung aufzuerlegen und sich nicht sofort auf sein buchstäbliches Recht zu stützen, das ihm bei dem Verlust des Parteienkoalitionscharakters der Reichsregierung in beispielloser Weise zunutze kam: die Richtlinien der Politik zu bestimmen und im Kabinett bei Meinungsverschiedenheiten das entscheidende Votum abzugeben. Eine solche Praxis schon im Anfang hätte vermutlich das Risiko einer Gefährdung des Zusammenhalts seines Kabinetts mit sich gebracht. Hitler bemächtigte sich zunächst der größeren Erfolg versprechenden Rolle des »Maklers« zwischen den Kabinettsmitgliedern und suchte die einzelnen für seine nächsten Absichten jeweils in Sonderbesprechungen zu gewinnen. Damit gelangte er zum Ziel; denn nach alter deutscher Kabinetts- und Beamtengewohnheit war »ein jeder bestrebt, sein persönliches Verhältnis zu dem neuen Kabinettschef zu festigen und es nicht durch schroffe Kritik zu belasten« [166]. Erstmals und vorerst einmalig am 8. Februar führte Hitler mit überraschenden Ausführungen über die künftige Wiederaufrüstung und die »Wehrhaftmachung« des deutschen Volkes, die er an den Vorschlag des Reichsverkehrsministers zum Bau eines Staubeckens an der Malapane anknüpfte, den Ministern Existenz und Plan einer eigenen

Politik vor Augen, die freilich darauf rechnen durfte, in diesem Kreis zumindest keinen grundsätzlichen Widerstand zu finden. Es entsprach gerade Hitlers Neigungen, aus dem Grundsätzlichen zu argumentieren, dabei jedoch die Zonen des Einverständnisses aufzuspüren und auf der Basis der gesicherten Zustimmung Monologe und Pläne zu entwickeln, wobei er seine Gesprächspartner gelegentlich für sich einzunehmen wußte. Bei einem Menschen mit der ungewöhnlichen Instinktbefähigung und dem triebstarken Subjektivismus Hitlers mußte diese Natur nahezu zwangsläufig auch das politische Handlungsbild bestimmen.

Der Reichstagsbrand ließ dann die große Stunde der nationalsozialistischen Minister anbrechen. Von nun an war eine klarsichtige, zielsichere und rücksichtslose Absicht am Werk, die jede Chance ausbeutete, die Macht vollständig in die Hand zu bekommen. Mit dem 28. Februar begann die eigentliche Machtergreifung der nationalsozialistischen Führer, die bis zum Juni ihr vorerst größtes Ausmaß erreichte, bevor eine langsam voranschreitende, jedoch nie mehr endgültige Beruhigung einzusetzen begann. Göring hatte bezeichnenderweise bereits von sich aus Entscheidungen getroffen und als preußischer Innenminister die zeitweilige Schließung von Museen und Schlössern und das Verbot der kommunistischen und obendrein auch gleich der sozialdemokratischen Presse im gesamten Reichsgebiet, die Schließung aller Gebäude im kommunistischen Besitz und die Verhaftung aller kommunistischen Abgeordneten und Parteifunktionäre angeordnet, für die Polizei den Alarmzustand befohlen, zu ihrer »Unterstützung« einen Verband von 2000 SA- und SS-Leuten auf den Straßen Berlins in Marsch gesetzt [167] und sich damit zum Herrn der Situation in Preußen aufgeschwungen. Hitler war einer einundfünfzigprozentigen Reichstagsmehrheit nach der bevorstehenden Wahl am 5. März so gut wie sicher. Zugleich ergriff Frick als Reichsinnenminister die Initiative, um Görings preußischen Gewaltstreich, der die Periode des Terrorismus eröffnete, auf dem Verordnungswege zu legalisieren und auf die anderen Länder zu übertragen. Nachdem die nationalsozialistischen Minister die Oberhand gewonnen hatten, ging Hitler daran, den Reichspräsidenten, den Reichstag und die Länder auszuschalten. Der atemberaubende Versuch, dieses Ziel gleichzeitig und in kürzester Frist zu erreichen, glückte in einem erstaunlichen Umfang.

Zur dramatischen Zuspitzung, die Hitler und die Nationalsozialisten dem Reichstagsbrandprozeß zu geben suchten, nachdem in der

Presse des Auslandes eine heftige Kritik an dieser nationalsozialistischen »Revolution« eingesetzt hatte, gehörte auch ein erster umstürzender Eingriff in das geltende Recht. Hitler verlangte nicht nur gegen den Grundsatz *nulla poena sine lege* die Festsetzung der Todesstrafe mit rückwirkender Kraft für den Brandstifter van der Lubbe, sondern auch ihren Vollzug in der als besonders schimpflich geltenden und in Deutschland seit längerem unüblichen Form des Erhängens [168]. In der Reichsregierung schlugen Hitlers Einwände gegen den Satz »Recht muß Recht bleiben« und die von ihm und Göring prophezeiten Gefahren von kommunistischer Seite, denen mit Abschreckung begegnet werden sollte, nicht durch. Hitler entschloß sich daraufhin zu einer Aussprache mit dem Reichspräsidenten. Was das Ergebnis dieser Besprechung war, läßt sich bis heute nicht bestimmen; jedoch benutzte Meißner acht Tage später die Erörterung über ein Ermächtigungsgesetz, um den Reichspräsidenten von der unangenehmen Verantwortung zu entlasten und den schwerwiegenden Entschluß der Reichsregierung zu überantworten [169]. Die Diktatur des Kabinetts nahm dem Reichspräsidenten aber nicht nur in diesem Falle, sondern für alle Zeiten seine bisherigen Verantwortungen und Befugnisse. Man möchte freilich bezweifeln, daß dem alten General diese Zusammenhänge noch deutlich erkennbar waren.

In Beziehung auf die vorangegangene Rechtsordnung darf das Ganze der darauf folgenden Staatsumwälzung eine Revolution genannt werden; hierüber kann auch das scheinbar legale Zustandekommen des Ermächtigungsgesetzes nicht hinwegtäuschen. Das Abstimmungsergebnis vom 23. März 1933 im Reichstag genügte den Bedingungen einer Verfassungsänderung nach Artikel 76 der Weimarer Reichsverfassung [170], sofern Ausmaß und Unbestimmtheit der mit dem Ermächtigungsgesetz legalisierten Außerkraftsetzung der Verfassung überhaupt noch Gegenstand eines verfassungsändernden Gesetzes hätten sein können, worüber die Auffassungen gewiß auseinandergehen [171]. Das zustande gekommene Ergebnis kann jedoch nicht darüber hinwegtäuschen, daß die Nationalsozialisten dieses Resultat mit Gewalt zu erreichen suchten. Sie hatten sich für die Erhaltung einer dünnen Legalitätshülle entschieden. Sie verzichteten aber auch keineswegs auf die revolutionäre These, die der nationalsozialistische Jurist und Reichstagsabgeordnete Hans Frank während der Vorbereitung auf das Ermächtigungsgesetz zum ersten Male aufstellte und zur Rechtsbegründung benutzte [172].

Die Änderung der Reichstags-Geschäftsordnung, die Frank im Geschäftsordnungs-Ausschuß verteidigte und die die Plenarmehrheit am 23. März annahm, erlaubte dem Reichstagspräsidenten, unentschuldigt fehlende Abgeordnete nach seinem freien Ermessen für die Dauer von 60 Tagen auszuschließen; dennoch wurden sie bei Abstimmungen als Anwesende gezählt [173]. Die Zählung fiktiver Anwesender, die Befugnis zum Ausschluß fehlender Abgeordneter nach dem Belieben des Reichstagspräsidenten und schließlich die Verhaftung oder Verfolgung sämtlicher kommunistischer und einzelner sozialdemokratischer Reichstagsabgeordneter waren ganz gewiß keine verfassungsmäßig zulässigen Mittel, um der doppelten Zweidrittelbestimmung des Artikels 76 zu genügen. Das Ermächtigungsgesetz wäre schließlich doch wohl in jedem Falle angenommen worden – auch wenn sich die Zentrumspartei fester gezeigt hätte, als sie es tat. Diese ziemlich gewisse Vermutung erhellt überhaupt erst den Sinn der Geschäftsordnungsänderung vom 22. bzw. 23. März. Nur geschickte Gegenzüge einer vollkommen geeinten parlamentarischen Opposition hätten ihr mit einiger Aussicht auf Erfolg begegnen können. Da diese nicht existierte, stützten sich jene, die sich trügerischen Erwartungen hingaben, auf die Hoffnung, mit ihrer Zustimmung die Rückkehr der Nationalsozialisten auf den Boden der Legalität einzuhandeln.

Dem pathetischen Wort von der »nationalen Revolution« waren längst rechtswidrige und rechtsauflösende Akte vorausgegangen, die das Signum eines in voller Entfaltung stehenden revolutionären Terrors trugen. Die Legalitätsphrase allein hätte nicht mehr ausgereicht, um diese Vorgänge in der Öffentlichkeit zu erklären; die Phrase von der »nationalen Erhebung« lieferte infolgedessen die Ergänzung. Was offensichtlich nicht mehr legal sein konnte, das wurde nun in der Absicht einer Rechtfertigung zur Revolution umgeprägt. Schließlich diente ihr Begriff schlechthin dazu, den Bruch zwischen den Normen der Verfassung und den Grundsätzen des totalen Staates zu salvieren. Die Kontinuität der Staatsrechtslehre bedurfte, wenn nicht der Integrität der Rechtsverhältnisse, so des Begriffes der Revolution [174], den der nationalsozialistische Jurist Frank bereitwillig zur Verfügung gestellt und für den Sprachgebrauch freigegeben hatte. Sinn und Ziel des revolutionären Vorgangs waren jedoch nicht Umsturz und Befreiung, sondern eine beispiellose Verstärkung und Befestigung der einmal gewonnenen Macht.

Die Aus- und Fortbildung der Diktatur vollzog sich als Vorgang einer rasch voranschreitenden Aufsaugung der legislativen Gewalt durch die obersten Behörden der Exekutive, mit dem die Ablösung der integrierten Zentralgewalt von den Beschränkungen durch die noch geltenden Rechtsnormen einherging. Die parteioffizielle Propaganda griff schnell und geschickt das Wort von der »nationalen Revolution« auf, um ihm ein vielfältiges und betäubendes Echo zu geben, während das Gesetz des Geschehens durch einen nicht mehr endenden »Staatsstreich« bestimmt wurde, der von oben her auf der Grundlage scheinbar legaler Ermächtigungen die bestehende Ordnung unaufhörlich zu verändern und umzubilden vermochte. Seinem Ergebnis darf man wohl den Rang des Revolutionären zusprechen, da es ein System bestehender Ordnungen veränderte, nie Dagewesenes hervorbrachte und lange Zeit Bestehendes unwiederbringlich entschwinden ließ, weil es Institutionen und Köpfe in folgenreicher Weise veränderte und eine Epoche zu Ende führte. Doch man möge nicht von Revolution sprechen, falls man mit diesem Begriff die Vorstellung einer Salvierung von Geschehenem verbindet, das Unrecht beseitigt und neue Rechte und Freiheiten begründet. In einer Geschichte der menschlichen Freiheit und des Geistes hat die nationalsozialistische »Revolution« keinen Platz, sondern nur ein negatives Vorzeichen.

Die Annahme des Ermächtigungsgesetzes machte das erdrückende Übergewicht des Reichskanzlers innerhalb der Reichsregierung zur endgültigen Tatsache. Die meisten der Reichsminister wurden oberste Befehlshaber innerhalb ihrer Ressorts und oberste Fachleute in der Verwaltung, soweit nicht ihre Staatssekretäre ihnen auch diese Stellung beschnitten. Ihr politischer Einfluß hing von dem persönlichen Einfluß ab, den sie direkt, allenfalls indirekt auf Hitler auszuüben vermochten. Auch hierin lösten Göring, Frick und Blomberg, Ribbentrop, Heß, Goebbels und Himmler und auf dem Gebiet der Wirtschaftspolitik später Schacht, Göring, Funk und Speer einander gegenseitig ab. Wenn Papen später den Umstand beklagte, daß ihm kein Ressort zu Gebote gestanden hatte, so liegt darin bereits ein Eingeständnis der Fehlerhaftigkeit seiner Konstruktion der Reichsregierung vom 30. Januar, die auf einer falschen Einschätzung der wirklichen Verhältnisse beruhte, was er offenbar erst viel zu spät erkannte und was sich auch durch sein besonderes Interesse an der Außenpolitik und am Auswärtigen Amt nicht mehr revidieren ließ. Die Regierungsbildung durch Papen mit dem nationalsozialistischen Regierungschef erwies sich in vollem Umfange als eine große Fehlkalkulation mit unsicheren konservativen Faktoren, von denen Papen – und unter seinem Einfluß wohl auch Hindenburg – nach einer Revolution, die die »christlich-konservativen« Elemente an die Oberfläche tragen sollte, eine neue Stabilisierungsperiode erhoffte. Die gezielte »konservative Revolution« Papens ließ sich nicht mehr von der revolutionären Massenbewegung der Nationalsozialisten scheiden, mit der sie sich verbündet hatte; als Herren dieser Revolution erwiesen sich schließlich die nationalsozialistischen Führer, nicht die konservativen Beamten des Präsidialkabinetts, die infolge ihrer Fehlschätzung dazu verurteilt wurden, passiver Bestandteil eines Staates zu werden, den sie eigentlich regieren wollten, und die sich durch ihre Befangenheit in bestimmten staatskonservativen Traditionen daran gehindert sahen, ihre Tätigkeit mit passivem Widerstand zu verbinden.

Das Zurückgleiten des Schwerpunktes der Staatstätigkeit von der Gesetzgebung auf die Verwaltung blieb weder auf Deutschland noch auf die nationalsozialistische Ära beschränkt. Der Zuwachs an Staatsaufgaben hat neben der normativen Tätigkeit der gesetzgebenden Körperschaften allgemein die konkretisierende Erfüllung der Staatszwecke, die der öffentlichen Verwaltung obliegt [175], mehr und mehr in den Vordergrund treten lassen, aber auch die Materie der Gesetzgebung selbst mit technischen Einzelheiten und Schwierigkeiten angefüllt, so daß die Bedingungen der Verwaltung eine stärkere Gravitation erhalten haben und die grundsätzliche Scheidung zwischen Gesetzgebung und Verwaltung im Schwinden begriffen und nach allgemeinen Erfahrungen die Berührung mit der Verwaltung wichtiger geworden ist als die mit der Gesetzgebung [176]. Doch nirgends wird die Aufhebung der Trennung von Legislative und Exekutive und die Konzentration und Zentralisation der Gewalt so rasch, so einseitig auf den Effekt hin und infolgedessen ohne weitere Rücksichten so unproblematisch verwirklicht wie unter autoritären Diktatoren, die durch fortgesetztes Aufheben, Umbilden und Umstellen von Institutionen das Ziel der Gleichschaltung und Vereinheitlichung ungehindert zu erreichen vermögen [177].

Wenn mit der Sachkenntnis der Bürokratie nur die Sachkenntnis der privatwirtschaftlichen Interessenten [178], mit der Sachkenntnis der öffentlichen Verwaltung nur die der Verbandsverwaltungen erfolgreich konkurrieren kann, so zog der Staat der nationalsozialistischen Zeit daraus die Konsequenz, diese Konkurrenz entweder auszuschalten, von der öffentlichen Verwaltung fernzuhalten oder sich selbst nutzbar zu machen, d. h. unter seine Kontrolle zu bringen. Den ersten Weg beschritt er bei den nichtwirtschaftlichen, den kommunalen, den zweiten bei den rein wirtschaftlichen, den »ständischen« Spitzenverbänden. Die Übernahme der legislativen Befugnisse durch das Reichskabinett wirkte sich daher gleichzeitig nach drei Seiten hin aus: zuerst und am vollständigsten in der Ausschließung der nichtöffentlichen Interessenten von der Gesetzgebungsarbeit und -vorarbeit, ungefähr während derselben Zeit in der Lösung der Reichsregierung von der Präsidialgewalt und nicht minder rasch in der schrittweisen Beendigung jedes Zusammenspiels zwischen Reichsregierung und Reichstag und, dem folgend, zwischen allen Teilen der Exekutive und parlamentarischen Körperschaften, sofern sie überhaupt noch bestanden. »Während früher die von den einzelnen Ministern zu machenden Vorschläge für Gesetzesvorschriften oder Maßnahmen von den Referenten ausgearbeitet wurden und erst dann zu dem Kabinett kamen, geht die augenblickliche Praxis hinsichtlich der einschneidendsten Maßnahmen offensichtlich dahin, daß das Reichskabinett in Ministerbesprechungen sich über die Grundsätze dieser Maßnahmen zu einigen versucht. Nachdem diese Einigung erfolgt ist, werden die Sachbearbeiter mit der meistens in wenigen Stunden zu bewerkstelligenden Ausarbeitung der entsprechenden Vorschriften beauftragt«, berichtete Anfang Mai der Geschäftsführer eines bis dahin einflußreichen Spitzenverbandes [179]. Das traf zu diesem Zeitpunkt zwar nicht die Erfahrungen aller noch bestehenden Verbände [180], aber doch die herrschende Tendenz, die sich dann innerhalb einer kurzen Frist restlos durchsetzte [181]. Diese neue Praxis der Reichsregierung setzte freilich nur Geschäftsordnungsprinzipien außer Kraft, die stets wechselnden Richtlinien unterlegen hatten. In umfassenderem Sinne wirkten die tatsächliche Ausschaltung des verfassungsrechtlich verankerten legislativen Entscheidungsrechtes der Parlamente und die Ablösung der Diktaturgewalt des Reichspräsidenten umstürzend.

Die anfängliche *Diktatur im Staat* nach verfassungsrechtlichen Ausnahmebestimmungen war in der Diktaturbefugnis des Reichspräsidenten verankert. Sie löste sich jedoch von dieser Begründung, als der Reichspräsident Länder und Reichsregierung selbst mit den unbefristeten Diktaturermächtigungen vom 28. Februar ausstattete. Diese Verordnung ermöglichte den Übergang von der

»Diktatur des Reichspräsidenten« zu einer Diktatur der Reichsregierung, die sich wenige Wochen später auch der Mitwirkung und Kontrolle des Reichstages zu entledigen begann. Auf der Grundlage des Ermächtigungsgesetzes vom 24. März, das als letztes Gesetz im Reichstag noch nicht durch eine von vornherein gewisse Akklamation angenommen wurde, wenn auch in einer Atmosphäre, in der eine rasch zurechtgestutzte Geschäftsordnung in Verbindung mit Terrorakten und Verhaftungen die Entscheidungsfreiheit beeinträchtigte, vollzog sich die weitere Umwandlung in eine *Diktatur der Reichsregierung über den Staat*. Der Wille zur absolutistischen Diktatur bekundete sich zum ersten Male in der Vorbereitung dieses Gesetzes »zur Behebung der Not von Volk und Reich«. Der Wortlaut, den der Reichsinnenminister Frick dem Reichskabinett vorschlug, wonach die Reichsregierung ermächtigt wurde, ohne Rücksicht auf die Bestimmungen der Reichsverfassung »die Maßnahmen zu treffen, die sie im Hinblick auf die Not von Volk und Staat für erforderlich hält« [182], war dunkel und von grenzenloser Unbestimmtheit. Es führte die Ausdrucksweise des Ausnahmerechtes mit sich, das es auch in die weitere Zukunft hinein fortsetzte, so daß Recht und Gesetz in der Sprache fürderhin zu bloßen »Maßnahmen« der Reichsregierung zusammengeschrumpft wären. Auch der endgültige Text des Gesetzes, der nur von der Gesetzgebung durch die Reichsregierung handelte, war am Ende tatsächlich von kaum geringerer Tragweite. Er erteilte ihr die Ermächtigung zur Aufhebung bestehender und zur Schaffung neuer, auch von den Bestimmungen der Reichsverfassung abweichender Gesetze. Demgegenüber wogen die einschränkenden Vorbehalte, die Frick selbst vorgeschlagen hatte, nicht schwer. Daß die Ermächtigung an die bestehende Reichsregierung gebunden war und somit auf den Bestand der »Regierung des nationalen Zusammenschlusses«, damit auf die Rechtskoalition, die sie trug, und auf die Aufteilung der Portefeuilles sichernd zurückwirkte, konnte durch mehrfache personelle Veränderungen im Reichskabinett gegenstandslos werden [183]. Diese Bedingung sank zur völligen Bedeutungslosigkeit herab, sobald sich die Reichskanzlerschaft Hitlers in Permanenz erhielt, wie es dann geschehen. Die zeitliche Begrenzung der Geltungsdauer des Ermächtigungsgesetzes auf die verhältnismäßig lange Frist von vier Jahren konnte zunächst überhaupt keine dämpfende oder eingrenzende Wirkung haben; die Propagandaparole »Gebt mir vier Jahre Zeit!« konnte jedoch die Überzeugung von einer längeren Dauer des neuen Regiments verbreiten. Daß es die Ermächtigung der Reichsregierung und nicht dem Reichskanzler erteilte, konnte zwar für das erste die Ausbildung einer persönlichen Diktatur Hitlers hemmen, dafür aber auch bei dem fehlenden kollegialen Charakter des Reichskabinetts in seiner Eigenschaft als oberster Verwaltungsinstanz die »Polykratie« der Fachressorts begünstigen, da unter »Reichsregierung« nunmehr »in der Praxis der Reichsverwaltung ... nicht die Reichsregierung als die Gesamtheit der Reichsminister, sondern der jeweils zuständige Fachminister« verstanden wurde [184]. Der Reichskanzler bestimmte nach der Reichsverfassung die »Richtlinien der Politik«, er regierte jedoch nicht unmittelbar die Behörden der Verwaltungen. Daher stand in Frage, ob die neue Gesetzgebungsbefugnis die Kollegialität des Reichskabinetts stärken oder nach dem »Führergrundsatz« ein diktatorisches Übergewicht des Kanzlers auch innerhalb des Kabinetts hervorbringen würde [185].

Die nächste Geschäftsordnungsänderung, die eine veränderte Praxis sanktionierte und wohl nicht erst eröffnete, unterschied zwischen verfassungsrechtlicher Gesetzgebung unter Beteiligung der parlamentarischen Körperschaften, die nur der Form nach äußerlich weiterhin fortbestand, und »vereinfachter Gesetzgebung« auf Grund des Ermächtigungsgesetzes, die die Beschlußfassung über Gesetze und Verordnungen, die von nun an schon am Tage nach ihrer Verkündung in Kraft traten, von einer Verständigung zwischen den zuständigen Reichsministerien abhängig machte und sogar das Einholen der Zustimmung auf dem Umlaufwege erlaubte, also nicht einmal Sitzungen des Reichskabinetts voraussetzte [186], die sich bis dahin bei der Beratung aller Gesetzentwürfe vor oder nach der parlamentarischen Prozedur von selbst verstanden [187]. Die Regelung lehnte sich weitgehend an die Verwaltungspraxis der Ressorts an; sie schloß das Prinzip der kollegialen Beratung aus, unterstützte in gewissem Umfange den Ressortpartikularismus der Reichsministerien, befestigte im Endergebnis jedoch die autoritäre Stellung des Reichskanzlers, indem sie ihm das letzte und entscheidende Votum und das Recht der Gesetzesausfertigung vorbehielt. Abgestimmt wurde auch im Reichskabinett nicht mehr [188]. Ein Gesetzentwurf mochte auf einmütige Zustimmung oder auf Widerspruch oder Änderungswünsche stoßen; in jedem Fall konnte der Reichskanzler, allenfalls nach Änderung des Textes, über Annahme oder Nichtannahme eines Gesetzes entscheiden. Er erteilte

»Gesetzesbefehle« und vollzog die Gesetze [189]. Die Elemente der führerstaatlichen Diktatur hatten sich in dieser frühen Phase des Jahres 1933 zwar noch keineswegs voll entwickelt, aber doch in allen Ansätzen deutlich ausgebildet. Die »Zusammenfassung der Regierungsgewalt in einer Person« [190], der des Reichskanzlers, war annähernd erreicht. Die Akademie für Deutsches Recht, eine Gründung des »Reichsjustizkommissars« Frank, des Führers des nationalsozialistischen Juristenbundes, trachtete – teilweise recht erfolgreich – danach, die Vorbereitungsarbeit an Gesetzen zu beeinflussen oder gar an sich zu ziehen und die Domäne dieser Tätigkeit den Ministerien streitig zu machen [191].

Stärker als zuvor wurde die Reichsregierung durch die einzelnen Fachminister im Rahmen der Ressorts tätig. Den Reichsministern verblieb die Verordnungsgewalt innerhalb ihrer Zuständigkeiten, die nun fortgesetzt ausgedehnt wurde [192]. Neue Gesetze erteilten auch die Ermächtigungen zum Erlaß von Durchführungsverordnungen nicht mehr der Reichsregierung, sondern den Fachministern. Besondere Rechte erhielten außerdem der Reichsfinanz- und Reichsaußenminister [193]. Ein Versuch, das Etat- und Haushaltsrecht in der Entstehungsphase des Ermächtigungsgesetzes der Verfügung Hitlers zu entziehen und dem Finanzressort vorzubehalten, verlief hingegen ergebnislos [194]. Graf Schwerin v. Krosigk, der bei seiner ersten Besprechung mit Hitler keine bindende Zusage für eine Politik des gedeckten Etats erhalten hatte [195], legte es während der ersten Beratung des Ermächtigungsgesetzes darauf an, ein besonderes Kreditermächtigungsgesetz im Reichstag einzubringen [196]. Damit wollte er die Kreditermächtigung von der allgemeinen Ermächtigung der Reichsregierung trennen, um die klassische Sonderstellung des Finanzministers innerhalb der Gesamtregierung zu erhalten. Popitz, der Reichskommissar für das preußische Finanzministerium, fing »den Ball auf«, indem er vorschlug, daß Verordnungen auf Grund des Ermächtigungsgesetzes »als Gesetz im Sinne der Reichsverfassung, insbesondere im Sinne der den Haushaltsplan und die Kreditermächtigung betreffenden Artikel der Verfassung« gelten sollten, was dem Verordnungsrecht der Reichsminister – hier des Reichsfinanzministers – ein neues, bedeutenderes Gewicht gegeben hätte. Graf Schwerin und Popitz bemühten sich dann, eine Katalogisierung, also eine Abgrenzung der beabsichtigten »Maßnahmen« durch eine Kommission zu erreichen, die aus den Innen- und den Finanzministern Preußens und des Reiches bestehen sollte, womit er offenbar Hitler überraschte, der diesen Vorschlag »sehr zweckmäßig« nannte, die Erörterung aber nicht fortsetzte, sondern vor einer Beschlußfassung abbrach. Die weitere Geschichte des Ermächtigungsgesetzes liegt im dunkeln. Der endgültige Wortlaut sprach sowohl die allgemeine Ermächtigung zur Gesetzgebung wie die spezielle für die Kreditermächtigungs- und Haushaltsgesetze nach der Reichsverfassung aus, so daß eine Sonderstellung des Reichsfinanzministers im Ermächtigungsgesetz nicht verankert wurde [197].

Da bald alle mündlichen Mitteilungen der Reichsminister an die Presse über die Presseabteilung der Reichsregierung gehen mußten [198], führte auch der Weg an die Öffentlichkeit über den Reichskanzler oder die von ihm hierfür beauftragte Stelle, so daß das Reichskabinett bei zunehmender innerer Auflockerung nach außen hin als eine einzige, unter der Führung des Reichskanzlers handelnde Einheit erschien, als welche sie in der täglichen Reichspressekonferenz der Öffentlichkeit nach strengen Direktiven präsentiert wurde, die Informationen unterbanden und nur noch Propaganda erlaubten [199].

Auch die Rechte des Reichspräsidenten, den man eigentlich schon nicht mehr hatte [200], wenn Hitler auch die Organisationsgewalt des Reichsoberhauptes noch mehrfach für die rechtliche Begründung neuer Reichsaufgaben benötigte [201], waren nur noch bedingt von einschränkender, die autoritäre Macht des Reichskanzlers begrenzender Bedeutung. In den nächsten Monaten nach Inkrafttreten des Ermächtigungsgesetzes offenbarte sich mit schlagender Deutlichkeit, daß der politisch nahezu isolierte, von Zusammenwirken und Gegenspiel mit den verfassungsmäßigen Organen enthobene, vom Reichskanzler kaum mehr benötigte Reichspräsident auch im Besitze der ihm verbliebenen Amtsrechte über keine machtvolle Stellung mehr gebot, aber auch, in welchem Maße sich der hohe politische Rang seiner Position in der vergangenen Periode aus dem System der Reichsverfassung und aus den besonderen Umständen dieser Jahre ergeben hatte [202]. Freilich war der alte Hindenburg auch nicht der Mann, der von seinen letzten denkbaren Möglichkeiten gegen Absicht und Wollen des nationalsozialistischen Reichskanzlers Gebrauch machen wollte, wohl aber Hitler derjenige, der mit der Waffe des Gegenzeichnungsrechts und mit dem drohenden Chaos im Hintergrund jede opponierende Handlung des Reichspräsidenten verhindert hätte.

In Wirklichkeit gab es nur zwei fortbestehende verfassungsrechtliche Garantien von Wichtigkeit, welche Reichstag und Reichsrat betrafen, bald aber unter dem Druck der politischen Faktizitäten, die sich rasch und gründlich von dem System des parlamentarischen Bundesstaates entfernten, zu einstweiligen staatsrechtlichen Reservationen herabsanken. Zweifellos war die abgewertete Bedeutung dieser von den Machthabern nicht mehr benötigten Staatsorgane von vornherein nicht mehr ungewiß. Der Sinn dieser Reservate konnte von ihren Verteidigern nur darin erblickt werden, daß diese Organe des Verfassungsstaates für den Fall einer Wandlung der deutschen innerpolitischen Verhältnisse, an den sogar Kabinettsmitglieder noch glaubten, für eine spätere Wiederbelebung erhalten blieben, während ihre Gegner es für klüger hielten, den Schein relativer Kontinuitäten aufrechtzuerhalten, um teils die Unsicherheiten, teils aber auch die dunklen Hintergründe ihrer Absichten zu verbergen.

Das wichtigste Ergebnis des Gesetzes war indessen die ausgedehnte legislative Befugnis, die nun die Reichsregierung erhielt und die es ihr erlaubte, praktisch nach ihrem Ermessen Gesetzgebung und Verwaltung in ihrer Hand zusammenzufassen. Die »Richtlinien« des Reichskanzlers geboten über eine Reichsexekutive, die durch keine Instanz zu beschränken oder auch nur zu kontrollieren war, und bedurften weder einer präsidialen ausnahmerechtlichen, noch einer parlamentarischen Machtquelle, sondern nur des akzeptierten Entschlusses oder der Beauftragung eines der nächsten zuständigen Reichsminister oder eines Reichskommissars, um in die Wirklichkeit eintreten zu können. Die in vollem Gang befindliche allgemeine Umwandlung, der Einschmelzungsprozeß der Zentralorgane des Reiches in eine oberste Exekutivinstanz, wirkte weiter in der Richtung auf eine totale Gleichsetzung von Staat und zentralisierter Verwaltung.

Mit der Eidesleistung auf die Person des »Führers und Reichskanzlers« [203] begaben sich die Reichsminister in formaler Hinsicht in die gleiche unmittelbare persönliche Abhängigkeit von Hitler, wie sie sich innerhalb der NSDAP-Organisation in den Verhältnissen zwischen oberstem Parteiführer und Untergebenen ausgebildet hatte. Die Reichskabinettssitzungen dienten immer weniger der Aussprache über politische Maßnahmen, sondern mehr und mehr der Entgegennahme von Erklärungen Hitlers. Die Reichsminister, soweit sie Portefeuilles besaßen, wurden zu Ressortchefs der Fachverwaltungen wie die Staatssekretäre der Kaiserzeit, während sich der Reichskanzler allmählich die Funktion eines politisch allein bestimmenden Staatsorgans aneignete [204]. Innerhalb ihrer Zuständigkeiten übten sie dank der Gesetzgebungsgewalt aber einen stärkeren Einfluß aus als je zuvor. Die Gesetze, mehr und mehr Direktiven gebende und Generalklauseln enthaltende »Rahmengesetze«, die der Reichskanzler befahl oder billigte, ließen der ministeriellen Verordnungsgewalt weitesten Spielraum, so daß im Rahmen der an die Gesetzesrichtlinien geknüpften Ermächtigungen Verwaltung und Rechtsetzung gleichermaßen in den Ressorts ausgeübt wurden. Die Tendenz der Gesetzgebung ging dahin, nicht mehr limitierende Regelungen zu schaffen, sondern den normativen Staat möglichst vollständig der Direktion politischer Entscheidungen zu unterwerfen. Gesetze und Verordnungen wandelten ihren Sinn; Generalklauseln schufen weitgefaßte Ermessensspielräume für die Fachminister [205]. Das »Gemeinwohl«, das »allgemeine Interesse«, die »Treue gegen Reich und Volk«, das »überragende Bedürfnis der gesamten deutschen Volkswirtschaft« usw. dirigierten die Ressortgewalt der jeweils zuständigen Reichsminister, die zu den festgelegten Zwecken die Macht der Diktatur in ihren Händen hielten. Die Rechtsgründe verdampften in den Vorsprüchen, die vielen Gesetzen jetzt vorangestellt wurden und die in phraseologischer Einkleidung jeweils die dirigierende politische Motivation kundtaten, der sie unterlagen.

2. *Polizeigewalt und lokaler Terror in den Ländern*

Mit der Machtverschiebung innerhalb des Reichskabinetts, mit der die anfänglich stabil aussehende Gewichtslagerung unrettbar verlorenging, lief die Durchsetzung nationalsozialistischer Ansprüche auch unterhalb der obersten Regierungsebene einher, die teilweise unter besonderen lokalen Bedingungen ungewöhnliche, bis dahin unbekannte Formen annahm, denen die nationalsozialistische Propaganda mit dem Schlagwort von der »nationalen Revolution« den Anschein der Legitimität zu verschaffen suchte. Dieser Vorgang ergab sich weder zufällig noch als unvorhersehbare und unbeherrschbare Zwangsläufigkeit, sondern aus der irreparablen Tatsache, daß die verhältnismäßig kleine Minorität der Nationalsozialisten im Reichskabinett eine große, uniformierte, schon übermächtige Minorität repräsentierte, die die Straße bald ausschließlich beherrschte, auf der Straße jeden Widerstand brach und von hier aus einen schwer lastenden Druck nach allen Seiten des öffentlichen Lebens ausübte. Die Reichsregierung vom 30. Januar befand sich nicht mehr nur im alten und bekannten Vehikel des präsidialen Diktaturregimes, da dieses Fahrzeug der gewaltigen und gewalttätigsten Massenpartei überantwortet war. Diese, durch Organisation mühsam gebannte, durch Propaganda entfachte und entwikkelte Bewegung der Unruhe, der Unzufriedenheit und Empörung ohne gewisse Ziele ließ sich nicht regieren, sondern drängte selbst zur Macht. Sie entfaltete sich mit Mitteln des Terrors im lokalen Bereich und schließlich im Zusammenwirken mit Maßnahmen, die von obenher getroffen wurden und die die Konsolidierung der Macht der nationalsozialistischen Führerclique bewirkten. In ihrem Verlauf bildete sich die improvisierte Machtergreifung zu planmäßigem Vollzug fort. Der von Papen und den nichtnationalsozialistischen Reichsministern nicht vorausgesehene Reichstagsbrand brachte den Reichspräsidenten dazu, die Ermächtigungen der Polizei und der nationalsozialistischen Terrororgane außerordentlich zu erweitern und formell der Reichsregierung – in der praktischen Handhabung dem nationalsozialistischen Reichsinnenminister – eine Diktaturgewalt über die Länder einzuräumen, die sein Ministerium, seit jeher die ewige »Dame ohne Unterleib« [206], mit einem Schlage in eine mächtige Gewalt verwandelte, die mit Unterstützung durch die organisierte Terrordrohung und Terrorausübung der NSDAP, der SA und der SS eine totale Staatsumwälzung in Gang setzte.

Die Terrorherrschaft von der Straße her wäre kaum denkbar gewesen, wenn sie sich gegen und nicht in zunehmendem Umfang mit Hilfe der Polizei der Länder hätte durchsetzen müssen. Vier Wochen nach Beginn der Kanzlerschaft Hitlers erfuhr mit dem gesamten Verfassungsrecht auch das Polizeirecht von Reichs wegen eine grundstürzende Veränderung, da der Reichspräsident unter dem Bedingen der Vorläufigkeit ein tatsächlich niemals mehr aufgehobenes Ausnahmerecht schuf. Die Verordnung des Reichspräsidenten »zum Schutze des deutschen Volkes« [207] und die nach dem Reichstagsbrand erlassene »Verordnung zum Schutz von Volk und Staat« gaben zunächst die Handhabe zur »Niederringung des Marxismus und Kommunismus« [208]; sie waren eindeutig und ausschließlich »Kampfgesetze mit bestimmter Zielrichtung«. Noch schneller und weiter hatte die NSDAP die Entwicklung in einzelnen Ländern vorantreiben können. Mit Ausnahme der Hansestädte,

Schaumburg-Lippes und Hessens standen die kleineren und mittleren von ihnen schon vor dem 30. Januar unter nationalsozialistischer Herrschaft oder unter maßgeblichem Einfluß der NSDAP [209]. Noch vor dem Reichstagsbrand und der darauf folgenden Ausnahmeverordnung des Reichspräsidenten versuchte der nationalsozialistische Reichsinnenminister aber auch in den Ländern, die noch unter sozialdemokratischer Führung standen, die Haltung der Polizei gegenüber der »nationalen Rechten« festzulegen. Am 4. Februar entsandte er den Oberregierungsrat Medicus aus seinem Ministerium nach Lübeck und am 10. Februar zur geschäftsführenden Regierung Hessens, um unter Androhung eines unmittelbaren Eingreifens des Reiches auf besonderen Schutz der äußersten Rechten zu dringen [210]. Einen solchen Eingriff wagte Frick am 21. Februar selbst unter Verzicht auf jeden Rechtstitel unter Nichtachtung der rechtsmäßigen Zuständigkeiten, als er in Sachsen ein Demonstrationsverbot für Kommunisten verhängte [211]; und drei Tage später ließ seine öffentliche Androhung eines Vorgehens der Reichsgewalt gegen Landesregierungen, die »den Sinn der neuen Zeit noch nicht recht« verstünden [212], weiterhin Schlimmes befürchten. Sie war an die Adresse bayerischer Politiker gerichtet, die sich mit vermeintlicher Rückendeckung Hindenburgs offen und sehr beherzt gegen die bereits diskutierte Einsetzung von Reichskommissaren ausgesprochen hatten; sie paßte freilich keineswegs in Papens Wahlkonzept, der sich als Spitzenkandidat der bayerischen DNVP veranlaßt fühlte, den süddeutschen Ländern brieflich ausdrücklich den Schutz ihrer Selbständigkeit zu versprechen [213].

Dieser »Sinn der neuen Zeit« war am deutlichsten und folgenschwersten in Preußen hervorgetreten, wo Göring als Kommissar des Reiches das Innenministerium in die Hand bekam und zum Herrn über den starken und überaus schlagkräftigen Polizeikörper von nahezu 50 000 Mann wurde. Im übrigen blieben die Veränderungen in der Kommissarsregierung – im Zusammenhang mit der Bildung des Reichskabinetts Hitler–Papen – in Grenzen. Kerrl, ein nationalsozialistischer mittlerer Justizbeamter, erhielt die Verwaltung des Justizministeriums, Hugenberg die der beiden wirtschaftlichen Ressorts, und Papen kehrte, nun als Vizekanzler, an die Spitze der Kommissare zurück, die er erst zwei Monate vorher verlassen hatte. Die Verhältnisse ähnelten denen in der Reichsregierung, die ihre Beziehungen zur Kommissarsregierung auch ungefähr auf dem gleichen Niveau hielt wie zuvor. Wieder waren drei ihrer Mitglieder – Papen, Göring und Hugenberg statt wie bisher Bracht, Popitz und Frhr. v. Braun – durch Personalunion mit kommissarischen Zuständigkeiten in Preußen betraut. Der Reichskanzler blieb diesmal außerhalb der Kommissarsregierung; dafür verfügte der Vizekanzler über eine Position, die der preußische Ministerpräsident Jahre zuvor vergeblich angestrebt hatte, die als Machtstellung galt und auch von ihrem neuen Inhaber so angesehen wurde. Wenn sie es indessen tatsächlich nicht war, wie sich bald zeigen sollte, so lag das nicht nur an den Unzulänglichkeiten der Person Papens, sondern mehr noch daran, daß diese gewiß durchdachte Konstruktion unvollkommen blieb. Die preußische Geschichte kannte keine Differenzen zwischen dem preußischen Ministerpräsidenten und dem Ressortchef der inneren Verwaltung, die nicht binnen kurzer Frist zur Umbildung und erneuten Konsolidierung der preußischen Regierung geführt hätten. Nunmehr behauptete Göring diese machtpolitische Schlüsselstellung keineswegs im ausschließlichen Einvernehmen mit Papen, sondern als Ausgangspunkt für ein weiteres, trotz anfänglicher äußerlicher Rücksichtnahmen auf seine Kollegen im kommissarischen Staatsministerium bald zutage tretendes Vordringen der NSDAP. Von vornherein vereitelte er jegliche polizeiliche Gegenhandlung. Hierbei konnte sich allerdings auch der Umstand auswirken, daß von jeher das Polizeirecht in Preußen in zwei wesentlichen Punkten anders beschaffen war als in den süddeutschen Ländern, die weder ein einheitliches Polizeiverordnungsrecht kannten noch den Grundsatz der Generalermächtigung, der in Preußen seit dem Allgemeinen Landrecht von 1794 galt und den Polizeibehörden prinzipiell erlaubte, alle Maßnahmen zu treffen, die sie zur Abwendung von Gefahren gegen die »öffentliche Sicherheit und Ordnung« für notwendig hielten [214]. In Süddeutschland war das Polizeiwesen in der Hauptsache, wie es liberalen Auffassungen des 19. Jahrhunderts entsprach, den Kommunen verblieben; überdies bestand ein umfangreiches System von Spezialermächtigungen. Die Abtragung dieser Rechts- und Organisationsunterschiede begann mit der Reichstagsbrandverordnung vom 28. Februar.

Die preußische Exekutive und die Diktatur der Reichskommissare erfuhr eine indirekte Stärkung dadurch, daß der Reichspräsident am 6. Februar durch eine Verordnung »zur Herstellung geordneter Regierungsverhältnisse in Preußen« [215] der »Hoheitsregierung« die letzten Rechte und Befugnisse nahm, die ihr nach dem

Urteil des Staatsgerichtshofes vom 25. Oktober 1932 noch verblieben waren, um auch diese dem Reichskommissar zu übertragen. Ihr folgte die Auflösung des Landtags und die Festsetzung einer Neuwahl auf den Tag der bereits beschlossenen Reichstagswahl, den 5. März [216]. Für die nächsten Wochen herrschten dann zunächst die Reichskommissare unumschränkt. Der Staatsrat sah sich beinahe über Nacht als »einzige in Preußen in Funktion befindliche Volksvertretung« [217]. Doch die Reaktion der letzten parlamentarischen Institution in Preußen, in der noch die Parteien der Koalition von Weimar die Mehrheit bildeten, bezeugt die sich rasch ausbreitende Resignation, die sich nach den Abnutzungserscheinungen eines jahrelangen Existenzkampfes in erschütternder Weise offenbarte. In allen Gruppen des parlamentarischen Lebens hatten die zaudernden, die lavierenden und hinhaltenden Taktiker die Oberhand gewonnen, so daß, will man vom Endergebnis her das Urteil bilden, die Konsolidierung der nationalsozialistischen Macht trotz aller Verfassungsbrüche und Gesetzesverletzungen der NSDAP ohne eine ernsthafte Intervention irgendeiner anderen Machtgruppe, deren es nach dem 30. Januar 1933 doch noch einige gab, fast reibungslos und unter Häufung vieler günstiger Umstände vor sich ging. Die Sitzung des Staatsrates am 18. Januar hatte der Präsident mit der Feststellung beendet, »daß die nächste Sitzung, falls nicht besondere Umstände dazu veranlassen, sie früher einzuberufen«, am 21. Februar stattfinden werde [218]. Tatsächlich trat der Staatsrat erst am 21. Februar wieder zusammen, obgleich in dem dazwischenliegenden Zeitraum die schwerstwiegenden Ereignisse eingetreten waren, Hitler die Reichskanzlerschaft übernommen, der Reichskommissar durch eine Verordnung vom 4. Februar die kommunalen Parlamente aufgelöst und ihre Neuwahlen auf den 12. März festgesetzt, der Reichspräsident durch seine Verordnung vom 6. Februar die preußische »Hoheitsregierung« ohne äußeren Anlaß beseitigt und der Reichskommissar danach rechts- und verfassungswidrig den preußischen Landtag aufgelöst hatte. Am 17. Februar war der berüchtigte Erlaß zur »Förderung der nationalen Bewegung« ergangen, der unter dem Namen »Schießerlaß« bekannt geworden ist [219] und treffend charakterisiert wird und mit dem Göring eine rasche und radikale Umwendung der preußischen Polizei einerseits von der Bekämpfung der NSDAP zu deren Schutz und zur Unterstützung »jeder Betätigung für nationale Zwecke und jeder nationalen Propaganda mit allen Kräften« und anderseits zum schärfsten Kampf gegen sogenannte »staatsfeindliche Organisationen« herbeiführte, unter denen nicht allein »kommunistische Terrorakte und Überfälle« verstanden werden sollten. Den Beamten wurde eingeschärft, »daß die Unterlassung einer Maßnahme unter Umständen schwerer wiegt als begangene Fehler in der Ausübung«; Göring verstieg sich zu der schwerwiegenden Zusicherung, daß »Polizeibeamte, die in Ausübung dieser Pflichten von der Schußwaffe Gebrauch machen, ... ohne Rücksicht auf die Folgen des Schußwaffengebrauchs« von ihm gedeckt würden, daß dagegen Beamte, die »in falscher Rücksichtnahme« versagten, dienststrafrechtliche Folgen zu gewärtigen hätten. Dieser Erlaß schuf nicht nur zweierlei Recht für die Bevölkerung, sondern trug schon deshalb zu einer weiter um sich greifenden Rechtsunsicherheit und nicht etwa zur Herstellung geordneter Verhältnisse bei, weil er Übergriffe von Polizeibeamten gegen Angehörige der linken Parteien geradezu herausforderte und in vollendeter Einseitigkeit polizeiliche Maßnahmen gegen »nationale« Gruppen überhaupt »nur in dringendsten Fällen« zulassen wollte, so daß Ärgstes zu befürchten stand. Seit diesen Tagen gehörte es zur propagandistischen Taktik offizieller Verlautbarungen der Nationalsozialisten und namentlich der nationalsozialistischen Innenminister, durch weit übertriebene Darstellung angeblich gefährdeter politischer Verhältnisse eine scheinbare Rechtfertigung von Notmaßnahmen zu erlangen und zugleich durch eine sehr lockere und höchst extensive Handhabung von Rechten und Befugnissen praktisch einen Ausnahmezustand herbeizuführen, ohne daß dieser schon in irgendeiner Verordnung, die nur vom Reichspräsidenten hätte ausgehen können, bezeichnet oder umschrieben worden wäre. Der Befehl an die Polizei zum »soldatischen« Verhalten entsprach der Vorstellung vom militärischen Ausnahmezustand, den jedoch der Polizeiminister Göring aus eigener Machtvollkommenheit verhängte.

Am 20. Februar begann der Mechanismus parlamentarischer Institutionen langsam und schwerfällig zu reagieren, wo es gerade auf rasche und beherzte Entgegnungen angekommen wäre. Der Verfassungsausschuß des Preußischen Staatsrates trat zur Erörterung der staatsrechtlichen Lage zusammen, ohne in dieser Sitzung eine Einigung zu erreichen. Man beschloß, zunächst die Fraktionen zu befragen, und vertagte sich auf den nächsten Tag. Das Plenum des Staatsrates, das jetzt eine Tagesordnung mittlerweile bedeutungslos gewordener Gegenstände erledigte, befaßte sich gar erst in seiner übernächsten Sitzung am 23. Februar mit der staatsrechtlichen Lage [220]; inzwischen waren 19 Tage seit der Auflösung des preußischen Landtags vergangen. Eine Klage beim Staatsgerichtshof, die auf Vorschlag des Verfassungsausschusses eingeleitet werden sollte, konnte jetzt kaum noch bis zum Wahltag, dem 12. März, entschieden werden und wurde bei der geringen Aussicht eines wirklichen Ergebnisses nur mit halbem Herzen verfolgt. In bezug auf die Verordnung des Reichspräsidenten »zur Herstellung geordneter Regierungsverhältnisse« begnügte man sich damit, lediglich ihre Nichtvereinbarkeit mit der Reichsverfassung und dem Urteil des Staatsgerichtshofs vom 25. Oktober 1932 festzustellen und von jeder weiteren Folgerung abzusehen; ebenso beschränkte man sich darauf, die Landtagsauflösung des gleichen Tages als »verfassungswidrig« zu bezeichnen, ohne weitere Schritte zu unternehmen. Allein in bezug auf die Polizeierlasse Görings erhielt der Präsident des Staatsrates den Auftrag, den Reichspräsidenten zu bitten, für die Aufhebung der Erlasse Sorge zu tragen [221]. Der Aufrichtung eines Polizeiregimes mit terroristischen Zügen vermochte der Staatsrat mit dieser verängstigten, jedem Risiko ausweichenden Vorsicht freilich nicht mehr zu begegnen. Es ermunterte die Gegenseite zu noch rigoroserem Vorgehen. Bereits unmittelbar nach den Kommunalwahlen vom 12. März verbot Göring kurzerhand unter Vorgabe polizeilicher Gründe die nächste Sitzung des Staatsrates, da ein polizeilicher Schutz einer »derartig überflüssigen Tagung« einen »Aufwand für den Staat« bedeuten würde, »der in keinem Verhältnis zu dem – im übrigen völlig mangelnden – Interesse an dem Stattfinden dieser Tagung steht« [222]. Diese Begründung entsprang einem vollendeten Zynismus, war in der Sache schlimmerweise jedoch nicht gänzlich aus der Luft gegriffen.

Ebensowenig vermochte aber auch der Reichsrat die Verhältnisse in Preußen zu wenden. Die Präsidialverordnung vom 6. Februar veranlaßte zwar die Länder Bayern, Sachsen und Baden und acht preußische Provinzen, im Reichsrat Rechtsverwahrung einzulegen [223]; doch diesem immerhin respektablen Protest des Rechtssinnes folgte keine weitere Handlung, die an den eingetretenen Verhältnissen tatsächlich etwas geändert hätte. Die geschäftsführenden Regierungen in Süddeutschland hatten mit den Nationalsozialisten im eigenen Lande zu tun. Die Kräfte der bayerischen Regierung wurden zudem von der neuerlichen Aktivität monarchistischer Kreise beansprucht [224], so daß sie nun alles daransetzte, der Gefahr der Einsetzung eines Reichskommissars zu entgehen, und es vermied, der preußischen Angelegenheiten wegen einen offenen Konflikt mit der Reichsregierung entstehen zu lassen. Daß die beteiligten parlamentarischen Parteien dieses selbstauferlegte Maß strengster politischer Zurückhaltung für sich keineswegs anzuerkennen bereit waren und in der Öffentlichkeit laute und anhaltende Proteste vernehmen ließen, konnte bis zur Reichstagswahl vom 5. März nichts mehr abwenden; danach aber fielen die letzten Unterschiede zwischen den Zuständen in Preußen und den süddeutschen Ländern.

Diese Gleichschaltung der bis dahin noch nicht von der NSDAP beherrschten Regierungen beruhte auf der praktischen Handhabung der Ausnahmebestimmung in der Verordnung vom 28. Februar, auf der erregten Stimmung der Wahlschlacht vor dem 5. März und dem für die NSDAP im großen und ganzen, wenn auch noch keineswegs überall recht günstigen Ergebnis dieser Wahl. Sie ging weder nach Grundsätzen des Rechts noch zu dem Zwecke der wirklichen Aufrechterhaltung von »Sicherheit und Ordnung« vor sich, sondern ausschließlich nach machtpolitischem Rezept und zugunsten eines raschen Bodengewinnes der NSDAP. Wenn sich auch die Wege um einiges voneinander unterschieden, so führten doch gleiche Absichten überall binnen weniger Tage zu gleichen Ergebnissen: zur Aneignung der Polizeigewalt und schließlich zur Ausübung der Regierungsgewalt durch nationalsozialistische Funktionäre. Die Verordnung vom 28. Februar führte unter dem formellen Titel der ausnahmerechtlichen Diktaturbefugnis den völligen Umsturz der bundesstaatlichen Ordnung herbei. Sie übertrug diese Diktaturbefugnis, die verfassungsrechtlich nur dem Reichspräsidenten zustand – mit Ausnahme des Rechts, »erforderlichenfalls« mit Hilfe der bewaffneten Macht einzuschreiten –, auf die Landesgewalten, an deren Stelle nach § 2 dieser Verordnung ersatzweise auch die Reichsregierung treten durfte, die sie auf diese Weise in ihrer Macht erheblich stärkte; denn die Inanspruchnahme des § 2 war ebensowenig justiziabel wie es nach vorherrschender Rechtsauffassung die Inanspruchnahme der Diktaturbestimmung des Artikels 48 der Reichsverfassung war; es entfiel sogar die limitierende Bestimmung dieses Artikels [225]. Daß eine Übernahme der Landesgewalt durch die Reichsregierung vorübergehend sein sollte, bedeutete demgegenüber nur eine ungewisse zeitliche Begrenzung, die vom Ermessen der Reichsregierung oder des Reichskanzlers abhängig war; und selbst in einer kurzen Zwischenzeit konnten die beabsichtigten Effekte eintreten. Reichsinnenminister Frick achtete jedoch nicht einmal die Bedingung des Versagens einer Landesregierung, stützte sich auf einseitige Informationen örtlicher NSDAP-Stellen und auf hergeholte Begründungen und setzte binnen weniger Tage in den meisten Ländern Reichskommissare ein, die die zur unmittelbaren Ausübung der Macht wichtigsten Befugnisse übernahmen [226]. Es charakterisiert den Zustand der Auflösung, in dem sich die bestehende Rechtsordnung befand, daß in diesem folgenschweren Zusammenhang keine rechtliche Bestimmung der Begrenzung gegeben und daß ausschließlich nach machtpolitischen Gesichtspunkten verfahren wurde, wobei die praktische Entscheidung über das Maß der Befugnisse einerseits dem Ermessen des Reichsinnenministers, der anstelle der Reichsregierung handelte, anderseits dem des beauftragten Reichskommissars überlassen blieb [227]. Eine genaue Begrenzung des kommissarischen Auftrags fand nicht statt; jedoch bildete stets die Polizeigewalt den Ausgangspunkt.

In Bayern führte die BVP als Regierungspartei schon seit längerem nach allen Seiten, auch mit der NSDAP, Koalitionsverhandlungen [228]. Seit dem 7. März gab es Koalitionsbesprechungen mit der NSDAP in Baden; in Hessen zeigte sich die geschäftsführende Regierung bereit, auf Grund des Reichstagswahlergebnisses den Landtag aufzulösen und eine Neuwahl anzusetzen; die geschäftsführende Regierung Württembergs hatte inzwischen eine Neuwahl des Staatspräsidenten durch den Landtag angeordnet, und die Regierung des Ländchens Schaumburg-Lippe war zurückgetreten. Doch der Reichsinnenminister wartete das Ende der regulären parlamentarischen Vorgänge und die Ergebnisse der eingeleiteten Verhandlungen, in denen die hochgeschraubten Forderungen der NSDAP freilich wenig Erfolg versprachen, gar nicht mehr ab, nachdem seine erste Intervention in Hamburg erfolgreich verlaufen war [229]. Am Tage nach dem Reichstagsbrand nannte Göring, der als mächtigster Polizeiminister die Rolle des Hauptverfolgers der politischen Gegner übernommen hatte, dem hamburgischen Gesandten gegenüber die Hansestadt eine »Aufnahmestellung für die Kommunisten«. Er löste damit Beschwichtigungen und Gegenvorstellungen des Senats aus, die schließlich zur offenen Krise der bis dahin intakt gebliebenen Regierung und zum Rücktritt der sozialdemokratischen Senatsmitglieder führten, als Frick am 2. März das Verbot der führenden sozialdemokratischen Zeitung *Hamburger Echo* verlangte [230]. Jetzt trat auch der Chef der Hamburger Ordnungspolizei von seinem Amt zurück, für den die NSDAP umgehend einen nationalsozialistischen Nachfolger präsentierte, ohne damit sofort bei der umgebildeten Stadtregierung durchzudringen. Am Tage der Reichstagswahl, dem 5. März, hißten einzelne Polizisten die ersten Hakenkreuzfahnen auf öffentlichen Gebäuden, und gegen Abend, als die ersten Wahlergebnisse bekannt wurden, versammelten sich SA- und SS-Formationen vor dem Rathaus; Schutzpolizeikommandos konnten jedoch seine Besetzung verhindern. Da sich der Senat weiterhin weigerte, die Polizeigewalt einem nationalsozialistischen Bürgerschaftsmitglied und SA-Führer abzutreten, richtete auf Betreiben der Gauleitung aber nunmehr der Reichsinnenminister unter Berufung auf die Verordnung vom 28. Februar und unter Androhung seines Einschreitens das gleiche Ersuchen an den Senat, der jetzt angesichts der aufmarschierten Verbände und des drohenden Gewaltaktes, der zweifellos blutig und ohne eine Erfolgsaussicht für die Regierung der Hansestadt verlaufen wäre, jede Widerstandsmöglichkeit erschöpft sah, unter Einlegung von Rechtsverwahrung nachgab und anschließend seinen Rücktritt erklärte. Drei Tage später wählte die Bürgerschaft eine neue, diesmal eine nationalsozialistische Regierung.

Die Lübecker Regierung war nach den bedrückenden Hamburger Ereignissen von vornherein nachgiebiger gestimmt und übertrug am 6. März dem NSDAP-Gauinspektor die Leitung des Polizeiamtes [231]. Das hinderte Frick jedoch nicht, fünf Tage später eine Persönlichkeit seiner eigenen Wahl, den nationalsozialistischen Syndikus der Lübecker Gewerbekammer, zum Reichskommissar für Lübeck zu ernennen. Am gleichen 6. März übernahm der Reichsinnenminister unter Ernennung von Reichskommissaren die Befugnisse der obersten Landesbehörden in Bremen und Hessen, am 8. März in Sachsen, in Württemberg, wo die Regierung das Aufziehen nationalsozialistischer Fahnen bereits zwei Tage zuvor erlaubt hatte, in Baden und Schaumburg-Lippe und am 9. März trotz mehrfacher gegenteiliger Versprechungen Hindenburgs auch in Bayern [232]. Der in Hessen eingesetzte Reichskommissar, als Inhaber der Polizeigewalt, nahm sofort Neuernennungen in den höchsten Kommandostellen vor, setzte den SS-Führer Best als Sonderkommissar und als seinen Vertreter ein und stellte eine Hilfspolizei aus Stahlhelm-, SA- und SS-Verbänden auf. Der bayerische Ministerpräsident fügte sich unter Einlegung von Rechtsverwahrung der Maßnahme Fricks und übergab dem Reichskommissar Ritter v. Epp die Regierungsgewalt, der sofort zur Ernennung von Kommissaren schritt, die die Befugnisse der obersten Landesbehörden übernahmen. Die in München existierende Parteielite rückte auf diesem Wege nahezu geschlossen in die Stellungen der bayerischen Regierung ein: Esser, einer der ältesten und am übelsten beleumundeten Parteiveteranen, erhielt die Staatskanzlei, der Münchener Gauleiter Adolf Wagner das Innen-, Frank, der Leiter des Rechtsamtes der NSDAP, das Justiz-, der Führer des nationalsozialistischen Lehrerbundes, Schemm, das Kultus- und der einzige nationalsozialistische Oberbürgermeister Deutschlands, Siebert, aus dem Bodenseestädtchen Lindau, das Finanzministerium. Den SS-Führer Himmler setzte Epp als kommissarischen Polizeipräsidenten von München ein; den SA-Stabschef Röhm holte er kurze Zeit darauf in das Amt des Reichsstatthalters, wo er ihn wenig später zum Staatssekretär ernannte [233]. Der Reichskommissar in Sachsen, der SA-Führer Frhr. v. Killinger, verbot sofort nach seiner Ernennung den Zusammentritt des Landtags und verlangte vom Ministerpräsidenten der geschäftsführenden Regierung eine Neubildung seines Kabinetts, woraufhin dieser zurücktrat, was Killinger dazu brachte, die gesamte Regierungsgewalt zu übernehmen und die Ministerien durch Kommissare verwalten zu lassen. Ebenso benutzte der Reichskommissar für Baden, der Gauleiter Robert Wagner, den Rücktritt des Staatsministeriums, um die gesamte Regierungsgewalt an sich zu reißen und eine neue Regierung zu bilden, ohne daß der Landtag tätig wurde. Ähnlich handelten die Reichskommissare in Bremen und in dem Ländchen Schaumburg-Lippe. In Württemberg hingegen wurde am 15. März auf ordnungsmäßigem Wege der Gauleiter Murr zum Ministerpräsidenten gewählt, der sofort eine nationalsozialistische Regierung bildete, woraufhin der Reichsminister des Innern die kommissarische Beauftragung des SA-Obergruppenführers v. Jagow zurücknahm [234]. In wenig mehr als einer Woche waren die Verhältnisse in allen Ländern denen in Preußen angeglichen und die Polizei nahezu an allen wichtigeren Orten in den Händen der SA oder doch in engem Kontakt mit der örtlichen SA- oder NSDAP-Führung.

Schon vor den Märzwahlen begann der Personalwechsel in den höheren Positionen der Polizei. Er setzte während der zweiten Februarhälfte ein und brachte einen weiteren Bodengewinn der

NSDAP und ihrer Kampforganisationen innerhalb des Staatsapparates, vor allem, als nach dem Reichstagsbrand und den Vorgängen, die darauf folgten, die politische Erregung einen ersten Höhepunkt erreichte. In Preußen und in anderen Ländern wurde zunächst eine Anzahl der wichtigsten Polizeipräsidenten, die nach geltendem Beamtenrecht zur Kategorie der leicht auswechselbaren politischen Beamten zählten, von ihren Posten entfernt und nach und nach durch Beamte ersetzt, die in zunehmendem Maße aus der SA oder der SS kamen [235]. Eine Anzahl von Posten blieb offiziell vakant und konnte außerhalb des Beschlußrechts des Staatsministeriums vom Innenminister durch Vertretungen vorläufig besetzt werden. Die neuernannten Polizeipräsidenten ihrerseits unterbreiteten sofort – stets im Kontakt mit den NSDAP-Stellen, die sich für zuständig erachteten, deren Initiative zuweilen aber auch voranging – Vorschläge zur Umbesetzung der höheren und mittleren Beamten- und Offizierspositionen ihrer Bereiche; da man die wohlerworbenen Beamtenrechte noch nirgends offen zu durchbrechen wagte und eine beamtenrechtliche Grundlage zur Entlassung von Beamten fehlte, konnten jedoch vorerst nur vorübergehende Umbesetzungen vorgenommen werden. Nicht alle neu eingesetzten Beamten waren NSDAP-Leute oder im Sinne der NSDAP willfährige Werkzeuge. Anfangs zwangen der Personalmangel in den eigenen Reihen und auch Rücksichten auf den Koalitionspartner des öfteren, auf Persönlichkeiten zurückzugreifen, die nicht als Nationalsozialisten galten und auch nicht gelten wollten. Mit solchen Ernennungen zeigten sich indessen die örtlichen Machthaber der NSDAP wenig einverstanden, die sich fortgesetzt darum bemühten, derartige personalpolitische Entscheidungen zugunsten einer stärkeren Einflußnahme der NSDAP, später auch zugunsten ihrer persönlichen Günstlinge zu korrigieren [236]. Hierbei hing es meist nur von Zufälligkeiten und vom Geschick oder der Rücksichtslosigkeit der Persönlichkeiten ab, ob der zuständige SA-Führer oder der Gauleiter das Heft der Entscheidungen als erster in die Hand bekam. Mancherorten blieben die Verhältnisse unentschieden, so daß sich langanhaltende Rivalitäten zwischen Personen und Ämtern entwickelten. Es gab auch einzelne Nationalsozialisten, die keineswegs bereit waren, jede Rechtsübertretung der Partei, der SA oder SS in ihrem Amte zu decken; sie erlitten das gleiche Schicksal und wurden meist ebenfalls in kurzer Zeit abgelöst. Manche Stellenbesetzungen innerhalb der Polizei, die bei der Haltung der Reichswehr den militärischen Ambitionen eines SA-Führers am ehesten entsprach, dienten allerdings nur dem Zweck der fiskalischen Dotierung eines SA-Führerpostens, damit »der Staat das Gehalt bezahlt, was ihm als SA-Führer hoher Verantwortlichkeit zukommt« [237].

Wohl am stärksten versuchten die Gauleiter Josef Wagner von Westfalen-Süd, der unaufhörlich neue Personalwünsche im preußischen Innenministerium vorbrachte, und Koch in Ostpreußen, der »sich für jede beachtenswerte Dienststelle persönlich« einsetzte [238], die Personalpolitik nach ihren Absichten zu beeinflussen. Das Amt des Königsberger Polizeipräsidenten blieb ständig von Konflikten zwischen Partei und Staatsverwaltung umwittert. Selbst ein hoher SA-Führer suchte sich auf diesem Posten vergeblich gegen die Eingriffe des ostpreußischen Gauleiters zur Wehr zu setzen, der es immer wieder verstand, ihm persönlich »Mißliebige ... mit allen Mitteln aus dem Amt zu drängen«. Im August 1934 hatte Königsberg seit den Frühjahrstagen 1933 schon den dritten Polizeipräsidenten, den vierten Stellvertreter des Polizeipräsidenten und den dritten Kriminaldirektor. Der Polizeipräsident blieb dem Gauleiter gegenüber machtlos; denn alle personalpolitischen Entscheidungen wurden ohne seine vorherige Kenntnis und in den meisten Fällen sogar gegen seinen ausdrücklich geäußerten Wunsch gefällt, so daß ihm nur zu resignieren übrigblieb: »Wenn ich überhaupt nicht mehr gefragt werde und in allen Fällen über meinen Kopf entschieden wird, dann bedürfte es nicht der Mitgliedschaft zur NSDAP, um das Amt eines Polizeipräsidenten zu bekleiden [239].«

In der Wirrnis solcher Verhältnisse konnte es aber auch geschehen, daß die staatliche Verwaltung, soweit sie sich den Wünschen der örtlichen SA-Machthaber nicht unterwarf, selbst wenn sie von der NSDAP-Gauleitung gestützt wurde, das Entstehen einer »Nebenregierung« [240] der SA nicht zu hindern vermochte. Bezeichnend waren die Ereignisse in Breslau, wo es am 8. März zu ernsten Zusammenstößen zwischen SA und Polizei am Gewerkschaftshaus kam. Ein Bericht des schlesischen Gauleiters Brückner vom 9. März [241] läßt erkennen, daß grundsätzliche Gegensätze zur SA bestanden, obgleich er – offenbar im Gefühl eigener Unsicherheit – dem Ministerium gegenüber nur das behutsame Eingeständnis wagte, daß sich zwischen dem nationalsozialistischen Polizeichef Breslaus und dem schlesischen SA-Gruppenführer Heines »eine Reibungsfläche ergeben« habe. Sie hatte immerhin längere Auseinandersetzungen zwischen dem Polizeipräsidenten v. Alt-Stutterheim und dem deutschnationalen Regierungsvizepräsidenten in Breslau mit Heines im Gefolge, in deren Verlauf der Polizeipräsident »angesichts des Verhaltens der SA-Führung und der ihr unterstellten Gliederungen« jede Verantwortung für die Sicherheit in Breslau ablehnen wollte. Brückner berichtete, daß Heines daraufhin »alle Zusicherungen ... gegeben« habe, zweifelte jedoch verständlicherweise, »ob sein Temperament die Innehaltung dieser Zusicherungen garantiert«, und hielt es daher für angebracht, daß »Heines auch von höherer Parteidienststelle wie vom Ministerium selbst in eine restlose Verantwortlichkeit zurückgebremst werden möchte ... Jede interne Billigung der Haltung des Pg. Heines bestärkt ihn nur darin, sich im entscheidenden Augenblick über die notwendig gezogene Grenze der Verantwortung hinwegzusetzen.« Das sind Sätze, die in diesen Wochen ebensogut an vielen anderen Orten Deutschlands auf viele Machthaber der Partei oder der SA gepaßt hätten, aber meist unausgesprochen blieben. Alt-Stutterheim wurde kurze Zeit später als Regierungsvizepräsident nach Stettin versetzt, und der stellvertretende Polizeipräsident von Breslau kam zum Staatspolizeiamt. Da es dem preußischen Innenministerium an jedem Widerstandswillen gebrach, siegte zunächst der schlesische SA-Führer.

Häufige Umbesetzungen und die allgemeine personalpolitische Unsicherheit leisteten zwangsläufig terroristischen Gelüsten Vorschub. Daß das nicht unbeabsichtigt war, läßt sich bereits daraus schließen, daß wichtige Ämter der Polizei sogar für längere Zeit vakant gehalten wurden [242]. Da große Teile des alten Führungspersonals abgelöst wurden bzw. mit ihrer Ablösung, zumindest aber mit mehr oder weniger deutlicher Anfeindung rechnen mußten, ergab sich notwendig eine starke Labilität des Polizeikörpers. Das lieferte dem preußischen Innenminister einen zweifellos sehr willkommenen Grund, die Polizeimannschaften durch Hilfspolizei zu ergänzen. Die Heranziehung von Angehörigen der SA, der SS und des Stahlhelms zu Hilfspolizeidiensten sah bereits ein Erlaß Görings vom 11. Februar 1933 vor, mit dem er einen »Höheren Polizeiführer – West« als ihm persönlich verantwortlichen Sonderkommissar einsetzte, der den Befehl über sämtliche Polizeiorganisationen und das Weisungsrecht in allen Polizeiangelegenheiten innerhalb der Rheinprovinz und Westfalens erhielt [243]; kurz danach erging ein allgemeiner Hilfspolizeierlaß [244]. Hielt sich dieser Erlaß in seinem Wortlaut noch ungefähr an rechtsstaatliche Vorstellungen, so waren doch in der Praxis die Einschränkungen und Begrenzungen, die er zunächst der Tätigkeit der Hilfspolizei noch setzte – etwa, daß Hilfspolizisten nur einzeln und unter dem verantwortlichen Befehl eines Polizeioffiziers, nur in Alarmzeiten und für kurze Zeiträume eingesetzt werden durften –, schon deshalb illusorisch, weil die genauen Anordnungen dieses nicht einmal öffentlich bekanntgegebenen Erlasses und seiner umfangreichen ergänzenden Durchführungsbestimmungen [245] in diesen Tagen der gesteigerten politischen Erregung wenig beachtet wurden und nach späteren ergänzenden Bestimmungen auch kaum noch korrekt zu befolgen waren. In der Wirklichkeit räumten die teils eindeutigen, teils verwirrenden Erlasse Görings der SA, die an einzelnen Orten schon während der ersten Februartage Gebäude und Geschäftsstellen der Gewerkschaften, der SPD und KPD besetzt hatte [246], die Möglichkeit ein, nunmehr im Gewande einer legalen Polizeihilfe unter ebenso entschlossenen wie bedenkenlosen Führern terroristische Aktionen vorzunehmen. Sie schritt nach wie vor zu eigenmächtigen Verhaftungen, richtete eigene Schutzhaftstätten ein; und vereinzelt konnte sie wohl gar in Lagern oder kasernenartigen Unterkünften zusammengezogen und ausschließlich unter SA-Kommando eingesetzt werden, so daß, zumal dann, wenn sich die Polizeipräsidien bereits in der Hand von SA-Führern befanden, die Lage der wirklichen und vermeintlichen politischen Gegner der NSDAP nahezu hoffnungslos war [247].

Es ist kaum möglich, einen geschlossenen Überblick über die Art der Terroraktionen, die die SA in diesen Wochen der Wirrnis unternahm, und über das Ausmaß ihrer Wirkungen zu geben, aber ebenso schwierig, eine einheitliche und bündige Erklärung für das Verhalten der mittleren und oberen Instanzen des Staates zu finden. Prohibitive Maßnahmen zählten jedenfalls in dieser Zeit zu den Ausnahmen. Wenn der offene Terror sich allmählich abwandelte und schließlich einem anderen, mehr im Stillen wirkenden Regiment der Geheimen Staatspolizei wich, so darf das nicht etwa als Zeichen dafür genommen werden, daß die Übergriffe und Aktionen bewaffneter NSDAP-Gruppen vom Grunde her auf Widerstand gestoßen wären; das System wandelte sich lediglich im äußeren. Es gab Verhaftungen und Willkürakte ohne Zahl. In mehreren Städten verschwanden Menschen, von denen niemand jemals wieder etwas hörte. Die Nachforschungen der Behörden verliefen im Sande oder wurden überhaupt nicht vorangetrieben. Eingaben,

Beschwerden und Berichte an den Staatssekretär im preußischen Innenministerium lassen bis weit in das Jahr 1934 hinein kaum eine Verminderung der Zahl solcher Fälle erkennen. Aber wer sich als Bittsteller nicht der Fürsprache einer Persönlichkeit versichern konnte, die in der NSDAP oder in der SA über Rang und Namen verfügte, durfte nicht viel erwarten. Am ärgsten aber waren jene daran, die zu allem anderen auch noch der »rassischen« Ächtung verfielen.

Das Eindringen von SA- und Parteifunktionären in den Instanzenweg der Verwaltung machte jede zuverlässige Arbeit der Polizeibehörden unmöglich. Praktisch wurde jede Aktion gegen Rechtsbrecher, soweit sie der Partei angehörten, sofort im Keim erstickt. Aber selbst alte Beamte erwiesen sich in diesen Wochen der Unsicherheit als vollständig willfährige Werkzeuge in den Händen der Machthaber [248]. Freilich vermochten hohe staatliche Aufsichtsbeamte bei Ausschreitungen untergeordneter Parteistellen tatsächlich nur wenig oder gar nichts auszurichten, solange sie nicht eines Einverständnisses mit der zuständigen Gauleitung gewiß sein konnten; in allen anderen Fällen war Widerstand weniger eine politische Frage als eine des Charakters. Die allgemeine Unsicherheit und die scheinbare Unvoraussehbarkeit künftiger Ereignisse hatte psychologische Wirkungen auf die Inhaber der Staatsämter in der Provinz im besonderen dann, wenn sie sich in den Jahren der Republik einen Namen gemacht hatten. Freiwillig schied keiner aus; in ihren Ämtern aber blieb ihre Tätigkeit beengt, wenn nicht völlig gelähmt. Es ist erstaunlich zu sehen, wie wenig von alten hohen Staatsbeamten, die nicht erst 1933 in ihre Ämter eingesetzt worden waren, wirklich getan werden konnte, um verbrecherischen Elementen in der SA das Handwerk zu legen. Auch der Fall der Mißhandlung und schweren körperlichen Schädigung des deutschnationalen Kreisgeschäftsführers in Marienwerder, der zur Kenntnis Hindenburgs und daraufhin dem Reichskanzler gegenüber zur Sprache kam, fand seinen aktenmäßigen Abschluß in dem dürftigen und nichtssagenden Bericht des Regierungspräsidenten, daß die Angelegenheit mit dem zuständigen SA-Führer besprochen und daß »dafür gesorgt« worden sei, »daß in Zukunft eine Vernehmung durch die SA nur in wirklich geeigneten Fällen« erfolgen werde [249].

Dabei war es gar kein ängstlich gehütetes Geheimnis, daß sich die SA der Hilfspolizeifunktionen nur bemächtigte, um auf ärgste Weise Rachedurst und niedere Instinkte zu befriedigen. »Der in zwölfjährigem Kampf gegen Terror und Unterdrückung stehenden SA muß, rein menschlich betrachtet, ein gewisses Recht eingeräumt werden, Aktionen, die letzten Endes lediglich dem Rechtsempfinden unserer Kameraden entspringen, durchzuführen«, verlangte ein höherer SA-Führer, als der Oberregierungsrat Diels vom Berliner Polizeipräsidium wegen einer Anzahl von Übergriffen und Mißhandlungen von Gefangenen vorstellig wurde, die SA-Leute und Hilfspolizisten begangen hatten [250]. Dieses nicht nur zweifelhafte, sondern schon recht eindeutige »Rechtsempfinden« entsprang dem Bedürfnis der Führer, »dadurch, daß die SA zu polizeilichen Charakter tragenden Aktionen als Hilfskräfte zugezogen würde . . ., ein Ventil zu schaffen«, die politischen Gegner den eigenen uniformierten Horden in ähnlicher Weise als Opfer anzubieten, wie einst Landsknechten das Plünderungsrecht in eroberten Städten eingeräumt wurde. Die SA begnügte sich jedoch nicht mit einzelnen Aktionen und mit der Durchführung scheinbar polizeilicher Maßnahmen. Sie bildete in diesem Zustand an mehreren Orten im Reichsgebiet eigene Konzentrationslager – die berüchtigten Vorboten derer, die später das ganze System auszeichnen sollten –, in die politische Gegner, aber auch gelegentlich nur politisch Verdächtigte verbracht, die dort gefangengehalten und unter ausschließlicher Bewachung durch SA zur Zwangsarbeit gepreßt wurden. Der legale Strafvollzug bestand für diese Kategorie von Häftlingen nicht, wie überhaupt jede rechtsförmige Behandlung dieser Fälle unterblieb, die weder eine regelrechte Untersuchung noch eine rechtskräftige Verurteilung erfuhren. Für einen »Staatsfeind« erklärt zu werden, brachte in diesen Wochen für jedermann äußerste Gefahren, die nicht nur die Existenz zerstören, sondern auch zu Mißhandlungen und Verletzungen oder gar zur Tötung führen konnten; wer aber in ein Konzentrationslager eingewiesen wurde, durfte vorerst kaum auf einen rechtlichen Schutz hoffen [251]. Diese Lager hatten von Anfang an den Charakter von Zwangsarbeitslagern, die unterbezahlte Arbeitskräfte zu niederer Arbeit jeglicher Art rekrutierten, in kleinerem Umfang geheime Produktionen ermöglichten und schließlich in Gestalt besonderer Bewachungseinheiten die Unterhaltung einer stets mobilen, bewaffneten Macht, einer besonderen Parteiarmee außerhalb des Bereiches der staatlichen Exekutive ermöglichten.

Kommunisten und Sozialdemokraten, bald auch Deutschnationale, hatten unter dem örtlichen Terror der Anfangsphase am stärksten zu leiden, neben ihnen die Freien Gewerkschaften, deren Verwaltungen und Besitzungen in manchen Gegenden Deutschlands schon längere Zeit vor dem berüchtigten 2. Mai und selbst vor der Annahme des Ermächtigungsgesetzes willkürliche und zerstörerische Aktionen von SA- und Hilfspolizeiformationen ertragen mußten und die sich am frühesten und am stärksten dem einebnenden Druck der NSDAP und der in ihrer Hand befindlichen Machtpositionen ausgesetzt fanden. An einigen Orten wurden die Gewerkschaftshäuser, meist unter dem Vorwand, die nationalsozialistische Parteifahne hissen und schützen zu wollen, schon bald nach dem Reichstagsbrand besetzt. In Bayern erhielt dieses Vorgehen im März eine legale Anerkennung in Gestalt eines Erlasses des Staatskommissars für das Innenministerium, des Münchener Gauleiters Adolf Wagner [252], der eine einheitliche Beaufsichtigung der Gewerkschaften durch Polizei und NSBO verfügte und die Genehmigung ihres weiteren Geschäftsverkehrs davon abhängig machte, daß »keine direkten oder indirekten Versuche gemacht werden, mit verbotenen politischen Organisationen oder deren ehemaligen Führern in Verbindung zu treten«. Das kam zunächst einer Ausschaltung der Kommunisten aus den Gewerkschaften gleich, konnte aber jederzeit weitere parteipolitische Gruppen aus den gewerkschaftlichen Organisationen verbannen, markierte also die anfangs verfolgte Linie, eine Trennung der Gewerkschaften von den linken politischen Parteien überhaupt herbeizuführen. Der Erlaß bestimmte weiter, daß nach dem Ermessen der »zuständigen örtlichen Instanzen« – und jeder Machthaber der NSDAP hielt sich für zuständig – die Gewerkschaftshäuser auch weiterhin besetzt gehalten werden dürften, falls es »notwendig« sei. Außerdem erhielten die örtlichen Beauftragten der nationalsozialistischen Betriebszellenorganisation das Recht, »im Einvernehmen [mit] ihrer Ortspolizeibehörde und in Begleitung von Polizeibeamten« den gesamten Geschäftsbetrieb, insbesondere den Postein- und -ausgang und den Geldverkehr solcher Gewerkschaften zu kontrollieren, »die mit verbotenen Organisationen in Verbindung gestanden waren«. Alle Gewerkschaften mußten ihre Versammlungen 48 Stunden vorher der Polizei anmelden, die die Versammlungen zu überwachen hatte. Öffentliche Versammlungen wurden ihnen überhaupt nicht mehr gestattet. Aber auch das »Einvernehmen mit der Ortspolizeibehörde« wurde rasch zur äußerlichen Formsache und war wohl nur in wenigen Ausnahmefällen ein wirkliches Hemmnis für unmittelbare ständige Kontrollen durch die NSBO.

Auch in Preußen kam es schon in dieser Zeit zu Handlungen gegen die Freien Gewerkschaften, wie in den frühen Morgenstunden des 8. März, als Angehörige der SA, die angeblich eine Hakenkreuzfahne hissen wollten, das Gewerkschaftshaus in Breslau besetzten und hierbei »fast alle Werte der 147 Zimmer« vernichteten und »alles, was irgendwie vernichtbar war«, zerstörten [253]. »Viel schlimmer hätten die Spartakisten 1918 auch nicht gehaust«, äußerte wenige Tage später auch der Kreisleiter der NSDAP in Liegnitz seine Empörung über die sinnlosen Zerstörungen, die die SA im Liegnitzer Volkshause angerichtet hatte [254]. Initiator der Aktion zur Besetzung des Volkshauses war der Kreisleiter selbst gewesen; doch die Kräfte, die er gerufen hatte, waren ihm rasch über den Kopf gewachsen, so daß ihm nichts anderes übrigblieb, als in verzweifelten Berichten vorgesetzte und übergeordnete Stellen um Hilfe anzugehen.

An Einsichten in die Gefahren solcher Vorgänge fehlte es selbst bei eingeschworenen Angehörigen der NSDAP vor allem dann nicht, wenn sie sich plötzlich selbst in Mitleidenschaft gezogen sahen. Freilich wurden sie nur als »typische Beispiele« dafür genommen, daß »untergeordnete Dienststellen der SA in einem gewissen Machtrausch weit ihre Befugnisse überschreiten und es dann auch den nächstvorgesetzten Dienststellen schwerfällt, ihre nachgeordneten Stellen richtig zu behandeln« [255]. Doch mit den Klagen über die SA wurde nur ein Teil des Übels wirklich bezeichnet. Das Verhalten der örtlichen Machthaber war lediglich Anzeichen dafür, in welchem Umfang nationalsozialistische Führer, die durch Ereignisse während der ersten Monate 1933 zu öffentlich wirksamer Macht gelangt waren, zur Maßlosigkeit neigten und sich zu Handlungen des bloßen Hasses befähigt zeigten. Es gehört zu einer Typologie von Parteisatrapen wie Koch, Wagner, Heines, Brückner ebenso wie zur Erkenntnis des im Entstehen begriffenen totalen Staates des Nationalsozialismus, daß dieses neue politische System Personen in Ämter von großer Bedeutung brachte, die einer wirklich politischen Urteilsfähigkeit entbehrten und ihre Obliegenheiten einzig mit der Maßstablosigkeit subjektiver Pläne und Empfindungen erfüllten. Es würde bei weitem nicht ausreichen, ihre mangelnde Eignung, Schulung und Geschäftsfähigkeit für die Ämter zu konstatieren, die ihnen anvertraut waren. Allein ihre Parteistellungen wogen bei ihren Ernennungen, mit denen eine von oben her protegierte Gegenauslese des Personals für politische Ämter und Funktionen anhob, die unaufhaltsam und lange wirkend fortschritt. Vermischung der Befugnisse und Überschreitung der Kompetenzen waren geradezu an der Tagesordnung [256]. Die Kompetenzverfügung löste sich von rechtlichen Normen und regelte sich nach Prinzipien der unmittelbaren Macht oder nach Maßgabe des innerparteilichen politischen Ansehens von Amtsinhabern, und das hieß nach den Maßstäben der autoritär geführten Partei: nach dem Grade der persönlichen Verbindung zum nächsthöheren Parteivorgesetzten. Scheidungen zwischen innerparteilichen und staatlichen Zuständigkeiten wurden überaus nachlässig vorgenommen, wenn nicht gar bewußt ausgeschlossen, gelegentlich gar parteiinterne Zuständigkeiten und Unterordnungen auf die Regelung staatlich-administrativer Zuständigkeiten und Unterordnungen übertragen. Schon das Ergebnis dieses ersten Teiles des Personalwechsels deutete auf eine zunehmende Personalisierung der Kompetenzen und Funktionen und demzufolge auf eine latente Diskrepanz zwischen personellen Beziehungen und Abhängigkeiten und objektiven Leistungsaufgaben von Institutionen hin.

3. Die Eroberung der kommunalen Ämter (Selbstverwaltung und Spitzenverbände)

Dem Machtkampf und örtlichen Terror fielen zuerst das öffentliche Leben der lokalen Stufe und die Institution der kommunalen Selbstverwaltung zum Opfer, eine der wesentlichen Errungenschaften des bürgerlichen Zeitalters auf deutschem Boden. Die kommunale Selbstverwaltung war bis dahin keineswegs nur technische Vollzugsorganisation im Rahmen der staatlichen Exekutive gewesen, wenn auch bei weitem längst nicht mehr – wie im Vorstellungskreis des vorparteienstaatlichen Liberalismus – das Einlaßtor der bürgerlichen Gesellschaft in den Staat. Die Institution der Selbstverwaltung verlieh ihr das Recht zu eigenen öffentlich wirksamen Entscheidungen, die man zwar weder schlechthin noch allgemein politisch nennen kann, die jedoch den Pluralismus der gesellschaftlichen Körperschaften zu ordnen begann, indem sie sich als eine neue, bindende, in der Städteordnung Steins sich auch mit dem alten Staat verbindende lokale Universaleinheit konstitutierte. Die beiden disparaten Strukturen blieben jedoch, sichtbar in dem Neben- und Übereinander der Verwaltungskörper, weiterhin voneinander geschieden; der Aufstieg des Bürgertums war allerdings mit einem anhaltenden, im letzten Ergebnis jedoch vergeblichen Versuch verbunden, diesen Dualismus zwischen Staat und Gesellschaft zu überwinden. Daß die kommunale Selbstverwaltung schließlich zum schwächsten Teil des Verwaltungsbaus wurde [257], ergab sich hauptsächlich aus ihrer finanzpolitischen Lage in den Jahren der zunehmenden Massenarbeitslosigkeit. Bereits die unter dem Zwang der Weltkriegsjahre angewachsenen kommunalen Aufgaben, später die infolge des Krieges und noch während der Inflation zurückgestellten Investitionen, das rasche Bevölkerungswachstum der großen Städte, in seinem Gefolge Aufbau und Ausbau des städtischen Versorgungs- und Verkehrsnetzes, häufig auch die Schaffung neuer, der technischen Entwicklung folgender Verkehrsmittel, schließlich der unvermeidbare kommunale Wohnungsbau, der die Wohnungsnot der Nachkriegsjahre zu überbrücken half, belasteten die kommunalen Etats in einem bis dahin unbekannten Ausmaß, ohne daß genügend Steuerquellen zur Verfügung standen, die die städtischen Verwaltungskörperschaften hätten ausschöpfen können. Daß die Städte auch darüber hinaus eine großzügige Kulturpflege trieben, hat den eigentlichen Anstoß zur Kritik an der kommunalen Finanzpolitik im allgemeinen gegeben. In Wirklichkeit hat aber die kommunale Kulturpflege, kommunale Wirtschaftspflege und aktive Wirtschaftspolitik ebenso wie die Förderung von technischen Finessen, für die es eine tragfähige privatwirtschaftliche Initiative nicht gab, einen großen Sektor des kulturellen Lebens in der Weimarer Periode ausgefüllt und ihm seine spezifischen Züge aufgeprägt. Die späteren Notjahre der wirtschaftlichen Krise setzten sie dann freilich in ein anderes, ein gefährlicheres Licht und führten zu zentralisierenden finanzpolitischen Maßnahmen. Die Beschränkung und schließlich Unmöglichkeit der inländischen und ausländischen Kreditaufnahme, die steigenden Wohlfahrtslasten, die den Gemeinden auferlegte Verpflichtung, kommunale Steuern neu einzuführen oder zu erhöhen, der mit dem Anwachsen der radikalen Bewegungen an Schärfe zunehmende Parteienkampf innerhalb der kommunalen Parlamente, der zu Tätigkeitshemmungen in den beschließenden Körperschaften führte, beschworen eine Situation herauf, in der schließlich mehrere Länder, voran Preußen und Sachsen, zur Einsetzung von Staatskommissaren schritten, die eine umfangreiche Verfügungsgewalt über Steuer- und Kassenverwaltungen der Gemeinden erhielten [258].

Zwar fehlt noch eine soziale Geschichte der Städte in der Weimarer Ära, aber soweit aus Statistiken zu ersehen ist [259], gab es zwar Unterschiede während der gesamten Periode und immer Inseln eines ungestörten Wohlstandes; doch die Nivellierungstendenz der letzten Notjahre ist unverkennbar. Die Krise erfaßte zuerst die Industriestädte mit großer Arbeiterbevölkerung, die kleineren und mittleren nicht weniger rasch als die großen, und griff von hier aus immer weiter um sich. Ein Gefälle der Not blieb jedoch erhalten, das zwar nicht von der Großstadt zur Kleinstadt, wohl aber im allgemeinen von der Industriestadt zur industriefreien Kleinstadt oder Landgemeinde mit vorwiegend mittleren und größeren landwirtschaftlichen Betriebsgrößen und günstigen Ackernahrungen reichte. Als zentrales und unmittelbar drohendes Problem erwies sich zuletzt immer wieder die Wohlfahrtserwerbslosenfürsorge [260].

Wenn es auch wenig gerecht wäre, ein Versagen der Selbstverwaltung in Deutschland während der Krise feststellen zu wollen, so ist doch nicht zu verkennen, daß die Lage der kommunalen Verwaltung in der Weimarer Periode unter der Ungunst der Verhältnisse litt und daß sie einem überaus heftigen Abnutzungsprozeß überantwortet war. Im Grunde war es mit der Selbstverwaltung der Städte, deren größere die eigentlichen Konzentrationspunkte und Schauplätze der Bevölkerungszunahme und Bevölkerungsmassierung, der Industrialisierung und des Entstehens von modernen sozialen Spannungen bildeten, wo es in krisenhaften Zeiten dramatisch zuging, trotz verfassungsmäßiger Garantie problematisch bestellt. Die moderne Mobilisierung der Gesellschaft und ihre Folgen untergruben, zumindest in den größten Städten, weitgehend jedoch in allen, die politische Bedeutung des kommunalen gebietskörperschaftlichen Zusammenhangs; sie lag einst in der unmittelbaren Anteilnahme an öffentlichen Angelegenheiten, die durch die Übersehbarkeit des öffentlichen Bereiches und die konkrete Anschaulichkeit der Entscheidungssphäre ebenso begünstigt wurde wie die bürgerschaftlich-genossenschaftliche Verbundenheit der Entscheidenden. Die Vermehrung der kommunalen Verwaltungsaufgaben von der örtlichen Kulturpflege bis zur Erwerbslosenfürsorge führten zu einem raschen Anwachsen der örtlichen bürokratischen Verwaltungsapparaturen, die den Bürger dem Rathaus entfremdeten, so daß man sich schließlich allgemein angewöhnte, von der »Krise der kommunalen Selbstverwaltung« zu sprechen, ohne daß damit wesentlich mehr als eine beklagte Erscheinung, wenn nicht schon der Übergang zu einer künftigen obrigkeitlichen Verwaltung enthüllt wurde [261]. Das Jahr 1933 stellte den obrigkeitlichen Zentralismus vollends her.

Es gehörte zum vielgestaltigen taktischen Opportunismus der nationalsozialistischen Partei, daß sie auch hier, obgleich bis dahin ohne artikulierte Stellungnahme zu der Lebensfrage der Gemeinden, ihre Selbstverwaltung zu erhalten und ihre krisenhafte Notlage zu beheben vorgab und plötzlich die Pose des Retters aus aller Not annahm. Ihre kommunalpolitischen Sprecher, fast ausnahmslos keine erfahrenen Fachleute, bemühten sich jedoch von Anfang an um eine bis dahin ungebräuchliche Ausdeutung des Begriffes Selbstverwaltung, die charakteristische Elemente auszusondern und zu diskreditieren suchte. Sie übernahm sehr bewußt die in Deutschland im allgemeinen wohlrenommierte Tradition der Kommunalverwaltung, um sie allmählich für neue Zwecke herzurichten; der Begriff blieb und wurde sorgsam festgehalten, doch die Gehalte wechselten und verloren sich. Das zeigte sich schon im Frühjahr der Revolution des Nationalsozialismus, als die neu eintretenden Verhältnisse noch von manchen mit höchst optimistischen Erwartungen für die Selbstverwaltung als dem »Glanz- und Prunkstück deutschen Staatslebens« begrüßt wurden [262]. Parlamentarische Gepflogenheiten, politische Parteien, die Demokratie als angeblich »grundsätzliche Feindin der Selbstverwaltung«, »die Wirtschaft« und die »Geheimrätediktatur« des »neuen Obrigkeitsstaates«, womit man die Präsidialregierung seit der Kanzlerschaft Papens treffen wollte, Merkmale der voraufgegangenen und beendeten Epoche, wurden unterschiedslos als gefährliche Bedrohungen der Selbstverwaltung abgestempelt [263], so daß die parteioffizielle Propaganda auf einigen Umwegen die Identifizierung der Selbstverwaltungsidee mit den politischen Zielen und weltanschaulichen Programmen der NSDAP anbahnen konnte und mit Hilfe der Forderung nach »Einführung des Führerprinzips« in den Gemeinden auch praktisch durchzusetzen suchte [264]. Das Beispiel Italiens, wo der Faschismus die Gemeindeverfassungen und damit die Selbstverwaltung *de jure* abgeschafft und ein zentralistisches Präfektursystem aufgerichtet hatte [265], schien zunächst kaum bekannt zu sein und wenig beachtet zu werden. Daß jedoch die beabsichtigte Koinzidenz des »autoritären Staatsgedankens« mit der »verwaltungspolitischen« Selbständigkeit der Gemeinden für die Zukunft nur Einschränkung und bei weitem nicht Hebung der selbstverantwortlichen Tätigkeit und vielerlei engere politische Bindungen als bisher verhieß, deutete sich darin an, daß eine vom Staate »abgeleitete« und ausschließlich vom Interesse und politischen Prinzip der Regierung abhängige Zuständigkeit der Gemeinden unter Leitern, die die Staatsführung bestimmte, als nahezu selbstverständliche Interpretation des »Führerprinzips« galt [266]. Hierbei dachte man durchaus nicht nur an das Parteipersonal, sondern an ein berufsständisches Präsentationsrecht und an eine Verbindung kommunaler mit berufsständischen Vertretungskörperschaften [267]; die theoretische Erörterung der »Verklammerungsfunktion« der Gemeinde gegenüber ständischen Korporationen und eine möglichst vielschichtige Darstellung des »Führerprinzips« [268] wurden nachgerade zur letzten Zuflucht des Selbstverwaltungsgedankens, sofern sich nicht die Theorie unter dem Zwang der engen Alternative zwischen nachträglicher Rechtfertigung oder bereitwilliger Vorbereitung des Geschehens auf der lokalen Ebene, die allmählich in den Bereich sekundärer Entscheidungen der zentralen Gewalt herabsank, in Propaganda auflöste. Die wichtige Personalfrage geriet von Anbeginn unter den wachsenden Einfluß der NSDAP.

Das Vorgehen der NSDAP und der öffentlichen Stellen, die ihr bereits zur Verfügung standen, war zunächst in den einzelnen Ländern unterschiedlich. In Preußen löste eine Verordnung der Kommissare vom 4. Februar alle kommunalen Parlamente von der Orts- bis zur Provinzebene auf [269]; Neuwahlen wurden auf den 12. März, den Sonntag nach der Reichstagswahl, festgesetzt [270]. Bis dahin existierten keine kommunalen Beschlußorgane mehr, waren die Selbstverwaltungskörper also schlagartig auf das kommunale Beamtentum reduziert, dessen leitende Persönlichkeiten nun unter einer Unzahl von Angriffen, ungerechtfertigten Beschuldigungen in der Presse und anderen terroristischen Maßnahmen zu leiden hatten, so daß sie es entweder selbst vorzogen, von ihrem Amt zurückzutreten, oder aber der Aufsichtsbehörde ein Anlaß gegeben schien, einzugreifen und Beurlaubungen, Amtsenthebungen oder Inschutzhaftnahmen [271] zu verfügen; vielerorten tauchten unter dem Schutz von SA-Einheiten »Kommissare« mit vielfach zweifelhafter Legitimierung auf [272], die ihre Hauptaufgabe darin sahen, »den marxistischen Geist auszutreiben« [273]. Der auf diese Weise eingeleitete Personalwechsel an der Spitze kommunaler Verwaltungen ging außerordentlich rasch vor sich und zog bis Anfang Mai 1933 die kommunalen Spitzen von mindestens 87 kreisfreien

Städten in Mitleidenschaft. Allein 70 Oberbürgermeister waren ihrer Ämter enthoben oder beurlaubt worden; und 12 von diesen Städten – darunter Köln, Düsseldorf, Magdeburg, Altona, Gelsenkirchen, Hagen, Darmstadt und Würzburg – hatten sogar ihre gesamte alte Verwaltungsspitze verloren [274]. Schon im Sommer 1933 amtierten in ganz Deutschland nur noch vier der Oberbürgermeister, die vor dem 30. Januar 1933 von kommunalen Körperschaften in ihre Ämter gewählt worden waren: der Berliner Oberbürgermeister Sahm, dem ein nationalsozialistischer Staatskommissar zur Seite stand, und die deutschnationalen Oberbürgermeister Neinhaus in Heidelberg, Menge in Hannover und Goerdeler in Leipzig [275]. Ähnlich erging es den Leitern kleinerer Gemeinden und nicht viel anders den Landräten und den Landesdirektoren, die an der Spitze der Kreise und der Selbstverwaltung in der Provinz standen, wenn auch hier die Vorgänge der personellen Auswechslung nicht ganz so rasch aufeinanderfolgten wie in den Stadtverwaltungen. Diese Ämter gleichen sekundären Positionen, die im Verlaufe der weiteren Ausbreitung der Macht besetzt wurden, wenn auch mehr unter dem Gesetz der Taktik als unter dem der großen Strategie. Bislang hatten sich die meisten mittleren und größeren Städte von nationalsozialistischen Einflüssen freigehalten. Jetzt aber drängten sich zur Neubesetzung vor allem die örtlichen prominenten Funktionäre der Parteiorganisation; sehr häufig übernahm der Ortsgruppen- oder der Kreisleiter die Funktion eines kommissarischen Oberbürgermeisters oder Bürgermeisters. Wie die SA auf die Führung der Polizeibehörden Anspruch erhob, so bemächtigte sich die politische Parteiorganisation der Leitung der Kommunen. Die gesamte Gruppe der leitenden Kommunalbeamten, in der ausgeprägte Persönlichkeiten der nationalen Rechten, die jetzt zur Macht gekommen war, eine nicht sehr große Minderheit bildeten, verschwand binnen kürzester Frist nahezu vollständig und machte einem gänzlich anders gearteten Personalkörper Platz. Ein Versuch, den Personalwechsel innerhalb Preußens unter den Gesichtspunkt verwaltungsfachlicher Erfordernisse zu bringen, verlief vorerst ergebnislos [276]. Das äußere Bild wurde daher bald mit geringer Differenzierung von Persönlichkeiten beherrscht, die der örtlichen oder regionalen Parteileitung zuverlässig erschienen und die meistens als Neulinge in die Kommunalpolitik hineinkamen.

Das Schicksal der kommunalen Selbstverwaltung in der Gestalt, die sie am Ende der Weimarer Republik angenommen hatte, wurde jedoch nicht allein in den Gemeindeverwaltungen, sondern auch in den kommunalen Spitzenverbänden entschieden, die den selbstbewußten und selbständigen Spitzen des Kommunalbeamtentums ihre Existenz verdankten. Die Selbstverwaltung galt seit Gneist als integrierender Bestandteil der konstitutionellen Staates, der den »Rechtsschutz« der einzelnen gegen die Centralverwaltung selbst« zu sichern hatte [277]. In der späten Phase der Selbstverwaltung in Deutschland oblag der »Rechtsschutz« der Kommunen den Vereinigungen von Vertretern der Kommunen und kommunalen Verbände, die die Gebietskörperschaften öffentlichen Rechts in Verbänden privaten Rechts auf der Grundlage der Freiwilligkeit repräsentierten. Die weitaus bedeutendsten waren der Deutsche Städtetag und in ihm der erste Spitzenverband dieser Art, der Preußische Städtetag [278]. Im Unterschied zu anderen Spitzenorganisationen besaßen beide nicht einmal die private Rechtsfähigkeit eines eingetragenen Vereins. Der Grundsatz der Freiwilligkeit der Vereinigung erhielt sich bei ihm in äußerster Form. Größenmaßstab, wirtschaftliche Potenz und Leistungsstärke fielen entscheidend ins Gewicht. Er zeigte wenig Interesse an der Mitgliedschaft von Kleinstädten und beschränkte sich auf die Großstädte [279]. Infolgedessen bildete sich eine zweite Städteorganisation, der Reichsstädtebund, der häufig zu einem Konkurrenten und – wie es aus dem raschen Wachstum industrieller Klein- und Mittelstädte ebenso wie aus der zielstrebigen Eingemeindungspolitik mancher Großstädte folgte – auch zum Gegner des Städtetages wurde – in der Hauptsache ein Zusammenschluß der kreisangehörigen Städte. Es war aber nicht nur die geringere materielle Potenz seiner Mitgliedstädte, die den Reichsstädtebund in wachsender Ratlosigkeit zwischen Scylla und Charybdis einer harten politischen Zeit dahintreiben ließ. Die von Anfang an beobachtete Beschränkung auf das nächstliegende Interesse gerade der kleinen Städte, die fast stets nur der Befreiung von unmittelbaren drückenden Lasten galt und kaum ein größeres Ziel erkennen ließ, beschränkte ihn auch ideell auf eine mindere Stufe der Bedeutung. Seine zweifellos nicht gering zu bemessenden Verdienste lagen in der tätigen sachlichen Hilfe, vor allem in der juristischen Beratung jener Gemeinden, die sich einen mit verwaltungstechnischen Einzelfragen vertrauten Juristen nicht wohl leisten konnten. In den größeren politischen Fragen ist der Reichsstädtebund im Gegensatz zum Deutschen Städtetag niemals selbst zu einer Initiative gelangt oder an der Ausarbeitung von Plänen oder Entwürfen beteiligt, sondern stets in der Rolle des – häufig von den Ereignissen überraschten – Bittstellers gegenüber Reich und Ländern geblieben.

In enger Verbindung mit einem Berufsinteressenverband des konservativen Beamtentums, der sich nach dem Zusammenbruch von 1918 gebildet hatte, des Vereins preußischer Landräte, stand der Preußische Landkreistag, in dem anfangs Ulrich v. Hassell und später der ehemalige Landrat und deutschnationale Politiker Otto Constantin führend tätig waren. Er bildete die Grundlage für die Organisation des Deutschen Landkreistages, der 1922 auf Initiative Constantins entstand [280]. Als Vereinigung der Landesdirektoren, die an der Spitze der provinziellen Selbstverwaltung standen, diente der Verband der preußischen Provinzen. Und auch die Landgemeinden, die in den meisten Fällen noch keine beamteten, häufig auch keine fest besoldeten Ämter kannten, wo also vielfach die Laienverwaltung noch Tatsache war, veranstalteten Vertretertage und riefen mehrere regionale Organisationen ins Leben, die sich mit dem Deutschen Landgemeindetag eine Dachorganisation schufen, indem seit 1925 der Verband der preußischen Landgemeinden, die Landgemeindeorganisationen der sechs preußischen Ostprovinzen, mit seinen fest besoldeten Beamten die Geschäftsführung innehatte.

Aus anfangs lediglich periodisch zusammentretenden Versammlungen wurden allmählich festumrissene organisatorische Gebilde unter der Leitung ständig arbeitender Vorstände und Geschäftsstellen, in denen sich ein eigenes Verbandsbeamtentum auszubilden begann, das in enger personeller Wechselbeziehung sowohl zur Kommunal- wie zur Staatsverwaltung stand. Die Bedeutungszunahme der Spitzenverbände läßt sich an der raschen Kumulation der Kompetenzen – mehr an den Spitzen der Geschäftsstellen als an den Spitzen der Vorstände – ablesen. Nach dem Vorbilde des Preußischen und Deutschen Städtetages statteten 1927 und 1928 nacheinander Reichsstädtebund, Landkreistag und Landgemeindetag ihre Geschäftsführer als »Präsidenten« mit großen Vollmachten aus, die sie praktisch mit den gewählten Vorsitzenden auf die gleiche Rangstufe stellten. Die Mitgliederversammlungen wandelten sich in Organe der Repräsentation und der Demonstration, während die eigentliche Aktivität der Verbände von den Geschäftsstellen und den engsten Vorstandsgremien ausging, deren stete Geschäftstätigkeit und rasches Handlungsvermögen dem großen, weitreichenden Einfluß der Spitzenverbände zugrunde lag [281]. Von ihnen strahlten nicht nur starke Impulse auf die kommunalen Verwaltungen, sondern über eine große Anzahl von Zwischenorganisationen auch auf andere wichtige Gebiete des öffentlichen Lebens aus [282], so daß die Verbandsorganisationen ein fast lückenloses Geflecht ergaben und die Spitzenorganisationen als Vertreter total erfaßter Kategorien der Selbstverwaltungskörperschaften und auf Grundlage des erfüllten Anspruches nach allumfassender Organisation auftreten konnten. Ihre nicht öffentlich-rechtliche Form enthob sie jeglicher Aufsicht und Weisung von seiten staatlicher Behörden. Die Selbstverwaltungskörperschaften hatten sich gleichsam eine höhere Potenz ihres eigenen genossenschaftlichen Prinzips geschaffen, jedoch als Gebilde unstaatlicher Heteronomien [283]. Insofern hatte schließlich das einzige große Reformwerk in der Geschichte der nachabsolutistischen preußischen Verwaltung, die Einführung der Selbstverwaltung, liberale Ansprüche und Grundsätze selbst in die neueste Zeit hinübergeleitet. Mit altliberalen Vorstellungen von der kommunalen Verwaltung hatten diese Verbände allerdings nur noch wenig zu tun. Doch sie rückten in die Reihe der wichtigsten *corps intermédiaires* des parlamentarischen Staates der Weimarer Periode auf; sie übten ihre Einflüsse – mit der Ausnahme des Reichsstädtebundes – in erster Linie auf die die Gesetze vorbereitende und ausführende Tätigkeit der administrativen Exekutive, vornehmlich auf die Reichsministerien aus, die ihnen diese Einflußnahme auch geschäftsordnungsmäßig zugestanden [284].

Bis zur Jahreswende 1932/33 stand der Städtetag in enger Verbindung mit der Reichsregierung, der er eine Reihe gründlich ausgearbeiteter sachlicher Vorschläge unterbreitete, die die wachsenden Aufgaben des Staates in der Krise auf dem Boden und mit den Mitteln der städtischen Selbstverwaltung zu bewältigen versuchten. Umfang und allgemeiner Charakter der Krise konnten nur auf dem Weg reichsrechtlicher Regelungen bewältigt werden, so daß die Selbstverwaltung sich nur mittels der Vorschläge und Ausarbeitungen ihrer Spitzenverbände an politischen Entscheidungen der Reichsregierung zu beteiligen vermochte; sie waren zu Institutionen geworden, die eine unmittelbare Verbindung der kommunalen Selbstverwaltung mit der Reichszentrale ermöglichten. Mit der Existenz ihrer Spitzenverbände stand oder fiel die kommunale Selbstverwaltung in ihrer letzten ausgeprägten Form.

Der 30. Januar, die Ereignisse der folgenden Tage und die zahlreichen Amtsenthebungen leitender Kommunalbeamter beraubten die Spitzenverbände bald ihrer personellen Verankerung in den kommunalen Körperschaften und damit der Legitimation, auf die sie sich zu berufen pflegten, und brachten ihre Tätigkeit außerhalb des harten Kernes der Geschäftsstellen nahezu zum Erliegen. Den Vorgang des Personalwechsels im ganzen vermochten sie ebensowenig wie die wenigen zunächst noch in vollem Umfange intakt bleibenden Verwaltungen aufzuhalten. Auch einzelne Zeugnisse achtenswerten persönlichen Mutes wie die Erklärungen des Dresdener Oberbürgermeisters Külz trugen weder zu einer Erleichterung der Situation bei, noch ließen sie in der Unruhe der Zeit einen nachhaltigen Eindruck zurück [285]. Seine Bezeichnung der NSDAP als »Fremdkörper« in der Gemeindeverwaltung war ebenso treffend wie die alternative Form seiner Wahlparole, es werde sich »darum handeln, ob das letzte Bollwerk der Demokratie, als welches die Gemeindekörperschaften zu betrachten sind, auch durch reaktionäre und diktatorische Strömungen vernichtet werden soll, oder ob es sich halten kann«, die kritische Höhe der Situation erfaßte, in der sich die Kommunen befanden. Doch jede Hoffnung noch zu diesem Zeitpunkt folgte nur, wie die späteren Ereignisse zeigen sollten, einem Optimismus, der, gemessen an dem Ausmaß der sich überstürzenden Veränderungen, ohne rechte Grundlage war.

Nach den Märzwahlen entschlossen sich einige der Spitzenverbände, um der Gleichschaltungsforderung der nationalsozialistischen Propaganda in irgendeiner Weise nachzukommen, zu organisatorischen Umbildungen und personellen Umstellungen, was Mulert mit der Behauptung begründete, daß das Ausscheiden und »die sehr zahlreichen Beurlaubungen hauptberuflicher Vorstandsmitglieder« nur ein »Restkollegium« übrigließen, das sich »zu maßgeblichen Beschlüssen nicht wohl mehr für berufen erachten konnte« [286]. Der engere Vorstand des Städtetages beschloß in seiner letzten Sitzung am 17. März 1933, seine Funktionen einem Arbeitsausschuß zu übertragen, in dem sich die Reste des engeren Vorstandes mit neuen Männern zusammenfanden [287]. Am 28. März hielt der Arbeitsausschuß seine erste Sitzung ab [288]. Fürs erste schien die selbst vollzogene Gleichschaltung in einem Kompromiß geglückt, in dem sich Persönlichkeiten vorwiegend der politischen Rechten durch Kooptation von Nationalsozialisten, die ihnen tragbar und persönlich umgänglich erschienen, Unterstützung und Beistand für die weitere Tätigkeit des Städtetages erhofften. Der Öffentlichkeit konnte mitgeteilt werden, daß »damit . . . der Städtetag seine Gleichschaltung mit Reich und Ländern vollzogen« habe [289]. Diesem Beispiel folgte eine Reihe regionaler Unterverbände [290]. Der allmähliche Übergang der Initiative an die Staatsorgane, der sich vorzubereiten begann, gab sich jedoch bereits darin zu erkennen, daß eine thüringische Bürgermeisterversammlung nicht vom Thüringischen Städteverband, sondern vom thüringischen Innenministerium nach Weimar einberufen wurde [291].

Die Sitzungen des Arbeitsausschusses glichen in vieler Hinsicht den Arbeiten des einstigen engeren Vorstandes. In ihnen wiederholten sich die Besorgnisse über die Arbeitslosenfürsorge, das Verlangen nach Zuschuß auf dem Gebiet des Wohlfahrtswesens und die Klagen über den Steuerverfall in den Kommunen. Auch die Fragen der kommunalen Verfassungsreform wurden wieder aufgegriffen, nunmehr mit dem neuen Gedanken, nach den Aktionen der nationalsozialistischen Gleichschaltung in den Gemeinden »die Aufgaben der Gemeindeselbstverwaltung abzugrenzen« [292]. Mulert suchte sich unter den veränderten politischen Verhältnissen in die Pläne der nationalsozialistischen Machthaber einzuschalten, indem er nun das Programm dahin formulierte, »im Sinne der Bestrebungen der nationalen Regierung« eine »lebendige Verbindung mit der Bevölkerung auch ohne Zwischenschaltung der Parlamente« herzustellen. Er brachte einen Beschluß des Arbeitsausschusses zustande, wonach der Städtetag eine Denkschrift mit einer Darlegung des bestehenden Städterechts und einer Zusammenstellung der für eine reichsgesetzliche Regelung als reif erachteten Gegenstände vorlegen sollte. Im Arbeitsausschuß konnte sich allerdings von Anfang an nicht mehr die Kontinuität der Persönlichkeiten behaupten, die dem engeren Vorstand so feste Konturen verliehen hatte. Seit seiner ersten Sitzung veränderte sich fortlaufend seine Zusammensetzung [293]; er wuchs rasch an, so daß sich Mulert entschloß, ein engeres Gremium zu bilden [294], von dem er Verständnis und Unterstützung für seine Absichten erhoffte. Den kommunalpolitischen Exponenten der Parteiorganisation, den inzwischen zum kommissarischen Oberbürgermeister von München ernannten Reichsleiter Fiehler, wollte er dadurch zufriedenstellen, daß er ihn neben Goerdeler und seiner eigenen Person als zukünftiges Mitglied des Reichswirtschaftsrates in Aussicht nahm [295]. Die Zusammensetzung des neuen Gremiums enthielt indessen zu viele Unsicherheitsfaktoren, so daß es als Mittel zur Durchführung größerer Pläne nicht dienen konnte; und der Aktivität des Geschäftsführers wurden durch Einsprüche und Gegenstimmen immer festere Zügel angelegt.

Auch dem Landkreistag, in dem von jeher das konservative Element der preußischen Beamtentradition vorherrschte, drängten die personalpolitischen Maßnahmen der neuen Machthaber neue Probleme auf, denen der Verband, um seine Existenz zu erhalten, seit den Märzwahlen nur noch durch Anpassung und grundsätzliches Nachgeben begegnete, nachdem mit Vertretern der Großindustrie Fühlung genommen und die politische Atmosphäre geprüft worden war [296]. Man hatte sich entschlossen, »eine möglichst schnelle Zusammenarbeit mit den nationalsozialistischen Kreisvertretern anzubahnen«, um »durch Mitarbeit alle etwaigen Widerstände gegen den kommunalen Spitzenverband von vornherein abzubiegen – genauso, wie das seiner Zeit mit den Sozialdemokraten geschah«. Der Ausgang der preußischen Kommunalwahlen am 12. März wurde als ein »weiterer Sieg der NSDAP« bewertet, demzufolge neue und größere Ansprüche außer Zweifel standen. Jene unbewegliche Distanziertheit des Geistes, die sich schon lange vor der Jahrhundertwende in konservativen Kreisen des preußischen Beamtentums beobachten ließ und die dem Lebenden wie dem Toten gleichermaßen ästhetisierende Betrachtung und innere Teilnahmslosigkeit angedeihen läßt, nahm auch diese politische Wendung in kühler und realistischer Abschätzung hin, ohne Ergriffenheit und Betroffenheit, wenn auch in zäher persönlicher Beteiligung. Man akzeptierte das Faktum, solange noch einige Wahrscheinlichkeit bestand, die eigene Existenz in unveränderter Weise zu erhalten. Aus Altersrücksichten entschloß sich der Hauptvorsitzende v. Achenbach im italienischen Frühling, von seinem Amt zurückzutreten [297], das rasch und ohne Widerspruch von irgendeiner Seite mit dem ehemaligen deutschnationalen Reichsminister v. Keudell besetzt wurde. Diesen laut- und schmerzlosen Vorgang einer selbsttätig vollzogenen Gleichschaltung begleitete eine öffentliche Erklärung, wonach nun auch der Landkreistag »hinter der neuen Regierung« stand, die er »bei dem nationalen und wirtschaftlichen Wiederaufbau mit allen Kräften unterstützen« wollte [298].

Der »Personalaustausch« in den Kreisverwaltungen nahm dann aber doch bald derartig unerwartete Ausmaße an, daß es dem Präsidenten angeraten schien, von den Vertretern der Länderorganisationen die Auffassung über die Funktionsfähigkeit des Vorstandes einzuholen [299] und mit dem ausgesprochenen Willen, sich den politischen Bedingungen der neuen Situation unterzuordnen, darüber zu beraten, ob denn der Vorstand noch »das Spiegelbild der in der kommunalen Kreisverwaltung tätigen Kräfte« sei. Diese Frage erwies sich indessen als nicht beantwortbar, da die Verhältnisse der Kreisverwaltungen in den einzelnen Ländern noch äußerst uneinheitlich und teilweise in völliger Umwandlung begriffen waren. Die einfache Parole des bayerischen Vertreters, »gedankliche Willensbildung« genüge nicht, »Umbildung der Organisation« sei selbstverständlich, fand jedoch keinen Beifall; zur bedingungslosen »personellen Einordnung« war man solange noch nicht bereit, wie es mit geringeren Mitteln auch zu gehen schien. Wenn man auch beschloß, in der bisherigen Form weiterzuarbeiten und von der Bildung eines besonderen Aktionsausschusses abzusehen, so konnte der alte Vorstand doch nicht verhindern, daß das Schwergewicht sich zusehends auf die Landesorganisationen verlagerte und zentrifugale Tendenzen die Organisation des Landkreisverbandes noch stärker schwächten als den seit jeher stark zentralisierten Deutschen Städtetag. Aus Sachsen, wo in Gestalt des Sächsischen Gemeindetages bereits seit langem eine kommunale Einheitsorganisation der Städte und Landgemeinden bestand, die sich dem Reichsstädtebund angeschlossen hatte, wurde bereits das Bestreben eines tatenlustigen Staatskommissars auf Zusammenfassung der kommunalen Verbände bekannt [300], ein untrügliches Zeichen dafür, daß neue Kräfte und neue Interessen von außen her in die Organisation der Spitzenverbände hineindrängten, um sie ihren eigenen Bestrebungen zu unterwerfen.

Etwas ungünstiger verlief die Entwicklung im Verband der Preußischen Landgemeinden, dessen einflußreicher Geschäftsführer Gereke in der Reichsregierung Hitler als Reichskommissar für die Arbeitsbeschaffung untergekommen war, jedoch bald in einen bis heute in den Hintergründen und Zusammenhängen noch nicht aufgeklärten Prozeß verwickelt wurde [301], wobei sich auch der Verband als geschädigt bekannte. Er ersetzte Gereke durch dessen bisherigen Stellvertreter, der ebenfalls der nationalen Rechten angehörte und sich nun durch Fühlungnahme mit dem nationalsozialistischen Kommunalpolitiker Fiehler Gewißheit über die Zukunft der kommunalen Spitzenverbände zu verschaffen versuchte, indem er ihm Pläne einer künftigen Dreiteilung der Selbstverwaltungsorganisationen unterbreitete, die je eine Reichsvertretung der Städte, der Landkreise und der Landgemeinden vorsahen. Da Fiehler offenbar keine Einwendungen vorbrachte, glaubte man, einschneidende Veränderungen zunächst nicht befürchten zu müssen [302].

Ernste Besorgnisse tauchten aber auf, als Bemühungen um die Zusammenfassung aller Spitzenverbände in einer Einheitsorganisation ruchbar wurden, die vom Reichsstädtebund ausgingen, der als einzige kommunale Organisation den Regierungswechsel zu einem Vorstoß benutzte, mit dem er die Notlage der kleinen Städte wenden und auch eine günstigere Lösung in der Frage der Landratsaufsicht anbahnen wollte [303], zumal dem engeren Vorstand bereits einige Nationalsozialisten angehörten, was nun als eine besondere Gunst der Lage erschien. Jedoch ein Ergebnis der schriftlich erhobenen Vorstellungen und einer großen Protestaktion des Reichsstädtebundes blieb vollständig aus. Sie glich einer Demonstration in den eigenen vier Wänden, von der zwar der Reichsinnenminister Frick unverbindlich Notiz nahm [304], der aber fast alle Oberpräsidenten und Regierungspräsidenten fernblieben; nichts konnte darüber hinwegtäuschen, daß das ganze ein Schlag ins Wasser war und die Zeit keine Rücksicht auf die Proteste einer Organisation kleinstädtischer Bürgermeister nahm.

Da Appelle an die Öffentlichkeit kaum noch Erfolg versprachen und die personelle Gleichschaltung veränderte Bedingungen geschaffen hatte, schien es dem Geschäftsführer an der Zeit, durch eine organisatorische Umbildung eine neue Basis für den Reichsstädtebund zu gewinnen, wobei er von der Reichstagsfraktion und der preußischen Landtagsfraktion der NSDAP die Benennung nationalsozialistischer Vertreter erbat, die auch umgehend erfolgte [305]. Auf diesem Wege bildete sich auch im Reichsstädtebund der geschäftsführende Vorstand interimistisch – bis zur vollzogenen »Gleichschaltung der Gemeinden mit dem Reich« – in einen Arbeitsausschuß mit 13 Mitgliedern um, darunter einem deutschnationalen Parlamentarier und vier Angehörigen der NSDAP [306], zu denen zwei Großstadtbürgermeister zählten, die Bürgermeister Brix-Altona und Linder-Frankfurt/M., der auf Verlangen der nationalsozialistischen Reichstagsfraktion auch in den Arbeitsausschuß des Deutschen Städtetages hineinkam. Nach dem nationalsozialistischen Gewaltstreich gegen die Gewerkschaften trieb die Geschäftsstelle die Anpassung an die »neue politische Situation« nach unten hin weiter, indem sie die Unterverbände aufforderte, auch ihrerseits »in Zusammenarbeit mit den Gauleitungen der NSDAP« eine »provisorische Gleichschaltung ihrer Vorstände« vorzunehmen [307]. Daß indessen die Taktik der politischen Abpolsterung mit NSDAP-Angehörigen bei den hochgespannten Forderungen der Vertreter dieser Partei und der Ungewißheit ihrer wahren Absichten nur auf Kosten der eigenen Substanz ging, wurde schon bald offenkundig; die Aktivität einiger in den Reichsstädtebund hineingeratenen Nationalsozialisten hatte freilich vorher niemand in Rechnung gezogen. Mit dem Rücktritt des Bundesvorsitzenden Ende April 1933, der soeben die Altersgrenze erreichte und als Oberbürgermeister in den Ruhestand trat, fiel diese schwächste der kommunalen Spitzenorganisationen als erste kampf- und widerstandslos unter den Einfluß von Nationalsozialisten. Von nun an herrschte ein neuer, für sachliches Arbeiten wenig geeigneter Ton in der Geschäftsstelle und in dem vorläufigen geschäftsführenden Vorstand. Bürgermeister Linder erblickte sein einziges und nächstes Ziel in einer möglichst schnellen und rücksichtslosen Vereinheitlichung der kommunalen Spitzenverbände. Er diktierte einige Kooptationen, die der NSDAP die Herrschaft im Arbeitsausschuß nun vollständig sicherten und ihr gleich die Ämter des Vorsitzenden und der beiden Stellvertreter verschafften. Linder brachte schließlich gegen den vorsichtigen Widerstand des geschäftsführenden Präsidenten den Entschluß zustande, im Vorstand des Städtetages Fuß zu fassen und auf eine Verschmelzung beider Verbände hinzuwirken [308]. Zur Erfüllung dieser Aufgabe sollte ein besonderer Ausschuß dienen, in dem ebenfalls wieder die Vertreter der NSDAP die Mehrheit bildeten.

Allerdings unterschätzten die Nationalsozialisten den heimlichen Widerstand der alten Städtebundmitglieder und die Winkelgänge der Verbandsdiplomatie, die sich nun in die Arme des Städtetages flüchtete. Wenige Tage nach dieser ereignisreichen Sitzung war Mulert bereits mehrfach unterrichtet [309], so daß er auf Sicherungsmaßnahmen sinnen konnte. Vermutlich ist über ihn die Kunde von nationalsozialistischen Versuchen, eine Einheitsorganisation womöglich mit öffentlich-rechtlichem Charakter zu bilden, auch an die anderen Spitzenverbände gelangt, die zu diesem Zeitpunkt noch fest entschlossen waren, sich gegen solche Absichten mit Entschiedenheit zur Wehr zu setzen und ihre Rolle als Repräsentanten verschiedener personeller Interessen, als Träger verschiedener Ausprägungen des Selbstverwaltungsprinzips und als potentielle Partner oder Opponenten von Reich und Ländern weiterhin zu spielen. Mulerts Taktik bestand zunächst darin, daß er ein möglichst reibungsloses Verhältnis zum Reichsstädtebund herzustellen versuchte, um seiner latenten Opposition gegen den Städtetag das Wasser abzugraben. Mit dem ebenfalls heimlich opponierenden Vizepräsidenten des Reichsstädtebundes war vorher schon vereinbart worden, im Notfall die weitere Entwicklung auf Teilzusammenschlüsse hinzutreiben, für einen Zusammenschluß von Städtetag und Reichsstädtebund auf der einen und Landkreistag und Landgemeindetag auf der anderen Seite einzutreten und diese vorzubereiten [310], was für Mulert schon seit längerem keine fernliegende Absicht mehr war, sondern ganz auf der verbandspolitischen Linie lag, die sich mit zunehmender Deutlichkeit herausbildete und die er schon Anfang März den Geschäftsführern des Landkreistages aufgezeichnet hatte [311]. Über seine Beweggründe sind keine Zweifel möglich. Er bewies klare Erkenntnis für den Zwangscharakter der Situation und Phantasie, um danach zu trachten, die Institutionen der Selbstverwaltung in ihren überkommenen Formen gleichsam hinter einem Schutzwall äußerlicher Kompromißformen weitgehend zu erhalten. Die Lage der Verbände schien von dem Geschäftssinn, dem Einfallsreichtum und den organisatorischen Fähigkeiten Mulerts abhängig, der die charakteristischen Momente, die Gefahren und die Chancen des Augenblicks erfaßte. In einer eindringlichen Unterredung mit Fiehler, Linder und Strölin legte er den Exponenten der NSDAP auf dem Gebiete der Kommunalpolitik die Frage eines Zusammenschlusses der Spitzenverbände vor [312], wobei er den drei Nationalsozialisten Vielseitigkeit und Bedeutung des Städtetages vor Augen führte, der bisher in allen wichtigen Fragen die Initiative getragen und die Hauptarbeit geleistet habe, so daß von seinem »geistigen Gut die übrigen Spitzenverbände zum größten Teil« lebten, und daß die Aufhebung seines Einflusses durch Schaffung einer großen Einheitsorganisation schwerwiegende nachteilige Folgen haben müsse, die allseitig zu Lasten des Verbandswesens gehen würden. Mulert konnte sogar auf eine Besprechung bei Hitler verweisen und hieran den Gedanken anknüpfen, daß in Zukunft der Präsident des Städtetages mit der Wortführung für sämtliche kommunalen Spitzenverbände betraut werden sollte. Doch die drei Nationalsozialisten blieben offenbar von Mulerts Verbandspolitik unberührt; immerhin versicherten sie, ihn vor weiteren Entschlüssen in Kenntnis setzen zu wollen, ein Versprechen, das Fiehler jedoch, an den nun die Initiative fiel, schon in den nächsten Tagen und Wochen außer acht ließ.

Auch in den anderen kommunalen Spitzenverbänden herrschte

immer noch ein gedämpfter Optimismus, obgleich die nächsten und künftigen Absichten in Partei- und Staatspolitik unklar und Informationen hierüber spärlich und unsicher blieben. Die Spitzenverbände sahen ihren einst großen Einfluß »weitgehend ausgeschaltet«; es war »außerordentlich schwer, wenn nicht in den meisten Fällen unmöglich, irgendwelche zuverlässige Informationen über die Absichten und Pläne der Reichsregierung zu erfahren« [313]; doch verbreitete sich die Überzeugung, daß die Reichsregierung jede Absicht einer Zusammenfassung der Spitzenverbände, die ursprünglich bestanden hatte, »bis auf weiteres anscheinend aufgegeben« habe [314]. Auch bei zuständigen Regierungsstellen scheint allgemein die Erwartung bestanden zu haben, daß sich die Spitzengremien der Verbände zwangsläufig allmählich den neu gewählten Gemeindevertretungen in personeller Hinsicht anpassen müßten, so daß es zu einer selbsttätigen personellen Umwandlung von unten nach oben kommen würde. Doch schon kurze Zeit später brachte die Politische Organisation der NSDAP, offenbar zur völligen Überraschung aller Beteiligten, erneut die Ereignisse in Gang, die nun eine unvorhergesehene Wendung nahmen und den letzten Akt der Gleichschaltung der kommunalen Spitzenverbände einleiteten, bei dem die drohende Anwesenheit der Gewalt im Hintergrund die Entscheidungen beeinflußte und wahrscheinlich auch im wesentlichen herbeiführte.

Am 20. Mai, einem Sonnabend, erhielten die Vorsitzenden und die Geschäftsführer der kommunalen Spitzenverbände eine von Ley, dem Reichsorganisationsleiter der NSDAP, unterzeichnete Einladung zu einer »Besprechung über die Neugliederung der kommunalen Spitzenverbände« am Montag, dem 22. Mai, im Zimmer des Präsidenten des Preußischen Staatsrats [315]. Die kurze Frist der Einladung und der dazwischenliegende Sonntag schlossen vorherige Vereinbarungen aus. Zuerst fand die Sitzung der Vorsitzenden statt, die von Ley, Fiehler, Oberbürgermeister Weidemann und Jeserich, einem jungen Kommunalwissenschaftler und Beraters Fiehlers, empfangen wurden [316]. Ley verlangte »namens der Partei« die Unterzeichnung einer Erklärung, die ihrem Inhalt nach nichts anderes war als das Einverständnis mit der vollständigen Auslieferung der Verbände an den Beauftragten der NSDAP, ohne daß sie irgendeine Andeutung oder ein Zugeständnis hinsichtlich der zukünftigen Entwicklung der Selbstverwaltung enthielt [317]. Der Vorsitzende des Städtetages, Oberbürgermeister Sahm, und der Vorsitzende des Deutschen Landkreistages, v. Keudell, vollzogen sofort ihre Unterschriften; der Dritte in der Reihe der Vorsitzenden, der schlesische Landeshauptmann v. Thaer, der Vorsitzende der Landesdirektorenkonferenz, erhob als einziger Einspruch und verlangte eine Frist bis zur Stellungnahme der nächsten Landesdirektorenkonferenz, »da er sich nicht in dem in der Erklärung erwarteten Maße zu einer Bindung für den Verband legitimiert fühle« [318]. Ley nutzte jedoch alle Druckmittel, über die er verfügte, lehnte dieses Verlangen strikt ab und forderte eine Entscheidung bis spätestens zum Nachmittag des gleichen Tages, »widrigenfalls seinerseits eine andere Vertretung für die Provinzen berufen und der Verband als ausgeschaltet oder aufgelöst betrachtet werden würde« [319]. Trotz dieser offenen Drohung zögerte v. Thaer jedoch noch so lange mit seiner Unterschrift, bis eine Reihe von Fragen über das weitere Schicksal seines Verbandes von Ley, Fiehler und Jeserich so beantwortet waren, daß er sich in der Lage glaubte, die geforderte Erklärung unterzeichnen zu können. Er erhielt die Zusicherung, daß weder eine wesentliche Umorganisation seines Verbandes noch Änderungen der Personalverhältnisse seiner leitenden Beamten beabsichtigt seien und daß auch die künftige Organisation des Deutschen Gemeindetages ein größeres Gremium als »eine Art Kammer« an Entscheidungen beteiligen werde; die organisatorische Umbildung solle vor allem der Beseitigung von Überorganisation dienen und die »Überschüttung der Ministerien mit ungezählten, zum Teil einander widersprechenden Anträgen der verschiedenartigsten kommunalen Vertretungen« verhindern. Es war wohl zu erkennen, daß die Tätigkeit der kommunalen Spitzenorganisationen von nun an in einem gänzlich anderen Rahmen ablaufen würde, so daß diesen Zusagen, die nicht einmal schriftlich festgehalten wurden, nicht sehr viel Gewicht zugemessen werden durfte. Aber als einziger konnte der Verband der preußischen Provinzen noch einige Zeit als selbständige Organisation fortbestehen [320]. Dennoch zog unmittelbar nach dem Gleichschaltungsakt vom 22. Mai Landeshauptmann v. Thaer für sich persönlich die Konsequenz, daß er sein Amt und den Vorsitz in der Landesdirektorenkonferenz niederlegte [321].

Nach dem schlesischen Landeshauptmann gaben der nationalsozialistische Vorsitzende des Reichsstädtebundes und die Vorsitzenden der beiden Landgemeindeverbände und danach die Geschäftsführer und Präsidenten aller Verbände ihre Unterschriften.

Akteurin in diesem Stadium der Gleichschaltung war ausschließlich die NSDAP, die die Verbandsvorsitzenden unter Ausnutzung des durch Unklarheiten und Terror hervorgerufenen Unsicherheitsgefühles zu einem Schritt nötigte, den sie rechtens gar nicht hätten tun können: ihre Verbände einem Kommissar der NSDAP zu übergeben. Der Wortlaut der Erklärung, die sie sich abpressen ließen, erlaubt es nicht, die Berufung auf das »Interesse« der Verbände anders denn als Phrase aufzufassen; es ist schwerlich anzunehmen, daß irgend jemand glauben konnte, durch einen derartigen Rechtsbruch den Gang der nationalsozialistischen Gleichschaltungspolitik im Sinne der Interessen seines Verbandes beeinflussen zu können. Diese Vorgänge wären nicht erklärlich, wollte man nicht annehmen, daß allen auf der anderen Seite handelnden Persönlichkeiten jedes Gefühl, Boden unter den Füßen zu haben, entschwunden war und daß sie wohl dem Verlangen gehorchten, um keinen Preis zur »Gegenseite« zu gehören. Man warf sich in neutrales Zivil, um aus einer zerbröckelnden Front zu entkommen oder sich gar von dem siegreichen Angreifer anwerben zu lassen. Von solchen Vorgängen und Problemen kam jedoch nichts an die Öffentlichkeit, der die parteioffizielle Propaganda in pathetischen und bewußt um frappierende Effekte bemühten Sätzen plötzlich die Existenz eines kommunalpolitischen Programmes der NSDAP von erregender Neuartigkeit vorzuspiegeln suchte, das bisher kein ernsthafter Betrachter bemerkt hatte [322]. Fiehlers Rundfunkerklärung enthielt die Ankündigung, daß »die ... Gemeinden und Gemeindeverbände wieder zu lebensstarken, selbstverantwortlichen Gliedern des Staates« gemacht werden sollten [323]. Doch sie ließ kaum einen Zweifel zu, daß es auch für die kommunale Selbstverwaltung keine Rettung vor der Wirklichkeit und vor der Phrase des nationalsozialistischen Staates geben werde. Außerdem wirkte sich der Umstand aus, daß durch den Zugriff auf die Spitzenverbände auch deren Zugänge in eine Vielzahl von Organisationen und Institutionen für die NSDAP aufgeschlossen und von ihr besetzt werden konnten. Über den Städtetag gewann der neue »Deutsche Gemeindetag« die Vertretung in 74, über den Verband der preußischen Provinzen in 31 und den Verband der preußischen Landgemeinden in 12 Verbänden, über die anderen Verbände in weiteren Beiräten, Aufsichtsräten, Ausschüssen und ähnlichen Gremien [324]. Wohl keine der Gleichschaltungsaktionen der Reichsleitung vermochte in ähnlicher Weise schlagartig und widerstandslos eine solche große Fülle von Einflußmöglichkeiten in die Hände der NSDAP zu bringen. Allerdings genoß nicht die NSDAP allein den Nutzen einer verstärkten Machtposition; denn der Deutsche Gemeindetag wuchs als neuartige Dachorganisation der Kommunalverwaltungen in die eigentümlich zwitterhafte Stellung eines Hilfsorgans der staatlichen Verwaltung und der parteilichen Bürokratie hinein. Er wandelte sich rasch in ein Instrument autoritärer Reglementierung der kommunalen Verwaltungen, das die Gemeinden kontrollierte und Richtlinien und Weisungen nach lokalen Gegebenheiten von oben nach unten modifizierend weitergab, in das Glied einer zentralistischen vertikalen Instanzenorganisation, in der »horizontale Gliederungen ... nicht mehr zugelassen« sein sollten [325].

Zweites Kapitel: KOMMISSARE UND BEAMTE

1. Die Kommissare der nationalsozialistischen Machtergreifung

Mit der Ausschaltung der parlamentarischen Legislative wandelten sich Bedeutung und Macht der öffentlichen Verwaltung, die jedoch nicht in ihrer bisherigen Verfassung erhalten blieb, sondern nachhaltigen Veränderungen hinsichtlich der Methoden der Personalpolitik, des Personalrechts, der Verteilung und des Maßes der Zuständigkeiten und Aufgaben ausgesetzt war.

Die politische Bedeutung eines Verwaltungsamtes hängt von der Bedeutung und dem Spielraum des Ermessens ab, den der Amtsinhaber auszufüllen hat. Ist er so groß, daß er den Geschäftsgang wichtiger Teile des Verwaltungsapparates zu beeinflussen vermag, so kann man von Schlüsselstellungen sprechen; ihrer Besetzung darf bisweilen konstitutive Bedeutung für die Verwaltung nachgesagt werden. Daneben bilden die zahllosen latenten Abhängigkeiten des Personals untergeordneter Kategorien von den leitenden Beamten in politisch wichtigen Verwaltungen ein ebenso latentes Politikum.

Die Ergebnisse eines enger oder weiter begrenzten Personalaustausches mögen durch subsidiäre Maßnahmen auf dem Gebiet des Personalrechts ergänzt oder auch übertroffen werden. Außerhalb und womöglich unabhängig von der Personalpolitik vermögen sich politische Maßnahmen in der Verschiebung von Kompetenzen, in der Erweiterung oder in der Aufteilung von Zuständigkeitsbereichen auszudrücken, ebenso in der Übertragung, Neuschaffung oder Aufhebung von Aufgaben. Diese organisatorischen Maßnahmen können sogar so weit reichen, daß neue Institutionen entstehen oder alte verschwinden. Dem Ausmaß derartiger, die strukturellen Verhältnisse der Verwaltung mehr oder minder stark in Mitleidenschaft ziehender Veränderungen werden im allgemeinen verhältnismäßig dauerhafte Grenzen durch das geltende Verfassungsrecht gesetzt, soweit sie nicht durch Revisionen des Verfassungsrechts in einem neuen, erweiterten Rahmen erlaubt werden; sie sind jedoch einer ungewissen Mobilität, der Möglichkeit unaufhörlicher Eingriffe ausgesetzt, sobald die Maßnahmen keinen verfassungsrechtlichen Bedingungen mehr unterliegen, was zwar weite, scheinbar nur noch in technischer Hinsicht begrenzte Aspekte der Organisation eröffnet, aber auch die wesentliche schützende, den Bestand von Institutionen sichernde und ihre rechtmäßige Entwicklung und Pflege überhaupt erst erlaubende Vorrichtung aufhebt.

Die nationalsozialistische Umwälzung des Frühjahrs 1933 ließ keinen dieser Wege aus und bemächtigte sich ihrer nebeneinander und nacheinander. Im Anfang ging die fortlaufende Zusammenfassung von Befugnissen auf der jeweils nächsthöheren Stufe des Behördenbaus unter wesentlicher Beteiligung der NSDAP und ihrer quasimilitärischen Organisationen mit Hilfe des Instrumentes kommissarischer Beauftragungen vor sich.

Das Institut des Kommissars als eines außerordentlichen Organs der Staatsgewalt im Unterschied zu ordentlichen Beamten und überkommenen Ämtern hat Otto Hintze 1910 in einer Weise untersucht, die den Kommissar zu einer historisch wie politisch leicht deutbaren Erscheinung werden läßt und infolgedessen die Grundlage einer allgemeinen Theorie zu bilden vermag [1]. Hintze fand seine Forschung durch Jean Bodin vorbereitet, der schon dreieinhalb Jahrhunderte vorher die theoretische Scheidung zwischen Amt (*office*) und Kommission (*commission*) getroffen hatte: zwischen der dauerhaften Institution in einer bestehenden Ordnung mit bestimmten, festgelegten Zuständigkeiten, wenn auch einem Spielraum der Amts- und Ermessensfreiheit, und dem zur Erreichung bestimmter Zwecke mit möglichst großen Vollmachten ausgestatteten Sonderbeauftragten außerhalb der bestehenden Verwaltungsordnung. Während das Amt eine dauerhafte Begründung unabhängig von der Person des Amtsträgers – des »*officiers*« Bodins – und von den wechselnden Situationen und Zwecken des Tages in der Rechts- und Verwaltungsordnung findet, erlischt die Kommission, sobald der Auftrag ausgeführt oder zurückgezogen worden ist, falls sie nicht in eine feste Institution übergeht und aus dem Kommissar ein Amtsträger wird.

Hintze grenzte den Begriff des Kommissars gegen den des ordentlichen Beamten ab, hielt es aber in der Praxis für möglich, daß *Office* und *Commission* zugleich von ein und derselben Person versehen werden. Im Verlaufe der nationalsozialistischen Machtergreifung wurden in Hessen und in den Hansestädten Bremen und Lübeck Reichskommissare eingesetzt, die bis dahin und teilweise auch weiterhin höhere Ämter in staatlichen Verwaltungen bekleideten; doch solche Beispiele bildeten Ausnahmen und bezeugen kaum mehr als einen Mangel an ausreichendem geeigneten Personal unter den höheren und mittleren Parteiführern, die in der Regel das allgemein bevorzugte Personalreservoir bei der Erteilung kommissarischer Aufträge abgaben, so daß der Einfluß der nationalsozialistischen Organisationen über den Auftragsbereich der Kommissare rasch an Boden gewann. Im Machtbereich der örtlichen Parteiführer, die über lokale Verbände der SA oder SS geboten oder diese doch stets leicht zur Verfügung hatten, und im Einflußgebiet der Gauleiter der NSDAP, die sich in wachsendem Umfang an den Entscheidungen über die Besetzung der wichtigeren Beamtenstellen des regulären Dienstes beteiligten, darf man ohne Einschränkung die Initiative zu kommissarischen Beauftragungen bei der NSDAP voraussetzen, die mittels dieses Instituts erst eigentlich in die Funktion des allgemeinen Diktaturhilfsorgans hineinwuchs.

In der neueren Geschichte Kontinentaleuropas standen die Kommissare zuerst im Dienste des militärisch-absolutistischen Großstaates. Sie bildeten eine neue Schicht des Beamtentums, sobald aus den Kommissariatsbehörden im monarchischen Rechtsstaat Ämter mit umgrenzten Zuständigkeitsbereichen hervorgingen und die außerordentlichen Beauftragten der Fürsten zu ordentlichen Beamten wurden. Das außerhalb der ordentlichen Verwaltung stehende Institut des Kommissars war immer ein »Mittel der monarchischen Disziplin und der absolutistischen Staatsautorität«, der Kommissar »das wirksamste Instrument der Staatsgewalt ...: ohne ein jus quaesitum an seiner Stellung, ohne Verbindung mit den lokalen Mächten des Widerstandes ..., nur ein Werkzeug des höheren Willens, nicht mehr ein officier, sondern nur ein fonctionnaire, ... der zwar in dieser Schärfe und Einseitigkeit das alte Beamtentum nicht völlig verdrängt, aber doch durch die Verschmelzung mit ihm nach langem Kampfe eine tiefgreifende Veränderung in seinem Wesen hervorgebracht hat ...« [2]. Sicherlich darf als Beweis für die allgemeine Tragfähigkeit der historischen Theorie Otto Hintzes gelten, daß sie sowohl Wesen und Funktion des Kommissars im Prozeß der Umwandlung zum totalen Staat in der revolutionären Phase trifft und charakterisiert als auch seine spätere Anpassung an die ordentliche Verwaltung, die mit einer tiefreichenden Veränderung des Berufsbeamtentums einherlief. Der Kommissar als außerordentlicher Beauftragter und Bevollmächtigter der Zentralgewalt ist keine dauerhafte, für die Organisation eines modernen Großstaates wesentliche Einrichtung, sondern Zeugnis differenzierter Übergänge innerhalb einer die Struktur, die Ausdehnung und die politische Funktion der Verwaltung von Grund auf verändernden Umwälzung. Er gehört zwar nicht schlechthin zum Wesen des totalen Staates, wohl aber zu den Merkmalen seiner revolutionären Entstehungsbedingungen [3].

Die Staatskommissare in den Gemeinden waren seit 1931 keine unübliche Erscheinung mehr. In Preußen regierten seit dem 20. Juli 1932 die Reichskommissare, die schließlich auch aus der zweistufigen Mittelbehörde der Verwaltung die Oberpräsidenten im wesentlichen herauslösten und in ihre ursprüngliche Funktion zurückversetzten [4], »perpetuierliche Kommissare« der Staatsregierung in der Provinz zu sein [5]. Den Kommissaren im eigentlichen Sinne kann man die Oberpräsidenten allerdings nicht zurechnen, da die Dauerhaftigkeit dieser Institution das Merkmal des Außerordentlichen ausschloß; doch auch ihre veränderte Stellung zählt zu den Kennzeichnen der letzten Notverordnungsperiode, die der außerhalb der üblichen Verwaltung stehenden Funktionäre der Zentralgewalt bedurfte. – Die Ernennungen von Kommissaren häuften sich in beispiellosem Maße während des Frühjahrs 1933. In den meisten Fällen sollten sie den ordnungsgemäßen Weg, der bei Beamtenernennungen einzuschlagen war, zu umgehen erlauben; darüber hinaus zeigte diese Erscheinung den Umfang außerordentlicher Eingriffe von übergeordneten Stellen an, häufig – jedoch bei weitem nicht immer – von seiten staatlicher Behörden, von Stellen der NSDAP, gelegentlich von beiden gemeinsam. Die kommissarischen Besetzungen von Bürgermeisterämtern, innerhalb der Polizeiverwaltung, auf Landratsposten und schließlich sogar in der Mittelinstanz bei den Regierungen, die früher gelegentlich vorkamen, nahmen nach dem 30. Januar rasch und ungewöhnlich zu; sie bezeugen Ausmaß und überstürzte Folge des von den Regierungen der Länder ins Werk gesetzten Personalwechsels in wichtigen Ämtern der Verwaltung. Daneben breitete sich der besondere Typ des Kommissars oder »Sonderbeauftragten« aus, der in erster Linie aus der Parteiorganisation hervorging, jedoch von Staats wegen geduldet, anerkannt, wenn nicht sogar eingesetzt wurde und der ebenso wie der lokale Terror, wenn auch für einen längeren Zeitraum, zu den charakteristischen Erscheinungen der ersten Machtergreifungsperiode gehörte.

Seine den Regelungen und Beschränkungen durch die normative Ordnung entzogene Beziehung zu zentralen Gewalten befähigte den Kommissar in hervorragendem Maße, Instrument der Neuordnung, Umwälzung und Revolutionierung zu sein, die von der anweisenden und einsetzenden Instanz, d. h. von oben her, in Gang gesetzt wurde. Berücksichtigt man die zahlreichen Typen der nach mancherlei Merkmalen zu unterscheidenden Kommissionen und Kommissare [6], so treten im besonderen drei von ihnen als charakteristische Erscheinungen der nationalsozialistischen Machtergreifung hervor. Am augenfälligsten bezeichnend für die revolutionäre Situation war die Einsetzung von »Kommisaren z. b. V.«, die als einmaliger Typ dieser Epoche gelten dürfen. Von ihnen heben sich die »Mandatskommissare« ab, die vom Reichskanzler oder von Reichsministern eingesetzt wurden und die in Erfüllung neuer, bis dahin nicht vom Staat verwalteter Aufgaben an die Stelle eines nicht oder noch nicht vorhandenen Verwaltungsorgans traten [7], und schließlich die »Exekutivkommissare« der Reichsregierung, die die Diktatur in den Ländern ausübten [8].

Am Anfang wichen die Vorgänge in den einzelnen Ländern etwas voneinander ab. Meist trugen die Kommissare deutlich das Stigma des vollkommen Außerrechtlichen, das erst nach und nach durch offizielle Erklärungen und Bestimmungen in formeller Weise aufgelöst wurde. Die Ernennungen und Bestellungen gingen im stillen oder gar im geheimen vor sich, so daß wohl manche Legitimation ungeklärt blieb. Innerhalb wie außerhalb von Ministerien tauchten die »Kommissare z. b. V.« mit besonderen Aufträgen der neuen nationalsozialistischen Minister auf, und bei kommunalen wie unteren und mittleren staatlichen Behörden übten Kommissare der SA eine vornehmlich kontrollierende, aber bei weitem nicht immer durchsichtige Tätigkeit aus. Offizielle Anerkennung fanden sie zuerst in Bayern, wo nach der Einsetzung kommissarischer Minister durch den Reichskommissar Ritter v. Epp das Innenministerium der Entsendung von Kommissaren der Obersten SA-Führung zu den Kreisregierungen und Bezirksverwaltungsbehörden zustimmte. Sie sollten offiziell bei der Auflösung nichtnationalistischer Wehrverbände, bei der Beschlagnahme und Auslieferung von Waffen, aber auch bei der Bestellung von Betriebsvertretungen mitwirken; eine Verordnung der endgültig eingesetzten nationalsozialistischen Regierung vom 24. April verlieh dieser Tätigkeit das Gewand der Legalität [9].

Hitler und einige Reichsminister entsandten offiziell Reichskommissare in Zweige der unmittelbaren Reichsverwaltung, aber auch in wirtschaftliche Bereiche, oder betrauten sie auf anderen Gebieten mit höchsten Reichsaufgaben [10], wie den »Reichskommissar für die Zusammenfassung der Beamtenverbände« oder den »Reichsjustizkommissar« Frank, den Hitler auf Vorschlag des Reichsjustizministers vom Reichspräsidenten ernennen ließ und zum Generalgleichschalter für die gesamte Juristenschaft bestellte [11], oder die Exekutivkommissare der Reichsregierung in den Ländern, die der Reichsinnenminister mit der Ausübung von Befugnissen oberster Landesbehörden beauftragte und die mit fortschreitender Konsolidierung der dauerhaften Institution der Reichsstatthalter Platz machten.

2. Die Reichsstatthalter in den Ländern

Schon Anfang März sprach man von dem Plan, Reichsstatthalter einzusetzen. Das Vorläufige Gesetz zur Gleichschaltung der Länder mit dem Reich vom 31. März 1933 [12] räumte dann den Länderregierungen auf Grund des Ermächtigungsgesetzes des Reiches das Recht zu einer Gesetzgebung ein, die in Fällen der Neuordnung der Verwaltung auch von der Landesverfassung abweichen durfte. Es löste außerhalb Preußens die Landtage und kommunalen Selbstverwaltungskörper auf und verlangte ihre Neubildung unter Ausschluß der kommunistischen Abgeordneten nach dem im Reichstag erreichten Stimmenverhältnis. Dieses Vorläufige Gleichschaltungsgesetz stattete also zunächst die Länderregierungen mit einer diktatorischen Position innerhalb der Länder aus; doch das erste Reichsstatthaltergesetz, das eine Woche später erging und das man wohl den Höhepunkt der nationalsozialistischen Revolution von 1933 nennen darf, machte sie reichsrechtlich schwach und abhängig. Es beseitigte praktisch das parlamentarische Mißtrauensvotum und führte die Institution des Reichsstatthalters ein, für die es in der deutschen Geschichte kein unmittelbares Vorbild und keinen Ansatzpunkt gab. Dieser Gruppe neuer Funktionsträger des Dritten Reiches wies das Gesetz die Aufgaben zu, die politische Beaufsichtigung der Länder auszuüben und für die Einhaltung der Reichspolitik zu sorgen, wozu sie sich einer bedeutenden Machtfülle bedienten, die sich aus ihren Zuständigkeiten und Rechten innerhalb der Länder ergab: zur Ernennung und Entlassung der Landesregierungen, zur Auflösung und Neuwahl des Landtags, zur Ausfertigung und Verkündung der Landesgesetze sowie das Beamtenernennungs- und das Begnadigungsrecht [13]. Die Einführung dieses autoritär wirkenden neuen Reichsorgans bildete das Verhältnis zwischen der Reichsregierung und den Ländern von Grund auf zugunsten der Reichsregierung um, im besonderen zugunsten des Reichskanzlers, dem das Auswahl- und Vorschlagsrecht bei der Ernennung der Reichsstatthalter ein erhebliches Übergewicht über die Bedeutung des formalen Ernennungsaktes verschaffte, der dem Reichspräsidenten zufiel. Insofern die Reichsstatthalter in den Ländern »für die Beobachtung der vom Reichskanzler aufgestellten Richtlinien der Politik zu sorgen« hatten, standen sie von Rechts wegen zu ihm in einem ähnlichen Verhältnis, wie es zwischen Reichskanzler und Reichsministern bestand [14]; da sich Hitler jedoch bei seiner Auswahl, die nach einer Bestimmung des Gesetzes nur Persönlichkeiten aus dem Lande der jeweiligen Beauftragung berücksichtigen durfte, auf Gauleiter und hohe Würdenträger der NSDAP beschränkte, die ihm als dem Führer der Partei zu unbedingtem Gehorsam verpflichtet waren, bestand noch eine zweite, persönliche, politisch weit wichtigere Beziehung zwischen Reichsstatthaltern und Reichskanzler. Zum ersten Male trat die führerstaatliche Doppelgesichtigkeit von Diktator-Regierungschef und autoritärem Parteiführer in Verbindung mit dem paramilitärischen Gehorsamsverhältnis der mittleren Parteifunktionäre zwar nicht als Zusammenhalt stiftender Homogenitätsfaktor, aber als Strukturelement eines auf die Totalität der Abhängigkeiten gegründeten Zentralismus in Erscheinung.

Personell gingen die Reichsstatthalter allerdings nicht überall aus den Reichskommissaren hervor. Am 5. Mai wurden die Gauleiter Mutschmann in Sachsen, Murr in Württemberg, Wagner in Baden, Sprenger in Hessen, Sauckel in Thüringen, Röver für Oldenburg und Bremen, Loeper für Braunschweig und Anhalt, am 16. Mai die Gauleiter Meyer für Lippe und Schaumburg-Lippe und Kaufmann für Hamburg und am 26. Mai der Gauleiter Hildebrandt für die beiden Mecklenburg und Lübeck als Reichsstatthalter eingesetzt. Ausnahmen bildeten hingegen die beiden wichtigsten Länder. In Bayern wurde, da man kein Experiment mit einer neuen Persönlichkeit wagte, am 10. April der Reichskommissar Ritter v. Epp zum ersten Reichsstatthalter ernannt. Der Münchener Gauleiter und bayerische Innenminister Adolf Wagner hat sich ihm gegenüber jedoch bald einen ungewöhnlich starken Einfluß zu sichern gewußt, der schließlich den des bayerischen Ministerpräsidenten bei weitem übertreffen und auch den Reichsstatthalter überspielen sollte [15]. Für Preußen traf schon das Gesetz eine Sonderregelung, indem es den Reichskanzler selbst zum Reichsstatthalter machte. Damit wurde der alte Dualismus aber vorerst keineswegs aufgelöst. Diese Bestimmung hatte sofort eintretende unmittelbare Folgen insofern, als es den Reichskommissar überflüssig machte und den Vizekanzler v. Papen zwang, von seinem preußischen Amt zurückzutreten. Hitler ernannte daraufhin am 11. April Göring zum Ministerpräsidenten, der als nächstmächtiger Parteiführer anfangs gelegentlich eine etwas eigenwillige preußische Politik zu vertreten schien.

Die Länderregierungen bauten ihre Macht und ihre Unabhängigkeit gegenüber den Landtagen selbst noch weiter aus, indem sie mit allen Mitteln gegebene Bedingungen und Einschränkungen formalisierten und entleerten, bevor die Reichstagsauflösung durch Präsidialverordnung vom 14. Oktober die endgültige Auflösung der Länderparlamente nach sich zog [16]. Der letzte Widerstreit in der ereignisreichen und wechselvollen Konfliktsgeschichte zwischen Reich und Ländern nach der Weimarer Reichsverfassung vollzog sich in dem Bemühen der Länderregierungen, reichsrechtlichen Ermächtigungen gegenüber kraft eigenen Landesrechts Posten zu fassen, wobei weitere Reste des geltenden Landesverfassungsrechts der Auflösung verfielen. Nicht überall wurde gleichsam letztmalig noch der normale parlamentarische Weg beschritten, wie es etwa in Hamburg geschah, wo die Bürgerschaft Ende April ein Gesetz annahm, mit dem sie ihre wesentlichen Befugnisse auch gleichzeitig dem Senat einräumte [17]. Sie tagte am 31. Mai zum letzten Male; im September wurde jedoch auch hier das Faktische von oben her einfach zur Norm erklärt und die Ersetzung der »Tätigkeit der gewählten Vertretungskörperschaften durch die Entscheidungsbefugnis der staatsleitenden Organe« in formloser Weise ausgesprochen [18]. Im allgemeinen wurde das geltende Landesstaatsrecht von der politischen Entwicklung überrollt.

Mit ähnlicher Logik deutete die Begründung eines »Preußischen Ermächtigungsgesetzes«, das das Justizministerium zur Annahme im Landtag vorbereitete, das »Recht der siegreichen Revolution« dahin aus, daß nun »auch die preußische Landesregierung das Recht für sich in Anspruch nehmen« könne, »ohne Bindung an bisher in Geltung gewesene Rechtssätze neues Recht zu schaffen« [19]. Eingebracht und angenommen wurde dann ein Entwurf des preußischen Innenministeriums mit dem in Anlehnung an das Ermächtigungsgesetz des Reiches gewählten Namen »Gesetz zur Behebung der Not von Volk und Land«, der die gleichen Vorrechte, die sich die

Reichsregierung den parlamentarischen Körperschaften gegenüber verschafft hatte, auch für die preußische Regierung in Anspruch nahm [20]. Während das Vorläufige Gleichschaltungsgesetz das Gesetzgebungsrecht der Länderregierungen, soweit es die Länderverfassungen durchbrach, auf den Aufbau der Verwaltung beschränkte – worin sich erstmals das Ziel eines Verwaltungsumbaus und einer nationalsozialistischen »Reichsreform« andeutete –, hob dieses preußische Gesetz ganz allgemein jede Begrenzung der Regierungsbefugnis zur Gesetzgebung auf mit der Ausnahme einer institutionellen Sicherung von Landtag und Staatsrat, die ebenfalls dem Reichsermächtigungsgesetz nachgebildet war; die entgegenstehenden Teile der preußischen Verfassung setzte es außer Kraft. Die Konkurrenz der von Reichs wegen erteilten und der auf landesinstanzlichen Beschlüssen beruhenden Ermächtigungen führte hier in eine konfliktnahe Situation, da die reichsgesetzliche Begrenzung der Ermächtigung landesgesetzlich außer Kraft gesetzt wurde.

Die Beschränkung der Landesgewalt gelang aber auch im übrigen keineswegs in vollem Maße und in allen Ländern, zumal kaum einer der Reichsstatthalter über die notwendige Geschäftsfähigkeit verfügte, die ihn in die Lage versetzt hätte, mehr zu sein als nur Parteifunktionär mit persönlichen Gelüsten und Machtbetätigungsbedürfnissen. In Bayern vermochte der Ministerpräsident durch Ausbau seiner Stellung innerhalb der Staatsregierung für einige Zeit zu einem Gegengewicht zu werden [21]. In Preußen, wo der Reichskanzler-Reichsstatthalter einige wesentliche Rechte nicht ausübte, besaß das Staatsministerium von Rechts wegen sogar eine mächtigere Stellung als je zuvor [22]. Und überall versuchten die Länderregierungen ihre Positionen durch eine weitergehende Aushöhlung der Rechte der parlamentarischen Körperschaften und durch den Abbau der Reste des Landesverfassungsrechts zu stärken. Die größte Bedeutung der beiden Gleichschaltungsgesetze lag fürs erste darin, daß sie mit mechanischer Sicherheit den Parlamentarismus und das Verfassungsrecht in den Ländern zerstörten; alle weiteren Entscheidungen blieben vorläufig in der Schwebe.

Der Reichsinnenminister erwiderte in einem Gegenzug, der alle Länder außer Preußen traf, durch den fortschreitenden Abbau der Funktionen des Reichsrats, der die Länder ihrer Mitsprache in der Berliner Reichszentrale beraubte und den Vorbehalt des Ermächtigungsgesetzes, das seinen Fortbestand garantierte, praktisch inhaltsleer machte. Schon die Ernennung von Reichsstatthaltern hatte ihm viel von seiner Bedeutung genommen, da ihm die Reichsstatthalter die wichtige Funktion der laufenden Information der Länderregierungen abnahmen. Jetzt folgte die Beseitigung der Zustimmungsbefugnisse des Reichsrats zum Erlaß von Ausführungsbestimmungen bei Gelegenheit von Gesetzesänderungen und die Beseitigung von Verwaltungsbefugnissen des Reichsrats [23]. Auf Grund einer Geschäftsordnungsänderung [24] wurden schließlich vom 22. September an die noch erforderlichen Zustimmungen des Reichsrates ohne Sitzung im Umlaufverfahren herbeigeführt. Die Aufgaben der Ländervertretungen in Berlin reichten infolgedessen kaum noch über die einer lockeren Verbindung zwischen den Länderministerien und dem Reichspräsidenten hinaus; jedenfalls waren sie als Politikum von Rang längst ausgeschaltet, bevor noch der Reichsrat aufgehoben wurde.

3. Der »planmäßige Vollzug der nationalen Erhebung«

Auf die Institutionalisierung neuer machtvoller Positionen folgte die schrittweise Liquidation des örtlichen Terrors. Unmittelbar nach der Ernennung von Reichskommissaren in den Ländern, als ein starker Einfluß der NSDAP in allen Länderregierungen gesichert schien, der sich sofort in zahlreichen Umbildungen, Rücktritten, Ernennungen und Beauftragungen von Kabinetten und Ministern äußerte, inmitten dieses Umwandlungsvorganges unternahm Hitler einen ersten Versuch, vor der Öffentlichkeit und sogar vor den Reichsministern die Vorkommnisse der Terrorperiode nicht zu legimitieren, sondern als zielbewußte Provokation der rücksichtslos bekämpften Gegner auszugeben. Sein Aufruf vom 10. März [25] verrät die Absicht, ungezügelte Handlungen von seiten der NSDAP oder SA zu beenden oder doch zu begrenzen und den »weiteren Vollzug der nationalen Erhebung« in die eigenen Hände zu bekommen, damit er »ein von oben geleiteter, planmäßiger« werden könne. »Einzelaktionen«, »Belästigungen einzelner Personen, Behinderungen von Autos oder Störungen des Geschäftslebens« sollten unterbleiben, Zuwiderhandelnde der Polizei übergeben, jedoch sollte jeder »Widerstand« gegen Anordnungen oder gegen SA-Männer oder SA-Kolonnen »sofort und gründlich« gebrochen werden. Der noch überaus vorsichtige Versuch einer Emanzipation von den braun uniformierten Gewalttätern wurde sofort wieder aufgewogen durch nachdrückliche Anerkennung ihres Auftretens;

die Unstimmigkeiten ließen sich jedoch zwischen den Zeilen aufspüren. Die Aufforderung zur »Vernichtung des Marxismus« ließ keinen Zweifel darüber, daß die NSDAP die Phase ihrer »schwersten Kämpfe« noch nicht als beendet ansah. Doch offenkundig bemühten sich die höchsten Instanzen der neu errichteten Diktatur, alle Teile der staatlichen Organisation sowie alle Gegenstände staatlichen Interesses vom Druck der Partei und SA freizubekommen. Göring verbot zwei Tage später jeden Eingriff der »nationalen Verbände« in die Kommunalverwaltung, in die Rechtspflege und in Kunstinstitute, da sie nun nach dem Erlaß des Reichskanzlers »unnötig geworden« seien [26]. Gleichzeitig kündigte Göring an, daß er »die Reinigungsaktion« innerhalb seines Ressorts in Zukunft »planmäßig selbst« vornehmen werde.

Solche Eindämmungsversuche wurden aber nach Verkündung des Ermächtigungsgesetzes noch nicht sofort konsequent weiterverfolgt. Das Vorgehen örtlicher Parteiführer verlor wohl manchenorts einiges von seiner hektischen Eile, da sich das Gefühl des Erfolges einzustellen begann, seitdem sich dem bis dahin Erreichten auch noch der Erfolg des nationalsozialistischen Antrages im Reichstag zugesellt hatte; auch die berüchtigten »Einzelaktionen« mögen von nun an etwas zurückgegangen sein; doch die Eingriffe und Übergriffe der NSDAP nahmen eher zu als ab. Der Monat April, der mit einer »planmäßig« organisierten und vorbereiteten Großaktion gegen »jüdische« Firmen begann, und der Monat Mai, der mit einem ebenso überraschenden wie gewalttätigen Schlag gegen die Gewerkschaften anhob, zeigten, daß nun wohl eine von zentraler Stelle gehandhabte Methode in der Ausbildung begriffen war, nach der Gewalttätigkeiten »organisiert« wurden, daß der Terror aber keineswegs aufgehört hatte.

Göring, als preußischer Ministerpräsident und Innenminister, wandte wohl nicht mehr mit der anfänglichen bedenkenlosen Offenheit seine eindeutige und rücksichtslose Taktik an, alles zugunsten der NSDAP und alles, was ihm die Machtmittel in seiner Hand zu tun erlaubten, gegen ihre Gegner zu unternehmen; doch traf er auch jetzt noch Anordnungen, die seine Machtstellung stärkten, vor allem aber dazu beitrugen, das Nebeneinander von Polizeiregiment, Parteiherrschaft und Terror weiterhin aufrechtzuerhalten und sogar fortzubilden. Dem Höheren Polizeiführer West, einem lediglich dem Innenminister verantwortlichen Polizeikommissar, der seine Weisungen unmittelbar an die Kreis- und Ortspolizeibehörden richten konnte, trat ein Hôherer Polizeiführer Ost an die Seite; beide stellten ihre Tätigkeit erst mit dem 10. Juni ein [27]. In dieser Zeit wuchs neben dem ordentlichen Polizeikörper die Masse der Hilfspolizisten an. Ihre Zahl dürfte im April die der regulären Polizei um ein Mehrfaches übertroffen haben; sie wurden nunmehr auch in geschlossenen Einheiten der rekrutierenden Verbände ausgebildet oder eingesetzt, in erster Linie der SA, außerdem des Stahlhelms und des Deutschnationalen Kampfbundes. Die SS sollte nach Görings Weisung »für Zwecke der politischen Polizei zur Verfügung« stehen [28]. Dieser Begriff sollte bald zum charakteristischen Vokabular des »totalen Staates« gehören.

Nur langsam begann sich in Preußen eine allmähliche Beruhigung auszubreiten und einige Zeit nach der Einsetzung der letzten Reichsstatthalter, etwa mit den Auflösungen der letzten politischen Parteien Anfang Juli, allgemein durchzusetzen. Wie die Dinge immer noch standen, geht aus einem Runderlaß Görings hervor, der nun freilich darüber Klage führte, daß »wiederholt Fälle bekanntgeworden« seien, in denen hierzu nicht befugte Stellen, auch einzelne Dienststellen seines Innenministeriums, Verhaftungen angeordnet, vorgenommen und Behörden, insbesondere polizeiliche Dienststellen, »unberechtigt mit Weisungen versehen« hätten, Festnahmen durchzuführen [29]. Um dies zu ändern, ohne die gewonnen Machtmittel aus der Hand zu geben, suchte Göring zunächst den unmittelbaren Befehlsweg innerhalb der Polizei und ihre ausschließliche Zuständigkeit zur Inhaftnahme zu sichern. »Kommissare z. b. V.« waren solcher Befugnisse fortan enthoben. Die preußische Regierung machte einige Anstrengungen, um wenigstens Ordnung und Übersicht in das Kommissarswesen zu bringen, sei es durch Einengung des freien Ermessensspielraums oder durch Klärung von Zuständigkeiten, deren Undurchsichtigkeit erheblich zur Entfaltung des Terrors beigetragen hatte. Am 27. April berichtete Göring, daß er die Einziehung sämtlicher »Kommissare z. b. V.« beabsichtige, daß künftige Beauftragungen von Staatskommissaren durch ihn oder durch das Staatsministerium vorgenommen und genauestens bezeichnet und daß die Einsetzung ministerieller Kommissare dem Ministerpräsidenten bekanntgegeben werden müßten; vor allem sollten wirtschaftliche Unternehmungen nicht mehr behelligt und »Eingriffe jeder Art in die Privatwirtschaft verboten« werden [30]. Dem entsprach ein Runderlaß, der aber die Stellung der Kommissare der Obersten SA-Führung noch nicht anzutasten wagte, die weiterhin von allen Beschränkungen und Bedingungen ausgenommen blieben [31].

Frontal gegen die SA vorzugehen, unterließ Göring jetzt noch in eben dem Maße, wie es zwei Monate zuvor Hitler vermieden hatte. Er nutzte die Situation, um sich im verborgenen eine eigene persönliche Hausmacht zu schaffen, mit der er die SA zu überflügeln hoffte und mit der er ungewollt den Grund legte für eine noch weit gewaltigere zentralisierte Macht, allerdings nicht mehr außerhalb, sondern innerhalb des Staates. Schon Anfang März entzog er eine Reihe polizeilicher Ermächtigungen auf Grund der Reichstagsbrandverordnung des Reichspräsidenten den Ortspolizeibehörden; Verbote periodischer Druckschriften und Beschränkungen des Eigentums blieben den landespolizeilichen Behörden, Anordnungen zur Beschränkung der persönlichen Freiheit, des Vereins- und des Versammlungsrechts und Eingriffe in das Brief-, Post-, Telegraphen- und Fernsprechgeheimnis den Kreispolizeibehörden vorbehalten [32]. Diese zu höheren Instanzen hochgezogenen ausnahmerechtlichen Polizeibefugnisse gingen schließlich auf eine neue Institution über, die für immer in die Geschichte des systematischen Terrors eingegangen ist, auf das Geheime Staatspolizeiamt in Berlin, das unter Göring selbst die »einheitliche Oberleitung« über die neue »politische Polizei« erhielt und das mit eigenen Vollzugsbeamten und mit Hilfe von Außenstellen (Staatspolizeistellen) »alle staatsgefährlichen politischen Bestrebungen im gesamten Staatsgebiet zu erforschen, das Ergebnis der Erhebungen zu sammeln und auszuwerten« und für die Entschlüsse des Ministerpräsidenten »die erforderlichen Unterlagen jederzeit bereitzuhalten« hatte [33]. Nach diesen mit Sorgfalt untertriebenen Aufgaben und geheimnisvoll umschriebenen Absichten entstand und entwickelte sich ein Institut zur Rationalisierung, aber auch Totalisierung des politischen Kampfes, der nun nicht mehr die allgemeine Polizei belastete und von ihren normalen Aufgaben ablenkte. Es konnte im Anfang kleiner und »zweckmäßiger« aufgebaut und eben für die Zwecke, die im Verborgenen bleiben sollten, zuverlässiger geleitet werden als der gesamte Polizeiapparat; es konnte vor allem isoliert und im geheimen tätig sein. In der Hand des neuen preußischen Ministerpräsidenten bildete es ein Instrument der reinen Machtpolitik von höchster Bedeutung.

Nichtsdestoweniger litt Görings Entschiedenheit für eine totalitäre Regierungsweise innerhalb seines Machtbereiches unter seiner gelegentlichen Laszivität und Beeinflußbarkeit, so daß manches von der Macht seiner Stellung unversehens wieder dahinschwand. Auch die Imperien seines Einflusses, die er sich später in der Wehrmacht und in der Wirtschaft aufzubauen suchte, vermochte Göring am Ende ebensowenig zu behaupten wie seine preußische Position während der ersten Jahre der nationalsozialistischen Herrschaft. Seine anspruchsvolle, auf hochgetriebenen Luxus und Genuß gerichtete neronische Natur verfügte wohl über Brutalität und ein beträchtliches Maß an Gewissenlosigkeit und Unaufrichtigkeit, sie ermangelte jedoch der kalten, gefühlsentleerten Rationalität und der unbeirrbaren Stetigkeit im Handeln, worin ihm wohl jeder seiner späteren Rivalen aus den Reihen der NSDAP überlegen war [34]. Nur so läßt sich erklären, daß Göring in verhältnismäßig kurzer Zeit den Boden einer scheinbar unantastbaren Macht unter den Füßen verlor und dann nicht einmal mehr Herr über seine Domäne Polizei blieb, in der bald andere regierten. Neben der unerwartet erfolgreichen, maßlosen Diktatorenfigur Hitlers stellte Göring in dialektischer Weise das Gegenstück des in allem gescheiterten Diktators, eines ewig unterlegenen zweiten Mannes mit Ambitionen dar, dem auch die Entfesselung des Terrors erst der SA und dann der SS schon innerhalb selbst der begrenzten Perioden nationalsozialistischer Zeitrechnung nur wenig Nutzen brachte.

Noch vor dem Sturz Hugenbergs, der als Herr in vier wirtschaftlichen Ministerien des Reiches und Preußens eine freilich zuletzt doch nur isolierte Sonderstellung innehatte, geriet Bewegung in das preußische Staatsministerium. Der Finanzminister Popitz war der letzte Fachminister neben den Nationalsozialisten. Schon seit der frühen Weimarer Periode bemüht, in der Erscheinungen Flucht Positionen zu behaupten, zeigte er sich unvermittelt als Gegenspieler und schließlich als Partner Görings. Scheinen auch die Pläne und Ziele dieses Mannes, der daran glaubte, daß »auf lange Sicht die Welt immer durch Vernunft regiert« werde [35], heute noch kaum weniger zugänglich als damals, so tritt doch die Besonderheit seiner Stellung wie seines Standortes vor Augen, von dem er, als Kritiker schärfsten Verstandes und zugleich Beteiligter, vorsichtig einem anderen zustrebte. Er tat es mit Fehlern und mit Leistungen, wuchs stets über die engeren Grenzen seiner jeweiligen Aufgaben hinaus, wurde jedoch weder Politiker im landläufigen Sinne, noch könnte er nach der herkömmlichen Bezeichnung ein Staatsmann genannt werden, da ein großer Teil seiner Tätigkeit sich auf sein mit wissenschaftlichen Mitteln beherrschtes Finanzfach beschränkte, in Phasen der Umwälzung und der Auflösung fiel und im institutionellen Bereich notwendig vorwiegend dem Ephemeren zugehörte, aber nicht dem Bleibenden. Obgleich er niemals dem Nationalsozialismus zuneigte, vergingen Jahre, ehe sich Popitz als einziger amtierender Minister entschloß, das Odium des »Hochverrats« auf sich zu nehmen und sich an dem Aufbau einer heimlichen Front des Widerstandes gegen den nationalsozialistischen Staat zu beteiligen; aber auch hierbei zählte er nicht zu den repräsentativen und heftigen Bekennern, sondern erwies er sich wie stets vorher als Taktiker und Techniker von Handhaben, der über ein großes Wissen und einen zuverlässigen Überblick über Zusammenhänge verfügte, was alle Kenner dieses Mannes übereinstimmend hervorheben. Im Anfang vermied er sorgfältig jeden eindeutigen Widerstand. Gelegentlich verfolgte er die Taktik, sich gegenüber dem seiner Meinung nach Unabänderlichen auf akademische Einwände zu beschränken [36]; in anderen Fällen versuchte er, Änderungen herbeizuführen, die eine freiere Handhabung von Vorschriften erlaubten oder auf eine Milderung in der Ausführung zielten [37], einige Male, die Ernennung neuer Beamter, namentlich in den Ministerien, zu verzögern [38], offensichtlich um das rasche Eindringen von Funktionären und Protektionisten der Partei zu unterbinden, und vorübergehend, jedoch nicht auf die Dauer, war ihm darin ein Erfolg beschieden. Den Aufbau des Verwaltungsstaates hat er nicht verhindert und wahrscheinlich nach dem 30. Januar 1933 auch nicht mehr im Grundsätzlichen verhindern wollen, wenn ihm auch andere Ziele vorschwebten als seinen nationalsozialistischen Ministerkollegen im preußischen Kabinett oder unter den Mitgliedern der Reichsregierung. Zuerst häufiger auf der Seite Mittuender, findet man ihn bald auf der Seite der Korrigierenden und schließlich der Widersprechenden.

Die unglückliche Geschichte der Weimarer Republik hatte gezeigt, daß eine starke und stabile Regierung in Preußen, das drei Fünftel des Reichsgebiets mit weit mehr als der Hälfte der deutschen Bevölkerung umfaßte und seit jeher über die größte Verwaltung gebot, für die innere Politik mehr bedeutete als eine minder starke und weniger stabile Reichsregierung. Göring versuchte als Nachfolger Papens an der Hitler vorenthaltenen Spitze des preußischen Staates auf seine Weise hieraus Konsequenzen zu ziehen. Seine Lust an Schaugepränge und pomphafter Repräsentation und seine selbstbewußten Reden, die weit sorgfältiger durchgearbeitet, aber auch einfallsloser waren als die von impulsiven Emotionen erfüllte primitive Rhetorik Hitlers, konnten wohl den Anschein erwecken, als würde die deutsche Innenpolitik wieder wie in den zwanziger Jahren in Preußen entschieden und das größte Land zu einem neuen »Fundament Deutschlands« werden [39]. Als preußischer Regierungschef, als Ausübender von Reichsstatthalterbefugnissen, die ihm vom Reichskanzler übertragen worden waren, und als einer der repräsentativsten Parteimänner gebot Göring zweifellos über eine Macht, die ihn hierzu befähigt hätte. Wenn sich Göring als »treuester Paladin« seines Führers bezeichnete und von sich behauptete, daß ihm Hitlers Gedanken vertraut und daß Hitlers Wille auch sein Wille sei [40], so ist darin ein Versuch zu erblicken, sich und seine Politik von der NSDAP zu legitimieren, indem er sich bereits das Charisma des »Führers« zunutze machte und vorgab, ihm am nächsten zu stehen. Ein bloß ausführendes Organ Hitlers in Preußen war Göring zu dieser Zeit noch nicht. Doch was Hitler im Reichskabinett möglich war, eine diktatorische Befehlsstellung zu erringen, gelang Göring innerhalb des preußischen Staatsministeriums keineswegs. Wahrscheinlich wäre ihm auch bei der Vielzahl seiner hohen Ämter ein zielbewußtes Vorgehen auf die Dauer zu mühevoll und – für seine überwiegend materiellen Bedürfnisse – zu wenig lohnend erschienen.

Die ersten Monate des neuen Regiments hatten die Kollegialität gelockert und die Ressorts selbständiger werden lassen. Als Kommissar für das Innenministerium war Göring hierin selbst vorangegangen. Seinen wichtigen Erlassen über die Polizei kam von Anfang an eine derartige politische Bedeutung zu, daß sie nach den Geschäftsgrundsätzen des preußischen Staatsministeriums, die unverändert als gültig betrachtet wurden, die Zustimmung des Kollegiums der Kommissare erfordert hätten [41], die Göring tatsächlich niemals eingeholt hatte. Doch was der Innenminister Göring bedenkenlos tat, gereichte dem Ministerpräsidenten Göring keineswegs zum politischen Nutzen. Sein Beispiel hatte Schule gemacht, und des öfteren sah sich der Ministerpräsident umgangen oder ausgeschaltet, so daß er darüber Beschwerde führen zu müssen glaubte, daß Erlasse einzelner Ressorts von erheblicher politischer Bedeutung in der Öffentlichkeit erörtert wurden, ohne daß er sie vorher überhaupt gekannt hatte [42]. Allerdings legte Göring den Grundsatz kollegialer Entscheidung jetzt dahingehend aus, daß Erlasse von derartiger Bedeutung vorher lediglich ihm vorzulegen seien. Im gleichen Sinne ließ er dann als Innenminister einen Gesetzentwurf über die Landesregierung ausarbeiten, der, das Vorbild der neuesten Regelungen innerhalb der Reichsregierung erkennen lassend, den Begriff der preußischen »Landesregierung« stärker auf die Handlungsgewalt des Ministerpräsidenten stützen und auf diese Weise das kollegiale Prinzip ablösen wollte [43]. Diesem Zweck diente auch die vorgeschlagene Regelung, daß bei Abstimmungen im Falle von Stimmengleichheit die Stimme des Ministerpräsidenten den Ausschlag geben sollte, und auch die ihm allein zugedachten Rechte, eine Geschäftsordnung für die Führung der Geschäfte des Staatsministeriums zu erlassen und jederzeit nach eigenem Gutdünken einen Nachfolger zu bestellen. Dem setzte Popitz wenige Tage darauf einen eigenen Vorschlag entgegen [44], demzufolge dem Finanzminister in allen Fragen, denen nach seiner Erklärung finanzielle Bedeutung zukam und in denen gegen ihn entschieden wurde, das Einspruchsrecht zustand, das nur durch eine Mehrheit der Staatsminister und die Stimme des Ministerpräsidenten aufgehoben werden konnte. Diesem Vorschlag war in der nächsten Staatsministersitzung voller Erfolg, dem Gesetzentwurf des Innenministers dagegen eine überraschende Niederlage beschieden, in der Göring nicht einmal das besondere Stimmgewicht des Ministerpräsidenten durchzusetzen vermochte [45].

Unter diesen Umständen kehrte Göring wieder zum alten Grundsatz der Kollegialität zurück. Wieder führte er Klage über den Zustand der Uneinheitlichkeit im Staatsministerium, den er jetzt den »Übergangserscheinungen der ersten revolutionären Epoche« zurechnete und den er »sofort beseitigt« wissen wollte [46]. Mit der Plötzlichkeit, die diktatorischen Umdisponierungen an zentraler Stelle eigen ist, stellte Göring nun seinen Kurs auf Kollegialität des Staatsministeriums, um jederzeit in herkömmlicher Weise »einen Ausgleich zwischen widerstreitenden Wünschen einzelner Ressorts« erreichen zu können. Um den solcherweise erörterten Gegensätzen jedoch jeden Widerhall in der Beamtenschaft zu nehmen, beschränkte Göring den Kreis der Sitzungsteilnehmer, so daß die Minister zu den Sitzungen nicht mehr von Sachbearbeitern, sondern grundsätzlich nur noch von ihren Staatssekretären begleitet wurden, während der Ministerpräsident über die Unterstützung des Staatssekretärs, des Ministerialdirektors und der Sachbearbeiter des Staatsministeriums und damit über ein eigenes Kabinett von Sachverständigen innerhalb des preußischen Kabinetts verfügte, dem auch noch der stets anwesende Vertreter der Reichskanzlei sekundierte [47]. Doch über die endgültig Stellung des Ministerpräsidenten entschieden die Beziehungen zwischen Reichsregierung und preußischer Regierung, die in ein neues Stadium eintraten, als die Reichsgewalt unmittelbar nach der völligen Ausschaltung der politischen Parteien zu neuen Entscheidungen schritt.

Anfang Juli 1933 gab Hitler in Ansprachen vor den Reichsstatthaltern und vor den SA-Führern die Parole aus, daß eine neue Periode begonnen hätte. Auf die Machtergreifung folgte die »Machtbefestigung«, nicht mittels Begründung eines neuen Verfassungsrechts, wie es Ziel und Ergebnis aller Revolutionen im liberalen Zeitalter gewesen war, sondern mit dem Versuch einer totalen Bindung der Menschen an das neue politische System, das ihrer für seine Zwecke noch von Grund auf unsicher war. »Der Erringung« der äußeren Macht sollte »die innere Erziehung der Menschen folgen«, hieß es in einer der vorsichtigen Wendungen Hitlers: »Man muß den freigewordenen Strom der Revolution in das sichere Bett der Evolution hinüberleiten [48].« Mit dem Wort »Erziehung« berührte Hitler den humanitär-liberalen Vorstellungskreis; doch was wirklich dahinterstand, war schlimm und gehörte keiner Phase des Vergangenen an. Es meinte nicht Menschen, sondern Bewohner als gestaltungsfähige Materie des Staates; es bedeutete »Herstellung ... der Totalität des Staates« mit Hilfe eines Propagandasystems, mit dem ein »ganzes Volk ... durchdrungen werden kann« [49]. Die Realität des Künftigen verbarg sich einstweilen noch hinter Begriffen und Assoziationen aus der vertrauten Vergangenheit. Die Subversion der Begriffe in der Übergangsphase zum werdenden totalen Staat war noch ein unbekannter Vorgang und konnte damals noch kaum bewußt beobachtet werden, obgleich Hitler auch schon deutlich genug die Aktivisten dieser »Erziehung« und das Instrument der absoluten Staatsherrschaft als die »Garde« einer »politischen Führerschicht« bezeichnete.

Der nationalsozialistische Reichsinnenminister zog den Schnitt zwischen »Revolution« und »Evolution« noch schärfer. Wenn Hitler sagte, die Revolution sei »kein permanenter Zustand«, sie dürfe sich »nicht zum Dauerzustand ausbilden« [50], so formte Frick daraus die lapidare Feststellung, daß die »Revolution abgeschlossen« sei: »Alle Macht des Staates« liege nun in den Händen der »vom Reichskanzler allein geführten Reichsregierung, in der alle entscheidenden Ämter mit zuverlässigen Nationalsozialisten besetzt« seien [51]. Im »Stadium der Evolution« sei es ausschließlich ihre Sache, »die in ihr vereinigte totale Macht geistig und wirtschaftlich zu untermauern«; sie benötigte die revolutionären Kräfte nicht mehr. Wer »weiterhin noch von einer Fortsetzung der Revolution oder von einer zweiten Revolution« redete, betrieb nach Fricks Ausdrücken »eine glatte Sabotage der nationalen Revolution« und mußte »sich darüber klar sein, daß er sich damit gegen den Führer selbst auflehnt und dementsprechend behandelt wird«. Er machte die Belange der Wirtschaft, ihren »Wiederaufbau« und die »Lösung des Arbeitslosenproblems« geltend, die keine »neuen Beunruhigungen« ertrügen. Die »unbefugten Eingriffe in die Wirtschaft« galten infolgedessen als Versuche »einer Sabotage der deutschen Revolution«; soweit Eingriffe als »nötig und berechtigt« angesehen wurden, sollten sie »von den Trägern der Staatsautorität und auf deren ausdrückliche Anordnung und unter ihrer alleinigen Verantwortung erfolgen«. Reichsstatthalter und Länderregierungen wurden verpflichtet, »mit allen Mitteln« zu verhindern, daß Organisationen oder Stellen der Partei »sich künftig noch Regierungsbefugnisse« anmaßten. Zum ersten Male drohte der Reichsinnenminister damit, die ausnahmerechtlichen Befugnisse der Polizei gleichmäßig auch gegen Angehörige der NSDAP anzuwenden. Zwar begründete Frick diese Anordnung wieder mit »der Gefahr«, daß sich Gegner des Nationalsozialismus in die NSDAP »einzuschleichen« versuchten, »um unter ihrem Schutz die deutsche Wirtschaft fortgesetzt zu beunruhigen und der Regierung der nationalen Revolution Schwierigkeiten zu bereiten«. Indem Frick aber die NSBO und die Deutsche Arbeitsfront ausdrücklich erwähnte, ließ er keinen Zweifel zu, von welcher Seite er solche Eingriffe in erster Linie befürchtete. Daß er darüber hinaus den ungeregelten Einfluß aller Parteistellen auf die Verwaltung stillegen wollte, obgleich er noch nicht in vorbehaltloser Offenheit wagte, ebenso deutlich von der politischen Organisation und der SA zu sprechen, ging aus der weiteren Anordnung hervor, »die Autorität des Staates auf allen Gebieten und unter allen Umständen sicherzustellen und jedem Versuch, diese Autorität zu erschüttern oder auch nur anzuzweifeln, woher er auch kommen mag, rücksichtslos und unter Einsatz aller staatlichen Machtmittel entgegenzutreten«. Als Störung der Staatsautorität galt jetzt auch die »bisher geübte Einsetzung von Kommissaren und Beauftragten«; infolgedessen mußten alle Kommissariate »auf schnellstem Wege abgebaut« oder in den Staatsapparat eingeordnet und künftig »die in Frage kommenden Aufgaben« ausschließlich dem Staatsapparat vorbehalten werden, »da jede Art von Nebenregierung mit der Autorität des totalen Staates unvereinbar ist«.

Der Inhalt dieser Befehle bezeugte, daß die autoritären Machthaber nach Verbot und Unterdrückung aller anderen politischen Parteien und Gruppen die Gefährdungen der Machtstellung, die sie errungen hatten, nun auch aus ihrer eigenen NSDAP heraus befürchteten. Stärker als bisher trat in der nächsen Periode Frick in den Vordergrund, ein alter Nationalsozialist und bayerischer Bürokrat von unscheinbarem und trockenem Wesen, der nun als »Reichsverwaltungsminister« versuchte, den Verwaltungsstaat ungeregelten Einflüssen von außen zu entziehen, um die vollkommene Befehlsgewalt und Einheit der obersten Zentralbehörde herzustellen. Diesem Willen der obersten Reichsinstanz konnte sich auch Göring nicht mehr entziehen. Schon einmal, im Mai, hatte er ein nahezu vergleichbares Bekenntnis zur »Staatsautorität« abgelegt, damit das Verbot von »Einzelaktionen nicht verantwortlicher Stellen« begründet und versprochen, »mit dem Unfug der kleinen und kleinsten Kommissare Schluß« zu machen [52]; doch dieses Versprechen galt nur der Funktionsfähigkeit wirtschaftlicher Betriebe und hatte keine allgemeinen Folgen. Am 1. Juli bestellte Göring, das Interimistikum ausnutzend, das nach dem Rücktritt Hugenbergs als kommissarischen preußischen Wirtschaftsministers entstanden war, nochmals einen Kommissar, der als Kommissar im Erfurter Wirtschaftsgebiet »die wirtschaftlichen Interessen der preußischen Gebietsteile« gegenüber »groß-thüringischen« Bestrebungen wahrnahm [53]. Dann aber folgte auch Göring der von Frick bezeichneten Linie des Primats einer »geordneten Verwaltungstätigkeit« und untersagte alle »Kontrollen der Staatsverwaltung oder gar Eingriffe durch außenstehende Stellen« mit der Begründung, »daß nach dem siegreichen Abschluß der nationalen Revolution . . . die Gewähr dafür geboten« sei, daß »auch die nachgeordneten Behörden sich ausnahmslos im Sinne der nationalsozialistischen Bewegung« betätigten [54]. Er verlangte Bericht, inwieweit Kommissare z. b. V. auch nach dem 1. August noch tätig sein würden, womit er die Behörden der inneren Verwaltung immerhin zu einer sorgfältigen Überprüfung aller Kommissariate zwang. Dieser milden Einschränkung folgte kurz darauf eine schärfere, die den beschleunigten Abschluß der Tätigkeit der Kommissare z. b. V. verlangte [55], der Göring aber erst nach weiteren drei Monaten auch offiziell alle Grundlagen entzog, als er mit Ausnahme der auf Grund gesetzlicher Vorschriften oder des allgemeinen Staatsaufsichtsrechts ernannten Kommissare und des Staatskommissars für das Erfurter Wirtschaftsgebiet sämtliche Kommissariate aufhob [56]. Innerhalb des Innenministeriums beseitigte er die »Sonderabteilung Daluege«, eine besondere kommissarische Befehlsstelle unter der Führung des Leiters der Polizeiabteilung, die jedoch neben ihr bestand [57]. Mit ihr verschwand die ebenso berüchtigte Hilfspolizei [58]. Allerdings zeigte sich Göring keineswegs bereit, ihrem Unwesen ein entschiedenes und eindeutiges Ende zu setzen. Wie das Geheime Staatspolizeiamt nun schon seit drei Monaten, so blieben auch die Wachmannschaften von Schutzhaftlagern, die »Geheime Feldpolizei« und die »Stabswachen« Hitlers und Görings – nachträglich aus dem Begriff der Hilfspolizei herausgelöst [59] – dauerhafte Überbleibsel einer Phase des lokalen Terrors; sie wurden Zeugen und Elemente des institutionalisierten Terrors.

4. Das Berufsbeamtentum als Bürokratie des nationalsozialistischen Staates

Die Beseitigung der Kommissare wäre wohl weder in Preußen noch anderswo in diesem Umfange vor sich gegangen, wenn dem neuen Regiment nicht eine Staatsbeamtenschaft zur Verfügung gestanden hätte, der Loyalität und Dienstwilligkeit gegenüber der Obrigkeit als höchste Prinzipien anerzogen worden waren, die sich lebenslänglich gesichert wußte, wenn sie sich diesen Grundsätzen gemäß verhielt, die teilweise dem Schlagwort von der »nationalen Revolution« bereitwillig gehorchte und sich im übrigen durch den Anschein der Legalität, den die nationalsozialistische Propaganda mit Bedacht pflegte, in einem solchen Umfange täuschen ließ, daß sie selbst die einschneidenden Maßnahmen eines anhaltenden Personalwechsels aus politischen Gründen zu ertragen vermochte, ohne von ihrer staatstreuen Haltung und Arbeitsfähigkeit abgebracht zu werden [60].

Im modernen Staat liegt nach Max Weber »die wirkliche Herrschaft, welche sich . . . in der Handhabung der Verwaltung . . . auswirkt, notwendig und unvermeidlich in den Händen des Beamtentums« [61]. Man kann nicht sagen, daß die Nationalsozialisten in der

Reichsregierung über die Einsicht in die erhebliche politische Bedeutung, die das Beamtentum besitzen kann, nicht verfügt hätten, im besonderen nicht von Frick, der als Reichsinnenminister die entscheidende Zuständigkeit in allen Organisations- und Personalfragen des Reiches besaß und der bis in die Kriegszeit seine und seiner engsten Mitarbeiter Vorstellungen von einem neuen Staatsaufbau durchzusetzen suchte, beschränkt freilich durch häufig entgegenstehende Wünsche der Münchener Parteikanzlei, später in stärkerem Maße durch die mit ihm rivalisierenden Führer der SS und Forderungen der Wehrmacht. Vornehmlich Frick und sein Ministerium wußten die enge Bindung zwischen Regierung und Beamten für die Zwecke des totalen Staates auszunutzen und als erste das Bündnis zwischen Nationalsozialismus und Bürokratie zu knüpfen [62], was sich angesichts des organisatorischen Wirrwarrs, der in der gesamten Parteiorganisation außerhalb der SA und NSBO bis zur Machtergreifung herrschte, keineswegs von selbst verstand. Da in der Reichsleitung der NSDAP verschiedene Personen mit zeitweilig wechselnder Bedeutung den Ton angaben, kam es erst verhältnismäßig spät zur Festlegung von Zuständigkeiten und zur Ausbildung einer Parteibürokratie; sie war daher zunächst auf das Kommissarsregiment angewiesen, während SA und SS nur zur Ausübung des Terrors dienten, nur dem Verlauf der Anfangsphase der nationalsozialistischen Machtergreifung den Stempel aufdrückten. Doch mit den Propagandaparolen der nationalen und preußischen Traditionen, die mit dem Tage von Potsdam in das allgemeine politische Vokabular eingingen, gelang die Indienstnahme des nationalen und konservativen Beamtentums für die Zwecke der neuen Regierung. Daß sie keine ausschließlich nationalsozialistische war, wirkte sich hierauf begünstigend aus; denn von den Parteien der Rechten fand der deutschnationale Partner in der Regierungskoalition seit längerem am meisten Gehör unter den deutschen Beamten – bei weitem mehr jedenfalls als die NSDAP [63]. Je mehr es dann der Propaganda auch über die Auflösung der DNVP hinaus gelang, die Regierung Hitlers mit der nationalen Politik schlechthin zu identifizieren, desto fester band sich auch die nationale Beamtenschaft an den Staat der neuen Regierung.

Eine wesentliche Voraussetzung der politischen Rolle des Beamtentums liegt nun aber in seiner inneren Homogenität, so daß es in diesem Sinne berechtigt ist, von einem Beamtenkörper, zumindest von einem Korps der höheren oder hohen Beamten zu sprechen [64]. Die dem Zeitalter des Absolutismus entstammende Institution der lebenslänglich versorgten Funktionäre der Staatsgewalt hat sich außerordentlich beständig erhalten, wenn auch die Einheit und innere Geschlossenheit ihres Personals langsam, in der Ideologie zögernder als in der sozialen Realität, verlorengegangen ist. Seit Beginn der großen sozialen Wandlungen der neueren Geschichte ist die Homogenität der Staatsdienerschaft immer wieder gefährdet und zersetzt, jedoch auch verteidigt und zeitweilig wiederhergestellt worden. Der politische Aufstieg des Bürgertums und zuletzt die Aufrichtung einer parlamentarischen Demokratie in Deutschland bewirkten lang anhaltende Erschütterungen des geschlossenen Beamtenkörpers, denen personalpolitische oder personalrechtliche Maßnahmen des Staates wechselweise nachgaben oder entgegenzuwirken suchten.

Preußen war von jeher ein Staat des Beamtentums ebensogut wie des Militärs [65]. Aber auch die kleineren Länder, namentlich die Süddeutschlands, wo sich in dem früheren Verfassungswesen auch zuerst die Kritik am Beamtenregiment entwickelt hatte, waren Beamtenstaaten [66]. Die Verwaltung des bürokratisch-monarchischen Staates beruhte während ihrer Entwicklungszeit in ihrem Grundgedanken auf der Einheit des Verwaltungsaktes. Der Beamte urteilte und entschied als einzige Person. Als Vertreter des Staates für eine bestimmte Aufgabe vereinigte er – nach Maßgabe der Gesetze und seiner Vollmachten – alle Macht in seinen Händen zur Erfüllung der ihm obliegenden Aufgabe. Für diese Praxis genügte ein nach modernen Vorstellungen kleiner Beamtenkörper. Daneben gab es Untergeordnete, Schreiber, Boten, Aktenbewahrer; doch diese waren keine Beamte, sondern standen in einer Art Bedienstetenverhältnis den eigentlichen Beamten gegenüber. Die spätere Entwicklung hat von beiden Seiten Übergänge und Differenzierungen geschaffen, den Gang behördlicher Erledigungen verlängert, den eigentlichen Verwaltungsakt aufgeteilt, den Effekt verzögert und die Verantwortungen verlagert.

Es ist schon frühzeitig in der Weimarer Republik bemerkt worden, daß das Berufsbeamtentum im parlamentarisierten Staat »halb und halb Fremdkörper« geblieben, daß mit ihm eine »fremde Seele« in die Demokratie hineingenommen worden ist [67]. Die starke Beharrungskraft, die den gleichbleibenden Formen des Dienstes, der Sprache und der Arbeitsweise des alten Beamtentums innewohnte, wirkte sich, im ganzen betrachtet, keineswegs zugunsten der demokratischen Verfassung aus. Die oberen Kategorien des alten Beamtentums hatten im Positivismus des staatlich gesetzten Rechts der Vorkriegszeit, in dem sie sich unübertrefflich auskannten, den Höhepunkt ihrer Bedeutung erlangt. In der ihm eigentümlichen Verschmelzung von individuellem Selbstbewußtsein und bedingungsloser Zuverlässigkeit im Dienst an der bestehenden staatlichen Ordnung lagen der eigentliche Vorzug, der Ruf und die Leistungsfähigkeit des Vorweltkriegsbeamtentums begründet. Es ist gewiß mehr als Legende, daß sich bei der Mehrzahl dieser Beamten Unbestechlichkeit und Bereitschaft zu anonymer Tätigkeit auch unter starker materieller Beschränkung bis zuletzt erhielten [68]. Ihnen eignete etwas von einem Orden, in dem das Gelübde der getreuen Diensteifrigkeit und der persönlichen Einschränkung oberstes Gesetz war. In Preußen haftete diesem Stand viel aus der Aufstiegsperiode des brandenburgisch-preußischen Staates und von der Kargheit der Lebensbedingungen an, die das nächste Ziel immer nur unter Entsagungen zu erreichen erlaubte. Freilich gehörten Weltoffenheit und Weltkenntnis seltener als Devotion, Pietät und Loyalität zu den Eigenschaften des preußischen Beamten. Doch bis zuletzt hat das deutsche Beamtentum neben vielem Mittelmaß bedeutende Köpfe hervorgebracht, die über ihre Verwaltungstätigkeit hinaus bekannt wurden, als Wissenschaftler einen Ruf gewannen oder auch als Politiker hervortraten. Nach dem Zusammenbruch der militärischen Macht ließ die vorerst unvermeidliche Beibehaltung der Kriegsnotwirtschaft und das Fehlen größerer Gruppen von Parlamentariern mit reichen Verwaltungserfahrungen den Parteien der Demokratie keine andere Wahl, als zu einem Einverständnis mit den Beamten des Reichs und der Länder zu gelangen, ihnen Forderungen zu erfüllen und Sicherheiten zu verschaffen, um ihre Zuverlässigkeit zu festigen und die Kluft zwischen revolutionären Regierungen und traditionsverpflichtetem Verwaltungspersonal zu überbrücken. Zu einer durchgreifenden Reform von Verwaltung und Beamtentum konnte es infolgedessen weder während der Revolution noch in der Phase der verfassunggebenden Nationalversammlung kommen; sie ist aber auch zu einem späteren Zeitpunkt nicht nachgeholt worden. Von Verwaltungsreformen wurde in der Weimarer Periode häufig gesprochen, ohne daß jedoch die mit vielen gewichtigen Problemen und Anforderungen belastete Republik eine organische Änderung in der Personalstruktur herbeizuführen vermochte. Es rechnet zu den großen Schwächen demokratischer Gruppen und Parteien, daß sich der Eifer, mit der sie die Verwirklichung des parlamentarischen Systems verfolgten, bei weitem nicht mit vergleichbarem Erfolg des freilich komplizierten Verwaltungswesens bemächtigte und der Wellenschlag des engagierten politischen Interesses immer mehr die Einzelfragen der Personalpolitik umbrandete. Unter den konservativen Gegenkräften des traditionsbewußten Beamtentums hingegen lebte die Überzeugung von dem absoluten Vorrang der Institutionen, die den Staat gern als eine Verwaltung zum allgemeinen Wohl betrachtete, und die überaus kühle Zurückhaltung der verfassungsmäßigen Gesamtreform gegenüber fort; in ihnen konnte sich infolgedessen die Gleichgültigkeit gegenüber dem Wandel oder gar dem Wechsel der Verfassung ausbreiten, die sie allenfalls als Ausdruck und Mittel einer die Organisation und Gravitation der Verwaltungstätigkeit disponierenden Ordnung zu bewerten vermochten. Nicht zuletzt aber bewirkte der starke Einfluß der Beamtenverbände in Parlamenten und Parteien [69], daß manches zugunsten eines Ausbaus, jedoch nichts für eine Reform des überkommenen Beamtenwesens geschah.

Die Weimarer Zeit setzte daher im allgemeinen die besonderen deutschen Eigentümlichkeiten des Berufsbeamtentums, das sich hierin von dem Beamtentum anderer westlicher Großstaaten unterschied, fort und bildete sie weiter [70]. Hierzu zählten das aus der absolutistischen Zeit überkommene Monopol des juristischen Studiums als Vorbereitung zwar nicht für alle Verwaltungslaufbahnen, aber doch für die politisch bedeutsamen – die Justiz, die innere Verwaltung und die Finanzverwaltung –, für den weitaus größten Teil wirtschaftlicher Verwaltungen einschließlich der Arbeitsverwaltung, auch für Gebiete also, die in wissenschaftlicher und akademischer Hinsicht eher von anderen Disziplinen als von der juristischen erfaßt werden, und sogar in großen Teilen der technischen Verwaltungen, z. B. des Post- und des Verkehrswesens; eine verhältnismäßig lange und systematische praktische Ausbildung vor der Abschlußprüfung; ein starker Schutz der lebenslangen, nur auf disziplinarischem Wege aufhebbaren Beamtung; außerordentlich steile und stufenreiche Ämterpyramiden, die eine fortgesetzte, jedoch formalisierte Auslese zur Folge haben; das Fehlen einer einheitlichen Personalpolitik und schließlich das starke Übergewicht der Beamtenschaft über die Angestellten des öffentlichen Dienstes und die »klubhafte« Abgrenzung der ersten Gruppe von der zweiten [71]. Das spezifische, merkwürdig apolitische Standesbewußtsein des Beamten wird auch von dem permanenten Staatssekretär der Reichspräsidenten, Otto Meißner, bezeugt, wenn er das Beamtentum »in jahrhundertealter Tradition« letztlich nur zu dem Bewußtsein erzogen glaubte, »loyal und in sachlicher Arbeit, unbeirrt durch die Tagespolitik, dem Staat« zu dienen [72]; »Tagespolitik« war nunmehr alles, was unbequem war und als karrieregefährdend galt. Diese Diminution des Staatsbürgerlichen glaubte wohl mancher Staatsbeamte mit seiner loyalen Dienstverpflichtung geradezu als Reservatrecht beanspruchen zu dürfen.

Die Erweiterung der Verwaltungsaufgaben und die Intensivierung der Verwaltung hatten eine rasche und gewaltige Vergrößerung des Beamtenkörpers zur Folge; und die Einbeziehung weiterer, selbst untergeordneter Verwaltungsfunktionen in beamtenrechtliche Stellungen machten das Beamtentum zu einer bedeutsamen sozialen Kategorie. Die politische und soziale Entwicklung im 20. Jahrhundert, vor allem aber der Weltkrieg, die Anforderungen von Krieg und Kriegswirtschaft an die Verwaltung, die gänzlich neue Zweige aufzubauen begann, haben Verwaltungsaufgaben und Beamtenschaft in einem bis dahin nicht geahnten Ausmaß erweitert, neue Reichsverwaltungen entstehen lassen und die kommunalen Verwaltungen in größtem Umfange ausgedehnt; kaum anders wirkten sich die Umstellungen nach Kriegsende aus. Von 1914 bis 1920 stieg die Gesamtzahl der Beamten des Reiches, der Länder und der Gemeinden trotz Gebietsverlusten von 746 023 auf 1 000 476 Köpfe; allein die Etatsstellen der Reichsverwaltungen wuchsen von 201 125 auf 688 023 an [73]. Einige neue Behörden – namentlich Arbeits- und Fürsorgeverwaltungen – schossen auf, und nach erheblichen Schwankungen nach beiden Seiten erreichte der Personalstand der gesamten öffentlichen Verwaltung am 31. März 1931 936 268 Köpfe [74]. Derartig beträchtliche Änderungen der Größenordnungen zogen nicht nur Wandlungen in der sozialen Zusammensetzung der Beamtenschaft nach sich, sondern wiesen der breiten sozialen Schicht des Massenbeamtentums nun auch eine neue Rolle in Staat und Gesellschaft zu. Notzeit und Bedrängnis des bürgerlichen Mittelstandes, aber mehr und mehr auch kleinbürgerlicher Schichten ließen die verfassungsmäßig garantierte Sicherheit des Beamtenberufs als höchst begehrenswert erscheinen und förderten den Abzug aus dem wirtschaftlichen Leben, das zu einem harten Existenzkampf geworden war, in die beamteten Funktionen der Verwaltung. Mit dieser Sozialisierung des Beamtentums, die die staatliche Verwaltung zu einer Art Auffangvorrichtung für die anwachsenden ökonomisch entwurzelten Teile des Mittelstandes wie für das aufstrebende Kleinbürgertum machte, lief keineswegs eine Politisierung der von diesem Vorgang erfaßten Gruppen einher. Die Herrschaft des fachlich qualifizierten Beamtentums der höchsten Ränge drängte die Masse der kleineren, mittleren und weniger hohen Bürokraten in die Rolle eines mediokren Staatsdienertums. Das Ergebnis war die rasche Ausbreitung eines subalternen, retardierenden, vagen, im wesentlichen politisch sterilen, neutralistisch gewandeten Staatspositivismus, der seine lähmenden Ausstrahlungen in weite Bereiche des politischen und sozialen Lebens sandte.

Das politische Schicksal des Beamtentums in der Ära von Weimar hinterließ die auffälligsten Spuren innerhalb der Kategorie der sogenannten politischen Beamten, ursprünglich der »disponiblen« Beamten, die es in den größeren Ländern seit mehreren Jahrzehnten gab. In Preußen erwartete die Regierung seit 1899 von ihnen jederzeit eine tatkräftige Unterstützung ihrer Politik; sie konnte sie daher jederzeit auswechseln, um sich in Stellen von politischer Bedeutung die ihr am zweckmäßigsten erscheinende Unterstützung zu sichern [75]. Das Reichsbeamtengesetz vom 31. März 1873 hatte diese Einrichtung für die Reichsbehörden eingeführt; das Gesetz über die Pflichten der Beamten zum Schutz der Republik [76] hatte sie übernommen und auf die Leiter der Reichsbehörden, ihre Stellvertreter, auf Ministerialräte in Dirigentenstellungen und eine Anzahl von Abteilungsleitern und Referenten, die sich mit Aufgaben zum Schutz der Republik befaßten, ausgedehnt und außerdem die Länder ermächtigt, ähnlich zu verfahren. Preußen übernahm seine alte Einrichtung bereits durch Verordnung vom 26. Februar 1919 [77] mit der Umbildung der Staatsbehörden; sie wurde jedoch neu definiert und später erweitert [78], so daß ihr schließlich alle Staatssekretäre, Ministerialdirektoren und Ministerialdirigenten, die Beamten der Pressestelle beim Staatsministerium, in der inneren Verwaltung die Oberpräsidenten und Regierungspräsidenten und deren Vertreter (Vizepräsidenten und Regierungsvizepräsidenten), die Landräte, die Vorsteher der staatlichen Polizeibehörden sowie der Vizepolizeipräsident in Berlin und in der Justizverwaltung die Beamten der Staatsanwaltschaften bei den Gerichten zugehörten. Sie bildeten eine Kategorie höherer Beamter, über die die

Regierung in politischer Hinsicht vollständig verfügen konnte und die sie auch mit nichtjuristischen Stellenbewerbern, sogenannten Außenseitern, besetzen durfte [79], für die zwar die Üblichkeiten des Personalrechts nicht außer Kraft gesetzt, wohl aber die Wirkungen der institutionellen Garantie der Reichsverfassung für das Berufsbeamtentum wesentlich eingeschränkt wurden [80].

Eine Politisierung der Personalpolitik im Sinne des parteienstaatlichen Parlamentarismus hat zweifellos in Preußen stattgefunden. Sie ist häufig Gegenstand von Mißdeutungen und Polemiken gewesen. Die aus der Revolution hervorgegangene Staatsregierung, die das vorhandene Beamtenkorps in wesentlichen Teilen übernahm, es aber nach den Erfahrungen des Kapp-Putsches angesichts der nicht zu leugnenden Regungen staatsgegnerischer Elemente auch in der Verwaltung nicht für ewig in seiner alten Struktur zu erhalten bereit war, mußte sich zweifellos für eine Auswahl ihrer Beamten auch nach politischen Gesichtspunkten entscheiden. Sie war allerdings mit dem Prinzip einer politischen Neutralisierung des Berufsbeamtentums nicht zu vereinbaren. Doch der preußischen Regierung kann weder eine Durchbrechung des geltenden Beamtenrechts noch eine willkürliche oder in einem engen Sinne parteipolitische Personalpolitik nachgesagt werden; sie hat weder eine »totale Politisierung der Bürokratie« noch eine »totale Bürokratisierung der Politik« [81] betrieben oder angestrebt. Unverhältnismäßig hohe Personalwünsche einer Partei blieben immer dem Risiko eines Zerwürfnisses in der Koalition ausgesetzt; infolgedessen war jeder der Koalitionspartner gezwungen, auf Einwendungen und Wünsche der anderen Rücksicht zu nehmen, was im allgemeinen einer Begrenzung der Forderungen gleichkam und ungefähr paritätische Verhältnisse herstellte. Von 539 politischen Beamten der inneren und allgemeinen Verwaltung Preußens waren am 1. Oktober 1929 113 Angehörige des Zentrums, 105 Angehörige der SPD, 95 der DVP und 71 der Demokratischen Partei [82]. Allerdings kamen die Außenseiter ziemlich restlos aus der Patronage der Parteien, wobei Sozialdemokratie wie Zentrum und Gewerkschaften zum größten Teil ihre eigenen Funktionäre vorschoben, die auf diesem Wege – am stärksten außerhalb der Ministerien – als »Außenseiter« von den höchsten Ämtern aus allmählich weiter nach unten vordrangen [83]. Der Sinn dieser Personalpolitik lag in der »planvollen Mischung aller politischen Einstellungen« von der Sozialdemokratie bis zur Deutschen Volkspartei, jedoch unter Ausschluß der Deutschnationalen und der Kommunisten, wie sie der ehemalige Reichsjustizminister Radbruch auch hinsichtlich der Besetzung des Staatsgerichtshofes bezeugt hat, die die in sie gesetzten Erwartungen keineswegs enttäuschte und »eine objektivere Justiz verbürgte als die dem Zufall überlassene Dosierung der politischen Anschauungen« [84]. Sie gewährleistete eine Ausscheidung derer, die durch ihre Parteizugehörigkeit zu erkennen gaben, daß sie den demokratischen Staat bekämpften. Die Republik mußte »von ihren Beamten verlangen, daß sie Republikaner sind« [85]; so wenig auch eine Identifizierung des Staatsbekenntnisses mit einem Parteibekenntnis befriedigend erscheinen mag, so gab es doch bei Lage der Dinge, da die Eidesleistung nach den Erfahrungen während des Kapp-Putsches und zu anderen Gelegenheiten unter den schwankenden Voraussetzungen der Staatsvorstellung nicht mehr ausreichte, kaum einen anderen Maßstab für die »Verfassungsverantwortlichkeit« [86] der hohen Beamtenschaft.

Die Grundsätze eines solchen Systems mußten freilich hinfällig werden, sobald eine einzige Partei im ausschließlichen Besitze der Macht stand, zumal wenn sie sich selbst die radikalsten Maßstäbe zu ihren Gunsten nicht versagte und die Personalpolitik zu einem Monopol ihrer Macht ausgestaltete. Mochte das Berufsbeamtentum entscheidend zur Aufrechterhaltung und Fortentwicklung einer rechtlichen, normalen Verwaltung beigetragen haben und mag ihm auch zu Recht eine politisch bedeutsame Rolle in der Republik von Weimar nachgesagt werden; eine Versicherung in politischen Konflikten konnte es nicht darstellen. Die Leistung seiner großen Mehrheit blieb loyaler und sorgsamer Dienst für die jeweilige Regierung [87]. Im allgemeinen hat der überwiegende Teil des Berufsbeamtentums in den normalen Jahren der Republik gegenüber die ihm zugedachten Aufgaben mit Selbstbewußtsein erfüllt und, soweit der Staat der Verfassung von Weimar ein Rechts- oder Gerechtigkeitsstaat genannt werden kann, zu seiner Erhaltung beigetragen [88]. Doch die Zeit war zu kurz, und die ausgewählten Mittel einer allmählich durchgreifenden personellen Erneuerung in der Kategorie der politischen Beamten unter Aufrechterhaltung der übrigen Personalrechtsgrundsätze waren bei weitem nicht ausreichend, um in den politisch wichtigen Zweigen der Verwaltung ein vom Vorkriegsbeamtentum wesentlich abgehobenes, stark aufgefrischtes, neues homogenes Beamtentum gleicher Leistungsfähigkeit zu schaffen. Das gelang im übrigen Deutschland noch weniger als in Preußen, wo Severing in seiner zweiten Amtsperiode als Innenminister nach 1930 im Widerstand gegen den aufkommenden Nationalsozialismus eine engere Verbindung zu dem Korps der höchsten politischen Beamten suchte. In mehreren »Konferenzen der leitenden preußischen Verwaltungsbeamten« [89] gab Severing Berichte über die innerpolitische Lage und über die Stellung Preußens zur Politik der Reichsregierung, um daran Weisungen und Erläuterungen für die allgemeine Politik der Behördenchefs der inneren Verwaltung zu knüpfen. Die Behandlung der übermächtig angewachsenen NSDAP riet ein einheitliches Verhalten der leitenden Beamten der Mittelbehörde und der Polizei an und erheischte in der Phase des verschärften Existenzkampfes der Republik »nicht . . . nur rechtliche Entscheidungen«, sondern die Bereitschaft zu einem »politischen Kampf ersten Ranges«, in dem »im Zweifelsfalle die Entscheidung zugunsten des Staates« getroffen werden sollte [90]. Sie bildeten eine besondere Kategorie unter den politischen Beamten, die in der zunehmenden Politisierung der Atmosphäre zum unaufgebbaren wesentlichen Organ des in der Verteidigung befindlichen Verfassungsstaates geworden waren. Der politische Gehalt dieser Konferenzen kontrastierte deutlich zur Übung der Kommissare des Reichs, die nach dem preußischen Staatsstreich Papens Anfang November 1932 nochmals eine derartige Konferenz abhielten, aber die unmittelbare Begegnung zwischen dem Ministerium und dem Korps der Chefs der Mittelbehörden und Polizeistellen nur noch zu technischen, vor allem informatorischen Zwecken nutzten und auf eine Aussprache über die politische Situation verzichteten.

Die gesamte Zeit der Republik hindurch behaupteten sich innerhalb des Beamtentums aber auch national-konservative Kreise, die teilweise in Klüngeln und Klubs die Gegnerschaft zur Republik hegten, wie etwa in dem Berliner Nationalen Club, einem Treffpunkt monarchistischer Beamter und Offiziere, der schon im Sommer 1932 mit dem Herzog von Coburg und dem Geheimrat Pfundtner an der Spitze ganz und gar in nationalsozialistisches Fahrwasser geriet [91]. Ihnen erschienen einerseits die Parteien und deren Politik nur als Störungen der Tradition und als Abwege von einer ruhmvolleren Vergangenheit; anderseits ermangelten sie einer vernünftigen Kritik an der republikfeindlichen Rechtsopposition. Eine wirkliche »Verfassungsverantwortlichkeit« dieses Beamtentums hätte eine Revision seiner Staatsvorstellung vorausgesetzt. Doch es verharrte auf einer abwehrenden äußerlichen Neutralität. Die politische Neutralisierung der hohen Beamtenschaft in der Republik blieb das Merkmal der fortschreitenden Bewegung an der entgegengesetzten Front des politischen Personalwesens in der Folge einer Tendenz zur konservativen Restauration, die sich zuweilen auch mit dem Attribut einer preußischen Besonderheit zu erkennen gab und in den Jahren der Hochflut konservativer Ideologien und Programme dem Bedürfnis nach stilisierter Tradition nachzukommen suchte. Dieser preußischen Vokabel in den Traditionsbeständen des Berufsbeamtentums hat sich dann die nationalsozialistische Propaganda mit einigem Geschick und beträchtlichem Erfolg bedienen können, um einen großen Teil der Beamtenschaft für die Dienste des neuen Staates zu werben. Die Dezision politischer Ideologen und Zeitinterpreten, die diesen Bahnen zu folgen unternahm, wähnte mit dem Niedergang und schließlich dem Fortfall der politischen Parteien die wahre »politische Mission« des Berufsbeamtentums vorbereitet, das nun erst, des Parlamentarismus der voraufgegangenen Epoche ledig, seinen Staatsberuf erfüllen und in einem neuen Beamtenstaat in seine ihm zukommende politische Stellung einrücken sollte [92]. Während einerseits republiktreue Teile der Beamtenschaft unter Eingriffen in die verfassungsmäßigen Beamtenrechte kurzerhand beseitigt wurden, bildete sich anderseits die Sonderstellung, die das Berufsbeamtentum in der Republik erstrebt, erhalten und zäh verteidigt hatte, das tatsächliche Privileg auf die Verrichtung bestimmter Handlungen in Angelegenheiten des Staates, das Recht auf das Amt und die weitgehende Immunisierung der lebenslänglichen Anstellung in einer Epoche hoher politischer Dynamik und vielfältiger Fallibilitäten, der weitreichende Schutz vor der Tätigkeit »berufsfremder Kräfte«, was insgesamt an eine »echte Privilegierung« [93] sehr nahe heranreichte, zur Ausgangsposition des totalen Verwaltungsstaates um. Die Theorie, die auf der traditionellen Selbsteinschätzung des konservativen Beamtentums als einzigem Repräsentanten einer besonderen Staatssubstanz beruhte, hat den Parlamentarismus des Weimarer Staates im besonderen gegen Ende seiner Periode mehr und mehr als moderne Krise einer traditionsbestimmten Staatsidee angesehen [94], aber jede Klärung vermieden, ob sie die Überwindung einer solchen Krise überhaupt noch im Rahmen des bestehenden Verfassungsstaates ernsthaft voranzutreiben vermochte. Sie verfocht das Verlangen nach einer *»pouvoir neutre«* im parlamentarischen System in Gestalt neutraler, sogar vom Kabinett gelöster Personalinstanzen [95], eines selbständigen, autoritären Reichspräsidenten und schließlich »die Möglichkeit einer völligen Verselbständigung der Beamtenschaft« [96]. Der Versuch einer Alleinregierung des Beamtentums, die sich auf die »neutralen Gewalten« Reichswehr und Reichspräsident stützte [97], führte aber nur in ein auswegloses Dilemma [98] und zwang zu einer Kapitulation, zu der sich das Beamtentum teilweise auch in der verfehlten Hoffnung bereit fand, mit Hilfe der NSDAP aus den wirtschaftlichen Nöten herauszukommen und eine Reihe von ausstehenden und seit langem erörterten Reformen durchsetzen zu können, die von der Arbeitslosenfürsorge und dem Finanzsystem bis zu solchen der Verfassung und Verwaltung reichten – samt und sonders aber fortan ohne den sicheren Schutz vor dem totalen Anspruch eines einzigen politischen Willens, den die Verfassung und der Koalitionsparteienstaat geboten hatten. Das Beamtentum der Republik von Weimar gelangte über die stufenweise Ablösung der parlamentarischen Demokratie in die Schlüsselstellung eines von der Herrschaft parlamentarischer Institutionen und Parteien sich lösenden totalen Verwaltungsstaates, der sich in der »nationalen Revolution«, in der Vereinigung mit der totalitären nationalsozialistischen Massenpartei in ein totalitäres Herrschaftssystem wandelte und die konstitutionellen Residualbestände Stück für Stück aufgab; das Berufsbeamtentum behielt jedoch weiterhin eine maßgebliche Rolle.

Nach der nationalsozialistischen Machtergreifung schien ihm nun die gewaltige Aufgabe zuzuwachsen, einen Verwaltungsstaat zu organisieren, in dem es endlich vollends und ausschließlich die Wege von Gesetzgebung und Verwaltung in unterschiedloser Einheitlichkeit besetzen konnte. Insofern stellte sich der totalitäre Verwaltungsstaat als eine Fortbildung des angeblich erneuerten preußischen Beamtenstaates dar. Er setzte sich über alle Stufen mittelbarer Verwaltung in die Bevölkerung hinein gleichsam ins Unendliche fort; er zerstörte die Lebenssphäre der privaten Existenz und ordnete den einzelnen den Anforderungen einer obersten Willenseinheit unter [99]. Fortan bedurfte die »berechenbar-bürokratische« Herrschaftsordnung neben dem Beamtentum keiner Kommissare mehr.

Die von Hitler benutzte Propagandaparole von der legalen Machtergreifung half nicht zum wenigsten dem auf diesen Weg vorbereiteten Teil des Berufsbeamtentums, den Übertritt vom parlamentarischen Verfassungsstaat der Periode von Weimar über den autoritären Staat des Präsidialregiments zum totalitären Staat der nationalsozialistischen Ära zu finden. Es bildete bei weitem keine *ecclesia militans* und existierte auch nicht mehr »als geschlossene Körperschaft«. Otto Hintze erblickte schon die Beamten der Jahrhundertwende »entfernt nicht mehr an der Spitze der Zeit und ihrer Bildung« [100]. Das schwere Dilemma der Beamtenpolitik in der Nachkriegszeit untergrub die Reste einer Homogenität des Standes und bereitete die tiefreichende Zwiespaltung und die anschließende Indienstnahme für den Verwaltungsstaat des Nationalsozialismus vor. Die allgemeine Zerstörung des liberalen Staates und der offene Kampf gegen das mächtigste Ziehkind des liberalen Zeitalters, gegen den Marxismus, bediente sich mitunter recht erfolgreich der Flagge einer falschen Christlichkeit. »Eine alte Zeit ist dahin. Das ist die Überzeugung aller, die sich ehrlich Rechenschaft über die letzte Entwicklung geben. Und es sollte darüber nicht Trauer herrschen«, bekannte ein hoher preußischer Richter. »Über so manchem zergrämten sich die Beamten und klagten über die Ohnmacht, Abhilfe zu schaffen. Gerade sie sollten nicht abseits stehen, weil andere im Sturm einer neuen Idee mit einem Schlage Wandel schufen ... Ein Parlamentarismus, der seine Kinderkrankheiten nicht überwinden und sich selbst nicht mehr helfen konnte, ist vernichtet. Und auch die Hindernisse sind beseitigt, welche die liberale Philosophie des vorigen Jahrhunderts in ihrer Auswirkung auf spätere Generationen der Arbeit des Christentums entgegenstellte [101].« Der »überzeugte katholische Christ« glaubte, daß die Verhältnisse christlicher würden und eben darum weniger liberal seien als vordem; die christlichen Parolen Papens, die Bemühungen Rusts um den Religionsunterricht in den Schulen, die Verhandlungen über ein Reichskonkordat, das in der Republik nicht zustande kam, und nicht zuletzt die unklaren, immer noch von Hoffnungen auf Zusammenarbeit genährten Beziehungen des rechten Zentrums zur neuen Reichsregierung oder die Aufnahme des Vertreters der katholischen Bischofskonferenz in den Preußischen Staatsrat schienen eine kurze Zeitlang solche Annahmen zu bestätigen. Die Kehrseite dieser kurzen Periode, der rücksichtslose »Kampf gegen den Marxismus«, der lokale Terror, die Eroberung der kommunalen Ämter, die Unterjochung der Verbände durch die NSDAP, die Beseitigung verdienter Beamter und die Gewaltaktionen und anhaltenden Übergriffe gegen den jüdischen Volksteil und gegen die Gewerkschaften, die bald auch nicht mehr vor den christlichen Organisationen haltmachten, berührten die meisten derer, die sich nicht persönlich betroffen sahen, nur wenig und wurden vielfach als zeitlich begrenzte Ausschreitungen eines mehr oder minder gerechtfertigten Ausgleichs bewertet: als Regiment einer neuen Partei, die die alte aus ihren Machtpositionen verdrängte, um dann den Rechtsstaat wiederherzustellen. Diese Version, die die bürgerliche Bequemlichkeit und das Vertrauen in die unwandelbare Heiligkeit der Obrigkeit eingab, überging sowohl Differenzierung und Ungewißheit der Obrigkeit wie die alte Weisheit, daß sich gekränktes Recht nur durch Pönitenz wiederherstellen läßt und daß man demzufolge keine Neuordnung der verletzten Rechtsnormen von den Tätern erwarten darf. Die nicht sofort und unmittelbar betroffenen und bekämpften Gruppen des Bürgertums ermangelten der politischen Orientierung, die es ihnen ermöglicht hätte, ihre wahre Situation in illusionsloser, unerbittlicher Klarheit zu erfassen, und der Fähigkeit und Entschlossenheit, eine Methode politischen Handelns zu finden, solange es noch Zeit war und der totale Staat sich noch im Stadium des Aufbaus befand.

Das Ergebnis des nationalsozialistischen Vordringens war, daß sich die nicht betroffene Beamtenschaft allmählich mit der Einsicht abfand, die ein Generalstaatsanwalt paradigmatisch formulierte, indem er seinen Untergebenen nahelegte, daß »der Nationalsozialismus keine Parteisache mehr, sondern ›die‹ deutsche Weltanschauung« sei, »der deutsche Gedanke auf allen Gebieten ...« [102]. Die innere Ungeordnetheit und Substanzlosigkeit dieser »Weltanschauung« kannte freilich nur das parteieigene »Führerprinzip« der NSDAP als allgemeine und unbedingt verbindliche Norm, so daß der Nationalsozialismus mit der Führerideologie identifiziert werden konnte und mußte: »Es gibt nur einen Willen des Führers. Es gibt nur ein Wollen der Geführten ...« Dazwischen lagen die exekutierenden und stabilisierenden Apparaturen der Verwaltung und der Normierung, in der die Beamtenschaft die alt vertrauten Plätze einnahm. Für den philosophierenden Ideologen, der sich mit Hegel und Ranke beschied und auch dieser Epoche ihre Wahrheit »unmittelbar zu Gott« attestierte, »soweit sie sich ein Glaubensbekenntnis erkämpft« habe, konnte selbst dieser vage Nationalsozialismus kraft seines machtpolitischen Erfolges zur »Wahrheit unserer Epoche« werden und allenfalls noch ein Qualitätsproblem in sich bergen [103]. Wenn der »Fortschritt des Staates von dem Fortschreiten der Beamten abhängig« gesehen wurde, mußte unter den Voraussetzungen des Identitätstheoretikers der Beamte als Staatsdiener auch zugleich Diener der »Weltanschauung« sein und sogar als »Hüter und Wahrer des sozialen Zustandes, in dem sich ein Volk in der Entwicklung der Geschichte verfaßt hat«, zum Diener der herrschenden politischen Bewegung werden, der nun nicht mehr einer »formalen Gesetzlichkeit« verpflichtet war, sondern einem sehr dunklen »Recht, das mehr ist als das Gesetz, das das Leben des Volkes selbst ist als Selbstentschiedenheit«. Solche Identitätsdogmen duldeten auch keine Trennungslinie der staatlichen Apparatur gegenüber Partei, »Bewegung« und »Weltanschauung«. Erschien dann noch Hitler als Demiurg dieser »Bewegung« und als »wirklicher Zwingherr zur Deutschheit« [104], dann konnte daraus mühelos die Apotheose für einen Zwingherrn aller Deutschen und aus dem Philosophen ein geistiger Zügel werden, der jedem Beamten anzulegen war, indem man seine Unterwerfung unter die »politische Gesinnung des Führers« verlangte. Mit derlei intellektuellen Kunstgriffen wurde die konservative Forderung nach Entpolitisierung des Beamtentums in eine diametral andere nach »Politisierung« eben der gleichen Beamtenschaft umgeprägt.

Neben dieser lief eine zweite Tendenz in etwas anderer Richtung. Man kann sie dort verfolgen, wo die Theorie auftritt, die die NSDAP eine propagandistische, jedenfalls eine begrenzte oder weniger bedeutende Rolle spielen ließ, die an der alten Staatsfunktion des Beamtentums festhielt und eine Wiederherstellung der entschwundenen Homogenität auf einer »nationalpolitischen Ebene« herbeisehnte. Sie wollte den Beamten zum »zivilen Beamten des Deutschen Reiches«, ausschließlich zum Träger der politischen Ordnung im Innern und das Beamtentum zur zweiten Säule des Staates neben der Wehrmacht machen. Diese Theorie verzeichnete wohl schon die Gefahr, »daß das Beamtentum im Strudel des totalen Staates seines staatspolitischen Gewichts verlustig« gehen könnte [105], doch auch sie vollzog die Umkehr aus den Positionen fortschrittlicher Organisation im Grunde auf die einfachste denkbare Weise geradlinig und unmittelbar in die Vergangenheit. Diese Restauration des frühkonstitutionellen Beamtenstaates ist, wie die bekannteste Schrift Nicolais, eines der ersten hohen Beamten aus den Reihen der NSDAP, bezeugt, zu einem Teil selbst in die Programm-Agglomeration der NSDAP eingedrungen und eine merkwürdige Verbindung mit der völkischen Ideologie eingegangen [106]. Das Ergebnis war die Vorstellung eines Führerstaates, der Verwaltung und

Berufsbeamtentum von der autoritären Gesetzgebung wie von der NSDAP getrennt halten wollte; da die »Partei ... ihre Schuldigkeit getan« hätte, »sobald der Parteienstaat aufgehört haben wird«, sollte sie sich nun in eine Volksorganisation und zugleich Eliteorganisation, in einen »Deutschen Orden« umwandeln [107]. Obgleich Nicolai und im besonderen seine Ideen innerhalb der NSDAP teilweise auf erheblichen Widerstand stießen, fand diese Schrift als einzige staatspolitische Programmschrift aus der Mitte der nationalsozialistischen Partei in der Anfangszeit des nationalsozialistischen Staates nach der Phase der Beseitigung des politischen Beamtentums der Republik und des ungeregelten Personalwechsels in kommunalen und staatlichen Verwaltungsämtern allmählich zunehmende Beachtung.

5. Personalwechsel und Beamtenrechte während der Machtergreifung

Der Personalwechsel erstreckte sich zuerst auf die Kategorie der politischen Beamten. Während der Monate Februar und März hielt er sich noch in erkennbaren Grenzen. Im Reichsinnenministerium löste Pfundtner, der als Nationalsozialist zum Zuge kam, Zweigert als Staatssekretär ab; in die Reichskanzlei trat der nationalsozialistische Ministerialrat Lammers aus dem Reichsinnenministerium als Staatssekretär ein. Auch das Reichsarbeitsministerium, das Reichsernährungsministerium und das Reichswirtschaftsministerium wechselten ihre Staatssekretäre aus. Die eine der beiden letzten Stellen besetzte Hugenberg, der neue Chef der beiden wirtschaftlichen Ministerien, mit dem Landbundführer v. Rohr-Demmin, die andere mit dem Oberfinanzrat Bang, einem der frühen Förderer der NSDAP – zwei Politikern des äußersten Flügels der Deutschnationalen [108]. Das Reichsarbeitsministerium erhielt im März als Abteilungsleiter für den freiwilligen Arbeitsdienst noch einen zweiten Staatssekretär in der Person des NSDAP-Reichsleiters und ehemaligen bayerischen Stabsoffiziers Hierl.

In Preußen reichten die Personalveränderungen anfangs innerhalb der elf Provinzen, aber noch nicht sogleich in den Ministerien an den Umfang heran, den die Maßnahmen des ersten Reichskommissariats Papen angenommen hatten, durch die der weitaus größte Teil der politischen Beamten, die links vom Zentrum standen, entfernt worden war. Wenige Streiche zerstörten das Ergebnis der jahrelangen, problemreichen und mit mühevollem Aufwand verfolgten Beamtenpolitik der Regierung Braun. Einige wenige Beamte suchte Göring in ihren Ämtern zu halten und zu den Nationalsozialisten hinüberzuziehen, so entgegen den Wünschen örtlicher Parteiführer auch den renommierten sozialdemokratischen Düsseldorfer Regierungspräsidenten Bergemann, den Severing einmal, vor der Ernennung Grzesinskis 1926, als seinen Nachfolger im preußischen Innenministerium ausersehen, für den sich unter den preußischen Landtagsparteien jedoch keine Mehrheit gefunden hatte [109]. Außer einer Reihe von Polizeipräsidenten und Polizeidirektoren [110] versetzten die Kommissare innerhalb der ersten beiden Monate den Staatssekretär des Staatsministeriums, Nobis, einen der älteten diensttuenden preußischen Beamten, den Papen 1932 zum Staatssekretär gemacht hatte, den Leiter der Medizinalabteilung im Innenministerium, 5 Oberpräsidenten, 4 Vizepräsidenten, 11 Regierungspräsidenten, 17 Regierungsvizepräsidenten und 34 Landräte in den einstweiligen Ruhestand [111]. Am ärgsten sah sich das Zentrum betroffen; noch mehr aber hatte es bei seiner hervorragenden personalpolitischen Position von einem Fortgang dieser Maßnahmen zu befürchten; und Göring war sich wohl bewußt, mit seiner Personalpolitik ein Druckmittel gegen das Zentrum in der Hand zu haben [112]. Oberpräsident der Rheinprovinz wurde der Deutschnationale Frhr. v. Lüninck; an die Spitze der Provinzen Brandenburg, Schlesien und Schleswig-Holstein traten die NSDAP-Gauleiter Kube, Brückner und Lohse. Auf einen der wichtigsten Posten der inneren Verwaltung, die Leitung der Polizeiabteilung im Innenministerium, holte Göring einen einstmals wichtigen Förderer der Nationalsozialisten, Ludwig Grauert [113], der während seiner Tätigkeit als Geschäftsführer eines Arbeitgeberverbandes hervorragend an der finanziellen Unterstützung der NSDAP beteiligt war. Sein Vorgänger, der dem Zentrum angehörende Ministerialdirektor Klausener, trat in das Reichsverkehrsministerium über.

Schon im März begann die NSDAP rücksichtsloser und unbekümmerter um rechtliche Grenzen vorzugehen, zuerst in Sachsen, wo der Reichskommissar v. Killinger den Beamten und Lehrern, die der KPD oder kommunistischen Organisationen angehörten, die Dienstausübung untersagte und gegen sie die Einleitung förmlicher Dienststrafverfahren mit dem Ziele der Dienstentlassung anordnete [114]. Erstmals in der deutschen Geschichte wurde die Zugehörigkeit zu einer politischen Partei als beamtenrechtliches Vergehen schlimmsten Grades gewertet.

Die revolutionäre Formen erreichende Personalverdrängung, die nach und nach die noch verbliebenen Teile des politischen Beamtentums und im Gefolge der antisemitischen Rassenideologie einen großen Teil der jüdischen Beamten beseitigte, hatte jedoch nicht von den Behörden der staatlichen Verwaltungen, sondern von den Ämtern der leitenden Kommunalbeamten ihren Ausgang genommen, wo es der NSDAP zunächst um die Aneignung der Ortspolizeigewalt zu tun war[115].

In den kommunalen Selbstverwaltungen unterlag die Stellenbesetzung einer tiefer als im Staatsdienst reichenden Politisierung, d. h. maßgeblichen Einflüssen politischer Parteien, die indessen das Monopol der juristisch Ausgebildeten nur in einzelnen Fällen durchbrach. Das Ergebnis war hinsichtlich der Arbeitsfähigkeit, der Rechtsgemäßheit und der Kultur- und Wirtschaftspflege, also des Leistungsniveaus der Kommunalverwaltungen im ganzen alles andere als ungünstig. Seit jeher sahen sich die kommunalen Beamten den Regeln, den festgelegten Stationen und all den engen Einschränkungen jahrzehntelang geordneter Bahnen des Berufsweges vom Assessor bis in die höheren Ämter weit weniger unterworfen als die Beamten der Staatsverwaltung. Gewiß kamen auch manche aus dem Staatsdienst; doch die freie Ausschreibung der offenen Stellen, das Erfordernis und die Bevorzugung von Verhandlungsfähigkeit und wirtschaftlichem Sachverständnis, das in den größten Industriestädten den Ausschlag geben konnte, die Notwendigkeit von Phantasie und Tatkraft, die Abhängigkeit vom lokalen Parlament und die Unterwerfung unter seine Entscheidung erzeugten doch eine wesentliche andere Atmosphäre, als sie in den Ministerien oder in den Behörden der staatlichen Verwaltungen herrschte. Oberbürgermeister und Bürgermeister bildeten ein von der breiten Öffentlichkeit ständig kontrolliertes und zur Verantwortung gezogenes Verwaltungsbeamtentum, das sich zwar exklusiv halten mochte, jedoch niemals im rechtlichen wie im politischen Sinn isolieren konnte. So hoben sich die leitenden kommunalen Beamten recht erheblich von der Staatsbürokratie ab; denn unter ihnen vermochte sich im ganzen doch weit häufiger als in den Kanälen der konservativen Bürokratie ein kritischer und unbefangener Geist durchzusetzen. Besonders optimistische Verteidiger der kommunalen Selbstverwaltung sahen in ihr gar die einzige Stätte zur »Erzeugung und

Schulung der berufenen Staatsmänner« in der Demokratie [116].

Die Ära von Weimar bildete freilich nicht nur die staatsmännischen Tugenden der Idealisten, nicht nur Einfachheit und Klarheit, Toleranz und maßvolle Gesinnungen. Die starke wirtschaftliche und kulturelle Betätigung größerer Städte, ihre manchmal auch verwegene Finanzpolitik und schließlich die großen Vollmachten zur Zügelung der Not ließen es zu, daß die Oberbürgermeister einzelner Riesenstädte wie große Souveräne auftraten. Die schwierigen Jahre der Massenarbeitslosigkeit und die Notverordnungspraxis nährten eine allgemeine Stimmung zugunsten des Einkörpersystems, das den Vorteil einer verstärkten Entscheidungsgewalt der leitenden Kommunalbeamten versprach, wobei man an die Prämisse glaubte, damit das größte Maß an Sachverständnis und Verantwortungsbewußtsein zum Zuge kommen zu lassen. Doch nicht immer konnte man das volle Maß der Fähigkeiten in der vielseitigen Tätigkeit, die die Selbstverwaltung einer größeren Stadt mit sich brachte und die unter den schwierigen Verhältnissen der Wirtschaftskrise ein noch größeres Maß an Energie, Sachverstand und Phantasie verlangte, bei einem Oberbürgermeister voraussetzen, der über eine untadelige juristische Ausbildung, eine gute Karriere und über für normale Zeiten ausreichende Verwaltungskenntnisse verfügte. Gerade wirtschaftliche Unternehmungen wären zuweilen wohl besser von größeren sachverständigen Kreisen beraten und beaufsichtigt worden, denen all die Schwierigkeiten des Weltmarktes und der Finanzprobleme vertraut waren, die nicht selten zur Mobilisierung ausländischer Hilfen führen mußten. Wirtschaft war bisweilen – im besonderen nach Beginn der Krise – Glatteis für den Oberbürgermeister [117]. Dieser Umstand hat die personelle Labilität an den Spitzen der Stadtverwaltungen in der Periode des lokalen nationalsozialistischen Terrors hier und da begünstigt. Nicht immer fiel es den Nationalsozialisten schwer, aus irgendeiner mangelnden Voraussicht in dieser bewegten Zeit den Strick des Verderbens zu drehen. Da sie Tatsachen und Gründe weniger achteten als den nächsten politischen Zweck, benutzten sie dieses Mittel auch unbekümmert um wahre Sachverhalte und in propagandistischer Absicht. Nicht weniger häufig – vor allem nach den Wahlen vom 5. und vom 12. März – wurden rechtsförmige oder wenigstens so erscheinende Verfahren durch Drohungen oder durch Anwendung der Gewalt ersetzt, die sicherer und rascher zum gleichen Ergebnis führten. In vielen Fällen wurden beide Mittel zugleich angewandt, scheinbar der Rechtsweg eingeschlagen, doch die rasche Lösung mit Gewalt oder durch Zwangsmaßnahmen herbeigeführt. Zahlreiche leitende Beamte der kommunalen Verwaltungen entzogen sich den Wirkungen des Zwanges, indem sie ihre Beurlaubung oder Zurruhesetzung beantragten, die ihnen von den kommunalen Körperschaften meist sofort gewährt wurde. Es steht kaum in Frage, daß ihnen sonst über kurz oder lang der Stuhl vor die Tür gesetzt worden wäre, ohne daß sie sich die Umstände noch hätten aussuchen können. Die Beamtenrechte waren politisch hinfällig. Sie blieben zwar bestehen, verliehen aber keine Sicherheit mehr, weil die allgemeine Rechtsordnung, die unentwegte wirkliche Wahrung und Herstellung des Rechts durch die hierzu befähigten Institutionen fragwürdig geworden war. Eine Reihe von Rechtsgutachten zur Lage der Kommunalbeamten in diesen Wochen, da sich die Entlassungen, Amtsenthebungen und Beurlaubungen häuften, bezeugen, daß der Städtetag diese Fragen gründlich erwog [118]. Der »rein politische Charakter der Maßnahme» genügte jedoch zumeist, um von Vermittlungen oder Protesten abzusehen [119]. Von vornherein beschränkten sich alle eingrenzenden und dämpfenden Bemühungen auf das Ziel, ein Kompromiß herauszufinden, das, allen politischen Schwierigkeiten ausweichend, den sicheren Boden der »wohlerworbenen Beamtenrechte« wiedergewann. In diese Richtung wies zuerst ein Ersuchen des Regensburger Oberbürgermeisters, den Einfluß des Städtetages bei der Abfassung des von der Reichsregierung geplanten Ermächtigungsgesetzes geltend zu machen und bei dieser Gelegenheit auch klare Rechtsverhältnisse für das Kommunalbeamtentum zu verlangen, »damit eine Form gefunden wird, daß Eingriffe in wohlerworbene Rechte, abgesehen vielleicht von der Zurverfügungstellung der Dienststelle, ausgeschlossen sind« [120]. Schon wenige Tage danach meldeten Zeitungen die Amtsentsetzung des Regensburger Stadtoberhauptes, dem die örtlichen Parteigewalten eine Rücktrittserklärung abgepreßt hatten [121]. Einige Tage später begann in Bayern die zentrale Regulierung dieser Vorgänge durch einen Erlaß des kommissarischen Innenministers und oberbayerischen Gauleiters Adolf Wagner, der selbständige Aktionen örtlicher Stellen gegen Bürgermeister und Gemeinderatsmitglieder untersagte und nunmehr ein bestimmtes Verfahren festlegte, bei dem »die Staatsaufsichtsbehörden im Benehmen mit den Sonderbeauftragten der Obersten SA-Führung die notwendigen Anträge mit Begründung sowie Benennung einer zur kommunalen Verwaltung geeigneten Persönlichkeit beim Staatsministerium des Innern« einzureichen hatten [122]. Mit der selbstherrlichen Einführung seines Ernennungsrechtes verschaffte sich erstmals der bayerische Innenminister eine bis dahin nicht dagewesene Kontrolle über die Besetzung der Kommunalämter.

In Preußen beschlossen die Reichskommissare kurze Zeit nach den Kommunalwahlen vom 12. März, die Entfernung leitender Kommunalbeamter aus ihren Ämtern nur noch durch den Kommissar für das Innenministerium zuzulassen und alle örtlichen Eingriffe zu unterbinden. Hierbei erwiesen sich vor allem finanzpolitische Gründe als unwiderlegbar, da der allgemein bedenkliche Zustand der kommunalen Finanzen dringend nach einer geordneten und dauerhaften Verwaltung verlangte [123]. Die praktischen Auswirkungen verschlimmerten jedoch die Verhältnisse anstatt sie zu bessern; denn Göring, der nun allein zuständig war, untersagte die Weitergabe jeder Beschwerde der Gemeinden, so daß die örtlichen politischen Gewalten weitgehend freie Hand bekamen [124]. Unter den anderen Kommissaren reifte jedoch die Meinung heran, daß die Erhaltung eines dienstfähigen Beamtenkörpers alsbaldige gesetzliche Regelungen der Reichsregierungen auf beamtenrechtlichem Gebiet unumgänglich machte. Sie sollten durch eine Kommission aus Vertretern der Innenministerien des Reiches und Preußens und beider Finanzministerien beraten werden [125].

Noch im gleichen Monat begannen Vorarbeiten zu gesetzlichen Regelungen. Die Initiative hierzu ging wohl zuerst von Kreisen der organisierten Beamtenschaft aus, die ihre Rechtsverhältnisse zu erhalten suchte. Dies war gleichsam der Preis, den sich ihre Organisationen für die Ergebenheitserklärungen der neuen Reichsregierung gegenüber einzuhandeln trachteten. Die Reichstagswahl vom 5. März wirkte auch hier wie das Zünglein an der Waage. Das Ergebnis einer knappen Mehrheit der Regierungsparteien löste eine Flut von Loyalitätserklärungen und Ergebenheitskundgebungen an den Reichskanzler, den Vizekanzler und die Reichsregierung aus, in denen sich byzantinistischer Gouvernementalismus und blanker Verbandsopportunismus gelegentlich mit hochschäumendem Nationalismus, meist aber mit der Furcht vor Eingriffen der NSDAP miteinander mengten und mit dem Willen, diesen Eingriffen zu entgehen. Widerstand vermochten die Verbände nicht zu leisten; sie versuchten nur, unter Ausnutzung des Opportunen ihre Existenz zu erhalten. Man hielt es für »geboten, darzutun, daß Sinn und

Wesen dessen, was die gesamte Nation durchzieht, die Beamtenberufsorganisationen einbezogen hat«[126]; das geschah, indem sich die Verbände neue »Führerkörperschaften« gaben – selten nur noch durch Wahl, fast immer durch statutenwidrige Einführung eines zweifelhaften »Führerprinzips«, mit dem sie sich der nationalen Rechten in personeller Hinsicht anglichen.

Die weitergehende Entwicklung nach dem Willen der dynamischen politischen Kräfte wertete indessen die taktischen Gewinne zu zernierten Stationen im Hinterland einer befestigten totalitären Macht ab. Für vereinzelte Hoffnungen auf berufsständische Ideologien, von denen man sich eine notwendige Aufrechterhaltung der Fach- und Berufsverbände versprach und denen anfangs einige Chancen in der neuen Staatsorganisation eingeräumt wurden[127], ließen die Reichsleitungs-Funktionäre der NSDAP bald ebensowenig Raum wie für korporative Selbstorganisationen; ihnen diente das Staatssyndikat der Beamten im faschistischen Italien als Vorbild[128]. Es zeigte sich binnen weniger Wochen, daß die Beamtenabteilung der NSDAP-Reichsleitung eigene Pläne verfolgte, daß sie keine Kompromisse einzugehen und eine reichseinheitliche Organisation ohne die Mitwirkung anderer Kräfte aufzubauen gedachte. Der hessische Gauleiter Sprenger, ein ehemaliger Postinspektor, ließ sich zum Reichskommissar für Beamtenorganisationen ernennen und machte seinen Organisationsleiter Neef, einen Oberzollsekretär, der rasch zum Regierungsrat im Reichsinnenministerium befördert wurde, zu seinem Stellvertreter, der einen Berufsverband nach dem anderen übernahm, um ihn in den Deutschen Beamtenbund einzubringen und diesen zu einer Art eigener Hausmacht und zum beherrschenden Einheitsspitzenverband umzugestalten. Die repräsentative und politische Bedeutung der Verbände ging auf diesem Wege rasch verloren[129].

So ruhm- und ergebnislos ihr Ende im ganzen aber auch erscheint, es ermangelte doch nicht der Differenzen. Der Preußische Beamtenbund, der 300 000 Staats- und Kommunalbeamte und Lehrer vertrat, hatte sich gegen Ende Februar wie andere Verbände dem Reichskommissar und Vizekanzler v. Papen zu nähern versucht und seine Wünsche vorgebracht nach Gehaltsangleichungen der preußischen Beamten an die des Reiches und nach seiner Heranziehung in den Fragen, die die Zukunft des Berufsbeamtentums betrafen[130]. Als wenige Wochen später ruchbar wurde, daß die Reichsregierung ein Ermächtigungsgesetz plante, erwartete der

Deutsche Beamtenbund auch eine Neuregelung grundsätzlicher Fragen des Beamtenrechts, die er im Vorbereitungsstadium durch das Angebot seiner Mitarbeit beeinflussen zu können hoffte [131]. Materielle Forderungen, aber mehr noch die Sorge um Rechte und Traditionen des Berufsbeamtentums kehrten mehr oder minder deutlich in fast allen Entschließungen dieser Wochen wieder und kennzeichneten Wesen und Richtung der gefährdeten Interessen. Es ist offenkundig, daß diese Wünsche nicht gänzlich verhallt sind, sondern in den Bemühungen konservativer Kräfte innerhalb der preußischen Regierung ihren Niederschlag fanden. Der Kommissar für das preußische Finanzministerium griff die Anregungen zur »Besoldungsangleichung auf und verknüpfte sie mit einem Versuch, persönliche Zurücksetzung und Diskriminierung der Beamten aus politischen oder anderen Gründen auszuschließen [132]. Dieser Versuch, der im Grunde die Rechtsverhältnisse der bisherigen »politischen Beamten« vorübergehend auf die Beamten aller Kategorien ausdehnen wollte, verlief jedoch ohne Ergebnis [133].

Inzwischen stellte die NSDAP erhöhte personalpolitische Ansprüche an die Ministerien. Noch besaßen die Deutschnationalen in den höheren Verwaltungsstellen und Ministerien ein beträchtliches Übergewicht; doch die NSDAP ging jetzt daran, auch dieses Verhältnis zu ihren Gunsten zu verändern. Im preußischen Justizministerium löste der Nationalsozialist Kerrl, ein mittlerer Justizbeamter aus Peine, den Staatssekretär Hölscher als Kommissar ab. Die Folgen waren unmittelbar spürbar. Kerrl glaubte, durch uniformierte Wachen der NSDAP innerhalb der Gerichtsgebäude »die Autorität der Gerichtsbehörden sicherzustellen« [134]. Ihm kommt das zweifelhafte Verdienst zu, erstmals mit antisemitischen Begründungen in das geltende Beamtenrecht eingegriffen und am Vorabend des antijüdischen, »von der NSDAP geleiteten Abwehrboykotts« die sofortige Beurlaubung aller jüdischen Staatsanwälte und Beamten im Strafvollzug angeordnet, von allen amtierenden jüdischen Richtern die Einreichung ihrer Urlaubsgesuche – »ab morgen früh 10 Uhr« – erzwungen und die Zulassung jüdischer Anwälte empfindlich eingeschränkt zu haben [135]. Er bezeichnete diese Anordnung als Maßnahme zum Schutz der Rechtspflege vor der »Selbsthilfe« des Volkes in Zeiten eines »berechtigten Abwehrkampfes ... gegen die alljüdische Greuelpropaganda«, was schlimme Wege der deutschen Justiz in den Bahnen des Nationalsozialismus ahnen ließ.

Im raschen Zugriff riß dann plötzlich das Reichsinnenministerium, wo man unter seinem nationalsozialistischen Leiter danach trachtete, die alte administrative Ordnung wiederzugewinnen [136], mit seinem »Gesetz zur Wiederherstellung des Berufsbeamtentums« vom 7. April 1933 [137] die Initiative in der Beamtenpolitik an sich. Noch im März erhielt der Städtetag Kenntnis von dem ersten Entwurf [138], dessen Grundgedanke es war, dauerhaft gültige einheitliche Rechtsverhältnisse für die gesamte Beamtenschaft zu garantieren und dennoch die personalpolitischen Wünsche der NSDAP zu berücksichtigen, sie als einen zeitlich abgegrenzten außerordentlichen Eingriff in das bestehende Beamtenrecht zu definieren und zu legalisieren, so daß nach Ablauf einer Frist wieder beamtenrechtlich normale Zustände eintreten sollten, wie es dann auch der § 18 der Endfassung des Gesetzes aussprach. Der Entwurf betraf unterschiedslos Beamte aller Rangstufen, galt sowohl für das Reich und die Länder als auch für die Gemeinden, beseitigte die Scheidung von kommunalen Beamten und Staatsbeamten und faßte die Beamtenschaft nur noch als uniforme Körperschaft auf.

Das Gesetz zur Wiederherstellung des Berufsbeamtentums bildete demzufolge dann – und zwar auf gleicher Bedeutungsstufe – die personalpolitische Parallele zu den institutionellen Gleichschaltungsgesetzen, mit denen sich die zentralistische Diktatur der Reichsregierung etablierte. Im gesamten Reichsgebiet hob es die sogenannte institutionelle Garantie des Beamtentums nach der Weimarer Verfassung auf und ließ »zur Wiederherstellung eines nationalen Berufsbeamtentums« die erworbenen Rechte für einige besonders bezeichnete Kategorien der Beamtenschaft schlechthin hinfällig werden [139]. Auch sein Grundsatz war im Anfang noch der einmalige Eingriff in den Personalbestand des übernommenen Verwaltungsapparats, der eine rasche und wirksame Veränderung bringen sollte, ohne die Beamtenrechte selbst, an denen die Väter dieses Gesetzes weiterhin festhielten, auf längere Zeit außer Kraft zu setzen oder auch nur einzuschränken. Ein neues, innerlich homogenes Beamtentum, »das voll und ganz auf dem Boden der nationalen Erhebung steht und mit Hingebung und Überzeugung diese Aufgaben im Sinne der neuen Regierung erfüllt« [140], sollte binnen kürzester Frist geschaffen werden, ein Beamtentum, auf das sich die neue Regierung in Verfolgung ihrer Ziele und Pläne verlassen konnte, wobei sie ihre Absicht, den vorhandenen Staat von Grund auf zu verändern, nicht verbarg. Diese ebenso illusionäre wie rechtlich verwerfliche Absicht eröffnete die Reihe gesetzgeberischer Maßnahmen des Reichsinnenministers, die das Ermächtigungsgesetz ermöglichte und die in der für den totalitären Staat des Nationalsozialismus typischen Weise in dilettantischer Hast Bestehendes liquidieren und Neues schaffen sollte, jedoch am Ende nur Unruhe, unentwegte Bewegung und Unsicherheit übrigließ.

Noch ganz im Sinne der konservativen Parolen von der »nationalen Revolution«, die die erste Phase der Machtergreifung kennzeichneten, gab das Gesetz den Zweck vor, eine »Wiederherstellung« des »einst überall hochgeachteten deutschen Beamtentums« zu erreichen, womit es das Beamtentum der Monarchie meinte; in diesem Aspekt vereinfachte sich das personalpolitische Programm auf die scheinbar leichte Aufgabe, durch »rücksichtslose Säuberung der Beamtenschaft« von »allen artfremden Elementen« den gewünschten Personalapparat herzustellen. Aus dem Entwurf zu einer ersten Ausführungsanweisung geht unzweideutig die ursprünglich erörterte Alternative hervor, entweder gesetzlich allgemeine Pensionierungsmöglichkeiten für alle Beamtenkategorien zu schaffen und gleichzeitig die Vollzugsbehörden anzuweisen, auf welche Beamtengruppen die einzelnen Maßnahmen angewendet werden sollten, oder eine gesetzliche Definition der Beamtengruppen zu geben, die man durch verschiedene Maßnahmen und Mittel treffen wollte. Das Reichsinnenministerium entschied sich für den zweiten Weg mit den schlimmer wirkenden Maßnahmen und stärkeren Beunruhigungen, der ohne Zweifel den Ermessensspielraum der Vollzugsbehörden viel leichter eingrenzen ließ als der erste, ein zentrales Vorgehen möglich, nun aber auch nötig machte.

Es liegt auf der Hand, daß die gewählte Aufzählung der *de lege* »unerwünschten« Gruppen des bisherigen Beamtenkörpers einer Diskriminierung vor der Öffentlichkeit schon sehr nahekam. Das Gesetz differenzierte sowohl die einzelnen Gruppen, die aus dem Staatsdienst entfernt, wie auch die Mittel, die angewendet werden sollten. Der § 2 betraf sogenannte »Parteibuchbeamte«, § 3 die Beamten jüdischer Abstammung und § 4 allgemein Beamte, die man als »politisch unzuverlässig« bezeichnete; die §§ 5 und 6 bestimmten darüber hinaus Eventualmaßnahmen gegen alle Gruppen von Beamten ohne Unterschied, beschränkten sich jedoch auf Versetzung in ein geringeres Amt oder auf vorzeitige Pensionierung, die noch der ursprüngliche Entwurf ausschließlich anzuwenden gedachte, während die Maßnahmen nach den ersten Paragraphen von der Entlassung ohne Anspruch auf Ruhegehalt bis zur Versetzung in den Ruhestand reichten. Am schärfsten sollte gegen »Parteibuchbeamte« vorgegangen werden, selbst gegen solche, die sich bereits im Ruhestand befanden, also nicht mehr ihre »Hand am Staatsapparat« hatten. Hierin tritt die Absicht der Diskriminierung und Verfolgung, die keiner rationalen politischen Absicht mehr entspricht, deutlich zutage. Diese Gesetzesvorschriften dienten Maßnahmen des Hasses und der Rache. Nicht weniger rücksichtslos sollten alle jene Beamte aus dem Staatsapparat hinausgedrängt werden, die von einem »nichtarischen« Großelternteil abstammten [141]. Damit verschaffte man sich eine gesetzliche Handhabe gegen große Teile des Berufsbeamtentums, die von den parteipolitischen Bestimmungen des Gesetzes nicht betroffen werden konnten. Vorläufig allerdings gab es noch einen Kreis von Beamten, der vor der rassischen Verfolgung geschützt war: »Nichtarier«, die schon in der Vorkriegszeit Beamte, die Frontkämpfer des Weltkriegs oder deren Väter oder Söhne im Weltkrieg gefallen waren. Der Antisemitismus, der sich erstmals in einem Reichsgesetz niederschlug, wurde zunächst noch durch die Vorstellung in Grenzen gehalten, daß vom nationalen Staat »Blutopfer . . ., auch soweit es sich um nicht arische Beamte handelt, geachtet und anerkannt werden« müßten; die spätere Zeit schritt auch über diese Beschränkung hinweg.

Der »nationale Staat« gab sich nach dem Willen des Gesetzes den Anschein einer Toleranz insofern, als die Parteizugehörigkeit eines Beamten nicht ausschlaggebend sein sollte, sondern lediglich die offen bekundete Tätigkeit. Die Ausführungsanweisung ging sogar noch so weit, dem einzelnen Beamten eine Auskunftspflicht über seine bisherige Parteizugehörigkeit nur gegenüber seinem zuständigen Minister aufzuerlegen. Den Machthabern kam es darauf an, nicht schlagartig und nicht von vornherein auf eine zu große Zahl von Beamten verzichten zu müssen, sondern sich für die Zukunft ihrer Zuverlässigkeit zu versichern. Die Ausführungsanweisung besagte eindeutig nur, daß das Gesetz mit seiner vollen Schärfe auf die Angehörigen der kommunistischen Partei und kommunistischer Organisationen angewendet werden würde, was nun, nach allem, was vorausgegangen war, kaum überraschte und keineswegs als vollständiger Ausdruck der nationalsozialistischen Personalpläne angesehen werden konnte.

Ein Kompromiß schien das Gesetz auch darin anzudeuten, daß es den Ministern jeweils für ihren Amtsbereich das entscheidende

Recht zusprach, für die Durchführung des Gesetzes Sorge zu tragen [142]; denn damit erteilte es den Ministern auch die Ermächtigung, die Art seiner Anwendung zu bestimmen und durch Verabschiedungen und Entlassungen den alten Personalkörper weitgehend nach den eigenen Vorstellungen zu gestalten; lediglich eine zeitliche Begrenzung war festgesetzt. Der Städtetag hatte sich um einen kürzeren Termin bemüht; nach dem Gesetz sollten bis spätetsens zum 30. September 1933 die letzten für erforderlich gehaltenen Maßnahmen durchgeführt sein, sollte für die »am 1. Oktober 1933 im Dienst verbliebenen Beamten ... das bisher geltende Beamtenrecht wieder in vollem Umfang in Kraft« treten und Ruhe in die Beamtenschaft einziehen. Bis dahin konnte jeder nicht der NSDAP angehörende Beamte in Amt und Existenz getroffen werden. Es bedeutete keineswegs eine zuverlässige Sicherung, wenn erklärt wurde, daß nicht beabsichtigt sei, Hunderttausende von Fällen aufzurollen, sondern lediglich dem Vorgehen dienstlicher Vorgesetzter und politischer Verbände rechtliche Handhaben zu verschaffen [143]; schon die Furcht vor dem unabwendbaren Möglichen verbreitete lähmende, den politischen Willen des einzelnen sterilisierende Wirkungen. Der Städtetag bemühte sich, für die betroffenen Beamten die Härte der Bestimmungen wenigstens durch Schaffung einer Möglichkeit zur Pensionierung auf eigenes Ersuchen zu mildern [144], um die große Zahl der beurlaubten und über ihr weiteres Schicksal ungewissen Beamten in eine für sie erträglichere Lage zu bringen. Stießen diese Bemühungen anfangs auch auf Widerstand, so erklärte sich Frick schließlich doch mit einer Regelung einverstanden, durch die »eine dauernde Diffamierung vermieden« werden könne [145]. Im Juni erhielt dann das Gesetz eine Bestimmung, die wenigstens eine Möglichkeit zur ehrenhaften Zurruhesetzung zuließ [146]. Mit dem langsamen Abklingen der ärgsten terroristischen Welle gewann der Gesichtspunkt an Wert, die nationale Beamtenschaft zu »gewinnen« und zu »versöhnen« [147], wichtige Ämter neu zu besetzen, im übrigen jedoch in erster Linie den Beamten Ergebenheit dem totalen Staat gegenüber aufzuerlegen. Trotz der generellen Bestimmungen blieben individuelle Auslegungen möglich, die für manchen persönliche Erleichterungen gebracht haben mögen; tatsächlich waren jedoch keine rechtlichen, sondern ausschließlich politische Erwägungen im Spiel.

Als Frick Ende April eine Aussprache mit den Innenministern der Länder notwendig fand, um eine einheitliche Handhabung der

Bestimmungen des Gesetzes herbeizuführen und eine neue ergänzende – nun schon die dritte – Durchführungsverordnung vorzubereiten, benutzte selbst Göring die Gelegenheit, um seine Stimme gegen allzu weitreichende Anwendungen dieses in Preußen unbeliebten Gesetzes zu erheben [148]. Sich auf ominöse »Richtlinien« stützend, die Hitler ihm erteilt hätte, lief er in dieser Konferenz Frick den Rang ab, indem er Rücksichten auf den Reichspräsidenten und auf das Ausland vorschob und eine besonders sorgfältige Überprüfung der Anwendungsfälle des Gesetzes verlangte. Göring wünschte eine »großzügig« beschränkte, von NSDAP-Stellen beeinflußte Durchführung, aber angeblich kein nationalsozialistisches »Parteibuchbeamtentum«. In der Praxis wagten sich indessen einige der Reichsressorts viel weniger als das preußische Innenministerium an die vorbehaltlose Ausnutzung der schärfsten Gesetzes- und Durchführungsbestimmungen heran. Eine anwachsende Kollegenschaft aus den Reihen der braunen Parteiarmee zählte wohl auch für die meisten der Ministerialreferenten und Abteilungsdirigenten, die das Gesetz vom 7. April unbehelligt ließ, nicht zu den erfreulichen Vorstellungen, deren Verwirklichung ihnen am Herzen lag – auch nicht für die Personalreferenten, die das Gesetz auszuführen, d. h. gegen einen Teil ihrer bisherigen Kollegen anzuwenden hatten und den Schnitt zwischen Loyalität und Kollegialität vollziehen sollten.

Mit der Dritten Durchführungsverordnung [149] führte der Reichsinnenminister genormte Personal-Fragebogen ein, um vor allem »die Ausmerzung von Beamten nicht arischer Abstammung« [150] einheitlich für alle Ressorts einzuleiten. Im Ergebnis machte es natürlich einen beträchtlichen Unterschied, ob diese Fragebogen, die die Herkunft der betroffenen Personen feststellten, grundsätzlich an alle Beamte ausgegeben wurden mit der unausweichlichen Verpflichtung, die darin gestellten Fragen zu beantworten, ob die Angaben nachweispflichtig waren oder nicht überprüft wurden oder ob man die Fragebogen nur in einzelnen Fällen benutzte und auf weitere Überprüfungen verzichtete [151]. In den Zuständigkeitsbereichen des Reichsverkehrsministeriums, des Reichsarbeitsministeriums, des Reichsfinanzministeriums und zunächst auch im Reichsinnenministerium wurde die letzte Praxis verfolgt, während das Reichswirtschafts-, das Reichsernährungs- und das Reichsjustizministerium von Anfang an eine systematisch-schematische Anwendung der Gesetzesbestimmungen für geboten hielten [152]. Auch der Reichsinnenminister schloß sich alsbald dieser Auffassung an, vermied jedoch eine amtliche Festlegung und sah zunächst von weiteren Schritten ab, um gleichmäßige Anwendungen herbeizuführen; in den anderen Ressorts neigte man dazu, möglichst wenig im Grundsätzlichen zu regeln und möglichst viele personalpolitische Entscheidungen in den Ermessensspielraum nachgeordneter Behörden hineinzulavieren. Man vermied es, offen zugunsten der NSDAP zu entscheiden, ebensosehr aber auch, allzu deutlich den Forderungen der NSDAP entgegenzutreten. Die Furcht vor den Drohungen der Parteimachthaber auf der einen und die Rücksichten auf die Arbeitsfähigkeit der Beamtenschaft auf der anderen Seite bildeten merkwürdige und fließende Kompromisse aus, die weder dem Wortlaut des Gesetzes zu entnehmen waren noch eine Befriedigung der in Bewegung geratenen Interessen und eine Beruhigung der Verhältnisse in abschätzbarer Nähe rückten.

Im Anfang versuchte noch die Zentrumspartei, der Hitler einige Hoffnungen gemacht hatte, sich bei der Durchführung des Gesetzes einzuschalten und die Beamten, die ihr nahestanden, zu schützen [153]. Dem rasch wachsenden Einfluß ihrer Gegner vermochte sie jedoch auf die Dauer nichts mehr entgegenzusetzen; mit der Beteiligung von Vertrauensmännern, die zumindest außerhalb der Ministerien rasche Fortschritte machte [154] und allmählich zur institutionellen Beteiligung von Parteiinstanzen an personalpolitischen Entscheidungen überleitete [155], gewann die NSDAP ein sicheres Monopol extraministeriellen Einflusses auf die Stellenbesetzung.

Das Gesetz und seine Anwendung änderten sich nicht unter dem Einfluß milder Rechtlichkeit, sondern infolge einer pragmatischen Abwandlung der Maßstäbe. Die vom Gesetz geschaffene Legalitätshülle für die personalpolitischen Veränderungen war weit genug gebildet, um je nach Bedarf ganz oder teilweise ausgefüllt zu werden, ohne daß der Schein der Legalität einer Störung unterlag. Nicht weniger schlimm nahm sich der neuerliche Verlust an Charakter aus, den das allseitig um sich greifende Denunziantentum, aber auch das üppig blühende Patronage- und Begünstigungswesen zur Folge hatte, das den Einzelfall zum Sonderfall graduierte und das nationale Credo beweisfähig machte. Unter Umständen konnte schon die Zugehörigkeit zu einem studentischen Corps zur milderen Anwendung der Bestimmungen führen; zumindest lieferte sie eine Möglichkeit, Entschuldigungen vorzubringen, die gehört wurden [156]. Von den viel gerühmten Tugenden des preußischen Beamten war allzu häufig gar nichts mehr zu spüren. Man bot »nationalsozialistische Überzeugung« und »Ehrenwort« an. Doch mancher Verzicht auf Charakter kam zu spät, um noch zu eigenem Nutz und Frommen auf der Woge der nationalen Revolution emporgetragen zu werden; man landete trotz allen Aufwandes im Wellental der Leidtragenden und Benachteiligten, aus dem es erst ein spätes oder auch gar kein Aufsteigen mehr gab. Parlamentarische Mandate einer Linkspartei, sogar schon auf der Kreisebene, machten aber selbst bei corpsbrüderlichen Beziehungen ein Eintreten unmöglich.

Sogar die Milderungen, die das Gesetz in späteren Durchführungsbestimmungen erfuhr, nahmen jeden Zweifel, daß das gesamte Beamtentum allmählich total in ein politisches Beamtentum im Sinne des historischen Begriffs umgewandelt werden sollte. Durch Abschwächungen in der Anwendung bei verlängerten Fristen und verlängerter Unsicherheit versuchte Frick, die Ergebenheit und die Zuverlässigkeit der alten Beamten für die Regierung Hitlers zu sichern. Die Dritte Durchführungsverordnung vom 6. Mai 1933, die die Grundsätze des Berufsbeamtengesetzes zugleich zu Leitsätzen für künftige Ernennungen erhob, erkannte nebenher auch die alte Kategorie der politischen Beamten an und ließ wieder die Ernennung außerhalb der Laufbahnbestimmungen zu; doch sie gab ihr eine Charakterisierung, die es bis dahin nicht gegeben hatte, indem sie »Stellung und Betätigung im öffentlichen Leben, einwandfreie Führung des Amtes«, »Erfahrungen« und »Lauterkeit seiner Gesinnung und Handlungen« als Vorbedingung nannte, hinter der sich nichts anderes als die allmählich um sich greifende Gepflogenheit verbarg, daß eben die nationalsozialistische Partei politische Charakterbeurteilungen und verbindliche Zustimmungen zu Ernennungen aussprach. Für die Neubesetzung der durch Ausführung des Gesetzes freigewordenen Ämter wurde ausdrücklich die Bevorzugung von Beamten verlangt, die sich früher »wegen ihres nationalen Verhaltens benachteiligt« gesehen hatten. Die Reichsregierung begnügte sich nicht mehr mit einer »Wiederherstellung« des konservativen Berufsbeamtentums durch einfache Exstirpation seiner politisch exponierten oder rassisch diffamierten Bestandteile, sondern verwendete diese Formel für einen Schritt um Schritt vorankommenden Prozeß, der aus diesem Beamtentum allmählich die Bürokratie des totalitären nationalsozialistischen Staates formte.

Dank dem Umstand, daß für die Einsetzung in freigemachte Beamtenstellen bald genügend dienstwilliges Personal zur Verfügung stand, ergab sich keine wesentliche Folge daraus, daß Reichsfinanzminister Graf Schwerin v. Krosigk für Ziffer 12 zu § 6 der Dritten Durchführungsverordnung eine Fassung durchsetzte, die Fricks Verlangen nach sofortiger Wiederbesetzung jeder freien Stelle zunächst nicht erfüllte. An die Stelle dieser »strengen Folgerung« trat die Bedingung eines besonderen dienstlichen Bedürfnisses, womit den Entscheidungen der Ressortchefs noch einiges Gewicht gegenüber allgemeinen Regelungen gesichert wurde. Sie begünstigte eine Differenzierung der Personalpolitik von Ressort zu Ressort, vermochte jedoch der herrschenden Tendenz auf die Dauer nur wenig entgegenzuwirken. Schwerin v. Krosigk erklärte sich selbst bereit, gegen die umgehende Wiederbesetzung freiwerdender Stellen im Reichsinnenministerium grundsätzlich nichts einwenden zu wollen. Seine Zugeständnisse wurden dann alsbald von Frick dazu benutzt, Beamte zu versetzen –, »weil ihre frühere politische Haltung sie jedenfalls für das Reichsinnenministerium nicht tragbar erscheinen läßt« – und durch politisch genehmere aus der Reichsfinanzverwaltung zu ersetzen [157].

Schon in dieser Phase wußte das Reichsinnenministerium unter Fricks und Pfundtners Leitung die Normierung in seine Entscheidungsgewalt zu bringen und in Schaffung, Abmilderung und Verschärfung von Bestimmungen und Richtlinien auf der Grundlage vorhandener Zuständigkeiten die zentrale Kompetenz in Personal- und Organisationsfragen des totalitären Staates zu gewinnen. Dem freien Ermessen wie den politisch oder weltanschaulich bestimmten Interpretationen behördlicher Gesetzesausleger zog es zusehends engere Grenzen, indem es eine Vielzahl ergänzender und ausfüllender Vorschriften erließ, um die Verwaltungspraxis zu vereinheitlichen, zu binden und unter seine Kontrolle zu bringen. In diesem Reichsministerium, das sich von Anfang an als Gesetzgebungs-, Organisations- und Beamtenministerium betrachtete, gewann der Zusammenschluß von Legislative und Exekutive eine den weiteren Gang der Dinge folgenreich beeinflussende Gestalt. Frick trieb die Bestimmungen über die Verdrängung der Juden aus dem öffentlichen Bereich voran und ernannte zur Überprüfung rassisch »verdächtiger« Beamten eigens einen »Sachverständigen für Rasseforschung« [158]. Die bevorzugte Beförderung außerhalb der Reihe von Beamten, »die sich für die nationale Erhebung besonders verdient gemacht haben«, wurde zuerst für die Reichsfinanzverwaltung grundsätzlich angeordnet [159] und einige Monate später vom Reichsinnenminister in Form einer Empfehlung allen Zweigen der Verwaltung des Reiches nahegelegt [160]; am stärksten griff die Polizeiabteilung des preußischen Innenministeriums »auf alte Kämpfer für die nationalsozialistische Bewegung« zurück [161]. Bestrebungen, die es hier und da schon frühzeitig gab, »SA-Führern und Amtsleitern der Parteiorganisationen höher bewertete Stellungen« der öffentlichen Verwaltung in größerer Zahl anzubieten, um durch solchen »Anreiz« die »Aufnahmefähigkeit der Wirtschaft« für die »bewährten Kämpfer um die nationalsozialistische Bewegung« zu erhöhen [162], fanden indessen beim Reichsinnenministerium keine Unterstützung. Hier zielte man, wie immer deutlicher zu erkennen war, auf eine Zwei-Säulen-Konstruktion des totalitären Staates hin, die Partei und staatliche Administrativorganisation streng voneinander trennte und selbst den Beamtenfachschaften der NSDAP keinen unmittelbaren Einfluß auf die Verwaltung erlaubte. Die von Frick genehmigte Satzung des Reichsbundes der Deutschen Beamten begrenzte die Aufgaben der Beamtenkorporation auf politisch-weltanschauliche Gebiete und auf außerdienstliche Interessen der Beamten, woran man auch weiterhin festhielt. Sie hatte ihre Mitglieder »zu vorbildlichen Nationalsozialisten zu schulen und zu erziehen, das nationalsozialistische Gedankengut innerhalb der Beamtenschaft zu pflegen und zu verbreiten, die Regierung in der Durchführung ihrer beamtenpolitischen Maßnahmen zu unterstützen, die von der Regierung als berechtigt anerkannten Selbsthilfeeinrichtungen der Beamten zu unterhalten und auszubauen sowie die Berufsausbildung der Beamten zu fördern. Auf die Tätigkeit in diesem Aufgabengebiet haben sich die Amtsträger des Reichsbundes der Deutschen Beamten zu beschränken [163].« Der Reichsinnenminister duldete keine Beamtenvertretungen mehr, die dem Staat gegenüber auftraten, und setzte ihrer Tätigkeit nach den beamtenpolitischen Gesichtspunkten seines Ressorts eine unverrückbare Grenze [164]. Ihnen blieb die Funktion des mit weltanschaulichen Mitteln zu Werk gehenden Propagandisten vorbehalten, der den Beamten für den totalitären Staat in Pflicht nehmen und seine zuverlässige Vollzugstätigkeit dauerhaft sichern sollte. Dem Vorhaben einer »allgemeinen Durchbildung der Beamtenschaft im nationalsozialistischen Geiste mit dem Ziele, daß der einzelne Beamte mit dem nationalsozialistischen Gedankengut völlig vertraut wird und in seiner dienstlichen Tätigkeit danach handelt«[165], wandte sich daneben aber auch das Ministerium selbst mit großer Aufmerksamkeit zu.

Die Absicht eines raschen operativen Eingriffs in die gesamte Beamtenschaft, der ohne dauernde Veränderung des Beamtenrechts die Personalverhältnisse im Sinne der nationalsozialistischen Regierung bereinigen sollte, erwies sich als Illusion. Mehrmals wurde die Durchführungsfrist des Gesetzes vom 7. April 1933 hinausgeschoben, das Gesetz selbst gewandelt und verändert; doch nach einem Jahr konnte von der Herstellung stabiler Verhältnisse immer noch keine Rede sein. Ein Gesetz vom 30. Juni 1933[166] legte das gültige Beamtenrecht fest, zu dem nun auch rassische Bestimmungen gehörten; doch es brachte weder eine anhaltende Beruhigung in die Beamtenschaft noch einen endgültigen und dauerhaften Abschluß eines neuen Beamtenrechts. Die Durchführung des Gesetzes vom 7. April wurde tatsächlich bis zum Erlaß des Reichsbeamtengesetzes von 1937 niemals wirklich abgeschlossen[167]; außerdem ergaben sich wesentliche Abweichungen in den Zuständigkeitsbereichen der einzelnen Minister.

Die Haltung des preußischen Staatsministeriums nach dem Vorgehen des Reichsinnenministers, der die Beamtengesetzgebung und Beamtenpolitik an sich gerissen hatte, schwankte zwischen Resignation und Opposition; man beschritt zunächst jedenfalls eigene Wege. Die Aussprache Fricks mit den Ministerpräsidenten und Innenministern der Länder konnte die tiefergehenden Differenzen, mit denen sich die Gegensätze zwischen Preußen und dem Reich in neuer Form auftaten, nur äußerlich bereinigen[168]. Göring und Kerrl, die gegen die Frist opponierten, die der Durchführung des Gesetzes gesetzt war, stimmten in die Beschwerden der übrigen Minister über dieses Gesetz ein[169], so daß es hinsichtlich der höheren preußischen Verwaltung vom Kollegium der Staatsminister in erstaunlicher Einmütigkeit zunächst schlechthin ignoriert wurde. Sie bestimmten erneut einen verhältnismäßig weiten Kreis von höchsten, auch richterlichen Beamten, die nun ausnahmslos wie bisher die politischen Beamten behandelt und auf Vorschlag des Fachministers und nach Mitteilung an die anderen Minister allerdings nicht mehr vom gesamten Staatsministerium, sondern vom Ministerpräsidenten ernannt oder in den Ruhestand versetzt wurden[170]. Sie beharrten auf dem preußischen Beamtengesetz vom 26. Februar 1919, dessen Entlassungsparagraphen 1 und 3, bisweilen in der Fassung, die ihnen das Gesetz von 1922 gegeben hatte, schon in den politischen Maßnahmen des Jahres 1932 eine wichtige Rolle gespielt hatten und die nun als Mittel eines Personalwechsels benutzt wurden, der in Preußen ebenso wie in den übrigen Ländern rasch größere Ausmaße annahm. Politisch führte der preußische Weg zu keinem anderen Ergebnis als der des Reichs, doch er brachte dem Prestige des Beamtentums eine weit größere Achtung entgegen, indem er nur die ehrenhafte Versetzung in den einstweiligen Ruhestand oder Entlassung unter Gewährung aller Rechtsansprüche ermöglichte. Die hohe preußische Beamtenschaft gewann keine Exemtion von der Gültigkeit des Berufsbeamtengesetzes, aber eine persönlich günstigere Behandlung nach älterem preußischen Recht. Die übrige Beamtenschaft blieb nach diesem Gesetz dem Ermessen der Ressortchefs unterworfen. Die Kann-Vorschrift des § 4 des Gesetzes [171], die je nach dem Bedarfsfalle eng ausgelegt oder großzügig gehandhabt wurde, verschaffte taktischen und opportunistischen Erwägungen für die Geltungsdauer des Gesetzes einen legalen Platz im Personalrecht. Innerhalb der Möglichkeiten, die diese Bestimmung eröffnete, konnten große Teile der alten Beamtenschaft vollkommen beseitigt werden, andere nahezu ebenso vollständig bestehenbleiben. Im gesamten Reichsgebiet wurden die leitenden Kommunalbeamten und in allen Ländern die politischen Beamten außerhalb der Ministerien – in Preußen die Oberpräsidenten, Regierungspräsidenten, Polizeipräsidenten und Landräte – am stärksten in Mitleidenschaft gezogen und nach und nach fast restlos ausgewechselt, während ganze Ministerialabteilungen in ihrem Personalbestand nahezu unverändert blieben.

Jegliche Beweisführung zugunsten wie gegen die Kontinuität des Beamtentums vor und nach 1933 muß, soweit es den Personalbestand angeht, hinfällig werden, sofern sie nicht einzelne Gruppen, Stufen und Verwaltungskategorien differenziert. Eine fast vollständige Ablösung fand an den Spitzen der preußischen Provinzen, in den Oberpräsidentenämtern, statt, die nun ebenso wie die Reichsstatthalterämter den Gauleitern der NSDAP vorbehalten blieben [172], sowie in den Oberbürgermeister- und Bürgermeisterämtern, wo in einer ersten Phase des allerdings bald beendeten Übergangs vorwiegend mittlere Funktionäre der NSDAP an die Stelle der einstigen leitenden Kommunalbeamten traten: Kreisleiter, Leiter kommunalpolitischer Parteiämter oder auch Ortsgruppenleiter, seltener Honoratioren, die ihren Übertritt zur NSDAP vollzogen hatten. Die Veränderungen in den Ämtern der Vizepräsidenten und Regierungsvizepräsidenten, vor allem der Regierungspräsidenten, in deren Händen nach der Notverordnung vom 3. September 1932 [173] fast die gesamte technische Praxis der Verwaltung in der mittleren Instanz wie auch die Ausübung der Staatsaufsicht über die lokale Selbstverwaltung mit Ausnahme der kreisfreien Städte lag, gingen wesentlich langsamer vonstatten. In der Kreisinstanz hingegen, der seit 1932 auch die Aufsicht über die Städte mit weniger als 10 000 Einwohnern oblag, verschwand in kurzer Zeit jeder Unterschied zur Personalstruktur der städtischen Bürgermeisterämter [174]. Bei den übrigen Beamten entschieden die Ressortminister, die jedoch immer mit Ansprüchen und Empfindlichkeiten der NSDAP rechnen mußten, sofern sie nicht schon von vornherein und grundsätzlich nach Anwärtern aus den Reihen der Partei suchten [175]. Auch in der Provinz und auf der lokalen Ebene herrschte die NSDAP und hingen die Verhältnisse immer noch in erster Linie von der Haltung und den Absichten der Parteiführer und von ihrer Einstellung zu den Instanzen und Persönlichkeiten der öffentlichen Verwaltung ab. Ihnen verschaffte das Gesetz eine Reihe von Handhaben, um die personalpolitischen Wünsche der NSDAP zu befriedigen, wenn es auch längst noch nicht jeden Beamten beseitigte, der nach ihrer Ansicht »wegen des politischen Umbruchs nicht mehr in die Landschaft« paßte [176].

Von allen Verwaltungen erlebte die preußische innere Verwaltung unter dem harten, den Parteiwünschen kaum wehrenden Regime Görings innerhalb eines verhältnismäßig langen Zeitraums die schärfsten Eingriffe, so daß sie noch 1937 jeden Vergleichsmaßstab mit dem Ausmaß des Personalwechsels in den anderen Ländern durchbrach [177]. Von 1663 Beamten des höheren Dienstes der allgemeinen und inneren Verwaltung Preußens waren 369 entlassen worden – mehr als jeder vierte, in allen anderen Ländern von 2339 insgesamt 249, also im Durchschnitt etwa jeder zehnte. Ähnlich entfernten sich in den wichtigsten politischen Stellen die Verhältnisse voneinander. Von 34 preußischen Regierungspräsidenten blieben nur 3 aus der Zeit vor der Machtergreifung übrig, von den 13 außerpreußischen Beamten der gleichen Stufe einer, von den 31 preußischen Regierungsvizepräsidenten kein einziger, von den 14 Stellvertretern der Regierungspräsidenten außerhalb Preußens noch 6, von den 361 preußischen Landräten, die ihr Amt am 30. Januar 1933 innehatten, nur 101, von den 326 außerpreußischen Beamten dieser Instanz 178. Zu Anfang 1937 gehörten in Preußen 81 % der Inhaber politischer Beamtenstellen der allgemeinen und inneren Verwaltung der NSDAP an, davon 48 % schon vor 1933, in allen anderen Ländern zusammen 63 %, von denen jedoch nur 11 % zu den »alten Kämpfern« der Bewegung zählten.

Noch das ganze Jahr 1933 über setzten die unter dem Druck eines unübersehbaren Personalwechsels stehenden staatlichen Instanzen den örtlichen Maßnahmen der NSDAP auch dann, wenn sie nicht äußerlich in die Formen der gröbsten Ungesetzlichkeit und des Terrors zurückfielen, kaum Widerstand entgegen. Nur vorsichtig wurden lokale Schwierigkeiten durch zentrale Steuerung ausmanövriert, um das Ansehen der vielzitierten Staatsautorität notdürftig zu wahren. Der Regierungspräsident in Münster wandte sich an den Staatssekretär im preußischen Innenministerium mit der Bitte, wenigstens zu verhindern, daß Beamte »mangels eines anderen gesetzlichen Tatbestandes in den Tatbestand des § 4 des neuen Gesetzes hineingepreßt« werden [178]. Als »Nichtnationaler« zu gelten und aus dem Amte entfernt zu werden und alle Rechtsansprüche zu verlieren, war freilich nicht nur eine Härte, die den einzelnen traf, sondern galt auch im höchsten Grade als diskriminierend. Versuche, nach einer »Beruhigung der Atmosphäre« wenigstens solche Beamten, die selbst nach dem neuen Gesetz unrechtmäßig ihre Ämter verloren hatten, in ihre alten oder wenigstens ähnliche Stellen zurückzubringen [179], hatten von vornherein nur geringen Erfolg; denn eine Rehabilitierung des selbst nach neu geschaffenem, geltendem Recht zu Unrecht Betroffenen war nicht mehr möglich, wenn das Vertrauen der NSDAP zu dem Beamten fehlte [180].

Die maßgeblichen Instanzen der inneren Verwaltung sahen keinen Hinderungsgrund, außerhalb der Ministerien auch ohne eigentliche rechtliche Handhabe alte Berufsbeamte, die ihrem Staat pflichtgetreu gedient und sich als »national« erwiesen hatten, fallenzulassen und aus dem Amte zu weisen, sobald die Partei es begehrte. Tatsächlich existierte während der Anwendungszeit des Berufsbeamtengesetzes keine zuverlässige Garantie der Beamtenrechte mehr. An einer Seite ins Schwanken geraten, griff die Unsicherheit rasch und weit um sich, bis sie allgemein wurde, so daß sich die Furcht vor dem Betroffenwerden nicht weniger schlimm auswirkte als das wirkliche Betroffensein. Das korporative Bewußtsein, das es auf den höheren Stufen des Berufsbeamtentums gab, zog sich allmählich in die Stuben einiger Ministerien zurück, wo sich die Ministerialbürokratie als Leitungszelle in die totalitäre Staatsapparatur eingruppierte. Sie hatte ausschließlich über die Setzung und Gültigkeit rechtlicher Normen zu befinden, was freilich nicht ausschloß, daß eine höchste Stelle ihre Rechtsverbindlichkeit gelegentlich außer acht ließ oder außer Kraft setzte. Dieser Spitzenbürokratie blieb allein die kompetente Kommunikation über Sinn, Zweck und Gültigkeit rechtlicher Vorschriften vorbehalten. Sie machte Gesetze und Verordnungen, prüfte Voraussetzungen und voraussichtliche Auswirkungen, verhandelte über die Zustimmung der zuständigen Ressorts, kritisierte, kommentierte und interpretierte die geschaffenen Vorschriften stets aufs neue. Doch dieser Teil des Lebensprozesses des totalitären Staates vollzog sich im verborgenen, ungesehen, ja kaum geahnt von den breiten Schichten der Betroffenen dieser Regie. Publizität war ausgeschlossen. Dennoch war der totalitäre Staat des Nationalsozialismus weit davon entfernt, ein Beamtenstaat zu sein. Selbst die höchsten Spitzen der Beamtenschaft unterlagen dem persönlichen Zwang, den die zahllosen Organisationen der NSDAP auszuüben vermochten. Jeder konnte jederzeit betroffen sein und Amt und Rechte verlieren; es gab keine Sicherung für das Amt und bald auch keine mehr für das Leben. Mit der Auflösung des Verfassungsrechts und des Gefüges dauerhafter, unabdingbarer Normen nahm die Ministerialbürokratie die eigenartige Doppeleigenschaft an, die administrativen Leitungsfunktionen des Verwaltungsstaates zu erfüllen und zugleich in politischer Ohnmacht den Maßnahmen des totalitären Systems unterworfen zu sein.

6. Beamtenstaat und Parteistaat

Stellung und Haltung des Beamtentums gegenüber der nationalsozialistischen Partei – wobei zwischen einer doktrinären Ideologie des Nationalsozialismus und den konkreten Anforderungen der NSDAP zu unterscheiden ist – stellten den einen wesentlichen Teil des Problems dar, das vielfach als das »Verhältnis zwischen Staat und Partei« bezeichnet worden ist, die Abgrenzung, Regelung und Handhabung der Zuständigkeiten den anderen. Die allmählich häufiger werdende Personalidentität in wichtigen Staats- und Parteiämtern läßt freilich diesen zweiten Komplex der Abgrenzung schwierig und unübersichtlich erscheinen.

In den Ministerien behielten die Minister, teilweise im Verein mit ihren Staatssekretären, das Heft der Personalpolitik in der Hand; in den Ländern und in den preußischen Provinzen erhoben die Gauleiter Anspruch, bei der Besetzung von Ämtern der inneren Verwaltung mitzusprechen oder gar mitzuwirken. Allmählich bildete sich die Übung aus, diesen Ansprüchen auch mehr oder weniger entgegenzukommen; sie wurde langsam zur Gewohnheit, später zur Notwendigkeit, da die Parteiorganisation – in erster Linie die Gauleiter – über den »Stellvertreter des Führers« Personalentscheidungen noch von höchster Stelle zu Fall bringen konnte. Zu derlei Gewohnheiten zählte aber auch die Gepflogenheit, das Personal für Regierungspräsidenten-, Vizepräsidenten- und Regierungsvizepräsidentenposten dem Verwaltungsdienst zu entnehmen und den Außenseiter, namentlich den Parteifunktionär in ländlichen Gemeindeverwaltungen, Landratsämtern und in geringerem Umfang an den Spitzen städtischer Kommunalverwaltungen zuzulassen.

In Bayern ernannte Epp im April Röhm zum Staatssekretär beim Reichsstatthalter und verschaffte damit dem Stabschef der SA eine wohldotierte bayerische Pfründe, ehe die Reichsregierung ihn aufnahm [181]. Ein Jahr später rückte der SA-Obergruppenführer Hofmann nach, der bis dahin das Amt eines Regierungspräsidenten von Ober- und Mittelfranken innehatte. Nach und nach teilten drei der fünf bayerischen Gauleiter die Behörden der einstufigen Mittelinstanz unter sich auf, übernahmen alle acht Kreisämter und wurden zu Regierungspräsidenten ernannt [182]; den Gauleitern von München-Oberbayern und der Bayerischen Ostmark, Wagner und Schemm, hatte Epp bei der Einsetzung des nationalsozialistischen Regiments die wichtigsten Landesbehörden anvertraut: das Innen- und das Kultusministerium. Am tiefsten reichte jedoch der Personalwechsel in Preußen. Hier wurden die personalpolitischen Wünsche der NSDAP im Zuge der Durchführung des Berufsbeamtengesetzes als »realpolitischer Anspruch« gewertet und zumindest teilweise und für einige Ressorts anerkannt. Ende April verlangte Göring im Staatsministerium, daß die Minister Vertrauensleute der NSDAP heranzögen, um mit ihrer Hilfe das »starke Mißverhältnis hinsichtlich der nationalsozialistischen Kräfte bei der verantwortlichen Mitarbeit im Staate« zu beseitigen [183]. Dem kamen freilich keineswegs alle Ressorts nach. Am weitesten und am frühesten rückte der preußische Justizminister vor, der den nationalsozialistischen Verbänden und im besonderen den Gauleitern der NSDAP und höheren Führern der SA und SS gegenüber den Justizbehörden ausdrücklich ein Anregungsrecht in personalpolitischen Fragen einräumte [184]. Hugenberg erwiderte damit, daß er für die Anwendung des Berufsbeamtengesetzes in den Gemeindeverwaltungen die grundsätzliche Zuziehung von Vertretern aller »Träger der nationalen Bewegung« forderte, ohne hiermit jedoch durchdringen zu können [185]. Im verborgenen trat Kerrl mit der NSDAP sogar in noch wesentlich engere Berührung [186]. Der Minister fühlte sich offenbar dazu verpflichtet, nicht nur alle Wünsche seiner Partei innerhalb des ihm anvertrauten Ressorts zu erfüllen, sondern solche Wünsche auch hervorzurufen. Die Erfahrungen hiernach dürften für den Justizminister aber kaum befriedigend gewesen sein; denn schon bald nach der Ernennung seines Parteigenossen Freisler zum Staatssekretär untersagte Kerrl wieder die Bevorzugung von Nationalsozialisten bei Beamtenernennungen auf Grund ihrer Parteimitgliedschaft [187]. Mit dem nationalsozialistischen Umsturz waren auch Beamte aufgestiegen, die sich schnellstens von der unangenehmen Kameraderie unqualifizierter Ämterjäger zu lösen trachteten und innerhalb des Ministeriums die Rückkehr zu konservativen Qualifikationsmaßstäben anstrebten. Wie das Beispiel des preußischen Justizministeriums zeigte, konnte das Pendel der Bewertungen abrupt zurückschlagen und sich mehrfach bewegen.

Das Kultusministerium stand hinter der Justizverwaltung kaum zurück und nach dem Rücktritt Hugenbergs unter der Leitung Darrés auch das Landwirtschaftsministerium nicht mehr. Die innere Verwaltung blieb nur dank ihrer Umfänglichkeit davor bewahrt, sofort im entscheidenden Ausmaß Personal aus dem Reservoir der NSDAP aufnehmen zu müssen; hierzu bedurfte es eines längeren Prozesses. Göring selbst tat alles, um Nationalsozialisten in wichtige Positionen hineinzubringen. Die Kritik, die im Preußischen Staatsministerium schon vor Erlaß des Berufsbeamtengesetzes an der überstürzten Folge von Beurlaubungen und Entlassungen [188], später an der mangelnden Vorbereitung der Staatsminister auf neue Ernennungen im Amtsbereich des Innenministers [189] geäußert wurde, und schließlich der Vorschlag, freiwerdende Beamtenstellen nicht mehr sofort zu besetzen, sondern erst nach geeigneten Bewerbern Ausschau zu halten und Probezeiten einzulegen [190], blieben ohne nennenswerte Ergebnisse. Seit Übertragung des Ernennungsrechtes für die hohen Beamten auf den Ministerpräsidenten hatte er sich endgültig überlebt; denn die formelle Beibehaltung der vorherigen Unterrichtung der Staatsminister war kaum noch bedeutungsvoll. Theoretisch konnte sich ein Ressortchef bei Vorschlägen eines Ministerkollegen nur noch gegen bestimmte Personen aussprechen; aber abgesehen davon, daß selbst dies bei raschem Vollzug der Ernennungen schwierig war, besaß kein Einspruch, sondern nur die Entscheidung des Ministerpräsidenten Rechtskraft. Infolgedessen hatte Göring dank der Personalunion zwischen dem Ministerpräsidenten und dem Innenminister für seine Personalpläne in der inneren Verwaltung nichts mehr zu befürchten. Der mehrfach angeordneten und praktizierten Bevorzugung engagierter Nationalsozialisten bei der Besetzung freigewordener Stellen setzte erst eine allgemeine Regelung über die künftigen Zulassungen von »Außenseitern« zur höheren Beamtenlaufbahn, denen auch die politischen Funktionäre der NSDAP zugerechnet werden mußten, eine Grenze. Ein gemeinsamer Erlaß des Reichsfinanzministers und des Reichsinnenministers [191] suchte der »Notwendigkeit, in den Referentendienst der Ministerien auch bisher nichtbeamtete Arbeitskräfte aufzunehmen, die der nationalen Sache besondere Dienste geleistet« hatten, in einschränkender Weise zu entsprechen, indem er die Reichsvorschriften von 1921 heranzog, so daß die Neueinstellung zu Ministerialräten auf seltene Ausnahmefälle beschränkt blieb und der Zugang zum Ministerialdienst auf die Ebene der Regierungsräte und Oberregierungsräte eingeengt wurde, wobei besondere Bedingungen galten [192], von denen nur in Ausnahmefällen abgegangen werden durfte. Diese Einschränkung galt zwar nur für den Dienst in den Ministerien; aber gerade dieser gewann in den späteren Stadien der Zentralisation fortgesetzt an Bedeutung. Auch hierin wurde von seiten des Reiches eine einheitliche und überraschende Regelung getroffen, die nun in den ministerialbürokratischen Kernzellen der Verwaltungsapparatur das Berufsbeamtentum als eine Art Stand zu restaurieren begann, nachdem es in größerem Umfange Personal aus der NSDAP übernommen hatte.

Der wirkliche Einfluß der »Partei« auf den eigentlichen staatlichen Bereich läßt sich auf Grund des personellen Eindringens keineswegs genau abgrenzen. Doch gerade die Ungewißheit solcher Grenzlinien trug dazu bei, daß es zu keiner Zeit des nationalsozialistischen Staates neben der bürokratischen auch eine gleichartige oder gleichwertige außeramtsmäßige, zentralistisch organisierte Personalhierarchie des öffentlichen Dienstes unter Leitung der

NSDAP gab, obgleich es zweifellos an Bemühungen, ein solches Ziel zu erreichen, nicht fehlte. Die Partei besaß bei weitem zu wenig Autonomie und zu wenig Homogenität, ihren Weltanschauungsbeständen ermangelte die verbindliche Kraft, um mit dem Eindringen von NSDAP-Mitgliedern in wichtige Verwaltungspositionen auch schon den Verwaltungsapparat ihrer Kontrolle zu unterwerfen. Im Punkte des Erfolges war sie zunächst nichts anderes als die Monopolorganisation einer zuerst terroristischen, später legalisierten Ämterpatronage. Das Vorgehen der NSDAP während der Machtergreifung beschränkte sich – mit den freilich wesentlichen Ausnahmen dauernder Verknüpfungen zwischen agrarpolitischem Apparat der NSDAP und Landwirtschaftsministerien, zwischen Reichspropagandaministerium und Reichspropagandaleitung – auf die Eroberung von Ämtern für ihr Personal. Doch bei weitem nicht jeder nationalsozialistische »Parteibuchbeamte« fühlte und führte sich als Exponent der NSDAP; persönliche Konflikte zwischen öffentlicher Amtsfunktion und Parteimentalität dürften wohl nicht seltener gewesen sein als offene Reibungen zwischen Beamten und Parteivorgesetzten. Entschieden sie sich allzu deutlich gegen das Parteiprinzip, dann konnten sich freilich die Strukturverhältnisse dahin auswirken, daß Parteimitgliedschaft und Amt zugleich verlorengingen. Diese Verhältnisse blieben aber im Grunde labil; die Konsolidierung war nur scheinbar, die Revolutionierung permanent [193]. Der totale Staat des Nationalsozialismus gehörte, wenn auch seine Propaganda etwas anderes weismachen wollte, von Anbeginn zu jenen nicht saturierten Diktaturen, die weniger der Erhaltung überkommener Institutionen und überlieferter Traditionen dienen als vielmehr einem inneren Bewegungsbedürfnis, das zur häufigen und oftmals raschen Umstellung drängt und die Organisationstalente in der politischen Bewertung hoch graduiert – und zwar die eruptiven, schematisch rationalisierenden mehr als die organisch-evolutionären. »Umstellungsfähigkeit und Kontinuitätslosigkeit« sind zweifellos Merkmale eines solcherweise bevorzugten »totalitären Charakters« [194]. Es war mehr als verwegen, in den Anfängen eines solchen Staates nach Möglichkeiten für die Aufrichtung eines traditionsbestimmten Beamtenstaates zu suchen.

Die offiziellen Beziehungen zwischen Staats- und Parteiämtern wurden in einer für die frühe Phase des nationalsozialistischen Totalstaates geradezu charakteristischen Nichtachtung der personellen

Zusammenhänge betrachtet und behandelt und nach und nach rechtlichen Regelungen unterworfen. Die Regierungen und Ministerien des Reiches und der Länder wagten sich aber in der Phase der allgemeinen Beruhigung und der Eindämmung des offenen Terrors nach dem Niedergang und der Auflösung der Parteien doch nur sehr vorsichtig an die NSDAP und ihre Wehrverbände heran. Sie begnügten sich zuweilen überhaupt damit, einen scheinbaren Rechtszustand zu schaffen, der dem heimlichen Terror der SA, sofern sie sich nicht mit der Atmosphäre der Erfolgssaturiertheit abfand, unter der Oberfläche weitere Entfaltungsmöglichkeiten beließ. Kerrl wies die preußischen Justizbehörden an, Angehörige der SA und SS, abgesehen von Festnahmen auf frischer Tat, nur noch mit Zustimmung der Dienstvorgesetzten strafrechtlich zu verfolgen; jede Verfolgung mußte unterbleiben, wenn der zuständige Führer selbst für eine Sicherungsverwahrung des Beschuldigten sorgte [195]. Diese Exemtion vom geltenden Strafrecht wurde erst nach und nach durch reichsrechtliche Regelungen nach Jahresende 1933 abgebaut; mit ihr verlor die SA zweifellos einen großen Teil ihrer Machtstellung. NSDAP wie SA wurden während der darauffolgenden Übergangsphase in der zweiten Jahreshälfte von 1933 mit offiziellen Funktionen im Staatsapparat abgefunden. In Preußen mußten sich die Oberpräsidenten und Regierungspräsidenten die »Verbundenheit« mit der NSDAP, die bei den Oberpräsidenten ohnehin nicht problematisch sein konnte, angelegen sein lassen und »vor wichtigen Maßnahmen mit dem zuständigen Gauleiter in Verbindung treten«, um seine Stellungnahme einzuholen [196]. Diese Anordnung verdichtete die Kontrolle der Oberpräsidenten-Gauleiter über die Regierungspräsidenten und war schon eine Vorleistung auf die Reichsreform in der preußischen Mittelinstanz, die sich der nationalsozialistische Staat bald zu eigen machen wollte. Nach dem bayerischen Vorbild setzte schließlich auch der preußische Ministerpräsident im Einvernehmen mit dem Stabschef Röhm, den er zum Obersten Bevollmächtigten der SA für Preußen bestellte, Sonderbevollmächtigte und Sonderbeauftragte des Obersten SA-Führers bei preußischen Behörden ein [197]. »Entsprechend den Sonderkommissaren bei der seinerzeitigen Errichtung der Hilfspolizei« gab es nun SA- oder SS-Führer als Sonderbevollmächtigte bei den Oberpräsidenten und Sonderbeauftragte bei den Regierungspräsidenten und bei den Landräten sowie einen Sonderbevollmächtigten beim Staatsministerium. Ihre Aufgaben waren jedoch keineswegs von kommissarischer Art, sondern »lediglich beratend und anregend«, ohne daß ihnen Anweisungs- und Eingriffsmöglichkeiten zustanden. Sie verfügten über einen unmittelbaren Zugang zu den Behördenleitern, aber nicht über wesentliche Zuständigkeiten. Sie hatten besonders enge Verbindung zur Politischen Polizei zu halten, im übrigen aber in erster Linie für die Beseitigung von Reibungen zwischen Verwaltung und SA kraft ihrer Befehlsbefugnis zu sorgen [198]. Beratend und nicht verantwortlich waren schließlich auch die Funktionen, die die obersten örtlichen Leiter der NSDAP, der SA und der SS innerhalb der Gemeinden erhielten. Sie wurden nach dem Gemeindeverfassungsgesetz [199] *ex officio* Mitglieder des Gemeinderats ohne ein Recht der Einwirkung auf die Entschlüsse des Bürgermeisters, der insofern in Abhängigkeit von der Parteiorganisation stand, als seine Berufung, die nun Sache des Innenministers war, nach Fühlungnahme mit dem zuständigen Gauleiter erfolgte [200].

Diese Art der engeren Verbindung zwischen Staats- und Parteiorganisation, bei der die instanzenmäßige Autonomie der Verwaltung des einstigen parlamentarischen Systems, die nun weder beschließende noch kontrollierende Organe waren, sondern Hilfsinstrumente der Führung, die mehr und mehr der Integration von Anwärtern auf zweitrangige Ämter in die Staatsorganisation dienten. Dem Reichstag wuchs diese Aufgabe zu, während die Landtage kaum noch beachtet wurden und am 14. Oktober 1933 gänzlich fortfielen. Preußen ging hierin noch weiter. Dort erklärte sich zuerst Göring für den Plan, den Staatsrat, den die Parteiorganisation unter Führung Leys beherrschte, lahmzulegen und ihn »zu einer Art Oberhaus« als Vorläufer »eines später zu bildenden Senats« umzubilden, dem zwar keine parlamentarischen Aufgaben, aber doch die Beratung der Staatsregierung bei größeren Gesetzeswerken zugedacht war. Ihm sollten die Gauleiter der NSDAP und »geeignete Vertreter« der Wirtschaft wie des öffentlichen Lebens angehören, die der Ministerpräsident ausschließlich selbst berufen wollte [201]. Popitz dagegen verwies auf das Vorbild des alten preußischen Herrenhauses und suchte in dieser geplanten Einrichtung nochmals nach einer Gelegenheit, Ruf und Ansehen des alten Berufsbeamtentums nach Kräften wiederherzustellen und »verdiente frühere Staatsbeamte, z. B. Oberpräsidenten, Landeshauptleute, ... Kirchenführer, Gelehrte usw., zur tätigen Mitarbeit an den Staatsaufgaben heranzuziehen«. Er dachte an eine Körperschaft repräsentativer Würdenträger des neuen Staates, aber auch der zivilen Bereiche, soweit sie noch existierten, wobei er die hohen ehemaligen Beamten wieder zu einer weithin sichtbaren Stütze der Staatsautorität machen wollte. Das Ergebnis war das Gesetz über den Staatsrat [202], der sich hinfort entsprechend den unterschiedlichen Plänen von Göring und Popitz aus recht heterogenen Bestandteilen zusammensetzte. Minister und Staatssekretäre [203] gehörten ihm kraft ihres Amtes an; 50 Repräsentanten der Kirchen, der Wirtschaft, der Wissenschaft und der Kunst, aber auch der NSDAP, der SA und der SS ernannte der Ministerpräsident. Auf diese Weise entstand ein Gremium, das gewiß niemals arbeitsfähig gewesen wäre, das aber ein Spiegelbild des in dieser Zeit herrschenden Teiles der Gesellschaft abgab. Ähnlich war es mit den preußischen Provinzialräten bestellt [204]. Der Ausdruck »Führerräte« [205], der im Anfang aufkam, war wenig treffend, denn diese Räte wurden kaum zu ernsthaften Beratungen hinzugezogen, sondern bildeten sich mehr und mehr zu repräsentativen Versammlungen ohne wirkliche politische Bedeutung um. Sie verkörperten das Nebeneinander von hohem Beamtentum und NSDAP-Funktionären und Repräsentanten angesehener Kreise, deren Wohlwollen in den Anfangsjahren des totalen Staates noch Kurswert besaß.

In den Verhältnissen des Frühjahrs und des Sommers 1933 konstituierte sich die NSDAP zu einer besonderen politischen Gewalt, die außerhalb der verwaltungsmäßigen Ordnung blieb und über eine besondere, einflußreiche Parteigerichtsbarkeit verfügte [206]. Die nebeneinander bestehenden Organisationsreihen von Staat und Partei waren durch eine Anzahl von Personal- und Realunionen miteinander verbunden, ohne daß die direkte Verbindung zwischen den Instanzen beider Reihen unterbrochen oder gestört wurde. An der Spitze der Reichsregierung mündeten sie in einer einzigen Person, der Hitlers, der zugleich Reichskanzler, Führer der NSDAP und oberster Chef der SA war und immer häufiger und in allgemeinerem Sinn als »der Führer« bezeichnet wurde. Auf seine Anordnung vom 29. März 1933 hin entstand ein SS-Verbindungsstab zwischen den Reichsministerien und der Münchener Reichsleitung der NSDAP [207]. Diese Ausgleichsadjutantur Hitlers zählte jedoch auch zu den Übergangserscheinungen. Ihre Aufgaben gingen im wesentlichen an den »Stellvertreter des Führers« und dessen Kanzlei über, der durch einen Beschluß der Reichsregierung vom 29. Juni 1933 das Recht erhielt, an allen Sitzungen des Reichskabinetts teilzunehmen, und am 1. Dezember 1933 als Reichsminister – gemeinsam mit dem SA-Stabschef Röhm – Mitglied der Reichsregierung wurde. Auch die beiden anderen nationalsozialistischen Reichsminister, die im Frühjahr bzw. im Sommer 1933 ernannt worden waren, vereinigten durch Personalunionen oberste Reichsbehörden mit obersten Dienststellen der NSDAP; Goebbels leitete das Reichsministerium für Volksaufklärung und Propaganda und stand an der Spitze der Reichspropagandaleitung der NSDAP, und Darré war zugleich Reichsminister für Ernährung und Landwirtschaft und Reichsleiter des agrarpolitischen Amtes der NSDAP. In diesen beiden Ministerien wuchs infolgedessen auch der Anteil des nationalsozialistischen Personals weitaus am stärksten.

Eine Unterordnung des Verwaltungsapparates oder des Verwaltungspersonals unter die Partei oder auch nur unter eine grundsätzliche und allgemeine Kontrolle kam nicht zustande. Die ambivalenten Personal- und Realunionen erlauben jedenfalls keine derartige Deutung der Verhältnisse, die durch die nationalsozialistische Revolutionierung entstanden. Zwischen interstrukturellen Zuständigkeiten personeller und sachlicher Art konnten sogar äußerst scharfe Trennungslinien bestehen; waren die einen erlaubt und legalisiert, konnten dennoch die anderen vollkommen ausgeschaltet sein [208]. Es blieb streng gewahrter Grundsatz: »Maßnahmen der Dienstvorgesetzten unterliegen dem Dienstgeheimnis, sie können nicht zum Gegenstand außerdienstlicher Erörterungen gemacht werden [209].« Das galt in bezug auf die Partei wie auf die allgemeine Öffentlichkeit, von der der Beamte nun strenger als je zuvor getrennt war. Er hatte keine Diskussionen mehr zu führen, sondern nur nach Weisungen innerhalb der Amtsstuben tätig zu sein [210].

Drittes Kapitel: INSTRUMENTE TOTALITÄRER VERWALTUNG

1. Stufen politischer Justiz

Die Justiz der Weimarer Republik war von folgenreichen politischen Einflüssen nicht frei geblieben [1], die von der Öffentlichkeit zuweilen mit größter Leidenschaftlichkeit diskutiert wurden [2]. Die an Problemen reiche Politik der schrittweisen und mehr oder minder vorsichtigen Annäherung der aus der Periode der Monarchie übernommenen Richterschaft an die Lebensbedingungen der Republik, der die Justizministerien der Länder überaus unterschiedlich und teilweise – namentlich in Bayern – zögernder und unter stärkeren Vorbehalten folgten als die meisten Reichsjustizminister, hatte mit noch größeren Schwierigkeiten zu kämpfen als die bereits wenig einheitliche Beamtenpolitik der Innenminister. Nicht zuletzt begünstigten sowohl die lebenslängliche Unabhängigkeit der Richter, eine der unaufhebbaren Voraussetzungen des Rechtsstaats, wie die völlige Unmöglichkeit, juristisch unbewanderten »Außenseitern« Eingang in die Justiz zu verschaffen, noch wirksamer als in der Kategorie der politischen Beamten Erhaltung und Behauptung des alten, überaus konservativen Personals. Einzig vom preußischen Justizdienst und hier wieder im besonderen von Berlin aus fanden Prinzipien und Ideen der Republik von Weimar entschiedene Verteidiger und Bekenner im Richterstande. Hier lag auch das Zentrum des einzigen, auf den Verfassungsstaat verpflichteten und für die Koalition von Weimar eintretenden juristischen Personalverbandes, des Republikanischen Richterbundes, der eine Reihe namhafter Repräsentanten der Republik zu seinen Mitgliedern zählte, allerdings außerhalb des Bannkreises von Berlin doch nur unter Schwierigkeiten Fuß faßte und in den entfernteren Teilen des Reiches nicht einmal unter den höheren Richtern wirklich nennenswerten Einfluß zu gewinnen vermochte [3]. In der Periode der von Krisen erschütterten und nie zum Ende gelangten Umstellung der aus der Monarchie hervorgegangenen Justiz blieben daher die Spannungen zwischen der Republik und den ihr feindlichen konservativen und reaktionären Kräften nicht ohne Auswirkungen auf das Recht und seine Diener. Die sich allmählich differenzierenden Verhältnisse in der deutschen Rechtspflege wurden indessen nach dem 30. Januar 1933 von einer Politik eingeebnet und weit tiefer als je zuvor umgepflügt, die sich darum bemühte, die Justiz an das Ziel der Festigung der nationalsozialistischen Herrschaft zu binden, sie zur Bekämpfung der Gegner des Nationalsozialismus zu benutzen, und die nach Erledigung dieser Gegner die Justiz ausschließlich in den Dienst des totalitären Staates zu stellen suchte.

Es charakterisiert den rechtsfeindlichen Extremismus vieler nationalsozialistischer Führer, auch Hitlers, daß sie einer geradezu mittelalterlich anmutenden Verachtung der Juristen, des Rechtsanwalts- und des Richterstandes huldigten. In ihr schwang gewiß gelegentlich manche volkstümliche Kritik mit, die Nahrung erhielt von einer in dieser Zeit verbreiteten, mit größerer Vorliebe ideologisch begründeten als wissenschaftlich systematisch betriebenen kritischen Scheidung zwischen deutsch- und römisch-rechtlichen Rechtsprinzipien. Noch häufiger zeigte sich auch hier ein alles vereinfachender, keineswegs neuer Antisemitismus am Werk, der, auf womöglich noch primitiveren Vorstellungsschichten beruhend, Judentum und kasuistische Interpretation positiven Rechts gern in den gleichen Topf warf, um unter ihm in überlegungs- und verständnisloser Stereotypie die Flamme atavistischer Abneigungen und Haßgefühle zu schüren. Aus Ressentiments und Komplexen ballte sich eine dumpfe Rechtsverachtung zusammen, die Schlimmes befürchten ließ. Zwar unternahm die NSDAP zu keinem Zeitpunkt ihrer Macht wirklich ernsthafte Versuche, die institutionelle Justiz von Grund auf zu beseitigen oder auch nur rasch und in erheblichem Umfange zu verändern. Nichtsdestoweniger bewirkte das Eindringen des Nationalsozialismus in die bestehende Rechtsordnung eine anhaltende Wandlung, die man mit guten Gründen revolutionär nennen kann, da sie die Justiz in eine neue, für den nationalsozialistischen Totalstaat spezifische, instrumentale politische Funktion drängte, obgleich zunächst das Gerüst und die Grundlagen ihrer Organisation ebenso wie das geltende Recht übernommen wurden und einstweilen weiter existierten.

Hitler war schon 1928 auf den Gedanken einer besonderen Werbung und Gruppenbildung unter den Juristen verfallen. Im Oktober dieses Jahres gab er den Anstoß zur Gründung des Bundes Nationalsozialistischer Deutscher Juristen (BNSDJ) [4], der die erste der Spezialorganisationen wurde, mit deren Hilfe die NSDAP in die Gebiete des bürgerlichen Lebens eindrang. Als Führer des Bundes trat der junge Münchener Rechtsanwalt Hans Frank auf, der schon vorher die Rolle eines ständigen Rechtsbeistandes Hitlers und bei der NSDAP-Reichsleitung übernommen hatte und der im Zeitpunkt der organisatorischen Erweiterungen der Reichsleitung im Herbst 1930, die mit der Hinzuziehung bezahlter Mitarbeiter verbunden war, zum Leiter der Rechtsabteilung der Partei aufstieg [5]. Die »Bewegung« verfügte damals noch nicht über ein sonderliches Personalreservoir, aus dem jederzeit geeignete Kräfte hervorgingen. Aus diesem Grunde, aber auch aus dem anderen, daß sich die NSDAP mit der fortschreitenden Ausbreitung und dem Anwachsen ihrer gewalttätigen halbmilitärischen Verbände zunehmend in Rechtsstreitigkeiten verwickelt sah, lag es nahe, in den Juristenberufen Anhänger und Helfer zu suchen, was im übrigen die zielbewußt verfolgte Absicht dieser Partei, politisches Prestige zu gewinnen, nur begünstigen konnte. Die Anfänge blieben freilich überaus kärglich. Ein Jahr nach der offiziellen Gründung zählte der BNSDJ erst 30 und selbst gegen Jahresende 1930 erst 233 Mitglieder, ehe er unter dem Eindruck des Reichstagswahlergebnisses von 1930 und der großen Krise ein wenig rascher zu wachsen begann. An der Jahreswende 1932/33 gab es 1347 nationalsozialistische Juristen und im April 1933 erst 1614 [6], der BNSDJ war noch weit von den 80 000 Mitgliedern entfernt, die er am Ende des Jahres der Machtergreifung zählen sollte. Diese verhältnismäßig kleine Schar wußte sich aber in kurzer Zeit maßgebenden Einfluß zu verschaffen – bald mit Hilfe einer quasiständischen Universalorganisation für alle unmittelbar am Recht und an der Wirtschaft beteiligten Berufsgruppen, der Deutschen Rechtsfront, die Frank am 30. Mai 1933 gründete.

Der Plan, eine zunächst personalpolitisch begründete Herrschaft über das gesamte Rechtswesen zu gewinnen, deutete sich schon in Franks Ernennung zum »Reichskommissar für die Gleichschaltung der Justiz in den Ländern und für die Erneuerung der Rechtsordnung« am 22. April an [7]. Die als »Gleichschaltung« bezeichnete Vereinnahmung der Personalverbände und Fachorganisationen der Juristen machte bis zur Jahresmitte den bei weitem überwiegenden Teil seiner Kommissarstätigkeit aus. Wie die Personalverbände der Beamten nahmen auch die der Juristen ein wenig rühmliches Ende. Ein nationalsozialistisches Vorstandsmitglied des Deutschen Anwaltsvereins, mit einer telegraphischen Ernennung zum »Beauftragten des Reichsjustizkommissars« in der Tasche, schritt auf einer Delegiertenversammlung Anfang Mai kurzerhand zur Auflösung des Vereins und leitete die Übernahme seiner Mitglieder durch den

BNSDJ ein. Ähnlich ging es fast zur gleichen Zeit im Deutschen Notarverein zu [8]. Proteste wurden nicht beachtet [9].

In den Justizbehörden selbst trieb der offizielle Antisemitismus neben dem allenthalben aufquellenden offiziösen die frühesten und ärgsten Blüten. Die Verdrängung jüdischer Beamter und Richter setzte in Preußen nicht nur vor Verkündung des Berufsbeamtengesetzes vom 7. April ein; sie ging auch weiter als in anderen Ministerien und Verwaltungen [10]. Reichsgesetzlich wurden dann die Rassebestimmungen des Berufsbeamtengesetzes auch auf Rechtsanwälte und Patentanwälte angewendet [11]; sie galten sogar ohne die Ausnahme der Frontkämpferbestimmungen für Steuerberater [12] und führten zur Existenzvernichtung jüdischer Staatsbürger außerhalb des Beamtentums und abseits von staatlichen oder politischen Einflußpositionen. Diese Gesetze galten bereits der Durchsetzung des Antisemitismus als Prinzip, die mit Schlagwörtern wie »Artgleichheit« von Recht und Richtertum propagiert wurde.

Während der Jahre 1931 und 1932 war ein starker Personalandrang im Anwaltsberuf eingetreten, so daß mehrfach Sperrmaßnahmen, wie die Einführung längerer Wartestandszeiten vor der Zulassung, erwogen werden mußten. Doch die Maßnahmen, die 1932 der Verwaltungsvereinfachung dienen sollten, bewirkten dann wieder das Gegenteil. Die Aufhebung preußischer Amtsgerichte im Juli und des bayerischen Oberlandesgerichts Augsburg im April 1932 verminderte zwar die Zahl der Gerichte und die der Richterstellen um 0,3 %; vom Jahresbeginn 1931 bis Anfang 1933 erhöhte sich jedoch die Zahl der Rechtsanwälte um 12 % [13]. Im Reichsdurchschnitt entfielen nun auf 100 Richter 194 Rechtsanwälte gegen 173 zu Beginn des Jahres 1931. In Preußen hatte die Zahl der Referendare innerhalb von drei Jahren um annähernd 30 % zugenommen [14]. Einer der ersten Erlasse des nationalsozialistischen Justizministers Kerrl verlangte nun erstmals eine Personalfeststellung der Anwaltskammern in den Oberlandesgerichtsbezirken nach der »rassischen« Zugehörigkeit der zugelassenen Rechtsanwälte [15]. Die sich darin abzeichnende Erwägung, unter dem Einfluß der nationalsozialistischen Rassenideologie disparate Teile der Anwaltschaft festzustellen, voneinander zu trennen und einer unterschiedlichen Behandlung auszusetzen, wurde dann in kürzester Frist in die Wirklichkeit umgesetzt. Die Beseitigung des in der Krise vielfach als unerträglich empfundenen Personalüberschusses, die wie überall in diesen Monaten des nationalsozialistischen Triumphes hastig und ohne längeres Besinnen auf radikale Weise vorgenommen wurde, ging restlos zu Lasten des einen Teils und wurde auf die Schultern der jüdischen Anwälte abgewälzt. Die Statistik hatte einen Anteil von 3378 bei 11 814 Rechtsanwälten und von 2046 bei 6224 Notaren ergeben [16]. Allein bis zum Ende des Jahres ging dem Rechtsanwaltsgesetz bzw. dem Berufsbeamtengesetz vom 7. April 1933 zufolge die Zahl der »nichtarischen« Rechtsanwälte auf 2066 und die der Notare auf 884 zurück [17]. Diese Personalreduzierung war also von dezimierendem Ausmaß. Ihr Ergebnis brachte jedoch mitnichten eine Entlastung der verbleibenden Anwaltschaft. Die vom Antisemitismus der NSDAP diktierten Maßnahmen gegen die jüdischen Rechtsanwälte hätten zwar »dieselbe Wirkung gehabt wie ein Numerus clausus«, aber selbst in diesem Gesichtswinkel »doch nichts genutzt«, bekannte sogar Freisler [18]. Die wirtschaftlichen Nöte der Anwälte erfuhren weiterhin »eine derartige Zuspitzung«, daß die »Gefahren für die Integrität des Anwaltsstandes« offen und mit nahezu verzweifelter Vorbehaltlosigkeit ausgesprochen wurden: daß »Teile der Anwaltschaft infolge dieser wirtschaftlichen Not nicht mehr die Korrektheit bei der Annahme und Abwicklung von Mandaten einzuhalten vermögen, die im Interesse der Rechtspflege« gewahrt werden sollte [19]. Die wirkliche »Überflutung der Großstädte durch Anwälte« [20] war durch extreme antisemitische Aktionen nicht einzudämmen, die die »Integrität« des Anwaltsstandes eher zu untergraben als zu sichern oder wiederherzustellen vermochten; auch sie halfen nur den Weg zu Schlimmerem bahnen.

Die Partei selbst wollte noch weiter in die antisemitische Richtung vorstoßen als die allgemeine Reichsgesetzgebung und die besonderen Maßnahmen des preußischen Justizministers. Unter nationalsozialistischen Juristen und gleichgeschalteten Juristenkorporationen ging eine starke Tendenz dahin, jüdische Rechtsanwälte überhaupt nur noch als Vertreter jüdischer Parteien vor Gericht zuzulassen. Bestellten Gerichtsvorsitzende sie für »deutsche« Parteien als Offizialverteidiger, Pfleger oder Testamentsvollstrecker, so mußten sie gewärtigen, daß solche Handlungen als »bewußte Demonstration und Sabotage gegen die Maßnahmen der nationalen Regierung« verleumdet und öffentlich angeprangert wurden [21]. Die nationalsozialistische Propaganda benutzte, seitdem sie den Reichstagsbrand gegen die Kommunisten so erfolgreich auszuschlachten vermocht hatte, die Methode der Denunziation vor der Öffentlichkeit, um sie fortgesetzt zu größeren und kleineren Zwecken mit der gleichen Maßlosigkeit anzuwenden. Für den Beamten, dem der Weg in die Öffentlichkeit meist verbaut war, konnte sie tödlich wirken. Die Verwendung einzelner jüdischer Spruchrichter, die hier und da – nur in geringem Umfang und lediglich auf Grund der Frontkämpferausnahmebestimmung des Berufsbeamtengesetzes – noch vorkam [22], denunzierte die demagogische Sprache ihrer uniformierten Fachgenossen als »Überfremdung der Gerichte mit jüdischen staatsfeindlichen Elementen«; »art- und volksfremde Elemente« sollten grundsätzlich aus der Justiz verschwinden [23]. Eine Berliner Zeitung, die zuweilen noch ein mutiges Wort wagte, deutete vorsichtig an, daß es unter solchen Beunruhigungen selbst bei einsetzender Rückkehr zu alten Verhältnissen um einen »Neuaufbau der Rechtspflege« recht fragwürdig bestellt sein müßte [24]. Allerdings dachte im Augenblick auch das preußische Justizministerium noch nicht daran, dem radikaleren Antisemitismus des BNSDJ vorbehaltlos zu folgen [24]. Freisler entschied sich dafür, die letzten »nichtarischen« Richter aus den Großstädten Berlin, Frankfurt a. M. und Breslau in andere Oberlandesgerichtsbezirke versetzen zu lassen [26], wo sie noch für einige Zeit eine zurückgezogene Existenz führten, ehe die Nürnberger Gesetze von 1935 auch ihrer Tätigkeit ein Ende setzten.

Die Geschichte der Justiz, die in Sachsen und Bayern unmittelbar nach Einsetzung der Reichskommissare, in Preußen Ende März 1933 unter die Leitung nationalsozialistischer Kommissare kam, aus denen dann Minister wurden, gleicht in den Anfängen des nationalsozialistischen Staates der Verwirklichung eines Systems politischer Freund-Feind-Beziehungen. Sie begann auf dem Gebiet der Personalpolitik und griff sofort auf die Strafjustiz über in Gestalt allgemeiner Milderungen, Aufhebungen und Aussetzungen von Strafen zugunsten der politischen Kräfte, die hinter der Regierung standen, und einer fortgesetzten Verschärfung von Strafbestimmungen durch Schaffung neuer Delikte und Deliktgruppen, Vermehrung der Tatbestandsmerkmale und Vereinfachung und Heraufsetzung des Strafmaßes. Parallel zur politischen Einvernahme der Polizei durch die Regierungsparteien setzte diese einseitige politische Beeinflussung der Justiz in Preußen ein, noch bevor das preußische Justizministerium einen nationalsozialistischen Minister erhielt. Während noch die Reichsregierung eine neue allgemeine politische Amnestie erwog, beugte sich Staatssekretär Hölscher, der Reichskommissar für das preußische Justizministerium, der von dem terroristischen Druck der SA sonst Störungen von Gerichtsverhandlungen und Gewaltaktionen zur Befreiung von Gefangenen befürchtete, dem Zwang der Verhältnisse so weit, daß er »bei der derzeit herrschenden politischen Unruhe eine ruhige Fortführung der Rechtspflege« für unmöglich erklärte und eine preußische Amnestie verlangte [27]. Seine Vorschläge fanden im Preußischen Staatsministerium sofort die Unterstützung Görings. Da die Reichsregierung ihre gleichgerichteten Pläne verzögerte, erreichte Hölscher die Zustimmung der Reichskommissare zu Richtlinien für besondere Gnadenerweise, die jetzt all den Straftaten zugute kommen sollten, »die bislang im Kampfe für die nationale Erhebung des deutschen Volkes begangen« worden waren [28]. Er erhielt die Ermächtigung, die Vollstreckung rechtskräftig erkannter Freiheitsstrafen aufzuschieben oder zu unterbrechen und die Strafverfolgungsbehörden anzuweisen, in schwebenden Strafverfahren darauf hinzuwirken, daß Haftbefehle aufgehoben oder Beschuldigte von der Untersuchungshaft verschont und sogar bereits anberaumte Termine aufgehoben würden. Hiervon hatten auch die berüchtigten Mörder von Potempa ihren Nutzen. Soweit sie bereits verurteilt waren, wurden sie zunächst aus der Haft beurlaubt und später begnadigt; zwei noch nicht abgeurteilte Untersuchungsgefangene mußten auf Grund eines vagen »Ehrenwortes« des schlesischen SA-Führers Heines sofort freigelassen werden [29]. Einige Tage danach erließ auch der Reichspräsident eine Amnestieverordnung, die nunmehr reichseinheitlich strafverfolgten Nationalsozialisten und Deutschnationalen Straffreiheit gewährte [30].

Dieser wesentlichen Abmilderung der Strafverfolgung auf der einen Seite entsprach eine rücksichtslose Strafverschärfung auf der anderen. Schon die politischen Direktiven der zum Kampfgesetz gegen die Kommunisten erklärten, sich bald aber gegen einen weiteren Kreis deutscher Staatsbürger auswirkenden Präsidialverordnung »zum Schutze von Volk und Staat« vom 28. Februar brachten eine Verschärfung der Strafjustiz zu politischen Zwecken. In diese Verordnung wurden auf Verlangen des Reichsjustizministers [31] besondere Straf- und Strafverschärfungsbestimmungen eingefügt. Sie dehnten die Todesstrafe auf eine Anzahl von Verbrechen aus, die bis dahin durch Zuchthausstrafen zu ahnden waren, wie Hochverrat, Giftbeibringung, Brandstiftung, Veranstaltung von Überschwemmung und Beschädigung von Eisenbahnanlagen, und stellten die Mitglieder der Reichsregierung unter einen besonderen strafrechtlichen Schutz, was nach der seit 1932 beobachteten Zurückhaltung im Verhängen und Vollziehen der Todesstrafe namentlich auch bei politischen Delikten [32] bereits ein sichtbarer Wendepunkt in der Strafjustiz genannt zu werden verdient. Nach Annahme des Ermächtigungsgesetzes setzte Hitler sogar seinen zuvor auch von Hindenburg nicht honorierten Willen durch, die Todesstrafe in der als besonders schimpflich geltenden, in Deutschland seit langem nicht mehr üblichen Vollzugsform des Erhängens auch auf Verbrechen anzuwenden, die vor dem 28. Februar begangen wurden [33]. Mit dieser *lex Lubbe* wollte Hitler um der propagandistischen Wirkung willen in der dramatischen Auseinandersetzung über den Reichstagsbrand den Brandstifter mit der denkbar härtesten Strafe treffen; er durchbrach bewußt, nach längeren Erörterungen und gegen die Widerstände im Reichskabinett [34], zum ersten Male den Grundsatz *nulla poena sine lege,* der auch in der späteren Zeit des nationalsozialistischen Staates wiederholt Angriffen ausgesetzt sein sollte.

Nach dem Gewaltakt der NSBO gegen die Gewerkschaften im Mai diente eine andere Bestimmung dieser Verordnung dem Generalstaatsanwalt beim Berliner Landgericht I dazu, die Beschlagnahme des gesamten Vermögens der SPD, des Reichsbanners Schwarz-Rot-Gold, des Allgemeinen Deutschen Gewerkschaftsbundes und des Allgemeinen Freien Angestelltenbundes zu verfügen [35]. Diese umfassende Beschlagnahme im Zuge der Strafverfolgung lieferte einen erstaunlichen Beweis für die ungeahnte Weitenwirkung der politischen Direktive, die, da sie einer positivrechtlichen Begrenzungsnorm ermangelte, jede präzise Fassung einer *ratio legis* zweifelhaft und jedenfalls bedeutungslos werden ließ.

Eine zweite Präsidialverordnung vom gleichen Tage verschärfte die Strafen gegen Landesverrat und Verrat militärischer Geheimnisse [36], und eine spätere schuf einen erweiterten Ehrenschutz für die Reichsregierung [37]. Gleichzeitig lebten die unter Papen auf Grund einer älteren Ermächtigung gebildeten, jedoch von Schleicher beseitigten Sondergerichte wieder auf [38], die Vergehen und Verbrechen nach der Reichstagsbrandverordnung, der »Heimtücke-Verordnung« vom 21. März und nach dem späteren Gesetz zur Abwehr politischer Gewalttaten [39] aburteilten. Diese Sondergerichte, Stationen an der Grenze des Rechtsstaates, hatten sich zur wirksamen Bekämpfung politischer Gewaltakte im Sommer 1932 als ungeeignet erwiesen [40]; sie wurden nunmehr zu einem Instrument der Machtsicherung und entfalteten im weiteren Verlauf des Jahres 1933 im gesamten Reichsgebiet eine zwar ungleichmäßige, teilweise jedoch überaus umfangreiche Tätigkeit [41]. Schließlich kamen noch weitere Gruppen von Delikten in ihre Zuständigkeit, die das »Gesetz zur Gewährleistung des Rechtsfriedens« einer verschärften Strafzumessung unterwarf [42]. Der Terminus »politisches Verbrechertum« faßte alle Delikte in diskriminierender Absicht zusammen, die der Staat mit der Ausschaltung oder Vernichtung der Täter durch die höchsten üblichen Strafen ahnden wollte: »Angriffe gegen den Bestand, die Sicherheit und das Ansehen des Staates, Gewalttaten gegen seine Träger und die Träger der nationalsozialistischen Bewegung« [43], die nun ebenfalls in den Genuß eines besonderen Strafrechtsschutzes kamen. Gleichzeitig stieg die Zahl der politischen Delikte, die die ordentlichen Gerichte verhandelten und verurteilten [44]. Gegen politische Gegner und unliebsame Staatsangehörige im Ausland schuf sich die Reichsregierung die Waffe der Aberkennung der deutschen Staatsangehörigkeit [45].

Den Gesetzesbrecher aus politischen Motiven ordnete die nationalsozialistische Strafjustiz – auch dies war neu – in die unterste Kategorie der Verbrecher ein; die ungewisse Komplexität des polemisch-propagandistischen Begriffs des »politischen Verbrechertums« diente zur Verwischung von Differenzen und Unvereinbarkeiten in der Deliktbestimmung, damit nur noch der Feind des nationalsozialistischen Staates, seiner politischen Ziele, seiner Ordnungsvorstellungen und seiner weltanschaulichen Prinzipien übrigblieb, der mit allen erdenklichen Mitteln aufgespürt, verfolgt und vorher schon diskriminiert und so aus der Öffentlichkeit ausgeschlossen wurde [46].

Es ist kaum noch ein Zweifel möglich, daß vor allem Kerrls Staatssekretär Freisler, als Kriegsgefangener einst Adept der bolschewistischen Partei in Rußland, der sich noch 1933 als Schüler Trotzkis bekannte [47], weit über die Zeitspanne der anfänglichen terroristisch-revolutionären Phase hinaus bei jeder sich bietenden Gelegenheit das Ziel einer Verschärfung und Verallgemeinerung des behördlich geführten Kampfes gegen die so betrachteten politischen wie kriminellen Gegner des Staates verfolgte. Die teils übertriebenen, teils grundlagenlosen Meldungen über versuchte kommunistische Umtriebe, die noch im Sommer 1933 von nationalsozialistischen Funktionären in amtlicher Eigenschaft ausgingen [48], widersprachen zwar den offiziellen Erhebungen [49], wurden aber dennoch von Freisler als willkommener Anlaß aufgegriffen, um auf eine allgemein verschärfte Handhabung strafrechtlicher Bestimmungen zu dringen [50]. Die mündlichen Weisungen, die Freisler den Generalstaatsanwälten erteilte, gelangten in unterschiedlicher Weise an die Chefs nachgeordneter Instanzen und konnten sowohl enger ausgelegt als auch in schärfster Form weitergegeben werden. War für den einen die Justiz nur dazu »berufen, die formale Sicherung und unverbrüchliche Garantie der nationalsozialistischen Revolution und Evolution zu werden« [51], so beschränkte sich ein anderer auf die Anordnung ständigen Zusammenarbeitens der Staatsanwaltschaften mit den interessierten Stellen der NSDAP [52]; die Gleichmäßigkeit der Strafrechtspraxis mußte natürlich darunter leiden. Doch die von Freisler verfolgte Tendenz ging dahin, rasch und stark zu strafen, die Gesetze »scharf und blitzartig« anzuwenden und die Justiz zu »schärfstem, schlagartigem, blitzartigem Zupacken gegenüber allen Feinden des nationalsozialistischen Staates« zu bringen: »Binnen 24 Stunden ... muß die Anklage erhoben sein, binnen weiteren 24 Stunden muß das Urteil da sein, und sofort muß der Verbrecher seine Strafe weghaben ... Die Zeit ... der mildernden Umstände als Regel muß vorbei sein«, lautete die forsche Anweisung eines Generalstaatsanwalts [53], der sich bereits die Prinzipien Freislers zu eigen gemacht hatte. Es nimmt kein Wunder, daß die Zahl der Verfahren und der Strafen gewaltig in die Höhe schnellte, obgleich die Delikte in nicht unerheblichem Maße zurückgingen. Allein die Zahl der Todesurteile betrug 1933 in ganz Deutschland 78 gegenüber 52 im voraufgegangenen Jahr; die der Zuchthausstrafen stieg sogar von 6345 auf 9661 an [54]. Die Unmenge der geringeren Verbrechen und der Vergehen machte schließlich im nächsten Jahr eine Amnestie unumgänglich. In welchem Umfange Staatsanwaltschaften und Gerichte durch die verschärfte Strafjustiz belastet wurden, läßt sich aber auch aus der erstaunlich großen Zahl von Straferlassen und Verfahrensniederschlagungen in Verbindung mit der sogenannten Hitler-Amnestie vom August 1934 ersehen [55]. Obgleich sie unter den politischen Delikten nur Lapidarfälle erfaßte wie Beleidigungen des Reichskanzlers, »Verfehlungen gegen das Ansehen des Reiches« usw. und außerdem überwiegend nichtpolitische Delikte traf, erledigte sie allein in Preußen 414 407 Fälle, in denen Anklage erhoben worden war; darunter befanden sich 238 832 bereits verurteilte Personen [56].

2. *Tendenzen und Versuche einer Strafrechtsreform*

Die nationalsozialistische Machtergreifung schien über diese Erscheinungen der Anfangsperiode hinaus den Anstoß zu einem vollständigen Umbau des Strafrechts zu geben. Die Reformbedürftigkeit des deutschen Strafgesetzbuches von 1871, das in wesentlichen Teilen auf dem Preußischen Strafgesetzbuch von 1851 beruhte, war schon bald nach der Jahrhundertwende erkannt worden und hatte umfangreiche Vorbereitungen zu einer Reform veranlaßt, die sich über Jahrzehnte erstreckten, von den politischen und geistigen Bewegungen dieses Jahrhunderts jedoch immer wieder in Frage gestellt und hingezogen wurden, ehe sie im Frühjahr 1932 völlig ins Stocken gerieten. Die neuen Justizautoritäten machten sich diesen Umstand zunutze, um durch möglichst rasche Zugriffe und Regelungen in scheinbarer Fortsetzung der vorbereiteten Strafrechtserneuerung ein mit den Prinzipien des totalen Staates politisch im Einklang stehendes Strafrecht zu schaffen, woran sich nun auch von Haus aus nicht-nationalsozialistische Juristen beteiligten, die eine Strafrechtsreform nach dem alten Grundsatz der Generalprävention und im Sinne eines »autoritären Wohlfahrtsstaates« [57] anstrebten, den sie aus einer totalen Nationalidee und der daraus folgenden »Gliedstellung« des einzelnen ableiteten [58].

Die Arbeiten und Erörterungen, die im Sommer 1933 einsetzten und im August bis zu einem materialsichtenden Referentenentwurf des Reichsjustizministeriums gediehen, gelangten jedoch nie zu einem endgültigen Abschluß. Sie wurden bereits im Stadium des Beginns zum Objekt konkurrierender Zuständigkeiten, da sich gleich drei Stellen ihrer annahmen, die den Anspruch erhoben, Justizreform zu machen: das Reichsjustizministerium, das preußische Justizministerium und Franks Akademie für Deutsches Recht in München, die sich in der Lücke ausbreitete, die der Fortfall aller mit Rechtsfragen befaßten parlamentarischen und nichtparlamentarischen Fachausschüsse hinterlassen hatte. Infolgedessen geriet der Gegenstand bald in den Widerstreit der Interessen und Meinungen, da offenkundig weder unter den Parteijuristen der NSDAP noch unter den hohen Beamten der Ministerien und den gelehrten Strafrechtlern, die diese drei juristischen Behörden des nationalsozialistischen Staates zu ihrer Unterstützung heranzogen, übereinstimmende Auffassungen bestanden. Frank bemühte sich, den Kreis der Akademie aus repräsentativen Persönlichkeiten der NSDAP, aber auch der herkömmlichen Jurisprudenz verhältnismäßig vielseitig zu bilden [59], um damit den Anspruch auf die primäre Zuständigkeit in Gesetzgebung und Rechtsreform zu begründen [60]. Dagegen begnügten sich Gürtner und Freisler, die von ihren Ämtern her den Gedanken der Reform aufgriffen, damit, Fachleute ihrer Ministerien, Richter und Staatsanwälte heranzuziehen.

Als erster legte der preußische Justizminister im September 1933 der Öffentlichkeit eine Denkschrift vor, die Freisler mit einer Gruppe von Strafrechtsspezialisten der preußischen Justiz verfaßt hatte [61]. Noch vor seinem bayerischen Kollegen Frank, der schon seit Jahren einem neuen, spezifisch nationalsozialistischen Recht das Wort redete, versuchte Kerrl mit Freislers Unterstützung, ein kodifikationsfähiges »nationalsozialistisches Strafrecht« zu entwikkeln. Durchaus originell ordnete es Freisler von vornherein dem »Strafrecht der totalen Staaten« zu, womit er das bolschewistische Rußland ebenso wie das faschistische Italien dem nationalsozialistischen Deutschland beigesellte und all den freiheitlichen Kulturstaaten gegenüberstellte, die – nach der polemischen Sprache Freislers – »den Einzelindividuen zu dienen sich für bestimmt halten« [62]. Dieses Strafrecht sollte in einem besonderen Sinne politisch sein und von den Aufgaben beherrscht werden, »deren Gesamtlösung der Staatskunst obliegt« [63]. Mit diesem konservativen Ausdruck verband Kerrl jedoch nur die Vorstellungen eines vagen und unklaren Idealismus völkischer Prägung, die er mit manchen seiner Parteifreunde teilte: die einer »grundlegenden Umgestaltung der bisherigen politischen, wirtschaftlichen und gesellschaftlichen Ordnung zu einem wahrhaft völkischen Gemeinschaftsleben«. Solche Worte hatten propagandistischen Kurswert; sie charakterisierten das Strafrecht als ein wichtiges Instrument des totalen Staates, zur Umwälzung der gesamten alten Ordnung mit dem Ziel der »Zusammenfassung ... der einzelnen zu einem lebendigen Organismus«. Die biologistisch-technizistische Analogiesprache nationalsozialistischer Rechtsideologen bezeichnete die Strafjustiz als »eine dauernd arbeitende Selbstreinigungsapparatur« des »Volkskörpers« [64]. Der Gedanke der biologischen »Reinigung« und der Erschaffung eines organischen Gebildes kleidete aber nur ein machiavellistisches Machtprinzip in das obligate Gewand des nationalen Idealismus: der Begriff der »Gemeinschaft« deckte hier deutlicher noch als in manchem anderen Erzeugnis des landläufigen nationalsozialistischen Schrifttums in unveränderlicher Monotonie das dynamisch variable

Herrschaftssystem des totalitären Staates.

Die Strafzumessung sollte allein von der äußeren und inneren Sicherung und den Zwecken des Staates abhängen. Auch die Ordnung der mit Strafschutz versehenen Güter entsprach einem veränderten Wertkodex. Sie begann mit dem Staat und endete mit dem einzelnen, und die Reihe der Personaldelikte eröffneten »Angriffe auf die Ehre«, die vor den »Angriffen auf Leib und Leben« und »auf die Freiheit« rangierten; die erste und strengste der Strafbestimmungen galt dem Landesverrat. Alle Strafbestimmungen trafen vollendete Handlungen ebenso wie akute Gefährdungen. Der überwältigende Primat des politischen Schutzes zog den perfekten Schutzgedanken nach sich: um die größtmögliche Sicherheit zu gewährleisten, die Tat schon im Keim zu erfassen; er führte zum Willensstrafrecht und zu einer wesentlichen Erweiterung der Tatbestandsmerkmale gegenüber dem bisherigen Strafrecht. Als strafauslösendes Moment wurde bereits die »gefährliche Willensbetätigung« angesehen; infolgedessen war schon der untaugliche Versuch strafbar [65]. Auch der Katalog der strafbaren Handlungen sollte wesentlich umfangreicher und um Deliktgruppen erweitert werden, die diese Denkschrift aus den Abgründen nationalsozialistischer »Weltanschauung« und ihres spezifischen Antisemitismus hervorholte. Sie wollte einen besonderen »Schutz von Rasse und Volkstum« schaffen und »Angriffe auf die Rasse (Rassenverrat, Verletzung der Rassenehre, Rassengefährdung)«, »Angriffe auf Volksbestand und Volksgesundheit« ahnden, aber auch »Angriffe auf Religion und Sitte«, »auf Volksehre und Volksfrieden« und »Gefährdung des Volksguts«; außer dem Landesverrat gab es in ihr auch noch eine besondere Verletzung des wirtschaftlichen Patriotismus, die die Bezeichnung »wirtschaftlicher Landesverrat« erhielt [66]. Auch die Strafmaße wurden im allgemeinen, im besonderen aber die Höchststrafen heraufgesetzt und den alten Strafformen neue hinzugefügt. Die Todesstrafe sollte mehrfach den lebenslänglichen Freiheitsentzug ersetzen; Freiheitsstrafen wurden mit Fastentagen und körperlichen Züchtigungen verknüpft. Politische Vergehen schieden grundsätzlich aus der Vergünstigung der *custodia honesta* aus; dafür traten neue Nebenstrafen vornehmlich für Delikte aus politischen Motiven auf: Ächtung durch Reichsverweisung und Verlust des Staatsbürgerrechts sowie Vermögenseinziehung. Mildernde Umstände entfielen grundsätzlich; als entscheidend galten allein die Stärke des verletzenden Willens und das

Maß der schuldhaft vom Täter herbeigeführten Gefährdung der Rechtsschutzgüter. Auch die überkommene Dreiteilung der Delikte in Verbrechen, Vergehen und Übertretungen verlor jede Bedeutung.

Der höchst unsichere Boden der vom preußischen Justizministerium empfohlenen strafrechtlichen Grundsätze läßt sich am deutlichsten in der Verdrängung des Satzes *nulla poena sine lege* durch das totale politische Schutzprinzip erkennen, das auch die nicht kodifizierte Gefährdung durch abschreckende Strafmaßnahmen zu hindern bestrebt ist; unabhängig davon, ob eine Handlung als schädlich bezeichnet und im Strafgesetzbuch behandelt ist, sollte sie straffähig sein können. Die »gesunde Volksanschauung« mußte herhalten, um eine Begründung zu finden. Die aufgestellten Normen dienten in erster Linie dem Staatsschutz, gaben aber dem einzelnen keinen vorbehaltlosen Schutz mehr vor dem Ermessen der Strafjustiz. Ihm blieb nur der Schutz der Ehre, des Lebens und des Eigentums vor Angriffen eines anderen; dem Staat gegenüber war er ebenso schutzlos wie machtlos. Die mit dem Staat identifizierten Machthaber dagegen genossen einen perfekten Rechtsschutz. Schon »böswillige Beunruhigung der Bevölkerung« sollte als »Angriff auf die Staatsgewalt« strengstens bestraft werden; sogar »Belästigung von Behörden« – Beschwerden und Anträge nach Erschöpfung des Rechtsweges – fiel hierunter [67].

Die politische Umgestaltung des Strafrechts, auf die diese Denkschrift hinzielte, machte den Delinquenten schlechthin zum Staatsgegner und den politischen Gegner zum Verbrecher, das Strafverfahren zum Akt eines Kampfes gegen das »Verbrechertum«, gegen das »Untermenschentum«, wie ihn Freisler propagierte. Sie verlangte die Verfolgung des »Gewohnheitsverbrechertums« bis zur »Unschädlichmachung durch lebenslängliche Einsperrung oder Tötung« [68]. Demzufolge überwies sie dem Strafrichter die verantwortungsschwere Last, »nicht nur die vergangene Tat [zu] sühnen, [sondern] ... auch das Seinige dazu [zu] tun, daß sie sich nicht wiederholt« [69]. Die humanitären Läuterungen der Ideen und der Einrichtungen der Strafrechtsgeschichte wollte diese Gruppe deutscher Juristen in kurzer und schneller Arbeit in einem System nivellieren, das sich dem Staat der Konzentrationslager anpaßte. Die Gesetzgebung blieb allerdings hinter einer perfekten Verwirklichung dieser Gedanken zurück; zwei Reichsgesetze vom November 1933 bzw. April 1934 kamen aber den Grundsätzen dieser

Denkschrift entgegen: der Bekämpfung des »Berufs- und Gewohnheitsverbrechertums« durch schärfste einschneidende Maßnahmen, die vom unbeschränkten Freiheitsentzug bis zu körperlichen Eingriffen reichten [70], und der Festsetzung schwerster, entehrender Strafen für Landes- und Hochverrat [71].

Der Reichsjustizkommissar Frank bemühte sich, die Spitze des preußischen Justizministeriums in seine Akademie zu integrieren, und bestellte Freisler zum Vorsitzenden des Strafrechtsausschusses, während er den Minister Kerrl mit dem politisch belanglosen Vorsitz im Ausschuß für Bausparkassenwesen abfand. Ungefähr zur gleichen Zeit berief aber auch der Reichsjustizminister Freisler und einige andere Bearbeiter der preußischen Denkschrift in die amtliche Strafrechtskommission, wo sie mit fünf Universitätsprofessoren und den zuständigen Abteilungsleitern und Referenten der Justizministerien des Reichs, Preußens, Bayerns und Sachsens zusammentrafen. Der Umstand, daß Freisler, der entschiedenste und profilierteste Vertreter einer nationalsozialistischen Strafjustiz, in beiden Kommissionen an entscheidender Stelle saß, trug gewiß dazu bei, im Verlaufe der Beratungen eine Annäherung an die Prinzipien der preußischen Denkschrift herbeizuführen; nichtsdestoweniger blieben aber Differenzen erkennbar, wurde in der amtlichen Strafrechtskommission der Grundsatz *nulla poena sine lege* wieder anerkannt [72]. Freisler sah sich gezwungen, einige Ansichten aufzugeben, andere zu mildern, etwa die Persönlichkeitsbeurteilung des Täters zuzulassen; doch an anderen wichtigen Grundsätzen der Denkschrift hielt er fest. Sie wurden jetzt in doktrinärer Form vorgebracht. Die Notwendigkeit, zu verteidigen, zu begründen und auszuführen, wandelte den Demagogen zum Dogmatiker. Freisler ging daran, das alte Strafrecht durch das Aufstellen neuer Prinzipien aus den Angeln zu heben. Es spricht übrigens für den auffälligen Mangel an Sinn für geschlossene Philosopheme innerhalb der NSDAP, daß sie Freislers dogmatische Gegenüberstellung von »sozialistischer Energie« und »anarchischen Kräften« [73] nicht in ähnlicher Weise ausmünzte wie die pointierte Phraseologie eines Goebbels oder ihr applaudierte wie der atavistischen Suggestivkraft der Reden Hitlers, sondern auf ihren allgemeinen Gebrauch verzichtete. Infolgedessen wuchs innerhalb der Justiz im Einflußbereich Freisler eine eigenartige, isolierte und spezialisierte Ideologie auf, die sich freilich ebenso wie alle anderen offiziellen politischen Äußerungen dieser Zeit als nationalsozialistisch bezeichnete und legitimierte. Freisler wählte eine wissenschaftlich gewandete Ausdrucksweise und bemächtigte sich der Ideologie des totalen Krieges und des totalen Kampfes, die schon Carl Schmitt in seine Rechtslehre aufgenommen hatte, um sie zur kasuistischen Durchdringung des strafrechtlichen Problemstoffes und zu seiner Unterwerfung unter einen politischen Kampfwillen zu benutzen, der auf die Vernichtung des freibleibend umschriebenen Gegnerischen hinzielte. Nach dem Vorbild archaischer germanisch-rechtlicher Begriffe bezeichnete das Delikt den »Typus des Friedensstörers«, der »Bestand, Kraft, Frieden des Volkes von innen aus bedroht« und auf diese Weise »das Prinzip des Asozialen, Anarchischen, Unrechten, Bösen in seinem Leben zu verwirklichen bereit ist« [74]. In bewußtem Verzicht auf irgendeine Differenzierung bewertete ihn Freisler schlechthin als »Gegner« des Staates; das Strafrecht wurde infolgedessen zum »Kampfrecht«, eben zur »dauernden Selbstreinigungsapparatur« des Volkskörpers, die den Zweck erfüllte, nicht nur den überführten »Friedensstörer« zu richten, sondern den Typus zu vernichten – in der Sprache Freislers: »indem es ihn für immer der Eigenschaft als Träger dieses Prinzips entkleidet«. Die künftige Ausgestaltung des Strafrechts sollte dem Grundsatz folgen, die »vorhandenen Kampfmöglichkeiten und Kampfwaffen ... voll« auszunutzen, da ja nach der militärischen Analogie der Angriff »die sicherste Verteidigung« war. Sie orientierte sich nach »den Fronten« [75]. In dem absoluten Abgrund zwischen »Freund und Feind« verschwanden die Grundsätze des humanitären, am allgemeinen Menschenbilde entwickelten Rechts und der Billigkeit. Freisler ging in der amtlichen Strafrechtskommission in dieser Richtung sogar noch einen Schritt über die Ziele der Denkschrift des preußischen Justizministers hinaus. Diese definierte als obersten Zweck der Strafe »Schutz der Volksgemeinschaft gegen solche Elemente, die sich den Gesetzen nicht fügen«. Nunmehr sollte die Strafjustiz jedoch zur »zweckmäßigen Abwehrwaffe« werden; das ließ sich keineswegs mit den herkömmlichen Ideen der Sühne und der Abschreckung erschöpfen. Sie hatte nach den militärischen Begriffen, in die Freisler gelegentlich seine Grundsätze zu kleiden pflegte, eine dreifache Aufgabe zu erfüllen: zur »Vernichtung der friedensstörenden Kräfte« zu führen, die »Sühne für schuldhaftes Unrecht« und zugleich »psychische Stütze der Kampfbereitschaft des gesunden Volksheeres« zu sein.

Demgegenüber nahm sich die Zahl der Vorbehalte, die vor einem aggressiven »Kampfrecht« schützten, nicht allzu schwerwiegend aus. Sogar der »Präventivkrieg«, also die »vorbeugende« Maßnahme gegen Eventualtäter, sollte zulässig sein, allerdings nur in schwerwiegenden, besonders normierten Einzelfällen. Freisler lehnte ein Gesinnungsstrafrecht kategorisch ab. Für einen blutigen Realisten seiner Art war »Gesinnung« offensichtlich kein politisch relevanter Begriff; zudem bot sie der Delikterfassung zu viele und zu wenig lohnende Probleme. Aber er forderte einen möglichst frühzeitigen Strafeinsatz ohne Bindung an die Erfolgsqualifizierung; doch im Gegensatz zur preußischen Denkschrift nahm Freisler nicht eindeutig für eine Gleichsetzung von Versuch und Erfolg Stellung, wie auch der Gedanke des Gefährdungsstrafrechts nur andeutungsweise wiederkehrte. Der Strafeinsatz war nach Ansicht Freislers nur mehr eine »taktische Frage«. Im Grunde fiel freilich die gesamte Normierung des Strafrechts unter dieses Urteil. Die theoretische Direktive des allgemeinen Zieles des nationalsozialistischen Staates und seiner Politik bestimmte, wann, wie und wer zu strafen sei. »Elastizität der Urteilsfindung zum Zweck der Gesellschaft« verlangte Hitler in der Regierungserklärung vom 23. März vom deutschen Richter; »nicht das Individuum kann Mittelpunkt der gesetzlichen Sorge sein, sondern das Volk« [76]. Aus dieser Maxime hatte Freisler die Kampffunktion des Strafrechts entwickelt. Zu ihr gehörte auch die Abschätzung des erreichbaren Erfolges; die Kampfinstrumente sollten nach den jeweiligen Erfolgsaussichten für den Zweck normiert und zugemessen werden, der hier die Bezeichnung »Gesamtsieg des Sozialistischen« und »Ausjätung aller anarchischen Kräfte« erhielt [77].

Freisler wußte Eigenheiten seiner jeweiligen Umgebung zu affizieren. Er gab sich gern und häufig als Revolutionär und Umstürzler, doch kehrte er diese Neigung niemals gegen die Partei, der er zugehörte. Das Strafrecht war nur ein Zweig, in der Periode der beginnenden Konsolidierung des nationalsozialistischen Staates allerdings der am stärksten beachtete und auch wichtigste Zweig einer totalitären Kampfideologie. Die besondere Zuspitzung, die Freisler den strafrechtlichen Problemen gab, ging auf ein politisches Stabilisierungsmotiv zurück, das bewußt oder unbewußt aus der unmittelbaren Nähe des terroristischen Aktivismus herbeigeholt war. Es sollte auf weite Sicht der Befestigung und Sicherung der Diktatur dienen; »Vergeltung und Autoritätswahrung sind das Ziel der Strafe« [78]. Im Verhältnis zur bestehenden Rechtsordnung bewirkte jedoch gerade die Totalität des Stabilisierungsmoments Kampf und Zerstörung. Für die mangelnde Bewußtheit dieser Zusammenhänge sprechen indessen die Konstruktionen auf anderen Rechtsgebieten. Frank propagierte seit längerem eine umfassende nationalsozialistische Rechtsideologie, und auch Freisler dehnte das totalitäre Justizreformprogramm auf zwei Rechtsgebiete außerhalb des Strafrechts aus, auf denen eine »volksstaatliche Rechtsordnung« aufgebaut werden sollte: das »Bauernrecht« und das Arbeitsrecht [79]. Es ist unverkennbar, daß sich in den spezifischen völkischen Vorstellungen innerhalb der nationalsozialistischen Rechtsideologie zwei Komponenten ausbildeten, deren unterschiedliche Nuancierung und Färbung von der verschiedenartigen Beleuchtung herrührte, die ihnen verschiedene Sachgebiete und Themenkreise gaben. In der einen gravierten völkisch-rassische Vorstellungen und Utopien und biologische Analogien, die andere entwickelte sich innerhalb des völkischen Gedankenkreises als eine quasisozialistische, jedoch agrarozentrisch-regressive Spielart.

Freisler lieferte im Strafrechtsausschuß der Akademie für Deutsches Recht ein anschauliches Beispiel für das Korrelieren beider Komponenten. Sein Bericht über die Ergebnisse der ersten Beratungen [80] führte in keineswegs unauffälliger Abweichung von seinen bisherigen, allerdings noch völlig undifferenzierten Darstellungen den »völkischen« Kollektivismus als Lösung des Stabilisierungsproblems vor. Im ersten der drei theoretischen Beiträge zur Strafrechtsreform aus der Feder Freislers war die Strafjustiz noch herkömmliches Zwangsinstrument des Staates; nach den Erörterungen eines halben Jahres ergriff sie in einem erweiterten Sinne als Kampfwerkzeug gegen die Feinde des Staates schon in perfekter Weise die politische Stabilisierungsaufgabe; im dritten Beitrag erscheint der Staat selbst an die zwingende Kollektivität einer »Blutsgemeinschaft« gebunden und das Strafrecht in erster Linie auf diese bezogen. Der Rechtsgüterschutz setzt bei »Blut und Boden« ein [81] und reiht dann die geschützten Rechtsgüter in deduzierter Folge aneinander: Ehe, Sippe, »Staatsbestand«, »innere Einigkeit« [82], Leib, Leben, Ehre höchster Staatsorgane und die »Bewegung«. Aber auch die völkisch-sozialistische Komponente ist erkennbar. Der einzelne wird als Treuhänder »in bezug auf die Gesamtheit« angesehen; infolgedessen gibt es einen Strafrechtsschutz gegen »volkspflichtwidrige Verwendung des Eigentums« und – neben den in herkömmlicher Weise bezeichneten »Verstößen gegen Treu und Glauben« (Betrug,

Urkundenfälschung) – vor »eigensüchtigem Handeln« (Diebstahl, Erpressung, Wucher, Hehlerei), zum größten Teil klassischen Delikten, die unter alte, urwüchsig anmutende Begriffe einer volkstümlichen Ethik gebracht und neu geordnet wurden. Erst an letzter Stelle gilt »der strafrechtliche Schutz des Staates ... schließlich der körperlichen Unversehrtheit des einzelnen Volksgenossen als Mitglied der Volksgemeinschaft« [83]. Die Kollektivitätsbedingungen, unter denen die Existenz des Individuums steht und strafrechtlichen Schutz erhält, hatten sich in diesem dritten Beitrag Freislers erheblich erweitert. Auch den Grundsatz *nulla poena sine lege* wies er wieder zurück, um die *Rechts*analogie zuzulassen; »volksschädliches Verhalten, dem im Wege der Auslegung und *Gesetzes*analogie nicht beizukommen ist, darf der Bestrafung nicht entgehen [84].« Vor dem Staat und seinen Organen und Werkzeugen selbst war kein Schutz des einzelnen mehr vorgesehen. Die Grundsätze des sächsischen Justizministers Thierack, des späteren Volksgerichtshofspräsidenten, versuchten sogar, den normenlosen politischen Notstand in das Strafrecht einzubauen und mit dem Begriff einer »Nothilfe für den Staat« eine Exemtion vom geltenden Recht selbst für eindeutig gegen strafrechtliche Bestimmungen verstoßende, jedoch politisch begründete Handlungen im Sinne des Staates zu schaffen. Die »politische Führung« sollte »freie Hand behalten, das Recht den jeweiligen politischen Bedürfnissen anzugleichen« [85]. Das Prinzip der totalen politischen Stabilität mündete hier schon ohne kompromißlerische Verhüllung in eine uferlose Mobilität der Rechtsinstitute; praktisch bedeutete das für den erleidenden einzelnen ständige, im besten Falle latente, in schlimmeren Zeiten unmittelbar spürbare Rechtsunsicherheit. Von den Aspekten des völkischen Utilitarismus nach dem Satz: »Alles, was dem Volke nützt, ist Recht, alles, was ihm schadet, ist Unrecht« [86], war der einer fehlenden Kontrollinstanz der schlimmste. Die Unterordnung unter den politischen Zweck führte zur »prinzipiellen Entleerung und Verkehrung des Rechtsgedankens« [87] zugunsten einer politischen Organisationstechnik, die den Gesamtbereich des Öffentlichen zu einer verwalteten Sache machte und nach den Grundsätzen der »Präzision«, der »Schnelligkeit«, der »Eindeutigkeit« und der »Kontinuierlichkeit« behandelte [88], sofern sie nicht, wie im Falle der Morde vom 30. Juni 1934, sogar zu eindeutigen und bekannten Unrechtsmaßnahmen schritt, die die politisierte Justiz nachträglich legalisieren mußte. Das über das Strafrecht in die Rechtsordnung einfallende Zweckprinzip schuf die eigentlichen Voraussetzungen für die Verwirklichung des totalitären Verwaltungsstaates, doch es wirkte zwangsläufig rechtsauflösend [89].

Es gab im Strafrechtsausschuß der Akademie für Deutsches Recht, dem hohe Beamte, Universitätsprofessoren und nationalsozialistische Justizfunktionäre angehörten, indessen auch Differenzen und Unvereinbarkeiten. Der Binding-Schüler Oetker kritisierte den längst als absurd erkannten *dolus indirectus* und das »Gefährdungsstrafrecht« der preußischen Denkschrift [90] wie die darin vertretene unterschiedslose Bewertung von »Beihilfe« und »Täterschaft« [91]. Solche Gegensätze leuchteten freilich immer nur in Detailfragen auf; nichtsdestoweniger bezeugen sie, daß die Auseinandersetzungen zwischen konservativen bürgerlichen und nationalsozialistischen Strafrechtlern im Grunde zu keinem gesicherten Ergebnis führten. Im allgemeinen läßt sich nach der Bezeichnung der extremen theoretischen Positionen nationalsozialistischer Rechtsideologen wie Freisler, Frank, Thierack und Luetgebrune und nach Eröffnung der allgemeinen Erörterungen eine Periode vielseitiger Vertiefung, aber auch Differenzierung, Abwandlung und schlechthin Mäßigung bemerken, an der die deutsche Strafrechtswissenschaft lebhaften Anteil nahm, ehe die Justizpraxis während des Krieges – im Gefolge der verschärften Rassengesetzgebung teilweise schon vorher – die These der anfänglichen Programme in der Wirklichkeit nicht nur erreichte, sondern bisweilen sogar übertraf [92]. Ganz anders etwa als Themen und Problematik der Reichsreform oder anderer grundsätzlicher Vorhaben des totalen Staates wurde die Justiz – im besonderen die Strafrechtsreform, wenn auch in der Begrenzung der juristischen Fachwelt – in Länge und Breite diskutiert [93]. Das greifbare Ergebnis blieb aus. Doch ein Erklärungsversuch, der dieses Phänomen kurzerhand als Seitentrieb der totalitären Propaganda wertete und schematisch einordnete, würde durchaus nicht befriedigen; denn selbst die projektierten Grundsätze und Formen der Strafrechtserneuerung aus dem Geiste nationalsozialistischer Ideologiebestände blieben weit hinter den praktizierten Formen der Abstrafung und des Vollzuges zurück, die der Schlußperiode des nationalsozialistischen Staates zugehörten. Allerdings bestand im totalitären Staat eine Konkurrenzbeziehung zwischen Justiz und totalitärer Propaganda; sie steht im Folgenden zur Erörterung. In einer anderen, für die Formen und die Bedeutung ihrer Existenz schließlich gravierenden Konkurrenzbeziehung befand sich die Justiz gegenüber der totalitären Polizei.

Die Reform verlief ohne Ergebnis; die wirkliche Entwicklung ging einen anderen Weg. Der Staat der Konzentrationslager wurde nicht auf dem Wege einer allgemeinen Strafrechtsreform verwirklicht, sondern als Polizei- und Zwangssystem, in dem die Justiz die Strafgerichtsbarkeit in zentrale Steuerung nahm und schließlich den Sektor des Strafrechts mehr und mehr verfahrenslos exekutierenden Vollzugsorganen, der Geheimen Staatspolizei und der SS, preisgab. Das Strafrecht, das unter dem Einfluß politischer Motive und im Gesichtswinkel politischer Effekte wesentlich verschärft wurde, gestaltete sich zu einem Instrument der Sühne ohne Rücksicht auf Individualität, menschliche und persönliche Bedürfnisse des Täters und schließlich sogar zu einem Instrument der Tathinderung durch vorbeugende Maßnahmen. Die bedenkenlose Abkehr von den liberalen Errungenschaften zielte jedoch darüber hinaus auf den Verzicht von Regelungen des Strafvollzugs, ja selbst der vorbeugenden Haft, auf die kategoriale Bezeichnung potentieller Tätergruppen und die völlige Rechtloslegung der in Verfolgung Geratenden.

3. Die Geheime Staatspolizei

Die Geschichte der Politischen Polizei reicht in Preußen weit zurück. In der Zeit der Republik stand dieses Institut, das zentrale Aufgaben zu erfüllen hatte, mit der »politischen Gruppe« der Polizeiabteilung im Innenministerium in Verbindung, blieb aber noch der Spitze des Berliner Polizeipräsidiums untergeordnet [94], wo es seit 1921 als »Abteilung I A« firmierte. Hierin trat unter Göring mit der Lösung dieser Abteilung von Polizei und Ministerium und ihrer Übersiedlung in die späterhin berüchtigte Prinz-Albrecht-Straße nicht nur äußerlich eine Wandlung ein. Zunächst als preußischer Innenminister, später auch als Ministerpräsident übernahm Göring selbst die Oberleitung der Geheimen Staatspolizei [95], jedoch ohne sich – wie in den meisten seiner angeeigneten Obliegenheiten – auf die Dauer auch eingehend um sie zu kümmern, so daß der eigentliche Leiter des Geheimen Staatspolizeiamtes allmählich zur wichtigsten Figur in dieser neuen und überaus wichtigen Behörde aufstieg. Zuerst erfüllte Rudolf Diels diese Funktion, ein jüngerer Beamter, der noch zur Zeit Severings Referent zur Bekämpfung des Kommunismus in der Abteilung I A war, im Juli 1932 eine kleinere

Rolle bei der staatsstreichartigen Absetzung der preußischen Regierung spielte, den Göring wegen seiner antikommunistischen Tätigkeit und Übung übernahm und beförderte und der später sein Schwager wurde.

Die Tätigkeit der GeStapo unter der Leitung von Göring und Diels erfüllte Frick offenbar mit Sorge. Er scheint um die Machtstellung des Reichsinnenministeriums gefürchtet und aus diesem Grunde im Herbst 1933 Verbindung zum preußischen Innenministerium gesucht zu haben, um die Tätigkeit der Politischen Polizei in Preußen mit dem Reichsinnenministerium zu verknüpfen und die politischen Polizeiorganisationen der Länder seinem Ministerium zu unterstellen [96]. Doch zu diesem Zeitpunkt wagten Frick und Pfundtner nur mit Vorsicht zu Werke zu gehen, ohne die unmittelbare Zuständigkeit des preußischen Ministerpräsidenten für die von ihm geschaffene Sonderpolizei direkt anzugreifen. Der Grund hierfür geht aus einer Aufzeichnung hervor, in der Pfundtner das Ergebnis einer Aussprache mit seinem preußischen Amtskollegen Grauert festhielt [97]. Göring gebot über einen kürzeren Weg zu Hitler und hatte sich angeblich dessen Unterstützung für seine Auffassung gesichert, daß eine gesetzliche Regelung und Vereinheitlichung der Schutzpolizei durch das Reichsinnenministerium vorläufig außer Betracht stünde. Allerdings wollte er Vereinbarungen zwischen dem Reichsinnenministerium und einzelnen Ländern – wohl mit Ausnahme Preußens – nicht im Wege stehen. Die Politische Polizei sollte, wie Grauert zugestand, einer Reorganisation unterworfen, das Geheime Staatspolizeiamt aufgehoben und seine Aufgabe an die ordentlichen Polizeibehörden überwiesen worden. Daß er bereit war, mit diesen Zugeständnissen Ernst zu machen, suchte Göring dadurch auszudrücken, daß er Diels kurze Zeit später zum Polizeivizepräsidenten von Berlin ernannte. Doch dessen Tätigkeit als Inspekteur des Geheimen Staatspolizeiamtes endete damit noch nicht; und die Geheime Staatspolizei verblieb auch weiterhin unter der Kontrolle Görings, der sein Ministerpräsidentenamt mit eigenen ressortartigen Zuständigkeiten verknüpfte und nun neben dem Vorsitz im Staatsministerium auch noch die Verwaltung der Geheimen Staatspolizei [98], der Landesforstverwaltung [99] und der Staatstheater [100] führte. Das Geheime Staatspolizeiamt erhielt jetzt sogar die Generalzuständigkeit für Beschränkungen der persönlichen Freiheit, während Ober- und Regierungspräsidenten, denen die Leiter der jeweiligen Staatspolizeistellen als politische

Referenten beigegeben wurden, ebenso wie der Berliner Polizeipräsident solche Anordnungen für ihren Amtsbereich auch weiterhin treffen durften [101], sich jedoch hierbei der Vollzugshilfe der zuständigen GeStapostellen bedienten. Trat die Politische Polizei in der Provinz auch in engere Verbindung zur Mittelinstanz der inneren Verwaltung, so wuchsen doch Befugnisse und Bedeutung des GeStapo-Amtes in Berlin weit über den bisherigen Rahmen hinaus. Auf längere Sicht wog nicht schwer, daß Göring die Schutzhaftpraxis zunächst wieder etwas einschränkte und eine unverzügliche Entscheidung des Gerichts, seine telegraphische Unterrichtung und das automatische Außerkrafttreten am achten Tage nach der provisorischen Maßnahme anordnete. Es war wohl von Göring nicht zu erwarten, daß er einem Machtgebilde seiner Schöpfung ein anderes Schicksal bereitete, als die politischen Polizeiorganisationen in den anderen Ländern erlitten, die bereits unter stärkstem Einfluß der SS standen, unter der Leitung von Himmler und Heydrich nach und nach aus den Zusammenhängen der inneren Verwaltungen heraustraten und sich in völlig selbständige Behörden umwandelten.

Im Reichsinnenministerium brachte man denn auch Görings Zusicherungen von vornherein kein uneingeschränktes Vertrauen entgegen. Überdies sah man schon deswegen keinen Anlaß, von der Entwicklung eigener Pläne abzusehen, weil Pfundtner mit dem entscheidenden Kernstück seiner Forderungen, dem Reichsinnenminister für die preußische Polizei ein Weisungsrecht einzuräumen, nicht durchgedrungen war. Noch vor Jahresablauf kam ein Projekt zu Papier, in dem die Grundlinien für die spätere Organisation der Geheimen Staatspolizei im Reichszusammenhang bereits ebenso zu erkennen sind wie das Vorbild der preußischen Organisation, die Göring geschaffen hatte. Ihm zufolge wäre der Reichsinnenminister Chef dieser Geheimen Reichspolizei und – analog zur Stellung des Inspekteurs in Preußen – ein »Staatssekretär der Geheimen Reichspolizei« mit der Wahrnehmung der Geschäfte des Chefs beauftragt und gleichzeitig zum Leiter des Geheimen Reichspolizeiamtes ernannt worden. Ihm hätten »Inspekteure der Geheimen Reichspolizei« in den Ländern unterstanden, die zugleich die Leiter »Geheimer Reichspolizeistellen« gewesen wären [102]. Diesen Plan konnten zwar Frick und Pfundtner allein nicht in die Wirklichkeit umsetzen; ihnen kam jedoch bald der Umstand zu Hilfe, daß Macht und Stellung der SS-Führer innerhalb der Polizei, die

Göring selbst nach Kräften gefördert hatte, rasch und in einem solchen Umfang zunahmen, daß Zentralisierung und reichseinheitliche Organisation sich nahezu zwangsläufig vollzogen.

Die weitere Entwicklung der Politischen Polizei im Deutschland des Nationalsozialismus verknüpfte sich in schwerwiegender Weise mit Organisation und Aufstieg der SS, deren Verbände, soweit sie zum Polizeidienst herangezogen wurden, sich schon frühzeitig von den üblichen Hilfspolizeizwecken der SA gelöst und in Preußen auf Grund eines Erlasses von Göring politische Polizeifunktionen übernommen hatten [103]. Verbindungen zwischen SS und Kommandostellen der Politischen Polizei bestanden zuerst in Bayern, wo Himmler das Münchener Polizeipräsidium, am 1. April 1933 die Politische Polizei in ganz Bayern und Heydrich unter ihm die politische Abteilung des Präsidiums in München übernahmen. Mit der Aneignung der Leitung der Politischen Polizei in den anderen Ländern während der nächsten Monate [104] kamen Himmler und seine SS auch dort zum Zuge. In die Führung der Geheimen Staatspolizei Preußens drang sie zuletzt ein. Der Beförderung Grauerts zum Staatssekretär im preußischen Innenministerium im April folgte die Ernennung des SS-Obergruppenführers Daluege zum Ministerialdirektor, Polizeigeneral und Leiter der Polizeiabteilung, in der er schon als Kommissar z. b. V. und oberster Chef der Hilfspolizei eine Rolle von zunehmender Bedeutung gespielt hatte; doch einen Einfluß auf das Geheime Staatspolizeiamt in Berlin übte die SS zu dieser Zeit noch nicht aus. Diels war bis gegen Jahresende 1933 zweifellos der wichtigste Mann im Berliner Polizeiapparat. Nach seinem Ausscheiden aus der GeStapo am 20. April 1934 [105] trat aber Himmler die Nachfolge mit einschneidenden Personalmaßnahmen nach dem offen bekundeten Entschluß an, »Beamte, die durch ihre Tätigkeit mit der Behörde in ihrer alten Organisationsform besonders eng verbunden waren, künftig nicht weiter zu beschäftigen ...« [106]. In den nächsten Wochen schieden allein sechs höhere Beamte aus dem Berliner GeStapo-Amt aus und folgten ihrem Chef Diels in die Provinz. An ihre Stellen rückten mehrere neue, auffallend junge Männer, darunter drei höhere SS-Führer, die als Leiter wichtiger Abteilungen zu den engsten Mitarbeitern Himmlers zählten: Der SS-Gruppenführer Heydrich, der ständige Vertreter Himmlers und Chef des Sicherheitsdienstes (SD) des Reichsführers der SS (RFSS), wurde am 22. April 1934 zum Chef des Preußischen Geheimen Staatspolizeiamtes ernannt; der SS-Standartenführer

Best, ein frühzeitiger Überläufer von der Deutschnationalen Volkspartei zur NSDAP, der durch die Affäre der Boxheimer Dokumente 1931 bekannt geworden war und danach seine Parteikarriere im Sicherheitsdienst der SS begonnen hatte, übernahm als Oberregierungsrat die Verwaltungsabteilung des GeStapo-Amtes; ein anderer Abteilungsleiter hieß Müller, war ebenfalls SS-Standartenführer und wurde von Heydrich aus München geholt, wo er einst als unterer Kriminalbeamter Dienst getan hatte, ehe er den Weg zur bayerischen Politischen Polizei, zu Heydrich und zur SS fand [107]. Unter den übrigen höheren Beamten des GeStapo-Amtes läßt sich zwar zu dieser Zeit noch keine besondere Bevorzugung von SS-Angehörigen feststellen [108]; doch der Spitzenkader der SD-Funktionäre ließ sich von Göring kaum noch leiten, dessen Chef-Titel in der preußischen Staatspolizei nach dem Ausscheiden von Diels nur noch nominelle Bedeutung hatte [109].

Die GeStapo war schon im Sommer 1933 unter der Aufsicht Görings so mächtig und selbstherrlich in ihrer Entschlußfreiheit, daß sie nicht einmal die Anfragen von hochgestellten Beamten, Staatssekretären und Ministern nach Verhaftungen und Verhaftungsgründen beantwortete und selbst diese bescheidenen Interventionen als verdächtiges »Unwesen« denunzierte [110]. Der Justizminister fand gegen diesen Zustand nichts einzuwenden und suchte nicht nach einer Möglichkeit, ihn zu ändern oder Bedenken vorzubringen. Nach mehreren Monaten nahm erst ein Erlaß des preußischen Innenministers der GeStapo das angemaßte Recht, aus freiem Ermessen aktive Beamte verschwinden zu lassen; solche »Verhaftungen« bedurften nunmehr der vorherigen Genehmigung oder – »im Falle der Gefahr« – der Benachrichtigung des Innenministeriums [111]. Doch Stellung und Macht der Politischen Polizei wurden mit der allmählichen Ausweitung ihrer Zuständigkeiten gegenüber der allgemeinen Polizei und mit Hilfe einer immer mehr zu ihren Gunsten ausgeweiteten Ermessensfreiheit nach der traditionellen Generalklausel der »öffentlichen Ordnung und Sicherheit« [112] zusehends verstärkt und gefestigt. Das Justizministerium fügte sich widerstandslos der Politischen Polizei und nahm unter dem Einfluß Freislers sogar Grundsätze und Praktiken der Politischen Polizei in die Praxis der Justizverwaltung auf. Ein Erlaß vom 6. Mai 1933 ordnete an, daß Personen, die unter dem Verdacht staatsfeindlichen Verhaltens standen, selbst dann nicht mehr »vorzeitig« aus der Untersuchungshaft entlassen werden durften, wenn kein dringender Tatverdacht mehr bestand [113]; vor der Haftentlassung mußte die Politische Polizei befragt werden. Praktisch lag es in ihrem Ermessen, eine Untersuchungshaft beliebig in die Länge zu ziehen. Für den in Verdacht Geratenen schwand damit die Chance, in kürzerer Zeit und ohne persönliche Benachteiligung wieder aus der Haftapparatur herauszukommen. Schon in diesem frühen Stadium des totalitären Staates war die Tendenz offensichtlich, den aus politischen Gründen Verhafteten jederzeit einer lückenlosen Kette ordentlicher und politischer, außerordentlicher Haftmaßnahmen auszusetzen. Charakteristisch für den bereits weit gediehenen Zustand der verwaltungsstaatlichen Organisation war, daß derartige Regelungen ohne sichtbare Initiative von seiten der Reichsregierung oder des Preußischen Staatsministeriums auf innerbehördliche Veranlassung erfolgten. Im August beschied das Justizministerium solche Anregungen noch abschlägig [114]. Doch das Geheime Staatspolizeiamt griff wenige Monate später von sich aus diesen Gedanken auf und ordnete durch Verfügung an die Staatspolizeistellen Vereinbarungen mit den örtlich zuständigen Justizbehörden an, um zu erreichen, daß Landesverräter nach Verbüßung der Freiheitsstrafe in Schutzhaft genommen werden könnten; es ließ auch den Hinweis nicht fehlen, daß sich diese Maßnahme »fast stets« empfehlen werde [115]. Daraufhin gab auch das Justizministerium einen entsprechenden Erlaß heraus [116], der es dem Ermessen der Provinzialjustizbehörden und ihrem Einvernehmen mit den Staatspolizeistellen überließ, ob sie »lediglich verurteilte Landesverräter ... oder ... auch Untersuchungsgefangene, bei denen ein zur Verurteilung ausreichender Verdacht sich nicht begründen ließ«, der GeStapo »zur Verfügung« stellten. Dieser Kompetenzverzicht der obersten Justizbehörde konnte sich nur zugunsten der institutionellen Hilfen auswirken, mit denen die Geheime Staatspolizei als die zentrale politische Verhaftungs- und Haftbehörde des totalen Staates [117] eine Unterklasse schuf – die »Unterwelt« in der Terminologie Freislers –, in der die Grenzen zwischen politischen Gesetzesbrechern und Verbrechern verschwammen, deren Existenz einen jeden bedrohte und die Freiheit aller beseitigte. Die Kategorie der Betroffenen wurde rasch ausgedehnt; bald kam der Ausdruck »vorbeugende Polizeihaft« in Gebrauch [118], die sich gegen Eventualverbrechen und -vergehen richtete und das größte nur denkbare Maß rücksichtsloser Sicherungsmaßnahmen der Staatsgewalt bedeutete. Die Einweisung in ein Konzentrationslager, die sich hinter dem Begriff der verhängten »Schutzhaft« oder der summarisch verfügten, automatisch eintretenden »vorbeugenden Polizeihaft« verbarg, aber auch Form und Ausgestaltung der Haft vollzogen sich hinfort ohne jeden Einfluß, ohne Regelung und ohne irgendeine Kontrolle der Justizbehörden [119]; gegen die Verhängung von Schutzhaft gab es nicht einmal mehr ein Rechtsmittel [120].

Diese wichtige Sonderbefugnis der Geheimen Staatspolizei innerhalb des totalitären Staates bildete eine der wesentlichen Voraussetzungen für die spätere Machtstellung des »Reichsführers SS und Chefs der deutschen Polizei im Reichsministerium des Innern«. Wie Staatssekretär Grauert, der neben seinem preußischen Amt im Ministerium des Innern auch den Vorsitz im Ausschuß für Polizeirecht in der Akademie für Deutsches Recht innehatte, schon 1934 ankündigte, blieb stets die Beschwerdemöglichkeit »bei Maßnahmen, die aus staatspolitischen Gründen getroffen werden«, ausgeschlossen [121]. Mit der Unbestimmtheit und Unbestimmbarkeit der Grenzen solcher »Maßnahmen aus staatspolitischen Gründen« blieb ein Sektor des Ausnahmezustands im öffentlichen Leben dauernd aufrechterhalten, dessen Grenzen ständigen Veränderungen unterlagen. Mit den Grundrechten, die die Verordnung vom 28. Februar 1933 formell zwar nur »bis auf weiteres«, tatsächlich jedoch für dauernd außer Kraft setzte, fiel die vor staatlichen Eingriffen grundsätzlich gesicherte Freiheitszone des einzelnen [122]. Auch das charakterisiert den totalitären Verwaltungsstaat, daß er Reglementierungen schuf, die nicht mehr den einzelnen vor Eingriffen zu schützen vermochten, sondern diese Eingriffe nur noch an Zuständigkeiten und weit umrissene, jederzeit revidierbare Bedingungen knüpften.

Verhaftung und Durchführung der »Schutzhaft« nach internen staatspolizeilichen Haftverfahren waren zweifellos in der frühen Periode des totalitären Staates die wichtigsten unter den Funktionen, die die GeStapo übernommen hatte [123]. Die Überwachung und Auflösung von Verbänden trat nach der Gleichschaltung in ihrer Bedeutung etwas zurück. Verbote, Überwachungen und Auflösungen von Versammlungen und Verbote von staatsfeindlichen Druckschriften wurden im totalitären Staat zu einer Art von Routinetätigkeit; die Gewißheit ihres in Verbindung mit einem genau arbeitenden Überwachungssystem zuverlässigen Funktionierens erzeugte jene für diesen Staat typische Atmosphäre, die bereits wesentlich zur Prävention oppositioneller politischer Handlungen und Äußerungen beitrug und die jede Massenwirkung solcher Erscheinungen von vornherein unterband. Die staatspolizeiliche Schutzhaft stand als Drohung hinter allen Maßnahmen dieser Art. Daß sie das weite Vorfeld des Verdächtigen beherrschte und bereits ohne Tatfall verhängt werden durfte, machte sie zu dem zweifellos wirksamsten Mittel der Abschreckung. Nur ihre kurzfristige Form führte in Polizei- und Gerichtsgewahrsam; für die weitaus häufigere langfristige Schutzhaft waren ausschließlich die Konzentrationslager zuständig, die von der SA, die sie gegründet hatte, in die Obhut der SS übergingen und einer zentralen Verwaltung unterstellt wurden. Am 31. Juli 1933, bei Abschluß der terroristischen Phase, gab es nach offizieller Zählung nicht weniger als 26 789 Schutzhäftlinge in Deutschland, davon 14 906 in Preußen [124]. Diese Zahlen gingen im Laufe der nächsten Jahre nur zeitweilig zurück. Im Zeitpunkt eines annähernden Ruhezustandes, am 1. November 1936, bestanden nach amtlicher Lesart 5 Konzentrationslager und ein Frauenschutzhaftlager mit zusammen 4761 Häftlingen, von denen 3694 aus politischen Gründen inhaftiert worden waren [125].

Wachsende Bedeutung gewann die umfassende Beobachtungstätigkeit der GeStapo, die jede staatsfeindliche Tätigkeit feststellen, politisch Verdächtige, die potentiellen »Staatsfeinde«, mit gleichmäßiger Aufmerksamkeit verfolgen sollte und regelmäßige Berichte über besondere politische Vorkommnisse, über die allgemeine Stimmung der Bevölkerung und die Haltung einzelner Kreise aus allen Gegenden des Reichsgebiets erhielt [126]. Das Informations- und Beobachtungswesen wurde allmählich zu einer annähernd lückenlosen Registratur politischer Haltungen und Reaktionen in der Bevölkerung fortgebildet, die freilich einen Aufwand an Menschen und Mitteln erforderte, wie er dem älteren Polizeiapparat gänzlich fremd gewesen wäre. Mehrere hundert politisch wichtig erscheinender, der Opposition gegen den nationalsozialistischen Staat verdächtiger Persönlichkeiten nicht nur im Reichsgebiet, sondern sogar im Ausland standen im geheimen unter Kontrolle [127]; auf diese Weise konnte kaum eine politisch bedeutsame Initiative gegen das nationalsozialistische Regime unbemerkt bleiben.

4. Das Reichspropagandaministerium und seine Organe

Terror und Propaganda – der Terror in allen seinen Auswucherungen, in seinen ungeordneten Erscheinungen wie in den Formen des institutionalisierten Zwanges, und die Propaganda, beide auch als Zweck oder Funktion von Organisationen – erweisen sich in einem bestimmten Aspekt des totalitären Systems als zusammengehörig. Nach Goebbels gab es für die Nationalsozialisten zwei Arten, »Revolution zu machen: ... einmal den Gegner so lange mit Maschinengewehren zusammen[zu]schießen, bis er die Überlegenheit [!] dessen erkennt, der im Besitze dieser Maschinengewehre ist«, oder: »durch eine Revolution des Geistes die Nation um[zu]gestalten und damit den Gegner nicht [zu] vernichten, sondern [zu] gewinnen« [128]. Er verschwieg freilich, welcher Art diese »Gewinnung« der Gegner war und welche Formen der »umgestaltete Geist« anzunehmen vermochte [129]; ihm galt – unter dem Eindruck des eben überwundenen parlamentarischen Verfassungsstaates und seiner Parteien – die totale Ausräumung jedweden Widerstandes als der vorherrschende und vielleicht sogar als der einzige politische Effekt, auf den er seine Betrachtungen anlegte [130]. Die Propaganda hat also ein Doppelgesicht: als Mittel der Werbung, aber auch der fortgesetzten Anregung, Bestärkung, Bestätigung, der Erzeugung einer möglichst tiefreichenden Konformität der Massen zum Zwecke der Sicherung des politischen Systems, im totalen Staat als Instrument des Polizeistaates. Ihre Methoden liegen sowohl diesseits wie jenseits der Grenze, die die im letzten immer offene und ungewisse Kunst des Überzeugens von einem Widerspruch tötenden und schließlich jedes selbständige Denken erstickenden Werben scheidet, das sich als gezielte Einwirkung auf den einzelnen bis zur Anwendung gewalttätiger Mittel und schließlich in die grobe und einfache Form der individuellen Unterdrükkung steigert. Daher sind auch nirgends die Grenzen zwischen der liberalen und der totalitären Welt so sehr im Fluß und häufig im Verschwinden begriffen wie auf dem großen Gebiet der Propaganda. Mittel und Effekte erscheinen, ohne Determinierung von außen her, in unbegrenzter Weise steigerungsfähig [131].

Aufbau und Wirksamkeit des Propagandaapparats des nationalsozialistischen Staates gingen auf zwei verschiedene Wurzeln zurück: die unter den Parteien der Weimarer Republik von Hitler, von Strasser und vor allem von Goebbels beispiellos entwickelte Propaganda der NSDAP und die Anfänge staatlicher Informations-, Presse- und Rundfunktätigkeit. Die Regierungen der Weimarer Zeit betrieben keine Propagandapolitik; aber die junge Einrichtung des Rundfunks stand in engeren Beziehungen zu ministeriellen Informations- und Pressestellen. Die Richtlinien für die Regelung des Rundfunks von 1926 [132] wahrten die »streng überparteiliche« Handhabung des Sendedienstes. Eine besondere Nachrichtenstelle, der »Drahtlose Dienst« (DRADAG), der einen Aufsichtsrat von Beamten aus Reich und Ländern besaß und dem der Rundfunkreferent des Reichsinnenministeriums vorstand, versorgte den deutschen Rundfunk mit Nachrichten und hielt enge Verbindung zur Pressestelle der Reichsregierung [133]. Die Problematik einer noch weiter reichenden politischen und auch staatlichen Regie des Rundfunks blieb in den letzten Jahren der Weimarer Republik keineswegs unbekannt. Im Gefolge des verschärften politischen Kampfes forderten die Parteien der Weimarer Koalition Politisierung – wenn auch unter Wahrung der Überparteilichkeit – und Ausbau dieses Propagandamittels [134]; und Severing verschaffte sich als Reichsinnenminister 1928 mit Hilfe seines deutschnationalen Rundfunkreferenten Scholz einen stärkeren politischen Einfluß auf die DRADAG [135]. Diesem »Griff nach dem Rundfunk« von links folgte nach dem Sturz Brünings eine »Rundfunkreform«, die den gleichen Ministerialrat Scholz zum Vater hatte, der im März 1932 die DNVP verlassen hatte und für einige Monate zum Strasser-Flügel der NSDAP gestoßen war. Nunmehr wurde der Rundfunk verstaatlicht, in die Hände einer Reichsrundfunkgesellschaft gelegt, an der Reich und Länder partizipierten, der Deutschlandsender zum Reichssender umgewandelt und der Rundfunkreferent des Reichsinnenministeriums als Rundfunkkommissar eingesetzt, der die gesamte Programmpolitik im Sinne der »Regierung der nationalen Konzentration« beeinflußte [136].

Die »Filmpropaganda durch tönende Wochenschau« suchte Severing als preußischer Innenminister ebenfalls in die Staatstätigkeit einzubeziehen, wobei die Beispiele Italiens und Rußlands als vorbildlich angesehen wurden [137]. »In einer Zeit, in der man zur Erzielung bestimmter politischer Wirkungen alle erreichbaren Propagandamittel sich nutzbar zu machen sucht«, glaubte auch die preußische Regierung, nicht »nur auf die rein negative Seite des Films (Zensur, Sicherheitsvorschriften usw.) beschränkt« bleiben zu dürfen, sondern »die Produktion in staatspolitischem Sinne in geeigneter Weise wirksam . . . beeinflussen« zu müssen. Das Ergebnis dieser Bemühungen war schließlich die Errichtung einer Zentralstelle, die auf dem Gebiet der Wochenschau eine »volkstümliche Propaganda der Tätigkeit der Staatsverwaltungen« zu betreiben hatte [138].

Die Einbeziehung dieser Ansätze staatlicher Propaganda in die Apparatur des nationalsozialistischen Systems führte dann zu völlig anderen Verhältnissen. Politisierung und totalitäre Propaganda sind nicht nur quantitativ verschieden, sondern auch von anderer Qualität. Die nationalsozialistischen Maßnahmen auf dem Gebiet der Propaganda blieben bei weitem nicht nur Erweiterungen, Verschärfungen und Perfektionierung im Zuge vorhandener oder beginnender Tendenzen innerhalb der staatlichen Administration. Und es genügt keineswegs, Goebbels, den Manager der neuen öffentlichen nationalsozialistischen Propaganda, der nach dem Abfall Gregor Strassers im Dezember 1932 die Reichspropagandaleitung der NSDAP aufbaute [139] und gänzlich neuartige Organisationen und Institutionen mit neuen Zwecken schuf, als eine luziferische Erscheinung mit satanischen Absichten und genialen Leistungen zu bewerten.

Kaum eine der politischen Gruppen, die heute große Teile der Bevölkerung für sich gewinnen und zur Wahlentscheidung bringen wollen, begnügt sich damit, die programmatischen Elemente ihrer Propaganda *ad hoc* nach freiem politischen Ermessen zu bilden. Ihre näheren und ferneren Quellgründe werden wohl fast immer in existenten Ideologien zu suchen sein; für politische Organisationen, die sich in einer parteiengeschichtlichen Kontinuität bewegen, dürften die Traditionen mehr oder minder verbindlich bleibende Grenzlinien vorbestimmen und diese Suche nach dem zur propagandistischen Auswertung geeigneten ideologischem und politischem Material insofern von vornherein gewissen Bedingungen unterwerfen. Die NSDAP war im Zeitpunkt ihrer Gründung eine völlig neue Erscheinung unter den politischen Bildungen der Weimarer Republik ohne parteienhistorische Verwurzelung. In ihr vereinigten sich verschiedene, durchaus nicht homogene Elemente, die in der ganzen Zeit des Bestehens dieser Partei ihrer Propaganda nur wenige nennenswerte Begrenzungen setzten. Die NSDAP tendierte zum extremsten Nationalismus, und sie war von Grund auf antisemitisch; darüber hinaus nutzte sie viele Elemente des Protestes, ohne verbindliche Normen zu bilden.

Als geschickte Propagandisten erwiesen sich die Nationalsozialisten schon vom ersten Tage des neuen Kabinetts an. Den starken Aufschwung, den die nationalen und nationalistischen Tendenzen mehr als eigentlich die nationalsozialistische Partei selbst in diesen Tagen erlebten, das stark konservativ-deutschnationale Aussehen, den das von Hitler geführte Kabinett hatte, in dem sich die beiden Nationalsozialisten hinter dem neuen Kanzler angesichts der lauten Überlegenheit ihrer Partei auf den Straßen beinahe bescheiden ausnahmen, die leicht aufflammende Begeisterung vieler, die bis dahin der NSDAP selbst ablehnend oder zurückhaltend gegenüberstanden, sich jedoch den Wogen einer »nationalen Revolution« anzuvertrauen bereit waren, all das verstand Hitler rasch und geschickt in die Münze persönlicher Erfolge umzuprägen. Die Kokarde schwarz-weiß-rot löste die schwarz-rot-goldenen Farben der Republik ab und schien sich neben dem Hakenkreuz unangetastet zu behaupten. Die Zeit einer nationalen Regierung der schwarz-weiß-roten Farben schien angebrochen, und Hitler nutzte diesen Anschein nach Kräften, wohl nicht ohne die bewußte Absicht, sich anzupassen und zunächst ein Auskommen mit seinen Regierungspartnern zu finden. Papens Wort vom »neuen christlichen Reich deutscher Nation« hatte Hitler schon mit seinem Aufruf vom 1. Februar das Stichwort geliehen, in dem er »das Christentum als Basis unserer gesamten Moral« bezeichnete, die die Regierung »in ihren festen Schutz« nehmen werde [140]. Und gar der Tag von Potsdam, der 21. März 1933, wurde bis ins letzte als ein Tag der Aussöhnung zwischen bürgerlichem und konservativem Nationalismus und Nationalsozialismus inszeniert. Hitler, ähnlich Mussolini, wenn auch weniger aufdringlich, ein mit der Massenpsychologie vertrauter Schauspieler und Schausteller, erschien in dieser Zeit der siegreichen »nationalen Erhebung« als Regierungschef in der Öffentlichkeit niemals anders denn im festlichen Frack oder Cutaway. Das gesamte propagandistische Bild von der »nationalen Erhebung« entsprach nicht der politischen Wirklichkeit, sondern war eine »übertreibende Stilisierung des restaurativen deutschnationalen Aspekts des 30. Januar« [141], eine planvoll erzeugte Verharmlosung, die die nationalen Verbände und Gruppen in dem Glauben halten sollte, daß ihre Sache gesiegt habe und nun regiere. Die politische Wirklichkeit zerstörte diese mit den Mitteln der Propaganda geschaffene Hülle erst unter dem Drang der weiteren Entwicklung nach den Gesetzen des nationalsozialistischen Machtkampfes.

Die ursprünglichen Mittel der Parteipropaganda der NSDAP

waren Massenversammlungen und Aufmärsche, die rednerische Agitation, die sie von der revolutionären Linken übernommen, jedoch in größtem Zuschnitt organisiert hatte, sowie die parteieigene Presse, die die Brüder Strasser und Goebbels zielbewußt aufgebaut und die der »Reichspressechef« Dietrich 1931/32 unter seiner Leitung zusammengefaßt und unter Verwendung industrieller Finanzhilfen zu einem bedeutenden Instrument der NSDAP ausgebaut hatte [142]. Im Besitz dieses Apparates wertete die NSDAP nun die vorhandenen staatlichen Propagandamittel auf. »Wir werden ein Meisterstück der Agitation liefern«, jubelte Goebbels schon wenige Tage nach der Kabinettsbildung Hitlers [143]. Geld war jetzt in ausreichender Menge vorhanden oder ließ sich beschaffen, und Teile der Presse sowie der Rundfunk begannen sich den Wünschen der NSDAP zu öffnen. Schon am 30. Januar 1933 vermochte der spätere Reichssendeleiter Hadamovsky mit Unterstützung einiger Nationalsozialisten über den Berliner Rundfunk eine Reportage von dem Massenaufmarsch und dem Fackelzug der SA zustande zu bringen, die die Hörer des gesamten Reichsgebiets mit den propagandistisch wirkungsvollsten Effekten der Berliner Ereignisse in Beziehung brachte. Hier und an diesem Tage begann eine neue Epoche staatlicher Rundfunkpropaganda. Nach der Wahl vom 5. März sollte nach sofort beschlossenem Plan ein Propagandaministerium als neue Reichszentralbehörde errichtet werden, die als staatliches Abbild und Gegenstück der Reichspropagandaleitung der NSDAP die Bildung der öffentlichen Meinung in zentrale Regie zu nehmen trachtete – »etwas durchaus Modernes und einzigartig Neues« [144].

Rasch und reibungslos wurde die »Umstellung der nationalsozialistischen Presse zur Regierungspresse« vollzogen [145]. Weisungen des Reichspressechefs untersagten jeden Angriff auf die Reichsregierung, stellten die Aufgabe, jede ihrer Maßnahmen »journalistisch zu unterstützen und zu popularisieren«, und verlangten »bis auf weiteres« die Einstellung des Kampfes gegen Zentrum und Bayerische Volkspartei. Der »Kampf der Parteipresse« konzentrierte sich zunächst auf den »Marxismus«, wodurch die weithin gefürchteten kommunistischen Organisationen und »das System«, die unter sozialdemokratischer Beteiligung geschaffene Republik, in gleichem Maße getroffen werden sollten. Die Ernennung Funks zum Pressechef der Reichsregierung und Metzners, der bis dahin Redakteur beim *Nationalsozialist* in Weimar war, zum persönlichen Referenten des Reichsinnenministers Frick sicherte der nationalsozialistischen Presseorganisation den unmittelbaren Anschluß an die Informationsquellen der Reichsregierung, die Stellung des Reichspressechefs Dietrich als einer Art oberster Befehlsinstanz ihre einheitliche Handhabung.

Als nächstes folgten die Ausweitung der Parteipropaganda auf Organe, die bis dahin außerhalb der NSDAP standen, und die Generalisierung des Propagandazwecks. Den besten Vorwand hierfür lieferte der Wahlkampf, sobald die Reichstagsneuwahl und ihr plebiszitärer Anstrich beschlossene Sache waren [146]. Schon in der Reichsministersitzung am 1. Februar gab Hitler die Propagandaparole »Kampf gegen den Marxismus« aus [147], die nun über zahllose Kanäle in die Öffentlichkeit drang und von ihr Besitz ergriff. Nur am Einspruch des Reichsfinanzministers scheiterte Fricks Vorschlag, sofort 1 Million Reichsmark aus Fonds des Reichsinnenministeriums für unmittelbare Verwendung bei der Wahlpropaganda zur Verfügung zu stellen [148]. Natürlich verfügte die NSDAP noch über andere und größere Geldquellen. – Die Organe der preußischen Verwaltung gingen sofort drakonisch und unterschiedslos gegen die kommunistische und bald auch gegen die sozialdemokratische Presse vor [149]. Kampfpropaganda, Ausschaltung und Vernichtung politischer Gegner steigerten sich dann zum Furioso des letzten Wahlkampfes unmittelbar nach dem Reichstagsbrand, den Hitler und die Seinen als willkommene Gelegenheit benutzten, um die völlige Beseitigung der kommunistischen Partei einzuleiten und den Kampf gegen die übrigen Parteien auszudehnen.

Sofort nach der Wahl vom 5. März gingen Hitler und Goebbels an die Errichtung des neuen Monstreministeriums, das Presse, Rundfunk, Film, Theater und Propaganda in einer einzigen großzügigen Organisation vereinigte [150]. Ursprünglich hatte Goebbels nur auf ein »Reichskommissariat für Volksaufklärung und Propaganda« gerechnet, das in untertreibender Harmlosigkeit mit Rationalisierungsbestrebungen begründet wurde zu dem Zweck, »Doppelarbeit und Leerlauf« der verschiedenen und in verschiedener Weise zuständigen Stellen, des Reichsinnenministeriums, des Auswärtigen Amtes, der Pressestelle der Reichsregierung, der Reichszentrale für Heimatdienst und der preußischen Ministerien des Innern und des Kultus, aus der Welt zu schaffen [151]. Daß diese neue Institution »großangelegte planvolle Arbeit« auf dem Gebiet der Propaganda zu leisten imstande sein würde, ließ allein der Katalog der zusammengefaßten Aufgaben und zusammengelegten Behörden erkennen, der von der Pressestelle der Reichsregierung ausging und den Reichsrundfunkkommisar beim Reichsministerium des Innern, die Aufgabenbereiche der Reichszentrale für Heimatdienst, des Reichskunstwarts, das gesamte Ausstellungswesen, die Hochschule für Politik, die Deutschtumsabteilungen der Innenministerien des Reiches und Preußens, private und wissenschaftliche Organisationen, so den Verein für das Deutschtum im Ausland, das Deutsche Auslandsinstitut, den Geographentag und den Historikertag, und schließlich die »Filminteressen« des Reiches umfaßte. Hitler unterbreitete den Reichsministern am 11. März zwar den Vorschlag zur Errichtung eines Reichspropagandaministeriums, aus Gründen der Vorsicht jedoch in der Weise, daß er die Vorbereitung von Regierungshandlungen als spezielle Aufgabe der neuen Behörde bezeichnete und geschickt zur Frage einer Aufklärung der Bevölkerung in der Frage des Absatzes von Ölen und Fetten und auf die Schaffung eines staatlichen Anzeigenmonopols überging [152]. Hiermit mußte Hitler vor allem Hugenberg treffen, der zwar den sogenannten Fettplan zur Hebung der Landwirtschaft seines Staatssekretärs v. Rohr vertrat, zum anderen aber an kommerziellen Anzeigenmonopolen persönlich interessiert war. Das Unterfangen der Nationalsozialisten mag manchem der Reichsminister unverständlich erschienen sein, so daß die plastische und einfache Erläuterung zu überzeugen vermochte. Der Reichsarbeitsminister Seldte und auch der Reichspost- und Reichsverkehrsminister befürworteten die neue Einrichtung; Hugenberg hingegen bat um Aufschub der Entscheidung, da er wohl eine gefährliche Tragweite dieses neuen Einfalls seiner Regierungspartner befürchtete. Doch als Hitler und Frick die Angelegenheit als dringlich darstellten, beschloß das Reichskabinett, ohne Widerspruch zu erheben [153].

Auch diesmal stieß die Reichsgewalt auf entgegengerichtete Interessen Preußens, das seine Zuständigkeiten zu verteidigen suchte. Der Kommissar für das preußische Ministerium für Wissenschaft, Kunst und Volksbildung hatte zuvor die staatliche Filmpropaganda übernommen [154], zeigte sich jetzt aber dem Zugriff des neuen Reichspropagandaministeriums keineswegs gewachsen. Doch der preußische Ministerpräsident war mit der neuen Machtbefugnis seines Ministerkollegen Goebbels durchaus nicht einverstanden. Sein von persönlicher Rivalität genährter hinhaltender, jedoch dann bald wieder weichender Widerstand stellte anfangs dem Reichspropagandaminister einige Schwierigkeiten in den Weg. Zunächst ordnete er eine straffe Zentralisierung des preußischen Nachrichtenwesens bei der Pressestelle des Staatsministeriums an [155], die die ministeriellen Informationsbedürfnisse so stark band, daß sogar der Kultusminister, der Nationalsozialist Rust, Protest erhob [156]. Und noch im Juni versuchte Görings Staatssekretär Körner in einer umfangreichen Denkschrift, die er den anderen Ländern durch Abschriften mitteilte, dem Propagandaministerium das Monopol streitig zu machen und an der Mitwirkung der Länder »an der staatspolitischen Auswertung des Rundfunks« festzuhalten [157]. Doch Goebbels erwies sich bereits als der Stärkere. Das Gesetz über die Aufgaben des Reichsministeriums für Volksaufklärung und Propaganda vom 30. Juni 1933 [158] gab ihm und seinem Ministerium ein gesetzliches Zuständigkeitsmonopol über alle vorhandenen Mittel der Propaganda.

Zur Durchsetzung seiner neuen Befugnisse wußte sich Goebbels auch weiterhin der Unterstützung Hitlers zu versichern, der am 15. Juli von seinem Weisungsrecht gegenüber den Reichsstatthaltern Gebrauch machte und den gesamten Rundfunk in die Verfügungsgewalt des Reiches nahm [159]. Die lapidare, wenngleich schwerwiegende Feststellung, daß die kulturelle Führung des Rundfunks »zu einem Mittel der politischen geworden« sei, ließ fortan ebensowenig Raum für Staatskommissare, Programmräte und Programmausschüsse wie für Kapitalbeteiligungen der Länder an den Rundfunkgesellschaften. Diese Weisung bildete den Auftakt zur gewaltsamen Beseitigung der Persönlichkeiten des alten Rundfunks, gegen die sich eine gesetzliche Handhabe bisher nicht ergeben hatte. Anfang August griffen SS und GeStapo zu, um die verbliebenen Repräsentanten des »Systemrundfunks« zu beseitigen. Die beiden Direktoren der vom Reichsinnenminister Frhr. v. Gayl 1932 geschaffenen Reichsrundfunkgesellschaft, Magnus und Giesecke, und die Intendanten der Sender Köln und Breslau, Ernst Hardt und Friedrich Bischoff, wurden verhaftet und in Konzentrationslager verbracht. Ludwig Neubeck, der Leipziger Intendant, und zwei maßgebliche Funktionäre der Reichsrundfunkgesellschaft, Knöpfke und Schäffer, entzogen sich durch Freitod ihren Verfolgern und Mißhandlern. Um den Verhaftungen den Anschein des Rechts zu geben, mußten auch hier die Gerichte in Tätigkeit treten, wurden gegen die ehemaligen Spitzen der Reichsrundfunkgesellschaft und gegen den aus dem Amt geschiedenen ehemaligen Staatssekretär Bredow, den Rundfunkkommisar des Reichspostministers, Prozesse geführt, die sich über Jahre hinstreckten, ohne daß die letzten Urteile, soweit sie nicht die vollständige Rehabilitierung der Angeklagten brachten, in irgendeinem Verhältnis zum Umfang der Anklagen standen [160].

Nicht weniger erfolgreich verliefen Goebbels' Bemühungen um die Vereinnahmung des anderen wichtigsten Propagandamittels, der Presse. Sie gelang in mehreren aufeinanderfolgenden Stufen, die jede einer erneuten, intensivierenden Machtbefestigung des Reichspropagandaministers gleichkamen. Anfang Juli 1933 wurde die tägliche Pressekonferenz der Reichsregierung dem Reichspropagandaministerium unterstellt. Ihr beamteter Leiter gab im Namen des Ministers Weisungen und Sprachregelungen, deren Befolgung die regionalen Reichspropagandaämter und die Abteilung Presse des Ministeriums überwachten [161]. Sie bildeten den ersten und wirksamsten Ansatz, um der Presse das charakteristische Antlitz des nationalsozialistischen Staates zu geben: »monoform im Willen, polyform in der Ausgestaltung des Willens« [162]. Am folgenreichsten wirkte sich der Versuch aus, die gesamte periodische Presse mit Hilfe der ständerechtlichen Regelungen des Reichsschriftleitergesetzes vom 4. Oktober 1933 [163] vollkommen zu einem Organ des Staates für zentral regulierte Einwirkungen auf die Bevölkerung auszugestalten. Die Prinzipien dieser Regelungen übernahmen die jungen nationalsozialistischen Beamten, um eigene Originalität recht unbekümmert, mechanisch aus dem italienischen Presserecht, um sie in eiligem und derbem Zugriff in Gesetzesform zu bringen [164]. Sie lieferten eines der bekanntesten Beispiele für die Umwandlung privater Sphären in öffentliche, von Staats wegen regulierte Bereiche, die den Beruf des Schriftleiters, unbeschadet seines privaten Anstellungsverhältnisses dem Verleger gegenüber, einem öffentlichen Amt gleichsetzte und ihn einer auf mehreren Stufen abgewandelten obrigkeitlichen Aufsicht unterstellte. Sie beraubte den Verleger seiner wichtigsten Funktion, beschränkte ihn in der Hauptsache auf seine betriebswirtschaftliche Tätigkeit und verschaffte dem Schriftleiter einen standes- und verbandsrechtlichen Schutz, band jedoch seine Tätigkeit an die Einhaltung gesetzlicher Bestimmungen. Der Schriftleiter mußte eine Berufsausbildung genossen haben; er unterlag den gleichen Rassebestimmungen wie der Beamte auf Grund des Beamtengesetzes, und er benötigte eine besondere Zulassung, die er in Form einer Eintragung in die Berufsliste seines zuständigen Landesverbandes der deutschen Presse erhielt. Diese Eintragung sollte grundsätzlich zwar verfügt werden, sobald der angehende Schriftleiter die gesetzlich festgelegten Voraussetzungen erfüllte und seine Zulassung beantragte; sie konnte jedoch jederzeit durch einen Einspruch des Reichsministers untersagt werden. Zudem enthielt der Katalog der Voraussetzungen eine Generalklausel, die eine weite Ausdeutung ermöglichte und jederzeit ein Versagen der Eintragung aus politischen Gründen erlaubte [165].

Entschied schon über die Zulassung des Schriftleiters ein ständisches Organ, der von oben her, vom Leiter des Reichsverbandes der deutschen Presse eingesetzte Leiter des Landesverbandes, so überwachten auch ständische Organe die Erfüllung der dem Schriftleiter auferlegten gesetzlichen Berufspflichten. Verstöße gegen diese öffentlichen Pflichten galten als »Berufsvergehen« und kamen vor eigens hierfür bestimmte Berufsgerichte der Presse, die eine den Disziplinargerichten des Beamtenrechts vergleichbare Stellung einnahmen und den beschuldigten Schriftleiter verwarnten, mit einer Ordnungsstrafe belegten oder seine Streichung aus der Berufsliste verfügten. Daneben besaß auch der Reichspropagandaminister die inappellable Befugnis, Streichungen in der Berufsliste anzuordnen. Infolgedessen bestand eine Freiheit der Meinungsäußerung genau in dem Umfange, den ihr der Reichspropagandaminister zubilligte. Goebbels versuchte durch eifrige Versicherung seiner eigenen »Liebe« zur Presse, die große Menge der bürgerlichen Journalisten für seine Zwecke zu gewinnen und an die Lust zu appellieren, »seinen Willen und seine Meinung anderen Menschen aufzuzwingen« [166]; doch dieser Wille und diese Meinung mußten dem Minister gefallen, der eine universale Machtstellung über die bürgerliche wie über die nationalsozialistische Presse gewann, die nunmehr einander gleichgestellt waren, was auch darin seinen Ausdruck fand, daß Goebbels den Reichspressechef der NSDAP, Dietrich, zum Leiter des Reichsverbandes der Deutschen Presse ernannte und damit an die Spitze der gesamten Presse stellte.

Daß auch diese schlagartige Aneignung von Befugnissen gewaltigen Umfanges anfänglich auf erheblichen Widerstand der alten Ressorts stieß, bezeugt eine ausführliche Denkschrift, die im preußischen Innenministerium entstand und mit Kritik nicht sparte [167]. Wohl hielt auch ihr Autor dafür, daß ständische Grundsätze in das Presserecht übernommen werden sollten; seine Aussetzungen wagten sich mehr an das Prinzip der Zulassung und an die Standesgerichtsbarkeit im Schriftleiterstand heran. Doch es waren nicht allein nur verletzte Ressortempfindlichkeiten, die dagegen sprachen, daß »die ganze deutsche Presse und ohne Schaffung von Gegengewichten irgendwelcher Art in die Hand des Reichsministeriums für Volksaufklärung und Propaganda gelegt wird« [168]. Der erste Entwurf zum Schriftleitergesetz war in zwei interministeriellen Besprechungen zu Anfang August am Widerstand der Vertreter der Innenministerien Preußens und des Reiches gescheitert [169]. Von dem überarbeiteten, aber keineswegs in seinem hauptsächlichen Inhalt abgeänderten Entwurf vom 15. August konnten nach Meinung des Vertreters des Innenministeriums lediglich »einzelne Gedanken ... als brauchbar anerkannt werden«. Seine Befürchtungen gingen in zwei verschiedene Richtungen. Einmal glaubte er bereits die Gefahr zu erkennen, daß »die schöpferische Verleger- und Herausgebertätigkeit auf dem Gebiet der Tagespresse schwer beeinträchtigt und eventuell auf kulturpolitisch gefährliche Abwege gedrängt« werde. Diese Gedanken bezeugen Einsicht und zeigen, daß die propagandistischen Dezisionen, mit denen Goebbels dieses jüngste Kind seines Geistes schmackhaft zu machen versuchte, noch keinen Eindruck auf die Sachbearbeiter des Innenministeriums machten. Der andere Einwand ging auf das erwachende Mißtrauen zurück, das die Schaffung und Konzentration von Befugnissen zur Regie der Publizistik in dem neuen Ministerium für Volksaufklärung und Propaganda unter alten Beamten hervorrief. Hier stellte sich die Befürchtung ein, »daß eine nach dem Wollen des Reichsministeriums für Volksaufklärung und Propaganda gestaltete Presse im praktischen Ergebnis jedem Zugriff der politischen Hoheitsverwaltung des Staates entrückt« sei, daß also der Staat mit seinen alten, traditionellen Ressorts und Verwaltungsaufgaben leer ausginge und eine neue Macht im Staate geboren würde. Was im Falle des Aufbaus der Geheimen Staatspolizei offenbar ausblieb, obgleich dort die Wirkungen keineswegs geringer waren, machte sich angesichts der Pläne des Propagandaministeriums dank den Bedenken von Sachbearbeitern verhältnismäßig frühzeitig bemerkbar: die Furcht vor der Gewalt totalitärer Organisation. Hier bewährte sich in überraschender Weise das Verhaftetsein in überlieferten Vorstellungen als Urteilsmodus, der heraufdämmernde Gefahren begreifen ließ. In der Sprache eines Ministerialbeamten konnte der Befund kaum schlimmer ausgedrückt werden als in dem Urteil dieser Denkschrift, der Entwurf sei »in sehr vielen erheblichen Punkten mangelhaft durchdacht und durchgearbeitet«. Freilich ließ der Verfasser auch seine Verlegenheit hinsichtlich einer eigenen politischen Stellungnahme durchscheinen: Ganz so entschieden, wie es gegenüber dem Ministerpräsidenten und im innerministeriellen Verkehr zum Ausdruck kam, wollte man dem Reichspropagandaministerium nun doch nicht entgegentreten. Infolgedessen boten Nachrichten über den Plan des Propagandaministeriums zur Errichtung einer Reichskulturkammer, die als umfassende und dem Reichsverband der deutschen Presse übergeordnete standesrechtliche Organisation gedacht war, und Gerüchte über Friktionen mit der Deutschen Arbeitsfront, die ebenfalls berufsständische Absichten verfolgte, den willkommenen Ausweg, der die Entscheidung vorerst verzögern half.

Doch die Verkündung des Schriftleitergesetzes konnte dadurch nicht lange verhindert werden. Das Reichspropagandaministerium hatte sich sehr zweckbewußt des Gedankens ständerechtlicher Ordnung bemächtigt und benutzte ihn zur kurzfristigen Schaffung einer großzügigen, zentral geleiteten Organisation. Das Gesetz über die Errichtung einer vorläufigen Filmkammer vom 14. Juli 1933 [170] machte erstmals mit dem Gedanken ernst, einen gesamten Gewerbezweig – hier das Gewerbe aller an der Herstellung, am Vertrieb oder an der Aufführung von Filmstreifen in irgendeiner Weise Beteiligten – zu einer Zwangsorganisation in der Form einer öffentlich-rechtlichen Körperschaft zusammenzufassen und durch einen vom Reichspropagandaminister bestellten Vorstand unter zentrale Regie zu bringen. Diese Art ständischer Ordnung sicherte mit Hilfe der vollständigen institutionellen Abhängigkeit des Kammerpräsidenten vom Propagandaminister, der als eigentlicher Herr der Kammer im Hintergrund regierte, die Durchführung der jeweils vom Ministerium für notwendig befundenen Anordnungen innerhalb des gesamten Gewerbes, ohne noch reichsgesetzliche Regelungen zu benötigen. Sie begründete auf der einen Seite einen neuen Bereich ministerieller Zuständigkeiten, nahm der Reichsregierung auf der anderen jedoch jede Eingriffs- und Einflußmöglichkeit. Die Verbindung zwischen dem Propagandaminister und dem »Führer und Reichskanzler« blieb als letzter, allerdings überaus bedeutsamer Rest bestehen, so daß hier schon frühzeitig die Führerentscheidung den Kabinettsbeschluß ersetzte.

Schließlich aber gelang es Goebbels auf diesem Wege, der zwar sichtbar der Linie zentralisierender Vereinheitlichung folgte, jedoch den milden, indessen völlig täuschenden Namen einer berufsständischen Selbstverwaltung trug, bekannte Persönlichkeiten mit klingenden Namen für das Renommee seiner Sache zu gewinnen und einzuspannen. Das zeigte sich im besonderen nach Inkrafttreten des Reichskulturkammergesetzes vom 22. September 1933 [171], das das autoritär-ständerechtliche Organisationsprinzip bereits auf den gesamten vom Propagandaminister beanspruchten Zuständigkeitsbereich anwandte. Unter der Spitze der »Reichskulturkammer«, deren Präsidium Goebbels selbst übernahm, entstanden sechs Körperschaften des öffentlichen Rechts als oberste Dachorganisation: Reichsschrifttumskammer, Reichspresse-, Reichsrundfunk-, Reichstheater-, Reichsmusikkammer und Reichskammer der bildenden Künste, die in einem lückenlosen System alle noch vorhandenen Verbände, deren Tätigkeiten diese Gebiete berührten, als Fachverbände oder korporative Mitglieder erfaßten, zusammenschlossen und einer bürokratisch arbeitenden Administration unterordneten [172]: vom Reichsverband Deutscher Schriftsteller, der Gesellschaft der Bibliophilen, der Arbeitsgemeinschaft Deutscher Buchvertreter, vom Bund Deutscher Gartengestalter e. V., dem Bund Deutscher Bildhauer e. V. oder dem Bund Deutscher Kopisten e. V., vom Bund Deutscher Museen und Sammlungen oder den konfessionellen Kunstgemeinschaften bis zur Reichsrundfunkgesellschaft. An der Spitze der Reichsmusikkammer glänzten Namen wie die von Richard Strauss, Wilhelm Furtwängler, Paul Graener und Gustav Havemann. Zum Präsidialrat der Reichstheaterkammer zählten Werner Krauß und Heinz Hilpert; und Theodor Loos amtierte neben anderen in der Reichsfilmkammer. Dagegen blieb die Reichsschrifttumskammer auf Männer wie Friedrich Blunck, Hans Grimm oder Hanns Johst angewiesen, deren Bekenntnis zum Nationalsozialismus niemand verwunderte; und in der Reichsrundfunkkammer saßen Eugen Hadamovsky und die neuen Intendanten wie Walther Beumelburg und Heinrich Glasmeier. In der Reichspressekammer hielten nationalsozialistische Funktionäre, Otto Dietrich, Ministerialrat Jahncke, Rolf Reinhardt und Wilhelm Weiß, der Chefredakteur des *Völkischen Beobachters,* unter dem Präsidenten Reichsleiter Max Amann das Heft allein in der Hand [173].

Die Kammern bildeten den festen Organisationsrahmen, den unter Anwendung des gleichen Prinzips, allerdings mit einer in freien Berufen noch beispiellosen, verpflichtenden Normierung, das Schriftleitergesetz für das Gebiet der Presse ausfüllen konnte, ohne daß gegen die Verkündung des geglätteten Gesetzestextes jetzt noch von seiten anderer Ministerien Widerstand geleistet wurde [174]; von der deutschen Presse war er ohnehin nicht mehr zu erwarten [175], seitdem die auf Rechtskurs liegende *Deutsche Allgemeine Zeitung,* die sich enger Verbindungen zu großindustriellen Kreisen erfreute, ein Verbot für drei Monate erhalten und ihren Chefredakteur Fritz Klein verloren hatte. Für den Journalisten gab es von nun an, wie Goebbels selbst sein eigenes Gesetz vor dem Reichsverband der Deutschen Presse interpretierte, »keine andere Möglichkeit, als die Entschlüsse und Beschlüsse dieser [der deutschen] Regierung zu decken und dafür zu sorgen, daß sie zu greifbaren Ergebnissen führen« [176]. Die nationalsozialistischen Parteiblätter, wie der *Völkische Beobachter* oder der *Angriff,* das Organ von Goebbels in Berlin, oder die *Nationalzeitung* in Essen, das Sprachrohr Görings, trieben mit mißtrauischer Intransigenz die bürgerliche Konkurrenz in die Enge, die sich schon durch den »geringeren Hitzegrad des Glaubens« als kritisch verdächtig machte, so daß Goebbels wohl zu der ironischen Bemerkung Anlaß fand, daß die gesamte Presse sogar »päpstlicher sei als der Papst« [177]. 1300 »jüdische und marxistische« Journalisten [178] wurden mit den Handhaben, die dieses Gesetz schuf, aus ihrem Beruf, viele von ihnen zur Emigration gedrängt.

Aber auch vom Verlagswesen her unterlag die Gestaltung der Presse in rasch zunehmendem Umfang der Beeinflussung durch nationalsozialistische Stellen und Persönlichkeiten. Auf diesem Gebiete wußte Max Amann, der Freund und einstige Kompaniefeldwebel Hitlers, rücksichtslose Geschäftspraktiken für Politik auszugeben und mit Interessen der NSDAP zu verknüpfen. Seinen einflußreichen Posten, den ihm die ständerechtliche Regelung des Presse- und Verlagswesens verschaffte, als Präsident der Reichspressekammer im Verein mit seinen Ämtern als Vorsitzender des Reichsverbandes der Deutschen Zeitungsverleger, als Reichsleiter der NSDAP und als Leiter des Mammutkonzerns des Zentralverlags der NSDAP, nutzte er, um einen zähen Kampf gegen den Privatbesitz im Zeitungs- und Zeitschriftenverlagswesen aufzunehmen. Die zu Beginn noch vorsichtig formulierten Anordnungen, die Amann in seiner Eigenschaft als Präsident der Reichspressekammer erließ, waren von größter wirtschaftlicher Tragweite für die Zeitungen und Zeitschriften und bilden ein Musterbeispiel für die unübersehbaren und unkontrollierbaren, nichtsdestoweniger folgenreichen Auswirkungen direktivgesetzlicher Bestimmungen, die einschränkungs- und bedingungslose Anordnungsbefugnisse auf untergeordnete Instanzen delegieren. Es begann mit der Verfügung der Zwangsmitgliedschaft aller geschäftlichen Unternehmungen, die sich mit der Herstellung und dem Vertrieb von Druckschriften befaßten, in der Reichspressekammer [179]. Amann verbot die Neugründung von Zeitungen, verlängerte mehrmals die Frist dieses Verbots und löste es schließlich durch Anordnung der Anzeige- und Genehmigungspflicht von Gründungsvorhaben [180], der Neugründung von Korrespondenz- und Nachrichtenbüros [181] und schließlich von Großvertrieben des Zeitungs- und Zeitschriftenhandels ab [182]. Bei den späteren Regelungen nahm er sich das Recht, in Einzelfällen auch Ausnahmen von seinen Verboten zuzulassen; praktisch konnte er seitdem uneingeschränkt über das Schicksal eines jeden neuen Unternehmens im Verlags-, Korrespondenz- und Nachrichtenwesen, im Zeitungs- und Zeitschriftengroßvertrieb nach persönlichem Ermessen befinden. Dann untersagte er den Pflichtbezug von Zeitungen, soweit er nicht behördlicherseits festgesetzt wurde, für drei Monate auch die Abonnementswerbung durch angestellte Werber [183], um schließlich die Bezieherwerbung einem genauen und umständlichen Reglement zu unterwerfen [184]. Die Vielzahl von Bestimmungen, die zweifellos nicht leicht zu befolgen waren, die einmal die wirtschaftlichen Aufwendungen erhöhten und zum anderen das Eingreifen der Reichspressekammer erleichterten, sprechen ein ebenso beredtes Zeugnis für den kleinlichen Bürokratismus, der sich in den ständischen Organisationen ausbreitete, wie für die geschäftlichen Kabalen, die sich – bisweilen recht umständlich – in der Sprache normativer Weisungen verbargen. Es folgten kleinliche Vorschriften über unentgeltliche Lieferungen von Zeitschriften und Lieferungen zu Vorzugspreisen [185] und schließlich die Abschaffung der Abonnentenversicherung bei Zeitungen, die nur noch unterhaltenden Sonntags- und Wochenblättern vorbehalten blieb, soweit ihre Titel durch den Präsidenten der Reichspressekammer bekanntgemacht wurden und sie auf diese Weise ein Ausnahmerecht erwarben [186]. Mit solchen Vorschriften wußte Amann die ohnehin unter der wirtschaftlichen Krise leidenden Zeitungsverlage [187] weiterhin empfindlich zu schwächen und den Wettbewerb sehr wirksam zugunsten der von ihm bevorzugten Verlage, Vertriebs- und Nachrichtenorganisationen zu beeinflussen. Eine große Zahl von Verlagsrechten ging an die von ihm selbst geschaffenen Auffanginstitute über. Die stets rege Tätigkeit der »grauen Eminenz« hinter den Kulissen der deutschen Presse, des ehemaligen Graudenzer Bürgermeisters und demokratischen Politikers Max Winkler, der in der Ära der Republik Millionen an Regierungsgeldern in auslandsdeutsche Unternehmungen geleitet und einen großen Teil der deutschen Presse beeinflußt hatte, tat ein übriges, um Großbetriebe wie den Ullsteinverlag, den Mosse-Verlag, die Ala-Anzeigen-A.G. und eine Anzahl der von Hugenberg beherrschten Blätter in den Pressetrust Amanns zu überführen [188]. Die Telegraphenunion vereinigte sich mit dem Deutschen Nachrichtenbüro (DNB), das zum Monopolnachrichtendienst des nationalsozialistischen Staates wurde.

Auch diese Ergebnisse beengten die Bewegungsfreiheit des Schriftleiters und wirkten sich zwangsläufig auf seine Haltung und berufliche Tätigkeit aus. Im letzten galt für jeden Journalisten in irgendeiner Form die Behauptung, die der Leiter der Reichspressekonferenz, Ministerialrat Jahncke, nach Erlaß des Reichsschriftleitergesetzes in bezug auf die Mitglieder der Reichspressekonferenz in Berlin aufstellte: daß sie »nicht wie früher als Vertreter ihrer Zeitungen gegenüber der Regierung« gelten, sondern »umgekehrt die Vertrauensmänner des Ministers Goebbels gegenüber den Zeitungen« seien und »daß ihren Anweisungen nun eine Art amtlicher Charakter« anhafte [189]. Nahezu alle politisch belangvollen Komplexe wurden zu Gegenständen strikter Weisungen an die Presse: der Reichstagsbrandprozeß, die Reichsreform, die Auseinandersetzungen in der evangelischen Kirche, die Röhm-Affäre, der Tod Hindenburgs, Papst und Konkordat, Verhaftungen und Terrorakte, die Frage der Monarchie, der Arbeitsdienst, Wehrmacht und Aufrüstung, Arbeitsbeschaffung und Winterhilfswerk wie die Außenpolitik, die einen auffällig breiten Raum einnahm. In einer früheren Anweisung wurde den Zeitungen stets die strenge Überprüfung von Berichten der Auslandskorrespondenten nach erteilten Richtlinien als Pflicht auferlegt [190]. Sogar Einzelheiten, die scheinbar abseits von den Hauptlinien der politischen Ereignisse lagen, wurden zu Gegenständen von Anweisungen für die Presse, die etwa die Veröffentlichung von Bildern untersagten, welche Mitglieder der Reichsregierung auf gesellschaftlichen Veranstaltungen zeigten, oder die Ankündigung von Kabinettssitzungen und von bevorstehenden Auftritten des Reichskanzlers verboten; oder die Presse hatte ständig Standortmeldungen von den Flügen des Luftschiffs

»Graf Zeppelin« in bevorzugter Aufmachung zu bringen, um für die deutsche Luftschiffahrt zu werben. Auch Richtungskämpfe und Rivalitäten unter den nationalsozialistischen Führern schlugen sich in Presseanweisungen nieder; natürlich standen hierbei die Beziehungen von Goebbels im Mittelpunkt, der die gleichgeschaltete Presse bald als eine Art Hausmacht zu benutzen wußte. Noch wenige Wochen vor der Röhm-Affäre mußten Anordnungen des SA-Stabschefs oder Mitteilungen, die die SA betrafen, in besonderer Aufmachung gebracht werden [191]. Ley und andere dagegen, besonders aber Göring, mußten sich eine harte Zensur oder gar ein völliges Totschweigen einzelner Reden und Äußerungen gefallen lassen; sogar eine Rede von Carl Schmitt durfte nicht erwähnt werden [192].

Ähnlich wie Lockerungen, Verschärfungen und Milderungen des innerpolitischen Kurses in der nationalsozialistischen Ära einander ablösten, wechselten auch die Druckmittel, derer sich das Reichspropagandaministerium zur Durchsetzung seiner Anweisungen bediente. In den Sommermonaten des Jahres 1933, nach dem Verschwinden der Parteien, waren staatliche Maßnahmen gegen Zeitungen, die die ministeriellen Richtlinien außer acht ließen, kaum noch notwendig. Anfang Juli 1933 wurde der *Dortmunder Generalanzeiger,* ein offizielles Organ der NSDAP, »schärfstens gerügt« [193]. Monatelang aber genügten mehr oder minder deutliche offizielle Hinweise auf eine Strafabsicht im Falle des Nichtbefolgens von Richtlinien, um kein Zeichen mangelnder Willfährigkeit aufkommen zu lassen [194]. Selbst die Drohung des Reichspressechefs der NSDAP, Dietrich, der 1933 noch nicht dem Propagandaministerium angehörte, daß sich jede Zeitung strafbar mache, die eine bestimmte Nachricht von der Telegraphen-Union übernehme, was sich nicht einmal mit Hilfe des zur Zeit geltenden Rechts begründen ließ, fand gewohnheitsgemäß die gleiche Behandlung und Achtung wie eine Anweisung des Ministeriums [195]. Während der Vorbereitungen zu den Reichstagswahlen im Oktober 1933 wandten sich die Maßnahmen des Propagandaministeriums vor allem gegen die Parteipresse der NSDAP, mit der Goebbels am allerwenigsten zufrieden war; zwei Redakteure nationalsozialistischer Parteizeitungen mußten sogar fristlos ihre Büros räumen [196]. Das Verhalten des Teiles der Presse, der nicht zur NSDAP gehörte, war hingegen schon im Juli vom Propagandaministerium mit bemerkenswerter Befriedigung überaus wohlwollend beurteilt worden [197].

Einige Wochen später bildete der Streit innerhalb der evangelischen Kirche ein derart hochwichtiges Politikum, daß das Propagandaministerium jegliche Berichterstattung hierüber untersagte; jeder Verstoß gegen dieses Verbot sollte das »sofortige Verbot der betreffenden Zeitung« nach sich ziehen [198]. Auf der Pressekonferenz am 9. Januar 1934 wurde dann nochmals darauf hingewiesen, daß alle Verordnungen des Reichspropagandaministeriums strikt durchgeführt werden müßten; vor der Nichtbefolgung dieser Richtlinien, die in einigen Fällen vorgekommen war, wurde nachdrücklich gewarnt. Freilich genossen zu dieser Zeit einzelne Blätter in einigen Fragen noch eine Art Reservat. Nach Abschluß des Konkordats etwa hatten sich einige katholische Blätter dem Publikationsverbot des Propagandaministeriums widersetzt [199]; Folgen waren ausgeblieben. Und am 3. April 1934 erließ das Propagandaministerium die Weisung, daß die katholische *Germania* ein Handschreiben des Papstes an die deutsche Jugend publizieren solle, das die übrige Presse keinesfalls übernehmen dürfe. Für die *Germania* ließ das Propagandaministerium also eine Ausnahme zu, die vielleicht sogar einen wohldurchdachten Zweck erfüllte und nicht nur *ad hoc* Rücksichten nahm; denn nicht nur die Schließung, sondern auch die berechnete Öffnung des Ventils, durch das der Strom der Informationen laufen konnte, gehörte zu den ausgeklügelten Manipulationen Goebbelsscher Pressepolitik.

Nach dieser im Sinne ihres Urhebers binnen kurzer Frist erstaunlich erfolgreichen Konstruktion des Presseinstruments nahm es denn kein Wunder, daß schon eine Anweisung vom 14. Mai 1934 »teilweise Wiederherstellung der Pressefreiheit« versprach [200]. Dennoch fehlt jedes eindeutige Kriterium aus der folgenden Zeit für eine wesentliche Auflockerung der Presselenkung. Die etwas eigenwilligen Wiedergaben einer Goebbels-Rede in der *Germania* und im *Berliner Lokal-Anzeiger* erregten sofort Mißtrauen und wurden als »Denaturierungen« klassifiziert, das Unisono der Berichterstattungen in der übrigen Presse dagegen amtlicherweise als allgemein zufriedenstellend bezeichnet [201]. Und das Beispiel der Beschlagnahme der *Deutschen Zeitung* im Juli 1934 aus einem unbedeutenden Anlaß [202] bezeugt, daß es der Reichspropagandaminister vorzog, in Augenblicken politischer Spannungen mit größter Rücksichtslosigkeit vorzugehen. Das Risiko war infolgedessen von unübersehbarer Größe. Man gewinnt den Eindruck, daß der überwiegende Teil der deutschen Presse zumindest jede deutlich erkennbare Opposition den Weisungen des Propagandaministeriums gegenüber vermied. Die Konkurrenz der anwachsenden Parteipresse der NSDAP und damit die Gefahr einer völligen Ausschaltung der nichtnationalsozialistischen Blätter darf freilich auch nicht unterschätzt werden. Schon eine Mitteilung vom 28. Juli 1933 verdient besondere Beachtung. Ihr zufolge durfte unter Umständen mit einer weitherzigen Auslegung der ministeriellen Richtlinien gerechnet werden, sobald jeder Anschein einer Darlegung krisenhafter Zustände unterblieb und sich alle »vorausschauenden Betrachtungen« im Rahmen der nationalsozialistischen Ideologie bewegten [203]. Das war zweifellos ein verführerisches Mittel, im Äußerlichen die Abstände zur Parteipresse der NSDAP aufzuheben und überall den Mantel der Parteigesinnung auszubreiten.

Die vom Propagandaministerium ausgehenden Weisungen waren aber bei weitem nicht immer von gleichmäßiger Deutlichkeit, sondern zuweilen überaus ungenau formuliert, strikte Verbote oder Mitteilungssperren in der Anfangszeit noch selten. Häufiger wurde um Zurückhaltung oder um Raumbeschränkung bei der Behandlung von Meldungen und Ereignissen ersucht, vor Erlaß des Schriftleitergesetzes meist nur ein »Wunsch« oder eine »Anregung« des Propagandaministeriums weitergegeben. Charakteristisch war das schrittweise Hervortreten von Worten wie »unerwünscht« oder »nicht erwünscht«, die wohl sehr treffend den halben oder halbwegs verhüllten Gebotscharakter ministerieller Wünsche wiedergaben. Einschränkenden und prohibitiven Weisungen folgten andere, die ein ausdrücklich als »erwünscht« bezeichnetes Nachrichtenmaterial hervorhoben und auf diese Weise lancierten. Die Spielweite der Möglichkeiten reichte von dem Wunsch nach bevorzugter Aufmachung von Meldungen und Kommentaren bis zur minutiös durchgearbeiteten Anweisung, die Inhalt und Teile des Wortlauts von Meldung und Kommentar, Abfassung der Schlagzeilen sowie den Zeitpunkt der Veröffentlichung genauestens festlegte. Die Propaganda zum zweiten »Eintopfsonntag« 1933 im Rahmen des ersten »Winterhilfswerks« bot das früheste Beispiel dieser im Ministerium zuvor festgelegten und in ihrer Wirkung bis ins einzelne determinierten Presseberichterstattung, die den Schriftleiter und seine Zeitung zum exakten Vollzug von Entscheidungen der Zentralbehörde zwang. Der Journalist sah sich »in starkem Maße der Meinungsbildung enthoben« – die nun das Propagandaministerium übernahm –, »um voll und ungebrochen bei der nationalen Willensbildung eingesetzt zu werden« [204].

Der Reichspropagandaminister begnügte sich indessen nicht mit der sicheren Herrschaft über die Mittel der Massenbeeinflussung und einige Gebiete der Kulturpolitik; durch Einvernahme von Institutionen und Schaffung neuer, zentral geregelter Zuständigkeiten dehnte er den Bereich seines maßgebenden Einflusses fortgesetzt weiter aus: im September 1933 mit der Errichtung des Werberates der deutschen Wirtschaft und mit dem Auftrag zur Durchführung des Winterhilfswerkes, durch Übernahme des Berliner »Theater des Volkes« im Januar 1934, des Berliner Philharmonischen Orchesters im Juni sowie des Deutschen Opernhauses und des Leipziger Messeamtes im Juli 1934 [205]. Über die Grenzen von Zuständigkeiten der wirtschaftlichen und der Kultusministerien hinweg baute sich Goebbels ein eigenes Imperium ministerieller Befugnisse mit Hilfe reichseinheitlicher Regelungen auf, dessen Fäden über 13 nachgeordnete Landesstellen in 7 Ministerialabteilungen zusammenliefen [206], aus denen in wenigen Jahren 15 Abteilungen mit 1000 Beamten unter 3 Staatssekretären herauswuchsen [207], die dann über 41 Reichspropagandaämter und eine lange Liste weiterer nachgeordneter Behörden geboten [208].

Auf diesem Wege entstand eine organisatorische Synthese der vom Propagandaministerium zentral gelenkten und geleiteten Mittel geistiger Einwirkung auf die gesamte Bevölkerung, die eine geradezu typische Methode der Propaganda anzuwenden erlaubte, von der die erstmalige volle Tätigkeit der Propagandamaschinerie am 1. Mai 1933 einen ersten, im Verhältnis zu späterem aber noch bescheidenen Eindruck vermittelte. Hervorstechendes Kennzeichen dieser nationalsozialistischen Propaganda war der offenkundige Mangel an jeglichem verpflichtenden Empfinden für Objektivität und Genauigkeit. Man stößt überall auf die gleiche Massierung der in maßlosen Übersteigerungen gebildeten Phantasmen. Das Deutschlandlied in einer Massenkundgebung wurde zur »befreienden Symphonie«, das Ganze zu einem »fast kosmischen Erlebnis«; von dem hyperbolisch romantisierenden Eigenschaftswort einer »traumhaft phantastischen nächtlichen Stunde« bis zur »beinahe transzendentalen Erlebniswelt«, in der sich »Tag für Tag Adolf Hitlers Arbeit für Deutschland vollzieht«, wurde Sagbares in trügerischer Weise zu Unsagbarem gestempelt, um das Alltägliche mit dem Schein eines Numinosen zu versehen, seine scheinbare Gewichtigkeit zu erhöhen und ihm die beabsichtigte politische Verführungskraft zu verleihen. Die Variation mit dem Ziele des gleichbleibenden Effekts trat dadurch ein, daß es gegen den Anschein des Geheimnisvollen, des beispiellosen Originären und des Einmaligen ausgewechselt wurde, so, wenn von »einer ungeahnten neuen Form des Schaffens« die Rede war oder von einem »neuen, ganz fundamental neuen Stil deutscher Lebensgestaltung« und so fort [209]. Jede Logik, jeglichen rationalen Zusammenhang suchte diese verballhornisierte Sprache zu verbannen. Sie war weder suggestiv noch gefühlsüberschwenglich; sie war nur unwahr, existierte aber unter der Voraussetzung, für wahr genommen zu werden. Für sie gilt ähnliches wie für die landläufige wirtschaftliche Werbung minderer Art: Sie folgte der Absicht bedingungsloser Anpreisung. Mittel der Anpreisung war die offene oder versteckte Andeutung des über alle Maßen Ungewöhnlichen, das eine Begebenheit, eine politische Maßnahme oder eine einzelne Persönlichkeit auf das Podest einer jedem normalen Maß hohnsprechenden Bedeutsamkeit erhob. Jedes Datum, jede Person, der solches aus politischen Gründen angetan werden sollte, erhielt mit einigen Kunstgriffen den Stempeldruck der universellen Einmaligkeit aufgeprägt. So wurde die NSDAP zur gewaltigen Bewegung des »nationalen Aufbruchs«, wurden die alten Kämpfer zu den »treuen Gefährten des Führers« und war Hitler die »Inkarnation des Willens« und das Werkzeug der »Vorsehung« – freilich in einem anderen, voreiligeren Sinne, als das spätere Ende dieses Systems heute zu meinen zwingt. Der Anteil dieser Propaganda an der Entstehung des Führerkults ist kaum zu ermessen.

Diese Mittel konnten im kleineren wie im größeren Ausmaß gebraucht werden, um den beabsichtigten Erfolg herbeizuführen. Ihr allgemeinster Zweck war zunächst die Werbung. Ihr diente eine grenzen- und maßstablose Idealisierung; sie bildete hyperbolische Ideale und gab sie als angestrebte oder gar verwirklichte Wahrheiten aus. Ihr folgte eine Kontrastierung, die den fiktiven Kontrast möglichst scharf vom fiktiven Ideal abhob und mit allen denkbaren Signaturen des Bösen und Verworfenen versah, wobei die Kunst der Abstufung eine variationenreiche Skala propagandistischer Wirkungen zu entwickeln vermochte. Die Wahl des Gegners konnte in längeren Zeiträumen wechseln und auf diese Weise politischen Opportunitäten folgen; das formale Schema der propagandistischen »Freund–Feind«-Dialektik erlaubte sogar jede mögliche Wahl eines Gegners, sobald sich nur ein Überhöhungsmoment für die eigene Sache gefunden hatte. Diese Dialektik vermochte die nationalsozialistische Propaganda bis zur versteckten oder auch offenen Gewaltandrohung fortzuführen und in ihrer Wirkung durch die ständige Transparenz der Macht und der Gewalt zu steigern. Sie zeigte sich aber auch darin beispiellos, daß sie das Urbild dieses Schemas in den Farben der äußersten Extreme ausmalte und fernste Möglichkeiten aufspürte. Die Überhöhung des Zweckes oder des Zieles, auch des vorgeblichen, wurde zur Apotheose und, wie im Beispiel des Führerkultes, mit magischen Qualitäten ausgestattet, die dialektische Antithese zu der mit satanischem Eifer ausgesprochenen Verurteilung. Hieraus ergab sich allerdings eine wesentliche Bedingung, unter der diese Propaganda allein möglich war: Sie setzte die Existenz einer Feind-Welt voraus. Sofern sie nicht in einer augenfällig den eigenen verkündeten Absichten entgegenstehenden Form existierte, mußte sie künstlich geschaffen werden.

Zu den Merkmalen nationalsozialistischer Propaganda zählten also die stufenweise Überhöhung der vorgegebenen Absichten und wirklichen Maßnahmen, die Designation ständiger Gegner, die stufenweise Verdammung und die graduierten Hinweise auf potentielle Gewaltanwendung. Ihre Kunst lag darin, einem unkritischen Publikum – und jede Propaganda setzt ein unkritisches Publikum voraus, da sie an der Kritik scheitert – Himmel und Hölle in den Formen der politischen Wirklichkeit vorzuspiegeln, seine höheren Empfindungen mit Beschlag zu belegen und äußerstenfalls mit der Vorstellung einer drohenden Apokalypse nachzuhelfen. Mit diesen dauerhaften Tendenzen ging die Zermürbung und Abtötung des individuellen Bewußtseins einher, die geeignet war, jede Fähigkeit zur Kritik zu lähmen: die Gewöhnung an Zwang durch ein lükkenloses, quasimilitärisches Disziplinarsystem, durch Symbole, Lieder, Plakate, Transparente, eine bestimmte Eingewöhnung des Denkens durch beharrliche Wiederholungen der propagandistischen Effekte, die Gewöhnungen des Daseins in der dichtesten Masse und Steigerung der emotionalen Effekte durch ein häufig reproduziertes System spürbarer Unterordnungen, durch Massenveranstaltungen, Musik, Märsche und durch die lautstarke Regie von Menschenmassierungen. Der einzelne wurde einer selbständigen Handlungsbefähigung und schließlich seines Handlungsbedürfnisses beraubt, seinem eigenen Bewußtsein entfremdet, von einer zentralisierten Ordnung blind gemacht, um von ihr vereinnahmt zu werden. Man kann den Sinn des Systems dieser Propaganda an der Umkehrung des logischen Urteils verdeutlichen: für den Erfolgszweck galt auch die

Lüge als Wahrheit. Sie diente nicht der Aufklärung – obgleich die Zentralbehörde der Organisation diesen Namen führte –, nicht der ergründenden Differentiation, sondern der fortwährenden Komplexion der Urteile, der Konfrontation der Gegensätze und der Damnation des wirklichen, des potentiellen und des ausgewählten Gegners.

5. Propaganda und Justiz

Die beginnende Polykratie der Ressorts ließ sich an der anhaltenden Konkurrenz zwischen dem preußischen Justizministerium und einigen Zuständigkeiten des Reichspropagandaministeriums ablesen, die trotz gleicher oder doch verwandter Absichten die Ressortauseinandersetzungen und -veränderungen, die den Aufbau des Propagandaministeriums begleiteten, eine Zeitlang fortsetzten. Roland Freisler zählte zu jenen Charakteren, die ihre Neigungen und Fähigkeiten in einem totalitären Staat voll zu entfalten vermögen und deren unbestechliche logische Situationsanalysen von ideologisch-moralischen Prädispositionen gänzlich unbeeinflußte Definitionen des Gegners und seiner Lebensinteressen erlauben. Der technisch säkularisierte Sachverstand dieses total politisierten Intellektuellen blieb unbeschwert von den Gründen eines Bekenntnisses und unberührt von den Differenzierungen und Skrupeln des Humanitären, was ihn in seinen Absichten und Wegen zu bedingungsloser Geradlinigkeit befähigte. Es mag auf eine verbreitete Scheu unter seinen nationalsozialistischen wie nichtnationalsozialistischen Fachgenossen vor dem berüchtigten kalten Mathematiker totalitärer Politik, aber auch auf die andersgeartete Persönlichkeit Hitlers zurückzuführen sein, der mit manchen Menschen, die alle Lebensäußerungen darauf konzentrieren, illegitim zu Macht und Herrschaft emporzusteigen und zu diesem Zweck die Welt und die Menschen zu Instrumenten entwerten, ein tief verwurzeltes Mißtrauen gegen überragendes Sachverständnis und Intellektualität teilte, daß Freisler im nationalsozialistischen Staat auf Funktionen innerhalb der Justiz beschränkt blieb. Bemühungen, vom eigenen, dem preußischen Ressort der Justiz aus neue Zuständigkeiten zu gewinnen, unterließ Freisler ebensowenig wie andere Machthaber des nationalsozialistischen Regimes. Und auch in seinem Falle ist es schwierig, den Sinn für technische Perfektion der angeeigneten Apparatur vom persönlichen Geltungsstreben deutlich und unverwischbar zu scheiden. Interesselosigkeit am eigenen Rang und an der eigenen Macht wird Freisler jedenfall nicht nachgesagt werden dürfen; und sein Interesse an einer speziellen Propaganda der Justizbehörden gehörte sicherlich nicht allein nur in den Vorstellungskreis einer perfekten politischen Justiz. Diesen besonderen Zweig der Propaganda erfand und organisierte Freisler, noch bevor der große Schauprozeß gegen die »Reichstagsbrandstifter« vor der nationalsozialistisch beeinflußten Öffentlichkeit ablief und mit einem so eklatanten Fehlschlag endete, daß es sich die Propagandafunktionäre für längere Zeit versagten, politische Schaustellungen dieser Art und dieses Umfangs zu veranstalten [210] – die das sowjetische System so meisterhaft in Szene zu setzen wußte –, bis Freisler Jahre später als Präsident des Volksgerichtshofes allmählich auch dieser Bedenken Herr wurde. Der Gedanke, große politische Prozesse in effektvoller Form durch Radio zu übertragen, entstand zunächst im Propagandaministerium und wurde am 9. Juni 1933 in einem Mordprozeß gegen vier kommunistische Arbeiter vor dem Schwurgericht des Landgerichts II Berlin-Moabit zum ersten Male und in einer Weise angewandt, die Aufsehen erregte [211]. Man übertrug den Prozeß nicht unmittelbar, sondern nahm ihn zunächst auf Wachsplatten auf und gewann dadurch die Möglichkeit, die Sendungen in den beliebtesten Hörzeiten ablaufen zu lassen und die Prozeßausschnitte aus einem umfangreichen und differenzierten Material von Vernehmungen und Zeugenaussagen nach den Forderungen des propagandistischen Effekts auszuwählen. Doch diese Rundfunksendung kam ohne vorherige Fühlungnahme mit dem preußischen Justizministerium zustande und konkurrierte mit den dort gehegten Plänen für eine eigene Justizpropaganda [212]. Der Einspruch des Justizministers blieb daher nicht aus [213] und unterband vorerst ähnliche Experimente. Freislers Absicht, eine besondere Justizpropaganda aufzubauen, führte dazu, daß die preußische Justiz in ihrem Bereich dem Reichspropagandaministerium die Mittel aus der Hand wand, um sie selbst zu gebrauchen. In kurzer Zeit bürgerte sich die Gewohnheit ein, Pressevertreter grundsätzlich nicht mehr zu Prozeßverfahren zuzulassen, so daß die Zeitungen in ihren Gerichtsberichterstattungen und damit die weitere Öffentlichkeit ausschließlich auf die Mitteilungen der Justizpressestellen angewiesen waren [214], die seit 1927 bei allen Oberlandesgerichten bestanden und nun dank ihrer Nachrichtenmonopolstellung fast über Nacht einen Rang von politischer Bedeutung erhielten. Nachdem mit Ausnahme der Oberlandesgerichte Hamm und Köln überall neue Leiter der Justizpressestellen ernannt worden waren, ging Freisler daran, diese Einrichtung der unmittelbaren Leitung des Ministeriums und damit seiner eigenen Aufsicht und Führung zu unterstellen, um sie zu einem Propagandawerkzeug nach seinen Vorstellungen umzugestalten, das nicht nur Justiznachrichten an die Presse gab, sondern in weitestem Umfange auf die Öffentlichkeit einwirkte, ständig Fühlung mit den nationalsozialistischen Organisationen hielt, und, parallel zur Freislerschen Theorie von der politischen Rolle der Strafjustiz, eine höchst aggressive Propaganda zugunsten der Justiz und der nationalsozialistischen Strafrechtspraxis betrieb [215].

Eine besondere Rolle eignete sich die Justizpressestelle Berlin an, die als einzige der Justizpressestellen einen Leiter erhielt, der nicht Jurist, sondern aus dem Propagandaapparat der NSDAP hervorgegangen war [216]. Diese Wahl sollte zur Besserung der Beziehungen zum Reichspropagandaministerium beitragen. Die Gunst seiner Stellung nutzte jedoch der neue Leiter der Pressestelle dafür aus, neue Aufgaben an sich zu ziehen, deren Erfüllung ein teilweise kurioses, aber durchaus charakteristisches Stück Propagandapolitik im totalitären System darstellte, das jedenfalls mit Recht und Justiz nur noch wenige unmittelbare Beziehungen hatte. Einem mündlich geäußerten Verlangen Freislers folgend, widmete er besonders den Berliner Theater- und Filmaufführungen rege Aufmerksamkeit. Er übte eine strenge Kritik [217], die sich nach Erlaß des Lichtspielgesetzes [218] jedoch allmählich zu einer einschneidenden, für ganz Deutschland wirksamen Zensur ausweitete, da sie sich in die nunmehr gesetzlich verankerte Vorprüfung der Behörden des Propagandaministeriums, des »Reichsdramaturgen« und des »Reichsfilmdramaturgen« einschaltete und die Absetzung ausländischer, das Verbot vorgesehener und Veränderungen bereits aufgeführter Stücke veranlaßte [219]. Die Propaganda für die Praxis der Justiz ließ es ihr gerechtfertigt erscheinen, Darstellung und Vertretung des »Bestrebens der nationalsozialistischen Rechtsprechung« zum Maßstab zu erheben und danach zu urteilen, zu verurteilen und zu verbieten. Dieses Ressort bildete ein höchsteigenes Interesse aus, das es auch auf Gebieten außerhalb der eigentlichen, gesetzlichen und herkömmlichen Zuständigkeit vertrat. Es rückte damit in weite Gefilde des öffentlichen Lebens vor, die der zentralen Regie bis dahin noch nicht unterstanden, trat aber auch in Berührung und in

Konkurrenz zu anderen Institutionen der staatlichen Propaganda, die gleiches taten.

Unter der Hand Freislers, der die Propaganda als rechtfertigende wie als »warnende Aufklärung« zu einem zweiten Arm der Justiz machen wollte [220], verfolgten die Justizpressestellen diese Tendenz auch nach der Übernahme der Landesjustizverwaltungen durch das Reich weiter [221]. Die Berliner Justizpressestelle übernahm hierbei als höchsteigene Obliegenheit die Berichterstattung über die Tätigkeit des Volksgerichtshofes [222], die stets in engstem Einvernehmen mit Freisler geschah und die wesentlich zu der Synthese aus rücksichtslos gehandhabten Strafbestimmungen und einer zum Furioso gesteigerten Propaganda beitrug, deren charakteristisches Merkmal die infernalischen Anklagereden und die Urteile dieses Gerichts waren. Die offen ausgesprochene Aufgabe des Volksgerichtshofes war »nicht die, Recht zu sprechen, sondern die, die Gegner des Nationalsozialismus zu vernichten«. Diesem Zwecke diente ebensowohl das Fallbeil wie die Drohung, die von der justizeigenen Propaganda verbreitet wurde.

6. Regie des Bildungswesens

Der Aufbau des Propagandaministeriums bewirkte eine harte Eingrenzung der Kultusverwaltungen; es nahm die Menschen außerhalb der schulischen Erziehung geistig in die »Obhut des Staates« [223] und beschränkte zugleich die Volksbildungsministerien der Länder in ihren Zuständigkeiten auf die herkömmlichen Formen von Schule, Bildung und Wissenschaft. Dieser Umstand behinderte jedoch keineswegs die einschneidenden Veränderungen, die die nationalsozialistischen Kultusminister, allen voran Bernhard Rust in Preußen, in und mit ihren Ressorts durchsetzten. Im Preußischen Staatsministerium gab er sein Debüt mit dem Plan zur Einführung des Religionsunterrichts in den Berufsschulen und zum alsbaldigen »Abbau der weltlichen Schulen« schon »alsbald nach Ostern« 1933 [224]. Da er sich hierin in voller Übereinstimmung mit der nationalen Koalitions-Propagandaparole vom »christlichen Staat« bewegte, fand Rust mit seinem Vorhaben keinerlei Widerstand und bei Göring wie bei Hugenberg und Papen sogar sehr lebhafte Unterstützung. »Nach Ostern« gewann jedoch ebenso wie anderswo die Personalpolitik das Hauptinteresse des Ministers. Die Entlassungen und Beurlaubungen im Gefolge des Berufsbeamtengesetzes vom 7. April 1933 zogen rasch und in großem Umfange die Universitäten und Hochschulen in Mitleidenschaft – mehr noch als durch die Zahl der Betroffenen durch den Rang vieler Namen unter ihnen, die nun Wissenschaft und Lehre in Deutschland aufzugeben gezwungen waren und als geistige Elite der Emigranten die lange und nicht mehr endende Fluchtbewegung aus dem Deutschland des Nationalsozialismus hinaus ins Ausland eröffneten. Allein im April dieses Wendejahres verloren Universität und Handelshochschule Berlin Gelehrte wie Moritz Julius Bonn, Emil Lederer, Friedrich Franz Friedmann und Walter Norden, die Universität Köln den Staatsrechtler Hans Kelsen, die Professoren Eugen Schmalenbach, Benedikt Schmittmann und bald noch andere, die Universität Frankfurt, die in ihrem Lehrkörper besonders schwer betroffen wurde, bekannte Professoren und Dozenten wie Hermann Heller, Max Horkheimer, Karl Mannheim, Hugo Sinzheimer, Paul Tillich, Helmuth Plessner, Arnold Sommerfeld oder Fritz Neumark, die Universität Marburg Wilhelm Röpke und Paul Jacobsohn, Göttingen Max Born, Richard Courant u. a. m.[225]. Diese Maßnahmen wurden mehrere Monate hindurch fortgeführt und erhielten immer stärker antisemitische Richtung. Infolgedessen konnte in einem großen Revirement eine Anzahl von Privatdozenten in ordentliche Professuren nachrücken. Am stärksten machte sich der Personalwechsel auf den juristischen Lehrstühlen und hier wieder vor allem auf dem Gebiet des öffentlichen Rechts bemerkbar. Im Verlaufe des Jahres 1933 wurden an den juristischen und rechts- und staatswissenschaftlichen Fakultäten der preußischen Universitäten 16 Ordinarien[226] und eine Anzahl von Dozenten neu ernannt; der Wiener Strafrechtler Graf v. Gleispach, den die österreichische Regierung wegen seiner nationalsozialistischen Äußerungen gemaßregelt hatte, kam in den Genuß einer Honorarprofessur in Berlin. Neben diesen blieb in diesem Jahr außer einigen Ernennungen an medizinischen Fakultäten und an Technischen Hochschulen die Zahl der Neubesetzungen von Ordinariaten der philosophischen Fakultäten noch etwas zurück[227]. Das Bild wandelte sich im Jahr 1934, in dem noch 6 Juristen zu Ordinarien ernannt wurden gegenüber 43 Medizinern und 17 Angehörigen der philosophischen Fakultät[228]. Doch auch hiermit war der große Professorenschub an Universitäten und Hochschulen keineswegs abgeschlossen[229]. Das Recht zur Ernennung von Universitätsprofessoren eignete sich Göring in seiner Eigenschaft als

Ministerpräsident an [230]; tatsächlich wurde allerdings so verfahren, daß nichtbeamtete außerordentliche Professoren und Honorarprofessoren der Kultusminister ernannte, der die Ernennungen vorher dem Ministerpräsidenten anzeigte, um ihm die Möglichkeit zum Einspruch zu geben, und daß Göring lediglich die Ernennungsurkunden der ordentlichen Professoren unterzeichnete [231]. Praktisch behielt das Kultusministerium die Personalentscheidung in der Hand; die zahlreichen Entlassungen auf Grund des Berufsbeamtengesetzes mit seinen besonders die Professorenschaft stark dezimierenden Folgen der Rassebestimmungen erlaubten dem Kultusminister, von dieser Entscheidungsgewalt besonders häufig und in ganz Preußen in äußerst wirksamer Weise Gebrauch zu machen [232].

Auch das höhere Bildungswesen veränderte sein Gesicht [233]. Den ersten Anlaß, in die Zulassung zum Hochschulstudium einzugreifen, fand Rust in dem steigenden Andrang von Studienbeflissenen zu den deutschen Hochschulen, den die Länder in den Nöten der Wirtschaftskrise nicht mehr ertragen zu können glaubten. Um sich nach dieser Seite hin Entlastung zu verschaffen, erwogen die preußischen Kommissare schon 1932 einzelne Pläne, die bis zur radikalen Schließung einiger Hochschulen reichten, jedoch unter den beteiligten Ressorts keine Übereinstimmung fanden. Im Fortgang dieser Verhandlungen, an denen auch die übrigen Länder Interesse gewannen, kam nach dem Sturz der Reichsregierung Schleicher am 15. Februar 1933 eine Vereinbarung der Länder über die Regelung des Zuganges zum Hochschulstudium zustande [234], die den Prüfungskommissionen für die Abiturientenexamen die Pflicht auferlegte, aktenmäßig niederzulegen, ob dem Abiturienten das Studium angeraten werde oder nicht. Auf Grund dieser Akteneintragungen sollten die Studierenden während dreier Semester überprüft werden und in den Fällen negativer Vermerke jegliche Förderungen entfallen; diese Anordnung gab indessen noch keine Handhabe zum Studienausschluß. Durchführungserlasse Rusts vom 17. März und vom 7. April 1933 [235] suchten das Überprüfungsverfahren durch unmittelbare Verbindungswege zwischen Hochschulen und höheren Schulen über die Provinzialschulkollegien praktisch und möglichst lückenlos auszugestalten.

Diese noch einigermaßen liberalen Regelungen wurden aber kurze Zeit später durch die Initiative der Kulturpolitischen Abteilung des Reichsinnenministeriums überholt. Während die Kultusministerien auf dem Gebiete des Personalwesens nationalsozialistische Politik zu betreiben versuchten und das Propagandaministerium im Zuge seines Aufbaus weite Gefilde der freien kulturellen Entfaltung unter seine Botmäßigkeit brachte, gingen vom Reichsinnenministerium einschneidende reichsrechtliche Bestimmungen über Studium und Studentenschaft aus. Am 25. April führte ein Reichsgesetz in drakonischer Form den *Numerus clausus* für alle außerhalb der allgemeinen Schulpflicht stehenden Schulen und Hochschulen ein [236]. Er sollte jeweils zu Jahresbeginn von den Landesregierungen nach Maßgabe des geschätzten Berufsbedarfs festgestellt werden und hierbei die »nichtarische« Jugend entsprechend dem »nichtarischen« Anteil an der Gesamtbevölkerung berücksichtigen; eine Durchführungsbestimmung setzte sofort diese Anteilszahl ohne Rücksicht auf regionale Unterschiede grundsätzlich auf 1,5 % der Neuaufnahmen fest [237].

Fast zur gleichen Zeit machte ein anderes Gesetz die »Studentenschaft« zum korporativen Bestandteil der Hochschule. Seine Begriffsbestimmung schloß fortan alle jüdischen Studenten von der politischen Mitwirkung aus; denn zur Studentenschaft gehörten nur »Studenten deutscher Abstammung und Muttersprache . . ., unbeschadet ihrer Staatsangehörigkeit . . .« [238]. Eine Repräsentation der studentischen Korporation – natürlich beileibe nicht eine auf demokratischem Wege zustande gekommene und auch nicht eine parlamentarisch verfahrende – entstand innerhalb einer politischen Gesamtordnung, die sonst grundsätzlich jede Mitwirkung und Mitbeteiligung untergeordneter Gruppen an den Entscheidungen übergeordneter Autoritäten mit dem Schlagwort des Führerprinzips strikt ablehnte. Der Einfluß der NSDAP auf die Studenten war zunächst zweifellos noch größer als ihr Einfluß in der Hochschullehrerschaft und auf die akademische Verwaltung; infolgedessen förderten Reichsinnenminister und Kultusminister Rechte und Ansprüche der Studentenschaft [239], die nun als ein Mittel zur Eroberung der Hochschulen diente. Daß diese Form studentischer Selbstverwaltung mit Ideen und Institutionen der verflossenen liberalen Epoche nichts gemein hatte, ließ auch das Programm einer sportlich-militärischen Erziehung erkennen, das dieser Korporation zwangsweise eingepflanzt wurde und eine direkte Beziehung zu den quasimilitärischen Kampfverbänden der NSDAP, zu Hitlerjugend und SA herstellte, mit denen sich nun die Studentenschaft von Rechts wegen gemeinsam der »Erziehung der Studenten zur Wehrhaftigkeit« widmete, »zur Einordnung in die Volksgemeinschaft durch Wehr- und Arbeitsdienst und Leibesübungen«[240].

Der rassenpolitischen Aussonderung aus der Korporation der Studentenschaft mit ihrer reichsgesetzlichen Begründung folgte nach dem Verbot der politischen Parteien der Ausschluß von Studenten, die vorher bekämpften politischen Gruppen angehörten oder nahestanden, vom Universitätsstudium. Die »national zuverlässigen Studenten« erhielten die unrühmliche Aufgabe, bei Feststellung und Relegation ihrer betroffenen Kommilitonen »dem Rektor beratend zur Seite« zu stehen[241]. »Zur Sicherung einer einheitlichen Führung der Universität« gingen dann im Herbst alle Rechte der Universitätsselbstverwaltung auf den Rektor über. Jetzt aber, nachdem die Rektorate in den Händen von Männern lagen, die das Vertrauen des Kultusministers genossen, hielt das »Führerprinzip« auch an den Universitäten Einzug und traten in ganz Preußen die entgegenstehenden Bestimmungen der Universitäts- und Fakultätssatzungen auf Grund eines einzigen Ministerialerlasses außer Kraft[242]. Der akademische Senat und die Führer der Dozentenschaft und der Studentenschaft behielten lediglich beratende Funktionen. Die Rektoren benannte der Kultusminister, die Dekane der Rektor, und Dekane wie Rektoren ernannten jeweils ihre Vertreter selbst; den Senaten verblieb das Recht einer Listenpräsentation vor der Ernennung der Professoren. Diese Bestimmungen sollten eineinhalb Jahre später durch die von Rust erlassenen reichseinheitlichen »Richtlinien zur Vereinheitlichung der Hochschulverwaltung«[243] abgelöst werden, mit denen sich der »Reichswissenschaftsminister« nun auch die Befugnis zulegte, die Prorektoren, die Dekane und die Leiter der Dozentenschaften zu ernennen. Die Organe der Hochschule wandelten sich vollständig in Organe des Ministeriums, die in seinem Auftrag die Hochschule leiteten. Die Zulassung des wissenschaftlichen Nachwuchses vollzog sich nach der von Rust verfügten »Reichshabilitationsordnung« vom 13. Dezember 1934.

Die Studienbeschränkungen wurden noch vor Ablauf des Jahres 1933 dadurch verschärft, daß das Reichsinnenministerium die Zahl jener Abiturienten begrenzte, die überhaupt die Hochschulreife erhalten durften. Für das Jahr 1934 sollte sie 15 000 betragen, der Anteil der Abiturientinnen jedoch in keinem Land 10 % der angewiesenen Zahl überschreiten[244]. Daraufhin setzte der preußische Kultusminister die Höchstziffer der Zuerkennungen der Hochschulreife auf 10 734, darunter nur 1048 Abiturientinnen, fest[245].

Vollkommen neu war an dieser Anordnung, deren Ausführung in den Händen der Oberpräsidenten lag, daß auch die Gauleiter der NSDAP beteiligt werden mußten, um »etwa bestehende Bedenken gegen die politische Zuverlässigkeit des Antragstellers« festzustellen. Einige Wochen vorher hatte Rust in Preußen auch die Zulassungen zu den akademischen Prüfungen beschränkt; allerdings traf diese Einschränkung nur »Nichtarier«, die fortan nur nach Bedingungen, die analog zu den Rassebestimmungen des Berufsbeamtengesetzes vom 7. April 1934 gebildet waren, Prüfungen ablegen durften [246].

Dafür eröffnete der preußische Kultusminister neue Zweige der höheren Schulbildung, die den völkisch-nationalistischen Ideologien des Nationalsozialismus auch unmittelbaren Eingang in das Erziehungswesen verschafften. Er gab den Lehrerbildungsstätten nach dem Vorbild süddeutscher Länder einen hochschulmäßigen Anstrich, legte sie aber mit Vorliebe in kleinere Städte oder in ländliche Gegenden [247]. In dem einfachen und begrenzten Milieu konnte der Idealismus der jugendlichen Studierenden stärker auf die besonders zu sportlichen und körperlichen Leistungen zusammengefaßten kleineren Gemeinschaften gewiesen als zur kritischen und wissenschaftlichen Betätigung des Intellekts angespornt werden. Die mit militärischer Disziplin belastete Seite der sportlichen und die politisch-weltanschauliche der geistigen Jugendbildung fand ihre Entwicklungsstätten in den Nationalpolitischen Erziehungsanstalten, die in alten Kadettenanstalten der Monarchie – Plön, Köslin und Potsdam – entstanden [248] und die jugendpädagogische Synthese von staatlicher Erziehung und nationalsozialistischer Parteigängerschaft herstellen sollten. Das »Erbe des guten Wandervogels« [249], das Ideal eines »Spartiatentums« [250] der jungen Generation und schließlich die legendäre Überlieferung vom »Geiste unseres großen feldgrauen Heeres« [251] ergaben ideologische Ansatzpunkte, die auch viele Pädagogen und Psychologen aus der großen, lange Zeit bewegten Strömung der Schulreformer anzuregen und für den Nationalsozialismus zu gewinnen vermochten, die nun die Hitlerjugend und eine gezähmte SA zu Instrumenten der Volkserziehung erklärten. Diese Bewegung wirkte unter Anleitung des vom bayerischen Kultusminister Schemm geführten NS-Lehrerbundes weit und tief in die Lehrerschaft der Volksschulen und höheren Schulen hinein, deren Lehrpläne neue Fächer wie Volkskunde, Wehrgeographie, Grenzlandkunde und Rassenkunde aufnahmen, die sich als besonders gepflegte Wissenschaften unter dem Protektorat Rusts als Reichsminister für Erziehung, Volksbildung und Wissenschaften auch an den Universitäten ausbreiteten. Die organisierte Erziehung wurde zur praktischen, geistigen wie körperlichen Einübung in ein militärisches, in dynamischen völkischen Ideologien befangenes Kollektivdasein und hierdurch zum Instrument eines von Grund auf inhumanen Totalitarismus, der nichts vom Menschen wissen, sondern ihn nur für die eigene Sache mit Beschlag belegen, ihn binden oder zerstören wollte.

7. *Der völkische »Neuadel« des agrarpolitischen Apparats*

Die Vorstellung einer verlorenen, jedoch wiederherstellbaren Gemeinschaft in der Form einer überschaubaren unveränderlichen Sozialordnung in enger Verbindung zum Boden, zur ländlichen Heimat und zu heimatlichen Volksbräuchen mit starken rasseideologischen Zusätzen oder Akzentuierungen, die auch die mythisch erscheinenden Schlagworte vom »Blut und Boden« umschloß, bildete nach der Regierungsbetrauung Hitlers den Ansatz einer offiziell geförderten und vertretenen Ideologie. Sie gab amtlicherseits dem grassierenden Antisemitismus Auftrieb; sie deutete sich in der von Rust angekündigten neuen Form der Lehrerbildung und auch in den Gedanken an, die bei der Schaffung der Nationalpolitischen Erziehungsanstalten Pate standen; sie faßte tiefe Wurzeln in ihrer eigenen agrarischen Herkunftszone und schlug sich auf dem weiten und problematischen Gebiet agrarpolitischer Pläne, Forderungen und Besserungsvorschläge in einem fest umrissenen Programm nieder, das seinen Ausgang vom Amt für Agrarpolitik in der NSDAP-Reichsleitung nahm, der Spitze des »agrarpolitischen Apparats«, wie Richard Walther Darré seine Organisation ohne die sonst üblichen propagandistischen, idealisierenden Beigaben taufte. Vergleichbar dem Bund nationalsozialistischer Juristen, den Frank, oder der SS in einem späteren Entwicklungsstadium, die Himmler aufgebaut hatte, bildete dieser »Apparat« mit seinen landwirtschaftlichen »Fachberatern« bei den Leitungen der Gaue, Kreise und Ortsgruppen der NSDAP eine Sonderorganisation innerhalb der Partei, die in zahllosen Verbindungen vertikaler und horizontaler Art verschiedene Instanzen auf den Stufen der Parteihierarchie mit Bauernverbänden und örtlichen Bauerngruppen verknüpfte und mit dem Amt in der Reichsleitung in Beziehung setzte. Durch eine Reihe von personellen Verbindungen in wichtigen Ämtern trat diese Sonderorganisation verhältnismäßig frühzeitig in engere Beziehung zur SS; auch Darré gehörte ihr an und erhielt 1933 den Rang eines Obergruppenführers [252]. Die beiden wichtigsten Träger völkisch-rassenideologischer Programme innerhalb der NSDAP waren aneinander gebunden, was später in der Stellung des »Rasse- und Siedlungshauptamtes« der SS sinnfälligen und offenen Ausdruck fand.

Jener eigentümliche Biologismus unter den neueren politischen Ideologien, der dem körperlichen Phänotyp die Bedeutung eines Maßobjektes und eines absoluten Maßstabes für die Bewertung des Menschen beilegen möchte, dies mit den mythischen Vorstellungskreisen von Blut und Boden und Heimat verknüpft und das alles mit dem Tabu irrationaler Unergründbarkeit umgibt, wahrhaftige, aus den Tiefen atavistischer Neigungen und Gefühle empordrängende »Leibideen« [253] trugen die Schuld an der merkwürdigen Hybris, die eine überbewertete inhumane Hygienepolitik zur »Rassenhygiene« ausweitete und den völkischen Ideenansatz auf die letzte Stufe des Inhumanen beförderte. Die Linie dieser subversiven Steigerung läßt sich aus der Reihe der Gesetze ablesen, die aus der Gesundheits- und Deutschtumsabteilung des Reichsinnenministeriums erst unter maßgeblicher Mitarbeit und seit Anfang 1934 unter der Leitung des Ministerialrats und späteren Ministerialdirektors Gütt, eines SS-Führers [254], hervorgingen: das Gesetz zur Verhütung erbkranken Nachwuchses [255], die Maßregeln der Sicherung und Besserung im Gesetz gegen gefährliche Gewohnheitsverbrecher [256], das Gesetz zum Schutze der Erbgesundheit des deutschen Volkes [257] und schließlich die Nürnberger Rassengesetze [258]. Diese Ausscheidungsgesetze des Reichsinnenministeriums ergänzten das bäuerlich-völkische Gesetzgebungsprogramm des Agrarpolitischen Amtes der NSDAP.

Noch während der Amtszeit Hugenbergs an der Spitze des Reichsernährungsministeriums und des Preußischen Ministeriums für Landwirtschaft, Domänen und Forsten erlangte Darré mit Hilfe seiner Organisation eine überaus einflußreiche Stellung, die ihm später als nationalsozialistischem Nachfolger in den Ministerämtern Hugenbergs sehr zustatten kommen sollte. Die Gleichschaltungsbewegung unter den bäuerlichen und landwirtschaftlichen Verbänden im Frühjahr 1933 gab in ihrem Ergebnis dem Amt für Agrarpolitik und damit Darré die Führung sämtlicher agrarischer Organisationen in die Hand. Die landwirtschaftlichen Kammern jedoch, mit Ausnahme der Kammer für die Provinz Ostpreußen, in der der nationalsozialistische Einfluß bereits unbestritten war, legte Hugenberg lahm, indem er ihre Auflösung herbeiführte und die interimistische Geschäftsführung und Vermögensverwaltung unmittelbar unter die Aufsicht seines Ministeriums brachte [259]. Die hinhaltenden Widerstände im Staatsministerium überwand Hugenberg noch kurz vor seinem Rücktritt [260]. Sein nationalsozialistischer Nachfolger Darré brauchte dann, um diesen Zustand und damit die Verfügungsgewalt seines Ministeriums über die Kammern aufrechtzuerhalten, die zwischenzeitliche Regelung lediglich in Permanenz erklären zu lassen [261].

Bei der nationalsozialistischen Neuregelung des bäuerlichen Anerbenrechts bediente sich Darré vor seiner Ernennung zum Minister zunächst, solange die Landwirtschaftsministerien des Reichs und Preußens noch in Hugenbergs Hand lagen, der Mithilfe des preußischen Justizministers Kerrl, der angeblich in seinem Ministerium ein Erbhofgesetz beraten ließ, im Staatsministerium aber eingestand, daß in Wirklichkeit die »ersten Sachverständigen der landwirtschaftlichen Abteilung der NSDAP, wie die Herren Darré, Willikens und Backe«, die Beratungen führten [262], also das Amt für Agrarpolitik. Hugenberg stimmte dieser Behandlung zwar zu, verlangte indessen die Mitwirkung des preußischen Landwirtschaftsministeriums und brachte dann aber, als die Initiatoren des Gesetzes hierauf keine Rücksicht nahmen und die Entscheidung überstürzt vorantrieben, erhebliche Bedenken vor und erhob Widerspruch [263]. Indirekt wurde er von Popitz unterstützt, der die Abgabe der Gesetzesmaterie an die Reichsregierung verlangte, wo sie unzweifelhaft in die Zuständigkeit Hugenbergs übergegangen wäre. Sicherlich hätte das »eine Verzögerung und Verwässerung des nationalsozialistischen Ideengutes« bedeutet [264], das von dem ersten Gesetzentwurf, den Kerrl am 11. Mai vorlegte, in radikaler Weise Besitz ergriffen hatte. Die Bezeichnung »Erbhof« knüpfte er an Voraussetzungen, die unmittelbar dem Parteiprogramm der NSDAP entnommen waren: Der Besitzer eines solchen Hofes mußte Bauer, »deutschen oder stammesgleichen Blutes« und deutscher Staatsbürger sein. Das »deutsche Blut« wurde sogar noch enger begriffen als die »arische Abstammung«, die das Gesetz vom 7. April von den Beamten verlangte. Der Entwurf schloß alle jene aus, die irgendwann in ihrem »Mannesstamme« oder unter den übrigen Vorfahren im dritten Glied [265] auch nur eine einzige Person »jüdischer oder farbiger Herkunft« aufwiesen, und auch eine künftige Eheschließung mit einer solchen Person machte die Nachkommen »dauernd unfähig, als Besitzer eines Erbhofes Bauer zu sein«.

Den bisher geltenden Rechtsauffassungen widersprach das Gesetz in zweierlei Hinsicht. Es klammerte sich an den antisemitisch begründeten Rassebegriff in extremer Weise und bezog einen Zusammenhang von »Blut und Boden«, wie er sich in den Köpfen nationalsozialistischer Ideologen darstellte, in Recht und Gesetzgebung ein, für den es eine sachliche Begründung weder in allgemeiner politischer noch in wirtschaftlicher Hinsicht gab. Aber auch die Stellung der weichenden Erben wurde rechtlich in ungewöhnlicher Weise geschmälert; die ideologische Überbewertung des »Mannesstammes« und die außerordentliche Bevorzugung des Erstgeborenen erhielten durch ihre mittelalterliche Rückständigkeit und ihre offensichtliche Verwurzelung im vorwissenschaftlichen Aberglauben eine agrarsoziologisch interessante Begründung. Eine staatlicherseits getroffene Regelung des Anerbenrechts entsprach dem staatlichen Interventionsstreben, das auch die Bezirke der Landwirtschaft ergriff, was in ihrer unbestreitbaren allgemeinen Notlage zweifellos gute Gründe hatte. Daß sie den bäuerlich bewirtschafteten Grundbesitz in den Grenzen der Bestimmungen des Gesetzes rechtlich unantastbar machte, auch von dem Zwang des Schuldrechts befreite und die schlimmsten Folgen der bäuerlichen Verschuldung beseitigte, war eine wirtschaftspolitisch weithin bedeutsame Entscheidung zugunsten der Landwirtschaft, die nicht isoliert bleiben konnte und auf das umfangreiche Agrarprogramm der NSDAP hinwies, den einzigen vollständigen Programmteil, den diese Partei überhaupt besaß. Umstand und Einzelheiten des Gesetzes ließen den Atavismus der ihm zugrunde liegenden Ideologie außer jedem Zweifel. Die Rolle Kerrls beschränkte sich darauf, diesen Entwurf Darrés und seiner Berater im Staatsministerium hartnäckig zu vertreten. Hugenberg, dem an einer Juridifizierung der Anerbensitte durchaus gelegen war, dachte jedoch nicht an eine so weitreichende Regelung, die die Struktur der bäuerlichen Bevölkerung auf lange Sicht festlegen konnte. Sein agrarpolitisches Zinssenkungsprogramm begünstigte den hoch- und höchstverschuldeten Grundbesitz, zu dem nahezu der gesamte ostelbische Großbesitz gehörte, den Hugenberg zu stützen entschlossen war; an eine grundsätzliche Entscheidung zugunsten der bäuerlichen Besitzgrößenklassen dachte er indessen nicht. Doch gegen den Einspruch des Landwirtschaftsministers stimmte das Staatsministerium unter Maßgabe einiger Änderungen diesem Gesetz, das die Ära der nationalsozialistischen Agrarpolitik eröffnete, zu [266].

Der Ausbau dieses Gesetzes zu einem Reichsgesetz in Gestalt des Reichserbhofgesetzes folgte dann dem personellen Zusammenschluß der Landwirtschaftsministerien Preußens und des Reiches mit dem agrarpolitischen Apparat Darrés auf dem Fuße. Es fiel dem Amt für Agrarpolitik leicht, die in der anhaltenden Notlage der Landwirtschaft sich fortgesetzt verstärkenden Spannungen zwischen den zuständigen Ministerien Preußens und des Reiches und dem jetzt von ihm beherrschten landwirtschaftlichen Verbandswesen bis zum äußersten zu verschärfen, die Maßnahmen Hugenbergs unpopulär und die Beziehungen zwischen den Ministerien und der mächtigen »grünen Front« der landwirtschaftlichen Organisationen unmöglich zu machen. Die verschärfte agrarpolitische Situation namentlich im östlichen Deutschland bildete die beste Voraussetzung, um die Opposition der mit Berlin seit jeher unzufriedenen Landbevölkerung auf die Spitze zu treiben und ihr Protestbedürfnis zu provozieren.

Das Jahr 1932 hatte durch eine Mißernte im ganzen östlichen Europa eine schwere Agrarkrise heraufbeschworen, die fast überall soziale und politische Folgen zeitigte. Zu den schlimmsten zählten die Hungersnot im südlichen Rußland und die Zuspitzung der landwirtschaftlichen Dauerkrise in Ostdeutschland [267]. Im Spätsommer ereignete sich hier nach einem heißen und wenig versprechenden Sommer schließlich eine gewaltige Unwetterkatastrophe, die große Teile der Ernte im Regierungsbezirk Gumbinnen, innerhalb des Regierungsbezirks Königsberg in den Kreisen Rastenburg, Gerdauen, Wehlau und im östlichen Teil des Kreises Labiau, im Regierungsbezirk Allenstein in den Kreisen Lötzen, Lyck, Johannisburg und in einem Teil des Kreises Sensburg und im Regierungsbezirk Westpreußen, also in weit mehr als der Hälfte Ostpreußens vernichtete [268]; überall aber fiel der Bodenertrag, besonders die Kartoffelernte, ungewöhnlich niedrig aus, so daß sich äußerst prekäre Verhältnisse im Frühjahr 1933 ergaben [269], die bei der seit langem sehr rührigen Tätigkeit der agrarischen Interessenverbände eine intransigente politische Unzufriedenheit förderten. Ende Januar berichtete der Oberpräsident der Provinz Ostpreußen, »daß die Stimmung der ostpreußischen Landbevölkerung gefährlichen Zuständen entgegentreibt«, über »Ausbrüche der Verzweiflungsstimmung« bei einem, »Gleichgültigkeit und Resignation« bei dem anderen Teil der Bauern, die sie »allzu leicht radikalpolitischer Agitation zum Opfer fallen« lasse [270]. Die radikalisierten Gruppen verlangten nach radikalen Maßnahmen zur Abhilfe und riefen, als diese ausblieben, zum »Kampfe gegen die Regierung« auf [271]. Dieser ebbte nach der Übernahme der Reichsregierung durch Hitler keineswegs ab, gelangte aber vollends unter nationalsozialistische Regie, wurde eingedämmt und kanalisiert. Nachdem sich die Nationalsozialisten fast überall auf dem flachen Lande im Osten durchgesetzt hatten, mühten sich der Reichsernährungsminister Hugenberg und mit ihm sein Staatssekretär v. Rohr, der als pommerscher Landbundführer selbst zu den profiliertesten Persönlichkeiten der »grünen Front« gezählt hatte, sich jetzt aber ohne Gefolgschaft sah, vollkommen vergeblich um Einvernehmen und Zusammenarbeit mit dem Reichslandbund unter seinem nationalsozialistischen Führer Meinberg [272], der sich weder durch harte noch durch versöhnliche Töne gewinnen ließ. Pläne und zinspolitische Maßnahmen Hugenbergs und Rohrs blieben im luftleeren Raum und vermochten die von nationalsozialistischen Agitatoren hochgetriebene Empörung der organisierten bäuerlichen Massen nicht zu beeinflussen. Ohne sich mit sachlichen Einwänden abzugeben, trieb Meinberg die Gegensätze auf die Spitze, indem er für die politische Opposition des Reichslandsbundes dem Reichsernährungsministerium gegenüber immer stärker das Recht eines sozialen Protests in Anspruch nahm und ihn zu einer gegen den Großgrundbesitz gerichteten Bewegung mit dem Ziel einer rein »bäuerlichen Standesentwicklung« erklärte. Hieraus zog die NSDAP in Wirklichkeit zwar niemals radikale Folgerungen; doch im Frühjahr 1933 kam auch die bäuerliche Bewegung mit der Ideologie der nationalsozialistischen Revolution in Verbindung, die den Bauer zum »Träger des nationalsozialistischen Staates« und zum »Kämpfer für Volkserneuerung und Weiterführung der nationalsozialistischen Revolution machen wollte [273]. Für das erste erhob sie die Forderung an Hugenberg und Rohr, den »Platz freizumachen«, damit deren Ämter mit Darré und Willikens besetzt werden könnten [274]. Die Spitzen der organisierten Bauernschaft, die sich in weiten Teilen zur NSDAP bekannte, duldeten nur noch nationalsozialistische Repräsentanten an den Spitzen der Ministerien.

Nach dem Rücktritt Hugenbergs, dem drei Monate später der Rücktritt des Staatssekretärs v. Rohr folgte, ging Darré unverzüglich daran, mit Hilfe seiner Staatssekretäre Willikens im Preußischen Landwirtschaftsministerium und Backe, dem Nachfolger Rohrs im Reichsernährungsministerium, das preußische Erbhofgesetz in Reichsrecht umzuwandeln und weiter auszugestalten. Das geschah durch das Reichserbhofgesetz vom 29. September 1933 [275], das schon in seinem Vorspruch die Prinzipien der nationalsozialistischen Agrarpolitik bezeichnete: die Idealisierung und Mythisierung des Bauerntums »als Blutquelle des deutschen Volkes«, seinen wirtschaftlichen Schutz vor Überschuldung und den Schutz vor Zersplitterung der Höfe im Erbgang sowie die Stützung und Festlegung des bäuerlichen Besitzes kleiner und mittlerer Größenordnungen. Die Durchführung der Regelungen, die dieses Gesetz erforderte, und die Erledigung von Streitfragen, die sich ergaben, wurde besonderen Gerichtsbehörden anvertraut, die sich in dreifacher Stufung – Anerbengerichte, Erbhofgerichte und Reichserbhofgericht – parallel zur ordentlichen Gerichtsbarkeit aufbauten und die über die Erbhofeigenschaft eines Hofes, über »Bauernfähigkeit« und »Rasseeigenschaft« einzelner Personen, über Entziehung von Verwaltung, Nutznießung und Eigentum des Hofes wie über Rechte der Erben, soweit sie nicht gesetzlichen Regelungen unterlagen, zu entscheiden hatten. Daneben erhielten die Funktionäre des Agrarpolitischen Apparats eine höchst wichtige Rolle zugewiesen: die Kreis- und Landesbauernführer, die auch die Schlüsselpositionen im Reichsnährstand übernahmen, den zwei umfangreiche Gesetzeswerke eben zu dieser Zeit nach dem Muster der ständischen Ordnung ins Leben riefen, die das Reichskulturkammergesetz im Bereich der Tätigkeit des Propagandaministeriums geschaffen hatte [276]. Die Kreis- und Landesbauernführer verdankten dem Erbhofgesetz eine umfangreiche und maßgebliche Gutachtertätigkeit. Sie besaßen die Einspruchsbefugnis gegen Entscheidungen des Anerbengerichts bzw. des Erbhofgerichts und handhabten die örtliche Regie der Bauernschaft; sie wurden zu Bezirkschefs der ständisch organisierten Agrarverwaltung und gleichzeitig zur Führungselite der Bauernschaft, die sich bald eng mit der SS verknüpfte. Sie waren, alles in allem, Funktionäre der regionalen Agrarwirtschaft, deren Machtstellung nicht auf dem Umfang des eigenen Betriebes und des eigenen Grundbesitzes, sondern ausschließlich auf ihrer Funktion innerhalb der vom Ministerium aus geleiteten Agrarorganisation beruhte.

8. Versuch und Fehlschlag einer Bodenplanung

Siedlungswesen und Bodenplanung, nach den neuen Maßstäben der Agrarpolitik Gegenstände ihres höchsten Interesses, blieben Bereiche, in die Darrés Reichsernährungsministerium erst nach hinhaltenden Rivalitäten und Auseinandersetzungen mit anderen Reichsressorts einzudringen vermochte. Der Reichskommissar für das Siedlungswesen, der im Frühjahr 1934 eingesetzt wurde [277], unterstand dem Reichswirtschaftsminister. Ihm war die Zusammenarbeit mit dem Reichsarbeitsminister aufgegeben; doch die nicht näher bestimmten Aufgaben des Reichsernährungsministers unter der Direktive »der Neubildung des deutschen Bauerntums« blieben ausgespart. Damit war der Ressortstreit zwischen diesen drei Reichsministerien zur Hälfte entschieden, den das Reichsarbeitsministerium mit hochgespannten Ansprüchen auf Regelung und Zuständigkeit im Planungswesen eröffnete, nachdem die Weimarer Republik in ihrer Anfangszeit mit der Gesetzgebung auf diesem Gebiet begonnen hatte. Geburtszelle der Landesplanung war das rheinisch-westfälische Industriegebiet, wo der »Siedlungsverband Ruhrkohlen-Bezirk« 1920 erstmals gesetzliche Bestimmungen zur Landesplanung traf. Bis 1933 blieb sie jedoch Angelegenheit kommunaler Stellen und wurde von diesen mit verschiedenen Interessen keineswegs einheitlich betrieben. Der gleichgeschaltete Spitzenverband der kommunalen Verwaltungen, der Deutsche Gemeindetag, regte dann 1933 die Übernahme der Leitung der Landesplanung durch Reichsbehörden an [278]. Erste Besprechungen zwischen Vertretern des Deutschen Gemeindetages, des Preußischen Ministeriums für Wirtschaft und Arbeit, des Reichsarbeitsministeriums und der Reichsleitung der NSDAP über die Regelung des bestehenden »Neben- und Durcheinanders verschiedener Landesplanungsorganisationen im Interesse schnell und einheitlich geleiteter Arbeit« [279] ergaben zunächst Übereinstimmung darin, daß die Landesplanung weiterhin Aufgabe der Selbstverwaltungskörper sei. Ihre Leitung jedoch sollte zur Aufgabe des Staates werden und eine »Reichsplanungsstelle« beim Reichsarbeitsministerium die Aufstellung von Plänen in die Hand nehmen, die die Anlegung von Siedlungen, Verkehrswegen, Erholungsflächen und die Aufteilung in Verkehrs-, Grün-, Bau-, Industrie-, Bergbau- und land- und forstwirtschaftliche Flächen betrafen. Hierzu hätte es aber eines Reichsgesetzes bedurft, das das Planungsrecht regelte [280]. Diesem

Bedürfnis wollte der Entwurf eines Landesplanungsgesetzes abhelfen, den der Reichsarbeitsminister Seldte den anderen Ressorts zur vertraulichen Kenntnis mitteilte, nachdem die Linien- und Bauplanung des Generalinspekteurs für das deutsche Straßenwesen anläßlich der Anlage von Reichsautobahnen einen Anlaß gegeben hatte, reichsgesetzliche Regelungen vorzuschlagen [281]. Der Entwurf wies die Landesplanung den Selbstverwaltungskörpern der Planungsgebiete, den Landesplanungsverbänden, zu, die den unteren und höheren staatlichen Verwaltungsbezirken entsprechen sollten, und nahm für das Reich die gesamte Gesetzgebung auf dem Gebiet der Landesplanung in Anspruch und für den Reichsarbeitsminister die Einteilung und Festlegung der Landesplanungsgebiete. Das Interessante an diesem Entwurf des Reichsarbeitsministeriums aber war die ungewisse, sehr weit gedehnte Begrenzung, die er dem Begriff der Landesplanung gab. Nach der Definition des Entwurfes sollte sie dafür Sorge tragen, »daß der deutsche Boden zum Zwecke seiner Nutzung planmäßig so eingeteilt wird, wie sie das Gemeinwohl und die Bedürfnisse der Gesamtheit und der einzelnen erfordern«. Deutlich ließ sich die Absicht des Gesetzes erkennen, mit Hilfe einer reichsgesetzlichen Regelung der Landesplanung die Schlüsselgewalt über eine technisch-wirtschaftliche Planung noch unbekannten Ausmaßes zu schaffen und ressortpolitisch in Beschlag zu nehmen [282]. Den Landesplanungsverbänden verblieb die Aufgabe, unter Hinzuziehung von interessierten Behörden und wirtschaftlichen Vertretungen Wirtschaftspläne aufzustellen, die die Grundlagen für die Planung der Bodenteilung und -nutzung des gesamten Planungsgebietes zu bilden hätten. Diesen regional entwickelten Bezirkswirtschaftsplanungsbehörden sollte die wirtschaftliche Bezirksorganisation folgen.

Die Begründung zu diesem Gesetz, die noch weit mehr besagte als der Entwurf selbst, wies deutlich in die Richtung gegen die Bestrebungen Darrés und seines Ministeriums, nach der das Gesetz »der Sicherung einer planvollen Bodenwirtschaft dienen« und »umfassender« als die bisherigen gesetzlichen Regelungen über die »Verhältnisse des deutschen Bauernstandes« die »Gestaltung des deutschen Raumes in einer Gesamtheit« und den »Neubau der deutschen Wirtschaft« vorbereiten sollte. Sie verzichtete nicht auf die gängige Formel von »Blut und Boden«, die sie dem Vokabular der Konkurrenzinstanz entlehnte; doch in unvermutet radikaler Weise verhalf sie einem »nationalen Sozialismus« zum Ausdruck, der Anstalten traf, das gesamte Bodenrecht zu verändern und – in einzelnen Gedanken ähnlich wie das Erbhofgesetz, jedoch keineswegs wie dieses nur auf das Bauerntum beschränkt – die »Bindung des einzelnen Bodenbesitzers« zu verstärken, jedoch das Obereigentum des Staates am höchsten bewertete. Der staatlichen Planung unterlag »alle Tätigkeit, die auf die Gestaltung des deutschen Raumes durch Ordnung der innerdeutschen Lebensvorgänge gerichtet ist, soweit sie den Boden in Anspruch nehmen«. Auch im Reichsarbeitsministerium gab es Beamte, die glaubten, durch eine Anzahl von Hebelbewegungen Politik auf Jahrhunderte machen und eine mechanische Wirtschaftsregulierung von ihrem Ressort aus in Gang setzen zu können. Ihre Ziele waren zweifellos nicht ausschließlich vom Idealbild eines verherrlichten Bauernstandes her bestimmt und beengt wie die der Männer des Agrarpolitischen Apparates. Die Begründung ihres Entwurfs verlangte zwar »Schutz des Bauerntums und der Landwirtschaft«; doch sie wollte in erster Linie die »Beseitigung der Gegensätze zwischen Stadt und Land, Wiederverbindung des Städters mit dem Boden, Auflockerung der Großstädte und Industriegebiete, Standortverlagerung der Industrie, Schaffung eines leistungsfähigen Verkehrsnetzes, Wohnungs- und Siedlungspolitik unter dem Gesichtspunkt der Förderung der Familie und der Schaffung lebensverbundener Staatsbürger, . . . der Bevölkerungspolitik, der Landesverteidigung, der Luftfahrt, des Luftschutzes, der Wasserwirtschaft, des Heimat- und Naturschutzes« usw. Diese Gedanken waren technischer und moderner, rational und nicht von den mythischen Elementen belastet, die aus den Gesetzen sprachen, die Darré veranlaßt hatte.

Es ist kaum verwunderlich, daß dieser Gesetzentwurf auf den Widerspruch der anderen interessierten Reichsressorts stieß; wegen des Widerstandes des Reichswirtschaftsministeriums wurde er erst zurückgestellt und schließlich fallengelassen [283]. Im Sommer 1934 ging dann das allgemeine Siedlungswesen »bis zur reichsgesetzlichen Regelung des Planungs-, Siedlungs- und öffentlichen Baurechts« in die alleinige Zuständigkeit des Reichswirtschaftsministers, die landwirtschaftliche Siedlung in die des Ernährungsministers über [284]; im Dezember übernahm der Reichsarbeitsminister an Stelle des Reichswirtschaftsministers die Aufgaben auf dem Gebiet des Wohnungswesens, der Wohnungsfürsorge, der Reichs- und Landesplanung und der Kleinsiedlung [285]. Der ständige »Siedlungsbeirat«, den der Reichsarbeitsminister auf Grund dieses Erlasses bildete, stand jedoch ebenso unter der Leitung von SS-Angehörigen wie die »Reichsstelle für Siedlerauswahl«, die sich mit dem bäuerlichen Siedlungswesen und dem Reichsnährstand Darrés verbunden hatte [286]. Dieser gewann mit Teilen seines Spitzenpersonals schließlich auch Einfluß auf das Rasse- und Siedlungshauptamt der SS, das im Januar 1935 errichtet wurde und fortan die wichtigste Siedlungsorganisation darstellte, in der ähnlich wie in der Geheimen Staatspolizei und im Sicherheitsdienst des Reichsführers der SS übernommene Staatsverwaltung und SS ineinander verschmolzen.

Der Gedanke einer zentralen Landesplanung, einer Reichsplanung und »wissenschaftlich fundierten Landesforschung« war zwar noch nicht abgetan [287] und wurde 1935 noch einmal wieder aufgegriffen, als die Reichsleitung der NSDAP eine Akademie für Landesforschung und Reichsplanung ins Leben rief und ihren Parteibeauftragten, Ludowici, zum Präsidenten ernannte. Doch »Akademie« wie Präsident gerieten schnell wieder in Vergessenheit [288]. Aber auch die Pläne des Reichsarbeitsministeriums wurden auf die Ausschnitte jeweiliger praktischer Bedürfnisse beschnitten, da bald nur noch der Landbedarf von Wehrmacht und Rüstungsindustrie entschied. Das Gesetz über die Regelung des Landbedarfs der öffentlichen Hand [289] schuf eine Reichsstelle für Raumordnung unter dem ehemaligen preußischen Justizminister Kerrl [290], die mit der Planung und Ordnung des deutschen Raumes für das gesamte Reichsgebiet eine Hoheitsaufgabe von großer Bedeutung erhielt, aber lediglich praktische Bedürfnisse von Wehrmacht und Industrie befriedigte [291] und im übrigen einen zwingenden Rang über die Zuständigkeiten und die politischen Ziele anderer Organisationen und Ressorts des totalitären Staates weder erreichte noch anzustreben vermochte. Mehr als einer planmäßigen Ordnung und Bewirtschaftung im Innern wandte sich die nationalsozialistische Politik dem Ziele zu, Lebensraum für den deutschen Bauern durch militärische Eroberung von Gebieten außerhalb der Reichsgrenzen zu gewinnen.

Viertes Kapitel: NATIONALSOZIALISTISCHE »REICHSREFORM«

1. Diktatur und Zentralisation

Es lag im Wesen der Diktatur, die mit dem Namen Hitlers und seiner nationalsozialistischen Partei verknüpft war, daß sie sich in zunehmendem Maße und immer unverhohlener dagegen sträubte, Begrenzungen und Einschränkungen irgendwelcher Art anzuerkennen, daß sie sie zu durchbrechen, sich womöglich *ad hoc* nach ihren Bedingungen zu richten und gar daraus noch für später Nutzen zu ziehen, auf die Dauer aber zu beseitigen suchte, wo und soweit sie es nur irgend vermochte. Ihr Aktivitätszentrum, worunter Hitler als Staatschef nebst seiner nächsten Umgebung – Minister, Parteiführer, Sekretäre, Sachverständige, Repräsentanten der bewaffneten Macht und manche andere – zu verstehen sind, bildete im Grunde die moderne, aus der Zerstörung des parlamentarisch-konstitutionellen Rechtsstaates erwachsene Form einer Herrschaft *legibus absolutus.* Es hieße jedoch, die Bedeutung der zweifellos ausgeprägten Befehlsstruktur der NSDAP und die Rolle dieser Partei in den ersten Entstehungsphasen des totalitären Staates völlig falsch einschätzen, wollte man voraussetzen, daß die Vorgänge der Machtergreifung, der Gleichschaltung und die darauf folgenden Organisationsmaßnahmen von einer einzigen zentralen Stelle in Gang gesetzt und in Gang gehalten worden seien, die man an der Spitze der NSDAP zu suchen hätte. Derartige Vorstellungen werden nicht nur der wirklichen Aufteilung von Einflußmöglichkeiten und der wechselnden personellen Zusammensetzung des Aktivitätszentrums nicht gerecht; sie unterschätzen auch die beträchtlichen Rivalitäten, die Spannungen, Gegensätze und Auseinandersetzungen unter den führenden Persönlichkeiten der NSDAP, die Meinungsverschiedenheiten darüber, was politisch zu geschehen habe, gerade für die ersten Jahre der nationalsozialistischen Ära bei weitem. Selbst Hitler, als die einzige unumstrittene Zentralfigur des nationalsozialistischen Staates, war ein Phänomen, aber nicht der Demiurg der über Jahre verlaufenden Entstehungsperiode, die in charakteristischer Weise eines jeden konzipierten Widerstands ermangelte, der sich gegen die Überflutung aller Institutionen von einiger Bedeutung mit den vagen Grundsätzen und teilweise auch mit dem Personal aus dem Reservoir der nationalsozialistischen Partei gerichtet hätte. Die

Kameraderie der »alten Kämpfer«, die das Streben nach Verbesserung der eigenen Daseinsverhältnisse nur zu häufig als Sache politischer Avancen auffaßten, bildete eine bei weitem zu dünne Schicht, noch dazu von gänzlich unzulänglicher Elitequalität, als daß sie mit dem Gewinn von Ämtern und Posten auch schon Geschäftsfähigkeit und politische Urteilskraft zu entwickeln vermocht hätte; doch unter den älteren und jüngeren Vertrauensleuten der Partei befand sich immerhin eine Anzahl rücksichtsloser Konstrukteure artifizieller totalitärer Gebilde, die sich zielbewußt, ohne den zähmenden Gegensatz eines spürbaren oder gar überlegenen Widerstands – der freilich nicht mehr Sache von einzelnen sein konnte, sondern nur von Institutionen hätte ausgeübt werden können –, gleichsam in ein Vakuum vorstoßend, entfalten durfte. Der »totalitäre Charakter« oder die »totalitäre Mentalität«, von der Hannah Arendt spricht [1], erwuchs auf dem Boden der paradoxen Grundtatbestände der »nationalsozialistischen Revolution«: der Übernahme bestehender Institutionen und Organisationen, der »Anwendung des im Augenblick der Machtübernahme maßgeblichen formellen Rechts« [2] und der unentwegt fortschreitenden Umstellung des Angetroffenen und Übernommenen, dem fortgesetzten Zerbrechen und Zerstören von Kontinuitäten und Institutionen. Der so zu verstehende Bewegungstrieb, dem sich die nationalsozialistische Diktatur unterwarf, erklärt das anfängliche Nebeneinander vorgeblicher Pflege und Erhaltung von Tradition und Überlieferungen, immer rascher erfolgender Umstellungen, Aufhebungen von Rechtsverhältnissen und Einrichtungen und Neubildungen, aber auch Erfolg und Begünstigung rationalistisch-schematisch vorgehender Organisationstalente oder solcher, die dafür gehalten wurden.

Auch aus dieser Staatsumwälzung ging eine Restitution des bürokratischen Obrigkeitsstaates als der am genauesten arbeitenden Staatsorganisation hervor. Doch der Aufbau des totalitären Systems enthält noch weitere Elemente, die man dem herkömmlichen Begriff des Obrigkeitsstaates nicht zurechnen kann. Der für die Entstehungsphase entscheidende totalitäre Vorgang lag in der Gewinnung der lückenlosen, diktatorisch regulierten Beziehung zwischen den herrschenden lokalen und dann den regionalen Gewalten und dem Aktivitätszentrum der Diktatur. Das hieß zunächst Ausschaltung selbst von ansatzweise vorhandenen partikulären Gewalten, also Machtzusammenfassung auf der ganzen Linie. Die auf Zentralisation hinauslaufende permanente Strukturvereinfachung im gesamten öffentlichen Bereich bestimmte ebenso den unaufhörlichen Bewegungsrhythmus dieser Diktatur wie das Vordringen der nationalsozialistischen Partei im öffentlichen Leben und das gemeinsame, auf gegenseitiger Unterstützung beruhende Eindringen von Staat und Partei in die privaten Daseinssphären der Gesellschaft und des Individuums [3]. Das öffentliche Leben unterlag bald einer sehr weitreichenden Beaufsichtigung und Kontrolle durch die NSDAP und ihre Organisationen. Das spezifisch Totalitäre dieses Systems bestand in der permanenten absoluten und totalen Tendenz, immer neue Bereiche des Privaten aufzuheben, zu öffentlichen zu machen und sie als solche der zentralen Regie zu unterwerfen. Die Politik im eigentlichen Sinne wurde jedoch der Öffentlichkeit entzogen und ausschließlich dem Bereich »hinter den Kulissen« in wenigen Spitzenämtern der Organisationen und wichtigsten Verwaltungen alter und neuer Art vorbehalten, die im Verlaufe der späteren Jahre in immer enger werdende persönliche oder sachliche Verbindungen zum Chef des »Führerstaates« traten.

Während aber Entscheidungen und Ermessen fortgesetzt weiter nach oben verlegt wurden, diente die Durchdringung der privaten Sphären nach Zweck und Ergebnis der Ausdehnung und zunehmenden Mechanisierung der Administration. Über dieses charakteristische und letztlich entscheidende Merkmal des gesamten Gleichschaltungskomplexes dürfen auch die zweifellos zahlreichen Entscheidungen *ad hoc, ad hominem,* aus persönlichen Launen und Einfällen, auf Grund von Zufälligkeiten oder aus welchen anderen irrationalen Gründen auch immer nicht hinwegtäuschen. Der einzelne unterlag den einander ergänzenden und sich teilweise überdeckenden Beeinflussungen durch Parteiorganisationen, öffentliche Verwaltungen, im besonderen durch totalitäre Polizei- und Justizinstitutionen und Propagandainstrumente, deren Tätigkeit sich in allmählich erwachsender Systematik von verführenden Einweisungen des Intellekts bis zu kategorischen Befehlen und von der stillen Beobachtung bis zu den Erscheinungsformen unmittelbarer Zwangsausübung abstuften. Die Öffentlichkeit wurde auf mannigfache Weise in Verwaltung genommen; und die Verwaltungen organisierten sich in einer Vielzahl von Büros, die die Weisungen zentraler Institutionen schematisch und unter fortgesetzt verstärkter Beaufsichtigung peinlich genau zu vollziehen hatten. Die zielbewußte Umwandlung und Einrichtung übernommener Institutionen und Organisationen im Sinne einer bedingungslosen Perfektionierung technischer Apparaturen begann bereits, lange bevor sie den verhüllenden Schleier, den die offizielle Propaganda ausbreitete, an einzelnen Stellen durchstieß und »die Entwicklung ... der Funktionsgesetze der Staatsmaschine« mehr oder minder deutlich als Programm auch öffentlich proklamiert wurde [4]. Es kommt darauf an zu erkennen, daß Umbau, Nutzung und vor allem rasche Ausweitung des übernommenen bzw. eroberten administrativen Systems zu den Voraussetzungen der Entwicklung zum totalitären System zählten und bis zuletzt ein charakteristisches Merkmal dieses Systems bildeten. Der totale Staat der nationalsozialistischen Ära in Deutschland war auf jeder seiner Stufen in hervorragendem Maße Verwaltungsstaat.

Vor diesem Hintergrund erhellen auch Sinn und Bedeutung des zwar zögernden, überaus problematischen, aber doch allmählich voranschreitenden Ineinander-Aufgehens von Verwaltungsstaat und nationalsozialistischer Partei [5], an dem neben den Ministerien Goebbels' und Darrés dem Reichsinnenministerium unter Frick der Hauptanteil zukam.

Die Formen des Übergangs waren mannigfach und fließend, doch die Bewegungen unter dem bestimmenden Einfluß organisierender, regulierender und zentralisierender Instanzen des Verwaltungsstaates offenkundig. Die einflußreichsten Positionen, die die maßgeblichen Führer der NSDAP im Verlauf der Machtergreifung in Besitz nahmen oder schufen und die die taktische Ausnutzung bestehender Institutionen und Rechtsverhältnisse erlaubten, lagen innerhalb der Verwaltung oder standen in Beziehung zu ihr [6]; infolgedessen wurden die spezifischen Strukturen des totalitären nationalsozialistischen Staates hinter dem verhüllenden und desorientierenden Vorhang, den die Propaganda erzeugte, und mit Hilfe spezieller, mit dem Namen des Nationalsozialismus verbundener Ideologiebildungen und mit entscheidender Unterstützung durch terroristische Instrumente im größten Umfang aus dem Bereich der Verwaltung heraus geschaffen.

Man kann frühzeitig drei verschiedene Arten totalitärer Organisationen nach den ihnen zugrunde liegenden institutionellen Kernen und Ansatzpunkten voneinander scheiden: die eines totalen Beamtenstaates, die sich aus älteren Ansätzen nach der Zwischenphase der präsidialen Diktatur verhältnismäßig rasch zu entwikkeln begann, jedoch in scheinbar unlösbare problematische Beziehung zur NSDAP geriet; ein System der unter zentrale Regie gebrachten ständeartigen Korporationen, worunter nach politischen Zweckmäßigkeiten vorgenommene, lediglich dem Vorbild ständischer Einteilungen folgende Organisationen verstanden werden müssen, die von der »Ausschließlichkeit der staatlichen Herrschaftsordnung« ausgingen, »neben der gleichrangige oder gar ursprüngliche Herrschaftsordnungen nicht anerkannt« wurden [7]; und schließlich die eines Polizeizwangsstaates [8], der den Organen der systematisierten Gewalttätigkeit seit den Tagen des zügellosen Terrors einen hervorragenden Platz zuwies und der sich eines neuen oder, wenn man will, vom absoluten Staat der Vergangenheit hergeholten, jedoch vom Sektor einer besonderen, in der Praxis totalen Politischen Polizei her erneuerten Polizeibegriffes [9] bediente und der durch besondere, zu solchen Tätigkeiten drängende und für sie geschaffene Kader innerhalb der Parteiorganisation begründet wurde. Alle drei Formen stimmten jedoch in der einen Hinsicht überein, daß sie letztlich zu einem in hohem Grade zentralisierten System verwaltender und bürokratisch organisierter Instanzen hinführten, die die Öffentlichkeit zu beherrschen trachteten und sie schließlich in allen ihren Teilen der obersten Zentralinstanz zur Verfügung hielten. Nach dem ersten Übergang mit den chaotischen Formen der nationalsozialistischen Machtergreifung tendierte die weitere Entwicklung mehr und mehr auf Verengung und Hinaufziehen der Ermessensspielräume innerhalb der Verwaltungshierarchien und auf eine Ausbildung ermessensarmer Verwaltungsinstanzen hin.

Als Reichskanzler benötigte Hitler die Büroarbeit zweier Kanzleien, seiner Parteikanzlei und der Reichskanzlei. Doch er entledigte sich jeder persönlichen Belastung mit Parteiarbeit, indem er sie dem »Stellvertreter des Führers«, dem zwar aktiven, aber phantasiearmen Rudolf Heß zuwies, dessen Amt die Geschichte des ungeregelten Parteieinflusses beendete und das zentrale Einlaßtor der Parteibelange in den Administrativkörper, fortan also eine Sonderbehörde bildete, die sich mit dem jeweils federführenden Ministerium von Fall zu Fall ins Benehmen setzte, um den »Standpunkt der Partei« zu wahren – als ein rechtes Parteiministerium, das in das System der administrativen Organisationen einbezogen wurde; auch die Person des »Stellvertreters des Führers« holte Hitler in das Reichskabinett hinein. Das Hauptzentralbüro Hitlers hingegen bildete sich zunächst in der Reichskanzlei unter der Leitung ihres Staatssekretärs Lammers aus, für den das Dritte Reich noch die

Würde eines Reichsministers und eines Vorsitzenden des Geheimen Kabinettsrates bereithielt, jenes späteren permanenten Rumpfkabinetts, das mit der zunehmenden Auflösung des Regierungskörpers die eigentliche Spitze des Vollzugs im »Führerstaat« darstellte. Der tatsächliche Einfluß, den dieser verwaltungsjuristisch versierte Bürokrat auf den Gang der Verhältnisse ausübte, läßt sich freilich für keine Phase der nationalsozialistischen Herrschaft, selbst nicht für die ersten Jahre mit der Machtstellung vergleichen, die der düstere Bormann während der letzten Kriegsjahre an der Spitze der Parteikanzlei innehaben sollte und deren ebenso weit bemessene wie im letzten unklare Befugnisse und Einflüsse selbst den tatsächlichen Umfang der persönlichen Diktatur Hitlers nur außerordentlich schwer und nur von Fall zu Fall festzustellen erlauben. Lammers trug nach seinen Kräften und mit Hilfe der Reichskanzlei dazu bei, Hitler ständig Überblicke über die wichtigsten Vorkommnisse im Gesamtbau der Verwaltung zu geben und die Entscheidungsnotwendigkeit auf jenen schmalen Grat aktueller Fragen zu verengen, der es der kompakten Organisation der Diktaturregierung ermöglichen sollte, einigermaßen präzis erscheinende Führerentscheidungen zu fällen und an die zuständigen oder interessierten Vollzugsorgane zu vermitteln. Die Bedeutung der Reichskanzlei als eines subsidiären technischen Instituts und Diktaturhilfsorgans wuchs mit dem Seltenerwerden der Kabinettsberatungen und dem Verschwinden kollegialer Beschlußfassungen der Reichsregierung [10].

Eine höchst bedeutsame Rolle spielte im Anfang das Reichsinnenministerium unter der Leitung Fricks und seines Staatssekretärs Pfundtner. Es führte einen planmäßigen Kampf gegen die Reste des parlamentarischen Parteienstaates, gegen die Ländergewalten, im Sinne der nationalsozialistischen Rassenideologie gegen die Juden, gegen den Einfluß von Angehörigen bestimmter, später aller Freimaurerlogen, aber auch gegen ungeregelte Einflüsse von NSDAP-Stellen auf die Verwaltung. Es wandte sich also auch gegen die nicht mehr willkommenen terroristischen Helfer aus der Zeit des Parteienstaates. Während es für die stärksten Repräsentanten der politischen Organisation einen *modus vivendi* fand und ihnen ein größeres, aber fest umgrenztes Maß von Entscheidungsbefugnissen innerhalb der allgemeinen und inneren Verwaltung einräumte und während es die SS nicht nur duldete, sondern in der von ihr gewählten totalitären Polizeifunktion förderte und nach dem Beispiel, das zuerst Göring in Preußen gegeben hatte, in den Verwaltungsaufbau einbezog, suchte es den Einfluß der SA zu bannen und auszuscheiden und das Werk der Gegner Röhms und der Seinen zu unterstützen. In erster Linie aber leistete das Reichsinnenministerium durch die planmäßige Einebnung der Länder den folgenreichsten Beitrag zur Verwaltungszentralisation, indem es die ergebnislos verlaufenen Reichsreformbemühungen der Republik als willkommenen Anlaß und Ansatzpunkt benutzte. In unüberbietbarer Einseitigkeit setzte es sie ausschließlich zugunsten des Ausbaus und der Stärkung der Stellung des Reichskanzlers fort, die der Artikel 56 der Reichsverfassung von Weimar als das Recht und die Aufgabe, die Richtlinien der Politik zu bestimmen, umschrieben hatte und die nun, mit dem Fortfall oder der Lahmlegung der parlamentarischen Institutionen, mit der Liquidation der Präsidialgewalt und der Ausschaltung der föderativen Gewalten, zur letzten Instanz aller Maßnahmen werden und zugleich mehr und mehr den Charakter persönlicher Entscheidungen annehmen konnte. Aufs Ganze gesehen war es das Reichsinnenministerium, dem der Hauptanteil an der Schaffung der organisatorischen Grundlagen des »Führerstaates« zukam.

2. Die unsichere »Einheit von Partei und Staat«

Die NSDAP hatte sich, ehe sie in den Besitz der Macht gelangte, offiziell niemals ernsthaft an den Erörterungen über die Reichsreform beteiligt. Ihre radikale Intransigenz gegenüber der Republik und ihrem Staatsrecht wich wie auf anderen Gebieten auch hier jeder konkreten Festlegung aus. Es lohnt kaum die Mühe, die wenigen Äußerungen nationalsozialistischer Führer aus den Jahren vor 1933, die in diesen Zusammenhang gehören, nach ihrem Gehalt zu untersuchen. Sie lassen erkennen, daß man von der Macht träumte, die in wenigen Händen liegen und von oben her ausgeübt werden sollte. Ein vager, bedenkenloser Zentralismus war zunächst auch alles, was nach vielen Äußerungen als Hitlers Ansicht und als eine Art künftiger Regierungstechnik der Nationalsozialisten zu vermuten war [11]. Er entsprach dem »Führerprinzip«, auf das man sich frühzeitig mehr oder minder ausdrücklich festgelegt hatte, und der maß- und schrankenlosen Kritik am Weimarer Staat, die sich zwangsläufig auch auf seine föderativen Elemente erstreckte. Begleit- und Folgeerscheinungen der nationalsozialistischen Machtergreifung, im weiteren schließlich die Staatsumwälzung, die die NSDAP, anfangs orientierungslos, herbeiführte, zwangen aber unausweichlich dazu, eine künftige Staatsorganisation vorzubereiten und einen befolgbaren Plan zu finden. Dennoch ist es keineswegs angängig, dem Nationalsozialismus das Werk einer Reichsreform zuzuschreiben, dem die Republik lange und ausgiebige Erörterungen gewidmet hatte. Ungleich stärker und ungleich folgenschwerer, als es je zuvor in der deutschen Geschichte getan oder gedacht wurde, wandte er die einmal gewonnene Macht zu auflösenden, einebnenden und zerstörenden Zwecken an.

Schon zu Beginn der nationalsozialistischen Machtergreifung wurden Länder und Gemeinden zu Schauplätzen eines Dramas, das Spiel und Beutezug in einem war. Mit der bedenkenlosen Überschreitung und Außerachtlassung verfassungsrechtlicher Normen, um die Macht möglichst ungeteilt in die Hände zu bekommen, verloren auch Unterscheidungen und Grenzen des Rechts ihren Sinn. Es war gleichgültig, ob jemand Gauleiter in Württemberg, in Franken oder in Ostpreußen wurde, sobald er allein an die Macht und die Möglichkeit dachte, Polizeipräsidenten aus ihren Ämtern zu drängen und neue einzusetzen, ob er Bürgermeister des preußischen, des bayerischen oder württembergischen Gemeinderechts zum Rücktritt zwang und kommissarische Nachfolger einsetzen ließ; denn es ging letztlich doch nur um politische Positionen, die besetzt wurden, um die Macht, die sie verliehen, zum Schaden der politischen Gegner von gestern ausüben zu können und zu Nutz und Frommen dessen, was man eben für die eigene Sache hielt. Dieser nivellierende Effekt der Jagd auf politische Ämter war das erste Moment, das zur Abtragung herkömmlicher Niveau- und Bedeutungsunterschiede zwischen den Institutionen des öffentlichen Lebens beitrug.

Die zentralisierende Regulierung dieser Verhältnisse setzten Reichsinnenministerium und Reichsregierung durch schrittweise legale Veränderung und mehr noch Aufhebung von Länderrechten ins Werk, wofür sie sich der Ermächtigungen nach dem Gesetz vom 24. März bedienten. Mit dem vorläufigen Gesetz zur Gleichschaltung der Länder mit dem Reich vom 31. März 1933 verlieh die Reichsregierung den Länderregierungen das Recht zur Gesetzgebung, die in Fällen der Neuordnung der Verwaltung auch von der Landesverfassung abweichen durfte. Es löste die außerpreußischen Landtage auf, bildete sie neu nach dem im Reichstag erreichten Stimmenverhältnis – also unter Ausschluß der kommunistischen Abgeordneten – und setzte für die Länder mit weniger als 2 Millionen Einwohnern die Höchstzahlen der Landtagssitze fest. Die Landtage führten aber fortan nur noch eine bescheidene Existenz, ehe sie endgültig beseitig wurden. Auf die Einsetzung der Reichsstatthalter nach dem Gleichschaltungsgesetz vom 7. April 1933 folgte der fortschreitende Abbau der Reichsratsfunktionen, der den Ländern die Reste ihres Mitspracherechtes in der Berliner Reichszentrale nahm. Das geschah durch Beseitigung der Zustimmungsbefugnisse des Reichsrats zum Erlaß von Ausführungsbestimmungen bei Gelegenheit von Gesetzesänderungen und der Verwaltungsbefugnisse des Reichsrats [12]; und nach einer einfachen Geschäftsordnungsänderung auf Veranlassung des Reichsinnenministers [13] erledigten sich vom 22. September an die Zustimmungen, soweit sie noch erforderlich waren, ohne Sitzungen im Umlaufverfahren, bis der Reichsrat am 14. Februar 1934 auf Grund des Neuaufbaugesetzes aufgelöst wurde [14]. Von dieser Auflösung waren rechtens auch die Vertretungen der Länder beim Reich betroffen; doch inoffiziell führten sie ihre Existenz in veränderter Form fort als Informationsstellen der Reichsministerien und zugleich als Vertretungen wirtschaftlicher Interessen, als stillschweigend geduldete Überbleibsel des pluralistischen Staates [15].

Was nach Beseitigung aller äußeren Widerstände bevorstand, war schon aus der Proklamation Hitlers auf dem Nürnberger Parteitag der NSDAP am 1. September 1933 herauszulesen, die das gesamte öffentliche Leben den in der Parteiorganisation der NSDAP herrschenden Befehlsgewohnheiten unterwarf: Indem die Partei »das Prinzip der Autorität und Disziplin in der Parteiorganisation von oben bis unten gradlinig durchsetzt«, erhält sie »das moralische Recht, das gleiche auch vom letzten Volksgenossen zu fordern, und sie muß dies tun«! [16]. »Weder Preußen noch Bayern, noch irgendein anderes Land« sollten noch »Pfeiler des heutigen Reiches« sein, sondern nur »das deutsche Volk« – was nichts – »und die nationalsozialistische Bewegung« – was alles besagte. Ein weiter, doch außerordentlich rasch durcheilter Weg lag zwischen den einstigen Worten Hitlers im Reichsrat und seiner Erklärung, der niemand mehr entgegenzutreten vermochte, »nicht der Konservator der Länder der Vergangenheit, sondern ihr Liquidator zugunsten des Reiches der Zukunft« sein zu wollen. Der naive und fanatische Unitarismus Hitlers war anderer Art als der der linken Parteien der Weimarer Nationalversammlung: Inhaltlich leer, stand er im Dienste einer Machtpolitik, die ihre Mission darin suchte, mit einer vielschichtigen Vergangenheit abzurechnen.

Diese Ideologie war gewiß nicht vollkommen identisch mit den Ideen der Verantwortlichen im Reichsinnenministerium; aber, abgesehen von ihrer antiparlamentarischen Gesinnung, hielten auch sie den nationalsozialistischen »Führerstaat« für den einzigen autoritären Ausweg aus dem parlamentslosen Zustand. In Frage stand jedoch die Alternative zwischen einer Konzeption, die der NSDAP-Organisation den Primat der Entscheidung zumindest in allen politischen Fragen einräumte, und einer bürokratisch-zentralistischen Auffassung, die eine strikte Trennung zwischen Staat und Partei zumindest auf der Ebene oberster Entscheidungsbefugnis verlangte. Die Worte Hitlers ließen keinen Zweifel zu, daß fürderhin der Primat der Zentralisation bestimmte, aber die quasimilitärische Kommandostruktur der Partei auch auf den Verwaltungsstaat übertragen werden sollte; doch es war keine Rede von einer Identifikation von Partei und Staat.

So regelhaft nun aber diese scheinbar teleologisch geradlinige Ereigniskette auch aussehen mag, sie erhielt nichtsdestoweniger mehrfache, überaus heterogene Antriebe, die das Reichsinnenministerium, das sich unter Fricks Leitung zum Beaufsichtigungsorgan über die Länder mit Ausnahme Preußens aufgeschwungen hatte, schließlich dazu brachten, über den mit Einsetzung der Reichsstatthalter erreichten Zustand hinaus die Länderrechte sukzessive einzuschnüren und abzuschaffen. Einer dieser Gründe war das ungelöste Problem des zu neuem Leben erwachenden Dualismus Reich–Preußen, ein anderer, ebenso gewichtiger das problematische Verhältnis zwischen Staatsorganisation und Partei, das mit dem Parteimonopol der NSDAP aufgetaucht war. Eine wirklich vollkommene »Einheit von Partei und Staat« war weder vor noch nach dem Gesetz vom 1. Dezember 1933 entstanden, das diese Einheit dadurch sichern wollte, daß es Röhm und Heß zu Reichsministern beförderte.

Wenn man in diesem Zusammenhang von einem Verdienst sprechen könnte, frühzeitig das Problematische der Beziehungen zwischen Staat und Partei bemerkt zu haben, so käme es wohl als erstem Nicolai zu, der schon kurz nach Verkündung des Ermächtigungsgesetzes Frick und seinem Vorgesetzten, dem Staatssekretär Grauert im preußischen Innenministerium, Eingaben zusandte, die eine Zurückdrängung der Partei und ihres Einflusses in den Verwaltungen des Staates vorschlugen, und der das personalpolitische Einschleusen von Parteianhängern in die Sphären des Berufsbeamtentums für ebenso gefährlich hielt wie das Eingreifen von höheren oder unteren Parteidienststellen in die Verwaltung. Von Anfang an zielten seine Vorschläge auf genaue Abgrenzung der Bereiche beider Mächte, wobei er zweifellos die alte obrigkeitliche Struktur des bürokratischen Verwaltungsstaates vor Augen hatte, dem er in der Tätigkeit der Partei nach unten hin erneute Geltung und Festigung zu sichern suchte. »Eine geordnete Verwaltung läßt sich ohne die ausreichende Zahl von Fachbeamten an leitenden Stellen nicht aufrechterhalten, und die Partei wird nur geschwächt, wenn ihr die besten Kräfte durch Staatsstellen entzogen werden, an denen ihre eigentlichen Fähigkeiten nicht zur Geltung kommen können und dürfen«, schrieb Nicolai, damals noch preußischer Landtagsabgeordneter, am 7. April 1933 an Frick [17]. Ihm schwebte vor, eine besondere Prüfung der in leitende Beamtenstellungen eintretenden Außenseiter einzuführen, die in den Händen eines Prüfungsausschusses liegen sollte, den der Reichsinnenminister zu bestellen hatte. Diese Vorschläge kamen freilich zu spät; denn am gleichen Tage war bereits das Berufsbeamtengesetz verkündet worden.

Noch schärfer stellte Nicolai, jetzt als kommissarischer Regierungspräsident von Magdeburg, einige Wochen später in einem Brief an Staatssekretär Grauert die Frage, »was eines Tages einmal aus der Partei nach der Machtübernahme werden« sollte [18]. Das Problem der Befriedigung und Begrenzung der Parteiansprüche reduzierte sich in seiner Sicht zu der einfachen Aufgabe, die wirtschaftliche Lebensgrundlage der bisher ehrenamtlich tätigen Parteifunktionäre von Staats wegen zu sichern. Nicolai nahm keineswegs eine feindselige oder ablehnende Haltung gegenüber der NSDAP ein, der er ja selbst angehörte; er wollte sie auch nicht herabsetzen; aber die Würde des Staates, »die Güte der preußischen Verwaltung« galten ihm ungleich mehr und waren für ihn wichtiger als die spezifischen Belange der Partei. Als dringlichstes Gebot sah er die Freihaltung der Verwaltung vom Parteieinfluß an. »Die alte Beamtenschaft«, der sich Nicolai vor allem anderen zugehörig fühlte, werde, so meinte er, »durch Hineinnahme nicht vorgebildeter Nationalsozialisten naturgemäß vor den Kopf gestoßen . . . Man dürfte es auch den Reichswehroffizieren nicht zumuten, SA-Führer zu Majoren und Obersten zu ernennen.« Die Klarheit seiner Vorstellungen über das, was mit der NSDAP zu geschehen habe, blieb jedoch hinter der Entschiedenheit, mit der er ihre Aufgaben von denen der staatlichen Administration abzugrenzen wünschte, zurück. Einmal verlangte er, wie er schon in einer veröffentlichten Schrift angedeutet hatte [19], die NSDAP solle zu einem »Deutschen Orden« und einer »öffentlich-rechtlichen Institution mit bestimmten Aufgaben« erhoben werden, um dann sogleich den Gedanken zu präsentieren, »daß die Parteiorganisation, so wie sie ist, dem Propagandaministerium unterstellt wird. Die Propagandatätigkeit ist ja ihre Hauptaufgabe sowieso.« Um eine öffentlich-rechtliche Anerkennung der Partei und um eine Beamtung aller »Gauleiter, Kreisleiter usw.« war es ihm in jedem Fall zu tun.

Man wird Nicolai einen der ersten nennen müssen, die im großen und ganzen die spätere Rolle der NSDAP-Organisation im totalitären System des Nationalsozialismus erörtert haben. Seine kurzen Erfahrungen als Regierungspräsident reichten immerhin aus, um die Entstehung der neuen Funktion der Amtsträger der Partei in den noch geduldeten, jedoch korrumpierten Resten der alten Selbstverwaltungsorgane zu erkennen und in die praktische Frage zu kleiden, die er Göring stellte und mit der er die freilich rasch dahinschwindende derzeitige Position unter den Restbeständen des Parlamentarismus charakterisierte: »Verwaltungsmäßig-rechtlich hat man es [als Regierungspräsident] beispielsweise nur mit ›dem Kreistag‹ oder ›der Stadtverordnetenversammlung‹ zu tun. Tatsächlich werden diese Parlamente von dem Kreisleiter bzw. Gauleiter kommandiert. An wen sollen sich nun die Behörden halten [20]?«

Im Reichsinnenministerium widmete man der Mittelinstanz, wo im Oberpräsidentenamt wie im Reichsstatthalteramt der Länder ein gleichmäßiger, durch Personalunion konsolidierter dauernder Berührungs- und Ausgleichspunkt zwischen Staat und Partei gesichert schien, von Anfang an das größte Interesse. In ihm lag der Ansatz zur Ausbildung einer »Reichsmittelinstanz«, die freilich eine perfekte Gleichschaltung der Länder und ihre Eingliederung in den Reichsverwaltungsaufbau voraussetzte. Die Spannungen im Verhältnis zur NSDAP, vor allem zur SA, hielten indessen auch nach dem Abflauen der terroristisch-revolutionären Welle unvermindert an, so daß der Reichsinnenminister noch im Oktober 1933 Anlaß hatte, sich darüber zu beklagen, daß »immer wieder neue Übergriffe unterer Führer und Mitglieder der SA« vorkamen, die ohne Befugnis »polizeiliche Handlungen« vornahmen und sogar die Exterritorialität einer fremden Botschaft verletzten [21]. Diesmal wandte sich Frick – »im Auftrag des Herrn Reichskanzlers« – mit besonderem Nachdruck an die Reichsstatthalter, um sie zum energischen Durchgreifen zu veranlassen und »Übergriffe und Ausschreitungen ... nunmehr endgültig« auszuschalten [22]. Aber noch eine Referentendenkschrift vom Frühjahr 1934 [23] nahm die »vielfachen Beobachtungen und fast täglich eingehenden Klagen über Eingriffe einzelner Stellen der P[olitischen] O[rganisation der NSDAP] in die staatliche Verwaltung« als Anlaß, um vor dem Gedanken zu warnen, der angeblich »öffentlich ausgesprochen« wurde, »daß die staatliche Verwaltung auf jeder Stufe ihres Aufbaues in allen politischen Angelegenheiten die Exekutive der politischen Leiter der PO. vom Ortsgruppenleiter an aufwärts werden müsse«. Es beruhte sicherlich auf einer zutreffenden Beobachtung, wenn diese Denkschrift bemerkte, daß viele Parteistellen noch wie vor dem 30. Januar 1933 im Staate nur »den Feind« sähen, den sie bekämpfen müßten. Sie wollte daher auf eine begriffliche wie sachliche »Trennung der Zuständigkeiten zwischen Partei und Staat« hinaus, die die »öffentliche Verwaltung in allen ihren Zweigen« als ausschließliche Zuständigkeit des Staates unangetastet ließ und die Partei auf die Propaganda-Aufgabe einer säkularisierten, politischen »Volkskirche« beschränkte: die »weltanschauliche Schulung des deutschen Volkes und seine Durchdringung mit nationalsozialistischem Gedankengut«. Infolgedessen verlangte sie von den Reichsstatthaltern, daß sie die staatlichen Behörden und Beamten vor Eingriffen der Partei schützten und im übrigen ein reibungsloses Zusammenarbeiten von Partei und Staat gewährleisteten. Unversehens ging in dieser Amtsstufe das Parteiamt im Staatsamt auf und wurde die offizielle Ein- und Unterordnung der Parteiorganisation zur neuen Funktion einer Reichsmittelinstanz [24]. Doch das Reichsinnenministerium lebte mit manchem der Reichsstatthalter in Dauerfehde; denn es hatte sich gezeigt, daß die meisten dieser neuen Würdenträger des »Dritten Reiches« kaum imstande waren, den Wortlaut des Reichsstatthaltergesetzes genau auszulegen und ihre Aufgaben und Befugnisse rechtmäßig wahrzunehmen [25]. In manchem der Länder entstand ein kaum noch verhülltes Willkürregiment, das das Mißtrauen der um die Zuverlässigkeit der Exekutive besorgten Reichsinstanzen erregte, so daß eine weiter voranschreitende Zentralisation unausbleiblich war. Die Verhältnisse erschienen im Grunde auch auf dieser Stufe noch keineswegs geklärt und gefestigt. So nahm es denn kein Wunder, daß schließlich der jahrelang erörterte Problemkomplex der Reichsreform mit neuer Dringlichkeit auftauchte – diesmal freilich beherrscht von der Frage des »Einbaus der nationalsozialistischen Bewegung in den Staat« [26].

Ein weiteres Problem ergab sich aus der seit langem umstrittenen Position Preußens als des weitaus größten Landes mit der größten Verwaltung, die dem Gebot des Reichsinnenministers immer noch nicht unmittelbar zugänglich war. Gestützt auf die starke Stellung, über die der Ministerpräsident Göring dank seiner zahlreichen Ämter verfügte, und auf seine freilich teilweise einem starken Personalwechsel ausgesetzte, aber im ganzen intakte und dem Reich überlegene Verwaltung, begann das Staatsministerium im Sommer 1933, auf dem Wege der Gesetzgebung eine eigene preußische Reform in Gang zu setzen, die ganz dazu angetan war, einen *fait accompli* zugunsten der »reinen Beamtenherrschaft« [27] zu schaffen und auf die künftige Verfassung des Reichs Einfluß zu gewinnen. Das Ergebnis lag im Dezember 1933 in einer Reihe von Gesetzen vor [28], die, nun jeder parlamentarischen Begutachtung und Überprüfung ledig, schlagartig verkündet und in Kraft gesetzt werden konnten und das Reichsinnenministerium überrundeten und zum Teil sogar überraschten. Bei einer frühen Fühlungnahme mit dem preußischen Partner mußten die Männer an der Spitze des Reichsinnenministeriums erfahren, daß ein alter Grundsatz, den die preußische Verwaltung in den Jahren der Republik mit größter Konsequenz festgehalten und verteidigt hatte, unverändert fortbestand: Zuerst müßten die Länder, d. h. in erster Linie Preußen, den Verwaltungsapparat in Staat und Gemeinden reorganisieren, ehe er auf das Reich überführt werden könnte. Würden dagegen umgekehrt zuerst die Länder zerschlagen, so könnte das Reich mit einem solchen nicht einheitlich gestalteten Verwaltungsapparat nichts anfangen und jede Reichsreform alsdann nur Stückwerk bleiben [29]. In dieser sachkundigen, an alten Beamtentraditionen geschulten und orientierten Initiative erblickte das Reichsinnenministerium eine womöglich noch größere Gefahr als in den gelegentlichen Widerborstigkeiten und Unberechenbarkeiten einiger Reichsstatthalter, die im Grunde kaum geschäftsfähig waren. Offensichtlich sah es in dem Vorgehen Preußens auch einen Zwang zum eigenen Handeln.

Der preußische Finanzminister Popitz unternahm Mitte Juli 1933 sogar einen Vorstoß, um eine Beteiligung der preußischen

Ministerien »bei Entwürfen von Reichsgesetzen und Reichsverordnungen« nach »dem Vorbild der früher geübten Verwaltungspraxis des Reichs« durchzusetzen. Es war zwar ohne weiteres ersichtlich, daß eine solche Übung die Einflüsse auf die Gesetzgebung des Reichskabinetts vermehrt und keineswegs im Sinne einer Festigung der Diktatur des Reichskanzlers gelegen hätte; dennoch kam Hitler zunächst dem Verlangen des preußischen Finanzministers insoweit nach, als er die Reichsminister aufforderte, »zu einer erschöpfenden Vorbereitung von Kabinettsvorlagen und sonstigen geeigneten Verordnungsentwürfen die zuständigen preußischen Ressorts in möglichst weitem Umfange zu beteiligen« [30]. Es charakterisiert jedoch die unsichere Entschlossenheit Hitlers und seine offenkundige Neigung, frontalen Gegensätzen aus dem Wege zu gehen und die Minister sich gegenseitig ausspielen zu lassen [31], daß er wenige Wochen später ebenso dem Reichsinnenminister seine Unterstützung lieh. Dieser gedachte, Preußen wie alle übrigen Länder zu behandeln, und lehnte im Gegensatz zu der Regelung, die soeben erst in Kraft getreten war, nicht nur jede »Beteiligung einer Landesregierung an der Reichsgesetzgebung« ab, sondern erwirkte sogar eine neue Anordnung des Reichskanzlers, nach der »in Anbetracht der Wichtigkeit der preußischen Gesetze für die innere Politik des Reiches« hinfort die Reichsressorts an der Vorbereitung der preußischen Gesetze zu beteiligen waren [32]. Wenn sich das preußische Staatsministerium auch noch nicht sogleich an diese Vorschrift hielt, so mußte es sich doch auf die Dauer dem Primat der Reichsregierung in allen Fragen der Gesetzgebung unterwerfen, den Frick zielbewußt anstrebte und durch Regelungen in dem Ausmaß reichsreformartiger Neuordnungen auf längere Sicht zu sichern versuchte.

Die sich abzeichnenden Konturen preußischer Reformen auf der einen und die unkonsolidierten Beziehungen der obersten Reichsbehörden zur NSDAP auf der anderen Seite brachten das Reichsinnenministerium, das immer noch die vielzitierte alte »Dame ohne Unterleib« [33] war und einer nachgeordneten eigenen Verwaltung entbehrte, in ernste Schwierigkeiten. Die Diktatur gebot noch nicht über das Zentralregiment der inneren Verwaltung. Hatte der Reichsinnenminister in starkem Maße die Machtergreifung der NSDAP in den Ländern unterstützt, wie es auch der kommissarische preußische Innenminister Göring hinsichtlich der Provinzen getan hatte, so fand er sich nun in der Zwangslage, die Kräfte, die er gerufen, wieder zu bändigen; denn er wollte die Autorität seines

Reichsministeriums unanfechtbar aufrechterhalten und den Traum vom zentralisierten Reich nun in der Form des totalen Staates verwirklichen.

Bis dahin hatten die Vorarbeiten für Reformen in der Zentral- und Mittelinstanz »zur Vereinfachung und Verbilligung der Verwaltung«, die auf alte Anregungen zurückgingen, einen kaum beschleunigten Fortgang genommen [34]. Die Ziele dieser Arbeiten hoben sich geradezu bescheiden von dem ab, was später geplant und durchgesetzt worden ist. Ende August 1933 waren sie endlich bis zu dem mehrmals abgeänderten Entwurf eines »Gesetzes zur Vereinfachung und Verbilligung der Verwaltung« gediehen, der nunmehr dem Reichskanzler präsentiert und im Reichskabinett behandelt werden sollte [35]. Dieses umfangreiche Gesetzeswerk beschränkte sich auf eine Anzahl von Einsparungs- und organisatorischen Vereinfachungsmaßnahmen in der Zentralinstanz, die dem Gedanken einer bürokratischen, technisch-rationalen Dezentralisation folgten: »In den Ministerien sind nur solche Angelegenheiten zu bearbeiten, die nicht von einer nachstehenden Behörde erledigt werden können.« Das System der Auftragsverwaltungen war durch die Übernahme von Landesaufgaben durch das Reich in einer wesentlichen Beziehung abgewandelt und durch eine Ermächtigung der Reichsregierung, obersten Landesbehörden die Erledigung von Reichsaufgaben zuweisen zu können, wesentlich ausgedehnt worden. Da mit dem Entbehrlichwerden zahlreicher Beamter gerechnet wurde, sollte sogar eine ministerielle »Beamten-Ausgleichs- und Vermittlungsstelle« mit der Aufgabe ihrer Unterbringung beauftragt werden.

Zur gleichen Zeit betrieb das Reichswirtschaftsministerium den Plan, zur Erledigung seiner Aufgaben die Landesbehörden mit Verwaltungsaufgaben auf dem Gebiet der Reichswirtschaftspolitik zu beauftragen, für den es eine gesetzliche Ermächtigung zu erlangen suchte [36]. Sein Entwurf machte die Entwürfe des Reichsinnenministeriums, die nur wenig Rücksichten auf das Reichswirtschaftsressort nahmen, fragwürdig und zumindest verbesserungsbedürftig. Diese Überkreuzung beider in der diskreten Isolation ministerieller Instanzen entstandenen Vorbereitungen wurde vom Reichsinnenministerium damit beantwortet, daß es nunmehr den »Gedanken einer Herstellung einer Verbindung zwischen Reichs- und Landesverwaltungen allgemein zu regeln« suchte und fortan stärker als zuvor der Tendenz zur Zentralisation nachgab [37]. Über den

Verlauf der ministeriellen Beratungen selbst ist nichts bekannt; wohl aber traten die Arbeiten in der Verfassungsabteilung des Reichsinnenministeriums sofort wieder in den Bereich strenger Diskretion zurück, um dann durch die Verknüpfung dieser »allgemeinen Regelung« der Beziehungen zwischen Reichs- und Landesverwaltungen mit der Klärung des Verhältnisses zwischen Partei und Staat einen neuen, drastischen Akzent zu erhalten. Die alten Entwürfe des Dreier-Ausschusses zur Verwaltungsvereinfachung sind zwar während der nächsten Monate noch mehrmals wieder hervorgeholt worden, schon deshalb, weil sich die genaue gesetzliche Regelung des Aufbaus der obersten Reichsbehörden, die sie vorsahen, dazu eignen konnte, künftige selbsttätige Änderungen zu erschweren und eine ständige Organisationskontrolle des Reichsinnenministeriums zu sichern; im übrigen aber stand bald das Urteil fest, daß sie auf einem Verhältnis zwischen Reichsregierung und Länderregierungen beruhten, »das bald der Vergangenheit angehört« [38].

Von nun an waren jüngere Beamte, die jetzt an entscheidender Stelle standen, am Werk: Helmut Nicolai, ebenso begabt wie ehrgeizig, von starkem Geltungsbedürfnis getrieben, seit Mai 1933 Regierungspräsident, und ihm zur Seite Franz Albrecht Medicus, bis 1933 Oberregierungsrat, nunmehr Ministerialrat, der schon seit Jahren die Sachen der Länder und die Reichsreform im Reichsinnenministerium bearbeitete. Als Nachfolger Nicolais übernahm später Wilhelm Stuckart die Leitung der wichtigen Abteilung I (Politik, Polizei, Verfassung, Verwaltung und Beamtentum) des Reichsinnenministeriums. Mögen unter diesen Männern und ihren Mitarbeitern Idealisten oder Opportunisten gewesen sein; die Niederschriften ihrer Pläne und Berichte tragen die Prägung einseitiger und manchmal schematischer Gedanken, die unumwunden und ungeduldig ihr Ziel anstrebten, die klar, einfach und technisch nüchtern waren, ohne der problematischen Vielschichtigkeit, die auch der Wirklichkeit der Verwaltungspraxis eigen ist, sonderlich zu achten. Ihre Überlegungen standen im Banne von Zwecken, die sie möglichst unmittelbar in die Wirklichkeit überzuleiten suchten. Die Nuancen der Begabungen lassen sich nur noch am Schärfegrad der Präzision ermessen, mit der Gedanken gefaßt und zu Papier gebracht wurden.

Ein »Generalplan für das Vorgehen in der Reichsreform« bildete den wirklichen wie symbolischen Anfang. In ihm ist der Gang der Umwandlungen in der Reichsorganisation aufgezeichnet, der mit dem Ermächtigungsgesetz als der ersten Station der ersten Phase begann [39]. Die zweite sollte mit dem Erlaß eines Gesetzes über die »Neugliederung« beginnen, den Umbau der Zuständigkeiten zwischen Reich und Ländern, zwischen Zentralinstanz und Mittelbehörde sowie den Auftakt zu einer Neuordnung des Kommunalrechts durch ein Rahmengesetz umfassen. Die dritte Phase sollte diese Maßnahmen vollenden und das Reichsinnenministerium nach veränderten Anforderungen umorganisieren. Die Machtergreifung folgte in Wirklichkeit diesem Plan, der sogar in der Art eines Generalstabsplanes Stichtage vorsah, in einigen Gedanken, jedoch bei weitem nicht in allen Einzelheiten. Auch im nationalsozialistischen totalen Staat erwuchsen einer von öffentlicher Diskussion und Kritik und allen außerbürokratischen Kontrollen entbundenen Reichsreform Hindernisse und Schwierigkeiten, die nicht im ersten Anlauf zu bewältigen waren und die unvorhergesehene Veränderungen und Verschärfungen erfuhren.

3. Das Neuaufbaugesetz

Daß Frick Nicolai in sein Ministerium holte, war bereits eine Düpierung seiner Vorgesetzten im preußischen Innenministerium, aber mehr noch ein Affront gegen einige hohe Parteifunktionäre; denn Nicolai hat, obgleich er seit 1928 für die NSDAP tätig war, in seiner Partei immer als Außenseiter gegolten. In der nationalsozialistischen Landtagsfraktion beteiligte er sich 1932 als Verbindungsmann zur preußischen Verwaltung und Beamtenschaft, was er in einer Weise tat, daß in Parteikreisen gegen ihn mancherlei Vorwürfe erhoben wurden, die nie zum Schweigen kamen, obgleich er seit August 1931 als Leiter einer »innenpolitischen Abteilung« der Reichsleitung in München ein höheres Amt der NSDAP innehatte. In dieser Eigenschaft befaßte er sich mit Verwaltungs- und Beamtenrechtsreformfragen für die Zeit nach einer nationalsozialistischen Machtergreifung und schuf er ein umfangreiches Reservoir für spätere Gesetzeswerke. Obgleich die politische Zuverlässigkeit Nicolais in der NSDAP offenbar nicht sehr hoch veranschlagt wurde, schlug ihn der brandenburgische Oberpräsident und Gauleiter Kube schon Anfang April als Regierungspräsidenten im Regierungsbezirk Frankfurt/O. vor, für den sich Kube persönlich besonders interessierte [40]. Im gleichen Monat wurde Nicolai zum kommissarischen Regierungspräsidenten in Magdeburg ernannt, wo er seine ersten Erfahrungen in bezug auf die praktische Zusammenarbeit zwischen staatlicher Verwaltung und Parteistellen sammelte. Schon diese Berufung hatte »erhebliche Bedenken in nationalsozialistischen Kreisen ausgelöst« [41]. Die Friktionen, die sich für den Magdeburger Regierungspräsidenten wie für viele seiner Amtskollegen in diesen Monaten ergaben, haben nun Nicolai keineswegs veranlaßt, sein Verhältnis zur NSDAP zu revidieren und zu verbessern. Er hat aber immer Partei und Staat, den er ausschließlich aus seiner preußischen Tradition heraus zu verstehen suchte, als zwei im Grunde getrennte Sphären angesehen und in seinem Amt als hoher Verwaltungsbeamter für den Staat und nicht für die Partei optiert, obgleich er offenbar weit davon entfernt war, der Tätigkeit der Partei, soweit sie sich nicht um die Verwaltung bekümmerte, ablehnend oder kritisch zu begegnen. Vielmehr hielt er ihre politische Tätigkeit, soweit sie sich außerhalb der Verwaltung abspielte, hauptsächlich die politische Personalauslese und Propaganda, für legitim und unterstützte sie stets mit unvermindertem persönlichen Interesse. Sein Auftreten und seine Auffassungen reichten jedoch aus, um den sehr selbstherrlichen Gauleiter Loeper in kurzer Zeit dazu zu bringen, sich über den Magdeburger Regierungspräsidenten, der für ihn »mehr Verwaltungsjurist als Nationalsozialist« war, der »daher der Bewegung etwas verständnislos« gegenüberstünde, bitter zu beschweren, da zwischen Nicolai und Loeper »jede Verbindung abgerissen« war [42]. »Aus verschiedenen Äußerungen und Maßnahmen« Nicolais glaubte Loeper herauslesen zu können, daß er »scheinbar das Bestreben« hatte, »seinen Weg neben der Partei zu gehen«. Loeper brachte unumwunden zum Ausdruck, daß ihm an einer Abberufung Nicolais sehr gelegen war. Doch was in anderen Fällen tiefen Sturz bedeutete, schadete Nicolai keineswegs. Man holte ihn zwar aus seiner Stellung heraus, jedoch nur, um ihn schnell zu befördern. Daß Nicolai seit langem NSDAP-Mitglied, Protektionskind des Gauleiters Kube, Abgeordneter der legendär verherrlichten »Kampfzeit« und zeitweilig sogar hoher Funktionär in der Reichsleitung war, aber dennoch zu jenen zählte, die sich von ihrer Partei zu distanzieren wußten, und schon im Sommer 1933 durch die Veröffentlichung von Gedanken zu einer nationalsozialistischen Reichsreform, die innerhalb der NSDAP kritisch aufgenommen worden waren, von sich reden gemacht hatte [43], muß wohl Pfundtner und

Frick bewogen haben, diesen ehrgeizigen, gewiß begabten, jedoch noch verhältnismäßig jungen und nicht sehr erfahrenen Mann in das Reichsinnenministerium zu holen und ihm die Klinke zur Reichsreform in die Hand zu geben. Als treibende Persönlichkeit und dann als Leiter der wichtigen politischen Abteilung hatte Nicolai, seit Februar 1934 Ministerialdirektor, mit Unterstützung von Medicus von den Vorarbeiten zum Neuaufbaugesetz bis zur Ausarbeitung des zweiten Reichsstatthaltergesetzes neben und mit Staatssekretär Pfundtner in allen verwaltungsorganisatorischen Fragen innerhalb des Reichsinnenministeriums einen beträchtlichen Einfluß; Vorbereitung und Durchführung des Neuaufbaugesetzes aber bildeten den eigentlichen Höhepunkt dieser Ära Nicolai [41].

Nicolai war aber auch ein Mann, der nach seinen persönlichen Erfahrungen im Dienste der preußischen Verwaltung, die ihm Tätigkeit und Ämter nach seinen eigenen Wünschen vorenthalten hatte, keineswegs nur auf die »preußische Fahne« schwor. Seiner Anschauung nach war die preußische Staatstradition längst in den Idealen eines kastenmäßig abgeschlossenen, wohldisziplinierten, dem Staat ergebenen Berufsbeamtentums aufgegangen; das Land Preußen hingegen erschien ihm nur noch als ein Überbleibsel der Vergangenheit, das er – unter Verwendung älterer Gedanken und Schlagworte aus der Ära von Weimar – gern dem Plan einer Aufteilung und einer völligen Neugestaltung der politischen Landkarte Deutschlands unterworfen hätte. Daß er für solche Absichten – nicht ohne werbendes Geschick – auch in der breiten Öffentlichkeit und »selbst in der bürgerlichen Presse« eintrat, rief seinen Widersacher Loeper, den Gauleiter des Gaues Magdeburg-Dessau und Reichsstatthalter von Braunschweig und Anhalt, erneut auf den Plan, der nicht zu Unrecht um die Existenz seines unübersichtlichen mitteldeutschen Machtbereiches fürchtete und ohnehin durch die Beförderung Nicolais vergrämt war. Dieser ehemalige Berufsoffizier, der mit manchen seiner Gauleiter- und Reichsstatthalter-Kollegen einen ausgeprägten Sinn für persönliche Geltung und Machtbefugnisse gemein hatte, jedoch zu den wenigen zählte, die sich selbst nicht gerne kommandieren ließen und das Fortbestehen besonderer, ihrer Verfügungsgewalt entzogener, zentral geleiteter Mächte in ihrem Reich mit Mißtrauen und Entrüstung verfolgten, erreichte mit einer heftig geführten Beschwerde [45], daß Hitler den Beamten alle mündlichen und schriftlichen Äußerungen in der Öffentlichkeit untersagte, die sich auf beabsichtigte gesetzliche Regelungen bezogen, deren Vorbereitung ihnen übertragen war [46]. Diese Anordnung lief strengeren, immer wieder durchbrochenen und ebenso häufig erneuerten Verboten voraus, die jede Erörterung der Reichsreform unmöglich machen und auch das Buch Nicolais der vielfältigen Beachtung, die es gefunden hatte, entziehen wollten. Nicolais Tätigkeit selbst war indessen nicht betroffen; sie fand im Reichsinnenministerium, nachdem die preußischen Verhandlungen Pfundtners über die Schaffung einer reichseinheitlichen allgemeinen und Politischen Polizei gescheitert waren [47], eine Stätte freier und anspruchsvoller Entfaltung. Seine größte Sorge galt der konsequenten Scheidung zwischen Partei und Verwaltung, um nach dem Vorbild des monarchischen preußischen Staates eine einheitliche, von einem zuverlässigen Berufsbeamtentum beherrschte Behördenorganisation mit klar abgegrenzten Befugnissen unter zentraler Leitung zu schaffen. Der Gesichtspunkt des systematisierten, sich selbst genügenden Verwaltungsstaates ist von ihm am deutlichsten, aber auch mit unübertroffener Einseitigkeit ausgedrückt worden. Die Reichsreform, die Nicolai vorschwebte, glich einem Programm zur Aufrichtung des reinen bürokratischen Verwaltungsstaates, der einheitlich das ganze Reichsgebiet umfaßte und nach seinen Erfordernissen neu gliederte. Die NSDAP blieb personell wie institutionell von der Verwaltung getrennt; sie hatte eine Art politischer Kontrolle auszuüben und im übrigen Aufgaben der politischen Propaganda wahrzunehmen, den bürokratischen Staat also abzuschirmen und zu sichern. Dieser künftige deutsche Staat sollte aber auch frei sein von den »Mängeln des derzeitigen Zustandes« in bezug auf die »Organisation der staatlichen Willensbildung«, frei von der »durch geschichtliche Zufälligkeiten gestalteten territorialen Zerklüftung Deutschlands«, von »übermäßigen Inanspruchnahmen der Gesetzgebungsmaschine«, von »übertriebenen Reglementierungen« und von der »volksfremden Schematisierung und Bürokratisierung der Verwaltung« [48]. Das gefühlvolle Bekenntnis Nicolais zum totalen Verwaltungsstaat schloß gleichzeitig alle jene Wünsche und Forderungen ein, die seit jeher von den Gegnern bürokratischer Verwaltung in Deutschland vorgebracht wurden.

Nicolais Aufzeichnungen erhalten einen besonderen Reiz dadurch, daß sie die kritischen Betrachtungen unverhüllt auch auf die nach dem 30. Januar 1933 eingetretenen Verhältnisse ausdehnten. Sie verlangten Isolierung und Pflege des Berufsbeamtentums, »weil das Gefühl für Ordnung und die Achtung der Zuständigkeiten zum großen Teil an das Vorhandensein einer entsprechenden Verwaltung geknüpft ist«. Kaum ein Beamter eines Reichsministeriums wagte wohl zu diesem Zeitpunkt so vorbehaltlos wie Nicolai das gefährlich Verwirrende des nationalsozialistischen Eroberungszuges in den Verwaltungen des Reichs und der Länder zu charakterisieren, der keine klaren Zuständigkeitsabgrenzungen geschaffen, jedoch die Gruppenbildung innerhalb der NSDAP gefördert, planlose Reformen einzelner Ressorts in Gang gesetzt und »trotz der Einsetzung von Reichsstatthaltern ... ein Neben- und Durcheinander von Regierungs- und Ländergewalten« heraufbeschworen hatte. Düstere Mahnungen klingen in Worten von »mangelnder Rechtssicherheit« und »mangelndem Vertrauen« zu Staat und Partei an. Geltungsbedürfnis und auch Überheblichkeit schwingen in seinen Sätzen mit; vielleicht aber hatten die Ereignisse dieses Jahres auch neue Bedenken reifen lassen. Nicolai hat jedenfalls tiefliegende Mängel des nationalsozialistischen Staates aufgedeckt und kritisch an die Oberfläche gezogen; sie waren in seinen Augen freilich so beschaffen, daß sie sich durch Verwaltungsreform und Neugliederung beseitigen ließen, eben durch eine Veränderung der nach Liquidierung des Parlamentarismus entstandenen Staatsorganisation, die nun das Werk einer kleinen Gruppe im stillen, unter Ausschluß der Öffentlichkeit arbeitender hoher Ministerialbeamter werden sollte. Nach Vorschlägen Nicolais, die allerdings nicht verwirklicht worden sind, hätte sogar eine vom internen Geschäftsverteilungsplan des Reichsinnenministeriums unabhängige, zentral planende und leitende »Reichsstelle für die Reichsreform« gebildet werden sollen [49].

Die »Reichsreform« mußte nach Nicolais Vorstellungen sechs Komplexe umfassen, die nacheinander zu ordnen waren: 1. Schaffung einer starken Zentralgewalt. 2. Neugliederung und Schaffung von Reichsprovinzen. 3. Schaffung einer einheitlichen Verwaltung aus den vorhandenen Verwaltungen des Reiches und der Länder. 4. »Reichsvereinheitlichung« und »Neuordnung der Selbstverwaltung nach nationalsozialistischen Grundsätzen« – hier sollte offenbar der Partei größerer Einfluß eingeräumt werden; im totalen Verwaltungsstaat war die Selbstverwaltung nichts anderes als ein Fremdling; sie konnte infolgedessen vom Standpunkt der Staatsverwaltung aus der Partei überlassen werden. 5. Aufbau eines nationalsozialistischen Berufsbeamtentums und 6. Krönung des Reformwerks durch eine neue Reichsverfassung.

Als erster hatte Medicus die These aufgestellt, »daß der Einbau der Partei in den Staat nur im Zusammenhang mit der Reichsreform erfolgen« könne [50]. Er gedachte, der NSDAP »entscheidende Mitwirkung« bei der Zusammensetzung der kommunalen Beschlußkörperschaften einzuräumen, in der »Mittelinstanz« des Reiches in einem »Gauführer« die Personalunion von Partei- und Staatsamt gleicher Stufe herzustellen und ihr außerdem die bedeutungslos gewordene »Volksvertretung« zu überlassen. Den Ministern kam unter der unbeschränkten Diktatur des Reichskanzlers nur noch die Bedeutung unpolitischer Ressortchefs zu; infolgedessen wurde nach Medicus auch das Reichskabinett im »Führerstaat« unwichtig. Wichtiger sollte ein berufener Reichsrat als ständiges Beratungsorgan des Reichskanzlers sein. Die Denaturierung des Reichsparlaments war bereits erreicht, was noch folgen sollte, unwesentlich. Günstig im Aspekte dieser Vorstellungen lagen die Verhältnisse auch auf kommunaler Ebene. Die straffe, unter starker Beteiligung der Kommunalstellen der NSDAP erfolgte Zusammenfassung der Kommunalkörperschaften des ganzen Reichsgebietes im Deutschen Gemeindetag, der an die Stelle der Vielzahl der kommunalen Spitzenverbände und ihrer nachgeordneten Organisationen Widerstand ausgelöst, so daß schließlich das Band zwischen kommunalen Spitzenverbänden und Staat endgültig zerriß und diesen hinfort jede Möglichkeit einer Mitwirkung bei Angelegenheiten der Staatsaufsicht genommen wurde, die bislang zum Ausgleich zwischen den beiden disparaten Elementen der Verwaltung beigetragen hatte [51]. Keines der Länder trat dem Reichsinnenministerium entgegen, als es daranging, die Kommunalverwaltung einer reichsrechtlichen Regelung zu unterziehen, was damit begann, daß es die Institution des Deutschen Gemeindetages reichsgesetzlich verankerte [52]. Ungleich komplizierter dagegen lagen die Dinge in der Ebene einer künftigen »Reichsmittelinstanz«, da zwar die alten Länder nur noch eine Scheinexistenz führten, es nun aber ein Gegenüber von Reichsstatthaltern und Gauleitern und innerhalb Preußens eine zweistufige Mittelinstanz gab, die für die obersten Reichsbehörden nur auf dem Wege über das Preußische Staatsministerium erreichbar war.

Mit der Reichstagswahl vom 12. November 1933 begann eine Periode neuer Maßnahmen gegen die Existenz der alten Länder. Frick war entschlossen, »die durch die Auflösung des Reichstags akut gewordene Frage der Existenz der Länderparlamente gesetzlich zu regeln« in dem Sinne, »daß die Landtage nicht wiederaufleben« sollten [53]. Hier schien zuerst der wichtigste Ansatzpunkt der weiterreichenden Pläne zu liegen, so daß Frick dem bayerischen Ministerpräsidenten Siebert die Versicherung abgab, es sei »keinesfalls . . . mit einer überstürzten Aufhebung bisheriger Verwaltungseinheiten zu rechnen, solange nicht etwas Besseres an die Stelle des alten gesetzt werden kann«. Daß sich der Reichsinnenminister bei seinem künftigen Vorgehen kaum irgendeine Beschränkung und erst recht keine Rücksichtnahme auf die Länder auferlegen würde, dürfte Siebert wohl verstanden haben; denn er unterbreitete bald darauf einen eigenen Gesetzesvorschlag, der bereits sehr weitgehende Wünsche erfüllte: »Alle politische Macht geht vom Reiche aus«; die Länderregierungen üben ihre Tätigkeit nur noch kraft Ermächtigung durch die Reichsgewalt aus [54]. Schon Sieberts Plan sah vor, daß die Länder, und zwar nur solche, die über mehr als 1 Million Einwohner verfügten, lediglich als Verwaltungseinheiten erhalten blieben. Inzwischen aber war im Reichsinnenministerium der erste »Entwurf eines Gesetzes über die Reichsreform« entstanden [55], der in der lapidaren Fassung von drei Paragraphen schon die drei dem späteren »Neuaufbaugesetz« zugrunde liegenden Gedanken umriß: Aufhebung der Volksvertretungen der Länder, Anweisungsrecht der Reichsregierung gegenüber den Länderregierungen und Aufsichtsrecht des Reichsinnenministers über die Reichsstatthalter. Nicht einmal für Preußen war hier noch eine Sonderregelung vorgesehen. Schon im Entwurf stellte eine Einleitungsformel die »einstimmige« Annahme des Gesetzes im Reichstag fest. Daß das Ermächtigungsgesetz für den Erlaß dieses Gesetzes nicht ausreichen würde, stand also von Anfang nicht in Frage.

Dieser Entwurf blieb nicht der einzige. Frick hatte selbst an seiner Fortentwicklung persönlich Anteil und nahm eine eigene Ausarbeitung vor [56], die dann Hitler vorgelegt wurde, der ihr »im allgemeinen« zustimmte, aber für den Artikel, der die wesentliche neue Ermächtigung der Reichsregierung enthielt, eine Fassung verlangte, die »unnötige Beunruhigungen unter allen Umständen« vermied [57]. Der daraufhin angefertigte nächste Entwurf Nicolais hat dann noch mehrere Stadien durchlaufen. Doch gerade diese Ermächtigung wurde schließlich noch viel weiter als ursprünglich gefaßt und hat das weitere Schicksal der Länder und des gesamten Verfassungsrechts in das Ermessen der Reichsregierung gelegt [58].

Frick nannte das vom Reichstag widerspruchslos angenommene Neuaufbaugesetz vom 30. Januar 1934 [59] mit Recht ein »erweitertes Ermächtigungsgesetz« und konnte von ihm sagen, daß noch niemals in der parlamentarischen Geschichte ein Gesetz von so ungeheurer Tragweite in so kurzer Zeit die einstimmige Billigung eines Parlaments gefunden habe [60]. Der »Verfassungsminister« des Reiches benutzte die beiden letzten verfassungsmäßigen Organe, die ihre Existenz den Vorbehalten des Ermächtigungsgesetzes vom 24. Mai verdankten, um eine zerstörende Bresche in die Überreste des noch bestehenden Verfassungsrechts zu legen. Die gesamte Öffentlichkeit, aber auch die NSDAP, wurden durch das in aller Heimlichkeit ausgearbeitete Gesetz überrascht und überrumpelt. Der preußische Justizminister Kerrl, der als Reichstagsvizepräsident »sozusagen an der Quelle« saß, bekam das Gesetz erst während der Reichstagssitzung zu sehen; er versicherte freilich, daß er sich dennoch »darüber ganz außerordentlich gefreut« habe [61]. Soweit es den von der NSDAP beherrschten Teil der Öffentlichkeit anging, hat die Gefahr einer »Beunruhigung«, die Hitler fürchtete, nicht bestanden; selbst die größten nur denkbaren Vollmachten erteilten die uniformierten, kaum jemals von politischen Einsichten geplagten »Gefolgsmänner« Hitlers in besinnungsloser Akklamation.

Von der unbegrenzten Ermächtigung dieses Gesetzes konnte jedoch vorerst gar nicht in vollem Ausmaß Gebrauch gemacht werden. Eine Übergangsbestimmung mußte dafür sorgen, daß die Verwaltungen intakt und in alter Weise tätig blieben, bis weitere Maßnahmen auf der Grundlage der erteilten Ermächtigung getroffen wurden [62], die, jeder begrenzenden Normierung ledig, den Absichten der ministeriellen Administration die weitesten Möglichkeiten eröffneten. Die bestehende Ordnung wurde jeweils bis auf weiteres aufrechterhalten, jedoch jedem Zugriff von zentraler Stelle aus freigegeben. Das Schicksal der Länder lag ausschließlich in den Händen des Reichsinnenministers. Selbst der Reichsjustizminister Gürtner, der zehn Jahre zuvor ein scheinbar hartnäckiger Verteidiger bayerischer Belange gewesen war, erklärte es nunmehr als Reichsressortchef für eine gleichgültige Sache, ob die »Einteilung des Reiches in Länder» bestehen bliebe und lediglich »veredelt« würde »in der Form, daß man kleine und kleinste Gebilde an größere anschließt, im übrigen sich aber an die historischen Einheiten hält«, oder ob das Reich »nach irgendwelchen verschieden nuancierten Gesichtspunkten bald nach Stammesprinzipien, bald nach Wirtschaftsprinzipien in Gebiete« einzuteilen wäre, »in Gaue oder Provinzen, so daß die ganze Organisation des Reiches ... dann nur eine Spitze über einer Anzahl von solchen Gauen« darstellte [63]. Gürtner wäre allerdings auch kaum imstande gewesen, die Lage anders als so zu betrachten und dem erklärten Willen seines einstigen Münchener Beamtenkollegen Frick, der sich der Zustimmung Hitlers versichert hatte, wirksam entgegenzutreten.

4. Die Polykratie der Ressorts und die Neugliederung

Mit dem Neuaufbaugesetz war wohl das Deutsche Reich »nunmehr ein einziger Staat« geworden [64]. Doch die Folgerung, daß das Problem, »was aus dem heute noch vorhandenen Verwaltungskörper der Länder« werden sollte, »nicht mehr, wie das bisherige Problem der Reichsreform, eine Frage des staatlichen Grundrisses«, also keine verfassungsrechtliche, sondern »nur eine teils bereits entschiedene, teils noch gesetzlich oder verordnungsmäßig durchzuführende praktische Frage der Verwaltungsorganisation« sei, traf lediglich auf die vorher noch vorhanden gewesenen Hemmnisse zu, die einer Umorganisation der Zentralinstanz im Wege standen. Im übrigen erwies sie sich als eine verhängnisvolle Unterschätzung neu entstehender Schwierigkeiten, die dadurch um nichts gemindert wird, daß sie zunächst der Meinung entsprach, die an zentralen Stellen vorherrschte. Das Neuaufbaugesetz erwies sich als ein schier unerschöpfliches Reservoir von Möglichkeiten, diese Neuorganisation vorzunehmen; doch diese Wirkung verdankte es eben nicht einer bestimmten Wegweisung, sondern der Eigenschaft, daß seine unbestimmten Maßgaben lediglich geeignet waren, noch bestehendes Recht zu zerstören. Es hätte demiurgischer Konstruktionen von rascher Entfaltungskraft bedurft, um das volle Maß von Auflösungen, die von diesem Gesetz ausgingen, auszugleichen. Der nationalsozialistische »Führerstaat« besaß nichts dergleichen, um dem selbstgewählten Schicksal gewachsen zu sein. Es hat sogar den Anschein, daß die Größe der politischen Belastungen, die mit diesem Gesetz und den ihm folgenden Verordnungen, Erlassen und Durchführungsbestimmungen entstand, von denen, die sie schufen, zumindest nicht in angemessener Weise erfaßt wurde.

Die Ermächtigung der Reichsregierung, »neues Verfassungsrecht« zu setzen und geltendes Landesrecht zu durchbrechen, konnte sich allein deshalb in unvoraussehbarer Weise auswirken, weil das Reichsinnenministerium den Standpunkt einnahm, unter »Reichsregierung« verstehe man in der »Praxis der Reichsverwaltung, soweit nicht im Gesetz das Gegenteil festgestellt ist, nicht die Reichsregierung als die Gesamtheit der Reichsminister, sondern den jeweils zuständigen Fachminister« [65]. Hierin lag der Keim zur vollständigen Auflösung des Reichskabinetts und zum Zerfall der Reichsregierung in eine »Polykratie« straff zentralisierter Ressorts, die nur die überwölbende absolute Autorität des »Führers und Reichskanzlers« zusammenzuhalten und zu kontrollieren vermochte. Eine solche Entwicklung sah zu Anfang des Jahres 1934 aber wohl noch keiner der Fachleute im Reichsinnenministerium voraus, obgleich die verschiedenartigsten Konfliktsmöglichkeiten schon wenige Tage nach Verkündung des neuen Aufbaugesetzes auf der Hand lagen [66].

Die Unbesorgtheit, die unter den verantwortlichen Männern des Reichsinnenministeriums hinsichtlich der Auswirkungen des neuen Aufbaugesetzes bestand, macht Erstaunen. Offenbar glaubten sie sicher zu sein, eine zentrale Zuständigkeit ihres Ministers als des »Verfassungs-, Verwaltungs- und Beamtenministers« und die Funktion des Reichsinnenministeriums als des allzuständigen »Organisationsministeriums« auf die Dauer ohne Schwierigkeiten behaupten und es für immer zu einer Verwaltung der Verwaltungen machen zu können [67], so daß wohl jedes Ressort für sich, aber eben in diesen Dingen niemals ohne das Reichsinnenministerium entscheiden konnte. Dieser Anspruch des Reichsinnenministers, eine Art Superminister mit zentraler Befugnis zu sein, ist jedoch praktisch niemals unbestritten geblieben. Er wurde nach Kriegsausbruch durch die Ernennung Fricks zum Generalbevollmächtigten für die Reichsverwaltung, dem auch das Reichsjustizministerium, das Kultusministerium, das Kirchenministerium und die Reichsstelle für Raumordnung unterstellt waren, für einen großen Teil der Verwaltung nach außen hin dokumentiert und uneingeschränkt rechtsgültig. Aber selbst der anerkannte Oberminister hielt niemals die Ressorts der Finanzen, des Verkehrs und die sich immer weiter ausbreitenden wirtschaftlichen Verwaltungen unter seiner Aufsicht; und er war zudem der dauernden Rivalität des »Reichsführers SS« ausgesetzt, der er schließlich erlegen ist. Überdies blieb ihm jeder Einfluß auf die Propaganda und die Propagandaverwaltung versagt.

Die Einzelheiten der »Durchführung des Neuaufbaus des Reiches«[68] bereiteten den Männern im Reichsinnenministerium zunächst keine allzu großen Sorgen, obgleich man sich das weiteste nur denkbare Ziel gesteckt hatte: die Umformung von Reichs- und Länderverwaltungen in eine einheitlich zentralisierte Verwaltungsapparatur unter Leitung des Reichsinnenministeriums, also die Auflösung der bisherigen Länder selbst als Verwaltungseinheiten in einem Reichsverwaltungssystem. Die Neugliederungsfrage erschien anfangs durch wenige Maßnahmen durchführbar, die an die Stelle von Provinzen und Ländern die Gaueinteilung der NSDAP setzen sollten. Auf der nächstfolgenden Verwaltungsstufe ließen sich in den außerpreußischen Ländern Regierungsbezirke durch einfache Zusammenlegungen kleinerer Verwaltungseinheiten bilden, in Hessen durch Umwandlung der Provinzen in Bezirke und in Bayern wie in Sachsen durch Vergrößerung der bestehenden Kreise und ihre Angleichung an das preußische Vorbild. Entscheidend blieb die Vereinigung der Innenministerien des Reiches und Preußens, mit der das Reich in den Besitz eines »zentralen Verwaltungsapparats« gelangte; die Zusammenlegung anderer Ministerien erschien demgegenüber weniger dringlich und verhältnismäßig unproblematisch, da mit Ausnahme des Justiz- und des Finanzressorts bereits Personalunionen bestanden. Der federführende Referent glaubte der erreichbaren Folgen sicher zu sein: »Sobald der zentrale Verwaltungsapparat von Reich und Preußen . . . eingerichtet ist, beginnt der allmähliche Absterbeprozeß der Landesministerien, deren Aufgaben entweder zur Reichszentrale oder zu den im ganzen Reich einheitlichen nachgeordneten Behörden (Regierungspräsidenten) kommen.« Eine reichseinheitliche Gemeindeordnung und eine Kreisordnung würden dann folgen, um den Bau der zentralisierten obrigkeitlichen Verwaltung bis auf die Lokalebene herabzuführen. »Nicht die Neuorganisation selbst« erschien ihm problematisch – »bei den derzeitigen Machtmitteln des Reichs«; Schwierigkeiten wären aber zu gewärtigen, sobald überstürzt und ohne Plan von einzelnen Ressorts aus »verreichlicht« werden würde, indem sie die Länderverwaltungen jeweils für ihre Zwecke heranzögen oder falls es zur raschen Errichtung neuer Verwaltungen käme. Bei aller bürokratischen Einseitigkeit, die diese Betrachtungen auszeichnet, die nur die »technischen Schwierigkeiten« und die dagegenzusetzenden »Machtmittel« als erwägenswert festhielten, sind doch immerhin selbst in dieser eingeengten Perspektive sichtbare Gefahren des Ressortpluralismus und -partikularismus schon zu diesem Zeitpunkt erkannt worden. Dennoch ist der »Neuaufbau« ihnen auf die Dauer rettungslos erlegen.

Das Problem, »den auf Verreichlichung ihrer Fachgebiete drängenden Reichsministerien entgegenzukommen, ohne daß dadurch die territoriale Einheit der Verwaltung in der Reichsmittelinstanz durchbrochen wird und ohne daß eine Verselbständigung und Verfestigung der einzelnen Fachverwaltungen in der Reichsmittelinstanz eintritt« [69], glich der Quadratur des Zirkels; nur war man zu Beginn des Jahres 1934 noch von solchen Einsichten weit entfernt. Jetzt wie später wurde die angebliche Errungenschaft des Neuaufbaugesetzes unterstrichen, eine »wirkliche Befehlsgewalt« der Chefs der Reichsministerien auf den »ihnen anvertrauten Verwaltungsgebieten« hergestellt zu haben [70]. Frick hat auch umgehend diese »Befehlsgewalt« anzuwenden und »namens des Reichs« die Polizeihoheit in seine Verfügung zu bringen versucht, indem er »die unmittelbare Befehlsgewalt über die Landespolizei im Deutschen Reich« und außerdem für die Landespolizei, die staatliche Revierpolizei, Landjägerei und Gemeindepolizei die Genehmigung zu allen grundlegenden organisatorischen und beamtenrechtlichen Bestimmungen, Beförderungen und Stellenbesetzungen vom Major an aufwärts, die Genehmigung von Dienstvorschriften und die von Standortverlegungen und Neubauten von Unterkünften für sich in Anspruch nahm [71]. Das veranlaßte jedoch Göring, um einer Anwendung dieser Bestimmungen auf Preußen zuvorzukommen, die oberste Leitung der Landespolizei in Preußen selbst zu übernehmen und anzuordnen, daß der Leiter der Polizeiabteilung im preußischen Innenministerium für die Belange der Landespolizei nunmehr dem Ministerpräsidenten unmittelbar unterstehe [72]. Der Reichsinnenminister sah seinen Bemühungen um eine Zusammenfassung der gesamten Polizei im Reichsgebiet dadurch einen Riegel vorgeschoben und mußte erneut in Verhandlungen nach einem Ausweg suchen [73]. Inzwischen waren allerdings die Kommandoverhältnisse der Schutzpolizei infolge unterschiedlicher Maßnahmen in einzelnen Ländern während der Machtergreifung derartig unübersichtlich geworden, daß die Notwendigkeit umfassender Neuregelungen auf der Hand lag und einer Vereinheitlichung im Reichsgebiet auch vom preußischen Innenministerium nicht mehr ohne weiteres widersprochen werden konnte. Aber erst die Vereinigung des Reichs- und des preußischen Innenministeriums, die im März 1934 ausgehandelt und endlich im Herbst vollzogen wurde [74], brachte die endgültige Zusammenfassung der Polizeiangelegenheiten unter der Regie des Reichsinnenministers [75]. Trotz allem aber behielt Göring formell die Leitung der Geheimen Staatspolizei weiterhin bei. Ähnlich wurde in anderen Ländern die Politische Polizei aus der inneren Verwaltung herausgelöst, um in den Händen von Himmler und Heydrich vereinigt zu werden, die seit Mai 1934 in Wirklichkeit auch die GeStapo in Preußen leiteten [76]. Ohne ihre wirkungsvolle Mithilfe in der entscheidenden Polizeifrage wäre Frick die Vereinheitlichung vermutlich nicht geglückt. Das Neuaufbaugesetz hatte nicht nur die noch nennenswerten Überreste des Verfassungsrechts beseitigt, sondern auch die in der Ausbildung begriffenen Machtstrukturen des totalitären Systems freigelegt und freigesetzt.

Die Linie umwälzender organisatorischer Maßnahmen setzte dann die »Erste Verordnung zur Vereinheitlichung und Verbilligung der Verwaltung« fort [77], die der Reichsinnenminister und der Reichsfinanzminister gemeinsam erließen. Sie gab auf Grund des Artikels 5 des Neuaufbaugesetzes allen Reichsministern, die zugleich preußische Minister waren, die Möglichkeit, den Beamten, Angestellten und Arbeitern ihrer Ministerien die Erledigung von Dienstgeschäften zu übertragen, »ohne Rücksicht darauf«, welchem Ministerium sie angehörten, und bereitete die weitere Zusammenlegung und Umorganisation von Reichs- und preußischen Ressorts vor. Der Reichswirtschaftsminister und preußische Minister für Wirtschaft und Arbeit hatte schon vorher auf Grund der Personalunion eine einheitliche Abteilungsgliederung und eine Regelung für die Referenten getroffen, die ihnen Reichs- und preußische Angelegenheiten zugleich übertrug, so daß – abgesehen von einigen Überschneidungen zwischen Zuständigkeiten des Reichsarbeitsministeriums und dem Geschäftsbereich des preußischen Ministeriums für Wirtschaft und Arbeit – in der Praxis eine Zusammenlegung beider Ministerien bereits erreicht war. Im Reichs- und im preußischen Landwirtschaftsministerium blieb es einstweilen nur bei der Personalunion der Ministerämter. Schwieriger lagen die Verhältnisse im preußischen und im Reichskultusministerium, das seit Mai 1934 bestand [78], denn die Reichszuständigkeiten einiger vom preußischen Kultusministerium verwalteten Gebiete, wie z. B. das der Kunst, fielen in den Bereich des Reichspropagandaministeriums [79]. Eine endgültige Klärung und Vereinfachung konnte durch die Zusammenlegung preußischer Ressorts mit Reichsressorts jedenfalls nicht unmittelbar erreicht werden.

Am 22. Oktober 1934 wurden das preußische Justizministerium und das Reichsjustizministerium vereinigt [80] und wenige Tage später die Innenministerien des Reichs und Preußens zusammengelegt [81]. Noch vor den endgültigen Kompetenzauseinandersetzungen waren indessen besondere Ressorts des preußischen Ministerpräsidenten entstanden, der, persönlichen Neigungen wohl mehr noch als politischen nachgebend, sich nicht nur zum Herrn über die Landespolizei, sondern gewissermaßen auch zum »Forstminister« und zum »Theaterminister« in Preußen machte; die Forsten wurden aus der Zuständigkeit des Landwirtschaftsministeriums und die Staatstheater aus der des Kultusministeriums herausgelöst [82]. Göring schuf hiermit ein an das Amt des preußischen Ministerpräsidenten gekettetes Reservat inmitten der »Verreichlichung« der anderen preußischen Ressorts. Lediglich das Finanzministerium blieb als einziges der preußischen Ministerien in seiner alten Form bestehen [83], nachdem die Pläne zur Schaffung eines Reichsschatzministeriums, dem dieses einstmals wichtige Ministerium – nach Austausch einiger Zuständigkeiten mit dem Reichsfinanzministerium – eingegliedert werden sollte, in vielfachen Anfeindungen des amtierenden preußischen Ministers Popitz untergegangen waren. Damit aber war die »Verreichlichung« zunächst beendet [84].

Eine interministerielle Erörterung über den Stand des »Verbindungsprozesses« hatte schon im August Übereinstimmung darin ergeben, »daß auf die Dauer der Prozeß der Zentralisierung nicht weitergeführt werden« könne; eine Dezentralisation aber war nach ebenfalls übereinstimmenden Ansichten zum Scheitern verurteilt, da man nicht wußte, »wer eigentlich die ›Reichsmittelinstanz‹ im Zuge der Reichsreform bilden wird, an die man die Zuständigkeiten abgeben könnte«. Es zeigte sich, daß eine Umorganisation der Zentralinstanz weder eine Reichsreform erschöpfte noch wirklich vorantrieb; die Erörterung dieser Tatsache gelangte zu dem Schluß: »Der Verschmelzungsprozeß in der Ministerialinstanz steht in unmittelbarem Zusammenhang mit dem übrigen Neuaufbau des Reichs [85].« Die Begründung eines Gesetzentwurfes zur Neugliederung des Reiches vom Oktober 1934 [86] wies darauf hin, daß die Autorität des Staates – worunter wohl die des Reichsinnenministeriums zu verstehen ist – dadurch untergraben werde, daß Reichsbehörden und private Wirtschaftsverbände im Aufbau ihrer nachgeordneten Verwaltungen eigene, voneinander abweichende Gebietsgliederungen vornähmen. Dahinter verbarg sich der nach diesen Ergebnissen nicht mehr zu leugnende Umstand, daß die rasche Zentralisation sich selbst zu überschlagen begann und einen Pluralismus zentralisierter Verwaltungssysteme entstehen ließ, die nur noch über ihre obersten Spitzen miteinander in Beziehung treten konnten, da ihre Unterglieder niemals einander entsprachen. Dem Reichsinnenministerium entglitt die ängstlich beobachtete Einheit der Mittelinstanz, die eben noch auf dem Wege einer Beseitigung der Länder reichseinheitlich geordnet werden sollte. Es blieb kein anderer Ausweg, als auf die Reichsreform in einem umfassenden Sinne zurückzukommen; und diese war wieder auf die beiden Grundprobleme zurückgeworfen, die seit Anbeginn ihrer Erörterung bestanden haben: die Organisation und Ausgestaltung der Mittelinstanz und, hiermit im Zusammenhang, die Gliederung des Reichsgebiets. Die Zusammenfassung von Zentralinstanzen verlangte nunmehr, daß ihr die Mittelinstanz in irgendeiner Weise angepaßt und im übrigen nichts übertrieben werden würde; die Frage der Organisation der Mittelinstanz stellte aber auch unausweichlich die Frage nach Aufgaben und Bewegungsfreiheit der unteren Instanzen. Die weiteren Folgerungen waren überaus verwickelt: Die Gliederungsproblematik erwies sich nach wie vor als schwierig und ungeklärt; und die Stellung der Reichsstatthalter, nicht weniger die der Oberpräsidenten in Preußen, war kaum entschieden. Unverkennbar schob sich damit erneut die Beziehung zwischen Staat und Partei in den Vordergrund.

Medicus hatte eine größere Denkschrift vorgelegt, die den Aufbau einer vierteiligen Organisation – Reichszentrale, Reichsstatthalter, Kreisämter, Ortsbehörden – aufzeichnete, in der der Reichsstatthalter zu einem Superfunktionär wurde, der in seiner Hand gänzlich verschiedenartige Instanzenzüge zusammenfaßte: als Chef sämtlicher Zweige der staatlichen Verwaltung, als Haupt der Gau-Selbstverwaltung und als Gauleiter der Partei; nur die militärischen Behörden, Reichspost und Reichsbahn sowie die Gerichte blieben seiner Kompetenz entzogen. Doch schon Nicolai kommentierte den Entwurf seines Untergebenen kritisch. Er sah den Reichsstatthalter von unübersehbaren Aufgaben überlastet, so daß letztlich doch wieder die Notwendigkeit bestünde, die Reichsverwaltung auf mehrere Behörden zu »dezentralisieren« [87]; hierzu aber wollte er keinesfalls seine Hand bieten. Immerhin entschloß sich Nicolai jetzt, seine Ideen abzuwandeln. Angesichts der unübersichtlich werdenden

Situation hielt er es nun doch für besser, durch Eingliederung der SA in die Reichswehr und der Politischen Organisation der NSDAP in die Staatsverwaltung die Parteiorganisation mit dem Staat zu »verschmelzen«; die Gauleitungen sollten in den Ämtern der Reichsstatthalter, die Kreisleitungen in den Landratsämtern und die Reichsleitung der NSDAP im Reichspropagandaministerium aufgehen; das »augenblickliche, dualistische Nebeneinander von Partei und Staat« aber war seiner Meinung nach »auf die Dauer nicht tragbar« [88]. Da man sicher sein kann, daß Nicolai eine Übernahme des Staatsapparates durch die NSDAP nicht herbeiführen wollte, scheint es, daß er auf diese Weise eine Aufsaugung der Partei durch den Staat zu erreichen dachte oder – wie es sein Minister ausdrückte – ihren Ausbau zu einer »Staatseinrichtung«, die »in den Staatsorganismus . . . eingebaut«, während zugleich die staatliche Behördenorganisation »mehr und mehr nationalsozialistisch« werden sollte [89]. Welche Tragweite man aber auch immer derartigen Prozessen im Sommer dieses entscheidungsschweren Jahres beimessen möchte: eine maßgebliche Äußerung und Weisung ist nicht geschehen [90].

Ein weiterer Gesetzentwurf vom 20. Juli 1934 »über den Neuaufbau der Reichsverwaltung«, der wahrscheinlich von Nicolai oder doch mit seiner Zustimmung verfaßt worden ist, griff die Gliederungsfrage auf, teilte das Reichsgebiet in »Reichsgaue« und suchte auf diese Weise eine Vereinigung von regionaler Parteigliederung und politischer Gebietsgliederung herbeizuführen [91]. Die zweifachen Fassungen einzelner Paragraphen bezeugen jedoch die zu diesem Zeitpunkt noch unentschiedene Alternative zwischen zwei verschiedenen Funktionen, die dem Reichsstatthalter zugewiesen werden sollten: als oberste Spitze einer aus drei Sparten – Reichsverwaltung, Gauselbstverwaltung und Politische Organisation (Partei) – bestehenden Mittelinstanz oder, losgelöst vom Parteiamt, als Chef der Reichsverwaltung mit Aufsichtsrechten über die Gauselbstverwaltung und die Politische Organisation der NSDAP. Staatsrechtlich hatte das Neuaufbaugesetz die Stellung der Reichsstatthalter nur insofern »wesentlich geändert« [92], als es sie zu »Untergebenen des Reichsministers des Innern« gemacht hatte. Ihre Stellung war »sowohl im Verhältnis zur Landesregierung wie im Verhältnis zur Reichsregierung unklar geworden« [93]; ungewiß blieb aber auch, wie die Zentralisation der inneren Verwaltung nach unten fortgeführt werden sollte.

Daß die Gauleiter auch selbst mitzusprechen versuchten, zeigte sich in den Bemühungen des thüringischen Reichsstatthalters Sauckel, der die derzeitigen Schwächen in der Organisation der Mittelinstanz mit sicherem Blick erkannte und für den Ausbau seines eigenen Machtbereichs auszunutzen begann, den er bei dieser Gelegenheit gern auch territorial auf Kosten Preußens ausgedehnt hätte [94]. Sein Plan, den er, selbstbewußt genug, als allgemeinen Vorschlag zur Lösung des Problems Reich–Länder empfand, enthielt den durchsichtigen, ganz auf die Stärkung der Stellung des Gauleiters abgestellten Grundsatz, »keine Zwischeninstanz zwischen Reichsregierung und Reichsstatthaltern, ebenso keine Zwischeninstanz ... zwischen Reichsgau und Kreisämtern« zuzulassen, ein Grundsatz, dem das Reichsinnenministerium freilich nicht zu folgen bereit war.

Frick hatte sein Anweisungsrecht benutzt und an die Reichsstatthalter das Ersuchen gerichtet, von der ihnen übertragenen Befugnis zur Ernennung und Entlassung von Mitgliedern der Landesregierung nur noch mit seiner eigenen Zustimmung »Gebrauch zu machen« und auch künftig keine Landesgesetze mehr zu verkünden, solange sie nicht die Zustimmung der Reichsregierung gefunden hätten [95]. Damit waren die Reichsstatthalter plötzlich dem Reichsinnenminister unterstellte Mittelbehörde geworden, sofern ihnen nicht noch die Länderregierungen den Rang abliefen, wie es beispielsweise in Bayern und zumindest zeitweilig in Württemberg geschah, während in Sachsen und Hessen die Reichsstatthalter die Regierungschefs auszuspielen wußten. Das Beamtenernennungsrecht ging ebenfalls in wesentlichen Teilen auf den Reichsminister des Innern über. Die nächsten Versuche einer Bereinigung der Verhältnisse in der Mittelstufe trieb dann der Reichs- und preußische Innenminister zuerst von Preußen aus voran. Die zweite Verordnung über den Neuaufbau des Reichs vom 27. November 1934 [96] machte gegen mehrfachen Widerspruch von preußischer Seite und von Reichsstellen [97] die preußischen Oberpräsidenten »bis zur Durchführung der Neugliederung des Reichs« in ihren Provinzen zugleich auch zu ständigen Vertretern der Reichsregierung mit dem Recht zur Unterrichtung bei allen Reichs- und Landesdienststellen und öffentlich-rechtlichen Körperschaften und der Befugnis zum Erlaß einstweiliger Anordnungen, falls Gefahr im Verzuge war. Praktisch hatten die Oberpräsidenten-Gauleiter nunmehr größere Befugnisse als die Reichsstatthalter-Gauleiter.

Nicolai vertrat die Ansicht, daß man den Reichsstatthaltern nicht Befugnisse vorenthalten könne, die den Oberpräsidenten gegeben wurden [98]. Schon im Entwurf-Stadium hatte er der zweiten Neuaufbau-Verordnung einen Gesetzentwurf beigefügt, der eine Neuregelung hinsichtlich der Stellung der Reichsstatthalter treffen sollte, »ausgehend von der Erwägung, daß jede Erweiterung der Befugnisse der Oberpräsidenten gleiche Wünsche der Reichsstatthalter nach sich ziehen müsse und daß es infolgedessen über kurz oder lang notwendig sei, die Reichsstatthalter mit den Oberpräsidenten verwaltungsmäßig in die gleiche Ebene zu verlagern« [99]. Er sah für die Reichsstatthalter das gleiche Weisungsrecht vor wie für die Oberpräsidenten und nahm ihnen dafür das Beamtenernennungs- und das Begnadigungsrecht. Der »Dualismus Reichsstatthalter–Ministerpräsident«, über den sich Nicolai, ohne nennenswerte Erwägungen anzustellen, hinwegsetzen wollte, stand indessen einer »Umformung der Länderregierungen zu Reichsmittelbehörden, die in jeder Hinsicht den Anordnungen der Reichszentrale unterworfen sind«, noch hemmend im Wege. Das zweite Reichsstatthaltergesetz vom 30. Januar 1935 [100] hat den Reichsstatthaltern dann aber doch die gleichen Rechte eingeräumt wie den Oberpräsidenten. Die fünf Spezialzuständigkeiten im Bereich der Landesstaatsgewalt, die das erste Reichsstatthaltergesetz geschaffen hatte, Landtagsauflösung, Gesetzesverkündung, Ministerentlassung, Beamtenernennung und Begnadigung, schrumpften zu einem bloßen Informationsrecht, Anregungsrecht und Anordnungsrecht bei Notstand für sämtliche Dienststellen des Amtsbezirks zusammen; dafür ließ das neue Gesetz jetzt die Möglichkeit zu, daß der Reichsstatthalter zugleich den Vorsitz in der Landesregierung übernahm. Das Reichsinnenministerium bemühte sich auch darum, eine zwingende allgemeine Regelung zuwege zu bringen, die auf dem hiermit gewiesenen Wege das Problem in allen Ländern gleichmäßig löste. Dieser Versuch scheiterte jedoch am Widerspruch Hitlers [101], so daß auch hier das gewünschte Ergebnis ausblieb. Vermutlich gaben Personalgründe den Ausschlag; Hitler vermied es, Minister zu entlassen, und beschränkte sich darauf, ihre Funktionen zu kontrollieren oder abzubauen. Sein bevorzugtes Vertrauen genossen aber immer noch Reichsstatthalter, Gauleiter und hohe Parteifunktionäre aus der »Kampfzeit«. So blieb es denn bei der Kann-Klausel, von der jedoch nur wenige Male Gebrauch gemacht wurde [102], so daß es selbst im Stadium weit fortgeschrittener Gleichschaltung der Länderverwaltungen neben den Reichsstatthaltern auch außerhalb Preußens noch Länderministerpräsidenten und Staatsminister gab. Mit Hilfe ihrer unmittelbaren Beziehungen zu Hitler, die – wenn man ungeregelte Erscheinungen mit Ausdrücken der regelnden Sprache der Verwaltung belegen will – als »Immediatvortragsrecht« bezeichnet werden könnten, versuchten die Reichsstatthalter womöglich weiterhin die Arbeiten der Länderregierungen zu kontrollieren und durch selbstherrliche Eingriffe zu stören. Ihre Stellung blieb aber von Ungewißheiten umgeben, solange Länderregierungen bestanden. Die große Zeit der Reichsstatthalter war vorbei; im Reichsinnenministerium wurde das sogar offen ausgesprochen: »Der Reichsstatthalter hat seine politische Aufgabe erfüllt. Es ist jetzt an der Zeit, den Reichsstatthalter von einer politischen Instanz zu einer Verwaltungsinstanz umzubilden [103].« Doch eben dieses Problem bereitete unaufhörlich Schwierigkeiten.

Auch die Gliederungspläne sind weiterentwickelt worden. Einer Weisung des Reichsinnenministers entsprechend, legte ein Beamter der Verfassungsabteilung, Regierungsrat Crämer, schon im April 1934 den begründeten und kartographierten Entwurf einer künftigen Gliederung des Reichsgebietes vor, den er als »das Ergebnis jahrelanger eigener Studien« bezeichnete [104]. Dieser Plan Crämers teilte das Reichsgebiet in 16 Länder: Preußen (diesen Namen sollte die Provinz Ostpreußen führen), Schlesien, Brandenburg, Pommern, Friesland, Ostfalen, Engern (statt des »dynastischen Namens« Hannover), Westfalen, Sachsen, Thüringen, Hessen, Rheinland, Pfalz, Schwaben, Franken und Bayern. Fast alle diese Länder – von Preußen und Schlesien abgesehen – sollten unter größerer oder geringerer Veränderung bestehender politischer Grenzen gebildet werden. Am bemerkenswertesten ist jedoch die Aufteilung Bayerns und der beiden anderen historischen süddeutschen Länder, die bislang die stärksten föderalistischen Traditionen beheimateten, die – nicht anders als Preußen – zur völligen Auflösung kamen. Das Staatsgebiet Bayerns fiel an vier neue Gebietskörper, die Pfalz, die auch die nördlichen Bezirke Badens und Teile des Landes Hessen aufnahm, Schwaben, das das bayerische Gebiet dieses Namens mit dem südlichen Württemberg und dem Hauptteil Badens vereinigte, Franken, das aus kleineren Teilen des nördlichen Badens, aus dem übrigen Württemberg und dem bayerischen Franken gebildet wurde, und Bayern, das im wesentlichen aus dem Hauptgebiet Ostbayerns mit München als Hauptort bestand. Preußen und Bayern blieben als Namen auf der Landkarte erhalten, aber mit gänzlich veränderten, zwar »historischen«, jedoch um Jahrhunderte zurückgebildeten Grenzen. An den übrigen Bezeichnungen dieser Landkarte fällt die Bevorzugung von Stammes- und Landschaftsnamen alter Überlieferung gegenüber lebendigeren Traditionen auf. Die geschichtliche Nomenklatur diente zur symbolischen Andeutung eines föderalistischen Herkommens, dem längst jede Wirklichkeit fehlte. Größe und Bevölkerung der einzelnen vorgesehenen Gebiete wichen erheblich voneinander ab; die Einwohnerzahlen schwankten zwischen 2,3 Millionen des Landes »Preußen« und 7 Millionen, über die das Rheinland verfügte, das zum volkreichsten und auch in mancher anderen Beziehung wichtigsten deutschen Lande aufrückte.

Im Oktober 1934 war dieser Plan so weit gediehen, daß er – unter geringen Veränderungen – als ausführlich begründeter Gesetzentwurf von Nicolai vorgelegt werden konnte [105]. Die Länder führten jetzt erstmals die Bezeichnung »Reichsgaue«. »Den Vorrang hat unzweifelhaft die Neugliederung vor dem Neubau der Verwaltung, sie soll auf die Dauer bestehen und für alle Zeiten Geltung haben, während die Verwaltung je nach den Bedürfnissen des Tages hie und da wieder abgeändert werden kann«, ist in der Begründung zu lesen. Dieser Satz erhellt schlagartig Ansichten und Praktiken der Verfassungsabteilung im Reichsinnenministerium. Das Verfassungsrecht reduzierte sich auf das Verwaltungsrecht; und die Verwaltung konnte mehr und mehr auf die »Bedürfnisse des Tages« zugeschnitten werden. Doch die neue Reichseinteilung, die nicht nur isolierte Pläne verlangte, blieb als Frage in der Schwebe und dauernd ungeklärt. Bereits innerhalb des Ministeriums – noch ehe der Minister davon erfuhr – herrschten jetzt Meinungsverschiedenheiten, die Nicolais Pläne »für alle Zeiten« geradezu als Phantastereien erscheinen lassen. Schon der nächste Entwurf eines »Ersten Gesetzes über die Neugliederung des Reichs« enthielt nur noch einen Teilplan des voraufgegangenen [106]. Er beschränkte die Neugliederung auf Norddeutschland, indem er die Länder mit weniger als 1 Million Einwohnern – Mecklenburg, Oldenburg, Braunschweig, Anhalt, Lippe, Schaumburg-Lippe und Lübeck – nach Plänen aus der Weimarer Zeit in preußische Provinzen eingliederte. Ein umfassender Neugliederungsplan sollte dann in einem zweiten Stadium auf das solchermaßen vereinheitlichte Preußen-Norddeutschland angewendet werden.

Die Gliederungsfrage, die von Dilettanten schon früher als die wichtigste in der Reichsreformproblematik angesehen wurde, rief mittlerweile aber auch die NSDAP auf den Plan. Rudolf Heß richtete in der obersten Parteileitung in München schon im Mai 1934 ein besonderes Referat »Reichsreform« ein; seine Leitung erhielt Adolf Wagner, der gleichzeitig bayerischer Innenminister und Gauleiter des Gaues München-Oberbayern war. Es schien jetzt bereits fragwürdig, wer eigentlich künftig Reichsreform- und Neugliederungsfragen federführend bearbeiten würde, der Reichsinnenminister oder Hitlers Stellvertreter Heß. Das Selbstvertrauen Fricks – »Wer die Reichsreform zu machen hat, ist gar keine Frage. Vorschläge können wir entgegennehmen, prüfen und Brauchbares uns aneignen« [107] – offenbarte sich bald als Übertreibung und Täuschung. Die Berufung »allgemein anerkannter Persönlichkeiten« in den Stab von Heß, des Münchener Geopolitikers General Karl Haushofer, des Münchener Historikers Karl Alexander v. Müller und des thüringischen Ministerialdirektors Sommer, bereitete bald auch die interessierte Öffentlichkeit darauf vor, daß von dem Referat »Reichsreform« eine höchst geschäftige Tätigkeit zu erwarten war. Frick hatte jedenfalls Grund genug, entweder schleunigst eigene Pläne gesetzlich zu verwirklichen, sich nach anderen Verbündeten umzusehen oder mit dem Stabe Heß in Hinsicht auf die Fragen der Reichsreform in Verbindung zu treten [108].

Während man im Reichsinnenministerium unter Ausschluß der Öffentlichkeit im verborgenen arbeitete, nutzte die Partei die ihr gebotenen Propagandamöglichkeiten. Wagner referierte im Oktober auf einer Gauleitertagung in Dresden über »Fragen des Neubaus des Reichs«, worüber in der Presse ausführlich berichtet wurde [109]; und auf einer Gauleiter-Tagung in Berlin am 16. und 17. Februar 1935 traten sogar fünf Redner auf, darunter Göring, Heß und Wagner, die sich ausschließlich über die Verwaltungs- und Reichsreform ausließen, als liege die Entscheidung auf diesem Gebiet in der Hand der Parteiführung – ein Eindruck, den Nicolai mit ernsten Bedenken vermerkte [110]. Frick scheint diese Befürchtungen bis zu einem gewissen Grade jetzt auch geteilt zu haben; denn er suchte nunmehr Verbindung zur Reichswehr [111] und erreichte im Frühjahr 1935 eine Erneuerung des inzwischen von der Partei außer acht gelassenen Verbots von »Erörterungen jeder Art über die Reichsreform« [112], mit der Hitler der Propagandakampagne der NSDAP in dieser Frage ein Ende setzte.

Wagner versuchte im Sommer 1934, sich unmittelbar an den Arbeiten des Reichsinnenministeriums zu beteiligen. Da sich Nicolai und seine Mitarbeiter jedoch nicht auf Erörterungen von Fragen einzulassen gedachten, die noch nicht einmal innerhalb des Ministeriums geklärt worden waren, schoben sie zunächst »das historische Kartenmaterial« in den Vordergrund [113], das bei einem Besuch Wagners im Reichsinnenministerium unbedenklich in aller Breite erörtert werden konnte [114]. Diese Vorsicht erwies sich auch als begründet, denn der Münchener Gauleiter hielt zu den wichtigsten Fragen Vorschläge bereit, die auffallend wenig mit den Auffassungen gemein hatten, die die Referenten des Reichsinnenministeriums ventilierten. Wagner entwickelte einen ganz und gar ungewöhnlichen Plan zur »Verwaltungsdezentralisation«, der einerseits auf eine vereinfachende Zusammenlegung von Reichsministerien und anderseits auf die Konzentration des Schwergewichts der Verwaltungstätigkeit unter den Reichsstatthaltern hinauslief, wenn den kundigen Beamten des Ministeriums auch nicht verborgen blieb, daß sich der Münchener Parteigewaltige »offenbar sowohl allgemein wie in den meisten Einzelfragen noch kein festes Bild vom organisatorischen Neuaufbau« machte [115]. Lediglich das Prinzip schien festzustehen und von den »weitgehendsten Differenzen«, die Wagner mit dem bayerischen Reichsstatthalter v. Epp hatte [116], seine spezifische Note erhalten zu haben. Nach Wagners Meinung sollten die Aufgaben von Staatsregierung und Reichsstatthalter »schrittweise auf die 2 oder 3 bayerischen Regierungspräsidenten übergeleitet« werden und an ihre Stelle später Reichsstatthalter treten; der Parteisatrap dachte eben an sich selbst zuerst. Übrigens war eine dergestalt vorzunehmende Aufteilung Bayerns der einzige Berührungspunkt mit den Plänen, die im Reichsinnenministerium heranreiften [117]. Überraschung rief der offenbar von Haushofer herrührende Gedanke hervor, »an Stelle eines kulturellen und wirtschaftlichen Mittelpunktes deren viele treten [zu lassen], die möglichst an die Grenze verlagert werden sollten«. Die Gaueinteilung müsse, wie Wagner meinte, so getroffen werden, »daß Ausgangspunkt und Endziel der Neugliederung die Durchdringung des außerhalb der derzeitigen Reichsgrenzen lebenden deutschen Volkstums sei«; die Grenzgaue müßten verhältnismäßig klein gehalten und ihnen jeweils ein eigenes »Betreuungsgebiet« außerhalb der Reichsgrenzen zugewiesen werden. »Je größer die Zahl der Grenzgaue, um so intensiver die Wirkungsmöglichkeit nach außen [118].« Diese Auffassungen waren der Extrakt einer von dem Münchener Geopolitiker Karl Haushofer im Auftrage von Heß und Wagner angefertigten Denkschrift, die die gesamte Reichsreform als Gliederungsfrage betrachtete und ausschließlich nach »wehrpolitischen« und »außenpolitischen« Gesichtspunkten zu behandeln suchte, die »Kerngaue« im Inneren und »Abwehrgaue mit Hinterlandstiefe« an der Grenze schaffen wollte [119]. Das Reich sollte nach diesen Plänen von Grund auf in einer Weise organisiert werden, die es dazu befähigt hätte, zum dauernden kriegerischen Unruhestifter gegenüber seinen Nachbarn zu werden.

Aus den Sätzen des Berichtes von Medicus und mehr noch aus den vielen Fragezeichen, mit denen der Staatssekretär die wichtigsten Abschnitte kommentierte, möchte man die kopfschüttelnde und beklommene Verwunderung herausspüren, die die bürokratischen Experimentatoren im Reichsinnenministerium bei der Lektüre solcher Pläne befallen haben mag: »M. E. muß jetzt Klarheit geschaffen werden 1) über die Befugnisse der Statthalter, 2) über den Instanzenzug, ... 3) über die Zahl und Grenzen der Gaue«, verfügte Pfundtner [120]. Darauf wollte aber wohl auch die andere Seite hinaus; Haushofer hatte vermerkt, daß sich »die Reichswehr nach offenbar beiderseits vorliegenden Zustimmungen abzufinden bereit« sei, so daß es »wohl nur auf eine Führerentscheidung ankommen« könne. Es bestand indessen kein Zweifel, daß Wagner ebenso wie Heß der festen Absicht war, »daß die Reichsneugliederung bei ihm gemacht werde, und nicht hier im Hause«, und daß allein »die Partei über die Neugliederung entscheide« [121].

Solche unüberbrückbaren Gegensätze führten am Ende jedoch nur dazu, daß »die große Reichsreform«, die Neugliederung des Reichsgebietes, erneut »zurückgestellt« werden mußte. Es ist tatsächlich bis Kriegsausbruch nichts geschehen, was zu einem Fortschritt auf diesem Gebiet geführt oder was nur dazu beigetragen hätte, klare Vorstellungen über eine vollständige Verwaltungsreform zu gewinnen, an die man sich halten konnte. Das restlose Scheitern vor dieser Aufgabe ging, wie an der Tatsache und an der Art des unaufhörlichen Hervortretens dieser Probleme deutlich wird, auf das Fehlen von Phantasie und Plan, auf das Fehlen eines politischen konstruktiven Vermögens zurück, das die schweren selbstgewählten Belastungen dieses Staates auszuhalten imstande gewesen wäre, der unter experimentierenden Geschäftsführern und unter drückenden Hypotheken zu innerem Wachstum nicht mehr fähig war. Aus Überkommenem und rasch angeflicktem Neuen wurde letztlich doch nur ein System von Provisorien aufgerichtet, in dem sich zunächst die zentralen Gewalten unbedenklich auf Kosten aller anderen ausbreiteten und in immer härter werdende Konkurrenz zueinander gerieten. Der anfängliche Zentralismus zerfiel in konkurrierende Zentralismen, und das erschreckende Wort von der »Polykratie« erhielt mehr Wirklichkeit, als es jemals zuvor besessen hatte. »Die Reichsfachressorts lassen fast allgemein den erforderlichen staats- und verwaltungsrechtlich klaren Blick für die Gesamtverhältnisse des Staates und die Zusammenhänge der Verwaltung vermissen. Bei fast allen Fachressorts tritt das Streben hervor, sich auch in der Mittel- und Unterinstanz nach Möglichkeit zu verselbständigen«, schrieb Stuckart, der Nachfolger im Amte Nicolais [122]. Das »Stocken der Reichs- und Verwaltungsreform« veranlaßte die Fachressorts, »Reichs- und Verwaltungsreform auf eigene Faust zu machen und im eigenen Bereich vorwärts zu treiben«. Hierbei nahmen sie Gebietsgliederungen vor, die lediglich ihren eigenen Verwaltungszwecken dienten. Bahn, Post, Finanzverwaltung und Arbeitsverwaltung verfügten bereits seit langem über eigene Bezirkseinteilungen; nun kamen der Reichsnährstand, Heer, Luftwaffe und die ständischen und wirtschaftsorganisatorischen Verwaltungen hinzu, so daß die Einheit der Mittelbehörde weiter als vorher der Wirklichkeit entrückt erschien. Die Denkschrift des neuen Mannes im Reichsinnenministerium stellte mit gewohnter Eindringlichkeit das alte Problem dar: »... das Unterlassen notwendiger Reformmaßnahmen wird die schon vorhandenen Schwierigkeiten immer mehr vergrößern.« Die »unvermeidliche Folge« sei »allgemeine Unzufriedenheit und vor allem Unsicherheit, die lähmend auf allem lastet und auch nicht dazu beiträgt, die Autorität des Reiches zu stärken ...« Stuckart nahm die Beschwerden eines Partei-Satrapen, die offenbar bei Hitler Aufmerksamkeit gefunden hatten, zum Anlaß, um auf Umwegen »die grundsätzliche Entscheidung über die zukünftige räumliche Gestaltung der Gaue und Regierungsbezirke« anzufordern, deren Ausbleiben jede systematische Verwaltungsorganisation lähme. Stuckarts Verlangen nach einem kategorischen Vorgehen suchte sich des eindrucksvollen und zugkräftigen Arguments zu bedienen, daß es in einem künftigen Kriege bei der fortgeschrittenen Waffentechnik auf eine schnelle Mobilmachung ankäme, die jedoch ohne die Mithilfe einer planvoll entwickelten und koordinierten Verwaltung undenkbar sein würde.

Doch auch damit vermochte er die ersehnte »Führerentscheidung« und den Schlag durch den Gordischen Knoten der konkurrierenden Interessen nicht herbeizuführen. Der Reichsinnenminister war eben kein Superminister und kein Organisationsminister mehr, sondern nur der Herr und das Instrument eines Übergangs und nun gezwungen, unter Verzicht auf die größten Pläne zwischen älteren und jüngeren Machtzentren – Ressorts, Parteileitung, Wehrmacht und bald auch der SS – zu lavieren und sich schlecht und recht mit den stärkeren zu engagieren.

5. Lokale Verwaltung und Gemeindetag

Das Übergewicht an Zentralbehörden drückte auf den schwächsten Teil des Unterbaus der Verwaltung und bewirkte schließlich, daß eine einheitliche Lokalinstanz und ein neues Kommunalrecht geschaffen wurden, das die interessierten Reichsministerien – in erster Linie das Reichsinnenministerium – mit der Reichsleitung der NSDAP im Verlaufe von einundeinemhalben Jahr aushandelten. Der Anstoß auch hierzu ging vom Reichsinnenministerium aus, das eine Gefährdung der Einheit der Gemeindeverwaltung und ihrer ohnehin auf schwachen Füßen stehenden Finanzen befürchtete, als das Fortschreiten der ständischen Organisation auch Veranstaltungen und Betriebe von Gemeinden und Gemeindeverbänden ständischen Sparten zuwies und den Rechtsvorschriften und Anordnungen ständischer Einrichtungen unterwarf. »In fast alle Gebiete, in denen die Selbstverwaltung bisher grundsätzlich selbstverantwortlich arbeitete und unbeschadet aller Kritik an Einzelheiten im ganzen gesehen Großes leistete, dringt nunmehr die ständische Ordnung ein. Sie will neues materielles Recht setzen, Weisungen geben, Verbote erlassen, und es besteht sogar die Gefahr, daß sie sich innerhalb der ständischen Ordnung bei dem natürlichen Interessengegensatz zwischen privatem und öffentlichem Wirtschaften mit besonderem Eifer gegenüber der öffentlichen Sphäre betätigen wird ... An Stelle eines obersten Aufsichtsorgans über die Gemeinden, der Kommunalaufsichtsbehörde, treten eine ganze Reihe von Trägern solcher Aufsichtsrechte ... «, klagte eine Denkschrift des Reichsinnenministeriums [123]. Das Vorgehen Preußens mit seinem Gemeindeverfassungsgesetz vom 15. Dezember 1933, das der Parteiorganisation der NSDAP wie der SA und der SS Plätze in den Gemeinderäten, wenn auch nicht in den Gemeindeleitungen, sicherte – welche Regelung jedoch mit Hilfe eines Instanzenzuges offizieller Sonderbeauftragter, den die SA aufgebaut hatte, die Kontrolle und Mitwirkung der SA an wichtigen Verwaltungsakten bis auf die Ortsebene hinabführte, so daß der Befehlsgewalt des Stabschefs der SA höchste Bedeutung zukam [124] –, die starke Uneinheitlichkeit der kommunalen Verhältnisse in den Ländern, deren verschiedene Rechte das Reichsinnenministerium nach dem Neuaufbaugesetz aufzulösen versuchte, und schließlich sein Einfluß auf den kommunalen Einheitsspitzenverband, den Deutschen Gemeindetag, waren weitere Umstände, die ein Vorgehen des Reichsinnenministeriums herausforderten oder begünstigten.

Die Maßnahmen und Eingriffe verschiedener Behörden und Dienststellen im Verlaufe der »Gleichschaltung« hatten eine kaum noch übersehbare Zersplitterung des auch vorher schon stark differenzierten Gemeindeverfassungsrechts heraufbeschworen. In mehreren Ländern, so in Sachsen, Baden, Thüringen und Oldenburg, wurden auch noch weiterhin Kommunalparlamente gewählt – in Sachsen allerdings nun, nach Fortfall des Verhältniswahlsystems, nach dem Mehrheitswahlrecht –, die Verhältnisse in den Kommunalparlamenten allerdings auch dort auf Grund des Ergebnisses der Reichstagswahl vom 5. März 1933 und unter Ausschaltung der Kommunisten errechnet. Diese Länder vollzogen ebenso wie die anderen grundsätzliche Änderungen in ihren Verwaltungen, schritten aber noch nicht zur Außerkraftsetzung der bestehenden Gemeindeordnungen. Vielfach waren die Eingriffsrechte der Aufsichtsbehörde erweitert worden. In Baden konnte z. B. der Innenminister Vertretungs- und Verwaltungskörperschaften einer Gemeinde bei Beschlußunfähigkeit auflösen [125]. In Oldenburg durfte die Aufsichtsbehörde aus politischen Gründen Mitglieder der Vertretungskörperschaften von Gemeinden oder Gemeindeverbänden von der weiteren Ausübung ihres Mandats ausschließen und »nach eigenem Ermessen« Ersatzleute berufen [126]. In anderen Ländern, so in Braunschweig, Oldenburg, Thüringen wie in Preußen, hatte die Aufsichtsbehörde das Recht, gewählte Gemeindebeamte zu bestätigen, in Braunschweig allerdings mit der Einschränkung, daß die Bestätigung nur nach Anhören des Kreisausschusses versagt werden durfte [127]; in Thüringen hing die Bestätigung der Bürgermeister und Beigeordneten von der Teilnahme an einem Kursus in der »Thüringischen Nationalsozialistischen Staatsschule für Führertum und Politik« ab. In Mecklenburg, wo die NSDAP bereits seit Juni 1932 über die absolute Mehrheit im Landtag verfügte, erhielt der leitende Kreisbeamte, »Amtshauptmann« genannt, der bisher Kommunalbeamter war, eine gänzlich neue Stellung, die ihn nunmehr nach preußischem Vorbild mit der Bezeichnung »Landrat« zum Staatsbeamten machte, dem die gesamte Kommunalverwaltung seines Kreises unterstellt blieb [128]; Stadtverordnetenversammlungen und Kreisversammlungen behielten jedoch das Recht, kleinere Gremien als Beschlußorgane zu bestellen. In Bayern schließlich wurden Bezirkstage und Kreistage erheblich verkleinert und nach den Verhältnissen des Wahlergebnisses vom 5. März zusammengesetzt [129]. Während dort bisher in den Gemeinden mit weniger als 300 Einwohnern die Einwohnerversammlungen den Bürgermeister wählten, fiel jetzt diese Aufgabe dem Gemeinderat zu [130]. Es wäre schwierig, das Gesamtergebnis dieser gesetzlichen Änderungen des Frühjahrs 1933 genau zu bestimmen. Allerdings muß man annehmen, daß neben den politischen Erwägungen, bei denen Vertreter der NSDAP bzw. Parteien der Regierungskoalition den Ton angaben, nicht nur eine Reihe von abschwächenden und modifizierenden Tendenzen, sondern auch aufgestaute Reformbedürfnisse verschiedener Art wirksam geworden sind.

Maßnahmen des Reiches, das sich jetzt über die Länder hinwegsetzte und eine veränderte Wirtschafts- und Finanzpolitik betrieb, verwirklichten auch die lange Jahre hindurch von den einstigen kommunalen Spitzenverbänden geforderten und durch zahlreiche Entwürfe vorbereiteten Erleichterungen der kommunalen Finanzsituation, nachdem die Mehrzahl der beherrschenden kommunalen Positionen in die Hände der Nationalsozialisten gefallen war. Die Umschuldung der Gemeinden durch das Gemeindeumschuldungsgesetz vom 21. September 1933 [131] und die Bildung von Gemeindeumschuldungsverbänden entlastete die Gemeinden ebenso wie die Änderung der Arbeitslosenhilfe im Sinne ihrer Befreiung von der Leistung zur Krisenfürsorge. Im ganzen machte sich jetzt die forcierte Arbeitsbeschaffungspolitik [132] bemerkbar, die viele Erleichterungen brachte. All dies geschah ohne Zutun der Kommunen oder des Deutschen Gemeindetages, der bei weitem keine mit den ehemaligen Spitzenverbänden vergleichbare Repräsentation kommunalpolitischer Interessen mehr war.

Die kommunalen Spitzenverbände mußten schnell erfahren, daß sie sich mit der Kapitulation und der Unterschriftsleistung ihrer Vorsitzenden am 22. Mai jeder Entscheidungsfreiheit begeben hatten. Einige der betroffenen Verbände konnten nicht einmal ihren Vorständen von der veränderten Situation Kenntnis geben; die Abhaltung einer Vorstandssitzung war nur noch dem Verband preußischer Provinzen, dem Verband der preußischen Landgemeinden und dem Reichsstädtebund möglich. Am stärksten betroffen war der Städtetag, da seine Geschäftsstelle sofort zum Büro des neuen Deutschen Gemeindetages umgewandelt und jede eigene Tätigkeit lahmgelegt wurde. Obgleich neben der Bezeichnung des Deutschen Gemeindetages die Namen und Anschriften der anderen alten Spitzenverbände noch einige Zeit bestanden, besaßen sie tatsächlich keine selbständige Geschäftsfähigkeit mehr. Da der Kommissar der Partei, in dessen Händen die Vereinheitlichung der Spitzenverbände lag, Oberbürgermeister Fiehler, durch sein Oberbürgermeister- und durch sein Parteiamt meistens in München festgehalten war und sich nur tageweise in Berlin aufhielt, lag die Aufgabe des Aufbaus des Gemeindetages in den Händen eines dreiköpfigen Gremiums: von Kurt Jeserich, einem jungen Kommunalwissenschaftler, Ralf Zeitler, einem jungen Volkswirt und SA-Sturmführer, und dem ehemaligen Königsberger Magistratsrat Hopf, einem Nationalsozialisten im Alter von 26 Jahren, der wenige Monate zuvor in die Geschäftsstelle des Städtetages eingetreten war. Den Kurier- und Botendienst versahen SA-Leute [133].

Anfang Juni trat dann der Deutsche Gemeindetag dadurch nach außen hin als neue Organisation vor die Öffentlichkeit, daß Fiehler nach vorangegangener Umfrage, in der er einige Gauleiter der NSDAP um Benennung »absolut zuverlässiger Parteigenossen« ersucht hatte, »die aber über hervorragende kommunalpolitische Erfahrung verfügen und möglichst schon heute an führender Stelle in der Kommunalverwaltung ... tätig sein müssen« [134], die Namensliste eines »Reichsvorstandes« des Deutschen Gemeindetages bekanntgab [135]. Die meisten von den Mitgliedern dieses neuen Gremiums wurden zugleich als Vorsitzende der Landesverbände bezeichnet. Nebeneinander standen Repräsentanten der Länder und Provinzen, der Städte und des flachen Landes, mit Ausnahme des Oberbürgermeisters Sahm von Berlin ausschließlich Mitglieder der NSDAP, von denen sich nur ein Teil schon früher als Vertreter ihrer Partei in Kommunalparlamenten betätigt hatte [136]. Die scheinbare Anknüpfung an bekannte Formen blieb jedoch äußerlich und in Wirklichkeit bedeutungslos. Der sogenannte Reichsvorstand bestand zwar nominell länger als sieben Monate, trat jedoch niemals zusammen und übte keine wirkliche Tätigkeit aus. Schon unmittelbar nach seiner Ernennung bezeugte Fiehler, daß er diesem Gremium keinerlei Bedeutung beilegte und daß er weiterreichende organisatorische Maßnahmen vorbereitete [137].

Zunächst beschränkte sich die Tätigkeit des Deutschen Gemeindetages auf den inneren Ausbau, auf die personelle Konsolidierung in der Geschäftsstelle unter einer straffen Leitung und die Einrichtung von Unterverbänden [138]. Weitere Schritte wagte die neue Spitzenorganisation nicht ohne engstes Einvernehmen mit ministeriellen Stellen, wobei sie sich nicht um die Kommunalabteilung des preußischen Innenministeriums bekümmerte, sondern als Reichsorganisation von vornherein an das Reichsinnenministerium wandte. Schon Ende Juni machte Popitz das Preußische Staatsministerium darauf aufmerksam, daß das Reichsinnenministerium ein Gesetz vorbereitete, das den Deutschen Gemeindetag als Körperschaft des öffentlichen Rechts in den ständischen Aufbau einfügen sollte [139]. Das Staatsministerium einigte sich darauf, »eine Zusammenfassung der Gemeinden zur Wahrnehmung gemeinsamer, insbesondere wirtschaftlicher Angelegenheiten«, die sich an die alten Formen nicht rechtsfähiger oder privatrechtlicher Vereine hielte, so »daß die Möglichkeit einer Nebenregierung sowie ein geschlossenes Auftreten gegenüber dem Staat ausgeschlossen« bliebe, als zweckmäßig zu erachten und zu dulden, jedoch das beabsichtigte Gesetz über den Gemeindetag abzulehnen. Diese Formel legte das preußische Innenministerium in der folgenden Zeit in der konsequentesten Weise zugunsten der »Grundgedanken einer autoritären und straffen Staatsaufsicht« aus, indem es den nachgeordneten Instanzen bis zur Kreisebene hinab jede Heranziehung kommunaler Spitzenverbände in Angelegenheiten der Staatsaufsicht untersagte [140] und jede Veranstaltung von Ressortbesprechungen und jede Zusammenarbeit bei der Vorbereitung allgemeiner Verwaltungsanordnungen strikt ablehnte [141]. Doch trotz des preußischen Widerstandes kamen das Gesetz über den Deutschen Gemeindetag vom 15. Dezember 1933 [142] und die vom Reichsministerium des Innern genehmigte Satzung des Deutschen Gemeindetages [143] zustande. Das Gesetz verlieh dem Gemeindetag den Charakter einer Körperschaft des öffentlichen Rechts und stellte ihm die Aufgabe, »die Gemeinden und Gemeindeverbände durch Beratung und Vermittlung des Erfahrungsaustausches in ihrer Arbeit zu unterstützen« und zugleich »auf Anfordern der Reichs- und Landesbehörden zu ihm unterbreiteten Fragen gutachtliche Stellung zu nehmen«. Als staatlich verpflichtete Einheitsorganisation behördlichen Charakters und gestützt auf die langjährigen Erfahrungen der Geschäftsstellen und Referenten der ehemaligen Spitzenverbände, die er fast ausnahmslos übernommen hatte, konnte der Gemeindetag freilich einen bedeutsamen Beitrag zur »Rationalisierung«, d. h. zur Erreichung der Funktionszuverlässigkeit der lokalen Verwaltungen leisten. Die Schematisierung und Rationalisierung der Verwaltung örtlicher Instanz zeitigte freilich die Bürokratisierung und Umbildung der örtlichen Verwaltungen von Selbstverwaltungskörpern in Organe des totalen Staates unter zentraler Regie. Die vom Gesetz formulierte Aufgabe des Deutschen Gemeindetages diente letztlich nur dieser Funktion der lokalen Verwaltung; denn es war nun nicht mehr an die Vertretung eines eigenen Anspruches der Selbstverwaltung zu denken, die in gesetzgeberischen Maßnahmen zu berücksichtigen gewesen wäre. Vielmehr konnte eine Beratung und gutachtliche Stellungnahme nur noch der Sicherung einer reibungslosen Durchführung verfügter Maßnahmen und erlassener Gesetze dienen.

Das Gesetz verlieh dem Deutschen Gemeindetag aber auch die Stellung eines Monopols, indem es jegliche Vereinigung, »die gleiche oder ähnliche Zwecke« verfolgte, ausschloß. Dieses Monopol schuf eine unmittelbare Verbindung zwischen Gemeinden und Reichsregierung insofern, als der Deutsche Gemeindetag der Aufsicht des Reichsministeriums des Innern unterstand, die sehr weit ging. Grundsätzlich durften der künftige Vorstand und die Fachausschüsse des Deutschen Gemeindetages nur nach Einberufung durch den Reichsminister des Innern zusammentreten, der auch die Tagesordnung festsetzte. Diese Bestimmung galt sinngemäß auch für die Landes- und Ortsebene, die unter der Aufsicht der Landesinnenministerien standen. Da Landes- und Provinzialverbände auch keine eigene Rechtsfähigkeit besaßen, konnte der Deutsche Gemeindetag von sich aus über die reine Geschäftsstellentätigkeit hinaus, für die nach dem Gesetz der Vorsitzende die Verantwortung trug, gar nicht tätig werden.

Das Reichsinnenministerium erließ auch die Satzung des Deutschen Gemeindetages, die Aufbau und Funktionen bis ins einzelne hinein festlegte. Auf diese Weise wurde der Deutsche Gemeindetag vom Augenblick seiner rechtlichen Entstehung an einer bis ins einzelne gehenden Regelung seiner Lebensäußerungen und jede seiner

Regungen der Kontrolle und der Abhängigkeit vom Reichsinnenministerium unterworfen. Ähnliche Reglementierungen suchte der Gemeindetag seinerseits nach unten zu den lokalen Verwaltungen hin durchzusetzen oder doch – soweit sie bereits von den Ministerien ausgingen – zu unterstützen. Infolgedessen vereitelte er jeden selbständigen Austausch zwischen den Persönlichkeiten, die im kommunalpolitischen Leben standen, und verschaffte sich selbst einen ständigen Einblick in die internen personalpolitischen Verhältnisse aller Gemeinden, die er in einer Mammutkartei erfaßte [144].

Nach Erlaß der Satzung wurde nun auch ein endgültiger Vorstand des Deutschen Gemeindetages vom Reichsminister des Innern auf Grund der Vorschläge Fiehlers ernannt. In einem längeren Schriftwechsel bestand das Ministerium darauf, die gleichmäßige Repräsentation der einzelnen Gebietsteile des Reiches mit einem leichten Übergewicht der ländlichen Vertreter durchzusetzen [145]. Es zählte zu den Charakteristiken der unkonsolidierten Beziehungen zwischen NSDAP und Verwaltung, daß einzelne Gauleiter ihre personalpolitischen Sonderwünsche selbst hierbei noch zu wenig berücksichtigt fanden. So erhob der Gauleiter Josef Wagner von Westfalen-Süd gegen die Ernennung der Vorstandsmitglieder des Deutschen Gemeindetages mit der Begründung Einspruch, daß er »als zuständiger Gauleiter«, der »ja letzten Endes ganz Westfalen jahrelang geführt . . . und auch heute den entscheidenden Teil der Provinz in jeder Hinsicht verantwortlich für die Bewegung zu vertreten« habe, nicht um seine Meinung angegangen worden sei [146]. Der Deutsche Gemeindetag suchte seinen Frieden mit diesen widerborstigen Parteisatrapen und bemühte sich, derartige Auseinandersetzungen zu verhindern, indem er seine Dienststellen anwies, bei Personalvorschlägen vorher mit den zuständigen Gaudienststellen der NSDAP Fühlung zu nehmen [147], und bewies hiermit, daß er inmitten der ungeklärten Beziehungen zwischen Staat und Parteiorganisation weder nach der einen noch nach der anderen Seite hin ein Bollwerk aufzurichten in der Lage war. Indessen erlangte auch dieser zweite Vorstand niemals Bedeutung. Er trat am 14. März 1934 zu einer ersten Sitzung zusammen und wurde dann für lange Zeit nicht mehr bemüht. Seine Rechte und Zuständigkeiten waren bereits in der Satzung des Deutschen Gemeindetages so sehr beengt, daß er kaum mehr als ein allenfalls äußerlich repräsentierendes Gremium zu besonderen Anlässen sein konnte, das die vorhandenen Spitzen einer nationalsozialistischen Kommunalpolitik optisch verfügbar machte. Derartige repräsentative Funktionen, denen die Wirkung auf die Außenwelt und die Masse der Beschauer zugedacht war, wuchsen zu einem weiteren Aufgabenkreis des Deutschen Gemeindetages heran, der in späteren Jahren ein neues Domizil in einem riesenhaften, gänzlich auf repräsentative Wirkungen abgestellten Gebäude im Westen Berlins bezog [148].

Mit größter Genauigkeit verliefen parallel zu den Vorbereitungen des Gesetzes über den Deutschen Gemeindetag und seine Satzung im Reichsinnenministerium die Vorarbeiten zu den neuen Kommunalgesetzen in Preußen. Nach Beratungen des Staatsrats über die Frage einer Reform der kommunalen Selbstverwaltung beauftragte das Staatsministerium am 26. Oktober 1933 den Finanzminister, den Innen- und den Justizminister, ein Gesetz zur Neuordnung der Kommunalverwaltung vorzulegen [149]. Während der Erörterungen über die Ausarbeitung des Entwurfs konnte offenbar zwischen den drei Beauftragten keine Übereinstimmung erreicht werden, denn die Gesetzgebungsmaterie zerfiel schließlich in zwei getrennte Komplexe, die zu zwei verschiedenen Gesetzen führten, das Gemeindeverfassungsgesetz vom 15. Dezember 1933, das das preußische Innenministerium, und das Gemeindefinanzgesetz vom gleichen Tage, das das preußische Finanzministerium federführend bearbeitete. Auch auf das Zustandekommen dieser Gesetze scheint der Deutsche Gemeindetag keinerlei Einfluß genommen zu haben. Lediglich die NSDAP wurde zu den Beratungen »in kleinem Kreise«, die das Innenministerium veranstaltete, in der Person Fiehlers als des Leiters ihres Kommunalpolitischen Amtes hinzugezogen [150]. Dem entsprach das Ergebnis, daß das Gemeindeverfassungsgesetz, das den gewählten kommunalen Beschlußkörperschaften ein Ende bereitete und nach dem autoritären Ratsprinzip unverantwortliche, den Gemeindeleiter stützende Gemeinderäte an ihre Stelle setzte [151], nun die obersten örtlichen Führer der NSDAP, der SA und der SS *ex officio* hierzu bestellte und außerdem nur ein Vorschlagsrecht des Gauleiters zuließ. Hierin brachte die Deutsche Gemeindeordnung dann aber doch eine Beschränkung, eine Modifizierung des Einflusses der Partei, die in dem »Parteibeauftragten« weiterhin eine in ihrer Bedeutung stark von dem Tätigkeitsbedürfnis der jeweiligen Persönlichkeit abhängige Position in der kommunalen Verwaltung beibehielt. Ähnlich rückte die Deutsche Gemeindeordnung in der Regelung der Staatsaufsicht wieder hinter den Stand nach dem preußischen Gemeindeverfassungsgesetz zurück, das der Aufsicht sogar die Aufgabe stellte, die wirtschaftliche, sparsame und saubere Verwaltung der Gemeinde »sicherzustellen«, und damit grundsätzlich über die Sicherung [152] der Gesetzmäßigkeit und des »Einklangs mit den Zielen der Staatsführung« hinaus den Eingriff in den Bereich des freien Ermessens zuließ.

Die Deutsche Gemeindeordnung gehörte zu den gewiß am meisten umkämpften Gesetzen, die in der nationalsozialistischen Zeit verkündet wurden. Wie kaum ein zweites ging es aus den Auseinandersetzungen verschiedener Auffassungen und Absichten hervor: solcher, die die Erhaltung der Reste der alten Selbstverwaltung anstrebten und daher die Staatsaufsicht enger begrenzen wollten, als es im preußischen Gemeindeverfassungsgesetz geschehen war [153]; anderer, die die Verfügungsgewalt des Staates über die Kommunalverwaltung sichern wollten; solcher, die der Partei möglichst viel, und anderer, die ihr möglichst wenig Einfluß einzuräumen bereit waren. Manche hätten eine Erprobung der preußischen Gesetze vorgezogen; einige wünschten auch nur eine lockere Rahmengesetzgebung, welche von den Ländern auszufüllen gewesen wäre. Es gab jedoch niemanden, der nicht doch eine endgültige, dauerhafte und einheitliche Regelung für erforderlich hielt. Erste Anregungen gingen zur Zeit des Bekanntwerdens der preußischen Gesetze von Fiehler aus; sie wurden von Frick aufgegriffen und zum Gegenstand erster Besprechungen im Reichsinnenministerium gemacht, an denen von seiten der Kommunalpolitiker die Oberbürgermeister Fiehler, Goerdeler und Weidemann teilnahmen und die schon Ende März 1934 mit der Annahme eines vorläufigen Entwurfs beendet wurden. Doch bald danach kamen Gegenäußerungen und Gegenentwürfe, die den Kreis der Beteiligten auf die zuständigen preußischen Ressorts und auf weitere Parteistellen, namentlich den Stellvertreter des Führers und den bayerischen Gauleiter und Innenminister Wagner, ausdehnten [154] und zu mehreren Ausgleichsversuchen der Akademie für Deutsches Recht führten, die schließlich auch einen eigenen Entwurf zutage förderte [155]. Die langwierigen Auseinandersetzungen betrafen den Einfluß der NSDAP auf die Gemeindeverwaltung. Erst zu Beginn des Herbstes 1934 schienen die Besprechungen zwischen den beteiligten Reichsbehörden und den Beauftragten des Stellvertreters des Führers zu einem vorläufigen Ende zu kommen; jedenfalls behauptete Heß einige Wochen später, daß »die Verhandlungen über die künftige deutsche Gemeindeverfassung ... abgeschlossen worden« seien [156] und »daß lediglich die Begründung noch ausgearbeitet und der Text auf gesetzestechnische, redaktionelle und sprachliche Fehler überprüft werden« müsse. Jedoch sah sich Heß zur Beschwerde darüber veranlaßt, daß »inzwischen ... wieder $1^1/_2$ Monate vergangen« waren, ohne daß sich »ein sichtbarer Fortschritt des Gesetzgebungswerkes« bemerken ließ. Wie wenig Heß aber selbst von dem endgültigen Erfolg der allem Anschein nach weitgehend vom Standpunkt der Partei bestimmten vorläufigen Form der »Reichsgemeindeverfassung« überzeugt war, zeigt, daß er hinsichtlich des Grundes dieser Verzögerung keine Zweifel hegte und daß »die wichtigste Streitfrage, nämlich die des Einflusses der Partei auf die Gemeindeverwaltung«, nach wie vor ungeklärt war. Heß hielt an dem »Standpunkt des Braunen Hauses« fest, daß der NSDAP-Ortsgruppenleiter einen besonderen Einfluß auf die Leitung der Gemeinde haben müsse. Seiner Ansicht nach war es aber auch »Sache der Partei, in einem gewissen Übergangsstadium dafür Sorge zu tragen, daß höhere Parteiinstanzen den Ortsgruppenleitern bei der Erfüllung ihrer Aufgaben helfen und vielleicht sogar innerparteilich an ihre Stelle treten«, also neben dem Zuge der staatlichen Aufsichtsbehörden über der fachlichen Lokalverwaltung einen parallelen parteilichen Instanzenzug aufbauen sollten. Angesichts der bekannten Praktiken der Parteifunktionäre und vor allem der Stellung der Gauleiter-Oberpräsidenten oder Gauleiter-Reichsstatthalter konnte kein Zweifel darüber bestehen, daß der Ortsgruppenleiter über die stärkere Position verfügt hätte als der Bürgermeister, den das Reichsinnenministerium als Fachbeamten und unbestrittenen Führer der Gemeinde zu sehen wünschte.

Heß erhielt auf seine Klagen hin einen neuen Entwurf des Reichs- und Preußischen Ministeriums des Innern vorgelegt, der offenbar alle Erwartungen enttäuschte, so daß er zunächst jede weitere Chefbesprechung ablehnte, solange nicht eine grundsätzliche Aussprache mit Frick stattgefunden hätte, um zu vermeiden, »daß der Widerspruch der Auffassungen schon einem derartig großen Kreis bekannt wird« [157]. Nach langem Schleppenlassen lag nun aber dem Ministerium selbst an einer raschen Fortführung der Dinge [158]. Nach mehreren Besprechungen [159] kam ein Kompromiß und das endgültige Gesetz [160] zustande, das der Partei das Recht einräumte, einen besonderen »Parteibeauftragten« im Gemeinderat zu bestimmen. Der Sinn dieses Ergebnisses bestand darin, die kommunale Verwaltung ohne besondere Rücksichten auf die örtliche NSDAP »als eine Zelle des Staates« [161] in den totalen Staat des Nationalsozialismus einzubauen. Die Mittel zu diesem Zwecke bestimmten den wesentlichen Inhalt der Gemeindeordnung. Die vollständige Vereinheitlichung der untersten Verwaltungsstufe, die jeder Gemeinde – vom kleinsten Dorf bis zur Großstadt – die gleiche Verfassung gab, war eine organisationstechnische Vorbedingung für den Aufbau des obrigkeitlichen Staatsgebäudes. Hieran änderte auch nichts, daß die Staatsaufsicht für einzelne Gemeindegattungen gestuft waren, daß für die Besetzung des Bürgermeisteramtes mit ehrenamtlichen Kräften die 10 000-Einwohner-Grenze zu erneuter Bedeutung gelangte und daß später für Hamburg und Berlin besondere Gesetze geschaffen wurden.

Die Gemeindeordnung legte nicht einmal eine grundsätzliche Abgrenzung zwischen Staat und Kommunalverwaltung fest. »Die Grenzen dieser Selbstverwaltung bestimmen die Gesetze in ihrem jeweiligen Bestande«, hieß es in der amtlichen Begründung [162]. Tatsächlich war es von Staats wegen möglich, über die aufsichtsbehördlichen Befugnisse hinaus auf dem Wege ministerieller Verordnungen jederzeit tief in das Gemeindeleben einzugreifen. Einen Eindruck von der Misere der kommunalen Verwaltung vermittelte die einzige Bezeichnung der Aufgaben der Gemeinden in diesem Gesetz: »Die Gemeinden sind berufen, das Wohl ihrer Einwohner zu fördern und die geschichtliche und heimatliche Eigenart zu erhalten [163].« Alle Vollzugsgewalt war in die Hände des Bürgermeisters gelegt, in denen sich sämtliche Entscheidungsfähigkeiten der bisherigen Verwaltungs- und Vertretungskörperschaften zusammenballten. In seinen Entscheidungen war er völlig frei von Kontrollen wie von Beschlüssen gemeindlicher Körperschaften; allerdings übten Staat und Partei eine um vieles strengere Kontrolle aus. Der Bürgermeister war gegenüber den staatlichen Behörden der Repräsentant der Gemeinde schlechthin und ihnen für alles, was in der Gemeinde geschah, verantwortlich. Die Beziehungen zwischen Staat und Gemeinde vereinfachten sich letztlich zu Beziehungen zwischen Aufsichtsbehörde und dem Amt des nach Ermessen wie nach Weisungen handelnden Bürgermeisters. An die Stelle der Selbstverwaltung setzte die Gemeindeordnung ein autoritäres Einmannregiment. Weder die Einwohner im allgemeinen noch eine bestimmte Gruppe von Bürgern hatte Einfluß auf die Besetzung des Bürgermeisteramtes. Seine Besetzung, die Bestellung der Beigeordneten wie die Berufung der Gemeinderäte wurde entscheidend bestimmt vom »Beauftragten der NSDAP«, der auch in anderen Fragen auf die Entscheidungen des Bürgermeisters Einfluß hatte. Er war der Großwähler der Gemeinde, der Parteikommissar, lediglich an die Weisungen seines Gauleiters gebunden, jedoch keiner staatlichen Stelle verantwortlich, in allen seinen Funktionen gleichsam ein ständiges lokales Oberhaupt, dessen Veto die Entscheidungen des Bürgermeisters aufschieben und dem Schiedsspruch des Reichsstatthalters und damit wieder der Entscheidung von staatlicher Seite überweisen konnte, so daß praktisch die Staatsaufsicht mit Hilfe dieser Parteiorgane ergänzt wurde. So stark die Stellung des Fachmanns und Verwaltungschefs der Gemeinde, des Bürgermeisters, auch war, so gewaltig sich die Last der Verantwortung ausnimmt, die ausschließlich auf seinen Schultern lag – seine Entscheidungen und sein Tun vollzogen sich doch nur unter den Augen des Parteibeauftragten und der Gemeinderäte, die vom Parteibeauftragten berufen wurden und ihm innerhalb der Partei als Mitglieder unterstanden. Es läßt sich leicht vorstellen, wie eng der Bürgermeister an Ziele und Absichten der Partei gebunden war. Parteilicher wie staatlicher Instanzenzug lasteten drückend auf Dörfern und Städten und ließen der Bürgerschaft nur noch Pflichten und keinerlei Rechte, wahrhaftig ein Zustand, der zu Recht mit dem »napoleonischen Mairie-System in extremer Form« verglichen worden ist [164]. Es blieb die Universalzuständigkeit der lokalen Verwaltung, jedoch, nun der Gemeindefreiheit beraubt, als eines Instrumentes der totalitären Administration: die »Einheit der örtlichen Verwaltung« unter dem Befehl der Reichsministerien [165].

Die Problematik der Beziehungen der öffentlichen Verwaltung zur Partei war jedoch keineswegs geringer geworden. Sie brachte auch den Deutschen Gemeindetag mehrfach in schwierige Situationen. Die Gemeindeordnung entstand ohne wesentliches Zutun des Deutschen Gemeindetages, der höchstens als Arbeitsstab Fiehlers tätig war. Die Besetzung seiner Ausschüsse und Landesstellen führte zu Reibungen mit Parteiinstanzen, die die Friktionen mit nachgeordneten Stellen und kommunalen Behörden, deren Meinungen bei der Stellenbesetzung auch auf der Ortsebene kaum eingeholt wurden, fortgesetzt verschärften [166]. Die verschiedenen Ämter, die eine Patronage auszuüben versuchten, der der Leiter des Deutschen Gemeindetages folgen sollte, gerieten unweigerlich in Konkurrenz, die sich letztlich zu Lasten des Gemeindetages auswirkte. Auch dort, wo sich bei nachgeordneten Dienststellen des Gemeindetages Konflikte mit staatlichen Behörden oder parteilichen Amtsträgern einstellten, vermochte die Berliner Geschäftsstelle kaum helfend einzugreifen. Im allgemeinen versuchte das Reichsinnenministerium, den Gemeindetag von unmittelbaren Einflüssen der NSDAP freizuhalten, hingegen die Kontrolle des Ministeriums fest zu behaupten, bei jeder Gelegenheit zu erweitern und jede nicht ausdrücklich satzungsmäßig umschriebene Tätigkeit des Gemeindetages und seiner Dienststellen genauestens zu überprüfen, immer zu erschweren, wenn nicht gar zu unterbinden [167]. Der Deutsche Gemeindetag kann daher kaum als etwas anderes angesehen werden denn als eine ständische Körperschaft des leitenden Kommunalbeamtentums öffentlich-rechtlichen Charakters, die ähnlich zur Verfügung des Reichsinnenministeriums stand wie die Reichskulturkammer zur Verfügung des Propagandaministeriums oder der Reichsnährstand zur Verfügung des Reichsernährungsministeriums.

Von seiten des Reichsinnenministeriums wie im Grunde auch des Gemeindetages wurde sorgsam darauf geachtet, daß Personalunionen zwischen Parteiämtern und kommunalen Ämtern unterblieben, da die »außerordentliche Machtbefugnis« der »Vereinigung des politischen Amtes und der kommunalen Spitze« als gefährlich galt und dem Grundprinzip des zentralistischen Staatsaufbaus widersprach [168]. Sogar ein Kommunalpolitiker und Funktionär der NSDAP sprach offen aus, daß in Kreisen und Gemeinden eine »grundsätzliche Personalunion im Interesse des Staates nicht zweckmäßig« und »für die Bewegung auf die Dauer verhängnisvoll« sei. Diese Gefahren könnten nur »durch grundsätzliche Trennung der Ämter des Gemeindeleiters und des Ortsgruppen- bzw. Kreisleiters abgewendet werden. Dies bedeutet, daß in den Gemeinden die Einheit von Partei und Staat nicht mehr buchstäblich durch Personalunion verwirklicht werden kann, sondern zu einem Einklang von Partei und Staat werden muß [169].« Diese Forderung des »Einklanges« enthielt jedoch schlechthin unlösbare Probleme. Die Stellung beider »Säulen« des nationalsozialistischen Staates zueinander hätte theoretisch nur im Falle vollkommen statisch bleibender Verhältnise endgültig abgegrenzt werden können, woran aber doch in Wirklichkeit gar nicht zu denken war; denn dem Behauptungswillen und dem Herrschaftsbedürfnis des konservativen Staatsbeamtentums, das bereits in seiner Grundsubstanz angegriffen war, stand der Anspruch der NSDAP gegenüber, von der es hieß, sie »habe den Staat erobert, und es sei selbstverständlich, daß sie sich nicht darauf beschränke, lediglich den Staat in die Hand zu bekommen, sondern überall die Verwaltung restlos erfassen müsse« [170].

Eine von Reichsleiter Fiehler genehmigte Denkschrift des Deutschen Gemeindetages suchte das Problem dadurch zu lösen, daß sie, den letzten Konsequenzen des »Führerprinzips« folgend, auch die Entscheidungen der Kommunalpolitik ausschließlich dem Führer und Reichskanzler zusprach und die zuständigen Instanzen, Reichsministerium des Innern, Hauptamt für Kommunalpolitik der NSDAP und den Deutschen Gemeindetag, ausschließlich als ausführende, Befehle empfangende Exekutivorgane des Führers darstellte [171]. Doch dieser überspannte, fiktive Zentralismus führte bereits bei dem Versuch, die Aufgabenbereiche gegeneinander abzugrenzen, wieder auf die entscheidende Frage zurück [172] und ließ es am Ende doch bei dem zweifelhaften Appell bewenden, »nicht zu entscheiden, ohne sich ... kameradschaftlich untereinander zu verständigen«. Die höchste Personalunion versteinerte unter den Bedingungen der normenlosen Tätigkeit konkurrierender Instanzen, so daß die Friktionen in Permanenz gerieten. Selbst unter einer weniger bedeutungslosen Persönlichkeit als Fiehler, der nur selten eigene Entscheidungen traf, wäre wohl der Deutsche Gemeindetag eher zu einem Vakuum als zu einer verläßlichen Stütze der Kommunen und zu einem Institut zur Sicherung des Funktionierens der gesamten inneren Verwaltung geworden. Einzig Ergebenheit gegenüber mannigfachen Weisungen von oben her und vollständige Bereitschaft zur Selbstaufopferung vermochten der repräsentativen Fassade noch keinen bedeutsamen Hintergrund zu verschaffen. Wie hoffnungslos die Situation des Deutschen Gemeindetages als Treuhänder der kommunalen Körperschaften war, zeigte sich in der Zeit der kritischen Zuspitzung, in den Jahren nach dem ersten wirtschaftlichen Aufschwung, als erneut die kommunale Kreditfrage aufbrach, das drückende Problem der Städte vor 1933, das jetzt zu unlösbaren Spannungen zwischen dem Deutschen Gemeindetag und dem Reichswirtschaftsministerium führte [173].

Ein repräsentatives Auftreten gegenüber dem Ausland war sehr willkommen, und von seiten des Reichsinnenministeriums wurde nachdrücklich hervorgehoben, daß es das Zurschaustellen der glanzvollen Seite des deutschen Kommunalwesens und der Deutschen Gemeindeordnung vor dem Ausland sehr gerne sehen würde [174].

Doch man verzichtete nicht auf schärfste Kontrollen, um den einzig beabsichtigten Effekt zu sichern. Das Reichspropagandaministerium erließ generelle Verfügungen, die »ein geschlossenes Auftreten der deutschen Teilnehmer an ausländischen Kongressen« herbeiführen und ausländische Gäste »einer einheitlichen und systematischen Betreuung« unterwerfen sollten [175]. Das Reichsinnenministerium wollte ausländische »Werbereisen«, wie Auslandsbesuche einzelner Persönlichkeiten drastisch und deutlich genannt wurden, grundsätzlich nur unter der Kontrolle der Auslandsorganisation der NSDAP erlauben. Im Falle des Internationalen Gemeindetages in Berlin wurden selbst im Jahr der Olympiade engste und ängstliche Kontrollmaßnahmen getroffen. Sogar der Formalbriefentwurf zu den Einladungen mußte vom Deutschen Gemeindetag dem Reichsministerium des Innern vorgelegt werden, das ihn dann dem Auswärtigen Amt zur Begutachtung übergab. Von seiten des Ministeriums befürchtete man das »Stellen von demonstrativen Anträgen« und ließ sich erst beruhigen, als von seiten des Deutschen Gemeindetages erklärt wurde, daß es nicht zu Abstimmungen kommen würde [176].

Selbst die zum bevorzugten Gebiet der Kommunalpolitik herangewachsene Kulturpflege litt unter der Überlastung mit zentralen Zuständigkeiten und Regelungen. Ein ungewolltes Eingeständnis der Machtlosigkeit der Gemeinden auf dem Gebiete der Kulturpolitik unterlief dem Hallenser Oberbürgermeister Weidemann, der die geringe Wirkungsfreiheit der gemeindlichen Kulturpolitik mit den Worten umschrieb: »Die Reichsregierung erläßt die Richtlinien deutscher Kulturpolitik, überwacht ihre Ausführung und unterhält mustergültige Einrichtungen als Beispiele für Länder, Gemeinden und Private. Der Präsident der Reichskulturkammer gibt die allgemeinen Weisungen, in deren Rahmen die Träger der Kultureinrichtungen zu arbeiten haben. So stellt das Theatergesetz Richtlinien für die Führung der öffentlichen und privaten Theater auf. So sind der Präsident der Reichskulturkammer und die Präsidenten ihrer Einzelkammern berechtigt, allgemeine Anordnungen über die Kulturpflege ihrer Arbeitsgebiete zu erlassen. So hat schließlich der Reichsminister für Wissenschaft, Erziehung und Volksbildung sich vorbehalten, allgemeine Grundsätze für die ihm unterstehenden Kulturgebiete zu erlassen, z. B. für den Schulfunk, den Schulfilm, die Kunsthochschulen und die Museen ... Die Reichsregierung überwacht auch die Kunstpflege, so etwa, wenn der zuständige Reichsminister in seiner Eigenschaft als Präsident der Reichskulturkammer sich die Bestätigung der Bühnenleiter und künstlerischen Bühnenvorstände vorbehalten hat oder durch den Reichsdramaturgen die Ansetzung oder Absetzung bestimmter Theaterstücke verlangen kann, oder wenn der Reichsminister für Wissenschaft, Erziehung und Volksbildung im Einvernehmen mit den Landes- und Provinzialverwaltungen Museumspfleger als Berater der Heimatmuseen bestellt [177].«

Diese Daseinsbedingungen einer unter starkem Überdruck von oben liegenden lokalen Verwaltung lassen es denn kaum verwunderlich erscheinen, daß Pläne zum Ausbau der »Selbstverwaltung« und zu ihrer Ausdehnung auf die »Reichsmittelinstanz«, die ihrer wohlmeinenden Absicht wegen vermerkt seien, den Boden der Realitäten nicht erreichten. Im Gemeindetag wurden sie vorübergehend als spezieller Beitrag zur Reichsreform gehegt und bis zur Reife einer Denkschrift entwickelt, die der Reichsinnenminister erhielt [178]; doch nichts bezeugt die Spur eines Erfolges. Die Denkschrift folgte dem Grundsatz, den Bau der Selbstverwaltung – im Sinne der Deutschen Gemeindeordnung – bis zur Ebene der Gauorganisation als Mittelinstanz der Reichsverwaltung hinaufzuführen, und hielt mit Äußerungen strikter Ablehnung jeder zentralistischen Reichsverwaltung nicht zurück. »Ein Reich mit zentralistischem Aufbau muß zwangsweise eine ungeheure Bürokratie entwickeln, deren Auswüchse schließlich zu einem Präfektensystem nach dem Muster romanischer Länder führen ... Deutschland ist zu groß, zu menschenreich, seine Wirtschaft zu vielfältig, alle seine Verhältnisse sind zu differenziert, als daß es möglich wäre, das Reichsgebiet rein zentralistisch zu verwalten. Selbst wenn man alle erdenklichen Sicherungen einbaute und erfahrene Mitarbeiter aus allen Reichsteilen in die Zentrale zöge, so gute Sachkenner gibt es nicht, so viel ausgleichende Gerechtigkeit ist nicht zu erwarten, daß man einen derart übersteigerten Zentralismus anstreben dürfte. Eine rein zentralistische Verwaltung müßte zur Folge haben, daß die Entscheidungen über die regionalen Angelegenheiten lebensfremd ausfielen, da die unmittelbare Kenntnis der Verhältnisse und die lebendige Anschauung der Dinge fehlen würde.«

Doch es war für Hoffnungen auf Dezentralisation der Macht wie auf Neubelebung der Selbstverwaltung bereits zu spät. Die Deutsche Gemeindeordnung setzte das unauffällige, jede wirkliche Selbstverantwortung erstickende Ende in der Geschichte der bürgerschaftlichen Selbstverwaltung Deutschlands. »Täuschen wir uns nicht«, bekannte Jahre später einer ihrer bedeutendsten Mitautoren: »Es ist nicht gelungen, Geist und Inhalt der Selbstverwaltung in den letzten Jahren lebendig zu erhalten. In ihrer heutigen Gestalt und in ihrem heutigen Wirken ist sie ein Zerrbild einstigen Lebens geworden ... Die Gründe hierfür liegen auf der Hand. Der eine liegt in der Deutschen Gemeindeordnung selbst ... Der zweite Grund liegt in der weitgehenden Übersteigerung des Befehls- und Führergedankens im Staat und im gesamten öffentlichen Leben. Jede, auch die wohlmeinende, schöpferische Kritik ist unterbunden. Eine kleinliche und der Selbstverwaltung verständnislos gegenüberstehende Staats- und Beamtenbürokratie hat diese Entwicklung benutzt, um in den meisten deutschen Gemeinden alles Eigenleben und jede Verantwortungsfreudigkeit zu lähmen [179].«

Fünftes Kapitel: DIE DIKTATUR IN DER WIRTSCHAFT

1. Transformation der Interessen

Der totale Staat gewann nicht durch die ideelle Triebkraft der NSDAP, im besonderen nicht als Verwirklichung positiver Punkte ihres Programms Gestalt. Die Partei der Nationalsozialisten vermochte breite Massen um ihre Fahnen und Symbole zu scharen und mit Hilfe von Uniformen, Marschmusik, mit Demonstrationen und erfolgreichen Schlägerkolonnen anzuziehen und zu bezwingen; ihre Führer wußten dann, im Besitze der Macht, sie rücksichtslos zu gebrauchen, selbst dem Haß und der Rache freien Lauf zu lassen und diese schließlich in die inhumane Systematik ihres administrativen Systems einzubeziehen. Doch eine originelle Idee ging aus dieser Bewegung nicht hervor. Der totale Staat, in der Organisationsform, die er während der ersten beiden Jahre der Regierung Hitler erhielt, verdankte Aufbau und Existenz zwei disparaten, jedoch nebeneinander herlaufenden Ideologien mit politisch-konstruktiver Tendenz: einer einheitsstaatlich-zentralistisch-autoritären, die den konservativen Verwaltungstraditionen der Republik entstammte und namentlich in der höheren Beamtenschaft verbreitet war, und einer ständisch-körperschaftlich-autoritären, die aus den ständischen und korporativen Vorstellungen und Programmen wirtschaftlicher Interessengruppen und Theoretiker abgeleitet worden war. Beide dienten im Ergebnis der alsbaldigen Konsolidierung der Macht der nationalsozialistischen Führerclique. Mit Hilfe der einen versuchte sich die auf ihre traditionellen Elemente beschränkte, aber nun durch nationalsozialistisches Personal veränderte und zu unbegrenzten Maßnahmen befähigte staatliche Verwaltung gegenüber der Parteiorganisation zu behaupten, die sie mit bestimmten Aufgaben und Rechten abzufinden trachtete. Ihr gegenüber wandelte sich die andere zu einem Mittel, mit deren Hilfe einzelnen Parteiorganen die Einschaltung in den Bau der zentralisierten und um neue Aufgaben und Zuständigkeiten erweiterten Administration gelang, das aber auch die zentrale Kontrolle und Regie außerhalb der überkommenen Grenzen des Staates auf die Bereiche der Selbstverwaltung und des wirtschaftlichen Lebens auszudehnen ermöglichte. Die ständisch-korporative Ordnungsvorstellung verband sich in eigentümlicher Weise mit dem Gedanken der Selbstverwaltung, so daß schließlich von ständischen Selbstverwaltungen gesprochen wurde. Indessen hatte dieser Name nur sehr wenig mit Erscheinungen außerhalb des totalitären Systems gemein.

Der Begriff der Selbstverwaltung unterlag in der nationalsozialistischen Ära einer geradezu radikalen Entleerung und Relativierung, die ihn für diese Zeit in krasser Weise von seiner Herkunft und Vergangenheit abhebt und jegliche Vergleichsmöglichkeit mit Institutionen der Selbstverwaltung außerhalb Deutschlands entfallen läßt. Diese Tendenz fand bereits in der mit der Deutschen Gemeindeordnung dokumentierten Entwicklung der lokalen Selbstverwaltung einen deutlich sichtbaren Niederschlag. Sie blieb als Lokalverwaltung universell in der örtlichen Zuständigkeit, und sie blieb Verwaltung unter staatlicher Aufsicht. Die Bereiche eigener Regie gingen jedoch nach und nach gänzlich verloren und damit jede Möglichkeit zu wirklicher Selbstbestimmung – jedes »Recht auf die eigene Dummheit«, wie es einmal ebenso drastisch wie treffend ausgedrückt worden ist [1], sogar das Recht zur eigenen, unabhängigen Personalwahl.

Unter den ständischen Organisationen [2] befanden sich die berufsständischen in mehr oder minder enger Verbindung mit der NSDAP und unter unmittelbarer Leitung von Parteiämtern und Parteiführern: so die Organisation aller Arbeiter und Angestellten, die Deutsche Arbeitsfront, die der Beamten, der nationalsozialistische Deutsche Beamtenbund, die der Juristen, der nationalsozialistische Rechtswahrerbund, der NS-Dozentenbund, der NS-Studentenbund usw. Auch der Deutsche Gemeindetag zählte hierzu, der unter dem doppelten Gewicht der Aufsicht des Reichsinnenministeriums und des unmittelbaren Einflusses des kommunalpolitischen Amtes der NSDAP den Charakter des Spitzenverbandes kommunaler Körperschaften und damit jede Selbständigkeit verloren hatte und sich in eine ständische Organisation der leitenden Kommunalbeamten umwandelte. Der Reichsnährstand wuchs zu einem Mammutkartell mit eigenen Interessen heran, der im Reichsernährungsministerium und in der Bauernorganisation des Agrarpolitischen Amtes der NSDAP zugleich verankert war. Die Propagandaorganisation der Reichskulturkammer spannte in ähnlicher Weise den Bogen zwischen Ministerium und Partei, deren unmittelbarer Einfluß in den einzelnen Kammern jedoch differierte, während sich Leitung und Aufsicht durch das Ministerium lückenlos über den gesamten Organisationsbereich erstreckten.

Grenz- und Übergangsgebiet staatlichen Einflusses bildeten die

Organisationen wirtschaftlicher Interessen. Jede Diktatur in einem großen, wirtschaftlich entwickelten Lande wird nach konsolidierten Beziehungen zur Wirtschaft streben. Die Regierung Hitlers, der inmitten einer weltweiten erschütternden Wirtschaftskrise an die Macht gelangte, war von vornherein zu einer höchst aktiven Wirtschaftspolitik gezwungen, so daß sich von Anbeginn der Konsolidierungsversuch mit tiefen Eingriffen in das Wirtschaftsleben verknüpfte. Die Diktatur mußte, da die wirtschaftliche Lage bedroht war, »mit der Bilanz paktieren« [3], das hieß: die wirtschaftliche Krise auf irgendeine Weise beseitigen oder zum wenigsten hinausschieben. Es war die große Chance der nationalsozialistischen Führerclique, daß die politische Erfolgswelle sie in der Zeit eines Übergangs zur nationalen Planwirtschaft emportrug, so daß das Aufkommen von Planwirtschaftssystemen, das keineswegs auf Deutschland beschränkt blieb, und die Entstehung totalitärer politischer Systeme historisch eine enge Verbindung eingegangen sind und es geboten erscheint, die besondere Entwicklung des totalen Staates unter diesen Umständen zu verfolgen [4]. Eine zweifellos zutreffende Erkenntnis Rudolf Hilferdings lehrt, daß die »Substituierung der Zwecke« durch den totalen Staat auch die Wirtschaft ergreift [5]; und es gibt keinen anschaulicheren Beweis für die Richtigkeit seiner These, daß sich die totale Staatsmacht zur Herrschaft über die Ökonomie aufschwingt, als die Geschichte des nationalsozialistischen Staates.

Auf seiten der Reichsbehörden entstanden von Anfang bis zum Ende mehrfach ungewöhnliche Massierungen wirtschaftspolitischer Zuständigkeiten, zuerst in den vier Ministerien des Reichs und Preußens, deren Leitung Hugenberg in seiner Hand vereinigte und aufs engste zusammenzufassen versuchte [6], etwa ein Jahr später in der Doppelfunktion des Reichsbankpräsidenten, der gleichzeitig kommissarischer Reichs- und preußischer Wirtschaftsminister war, schließlich in der Machtstellung Görings als des »Beauftragten für den Vierjahresplan«, der zum Widersacher Schachts und für kurze Zeit auch zum Herrn des Reichswirtschaftsministeriums wurde, und dann während des Krieges in der Hand des Reichsministers für Bewaffnung und Munition, der über den Einsatz der Wirtschaft im totalen Krieg zu befehlen hatte.

Noch schwerer aber wogen die Umbildungen der wirtschaftseigenen Organisationen und die mannigfache Erfassung wirtschaftlicher Interessen durch den totalen Staat. Die Phase des lokalen Terrors der ersten Monate zog Geschäfte jüdischer Staatsbürger [7], in erster Linie Einzelhandelsbetriebe sowie kleinere und mittlere Industrie- und Handelsfirmen, Einheitspreisgeschäfte, Konsumvereine und an einigen Orten Waren- und Kaufhäuser [8], in unmittelbare Mitleidenschaft, vor allem also wirtschaftliche Objekte, die im Zentrum der radikalen, antisemitisch akzentuierten Mittelstandsagitation der Nationalsozialisten standen. Sie ließ im übrigen Firmen und Betriebe und namentlich die Konzentrationsformen großwirtschaftlicher Unternehmungen unangetastet, griff aber tief und strukturverändernd in das Verbandswesen der Wirtschaft ein, das von dem Vordringen nationalsozialistischer Organisationen und Funktionäre während der sogenannten Gleichschaltung nicht weniger betroffen wurde als andere Verbände von einiger Bedeutung.

Das Präsidium des mächtigsten der industriellen Spitzenverbände, des Reichsverbandes der Deutschen Industrie, erlegte sich in seiner ersten Kundgebung zur Bildung der Regierung Hitler–Papen noch sorgfältige Zurückhaltung auf. Es wollte seine Stellungnahme von den wirtschaftspolitischen Maßnahmen abhängig machen und von der Gewißheit, »daß Störungen der inneren Ruhe ... vermieden würden« [9]. Hitler sah sich zu einer Erklärung gezwungen, die er wenige Tage später, am 20. Februar 1933, vor etwa 25 Industriellen abgab, die das Büro des Reichstagspräsidenten auf Görings Geheiß einlud. Einen zweiten Zweck erreichte diese Versammlung mit dem Erfolg einer Aufforderung Schachts, einen Wahlfonds von 3 Millionen Reichsmark zu bilden, mit dem NSDAP und DNVP »gemäß ihrer gegenwärtigen relativen Stärke« und auf Verlangen eines der Anwesenden auch die DVP unterstützt werden sollten [10]. Diese Begegnung wurde also noch mit großer Vorsicht ins Werk gesetzt, die den Rahmen des Herkömmlichen beobachtete und offensichtlich jede der beiden Seiten vor Kompromittierung schützen sollte; doch in erster Linie wurde eine Aussprache über grundsätzliche politische Fragen vorbereitet, die über die Haltung der Industrie entschieden.

Eine Notiz, die Krupp v. Bohlen und Halbach vorher anlegte, entsprach noch dem Grundsatz »sauberer ... Trennung zwischen Staat und Wirtschaft« [11]. Die Besorgnisse der Industrie wurden durch die Wünsche der Landwirtschaft nach immer weitergehenden staatlichen Hilfsmaßnahmen, Einfuhrverboten, Zöllen, Vollstrekkungsschutz usw. hervorgerufen, »deren mögliche Vorteile in keinem Verhältnis zu dem sicheren Schaden für die Industrie« standen;

auch eine Politik besonderer Bevorzugungen des Mittelstandes wurde befürchtet. Krupp verlangte, »daß wirtschaftspolitische Experimente ebenso vermieden werden wie einheitliche Bevorzugung einzelner Berufsstände«.

Hitler erklärte sein Programm in einer Rede, in der er, wie nur wenige Male zu Beginn seiner Reichskanzlerzeit, seine Absichten im Kampf um die totale Macht offen zu erkennen gab [12]. Mit der Ankündigung einer radikalen Aktion gegen den Kommunismus, die Göring durch die Zusage ergänzte, »daß mit der politischen Befriedigung auch die Wirtschaft zur Ruhe kommen« werde und daß »keine Experimente« unternommen würden [13], suchte sich Hitler die moralische und materielle Unterstützung der Großindustriellen einzuhandeln. Die rücksichtslose Deutlichkeit, mit der Hitler seine nächsten Ziele offenbarte, enthüllte freilich noch keineswegs die künftigen Wege der Privatwirtschaft, die nach Hitlers Auffassung »im Zeitalter der Demokratie« auf die Dauer lediglich im Bündnis mit der Autorität zu existieren in der Lage war. Krupp v. Bohlen und Halbach, der Präsident des Reichsverbandes, vermied es zwar, auf die Äußerungen Hitlers im einzelnen einzugehen; doch seine Entgegnung, daß »es höchste Zeit sei, endlich einmal in Deutschland Klarheit in den innerpolitischen Fragen zu schaffen«, der Krupp noch ein Bekenntnis zu einem »politisch starken, unabhängigen Staat« hinzufügte [14], durfte Hitler wohl im wesentlichen als eine Zustimmung der wichtigsten Wirtschaftsmänner zu seinem Programm auslegen, das sich im Inhalt nicht wesentlich von der Rede unterschied, die er etwas mehr als ein Jahr zuvor vor dem Industrieklub gehalten hatte.

Die Ergebnisse der Märzwahlen brachten dann das Präsidium des Reichsverbandes zu einer Bekundung, die keinen Zweifel an seinem Einverständnis mit der neuen Reichsregierung mehr zuließ. An dem gleichen Tage, da die Reichstagsmehrheit das Ermächtigungsgesetz annahm, trat das Präsidium des Reichsverbandes an die Seite jener Gruppen, die »durch die Wahlen . . . die Grundlage für ein stabiles Regierungsfundament» geschaffen wähnten. Es klingt wie ein Bekenntnis zu den Erklärungen Hitlers vom 20. Februar, wenn nun auch der Reichsverband sich vom Verfassungsstaat löste und ihn als eine Vergangenheit abtat, die nur fortgesetzt »Störungen« und »ständige politische Schwankungen« gebracht und die »die wirtschaftliche Initiative stark gelähmt« hätte [15].

Für die Chronik der nationalsozialistischen Machtergreifung

bleibt es eine bemerkenswerte Tatsache, daß der Reichsverband vor rigorosen Gleichschaltungsmaßnahmen, wie sie andere Verbände über sich ergehen lassen mußten und die zumeist von den Verbandsinteressen nur sehr wenig oder gar keine Substanz übrigließen, als erster freigekommen ist und dann selbständig, freilich ständig überwacht von den Beobachtern der NSDAP, Schritt für Schritt seine Transformation in die Organisationsfiguren des totalitären Verwaltungsstaates vornehmen konnte. Hierbei sprach freilich das beträchtliche Ansehen mit, dessen sich Krupp v. Bohlen und Halbach erfreuen durfte, der als einstiger Berufsdiplomat auch die Kunst beherrschte, Gegensätze und Reibungsflächen zu reduzieren, zu verhüllen oder zu verschweigen. Solche Fähigkeiten kamen ihm mehr als den Leitern anderer Verbände an anderen Orten zugute, wo der rasche und rohe Zugriff der uniformierten Parteiorganisationen allein entschied [16]. Auch der kleine Kreis von Persönlichkeiten der Wirtschaft, die Keppler 1932 als »Freundeskreis« für Hitler geworben hatte, wurde häufiger zusammengeholt, seit dem Reichsparteitag im September 1933 von Himmler betreut und regelmäßig eingeladen, so daß schließlich die Bezeichnung »Freundeskreis Himmlers« aufkam [17]. Von diesen klubartigen Zusammenkünften dürften während des Jahres 1933 von Zeit zu Zeit Einflüsse auf die Wirtschaftspolitik im Sinne großwirtschaftlicher und vor allem großindustrieller Ansichten und Interessen ausgegangen sein.

Einen kritischen Punkt in den Beziehungen des Nationalsozialismus zur Wirtschaft bildete der organisierte Judenboykott vom 1. April, der den Reichsverband der Deutschen Industrie – wenn auch nur vorübergehend – nicht weniger bedrohte als andere Stellen, die sich bis dahin vom Nationalsozialismus freigehalten hatten. SA-Leute in Uniform erschienen an diesem Tage auch in der Geschäftsstelle dieses von ihrer Propaganda bekämpften Spitzenverbandes, erzwangen die Rücktrittserklärung des Geschäftsführers Kastl und verlangten das sofortige Ausscheiden aller jüdischen Angehörigen der Geschäftsstelle; einige der leitenden Angestellten wurden daraufhin zwangsbeurlaubt. Der Stände-Ideologe und Leiter der Wirtschaftspolitischen Abteilung der Reichsleitung der NSDAP Otto Wagener entsandte einen Vertrauensmann in die Geschäftsführung des Reichsverbandes, einen bis dahin unbekannten Herrn v. Lucke. Der vom Reichsverband alarmierte Reichswirtschaftsminister antwortete sofort mit einer ähnlichen Einsetzung und Betrauung des deutschnationalen Vorsitzenden des »Bundes für nationale Wirtschaft und Werkgemeinschaft«, Alfred Möllers. Doch die Beziehungen Krupps zum nationalsozialistischen Reichskanzler erwiesen sich als weitaus wichtiger denn die Verbindungen zum Reichswirtschaftsminister Hugenberg, der selbst einmal dem Vorstand des Reichsverbandes angehört hatte, jedoch als Opponent des Präsidiums galt und wenig Schutz versprach. Selbst Hitler gegenüber bildeten zunächst »die großen Namen Krupp, Siemens, Bosch, Borsig ... einen Schutzring um die feste Burg der Industrie« [18].

Krupp vereinbarte mit Hitler die Ernennung eines Beauftragten, eines Verbindungsmannes zur Reichskanzlei wie zur NSDAP, mit der der Reichsverband die lästigen Wirtschaftskommissare los wurde, und erklärte sich bereit, die »Neuorganisation des Reichsverbandes der Deutschen Industrie« mit dem Ziele einer »Synthese zwischen der politischen Führung und den wirtschaftlichen Notwendigkeiten« selbst in die Hand zu nehmen [19]. Diese »Synthese« bestand darin, daß Krupp den Reichsverband unter den ungleichartigen Losungen der »Rationalisierung« und der »Einführung des Führerprinzips« zunächst zu einer zentral gelenkten »industriellen Selbstverwaltung« auszubauen suchte. Er setzte hiermit Bestrebungen fort, die bereits seit Jahren verfolgt wurden und teilweise auch erfolgreich gewesen waren und die darauf hinausliefen, die gesamte Industrie nach Produktionssparten aufzuteilen und in Unterverbänden, »Fachgruppen« genannt, konkurrenz- und lückenlos im Reichsverband als einziger Dachorganisation zusammenzuschließen. Mit diesen Bestrebungen konnte jetzt ohne Widerstand auch eine personelle »Gleichschaltung« verknüpft und in die milder erscheinende Form von Einsparungen und Umgliederungen aus sachlichen Gründen gebracht werden; gleichzeitig kam man aus der »Kommissarwirtschaft« heraus, die »draußen im Lande mehr noch als in Berlin Betriebe und Verbände beunruhigte« [20]. Am 6. April ließ sich Krupp vom Präsidium, dessen jüdische Mitglieder dieser Sitzung bereits ferngeblieben waren, nach einer dramatisch verlaufenen Diskussion außerordentliche Vollmachten erteilen und sämtliche Verbandsämter seiner Verfügung übereignen. Der nächste Schritt sollte den Beziehungen zu Arbeitnehmern und Gewerkschaften gelten, die Krupp nach dem Muster der Zentralarbeitsgemeinschaft, die Stinnes 1918 angeregt hatte, in eine Einheitsfront mit den Unternehmern zu bringen gedachte. Nach Beratungen im

Kreise der Großen des Ruhrreviers, die die politischen Aussichten der Gewerkschaften nicht mehr sehr hoch einschätzten, entschloß man sich jedoch, diesen Gedanken fallenzulassen [21].

In jenen Kreisen der großbetrieblichen Wirtschaft, die eine Kanzlerschaft Hitlers begrüßten, verknüpfte sich die Hoffnung auf Staatsaufträge und Konjunkturbelebung durch Rüstung und Verkehrsbauten mit der Erwartung einer vollkommenen Neuorganisation des wirtschaftlichen Verbandswesens, das den Verbänden Zwangscharakter und rechtsverbindliche Anordnungsbefugnisse geben sollte [22], was man allgemein eine »ständische« Zusammenfassung nannte, die die Produzenten vereinigte und unter das Machtwort der stärksten Interessen brachte. Einer der wenigen nationalsozialistischen Angehörigen des Reichsverbandes der Deutschen Industrie, Hans Reupke, warnte in einer Denkschrift [23] vor Stände-Ideologen, die sich »in mystisch-philosophischen Spekulationen« verlören und die – »in Anlehnung an mittelalterliche Zunftgedanken« – lediglich »einen Plan typisch kleinstaatlicher und das Getriebe der Wirtschaft bevormundender Organisation« aufstellten; er empfahl demgegenüber den »Ausbau der Selbstverwaltung der Wirtschaft, entsprechend den Reformen des Reichsfreiherrn vom Stein auf dem Gebiet der politischen Selbstverwaltung der Nation«. In eine Erörterung »der prinzipiellen Zweckmäßigkeit einer berufsständischen Gliederung« wollte Reupke, der sich mit diesem Thema schon seit geraumer Zeit befaßte, nicht mehr eintreten [24]. »Maßgebend ist«, so schrieb er, »daß das gegenwärtige Regime aus verschiedenen Gründen sozialer und politischer Natur . . . sich mit der festen Absicht trägt, eine solche Gliederung einzuführen. Es kann sich also im gegenwärtigen Augenblick für den Beteiligten nur darum handeln, die Methode zu erörtern und an der gedeihlichen Entwicklung mitzuarbeiten.« Eine »Wirtschaftsreform« nach angeblich preußischen Ideen, die jedoch gerade ihres politischen Prinzips der Selbstbestimmung beraubt war, glaubte der Verfasser dieser Denkschrift mit der »Idee des totalitären nationalsozialistischen Staates« vereinbar: »Durch das Mittel der Selbstverwaltung erfaßt er die politische bzw. wirtschaftende Einzelpersönlichkeit sicherer, als es durch noch so rigorose, rein bürokratische Maßnahmen, die überdies als unerträglicher äußerer Zwang aufgefaßt würden, der Fall sein würde.« Auch Reupke war sich darüber im klaren, daß die künftige Wirtschaftspolitik auf das Mittel der Planung oder doch zumindest der Festlegung wesentlicher Ziele nicht verzichten konnte. Der hauptsächliche Antrieb für die Vorschläge dieses Mannes des großindustriellen Verbandswesens lag jedoch in der Absicht, zu verhindern, daß die Aufrichtung einer ständischen Organisation der Wirtschaft auf Kosten der großwirtschaftlichen Eigeninteressen und der unternehmerischen Selbständigkeit ginge; denn »jede Wirtschaftsverfassung . . ., die Zunftcharakter annimmt, mischt sich alsbald in die wirtschaftliche Betätigung der Mitglieder ein«. Das war der Sinn seiner Unterscheidung »in utopische und realisierbare« Vorschläge zur berufsständischen Organisation. Reupke suchte für die Überzeugung zu werben, daß dort unmittelbar angeknüpft werden müsse, »wo die Wirtschaft aus dem ihr innewohnenden Drang nach Ordnung sich bereits ein System der freien Vertretung geschaffen hat, also bei den bestehenden Verbänden des Wirtschaftslebens . . .« Kein »neu zu errichtender komplizierter Apparat« durfte entstehen, keine »neuen Experimente« sollten angestellt, sondern lediglich die vorhandenen, auf privatrechtlichen Verhältnissen beruhenden wirtschaftlichen Spitzenverbände, deren »Weiterentwicklung ins Stocken geraten ist«, in staatliche oder halbstaatliche Organisationen übergeführt werden, um »ihnen dadurch eine neue Blüte zu verschaffen«.

Auch den Gang der Maßnahmen, die zu diesem Ergebnis führten, wußte Reupke verhältnismäßig genau zu entwickeln. In der ersten, der »syndikalen Epoche«, sollten die Verbände »entpolitisiert«, sowohl die Gewerkschaften wie gleichzeitig die »Hypertrophie an Verbänden« auf der Arbeitgeberseite beseitigt werden. Schwierigkeiten, so meinte er, würden bei dem starken politischen Druck, »der in dieser Richtung ausgeübt werden kann, nicht in dem Vorgang der Verschmelzung zu suchen sein . . ., sondern in der Eingliederung der nationalsozialistischen Betriebszellen, die ein dem gewerkschaftlichen entgegengesetztes Prinzip, das der betrieblichen Arbeitervertretung, verkörpern«. Reupke dachte offenbar an einzelne extremistische Erscheinungen innerhalb der NSBO, die schon in der Gleichschaltungsperiode des Frühjahrs 1933, verstärkt dann aber im Sommer, nach der Beseitigung der politischen Gewerkschaften, zutage traten und eine ruhige, planmäßig geleitete Entwicklung der Verbandsorganisation, wie sie Reupke im Auge hatte, stören konnten. Einzelne NSBO-Funktionäre bestanden ebenso wie viele SA-Führer auch noch im Sommer darauf, die terroristische Phase der Machtergreifung fortzusetzen und mit den bisherigen »politischen Führern« auch die wirtschaftlichen Führer, die Unternehmer, zu beseitigen – in dem phantastischen Glauben, daß das »Dritte Reich« mit dem Zustand aufräume, daß »der Unternehmer nur ans Geld« denkt [25]. In diesen Kreisen hatte das Wort: »Erst kommen die Lebensrechte der Nation, dann die Juristen!« [26] einen klassenkämpferischen, zugleich radikalen sozialistischen wie nationalistischen Sinn. Man konnte hierin Einzelerscheinungen erblicken, die sich immer weiter von dem breiten Strom der bestimmenden Entwicklung entfernten; die Befürchtungen großwirtschaftlicher Unternehmer entbehrten jedoch angesichts offen ausgesprochener Drohungen gegen »die großen Herren der Konzerne«, als »an der Macht befindlichen Schädlingen«, die man »mit Gewalt entfernen« müsse [27], keineswegs der Grundlage.

Demgegenüber berücksichtigten die Organisationspläne Reupkes die Arbeitnehmerinteressen nur in sehr geringem Umfang. Er begnügte sich mit der Feststellung, daß die Aufrechterhaltung einer vereinheitlichten Arbeitnehmerorganisation »im politischen Interesse des Regimes« liege [28], und schlug im übrigen eine Hineinnahme der »Säule« der Arbeitnehmerorganisation in das Kammersystem vor. Die wirtschaftlichen Verbände sollten zur Ausführung staatlicher Aufgaben als Hilfsorganisationen des Reichswirtschaftsministeriums herangezogen werden, durch staatliche Anerkennung in öffentlich-rechtlicher Form Zwangsbeiträge erheben dürfen, Zwangscharakter und Kontrollrechte über die Unternehmungen erhalten; die Kammern sollten der regionalen Zusammenfassung und der Verbindung der Verbände mit der Arbeitnehmerorganisation dienen. Es erscheint wie ein Zugeständnis Reupkes an die älteren Ständestaatspläne Otto Wageners [29], wenn er ein dreistufiges Kammersystem vorschlug, das über örtliche Wirtschaftskammern und Ständekammern bis zur Reichsständekammer aufsteigen, keinen parlamentarischen Einflüssen ausgesetzt, sondern eine »geschäftsmäßig funktionierende Körperschaft« – also eine verwaltende Organisation – sein sollte. Sieht man von diesem letzten ab, so kann man sagen, daß sich die Pläne Reupkes kaum nennenswert von dem Kurs unterschieden, den der Reichsverband der Deutschen Industrie unter der Führung Krupps verfolgte und dem auch in etwa die gesamte Organisationsentwicklung der Wirtschaft während der nächsten Zeit entsprach. Sie wollte bewußt, aber nur »vorübergehend mit einer Verstärkung des staatlichen Eingriffs . . . rechnen, der in der Festlegung der Richtlinien der Selbstverwaltung und in einer autoritären Lenkung aller derjenigen Verhältnisse besteht, in denen die Selbstverwaltung sich noch nicht eingelaufen hat« [30]. Letztes Ziel war »jedoch . . ., daß der Staat seine Betätigung auf wirtschaftlichem und wirtschaftspolitischem Gebiet abbaut und sich nur das Recht des ausnahmsweisen Eingreifens sowie der höchsten Entscheidung vorbehielt«. Die Annahme, man könne innerhalb des totalen Staates über die Entwicklung zur verstärkten Organisation mit Zwangscharakter und zu verstärkter obrigkeitlicher Regie hindurch zu neuer Freiheit gelangen, erwies sich indessen als eine Illusion.

2. Zwischenspiel nationalsozialistischer Mittelstandsideologen

Radikalere Vorstöße drohten von anderen Seiten her: in erster Linie von den intransigenten Forderungen und Bestrebungen »mittelständischer« Interessen- und Agitationsgemeinschaften, zu denen sich vor allem der von der Krise heimgesuchte Einzelhandel und das Handwerk zusammengetan hatten, und von den expansiven agrarständischen Zielen des agrarpolitischen Apparates der NSDAP unter Führung Darrés, dem sich in der Reichsführergemeinschaft des deutschen Bauernstandes auch die übrigen landbündischen Organisationen in breiter Front angeschlossen hatten. Wie schon den frühen wirtschaftspolitischen Programmansätzen der NSDAP zu entnehmen war, mußten sich nach der Machtübernahme nun gerade die großbetrieblichen Unternehmensformen und Interessenkooperationen des Hochkapitalismus, die Großindustrie, das Bank- und Versicherungswesen, der Außenhandel und Kauf- und Warenhauskonzerne radikaler Eingriffs- und Umwälzungsversuche erwehren. Die politischen Gewerkschaften sahen sich zur gleichen Zeit ebenfalls aufs schwerste in ihrer Existenz bedrängt. Dem gesamten Pluralismus des wirtschaftlichen Verbandswesens drohte von interessierten Parteiorganisationen und radikalen Ständegruppen her die Gefahr des Umsturzes.

Die sukzessive Einengung der Freiheitssphäre begann zuerst und am stärksten im Bereich der demokratischen Arbeitnehmerorganisationen, an deren Stelle die unitarische nationalsozialistische Mammutorganisation der Deutschen Arbeitsfront trat. Es waren die nationalsozialistischen Betriebszellenfunktionäre, die immer noch eine überlegene Konkurrenz der Freien und der Christlichen Gewerkschaften fürchteten und die diese stärkeren Kräfte im Kampf um die Arbeiterschaft auszuschalten wünschten. Nicht zu Unrecht erblickten sie – wie es in der Begründung zu einem Gesetzentwurf über die Gewerkschaften heißt – in dem von Ort zu Ort und Gebiet zu Gebiet schwankenden Ergebnis der Reichstagswahl vom 5. März 1933 ein Zeichen dafür, »daß der Nationalsozialismus die Arbeitermassen nicht im vollen Umfange erfaßt« hatte. Die Vermutung war gewiß nicht falsch, daß hieran der Einfluß der Gewerkschaften einen gehörigen Anteil hatte – ». . . jedenfalls soweit sie unter marxistischem oder Zentrumseinfluß stehen . . . Der gewerkschaftlich organisierte Arbeitnehmer, der den Gewerkschaften vieles verdankt, fühlt sich mit ihnen deshalb verbunden und wählt marxistisch oder das Zentrum.« Für die nationalsozialistische Betriebszellenorganisation, die diesen Einfluß zu beseitigen trachtete, boten sich zwei Wege an: einmal der Ausbau der NSBO zur überlegenen nationalsozialistischen Gewerkschaftsorganisation; es bezeugt den unbewußten Respekt vor den sozialen und politischen Leistungen der historischen Gewerkschaften, daß man diesem Plane kaum Erfolgschancen einräumte, obgleich der faschistische Staat Italiens bereits ähnlich vorgegangen war: »Die Gewerkschaften sind insbesondere durch ihre sozialen Einrichtungen im Bewußtsein der Arbeiterschaft so fest verwurzelt, daß es kaum möglich sein wird, sie durch eine neue Gewerkschaft zu ersetzen.« Dennoch wollte die oberste politische Leitung der Betriebszellenorganisation ursprünglich keine Zerschlagung der Gewerkschaften, wohl aber ihre schrittweise Gleichschaltung mit der NSBO. Sie sollten »zuerst entpolitisiert und zugleich nationalsozialistisch kontrolliert und beaufsichtigt werden. Dann müßten sie vereinigt werden, schließlich Koalitionszwang«, so lautete der Vorschlag des Leiters der NSBO, Walter Schuhmann, der versuchte, diesen Weg mit Hilfe eines Gesetzes über die Gewerkschaften und durch Ernennung eines »Reichskommissars für die Gewerkschaften« einschlagen zu können. Da jedoch weder Göring noch einer der anderen nationalsozialistischen Minister Preußens und des Reichs Anstalten traf, auf den Entwurf eines solchen Gesetzes einzugehen und für die Existenz einer gewerkschaftlichen Bewegung in nationalsozialistischem Gewande zu sorgen, entschlossen sich NSBO- und Parteileitung zu eigenem, gewaltsamem Vorgehen, um ihr Ziel zu erreichen. Reinhold Muchow arbeitete jetzt auf Veranlassung Robert Leys, des Reichsorganisationsleiters der NSDAP, einen Plan zur Übernahme der Gewerkschaften aus, der am 2. Mai mit der Besetzung sämtlicher Häuser der Freien Gewerkschaften, mit der Inhaftsetzung ihrer bedeutendsten Führer und der erzwungenen bedingungslosen Unterwerfungserklärung der Christlichen Gewerkschaftsmänner Otte, Baltrusch und Behrens am nächsten Tage mit überraschender Schnelligkeit in die Tat umgesetzt wurde. Das im Anfang unterschiedliche Vorgehen gegen Freie und Christliche Gewerkschaftsführer blieb auf einen kurzen Zeitraum beschränkt und führte zum gleichen Ergebnis der vollständigen Beseitigung [31].

Eine Organisationsinstanz der Parteileitung unter Führung Leys, die diesen Plan ausgeführt hatte, das »Aktionskomitee zum Schutz der Deutschen Arbeit«, schmolz die Oppositionsgruppen der gewerkschaftlichen Bewegung mit allen ihren Einrichtungen in eine standesartige Massenorganisation ein und konstituierte sich nunmehr als Leitungsspitze dieser »Deutschen Arbeitsfront« (DAF). Der Reichsorganisationsleiter der NSDAP eignete sich selbst die Führung dieser Gesamtorganisation der Arbeitnehmer an und setzte sich damit in den Besitz einer eigenen, bald bürokratisch aufgezogenen und verwalteten Hausmacht innerhalb des Organisationswesens im nationalsozialistischen Totalstaat. Muchow behielt bis zu seinem Tode am 12. September 1933 das wichtige Organisationsamt der DAF, mit dessen Hilfe ihm binnen kurzer Frist eine annähernd lückenlose funktionsmäßige Erfassung des gesamten Organisationsbereichs, d. h. der deutschen Arbeiter und Angestellten, gelang. – Die Arbeitnehmer bildeten den ersten, in seinem Organisationsaufbau abgeschlossenen »Stand« in der Hand der nationalsozialistischen Reichsleitung. Länger anhaltende Unruhe ging dagegen von den Bestrebungen nationalsozialistischer Parteifunktionäre und Ideologen im Bereich des gewerblichen Mittelstandes aus.

Die NSDAP hatte schon in den zwanziger Jahren in verschiedenen Gegenden Deutschlands ohne rechten Erfolg Mittelstandsorganisationen ins Leben gerufen – eine »Kampfgemeinschaft gegen Warenhäuser und Konsumvereine«, einen »Kampfbund für Erhaltung des Mittelstands« und eine »Arbeitsgemeinschaft deutscher Geschäftsleute« – und zog schließlich in den Gauen »Nationalsozialistische Kampfbünde des gewerblichen Mittelstands« auf, die nach dem Ausscheiden Gregor Strassers aus der Reichsleitung im Dezember 1932 in dem jungen Baltendeutschen Adrian v. Renteln einen »Reichsführer« erhielten und über ihn unmittelbar der Reichsleitung zugeordnet wurden [32]. Der von nun an zentral geleitete »Kampfbund« bemächtigte sich Ende März des maßgeblichen Einflusses im Vorstand der Hauptgemeinschaft des Deutschen Einzelhandels, dem dann die Gleichschaltung der angeschlossenen Verbände nach erlassenen Parteirichtlinien auf dem Fuße folgte. Ein Heer von Kommissaren ergriff zu gleicher Zeit von den Geschäftsstellen der Industrie- und Handelskammern, der Handwerkskammern, Innungen und Verbände Besitz. Otto Wagener, den Hugenberg am 15. April gemeinsam mit Möllers zum Kommissar des Reiches für den Reichsverband der Deutschen Industrie und für die übrige Wirtschaft mit Ausnahme der Landwirtschaft ernannte [33], suchte jetzt durch willkürliche Eingriffe und völlig unbekümmert um die Zuständigkeiten der wirtschaftlichen Ministerien Hugenbergs seinen Plan einer ständestaatlichen Wirtschaftsorganisation zu verwirklichen. Seine Tätigkeit stellte die seines deutschnationalen Gegenspielers Möllers bald völlig in den Schatten [34]. Mit Wageners Hilfe gelangte v. Renteln nicht nur an die Spitze der soeben gegründeten Reichsstände des Deutschen Handels und des Deutschen Handwerks, sondern auch des Deutschen Industrie- und Handelstages, der Dachorganisation der Industrie- und Handelskammern; und Rentelns Stellvertreter in der Führung des Kampfbundes des gewerblichen Mittelstands, Hilland, erlangte die Geschäftsführung des Industrie- und Handelstages. Hugenbergs Proteste gegen die Maßnahmen Wageners kamen zu spät und konnten, da die Anfänge zu weit gediehen waren, das Geschehene nicht mehr rückgängig machen. Er erreichte lediglich, daß v. Renteln sich einige Wochen später von einer Vollversammlung der Industrie- und Handelskammern, in denen jetzt die Nationalsozialisten herrschten, auch noch zum Präsidenten wählen ließ, um in der einsetzenden Legalisierungsperiode das Odium der lediglich kommissarischen Einsetzung loszuwerden.

Selbst der Spitzenverband der Warenhäuser, die jetzt von der NSDAP rücksichtslos bekämpft wurden, der »Verband Deutscher Waren- und Kaufhäuser e. V.«, erhielt auf Geheiß Wageners eine neue Organisationsform, die auch Einheitspreisgeschäfte, Filialbetriebe und Versandgeschäfte umfaßte und einem von Wagener eingesetzten Leiter unterstellt wurde [35]. Dieser Reichsverband der Mittel- und Großbetriebe des Deutschen Einzelhandels bildete einen weiteren Baustein im Gebäude eines nationalsozialistischen Ständestaates, wie er Wagener vorschwebte.

Die boykottartigen Aktionen gegen Warenhäuser und Einzelhandelsgeschäfte jüdischer Besitzer mehrten sich nach dem Tage der Reichstagswahl, nahmen den Charakter wohlorganisierter Manöver der SA, SS und NSBO an, gegen die die Polizei kaum noch einschritt, und steigerten sich zu der im voraus geplanten antisemitischen Boykottwelle am 1. April 1933. Der Reichsinnenminister gab zwar eine Anordnung bekannt, die die zuständigen Stellen aufforderte, solchen Übergriffen entgegenzutreten [36]; doch an den Verhältnissen und Vorgängen änderte sich nichts. Der vom »Zentralkomitee zur Abwehr jüdischer Greuel- und Boykotthetze« unter Führung des fränkischen Gauleiters Streicher in Szene gesetzte und durch tägliche Anordnungen geleitete Boykott kam einer von der Staatsautorität geduldeten Terroraktion gleich, deren Wirkungen auf einzelne Betroffene, die vorher schon unter den Folgen der Wirtschaftskrise gelitten hatten, teilweise verheerend waren. Auch hier wandte sich ein nichtjüdischer Bevölkerungsteil, die im NS-Kampfbund des gewerblichen Mittelstandes vereinigten Unternehmer des kleineren Gewerbes und des Einzelhandels, gegen die jüdische Konkurrenz, um den Konkurrenzkampf mit Hilfe des Terrors bis zur Vernichtung und Beseitigung zu führen. Vor ihm schützten jetzt nur noch Plakate mit den Aufschriften »Deutsches Geschäft« oder »Anerkannt deutsch-christliches Unternehmen«, die der Kampfbund ausgab. Es wird sogar berichtet, daß sich an einem Ort Geschäftsleute in SA-Uniform Einsicht in die Geschäftsbücher ihrer Konkurrenz verschafften [37]. Offiziell endete der Boykott noch am gleichen Tage; doch er hinterließ eine lange Welle des Schrekkens, der Gewaltsamkeiten, der Einschüchterungen und Erpressungen und ein anhaltendes Zwielicht unverkennbar persönlich-privater und mit ihnen verquickter politischer Ziele. Auch später waren Boykottmaßnahmen dieser und ähnlicher Art häufig an der Tagesordnung. Sie zeigten die Stationen des Weges an, auf dem sich die Verdrängung der jüdischen Bevölkerung aus der Wirtschaft vollzog.

Das Gesetz zum Schutze des Einzelhandels [38] legte einen dauerhaften eisernen Schutzgürtel um den bestehenden und von der Krise bedrohten Einzelhandel. Eine allgemeine Errichtungssperre für neue Einzelhandelsgeschäfte, die das Gesetz zunächst bis zum 1. November 1933 befristete, die dann aber mehrmals verlängert wurde, leitete zur allgemeinen Konzessionspflicht über [39], die im Bunde mit dem ständischen Organisationszwang der Gewerbefreiheit ein Ende setzte. Zweifellos lag die Politik, die »die dem alten Staate eigentümliche Beschränkung der Funktion der Staatsgewalt in der Wirtschaft« beseitigte [40], völlig auf der Linie, die der Kampfbund verfolgte. Das zeigte sich auch an den gesetzlichen Sonderbestimmungen für Warenhäuser und Einheitspreisgeschäfte, die praktisch jede weitere Ausbreitung der Konzerne durch Übernahme bestehender Geschäfte unterbanden, sie auf ihrem derzeitigen Stand hielten und die später durch Bestimmungen ergänzt wurden, die die Errichtung neuer Warenhäuser, Einheits-, Klein- und Serienpreisgeschäfte derartig beschränkten, daß es in der gesamten nationalsozialistischen Periode nicht mehr zu Errichtungen oder Erweiterung solcher Unternehmungen kommen konnte [41]. In dem langwierigen Kampf um eine prohibitive Großunternehmenssteuer für den Einzelhandel zum Schutze des Mittelstandes hingegen erwiesen sich die Mittelstandsorganisationen mit ihren hochgespannten Forderungen weniger erfolgreich. Obgleich sie die Unterstützung des nationalsozialistischen Staatssekretärs Reinhardt gewonnen hatten, erreichten sie lediglich ein Reichsrahmengesetz, das den Ländern das Recht gab, die üblichen Landessteuersätze zu verdoppeln und die Zweigstellensteuer, die auf Filialbetrieben lag, zu erhöhen, von der das größte Land Preußen nicht einmal Gebrauch machte.

Die preußische Regierung ging aber auch bald gegen die nationalsozialistischen Mittelstandsorganisationen vor. Die Tätigkeit der Kampfbünde des gewerblichen Mittelstands im Verein mit Wirtschaftskommissaren veranlaßte Göring Anfang Mai 1933, sich dagegen zu verwahren, daß »erneut Interessenvertretungen entstehen« [42]. Sein Einschreiten galt aber nicht allein der ungezügelten Aktivität und örtlichen Übergriffen, sondern noch mehr der ungewissen Möglichkeit, daß die Pluralität wirtschaftlicher Interessen im Gewande nationalsozialistischer Organisationen neu erstehen und den Aufbau des autoritären Staates in ihre Bahnen zwingen könnte. Einen Monat später gaben Göring und Hugenberg ein gemeinsames Protestschreiben an den Reichskampfbundführer v. Renteln bekannt, das sich gegen Eingriffe und Übergriffe des Kampfbundes bei der Neubesetzung von Industrie- und Handelskammer-Vorständen wandte und verlangte, daß »alle Eingriffe in öffentlich-rechtliche Körperschaften und Anstalten der Wirtschaft sowie in ihre Verbände in Zukunft ... unterlassen« würden. Hierdurch sahen sich Wagener und Renteln zum Einlenken gezwungen, die nun in einer gemeinsamen Verfügung dem Kampfbund »die Einsetzung von Kommissaren, die Gleichschaltung in Verbänden und Betrieben, die Beseitigung und Ersetzung unerwünschter Personen, die unmittelbare Beeinflussung der Preisstellung und direkte Eingriffe in das Geschäftsleben« untersagten [43].

In Preußen fand der autoritäre Beamtenstaat konservativer Prägung seine konsequentesten und eindringlichsten Verteidiger. Am heftigsten hatte sich Popitz, etwa bei der Gelegenheit der Beratungen über die Stellung des Deutschen Gemeindetages oder über die »Umwälzung auf dem Gebiete der Beamtenorganisation« gegen eine Einflußnahme der gleichgeschalteten und nun von Nationalsozialisten beherrschten Verbände ausgesprochen und darauf gedrungen, daß jede »Möglichkeit einer Nebenregierung sowie ein geschlossenes Auftreten gegenüber dem Staat ausgeschlossen« [44] blieb. Göring begab sich in das Fahrwasser der gleichen Ansichten und ernannte am 15. Juni Grauert, den mit industriellen Verhältnissen und mit ständischen Ideologien seit langem vertrauten Staatssekretär seines Innenministeriums, zum preußischen »Stellvertretenden Bevollmächtigten zum Reichsrat im Hauptamt für die Angelegenheiten der Verbände« [45] und schuf damit auf ungewöhnliche Weise eine neue Zuständigkeit für wirtschaftsorganisatorische Fragen, die fortan auch indirekt seiner Entscheidung nicht mehr ungeschmälert den wirtschaftlichen Ressorts unterstand. Allerdings erlangte Grauerts Sonderbefugnis noch keine dauernde Bedeutung, denn die weitere Entwicklung des wirtschaftsständischen Verbandswesens lag bald in den Händen der Nachfolger Hugenbergs in den landwirtschaftlichen und wirtschaftlichen Ministerien, Darré und Schmitt, die mit der Macht der Reichsgesetzgebung das preußische Kabinett überflügelten und über die Grenzen ihrer preußischen Ressorts hinauswuchsen.

Als erstes beseitigte Wirtschaftsminister Schmitt, vorher Generaldirektor der Allianz, des größten Versicherungskonzerns, den Stein des ständigen Anstoßes, indem er mit Hitlers Genehmigung am 14. Juli die Bestellung Wageners zum Wirtschaftskommissar aufhob [46]. Gleichzeitig verlor Wagener sein Amt in der Reichsleitung der NSDAP als Leiter der Wirtschaftspolitischen Abteilung, die jetzt Keppler übernahm, den Hitler auch zum Beauftragten für Wirtschaftsfragen in der Reichskanzlei ernannte. Ebenfalls zu dieser Zeit verfügte der Stellvertreter des Führers der NSDAP, daß »vorerst ein aktives Vorgehen mit dem Ziele, Warenhäuser und warenhausähnliche Betriebe zum Erliegen zu bringen«, zu unterbleiben habe [47]. Zwar blieben die Fragen dieses Teiles der Wirtschaftspolitik noch unentschieden, doch der Kurs gegen bestimmte Betriebsformen und der besondere nationalsozialistische Akzent der »Mittelstandspolitik« mäßigten sich und schliffen sich zusehends ab.

Auf das Versickern der radikalen Stände-Ideologie und die stillschweigende Anerkennung des Großbetriebes folgte die Durchsetzung des um die Großwirtschaft zentrierten Organisationsprinzips, das weit mehr dem kartellmäßig erfaßten und monopolistisch organisierten Sparteninteresse als berufsständischer Sonderung entsprach.

Von den nationalsozialistisch beeinflußten gewerblichen Mittelstandsorganisationen war ebenso wie von den landwirtschaftlichen Organisationen die Forderung nach Neubesetzung der von Hugenberg verwalteten Ministerien ausgegangen, die sie in demonstrativer, intransigenter Form vorgebracht und gleich mit der Benennung nationalsozialistischer Kandidaten verknüpft hatten. Adrian v. Renteln [48] und auch Otto Wagener [49] wären die gewünschten Männer an der Spitze des Reichswirtschaftsministeriums und des Preußischen Ministeriums für Wirtschaft und Arbeit gewesen. Doch der Sturz Hugenbergs und die Amtsnachfolge Kurt Schmitts als Wirtschaftsminister im Reich und in Preußen [50] lenkten die weitere Entwicklung in eine andere Richtung. In mehrfacher Hinsicht bahnte sich schon seit Mai eine Wendung an. Auf die schlagartige gewaltsame Beseitigung der Freien Gewerkschaften am 2. Mai folgte die »freiwillige Entfernung« der Vereinigung der deutschen Arbeitgeberverbände »aus der Schußlinie« [51] und ihre Verschmelzung mit dem Reichsverband zum »Reichsstand der deutschen Industrie«, der sich nun der ständischen Terminologie bediente und den kurz zuvor gebildeten »Reichsständen« des Handwerks und des Handels als gleichartige, jedoch als mehr denn gleichwertige Größe an die Seite stellte.

Am 15. Mai teilte Göring den preußischen Ministern mit, daß Hitler alle Eingriffe und Untersuchungen bei deutschen Banken untersagt habe [52]. Eine der Ursachen darf man wohl in der Begründung sehen, die Göring an diesem Tage dem Staatsministerium gab, daß es »bereits zum Abzug ausländischer Gelder» gekommen sei. Das war zweifellos gefährlich bei dem außerordentlichen Kapitalmangel in allen Zweigen der deutschen Wirtschaft und angesichts des großdimensionalen Arbeitsbeschaffungsprogramms, das die Nationalsozialisten mit Hilfe Schachts verwirklichen wollten. Auf der Reichsstatthalterkonferenz am 6. Juli gab Hitler auch vor der Öffentlichkeit deutlich zu erkennen, daß er gewillt war, der Wirtschaft gegenüber das Steuer herumzuwerfen und von den Parteiorganisationen einen gemäßigteren Kurs zu verlangen [53]. Für viele Ohren in ihren Reihen waren es neue und unerwartete Worte, daß Unternehmer und Wirtschaftsfachleute, die keine Nationalsozialisten waren, nicht mehr einfach beiseite gedrängt werden durften. In der großbetrieblichen Wirtschaft war das bisher kaum geschehen; infolgedessen kam diesen Worten vor allem für die übrigen Bereiche der Wirtschaft Bedeutung zu. Wenn Hitler jetzt erklärte, daß »die praktische Erfahrung« nicht zugunsten einer »bestimmten Idee« vernachlässigt werden dürfe und daß die Ideen des Programms nicht verpflichteten, »wie Narren zu handeln und alles umzustürzen, sondern klug und vorsichtig« zu Werke zu gehen [54], so hieß das praktisch nichts anderes, als daß das ohnehin heterogene Parteiprogramm auch den letzten Rest der Verbindlichkeit verloren hatte und daß nicht die Parteiorganisationen, sondern Persönlichkeiten nach der Wahl Hitlers die nächsten Stationen der Wirtschaftspolitik bestimmen würden.

3. Vom Kommissar zum Treuhänder

Der Übergang vom Kommissar zum ordentlichen Amtsträger, der den Vorgang der Ersetzung der Kommissare in den Ländern durch Reichsstatthalter bestimmte, wiederholte sich auch in der Wirtschaft. Die Funktionen und Ermächtigungen der Wirtschaftskommissare erloschen nach und nach. Statt ihrer traten mit unterschiedlichem Gewicht in den verschiedenen, eigens für diese Institution festgelegten Wirtschaftsgebieten »Treuhänder der Arbeit« auf, die der Reichskanzler auf Grund des Gesetzes vom 19. Mai 1933 [55] auf Vorschlag der Landesregierung ernannte. Ihre vom Gesetz bestimmten Befugnisse innerhalb der Wirtschaft konnten von beträchtlicher Wirkung sein. Sie waren mit diktatorischen Vollmachten ausgestattete Schiedsrichter für alle Betriebe und Unternehmungen ihres Bezirks. Da die organisierte Arbeitnehmerschaft gleichgeschaltet und zu einem Instrument der Propaganda degradiert und die Unternehmerverbände aufgehoben worden waren, wirkten die Treuhänder als mit Richtlinien und Weisungen der Reichsregierung versehene Kommissare. »Bis zur Neuordnung der Sozialverfassung« setzten sie mit rechtsverbindlicher Wirkung die Bedingungen für den Abschluß von Arbeitsverträgen fest; im allgemeinen hatten sie für die Aufrechterhaltung des Arbeitsfriedens zu sorgen. Außerdem waren sie an der Vorbereitung der neuen Sozialgesetzgebung zu beteiligen. In Verbindung mit den zuständigen Reichs- und Landesbehörden konnten sie ihre Anordnungen treffen und durchführen lassen. Freilich blieben sie in einem gewissen Maße abhängig von den Wirtschaftsministerien der Länder, vom Reichswirtschaftsministerium und vom Reichsarbeitsministerium, dem die reichsgesetzliche Organisation der Treuhändertätigkeit oblag, aber auch von den sich für zuständig erachtenden Stellen der Partei, denen auch zum großen Teil die Treuhänder entnommen wurden.

Die Einteilung der Wirtschaftsgebiete wurde so getroffen [56], daß 9 der 13 Treuhänder von der preußischen Regierung vorzuschlagen waren. Bei der Präsentation innerhalb des Staatsministeriums mußte sich Hugenberg einige Gegenvorschläge Grauerts gefallen lassen [57]. Beide einigten sich schließlich auf eine Namensliste, die ein merkwürdiges Konglomerat von Persönlichkeiten darstellte. Für die wichtigsten industriellen Wirtschaftsgebiete Brandenburg-Berlin, Hessen, Rheinland und Westfalen wurden der einstige sozialdemokratische Oberpräsident von Ostpreußen, August Winnig, der Präsident der Industrie- und Handelskammer Frankfurt und Präsident der Reichsgruppe Handel, Lüer, der nationalsozialistische Betriebszellenfunktionär und Reichstagsabgeordnete Börger und der nationalsozialistische Gauwirtschaftsberater Klein vom Düsseldorfer Institut für Ständewesen ernannt. Treuhänder in Pommern wurde der nationalsozialistische Rechtsanwalt Graf v. d. Goltz, Treuhänder in Mitteldeutschland der nationalsozialistische Dessauer Landrat Evers, in Niedersachsen der nationalsozialistische Bremer Oberbürgermeister und ehemalige Arbeitsamtsleiter Markert, in Ostpreußen der Gutsbesitzer und Landesbauernführer Otto, in Schlesien Rechtsanwalt Nagel. Die Einigung zwischen Grauert und Hugenberg brachte ausschließlich Nationalsozialisten oder Persönlichkeiten, die das Vertrauen der NSDAP genossen, in die wichtigen Ämter der Treuhänder. Zwei von ihnen waren höhere Staatsfunktionäre. Nur Winnig und Börger konnten mit der Arbeitnehmerseite in Verbindung gebracht werden; als Arbeitervertreter kann man aber auch sie nicht bezeichnen.

Diese Besetzungen blieben freilich ebenso wie die Abgrenzungen der Bezirke zunächst noch umstritten und teilweise Streitobjekte zwischen Arbeitsfrontfunktionären, Unternehmerinteressen und Bestrebungen, die die zuständigen Ministerien verfolgten. Infolgedessen traten während der folgenden Monate verschiedene Änderungen ein, die das Bild etwas abwandelten. Die bemerkenswertesten waren die Ersetzung Winnigs durch den Gründer der Berliner Betriebszellenorganisation, Johannes Engel, die Auswechselung von Evers gegen einen Beamten des thüringischen Wirtschaftsministeriums und die Bestellung eines hohen Beamten des sächsischen Wirtschaftsministeriums zum Treuhänder in Sachsen. Im Bezirk Nordmark (Hamburg, Lübeck und Schleswig-Holstein) übernahm der nationalsozialistische Senator und vorherige Reichskommissar für Lübeck, Völtzer, dieses Amt, für den Bezirk Südwestdeutschland ein Arbeitsrechtler, Wilhelm Kimmich, der aus dem Schlichtungswesen kam.

Wie weit die Ausübung der übertragenen Befugnisse ging, zeigen die Anordnungen des Treuhänders im Wirtschaftsgebiet Westfalen. Er verbot Streiks und Aussperrungen, machte die Wirksamkeit von Tarifverträgen von seiner Zustimmung abhängig, untersagte jeden »Eingriff von Unbefugten« in Betriebe oder wirtschaftliche Verbandsorganisationen und setzte selbständig Sonderbeauftragte für Unterbezirke ein, die er eigenmächtig abgrenzte [58]. Diese »Sonderbeauftragten«, die ausnahmslos entweder seit längerem oder seit kürzerem die Mitgliedschaft der NSDAP erworben hatten, arbeiteten als zwischengeschaltete Instanzen unmittelbar mit den Stellen der NSDAP – »Kreiswirtschaftsreferenten«, Arbeitsfront, NSBO, SA und SS – wie mit den staatlichen Behörden zusammen und hatten die Entscheidungen des Treuhänders einzuholen, der selbst nach Belieben tätig und von Betrieben und Angestellten nur auf dem Wege über die Sonderbeauftragten erreicht werden konnte. Einen wahren Löwenanteil seines Wirtschaftsgebietes, darunter das gesamte Ruhrrevier, unterstellte er einem Ruhrindustriellen [59], der nun als Sonderbeauftragter mit außerordentlichen Vollmachten für die Aufrechterhaltung des Arbeitsfriedens sorgte.

Die Treuhänder der Arbeit waren in der Ausübung ihrer Tätigkeit praktisch zunächst auf ein gewisses Maß von Zusammenarbeit mit der NSBO und der DAF angewiesen. An diese war jedoch nicht zu denken, solange sich noch das Gedankengut gewerkschaftlicher Arbeitnehmerorganisationen innerhalb der NSBO bemerkbar machte. Die in mehrjähriger Rivalität mit den Freien und Christlichen Gewerkschaften geschulten Funktionäre der NSBO hatten sich manche der traditionellen gewerkschaftlichen Forderungen zu eigen gemacht und waren nun, nachdem die Parteileitung sich dieses Kampfmittels zu ihren Zwecken gern bedient hatte, nicht ohne Schwierigkeiten auf einen anderen, mehr phraseologisch umnebelten als konkret bezeichneten Weg zu bringen. So klagte noch im August 1933 ein Bericht des Treuhänders der Arbeit für das Wirtschaftsgebiet Schlesien, daß maßgebende Stellen der NSBO »durch verkappte Marxisten« besetzt seien und nun »auch seitens der NSBO der reine Lohnkampfstandpunkt in den Vordergrund tritt und dementsprechend wieder die Arbeitgeber in die entgegengesetzte Richtung gedrängt werden« [60]. Aus seinem Bezirk wußte er als wichtigere Fälle zwei Streiks, mehrere Streikdrohungen und Interventionen gegen Betriebsführungen und zwei Sabotageakte in Betrieben zu nennen, für die er die NSBO verantwortlich machte. Der Treuhänder glaubte sogar feststellen zu müssen, daß »nach dem Januar 1933« »marxistische Tendenzen« an die Stelle »nationalsozialistischer Denkart« getreten seien; er mußte allerdings auch anerkennen, daß die alten Gewerkschaftler »sehr häufig über ein Maß von gewerkschaftlichem Wissen und Können verfügen, welches bei unseren Leuten nicht stets vorhanden ist. Besonders schlimm wirkt sich dieser Umstand dann aus, wenn Leiter der NSBO in ihrer eigenen Person schwere Angriffsflächen bieten.« Solche Fälle aber waren nicht eben selten.

Auch die Schwerindustrie des Ruhrgebietes bemerkte mit größter Besorgnis, daß die Deutsche Arbeitsfront »durch ihre regionalen Kreisleiter bereits sehr weitgehend in das tarifliche Gebiet eingedrungen« war [61]. Funktionäre örtlicher oder regionaler DAF-Organisationen suchten die Richtlinien und Erklärungen Leys zu übertrumpfen, so daß in einzelnen Bezirken »Tag für Tag Forderungen durch die Dt. Arbfr. an kleine Arbeitgeberverbände und Einzelfirmen gestellt werden, und daß diese in Ermangelung einer klaren Richtlinie eine falsche Haltung einnehmen«. Ein Brief eines einflußreichen Mannes der westdeutschen Schwerindustrie, Karl Raabe, verrät, daß die Arbeitgeber des Ruhrreviers von einer berufsständischen und ständischen Gesamtgliederung eine Lösung auch dieser Probleme erhofften [62]. Tarifpolitische Fragen, die einen zunehmenden Einfluß der DAF befürchten ließen, machten zumindest die Klärung eines Teilkomplexes dieser Probleme dringlich. Von dem Institut der Treuhänder der Arbeit versprach sich Raabe keine dauerhafte Sicherung dagegen, »daß die Erledigung der tariflichen Angelegenheiten bei noch nicht durchgebildeter berufsständischer Gliederung in einen Kreis gerät, in den sie nicht hineingehört« (!). Die Arbeitgeber des Ruhrreviers versteiften sich immer mehr auf eine von Hitler selbst in vager Form angedeutete

Trennung zwischen den Aufgaben der DAF, der Schulung – »neben der Liquidation der alten Gewerkschaften« – und solchen tarif- und sozialpolitischer Natur, die die Sache der Treuhänder der Arbeit bzw. staatlich-administrativer Stellen hätte sein müssen [63]. Zunächst versuchten sie, über Hitlers Wirtschaftsberater Keppler eine Entscheidung des »obersten Führers« herbeizuführen »in der Richtung des ständischen und berufsständischen Aufbaues«, von dem sie eine Stillegung der Beziehungen zwischen DAF und den Arbeitgebern zugunsten der letzten erwarteten und mit dem sie eine Ausdehnung der Tätigkeit der DAF »auf das wirtschaftliche, soziale und tarifpolitische Gebiet« zu verhindern hofften [64].

Die erste Phase des radikalen »berufsständischen Aufbaus« hatte heillose Verwirrung gestiftet, alte und junge Interessen mobilisiert und bis ins Mark getroffen und dadurch das Ergebnis gezeitigt, daß »die Zersplitterung in den Organisationen in einem bedenklichen Maße« fortschritt [65] und eine zentrale und einheitliche Beeinflussung weniger denn je in Aussicht stand. In dieser Lage scheint sich Hitler entschlossen zu haben, die wirtschaftlichen Spitzenverbände, die jetzt weitgehend unter nationalsozialistischen Einfluß gekommen waren, vorerst ihre eigenen Wege gehen und aus eigener Kraft eine Gesamtorganisation anstreben zu lassen [66]. Nach außen und in der Sprachregelung der offiziellen Propaganda verdrängte jetzt die Arbeitsbeschaffung – die »Arbeitsschlacht«, wie sie in der übertreibenden, militaristischen Terminologie der Nationalsozialisten hieß – den »ständischen Aufbau« [67]; Wort und Begriff gingen jedoch keineswegs verloren. Innerhalb der Spitzenverbände gab es kaum Meinungsverschiedenheiten über die grundsätzliche Ansicht, daß »Ruhe und Ordnung nur über den ständischen Aufbau« [68] gesichert werden konnten. Doch dieser Ausdruck wurde jetzt stärker als vorher mit dem Akzent der wirtschaftseigenen Selbstverwaltung versehen.

Das von Thyssen gemeinsam mit westfälischen Wirtschaftsfunktionären Ende Mai ins Leben gerufene Nationalsozialistische Institut für Ständewesen in Düsseldorf [69] führte die Gedanken einer ständischen Organisation der Wirtschaft fort. Auch hier dachte man an Pläne für eine »neue Wirtschaftsordnung«, die jedoch »innerhalb der grundlegenden Maßnahmen und Entscheidungen zum ständischen Gesamtaufbau der Einwirkung auf die verschiedensten wirtschaftlichen Abläufe«, also unmittelbaren Eingriffen von staatlicher Seite jederzeit breiten Raum lassen sollte. Doch nun konnte »die

Vielfalt des von der kapitalistischen Wirtschaftsweise geschaffenen Wirtschaftslebens« ins Feld geführt werden, die »keine schematische Behandlung und Neuregelung« vertrug; die Größenordnung der einzelwirtschaftlichen Gebilde in Deutschland zwang in der Tat zur »besonders gearteten Behandlung mancher wirtschaftlichen Probleme« [70]. Über Betriebsformen und Unternehmertätigkeit war ebensowenig zu streiten wie über die Absichten des Staates in der Wirtschaft; in Frage standen »nur noch das Maß und die Dauer der staatlichen Einwirkungsmöglichkeiten und . . . der einzusetzende Personenkreis«. Man ging dabei mit viel sorgfältigerer Überlegung ans Werk als auf seiten der Kampfbundführung; doch man erwartete auch hier »personelle Zugeständnisse der Großwirtschaft an die Neuordnung« und dachte an die Aufhebung des freien Kapitalmarktes und an eine staatliche Investitionspolitik [71]. Von dem »in die berufsständische Wirtschaft eingebauten Grundsatz der Selbstverwaltung« erhoffte man indessen einen ausreichenden »Schutz gegen ungesunde zentralistische Tendenzen und bürokratische Ruhestellungen, gegen neue schematische und formalistische Bequemlichkeiten und Beschränktheiten« [72]. Allerdings hatte die Selbstverwaltung, wie sie diese Ständeorganisatoren auffaßten, nichts mehr mit Selbstbestimmung gemein. Ihr Wesen lag in der Übernahme des staatlichen Willensvollzuges auf eigenes Risiko und eigene Rechnung, in dem »dauernden Überprüfen und Erneuern der eigenen Wirksamkeit im Interesse des Staates« [73].

Die variierenden wirtschaftlichen und politischen Interessen boten aber immer noch ein unübersichtliches und uneinheitliches Bild und einstweilen scheinbar auch wenig Aussichten, durch rasche Zugriffe eine universale Wirtschaftsorganisation aus dem Boden stampfen zu können. Selbst nationalsozialistische Verbandsführer wandten sich gegen das Übergewicht auf der Seite des Staates und nahmen sichtbare Gefährdungen der wirtschaftlichen Selbstverwaltung nicht ohne Einspruch und Widerstand hin. Als das preußische Wirtschaftsministerium eine Änderung des § 43 des Handelskammergesetzes in Erwägung zog, um die Möglichkeit zu erhalten, für die Berliner Industrie- und Handelskammer, in der nach Lage der Dinge die Nationalsozialisten von Neuwahlen nichts erwarten durften, einen Vorstand einzusetzen, war es Hilland, der den Widerstand des Deutschen Industrie- und Handelstages auf den Plan rief und eine Intervention beim Minister zustande brachte. Trotz aller Vorteile, die eine solche rigorose Regelung den Nationalsozialisten im Augenblick bringen mußte, hielt Hilland es noch für bedenklich und gefährlich, »einer Verwaltungsstelle [eine] so weitgehende Befugnis des Eingriffs in die Selbstverwaltung zu geben« [74]; in den Kammern behaupteten sich die örtlichen, mit der NSDAP im Bunde stehenden Interessen. Das Ministerium seinerseits wachte darüber, daß das Schlagwort der »Selbstverwaltung« nicht nur als Deckmantel für das autoritäre persönliche Regiment von Verbandsführern in unbeschränkten Machtstellungen benutzt wurde. Ein solches »Durchbiegen« des Führerprinzips war ihnen keineswegs willkommen. Daher mußten die neuen Spitzenverbände Beiräte bilden, deren Mitwirkung der Wirtschaftsminister zur Bedingung seiner Anerkennung von Tätigkeit und Entschlüssen der Verbände machte [75]. Das war immerhin ein Mittel, den um Einfluß- und Machtstellungen ringenden Verbänden Zügel anzulegen.

Den Kampf um die zentrale Regie der Wirtschaftsorganisationen versuchte Renteln von der Position des Deutschen Industrie- und Handelstages aus fortzusetzen. Das verkleinerte und personell erneuerte Präsidium [76] stimmte Ende August 1933 dem Gedanken zu, eine »Zusammenfassung der verschiedenen fachlichen Spitzenverbände ... in Form eines Generalausschusses« anzustreben und eine »von Zersplitterung freie Zusammenarbeit aller Spitzenverbände« herbeizuführen [77]. Allerdings wollte man sich auf eine Verbindung mit dem Groß- und Einzelhandel, mit dem Reichsstand der Deutschen Industrie und dem Bankenverband beschränken und Landwirtschaft und Handwerk sich selbst überlassen. Renteln ließ jetzt die Mittelstandsideologie fallen, um den Anschluß an jene Gruppen zu finden, die in der Organisationsentwicklung das entscheidende Gewicht zu bekommen schienen. Dieser Anschluß wurde mit einer Aufgabe des Mittelstandsblockes erkauft und mußte beinahe zwangsläufig zu einer neuen Frontbildung gegenüber der landwirtschaftlichen Organisation Darrés führen, die recht früh und erfolgreicher als die Verbände der übrigen Wirtschaft ihre eigene Standesorganisation entwickeln und gesetzlich verankern konnte.

Aber auch das Verhältnis zur Deutschen Arbeitsfront war problematisch. Gegen vereinzelten Widerspruch setzten Hilland und Renteln im Präsidium den Vorschlag zu einer Änderung des Handelskammergesetzes durch, die in geringerem Umfang Zuwahlen von Arbeitnehmervertretern zu den Vorständen der Industrie- und Handelskammern erlauben sollte, wobei den Treuhändern der Arbeit ein Präsentationsrecht zugedacht war [78]. Auf diese Weise hoffte man um unmittelbare Beziehungen zur Arbeitsfront herumzukommen, die sich anschickte, eine Monopolzuständigkeit in allen sozialpolitischen Fragen zu übernehmen, was ihr auch ein Übergewicht innerhalb des wirtschaftsständischen Aufbaus verschaffen konnte. Da sie das überall sichtbare Vordringen der DAF im Organisationsbereich der Wirtschaft nicht noch weiter fördern wollten, die Arbeitsfrontvertreter aber hinnehmen zu müssen glaubten, zogen die Führer des Deutschen Industrie- und Handelstages enge Beziehungen zu den Treuhändern der Arbeit einem Zusammengehen mit der Arbeitsfront vor [79]. Wirtschaftsminister Schmitt lenkte diese Wünsche jedoch noch am gleichen Tage in eine andere Richtung. Bei einem Empfang des Präsidiums des Deutschen Industrie- und Handelstages [80] kündete er überraschend die baldige Fortsetzung des ständischen Aufbaus an, in dem der Arbeitsfront ein bestimmter Platz zugewiesen, die durch Hereinnahme der Unternehmer »demnächst geschlossen« werde und dann vornehmlich der Aufgabe zu dienen habe, »der Wirtschaft die innere Geschlossenheit zu geben und alle Teile der Wirtschaft sich als ein der Volksgemeinschaft dienendes Ganzes fühlen zu lassen«. Diese offenkundige Absicht, die DAF auf eine ideologisch-propagandistische Wirksamkeit zu beschränken, die Schmitt durch die Zusicherung erhärtete, daß alle Lohn- und Arbeitsregelungen künftig den Treuhändern und die wirtschaftlichen Fragen den Kammern überlassen blieben, beruhigte die Vertreter des DIHT, die sich nun schnell mit dem Minister einigten und auf Zuwahlen verzichteten.

Das Gesetz zur Ordnung der nationalen Arbeit [81], das dem Unternehmer die Regelung aller betrieblichen Angelegenheiten einschränkungslos vorbehielt, die »Gefolgschaft« der Arbeiter zu einer »in der Betriebsgemeinschaft begründeten Treue« verpflichtete zur »Förderung der Betriebszwecke«, legte ausdrücklich die Aufgaben der Treuhänder der Arbeit, indirekt aber auch die der Deutschen Arbeitsfront endgültig fest. Der Treuhänder wurde in seinen hauptsächlichen Aufgaben zur überbetrieblichen Instanz in Sozialfragen und zugleich zu einer Aufsichtsbehörde für die vertrauensrätliche Selbstverwaltung der betrieblichen Sozialpolitik, die Arbeitsfront fast gänzlich aus der innerbetrieblichen Entscheidung verdrängt. Sie verlor in ihrer begrenzten Funktion als Organisation zur »weltanschaulichen« und politischen Beeinflussung, zur berufspädagogischen und hygienischen Betreuung, zur Freizeitgestaltung und zur arbeitsrechtlichen Beratung der Arbeiter – »aller schaffenden

Deutschen«, formell also auch der Unternehmer, die ihrer jedoch tatsächlich gar nicht bedurften – viel von ihrem Schrecken, der von ihrem unentschiedenen Status und von den lautstarken Reden einiger ihrer Funktionäre ausgegangen war. Dennoch kündete Ley das neue Gesetz vor den Arbeitern dadurch an, daß er eine besondere Gegnerschaft der Unternehmer gegen dieses Werk vortäuschte, das von all den umfassenden Gesetzgebungsaktionen der Reichsregierung am Anfang des Jahres 1934 tatsächlich am wenigsten umkämpft war. Er verstieg sich sogar zu der Behauptung, daß ihnen »das frühere System der Leipart und Imbusch« viel bequemer gewesen sei [82]. Solche propagandistischen Täuschungsmanöver umnebelten das wirkliche Ende der Gewerkschaftsbewegung. Ley suchte aber auch den Umstand zu verbergen, daß sich die Arbeitsfront anschickte, aus dem Machtkampf der rivalisierenden Spitzenverbände auszuscheiden. Der DAF blieb die »Menschenführung«, den Wirtschaftsorganisationen die »Führung der sachlichen Aufgaben der Wirtschaft«, wie es Krupp wenig später definierte [83], der in demonstrativer Form »als einer der ersten in die Deutsche Arbeitsfront eingetreten« war [84] und damit vielen Unternehmern das Zeichen gab, es ihm nachzutun. Wer nicht in die DAF eintrat, Wirtschaftswissenschaftler, Geschäftsführer und leitende Angestellte bei Kammern und Verbänden, erwarb die Mitgliedschaft im Bund Nationalsozialistischer Deutscher Juristen, die die Geschäftsstelle des Reichsstandes vermittelte [85].

4. Die Entstehung der ständischen Organisation gelenkter Wirtschaft

Nach Schaffung der Reichskulturkammer durch das Propagandaministerium war der Reichsnährstand die nächste standesartige, die erste wirtschaftsständische Organisation, die in unmittelbarer Verbindung mit einer obersten Reichsbehörde, hier dem Reichsernährungsministerium, den gesamten agrarischen Lebens- und Wirtschaftsbereich einer zentralen Regie unterwarf. Er nahm seinen Ausgang bei der »Reichsführergemeinschaft des deutschen Bauernstandes«, die am 4. April 1933 den Reichslandbund, die nationalsozialistische Bauernorganisation Darrés, und die Vereinigung der Deutschen Christlichen Bauernvereine in einer gemeinsamen Spitze unter Führung Darrés in eins verschmolz [86]. Die Reichsnährstandsgesetze vom Sommer 1933 [87] und die nachfolgenden Nährstandsverordnungen setzten an die Stelle der Bauernorganisationen eine umfassende Nährstandsorganisation, die, äußerlich als Selbstverwaltung aufgebaut, »nicht nur diejenigen, die den Boden unmittelbar bearbeiten, sondern alle, die mit seinen Erzeugnissen auf dem Wege zum Verbraucher zu tun haben« [88], zu einer Einheitsorganisation zusammenschloß und die als Körperschaft des öffentlichen Rechts – jedoch ohne Rechtspersönlichkeit der nachgeordneten Landes-, Kreis- und Ortsbauernschaften – umfangreiche Anordnungs- und Kontrollbefugnisse erhielt. Die Personalunion von Reichsernährungsminister und Reichsbauernführer – der zugleich Reichsleiter der NSDAP war – beseitigte die Kluft zwischen Staatsaufsicht und Eigenverwaltung und vereinigte beide zu einem gewaltigen Organ unter zentraler Regie, das als erstes im totalitären Staat des Nationalsozialismus und im Verhältnis zu anderen wirtschaftlichen Organisationen mit höchst expansiven Tendenzen die Vorstellung wirtschaftspolitischer »Lenkung« verwirklichte [89].

Das schnell entschlossene und erfolgreiche Vorgehen der landwirtschaftlichen Organisation wie des Reichspropagandaministeriums trieb auch die wirtschaftlichen Verbände gegen Jahresende zu erneuter Aktivität. Die Furcht, bei der endgültigen Verfestigung des Organisationswerkes zu kurz zu kommen und Einfluß zu verlieren, die angesichts der gewaltigen Ausdehnung, die der Reichsnährstand genommen hatte, keineswegs unbegründet war, verleitete zu fieberhafter und überstürzter Tätigkeit, die selbst das Reichswirtschaftsministerium auf dieser Bahn mitriß. Daß das Reichsernährungsministerium mit einem Schlage auch die gesamte Milchwirtschaft unter Einschluß des Handels in seine ständische Zwangsorganisation und damit in seine ausschließliche Zuständigkeit gebracht hatte, berührte und traf auch andere Teile der Wirtschaft, die die Gefahr fürchteten, daß sich der Milch verkaufende Einzelhändler, der plötzlich in den Anordnungsbereich des Reichsnährstandes geraten war, zur Option für die agrarische Organisation veranlaßt sah. Der Deutsche Industrie- und Handelstag erblickte darin einen alarmierenden Eingriff in seine Rechte, denn er hielt es nach wie vor für die Aufgabe der Handelsorganisation, die »Gesamtwirtschaft« zu vertreten [90]. Darré goß mit seiner Theorie von der gesellschaftlichen und sittlichen Begründung des Standes, die einzig im Bauerntum auch gleichzeitig einen wirtschaftlichen Gehalt habe, nur Öl in das Feuer. Er milderte keineswegs die Gegensätze und Befürchtungen, wenn er behauptete, nicht aus persönlichem Machthunger, sondern aus höherem volkswirtschaftlichen Interesse durch Zwangsorganisation, Festpreise und Erzeugungssteigerung die Grundlage für eine neuartige Wirtschaftspolitik schaffen zu wollen. Solche ambitiösen Erklärungen dienten freilich auch dem Zwecke, die aufgeregten Gemüter in Teilen der Landwirtschaft zu besänftigen und über die peinliche Notlage hinwegzukommen, die sich wesentlich langsamer zu bessern begann, als die nationalsozialistischen Versprechungen vorher Glauben gemacht hatten [91].

In der großbetrieblichen Wirtschaft, namentlich im Reichsstand der Deutschen Industrie, sah man den kommenden Dingen mit größerer Gelassenheit entgegen. Die bedrückenden Probleme der anderen schienen für die Großunternehmungen und ihre Verbände auf selbstverständliche Weise lösbar. Krupp hatte den Vorsitz des Kuratoriums für eine Sammlung übernommen, die in »weitesten Kreisen der deutschen Wirtschaft einschließlich der Landwirtschaft und Bankwelt« vom Reichsverband der Deutschen Industrie und der Vereinigung der Deutschen Arbeitgeberverbände eingeleitet worden war, um sie unter dem Namen »Hitler-Spende« der NSDAP zur Verfügung zu stellen [92]. Ähnlich verfuhr man auch andernorts. Gewichtige Sonderinteressen und Belange suchten sich unter den Umständen des totalen Staates auf neuen Wegen auszubreiten und Geschäftssinn mit politischen Bekenntnissen zu verbinden. Häufig suchte man sich renommierte Nationalsozialisten, die geschäftliche Karriere machen durften und dafür neue Einflußzonen im totalen Staat erschlossen [93]. »Zur Zeit zieht alles an verschiedenen Strängen, und eine derartige Schweinerei, wie sie jetzt, trotz aller nationalsozialistischen Ausgleichsbestrebungen, entstanden ist, war selbst vor mehreren Jahren noch nicht da«, beklagte sich ein Vertreter der HAPAG in Berlin einem hohen Beamten des Reichsinnenministeriums gegenüber [94]. Die radikalen Bestrebungen zur Verwirklichung eines ständischen Aufbaus galten als überwunden; infolgedessen konnte die »Industrie die späteren staatspolitischen Entscheidungen« abwarten [95]. Durch Bestätigung jeweils des unteren »Wirtschaftsführers« und Verbandschefs durch den nächsthöheren und zuletzt durch Bestätigung oder Einsetzung des höchsten Verbandsführers durch den Staat – wie Wagener vorgeschlagen hatte – glaubte man, bald zwangsläufig zu anerkannten und nicht anerkannten Verbänden und zu einer strikt nach dem »Führerprinzip« aufgebauten autoritären Wirtschaftsorganisation zu gelangen. Das Schwergewicht dieses Systems würde nicht auf der strukturierten Organisation, sondern allein in den Unternehmen [96], d. h. auf den Schultern einzelner ausgewählter und mit größten Vollmachten ausgestatteter Unternehmer, liegen. »Sozialaristokratisch« wurden diese Gedanken genannt [97], die offenbar das Führertum der wirtschaftlich Stärksten begründen und besiegeln sollten. Man möchte annehmen, daß sie auch den Inhalt der Verhandlungen und Vorschläge wiedergaben, die von Krupp ausgingen.

Um sich gegen die Organisation Darrés zu behaupten, legte dann der Deutsche Industrie- und Handelstag dem Reichswirtschaftsministerium einen eigenen Gesetzentwurf vor, mit dem er die Gesamtorganisation der übrigen Wirtschaft auf eine Weise regeln wollte, die ihm selbst die zentrale Regie vorbehielt [98]. Sämtliche regionalen Verbände unterstellte er den Industrie- und Handelskammern, die autoritäre Vollmachten auf allen Gebieten der Wirtschaft erhielten, während er die fachliche Gliederung den Reichsständen vorbehielt. Die Spitzen von Kammern und Reichsständen wollte der Deutsche Industrie- und Handelstag dann unter seiner Führung vereinen. Das Gesetz zur Vorbereitung des organischen Aufbaues der deutschen Wirtschaft vom 27. Februar 1934 erging nach dieser Vorbereitung als ein höchst überraschender Schlag [99]; denn es verfolgte gerade die Absicht, »die Aufgaben der Kammern ... auszuschalten« [100]. Das Wirtschaftsministerium behandelte nun auch die gleichgeschalteten Verbände autoritär und bereitete dem Gesetzentwurf und den Wünschen des Deutschen Industrie- und Handelstags »ein Begräbnis erster Klasse« [101].

Enttäuschung und Empörung der Spitzengremien des Deutschen Industrie- und Handelstags richteten sich zunächst gegen seinen nationalsozialistischen Präsidenten, der sich des Vorwurfs mangelnder Aktivität nur noch mit der resignierten Feststellung zu erwehren vermochte, »daß – anders wie im Handel und im Handwerk – der politische Einfluß der großen Verbände, ebenso wie früher, ein sehr viel stärkerer ist als der der Kammern« [102]; die unumwunden ausgesprochene Forderung seines Rücktritts konnte v. Renteln auf Grund des »Führerprinzips« und unter Berufung auf sein nationalsozialistisches Bekenntnis vorderhand noch einmal mit einfacher Ablehnung beantworten. Man einigte sich schließlich und entschloß sich zu neuen Vorstößen, um eine »alsbaldige Vervollständigung« der neuen Wirtschaftsorganisation »durch den reichsgesetzlichen Aufbau des Systems der deutschen Industrie- und Handelskammern und ihrer Spitzenverbände« zu erreichen [103]. Doch ein neuer Gesetzentwurf, der dieses Ziel verfolgte und den der Geschäftsführer Hilland über Keppler in das Reichskabinett lancierte, scheiterte an einem Änderungsantrag des Reichsernährungsministers, der den gesamten ländlichen Handel in den Reichsnährstand einzubeziehen versuchte, so daß sich der Industrie- und Handelstag, der diesen Ausgang nicht riskieren wollte, zum Rückzug gezwungen sah [104].

Nach diesem Ausgang folgten die Maßnahmen Schmitts vom 14. März [105], die auch dem Reichsstand der Deutschen Industrie einen »schwarzen Tag« bescherten [106] und ihn in mehrere Teile aufsplitterten. Was der Reichswirtschaftsminister als »eine glückliche Verbindung zwischen der nunmehr offiziellen und einzigen Wirtschaftsorganisation und dem Apparat des Wirtschaftsministeriums« pries, war in Wirklichkeit eine keineswegs organische Zusammenfassung der gewerblichen Wirtschaft, die nun diesem Ministerium einen ähnlichen Apparat verschaffte, wie ihn das Reichsernährungsministerium besaß und die nichts mehr beim alten ließ. Schmitt ernannte einen Führer der Wirtschaft, den Führer des Reichsverbandes der Elektroindustrie, Keßler, und 12 Hauptgruppenleiter. Krupp wurde an die Spitze der Hauptgruppe 1 (Bergbau, Eisen- und Metallgewinnung) zurückgedrängt, während der Hamburger Reeder Blohm die Hauptgruppe 2 (Maschinenbau, Elektrotechnik, Optik und Feinmechanik) und Krupps Gegner und Rivale Hartkopf die Hauptgruppe 3 (Eisen-, Blech- und Metallwaren) übernahm [107]. Offenkundig war es das hauptsächliche Ziel dieser Maßnahmen, außerhalb der Gesamtorganisation das Leben der Verbände verkümmern und die Repräsentation der wirtschaftlichen Interessen eingehen zu lassen. Diese Linie läßt sich auch unschwer im Reichsgesetz vom 23. März 1934 erkennen, das den vorläufigen Reichswirtschaftsrat auflöste, der ohnehin nur noch eine sehr bescheidene Existenz gefristet hatte [108]. Der »Führer der Wirtschaft« erließ dann ein zunächst befristetes Verbot, ohne seine Genehmigung organisatorische Veränderungen im wirtschaftlichen Verbandswesen vorzunehmen; ein weiteres Verbot untersagte auch jede Werbetätigkeit und alle Werbeversammlungen wirtschaftlicher Verbände [109]. Allerdings verhielt es sich im übrigen mit den ausgedehnten Vollmachten des Führers der Wirtschaft und mit seiner Handhabung von »Führerprinzip« und Ernennungsrecht anders, als es den Anschein hat. Die letzten Entscheidungen behielt sich das

Reichswirtschaftsministerium vor, das die von Keppler beabsichtigten Ernennungen der »Gesamtführer« und sogar der Hauptgruppenführer in den Wirtschaftsbezirken einer eingehenden internen Begutachtung unterwarf [110]. In Wirklichkeit fungierte der »Führer der Wirtschaft« nur als ein vorgeschobener Posten des Ministeriums inmitten des in der Umbildung begriffenen Verbandswesens. Die großindustriellen Spitzenverbände paßten sich der neuen Situation an, stellten jedoch keineswegs ihre Tätigkeit ein. Als nächste Station schien sich eine Verlagerung der Verbandsstrukturen nach den Betrieben gleicher Fertigungsart und -bereiche abzuzeichnen [111]. Offensichtlich näherten sich Konzernorganisation und Wirtschaftsverbandsorganisation einander an. Nachdem sich die radikalen Stände-Ideologien verflüchtigt hatten und sich auch der wirtschaftliche Selbstverwaltungsgedanke zusehends zu verdünnen begann, durfte sich das großbetriebliche und betriebswirtschaftliche Denken wieder zu freierer und stärkerer Regelung entfalten. Die autoritäre Absicht, auf die der Staat indessen nicht mehr zu verzichten gedachte, entwickelte sich unter dem Begriff der »Lenkung« [112] zu einer Funktion, die gleichzeitig in eminentem Sinne Wirtschafts- und Organisationspolitik einschloß und die gesamte Volkswirtschaft planmäßig, nach feststehenden Zielvorstellungen einer »Modellwirtschaft« zu »einem als autark gedachten Wirtschaftsbezirk« zusammenzufassen suchte [113].

Doch der Reichsstand der Deutschen Industrie zeigte sich von beharrlicher Widerstandskraft. Er hörte ebensowenig zu bestehen auf wie etwa der Verein Deutscher Eisen- und Stahlindustrieller; seine Geschäftsstelle setzte ihre Tätigkeit fort, gab Empfehlungen und Anweisungen heraus, die sie jetzt an jene sieben der zwölf Hauptgruppen richtete, die den Organisationsbereich des einstigen Reichsverbandes und des Reichsstandes der Deutschen Industrie deckten. Die Autorität von Krupp behauptete sich auch ohne die ausdrückliche Nominierung des Reichswirtschaftsministers. Unter der Firma des Reichsstandes bildete sich eine stillschweigend anerkannte Zwischeninstanz, die sich vor den Führer der Gesamtorganisation schob, der sogar bei offiziellen Arbeitstagungen des Reichsstandes unter dem Präsidium Krupps als Redner auftrat [114].

Der Widerstand der Schwerindustrie gegen die Maßnahmen des Reichswirtschaftsministers wurde durch die schwierige Außenhandels- und Devisenlage im Frühjahr 1934 begünstigt, der der Reichsbankpräsident Schacht durch drakonische Neuerungen auf dem Gebiete des Auslandszahlungsverkehrs und des Außenhandels zu begegnen suchte [115], die bereits der Autorität des Ministeriums Abbruch taten. Und er wurde im Mai und im Juni auf höchst wirksame Weise durch Vorstellungen von seiten des Reichswehrministers unterstützt, der unter Berufung auf geheime Rüstungspläne der Reichsregierung bei Hitler darüber Beschwerde führte, daß Schmitt bisher das Programm einer »wirtschaftlichen Mobilmachung« für die Zwecke der Aufrüstung vernachlässigt hätte [116]. Blombergs Verlangen nach Ernennung eines Militärs zum Staatssekretär im Reichswirtschaftsministerium für die Leitung der wirtschaftlichen Kriegsvorbereitungen wies Schmitt zurück; doch die Forderung der Reichswehr nach einem »Wirtschaftsdiktator« scheint den beabsichtigten Eindruck auf Hitler nicht verfehlt zu haben. Sie konnte sich jetzt auch auf die dokumentierte Kritik stützen, die wirtschaftliche Interessenten an der Ständeorganisation Schmitts übten, und sie fiel überdies genau mit den aufsehenerregenden Maßnahmen des Reichsbankpräsidenten zusammen. Auch Schmitt wollte sich nun dem Ruf nach dem Diktator für die Wirtschaft nicht mehr entziehen und erlangte am 3. Juli 1934 eine gesetzliche Generalermächtigung, die ihm für die Zeit bis zum 30. September die Vollmacht erteilte, »innerhalb seines Geschäftsbereichs alle Maßnahmen zu treffen, die er zur Förderung der deutschen Wirtschaft sowie zur Verhütung und Beseitigung wirtschaftlicher Schädigungen für notwendig« hielt [117]. Doch seine Amtsdauer zählte nur noch nach Tagen. Ein Jahr nach Übernahme seines Amtes mußte Schmitt, inzwischen schwer erkrankt, die Geschäftsführung seines Ministeriums an den Reichsbankpräsidenten Schacht abgeben; und am 30. Januar 1935 trat Schmitt endgültig zurück. Sein Ausscheiden wurde in der Öffentlichkeit mit auffälliger Sorgfalt behandelt. Göring ernannte ihn zum Preußischen Staatsrat; Hitler empfing ihn, und der Amtliche Preußische Pressedienst verbreitete den Text eines überschwenglichen Dankschreibens des preußischen Ministerpräsidenten [118], eine Auszeichnung, der sich sein Vorgänger nicht erfreuen konnte. Doch erst Schacht gelang es, die schwierigsten Verhältnisse zu bereinigen.

Der neue, kommissarische Reichswirtschaftsminister griff noch im August 1934 in die wirtschaftliche Selbstverwaltung ein, indem er die Industrie- und Handelskammern des gesamten Reichsgebietes seiner Aufsicht unterstellte und die Befugnis erhielt, ihre Vorsitzenden und deren Stellvertreter zu ernennen [119]. Und nachdem sich im Oktober der Reichswehrminister für die allgemeine Einführung wirtschaftlicher Pflichtorganisationen ausgesprochen hatte [120], schuf eine Verordnung vom November 1934 [121] ein neues Organisationssystem mit Reichsgruppen, nachgeordneten Wirtschaftsgruppen und Fachgruppen und ermöglichte dem Reichsstand der Deutschen Industrie eine endgültige Überführung in die Reichsgruppe Industrie [122]. Die fachliche Gliederung wurde nun auch durch eine bezirkliche ergänzt, die sich an die Wirtschaftsbezirke der Treuhänder anlehnte. Auch Wirtschaftsgruppen und Fachgruppen durften sich bezirklich untergliedern, sofern »ein zwingendes wirtschaftliches Bedürfnis« bestand. Durch besondere Anordnungen konnte der Reichswirtschaftsminister Bezirksgruppen mit einer geschäftsführenden Industrie- und Handelskammer verbinden. Gruppen verschiedener Betriebsarten oder Fertigungsstufen des gleichen Wirtschaftszweiges, die jedoch verschiedene Fachgruppen bildeten, durften fortan Arbeitsgemeinschaften gründen. Nicht minder differenziert und elastisch konnten sich die Rechtsformen dieser Organisationsgebilde gestalten. Wirtschaftsgruppen und Bezirksgruppen der Reichsgruppe Industrie z. B. wurden kraft Verleihung rechtsfähige Vereine, die infolgedessen nicht ins Vereinsregister kamen [123]. Die Fachgruppen und ihre bezirklichen Untergliederungen erhielten diese Rechtsfähigkeit jedoch nur, sofern ein gewisses Maß an sachbedingter Selbständigkeit vorhanden war; die Entscheidung hierüber fällte die Wirtschaftsgruppe, deren Leiter in weit gefaßter Ermessensfreiheit über den Organisationsbereich seiner Gruppe und über Zugehörigkeit und Aufnahme bestehender Wirtschaftsverbände befinden durfte.

Auch in personeller Hinsicht ließ sich nun vieles und ständig verändern; denn auf Grund der Verordnung erloschen die Vollmachten der bestellten Bezirkswirtschaftsführer und Bezirksgruppenführer, so daß die Regionalorganisationen neue Leiter erhalten konnten. Die in der Verordnung vom 27. November 1934 vorgesehene Vereinigung der Geschäftsstellen des Führers der Wirtschaft und des Deutschen Industrie- und Handelstages zur Reichswirtschaftskammer als oberster Instanz der wirtschaftlichen Eigenverwaltung schritt über die Persönlichkeiten der beiden nationalsozialistischen Platzhalter des Interims hinweg. Weder Renteln noch Keppler traten das neue Amt an der Spitze der Reichswirtschaftskammer an, sondern Rentelns Rivale aus dem Präsidium des Deutschen Industrie- und Handelstages, der Hannoversche Industrie- und

Handelskammer-Präsident Hecker [124]. Dagegen bildete das traditionelle Gewicht der Schwerindustrie auch einen Schutz für überkommene Personalverhältnisse. Eine weitere Anordnung des Reichswirtschaftsministers bildete eine Wirtschaftsgruppe Eisenschaffende Industrie, in die der Verein Deutscher Eisen- und Stahlindustrieller, bis dahin das stählerne Rückgrat des Reichsverbandes der Deutschen Industrie, ohne Schwierigkeiten überführt wurde. Doch Ernst Poensgen behielt nach wie vor den Vorsitz und Reichert die Geschäftsführung; und auch die alten Bezirksgruppen, die Nordwestliche Gruppe, die Südwestliche, die Östliche, die Norddeutsche, die Mitteldeutsche und die Süddeutsche Gruppe, blieben bestehen, wenn auch unter leicht veränderter Benennung, die eben gerade noch der Bedingung der Anpassung an die neuen Organisationsverhältnisse Rechnung trug. Damit fand eine verhältnismäßig lange, schleppende und überaus wechselvolle Organisationsentwicklung ihren vorläufigen Abschluß. Sie war, unbekümmert um Rechtsformen und ständische Prinzipien, zu einer einfachen und durchsichtigen, jedoch lückenlosen Erfassung der gesamten Wirtschaft im Zuständigkeitsbereich des Reichswirtschaftsministeriums gelangt, die als Lenkungsapparat der Wirtschaftspolitik dienen konnte, zugleich aber genügend Elastizität besaß, um den betrieblichen und unternehmerischen Interessen freien Raum zu gewähren. Die Konkurrenzen wurden aufeinander abgestimmt und vor den großen gemeinsamen Wagen einer auf binnen- und bald auch rüstungswirtschaftliche Produktionssteigerung ausgerichteten Wirtschaftspolitik gespannt.

5. *Von der Arbeitsbeschaffung zur Staatskonjunktur*

Ein folgenreicher Umstand begünstigte eine Annäherung der Wirtschaftspolitik an programmatische Grundsätze der NSDAP. Ihre Wirtschaftsprogramme waren ausschließlich binnenwirtschaftlich orientiert; angesichts des gestörten Auslandszahlungsverkehrs und des Devisenmangels blieben auch die offiziellen wie nichtoffiziellen Arbeitsbeschaffungsprogramme mehr oder weniger auf die Binnenwirtschaft beschränkt, soweit sie nicht überhaupt schon die Belebung der Wirtschaft möglichst rasch auf jene Produktionsgebiete auszudehnen und gar zu konzentrieren trachteten, die der Rohstoffgrundlage der Industrie zugute kommen und zu einer größeren Unabhängigkeit vom Import beitragen sollten. Derartige

Pläne wurden erörtert und projektiert, seitdem Schacht in den Jahren 1929/30 als ein in weiten Kreisen anerkannter Fachmann einen wirtschaftspolitischen Systemwechsel und für Deutschland eigene Rohstoff- und Siedlungsgebiete gefordert hatte [125]. Auf dem Untergrunde fachmännischer und sachlicher Überlegungen erwuchs eine Wirtschaftsideologie, die nicht allein auf diese Grundlage beschränkt blieb. Sie reichte in das Getriebe politischer Propaganda hinein und strebte unter dem Schlagwort »Autarkie« unklaren Zielen zu. Die Stunde ihrer Verwirklichung war auch die Stunde der chemischen Industrie mit ihren Zweigen der synthetischen Produktion, der Stoffumwandlung und der Stoffneuschaffung.

Es bleibt jedoch ein Unterschied von beträchtlicher Bedeutung bestehen zwischen dem Abschließungsvorgang, der die Volkswirtschaft aus der krisenhaft erschütterten Weltwirtschaft herausschneidet und der die Krise mit Mitteln der Nationalwirtschaft zu überbrücken versucht, und einer politischen Konsequenz, die im Stadium der verhältnismäßigen Lockerung globaler ökonomischer Beziehungen einen nationalen politischen Machtkomplex zu entwikkeln strebt, der sich außenpolitisch in Szene setzt und die Autarkie zum gewichtigen Faktor in diplomatischen Auseinandersetzungen, zum Element einer nationalen Politik der Stärke und zum wirtschaftlichen Gegenstück militärischer Rüstung entwickelt. Und selbst von dieser Politik der weltwirtschaftlichen Verpflichtungslosigkeit aus und im Gesichtswinkel der nationalen Unabhängigkeit ist es immer noch ein beträchtlicher Schritt zu dem Entschluß einer wohlvorbereiteten militärischen Expansion, die mit der wirtschaftlichen Intensivierung und mit der wirtschaftlichen Eroberung Hand in Hand gehen soll. Es lag keineswegs in der Natur der Sache, daß die Stufen und Richtungen der permanent gesteigerten Tendenz nicht unterschieden, sondern in eins getan, einem »Endziel« untergeordnet und verhältnismäßig rasch durchlaufen wurden.

Die Deflationspolitik der Regierung Brüning [126] – Devisenbewirtschaftung, Stillhalteabkommen und Einfuhrkontrollen, um den Abfluß ausländischen wie deutschen Kapitals ins Ausland zu verhindern, starke Kürzung der Reichsausgaben, um einen Etatausgleich zu erreichen, und Maßnahmen des Reiches, um Preise und Kosten zu senken und dem abgesunkenen Preisniveau des Weltmarktes anzupassen – war, soweit man die nächsten Ziele dieser Politik ins Auge faßte, durchaus nicht erfolglos. Sie zeitigte jedoch eine Reihe von Wirkungen, die keineswegs beabsichtigt und deren Ergebnisse zum mindesten nicht in ihrem tatsächlichen Ausmaß im voraus erkannt worden waren. Der ausgeglichene Haushalt und ein beträchtlicher Ausfuhrüberschuß bewirkten eine annähernd ausgeglichene Zahlungsbilanz; doch mit der Preis- und Kostensenkung fiel das Lebenshaltungsniveau und stieg die Arbeitslosigkeit, die im Juli 1931 den Stand von fast 4,1 Millionen Köpfen erreicht hatte und im Februar 1932 6,2 Millionen Beschäftigungslose zählte – 18,7 % der erwerbswilligen Bevölkerung [127] –, die nunmehr dem System der Unterstützungs- und Wohlfahrtsfürsorgeleistungen zur Last fielen. Der Index der Tariflohnsumme der Arbeiter aller Industriegruppen (1926 = 100) sank von 142,1 im Jahre 1929 schon im Jahre 1931 auf 96,8 [128], der Binnenabsatz aller Industriegruppen von 71 auf 50,3 Milliarden Reichsmark [129]. Das Opfer, das für den Ausgleich der Zahlungsbilanz gebracht wurde, war zu groß, breiten Massen des Volkes gegenüber von einer brutalen Härte und infolgedessen auch nicht mehr mit den Mitteln des demokratischen Parlamentarismus zu erwirken. Die Reichskabinette seit 1931, die buchstäblich die Not verordneten, bereiteten die präsidiale Diktatur vor, die vom Sektor der Wirtschaftspolitik aus in das Leben der Nation vordrang.

War bereits der Preis, der für diese Politik gezahlt wurde, von problematischer Größe, so gilt das letztlich auch von dem Ziel, das sie anstrebte: der Aufrechterhaltung der Wechselkursparität [130]. Von heute aus betrachtet, war diese Politik schlechthin falsch; diese Feststellung bleibt auch bestehen, wenn man den Irrtum Brünings einen ehrenhaften Irrtum nennt [131]. Immerhin aber hatte Brüning eine Reihe sehr guter wirtschaftlicher Gründe für seine Politik. Er hielt sich streng an Spielregeln und Vorstellungen der alten Weltwirtschaft. Deutschland blieb konsequent auf der Seite der Goldblockländer und verzichtete auf die Währungsabwertung als das Radikalmittel zum Zahlungsbilanzausgleich. Nach dem außenwirtschaftlich beachtlichen Ergebnis des Kreditabkommens vom 23. Januar 1932 begann jedoch in vielen Plänen und Denkschriften der unausbleibliche innere Angriff auf die bisherige Wirtschaftspolitik Brünings mit der gebieterischen Forderung nach Krisenüberwindung durch Mittel einer »aktiven Konjunkturpolitik« und staatliche Arbeitsbeschaffungsmaßnahmen [132].

Die Arbeitsbeschaffung trat teilweise an die Stelle der Erwerbslosenunterstützung und suchte den von der Marktwirtschaft ausgesonderten Arbeitskräften neue Erwerbstätigkeiten zu verschaffen.

Problematisch war die erneute Einfügung der vom Marktablauf getrennten Produktivkräfte in die Gesamtwirtschaft [133]. Durch zusätzliche finanzielle Aufwendungen entstanden zusätzliche Arbeitsgelegenheiten und zusätzliche Arbeitsprodukte; doch die Beschäftigung erfolgte nicht wie in der Marktwirtschaft nach dem vorwaltenden Gesichtspunkt der Rentabilität, sondern nach den Grundsätzen maximaler Verwendung menschlicher Arbeitskräfte. Entweder durften die zusätzlichen Arbeitsleistungen keine Konkurrenz für Marktprodukte bilden, was voraussetzte, daß sie sich auf die Schaffung nicht vorhandener oder auf die Verbesserung oder Wiederherstellung bestehender, am Marktvorgang nicht beteiligter Anlagen beschränkten, oder sie dienten einer volkswirtschaftlich geplanten selektiven Verdrängung anderer Produkte, z. B. der Minderung des Imports durch bestimmte zusätzliche Erzeugungen, kamen also autarkistischen Bestrebungen entgegen.

Staatliche Notstandsaktionen gab es schon in der ersten Nachkriegskrise, doch sie blieben ohne Verbindung zur Wohlfahrtsfürsorge, die nach älterer Überlieferung zu dem Kreis der kommunalen Angelegenheiten gehörte. Erst das Gesetz über Arbeitsvermittlung und Arbeitslosenversicherung vom 16. Juli 1927 eröffnete mit der »werteschaffenden Arbeitslosenfürsorge« die Möglichkeit einer Verknüpfung von Arbeitsbeschaffung und Erwerbslosenfürsorge, die teilweise – als Arbeitslosen- und als Anteil an der Krisenunterstützung – in die Zuständigkeit der neu errichteten Reichsanstalt für Arbeitsvermittlung und Arbeitslosenversicherung überging. Ihr dienten die Arbeitsbeschaffungsprogramme von 1930 und 1932/33. Im Verlaufe der Krise trat der Gedanke hinzu, Erwerbslose in einer grundsätzlich neuen Form zu unterhalten und zu produktiver Tätigkeit zu bringen: im Landdienst und im Arbeitsdienst [134], der weder privatwirtschaftliche Arbeiter- oder Angestelltenverhältnisse noch beamtenrechtliche Dienstverhältnisse begründete, aber im Unterschied zum Militärdienst volkswirtschaftlich produktiv sein sollte. Ausrüstung, Massenunterkünfte und Massenverpflegung wurden auf dem niedrigsten möglichen Stand gehalten, um die Aufwendungen auf ein Minimum zu senken und unter optimaler Ausnutzung der finanziellen Mittel den Effekt einer größtmöglichen Beschäftigtenziffer zu erzielen. Doch dieser Gesichtspunkt erfaßte keineswegs alle Motive zur Schaffung des Freiwilligen Arbeitsdienstes [135]. Pädagogische und mehr und mehr auch nationalistisch-militaristische erzieherische Grundsätze wirkten bei dem Gedanken mit, junge Arbeitslose in Organisationen mit quasimilitärischer Disziplin zu erfassen und zu kollektiven Notstandsarbeiten einzusetzen.

In Deutschland wurde die Arbeitsbeschaffung zum bevorzugten Gebiet staatlicher Wirtschaftsbetätigung. Das war keineswegs immer und überall so. In England wurden die Kommunen im Verein mit einer geschickten Währungspolitik ohne staatliche Intervention der Arbeitslosigkeit Herr [136], und in Amerika begnügten sich die Vereinigten Staaten mit einer Politik der Anregungen und eigener Unternehmungen, um ein zahlenmäßig noch größeres Arbeitslosenheer in einer allerdings wesentlich längeren Zeitspanne Schritt für Schritt aufzulösen und wieder in den Produktionsmechanismus der Marktwirtschaft zu überführen [137]. Auch in Deutschland spielten kommunale Arbeitsbeschaffungsmaßnahmen neben denen anderer Körperschaften wie der Reichsbahn und der Reichspost im ersten Teil der Wirtschaftskrise eine beachtliche Rolle [138]; doch die finanzwirtschaftliche Struktur der lokalen Selbstverwaltung verlangte eine weitgehende Finanzierung der kommunalen Maßnahmen durch den Staat, d. h. hier durch das Reich [139]. Sie führte die Arbeitsbeschaffung im Auftrage des Reiches durch, bis sich das Reich im weiteren Verlauf der Krise diese Rolle mehr und mehr selbst aneignete.

Im Jahre 1931 hatte der Sonderausschuß des Reichswirtschaftsrates für Arbeitsbeschaffung mehrere Projekte entwickelt, die für die kommunale Selbstverwaltung wichtig zu werden versprachen. Der Städtetag hatte anfangs zögernd, dann, als die Finanzierung gesichert schien, entschlossener Pläne für vorstädterische Kleinsiedlungen entwickelt, die als Erwerbslosensiedlungen sehr eingehend erörtert und dann auch verwirklicht wurden [140]. Und ein städtischer freiwilliger Arbeitsdienst, den die Oberbürgermeister Brauer, Jarres und Rive in den Städten Altona, Duisburg-Hamborn und Halle eingeführt und erprobt hatten, fand allgemeine Befürwortung als eine vielversprechende Möglichkeit von praktischer Bedeutung für die Arbeitsbeschaffung [141]. Größere Pläne zur kommunalen Arbeitsbeschaffung gediehen indessen erst in Verbindung mit dem Arbeitsbeschaffungsprogramm der Regierung Papen. Die Vorschläge des Städtetages [142] unterlagen jedoch immer noch einschränkenden Bedingungen und Voraussetzungen. Die Privatwirtschaft sollte eingeschaltet, aber nirgends bedrängt werden; den finanziell arg beanspruchten Gemeinden durften keine neuen Lasten erwachsen, und die Arbeiten, die zu verrichten waren, mußten dem normalen ordentlichen Etat angehören und nur infolge der Not vorläufig zurückgestellt worden sein. Sie reichten daher im wesentlichen nicht sehr weit über den konventionellen Gedanken hinaus, vor allem den Bau von Kleinstwohnungen und Stadtrandsiedlungen nachdrücklich zu fördern; außerdem waren notwendige Verkehrsbauten neben der Anlage von Kleingärten und Meliorationen vorgesehen. Die Maßstäbe wurden von vornherein verhältnismäßig klein angesetzt; jedenfalls kann angesichts einer vorgesehenen zeitweiligen Beschäftigung von 400 000 Wohlfahrtserwerbslosen kaum von einem sehr wirkungsvollen Versuch zur Wiederingangsetzung der Wirtschaft geredet werden, der dem Ausmaß der Krise entsprochen hätte. Die erforderlichen Mittel waren freilich ohne Kreditexperimente höherer Schwierigkeitsgrade aus einzusparenden Unterstützungen, Steuergutscheinen und zu einem Drittel aus Darlehen der Deutschen Gesellschaft für öffentliche Arbeiten zu beschaffen. Notgedrungen mußte der Nutzeffekt begrenzt bleiben. Für den kommunalen Fiskus modifizierten sich die Etatposten; von den Wohlfahrtserwerbslosen aber wurde Vollarbeit gegen unterdurchschnittlichen Lohn erwartet, der nur unwesentlich über den niedrigsten Unterstützungssätzen lag [143].

Fast zur gleichen Zeit entstand innerhalb der NSDAP ein Arbeitsbeschaffungsplan, der 1 Million Arbeitskräfte in einer allgemeinen Arbeitsdienstpflicht zum Bau eines Reichsautostraßennetzes – zur »Stärkung der Wehrfähigkeit« – unterbringen wollte [144]. Doch selbst dieser Plan entwickelte noch keine Kredit- und Währungsprojekte, sondern suchte das Problem der Arbeitslosigkeit durch Verwendung möglichst geringer Aufwendungen je Arbeitskraft unter konsequenter Ausschaltung der privaten Wirtschaft zu lösen. Hitler und die Nationalsozialisten bemächtigten sich des Gedankens der Krisenbekämpfung durch Kreditexpansion nur sehr zögernd und erst, nachdem sie sich im Besitze der Staatsmacht sahen und die höchst kritische volkswirtschaftliche Bilanz wirkungsvolle Maßnahmen erheischte. Einer der namhaftesten Verfechter dieses Gedankens, der kein Nationalsozialist war, bemühte sich, wie überliefert wird, die ängstlichen Bedenken Hitlers aus dem Wege zu räumen und persönlich und eindringlich die Furcht vor der Inflation zu bannen [145]. Hitler übernahm auch nicht mit dem Reichskommissar für Arbeitsbeschaffung, Gereke, der aus dem Kabinett Schleicher in die neue Reichsregierung übertrat, dessen ganzes

Arbeitsbeschaffungsprogramm – ebensowenig wie es vorher Schleicher getan hatte. Der Präsident des Deutschen Landgemeindetages hatte im Sommer 1932 den Plan des Landrates Herpel aufgegriffen. Seinen hauptsächlichen Gedanken, den Gemeinden unbeschränkt finanzielle Mittel zum Zwecke der kommunalen Arbeitsbeschaffung zur Verfügung zu stellen – Gereke bezifferte ihre Bedürfnisse höchst optimistisch auf 4 Milliarden Reichsmark –, wollte er mit Hilfe einer Art zweiter Währung in Form von »Giralgeld« verwirklichen, das in einem besonderen Kreislauf außerhalb des üblichen Geldumlaufes zirkulieren und die Arbeitsbeschaffung in Gang setzen und in Gang halten sollte. Gereke wußte sein etwas abenteuerliches Projekt der Öffentlichkeit geschickt im Verein mit kräftigen Parolen gegen die internationale Hochfinanz und gegen die Reichsbank zu präsentieren [146]. Die von ihm vorgeschlagene Methode indessen, »möglichst alle Arbeitslosen zum vollen Lohn«, aber an besonderen wirtschaftspolitischen Schwerpunkten zu beschäftigen, auf die er Investitionen bis dahin unbekannten Ausmaßes konzentrieren wollte, was gewiß günstige psychologische Wirkungen im Gefolge haben mußte, gewann ernsthafte Beachtung [147]. Die Auswahl dieser Schwerpunkte, Bau von Schnellverkehrsverbindungen, Flugplätzen, Brücken, Kraft-, Wasser- und Gaswerken, Landgewinnung und Meliorationen, Bauern- und Handwerkersiedlungen besonders in Ostdeutschland, halb ländliche Siedlungen in Großstadt- und Industriegebieten, Sanierung der Wohnverhältnisse in den Altstädten, die er als »volkspolitische Aufbauarbeiten mit dem Ziele, bevölkerungs- und wehrwirtschaftliche Grundlagen zur Wiedergewinnung der deutschen Weltgeltung zu schaffen«, deutlich und attraktiv charakterisierte, lenkte auf ein weiteres Ziel hin: eine nationale Konjunkturpolitik mit außenpolitischen Absichten. Allerdings lag ein wesentlicher Unterschied zur späteren Konjunktur des nationalsozialistischen Staates noch darin, daß Gereke, wie es dem Ausgangspunkt dieses Planes im Verband Preußischer Landgemeinden entsprach, die Initiative zur Wirtschaftsbelebung, zur Planung wie zur Kreditanforderung, die von Staats wegen lediglich unter dem Gesichtspunkt der Zweckmäßigkeit kontrolliert werden sollte, in die Hand der Gemeinden legte. Dem kam die nationalsozialistische Regierung ebensowenig wie vorher die Kabinette Papen und Schleicher nach. Die 500 Millionen Reichsmark Kredit, die ihm vom Kabinett Schleicher nach anfänglichen Schwierigkeiten zur Verfügung gestellt und von denen noch 100 Millionen zu zweckfremden Aufgaben verwendet wurden, waren für das riesenhafte Ausmaß des ursprünglichen Vorhabens, dessen Effekt von vornherein nur bei äußerst weiter Begrenzung der Kreditvergabe zu erwarten gewesen wäre, vollkommen unzureichend. Gereke versuchte daraufhin durch seinen Schritt an die Seite der Vertreter der NSDAP, des Stahlhelms und des Reichslandbunds die Durchführung seines ursprünglichen Programms zu sichern [148]. Doch dieser Entschluß brachte weder ihm noch seinem Vorhaben Segen. Im März 1933 verschwand er als einer der ersten im Sog des nationalsozialistischen Terrors [149].

Mehr als der Name Gerekes ist der Schachts mit der Arbeitsbeschaffung der nationalsozialistischen Zeit verknüpft, dem der Ruf anhing, schon einmal ein »Wunder« – ein wohlvorbereitetes, gut durchdachtes und von gesicherten Mehrheiten vertretenes, längst fälliges »Wunder« der Währungsstabilisierung freilich – vollbracht zu haben. Das Kreditproblem gab den Ausschlag, den Reichsbankpräsidenten Luther, der seit drei Jahren eine deflationistische, auf größere Zurückhaltung und restriktive Bewilligung von Arbeitsbeschaffungsmitteln festgelegte Notenbankpolitik vertreten und seit Herbst 1932 nur zögernd gelockert hatte und weiterhin zu lockern bereit war, gegen den seit längerem um Hitler bemühten Schacht auszuwechseln. Der Rücktritt, zu dem sich Luther auf Grund des Verhaltens Hitlers genötigt sah [150], und die umgehend vollzogene Ernennung Schachts zu seinem Nachfolger besiegelten das Ende einer vorwiegend von konservativen Wirtschaftsvorstellungen bestimmten Währungspolitik und machten den Weg frei zu wirtschaftspolitischen Wagnissen unübersehbaren Ausmaßes. Nachdem Hugenberg seine wirtschaftlichen Ministerien verlassen hatte, stieg Schacht bald zur bestimmenden Größe in der staatlichen Wirtschaftspolitik auf. Bis zum Herbst 1933 hatte die Regierung Hitler zur Behebung der Arbeitslosigkeit [151] knapp 650 Millionen Reichsmark ausgegeben [152]; für vorstädtische Kleinsiedlungen (rund 46 000 Siedlerstellen, die in vier Bauabschnitten bis Ende 1933 geschaffen werden sollten) 113 400 000 RM, für die Eigenheimaktion des Reiches (Reichsbaudarlehen für rd. 10 000 Eigenheime) vom Reich 23 310 000 RM, für rd. 20 000 Eigenheime von der RAfAVAV aus den Mitteln der wertschaffenden Arbeitslosenfürsorge 3 025 500 RM, als Reichsmittel zur Gewährung von Darlehen an Gemeinden und Gemeindeverbände zur Errichtung von Not- und Behelfswohnungen 9 Millionen RM und als Reichszuschüsse für Wohnungsinstandsetzungs-, Ergänzungs- und Umbauarbeiten 500 Millionen RM. Außerdem gewährte das Reich Steuerfreiheit für Ersatzbeschaffungen, übernahm es Bürgschaften für den Kleinwohnungsbau, und schließlich gingen von zusätzlichen Arbeitsbeschaffungsprogrammen der Reichsbahn und der Reichspost ergänzende und unterstützende Wirkungen aus [153]. Die bis zum Jahresende 1933 tatsächlich verwendeten Mittel dürften insgesamt 1,5 Milliarden Reichsmark kaum oder doch nicht wesentlich überschritten haben. In diesem Jahr ging die Arbeitslosenzahl um ein Drittel – um 2 Millionen – zurück. Dennoch waren Schmitt und Schacht darin einer Meinung, daß »die Beseitigung der Arbeitslosigkeit ... nicht allein durch künstliche Arbeitsbeschaffung erfolgen« könne [154] und daß »Notstandsarbeiten, wie Gräben ziehen, Sand karren und Wege beschottern« einer »Ankurbelung der Wirtschaft ... nicht nennenswert dienen« [155]. Das war sicher richtig gesehen von jemandem, der den psychologischen Effekt einer denkbar raschen totalen Beseitigung der Arbeitslosigkeit als unverrückbares Ziel vor Augen hatte. Doch während der Reichswirtschaftsminister in seinen Bestrebungen, »der produktiven Wirtschaft«, namentlich den großen Unternehmen, »Erleichterung zu verschaffen«, noch mehr Grundsätze als Pläne erkennen ließ, ging Schacht mit dem Vorhaben, durch systematisierte öffentliche Aufträge eine Binnenmarktkonjunktur zu entwickeln, mehrere Schritte weiter. Fast allgemein hatte sich in der Krise die Ansicht Bahn gebrochen, daß der Staat in größtem Ausmaß die Führung der Wirtschaft übernehmen müsse, um die brachliegenden Reserven an Produktionsmitteln wieder nutzbringend zu verwenden und durch planmäßigen Einsatz großer Mittel, unbekümmert um Haushaltsdefizite, die Krisenwirkungen zu überwinden. Die Politik der erzwungenen Krisenverschuldung wurde nunmehr durch eine Politik der »bewußten Aufschwungverschuldung« abgelöst [156].

Die Einleitung der »Staatskonjunktur« stellte im Verhältnis zu den Arbeitsbeschaffungsmaßnahmen des Reiches nicht erst »den zweiten Akt des Geschehens« [157] dar, sondern den schon frühzeitig verfolgten zweiten Weg der Wirtschaftspolitik, der anfangs langsamer als die wertschaffende Arbeitslosenfürsorge begangen werden mußte, da er zusätzliche Kapital-, Kredit- und auch Rechtsprobleme stellte, dann aber mit eintretenden Erfolgen im Laufe des Jahres 1934 die Arbeitsbeschaffungsmaßnahmen aus dem Vorjahr hinter sich ließ und schließlich gänzlich außer Kurs setzte. Es gleicht einer lautstärkeren Wiederholung des von Schacht angemeldeten Gedankens, wenn Hitler schon am 1. Mai 1933 ebenso großsprecherisch wie dunkel »große öffentliche Programme« ankündigte und »in erster Linie ein Riesenprogramm, das wir nicht der Nachwelt überlassen wollen« [158]. Hinter diesen Worten verbarg sich die bekannte Lieblingsidee Hitlers, Staat und Wirtschaft in den Dienst der militärischen Rüstung zu stellen. Aber auch so mancher wichtige Mann der Großindustrie erblickte in einer »umfassenden Planung« zugunsten der »wirtschaftlichen Produktivität« die einzige erfolgversprechende Fortentwicklung der Arbeitsbeschaffung [159].

Die Umstellung von dem Programm, das einige Kategorien von Leistungen und Bauten in allgemeiner Weise förderte, auf Pläne, die in erster Linie Zwecken der Wehrmacht, der Landesverteidigung und der binnenwirtschaftlichen Rohstoffproduktion dienen sollten, ging in zwei Etappen vor sich. Sie begann in der von Hitler angekündigten »zweiten Welle« der Arbeitsbeschaffung, um den erwarteten saisonbedingten Rückgang der Beschäftigtenzahl im Herbst 1933 aufzuhalten, mit dem »ersten Spatenstich« zum Reichsautobahnbau am 23. September, mit dem die Verwirklichung eines kriegswichtigen Autostraßenmonopols des Reiches, für das die NSDAP seit geraumer Zeit eintrat, ihren Anfang nahm; und sie wurde mit der »dritten Welle« vom Frühjahr 1934 an fortgesetzt. Doch die Vergabe staatlicher Aufträge und die staatliche Lenkung der Investitionen setzte schon vor dem großen öffentlichen Projekt des Autobahnbaus ein. Sie bestanden hauptsächlich in militärischen Projekten, Objekten der geheimgehaltenen Aufrüstung, die bereits im Frühjahr 1933 in das Stadium einer großdimensionalen Vorbereitung und Kriegsplanung eintrat [160], und in Vergünstigungen, die die Investition zugunsten einer Rohstoffautarkie fördern sollten. Mit Vermittlung Schachts bemühten sich Konzerne der Schwerindustrie um Aufträge des Reichswehrministeriums und empfahlen ihre Leistungsfähigkeit [161]. An eine Großkonjunktur von Rüstungsgütern war während des Jahres 1933 allerdings noch nicht zu denken; aber die auf Konjunktur wartende ungenutzte Produktionskapazität begann schon sichtbar auf das Gebiet des Wehrmachtsbedarfs und der Rüstung überzugreifen. Bezeichnend für die Angebotssituation auf dem Markte war, daß anfangs die Entbehrlichkeit von Neuinvestitionen als Empfehlung galt, also der Gesichtspunkt der verhältnismäßig billigen Produktion gewürdigt wurde. Auf Initiative interessierter Industrieller bereitete die Reichsregierung jedoch schon im Mai und im Juni 1933 die Förderung des großzügigen Aufbaus einer deutschen Mineralölindustrie [162] und schließlich der Großerzeugung synthetischen Treibstoffes vor, die innerhalb der marktwirtschaftlichen Rentabilitätsberechnungen auf größte Schwierigkeiten gestoßen und mit größter Wahrscheinlichkeit nicht zu den späteren Ausmaßen gelangt wäre. Ein denkwürdiges Datum dieser Politik des Industrieausbaus im Sinne autarkistischer Ziele ist mit dem Abschluß des sogenannten Benzinvertrages gegeben, den die I.G. Farbenindustrie am 14. Dezember 1933 abschloß und der dem Ammoniakwerk Merseburg, das der I.G. Farbenindustrie gehörte, eine Produktions- und Qualitätsauflage erteilte, für die das Reich für zehn Jahre eine Preis- und Abnahmegarantie übernahm gegen das Recht, die Kalkulation zu überprüfen und für die Kalkulation Vorschriften zu erlassen [163]. Die begünstigte Industrie verpflichtete sich zur Produktion und dadurch zur Investition; sie wälzte ihr Risiko auf den Staat ab, gab aber auch ihre Unabhängigkeit vom Staate auf. Schacht führte diese Politik fort, indem er, erstmals für die Braunkohle-Benzin-Industrie, bald darauf auch für die Zellwolle-Erzeugung, auf dem Verordnungswege, nun auch ohne freie Vereinbarungen mit industriellen Partnern, Pflichtkartelle zur gemeinsamen Ingangsetzung gewünschter Produktionen schuf [164]. Mit ihrer Hilfe konnte die Erzeugung in verhältnismäßig kurzer Zeit erheblich gesteigert werden [165]. Die Reichsregierung vermied zwar ebensosehr den Anschein unmittelbarer Subventionierung bestimmter Produktionssparten wie die offenkundige Anwendung von Zwangsmitteln, doch die neuen Rechtsformen, die das Reichswirtschaftsministerium wählte, zeichneten sich dadurch aus, daß sie die öffentliche und privatrechtliche Sphäre nicht mehr auseinanderhielten, sondern im Gegenteil darauf hinzielten, diese Unterscheidungen zu verwischen und aus der Welt zu schaffen. Das gilt nicht minder von den Methoden der Finanzierung durch verschleierten Kredit, die Schacht wählte.

Die umstrittene Kreditschöpfung Schachts hatte zweifellos einen erheblichen Anteil an der endgültigen Überwindung der Massenarbeitslosigkeit; eine Erfindung Schachts war sie freilich nicht. Schon Papen hatte das Steuergutschein-System eingeführt. Es beruhte darauf, daß die Auftragnehmer von Arbeitsbeschaffungsaufträgen bei Steuernachzahlungen Gutschriften auf Steuerzahlungen in den folgenden Jahren erhielten, die bei der Reichsbank diskontiert werden konnten. Auf diesem Wege wurde Geld für künftige Leistungen geschaffen. Innerhalb von sechs Monaten – September 1932 bis Ende März 1933 – erreichte der Umlauf von Steuergutscheinen eine Höhe von 472 Millionen Reichsmark [166]. Die Regierung Schleicher schuf dann nach einem Plan Lautenbachs [167] Arbeitswechsel [168], die später unter dem Reichsbankpräsidium Schachts bis zur Höhe von einer Milliarde Reichsmark ausgegeben und im September 1933 um weitere 500 Millionen erhöht und die durch mittelfristige Wertpapiere, Deckungssteuergutscheine und Arbeitsschatzanweisungen gedeckt wurden. Die Auftragnehmer zogen Wechsel auf die öffentlichen Träger der Arbeitsbeschaffung, die von Rechts wegen eine Laufzeit von drei Monaten hatten und, da man sie als Handelswechsel ansah, von der Reichsbank diskontiert und zur Notendeckung benutzt werden durften. Sie waren jedoch mit zahlreichen Prolongationen ausgestattet – das I. Reinhardt-Programm [169] sah 19 Prolongationen vor –, so daß sie eine wirkliche Laufzeit von fünf Jahren erhielten. Der Reichsfinanzminister gab zu gleicher Zeit für 1560 Millionen Reichsmark Deckungssteuergutscheine und Arbeitsschatzanweisungen aus, die die Reichsbank unmittelbar mit den diskontierten Arbeitswechseln abdecken konnte. Die Laufzeiten beider Papiere korrespondierten miteinander, so daß die wechselseitige Deckung die Vorfinanzierung der Arbeitsbeschaffungsleistung ermöglichte.

Schachts eigenes Werk war die Schaffung der Mefo-Wechsel [170], die diese Kreditschöpfungspolitik fortsetzten, die völlige Beseitigung der Arbeitslosigkeit ermöglichten, jedoch ausschließlich dem Zweck der Rüstungsfinanzierung dienten [171]. Unter Beteiligung der Reichsbank und des Reichswehrministeriums gründeten die Rüstungsfirmen Krupp, Siemens, Rheinmetall und Deutsche Werke im Mai 1933 in Berlin die Metallurgische Forschungs-G.m.b.H. (Mefo) mit einem Gesellschaftskapital von einer Million Reichsmark. Die Firmen, die Aufträge von den Wehrmachtsbeschaffungsstellen entgegennahmen, zogen auf die Mefo Wechsel, die vom Reich garantiert und von der Reichsbank diskontiert wurden. Sie durften daher nur eine Laufzeit von drei Monaten haben, wurden jedoch ebenso wie die Arbeitswechsel jahrelang prolongiert. Mit diesen Hilfsmitteln nahm die Kreditschöpfung wesentlich größere Ausmaße an. Am 30. April 1935 befanden sich im Portefeuille der Reichsbank Mefo-Wechsel mit einem Gesamtbetrag von 2374 Millionen Reichsmark [172]; und am 31. März 1936 waren es 4860 Millionen und am 31. März 1938 12 Milliarden [173]. Mit diesem Tage wurde die Begebung von Rüstungswechseln eingestellt und traten Lieferungsschatzanweisungen auf Grund des Kreditermächtigungsgesetzes vom 19. Februar 1935 [174] an ihre Stelle, die den Rüstungsauftragnehmern an Zahlungsstatt übergeben wurden.

Die öffentliche Hand garantierte die Wechsel der Mefo, doch sie gab der ganzen Erfindung das Aussehen eines Privatkredits, da die Mefo das Aussehen einer privaten Unternehmung hatte. Der Form nach waren sie Drei-Monats-Wechsel, denn nur diese durfte die Reichsbank diskontieren; tatsächlich aber machten die Prolongationen sie zu mittelfristigen Krediten, da sie von vornherein auf Prolongation von einigen Jahren begeben wurden. Sie waren Finanzkredite in der Form des Warenwechsels. Ihre Schaffung war legal; aber sie entzogen sich einer eindeutigen Faßbarkeit, und sie sollten ihr auch entzogen werden. Sie mieden das helle Licht der Öffentlichkeit und machten damit den Anfang der später freilich noch bei weitem großzügiger gehandhabten »geräuschlosen« Mittelbeschaffung [175]. Sie ist ein Charakteristikum des totalitären Staates, der seine Bedürfnisse, ohne Aufsehen zu erregen und ohne seine Bürger zu bewußten Staatsgläubigern zu machen, mit Hilfe des ihm verfügbaren Kreditapparats finanziert. Der Mefo-Wechsel war »eine formell kurzfristige Zwangsanleihe mit der Besonderheit, daß der Zwang gern in Kauf genommen wurde, da es nun etwas zu verdienen gab« [176].

Die Kreditschöpfung, die zur Arbeitsbeschaffung beitrug, blieb aber nicht nur auf die Reichsbank beschränkt; sie ging nach kleineren Maßstäben auch in regionalem Rahmen vor sich. In Ostpreußen nahm der nationalsozialistische Oberpräsident Koch seine eigene provinzielle Vorfinanzierung vor. So erhielten beispielsweise die leistungsfähigen Ziegeleien vom Oberpräsidenten das Versprechen auf Abnahme eines Zweimonatsbrandes, auf Grund dessen sie von Geldinstituten der Provinz Kredite erhielten [177]. Das Wort eines politisch Mächtigen konnte in dieser Zeit sogar Kredite herbeizaubern [178]. Koch sorgte dann auf seine Weise dafür, daß die großen Abnehmer sein Versprechen einlösten. Unter diesen Umständen konnten angeblich 60 stilliegende Ziegeleien wieder in Betrieb genommen werden. Freilich bedurfte es einer eisernen Verbandsdisziplin, um die Preise auf dem alten Niveau zu halten. Mit Recht hob daher eine Ostpreußen-Werbeschrift die notwendigen korrespondierenden Beziehungen zwischen Zwangskonjunktur und ständeartiger Zwangsorganisation hervor, von der sie eine wirksame

Preiskontrolle erwartete [179].

Die von Anfang an ins Gewicht fallende stärkere Beschäftigung des Baugewerbes bewirkte schon im Sommer 1933 – von Provinz zu Provinz schwankend – ein allmähliches Ansteigen der Baumarktpreise, das weniger von einem Anziehen der immer noch auf niedrigem Krisenniveau stehenden Löhne, weit mehr vom Steigen der Baustoffpreise herrührte [180]. Heftige und allzu auffällige Preisauftriebe blieben bis zum Jahresende noch auf einzelne Orte und Gegenden beschränkt. Ein gewaltiger Anstieg auf dem Bauholzmarkt jedoch, wo die Preise während der Krise am tiefsten abgesunken waren und wo auch die Verkaufspolitik der preußischen Staatsforsten nicht mehr länger eindämmend wirkte, zog allgemeine Folgen nach sich. Zunächst sah der Reichswirtschaftsminister dieser Entwicklung mit Gelassenheit zu. Doch vom Spätsommer an waren Bestrebungen zu erkennen, durch behördliche Maßnahmen den Auftrieb der Preise zu dämpfen, der den berechneten Effekt der für die Arbeitsbeschaffung bereitgestellten Staatsmittel zu beschränken oder gar in Frage zu stellen drohte.

Als erster ging der Oberpräsident von Ostpreußen in öffentlichen Reden gegen den Preisanstieg vor, obgleich die Anzeichen der Preissteigerungstendenz in dieser Provinz noch verhältnismäßig unbedeutend blieben [181]. »Um eine Schmälerung des Arbeitsbeschaffungsprogramms des Reiches zu verhüten«, wurde dann bald allgemein der Preiserhöhung entgegengetreten; die erstrebte Belebung der Wirtschaft konnte nicht durch Preiserhöhungen, sondern sollte »nur durch raschen Absatz erreicht werden« [182]. Zur Feststellung unberechtigt erscheinender Preisforderungen auf dem Baumarkt dienten in Ermangelung geeigneter anderer Institutionen die staatlichen Hochbauämter [183] und die provinziellen Heimstätten (Treuhandstellen für das Wohnungs- und Kleinsiedlungswesen) [184]; der Reichsernährungsminister wandte sich mit dem Verlangen nach Preiskontrolle bei landwirtschaftlichen Meliorationsarbeiten an die Treuhänder der Arbeit [185]. Da rechtliche Handhaben zu Zwangsmaßnahmen noch fehlten, mußten die behördlichen Maßnahmen nach Anzeigen an die Oberpräsidenten bzw. an das Ministerium in Fällen festgestellter Preiserhöhungen bei Ermahnungen und bei der Ablehnung gewerblicher Darlehensanträge ihr Bewenden haben. Der Reichswirtschaftsminister versuchte zwar, die wirtschaftlichen Spitzenverbände bei der Preisüberwachung einzuspannen [186], und erreichte auch, daß sich die Reichsstände der Industrie, des Handwerks und des Handels bereit zeigten, in kommissionsmäßiger Zusammenarbeit mit dem Reichswirtschaftsministerium »die Frage der Preisgestaltung und der Konditionen« zu verhandeln, »um volkswirtschaftlich unerwünschten Entwicklungen zu begegnen und eine Beunruhigung der Wirtschaft zu vermeiden« [187]. Diese Bereitschaft bedeutete indessen noch keine Garantie einer Mithilfe der Verbände bei dem Bemühen um eine dauerhafte Fixierung des Preisniveaus [188], die bereits der Reichswirtschaftsminister als einfachste Lösung ansteuerte, indem er kurzerhand alle Beschaffungsbehörden anzuweisen empfahl, grundsätzlich die Preisstände vom 1. Juli 1933 zugrunde zu legen [189]. Diesem Vorschlag stimmten seine Kabinettskollegen jedoch noch nicht zu.

Eine Fixierung des Preisstandes gab es aber auf zwei anderen wichtigen Gebieten: auf dem der Lohnpolitik, wo die Richtlinien, die die Treuhänder der Arbeit erhielten, praktisch als allgemeiner Lohnstop wirkten [190], und auf dem der landwirtschaftlichen Erzeugung und des Handels mit Agrarprodukten, wo schon im September 1933 die »Marktordnung des Reichsnährstandes« [191] ein Zwangskartell zur Sicherung höherer agrarischer Produzentenpreise und zur dauerhaften Festsetzung von Produktion, Preisen und Absatz unter obrigkeitlicher Leitung errichtete. Diese Institute zur Fixierung von Löhnen und zunächst erhöhten Preisen für landwirtschaftliche Erzeugnisse bestanden schon vor dem Eintreten einer spürbaren Tendenz zur Erhöhung des Preisniveaus, die sie nun aufzufangen vermochten, so daß sie sich unter dieser dämpfenden Wirkung längere Zeit tasächlich nur in sehr geringem Umfang bemerkbar machte [192]. Im Frühjahr 1934 erfolgte die dauernde Festlegung des Preisspiegels für Textilien, Textilrohstoffe und Erzeugnisse der Lederwirtschaft [193]. Ein wachsender, an Bedeutung gewinnender Sektor des Preis-Lohn-Gefüges wurde diktatorischen Stop-Maßnahmen unterworfen. Die Angst Hitlers vor den politischen Auswirkungen einer Inflation erzwang eine Wirtschaftspolitik, die das aus den Fugen geratende Verhältnis zwischen der monetären Nachfrage und dem Angebot an Gütern und Dienstleistungen zwar nicht wiederherstellen konnte und auch nicht wollte, dafür aber die »inflationären« Symptome bekämpfte und in der Tat trotz gelegentlicher Bewegungen unter Bau- und Rohstoffpreisen im allgemeinen verhältnismäßig stabile Preise und Löhne garantierte, indem sie die Gesetze der Marktwirtschaft nicht mehr zum Zuge kommen ließ [194]. Die absolute Fixierung des Lohnniveaus auf den Krisenstand zwang schließlich zu einer allgemeinen Preisüberwachung wieder durch einen Reichspreiskommissar [195], der in einer seiner ersten Amtshandlungen für alle »lebenswichtigen Gegenstände und Leistungen des täglichen Bedarfs im inländischen Geschäftsverkehr« Preisfestsetzungen und -abreden von Verbänden wie die Festlegung von Mindesthandelsspannen, Höchstnachlässen und Kleinhandelspreisen von seiner Zustimmung abhängig machte und diese Bestimmungen unter besonderen Strafrechtsschutz stellte [196]. Natürlich zählt auch die Tätigkeit des Preiskommissars zu den Erscheinungen eines Übergangs, dessen Abschluß nicht die Rückkehr zu organischen Marktformen bildete, sondern ein allgemeiner Preisstop, der das gesamte Preisgefüge in dem Status, den es im November 1936 erreicht hatte, erstarren ließ.

6. Bilateralismus, Autarkie und Militarisierung

Deutschlands Entschluß, inmitten weltwirtschaftlicher Depression von der Deflationspolitik zu einer nationalen autonomen Konjunkturpolitik überzugehen, fiel ungefähr in die gleiche Zeit, in der Roosevelt in den Vereinigten Staaten mit dem *New Deal* begann. Doch in Deutschland wurde das Einsetzen einer zunehmenden staatlichen Initiative zum eigentlichen Wendepunkt nicht nur der Wirtschaftspolitik, sondern auch der Wirtschaftsorganisation. Der zum Teil stilliegende Produktionsapparat, der in der zurückliegenden Rationalisierungsperiode die Voraussetzungen für große Kapazitäten gewonnen hatte, konnte beinahe schlagartig wieder nutzbar gemacht und weiter ausgebaut werden. Die großen Arbeitslosenmassen ließen sich mit bescheideneren Kosten als in den Zeiten der Konjunktur in Beschäftigung setzen und dauernd in Beschäftigung halten. Konsumniveau und Realeinkommen verbesserten sich auch in den späteren Jahren nur zögernd [197], so daß der an die Arbeitsbeschaffung anschließende Boom in erster Linie den Zwecken des totalitären Staates zugute kam [198].

Der rasch steigende Verbrauch der Rohstoffreserven führte aber schon frühzeitig zu einer Vergrößerung des Einfuhrbedarfs, während sich die Ausfuhr keineswegs im gewünschten Umfang steigern ließ. Die Reichsregierung verschärfte daher die Devisenzwangsbewirtschaftung, die Brüning im Juli 1931 eingeführt hatte, indem sie die Anmeldepflicht für Gold und ausländische Zahlungsmittel mit Strafandrohungen verband [199]. Die Devisenkrise im Frühjahr

1934, die die Reichsbank dazu zwang, nach dem täglichen Devisenaufkommen Repartitionen vorzunehmen, führte dann zur Schaffung neuer Kontrollinstanzen für den Außenhandel. Die neuen Überwachungsstellen des Reichswirtschaftsministeriums, die ihre Weisungen von der Reichsstelle für Devisenbewirtschaftung bezogen, beschränkten sich nicht mehr auf die Erteilung bloßer Einfuhrgenehmigungen, mit denen der Empfänger praktisch nach freiem Belieben verfahren konnte, sondern sie spezifizierten nunmehr diese Genehmigungen genauestens für eine einzige Transaktion, die innerhalb eines Monats abgewickelt sein mußte [200]. Die Devisenstellen bei den Landesfinanzämtern hatten nach dem 24. September 1934 nur noch Austausch- und Verrechnungsgeschäfte vorzunehmen.

Die internationalen Kreditverbindungen wurden infolgedessen noch stärker reduziert oder gar gänzlich ausgeschaltet. Am 1. Juli 1933 erklärte Deutschland ein teilweises, ein Jahr später ein volles Transfer-Moratorium. Schachts vollständige Systematisierung der Devisenbewirtschaftung, mit der nun der gesamte Import-Export-Strom überwacht und bilateral geregelt wurde, verlegte den Ausgleich der Zahlungsbilanz jeweils in die Sphäre des Verkehrs von einem Land zum anderen. Die Wirkung konnte nur eine weitere Beschränkung der Einfuhr und auch eine Verlagerung der Einfuhr auf jene Lieferantenländer sein, die die unentbehrlichsten Rohstoffe erzeugten und die bereit waren, in entsprechendem Umfange deutsche Exportgüter zu beziehen. Zunächst entsprach diesem Ziel eine zunehmende Bevorzugung überseeischer Gebiete gegenüber den bisherigen europäischen Partnerländern. Schacht und die Schöpfer dieses Plans sahen ihn im Anfang wahrscheinlich nur als vorübergehenden Ausweg aus der Not an. Im Ergebnis aber leitete er bruchlos in eine Wirtschaftspolitik der Autarkie über mit dem Ziel der planmäßigen Erhöhung der Erzeugung im eigenen Land und weitgehender Unabhängigkeit von der Rohstoffeinfuhr zumindest aus entfernten Gebieten. Diese autarkistischen, bald in zunehmendem Maße auch »großraumpolitisch«, imperialistisch-expansiv und aggressiv gefärbten Programme verbargen sich hinter Schlagworten wie »landwirtschaftliche Erzeugungsschlacht« und »Vierjahresplan«, die in der Propaganda das der »Arbeitsschlacht« ablösten. Eine Rückkehr zum Welthandel blieb ausgeschlossen. Aus dem Stadium der Not, in dem sich die gesamte Weltwirtschaft befand, sollte gleichsam eine dauerhafte Wirtschaftsstruktur entwickelt werden;

aus dem allgemeinen Vertrauensschwund und schließlich dem Zusammenbruch des Weltmarkts gingen Rüstung und Kriegsvorbereitung hervor [201].

Aus der Binnenkonjunktur ergaben sich weitere Hindernisse für den Außenhandel, die das Reichswirtschaftsministerium seit Herbst 1935 durch weitere reglementierende Maßnahmen zu überwinden trachtete, um wenigstens ein erträgliches Mindestmaß an Exporterlösen und Devisenanfall zu erreichen. Zu diesem Zwecke entwikkelte es ein System der Exportförderung, das die Mitglieder der Reichsgruppe Industrie mit einer Umlage belastete, die ähnlich der Umsatzsteuer berechnet wurde und so gleichzeitig eine Gewinnabschöpfung aus der Binnenkonjunktur vornahm. Diese Mittel kamen einem besonderen Fonds zugute, der die Exportförderung für eine Reihe von Warenkategorien durch Ausgleich der Differenz zwischen dem Inlandspreis und dem dem Weltmarktpreis entsprechenden Außenhandelserlös finanzieren mußte [202]. Die Industrie stellte jedoch trotz solcher Dumping-Hilfen ihre Produktion bei fortwährend steigendem Inlandsbedarf, vor allem Rüstungsbedarf, weiterhin auf den Binnenmarkt um, der im übrigen weitgehend durch die mehrheitlich im Besitz des Reichs und der Reichsbank befindlichen Großbanken beherrscht und mit dem Gesetz über das Kreditwesen vom 5. Dezember 1934 [203] einer einheitlichen Führung des Reichsbankpräsidenten unterstellt wurde, die das Bankwesen zwar in seiner äußeren Organisations- und Geschäftsform unbehindert ließ, jedoch den beteiligten Reichsbehörden ein sehr weitreichendes Interventionsrecht einräumte. Später, in der Zeit der erklärten Aufrüstung, traten weitere Maßnahmen und Verbote privater Investitionen in einer Reihe von Verbrauchsgüterindustrien hinzu, so daß der Strom der privaten wie der öffentlichen Investitionen nahezu ungeschmälert den rüstungswirtschaftlich wichtigen Industrien zufloß. Außenhandelskontrolle, Preiskontrolle, Investitionskontrolle und staatliche Kredite ergänzten sich auf diese Weise schließlich zu einem System zentral beaufsichtigter und geleiteter Wirtschaft, in der 1933: 36,8 %; 1934: 32,4 %; 1935: 38,0 % und 1939 sogar 47,2 % des gesamten Volkseinkommens vom Staat vereinnahmt wurden [204].

Das nationalsozialistische Schlagwort vom »raffenden« Bankkapital durchleuchtet mit eigentümlicher Transparenz die späteren Funktionen der gesamten Kreditwirtschaft innerhalb des nationalsozialistischen Staates, die immer mehr von ihrem spezifischen kapitalistischen Wesen verlor. Die unter den Bedingungen einer möglichst rasch und unbeschränkt fortschreitenden Rüstung stehende Finanzwirtschaft des *deficit spending*, die aus dem anfänglichen Gedanken der »Vorfinanzierung« erwuchs, drängte den Kapitalmarkt in eine subsidiäre Rolle und beschränkte ihn mehr und mehr auf die Aufgabe, zu einer möglichst reibungslosen Finanzierung des anwachsenden Budgetdefizits beizutragen. Mit dem bewußten Verzicht auf eine konjunkturpolitische Kreditpolitik [205], nachdem sich die Arbeitsbeschaffungspolitik als erfolgreich erwiesen hatte, verdrängte die generelle Dominanz des staatlichen Kapitalbedarfs für Investitionen zu Rüstungszwecken die private Emissionstätigkeit, und sie zog auch die privaten Ersparnisse, die sich nach den konsumbeschränkenden Einkommens- und Gewinnabschöpfungen mittels steuerpolitischer Maßnahmen ergaben, in den Sog der Budgetpolitik. Seit 1935 waren die Kreditinstitute in erster Linie nur noch »Geldsammelstellen«, die die Depositen ihrer Einleger in Reichsanleihen und Schatzanweisungen umsetzten und eine »direkte Unterbringung der Staatsschuld« ermöglichten [206], ohne daß der einzelne Anleger in ein unmittelbares Gläubigerverhältnis zum Staat gelangte. Die alten Namen und Einrichtungen der Banken blieben unberührt; doch auch sie wandelten sich in Instrumente des totalitären Systems, das die gesamte Wirtschaft Schritt um Schritt und mit unwiderstehlichem Zwang dem Zweckmonismus der militärischen Aufrüstung und der Kriegsvorbereitung unterwarf, das keine organische, friedensmäßige Konjunkturpolitik mehr kannte und keine »selbsttragende Konjunktur« anstrebte, sondern eine zielbewußt gelenkte »Kriegswirtschaft in Friedenszeiten« [207] aufbaute, die Konsumtion eindämmte und einengte und immer größere Teile des wachsenden Bruttosozialprodukts nationalisierte, indem es den einzelnen der Verfügungsgewalt über große Teile seines Einkommens beraubte, die von den Kreditmühlen des Staates auf verschiedenen Bahnen in die Kriegsrüstung geleitet wurden [208].

Die fortschreitende Organisation der Rüstungswirtschaft ließ aber auch unmittelbare Beziehungen zwischen dem Auftraggeber, der Wehrmacht, und der Wirtschaft entstehen, die das Reichswirtschaftsministerium kaum noch berührten. 1935 entstand im Wehrwirtschaftsstab des Reichskriegsministeriums der Plan, ein »wirtschaftliches Reserve-Offizierskorps« sogenannter »Wehrwirtschaftsführer« zu schaffen, der 1936 auf der rechtlichen Grundlage des Hilfsbeamtengesetzes in die Wirklichkeit umgesetzt wurde. Dies war jedoch nur ein Teil einer umfangreichen »Wehrwirtschaftsordnung«, die seit dem Frühjahr 1935 im Reichskriegsministerium ausgearbeitet wurde und alle Bereiche der Wirtschaft betraf [209]. Die Wehrmacht erfaßte unmittelbar einen großen Kreis von Betriebsführern, die den Fragen der Landesverteidigung und des Krieges ein besonderes Interesse entgegenbrachten, für Rüstungs- und Kriegswirtschaft wichtige Unternehmungen leiteten und die sich – Mitgliedern eines geheimen Ordens ähnlich – verpflichteten, an den Vorbereitungen für eine Mobilmachung tatkräftig mitzuarbeiten, so daß ihnen das Reichskriegsministerium schon in Friedenszeiten eine Reihe bestimmter Aufgaben unmittelbar übertragen konnte, die die Einstellung der Betriebe auf den Mobilmachungsfall, die Heranziehung und Ausbildung von Facharbeitern oder den Aufbau von Werkschutzorganisationen, Werkluftschutz und Abwehrdiensten betrafen und eine rasche Umstellung der Betriebe im Kriegsfalle sicherten, ohne daß es gesetzlicher Regelungen und Anordnungen von seiten oder unter Einschaltung ziviler Stellen bedurft hätte. Mit dem Mittel eines persönlichen »Treueverhältnisses«, das wichtige Persönlichkeiten der Wirtschaft verpflichtete, vermochte sich das Reichswehrministerium einen entscheidenden Einfluß auf dem Rüstungssektor der Wirtschaft zu verschaffen.

Kaum oder doch nur wenig später enthüllte sich auf wirtschaftlichem Gebiet die gleiche Entwicklung, die dem Betrachter der staatlichen Verwaltung vor Augen tritt und die die Denkschrift des Staatssekretärs Stuckart vom April 1936 zur künftigen Reichsreform [210] mit klaren und eindrücklichen Worten bezeichnete. Sie ließ sich über die Notwendigkeiten aus, die allgemeine Verwaltung des Reiches den Anforderungen der Mobilmachung und der Vorbereitung des totalen Krieges anzupassen, und macht wie kaum ein anderes Dokument die prägende Wirkung des Bildes vom kommenden totalen Kriege erkennbar, so daß man gar nicht umhin kann, eine unmittelbare Verbindungslinie von der Idee des totalen Krieges zur Wirklichkeit des totalen Staates zu ziehen, der sich auf diesen künftigen Krieg vorbereitete und tatsächlich unter dem Zwang einer dämonischen Entschlossenheit in ihn hinein begab. Staat und Wirtschaft organisierten sich als gigantischer »kapitalistisch-technischer Apparat« [211] derart, als antizipierten sie die Wirkungen des totalen Krieges, indem sie sich rüsteten, um ihn nicht fürchten zu müssen und ihn jederzeit wählen zu können.

Überblick und Schluß: Das System des totalen Zwanges

Die nationalsozialistische Machtergreifung zog die Wirtschaft nur wenig später und zögernder, wenn auch in anderen Formen als den öffentlichen Bereich in Mitleidenschaft; sie durchlief auch hier die gleichen Stufen einer kürzeren, stark verändernden, revolutionären und einer längeren, schrittweise verändernden, mit Institutionen experimentierenden Phase. Für das Ergebnis steht das Wort Hilferdings: Die unbeschränkte Staatsmacht »hat sich die Ökonomie unterworfen, bestimmt ihren Gang, ist ihr Herr geworden« und hat die Sphäre der Autonomie der Wirtschaft beseitigt [212]. Er »legt ihr nicht allgemeine Regeln auf, er schafft keinen Rahmen«, innerhalb dessen eine freie und unabhängige Bewegung nach eigenen Motiven möglich wäre, sondern »er unterwirft alle Wirtschaftszwecke ... unmittelbar seinen Befehlen« [213]. An die Stelle vieler einzelner Wirtschaftszwecke setzt er den einen einzigen der »totalen Mobilmachung« der ganzen Nation für den »totalen Krieg«. Aufhebung des Privaten und Regie des Öffentlichen ist die Tendenz alles Totalitären. Ihr ist die Wirtschaft unter der Herrschaft des Nationalsozialismus nur jeweils soweit entgangen, als ihre weitere Durchsetzung mit der Zerstörung der Produktionskapazität verbunden gewesen wäre. Sie erfaßte nicht nur die überlieferten Daseinsformen, sondern auch die bestimmenden Produktionsbedingungen und damit die Lebensbedingungen des deutschen Volkes und unterwarf sie der Diktatur. Diese gebot über die Reserve eines gesicherten Mindestwohlstands der Volksmassen, der den Nationalsozialisten, nachdem sie ihren Nutzen aus der Wirtschaftskrise gezogen hatten, bis in die spätere Kriegszeit hinein als unaufgebbare Voraussetzungen ihres totalen Staates galt, so daß sie vor strukturgefährdenden Experimenten zurückscheuten und sich nur auf Experimente mit vermeintlich unmittelbarem Nutzeffekt einließen, soweit sie nicht eine bloße Vereinfachung und Rationalisierung des Organisations-, im besonderen des Verbandswesens bevorzugten. Im ganzen gesehen wirkte sich der Nationalsozialismus daher in der Periode seiner politischen Herrschaft in keiner Richtung fortschrittlich oder fortentwickelnd aus. Eine Stillegung der sozialen Dynamik und ein Niederzwingen der inneren Probleme der industrialisierten und liberalisierten Gesellschaft suchte er mit Hilfe der Regie im totalitären Verwaltungsstaat zu erreichen – mit Mitteln also, deren Ende stets die Drohung oder die erfahrbare Realität von Gewaltanwendungen war –, ohne daß ihm eine längere Unterbrechung oder irgendeine Beeinflussung des universalen Trends sozialer Entwicklungen auch nur in Ansätzen gelungen wäre.

Die eigentümliche Problematik in diesem Vorgang der jahrelangen Konsolidierung und dynamischen Entwicklung dieses Systems, dessen vielzitierte »weltanschauliche Grundlagen« aus nichts anderem als einem vollkommen entleerten und daher unglaubwürdigen »Sozialismus« und einem zur Hybris getriebenen Nationalismus ohne allgemeine Verbindlichkeit bestanden, muß man wohl in den Ursachen für den periodischen Erfolg und Triumph des nationalsozialistischen Totalstaates erblicken, der einem kurzen, aber ereignis- und inhaltschweren Zeitraum der jüngeren deutschen Geschichte einen Namen gegeben und dem nur die kriegerische Niederlage ein Ende bereitet hat. Wenn wir uns an dieser Stelle auf innere Vorgänge beschränken wollen, so wird nach dem Vorausgegangenen deutlich geworden sein, in welchem Umfange Institutionen des übernommenen Staates und schließlich der Gesamtzusammenhang von institutionellen und organisatorischen Beziehungen einer trotz Abweichungen und innerer Widersprüche auf die Dauer doch nur in einer einzigen Richtung tendierenden Umwandlung unterlegen haben. Ein großzügig-realistischer Bauplan künftiger politischer Ordnung, die als Ziel gedient hätte, läßt sich indessen an irgendeiner maßgeblichen Stelle nicht nachweisen. Was bekannt ist, sind fragmentarische Vorstellungen, spezielle Programmsätze, meist *ad hoc*-Programme, die ausnahmslos nach einiger Zeit im Strom der Ereignisse untergingen oder von ihm überholt wurden. Die Ideologen des »totalen Staates«, mögen sie Nationalsozialisten gewesen sein oder nicht, brachten den die vielfältigen Ordnungsbeziehungen deckenden Begriff des Staates dem politisch entsubstantiierten Nationalsozialismus dar, so daß alles, was in der Umwälzungsperiode geschah, im Namen des »autoritären Staates des Nationalsozialismus«, des »nationalsozialistischen Staates«, des »totalen Staates«, des »nationalsozialistischen Totalstaates«, des »Führerstaates«, eines wie auch immer genannten Staates geschehen und den Anschein des Legitimen erwerben konnte. Es hat sich erwiesen, daß das Gerede über den totalen Staat nur einen Kurs ins Ungewisse verbarg und eine durch historische Notwendigkeit oder Berufung geweihte Ordnung versprach, wo es weder Ordnung noch Halt gab. Keines der wirklichen Ergebnisse vermag es zu rechtfertigen. Diese Ideologen trachteten danach, der Kategorie des Staates einen gänzlich neuen, einmaligen Sinn zu verleihen, ihn zu einer universalen Instanz emporzuheben, die sich in ihren Maßnahmen über geltendes Recht und allgemeine Rechtsgründe hinwegsetzte, für sich die Rechte einer absoluten Instanz in Anspruch nahm, und die sich im Bunde mit der nationalsozialistischen »Weltanschauung« anschickte, zu einer metaphysischen Instanz zu werden, welche sich in der Gestalt des einzigen »Führers« hypostasierte. Das System der überkommenen Institutionen und Normen wurde einem Aussonderungsprozeß ausgesetzt, teilweise umgebildet, mit Neubildungen durchsetzt, mobilisiert und, jederzeit variabel, doch jeweils zwingend nach unten, zum Werkzeug des wirklichen oder angeblichen Willens des Führers gemacht.

Dieser Gang der Entwicklung kann zwar gewiß nicht als unausweichlich oder vorausbestimmt angesehen werden; zweifellos aber ging eine Stufe aus der anderen hervor. Der Staat wird unweigerlich immer dort zu einer metaphysischen Instanz werden, wo sich die universale Instanz nicht in größter Deutlichkeit gegen den metaphysischen Bereich abgrenzt. Eine solche Abgrenzung wird indessen nur eine Macht wagen können, die darauf verzichtet, absolut zu sein; ihr Verzicht setzte nicht nur Toleranz und Verzicht auf ein jegliches geistiges Monopol voraus, sondern auch engste und unabänderliche Bindungen an Rechtsnormen. »Staat und staatliches Recht sind nur da denkbar, wo die Garantie besteht, daß die letzten kategorialen Pflichten auch wirklich erfüllt werden, und wo den Personen, denen diese Pflichterfüllung obliegt, das entsprechende ›Zutrauen‹ gezollt wird [214].« Woher aber kamen im nationalsozialistischen Staat diese letzten kategorialen Pflichten? Diese Frage aufwerfen, hieße einen Zirkel vollführen. Woher sollte die letzte Rechtsnorm genommen werden, wenn keine Recht setzende Instanz vorhanden war, sondern die obrigkeitliche Maßnahme unter Berufung auf den Willen des Führers folgte?

Es ist beileibe kein Zufall, daß der nationalsozialistische Staat nie zu einer Verfassung – und sei sie noch so kurz und noch so dunkel – gelangt ist und daß er einen Zustand beibehielt, den freilich weder die ersten Apologeten des totalen Staates noch die Parteigänger einer ständisch-korporativen Ordnung und selbst nicht die Väter des »zweiten Ermächtigungsgesetzes«, des Neuaufbaugesetzes vom 30. Januar 1934, für einen auf die Dauer möglichen gehalten hätten. Denn nur die Ausnahme vom Recht garantierte die Machtgrundlage des Führerstaates; infolgedessen bestimmte nicht eine Verfassung, sondern die politische Direktive [215], und organisierte sich der Staat primär zu einer umfassenden, alle Lebensgebiete der Gesellschaft beherrschenden administrativen Vollzugsorganisation und sekundär zu einer ebenso umfassenden Zwangsorganisation, die nun, nachdem die Diktatur der Gesamtpartei frühzeitig an der Zentralisation der Ministerialressorts und an der korporativen Organisation der wirtschaftlichen Interessen gescheitert war, in der für die gesamte Periode des »Dritten Reiches« charakteristischen Verschmelzungsform von SS- und Polizeiinstitutionen in den Vordergrund der Erscheinungen trat.

Die Propaganda vermochte die Masse der Bevölkerung für die nationalsozialistische Politik und für die Beschlüsse des Führers Tag für Tag aufs neue zu gewinnen oder doch zumindest an opponierenden Haltungen zu hindern und bis in die Schichten der Intelligenz hinein verheerende Wirkungen zu erreichen; wie mechanisch ihre Methodik und wie ephemer begrenzt ihre lediglich aufs Aktuelle abgestellten Wirkungen waren, bewies die verhältnismäßig rasche Zersetzung und Verflüchtigung der nationalsozialistischen »Weltanschauung« in den Endphasen des Krieges und im Gefolge des militärischen Zusammenbruchs. Die jähe, drastische und radikale Konfrontation mit einer Wirklichkeit, die den von der Propaganda verbreiteten Stereotypen und Emotionen nicht entsprach, entzog ihr in dem größten Teil der Bevölkerung den Boden.

Wo aber blieb die auf die Dauer in jeder Gesellschaft hervortretende Elite? Man möchte sie angesichts des wahren Charakters des nationalsozialistischen Systems vor allem dort suchen, wo die einzelne Persönlichkeit, in der Erkenntnis seines wirklichen Wesens zu sich selbst gerufen, in Bekenntnis und Handlung die Überwindung dieses Staates bezeugte und sich anschickte, die verlorene Qualität des Politischen wiederzugewinnen. Daß es dem nationalsozialistischen Totalstaat nicht gelang, wie es seinen Intentionen wohl entsprochen hätte, einzig und allein eine Funktionselite hervorzubringen, ist durch die erwiesene Existenz von Widerstandshandlungen, nicht zuletzt durch die Verschwörung bezeugt, die hinter der fehlgeschlagenen Aktion vom 20. Juli 1944 stand. Ihre Zahl war allerdings verhältnismäßig gering. Es ist wohl das Verderblichste am totalitären System, daß es persönlichen Mut und autonome Verantwortlichkeit nicht nur nicht honoriert, sondern, soweit sie sich politisch zu erkennen geben, mit allen seinen vielfältigen Mitteln unterdrückt. Jede Regung eines Widerstandes erfolgte unter den Gesetzen eines Systems des Zwanges, das die Vernichtung zur Waffe machte und dessen Anfänge schon frühzeitig in der Strafjustiz und in der Geheimen Staatspolizei zu finden sind.

Höchstrichterliche Entscheidungen belehren, daß teilweise allmählich eine äußerst weitherzige Auslegung selbst der verschärften politischen Strafbestimmungen Platz griff und daß die Scheidelinie zwischen der Abwehr erweisbarer Staatsgefährdung und politischen Kampf- oder gar Vernichtungsmaßnahmen zusehends ins Fließen geriet [216]. Der über die herkömmlichen Grenzen weit ausgedehnte Bereich der Politischen Polizei und die mit verschärften Mitteln in das öffentliche Leben vordringende Justiz formierten einen Schutzkordon um das autoritäre Regiment und seine Träger, der auch auf imaginäre Privilegien nationalsozialistischer Parteistellen oder Parteiangehöriger nicht mehr Rücksicht nahm und auch diese seiner Herrschaft unterwarf. Freisler schuf ein justizbehördliches Gegenstück zum Geheimen Staatspolizeiamt in der Zentralstaatsanwaltschaft beim Justizministerium, die die Bearbeitung politischer Strafsachen von besonderer Bedeutung unter seiner persönlichen Oberleitung an sich zog [217], »frei von irgendwelchen neben der Sache liegenden Gesichtspunkten« [218] verfolgte und deren Abgesandte mit Hilfe einer Sondertruppe, der »Feldgendarmerie«, selbst gegen lokale Sonderinteressen von NSDAP-Stellen durchgreifen und »die Funktion eines Staatsanwaltes an Ort und Stelle« übernehmen konnten [219]. Das Endglied dieser Kette aus verschiedenen Entstehungsgründen herrührender Sonderinstanzen einer politisierten Strafverfolgung und eines politisierten Strafrechts bildete schließlich der Volksgerichtshof als zentrale politische Aburteilungsbehörde zur pseudojuristischen Liquidation politischer Gegner, soweit ihnen nachweisbare Handlungen zur Last gelegt werden konnten. Doch der öffentliche Ankläger spielte auch im nationalsozialistischen Staat seine wirklich große Rolle nur in revolutionären Zeiten und in exzeptionellen Fällen. Die vollendete Diktatur bediente sich der Geheimen Staatspolizei als ihres vornehmsten Hilfsmittels. Auf die Fouquier-Tinvilles folgen die Fouchés. Himmlers und Heydrichs SS übertrumpften Roland Freisler, den intellektuellen Generalauditor des Justizapparates.

Die Tätigkeit der Politischen Polizei beruhte noch bis zur Ernennung des »Reichsführers SS« zum »Chef der Deutschen Polizei im Reichsministerium des Innern« am 17. Juni 1936 [220] einzig auf

Landesrecht. Wenn sie dennoch schon viel früher im gesamten Reichsgebiet ein großes Maß an Gleichförmigkeit und Zusammenarbeit erreichte, so lag das einmal an dem wachsenden Einfluß der SS unter dem Kommando Himmlers und an der expansiven, durch keinerlei gesetzliche Schranken geregelten Organisation der Politischen Polizei, die von 1936 an reichseinheitlich den Namen Geheime Staatspolizei führte und im »Hauptamt Sicherheitspolizei« mit der Reichskriminalpolizeiorganisation zusammengefaßt wurde. Himmler machte sich »ohne Gesetz an die Arbeit«, wie er selbst bekannte: »ob ein Paragraph unserem Handeln entgegensteht, ist mir völlig gleichgültig« [221]. Nach seinem Willen bildete sich die Politische Polizei zur ersten und – nach ihrer Bedeutung unter den Instanzen des totalitären nationalsozialistischen Staates – gravierenden Verschmelzungszone von Staatsverwaltung und SS. Im leitenden Personal überwog der Typ des jüngeren Beamten aus der üblichen Verwaltungslaufbahn, der noch am Anfang einer Karriere stand und aus der Republik in den totalen Staat überging, was keineswegs mit einem sofortigen Erwerb der Parteimitgliedschaft in der NSDAP verbunden zu sein brauchte. Die überwiegende Mehrheit fand nach und nach in die SS und nahm dort mittlere und höhere Führerstellungen ein, so daß einer innigen Verschmelzung der Beamtenschaft mit dem Kader der SS-Führer innerhalb der Politischen Polizei nichts im Wege stand. Das Hineinwachsen der SS in die Staatsorganisation spiegelte sich aber auch darin wider, daß der Reichsetat in wachsendem Umfange über das SS-Verwaltungsamt eine Reihe von SS-Einheiten aufnahm [222]. Vom Verwaltungsamt der SS blieb die Inspektion der Konzentrationslager, die jedoch ebenfalls durch Reichsmittel finanziert wurde, getrennt; als haftinstitutionelles Polizeihilfsorgan war sie dem Geheimen Staatspolizeiamt angegliedert, von dem sie auch ihre Weisungen entgegennahm.

Diese für den totalitären Staat des Nationalsozialismus charakteristische Verbindung zwischen SS und Polizeiapparatur trat im Juni 1934 offen zutage. Die Unterwerfung der SA und die Vernichtung der potentiellen Opposition waren ein Werk der Politischen Polizei und der mit ihr verbundenen SS-Verbände, die unter der Oberleitung des GeStapo-Chefs Göring, den Hitler zum Sonderbeauftragten ernannt hatte, an den Schwerpunkten der Ereignisse, in München, Berlin und in Schlesien, zu gemeinsamer Tätigkeit schritten. Für einige Tage lebten alle Erscheinungen der terroristisch-revolutionären Phase von 1933 wieder auf und war der *latente Ausnahmezustand* plötzlich wieder allgemein aktuell. Auf heimliche Sonderbefehle von zentraler Stelle wurden öffentlich Morde begangen. Es gab Verhaftungen ohne Haftbefehle, und es gab Sonderbeauftragte, die wie die Kommissare des Vorjahres auftraten. Die Situation hatte sich aber insofern wesentlich verändert, als jetzt die Weisungen von der Reichsspitze kamen und in erster Linie den Zweck verfolgten, die Führung der SA und einige ihrer regionalen Machthaber, die ein Nebenregiment aufzubauen schienen, zu beseitigen [223], während in der ersten terroristischen Periode gerade die lokalen Verhältnisse die Entwicklung im Reich vorantrieben. Kraft seiner Beauftragung durch Hitler, der schon in diesen Tagen ohne Rücksicht auf den in Ostpreußen weilenden Reichspräsidenten offiziell als »Führer und Reichskanzler« auftrat und die absolute Macht in der Hand hielt, vereinigte Göring für kurze Zeit die Macht der Partei und des Staates. Den Kommandeur der Schutzpolizei, SS-Obergruppenführer Daluege, bevollmächtigte Göring, »Maßnahmen« zur Neuorganisation der herrenlos gewordenen SA-Gruppen Berlin-Brandenburg, Pommern, Grenzmark, Schlesien und Mitte zu treffen [224]. Es erhellt die Verhältnisse dieser Tage, daß Hitler diese Anordnung durch eine eigene Verfügung an Daluege, die auch die Gegenzeichnung des neuen SA-Stabschefs Lutze trug, am darauffolgenden Tage nachvollzog [225]. Die SS wurde zu Verhaftungen ermächtigt, die SS legte Verhaftungslisten an [226], Himmler erhielt die Entscheidungsbefugnis für die Besetzung der Leitung der Staatspolizeistelle Breslau; Polizei und Staatspolizei hatten auf Anforderung von der SS Unterstützung zu gewähren [227]. Die gleiche Regellosigkeit autoritärer Handhabungen bezeugen die Aufzeichnungen des bayerischen Reichsstatthalters Ritter v. Epp [228]. Hitler verfügte am 1. Juli nachmittags durch Fernspruch, daß sämtliche im Zuge der »Säuberungsaktion« Verhafteten zur ausschließlichen Verfügung des zum Sonderbeauftragten ernannten preußischen Ministerpräsidenten stünden; doch unabhängig hiervon scheinen besondere Weisungen des Reichsführers der SS an die ihm unterstellte Politische Polizei in den Ländern ergangen zu sein; jedenfalls wurden Anfragen des Reichsstatthalters bei der bayerischen Politischen Polizei damit beantwortet, daß Himmler jede Auskunftserteilung verboten habe. Das galt sogar für den Reichsstatthalter, der nach geltendem Gesetz und nach Beauftragung »für die Einhaltung der Richtlinien der Politik« zu sorgen hatte, sich nun jedoch, von zuverlässigen Informationsquellen ausgeschlossen, außerstande sah, »bei den ihm fortgesetzt zugehenden Mitteilungen ein Urteil zu gewinnen, ob es sich um Maßnahmen im Zuge der Säuberungsaktion oder um wilde Sonderaktionen« handelte. Infolgedessen glaubte er sich auch nicht mehr imstande, eigene Maßnahmen zu ergreifen. Einzig die allein zuständige Stelle der Politischen Polizei vermochte noch den Gang der »Säuberungsaktion« zu erkennen und angeordnete Exekutionen von wilden Aktionen zu scheiden. Selbst der hohe Funktionär des nationalsozialistischen Staates begann die verlorene Rechtssicherheit zu beklagen: »Was früher mit anderer Begründung in Schutzhaft genommen wurde, wird jetzt vielfach mit der Begründung ›zur Aufrechterhaltung der Ordnung und Sicherheit‹ oder ›zur persönlichen Sicherheit‹ in Schutzhaft genommen. Um einer Einengung in der Handhabung der Schutzhaft zu begegnen, wird Polizeihaft verhängt, oder es werden Leute zur Prüfung der Schutzhaftfrage in Polizeigewahrsam genommen.«

Diese Handhabungen innerhalb eines offenen Ausnahmezustandes mit ungewissem Ausnahmerecht, in dem die Konturen der handelnden Kräfte verschleiert und kaum für die breite Öffentlichkeit sichtbar waren, wurden von zentralen Befehlen geleitet, die die Zwecke und das Ausmaß der »Aktion« bestimmten. Nach kurzer Dauer und nach Erreichung des gesetzten Zieles stellten sich wieder normale Verhältnisse her, war die »Aktion« beendet; ein Gesetz der Reichsregierung [229] bemühte sich um die nachträgliche Legalisierung des Geschehenen und die Salvierung der politischen Mordtaten. Das Paradigma dieser Ereignisse zwischen dem 30. Juni und dem 2. Juli 1934 aber lag darin, daß ihr Ablauf auf dem Primat der Politischen Polizei gegenüber Recht und Justiz beruhte. Ihre Organe waren immer im »Recht«, auch wenn sie gegen das derzeitige Gesetz verstießen; ihr Recht war das des permanenten Notstandes, das dem totalitären Verwaltungsstaat wie dem Staat des Absolutismus jederzeit erlaubte, sich von den »Formen des Zivilrechts und der Justiz zu befreien« [230]. Ihre schon bald nicht mehr allein mit »Abwehr« von »Staatsgefährdungen« begründete Existenz [231] bereits bedeutete eine ständige Infragestellung geltenden Rechts; denn mit den ungewissen und irrationalen Maßstäben der »völkischen Abwehr« und des »kämpfenden Volkes« verschwanden »alle allgemeinen Kriterien für den Umfang der Tätigkeit der Polizei« [232]. Die imaginäre Aufgabe des Verwaltungsstaates, »nicht mehr bloß das äußere Zusammenleben ... [zu] wahren, sondern die deutsche Volksgemeinschaft von der Polizei herzustellen«, bedrängte »in irrationaler Weise die Freiheit der Einzelperson« [233], d. h. sie nahm ihr jede garantierte Rechtssicherheit. In diesem Aspekt war es von untergeordneter Bedeutung, daß Polizei, Haft und schließlich sogar Vernichtungsinstitute mit der Zweckbestimmung der Bekämpfung besonderer, festgelegter Kategorien von Staatsfeinden unterhalten und gerechtfertigt wurden: »das Judentum«, »der Kommunist«, »die Freimaurerlogen ... als Hilfsorganisationen des Judentums« und der »politisierende Kirchenbeamte« [234]. Festlegung und Begrenzung solcher Kategorien unterlagen gelegentlichen Revisionen, waren jedoch in bezug auf das positive wie auf das natürliche Recht willkürlich; im Verlaufe der zwölfjährigen Geschichte nationalsozialistischer Herrschaft nahmen ihre Zahl und ihr Umfang zu. Die weitere Entwicklung verdeutlichte den vollen Sinn der Behauptung, daß der »irrationale Kern der Verwaltung« [235] in der von ihrer totalitären politischen Funktion her umgebildeten und ausgebildeten Polizei [236] lag, daß die bestimmende, aber unbestimmbare Dynamik, die das totalitäre System des Nationalsozialismus beherrschte, von dem Produkt der Verschmelzung von SS und Polizei, dem »zentralen ... staatlichen Kampfinstrument« [237] ausging. Sogar höchste Würdenträger des nationalsozialistischen Staates durften sich nicht mehr sicher fühlen [238].

An der Schwelle zur nationalsozialistischen Machtergreifung stellte Rudolf Hilferding die historische Diagnose: »Der Faschismus besteht aus einer Sammlung sozial, wirtschaftlich und sogar ideologisch ganz disparater Elemente zur Eroberung der Staatsmacht. In der Opposition sichert der Faschismus den verschiedenen Gruppen die Erfüllung ihrer entgegengesetzten Wünsche zu. In der Machtausübung muß er zwischen den entgegengesetzten Interessen entscheiden [239].« Angesichts des Abschnittes der Geschichte, den wir hier zu betrachten hatten, wird man die Anwendbarkeit dieses Satzes auf den Fall des Nationalsozialismus nicht bezweifeln dürfen. Indessen haben Entwicklung und Wirklichkeit des nationalsozialistischen Totalstaates Formen hervorgebracht, die der kluge Austro-Marxist nicht vorausgesehen hatte und die uns zwingen, dem letzten Satz dieses Hilferdingschen Wortes eine abgewandelte Bedeutung zu unterlegen. Was Hilferding als »besondere Interessen« bezeichnete, bietet sich dem Blick des historisch Untersuchenden in einem nach der Machtergreifung und Gleichschaltung veränderten politischen Gewande dar. Die angedeutete Heterogenität der zur Macht drängenden Kräfte weicht einer Heteronomie der politischen Erscheinungen, die sich aus dem begrenzten Pluralismus verwaltender Institutionen und verwalteter Organisationen ergibt; wir haben sie, ausgehend von den Verhältnissen der in den Prozeß der Gleichschaltung einbezogenen Ressorts der autoritären Zentralgewalt, eine Polykratie genannt. Wir wären im Irrtum, hielten wir dafür, daß der Totalstaat schlechthin keine strukturelle Pluralität kenne, eine Vorstellung, die dadurch nicht besser wird, daß sie verhältnismäßig weit verbreitet ist. Eine staatliche Ordnung als vollkommen monolithisches Machtgebilde ist in Wirklichkeit wohl nicht weniger selten als das völlig harmonische Spiel unübersehbarer Gruppen und Interessen in einer liberalen Gesellschaft. Gewiß waren die echten Machtbildungen nur gering an Zahl; aber sie waren vorhanden – und mit ihnen politische Konkurrenzen und Rivalitäten –, auch wenn der Totalstaat sein wahres Aussehen vor den Augen der Öffentlichkeit verborgen hielt.

Die totalitäre Diktatur der Nationalsozialisten in Deutschland blieb im Gange ihrer Entwicklung an die Formen des Verwaltungsstaates in dreierlei Gestalt gebunden: an eine zentralisierte, bürokratische Administration, die aus der Exekutive des Verfassungsstaates herausgewachsen war oder sich ihr angebildet hatte; an stände-ideologisch begründete, unter autoritärer Regie und Verwaltung stehende Korporationen des bis dahin zum größeren Teil nicht in öffentlich-rechtlicher Form organisierten Berufs- und Wirtschaftslebens, also des Bereiches, der ebenso üblich wie allgemein und ungewiß mit dem alten Begriff der Gesellschaft belegt wird; und an den Polizeistaat mit einem neuen, spezifischen Polizeibegriff, der einerseits auf der Tradition des vorkonstitutionellen Polizeibegriffs beruhte, jedenfalls mit diesem legitimiert werden sollte, anderseits aus den Formen erwuchs, die die makabre Praxis des Terrors in der Umwälzungsphase der nationalsozialistischen Machtergreifung hervorbrachte. Zu einer Homogenisierung dieser Formen der Verwaltung ist es nicht gekommen; vielmehr drängte sich das von der Geheimen Staatspolizei beherrschte totale Zwangssystem fortgesetzt stärker in den Vordergrund.

In immer größerem Umfang wurde Hitler zu internen interministeriellen Entscheidungen herangezogen, obgleich er wirkliche Entscheidungen keineswegs von Haus aus liebte. Die Ressorts der totalitären Staatsgewalt benötigten eine oberste Instanz, auf die sie sich berufen konnten, um eigene Absichten gegen die konträr gerichteten anderer durchzusetzen. Freisler führte die Berufung auf den Willen des Führers und den Grundsatz der Unkontrollierbarkeit gerichtsherrlicher Entschlüsse als theoretische Größe in die Justiz ein, um von dem dem totalitären Vollzugswesen lästigen richterlichen Nachprüfungsrecht und gelegentlich auch von den Limitierungen des geschriebenen Rechts, soweit sie den Vollzug zu stören imstande waren, loszukommen und nach Möglichkeit den Richter Schritt für Schritt in eine instrumentale Funktion innerhalb des totalitären Staates hineinzumanövrieren [240].

Der »Führerstaat« zeigte sich einerseits als ein ausgleichendes Provisorium des polykratischen, jedoch bedenkenlos zentralisierten Verwaltungsstaates, anderseits als Versuch, das Legitimierungsbedürfnis der an Intensität und Geschlossenheit gewinnenden Zwangsgewalt des totalitären Systems wenigstens annähernd zu befriedigen. Die entschiedensten Verteidiger des SS-Polizeistaates legten allerdings auch hierauf kaum noch sonderlichen Wert.

Da Hitler jedoch beeinflußbar und keineswegs in der Lage war, allen Ressortspitzen gegenüber ein selbständiges Urteil zu vertreten, wurde er auch in bisweilen wechselnde Richtungen dirigiert. Nach dem Umfang, in dem einzelne Männer seines »Hofstaates« Einfluß gewinnen konnten, vermochten sie auch ihre eigene Machtstellung zu befestigen, so daß mit dem Aufkommen des Führerkultes eine doppelseitige Entwicklung eintrat: Die totalitären Ressorts bedurften der übergeordneten, unantastbaren Instanz eines Führers, und die unmittelbare Beziehung zum Führer begünstigte die Ressortgewaltigen. Unmittelbar vor der Machtergreifung zählten vor allem Göring, Goebbels, Strasser, Röhm, Frick, Kerrl und Kube hierzu [241]. Seit Anfang 1933 veränderte sich diese Gruppe fortgesetzt, vor allem in Anbetracht der von Hitler verfolgten Notwendigkeit, konservative und bürgerliche Kreise hinter seine Regierung zu bringen; nur wenige der alten Kampfgenossen hielten sich auch weiterhin an der Spitze. Später waren es nur noch Göring, Goebbels, Dietrich und Himmler, hinter denen der unwägbare gewaltige Einfluß der Manager des Apparats, Bormann und Heydrich, des Chefs des SD und der GeStapo, emporwuchs.

Nur auf diese Weise und nur für den engen Zeitraum der wenigen Jahre, in denen dieses System existierte, so daß es im historischen Zusammenhang mehr einem Interregnum als einer Staatsbildung ähnelt, war eine Konsolidierung der Herrschaftsverhältnisse möglich, mit der eine ständig fortschreitende Unterwerfung neuer Bereiche der Gesellschaft, ihre totalitäre, von der Zentrale aus betrachtet: lückenlose Erfassung einherging. Die Erfassungszuständigkeiten waren auswechselbar; jedoch die Erfassung selbst, d. h. das Betroffensein der einzelnen und Gruppen blieb unverändert und läßt sich nur nach den Phasen zunehmender Intensivierung differenzieren. Die Gesellschaft wurde nicht politisiert, sondern in immer größeren Teilen der Zentralgewalt verfügbar gemacht. Das geschah mit den institutionellen Mitteln der Staatsapparatur und den verwalteten Organisationen der Massen und der Stände. Der einzelne wurde zum politischen »Stellenwert« nach der jeweiligen Maßgabe und Maßnahme der politischen Oberinstanzen. »Zur Entscheidung von Angelegenheiten von Privatpersonen, an denen der Staat kein Interesse hat, sind einzig und allein die gesetzlich zuständigen Gerichte oder Verwaltungsbehörden zuständig«, verlautbarte eine Anordnung des Obersten SA-Führers vom 15. Januar 1934 [242]. Das ordentliche Rechts- und Verwaltungssystem behielt seine Zuständigkeiten; jedoch der Staatsbürger in dem Sinn, den ihm der totalitäre Maßnahmenstaat jeweils zubilligte, besaß keine Einsicht in die Abhängigkeiten, in denen er jeweils stehen konnte. Für ihn bestand nur die Möglichkeit, seine Lebensäußerungen überall dort zu reduzieren, wo sie auf den spürbaren Widerstand der regierenden Gewalten stießen. Diese transformierten zusehends persönliche Einfluß- und Machtbereiche in ein polykratisches System mit wechselnden Schwergewichten. Wie eine frühe Einsicht in die Struktur des Totalstaates nationalsozialistischer Prägung mutet eine handschriftliche Aufzeichnung des Reichsstatthalters in Bayern an, die Ritter von Epp noch unter dem Eindruck des Aufstiegs der SA Anfang 1934 niederschrieb: »Die SA-Führung hat ihre Macht konsequent über die Staatsgewalt gestellt. Im Bereich der Städte und Gemeinden hat sie diese an die Partei-Leiter abgetreten. Die SS-Führung hat sich im System der politischen Polizei selbständig gemacht und ein Verbindungssystem geschaffen zu allen Nachbarstaaten und sonstigen Ländern mit Ausnahme von Preußen. Was bleibt für die Staatsverwaltung übrig? Die Geldverwaltung und Beschaffung – die reine Verwaltung im engsten Sinn des Staates! Als Objekt der constituens plebs, die nicht zu irgend einer Machtorganisation gehört. Was soll ein Reichsstatthalter noch? Was soll er halten an Reiches statt? Die Regierung braucht er nicht halten im

Sinne seiner Einsetzung, er muß sie halten gegen die Parteigewalten. Welche Mittel hat er dazu? ... Die niedergeworfenen Gegner machen keine Schwierigkeiten, die ganze Kraft verbraucht er in den inneren Reibungen und Kämpfen. Welche Minister haben Zeit (und Eignung) für ihr Amt? Kann die SA die Staatsführung übernehmen? Kann SA und SS zusammen dies tun? ... die Regelung des Obersten SA-Führers ... setzt die Verfügung des Führers für mich außer Kraft. Neueste Erscheinungen: Das Hineinziehen der Partei von beamteten Parteileuten – das gewaltsame Auftreten einiger Gauleiter in einem Staatsministerium – die politischen Leiter wollen an Gewalt nicht zurückstehen – Abhilfe [243]:« – Hier endet die Notiz, gleichsam ein endloses, unaufhebbares Fragezeichen setzend.

Der *fiktive Rechtsstaat,* den der Nationalsozialismus äußerlich aufrechtzuerhalten versuchte, ist dadurch charakterisiert, daß zwar die Grundlage des positiven Rechts nie beseitigt, jedoch ständig verändert wurde. Das bestehende Recht war niemals grundsätzlich Schranke oder Hindernis für irgendein Vorgehen der Regierung; es verlangte lediglich systematisches, schrittweises und abgewogenes Vorgehen. Eine ethisch verankerte Rechtsidee existierte nicht mehr; der »Rechtszustand« bestand in der vollendeten Mediatisierung der juristischen Form durch die zentrale Macht der Diktatur. Es darf aber auch nicht die Existenz der Kreise und Bestrebungen innerhalb der nationalsozialistischen Bewegung übersehen werden, die selbst den Zwang zur legalistischen Deckung der Maßnahme als Beengung und Einschränkung erstrebter Prärogativen ansahen und deren Absichten im Erfolgsfalle letztlich zur Inauguration eines totalen Befehlsstaates geführt hätten, in dem das gesamte öffentliche und wohl auch große Teile des privaten Lebens nach militärischem Muster einer obrigkeitlichen Befehlsgewalt unterworfen worden wären und der für die überwiegende Mehrheit des Volkes nur Abhängigkeiten und Gehorsamspflichten gebracht hätte. Den Deutschen ist die gänzliche Verwirklichung eines solchen Zustandes infolge des Eintritts der kriegerischen Katastrophe erspart geblieben. Das Ausmaß der heraufbeschworenen Zerstörungen und des entstandenen Elends darf nicht glauben machen, daß nicht noch Schlimmeres bevorstand: der nationale Rückfall einer modernen Industriegesellschaft in einen atavistischen Kollektivismus ohne Liberalität, ohne Humanität, ohne Christentum und ohne eine Spur von Religiosität. Die Verachtung jedes menschlichen und historischen Maßes liegt zu klar auf der Hand, als daß man an der Unabwendbarkeit einer Katastrophe in dieser oder jener Form noch zu zweifeln vermag, wenn auch die Toleranz der Weltmächte dem Totalitären gegenüber erst nach dem langer Hand vorbereiteten Angriff und in der unmittelbaren Gefährdung der eigenen Existenz dem Bedürfnis nach Wiederherstellung einer Rechtsordnung wich.

NACHWORT 1973

Ein Volk, das einen andersgläubigen und teilweise in älteren Zeiten auch fremdstämmigen, bedeutenden Bestandteil von geistigem und kulturellem Rang innerhalb weniger Jahre auszusondern und abzusondern versuchte, was schließlich zur Vertreibung oder Vernichtung führte, und das hierbei einen großen Teil seiner Intelligenz zermalmte – ohne Rücksicht auf die Folgen, dieses Volk muß gewärtigen, stets mit großer Vorsicht betrachtet zu werden, zumal diese Entscheidungen nicht auf eine wirkliche und vernünftige feindselige Bedrohung zurückgingen, sondern Ausfluß einer ständig geschürten Psychose waren. Dieses Volk wird in seinen politischen Regungen, in seinen Emotionen und den Eigenarten seines Engagements ständiger Beobachtung unterliegen. Die entscheidende Frage ist freilich noch offen: Ob die großen Krisen und pathologischen Massenerscheinungen unseres Jahrhunderts nur der deutschen Geschichte angehören oder mit ihr enger verknüpft sind als mit weiter reichenden menschheitsgeschichtlichen Prozessen und Wandlungen der menschlichen Daseinsverhältnisse. Wahrscheinlich wird der Historiker – und gewiß nicht nur der Historiker – lernen müssen, anthropologische Fragen zu stellen und zu beantworten, ehe wir hierüber Bescheid wissen.

Jedenfalls ist Anlaß genug gegeben, die eindringende Beschäftigung mit dem Nationalsozialismus und mit der nationalsozialistischen Periode der deutschen und der europäischen Geschichte nicht enden zu lassen und auf allen Teilgebieten die Forschung voranzutreiben. Das ist auch in den dreizehn Jahren geschehen, die seit dem Erscheinen der ersten Auflage dieses Buches vergangen sind. Wenn auch manche sehr speziellen Erörterungen eine gewisse Schwierigkeit erkennen lassen, den Blick auf das Ganze und Wesentliche beizubehalten, so hat doch die Erforschung der nationalsozialistischen Zeit insgesamt eine Intensität und auch eine Breite angenommen, die noch vor eineinhalb Jahrzehnten kaum denkbar schien. Vielleicht ist es nicht unbescheiden zu behaupten, daß – neben anderen Unternehmungen – die erste systematische Darstellung der Machtergreifungsphase, der dieses Buch in seinen drei Teilen gewidmet ist – zu einem Zeitpunkt, da die Erschließung von amtlichen Akten aus der Zeit des Nationalsozialismus eben erst beginnen konnte –, einen nicht geringen Anteil hieran für sich in Anspruch nehmen darf.

Im Hinblick auf die sich ausformenden Strukturen ist hier schon für die Anfänge des totalitären nationalsozialistischen Staates der Begriff der Polykratie eingeführt worden [1], der sich durchgesetzt hat [2]. Die unausgeglichene Polykratie der Zuständigkeiten, die zuerst am besten in den immer wieder fehlschlagenden Versuchen zu einer Reform des Verwaltungsaufbaus des Reiches sichtbar gemacht worden ist, die mit größtem Aufwand, ohne nennenswerte Gegenwirkungen und dennoch ohne Erfolg unternommen wurden, erklärt die zahllosen Beispiele kleinerer und größerer Konflikte und den in all dem erkennbaren Bewegungsdrang, der die Phasen der nationalsozialistischen Diktatur durchzieht und die unerreichte, wahrscheinlich unerreichbare Saturiertheit des totalitären Staates und seiner Gesellschaft anzeigt.

In mehrere Richtungen ist weitergegangen worden, so daß dem, der die Ergebnisse übersieht, ein überaus differenziertes, zu neuer Beurteilung aufforderndes Bild des nationalsozialistischen Systems vor Augen liegt. Das am weitesten gehende Urteil, das auf Grund wissenschaftlicher Untersuchung formuliert wurde, verlangt freilich noch Überprüfung und wohl auch Revision: »Die innere Struktur des nationalsozialistischen Systems ist . . . nicht zu erfassen, wenn man darin ein einmal feststehendes oder sich zu einer bestimmten Form verfestigendes Herrschaftsgebilde erblicken will. Das ständige Ummodeln der gesellschaftlichen und staatlichen Institutionen, die fortwährende Neubildung von Hoheitsträgern mit eigenem, willkürlich abgestecktem Kompetenzbereich läßt eine generelle Antwort auf die Frage nicht zu, was der ›Staat‹ in der nationalsozialistischen Zeit gewesen ist . . .« [3]. Die Schwierigkeiten, die sich einer resümierenden Zusammenfassung entgegenstellen, sind hiermit treffend charakterisiert. Sie könnten aber wohl durch die gründliche Untersuchung zweier Perspektiven überwunden werden, denen man sich bislang noch zu wenig gewidmet hat oder die doch nur peripher behandelt wurden.

Vor allem anderen ist die Tragweite der Tatsache zu berücksichtigen, auf die hier der Begriff »Maßnahmenstaat« schon hinweist, daß der nationalsozialistische Staat mit der Auflösung des vorher gültigen Verfassungsrechts, deren jeweiliger Zustand sich bald der Kontrolle entzieht und nie ganz eindeutig definieren läßt, auf jede übergreifende Norm verzichtete oder sich doch nur auf ein schwankendes, bald von Fall zu Fall geändertes Normengefüge stützte. Die »nationalsozialistische Weltanschauung«, die immer wieder bemüht wurde und auch zur Begründung von Gerichtsurteilen und höchsten juristischen Entscheidungen herangezogen wurde, worauf schon Ernst Fraenkel hinwies, bot in Wirklichkeit schon wegen ihrer Unstimmigkeiten, Ungereimtheiten, ihrer inneren Unbestimmtheit, ja Vagheit keinen annähernd ausreichenden Ersatz. Die Frage der Normgeltung in den Maßnahmen des so stark bürokratisch geprägten totalitären Staates erweist sich mithin als zentrales Problem, in dem sowohl die einwirkenden kontroversen Intentionen und Interessen als auch die von Fall zu Fall wechselnde Rolle des Führers sichtbar werden. Dieses Problem läßt sich allerdings nicht generell, sondern nur nach Analyse der Entscheidungsvorgänge lösen. Das ist neuerdings im Hinblick auf den Komplex der antijüdischen Maßnahmen für die ganze nationalsozialistische Zeit mit einigem Erfolg geschehen [4]. An diesem wichtigen Beispiel wird deutlich, daß die Aufklärung von Entscheidungsprozessen im nationalsozialistischen Staat auf der Grundlage des heute vorliegenden Quellenmaterials zumindest teilweise möglich ist. Allerdings öffnet sich hier ein noch große Mühen abforderndes Gebiet.

Für alle gravierenden politischen Entscheidungen im nationalsozialistischen Staat ergibt sich aber auch immer die Frage des Gewichts der Beteiligung und der Entschlüsse Hitlers. Man kann freilich noch nicht von den zahllosen nachweisbaren Konflikten im totalitären Staat unmittelbar auf die »Grenzen von Hitlers Macht« schließen [5]. Gerade mit der Zunahme von Konflikten wurde die Entscheidung durch »Führerwillen« zu einem zwangsläufigen Aushilfsmittel, zu einem Normersatz. Inwieweit Hitler selbst diese Zusammenhänge erkannte und ob er ihnen gewachsen war, steht freilich auf einem ganz anderen Blatt. Allerdings ändert sich die Fragestellung gegenüber der älteren biographischen Thematik, verschiebt sich ihr Tenor im Hinblick auf Hitlers Entschlüsse vom »Warum« und den Folgen nach dem Systemzusammenhang. Wie hat sich Hitler den Vorgängen im nationalsozialistischen Staat gegenüber verhalten, die er bei weitem nicht immer verursachte, wahrscheinlich sogar zu einem großen Teil weniger sicher als die Schwächen der Weimarer Republik und der internationalen Politik voraussah? So wäre jetzt zu fragen, um alsdann die Motivationen seines Verhaltens zu untersuchen. Ohne hier den Versuch machen zu wollen, komplizierte Zusammenhänge mit wenigen Worten darzustellen, kann doch wohl der Eindruck wiedergegeben werden, daß einerseits in manchen Äußerungen Hitlers eine auffällig klare

Einschätzung der Verhältnisse zutage trat, daß aber von Grund auf verfehlte Einschätzungen im Laufe der Jahre immer stärker überwogen; doch sie fehlten niemals ganz. Es liegt auf der Hand, daß man auch Erörterungen des pathologischen Charakters dieses Mannes berücksichtigen muß [6]. Von entscheidender Bedeutung erscheint jedoch, daß stets die Bezüge zu den politischen Entscheidungen hergestellt werden, was am besten dadurch geschieht, daß von diesen auch ausgegangen wird.

Vieles sehen wir heute klarer als in der ersten Zeit nach dem zweiten Weltkrieg. Das Wichtigste aber ist, daß wir neue Fragen deutlicher zu stellen und mit den großen archivalischen und anderen Mitteln, die heute dem deutschen wie dem ausländischen Forscher zur Verfügung stehen, auch zweckdienlicher zu beantworten vermögen.

Diese Bemerkungen können jedoch nicht abgeschlossen werden, ohne noch zwei verschiedenartige Problemkreise zu erwähnen, die sich erst während der vergangenen zehn bis zwölf Jahre entwikkelten und der Forschung neue Ziele setzten. Den einen bilden die Versuche zur vergleichenden, differenzierenden und generischen Darstellung von faschistischen Bewegungen und Regierungssystemen seit dem großen Buch von Ernst Nolte [7]. Der andere ist durch die aus den inneren Bedürfnissen der beiden großen Kirchen in Deutschland erwachsene Erforschung und ebenso beharrliche wie eindringende Diskussion des Kirchenkampfes entstanden, dem, wie wir jetzt sehen, für die Machtergreifungsphase eher noch größere Bedeutung zukommt, als früher angenommen wurde. Heute hat dieser Komplex Rahmen und Größenordnung jedes anderen Bereiches der nationalsozialistischen Vorkriegszeit hinter sich gelassen; er führt vielleicht am denkwürdigsten die immer noch anhaltende geistige Bewegung, Auseinandersetzung und Krise deutlich vor Augen [8].

Tübingen, im März 1973 Gerhard Schulz

ANMERKUNGEN

Erstes Kapitel: MACHTERGREIFUNG UND STAATSUMWÄLZUNG

1 Franz Neumann, *Behemoth. The Structure and Practice of National Socialism,* London 1943, S. 46, zieht die Trennungslinie zwischen dem »liberalen Rechtsstaat« – »born in the French Revolution and embodied in the English constitution« – und der geistigen Antizipation des nationalsozialistischen Staates im »nationalen Rechtsstaat«, wie er von deutschen Juristen zu Beginn der nationalsozialistischen Zeit postuliert wurde (u. a. Otto Koellreutter, *Vom Sinn und Wesen der nationalen Revolution* [*Recht und Staat in Geschichte und Gegenwart,* H. 101], Tübingen 1933, S. 11 f.; ders., *Der deutsche Führerstaat,* Tübingen 1934; ders., *Volk und Staat in der Weltanschauung des Nationalsozialismus,* Berlin 1935. In origineller Abweichung hiervon: Bodo Dennewitz, *Das nationale Deutschland ein Rechtsstaat. Die Rechtsgrundlagen des neuen deutschen Staates,* Berlin 1933, der den »nationalen Rechtsstaat« noch als Vereinigung dreier Merkmale charakterisiert: der übernommenen »institutionellen Garantien«, der überkommenen bürgerlichen Rechtseinrichtungen und der »staatlichen Korporationen« der beruflichen, wirtschaftlichen und politischen, staatlich anerkannten Organisationen). Carl Joachim Friedrich und Zbigniew K. Brzezinski, *Totalitäre Diktatur,* Stuttgart 1957, S. 14 [Titel des amerik. Originals: *Totalitarian Dictatorship and Autocracy,* Cambridge/Mass. 1956], sprechen allgemein vom »Rechtsstaat oder Verfassungsstaat« als dem Gegenbild der Autokratie, innerhalb derer die totalitären Diktaturen eine Sonderform darstellen; Friedrich definiert ihn mit der Einschränkung und Bindung der Herrschaft und Herrschaftsbeteiligung durch Verantwortlichkeit der Herrschenden und läßt darin den historischen Gang der modellhaften Progression vom absolutistisch regierten zum konstitutionellen Staat durchscheinen; vgl. auch Carl J. Friedrich, *Der Verfassungsstaat der Neuzeit (Enzyklopädie der Rechts- und Staatswissenschaft, Abt. Staatswissenschaft),* Berlin–Göttingen–Heidelberg 1953 (Titel des amerik. Originals: *Constitutional Government and Democracy. Theory and Practice in Europe and America,* rev. ed., Boston 1950). Eine interessante Abwandlung enthält die Arbeit des Schindler-Schülers Andreas Brunner, *Rechtsstaat gegen Totalstaat,* 2 Teile, Zürich 1948, die einen bemerkenswerten Ertrag an formalen Begriffsbildungen zutage gebracht, allerdings auch die damit leicht verbundenen Gefahren heraufbeschworen hat. Mag die Bestimmung des rechtsstaatlichen Prinzips als »Pluralität der Letztinstanzen« kaum ausreichen, so bleibt die Zurückführung des Totalstaates auf seine »logische Grundlage« im »Hierarchie-Prinzip« und die Deutung des Totalitären als »rücksichtslose Durchführung des Hierarchie-Prinzips« (II, S. 14) schlechterdings unbefriedigend. Deutlich wird der Mangel an empirischem Material in dieser Arbeit spürbar, die ihre These hauptsächlich aus rechtstheoretischen Gedanken und Kontroversen und im übrigen aus praktischen Gesichts-

punkten des Schweizer Rechts- und Wirtschaftslebens schöpft. Fruchtbar erweist sich die Formalisierung hingegen darin, daß sie den Tendenzinhalt der beiden antithetischen Begriffe »Rechtsstaat« und »Totalstaat« richtig zu sehen vermag und die sonst kaum gewürdigte Vermischtheit von »totalitären Elementen« und rechtsstaatlichen Elementen in jedweder gesellschaftlichen Ordnung hervorhebt (*a. a. O.*, II, S. 13). – Der Begriff des Totalitären krankt hier und da noch an allzu früh einseitig einsetzenden summarischen Betrachtungsweisen. Dieser Einwand kann auch dem in vieler Hinsicht ausgezeichneten Buch von Hannah Arendt, *Elemente und Ursprünge totaler Herrschaft,* Frankfurt/M. 1955 (Titel des amerik. Originals: *The Origins of Totalitarianism,* New York 1951), nicht erspart werden; vgl. Karl Buchheim, »Totalitarismus«, in: *Dokumente* 12 (1956), S. 354–357; Gerhard Schulz, »Der Stil der Historie und der Stand der Erfahrungen«, in: *Zur Geschichte und Problematik der Demokratie. Festgabe für Hans Herzfeld* . . ., Berlin 1958, S. 157 f. Die Notwendigkeit genauer Differenziation innerhalb der allgemeinen Erscheinung ist dagegen von Friedrich schon deutlich hervorgehoben worden (*Totalitäre Diktatur, a. a. O.*, S. 17). – Vgl. jetzt Gerhard Schulz, Der Begriff des Totalitarismus und der Nationalsozialismus, und andere Beiträge in: Bruno Seidel/Siegfried Jenkner (Hrsg.), Wege der Totalitarismus-Forschung (Wege der Forschung, Bd. CXL), Darmstadt 1968.

2 Ernst Forsthoff, *Der totale Staat,* Hamburg 1933, S. 7. – Die Begriffe »totaler Staat« und »totalitärer Staat« werden im Folgenden nebeneinander gebraucht. Der Leser möge im Auge behalten, daß »totaler Staat« – häufig in legitimierender Absicht – das Programm der nationalsozialistischen Revolution bezeichnet, »totalitärer Staat« oder auch »totalitäres System« hingegen ihr empirisch faßbares Ereignis, d. h. alle Stufen und Merkmale der staatlichen und gesellschaftlichen Umwandlungen bis zu ihrem Ende.

3 Vgl. hierzu auch Einleitung von Bracher, *Stufen der Machtergreifung,* Frankfurt/M.–Berlin–Wien 1973 (= Ullstein Buch Nr. 2992), S. 17.

4 Carl Schmitt, »Weiterentwicklung des totalen Staats in Deutschland« (1933), in ders., *Verfassungsrechtliche Aufsätze aus den Jahren 1924–1954. Materialien zu einer Verfassungslehre,* Berlin 1958, S. 366, Anm. 3.

5 Vgl. James Kerr Pollock und Homer Thomas, *Germany in Power and Eclipse. The Background of German Development,* New York–Toronto–London 1952, S. 157.

6 Eine Zweischichtentheorie ganz anderer Art enthält die Doppelstaatsthese Ernst Fraenkels, *The Dual State. A Contribution to the Theory of Dictatorship,* New York–London–Toronto 1941. Sie geht von der Praxis der Rechtsprechung aus, soweit sie in öffentlichen Publikationen nachweisbar ist, und deutet Straf- und Zivilprozeßrecht, aber auch Arbeits- und Beamtenrecht, insbesondere das Disziplinarrecht, als Merkmal einer Kampfsituation, in der der Angriff gegen die Normen und Institutionen des liberalen Rechtsstaates geführt wird, bis endlich ein vollkommener Abbau von Rechtsstaat

und Rechtsdenken erreicht ist. Ihre besondere Leistung liegt darin, auf die Rolle des dauernden Ausnahmezustandes hingewiesen zu haben, von dem aus die bestehende Rechtsordnung aus den Angeln kam, da die Verfassung von Weimar allein nach der Maßgabe der politischen *ad hoc*-Bedürfnisse jeweils außer acht gelassen wurde, ohne ausdrücklich aufgehoben zu werden. Reinhold Horneffer, »Das Problem der Rechtsgeltung und der Restbestand der Weimarer Verfassung«, in: *Zeitschrift für die gesamte Staatswissenschaft* 99 (1958), S. 148–177, hat dieses *ad hoc*-Bedürfnis dem späteren Sprachgebrauch gemäß mit dem »Willen des Führers« zu legitimieren versucht und innerhalb des fortgesetzt reduzierten Restbestandes der Weimarer Verfassung drei Gruppen von Rechtssätzen unterschieden: 1. diejenigen, die »ausdrücklich aufgehoben und mit verändertem Inhalt wieder in Kraft gesetzt worden sind«; 2. diejenigen, die ohne Aufhebung »ausdrücklich übernommen«, und 3. solche, die »stillschweigend übernommen« worden sind, deren Geltung vom »Willen des Führers« abhing und lediglich »dadurch gegeben bleibt, daß eben nichts geschieht«. Derlei Bemühungen um die Aufrechterhaltung einer Fiktion rechtsstaatlicher Zustände gingen jedoch ebensowohl dem Versuch um eine nähere Abgrenzung und Bestimmung der letzten Gruppe aus dem Wege, wie sie sich auf eine Umschreibung und politische Charakterisierung der außer Kraft gesetzten Normen nicht einließen und auf diese Weise mit der Beschreibung einer stufenweisen Außerkraftsetzung »liberal-demokratischer Kernsätze der Weimarer Verfassung« die Tatsache des »dauernden Ausnahmezustandes« verbargen, von dem heute auch Ernst Rudolf Huber spricht (*Quellen zum Staatsrecht der Neuzeit*, Bd. III: *Deutsche Verfassungsdokumente der Gegenwart* [1919–1951], Tübingen 1951, S. 152); anders dagegen in der nationalsozialistischen Zeit: Huber, *Verfassungsrecht des Großdeutschen Reiches* (*Grundzüge der Rechts- und Wirtschaftswissenschaft*, Reihe A: *Rechtswissenschaft*, hrsgg. von Georg Dahm und Ernst Rudolf Huber), Hamburg 1939, S. 48. Entschiedene Vertreter der These, daß die Weimarer Verfassung aufgehört habe zu bestehen, waren von Anbeginn der nationalsozialistischen Machtergreifung Carl Schmitt, *Staat, Bewegung, Volk. Die Dreigliederung der politischen Einheit* (*Der deutsche Staat der Gegenwart*, H. 1), 2. Aufl., Hamburg 1934 [1. Aufl. 1933], und Hans Gerber, *Staatsrechtliche Grundlinien des neuen Reiches* (*Recht und Staat in Geschichte und Gegenwart*, Nr. 105), Tübingen 1933, S. 22 f. (»Die Verwirklichung des autoritären Staates ist . . . abhängig vom Siege der völkischen Staatsidee . . . Deswegen gehört es zur grundsätzlichen Wandlung unserer staatlichen Verhältnisse, daß im völkischen Bereiche allein noch der nationalsozialistischen Weltanschauung Geltungsraum verstattet wird.«)

7 Albert Mirgeler, »Der Faschismus in der Geschichte des modernen Staates«, in: *Saeculum* 6 (1955), S. 97.

8 *A. a. O.*, S. 90.

9 Carl Schmitt, *Der Leviathan in der Staatslehre des Thomas Hobbes*. Hamburg 1938, S. 124.

10 Friedrich/Brzezinski (Anm. I/1), S. 56. Auch Otto Stammer zählt

neben der »autoritär geführten Massenbewegung« die »bürokratisch gesicherte Herrschaftsapparatur« des »diktatorisch regierten Staates« als das entscheidende Merkmal totalitärer Herrschaft auf; Otto Stammer, »Politische Soziologie«, in: *Soziologie. Ein Lehr- und Handbuch zur modernen Gesellschaftskunde,* hrsgg. von Arnold Gehlen und Helmut Schelsky, Düsseldorf–Köln 1955, S. 271.

11 Max Weber, *Wirtschaft und Gesellschaft* (*Grundriß der Sozialökonomik,* III. Abt.), 3. Aufl., 2. Halbbd., Tübingen 1947, S. 671.

12 A. a. O., II, S. 668.

13 Eine kleine Untersuchung, die in Amerika entstanden ist, hat sich bereits vor einiger Zeit eine derartige Folgerung zunutze zu machen versucht: Frederic S. Burin »Bureaucracy and National Socialism. A Reconsideration of Weberian Theory«, in: *Reader in Bureaucracy,* hrsgg. von Robert K. Merton *et al.,* Glencoe (Ill.) 1952, S. 33–47. In diesem Zusammenhang muß auch auf den wichtigen Versuch hingewiesen werden, die Umwandlung von Verwaltung und Regierung im »Dritten Reich« darzustellen, den Fritz Morstein Marx, *Government in the Third Reich,* 2. Aufl., New York–London 1937, bes. S. 92 ff., schon in der Anfangsperiode des nationalsozialistischen Staates unternommen hat.

14 Fraenkel (Anm. I/6).

15 Mirgeler (Anm. I/7), S. 97.

16 Gerhard Leibholz, »Das Phänomen des totalen Staates«, Rundfunkvortrag vom November 1946, zuletzt abgedr. in: ders., *Strukturprobleme der modernen Demokratie,* Karlsruhe 1958, S. 227.

17 Friedrich/Brzezinski (Anm. I/1), S. 256.

18 Sigmund Neumann, *Permanent Revolution. The Total State in a World at War,* New York–London 1942.

19 So lautet der treffende Titel des unter den unmittelbaren Eindrücken von Kriegsende und nationalsozialistischem Zusammenbruch geschriebenen Büchleins von Walter Petwaidic, *Die autoritäre Anarchie. Streiflichter des deutschen Zusammenbruchs,* Hamburg 1946.

20 Ernst Jünger, »Die totale Mobilmachung«, in: *Krieg und Krieger,* hrsgg. von Ernst Jünger, Berlin 1930, S. 14.

21 Friedrich Georg Jünger in dem Essay »Krieg und Krieger« des gleichen Sammelbandes (*a. a. O.,* S. 66). Friedrich Georg Jüngers Essay ist geeignet, die Gedanken seines Bruders zu ergänzen, obgleich er in der Bewertung dieser Erscheinung mit ihm nicht völlig übereinstimmt.

22 Wenn auch der Begriff des totalitären Staates dem faschistischen Bereich entlehnt wurde *(»stato totalitario«),* so hat ihn doch im deutschen Sprachraum erst Carl Schmitt bekanntgemacht und verbreitet. In seinem wichtigen Aufsatz »Die Wendung zum totalen Staat« von 1931 nimmt er ausdrücklich Bezug auf Ernst Jüngers »totale Mobilmachung«; Carl Schmitt, *Positionen und Begriffe im Kampf mit Weimar–Genf–Versailles. 1923–1939,* Hamburg 1940, S. 152.

23 Adolf Hitler, *Mein Kampf,* Band II: *Die nationalsozialistische Bewegung,* 1. Aufl., München 1927, S. 229 ff.

24 So siegte beispielsweise nach Hitler in der Französischen Revolu-

tion »eine durch Demagogen größten Stils geführte Armee von Hetzern ..., die die Leidenschaften des an sich gequälten Volkes aufpeitschten ...« (*a. a. O.*, S. 117).

25 Karlheinz Schmeer, *Die Regie des öffentlichen Lebens im Dritten Reich*, München 1956, S. 11. Diese Untersuchung enthält treffliche Bemerkungen und eine Auslese ausgezeichneter Zitate. Sie ist jedoch einer Verführung, der stark spezialisierte Forschungen leicht unterliegen, nicht ganz entgangen und hat mit der systematischen Selektion von Quellenzeugnissen und Beobachtungen selbst schon ein System impliziert und auf diese Weise der nationalsozialistischen Propaganda eine Perfektion unterstellt, die ihr zumindest in der Zeit vor der Machtergreifung (vgl. S. 7–22) nicht nachgesagt werden kann. Eine trotz erkennbarer eigener propagandistischer Absichten höchst bemerkenswerte und zum Teil bis heute noch nicht übertroffene Analyse der Hitlerschen Demagogie und der nationalsozialistischen Propaganda enthält die umfangreiche Darstellung von Willi Münzenberg, *Propaganda als Waffe*, Basel [1937].

26 Hitler, *Mein Kampf*, Band I: *Eine Abrechnung*, 3. Aufl., München 1928, S. 186.

27 *A. a. O.*, S. 189.

28 *A. a. O.*, II, S. 233.

29 *Ebda.*

30 *Ebda.*

31 Vgl. hierzu die Selbstdarstellung Otto Strassers, *Hitler und ich*, Konstanz 1948, bes. S. 105; Alan Bullock, *Hitler. A Study in Tyranny*, London 1952, S. 139 ff. Heiden hat der Gruppe der beiden Strasser und ihrer Anhänger die schlagwortartige Benennung »Berliner Nationalmarxismus« gegeben; Konrad Heiden, *Geschichte des Nationalsozialismus. Die Karriere einer Idee*, Berlin 1932, S. 249. Aber nicht nur unter dem Einfluß der Brüder Strasser, sondern auch aus keineswegs zu unterschätzenden Motiven eines spezifisch nationalsozialistisch-proletarischen Aktivismus heraus entstanden seit 1928 unter Führung von Johannes Engel und Reinhold Muchow in Berliner Großbetrieben, von der Knorrbremse A. G. und dem Neuköllner Arbeiterbezirk ausgehend, nationalsozialistische Betriebszellen, so die »Nationalsozialistische Wählerschaft bei der Knorrbremse« oder der »Nationalsozialistische Arbeiterkampfbund«, die dann seit 1931 von der »Reichs-Betriebszellen-Abteilung« des Reichstagsabgeordneten Walter Schuhmann in allen industriellen Städten des Reichsgebiets aufgezogen wurden. Hierzu Gerhard Starcke, *NSBO und Deutsche Arbeitsfront*, Berlin 1934, S. 23 ff.; und die soeben – nach Abschluß des Manuskripts – veröffentlichte Dokumentation von Martin Broszat, »Die Anfänge der Berliner NSDAP 1926/27«, in: *Vierteljahrshefte für Zeitgeschichte* 8 (1960), S. 85–118. Vgl. auch die für die innere Geschichte der NSDAP in Norddeutschland äußerst aufschlußreichen Aufzeichnungen von Albert Krebs, *Tendenzen und Gestalten der NSDAP. Erinnerungen an die Frühzeit der Partei* (*Quellen und Darstellungen zur Zeitgeschichte*, Bd. 6), Stuttgart 1959, S. 69 ff.; S. 186 ff.

32 Arthur Rosenberg, *Die Geschichte der Weimarer Republik,* jetzt in dem von Kurt Kersten herausgegebenen Doppelband: *Entstehung und Geschichte der Weimarer Republik,* Frankfurt a. M. 1955, S. 472; S. 476. Über den »Richtungsstreit« inerhalb der NSDAP: Krebs, *a. a. O.,* S. 31 f.; S. 187 ff.

33 Rosenberg, *a. a. O.,* S. 478.

34 Walter Görlitz und Herbert A. Quint, *Adolf Hitler. Eine Biographie,* Stuttgart 1952, bes. S. 253 f.; S. 261 ff.; S. 266 ff.; S. 277 ff. Die beste Darstellung der Geschichte der NSDAP bleibt auch heute noch das Buch von Heiden (Anm. I/31), hierzu S. 223 ff. Vgl. auch die auf eine Dissertation zurückgehende Untersuchung von Walther Scheunemann, *Der Nationalsozialismus. Quellenkritische Studie seiner Staats- und Wirtschaftsauffassung,* Berlin 1931.

35 Das *Programm der NSDAP* ist an vielen Stellen abgedruckt worden. Vollständige und kommentierte Texte, denen die späteren Ergänzungen (das »Staats- und Wirtschaftsprogramm« Gottfried Feders und die parteiamtliche Erklärung über die Landwirtschaft vom März 1930) angefügt sind, finden sich bei Gottfried Feder, *Das Programm der NSDAP und seine weltanschaulichen Grundgedanken* (*Nationalsozialistische Bibliothek,* H. 1), hier zit. nach der 41.–50 Aufl., München 1931; Engelbert Huber, *Das ist Nationalsozialismus. Organisation und Weltanschauung der NSDAP,* 7. Aufl., Stuttgart–Berlin–Leipzig o. J., S. 52 ff., bes. S. 161 ff.; Curt Rosten, *Das ABC des Nationalsozialismus,* 6. Aufl., Berlin 1933, S. 52 ff. Eine Untersuchung der nationalsozialistischen »Weltanschauung« unter besonderer Berücksichtigung der Frühzeit der NSDAP liegt jetzt in der Studie von Martin Broszat vor: *Der Nationalsozialismus. Weltanschauung, Programm und Wirklichkeit,* Stuttgart 1960.

36 Den Eindruck, den die Äußerungen Gottfried Feders über die »Brechung der Zinsknechtschaft« auf ihn machten, hat Hitler selbst bezeugt: »Als ich den ersten Vortrag Gottfried Feders angehört hatte, zuckte mir sofort auch der Gedanke durch den Kopf, nun den Weg zu einer der wesentlichen Voraussetzungen zur Gründung einer neuen Partei gefunden zu haben.« Völlig eingefangen von diesen Gedanken, in denen er seine eigenen Vorurteile bekräftigt fand, lobt er »das Verdienst Feders, mit rücksichtsloser Brutalität den ebenso spekulativen wie volkswirtschaftsschädlichen Charakter des Börsen- und Leihkapitals festgestellt ... zu haben«; Hitler (Anm. I/23), I, 3. Aufl., S. 221.

37 *A. a. O.,* S. 225; S. 224.

38 Mit der Festigung seiner eigenen Stellung innerhalb der NSDAP übernahm Hitler streng autoritäre Grundsätze. Man kann das sehr gut an Hand der Änderungen verfolgen, die Hitler seinen Ausführungen über die Parteiorganisation am Ende des ersten Bandes von *Mein Kampf* (Anm. I/23) angedeihen ließ. Dort hieß es u. a. noch in der 3. Auflage, 1928 (S. 364 f.): »Die Bewegung vertritt im kleinsten wie im größten den Grundsatz einer germanischen Demokratie: Wahl des Führers, aber unbedingte Autorität des-

selben ... Immer wird der erste Vorsitzende gewählt, allein damit auch mit unbeschränkter Vollmacht und Autorität bekleidet. Und das gleiche gilt ... für die Leitung der Gesamtpartei. Der Vorsitzende wird gewählt, er aber ist der ausschließliche Führer der Bewegung.« Später dagegen (125.–126. Aufl., 1934, S. 378): »Die Bewegung vertritt im kleinsten wie im größten den Grundsatz der unbedingten Führerautorität, gepaart mit höchster Verantwortung ... Immer wird der Führer von oben eingesetzt und gleichzeitig mit unbeschränkter Vollmacht und Autorität bekleidet. Nur der Führer der Gesamtpartei wird aus vereinsgesetzlichen Gründen in der Generalmitgliederversammlung gewählt. Er ist aber der ausschließliche Führer der Bewegung.« Zum Vergleich der einzelnen Fassungen Hermann Hammer, »Die deutschen Ausgaben von Hitlers ›Mein Kampf‹«, in: *Vierteljahrshefte für Zeitgeschichte* 4 (1956), S. 161–178.

39 Anton Lingg, *Die Verwaltung der Nationalsozialistischen Deutschen Arbeiterpartei,* 4. Aufl., München 1941, S. 59 ff.

40 Strasser (Anm. I/31), S. 114 ff.; Bullock (Anm. I/31), S. 122 f.

41 Vgl. Heiden (Anm. I/31), S. 218 ff.; S. 244 ff.

42 Nach der parteioffiziellen Statistik stieg die Mitgliederzahl der NSDAP (jeweils vom Jahresende) von 1928 bis 1929 von 108 000 auf 170 000, 1930 auf 357 000, 1931 auf 686 000 und zum Jahresende 1932 auf 1 378 000; Lingg (Anm. I/39), S. 58 f.

43 Hitler (Anm. I/23), I, 3. Aufl., S. 157.

44 *A. a. O.,* S. 356. Für das regelrechte Anerbieten Hitlers an bürgerliche und vor allem geldkräftige Kreise, um seine Politik in die Dienste eines hemmungslosen Antisemitismus zu stellen, liegt jetzt ein frühes symptomatisches Zeugnis vor: *Im Kampf um die Macht. Hitlers Rede* [vom 28. Februar 1926] *vor dem Hamburger Nationalklub von 1919* (*Veröffentlichungen der Forschungsstelle für die Geschichte des Nationalsozialismus in Hamburg,* Bd. 1), Frankfurt a. M. 1960, bes. S. 70 ff.; S. 84 ff.; S. 92 ff.; S. 104 ff.

45 Hierzu Hitler (Anm. I/39), II, S. 289; S. 351 ff.

46 Feder (Anm. I/35), S. 64. Eine Aufführung allgemeiner Merkmale antikapitalistischer Argumentationsweisen, die auch in diesem Zusammenhang Interesse verdient, jetzt bei Wolfgang Hock, *Deutscher Antikapitalismus. Der ideologische Kampf gegen die freie Wirtschaft im Zeichen der großen Krise (Veröffentlichungen des Instituts für Bankwirtschaft und Bankrecht an der Universität Köln),* Frankfurt a. M. 1960, S. 28 ff.

47 Ferdinand Fried[rich Zimmermann], *Das Ende des Kapitalismus,* Jena 1931. Über den »Tat-Kreis« Kurt Sontheimer, »Der Tatkreis«, in: *Vierteljahrshefte für Zeitgeschichte* 7 (1959), S. 229–260.

48 Artur Moeller van den Bruck, *Das Dritte Reich,* 4. Aufl., Hamburg 1931, S. 62. Hiermit übereinstimmend namentlich Gottfried Feder: »Nicht Klassen oder Klassenkampf, nicht Klassen oder Klassenegoismus – sondern das allgemeine Wohl ... das oberste Gesetz«; Feder (Anm. I/35), S. 57. Aber auch Gregor Strasser in seiner Reichstagsrede am 17. Oktober 1930: »Wir wollen keinen Bürgerkrieg und keine Klassenhetze, sondern wir wollen die

innere Aussöhnung des Volkes, die Einigung der guten Kräfte der Arbeiter des Kopfes und der Faust«; *Verhandlungen des Reichstags,* Bd. 444, S. 57.

49 Joseph Goebbels, *Der Nazi-Sozi. Fragen und Antworten für den Nationalsozialisten,* Elberfeld o. J. [1927], S. 11 f. Aufschlußreiche Dokumente zur persönlichen Entwicklung von Goebbels wie zur Lage im Berliner Gau der NSDAP 1926 jetzt: *Das Tagebuch von Joseph Goebbels 1925/26. Mit weiteren Dokumenten* hrsgg. von Helmut Heiber (*Schriftenreihe der Vierteljahrshefte für Zeitgeschichte,* Nr. 1), Stuttgart [1960].

50 Unter dem Titel *»Arbeitertum«* erschienen seit 1931 auch die Blätter der Nationalsozialistischen Betriebszellen-Organisation. Der Titel entstand unter dem Einfluß des einstigen Sozialdemokraten August Winnig. Diese Zeitschrift hieß ursprünglich *Betrieb*; sie begann mit einer Auflage von 13 000 und erreichte nach der Beseitigung der Gewerkschaften 4,5 Millionen (Starcke, Anm. I/31, S. 36 f.).

51 So Gottfried Feder in einem Gespräch mit Erik Nölting, das am 3. Januar 1931 von der »Deutschen Welle« gesendet wurde; Feder, *Kampf gegen die Hochfinanz,* 6. Aufl., München 1935, S. 286 ff. Vgl. auch Krebs (Anm. I/31), S. 205.

52 Besonders deutlich z. B. Hans Reupke, *Der Nationalsozialismus und die Wirtschaft. Erläuterung der wirtschaftlichen Programmpunkte und Ideenlehre der nationalsozialistischen Bewegung,* Berlin 1931, S. 45: »Existiert noch eine soziale Kampffront, so wendet sie sich nicht gegen den Arbeitgeber, den mit dem Arbeitnehmer nur gleichgerichtete Interessen verbinden, sondern gegen das Finanzkapital und dessen internationale und antinationale Interessenpolitik.« Gegen diese »faschistische« Version wandten sich allerdings einzelne »nationale Sozialisten« des alten Strasser-Flügels, u. a. Erich Koch, »Sind wir Faschisten?«, in: *Arbeitertum* 1, H. 9 vom 1. Juli 1931, S. 7.

53 Alfred Rosenberg, *Wesen, Grundsätze und Ziele der Nationalsozialistischen Deutschen Arbeiterpartei. Das Programm der Bewegung,* München 1930, S. 27.

54 Feder, *Das Programm* . . . (Anm. I/35), S. 47.

55 Reupke (Anm. I/52), S. 51.

56 Vgl. Gottfried Feder, *Das Manifest zur Brechung der Zinsknechtschaft des Geldes,* München 1919, letzter Neudruck 1932; ders., *Der deutsche Staat auf nationaler und sozialer Grundlage. Neue Wege in Staat, Finanz und Wirtschaft* (*Nationalsozialistische Bibliothek,* H. 35), 5. Aufl., München 1933 (1. Aufl. 1923), bes. S. 20 ff.; S. 37 ff.; S. 62 ff.; S. 70 ff.; und die Aufsatzsammlung *Kampf gegen die Hochfinanz* (Anm. I/51); als Versuch einer mit wissenschaftlichen Mitteln geführten Erörterung: Harald Braeutigam, *Wirtschaftssystem des Nationalsozialismus,* Berlin 1932; ferner: Hans Buchner, *Die goldene Internationale. Vom Finanzkapital, seinem System und seinen Trägern* (*Nationalsozialistische Bibliothek,* H. 3), München 1928; und Alfred Pfaff, *Wege zur Brechung der Zinsknechtschaft,* München 1932. Eine kritische

Übersicht gibt Scheunemann (Anm. I/34), S. 67 ff.

57 Hitler (Anm. I/23), I, S. 225.

58 Besonders deutlich bei Franz Hochstetter, *Leihkapital und Goldwährung als Grundlagen der Geldversklavung in Deutschland* (*Nationalsozialistische Bibliothek,* H. 26), München 1931; Buchner (Anm. I/56); Feder, *Der deutsche Staat* ... (Anm. I/56), bes. S. 38 f. und S. 50 ff.; Fritz Reinhardt, *Die Herrschaft der Börse (Nationalsozialistische Bibliothek,* H. 2), München 1927.

59 Hans Buchner, *Warenhauspolitik und Nationalsozialismus* (*Nationalsozialistische Bibliothek,* H. 13), 3. Aufl., München 1931. Die Stellung der NSDAP zu den Warenhäusern behandelt jetzt die Monographie von Heinrich Uhlig, *Die Warenhäuser im Dritten Reich,* Köln–Opladen 1956. Vgl. auch Eva Gabriele Reichmann, *Die Flucht in den Haß. Die Ursachen der deutschen Judenkatastrophe,* Frankfurt a. M. o. J. [1956], S. 262 f. (Titel des amerik. Originals: *Hostages of Civilisation. The Social Sources of National Socialist Anti-Semitism,* Boston 1951).

60 Erklärung Hitlers vom 13. April 1928: Rosten (Anm. I/35), S. 56 f.

61 *A. a. O.,* S. 68 f.

62 So erklärte Gregor Strasser am 30. Oktober 1930 im Reichstag: »Die Lebensgesetze des Volkes sind primitiv, und je primitiver sie die Heilmethoden ansetzen, um so eher werden sie zum Ziele führen (*Verhandlungen des Reichstags,* Bd. 444, S. 59).

63 Gregor Strasser am 10. Mai 1932; *a. a. O.,* Bd. 446, S. 2511.

64 Eine Statistik über die Erfolge der NSDAP bei den Reichstagswahlen in agrarischen Gegenden enthält der Aufsatz von Heinrich Freudenberger, »Bauernkraft – Wehrkraft«, in: *Der Bauer im Umbruch der Zeit,* hrsgg. von Wolfgang Clauß, Berlin 1935, S. 230 f. Über die besonderen Verhältnisse Schleswig-Holsteins und Niedersachsens und die Beziehungen zwischen Landvolkbewegung und NSDAP: Hans Beyer, »Die Landvolkbewegung Schleswig-Holsteins und Niedersachsens 1928–1932«, in: *Jahrbuch der Heimatgemeinschaft des Kreises Eckernförde,* 15. Jg. (1957), S. 174 f.; S. 186 ff.; und das Plädoyer eines beteiligten Nationalsozialisten: Walter Luetgebrune, *Neu-Preußens Bauernkrieg. Entstehung und Kampf der Landvolkbewegung,* Hamburg–Berlin–Leipzig 1931. Eine in Deutschland bisher beispiellose Regionalstudie, die das Vordringen radikaler Tendenzen und die Erfolge des Nationalsozialismus in der Landbevölkerung Schleswig-Holsteins untersucht hat, ist das wichtige Buch von Rudolf Heberle, *From Democracy to Nazism. A Regional Case Study on Political Parties in Germany,* Baton Rouge (Louisiana) 1945. Vgl. hierzu auch die Bemerkungen von Sten S. Nilson, »Wahlsoziologische Probleme des Nationalsozialismus« in: *Zeitschrift für die gesamte Staatswissenschaft* 110 (1954), S. 298 ff. Jüngstens hat sich hierzu auch Seymour Martin Lipset geäußert: »Der ›Faschismus‹ – die Linke, die Rechte und die Mitte«, in: *Kölner Zeitschrift für Soziologie und Sozialpsychologie* 11 (1959), S. 401–444, und das Vordringen der NSDAP unter den kleinen Landeigentümern dieser vorher stets von konservativen Parteien beherrschten Gebiete

hervorgehoben (bes. S. 411 ff.). Daß auch in Hessen der Nationalsozialismus innerhalb der ländlichen Bevölkerung auf eine bereits in der Vorkriegszeit entstandene antisemitische Bauern- und Kleinbauernbewegung zurückging, erhellt aus einer nationalsozialistischen Veröffentlichung: Eugen Schmahl und Wilhelm Seipel, *Entwicklung der völkischen Bewegung*, Gießen 1933.

65 Darré gehörte zu den Ideologen, die sich erst im Verlaufe der Wirtschaftskrise der NSDAP anschlossen. Seine Gedanken, die im wesentlichen auf einer Verknüpfung agrarsoziologischer und -historischer Erkenntnisse mit Rassentheorie und nationalsozialistischen Anschauungen beruhten, hatte er bereits früher dargelegt, so in einigen Aufsätzen, die bis in das Jahr 1925 zurückreichen (z. B. »Das Schwein als Kriterium für nordische Völker und Semiten«, 1927) und in der Sammlung: R. Walther Darré, *Erkenntnisse und Werden. Aufsätze aus der Zeit vor der Machtergreifung*, hrsgg. von Marie Adelheid Prinzessin Reuß-zur Lippe, Goslar 1940, enthalten sind, sowie in seinem Buch *Das Bauerntum als Lebensquell der nordischen Rasse*, München 1928 (6. Aufl. 1937). Die jüngst vom Institut für Zeitgeschichte vorgenommene Veröffentlichung *Hitlers zweites Buch. Ein Dokument aus dem Jahr 1928*, eingeleitet und kommentiert von Gerhard L. Weinberg (*Quellen und Darstellungen zur Zeitgeschichte*, Bd. 7), Stuttgart 1961, läßt erkennen, daß sich die eigenartig metaphysisch anmutende Behandlung von Grund und Boden schon vorher mit Hitlers Kampfideologie verknüpft hat. Aus diesem Dokument geht wie aus keinem zweiten, das die Geschichte des Nationalsozialismus hinterlassen hat, die verhängnisvolle Gleichsetzung von Boden und Macht und der Austausch von Wirtschaft und Eroberung hervor. Rüstungen erscheinen gleichsam als Investitionen und Kriege als mutige Unternehmungen mit vielversprechendem Erfolg (bes. S. 28; S. 48; S. 59 ff.).

66 Darré veranlaßte später eine Neuausgabe des Buches von Gustav Ruhland, *System der politischen Ökonomie*, bearbeitet von Günther Pacyna, Goslar 1939.

67 Rosten (Anm. I/35), S. 66 ff. Zur Reichspräsidentenwahl 1932 auch aufgenommen in die neu herausgebrachte Programminterpretation von Gottfried Feder, *Das Programm der NSDAP* (Anm. I/35), 66.–70. Aufl., München 1932, S. 6 ff.

68 Darrés »Entwurf zu einem Plan für das Arbeitsgebiet einer agrarpolitischen Abteilung der NSDAP« vom 15. August 1930 befindet sich unter den Dokumenten des sogenannten Wilhelmstraßen-Prozesses vor dem Amerikanischen Militärgerichtshof in Nürnberg (= *MGN*, Fall 11, Ankl.-Dok.-B. 101, Dok. NG 448), desgleichen ein von Hierl und Darré gemeinsam unterzeichneter Parteibefehl an die Gauleiter vom 21. August 1930.

69 Gregor Strasser am 1. Oktober 1930: *Verhandlungen des Reichstags*, Bd. 444, S. 60. Hieraus hatte Hitler die Konsequenz der gewaltsamen Eroberung wirtschaftlich nutzbarer »Räume« entwickelt. *Hitlers zweites Buch* (Anm. I/65), S. 101; S. 122 ff. »Der Kampf [um den Boden], nicht die Wirtschaft sichert das Leben«

(S. 53).

70 So übrigens auch schon Feder, *Der deutsche Staat* ... (Anm. I/56), S. 30: »Sie [die Frage der Staatsform] kann überhaupt erst einer Lösung zugeführt werden nach einer ganz gründlichen Reinigung unserer innenpolitischen Verhältnisse. Der einzig mögliche Weg zu dieser innenpolitischen Reinigung scheint uns ausschließlich über den Weg einer Diktatur zu gehen, die mit aller Entschiedenheit die Fäulnis- und Krankheitsherde an unserem Volkskörper ausschneidet und ausbrennt.«

71 Georg Strasser am 10. Mai 1932: *Verhandlungen des Reichstags,* Bd. 446, S. 2511.

72 Für die Frühzeit jetzt Wilhelm Hoegner, *Der schwierige Außenseiter. Erinnerungen eines Abgeordneten, Emigranten und Ministerpräsidenten,* München 1959, bes. S. 47 f.; und die Untersuchung von Georg Franz-Willing, *Die Hitler-Bewegung,* Bd. I: *Der Ursprung 1919–1922,* Hamburg 1962, S. 178 ff.; für die spätere Zeit Konrad Heiden, *Adolf Hitler. Das Zeitalter der Verantwortungslosigkeit. Eine Biographie,* Bd. I, Zürich 1936, hier bes. S. 261; George Wolfgang F. Hallgarten, *Hitler, Reichswehr und Industrie. Zur Geschichte der Jahre 1918–1933,* Frankfurt a. M. 1955, S. 96; wie die als vertraulich bezeichnete und nicht zur Veröffentlichung und Weiterverbreitung bestimmte Aufzeichnung eines wichtigen Kronzeugen, August Heinrichsbauer, *Schwerindustrie und Politik,* Essen–Kettwig 1948, die neben den einschlägigen Dokumenten und Aussagen in den Nürnberger Prozessen eine der wenigen zugänglichen Quellen auf diesem Gebiet darstellt und auch augenscheinlich die Grundlage verschiedener Mitteilungen von Louis P. Lochner, *Die Mächtigen und der Tyrann. Die deutsche Industrie von Hitler bis Adenauer,* Darmstadt 1955 (Titel des amerik. Originals: *Tycoons and Tyrant),* bildet. Diese Veröffentlichungen können indessen noch nicht als abschließende Darstellungen gelten. Hier interessiert aber nicht allein die Finanzierungsproblematik, sondern viel mehr noch der nachweisbare Kontakt zwischen der NSDAP und wirtschaftlichen Interessenten in Verbindung mit den sichtbaren Wandlungen von Propaganda und Programmatik der NSDAP, auf die schon Scheunemann (Anm. I/34, S. 131) auf Grund seines umfangreichen Materials hinweisen konnte.

73 Hermann Lutz, »Fälschungen zur Auslandsfinanzierung Hitlers«, in: *Vierteljahrshefte für Zeitgeschichte* 2 (1954), S. 386–396. Vgl. Heiden, *Adolf Hitler, a. a. O.,* S. 262 ff.; Hallgarten, *a. a. O.,* S. 96. Die häufiger vermuteten als wirklich faßbaren Unterstützungen der NSDAP von ausländischer Seite sind bisher lediglich durch einige Dokumente, die die Verteidigung im IG Farben-Prozeß vorlegte, glaubwürdig gemacht worden. Sie betreffen jedoch nur Röhm und die SA – auch diese nur in späterer Zeit. Der ehemalige Generalmajor Franz Ritter v. Hörauf hat in einer eidesstattlichen Erklärung berichtet, daß er im Mai und Juni 1931 und im Februar und März 1932 im Auftrage Röhms mit englischen und französischen Finanzgruppen Verhandlungen geführt habe, um eine finanzielle Stützung der SA zu erreichen, damit »sie

unabhängig von der Partei existieren könne«. Hierbei sei auch eine Abmachung zustande gekommen, die Röhm akzeptiert habe. Über die praktischen Auswirkungen macht Hörauf keine Angaben (*MGN* 6, Vert.-Dok.-B. Gattineau 6 a, Dok. Gattineau 300). Mehr besagt ein Affidavit des Fürsten Erich v. Waldburg zu Zeil, der gemeinsam mit dem später von Nationalsozialisten ermordeten Publizisten Gerlich vom Münchener Naturrechtsverlag über den von Röhm beauftragten Agenten Georg Bell vorübergehend in den Besitz eines Dokuments gelangt war, das ein Übereinkommen zwischen Röhm und Sir Henry Deterding, dem Präsidenten der Royal Dutch Shell, enthielt, in dem Deterding der SA finanzielle Unterstützungen zusagte. Über die Höhe wirklich geleisteter Hilfen läßt indessen auch diese Quelle nichts verlauten (*MGN* 6, Vert.-Dok.-B. Gattineau 6 a, Dok. Gattineau 301). Während jedoch das starke politische Engagement des anglisierten Holländers Sir Henry Deterding hinreichend bekannt und die Förderung der Bewegung Hitlers durch ihn sehr hoch veranschlagt worden ist, kann die auf einen Holländer namens Schoup zurückgehende Nachricht, daß sich das New Yorker Bankhaus Warburg 1929–1933 wesentlich an einer großzügigen Finanzierung der NSDAP beteiligt habe, nach jüngeren Nachforschungen als schlechthin auf Fälschungen beruhend abgetan werden; vgl. Lutz, *a. a. O.;* und vom gleichen Verfasser: *German-French Unity, Basis for European Peace. Historical Facts for a Constructive Policy, 1870–1933,* Chicago 1957, S. 189 ff. Dort auch weitere Einzelheiten über ausländische Finanziers der NSDAP, im besonderen über Sir Henry Deterding: S. 113 ff. Erwähnenswert zu dieser Frage bleibt Richard Lewinsohn (Morus), *Das Geld in der Politik,* Berlin 1930, S. 148 f.

74 Heiden, *a. a. O.,* S. 260 f.

75 Vgl. *Der Weg zum industriellen Spitzenverband,* hrsgg. vom Bundesverband der Deutschen Industrie, Darmstadt 1956, S. 121; S. 189.

76 Heiden, *Adolf Hitler* (Anm. I/72), S. 266 ff. Die Höhe des Betrages, den die NSDAP über Hugenberg erhielt, ist ungeklärt. Thyssen bezifferte ihn auf jährlich 2 Millionen Mark: Fritz Thyssen, *I Paid Hitler,* New York–Toronto 1941, S. 103; nach Hallgarten (Anm. I/72, S. 127) ist diese Angabe später von Thyssen in einer Aussage während seiner Entnazifizierungsverhandlung widerrufen worden. Vgl. hierzu auch Lewinsohn (Anm. I/73), S. 149 ff.

77 Thyssen, *a. a. O.,* S. 100.

78 Eidesstattl. Erklärung Kepplers vom 24. September 1946: *MGN* 5, Ankl.-Dok.-B. 14, Dok. Ni-903. – Die Auswertung des umfangreichen Quellenmaterials, das in den Prozeßakten des Nürnberger Kriegsverbrecherprozesses vor dem Internationalen Militärgerichtshof und in den zwölf Nachfolgeprozessen vor dem Amerikanischen Militärgerichtshof enthalten ist, gestaltet sich schwierig und steckt heute noch immer in den Anfängen. Bisher ist nur wenig geschehen, um dieses immer noch unübersichtliche, inhaltlich und in seinem Wert für die historische Forschung höchst unterschiedliche, in vielen Teilen jedoch überaus wichtige Material aufzuschließen

und einer planmäßigen Durcharbeitung zuzuführen. Lediglich die wichtigsten Anklagedokumente des Hauptkriegsverbrecherprozesses liegen bisher im Druck vor. Der archivalische Teil der forschungsmäßigen Auswertung ist etwas weiter gediehen als der historisch-wissenschaftliche, für den allerdings erschwerend ins Gewicht fällt, daß er in wichtigen Sachkomplexen kein geschlossenes Bild ermöglicht, sobald man von den besonderen Gesichtspunkten des Gerichtshofs und der Anklage absieht, daß also infolgedessen keine isolierte Bearbeitung möglich, sondern die Hinzuziehung anderer, ergänzender Aktengruppen erforderlich ist, die in den Materialien von Nürnberg nicht enthalten sind. Unabhängig von Aussetzungen an der Prozeßführung und von Kritischem und Konfirmativem zur Urteilsfindung und den niedergelegten Begründungen einschließlich der bekanntgegebenen Abweichungen einzelner Militärrichter, die für eine Geschichte der Nürnberger Prozesse von Interesse wären, dürfte die Gesamtheit der Aktenstücke, Erklärungen und protokollierten Aussagen, die in diesen Prozessen vorgelegt worden sind, noch auf längere Sicht einen großen Wert als eine der wichtigsten Fundstätten zur Zeitgeschichte besitzen. Im allgemeinen haben die von der Anklage wie von der Verteidigung vorgelegten Aktenstücke, soweit sich nicht im Prozeßverlauf Zweifel an ihrer Echtheit eingestellt haben, einen hohen Quellenwert. Allerdings bedarf eine korrekte Bewertung in vielen Fällen auch einer Verfolgung des Prozeßverlaufes, die erst die rechte Placierung der einzelnen Beweisstücke ermöglicht. Vielfach wird erst auf diesem Wege eine Verbindung von verschiedenen Dokumenten der Anklage und der Verteidigung, die sich bisweilen ergänzen, möglich. Gleiches gilt in noch stärkerem Maße, sobald man sich entschließt, die eidesstattlichen Erklärungen und protokollierten Aussagen von Angeklagten und Zeugen heranzuziehen, die sich des öfteren im Verlauf der Prozesse, bisweilen sogar wesentlich, in ihrem Inhalt abgewandelt und in ihrer Bedeutung relativiert haben.

79 *Ebda.*

80 Neben der oben zitierten parteiamtlichen Veröffentlichung von Anton Lingg (Anm. I/39), die über die frühe Zeit der NSDAP nur wenig Aufschluß gibt, enthält die Untersuchung von Wolfgang Schäfer, *NSDAP. Entwicklung und Struktur der Staatspartei des Dritten Reiches (Schriftenreihe des Instituts für wissenschaftliche Politik,* Marburg/Lahn, Nr. 3), Hannover–Frankfurt a. M. 1956, Angaben über die organisatorischen Umbildungen innerhalb der NSDAP vor 1933 mit einem Quellennachweis (hierzu bes. S. 15 ff.). – Lebenslauf und Tätigkeit Wageners zeigen eine charakteristische Verknüpfung militärisch- und wirtschaftlich-organisatorischer Tätigkeiten: Dr. phil. h. c. Otto Wagener war als Hauptmann Stabschef der Deutschen Legion im Baltikum, von 1920–1929 in mehreren wirtschaftlichen Unternehmungen und in industriellen Verbänden leitend tätig und 1929/30 unter Pfeffer und zuletzt – als Vorgänger Röhms – unter Hitler als Oberstem SA-Führer (Osaf) für kurze Zeit Stabschef der SA. Vgl. *Horkenbach, 1933,* S. 1043; auch

Görlitz/Quint (Anm. I/34), S. 263; S. 278; S. 290.

81 Ein Vortrag von Walther Funk, *Befreiung von Kriegstributen durch wirtschaftliche und soziale Erneuerung,* gehalten vor dem »Hochschulring deutscher Art in Tübingen«, hrsgg. von der Gesellschaft für deutsche Wirtschafts- und Sozialpolitik, Berlin 1929, deren Vorstandsmitglied Funk war, verdient als frühes sprechendes Zeugnis für die allmähliche Annäherung der in der nationalistischen Wirtschaftspresse vertretenen Ansichten an bestimmte Teile des nationalsozialistischen Wirtschaftsprogramms Beachtung. Das gilt im besonderen für die Herausstellung eines Primats der »wirtschaftlichen Innenpolitik« den Reparationsanforderungen gegenüber und des »Schutzes der nationalen Arbeit«, worunter Funk allerdings nicht die individuelle Arbeitskraft verstand, sondern im besonderen die Produktion der Landwirtschaft, der chemisch-synthetischen Industrie und bezeichnenderweise der Automobilindustrie, deren Lage er mit Hilfe eines »Volksautomobils« in Verbindung mit Auto-Schutzzöllen bessern wollte, für den Aufruf an einen »neukapitalistischen Geist gegen Parteibürokratie« und für den Wunsch nach dem »Mann aus Millionen«, der Diktatur »auf breitester demokratischer Grundlage« (S. 6). Funks Lob der indirekten Besteuerung bei Verminderung der Einkommen- und Senkung der Körperschaftssteuer, die Aufhebung der staatlichen Sozialversicherung zugunsten privatwirtschaftlicher Organisationen und seine Empfehlung einer gegen Amerika gerichteten »paneuropäischen« Wirtschaftspolitik befanden sich allerdings vorerst noch in größerer Entfernung von den Äußerungen und Gedanken nationalsozialistischer Wirtschaftsideologen.

82 Die Aussagen Funks im Hauptkriegsverbrecherprozeß, *Der Prozeß gegen die Hauptkriegsverbrecher vor dem Internationalen Militärgerichtshof. Nürnberg, 14. November 1945–1. Oktober 1946 (IMT),* Nürnberg 1947, Band XIII, S. 93–103 f., weichen inhaltlich teilweise etwas von seinen eigenen Angaben aus früherer Zeit ab (*Das deutsche Führerlexikon 1934/1935,* Berlin 1934, S. 138 f.), denen in Rücksicht auf ihre zeitliche Priorität wohl auch die sachliche Priorität nachgesagt werden darf; s. auch Heinrichsbauer (Anm. I/72), S. 42.

83 Im *Wirtschaftspolitischen Pressedienst (WPD). Nationalsozialistische Wirtschaftskorrespondenz* 2 (1931), Nr. 2, S. 3–5, und dort in der Artikelreihe »Nationalsozialistische Wirtschaftsprobleme« in Nr. 3, 5, 6 und 7.

84 *WPD* 2, Nr. 5, S. 3.

85 Das System der paritätisch zusammengesetzten, also von den Berufsverbänden der Arbeitgeber- wie der Arbeitnehmerseite beschickten Wirtschaftskammern war nach dem Vorbild der innerbetrieblichen Regelungen autoritär gedacht; die Entscheidung lag beim Kammerpräsidenten, der auf Vorschlag des zuständigen Regierungspräsidenten vom Staat ernannt und nur von ihm abgesetzt werden sollte. Spitze des Kammersystems war ein Reichswirtschaftsrat. Oberstes Organ der wirtschaftlichen Körperschaften bildete ein Wirtschaftsparlament, dem die Beratung wirtschaftlicher

Gesetzesvorlagen oblag, während die Beratung nichtwirtschaftlicher Gesetze Sache eines politischen Parlaments sein sollte. Über beide Körper stellte Wagener einen Senat, »die Vereinigung derjenigen Männer, die die letzte Verantwortung sowohl dem Staat und dem Oberhaupt des Staates gegenüber, sowie umgekehrt für den Staat dem Volk gegenüber tragen« (*WPD*, Nr. 7, S. 4). Diese letzten Gedanken wichen noch kaum von den Vorschlägen des Bundes zur Erneuerung des Reiches und anderer Reichsreformer ab (vgl. *Das Problem des Reichsrats, Leitsätze mit Begründung, Gesetzentwürfe mit Begründung, Vergleiche mit anderen Staaten,* hrsgg. vom Bund zur Erneuerung des Reiches, Berlin 1930). Vgl. auch Max Frauendorfer, *Der ständische Gedanke im Nationalsozialismus (Nationalsozialistische Bibliothek,* H. 40), München 1932 (3. Aufl. 1933); Feder, *Der deutsche Staat ...* (Anm. I/56); Hans Buchner, *Grundriß einer nationalsozialistischen Volkswirtschaftstheorie* (*Nationalsozialistische Bibliothek,* H. 16), 4. Aufl., München 1932. Einen Überblick über die Bedeutung korporativer Staatsideologien für die NSDAP in der letzten Phase vor ihrer Machtergreifung gibt Roy Pascal, *The Nazi Dictatorship,* London 1934, S. 108 ff.

86 Vgl. Oswald v. Nell-Breuning, »Ständischer Gesellschaftsaufbau«, in: *Handwörterbuch der Sozialwissenschaften,* Bd. XII, Stuttgart–Tübingen–Göttingen 1956, S. 6–11. Hinsichtlich der Tradition der christlichen Soziallehren vgl. im einzelnen Edgar Alexander, »Church and Society in Germany«, in: *Church and Society. Catholic Social and Political Thought and Movements 1789–1950,* ed. by Joseph N. Moody, New York 1953, S. 331; vgl. auch Gerhard Schulz, »Die CDU – Merkmale ihres Aufbaus«, in: *Parteien in der Bundesrepublik. Studien zur Entwicklung der deutschen Parteien bis zur Bundestagswahl 1953 (Schriften des Instituts für politische Wissenschaft,* Bd. 6), Stuttgart–Düsseldorf 1955, S. 15 ff.; S. 82 ff.

87 *Das Problem des Reichsrats* (Anm. I/85), S. 48.

88 Niederschrift über die Sitzung des Arbeitsausschusses des Verfassungsausschusses des Deutschen Industrie- und Handelstages (DIHT) am 17. August 1932 (Akten des ehemaligen Deutschen Industrie- und Handelstages im *Bundesarchiv* [*BA*] zu Koblenz; *BA,* R 11/10).

89 Eine vergleichende Übersicht über die jüngere ausländische und deutsche Literatur zur »ständisch-korporativen Idee« findet sich bei Joseph Heinrich Kaiser, *Die Repräsentation organisierter Interessen,* Berlin 1956, S. 54 ff.; über den italienischen Korporativismus: Ludwig Bernhard, *Der Staatsgedanke des Faschismus,* Berlin 1931; Fritz Ermarth, *Theorie und Praxis des faschistisch-korporativen Staates* (*Heidelberger Rechtswissenschaftliche Abhandlungen,* Nr. 14), Heidelberg 1932; Werner Niederer, *Der Ständestaat des Faschismus. Der italienische Berufsverein und seine rechtliche Struktur,* München–Leipzig 1932; aus der nationalsozialistischen Zeit: Hans Riemer, *Volk und Wirtschaft. Herkunft und Ziele ständischer Wirtschaftsverfassung,* Bonn 1933; Wilhelm Rößle,

Ständestaat und politischer Staat (*Recht und Staat in Geschichte und Gegenwart,* H. 113), Tübingen 1934; Gottlieb Leibbrandt, *Stand, Staat und Volk* (*Gesellschaftswissenschaftliche Abhandlungen,* hrsgg. von Othmar Spann, Bd. V), Leipzig–Wien 1935; Justus Beyer, *Die Ständeideologien der Systemzeit und ihre Überwindung* (*Forschungen zum Staats- und Verwaltungsrecht,* hrsgg. von Reinhard Höhn, Reihe A, Bd. VIII), Darmstadt 1941.

90 Vgl. die Schriften einer leitenden Persönlichkeit der Geschäftsführung des Reichsverbandes der deutschen Industrie, Hans Reupke, *Das Wirtschaftssystem des Faschismus,* Berlin 1930 (vor Eintritt in die NSDAP verfaßt), und *Unternehmer und Arbeiter in der faschistischen Wirtschaftsidee,* Berlin 1931 (nach Eintritt in die NSDAP verfaßt).

91 Vervielf. Exemplar der Niederschrift über die Sitzung vom 12. Januar 1932 (*BA,* R 11/10). Das Thema des Hauptreferates lautete: »Wodurch kann der Marxismus überwunden werden?«

92 Hierzu Pater Gundlach in der *Germania* vom 3. Mai 1932, später auch die Rede des Präsidenten des Katholikentages, Bernhard Otte (Inhaltsangabe in der *Kölnischen Zeitung,* Nr. 479 vom 2. September 1932).

93 Der Vortrag des Reichstagsabgeordneten Lammers (Zentrumspartei) vor dem Hauptausschuß des Reichsverbandes am 24. Juni 1932 erschien im Druck: Clemens Lammers, *Autarkie, Planwirtschaft und berufsständischer Staat?,* Berlin 1932.

94 Ein umfangreicher Teilbericht über eine Sitzung des Verfassungsausschusses des DIHT vom 30. Juni 1932 ist in dem Entwurf eines Schreibens Eduard Hamms an den 1. Syndikus der Bergischen Industrie- und Handelskammer in Wuppertal-Remscheid vom 9. Juli 1932 enthalten (Durchschl. mit Abgangsvermerk; *BA,* R 11/10). Kritisch abwägende Übersichten und Urteile finden sich in dem Aufsatz des ehemaligen Reichsministers und Geschäftsführenden Präsidenten des DIHT, Eduard Hamm, »Zum Problem des berufsständischen Aufbaus«, in: *Deutsche Wirtschaftszeitung* 29 (1932), S. 709–716; und in den Schriften zweier Syndici: H. Kanter, *Staat und berufsständischer Aufbau,* Wolfenbüttel 1932; Josef Wilden, *Die berufsständische Organisation der Wirtschaft,* Köln 1932.

95 Bericht der Industrie- und Handelskammer für die Provinz Oberschlesien in Oppeln über einen Besuch im preußischen Handelsministerium im Schreiben an den DIHT vom 9. Juli 1932 und Antwort hierauf von Hamm vom 28. Juli 1932 (Entwurf mit Abgangsvermerk *BA,* R 11/10).

96 Mitteilung Hamms an den volksparteilichen Reichstagsabgeordneten Otto Hugo vom 3. August 1932 mit der Empfehlung, »daß wir nach außen Zurückhaltung üben . . ., aber vielleicht doch [zeigen] . . , daß wir uns zur Sache gemeldet haben« *(ebda.).*

97 Othmar Spann, *Der wahre Staat. Vorlesungen über Abbruch und Neubau der Gesellschaft* (gehalten im Sommersemester 1920 an der Universit Wien), Leipzig 1921, S. 298 (3. Aufl. Jena 1931). Von den hauptsächlichen späteren Schriften sind zu nennen: ders.,

Irrungen des Marxismus. Eine Darstellung und Prüfung seiner Wirtschaftslehre (*Die Bücherei des Ständestaates,* 1. Heft), 1. Aufl., Berlin 1929; *Hauptpunkte der universalistischen Staatsauffassung* (*Die Bücherei des Ständestaates,* 3. Heft), 1. Aufl., Berlin 1930; ferner von Spanns Schüler Walter Heinrich, *Das Ständewesen mit besonderer Berücksichtigung der Selbstverwaltung der Wirtschaft,* Jena 1932 (2. Aufl. 1934).

98 In dem naiven Eklektizismus von *Mein Kampf* (Anm. I/23) ist der präzise Nachweis der Ideen einzelner Persönlichkeiten meist nur schwer zu führen; es gibt jedoch einige Stellen, die eine verblüffende Ähnlichkeit mit Spanns Vorlesungen aufweisen. Schon in der ersten Auflage des zweiten Bandes (München 1927) trägt Hitlers »völkischer Staat« das Merkmal ständischer Gliederung. Ein wichtiger Satz ist teilweise wortwörtlich entlehnt. Vgl. S. 88: »Die beste Staatsauffassung und Staatsform ist diejenige, die mit natürlicher Sicherheit die besten Köpfe der Volksgemeinschaft zu führender Bedeutung und zu leitendem Einfluß bringt.« Und Spann, *Der wahre Staat, a. a. O.,* 1. Aufl., S. 204: »Die beste Staatsform ist diejenige, welche die Besten zur Herrschaft bringt.«

99 Mitteilung des Syndikus der Industrie- und Handelskammer Braunschweig, Professor Kanter, vom 21. September 1932 an Hamm (*B*A, R 11/10).

100 So lautete der Titel eines Aufsatzes aus der Feder des Wiener Privatdozenten Walter Heinrich im ersten Heft (S. 2–5) der seit Juli 1932 erscheinenden *Braunen Wirtschaftspost (Nationalsozialistischer Wirtschaftsdienst der Gruppe Nord-West)*; als Herausgeber zeichnete der Beauftragte der wirtschaftspolitischen Abteilung der Reichsleitung der NSDAP in Düsseldorf, Josef Klein. Das erste Heft widmete sich bezeichnenderweise ausschließlich »dem Gedanken des organischen Ständestaates«.

101 Charakteristisch hierfür ist ein Aufsatz von Hans Frielinghaus, »Zur Neugestaltung der Staats- und Wirtschaftsverfassung«, in: *Deutsche Wirtschafts-Zeitung* 29 (1932), S. 975–978.

102 Vgl. hierzu die kurze, durch alle Vorzüge luzider Klarheit ausgezeichnete kritische Schrift von Franz Eulenburg, *Großraumwirtschaft und Autarkie* (*Kieler Vorträge,* gehalten im Wissenschaftlichen Klub des Instituts für Weltwirtschaft und Seeverkehr an der Universität, Nr. 37), Jena 1932. Über Autarkie als »antikapitalistisches Ersatzideal« unter dem Einfluß nationalistischer Bestrebungen Hock (Anm. I/46), S. 50 ff.

103 So Hjalmar Schacht, *Nicht reden, handeln! Deutschland, nimm dein Schicksal selbst in die Hand* (Rede, gehalten vor der Bremer Handelskammer am 3. Dezember 1930), Berlin o. J., S. 11.

104 »Das nationalsozialistische Arbeitsbeschaffungsprogramm und seine Finanzierung«, in: *Die Deutsche Volkswirtschaft. Zeitschrift für nationalsozialistische Wirtschaftsgestaltung* (Hrsg. Reichstagsabgeordneter Heinrich Hunke), 1. Sonderheft 1932. Dieses unter dem 11. August veröffentlichte Programm ist eine inhaltlich übereinstimmende Überarbeitung des auf die Bedürfnisse des Wahlkampfes im Juli zugeschnittenen, rascher angefertigten *Wirtschaftlichen*

Sofortprogramms der NSDAP, ausgearbeitet von der Hauptabteilung IV (Wirtschaft) der Reichsorganisationsleitung der NSDAP, München 1932. Beiden Texten hat Gregor Strasser in seiner Eigenschaft als Reichsorganisationsleiter eine Verbindlichkeitserklärung vorangesetzt, jedoch mit aller Wahrscheinlichkeit keinen Einfluß auf die Textgestaltung genommen. Um ein »Strasser-Programm«, wie Gerhard Kroll meint (*Von der Weltwirtschaftskrise zur Staatskonjunktur,* Berlin 1958, S. 427), handelt es sich jedenfalls nicht. Das Arbeitsbeschaffungsprogramm besteht aus drei Teilen. Am Anfang steht das eigentliche »Sofortprogramm«, für das Adrian v. Renteln als Verantwortlicher genannt wird und das im wesentlichen fünf Punkte umfaßt (1. »Umstellung der deutschen Wirtschaft auf den Binnenmarkt«, 2. Steigerung der landwirtschaftlichen Erzeugung, 3. Ausbau der kleineren und mittleren Industrie- und Gewerbebetriebe zu Lasten der Großindustrie [!], 4. als Arbeitsbeschaffungsprojekte Landeskulturarbeiten, Eigenheimsiedlungen und Verkehrsbauten, und 5. der allmähliche Umbau der gesamten Wirtschaft in Verfolgung dieses Programms). Der Propagandazweck dieses Teiles ist offenkundig. Hingegen meinte es der Verfasser des zweiten und umfangreichsten Teiles »Arbeitsbeschaffung durch produktive Kreditschöpfung«, Heinrich Dräger, mit der von ihm behandelten Frage der Finanzierung überaus ernst. Er ist im wesentlichen die Wiedergabe einer bereits einige Wochen zuvor veröffentlichten Broschüre von Heinrich Dräger, *Arbeitsbeschaffung durch produktive Kreditschöpfung. Ein Beitrag zur Frage der Wirtschaftsbelebung durch das sogenannte Federgeld* (*Nationalsozialistische Bibliothek,* Heft 41), München 1932. Dräger gehörte zu den Gründern einer »Studiengesellschaft für Geld- und Kreditwirtschaft« und zu den Mitarbeitern der *Wirtschaftswende. Zeitschrift für Wirtschaftserneuerung,* und kam in beiden Beziehungen mit Männern wie Lautenbach, Gereke, Herpel und Friedlaender-Prechtl in Berührung, die zu dieser Zeit bereits lebhaft den Gedanken der produktiven Vorfinanzierung der Wirtschaftsankurbelung vertraten. Auf diese Beziehung dürfte sich auch der von Kroll (*a. a. O.,* S. 435 ff.) vermutete Einfluß Friedlaender-Prechtls auf die NSDAP oder auf Strasser reduzieren. Die Ausführungen Drägers sind inzwischen nahezu völlig unverändert, lediglich um die unmittelbar auf die NSDAP bezogenen Passagen gekürzt, wieder im Druck erschienen (Heinrich Dräger, *Arbeitsbeschaffung durch produktive Kreditschöpfung,* Düsseldorf 1956, S. 23–97). – Den dritten Teil des NSDAP-Programms vom August 1932 bildete der Abschnitt »Die Grenzen der produktiven Kreditschöpfung« von Werner Daitz, der die »zentrale, staatliche Verwaltung des Geldzeichen- und Kreditvolumens« und die »einheitliche Manipulierung der Geldzeichen und Kredite« (S. 43) als Bedingung für die Funktionstätigkeit eines Systems »produktiver Kreditschöpfung« erkannte und hervorhob. – Vgl. Gerhard Schulz, »Die ›große Krise‹ in der Zeitgeschichte«, in: *Neue Politische Literatur* 4 (1959), Sp. 805–824.

105 Zur Orientierung: Wilhelm Grotkopp, *Die große Krise. Lehren*

aus der Überwindung der Wirtschaftskrise 1929–1932, Düsseldorf 1954, S. 87 ff. und S. 217 ff.

106 H. Heinrichsen [d. i. Heinrich Hunke], »Nationalsozialismus und Weltwirtschaft«, in: *Die deutsche Volkswirtschaft* 1 (1932), S. 13.

107 Feder, *Der deutsche Staat* ... (Anm. I/56), S. 128.

108 Schreiben Kanters an Hamm vom 21. September 1932 (*BA,* R 11/10).

109 Hjalmar Schacht, *76 Jahre meines Lebens,* Bad Wörishofen 1953, S. 351 f.

110 *Deutsche Bergwerkszeitung,* Nr. 182 vom 5. August 1932. Eine kurze, auf Material des Nürnberger Flick-Prozesses beruhende Darstellung der komplizierten Zusammenhänge hat Hallgarten (Anm. I/72), S. 108, versucht, auf die hier verwiesen sei. Hierzu auch J.-J. Lederer, »La sidérurgie européenne et les cartels avant le plan Schuman«, in: *Politique Étrangère* 16 (1951), S. 403 f.

111 Göring verhandelte mit Flick mehrere Tage; über die Einzelheiten der Verhandlung ist nichts bekannt. 1933 wurde die Gelsenkirchener Bergwerksgesellschaft aufgelöst; 1936 erhielt Flick seinen Aktienbesitz zurück. Mitteilung hierüber enthält ein in Nürnberg als Beweisdokument benutztes Schreiben Odilo Burkarts, eines engen Vertrauten Friedrich Flicks, vom 17. September 1940 (*MGN* 5, Ankl.-Dok.-B. 2, Dok. NI–5432); vgl. auch Hallgarten, *a. a. O.,* S. 113.

112 Aussage Heinrich Bütefisch am 16. April 1947 (*MGN* 6, Ankl.-Dok.-B. 3, Dok. NI–8637); Affid. von Heinrich Gattineau vom 12. Juni 1947 (*a. a. O.,* Dok. NI–8788).

113 Flick unterstützte nach seinen Angaben in Nürnberg in erster Linie Persönlichkeiten der Regierungen, vor allem Stresemann, dann Brüning, die Reichspräsidentenwahl Hindenburgs und den sozialdemokratischen preußischen Staatssekretär Weismann, nach Brünings Sturz sowohl Papen als auch Schleicher und Hugenberg (Affid. Friedrich Flicks vom 29. November 1946: *MGN* 5, Ankl.-Dok.-B. 15, Dok. NI–3122). Die von der Verteidigung Flicks vorgelegten Belege, Bankquittungen und Dankschreiben, weisen für die Zeit vom März 1932 bis zum gleichen Monat im Jahr 1933 Zahlungen in Höhe von mehr als 2 Millionen RM aus. Der größte Anteil ging an den Hindenburg-Ausschuß (950 000 RM); *MGN* 5, Vert.-Dok.-B. Flick 1, Dok. Flick 1 und 2. Die I.G. Farben-Industrie unterstützte über ihr Aufsichtsratsmitglied, den volksparteilichen Politiker und Reichstagsabgeordneten Ferdinand Wilhelm Kalle, regelmäßig und am stärksten die Deutsche Volkspartei, in geringerem Maße das Zentrum, ferner die Demokratische Partei. Nicht weniger bedeutend waren die Mittel, die einige Zeitungen erhielten, die namentlich in Westdeutschland als die Stimmen eines traditionsverbundenen bürgerlichen Liberalismus galten, die *Frankfurter Zeitung* und die *Frankfurter Nachrichten,* die der DVP nahestanden und die Kalle noch einige Jahre nach der nationalsozialistischen Machtergreifung am Leben zu erhalten vermochte, wie auch die *Kölnische Zeitung* und der *Kölner Stadt-Anzeiger.* Der persönliche Sekretär Kalles war mit der Abwicklung

der Unterstützung der Parteien aus I.G.-Mitteln beauftragt. Er hat die regelmäßigen jährlichen Zahlungen, die bis 1933 an die DVP gingen, mit 200 000 RM beziffert, die für das Zentrum mit ca. 50 000 RM und die an die DDP (später Staatspartei) mit 30 000 RM. In ähnlichen Größen – etwas mehr für Zentrum und DDP – bewegten sich die Sonderzahlungen bei Reichstags- und Landtagswahlen. Zur Reichspräsidentenwahl des Jahres 1932 brachte die I.G. Farben-Industrie für den Hindenburgfonds eine Million Mark auf (Affid. Ernst Pfeiffers vom 8. September 1947, *MGN* 6, Vert.-Dok.-B. Schmitz 2, Dok. Schmitz 24). Kalle hat diese Angaben selbst bestätigt und dahingehend ergänzt, daß die DDP (Staatspartei) wahrscheinlich von der I.G. über Bosch und das Aufsichtsratsmitglied Hummel, der der Demokratischen Partei angehörte und zeitweilig badischer Staatspräsident war, außerdem noch besondere Zuwendungen erhalten habe (Affid. Kalles vom 8. September 1947, *a. a. O.*, Dok. Schmitz 25).

114 Heinrichsbauer (Anm. I/72), S. 30.

115 *A. a. O.*, S. 39 ff. Heinrichsbauer beziffert die Beträge, die Gregor Strasser »von zentraler Bergbauseite« im Frühjahr 1931 zur Verfügung gestellt wurden, mit monatlich 10 000 RM.

116 Heinrichsbauer schätzt die Zahlungen, die an die NSDAP in den Jahren 1930 bis Anfang 1933 geleistet wurden, auf insgesamt 500 000 bis 600 000 RM (*a. a. O.*, S. 52), zu denen 1931 noch zwei Darlehen von je 100 000 RM zum Ausbau der Essener *Nationalzeitung* und ebensoviel für den Wahlkampf der NSDAP im Frühjahr 1932 hinzukamen, die Ludwig Grauert, der Hauptgeschäftsführer des Arbeitgeberverbandes für die nordwestliche Gruppe des Vereins Deuscher Eisen- und Stahlindustrieller, der NSDAP verschaffte (*a. a. O.*, S. 56).

117 Thyssen (Anm. I/76), S. 102.

118 Heinrichsbauer (Anm. I/72), S. 45 f., mit dem eine Reihe späterer Darstellungen im wesentlichen übereinstimmt, u. a. auch Lochner (Anm. I/72), S. 99.

119 Der *Vortrag Adolf Hitlers vor westdeutschen Wirtschaftlern im Industrie-Klub zu Düsseldorf am 27. Januar 1932,* München 1932, ist vom NSDAP-Parteiverlag Franz Eher Nachf. veröffentlicht worden. Ein kurzes Vorwort bemerkt – wohl in absichtlicher Untertreibung der besonderen Bedeutung dieses Ereignisses –, unfreiwillig den Inhalt charakterisierend, daß sich die »Reden Hitlers vor verschiedenen Berufsständen ihrem Inhalt nach nicht voneinander« unterschieden. »Jeder, der Hitler in Massenversammlungen hörte und die vorliegende, an Hand des Stenogramms gedruckte Rede liest, wird dies bestätigen müssen.«

120 *A. a. O.*, S. 27; S. 31; S. 24.

121 Lochner (Anm. I/72), S. 107.

122 So auch das Urteil über Hitlers Essener Rede in einer eidesstattlichen Erklärung des Kölner Bankiers Kurt Frhr. v. Schröder vom 21. Juli 1947 (*MGN* 6, Ankl.-Dok.-B. 3, Dok. NI–7990).

123 Vgl. Otto Dietrich, *Mit Hitler in die Macht. Persönliche Erlebnisse mit meinem Führer,* 4. Aufl., München 1934, S. 70.

124 Vgl. Bernhard Schwertfeger, *Rätsel um Deutschland,* Heidelberg 1948, S. 121.

125 Ein Affidavit Max Ilgners vom 25. April 1947 (*MGN* 6, Ankl.-Dok.-B. 17, Dok. NI–6699; einzelne nachträgliche Korrekturen hierzu, die jedoch nicht den an dieser Stelle erwähnten Sachverhalt betreffen, in Ilgners Affid. vom 16. April 1948; *a. a. O.*, Vert.-Dok.-B. Ilgner 11, Dok. Ilgner 191) berichtet über Besprechungen Ilgners, Wagemanns und Wichard v. Moellendorffs mit Funk.

126 Schreiben Schachts an Hitler vom 29. August 1932; *IMT* (Anm. I/82,) XXXVI, S. 536 f. (Dok. 457 – EC).

127 Abgedr. bei Feder, *Kampf* . . . (Anm. I/51), S. 371–382.

128 Ein Entwurf dieser Eingabe wurde im Tresor des Schröderschen Bankhauses J. H. Stein in Köln gefunden und in den *Nürnberger Dokumenten* abgedruckt; *IMT* (Anm. I/82), XXXIII, Dok. 3901–PS, S. 531 ff. Später konnten »gleichlautende Briefe« nach einer Mitteilung Albert Schreiners in der ostdeutschen *Zeitschrift für Geschichtswissenschaft* 4 (1956), S. 366, bei den Akten des Büros des Reichspräsidenten im deutschen Zentralarchiv Potsdam aufgetrieben werden, so daß an der Absendung dieser Eingaben nicht mehr zu zweifeln ist. Als Absender nennt Schreiner: Schacht, Frhr. v. Schröder, Thyssen, den Vorsitzenden des Landbundes Graf Kalckreuth, Bankdirektor Friedrich Reinhart, die Reeder Woermann und Reindorff, Kurt v. Eichborn, Emil Helfferich, Ewald Hecker, Karl Vinzent Krogmann, E. Lübbert, Erwin Merck, v. Oppen-Dannenwalde, Rudolf Ventzki, F. H. Witthoefft, Generaldirektor Rosterg, Graf Keyserlingk-Cammerau, v. Rohr-Manze und Beckmann. Die Mehrzahl dieser Schriftstücke wurde am 19. November 1932 durch Friedrich Reinhart von der Commerz- und Privatbank dem Staatssekretär Meißner überreicht. Albert Vögler, Paul Reusch und Fritz Springorum standen nach Mitteilung Reinharts »voll und ganz auf dem Boden der Eingabe«, wünschten jedoch nicht zu unterzeichnen.

129 Schreiben Kepplers vom 13. November 1932 an Frhr. v. Schröder; *MGN* 11, Ankl.-Dok.-B. 169, Dok. NI–209.

130 Vgl. hierzu die Tagebucheintragungen von Joseph Goebbels, *Vom Kaiserhof zur Reichskanzlei. Eine historische Darstellung in Tagebuchblättern,* 3. Aufl., München 1934, S. 197; S. 200; S. 227 ff.; S. 233.

131 Aus dieser Zeit stammt das Wort Schachts in einem Brief an Hitler, die Schwerindustrie trage ihren Namen »mit Recht von ihrer Schwerfälligkeit«; Brief vom 12. November 1932, *IMT* (Anm. I/82), XXXVI, Dok. 456–EC, S. 535.

132 Eidesstattliche Erklärung des Bankiers Frhr. v. Schröder vom 21. Juli 1947 (*MGN* 6, Ankl.-Dok.-B. 3, Dok. NI–7990). Vgl. auch Karl Dietrich Bracher, *Die Auflösung der Weimarer Republik. Eine Studie zum Problem des Machtverfalls in der Demokratie* (*Schriften des Instituts für politische Wissenschaft,* Bd. 4), 3. Aufl., Stuttgart–Düsseldorf 1960, S. 691 ff. Nachdem Hitler seinen Rivalen Gregor Strasser ausgespielt hatte, setzten die Industriellen ihre Hoffnungen ausschließlich in seine Person. Wie vorsichtig und

geheimnisvoll Hitler zu Werke ging, verrät der Umstand, daß selbst seine engste Umgebung die geheimgehaltene Besprechung in Köln, die unmittelbar vor einer Wahlrede in Detmold gelegt wurde, erst durch die Presse erfuhr; vgl. Dietrich (Anm. I/123), S. 169 ff. – Kurt Frhr. v. Schröder zählte zu den einflußreichsten deutschen Bankiers. Selbst im Zeitalter der Kapital- und Bankenkonzentration haben die Privatbankiers und die Privatbanken, von denen es in Deutschland 1913 1200 und 1938 immer noch 535 gab (vgl. Lutz Graf Schwerin v. Krosigk, *Die große Zeit des Feuers. Der Weg der deutschen Industrie,* Bd. II, Tübingen 1958, S. 613; S. 616), neben den Großbanken eine keineswegs unbedeutende Rolle gespielt. Nicht nur das bekannte Hamburger Bankhaus Warburg war und ist durch seine personellen, insbesondere seine amerikanischen Verbindungen eine Firma von übernationalem Rang und Namen. Die latenten Fäden unter verschwägerten Bankiers ziehen auch das Kölner Bankhaus J. H. Stein in das Licht einer größeren Bedeutung. J. Heinrich v. Stein, der Gründer der Firma, war der Schwiegersohn Mevissens und durch diesen mit den Firmen Darmstädter Bank und Delbrück, Leo & Co. verbunden. Außerdem trat J. H. v. Stein in den Aufsichtsrat der Commerz- und Privatbank ein. Enge familiäre und geschäftliche Beziehungen entstanden auch bald zwischen der Firma Stein und dem Kölner Bankhaus Deichmann & Co., das wieder verwandtschaftlich mit den Banken Schröder Gebr. & Co. in Hamburg und J. Henry Schroeder & Co. in London verbunden war, die gemeinsam mit Deichmann & Co. an dem Wiener Haus Joh. Liebig & Co., mit Arnold Rechberg an dem Kalikonzern Wintershall und gemeinsam mit der Commerz- und Privatbank an dem anderen großen Kalikonzern Burbach partizipierten. Schließlich bestanden verwandtschaftliche Verbindungen zu Louis Hagen und dem von ihm und der Darmstädter und Nationalbank kommanditierten Bankhaus Hagen & Co. in Berlin und zu den Häusern Grunelius & Co. in Frankfurt a. M. und Eichborn & Co. in Breslau. 1913 trat ein Glied der Familie Schröder, Kurt Frhr. v. Schröder, als Teilhaber in das Haus J. H. Stein ein, wodurch die Vorherrschaft der Familie Schröder, die 1923 in der J. H. Schroeder Banking Corporation auch eine New Yorker Niederlassung gründete, innerhalb dieses Bankenclans deutlich wurde. – Hierzu Willi Strauß, *Die Konzentrationsbewegung im deutschen Bankgewerbe. Ein Beitrag zur Organisationsentwicklung der Wirtschaft unter dem Einfluß der Konzentration des Kapitals mit besonderer Berücksichtigung der Nachkriegszeit* (*Sozialwissenschaftliche Forschungen,* hrsgg. von der Sozialwissenschaftlichen Arbeitsgemeinschaft, Abt. IV – 4. 6), Berlin–Leipzig 1928, S. 127 f.

133 Telegrammentwurf und Abgangsnachricht vom 21. November 1932 bei den Handakten Pfundtners im Hauptarchiv zu Berlin: *HAB,* Rep. 77, Pfundtner 213. Im Folgenden sind die Aktensignaturen grundsätzlich nach der vorläufigen Ordnung der Akten im Hauptarchiv (ehem. Preußisches Geheimes Staatsarchiv) zu Berlin-Dahlem angegeben. Inzwischen ist eine Neuaufstellung der Akten des

Reichs- und Preußischen Ministeriums des Innern vorgenommen worden. Aktenstücke, die dem Verf. erst durch diese Neuaufstellung zugänglich geworden sind, werden mit der neuen Signatur bezeichnet (*HAB*, Rep. 320).

134 Durchschl. eines Schreibens vom 11. März 1932 und weiterer Schreiben an Funk vom 26. April, 18. Mai, 15. Juni, 24. Oktober, an Göring vom 9. Mai und 3. Juni, an Goebbels vom 2. Dezember und an Gregor Strasser vom 10. November 1932 (*HAB*, Rep. 77, Pfundtner 217), an Funk vom 16. Januar und an Keppler vom 23. Januar 1933 (*a. a. O.*,Pfundtner 218).

135 Bei den Akten Pfundtners befinden sich die Durchschläge zweier Manuskripte, die er nach dem Sturz Brünings der von Goebbels herausgegebenen Zeitung *Angriff* angeboten hatte, die aber nicht gedruckt wurden *(ebda.)*; sie enthalten eine wenig sachliche Polemik, mit der Pfundtner namentlich gegen die Staatssekretäre Zarden (Reichsfinanzministerium), Grieser (Reichsarbeitsministerium) und Zweigert (Reichsinnenministerium) und die Ministerialdirektoren Hedding (Reichsfinanzministerium) und Menzel (Leiter der politischen Abteilung des Reichsinnenministeriums) vorging.

136 Schreiben an Georg Strasser vom 10. Oktober 1932 (*HAB*, Rep. 77, Pfundtner 217).

137 Schreiben an Funk vom 24. Oktober 1932, dem eine Aussprache mit Gregor Strasser vorangegangen war *(ebda.)*.

138 Schreiben an Göring vom 9. Mai 1932, in dem Pfundtner auf eine Unterredung Bezug nimmt, die am 7. Mai stattgefunden hatte *(ebda.)*. Das wichtigste Dokument in diesem Zusammenhang ist eine undatierte Denkschrift »Vorschläge für Verwaltungsmaßnahmen einer nationalen Regierung im Reich und Preußen« (Durchschl., acht Seiten, *HAB*, Rep. 77, Pfundtner 218), die Pfundtner am 15. Juni an Funk und vermutlich vorher auch an Göring sandte.

139 Vgl. o. S. 144 f.

140 Pfundtner nannte im einzelnen das Reichsinnenministerium, das preußische Innenministerium, das Auswärtige Amt und einige Abteilungen des Reichsarbeitsministeriums.

141 Hierunter zählte Pfundtner auf: Botschafter und Gesandte des Auslandsdienstes, eine Reihe von Ministerialdirigenten und Ministerialräten in den genannten Ministerien, die Personalreferenten der Ministerien, die Chefpräsidenten der Landesfinanzämter und die Präsidenten des Disziplinarhofes und der Disziplinarkammern.

142 Pfundtner dachte hierbei an das Reichswirtschafts- und das Reichsarbeitsministerium, auch das Reichsministerium für Ernährung und Landwirtschaft und an das Reichsverkehrs- und Reichspostministerium.

143 Die Ministerien für Handel und Gewerbe und für Volkswohlfahrt, das dann schon die Kommissarsregierung in Preußen auflöste.

144 Es sollte aus dem Reichskanzler, dem Reichsinnenminister, dem Wehr-, dem Finanz- und dem Außenminister bestehen.

145 Es ist bereits aufschlußreich, wie ungenau, unvollkommen und zeitweise auch unrichtig die parteioffiziellen Mitteilungen über den

Aufbau der NSDAP-Reichsleitung sind. Vgl. z. B. *Nationalsozialistisches Jahrbuch 1932,* hrsgg. unter Mitwirkung der Reichsleitung der NSDAP, München o. J. [1931], S. 132, und Schäfer (Anm. I/80), S. 20 ff.

146 Helmut Nicolai, geb. 1895, 1924 Regierungsassessor, hatte mehrere Disziplinarverfahren aus Gründen seiner politischen Betätigung erlebt, war bis zum Mai 1931 bei der Regierung in Oppeln beschäftigt und wurde dort dienstentlassen. Ernst v. Heydebrand und der Lasa, geb. 1884, der Neffe des konservativen Parteiführers, hatte ein bewegtes Schicksal hinter sich, war wegen Mordes angeklagt und in einem aufsehenerregenden Prozeß freigesprochen, mehrmals strafversetzt worden und zuletzt als Regierungsrat beim Bezirksausschuß in Frankfurt/Oder tätig, wo er 1930 aus gesundheitlichen Gründen verabschiedet wurde.

147 Eine umfangreiche Liste »über die bei der Innenpolitischen Abteilung bzw. der Rechtsabteilung der Reichsleitung der NSDAP in München vorhandenen Vorarbeiten und Unterlagen für eine zusammenfassende und nach Möglichkeit vollständige Planung für den gesamten Neuaufbau des Dritten Reiches« übersandte v. Heydebrand mit Schreiben vom 29. März 1933 an Staatssekretär Lammers, der sie unter dem 18. April an Staatssekretär Grauert weiterleitete und ihre Berücksichtigung empfahl (*HAB,* Rep. 320, Grauert 10). Grauert und das preußische Innenministerium hatten für diese Pläne jedoch keine unmittelbare Verwendung. Nicolai wurde noch im April zum kommissarischen Regierungspräsidenten in Magdeburg, v. Heydebrand zum Regierungsvizepräsidenten in Merseburg ernannt, während beider Mitarbeiter, Gercke, am 18. April als »Sachverständiger für Rassenforschung« in das Reichsministerium des Innern berufen wurde.

148 Die rassenideologischen Gesetzesvorbereitungen stammten in erster Linie von Heydebrand, der als Nachfolger des bereits im Sommer 1932 wieder in den preußischen Staatsdienst zurückkehrenden Nicolai Leiter der innenpolitischen Abteilung wurde, ferner von Gercke, den Reichstagsabgeordneten Hörmann und Pfaff und einigen anderen Mitarbeitern.

149 Diese hauptsächlich von Nicolai.

150 Von Heydebrand, die letzten in Zusammenarbeit mit Pfaff.

151 Ernst Forsthoff, »Die Rückkehr zum Rechtsstaat«, in: *Deutscher Geist zwischen gestern und morgen. Bilanz der kulturellen Entwicklung seit 1945,* hrsgg. von Joachim Moras und Hans Paeschke, Stuttgart 1954, S. 334.

152 Theodor Eschenburg, »Die europäischen Demokratien zwischen den Weltkriegen«, in: *Das Dritte Reich und Europa. Bericht über die Tagung des Instituts für Zeitgeschichte in Tutzing, Mai 1956,* München 1957, S. 2.

153 Forsthoff, »Die Rückkehr ...« (Anm. I/151), S. 335.

154 Forsthoff macht diese Tendenz zur Kontinuität des positiven Rechts auch über den Grabenbruch von 1945 hinweg mit der Behauptung sinnfällig, »daß [1945] das Gesamtgefüge der normierten Rechtsordnung im allgemeinen intakt war und es sich nur

darum handelte, relativ wenige, allgemein bekannte Normen [!] ... auszumerzen« (*a. a. O.*, S. 336).

155 Armin Mohler hat diesen von Thomas Mann geprägten Begriff seiner literarisch-historischen Herkunft zu entreißen und zu einem Begriff der Zeitgeschichte zu machen versucht: *Die konservative Revolution in Deutschland 1918–1932. Grundriß ihrer Weltanschauungen,* Stuttgart 1950.

156 Hervorgehoben seien Carl Schmitt, *Die geistesgeschichtliche Lage des heutigen Parlamentarismus,* 1. Aufl., München–Leipzig 1923; »Der Begriff des Politischen«, zuerst in: *Archiv für Sozialwissenschaft und Sozialpolitik* 56 (1927); »Der Hüter der Verfassung«, zuerst in: *Archiv für öffentliches Recht,* N. F., 16 (1929); Ernst Rudolf Huber, »Der Bedeutungswandel der Grundrechte«, in: *Archiv für öffentliches Recht* 23 (1932), S. 1–98. Die neuerdings anhebende Diskussion über die Lehre Carl Schmitts ist bereits an Umfang und Gehalt bedeutsam geworden; vgl. Peter Schneider, *Ausnahmezustand und Norm. Eine Studie zur Rechtslehre von Carl Schmitt (Veröffentlichungen des Instituts für Zeitgeschichte,* Bd. 1), Stuttgart 1957; und Jürgen Fijalkowski, *Die Wendung zum Führerstaat. Ideologische Komponenten in der politischen Philosophie Carl Schmitts (Schriften des Instituts für politische Wissenschaft,* Bd. 12), Köln–Opladen 1958.

157 Wilhelm Grewe, »Verfassungspolitische Aufgaben eines nationalsozialistischen Staates«, in: *Was wir vom Nationalsozialismus erwarten. Zwanzig Antworten,* hrsgg. von Albrcht Erich Günther, Heilbronn 1932, S. 90.

158 Niederschrift über die Reichsministerbesprechung am 30. Januar 1933: *IMT* (Anm. I/82), XXV, Dok. PS–351, S. 372 ff. Ausführlich hierzu und zum Folgenden o. I. Teil.

159 Niederschrift der Reichsministerbesprechung am 31. Januar 1933, engl. Übers. in: *Documents of German Foreign Policy, 1918–1945,* Series C, vol. I, Washington 1957, S. 6.

160 Die privaten Aufzeichnungen des Reichsfinanzministers Lutz Graf Schwerin v. Krosigk in der Rathmannsdorfer Haus-Chronik der Familie Schwerin v. Krosigk vom Februar 1933 (*Captured German Documents,* National Archives, Washington) erlauben es, die Entscheidung Graf Schwerins und einiger ihm nahestehender konservativer Minister, darunter Neurath und Gürtner, in den Tagesablauf des 26. Januar 1933 einzuordnen. Nicht nur die Ablehnung der von Schleicher begehrten Vollmacht zur Reichstagsauflösung durch Hindenburg, sondern auch die unzugängliche Art, wie das geschehen und wie der Reichspräsident auf die Vorstellung Hammersteins eingegangen war, stimmte ratlos, so daß theoretisch nur noch ein Kabinett Hitler–Papen möglich schien. Man wurde aufgefordert und man ging, um seine Pflicht zu tun, trotz aller Vorbehalte, die man gegen Papen eben wegen seines Verhaltens hegte und die Neurath am stärksten zum Ausdruck brachte, indem er der ersten Aufforderung Papens zu einer Aussprache noch nicht Folge leistete. Der Schlüssel zur Haltung und letzten Entscheidung dieser Minister ist in ihrer Loyalität gegenüber dem Staatsober-

haupt zu sehen, das wohl kritisiert, dessen beängstigende Geschäftsunfähigkeit gesehen wurde, dem jedoch keiner zuwiderhandelte, obgleich sich die Regierung Schleicher in ihrer letzten Sitzung auf Veranlassung Schwerin v. Krosigks bis zur Drohung mit einer Präsidenten-Krise aufschwang. Dem Reichspräsidenten das Notwendige wirklich zu sagen, wagte keiner mehr; nur Schleicher und Hammerstein erwogen die letzte Konsequenz, jedoch ohne sie noch in Szene setzen zu können. Vor ihr konnte sich auch Schwerin v. Krosigk »eines leichten Grauens nicht erwehren«, so daß überraschend schnell die Verbindung mit Papen zustande kam. (Dem Verf. dank freundlicher Vermittlung von Herrn Prof. Hans Herzfeld, Berlin, zugänglich gemacht.)

161 Niederschrift der Reichsministerbesprechung am 31. Januar (Anm. I/159), S. 7.

162 *A. a. O.,* S. 8. Einer annähernden Vollständigkeit der Aufzählung wegen sei hier noch angemerkt, daß auch der erste Anstoß zu einer »bewußt völkischen« Rassengesetzgebung, die zunächst die »Zuwanderung der Ostjuden« mit »hygienischer« Begründung unterbinden sollte, von dem deutschnationalen Staatssekretär des Reichswirtschaftsministeriums, Bang, ausging (Vertrauliches Schreiben Bangs an Staatssekretär Lammers vom 6. März, und daraufhin von Hitler veranlaßtes Schreiben von Lammers an Frick vom 9. März 1933, das die Vorschläge Bangs unterbreitete: *MGN* 11, Ankl.-Dok.-B. 51 A, Dok. NG–902).

163 Niederschrift über die Reichsministerbesprechung am 2. Februar 1933 (*BA,* 43 I/1459, S. 274 f.).

164 Reichsministerbesprechung am 3. Februar (*a. a. O.,* S. 329).

165 Reichsministerbesprechung am 2. Februar; Auszug aus der Niederschrift in: *Documents* . . . (Anm. I/159), I, S. 17.

166 Franz v. Papen, *Der Wahrheit eine Gasse,* München 1952, S. 327.

167 Niederschrift der Reichsministerbesprechung am 28. Februar 1933, engl. Übers. in: *Documents* . . . (Anm. I/159), I, S. 88 ff.

168 Niederschrift der Reichsministerbesprechung am 7. März 1933, engl. Übers. in: *Documents . . ., a. a. O.,* S. 117 f.; Auszug aus dem Original: *MGN* 11, Ankl.-Dok.-B. 28, Dok. NG–2287.

169 Niederschrift der Reichsministerbesprechung am 15. März 1933: *IMT* (Anm. I/82), XXXI, Dok. 2962–PS, S. 405. Zur Behandlung der Frage der Todesstrafe für den Reichstagsbrandstifter im einzelnen s. u. III. Kapitel.

170 So Hans Schneider, »Das Ermächtigungsgesetz vom 24. März 1933. Bericht über das Zustandekommen und die Anwendung des Gesetzes«, in: *Vierteljahrshefte für Zeitgeschichte* 1 (1953), S. 218.

171 Der Vater der These, daß Verfassungsänderung »nicht Verfassungsvernichtung« sein kann und »daß Identität und Kontinuität der Verfassung als ein Ganzes gewahrt bleiben« müssen, die im Gegensatz zu der im Staatsrecht vorherrschenden Lehre der 20er und 30er Jahre stand, war Carl Schmitt (*Verfassungslehre,* unver. Neudr., Berlin 1954, S. 103). Vertreter der Auffassung, daß die Weimarer Reichsverfassung unbegrenzt veränderungsfähig sei, namentlich Gerhard Anschütz, *Die Verfassung des Deutschen Reichs*

vom 11. August 1919, 14. Aufl., Berlin 1933, Kommentar zu Art. 76 RV; vgl. auch Richard Thoma, »Sonderbegriffe und Grundsätze«, in: *Handbuch des deutschen Staatsrechts,* Bd. II, Tübingen 1932, S. 153 ff. Von seiner Auffassung wich jedoch auch Schmitt in der Periode der präsidialen Diktatur insofern wieder ab, als er gerade einem gesetzvertretenden Notverordnungsrecht eine schrankenlose, auch nicht durch die Verfassungskontinuität begrenzte Wirksamkeit zusprach. Vgl. hierzu auch Horst Ehmke, *Grenzen der Verfassungsänderung,* Berlin 1953.

172 Der Geschäftsordnungsausschuß des Reichstags nahm die von den Nationalsozialisten vorgeschlagene Geschäftsordnungsänderung mit den Stimmen der NSDAP-, der Zentrums- und der BVP-Abgeordneten gegen die der Sozialdemokraten an. Hierbei erklärte der nationalsozialistische Abgeordnete Frank II: »Ich erkläre hiermit, daß die gelungene nationale Revolution für uns die neue Rechtsgrundlage für das kommende Recht abgibt und daß wir hier entscheiden, was künftig in Deutschland als Recht zu gelten hat« (*Reichsanzeiger,* Nr. 70 vom 23. März 1933, S. 3).

173 Nach dem neuen dritten Absatz von § 98 in Verbindung mit dem neu eingefügten § 2 a der Geschäftsordnung für den Reichstag.

174 Ulrich Scheuner, »Die nationale Revolution. Eine staatsrechtliche Untersuchung«, in: *Archiv des öffentlichen Rechts* 24 (1933/34), S. 166–220 und S. 261–344.

175 Vgl. Hans Peters, *Lehrbuch der Verwaltung,* Berlin–Göttingen–Heidelberg 1949, S. 5; auch ders., »Der Kampf um den Verwaltungsstaat«, in: *Verfassung und Verwaltung in Theorie und Wirklichkeit. Festschrift für Wilhelm Laforet* ... (*Veröffentlichungen des Instituts für Staatslehre und Politik in Mainz,* Bd. 3), München 1952, S. 26 ff.

176 Vgl. Arnold Brecht: “Actually, wherever we live in the modern world, whether under the most totalitarian kind of despotism or in the most liberal of democracies, we are being governed to a considerable, though varied, extend by appointed officials ...” Arnold Brecht, “How Bureaucracies Develop and Function”, in: *The Annals of the American Academy of Political and Social Science* 292 (1954), S. 2; s. auch die übrigen Aufsätze im gleichen Band der *Annals,* die diese Bemerkung aufs ausdrücklichste belegen.

177 Zur Beseitigung der parlamentarischen Institutionen und ihrer Träger s. o. Bracher (Anm. I/3), III. Kapitel.

178 Weber, *Wirtschaft und Gesellschaft* (Anm. I/11), 2. Halbbd., S. 673.

179 Streng vertrauliches Rundschreiben des Präsidenten des Deutschen Landgemeindetages, Ministerialrat a. D. Schellen, vom 4. Mai 1933 an die Vorstandsmitglieder (Durchschl. im Archiv der ehemaligen kommunalen Spitzenverbände und des Deutschen Gemeindetages beim Verein zur Pflege Kommunalwissenschaftlicher Aufgaben e. V. im Ernst-Reuter-Haus zu Berlin: *ADST,* A 83). »Ich habe in den letzten Wochen persönlich in häufigen Besprechungen mit Sachbearbeitern der verschiedenen Ministerien«, fährt der Bericht fort, »die ich seit langem genau kenne und die mir früher jede

gewünschte Information gegeben haben, fast stets auf Fragen die Antwort bekommen, daß der betreffende Sachbearbeiter selbst über die Absichten des Reichskabinetts nicht informiert sei, sondern nur wisse, daß irgendwelche Pläne und Absichten erwogen würden ...«

180 Über die Informierung des Deutschen Städtetages hinsichtlich des Berufsbeamtengesetzes und seiner Durchführungsbestimmungen s. o. II. Kapitel.

181 Die zweite Änderung der »Gemeinsamen Geschäftsordnung der Reichsministerien«, Allg. Teil *(GGO I)*, vom 20. Juli 1933 brachte die neue Bestimmung, daß der Presseabteilung der Reichsregierung Gelegenheit zu geben sei, »den Sitzungen der Reichsministerien mit den Spitzenverbänden von Fach- und Berufsverbänden, die für die Öffentlichkeit von Interesse sind oder werden könnten [!], beizuwohnen« (§ 110, Satz 3; *Reichsministerialblatt,* 1933, S. 386). Es liegt auf der Hand, daß damit Verhandlungen mit Spitzenverbänden, soweit von Rechts wegen solche noch gepflegt wurden, aus der innerministeriellen Sphäre der Diskretion herausgezogen wurden.

182 Niederschrift der Reichsministerbesprechung vom 15. März 1933 (Anm. I/169), S. 405.

183 Das Ausscheiden Hugenbergs aus der Reichsregierung am 29. Juni 1933 und die Betrauung eines Nationalsozialisten mit seinen Ressorts ließ die Meinung aufkommen, daß die Fortgeltung des Ermächtigungsgesetzes in Frage gestellt werde. Vgl. Fritz Poetzsch-Heffter, »Vom Deutschen Staatsleben (vom 30. Januar bis 31. Dezember 1933)«, in: *Jahrbuch des öffentlichen Rechts der Gegenwart* 22 (1935), S. 63. Carl Schmitt, »Das Gesetz zur Behebung der Not von Volk und Reich«, in: *Deutsche Juristenzeitung* 38 (1933), Sp. 455–458; Georg Kaisenberg, »Das Ermächtigungsgesetz«, *a. a. O.,* Sp. 458–461; Otto Koellreutter, »Der nationale Rechtsstaat«, *a. a. O.,* Sp. 517–524; Franz Albrecht Medicus, *Programm der Reichsregierung und Ermächtigungsgesetz* (*Das Recht der nationalen Revolution,* H. 1), Berlin 1933, S. 19; dagegen: Walter Jellinek, »Verfassungsneubau«, in: *Reich und Länder. Vorschläge, Begründung, Gesetzentwürfe,* Bd. V (1932–33), S. 129. Die neuerdings wieder von Josef Becker, »Zentrum und Ermächtigungsgesetz 1933«, in: *Vierteljahrshefte für Zeitgeschichte* 9 (1961) vertretene Meinung, daß die Vollmachten des Gesetzes nicht dem Kabinett, »sondern Hitler persönlich« erteilt wurden, identifiziert die spätere Entwicklung mit den Intentionen, was den Täuschungscharakter des Gesetzes eben nicht erkennen läßt.

184 Aktenvermerk von Medicus (*HAB,* Rep. 77, Pfundtner 54; Datum fehlt; Aktenstück in der zweiten Jahreshälfte von 1933 eingeordnet). M. stützte diese Auffassung auf den Wortlaut einer Bestimmung der *GGO* II (§ 58), daß »die zur Ausführung der Reichsgesetze erforderlichen allgemeinen Verwaltungsvorschriften, soweit die Gesetze nicht anderes bestimmen, die Reichsregierung, und zwar in der Regel der zuständige Minister«, erlasse. Demgegenüber wurde vordem in der Rechtswissenschaft als Reichsregierung nur »die Ministergemeinschaft« angesehen (Poetzsch-Heffter, *a. a. O.,*

S. 70, der sich jedoch mit dem »Führergrundsatz« als Ersatz für eine Beschlußfassung auf dem Wege des Mehrheitsbeschlusses abfand), »niemals der Einzel-(Ressort-)minister, sondern die kollegial mit Stimmenmehrheit (Art. 58) beschließende Gesamtheit der Minister«, freilich »stets vorbehaltlich der Prärogative des Reichskanzlers gemäß Art. 56«. Die Praxis, die die Reichsregierung verfolgte, wich jedoch seit langem hiervon ab. Sie hielt »sich für berechtigt ..., jede Bestimmung, welche das Wort ›Reichsregierung‹ gebraucht, daraufhin zu untersuchen, ob die Gesamtheit der Minister oder der zuständige Einzelminister gemeint ist«; Anschütz (Anm. I/171), Kommentar zu Art. 77, Ziffer 2.

185 Eine begrifflich verwirrende Frage der Gesetzgebungsgewalt der Reichsregierung ergab sich zunächst aus der merkwürdigen Zweideutigkeit des Gesetzesbegriffes, der nunmehr sowohl das Ergebnis des Gesetzgebungsaktes der Reichsregierung wie das der parlamentarischen Prozedur umschloß, womit die herkömmliche, konstitutionalistische Unterscheidung zwischen den in parlamentarischen Akten geschaffenen Gesetzen und den von der Exekutive ausgehenden Verordnungen hinfällig und die Verordnung nur noch dadurch vom Gesetz begrifflich abgehoben wurde, daß sie im Gegensatz zu ihm von der Bedingung der Beschlußfassung des Reichskabinetts und womöglich der Sanktionierung durch den Reichskanzler befreit war. Verordnungen konnten von den einzelnen Ministern jeweils in ihrem Zuständigkeitsbereich oder auch vom Reichskanzler allein ergehen. Mit der dauernden Vermeidung des verfassungsrechtlichen Weges der Gesetzgebung verlor dann später der Gesetzesbegriff überhaupt an Bedeutung. Hierzu: Poetzsch-Heffter (Anm. I/183), S. 73; Ulrich Scheuner (Anm. I/174), S. 202; S. 304 ff.; ders., »Das Verordnungsrecht der Länder nach dem Gesetz über den Neuaufbau des Reiches«, in: *Reichsverwaltungsblatt und Preußisches Verwaltungsblatt* 55 (1934), S. 513 ff.

186 Erste Änderung der *GGO* II vom 20. Juli 1933 (*RMinBl.*, 1933, S. 386 f.).

187 Auf Grund des Art. 57 der Reichsverfassung. Vgl. *Geschäftsordnung der Reichsregierung (vom 3. Mai 1924)*, Berlin 1924, § 18, Ziffer 1 a, die auch später niemals geändert oder aufgehoben wurde.

188 Goebbels (*Vom Kaiserhof* ..., Anm. I/130, S. 302) trug schon am 22. April 1933 in sein Tagebuch ein: »Im Kabinett ist die Autorität des Führers nun ganz durchgesetzt. Abgestimmt wird nicht mehr. Der Führer entscheidet. Alles das geht viel schneller, als wir zu hoffen gewagt hatten.«

189 Poetzsch-Heffter (Anm. I/183), S. 71; vgl. Carl Schmitt, »Ein Jahr nationalsozialistischer Verfassungsstaat«, in: *Deutsches Recht* 4 (1934), S. 28.

190 Hans Heinrich Lammers, »Die Staatsführung im Dritten Reich«, in: *Deutsche Justiz* 96 (1934), S. 1298.

191 Über die Akademie für Deutsches Recht vgl. u. S. 529.

192 Die Handhabung des Verordnungsrechts durch kollegiale Beschlußfassung der Reichsregierung oder durch die Fachminister war in

der Weimarer Republik strittig; vgl. Anschütz (Anm. I/171), Kommentar zu Art. 77 Nr. 2; Poetzsch-Heffter (Anm. I/183), S. 74. Die Regierungspraxis entwickelte sich im Sinne einer Stärkung der Stellung der Fachminister, nicht des Kollegiums.

193 Poetzsch-Heffter, *a. a. O.*, S. 53.

194 Vgl. Lutz Graf Schwerin v. Krosigk, *Es geschah in Deutschland. Menschenbilder unseres Jahrhunderts,* Tübingen–Stuttgart 1951, S. 197 f.; und die Niederschrift der Reichsministerbesprechung am 15. März 1933 (Anm. I/169), bes. S. 407 f.

195 Graf Schwerin, *a. a. O.*, S. 187.

196 Art. 87 RV machte eine Inanspruchnahme des Reichskredits im Gegensatz zum früheren Reichsrecht grundsätzlich von einer gesetzlichen Ermächtigung abhängig. Es ist kaum zu bezweifeln, daß die umfassende Ermächtigung nach dem Textvorschlag Fricks, alle »Maßnahmen zu treffen, die sie [die Reichsregierung] im Hinblick auf die Not von Volk und Staat für erforderlich hält«, Ausnahmen nicht zulassen wollte. Die Auffassung von Hans Schneider, *Das Ermächtigungsgesetz vom 24. März 1933,* Bonn 1961, S. 10, »den an dieser Sitzung beteiligten Ministern und auch Hitler [!] scheint es damals noch nicht in den Sinn gekommen zu sein, die Ermächtigung auf den Erlaß förmlicher Gesetze zu erstrecken«, vermag nicht zu überzeugen. Die Anpassung an die Formulierung des Ermächtigungsgesetzes von 1923 besagt noch nichts.

197 Es ist unrichtig, daß diese Abfassung dem Vorschlag von Popitz entsprochen habe (Hans Schneider, Anm. I/170, S. 201); denn der endgültige Text enthielt gerade nicht die wesentliche Anregung von Popitz, Verordnungen »als Gesetze im Sinne der Reichsverfassung« *anzuerkennen.* Der Vorschlag war eines der von ihm gern angewandten »taktischen Mittel, mit denen er eine von ihm bekämpfte Bestimmung zu Fall bringen wollte« (von Hans Schneider, Anm. I/196, S. 11 f., abgedr. Mitteilung Graf Schwerin v. Krosigks vom 4. Juli 1933).

198 Zweite Änderung der *GGO* I, § 107 (*RMinBl.*, 1933, S. 386).

199 Seit Juni 1933 fanden im Reichspropagandaministerium in der Mittagszeit eines jeden Werktages die Pressekonferenzen der Reichsregierung statt, an der jeweils 100 bis 130 Journalisten teilnahmen, die sich über die mündlich gegebenen Mitteilungen Notizen machen durften. Das Reichspropagandaministerium leitete sie außerdem über Fernschreiber den Gaupresseämtern zu. Schon vor 1933 gab es drei Gattungen von Presseinformationen der Regierungsstellen: Mitteilungen, die zur Veröffentlichung bestimmt waren, solche, die nicht veröffentlicht werden durften, und streng vertrauliche Informationen. Diese Handhabung wurde beibehalten, doch die Mitteilungen, deren Veröffentlichung untersagt war, enthielten seit 1933 im wesentlichen nur noch pressepolitische Anweisungen des Reichspropagandaministeriums. Gab es anfangs während der Pressekonferenz hin und wieder Zwischenfragen der Journalisten, so wurden sie bald seltener und bedeutungslos, so daß die Pressekonferenz ganz und gar den Charakter einer Veranstaltung zur Ausgabe von Anweisungen an die akkreditierten

Pressevertreter annahm, zu der nur Inhaber eines vom Reichspropagandaministerium ausgestellten Lichtbildausweises Zutritt hatten. Ihre Leitung lag in den Händen des Chefs der Abteilung IV im Reichspropagandaministerium (Presse) und stellvertretenden Pressechefs der Reichsregierung, des Ministerialrats Jahncke (bis Ende 1934), der dem Reichspressechef unterstand (Staatssekretär Walther Funk). Neben ihm war stets ein Vertreter des Auswärtigen Amtes anwesend. Umfangreiches Material über die Tätigkeit der Reichspressekonferenz enthält die Sammlung des Berliner *Dienstes nationaler Tageszeitungen (Dienatag),* Teil I, die zum Zeugenschrifttum der Anklage im Wilhelmstraßen-Prozeß des Amerikanischen Militärgerichtshofes in Nürnberg gehörte und als *Sammlung Brammer* im Bundesarchiv zu Koblenz aufbewahrt wird. Vgl. auch Walter Hagemann, *Publizistik im Dritten Reich. Ein Beitrag zur Methodik der Massenführung,* Hamburg 1948, S. 316 ff. Als Vorbild diente die Einrichtung der amtlichen Pressekonferenz während des ersten Weltkrieges. Vgl. Kurt Mühsam, *Wie wir belogen wurden. Die amtliche Irreführung des deutschen Volkes,* München 1918, S. 63 f.

200 Eine solche Bemerkung in dieser Zeit wird Oldenburg-Januschau nachgesagt: Walter Görlitz, *Hindenburg. Ein Lebensbild,* Bonn 1953, S. 412. Die Hilfe, die Hindenburg der Regierung Hitler lieh, war gleichwohl nicht unbedeutend. Das ganze Jahr 1933 hindurch unterstützte er sie wie nie zuvor eine andere Regierung in zahlreichen Kundgebungen auch mit seinem eigenen Ansehen in der Öffentlichkeit. Offensichtlich begann auch der Reichspräsident, sich zu fügen und in die große Masse der Gehorchenden einzuordnen.

201 Durch Organisationserlasse und -verordnungen des Reichspräsidenten wurden 1933 u. a. an wichtigen Ämtern geschaffen: Der Reichskommissar für Luftfahrt am 2. Februar (*RGBl.,* I, 1933, S. 35), das Reichsministerium für Volksaufklärung und Propaganda am 13. März (*a. a. O.,* S. 104), das Reichsluftfahrtministerium am 5. Mai (*a. a. O.,* S. 241) und der Generalinspektor für das deutsche Straßenwesen am 30. November (*a. a. O.,* S. 1057).

202 Nach dem Tode Hindenburgs sprach Frick offen von der Entbehrlichkeit des Reichspräsidenten nach der nationalsozialistischen Machtergreifung. Dieses Amt »oder vielmehr sein letzter Amtsinhaber« habe »sich bewährt bei der Überleitung von dem demokratischen Staat zur nationalsozialistischen Verfassung«. »Es hatte einen Sinn eben nur in einem demokratischen Staate ...« ([Wilhelm] Frick, *Der Neuaufbau des Dritten Reiches. Vortrag, gehalten vor Offizieren der Reichswehr am 15. November 1934,* Berlin o. J., S. 11 f.).

203 Geregelt durch das Gesetz über den Eid der Reichsminister und der Mitglieder der Landesregierungen vom 16. Oktober 1934 (*RGBl.,* I, 1934, S. 973).

204 Vgl. die Beschreibung von Graf Schwerin, *Es geschah in Deutschland* (Anm. I/194), S. 202.

205 Vgl. die Übersicht bei Poetzsch-Heffter (Anm. I/183), S. 71 ff., die

sich hinsichtlich späterer Jahre durch noch viel erstaunlichere Beispiele ergänzen ließe. Aus dem Jahr 1934 sind einige Generalermächtigungen des wirtschaftlichen Ressorts besonders hervorhebenswert: u. a. das Gesetz über wirtschaftliche Maßnahmen vom 3. Juli (*RGBl.*, I, 1934, S. 565), das den Reichswirtschaftsminister ermächtigte, bis zum 30. September »innerhalb seines Geschäftsbereichs alle Maßnahmen zu treffen, die er zur Förderung der deutschen Wirtschaft sowie zur Verhütung und Beseitigung wirtschaftlicher Schädigungen für notwendig hält« (§ 1), und das Gesetz über die Anwendung wirtschaftlicher Vergeltungsmaßnahmen gegenüber dem Ausland vom gleichen Tage *(ebda.)*, das dem Reichswirtschaftsminister, dem Reichsernährungsminister und dem Reichsfinanzminister – jedem für sein Ressort – die Ermächtigung erteilte, gegenüber jedem Lande, das den Waren- oder Zahlungsverkehr mit Deutschland ungünstigeren Bedingungen unterwirft als den Verkehr mit anderen Ländern, »Vergeltungsmaßnahmen zu treffen, die den Waren- oder Zahlungsverkehr mit diesem Lande abweichend von den allgemeinen Bestimmungen regeln«. Diese außerordentlich schwerwiegende Ermächtigung achtete nicht mehr der Folgen, die auch in die auswärtigen Beziehungen hineinlangen mußten.

206 Vgl. Franz Albrecht Medicus, *Das Reichsministerium des Innern. Geschichte und Aufbau,* Berlin 1940, S. 41.

207 Vom 4. Februar 1933 (*RGBl.*, I, 1933, S. 35).

208 [Ludwig] Grauert, »Die Entwicklung des Polizeirechts im nationalsozialistischen Staat«, in: *Deutsche Juristenzeitung* 39 (1934), Sp. 965–968.

209 Thüringen hatte seit dem 26. August 1932 eine Koalitionsregierung der NSDAP und des Thüringer Landbundes unter dem nationalsozialistischen Ministerpräsidenten Sauckel, Mecklenburg-Schwerin seit dem 13. Juli, Oldenburg seit dem 16. Juni 1932 und Lippe auf Grund der Wahl vom 15. Januar seit dem 7. Februar 1933, Braunschweig bereits seit dem 1. Oktober 1930 einen nationalsozialistischen Innenminister. NSDAP-DNVP-Koalitionen regierten unter nationalsozialistischer Führung seit dem 21. Mai 1932 in Anhalt und unter deutschnationaler Führung seit dem 7. April 1932 in Mecklenburg-Strelitz. – Übersicht bei Fritz Poetzsch-Heffter, »Vom Staatsleben unter der Weimarer Verfassung, III. Teil (vom 1. Januar 1929 bis 31. Januar 1933)«, in: *Jahrbuch des öffentlichen Rechts der Gegenwart* 21 (1934), S. 33 ff.

210 Referentenbericht »Bestellung von Reichskommissaren in den Ländern« (zehn Seiten, undatiert; *HAB*, Rep. 77, Pfundtner 57).

211 Poetzsch-Heffter, »Vom Deutschen Staatsleben« (Anm. I/183), S. 134 f.

212 Hamburger Rede Fricks am 24. Februar 1933, im Auszug wiedergegeben von Poetzsch-Heffter, *a. a. O.*, S. 129.

213 Karl Schwend, *Bayern zwischen Monarchie und Diktatur. Beiträge zur bayerischen Frage in der Zeit von 1918 bis 1933,* München 1954, S. 510 f.

214 Preuß. Allg. Landrecht, II. Teil, 17, § 10: »Die nöthigen Anstalten

zur Erhaltung der öffentlichen Ruhe, Sicherheit und Ordnung ... zu treffen, ist das Amt der Polizey.«

215 »Verordnung des Reichspräsidenten zur Herstellung geordneter Regierungsverhältnisse in Preußen vom 6. Februar 1933« (*RGBl.*, I, 1933, S. 43).

216 Die Landtagsauflösung wurde von Papen in seiner Eigenschaft als Reichskommissar in Übereinkunft mit dem nationalsozialistischen Landtagspräsidenten Kerrl beschlossen. Dieses Beschlußrecht stand nach Art. 14 Abs. 1 Satz 1 der preußischen Verfassung einem Dreimännerkollegium zu, das sich aus dem Ministerpräsidenten und den Präsidenten des Landtages und des Staatsrates zusammensetzte. Solange die preußische Hoheitsregierung Bestand hatte, der nach dem Urteil des Staatsgerichtshofs alle parlamentarischen Rechte vorbehalten waren, hatte der Kommissar des Reiches keinerlei Aussicht, zu dem Dreimännerkollegium zu gehören. Erst die Verordnung vom 6. Februar lieferte ihm den Rechtstitel, um an die Stelle des Ministerpräsidenten treten zu können. Abgesehen von der zweifelhaften Rechtsgrundlage dieser Verordnung war die Landtagsauflösung nicht rechtens; denn die Stimme des Präsidenten des Staatsrates wurde nicht beachtet. – Die Festsetzung der Neuwahl erfolgte durch einen Beschluß des Ständigen Ausschusses am 7. Februar (handschriftl. Referentennotiz vom 8. Februar, *HAB*, Rep. 90/17), den eigentlich nur die »Hoheitsregierung« hätte herbeiführen können. Daß der Reichskommissar im Falle eines Fortbestehens der »Hoheitsregierung« mit seiner Absicht der Landtagsauflösung in größte, leicht erkennbare Schwierigkeiten kommen mußte, geht auch aus einem undatierten Referentengutachten des Staatsministeriums zur Frage der Neuwahl hervor, das den Weg einer Selbstauflösung des Landtags unter gleichzeitiger Festsetzung der Neuwahl vorschlug (*HAB*, Rep. 90/17).

217 Erklärung im Antrag des Verfassungsausschusses des preußischen Staatsrates, Drucksache 38, *Stenogr. Berichte über die Sitzungen des preußischen Staatsrates*, 1933, Sp. 38.

218 *A. a. O.*, Sp. 28.

219 *Ministerialblatt für die Preußische innere Verwaltung*, I, 1933, S. 169.

220 *Stenogr. Berichte über die Sitzungen des Preußischen Staatsrates*, 1933, Sp. 67.

221 Göring bequemte sich lediglich zu einer Erklärung im *Amtlichen Preußischen Pressedienst* am 2. März, in der er die Behauptung aufstellte, der Erlaß vom 17. Februar gebe »keinerlei Anhaltspunkte« für die Annahme, daß »Gesetzesübertreter« mit »zweierlei Maß« gemessen wurden; *Horkenbach, 1933*, S. 79.

222 Von Göring unterzeichneter Erlaß des Preußischen Ministers des Innern vom März 1933 (vervielfältigtes Exemplar ohne Tagesdatum) an die Mitglieder und stellvertretenden Mitglieder des Staatsrates (*BA*, P 135/5167, fol. 78).

223 *Vollsitzungen des Reichsrats*, 1933, § 72.

224 Hierzu Schwend (Anm. I/213), S. 521 ff.; auch Kurt Sendtner, *Rupprecht von Wittelsbach, Kronprinz von Bayern*, München 1954,

S. 549 ff.; Erwein v. Aretin, *Krone und Ketten. Erinnerungen eines bayerischen Edelmannes,* hrsgg. von Karl Buchheim und Karl Otmar v. Aretin, München 1955, S. 144 ff.

225 § 2 der Verordnung vom 28. Februar (*RGBl.*, I, 1933, S. 83) lautete: »Werden in einem Lande die zur Wiederherstellung der öffentlichen Sicherheit und Ordnung nötigen Maßnahmen nicht getroffen, so kann die Reichsregierung insoweit die Befugnisse der obersten Landesbehörde vorübergehend wahrnehmen.« Der Wortlaut des ursprünglichen Textes, den der Reichsinnenminister Frick der Reichsregierung vorlegte, enthielt im Vergleich zur endgültigen Fassung eine kleine, aber keineswegs unwesentliche Variante. Der Reichskommissar für das preußische Finanzministerium Popitz veranlaßte die Einsetzung des Wörtchens »insoweit«, das ursprünglich fehlte (Niederschrift der Ministerbesprechung am 28. Februar 1933, Anm. I/167, S. 90). Ohne diesen Ausdruck hätte sich die auf Beseitigung der nichtnationalsozialistischen Landesregierungen ausgehende Absicht des Reichsinnenministers noch deutlicher erkennen lassen. Popitz war offenbar der einzige unter den Sitzungsteilnehmern, der die Gefahr handstreichartiger Unternehmungen in den Ländern fürchtete. Die Einschränkung, die das Wort »insoweit« bewirkte, war an sich bedeutsam; denn sie hätte im Falle korrekter und peinlicher Beachtung die vollständige Ausschaltung oder vorübergehende Beseitigung oberster Landesbehörden nicht zugelassen. Doch die letzten Repräsentanten eines Rechtsstaates vermochten lediglich bescheidene Versuche zu unternehmen, um stets aufs neue rechtsstaatliche Bedingungen zu konstruieren, ohne den Weg, den die überlegene politische Macht mit den Mitteln der Gewalt wählte, auf längere Sicht verhindern zu können. Sie zwangen sie aber zu deutlich sichtbaren Rechtsverletzungen, die indessen keine allgemeinen Reaktionen hervorriefen, da man sich nahezu überall abgewöhnt hatte, auf die peinliche Rechtmäßigkeit von Regierungsakten achtzugeben.

226 Im § 2 der Verordnung ist der gleiche Begriff der »öffentlichen Sicherheit und Ordnung« enthalten, den der Artikel 48 Absatz 2 aus dem preuß. ALR in die Weimarer Reichsverfassung übernommen und so aus einem polizeirechtlichen zu einem verfassungsrechtlichen gemacht hat; vgl. Karl Schultes, *Die Jurisprudenz zur Diktatur des Reichspräsidenten nach Art. 48 Abs. II der Weimarer Verfassung. Ein kritischer Rückblick* (*Bonner Rechtswissenschaftliche Abhandlungen,* Heft 30), Bonn 1934, S. 23, und die dort aufgeführte Literatur. – Die Reichskommissare, die der Reichsinnenminister unter Anwendung des § 2 dieser Verordnung ernannte, übernahmen auch keineswegs allgemein nur die Befugnisse der Polizei (vgl. *Gutachten des Instituts für Zeitgeschichte,* München 1958, S. 294 ff.); es trifft allerdings auch nicht in vollem Umfange zu, daß »die durch die Landtage gewählten Regierungen durch Reichskommissare ersetzt« wurden; *Deutsche Juristenzeitung* 38 (1933), Sp. 482.

227 Bezeichnend ist das Beispiel Bayerns. Der Reichsinnenminister drahtete der bayerischen Regierung am Abend des 9. März und

nahm in vager Form auf die Ermächtigung des § 2 der Verordnung vom 28. Februar Bezug: »Da die infolge Umgestaltung politischer Verhältnisse in Deutschland hervorgerufene Beunruhigung in der Bevölkerung die öffentliche Sicherheit und Ordnung in Bayern gegenwärtig nicht mehr gewährleistet erscheinen läßt, übernehme ich für die Reichsregierung gemäß § 2 Verordnung zum Schutze von Volk und Staat Befugnisse oberster Landesbehörden Bayerns, soweit zur Erhaltung öffentlicher Sicherheit und Ordnung notwendig, und übertrage Wahrnehmung dieser Befugnisse Generalleutnant Ritter von Epp in München.« Dem Ritter von Epp erteilte Frick den Auftrag, »für die Reichsregierung alle diejenigen Befugnisse der bayerischen obersten Landesbehörden wahrzunehmen . . ., die die Erhaltung oder Wiederherstellung der öffentlichen Sicherheit und Ordnung zum Gegenstande haben. Es wird sich dabei in erster Linie um die Befugnisse des Ministers des Innern handeln. Ob die zur Erhaltung der öffentlichen Sicherheit und Ordnung zu treffenden Maßnahmen auch in den Geschäftsbereich einer anderen bayerischen Landesbehörde eingreifen, vermag ich von hier aus nicht zu beurteilen. Diese Frage wird von Fall zu Fall zu prüfen sein. Sollten Sie nach dieser Richtung im Einzelfalle Zweifel haben, so bitte ich, unter Darlegung des Sachverhalts . . . meine Entscheidung einzuholen.« Beides wiedergegeben bei Medicus, *Das Reichsministerium des Innern* (Anm. I/206), S. 57 f. Auch Schwend (Anm. I/213, S. 539) zitiert das Telegramm an die bayerische Staatsregierung, doch nicht wortwörtlich, so daß gerade die vage Art, in der Frick die »Befugnisse oberster Landesbehörden« übernahm, nicht mehr zu ersehen ist. Vgl. auch die Darstellung der Ereignisse in Württemberg bei Waldemar Besson, *Württemberg und die deutsche Staatskrise, 1928–1933. Eine Studie zur Auflösung der Weimarer Republik,* Stuttgart 1959, S. 346.

228 Schwend, *a. a. O.,* S. 527 ff.

229 Die umfassendste Übersicht über die Einsetzungen von Reichskommissaren in den Ländern, die in der Hauptsache auf Mitteilungen der Tagespresse beruht, gibt Poetzsch-Heffter, »Vom Deutschen Staatsleben« (Anm. I/183), S. 129–138. Sie wird durch den Referentenbericht »Bestellung von Reichskommissaren in den Ländern« (Anm. I/209) im wesentlichen bestätigt, jedoch in einigen Einzelheiten ergänzt und korrigiert. Im einzelnen sind bisher die Vorgänge in Bayern dargestellt worden von Schwend, *a. a. O.,* S. 553 ff.

230 Hierzu die Erinnerungen des einstigen Chefs der Hamburger Ordnungspolizei, Lothar Danner, *Ordnungspolizei Hamburg, Betrachtungen zu ihrer Geschichte, 1918–1933,* Hamburg 1958, S. 242 ff.

231 Poetzsch-Heffters Mitteilungen behaupten irrtümlich auf Grund einer Meldung der *DAZ* vom 7. März die Einsetzung des Gauinspektors durch den Reichsinnenminister; Poetzsch-Heffter, »Vom Deutschen Staatsleben« (Anm. I/183), S. 137.

232 Poetzsch-Heffter, *ebda.,* nennt für die gesamte Gruppe der letztgenannten Länder den 9. März als Datum der Einsetzung von

Reichskommissaren, der Referentenbericht jedoch nur für Bayern, für die übrigen Länder dagegen den 8. März. Vgl. auch die Darstellung der Vorgänge in Württemberg bei Besson (Anm. I/227), S. 344 ff. Als bemerkenswertes Ereignis sei der feierliche Austausch der Urkunden zwischen der badischen Regierung und dem päpstlichen Nuntius in Berlin, Orsenigo, am Morgen des 9. März erwähnt, mit der das badische Konkordat ratifiziert wurde. Der Reichskommissar Robert Wagner kam erst am Morgen des 9. März in Karlsruhe an, so daß er die Zeremonie nicht mehr verhindern konnte. Vgl. Ernst Föhr, *Geschichte des badischen Konkordats,* Freiburg 1958, S. 55.

233 *Schultheß, 1933,* S. 56; Schwend (Anm. I/213), S. 540.

234 Die Wahl des Württembergischen Ministerpräsidenten (vorher »Staatspräsident«) durch den Landtag hatte noch das geschäftsführende Staatsministerium am 8. März, allerdings für den 14. März angeordnet, nachdem eine bereits für den 11. März zu dem gleichen Zweck vorgesehene Landtagssitzung vom Reichskommissar aufgeschoben worden war; s. Besson (Anm. I/227), S. 348 ff.

235 Durch Beschluß des Staatsministeriums wurden am 15. Februar 1933 13 Polizeipräsidenten preußischer Großstädte in den einstweiligen Ruhestand versetzt und neun ernannt, darunter vier Nationalsozialisten: der ehemalige Konteradmiral v. Levetzow in Berlin, der Kapitän Carl Christiansen in Harburg-Wilhelmsburg, der Reichstagsabgeordnete Viktor Lutze in Hannover und der Landtagsabgeordnete Wilhelm Schepmann in Dortmund. Die beiden letzten waren hohe SA-Führer, was allerdings in der Sitzung des Staatsministeriums von dem vorschlagenden Göring nicht erwähnt worden zu sein scheint (*HAB,* Rep. 90, Sitzungsprotokolle 1933, fol. 25 ff.). Am 25. März wurden die SA-Führer Graf Helldorf in Potsdam, Heines in Breslau und der Landtagsabgeordnete Hinkler in Gladbach-Rheydt zu Polizeipräsidenten ernannt (*a. a. O.,* fol. 64). In den nächsten Monaten folgten weitere Ernennungen hoher SA- und SS-Führer zu Polizeipräsidenten in Koblenz, Kassel, Essen und Erfurt. Vgl. auch: *Gutachten des Instituts für Zeitgeschichte* (Anm. I/226), S. 307 f.

236 Ein Beispiel für viele ist die Ernennung des Polizeipräsidenten von Bochum, eines früher von der preußischen Regierung gemaßregelten Beamten, der zur Regierung in Kassel strafversetzt worden war und im Februar 1933 wieder eingesetzt wurde. Der Gauleiter von Westfalen-Süd, Josef Wagner, versuchte mehrfach, diesen Beamten, den er einen »typischen Bürger« nannte, der »ängstlich bemüht« sei, »nach Möglichkeit in Objektivität zu machen« (Schreiben Wagners vom 3. März 1933 an Ministerialdirektor Grauert; *HAB,* Rep. 320, Grauert 29), wieder aus seiner Stellung zu drängen, was ihm schließlich im Herbst 1933 gelang.

237 Der Führer der SA-Gruppe Berlin-Brandenburg, Ernst, in einem Schreiben vom 7. September 1933 an den Ministerialdirektor und SS-Gruppenführer Daluege, den Nachfolger Grauerts als Leiter der Polizeiabteilung im preußischen Innenministerium. Nachrichtliches Schreiben an Staatssekretär Grauert (*HAB,* Rep. 320,

Grauert 29).

238 Persönliches Schreiben des Polizeipräsidenten von Königsberg, des SA-Obergruppenführers Schoene, vom 10. August 1934 an Reichsinnenminister Frick (*HAB*, Rep. 320, Grauert 20). Es ist bezeichnend für die völlige Wirrnis zwischen den Instanzenzügen, daß der Polizeipräsident und SA-Obergruppenführer Schoene, der zugleich »Sonderbevollmächtigter des Obersten SA-Führers für die Provinz Ostpreußen« war, seine Beschwerde nicht auf dem Dienstwege an das preußische Innenministerium gelangen lassen konnte, da sie vermutlich auf dem Wege über den Oberpräsidenten, der mit dem Amt des Gauleiters in Personalunion verbunden war, verschwunden wäre. So sandte Schoene am 23. Mai 1934 einen geheimen Bericht an den Sonderbevollmächtigten des Obersten SA-Führers, den Chef des Politischen Amtes der SA, Gruppenführer v. Detten, der ihn dann an Grauert weitergab *(ebda.)*.

239 Persönliches Schreiben Schoenes an Frick *(ebda)*.

240 Dieser Ausdruck fällt in dem Schreiben eines kommissarischen Landrats an Ministerialdirektor Grauert vom 16. März 1933 (*HAB*, Rep. 320, Grauert 28).

241 Schreiben Brückners an Göring vom 9. März (*HAB*, Rep. 320, Grauert 29).

242 Solche Vakanzen wurden von Parteistellen zuweilen absichtlich herbeigeführt oder über jedes normale Zeitmaß hinaus verlängert. So ersuchte beispielsweise der Gauleiter von Weser-Ems Ende Februar 1933 Göring, das Amt des Polizeidirektors in Wilhelmshaven, das »seit ca. 6 Wochen unbesetzt« war, weiterhin vakant zu lassen: »Dieser jetzige Zustand bleibt zweckmäßigerweise einstweilen erhalten. Es dürfte weit besser sein, wenn während der Zeit der angespannten Verhältnisse hier die militärische Befehlsgewalt vorhanden ist und die Besetzung durch einen politischen Beamten einstweilen zurückgestellt wird« (Schreiben vom 25. Februar 1933, *HAB*, Rep. 320, Grauert 29).

243 Erlaß vom 11. Februar 1933 (*BA*, P 135/3736, fol. 1 a).

244 Nicht veröffentlichter Erlaß des preußischen Innenministers über »Einberufung und Verwendung von Hilfspolizei« vom 22. Februar 1933 (*a. a. O.*, fol. 3).

245 Die Durchführungsbestimmungen vom gleichen Tage umfassen sieben, die ergänzenden Durchführungsbestimmungen vom 21. April 1933 sogar zehn Seiten (*a. a. O.*, fol. 26 a–e). Sie zeigen die Hilfspolizei offenbar auf dem Höhepunkt ihrer Tätigkeit. Die Höchstzahl der bestätigten (!) Hilfspolizeibeamten wurde innerhalb eines jeden Regierungsbezirks auf 200 % der Gesamtstärke von Landjägerei und Gemeindepolizei festgelegt; die örtliche Aufschlüsselung blieb den Regierungspräsidenten überlassen. Von jeder Stärkebegrenzung blieben jedoch die Hilfspolizeigruppen bei staatlichen Polizeiverwaltungen und Schutzpolizeikommandos ausgenommen. Außer Offizieren durften nun auch andere Beamte als Führer von Hilfspolizeiverbänden verwendet werden. Dieser Vorschrift kam aber wohl kaum noch größere Bedeutung zu; denn in der Ausbildung wie im »Einsatz« sollten »bestehende Verbände der

nationalen Organisationen« nicht auseinandergerissen, wohl aber deren Führer »zur Unterstützung« der »polizeilichen Vorgesetzten« verwendet werden. Es läßt sich denken, daß SA-Führer Polizeibeamte sicherlich nicht als wirkliche Führer von Hilfspolizeiverbänden anerkannt haben dürften.

246 So in Bochum nach Auskunft eines Schreibens des SA-Gruppenführers der SA-Gruppe Westfalen, Schepmann, an Göring vom 30. März 1933 (*HAB*, Rep. 320, Grauert 32).

247 Unter den Akten des Staatssekretärs Grauert befindet sich ein Antrag des Kommandeurs der Schutzpolizei in Breslau vom 25. April 1933, der über den Polizeipräsidenten an das preußische Innenministerium ging und der um die Erlaubnis zur ständigen Kasernierung von »400 bis 500« Hilfspolizeibeamten ersuchte, um »die Alarmierung eines geschlossenen Hilfspolizeikörpers voll zu gewährleisten« (*HAB*, Rep. 320, Grauert 28).

248 Einer von vielen Fällen ereignete sich in Düsseldorf. Nach zwei unaufgeklärten, aber von vornherein als politisch angesehenen Mordfällen hatte zunächst der Polizeipräsident, ein eben erst eingesetzter sehr junger höherer SS-Führer, der Staatsanwaltschaft Tatanzeige erstattet und hierbei auch Angaben über die mutmaßlichen Täter gemacht, später jedoch in einem amtlichen Schreiben die Einstellung der Verfahren beantragt mit der Begründung, daß »wichtige staatspolitische Interessen« der Weiterverfolgung entgegenstünden. Der Oberstaatsanwalt unterbreitete über den Generalstaatsanwalt diesen Fall dem Justizministerium mit der Bitte um weitere Anweisungen. Der Polizeipräsident begab sich daraufhin selbst ins Justizministerium. Es charakterisiert den Fall, daß sich der Regierungspräsident in Düsseldorf gleichzeitig in einem vertraulichen Schreiben an Grauert für den Polizeipräsidenten Weitzel einsetzte: »Sollte die Sache in Berlin nicht ohne weiteres aus der Welt geschafft [!] werden können, so schlage ich vor, sie mir zur Regelung in persönlicher Verhandlung mit dem Generalstaatsanwalt, den ich langjährig kenne, zu überlassen. Selbstverständlich war die geschäftsmäßige Behandlung durch den Polizeipräsidenten sehr unzweckmäßig ...« (Schreiben vom 16. Mai 1933, *HAB*, Rep. 320, Grauert 31).

249 Abschrift eines Berichtes des Regierungspräsidenten in Marienwerder vom 27. Juli 1933 an das Preußische Ministerium des Innern (*HAB*, Rep. 320, Grauert 32).

250 Schreiben des »Referenten 1 c beim Stabe der Gruppe Berlin-Brandenburg« vom 18. April 1933 an den Gruppenführer Ernst (*HAB*, Rep. 320, Grauert 31).

251 Über das Verhalten der SA als Bewachungspersonal gibt der Bericht eines Berliner Staatsanwaltschaftsrates an den Oberregierungsrat Diels über eine Dienstbesichtigung des Polizeigefängnisses Sonnenburg am 10. April 1933 Aufschluß. Dieses Gefängnis hatte vornehmlich Häftlinge aus einem SA-Konzentrationslager aufgenommen, unter ihnen prominente Politiker und Schriftsteller der Linken: Litten, Mühsam, Ossietzky, Kasper, Schneller u. a. Der

Berichterstatter meldet, daß die Überführten von SA-Leuten, einige in Gegenwart ihrer Familienangehörigen, den brutalsten Mißhandlungen ausgesetzt waren (*HAB,* Rep. 320, Grauert 32).

252 Durchschlag des Erlasses an die bayerischen Regierungspräsidenten und Bezirksamtsvorstände vom 15. März 1933 bei den Akten des Staatssekretärs Grauert (*HAB,* Rep. 320, Grauert 23).

253 Schreiben des Ortsausschusses Breslau des ADGB an Vizekanzler v. Papen vom 8. März 1933 *(ebda).*

254 Schreiben des Kreisleiters in Liegnitz an die Untergauleitung Niederschlesien vom 12. März 1933 mit Bericht über Vorgänge am 10. und 11. März (*HAB,* Rep. 320, Grauert 32). Darin heißt es u. a.: »Als politischer Führer der Liegnitzer Nationalsozialisten muß ich mich heute schämen, auf die Straße zu gehen. Die Verantwortung für den Ausgang der heutigen Kommunalwahl muß ich ablehnen.«

255 Staatssekretär Willikens in einem persönlichen Schreiben an Grauert vom 24. Juli 1933 (*HAB,* Rep. 320, Grauert 13).

256 Als ein bemerkenswertes Beispiel mag ein Telegramm des Gauleiters Josef Wagner an den Polizeipräsidenten in Hagen erwähnt werden: »Schließt Bornemann aus der Handelskammer aus. Betreten für ihn verboten, widrigenfalls Verhaftung zu erfolgen hat.« Der Gauleiter gab ohne Angabe von Gründen eine Anweisung an einen ihm nicht unterstehenden Polizeipräsidenten, um eine ihm nicht genehme Persönlichkeit aus einer weder ihm noch dem Polizeipräsidenten unterstehenden Stelle zu entfernen. Seinem Ansinnen wurde übrigens in diesem Falle nicht entsprochen (Bericht Wagners an Grauert vom 20. Juli 1933; *HAB,* Rep. 320, Grauert 12).

257 Zur Geschichte der Selbstverwaltung in der Weimarer Periode im Überblick: Heinrich Heffter, *Die deutsche Selbstverwaltung im 19. Jahrhundert. Geschichte der Ideen und Institutionen,* Stuttgart 1950, S. 768 ff.; neuerdings: Hans Herzfeld, *Demokratie und Selbstverwaltung in der Weimarer Epoche (Schriftenreihe des Vereins zur Pflege kommunalwissenschaftlicher Aufgaben,* Bd. 2), Stuttgart 1957. Aus der zeitgenössischen Literatur: Oskar Mulert, »Die Stadtgemeinde«, in: *Volk und Reich der Deutschen. Vorlesungen, gehalten in der Deutschen Vereinigung für Staatswissenschaftliche Fortbildung,* hrsgg. von Bernhard Harms, Bd. II, Berlin 1929, S. 376–396; Günther Gereke, »Die Landgemeinde«, *a. a. O.,* S. 397–425; und die Beiträge in dem Sammelband: *Gegenwartsaufgaben der Kommunalverwaltung,* hrsgg. von der Verwaltungsakademie Berlin, Berlin 1921. Über kommunale Selbstverwaltung und Spitzenverbandsorganisationen seit der Jahrhundertwende: Gerhard Schulz, »Die kommunale Selbstverwaltung in Deutschland vor 1933. Ideen, Institutionen und Interessen«, in: *Franz-Lieber-Hefte. Zeitschrift für politische Wissenschaft,* Heft 3 (1959), S. 14–31. Für die Erlaubnis zur Benutzung der umfangreichen Aktenbestände im Besitze des Vereins zur Pflege kommunalwissenschaftlicher Aufgaben e. V., Ernst-Reuter-Haus zu Berlin, hat der Verf. vor allem Herrn Oberbürgermeister a. D. Dr. Hans Lohmeyer, für hilfreiche Unterstützung Herrn Dr. Wolfgang Haus

zu danken.

258 Vgl. Wolfgang Haus, »Staatskommissare und Selbstverwaltung 1930–1933«, in: *Der Städtetag,* N. F. 9 (1956), S. 96 f.; einen Überblick über die Rechtslage in den einzelnen Ländern und über die wissenschaftlichen Kontroversen enthält die Dissertation von Hans Werner Horwitz, *Der Staatsskommissar als Mittel der Staatsaufsicht über die Gemeinden. Eine geschichtliche, dogmatische und in Bezug auf deutsche Länder rechtsvergleichende Darstellung,* Jur. Diss., Heidelberg 1933.

259 Vgl. im besonderen das *Statistische Jahrbuch deutscher Städte. Amtliche Veröffentlichung des Deutschen Städtetages,* bearb. vom Verbande der deutschen Städtestatistiker, begründet von M. Neefe; zur Wohlfahrtserwerbslosen- und Schuldenstatistik am Ende der Republik von Weimar: 27. Jg. (N.F. 6. Jg.), Jena 1932, S. 311 ff.; S. 427 ff.; s. auch Wilhelm Morgenroth, Art. »Arbeitslosenstatistik«, in: *Handwörterbuch der Kommunalwissenschaften,* hrsgg. von Hugo Brix, Hugo Lindemann, Otto Most, Hugo Preuß und Albert Südekum, Erg.-Bd. I, Jena 1927, S. 63–67.

260 Grundsätzliches zum Thema »Arbeitslosenversicherung und Gemeindehaushalt« enthält das Hauptreferat des Nürnberger Oberbürgermeisters Hermann Luppe auf der 8. Hauptversammlung des Deutschen Städtetags in Dresden: *Achter Deutscher Städtetag ... 1930 ...* (*Schriftenreihe des Deutschen Städtetages,* Heft 13), Berlin 1930, S. 49 ff.

261 Eine der frühesten Bemerkungen über diese »Krise« rührt vom preußischen Innenminister Grzesinski her (*Preußischer Landtag, 3. Wahlperiode. Stenogr. Bericht des Hauptausschusses,* 1930, Sp. 92). Von der Literatur bleiben die repräsentativen Schriften von Arnold Köttgen, *Die Krise der kommunalen Selbstverwaltung,* Tübingen 1931, und Ernst Forsthoff, *Die Krise der Gemeindeverwaltung im heutigen Staat,* Berlin 1932, bemerkenswert.

262 Carl Dieckmann, *Die Selbstverwaltung im neuen Staat,* Berlin 1933, S. 67; vgl. auch Oberbürgermeister Carl Goerdeler, »Die Gemeinde als Teil des Reichsganzen«, eine weithin beachtete Ansprache in der Leipziger Stadtratssitzung am 24. März 1933, abgedr. in: *Der Städtetag* 27 (1933), S. 148; und Staatskommissar Karl Strölin, »Gemeinde und Mittelstand«, Vortrag auf der Mittelstandskundgebung in Stuttgart am 27. März 1933, in: *Der Städtetag* 27, S. 199–201; ferner Hugo Schwarz im *Völkischen Beobachter,* Nr. 17 vom 17. Januar 1933 und Nr. 46 vom 15. Februar 1933.

263 So die Darlegungen des parteioffiziellen *Mitteilungsblattes der Nationalsozialisten in den Parlamenten und gemeindlichen Vertretungskörpern,* Jg. 1933, Heft 2; später auch der nachmalige Vizepräsident des Deutschen Gemeindetages, Ralf Zeitler, »125 Jahre kommunale Selbstverwaltung«, in: *Der Städtetag* 27 (1933), S. 493–495, und Karl Fiehler in einer Rede vor Gemeinde- und Kreisfachberatern der NSDAP im Dezember 1933, wiedergegeben in: *Der Städtetag* 27, S. 562.

264 So mit größter Deutlichkeit der nationalsozialistische Ministerpräsident von Bayern und vormalige Bürgermeister von Lindau im

Bodensee, Ludwig Siebert, auf der Tagung der nationalsozialistischen Kommunalpolitiker in Nürnberg im September 1933; wiedergegeben in: *Der Städtetag* 27 (1933), S. 365 f.

265 Im Februar veröffentlichte *Der Städtetag* (27. Jg., S. 62 f.) einen beziehungsvollen Aufsatz »Italiens Städtepolitik« aus der Feder des römischen Korrespondenten der *Kölnischen Zeitung.*

266 Kurt Jeserich (später Präsident des Deutschen Gemeindetages), »Die Gemeinde im nationalsozialistischen Staat«, in: *Der Städtetag* 27 (1933), S. 309–311.

267 *A. a. O.*, S. 311; auch Dieckmann (Anm. I/262), S. 78.

268 Arnold Köttgen, »Die Neuordnung der kommunalen Selbstverwaltung«, in: *Der Städtetag* 27 (1933), S. 545–552; Dieckmann, *a. a. O.*, S. 75 ff.

269 *Preußische Gesetzsammlung,* 1933, S. 21 f.

270 Popitz stellte in der Sitzung der Staatskommissare am 4. Februar akademische Erörterungen an über »etwaige Schwierigkeiten« von beträchtlichen Ausmaßen, die das Vorgehen des kommissarischen Staatsministeriums in einem funktionsfähigen System der Rechtskontrollen bereiten mußte. Bemerkenswert ist, daß die Erwiderung Görings schon nachdrücklich jede Inanspruchnahme des Reichspräsidenten auszuschließen suchte (*HAB,* Rep. 90, Sitzungsprotokolle 1933, fol. 180 f.). Der Grundsatz, »die preußischen Dinge, soweit eben möglich, auch in Preußen zu regeln und den ... Reichspräsidenten als die allerletzte Autorität nur dann zu bemühen, wenn gar kein anderer Ausweg möglich« ist, macht das allfällige Bestreben der Nationalsozialisten offenkundig, von der Diktaturgewalt des Reichspräsidenten loszukommen.

271 Es ist unmöglich, die Spielarten in der terroristischen Phase des Personalwechsels hier aufzuzählen. In Quedlinburg beispielsweise wurden der Oberbürgermeister und einige Beamte der Stadtverwaltung auf Anweisung des Polizeikommissars unter fadenscheiniger Begründung einfach in Haft genommen (*Deutsche Allgemeine Zeitung,* Nr. 145 vom 26. März 1933). Der demokratische Oberbürgermeister von Kiel, Lueken, wurde beurlaubt, während die Stadträte, nicht allein die Sozialdemokraten, in Haft kamen oder Hausarrest erhielten mit der einfachen Begründung, daß sie »zu weit links« stünden (Schreiben des Stadtrats Prof. Max Philipp vom 19. März 1933 an den Preußischen Städtetag; *ADST,* B 52). In Mannheim wurden nach schweren Mißhandlungen der Oberbürgermeister und mehrere sozialdemokratische Stadträte am 11. März in »Schutzhaft« genommen. Vgl. Friedrich Walter, *Schicksal einer deutschen Stadt. Geschichte Mannheims 1907–1945,* Bd. II, Frankfurt a. M. 1950, S. 236. Als ein anderes Beispiel für viele kann das des Königsberger Oberbürgermeisters Lohmeyer gelten: Schon vor der Neuwahl der Stadtverordnetenversammlung am 12. März hatte ihm der Regierungspräsident, der selbst kein Nationalsozialist, aber als Konservativer bekannt und unter der Reichskanzlerschaft v. Papens eingesetzt worden war, nahegelegt, sich beurlauben zu lassen. Als L. hierauf nicht einging, verfügte der Regierungspräsident, ohne eine Rechtsgrundlage hierfür zu

haben, am 10. März seine Beurlaubung. L. brachte, da er keine Gelegenheit zu einer Rücksprache mit dem Regierungspräsidenten erhielt, seine Beschwerde erfolglos direkt bei Göring vor. Wenige Tage später meldete die Presse die Suspendierung L.'s. Nach einigen Wochen wurde ein Disziplinarverfahren gegen ihn eröffnet, in dem ein nationalsozialistischer Rechtsanwalt und Notar die Untersuchung führte und das sich auf zwei verhältnismäßig belanglose Vorwürfe im Zusammenhang mit Vorgängen stützte, die bereits verjährt waren. Zudem war der erste Punkt bereits 1925 durch die Aufsichtsbehörde überprüft worden, die festgestellt hatte, daß ein Grund zu disziplinarischem Einschreiten nicht gegeben war. Da beide Anklagepunkte von den nationalsozialistischen Anklägern schließlich als nicht ausreichend erachtet wurden, erging eine Aufforderung an die Öffentlichkeit, in einem eigens zu diesem Zweck eingerichteten Büro im Rathaus Beschwerden über die Amtsführung des Königsberger Oberbürgermeisters vorzubringen. Dank der Methode, zuerst die Zeugen sofort unter Eid zu vernehmen und erst danach Äußerungen von L. zuzulassen, kam im Laufe mehrerer Monate eine etwa 30 Punkte umfassende Anklage zustande. 1936 mußte das Verfahren eingestellt werden. (Nach Privatakten und persönlichen Mitteilungen von Oberbürgermeister a. D. Dr. Lohmeyer vom 17. und 19. Januar 1955 an den Verf.)

272 Ein Schreiben des Oberbürgermeisters Jarres vom 30. April 1933 an Göring (Abschrift für Grauert: *HAB*, Rep. 320, Grauert 33) schildert die Verhältnisse in Duisburg-Hamborn in grellen Farben: »Im Laufe der dann [nach dem 12. März] folgenden Wochen erfolgten jedoch immer weitere Eingriffe in die Verwaltung, die von unverantwortlichen, jede Autorität zersetzenden Presseangriffen begleitet waren. Ein Untersuchungsausschuß zweifelhafter Legitimation folgte dem andern, so daß keiner mehr weiß, wer Koch und Kellner ist. In den Großbetrieben der städtischen Gas-, Wasser- und Elektrizitätswerke und der Verkehrsunternehmungen werden Kommissare in die Leitung gesetzt, für deren Bestellung eine verantwortliche Stelle nicht festzustellen ist. Während die Kreisleitung der NSDAP angibt, daß diese Bestellung durch den Herrn Polizeipräsidenten erfolgt sei, lehnt dieser die Verantwortung dafür durchaus ab.«

273 Erklärung der nationalsozialistischen Staatskommissare in Mannheim vom 15. März 1939; Walter (Anm. I/271).

274 Nach einer nicht ganz vollständigen Aufstellung in: *Der Städtetag* 27 (1933), S. 224 f.

275 Neinhaus hatte zunächst ebenfalls sein Amt verloren, wurde jedoch nach kurzer Zeit wieder eingesetzt. Menge schied 1934 aus, Sahm wurde 1936 zum deutschen Gesandten in Oslo ernannt; Goerdeler, 1935/36 zum zweiten Male Reichskommissar für die Preisbildung, trat 1937 zurück.

276 Der preußische Finanzminister Popitz leitete Grauert am 24. Mai 1933 zwei vertrauliche Listen mit insgesamt 63 Namen geeigneter, kommunalpolitisch erfahrener Kandidaten für Oberbürgermeister-

und Finanzdezernentenstellen zu (*HAB*, Rep 320, Grauert 33). Als Verfasser der Listen nennt Popitz Oberbürgermeister Goerdeler, auf dessen Urteil er »einen recht großen Wert« lege. Keiner dieser Namen, unter denen sich sowohl ehemalige wie derzeit noch tätige leitende Kommunalbeamte befanden, ist berücksichtigt worden. Bekannte Nationalsozialisten waren nicht darunter. Nur bei zwei Namen befinden sich Anmerkungen, die parteipolitische Zugehörigkeiten erkennen lassen; einmal heißt es: »NSDAP = sehr gut«, in dem andern Fall: »rechtes Zentrum«. Wohl aber bemühte sich Grauert um Personalvorschläge industrieller Kreise (Durchschl. eines Schreibens des persönl. Referenten vom 8. Juli 1933 an Bergassessor a. D. Tengelmann, der im Auftrage Grauerts einen Vorschlag zur Neubesetzung der Stelle des Oberbürgermeisters in Dortmund erbat; *ebda.*).

277 Rudolf Gneist, *Die preußische Kreis-Ordnung in ihrer Bedeutung für den inneren Ausbau des deutschen Verfassungs-Staates,* Berlin 1870, S. IV.

278 Zur Geschichte der kommunalen Spitzenverbände im allgemeinen: Oskar Böttcher, »Die kommunalen Reichsspitzenverbände«, in: *Zeitschrift für Kommunalwirtschaft und Kommunalpolitik* 22 (1932), Sp. 741–819; zur Geschichte des Deutschen Städtetages liegt die Darstellung von Otto Ziebill vor: *Geschichte des Deutschen Städtetages. Fünfzig Jahre deutscher Kommunalpolitik,* hrsgg. vom Deutschen Städtetag, Stuttgart–Köln 1955.

279 1930 gehörten dem Deutschen Städtetag alle 48 Großstädte Deutschlands an, 142, d. h. fast alle mittleren Städte (mit Einwohnerzahlen zwischen 25 000 und 100 000), aber nur 89 von 1000 Kleinstädten. Außerdem waren ihm korporativ 9 Landes- und 13 Provinzialstädtetage mit insgesamt 3 mittleren und 911 kleineren Städten angeschlossen; s. Denkschrift: *Der Deutsche Städtetag. 25 Jahre Gemeinschaftsarbeit deutscher Städte* (*Schriftenreihe des Deutschen Städtetages,* Heft 12), 3. Aufl., Berlin 1930, S. 13.

280 Über den Preußischen und Deutschen Landkreistag: *Die deutschen Landkreise,* hrsgg. von [Otto] Constantin und Erwin Stein, Bd. II: *Der Landkreistag und seine Tätigkeit,* Berlin 1926.

281 Die Satzung des Deutschen Städtetages kannte als oberstes Gremium nur einen Vorstand; doch Beratungsgegenstände und Entschließungen des Vorstandes wurden vorher in einem engeren Vorstand vorbereitet, der identisch mit dem engeren Vorstand des Preußischen Städtetages war und somit diese beiden mächtigen Verbände eng aneinanderband. Er umfaßte neben seinen Geschäftsführern – dem späteren Reichskanzler Luther, dann nacheinander den nachmaligen Oberbürgermeistern Sahm und Mitzlaff und zuletzt dem ehemaligen Ministerialdirektor und Leiter der Kommunalabteilung im preußischen Innenministerium Mulert – einen kleinen, aber auserwählten Kreis von Persönlichkeiten, die die höchsten Spitzen der Selbstverwaltung in Deutschland erreicht hatten wie Sahm (seit 1931 Oberbürgermeister von Berlin), die Oberbürgermeister Adenauer (Köln), Lohmeyer (Königsberg), der ehemalige Reichsminister Külz (Dresden), Brauer (Altona), Reuter

(Magdeburg), Jarres (Duisburg-Hamborn), Heimerich (Mannheim), Scharnagl (München), Lautenschlager (Stuttgart) und Rive (Halle) und die Kölner Stadtverordneten Görlinger und Mönnig. Im Dezember 1932 trat der Leipziger Oberbürgermeister Goerdeler, der soeben seine Tätigkeit als Reichspreiskommissar beendet hatte, hinzu.

282 Die Spitzenverbände wirkten auf dem Gebiet des kommunalen Versicherungswesens, im Kreditwesen durch ihren starken Einfluß auf den Deutschen Sparkassen- und Giroverband, ihre Beteiligung an der Deutschen Bau- und Bodenbank und anderen Organisationen. Sie wirkten mit in den Organisationen der Arbeitgeberverbände über den Reichsverband kommunaler und anderer öffentlicher Arbeitgeberverbände, dessen Vorsitzender Goerdeler seit 1931 war, und im Gesundheitswesen. Sie waren daneben beteiligt an einer Anzahl wirtschaftlicher Einrichtungen und Organisationen wie der Deutschen Revisions- und Treuhand-AG., dem Reichskuratorium für Wirtschaftlichkeit, dem Normenausschuß der deutschen Industrie und der Friedrich-List-Gesellschaft, an kulturpolitischen und wissenschaftlichen Einrichtungen, der Deutschen Gesellschaft zur Förderung der inneren Kolonisation, dem Reichsverband Deutscher Jugendherbergen, dem Zentralinstitut für Erziehung und Unterricht, an der Deutschen Bücherei in Leipzig, am Deutschen Bühnenverein, an der Kaiser-Wilhelm-Gesellschaft zur Förderung der Wissenschaften und vielen anderen mehr. Schließlich wirkten Vertreter der kommunalen Spitzenverbände in Reichsbehörden, deren Tätigkeit damit in den Bereich der Selbstverwaltung hineingezogen und teilweise oder ganz auf ihrer Grundlage geregelt wurde, im vorläufigen Reichswirtschaftsrat, in der Reichsanstalt für Arbeitsvermittlung und Arbeitslosenversicherung und in zahlreichen Beiräten und Ausschüssen bei Reichsministerien, von denen der Reichseisenbahnrat, der Reichswasserstraßen-Beirat, der Beirat für das Kraftfahrwesen, der Verwaltungsrat der Deutschen Reichspost, der Beirat für das Luftfahrwesen, der Reichskohlen-Beirat, der Beirat für Elektrizitätswirtschaft, der Reichsverdingungungsausschuß beim Reichsfinanzministerium, der Reichsverkehrsausschuß, der Reichsausschuß für Fremdenverkehrsfragen und der Ausschuß zur Untersuchung der Erzeugung und Absatzbedingungen der Deutschen Wirtschaft (Enquête-Ausschuß) als bedeutendste und wichtigste zu nennen wären. Für den Deutschen Städtetag im besonderen hierzu die Denkschrift *Der Deutsche Städtetag* (Anm. I/279), S. 20 f.

283 Unter den kritischen Erörterungen in der staatsrechtlichen Literatur nahm das vielbeachtete Buch von Hans Peters, *Grenzen der kommunalen Selbstverwaltung,* Berlin 1926, einen hervorragenden Platz ein, das den Vorschlag unterbreitete, die kommunalen Spitzenverbände durch Reichsgesetz in Körperschaften des öffentlichen Rechts umzuwandeln und zur Kommunalaufsicht heranzuziehen.

284 Die *Gemeinsame Geschäftsordnung der Reichsministerien,* Besonderer Teil (*GGO* II) bestimmte in der Fassung vom 22. Oktober

1928 (2. Ausgabe, hrsgg. vom Reichsministerium des Innern, Berlin 1929) in § 28 Abs. 1, daß »bei der Vorbereitung von Gesetzen und wichtigen Verordnungen ... möglichst die Vertretungen der Fachkreise rechtzeitig heranzuziehen« seien. »Umfang und Auswahl bleibt, wo nicht Sondervorschriften bestehen, im Einzelfalle dem pflichtmäßigen Ermessen überlassen. Die Verbände müssen hinreichend Zeit haben, ihre Unterverbände zu hören und deren Äußerungen zu verarbeiten. Dasselbe gilt für die Beteiligung der Reichsvertretungen der Städte, Landkreise und Landgemeinden.«

285 Wilhelm Külz, »Die Parteien und die Kommunalpolitik«, in: *Selbstverwaltung und Demokratie. Monatsschrift für demokratische Kommunalpolitik,* 6. Jg., Nr. 2 vom 15. Februar 1933.

286 Schreiben Mulerts an den Stettiner Stadtverordneten Thomas vom 25. März 1933 (Abschrift *ADST,* B 1370).

287 Niederschrift der Sitzung des engeren Vorstandes vom 17. März 1933 (*ADST,* A 295). Entgegen den üblichen Gepflogenheiten befindet sich bei diesem Protokoll keine Anwesenheitsliste. Es ist anzunehmen, daß sich an dieser Sitzung nur noch ein kleiner Teil dieses Gremiums beteiligte. Die Oberbürgermeister Adenauer, Lohmeyer, Scharnagl, Brauer, Reuter und Heimerich waren bereits nicht mehr im Amt, die Stadtverordneten Görlinger und Mönnig hatten am 12. März ihre Mandate verloren. Oberbürgermeister Külz war dieser Sitzung ferngeblieben. Allenfalls könnten neben Mulert noch die Oberbürgermeister Sahm, Goerdeler, Jarres, Lautenschlager und Rive zu den Anwesenden gezählt haben.

288 Zu Mulert, Sahm, Jarres, Lautenschlager und Goerdeler traten die deutschnationalen Oberbürgermeister Lehr aus Düsseldorf, Menge aus Hannover und als nationalsozialistischer »Kommunalpolitiker« der kommissarische Lindauer Oberbürgermeister Siebert, der Gauleiter, Reichstagsabgeordnete und Düsseldorfer Stadtverordnete Florian, den Lehr, und der Leipziger Stadtverordnete Dönicke, den Goerdeler vorgeschlagen hatte.

289 Rundschreiben vom 30. März 1933 an die unmittelbaren und mittelbaren Mitgliedsstädte (*ADST,* A 44).

290 Der Schlesische Städtetag z. B. bildete einen Arbeitsausschuß, der sich aus sechs Mitgliedern der NSDAP und vier Mitgliedern der DNVP zusammensetzte (Schreiben des Vorstandes des Schlesischen Städtetages an den Deutschen und Preußischen Städtetag vom 8. Mai 1933; *ebda.*). Im Thüringischen Städteverband kooptierte der bisherige Vorstand mehrere NSDAP-Mitglieder (Rundschreiben Nr. 3202 des Thüringischen Städteverbandes vom 5. April 1933; *ADST,* A 42). Auf einem Empfang beim thüringischen Staatsminister Sauckel gab dann der Vorsitzende die Erklärung ab, »daß der Thüringische Städteverband sich durch seinen Beschluß restlos den neuen Verhältnissen der nationalen Revolution angepaßt« habe (Rundschreiben Nr. 3208 des Thüringischen Städteverbandes vom 11. April 1933, *ebda.*).

291 Rundschreiben Nr. 3217 vom 20. April 1933 des Thüringischen Städteverbandes *(ebda.).*

292 Niederschrift über die Sitzung des Arbeitsausschusses am 11. April 1933 (*ADST*, A 162).

293 Schon in der ersten Sitzung war Oberbürgermeister Lautenschlager (Stuttgart) durch den Staatskommissar Strölin vertreten worden. Dann verlangte der neue kommissarische Oberbürgermeister Weidemann von Halle als Nachfolgers Rives einen Sitz im Arbeitsausschuß, der ihm gewährt wurde, während Oberbürgermeister Lehr nicht mehr teilnahm und bald darauf auch von seinem Amt zurücktrat. Als Vertreter der badischen Städte waren der Oberbürgermeister von Heidelberg, Neinhaus, und der Staatskommissar von Mannheim, Wetzel, erschienen. Mulert wandte sich selbst an die kommissarischen Oberbürgermeister von Köln und Frankfurt a. M. und bat um ihre Mitarbeit. Die Reichstagsfraktion der NSDAP verlangte Aufnahme eines ihrer Mitglieder, des Frankfurter Bürgermeisters Linder, den sie bereits in den Vorstand des Reichsstädtebundes lanciert hatte (Vorgänge bei den Akten *ADST*, A 162).

294 Ihm gehörten die kommissarischen Oberbürgermeister Riesen, Köln; Krebs, Frankfurt a. M.; Rebitzki, Breslau; Oberbürgermeister Goerdeler und Bürgermeister Dietze, Leipzig; Will, Königsberg, und Behrens, Kiel, an (Einladungen zur Besprechung am 17. Mai, datiert am 11. Mai 1933; *ebda.*).

295 Die Benennung der Mitglieder erfolgte in der Sitzung am 11. April 1933 *(ebda.)*.

296 Die Beurteilung der Situation im Landkreistag erschließt ein Brief des Präsidenten, Baron v. Stempel, an den in Melide bei Lugano weilenden Hauptvorsitzenden v. Achenbach vom 13. März 1933 (*ADST*, A 378).

297 Achenbach wurde zum Ehrenvorsitzenden gewählt (Brief v. Achenbachs an v. Stempel vom 14. April 1933 und Niederschrift über die Sitzung des preußischen Vorstandes am 29. März 1933; Auszug *ebda.*).

298 Niederschrift über die Sitzung des preußischen Vorstandes, *ebda.*

299 Niederschrift über die Sitzung des Vorstandes des Deutschen Landkreistages am 19. April 1933 (*ADST*, A 1487).

300 Vervielfältigte Rundschreiben des Deutschen Landkreistages an die Vorsitzenden der Landesverbände vom 6. Mai 1933 und vom 18. Mai 1933 (vertraulich) mit Abschrift eines Schreibens des Kommissars beim Arbeits- und Wohlfahrtsministerium in Sachsen, Kunz, vom 15. Mai 1933. Ähnliche Versuche teilte das erste Rundschreiben auch aus Bayern mit *(ebda.)*.

301 Bemühungen des Verfassers, die Prozeßakten des von dem Berliner Rechtsanwalt Langbehn verteidigten Gereke aufzufinden, waren bislang ergebnislos. Die Niederschriften der Sitzungen des Vorstandes des Verbandes der Preußischen Landgemeinden am 26. März/1. April 1933 (*ADST*, A 50) enthalten keine Einzelheiten über die Vorwürfe, die gegen Gereke erhoben wurden, vermerken aber, daß vertrauliche Unterredungen stattgefunden hätten, die nicht protokolliert worden seien, so daß wohl Zweifel an der Richtigkeit der Erklärung bestehen müssen, es habe sich im Falle

Gerekes *nicht* um eine »politische Verhaftung« gehandelt. Auch ist die Erklärung des Vorsitzenden des Sächsischen Gemeindetages, Naumann, Gereke habe »ungeheures Vertrauen in gröblichster Weise mißbraucht und alle kommunalen Spitzenverbände geschädigt«, bei der Schwere des Vorwurfs zu unklar, als daß sie voll glaubwürdig wäre.

302 Niederschrift über eine gemeinsame Sitzung der engeren Vorstände des Deutschen Landgemeindetages und des Verbandes der Preußischen Landgemeinden am 15. Mai 1933 (*ADST*, A 313).

303 Briefe des Präsidenten Haekel an Hitler vom 2. Februar 1933, des Vorsitzenden, Oberbürgermeister Belian, an Göring als den Reichskommissar für das preußische Innenministerium vom 2. Februar, an Staatssekretär Pfundtner vom 4. Februar und an Reichsarbeitsminister Seldte vom 13. Februar (*ADST*, A 293). Unter der Regierung Papen hatte diese Frage zu einer Zuspitzung der Lage geführt, die im besonderen zu Lasten des Reichsstädtebundes ging. Die Notverordnung vom 3. September 1932 unterstellte die Städte mit weniger als 10 000 Einwohnern dem Landrat und gab außerdem den Regierungspräsidenten die Vollmacht, im Bedarfsfall diese Einwohnergrenze weiter heraufzusetzen und damit die Landratsaufsicht auf Kategorien größerer Städte auszudehnen. Tatsächlich war dies bereits ein erster Schritt auf dem Wege, die kreisangehörigen Städte aus ihrer Sonderstellung innerhalb der Kreise herauszulösen und mit der ländlichen Verwaltung gleichzustellen. Der Reichsstädtebund hatte sich auch schon in früheren Jahren gegen jede Stärkung der Kreisinstanz gewendet, weil er von ihr eine Benachteiligung der Landstädte befürchtete. In den 20er Jahren verknüpfte er mit dieser Haltung eine Polemik gegen die preußische Regierung und im besonderen gegen die preußische Sozialdemokratie (so u. a. Hermann G. Fischer, »Mehr Macht den Landräten?«, in: *Das kommunale Leben. Korrespondenz für Kommunalwesen,* Nr. 115 vom 2. Oktober 1928).

304 In der Aufzeichnung eines Beobachters des Deutschen Städtetages, der auf der Tagung des Gesamtvorstandes und Hauptausschusses des Reichsstädtebundes zugegen war, heißt es, Frick habe an der Sitzung vor Eintritt in die Tagesordnung teilgenommen und eine kurze Begrüßungsansprache gehalten, die in besonders verbindlicher Form den mittleren und kleineren Städten bescheinigte, daß sie in höherem Maße der Ort der Selbstverwaltung seien als die Großstädte; er habe jedoch keine »sachlich bedeutsamen Erklärungen« abgegeben (*ADST,* B 1303).

305 Briefe des Präsidenten Haekel an den Geschäftsführer der Reichstagsfraktion der NSDAP vom 30. März 1933 und an den Geschäftsführer der NSDAP-Fraktion im preußischen Landtag vom 24. März 1933 (*ADST,* A 60).

306 Rundschreiben an die Mitglieder des Gesamtvorstandes des Reichsstädtebundes vom 3. April und vom 4. April 1933 (*ADST*, A 40).

307 Rundschreiben an die Vorsitzenden der Unterverbände vom 4. Mai 1933 (*ADST,* A 29).

308 Niederschrift über die Sitzung des vorläufigen geschäftsführenden

Vorstandes (Arbeitsausschuß) am 25. April 1933 (*ADST*, A 40).

309 Aktennotiz Mulerts über ein Gespräch mit dem Geschäftsführer des Bayerischen Städteverbandes, dem ehemaligen Oberbürgermeister Knorr, vom 28. April 1933 (*ADST*, A 42). Schreiben des Geschäftsführers des Thüringischen Städteverbandes an Mulert vom 4. Mai 1933 mit einem umfangreichen Auszug aus der Niederschrift der Sitzung *(ebda.)*.

310 Aktennotiz des ersten Beigeordneten des Städtetages über eine Unterredung mit dem Vizepräsidenten des Reichsstädtebundes am 11. April 1933 *(ebda.)*.

311 Aktennotiz Mulerts über eine Besprechung mit Baron v. Stempel und Schlüter am 1. März 1933 *(ebda.)*.

312 Mitteilung Mulerts an den ersten Beigeordneten des Deutschen Städtetages über eine Besprechung mit Fiehler, Linder und Strölin am 6. Mai 1933 *(ebda.)*.

313 Streng vertrauliches Schreiben des Präsidenten des Deutschen Landgemeindetages vom 4. Mai 1933 an die Vorstandsmitglieder, mit Bericht über den Verlauf einer politischen Besprechung innerhalb der Arbeitsgemeinschaft der kommunalen Spitzenverbände am 3. Mai (Durchschlag, *ADST*, A 83).

314 Gleiche Hinweise auch in der gemeinsamen Sitzung des engeren Vorstandes des Deutschen Landgemeindetages und des Verbandes der preußischen Landgemeinden am 15. Mai 1933 (*ADST*, A 313).

315 Ein Exemplar dieser Einladung befindet sich bei den Akten des ehemaligen Verbandes der preußischen Provinzen (*ADST*, A 198).

316 Über diese Vorgänge gibt ein Rundschreiben des Geschäftsführers des Verbandes der preußischen Provinzen Aufschluß (Entwurf vom 22. Mai 1933 mit dem Abgangsvermerk »heute«; *ebda.*). Weitere eingehende Berichte befinden sich bei den Akten des ehemaligen Landkreistages: Entwurf eines Rundschreibens des Deutschen Landkreistages von der Hand Baron v. Stempels und endgültige Fassung nach Abänderungen durch Keudell vom 22. Mai 1933 (*ADST*, A 1487), und des ehemaligen Verbandes der preußischen Landgemeinden: Niederschrift über die Sitzung des geschäftsführenden Vorstandes des Verbandes der preußischen Landgemeinden am 22. Mai 1933 (*ADST*, A 313).

317 Zweitschriften dieser Erklärung finden sich bei den Akten des ehemaligen Landkreistages (*ADST*, A 1487) und des ehemaligen Verbandes der preußischen Provinzen (*ADST*, A 198). Sie hatte den Wortlaut: »Ich, der Unterzeichnete, ... habe davon Kenntnis erhalten, daß die Nationalsozialistische Deutsche Arbeiterpartei künftig nur noch den ›Deutschen Gemeindetag‹ und seine Landesverbände als alleinige korporative Vertretung der deutschen Gemeinden und Gemeindeverbände anerkennen wird.
Ich erkläre hiermit, mit allen Kräften am Aufbau und der Ausgestaltung des ›Deutschen Gemeindetages‹ mitzuwirken und verpflichte mich, unwiderruflich und bedingungslos für mich und den von mir geführten Verband in der vom Führer des ›Deutschen Gemeindetages‹ gewünschten Form unverzüglich alles zu veranlassen, um meinen Verband, sei es korporativ oder nach Auf-

lösung desselben, in den ›Deutschen Gemeindetag‹ zu überführen. Gleichzeitig erteile ich hiermit Oberbürgermeister Fiehler – München – unwiderruflich jede diesem erforderlich erscheinende Vollmacht für meinen Verband, um die zur Erreichung des obigen Zieles notwendig erscheinenden Schritte, darunter auch rechtsgeschäftliche Handlungen, vorzunehmen.«

318 So in der Darstellung des Geschäftsführers des Verbandes der preußischen Provinzen (*ADST*, A 198).

319 *Ebda.*

320 Die letzte Landesdirektorenkonferenz fand am 22. September 1933 statt.

321 Zwei Schreiben an die Landesdirektorenkonferenz vom 7. Juni 1933 (*ADST*, A 198).

322 Die *Nationalsozialistische Partei-Korrespondenz,* Berlin, brachte am 22. Mai 1933 die Meldung, die von der gesamten deutschen Presse übernommen wurde: »... Der Vorsitzende und die geschäftsführenden Präsidenten der Verbände erklärten sich freudig bereit, am großen Werk der neuen Organisation und Vereinheitlichung der jetzt bestehenden sechs kommunalen Reichsorganisationen und ihrer etwa 80 Unterverbände mitzuarbeiten. Sie begrüßten nachdrücklichst die Anregung der NSDAP zur Bildung des ›Deutschen Gemeindetages‹ und forderten, daß sie sich bedingungslos der Führung der NSDAP unterstellen [!] dürfen.«

323 Manuskript des Rundfunkvortrags bei den Akten des ehemaligen Verbandes der preußischen Provinzen (*ADST,* A 198). Auch Rundschreiben Fiehlers vom 27. Mai 1933 – Durchschlag – an Reichsstatthalter Sprenger für Hessen, Oberpräsident Brückner für Schlesien, Ministerpräsident Röver für Oldenburg und Oberpräsident Kube für die Grenzmark und Brandenburg (*ADST,* DGT 0-08-131).

324 Aufstellungen hierüber bei den Akten des ehemaligen Deutschen Städtetages (*ADST,* B 3764), des ehemaligen Verbandes der preußischen Provinzen (*ADST,* A 198) mit Datum vom 13. Juni 1933 und des ehemaligen Verbandes der preußischen Landgemeinden (*ADST,* A 83).

325 Karl Fiehler, »Die Aufgabe des Deutschen Gemeindetages«, in: *Der Gemeindetag* 27 (1933), S. 269.

Zweites Kapitel: KOMMISSARE UND BEAMTE

1 Otto Hintze, »Der Commissarius und seine Bedeutung in der allgemeinen Verwaltungsgeschichte«, zuerst in der *Festschrift für Karl Zeumer. Historische Aufsätze,* Weimar 1910, wieder abgedr. in: Hintze, *Staat und Verfassung. Gesammelte Abhandlungen zur allgemeinen Verfassungsgeschichte (Gesammelte Abhandlungen,* Bd. I, hrsgg. von Fritz Hartung), Leipzig 1941, S. 232–264.

2. *A. a. O.,* S. 262 f.

3 Forsthoff, *Der totale Staat* (Anm. I/2), S. 35 f., rechnete es noch zu den »gültigen Lebensgesetzen des neuen [= totalen] Staates«, daß in den Bereichen, die dieser Staat neu zu regulieren unter-

nimmt, namentlich in der Wirtschaft und der Kultur, »nicht der Berufsbeamte, sondern der Kommissar als staatlicher Funktionär auftritt und daß Berufsbeamtentum und die Bürokratie ... nicht mehr die normalerweise allein denkbare und allein tragbare Verwaltungsform des Staates« sind. Hierin äußerten sich zwei Urteile, die – trotz allem – der Vorstellungswelt des liberalen Staates entstammen, die aber nichtsdestoweniger für die Praxis des totalen Staates unverbindlich waren und hinfällig wurden: die Qualifizierung von Wirtschaft und Kultur als besonderen Bereichen, die der üblichen staatlichen Administration entzogen bleiben müssen, und die Qualifizierung des Berufsbeamten als »neutralen ... Funktionär«, der nicht befähigt ist, »Exponent des politischen Willens« zu sein. An solche Prinzipien hat sich die spätere Wirklichkeit des totalen Staates eben gerade nicht gehalten.

4 Verordnung zur Vereinfachung der Verwaltung vom 1. [richtig: 3.] September 1932 (*Preußische Gesetzsammlung*, 1932, S. 283).

5 Fritz Hartung, *Studien zur Geschichte der preußischen Verwaltung. Zweiter Teil: Der Oberpräsident (Abhandlungen der Preußischen Akademie der Wissenschaften*, Jg. 1943, Phil.-hist. Klasse, Nr. 4), Berlin 1943, S. 10.

6 Der umfangreichste systematische Katalog findet sich bei Theodor Toeche Mittler, *Kommissare. Eine staats- und verwaltungsrechtliche Studie*, Berlin 1934; ferner Carl Dernedde, »Kommissare«, in: *Reichs- und Preußisches Verwaltungsblatt* 55 (1934), S. 48–53.

7 Hierzu Mittler, *a. a. O.*, S. 69 ff., der von den »Mandatskommissaren«, die »Vertrauenskommissare« trennt, die – wie der »Reichsjustizkommissar« oder der »Reichskommissar für die Arbeitsbeschaffung« – vom Reichspräsidenten ernannt, jedoch keiner obersten Reichsbehörde unterstellt wurden, sondern »gleichsam zwischen den obersten Reichsorganen« eine vornehmlich beratende und empfehlende Tätigkeit ausübten. Als wirklich typisches Zeichen der nationalsozialistischen Machtergreifung kommen diese jedoch nicht in Betracht.

8 Mittler ordnete den »Exekutivkommissar« in die große Klasse der »Aufsichtskommissare« ein. Als sein allgemeines Charakteristikum sah er die »Verknüpfung des Kommissars« mit einem vorhandenen Organ (*a. a. O.*, S. 43) und als dessen »höchste und vollendetste« Erscheinung den »Diktaturkommissar« an, der über allen Organen stünde und der seine Befugnisse ausschließlich vom obersten Staatsorgan, hier dem Reichspräsidenten, ableitete und den Carl Schmitt als »Aktionskommissar« in den Mittelpunkt seiner Abhandlung über die Diktatur gestellt hatte (*Die Diktatur. Von den Anfängen des modernen Souveränitätsgedankens bis zum proletarischen Klassenkampf*, 2. Aufl., München–Leipzig 1928, S. 11 ff.). Als erstes Beispiel eines »Exekutivkommissars« nannte Mittler den Reichskommissar in Preußen seit dem 20. Juli 1932, ferner die Staatskommissare in den Gemeinden nach den Notverordnungen vom 5. Juni und vom 24. August 1931 und schließlich die Reichskommissare in den Ländern, die Mittler allerdings mißverständlich »Reichspolizeikommissare« nannte (*a. a. O.*, S. 47).

9 Poetzsch-Heffter, »Vom Deutschen Staatsleben« (Anm. I/183), S. 104 f.

10 Hierzu gehören der »Reichskommissar für den Mittelstand«, den Hitler am 7. April 1933 in Gestalt des deutschnationalen Syndikus der Industrie- und Handelskammer Hannover, Wienbeck, ernannte, den Hugenberg gleichzeitig als Ministerialdirektor in das preußische Wirtschaftsministerium holte, oder der Reichskommissar der NSDAP für die Wirtschaft, Otto Wagener, der Anfang Mai eingesetzt wurde; vgl. Uhlig (Anm. I/59), S. 72 ff.

11 *Deutsche Juristen-Zeitung* 38 (1933), S. 613; s. auch Josef Bühler, Art. »Das Reichsjustizkommissariat«, in: *Nationalsozialistisches Handbuch für Recht und Gesetzgebung,* hrsgg. von Hans Frank, München 1935.

12 *RGBl.,* I, 1933, S. 153.

13 Zweites Gesetz zur Gleichschaltung der Länder mit dem Reich (Reichsstatthaltergesetz) vom 7. April 1933 (*a. a. O.,* S. 173). Die Entstehung dieses Gesetzes wie auch die Urheberschaft des Reichsstatthalter-Gedankens ist noch nicht völlig aufgeklärt. Daß Nicolai bereits Urheber des Gedankens gewesen sein soll, Reichsstatthalter einzusetzen, wie Walter Baum (»Die ›Reichsreform‹ im Dritten Reich« in: *Vierteljahrshefte für Zeitgeschichte* 3 [1955], S. 41) meint, findet eine Bestätigung durch die Behauptung Helmut Nicolais im Vorwort seines Buches: *Grundlagen der kommenden Verfassung. Über den staatsrechtlichen Aufbau des Dritten Reiches,* Berlin 1933, das er mit dem Datum des 8. April versehen hat. Dieses Buch ist der Text einer Denkschrift in der Form, wie sie nach der Behauptung Nicolais »zu Weihnachten 1931 lautete«. Es enthält eine vollständige Beschreibung von Aufgaben und Befugnissen der »Statthalter«, die in etwa dem Gesetz vom 7. April 1933 entsprechen (S. 52 f.). An der Abfassung des Gesetzes scheint Nicolai indessen keinen unmittelbaren Anteil gehabt zu haben; denn er suchte unmittelbar nach seiner Ernennung zum kommissarischen Regierungspräsidenten, die er einer Befürwortung Kubes verdankte, erstmals im April 1933 mit Staatssekretär Grauert im preußischen Innenministerium in unmittelbare Berührung zu kommen, ohne jedoch hierbei Erfolg zu haben. Erst danach hat Nicolai Beziehungen zum Reichsinnenministerium angeknüpft, über die er offenbar vorher nicht verfügte. Erstaunlicherweise läßt sich weder seinem späteren »Generalplan« noch der umfangreichen Liste der Arbeiten zur künftigen Gesetzgebung, die 1931/32 in der innenpolitischen Abteilung der Reichsleitung der NSDAP unter Leitung Nicolais angefertigt wurden (Aufstellung seines Mitarbeiters v. Heydebrand und der Lasa, der 1933 Reg.-Vizepräsident in Merseburg wurde; *HAB,* Rep. 320, Grauert 10), irgendein weiterer Hinweis auf die Einsetzung von Reichsstatthaltern entnehmen. Auch die spätere Tätigkeit Nicolais als des Leiters der politischen Abteilung im Reichsinnenministerium läßt – soweit bekannt – keine besonders bemerkenswerte Einstellung zu dem Amt des Reichsstatthalters erkennen außer seinen schließlich erfolggekrönten Bemühungen, es der Aufsicht des Reichsinnenministers zu unter-

stellen.

14 Diese Bestimmung des Reichsstatthaltergesetzes (§ 1) war der Formulierung des Art. 56 der Weimarer Reichsverfassung entlehnt, soweit er nicht durch das Ermächtigungsgesetz hinfällig geworden war.

15 Eine handschriftliche Aufzeichnung vom 21. Juni 1933, die von Epp herrühren dürfte, vermerkt besondere Maßnahmen gegen die Bayerische Volkspartei, u. a. Haussuchungen »bei allen Führern der B. V.«, die Heydrich als Leiter der politischen Abteilung des Münchener Polizeipräsidiums wahrscheinlich nach unmittelbarer Anweisung aus Berlin unternommen hatte, und zeigt deutlich, daß alle Beteiligten bereits zu dieser Zeit den Reichsstatthalter geflissentlich übergingen. Das Vorgehen Heydrichs soll auf eine Initiative des Münchener Gauleiters und bayerischen Innenministers Wagner zurückgegangen sein, der sich seiner Verbindungen zu Hitler bediente. Hitler hatte dann, dieser Aufzeichnung zufolge, Himmler beauftragt, den bayerischen Ministerpräsidenten Siebert und Epp von der vorgesehenen Aktion in Kenntnis zu setzen, was aber zumindest in bezug auf den Reichsstatthalter unterblieb. Himmler entschuldigte sein Verhalten damit, er habe »angenommen«, Siebert werde Epp unterrichten. Der Verfasser resümierte: »Kurz: Ich habe [nachträglich] von der ganzen Sache erst durch Telef. G. ... einen Teil, durch Telef. Frick einen anderen, den Rest aus der Zeitung erfahren.« (*Document Centre Berlin,* br. 42; Photokopie im Institut für Zeitgeschichte in München.)

16 Verordnung des Reichspräsidenten über die Auflösung des Reichstags vom 14. Oktober 1933 (*RGBl.*, I, 1933, S. 729), in Verbindung mit § 11 des Ersten Gleichschaltungsgesetzes, demzufolge eine Auflösung des Reichstags »ohne weiteres« auch die Auflösung der Landtage bewirkte. Ihre Neuwahl blieb aus.

17 Gesetz betreffend die erweiterte Zuständigkeit des Senats vom 24. April 1933 (*Hamb. Gesetz- und Verordnungsblatt,* 1933, S. 115).

18 Durch ein einfaches Schreiben an den Präsidenten der Bürgerschaft vom 4. September 1933, in dem sich der Regierende Bürgermeister auf die Gesamtentwicklung seit der Dietramszeller Notverordnung vom 24. August 1931 berief (zit. von Hans Peter Ipsen, *Hamburgs Verfassung von Weimar bis Bonn,* Hamburg 1956, S. 33). Die Bürgerschaft sollte nur noch nach Aufforderung durch den Senat zusammentreten. Auch das ist nicht mehr geschehen. Als Zeugnis des hanseatischen Konservativismus sei jedoch erwähnt, daß noch ein besonderes Hamburgisches »Gesetz über die Folgen einer Auflösung der Bürgerschaft« vom 28. Oktober erging, das eine Bestimmung der Hamburgischen Verfassung neu faßte, wonach nunmehr für den Fall einer Auflösung der Bürgerschaft – der bereits vorher durch Reichsgesetz eingetreten war – ihre Befugnisse und Aufgaben ersatzweise »bis zur Neuwahl« vom Senat wahrgenommen würden (Ipsen, *a. a. O.*, S. 32). Der Hamburger Senat hielt an der Annahme fest, ohne der reichsgesetzlichen Beseitigung der Parlamente zuwiderzuhandeln, daß das hanseatische Parlament

theoretisch als Institution zunächst bestehenblieb.

19 Undatierter Entwurf mit Begründung (Durchschl.) bei den Generalakten des Preußischen Justizministeriums (*BA*, P 135/672, fol. 53–55).

20 Vom 1. Juni 1933 (*Preußische Gesetzsammlung*, 1933, S. 198); undatierter vervielfältigter Entwurf, mit Rundschreiben des preußischen Innenministers vom 7. Mai an sämtliche Staatsminister gesandt (*BA, a. a. O.*, fol. 60 f.). Das Gesetz wurde am 18. Mai im Landtag gegen die Stimmen der Sozialdemokraten (*Sitzungsberichte des Preußischen Landtags*, 5. Wahlperiode, 1933, Bd. 765, Sp. 38) und am gleichen Tage im Staatsrat (*Preußischer Staatsrat*, 1933, S. 129 f.) angenommen.

21 Durch einfachen Ministerratsbeschluß regelte die bayerische Staatsregierung am 31. Mai 1933 die Stellung ihres Chefs, die bis dahin auf der Bamberger Verfassung beruhte, dergestalt neu, daß sie ihm ein Beanstandungsrecht gegenüber Maßnahmen, im besonderen auch finanziellen Dispositionen der Ressorts, Vollmachten zur Durchführung von Staatsvereinfachung und Staatsumbau (!) und der Staatskanzlei die Aufsicht über Presse, Theaterwesen, Rundfunk und Filmwesen übertrug (Bericht im *Berliner Tageblatt*, Nr. 253 vom 1. Juni 1933, S. 7).

22 Das Zweite Gleichschaltungsgesetz ermächtigte den Reichskanzler zur Ausübung der Reichsstatthalterbefugnisse in Preußen, aber auch zur Übertragung des Rechtes zur Ernennung der unmittelbaren Landesbamten und Richter und des Begnadigungsrechts auf die Landesregierung (§ 5 Abs. 1). In den Erlassen über Beamtenernennungen und über die Ausübung des Gnadenrechts in Preußen vom 23. April (*RGBl.*, I, 1933, S. 216) wurden diese Rechte dem Staatsministerium übertragen. Schon drei Tage später war diese Regelung hinfällig. Das Gesetz zur Änderung des Reichsstatthaltergesetzes vom 25. April (*a. a. O.*, S. 225) sah die Übertragung dieser Rechte sowie des Rechtes zur Ausfertigung und Verkündung der Landesgesetze auf den Ministerpräsidenten vor, die am gleichen Tage durch den Erlaß über Ausfertigung und Verkündung der Landesgesetze usw. (*a. a. O.*, S. 226) erfolgte.

23 Poetzsch-Heffter, »Vom Deutschen Staatsleben« (Anm. I/183). S. 93 f.

24 *Vollsitzungen des Reichsrats*, Jg. 1933, § 304.

25 Abgedr. in: *Schultheß, 1933*, S. 56.

26 Aufruf vom 12. März 1933, *a. a. O.*, S. 57 f.

27 Erlaß vom 31. Mai 1933, aus dem auch die vorher erfolgte Einsetzung des Höheren Polizeiführers Ost am 14. März hervorgeht (*BA*, P 135/3736, fol. 37).

28 Ergänzende Durchführungsbestimmungen des preußischen Innenministers zum Hilfspolizeierlaß (*a. a. O.*, fol. 26 a–e). Diese Durchführungsbestimmungen vermitteln einen ungefähren Eindruck vom Umfang der Hilfspolizeidienste. Jeweils innerhalb des Regierungsbezirkes durften Hilfspolizisten in Stärke von 200 % der Landjägerei und Gemeindepolizei amtlich bestätigt werden. Hierunter fiel nicht die Hilfspolizei bei staatlichen Polizeiverwaltungen und

Schutzpolizeikommandos, die keiner Beschränkung unterlag. Ihre Verteilung und Gliederung blieb den Regierungspräsidenten überlassen. Mit der Führung von Hilfspolizeiverbänden durften auf Grund dieser Durchführungsbestimmungen außer Polizeioffizieren auch ältere Beamte betraut werden. Sie empfahlen jedoch ausdrücklich, geschlossene Einheiten der Wehrverbände in der Ausbildung und im Einsatz nicht auseinanderzureißen und mit ihren Führern zu verwenden. Es läßt sich denken, daß es schwierig war, SA-Führer mittleren Polizeibeamten unterzuordnen.

29 Runderlaß des Preußischen Ministers des Innern vom 28. April 1933 in: *Ministerial-Blatt für die Preußische innere Verwaltung,* I, 1933, Sp. 10 f.

30 Sitzungen des Staatsministeriums vom 27. April (*HAB,* Rep. 90, Sitzungsprotokolle 1933, fol. 82 f.) und vom 24. April 1933 (*a. a. O.,* fol. 80 v.).

31 Runderlaß des preußischen Ministerpräsidenten vom 3. Mai 1933 an alle nachgeordneten Behörden (*Ministerial-Blatt für die Preußische innere Verwaltung,* I, 1933, Sp. 553 f.).

32 Preußische Verordnung vom 2. März 1933 (*Preußische Gesetzsammlung,* 1933, S. 33).

33 Gesetz über die Errichtung eines Geheimen Staatspolizeiamtes vom 26. April 1933 (*a. a. O.,* S. 122) und hierzu der Runderlaß des Preußischen Ministers des Innern vom gleichen Tag (*Ministerial-Blatt für die Preußische innere Verwaltung,* I, 1933, Sp. 503 ff.).

34 Eine psychologische Analyse der Persönlichkeit Görings steht noch aus. Das hat er mit anderen führenden Nationalsozialisten gemein, die ein solches Unterfangen wohl lohnend machen würden. In dieser wie auch in anderer Hinsicht bleibt die Biographie von Charles Bewley, *Hermann Göring,* Göttingen 1956, ganz und gar unbefriedigend, während das Buch von Erich Gritzbach, *Hermann Göring, Werk und Mensch,* München 1941, lediglich als offizielle nationalsozialistische Lebensdarstellung Erwähnung verdient.

35 Arnold Brecht, *Vorspiel zum Schweigen. Das Ende der deutschen Republik,* Wien 1948, S. 112 (Titel des amerik. Orig.: *Prelude to Silence. The End of the German Republic).* Im Gesichtswinkel der Historien der späteren Widerstandsbewegung gegen Hitler ist auf die Persönlichkeit von Johannes Popitz von verschiedenen Standpunkten in unterschiedlicher Weise mehrfach eingegangen worden, am ausgiebigsten, aber auch am einseitigsten bisher von Gerhard Ritter, *Carl Goerdeler und die deutsche Widerstandsbewegung,* 3. Aufl., Stuttgart 1956, *passim,* der Popitz als einen zeitweiligen Gegenspieler Goerdelers innerhalb der Verschwörung zum Widerstand sieht, allerdings ohne die älteren, ebenfalls zwischen Zusammenspiel und Gegenspiel pendelnden Beziehungen Goerdelers zu Popitz zu berücksichtigen. Im wesentlichen für den Lebensabschnitt vor 1933 liegen vor: Hans Herzfeld, »Johannes Popitz. Ein Beitrag zur Geschichte des deutschen Beamtentums«, in: *Forschungen zu Staat und Verfassung. Festgabe für Fritz Hartung,* Berlin 1958, S. 345–365; und Rolf Grabower, »Johannes Popitz«, in: *Johannes Popitz zum Gedächtnis. Sondernummer der Finanzrundschau* 5

(1964), S. 514–520. Jetzt auch die Arbeit von Hildemarie Dieckmann, *Johannes Popitz. Entwicklung und Wirksamkeit in der Zeit der Weimarer Republik bis 1933* (*Studien zur europäischen Geschichte aus dem Friedrich-Meinecke-Institut der Freien Universität Berlin,* Bd. III), Berlin 1960; für die spätere Zeit nur die Porträtskizze von Lutz Graf Schwerin v. Krosigk, »Die tapfere Intelligenz«, in: *Es geschah in Deutschland* (Anm. I/194), S. 339–344.

36 So bei der Auflösung der preußischen Kommunalparlamente durch die Reichskommissare anläßlich der Festsetzung der Neuwahl am 4. Februar 1933 (*HAB,* Rep. 90, Sitzungsprotokolle 1933, fol. 18).

37 So in der Frage eines Berufsbeamtengesetzes (*a. a. O.,* fol. 87) oder bei der Beratung eines Erbhofgesetzes (*a. a. O.,* fol. 97).

38 *A. a. O.,* fol. 78.

39 So Göring am 18. Mai 1933 vor dem preußischen Landtag. Diese Rede ist abgedr. in der Sammlung: Hermann Göring, *Reden und Aufsätze,* hrsgg. von Erich Gritzbach, 3. Aufl., München 1941 (1. Aufl., 1938); vgl. bes. S. 52 und S. 79. *Sitzungsberichte des Preußischen Landtags,* 5. Wahlperiode, 1933, Bd. 765, Sp. 18 ff.

40 Landtagsrede am 18. Mai; Göring, *a. a. O.,* S. 52.

41 Die »Grundsätze für die Erledigung von Geschäften des Staatsministeriums vom 16. Dezember 1921« führten nach dem Prinzip der Enumeration alle Sachen auf, die von den Ressortministern selbständig entschieden werden konnten. Allgemeine Polizeiangelegenheiten fielen nicht hierunter; sie gehörten in die kollegiale Zuständigkeit des Staatsministeriums, das mit Stimmenmehrheit entschied. Im übrigen galt auch für die aufgeführten Einzelzuständigkeiten der Grundsatz, daß Fragen »von grundsätzlicher oder besonderer politischer Bedeutung der Entscheidung des gesamten Staatsministeriums vorzubehalten« waren.

42 Sitzung des Staatsministeriums am 15. Mai 1933 (*HAB,* Rep. 90, Sitzungsprotokolle 1933, fol. 100).

43 Gesetzentwurf und Rundschreiben an die Staatsminister vom 30. Juni 1933 (vervielf.; *BA,* P 135/4387, fol. 10–13).

44 Rundschreiben von Popitz vom 5. Juli 1933 (vervielf.; *a. a. O.,* fol. 16 f.).

45 Sitzung am 7. Juli (*HAB,* Rep. 90, Sitzungsprotokolle 1933, fol. 126). Danach Gesetz über die Landesregierung vom 17. Juli 1933 (*Preußische Gesetzsammlung,* 1933, S. 33).

46 Rundschreiben des Ministerpräsidenten an die Staatsminister vom 15. Juli 1933 (Abschrift *BA,* P 135/4387, fol. 24). Bemerkenswert ist im besonderen, daß Göring nun die von ihm selbst zwei Monate zuvor verlangte Praxis, nach der ihm wichtige Erlasse vor Bekanntgabe vorgelegt werden mußten, als unzureichend und als Verstoß gegen das kollegiale Prinzip kritisierte.

47 Rundschreiben des Ministerpräsidenten vom 22. Juli 1933 (begl. Zweitausfertigung *a. a. O.,* fol. 22 f.).

48 Rede vor den Reichsstatthaltern am 6. Juli 1933, Zitat von Poetzsch-Heffter, »Vom Deutschen Staatsleben« (Anm. I/183), S. 24; vollständige Inhaltsangabe bei *Schultheß, 1933,* S. 169 f.

49 So Hitler in einer Rede während der Tagung der höheren SA- und SS-Führer in Reichenhall vom 1. bis 3. Juli 1933 (*Schultheß, 1933,* S. 167 f.).
50 Rede vor den Reichsstatthaltern (Anm. II/48).
51 Rundschreiben Fricks an sämtliche Reichsstatthalter und Landesregierungen vom 10. Juli (Abschrift vom preußischen Ministerpräsidenten *BA,* P 135/1841, fol. 275–277); abgedr. bei Poetzsch-Heffter, »Vom Deutschen Staatsleben« (Anm. I/183), S. 24 f., dort irrtümlich mit dem Datum des 31. Juli versehen (S. 23).
52 *Sitzungsberichte des Preußischen Landtags,* 5. Wahlperiode, 1933, Bd. 765, Sp. 20 und Sp. 31; Göring (Anm. II/39), S. 55 und S. 72.
53 Erlaß des Ministerpräsidenten vom 1. Juli 1933 (Abschrift *BA,* P 135/1841, fol. 270 f.).
54 Runderlaß des preußischen Innenministers an die nachgeordneten Behörden vom 14. Juli 1933 (*Ministerial-Blatt für die Preußische innere Verwaltung,* I, 1933, Sp. 816 ff.).
55 Runderlaß des Innenministers vom 28. Juli 1933 (*a. a. O.,* S. 887 f.).
56 Runderlaß des Ministerpräsidenten vom 24. Oktober 1933 (*a. a. O.,* Sp. 1280 f.).
57 Ein vervielf., von Daluege unterzeichnetes formloses Schreiben ohne Anschrift vom 11. Juli 1933, das die Auflösung dieser »Sonderabteilung« mitteilt, bei den Akten des preußischen Justizministeriums (*BA,* P 135/10066, fol. 134).
58 Runderlaß des preußischen Innenministers vom 2. August 1933 (*Ministerial-Blatt für die Preußische innere Verwaltung,* I, 1933, Sp. 923 a f.).
59 Geheimer, von Staatssekretär Grauert unterzeichneter Erlaß des preußischen Innenministers vom 2. August 1933 (vervielf.; *BA,* P 135/3736, fol. 39). Der gleiche Geheimerlaß ordnete an, daß Hilfspolizeibeamte, »die sich weiterhin für den Fall innerer Unruhen dem Staate zur Verfügung halten wollen«, bei den örtlichen Polizeiverwaltungen listenmäßig zu führen seien.
60 Sorgsam abgemessene Urteile über das Verhalten der höheren Beamtenschaft enthält die Denkschrift von Arnold Brecht, *Das deutsche Beamtentum von heute* (vervielf. Manuskript der Deutschen Gesellschaft für Personalwesen e. V. in Frankfurt a. M.), 1951, S. 1 ff.
61 Max Weber, »Parlament und Regierung im neugeordneten Deutschland«, in: *Gesammelte politische Schriften,* 2., erw. Aufl., hrsgg. von Johannes Winckelmann, Tübingen 1958, S. 308.
62 Auf die große Bedeutung der Bürokratie für den nationalsozialistischen Staat hat im Grundsätzlichen schon die wichtigste der bisher erschienen Untersuchungen des nationalsozialistischen Totalitarismus hingewiesen: Franz Neumann, *Behemoth* (Anm. I/1), S. 69 ff.; S. 299.
63 Es wäre verfehlt, das Dilemma zu übersehen, in dem sich viele dieser Beamten befanden, die den Ereignissen folgen und es als falsch erachteten, sich ohne persönlich erfahrenen Zwang in einen privaten Bereich zurückzuziehen, »wie wenn ein Soldat den Schützengraben verläßt und sich in die Etappe begibt« (Tagebuch

Barnickel, Eintragung vom 1. August 1934; vgl. unten), und die dennoch ein anhaltendes Mißtrauen der nationalsozialistischen »Bewegung« und eine dauernde innere Zurückhaltung der Politik Hitlers gegenüber beibehielten. Ein Zeugnis aus dieser Zeit, das für viele Meinungen repräsentativ sein dürfte und das diesen zermürbenden Zwiespalt sichtbar werden läßt, die Tagebücher des bayerischen Richters Barnickel aus den Jahren 1933/34, findet sich unter dem Dokumentenmaterial des Nürnberger Juristenprozesses (*MGN* 3, Vert.-Dok.-B. 3, Dok. 44). Es schildert den Fall eines hohen Richters, der kaum einer Illusion über das schwere, zerstörende Gewicht der Ereignisse im Frühjahr 1933 erlegen ist, der in dem Hissen von Hakenkreuzfahnen auf Amtsgebäuden und in der Entlassung nationalsozialistischer Untersuchungsgefangener einen »Hohn auf die Justiz« sieht und der sicher zu sein glaubt. daß »das Verhalten der Nationalsozialisten ... sich rächen« werde (Eintragung vom 11. März 1933), der das nationalsozialistische Schutzhaftsystem und Konzentrationslager ablehnt (16. März 1933: »Wir sind mitten im Terror«), der sich auch durch den Tag von Potsdam und die Annahme des Ermächtigungsgesetzes nicht täuschen läßt (22. März 1933: »Davon, daß vorerst der Rechtsstaat verschwunden ist, haben alle diese Leute, die sich Gebildete nennen, keine Ahnung«), der die nationalsozialistische Rassenideologie als »Gefasel« verurteilt und über die Ausschließung jüdischer Rechtsanwälte bestürzt ist (5. April 1933), der immer wieder ein erstaunlich klarsichtiges Urteil seinem Tagebuch anvertraut (29. Mai 1933: »Es wird immer mehr nivelliert, die Kultur wird auf ein gewisses primitives Niveau zurückgeschraubt, Kritik und freie Meinungsäußerung sind so gut wie nicht mehr gestattet. Das sind meiner Ansicht nach die Hauptkennzeichen des Bolschewismus.« Und am 6. August 1934: »Hitlers ganzes Regierungssystem ist auf Lüge, Gewalt, Terror und Spiel mit den Massen aufgebaut.«) – und der dennoch den Weg in die NSDAP und schließlich in die SA findet und für den geschlossenen Parteieintritt aller bayerischen Richter Stellung nimmt, allerdings mit der *reservatio mentalis* des national gesinnten Mannes, der den »Sieg der Rechten« mit allen Kräften unterstützt und die Regierung Hitler-Papen als ein »Kabinett der Tat« begrüßt hat: »Der Partei werde ich mich als Richter nicht sehr gern anschließen, der Bewegung zur nationalen Wiedergeburt jederzeit« (23. März 1933).

64 Das Postulat einer sozialen Homogenität der Beamtenschaft hat in England, freilich nicht unumstritten, H. E. Dale vertreten: *The Higher Civil Service of Great Britain,* Oxford 1941, S. 176 f.; s. auch Eberhard Pikart, »Preußische Beamtenpolitik 1918–1933«, in: *Vierteljahrshefte für Zeitgeschichte* 6 (1958), S. 119–137.

65 Die Geschichte des preußischen Beamtentums ist in einer Anzahl bedeutender Untersuchungen erforscht worden. Hier sind vor allem zu nennen: Fritz Hartung, *Studien zur Geschichte der preußischen Verwaltung* (Anm. II/5), Erster Teil: *Vom 16. Jahrhundert bis zum Zusammenbruch des alten Staates im Jahre 1806 (Abhandlungen der Preußischen Akademie der Wissenschaften,* Jg. 1941,

Phil.-hist. Klasse, Nr. 17); Zweiter Teil: *Der Oberpräsident* (Anm. II/5); Dritter Teil: *Zur Geschichte des Beamtentums im 19. und 20. Jahrhundert (Abhandlungen der Deutschen Akademie der Wissenschaften zu Berlin,* Jg. 1945/46, Phil.-hist. Klasse, Nr. 8, Berlin 1948); auch Fritz Hartung, *Staatsbildende Kräfte der Neuzeit. Gesammelte Aufsätze,* Berlin 1961, S. 178–344; neuerdings: Hans Rosenberg, *Bureaucracy, Aristocracy and Autocracy. The Prussian Experience, 1660–1815,* Cambridge (Mass.) 1958; Walter Dorn, "The Prussian Bureaucracy in the Eighteenth Century", in: *Political Science Quarterly* 46 (1931), S. 403–423; 47 (1932), S. 75–94 und S. 259–273; Herbert v. Borch, *Obrigkeit und Widerstand. Zur politischen Soziologie des Beamtentums,* Tübingen 1954, bes. S. 118 ff.; von früheren Studien über die älteren Zeiten vor allem: Gustav Schmoller, »Der preußische Beamtenstand unter Friedrich Wilhelm I.«, in: *Preußische Jahrbücher* 26 (1870), S. 148–172; S. 253–270; S. 538–555; ders., »Über Behördenorganisation, Amtswesen und Beamtentum im allgemeinen und speziell in Deutschland und Preußen bis zum Jahre 1713«, in: *Acta Borussica: Behördenorganisation,* Bd. I, Berlin 1894, S. 15–243; Otto Hintze, »Einleitende Darstellung der Behördenorganisation und allgemeinen Verwaltung in Preußen beim Regierungsantritt Friedrichs II.«, in: *Acta Borussica, a. a. O.,* VI, Teil I, Berlin 1901; ders., »Der preußische Militär- und Beamtenstaat im 18. Jahrhundert«, in: ders., *Geist und Epochen der preußischen Geschichte (Gesammelte Abhandlungen,* hrsgg. von Fritz Hartung, Bd. III), Leipzig 1943, S. 453–462; Carl Twesten, »Der preußische Beamtenstaat«, in: *Preußische Jahrbücher* 18 (1866), S. 1–39 und S. 109–148; ferner: Albert Lotz, *Geschichte des deutschen Beamtentums,* 2. Aufl., Berlin 1914.

66 Vgl. hierzu die in ihren Grenzen beachtliche Schrift von Theodor Wilhelm, *Die Idee des Berufsbeamtentums. Ein Beitrag zur Staatslehre des deutschen Frühkonstitutionalismus,* Tübingen 1933, S. 5 ff.

67 Leo Wittmayer, *Die Weimarer Reichsverfassung,* Tübingen 1923, S. 353.

68 Vgl. auch das Urteil von Brecht, *Das deutsche Beamtentum ...* (Anm. II/60), S. 1.

69 Übersicht und Literatur hierzu bei Bracher (Anm. I/132), S. 176.

70 Für heute noch herrschende Auffassungen ist die Schrift von Ernst Kern, *Die Institution des Berufsbeamtentums im kontinentaleuropäischen Staat. Eine rechts- und verwaltungsvergleichende Studie (Verwaltung und Wirtschaft. Schriftenreihe der westfälischen Verwaltungs- und Wirtschaftsakademien,* Heft 5), Dortmund 1952, aufschlußreich, die an der These der Überlegenheit des kontinentaleuropäischen, insbesondere des deutschen »Rechtsstils« über den »sicher lebensnahen, aber ungeheuer schwerfälligen und teuren Justiz- und Verwaltungsapparat« der angelsächsischen Länder festhält (S. 34). Danach ist Rechtskundigkeit und nicht Lebensnähe der Maßstab, der an die Verwaltung anzulegen ist. – »Will man das Juristenmonopol ... abschaffen ..., so ist die Ausstellung

des Totenscheins für die Bundesrepublik nur eine Frage der Zeit« (S. 35). – Man entdeckt das modernisierte Credo der Berufsbeamtentradition in dem Satz: »Die Gerechtigkeit des modernen Massenmenschen heißt Rationalität«, der sehr gut auch auf den totalen Staat bezogen werden könnte.

71 Brecht, *Das deutsche Beamtentum* . . . (Anm. II/60), S. 26 f.

72 Otto Meißner, *Staatssekretär unter Ebert, Hindenburg, Hitler. Der Schicksalsweg des deutschen Volkes von 1918 bis 1945, wie ich ihn erlebte,* Hamburg 1950, S. 318.

73 Zahlen von Otto Schwarz, *Die Entwicklung der Ausgaben und Einnahmen Deutschlands, Englands, Frankreichs und Italiens vor und nach dem Weltkrieg,* Magdeburg 1921, S. 50. Die deutsche Zuwachsrate von 34,11 % – unter Berücksichtigung der inzwischen eingetretenen Gebietsverluste 49,01 % – war mit Abstand die höchste in den Großstaaten West- und Mitteleuropas.

74 Davon waren 761 972 Beamte (einschließlich Beamtenanwärter) und 174 296 Angestellte. Diese Ziffern enthalten nicht das Personal von Reichsbahn und Reichspost sowie Militärpersonen, für die außerdem insgesamt ca. 1,3 Millionen Köpfe angesetzt werden müssen, unter denen ein geringes Übergewicht der Beamten bestand. 150 298 Beamte entfielen auf den preußischen Staat, 96 681 auf das Reich und 302 400 auf die Gemeinden und Gemeindeverbände; alle Länder zusammen verfügten über 362 891 Beamte. Den größten Anteil am beamteten Personal des Reiches hatte die Finanz-, Steuer- und Schuldenverwaltung (72 958 Beamte); die größten Anteile der Beamten der Länder entfielen auf die Polizei (130 166), das Schulwesen (91 987) und die Rechtspflege (63 705); Angaben nach den Zahlen im *Statistischen Jahrbuch für das Deutsche Reich,* hrsgg. vom Statistischen Reichsamt, 49. Jg. (1930), S. 510 f., S. 514 f. Unter solchen Größenordnungen nahm sich der Stellenplan einer so wichtigen Behörde wie des Reichsministeriums des Innern geradezu bescheiden aus. Er enthielt für 1933 außer dem Reichsminister insgesamt 372 Stellen (zum Vergleich 1938: 471), davon 31 Stellen für höhere, 117 für mittlere Beamte, 47 für beamtete und 167 für nichtbeamtete Hilfskräfte. Aber selbst diese Behörde hatte schon ein beachtliches Wachstum hinter sich. 1872 zählte das gesamte Reichskanzleramt außer dem Reichskanzler nur 1 Präsidenten, 1 Direktor, 6 Vortragende Räte, 5 Hilfsarbeiter, 1 Bürovorsteher, zusammen 14 höhere und außerdem 33 mittlere Beamte. Demgegenüber verfügte das Reichsamt des Innern nach seiner Abzweigung aus dem Reichskanzleramt (1880) über 16 höhere und 64 mittlere Beamte; 1925 waren es 35 höhere Beamte – darunter 20 Ministerialräte –, 120 mittlere und 28 untere Beamte sowie 79 Angestellte und 1932 46 höhere (25 Ministerialräte), 126 mittlere und 19 untere Beamte sowie 90 nichtbeamtete Hilfskräfte. Nach Medicus, *Das Reichsministerium des Innern* (Anm. I/206), S. 84 ff.

75 Zur Entwicklung der »politischen Beamten«: Wolfgang Lenze, *Der politische Beamte* . . ., Jur. Diss., Königsberg 1933, und Otto Goldberg, *Die politischen Beamten im deutschen Rechte,* Jur. Diss.,

Leipzig 1932; s. auch Hartung, *Zur Geschichte des Beamtentums* ... (Anm. II/65), S. 21 ff.

76 Vom 21. Juli 1922 (*RGBl.*, I, 1922, S. 590).

77 *Preußische Gesetzsammlung,* 1919, S. 33.

78 Lenze (Anm. II/75), S. 32 f.

79 Vgl. Pikart (Anm. II/64), S. 124. Die Außenseiterbestimmung ist für die Beamten der Staatsanwaltschaften nicht angewendet worden.

80 Vgl. hierzu neben den kürzeren Erörterungen von Theodor Eschenburg, *Der Beamte in Partei und Parlament* (*Kleine Schriften für den Staatsbürger,* Heft 15), Frankfurt a. M. 1952, S. 39 ff.; Brecht, *Das deutsche Beamtentum* ... (Anm. II/60) und Borch (Anm. II/65), S. 154 ff.; die vergleichende Betrachtung von Ernst Fraenkel, »Freiheit und politisches Betätigungsrecht der Beamten in Deutschland und USA«, in: *Veritas, Justitia, Libertas. Festschrift zur 200-Jahrfeier der Columbia University New York,* überreicht von der Freien Universität Berlin und der Deutschen Hochschule für Politik Berlin, Berlin o. J. [1953], S. 59–90; und die beiden jüngsten Aufsätze von Hans-Karl Behrend, »Zur Personalpolitik des preußischen Ministeriums des Innern«, in: *Jahrbuch für die Geschichte Mittel- und Ostdeutschlands,* Bd. VI, Tübingen 1957, S. 173–214; und Pikart (Anm. II/64); beide enthalten auch weitere Literaturhinweise. Zur Entwicklung des Beamtenrechts: neben Arnold Köttgen, *Das deutsche Berufsbeamtentum und die parlamentarische Demokratie,* Berlin—Leipzig 1928; ders., *Beamtenrecht (Jedermanns Bücherei),* Breslau 1929; ders., »Die Entwicklung des deutschen Beamtenrechts und die Bedeutung des Beamtentums im Staat der Gegenwart«, in: *Handbuch des deutschen Staatsrechts* (Anm. I/171), II, S. 1 ff., und den Dissertationen von Lenze und Goldberg (Anm. II/75), das umfangreiche Kompendium von Artur Brand, *Das Beamtenrecht. Die Rechtsverhältnisse der preußischen Staats- und Kommunalbeamten (Handbücher des Preußischen Verwaltungsrechts,* Bd. V), 3. Aufl., Berlin 1928; Wittmayer (Anm. II/67), S. 82 ff.; Ludwig Waldecker, »Entwicklungstendenzen im deutschen Beamtenrecht«, in: *Archiv des öffentlichen Rechts,* N. F., 7 (1924), S. 129 ff.; ders., *Deutsches Verfassungsrecht* (*Jedermanns Bücherei),* Breslau 1926, S. 83 ff.; Hans Nawiasky, *Die Stellung des Berufsbeamtentums im parlamentarischen Staat,* München 1926; Friedrich Giese, *Das Berufsbeamtentum im deutschen Volksstaat,* 2. Aufl., Berlin 1930; Hans Gerber, »Vom Begriff und Wesen des Beamtentums«, in: *Archiv des öffentlichen Rechts,* N. F., 18 (1930), S. 1 ff.; Franz Hoffmann, Art. »Beamte«, in: R. v. Bitter, *Handwörterbuch der Preußischen Verwaltung,* hrsgg. von Bill Drews und Franz Hoffmann, 3. Aufl., Berlin–Leipzig 1928, Bd. I; und die Verhandlungen der Tagung der Deutschen Staatsrechtslehrer zu Halle am 28./29. Oktober 1931: *Entwicklung und Reform des Beamtenrechts* (*Veröffentlichungen der Vereinigung der Deutschen Staatsrechtslehrer,* Heft 7), Berlin–Leipzig 1932, S. 2 ff. (Berichte von Hans Gerber und Adolf Merkl). Über die Pflichten der Beamten in der Republik von Weimar im besonderen Walter Jellinek, *Verwaltungsrecht,* 3. Aufl., Berlin–Göttin-

gen–Heidelberg 1931, Neudruck Offenburg 1948, S. 369 ff.; allgemein auch Robert Graf Hue de Grais in: *Handbuch der Verfassung und Verwaltung,* 23. Aufl., Berlin 1926, S. 43 ff. Von den historisch wichtigen Zeugnissen zur preußischen Beamtenpolitik seien die Memoiren genannt von Paul Hirsch, *Der Weg der Sozialdemokratie zur Macht in Preußen,* Berlin 1929, S. 162 ff.; Otto Braun, *Von Weimar zu Hitler,* 2. Aufl., New York 1940, S. 21 ff.; S. 39 ff.; Carl Severing, *Mein Lebensweg,* 2 Bde., Köln 1950; und Albert C. Grzesinski, *Inside Germany,* New York 1939, S. 110 ff.

81 Fraenkel, *a. a. O.,* S. 89.

82 Nach Angabe von Albert Grzesinski, *Das Beamtentum im neuen Staat. Zwei Vorträge von Grzesinski und Hans Völter auf dem Mitteldeutschen Beamtentag in Magdeburg am 1. Dezember 1929,* Berlin 1930, S. 13. Bei diesen Ziffern ist allerdings zu berücksichtigen, daß der Anteil der Politiker mit der Höhe des Amtes zunahm. Eine Übersicht bei Pikart (Anm. II/64), S. 124, gibt für das Jahr 1929 an, daß von 12 Oberpräsidenten 9 den Parteien der Weimarer Koalition – davon 5 der SPD – angehörten, von 32 Regierungspräsidenten 21 (8 SPD), von 408 Landräten hingegen nur 194 (64 SPD), von 8 Staatssekretären 7 (2 SPD) und von 40 Ministerialdirektoren 30 (4 SPD). Am empfindlichsten reagierte die Öffentlichkeit bei der Besetzung der Landratsämter. Die Verhältnisse blieben hier bis zu den Maßnahmen des Reichskommissariats Papen annähernd gleich, verschoben sich im Laufe der Zeit jedoch etwas zugunsten des Zentrums. Eine Landräteliste des Preußischen Landkreistages nach dem Stand vom 1. Oktober 1932 – also vor den Maßnahmen Papens und Brachts in der Kreisinstanz – zählt 339 amtierende bzw. kommissarische Landräte auf. Von 158 war eine Parteizugehörigkeit bekannt: 76 gehörten dem Zentrum an, 28 waren Sozialdemokraten, 26 Demokraten (wohl Angehörige der »Staatspartei«), 22 Mitglieder der Deutschen Volkspartei, und 6 waren Deutschnationale. Das Zentrum übte einen beherrschenden Einfluß in den vorwiegend katholischen Kreisen aus. Im Regierungsbezirk Hohenzollern gehörten beide Landräte der Zentrumspartei an, in den Regierungsbezirken Aachen 6 von 7, in Trier 6 von 9, in Köln 5 von 6, in Düsseldorf 5 von 9, in Koblenz 8 von 10, in Münster 6 von 10 und in Oppeln 11 von 14 Landräten (*BA,* R 36/46, 2. Liste).

83 Kritische Bemerkungen hierzu in dem sorgsam abgewogenen Urteil von Willibald Apelt, *Geschichte der Weimarer Verfassung,* München 1946, S. 347.

84 Gustav Radbruch, *Der innere Weg. Aufriß meines Lebens,* Stuttgart 1951, S. 163.

85 Grzesinski, *Das Beamtentum* . . . (Anm. II/82), S. 10.

86 Ausdruck von Wilhelm (Anm. II/66), S. 31.

87 So auch die abschließende Bemerkung von Fritz Morstein Marx, “Civil Service in Germany”, in: *Civil Service Personnel,* New York–London 1935, S. 275. Auch die beiden von Herbert v. Borch aufgezählten historischen Beispiele für »eine Widerstandsfunktion

des Beamtentums« bestätigen diese Feststellung: das Verhalten der hohen preußischen Ministerialbürokratie während des Kapp-Putsches und die Tätigkeit der 1807 »unter dem Druck der Reformbedürftigkeit des besiegten Staatswesens« vom König berufenen preußischen Reformer; Herbert v. Borch, »Obrigkeit und Widerstand«, in: *Vierteljahrshefte für Zeitgeschichte* 3 (1955), S. 297–310. In beiden Fällen war die Obrigkeit gefährdet; doch man übertriebe wohl die Hoffnungen auf eine Erneuerung des Widerstandsrechts durch das moderne Beamtentum, wollte man seine Loyalität in Zeiten relativer Staatsgefährdung schon als einen Widerstand deuten, der im Sinne des Widerstandsrechts doch eben als Widerstand *gegen* die Obrigkeit sinnvoll sein müßte. Das einmalige Beispiel der hart an die Grenzen jeder Existenz rührenden Endphase des nationalsozialistischen Staates möge in diesem Zusammenhang unerörtert, das Verhalten der Beamten in der ganzen Periode des Nationalsozialismus noch untersucht werden. Das eigentlich interessante Problem liegt in dem Dilemma zwischen Loyalität und Widerstandsrecht begründet, in dem sich der Beamte befindet, sobald die staatliche Obrigkeit ihr Recht, Anforderungen an ihn zu stellen, über die Maßen ausnutzt, und sofern in dem Beamten eine Vorstellung vom Widerstandsrecht lebendig ist. Max Weber hat das, was hier Loyalität genannt wird, »Ehre des Beamten« geheißen und sie mit der Fähigkeit identifiziert, »wenn – trotz seiner Vorstellungen – die ihm vorgesetzte Behörde auf einem ihm falsch erscheinenden Befehl beharrt, ihn auf Verantwortung des Befehlenden gewissenhaft und genau so auszuführen, als ob er seiner eigenen Überzeugung entspräche; ohne diese im höchsten Sinn sittliche Disziplin und Selbstverleugnung zerfiele der ganze Apparat«; Max Weber, »Politik als Beruf«, in: *Gesammelte politische Schriften* (Anm. II/61), S. 512.

88 Vgl. auch Apelt (Anm. II/83), S. 348.

89 Hierzu zählten die Oberpräsidenten, die Regierungspräsidenten und die Leiter der staatlichen Polizeiverwaltungen; außerdem beteiligten sich einige Referenten verschiedener Ministerien. (Aufzeichnungen über mehrere dieser Konferenzen vom Ministerialrat im preußischen Justizministerium Pritsch bei den Generalakten dieses Ministeriums: *BA*, P 135/4184, fol. 258 ff.; 280 ff. und 290 f.)

90 Aufzeichnungen Pritschs über Ausführungen Severings am 27. Februar 1932 (*a. a. O.*, fol. 280 ff.).

91 Vgl. o. S. 59 f.

92 Bereits im Banne des »Führerstaats«: Hans Gerber, *Politische Erziehung des Berufsbeamtentums im Nationalsozialistischen Staat. Eröffnungsvortrag als Studienleiter der Verwaltungsakademie Stuttgart am 30. Oktober 1933*, Tübingen 1933.

93 Gegen diese Auffassung wandte sich Gerber schon auf der Tagung der deutschen Staatsrechtslehrer 1931: *Entwicklung und Reform* ... (Anm. II/80), S. 6; vgl. auch S. 17. Gerber betrachtete das Beamtentum als verfassungsmäßig garantiertes Staatsorgan; er holte damals sogar eine Bemerkung Lorenz v. Steins von 1869

hervor: Die notwendige Selbständigkeit der Beamteten liege darin, daß die »individuellen Rechte den Charakter von Standesrechten haben; sie sind ein Gemeingut aller Beamteten, und obwohl dem Grade und Umfang, doch dem Wesen nach nicht verschieden; jede Sicherung derselben ist eine Sicherung des ganzen Beamtenstandes, jede Bedrohung des Rechtes eines einzelnen ist eine Bedrohung des Rechts aller Beamteten, eine Gefährdung des für alle gültigen Rechtsprinzips und damit im Grunde eine Erschütterung des Prinzips der Verwaltung der staatsbürgerlichen Gesellschaft überhaupt.« (Lorenz v. Stein, *Die Verwaltungslehre,* 2. Aufl. des 1. Teiles, Stuttgart 1869, S. 226.)

94 Vgl. hierzu besonders Köttgen, »Die Entwicklung des deutschen Beamtenrechts ...« (Anm. II/80), S. 19.

95 Bekannt geworden ist vor allem Köttgens praktischer Vorschlag, einen vom Kabinett gelösten permanenten Staatssekretär zu schaffen, der in allen Personalgeschäften an die Stelle des Ministers treten, also ein ministerieller Chef der Beamten sein sollte, die durch diese Einrichtung jedem Einfluß von seiten der Regierung entzogen worden wären; Köttgen, *Das deutsche Berufsbeamtentum ...* (Anm. II/80), S. 256 ff.; ders., »Die Entwicklung ...«, *a. a. O.,* S. 15 f. Zur Lehre vom Beamtentum als einer *pouvoir neutre* in der parteienstaatlichen Demokratie vor allem die grundsätzlichen Ausführungen von Carl Schmitt, *Der Hüter der Verfassung* (*Beiträge zum öffentlichen Recht der Gegenwart,* Nr. 1), Tübingen 1931, S. 100 ff. (vorher schon in kürzerer Form als Aufsatz veröffentlicht; vgl. Anm. I/156); ders., »Das Problem der innerpolitischen Neutralität des Staates. Vortrag, gehalten beim Empfang des Deutschen Industrie- und Handelstags durch die Industrie- und Handelskammer zu Berlin am 8. April 1930« (zuerst veröffentlicht in den *Mitteilungen der Industrie- und Handelskammer zu Berlin* vom 10. Mai 1930), wieder abgedr. in der Aufsatzsammlung von Schmitt, *Verfassungsrechtliche Aufsätze ...* (Anm. I/4), S. 47 ff.; auch ders., *Legalität und Legitimität,* München–Leipzig 1932, S. 16; S. 95 (*Verfassungsrechtliche Aufsätze ..., a. a. O.,* S. 271; S. 342); ferner hierzu Hermann Hieronimi, *Berufsbeamtentum und Politik,* Würzburg 1933, S. 25 ff.

96 Köttgen, »Die Entwicklung ...«, *a. a. O.,* S. 16.

97 Mit Ausnahme von Papen, des Reichskanzlers und Reichskommissars für Preußen, dem Frhrn. v. Gayl, Reichsinnenminister des Kabinetts Papen, und Warmbold, dem Reichswirtschaftsminister, gab es nach dem Sturz Brünings keinen einzigen Reichsminister und keinen Reichskommissar in Preußen, der nicht als alter Berufsbeamter aus der Verwaltungslaufbahn hervorgegangen war. Graf Schwerin v. Krosigk, seit dem 1. Juni 1932 Reichsfinanzminister, war zuvor Ministerialdirektor und Etatdirektor im Reichsfinanzministerium; Reichsaußenminister Frhr. v. Neurath war Berufsdiplomat; Reichsjustizminister Gürtner, von 1922 bis 1932 deutschnationaler bayerischer Justizminister, gehörte schon vorher als hoher Beamter dem bayerischen Justizministerium an; Landwirtschaftsminister im Reich und Kommissar in Preußen war Frhr.

v. Braun, der in der Frühzeit der Republik das wichtige Personalreferat im preußischen Innenministerium und bis zum Kapp-Putsch das Amt des Regierungspräsidenten in Gumbinnen innehatte. Der Zentrumsmann Bracht, Nachfolger Gayls als Reichsinnenminister und seit dem 20. Juli bereits Reichskommissar für das preußische Innenministerium, galt als Kommunalpolitiker; er war zuletzt Oberbürgermeister von Essen, 1923–1924 Staatssekretär in der Reichskanzlei und davor preußischer Ministerialdirektor. Zum Teil noch einfacher geschah die Regierungsbildung bei den anderen Ressorts durch Ernennung ranghoher Fachbeamter. Insgesamt verkörperten diese Kabinette der »Hochwohlgeborenen« mehr Beamtengeschichte der Ära von Weimar als irgendeine andere geschlossene Gruppe vergleichbaren Ranges.

98 Es ist hier anzumerken, daß sich nach den unveröffentlichten Tagebuchaufzeichnungen des Grafen Schwerin v. Krosigk, eines der Hauptbeteiligten an den Ereignissen im Herbst 1932, innerhalb der Beamtenregierung offenbar verschiedene Gruppen bildeten (Ungedr. Rathmannsdorfer Haus-Chronik; vgl. o. Anm. I/160; Aufzeichnungen von Lutz Graf Schwerin vom 6. November 1932 bis 5. Februar 1933; *Captured German Documents, World War II*, National Archives, Washington D.C.). Während die Freiherren v. Gayl und Eltz v. Rübenach, der Reichsverkehrsminister, auch in der Krise des November 1932 enger mit Papen verbunden blieben, wobei Gayl mehr als treibender und kritischer Geist, nicht immer als Stütze hinter Papen stand, war Bracht ein Mann Schleichers. Den Ausschlag gab jedoch ein Kreis, der sich zu einem inneren Kern der Reichsregierung formierte: Schwerin v. Krosigk, Neurath und Gürtner. Vor der Reichstagswahl vom 6. November 1932 schien die Alternative möglich, daß das Kabinett Papen unter Anlehnung an Rechtsgruppen, bei direkter Beteiligung der Deutschnationalen an der Regierung, und mit Duldung der Nationalsozialisten gehalten werden konnte oder durch ein Koalitionskabinett NSDAP-Zentrum mit einem nationalsozialistischen Vizekanzler und Schleicher oder – da sich dieser zu versagen schien – Bracht, eventuell dem ehemaligen Gouverneur Schnee als Kanzler. Das Wahlergebnis vom 6. November verwarf insofern alle Spekulationen, als einmal der Erfolg der Deutschnationalen und anderer rechter Splittergruppen, die mit der DNVP zusammengehen konnten, weit hinter den Erwartungen zurückblieb, zum anderen nun aber auch an eine Mehrheitsbildung NSDAP–Zentrum, selbst unter Einschluß der Bayerischen Volkspartei, nicht mehr zu denken war. (Vgl. auch Bracher, Anm. I/132, S. 645.) Gayl verlangte nunmehr entschiedenen Kurs auf ein illegales Regiment; wie schon bei der Vorbereitung der Aktion vom 20. Juli 1932 fand er anfangs auch wieder bei Schleicher Unterstützung. Papen hingegen und mit ihm Schwerin v. Krosigk, Gürtner und Braun hielten dafür, »daß man die Nazis nicht nur hinter, sondern in das Kabinett bringen müsse, auch unter den größten personellen Opfern« (Aufzeichnungen Schwerin v. Krosigks vom 13. November über die Reichskabinettssitzung am 9. November). Dem Gedanken einer

parlamentarischen Mehrheitsbildung mit Hilfe der NSDAP, der hinfällig schien, folgte der Alpdruck einer weiteren innerpolitischen Radikalisierung und der jede Politik gefährdenden Bürgerkriegssituation. Gayl war isoliert; doch Schleicher, als Reichswehrminister Chef des mächtigsten Ressorts, blieb im Spiel. Als die Verhandlungen mit den nationalsozialistischen Führern, die vor allem von Schleicher ausgingen, zu keinem greifbaren Ergebnis zu führen schienen, wurde er als Kanzler unter entscheidender Beteiligung Schwerin v. Krosigks und Brachts von der Beamtenregierung aus ihrer Mitte ausgewählt und dem Reichspräsidenten zur Ernennung präsentiert, der sich nicht ohne Widerstreben fügte. Mit Gayl und Papen verschwanden die beiden wichtigsten Außenseiter innerhalb der Beamtenregierung, die in Schleicher eine bessere Gewährung gegen eine völlige Zernierung der Reichsregierung erblickte als in Papen und immer noch Hoffnungen in seine Verbindungen zu den Gewerkschaften und Nationalsozialisten setzte. Als schon nach wenigen Wochen auch Schleicher den Weg Gayls beschreiten wollte, stieß er jedoch auf die Ablehnung des Reichspräsidenten und auf die Gegenwirkung Papens, der Hindenburg von dem besseren Erfolg seiner Bemühungen um die NSDAP überzeugte und Nationalsozialisten und Deutschnationale als Koalitionspartner für eine Regierung einbrachte, die wieder aus dem Rumpf des Beamtenkabinetts gebildet wurde.

99 So Forsthoff, *Der totale Staat* (Anm. I/2), S. 42: »Der totale Staat muß ein Staat der totalen Verantwortung sein. Er stellt die totale Inpflichtnahme jedes einzelnen für die Nation dar. Diese Inpflichtnahme hebt den privaten Charakter der Einzelexistenz auf ... Dieser Anspruch des Staates, der ein totaler ist und an jeden Volksgenossen gestellt ist, macht das neue Wesen des Staates aus.«

100 Otto Hintze, »Die Behördenorganisation und die allgemeine Staatsverfassung Preußens im 18. Jahrhundert«, in: *Acta Borussica* (Anm. II/65), VI, Teil I, S. 554.

101 Zit. aus dem Text einer Rede des Generalstaatsanwalts in Breslau vor den Oberstaatsanwälten seines Landesgerichtsbezirks am 27. Juli 1933, von ihm mit Schreiben vom 14. August an das preußische Justizministerium übersandt (*BA*, P 135/4542, fol. 81 ff.).

102 Rede des Generalstaatsanwalts (*ebda.*), der im übrigen auch verlangte, daß jeder Angehörige seiner Behörde Hitlers *Mein Kampf* lesen müsse.

103 Gerber, *Politische Erziehung* ... (Anm. II/92), S. 9.

104 *A. a. O.*, S. 12.

105 Wilhelm (Anm. II/66), S. 1.

106 Nicolai, *Grundlagen der kommenden Verfassung* (Anm. II/13).

107 *A. a. O.*, S. 24 ff. Charakteristisch für den nach frühkonstitutionellen Vorstellungen erdachten Führerstaat von Nicolai ist die Deutung, die der Rolle der NSDAP während der Machtergreifung in einem der Kernsätze dieses Buches gegeben wird (S. 24): »Der Reichsführer [gemeint ist Hitler] gelangt nach der geschichtlichen Entwicklung zur Macht durch die N.S.D.A.P. Dies ist ein einmaliger Vorgang. Die Verfassung hat aber nicht das Ereignis im Auge

zu behalten, das Vergangenheit geworden ist, wenn sie in Kraft tritt, sondern sie hat die Zukunft zu betrachten. Es müssen Ordnungen aufgestellt werden, nach denen sich das staatsrechtliche Leben in aller Zukunft abspielt.« Nicolai hat das Buch mit der Widmung versehen: »Adolf Hitler dem Führer des Dritten Reiches in unwandelbarer Treue«. Es ist wohl das erste Mal, daß der Ausdruck »Führer des Dritten Reiches« gebraucht wurde. (Das Vorwort Nicolais trägt das Datum vom 8. April 1933.)

108 *Schultheß, 1933,* S. 39.

109 Über die Zustimmung Bergemanns: Göring am 15. Februar 1933 vor den Reichskommissaren (*HAB,* Rep. 90, Sitzungsprotokolle 1933, fol. 27 v.). Für die Behauptung, Bergemann sei Nationalsozialist geworden (Grzesinski, *Inside Germany,* Anm. II/80, S. 111), sind keine Anhaltspunkte bekannt. – Über die Behandlung Noskes als Oberpräsident von Hannover s. Gustav Noske, *Erlebtes aus Aufstieg und Niedergang einer Demokratie,* Offenbach a. M. 1947, S. 314.

110 Vgl. o. Anm. I/235.

111 *HAB,* Rep. 90, Sitzungsprotokolle Februar und März 1933.

112 Am 7. März unterrichtete Göring das Reichskabinett von einem Angebot des Fraktionsvorsitzenden des Zentrums im preußischen Landtag, Grass, der die künftige Mitarbeit seiner Partei in Aussicht stellte, jedoch die Unterlassung aller personalpolitischen Maßnahmen bis nach den Wahlen verlangte. Göring deutete an, daß die NSDAP hierin ein Druckmittel gegenüber dem Zentrum besitze, das zugunsten eines Ermächtigungsgesetzes angewendet werden könne: Man brauche dem Zentrum nur zu erzählen, daß alle ihm zugehörenden Beamten ihre Stellungen verlören, wenn es dem Ermächtigungsgesetz nicht zustimmen werde; Niederschrift der Reichsministerbesprechung am 7. März 1933 (Anm. I/168), S. 116.

113 Beschluß vom 15. Februar 1933 (*HAB,* Rep. 90, Sitzungsprotokolle 1933, fol. 34). Grauert, geboren 1891 als Sohn eines mittleren Eisenbahnbeamten, war von 1921 bis 1923 Staatsanwalt in Bochum und wurde 1923 Leiter der Abteilung »Eigentumsschutz« des Arbeitgeberverbandes der Hüttenbetriebe an der unteren Ruhr in Duisburg. 1928 bis 1931 war G. geschäftsführendes Vorstandsmitglied des Arbeitgeberverbandes der Nordwestlichen Gruppe des Verbandes Deutscher Eisen- und Stahlindustrie. Vgl. o. I. Kapitel.

114 Meldung der *Pommerschen Zeitung* vom 15. März 1933.

115 Daß die Ortspolizeibehörde anfangs im Mittelpunkt des Interesses stand, mag man aus einem frühen Vorgang ersehen, der sich bei den Akten des einstigen Deutschen Städtetages findet. Der Regierungspräsident in Potsdam wies am 1. März 1933 den sozialdemokratischen Oberbürgermeister von Brandenburg (Havel), Szillat, an, einem hierzu beorderten Polizeioffizier »die Geschäfte der Kreis- und Ortspolizeibehörde in Brandenburg . . . mit sofortiger Wirkung zu übergeben« (Abschrift eines Schreibens des Regierungspräsidenten *ADST,* B 102). Diese Verfügung ließ sich rechtlich, wie auch eine gutachtliche Äußerung des Städtetages feststellte, nicht halten.

116 Z. B. Ernst Horneffer, *Demokratie und Selbstverwaltung. Ein Entwurf zum deutschen Staate,* Essen 1927, S. 80.

117 Wie Wissenschaftler hierüber urteilen konnten, mag man aus den Bemerkungen des Frankfurter Stadtverordneten Merton über seinen Oberbürgermeister ersehen: Richard Merton, *Erinnernswertes aus meinem Leben, das über das Persönliche hinausgeht,* Frankfurt a. M. 1955, S. 72.

118 Erwähnt seien die Rechtsgutachten eines Beigeordneten des Deutschen Städtetages: »Können Beamte ... auch außerhalb den [!] gesetzlich bestimmten Voraussetzungen und Formen vorläufig ihres Amtes enthoben werden?« und »Zwangsbeurlaubungen durch die Aufsichtsbehörde« (März 1933; ungedr. Manuskripte *ADST,* B 52). Der Verf. hob die Vorläufigkeit der Amtsenthebung ebenso hervor wie die rechtliche Unmöglichkeit, sich bei Wahlbeamten über die Dauer der Wahlperiode hinwegzusetzen, und konstatierte das »wohlerworbene Recht auf die dauernde Innehabung des Amtes während der ganzen Wahlperiode«.

119 Erwiderung des Preußischen Städtetags auf das Hilfeersuchen eines Kieler Stadtrates vom 28. März 1933 *(ebda.).*

120 Schreiben an Mulert vom 18. März 1933 *(ebda.).*

121 Die *Bayerische Staatszeitung,* Nr. 69 vom 23. März 1933, meldete, daß dem Oberbürgermeister und den drei Rechtsräten der Stadt »die Unterzeichnung ihrer Rücktrittserklärung als Konsequenz des Wahlausganges vom 5. März« abverlangt wurde. Für die Wirrnis der Verhältnisse ist bezeichnend, daß dann der neue kommissarische Oberbürgermeister den Rücktritt zweier Rechtsräte wieder rückgängig machte »mit der Erklärung, daß er auf ihre Mitarbeit nicht verzichten könnte«.

122 *Bayerische Staatszeitung,* Nr. 73 vom 28. März 1933.

123 Chefbesprechung vom 15. März 1933 (*HAB,* Rep. 90, Sitzungsprotokolle 1933, fol. 54).

124 Rundschreiben des Reichskommissars für das preußische Innenministerium an die Oberpräsidenten und Regierungspräsidenten vom 17. März 1933 (*ADST,* B 52).

125 Chefbesprechung vom 15. März (Anm. II/123).

126 *Der Beamtenbund. Zeitschrift des Deutschen Beamtenbundes,* 17. Jg., Nr. 25 vom 28. März 1933, S. 1. Ähnlich lauten andere Erklärungen und Adressen des Deutschen Beamtenbundes, des Reichsbundes der höheren Beamten, des Reichsbundes der mittleren Post- und Telegraphenbeamten e. V., des Reichsbundes der technischen Angestellten und Beamten, des Berufsvereins der höheren Verwaltungsbeamten Preußens und des Reichs e. V. (*HAB,* Rep. 90/613), des Reichsbundes der Kommunalbeamten und -angestellten Deutschlands und des Deutschen Vereins für Vermessungswesen (*HAB,* Rep. 320, Grauert 1).

127 Schreiben des Reichsbundes der oberen Beamten vom 5. April 1933 an Vizekanzler v. Papen mit vervielf. Abschrift einer Eingabe an den Reichskanzler (*HAB,* Rep. 90/613).

128 Ein ausdrücklicher Hinweis findet sich in einem Schreiben des hessischen Gauleiters Sprenger, Leiter der »NS-Beamtenabteilung«

der Reichsleitung, vom 28. März 1933 an Ministerialdirektor Grauert (*HAB*, Rep. 320, Grauert 13).

129 Die Beamtenvertretungen wurden in Preußen am 20. Mai, im Reich am 15. Juni 1933 aufgehoben (Runderlaß des Preußischen Ministers des Innern vom 20. Mai 1933, *Ministerial-Blatt für die Preußische innere Verwaltung*, I, 1933, Sp. 601 f.; Runderlaß des Reichsinnenministers vom 15. Juni 1933, Abschr. *HAB*, Rep. 90/469).

130 Aktenvermerk über einen Empfang der Führer des Preußischen Beamtenbundes durch Ministerialdirektor Landfried in Vertretung Papens am 24. Februar 1933 und daran anknüpfender Schriftwechsel (*HAB*, Rep. 90/613).

131 Schreiben des Deutschen Beamtenbundes vom 17. März an Hitler und gleichlautend an Seldte sowie Eingaben mit Wiederholungen dieser Bitten vom 24. März und wieder nach Annahme des Ermächtigungsgesetzes vom 1. April 1933 bei den Akten des ehemaligen Reichsarbeitsministeriums (*HAB*, Rep. 318/Ia-32).

132 Persönliches Schreiben an Landfried vom 23. März 1933 (*HAB*, Rep. 90/469), mit dem Popitz einen Gesetzentwurf über Beamtenrechtsverhältnisse an Papen auf dessen Ersuchen hin übersandte (nicht bei den Akten). Der Inhalt des vorgeschlagenen Gesetzes geht aus der Chefbesprechung der preußischen Staatsminister am 5. Mai hervor (*HAB*, Rep. 90, Sitzungsprotokolle 1933, fol. 87). Danach wollte der Entwurf für eine begrenzte Gültigkeitsdauer des Gesetzes das Recht schaffen, jeden Beamten jederzeit unter Gewährung des ihm gesetzlich zustehenden Ruhegehaltes in den einstweiligen Ruhestand zu versetzen. Offenbar ging auch dieser Entwurf von den regellos gewordenen Verhältnissen in der Kommunalverwaltung aus; denn Popitz erwähnt ausdrücklich, daß er an der Bearbeitung den Leiter der Kommunalabteilung im preußischen Innenministerium beteiligt habe, nicht den Leiter der Beamtenabteilung, die in erster Linie zuständig gewesen wäre. »An der Bearbeitung war Herr Ministerialdirektor Surén beteiligt, Kenntnis hat außerdem Herr v. Krosigk. Über die Art der Behandlung und über etwaige Rückzugslinien behalte ich mir mündlichen Vortrag vor.«

133 Papen lud am 25. März Frick, Göring, Schwerin v. Krosigk, Popitz und den Staatssekretär Schlegelberger zu einer Besprechung über die »Regelung der demnächst zu lösenden Beamtenfragen« ein, die am 27. März »ohne Referenten« stattfinden und der der erwähnte Entwurf zugrunde liegen sollte (Briefentwurf mit Abgangsvermerk *HAB*, Rep. 90/469). Diese Einladung ist durch Schnellbrief noch am gleichen Tage (*ebda.*) widerrufen, die Besprechung offenbar niemals abgehalten worden.

134 Runderlaß des preußischen Justizministers (Kommissar des Reiches) an die Oberlandesgerichtspräsidenten, Generalstaatsanwälte bei den Oberlandesgerichten und Präsidenten der Strafvollzugsämter vom 31. März 1933 (vervielfältigtes Exemplar *BA*, P 135/4542, fol. 32); auszugsweise abgedr. bei Bruno Blau, *Das Ausnahmerecht für die Juden in Deutschland 1933–1945*, 2. Aufl., Düssel-

dorf 1954, S. 12 f.

135 Runderlaß, *ebda.*

136 In mehreren Erlassen wandte sich der Reichsinnenminister gegen politische Denunziationen aus den Reihen der Beamtenschaft, besonders gegen die Denunziation von Vorgesetzten, da sie die Gefahr mit sich bringe, daß die Autorität innerhalb der Beamtenschaft untergraben und erschüttert werde. »Die Mitgliedschaft bei den nationalen Parteien gibt den Beamten nicht mehr *Rechte,* sondern nur höhere *Pflichten.* Wer den Befehlen und Anordnungen der von mir eingesetzten oder im Amt belassenen Vorgesetzten nicht in jeder Richtung gehorcht, verweigert damit auch mir gegenüber den Gehorsam« (Runderlaß des Reichsinnenministers an die Vorstände der nachgeordneten Dienststellen vom 31. März 1933, Abschr. für die obersten Reichsbehörden *HAB,* Rep. 318/Ia–5).

137 *RGBl.,* I, 1933, S. 175.

138 Aktenvermerk über eine vertrauliche Besprechung (wahrscheinlich Mulerts) mit Ministerialrat Seel vom Reichsministerium des Innern am 27. März 1933 und Entwurf eines »Gesetzes zur Wiederherstellung des Berufsbeamtentums« (mit Datum vom 28. März und handschriftlichem Vermerk »zugestellt von Ministerialrat Dr. Seel, Reichsministerium des Innern«; *ADST,* B 52). Seel erwähnte nach dem Aktenvermerk Initiative und Entwurf des preußischen Innenministeriums, über den jedoch keine Einzelheiten bekannt sind. Es ist nicht ausgeschlossen, daß eine Verwechslung mit dem Entwurf von Popitz unterlaufen ist, an dem aus dem preußischen Innenministerium Surén beteiligt war, aber auch nicht, daß eine hiervon unabhängige Verbindung zwischen preußischem und Reichsinnenministerium in dieser Angelegenheit bestanden hat. Indessen erscheint das preußische Innenministerium in diesen Wochen auf dem Gebiete der Gesetzgebung noch überaus inaktiv. Es gibt im übrigen keinen Zweifel, daß Seel selbst, wenn nicht der Initiator, so doch der Autor des genannten Gesetzes gewesen ist. Auch Pfundtner hat ihn später einmal in einem Brief an den Staatssekretär im Reichsarbeitsministerium den »Vater des Gesetzes zur Wiederherstellung des Berufsbeamtentums« genannt (Schreiben vom 14. Juni 1933, Durchschl. *HAB,* Rep. 320, Pfundtner 24).

139 Die endgültige Fassung des Gesetzes zur Wiederherstellung des Berufsbeamtentums (*RGBl.,* I, 1933, S. 175) lehnte sich in Aufbau und Grundgedanken an die ursprüngliche Fassung des Entwurfs vom 28. März an, wich jedoch im Wortlaut nicht unerheblich von ihm ab.

Beispiele:

Fassung vom 28. März 1933	*Fassung vom 7. April 1933*
§ 1	§ 1
(1) »Zur Wiederherstellung eines nationalen, von Parteieinflüssen freien Berufsbeamtentums ... können Beamte in den Ruhestand versetzt	(1) »Zur Wiederherstellung eines nationalen Berufsbeamtentums und zur Vereinfachung der Verwaltung können Beamte nach Maßgabe der folgenden Bestim-

werden, auch wenn die nach den Vorschriften der Reichs- und Landesgesetzgebung hierfür erforderlichen Voraussetzungen nicht vorliegen.«

§ 1

(3) »Die Versetzung in den Ruhestand wird von der Anstellungsbehörde ausgesprochen, bei Beamten der Gemeinden und Gemeindeverbände ... von der Aufsichtsbehörde.«

mungen aus dem Amt entlassen werden, auch wenn die nach dem geltenden Recht hierfür erforderlichen Voraussetzungen nicht vorliegen.« (Folgt Enumeration der betreffenden Kategorien.)

§ 7

(1) »Die Entlassung aus dem Amte, die Versetzung in ein anderes Amt und die Versetzung in den Ruhestand wird durch die oberste Reichs- oder Landesbehörde ausgesprochen, die endgültig unter Ausschluß des Rechtsweges entscheidet.«

Die Beseitigung von »Parteieinflüssen« entfiel als Grundsatz; die nicht unehrenhafte Zurruhesetzung aus politischen Gründen wurde weitgehend durch einfache Entlassungen ersetzt. Eine erhebliche Verschärfung der hauptsächlichen Bestimmungen ist also unverkennbar.

140 Vervielfältigte Kommentierung zum Berufsbeamtengesetz, die vermutlich als Entwurf einer Ausführungsanweisung gedient hat und die die handschriftliche Datierung »12. 4. 33« trägt, *HAB*, Rep. 320, Pfundtner 14.

141 Erste Verordnung zur Durchführung des Gesetzes zur Wiederherstellung des Berufsbeamtentums vom 11. April (*RGBl.*, I, 1933, S. 195).

142 Die Ausführungsanweisungen heben hervor: »Auch über den letzten deutschen Beamten entscheidet nicht etwa seine vorgesetzte Behörde, seine Anstellungsbehörde oder seine Aufsichtsbehörde, sondern immer und ausschließlich nur sein höchster Vorgesetzter, sein Minister.«

143 Notiz über eine Rücksprache mit Ministerialrat Seel am 20. April 1933 (*ADST*, B 52).

144 *Ebda.;* auch der Berliner Oberbürgermeister Sahm an Seel am 13. April 1933 (Abschrift *ebda.*).

145 Aktennotiz über eine Besprechung Mulerts mit Frick, datiert am 26. April 1933 (unvollständig; nur die letzte Seite der Notiz mit den numerierten Abschnitten 3 und 4 ist bei den Akten; *ebda.*).

146 Gesetz zur Änderung des Gesetzes zur Wiederherstellung des Berufsbeamtentums vom 23. Juli 1933 (*RGBl.*, I, 1933, S. 389). Nach § 6 Abs. 1 gab es nunmehr die Möglichkeit, mit der Begründung der Vereinfachung der Verwaltung oder des »Interesses des Dienstes« auch nicht dienstunfähige Beamte in den Ruhestand zu versetzen.

147 So Seel in der erwähnten Unterredung mit Mulert am 20. April 1933 (Anm. II/143); ferner in einer Aktennotiz über Mitteilungen eines Referenten im preußischen Innenministerium vom 19. April 1933 (*ADST*, B 52). »Nicht allzu engherzig« im Sinne des Gesetzes zu sein, empfahl auch Frick in einer Aussprache mit den

Innenministerien der Länder am 25. April (Abdruck einer Protokollnotiz in der Anlage eines Rundschreibens des Reichsinnenministers vom 9. Mai 1933, *BA,* P 135/6334, fol. 64[1]).

148 Ausführlicher Aktenvermerk des Ministerialrats im Reichsarbeitsministerium Hellbach über die Aussprache mit den Innenministern der Länder (*HAB,* Rep. 318/Ia–47). Teilweise übereinstimmend, vereinzelt im Widerspruch hierzu die konzise offizielle Protokollnotiz des Reichsinnenministeriums (*BA,* P 135/6334, fol 64[1]). Man geht wohl nicht fehl, wenn man annimmt, daß die frühere und ausführlichere Aufzeichnung des Vertreters des Reichsarbeitsministeriums in dieser Konferenz auch als die zuverlässigere angesehen werden darf.

149 Vom 6. Mai (*RGBl.,* I, 1933, S. 245).

150 Protokollnotiz *BA,* P 135/6334, fol. 64[3].

151 Vertraulich erhielt der Direktor des Hauptversorgungsamtes Westfalen von seinem Ministerium die Weisung, einen »urkundlichen Nachweis der arischen Abstammung zunächst nicht zu verlangen, wenn nach der gesamten Sachlage (persönliche Angaben des Beamten, äußere Rassenmerkmale, Name, Religion) bei sorgfältiger Erwägung kein Grund zu der Annahme vorliegt, daß er nicht arischer Abstammung ist« (Entwurf mit Abgangsvermerk vom 24. Mai 1933 und handschriftliche Randnotiz des Referenten: »... Herr Minister hat auf Vorlage ... grundsätzlich so entschieden«: *HAB,* Rep. 318/Ia–47).

153 Bei den Akten des ehemaligen Reichsarbeitsministeriums befindet sich ein Schreiben des Reichstagsabgeordneten Otto Gerig an den Staatssekretär Krohn vom 18. Mai 1933, in dem G. unter Berufung auf »die Vereinbarung der Zentrumsführung mit Herrn Reichskanzler Hitler« um eine Unterredung ersucht, um »namens der Zentrumsführung einmal verschiedene Angelegenheiten aus dem Bereich des Reichsarbeitsministeriums einschließlich Reichsanstalt ... durchsprechen zu dürfen«. – Einer Aktennotiz zufolge fand die Besprechung Gerig–Krohn am 23. Mai statt. Über ihre Gegenstände und Ergebnisse ist nichts zu ersehen *(ebda.).*

154 Erlasse des Reichsarbeitsministers an die nachgeordneten Behörden vom 31. Mai, 8. Juni und 21. Juli 1933 *(ebda.).* Rundschreiben des Reichsinnenministers an die obersten Reichsbehörden usw. vom 14. Juli 1933 *(ebda.).*

155 Ein Rundschreiben des Reichsinnenministers an die obersten Reichsbehörden usw. vom 10. Juli 1934 (*HAB,* Rep. 318/Ia–3) schrieb vor, daß nicht nur alle Personalreferenten, sondern auch sämtliche »zur Mitarbeit [in Personalangelegenheiten] berufenen Bürobeamten« Mitglieder der NSDAP sein mußten. Einige Behörden gehorchten dieser Anordnung nur schleppend und nachlässig. Das Reichsarbeitsministerium gab sich mit allgemeinen Berichten zufrieden, selbst wenn sie kaum verhüllte Weigerungen enthielten, irgendwelche personellen Umbesetzungen vorzunehmen. Andere Stellen aber äußerten Zweifel, ob »Parteigenossen« denn wirklich genügten und nicht »alte Kämpfer« gemeint seien, und einige glaubten, interessierte NSDAP-Stellen konsultieren zu müssen.

Doch noch im Juli 1935 bemängelte der Stellvertreter des Führers in einem Schreiben an Frick, daß die Personalreferate der Ministerien noch nicht restlos »durch ganz ausgesuchte alte Parteigenossen« besetzt seien (unterzeichnet von Bormann, durch Rundschreiben des Reichsinnenministers vom 13. August 1935 den obersten Reichsbehörden zur Kenntnis gegeben; *HAB*, Rep. 318/Ia–3). – Seit dem Erlaß über die Beteiligung des Stellvertreters des Führers bei der Ernennung von Beamten vom 24. September (*RGBl.*, I, 1935, S. 1203) mußten grundsätzlich alle Beförderungs- und Ernennungsvorschläge von Beamten, die der Führer und Reichskanzler zu ernennen hatte, dem Stellvertreter des Führers »in angemessener Fristhaltung« zur Stellungnahme zugeleitet werden.

156 Pfundtner bekümmerte sich um ehemalige Corpsstudenten seines Bekanntenkreises, indem er nochmalige Nachprüfung veranlaßte (Unterlagen bei den Akten Pfundtners, *HAB*, Rep. 320, Pfundtner 21). Alles nur Denkbare wurde mit einer naiven Akribie, die einer besseren Sache wert gewesen wäre, angeführt: Man habe sich der Staatspartei nur angeschlossen, weil der vorgesetzte Regierungspräsident es verlangte, und sei sofort nach Versetzung wieder ausgetreten. Man habe wohl einer Freimaurerloge angehört, stehe ihr jedoch schon seit langem »völlig fremd« gegenüber, besuchte ihre Veranstaltungen nicht mehr, wollte aber nicht durch einen Austritt die Mitbürger »vor den Kopf stoßen«. Man versichert »ehrenwörtlich«, sich innerlich »bereits seit September 1931 vom alten System losgesagt« zu haben, schon seit 1932 deutschnational und 1933 nur noch nationalsozialistisch gewählt zu haben. NSDAP-Mitglied sei man zunächst aber noch nicht geworden, um nicht »als Konjunkturpolitiker« zu gelten; man habe sich aber nach »dem nationalen Feiertage in Potsdam in tiefster innerer Erregung und aus ehrlicher Überzeugung« auch hierzu entschlossen; man schicke den eigenen Sohn in die Hitlerjugend, wirke nunmehr nur noch »als überzeugter Nationalsozialist« und ginge »auf das schärfste gegen Korruption und Marxisten vor« (Abschrift der Eingabe eines nach § 4 entlassenen Regierungsdirektors an den Preußischen Minister des Innern vom 11. Oktober 1933; *HAB*, Rep. 320, Pfundtner 21). Für alle Angaben nannte man Zeugen und Bürgen. Der zuständige einstige Regierungspräsident wieder suchte geltend zu machen, daß er niemals einen Beamten aus politischen Gründen bevorzugt oder benachteiligt habe, daß er innerhalb seiner eigenen Partei wegen seiner »unerschütterlichen Haltung« Schwierigkeiten gehabt habe, daß er sich sogar einmal für einen abberufenen deutschnationalen Vizepräsidenten eingesetzt und daß er selbst den Regierungspräsidentenposten nur angetreten habe, weil er »im Interesse [der] engeren Heimat« die Betrauung eines sozialdemokratischen Gastwirts mit diesem Amt »für untragbar« hielt (Abschrift der Eingabe eines Regierungspräsidenten vom 27. Juli 1933; *ebda.*). Oder ein hoher Beamter der Politischen Polizei etwa erklärte seine einstige Zugehörigkeit zu einer Linkspartei, die natürlich keine Gesinnungssache war, damit, daß er geglaubt habe, »die Neubesetzung seiner Stelle beim Polizeiprä-

sidium Berlin (Bekämpfung des Kommunismus) könnte durch einen marxistisch eingestellten Kriminalkommissar erfolgen. Er habe dies vermeiden wollen« (Beförderungsvorschlag des Inspekteurs der Geheimen Staatspolizei vom 16. April 1934; *HAB,* Rep. 90/951).

157 Durchschl. eines Schreibens Pfundtners an Staatssekretär Reinhardt im Reichsfinanzministerium vom 20. Juni 1933 (*HAB,* Rep. 320, Pfundtner 5), in dem er auch die Versetzung der Ministerialräte Kaisenberg (Leiter der Unterabteilung I B: Verfassung und Verwaltung) und Müller (Referent für die Saarangelegenheiten) ankündigte und die Übernahme der Regierungsräte Keßler, Lösener und Fabricius (nationalsozialistisches Reichstagsmitglied seit 1930; 1929–1933 dienstenthoben) vorschlug. Fabricius wurde später Pressereferent des Reichsinnenministeriums.

158 Ein Rundschreiben des Reichsinnenministers an sämtliche Reichsminister, sämtliche Länderregierungen usw. vom 6. Juli 1933 teilte die Bestellung des Sachverständigen Gercke auf Grund der ersten Durchführungsverordnung zum Gesetz vom 7. April mit. Hierbei zog der Reichsinnenminister eine neue Kompetenz an sich. Der »Sachverständige« besaß die ausschließliche Zuständigkeit für gutachtliche Aufgaben; die Bestellung anderer »Sachverständiger« oder die Einrichtung von Rasseämtern bei Ländern oder Gemeinden wurde für unzulässig erklärt (Abschrift *BA,* P 135/6334, fol. 163 f.). Über die Vorstellungen, die der Sachverständige hegte, unterrichtete dieser selbst: Achim Gercke, *Die Aufgaben des Sachverständigen für Rasseforschung beim Reichsministerium des Innern* (*Flugschriften für Familiengeschichte,* Heft 23), Leipzig 1933. Den Ausgang seiner Arbeiten bildete die Familiengeschichtsforschung, die Gercke jedoch zu einem bloßen »Hilfsmittel der Rassenforschung« degradierte; diese sollte die Mittel einer Personalauswahl nach Gesichtspunkten der nationalsozialistischen Rassenideologie liefern. Den weit ausgreifenden Plänen Gerckes ist nur der spätere Ahnenpaß entgegengekommen, den alle im öffentlichen Dienst stehenden Deutschen besitzen mußten. Einen besonderen Stand der Familienforscher, der fachmännischen Personalkontrolleure, Rassespruchkammern und einen zentralen Familiennachweis, die Gercke schaffen wollte, hat es niemals gegeben. Man trifft häufig gänzlich unzulängliche Vorstellungen an in bezug auf die Macht, die die geheimdienstliche oder geheimdienstartige »Ahnenforschung« zu geben vermochte, nachdem erst einmal eine jüdische Unterklasse geschaffen worden war und jeder jüdische Staatsbürger dem Staatsfeind gleichgestellt werden konnte. Die verhältnismäßig große Zahl der »privilegierten« Juden, die später von den ständig verschärften Rassebestimmungen exemiert, immer aber von dem Wohlwollen höchster nationalsozialistischer Gönner abhängig waren, liefert ein Beispiel für die Manipulationsfähigkeit der im nationalsozialistischen Staat praktizierten »Rassenpolitik«. Ein anderes bilden die Dossiers der amtlichen geheimen Ahnenforschung. Da untersuchte etwa der Sachverständige für Rassenfragen die Ahnenreihe eines mißliebigen Gesandtschaftsrates der deutschen Botschaft in Lon-

don, den auch ein berühmter Name nicht zu schützen vermochte, – jedoch ohne den offenbar gewünschten Erfolg (Schreiben des »Sachverständigen« an Ministerpräsident Göring vom 8. November 1933; *HAB,* Rep. 90/851). Selbst Hitler setzte sich wegen seiner heute noch nicht völlig geklärten und wahrscheinlich niemals aufzuklärenden Herkunft, die ihm selbst nicht weniger zweifelhaft erschienen sein dürfte, schon lange vor 1933 gegen Erpressungen zur Wehr. Sein Rechtsberater und sachkundiger Beistand auch in diesen Fragen war der junge Münchener Rechtsanwalt Hans Frank, der spätere »Reichsjuristenführer«, Reichsminister und Generalgouverneur in Polen, dessen Abstammung ebenfalls nach den Grundsätzen der nationalsozialistischen Rassenpolitik fehlerhaft war. Hitlers Freund und Kraftfahrer, der erste Führer der SS und spätere bayerische Staatsrat Emil Maurice, soll sich in ähnlicher Lage befunden haben, und auch Robert Ley. Selbst über die Person Himmlers existierte, wie Walter Hagen (Pseudonym für SS-Obersturmbannführer Wilhelm Höttl, der zuletzt stellvertretender Gruppenleiter im Amt IV des Reichssicherheitshauptamtes mit dem Zuständigkeitsgebiet Balkan war) versichert, eine geheime Akte, die ähnliche Behauptungen und darauf bezogene Untersuchungen zum Inhalt hatte (Walter Hagen, *Die geheime Front. Organisation, Personen und Aktionen des deutschen Geheimdienstes,* Linz–Wien 1950, S. 33). Hagen, der bisher die am besten informierende Darstellung über deutsche Geheimdienste gegeben hat, ist auch die wichtigste Quelle für die häufig behauptete jüdische Abstammung Heydrichs, des radikalsten und rücksichtslosesten Antreibers in der antijüdischen Vernichtungspolitik. Hagens Angaben (*a. a. O.,* S. 20 f.) besitzen zumindest eine große Wahrscheinlichkeit und werfen ein eigenartiges Licht auf die Tatsache, daß gerade Heydrich in großem Umfange Abstammungsdossiers über Persönlichkeiten anlegte, die er unter Druck zu setzen wünschte, wobei er auch vor der Person Hitlers nicht haltmachte.

159 Erlaß des Reichsfinanzministers vom 26. Oktober 1933, unterzeichnet von Reinhardt (*HAB,* Rep. 318/Ia–33).

160 Rundschreiben des Reichsministers des Innern an die obersten Reichsbehörden usw. vom 20. März 1934 *(ebda.).*

161 Bericht Dalueges an Hitler vom 1. Februar 1934 (*BA,* R 43 I/2290, Rk. 1319), demzufolge auf Grund des Gesetzes vom 7. 4. bis zum 31. 12. 1933 entlassen oder in den Ruhestand versetzt wurden:

Verwaltungspolizei	60	Beamte	= 1,3 % des Personals
Kriminalpolizei	103	Beamte	= 1,5 %
Schutzpolizei	200	Offiziere	= 7,3 %
	826	Wachtmeister	= 1,7 %
Landjägerei	12	Offiziere	= 13,5 %
	73	Beamte	= 0,9 %
Gemeindepolizei	45	Beamte	= 15,0 %
		im Offiziersrang	= 1,3 %
Medizinalwesen	138	Wachtmeister	= 2,5 %
Veterinärwesen	3	Beamte	–
Bildungswesen	16	Beamte	= 42,1 %

Weit größer war die Zahl der Neuangestellten, insgesamt 1627 Beamte, 1163 Angestellte und 879 Lohnempfänger aus den Reihen der »nationalen Bewegung«. Davon waren 1898 SA-Männer, 1086 SS-Männer, 368 Stahlhelm-Angehörige und 317 Mitglieder der NSDAP.

162 Bericht des Präsidenten der Reichsanstalt für Arbeitslosenversicherung und Arbeitsvermittlung an den Reichsarbeitsminister vom 29. Dezember 1934 (*HAB,* Rep. 318/Ia–3).

163 Rundschreiben des Reichsministers des Innern an die obersten Reichsbehörden usw. vom 27. Dezember 1934 *(ebda.).*

164 Schon in einem Runderlaß des Reichsinnenministers vom 17. Juli 1933 hieß es: »Seitdem die Regierung der nationalsozialistischen Revolution die ausschließliche Führung des Staates übernommen hat, werden die Belange der Beamtenschaft durch den Staat selbst wahrgenommen« (*HAB,* Rep. 318/Ia–5).

165 Äußerungen Pfundtners in einer Ressortbesprechung am 29. November 1933 (Aufzeichnung des Ministerialrats Hellbach; *HAB,* Rep. 318/Ia–26).

166 Gesetz zur Änderung von Vorschriften auf dem Gebiete des allgemeinen Beamten-, des Besoldungs- und des Versorgungsrechts vom 30. Juni 1933 (*RGBl.,* I, 1933, S. 433).

167 Im Juni 1934 legte Seel den ersten Entwurf zu einem neuen Beamtengesetz vor, der zahllose Abänderungen und Ergänzungen erhielt und auf 190 Paragraphen anwuchs, ehe 1937 das Deutsche Beamtengesetz verabschiedet wurde (Entwürfe nebst Begründungen *HAB,* Rep. 77, Pfundtner 77).

168 Auch während der Aussprache der Innenminister am 25. April bezeichnete Göring die »vom Standpunkt der preußischen Verwaltung« abweichenden Ansichten, die allerdings kaum bestimmte Grundsätze erkennen ließen. Er hatte Bedenken gegen die begrenzte Geltungsdauer des Gesetzes, warnte davor, bei der Neubesetzung freiwerdender Stellen »ein neues ›Parteibuchbeamtentum‹ zu schaffen«, und forderte eine »möglichst rücksichtslose Durchführung« der Rassebestimmungen (Aktenvermerk über die Aussprache am 25. April: *BA,* P 135/6334, fol. 64[1]). Doch dagegen bei anderer Gelegenheit die Vertreter des preußischen Finanzministers, die »schon im Interesse der Beruhigung der Beamtenschaft« auf Fristeinhaltung drängten (Vervielf. Niederschrift über eine Besprechung der preußischen Ministerien unter Vorsitz von Grauert am 17. Mai 1933; *a. a. O.,* fol. 61).

169 Chefbesprechung der preußischen Minister am 5. Mai 1933 (*HAB,* Rep. 90, Sitzungsprotokolle 1933, fol. 87).

170 Dieser Kategorie gehörten nunmehr außer den Ministerialbeamten von den Staatssekretären bis zu den Ministerialräten, den Behördenleitern und ihren Stellvertretern in den Provinzen, vom Oberpräsidenten bis zu den Landräten und den Polizeipräsidenten auch die Generalstaatsanwälte und alle Beamten des Oberverwaltungsgerichts bis zum Oberverwaltungsgerichtsrat zu (Beschluß des Staatsministeriums vom 25. April; *a. a. O.,* fol. 83).

171 § 4 Satz 1 lautete: »Beamte, die nach ihrer bisherigen politischen

Betätigung nicht die Gewähr dafür bieten, daß sie jederzeit rückhaltlos für den nationalen Staat eintreten, können aus dem Dienst entlassen werden.«

172 Die einzige Ausnahme bildete seit Ende Juni 1933 der Oberpräsident der Provinz Westfalen, Frhr. v. Lüninck, der bis zum 6. Juli 1938 amtierte und dann auf eigenen Antrag in den Wartestand versetzt wurde (Notiz *HAB*, Rep. 320, Pfundtner 22).

173 *RGBl.*, I, 1932, S. 529.

174 Einen Einblick in die Vorgänge schon der ersten Wochen nach Inkrafttreten des Gesetzes vom 7. April vermittelt eine Landräteliste des Preußischen Landkreistages vom 27. April 1933 (*BA*, R 36/46, 1. Liste). Sie ist laut Überschrift nach Auskünften des Listenführers im preußischen Innenministerium angelegt und geführt worden und enthält im Vergleich mit der ursprünglichen Form zahlreiche Korrekturen, Streichungen und Ergänzungen von der gleichen Hand. Da nicht anzunehmen ist, daß diese Liste über den 22. Mai 1933, den Tag der Gleichschaltung der kommunalen Spitzenverbände, hinaus geführt wurde, gibt sie also Aufschluß über die Personalmaßnahmen in der preußischen Kreisinstanz zwischen Ende April und Mitte Mai. Das Ergebnis läßt sich mit Hilfe anderer Quellen zur Personalpolitik überprüfen. Am 27. April waren bereits fast alle Angehörigen der SPD in den Ruhestand versetzt oder entlassen, von 352 Landratsämtern 92 gar nicht und 38 lediglich kommissarisch besetzt. Von 89 Landräten war eine Parteizugehörigkeit bekannt; 47 gehörten dem Zentrum an, 16 der DVP, 11 der NSDAP (davon 9 komm. Landräte), 9 der Staatspartei und 5 der DNVP (2 komm. Landräte); noch 1 Landrat war Mitglied der SPD. Im Beobachtungszeitraum schieden 40 Landräte aus (darunter 5 Angehörige des Zentrums, 5 der Staatspartei, 1 Sozialdemokrat und 1 Mitglied der DVP), wurden 3 auf andere Landratsposten versetzt, davon 2 als kommissarische Landräte, 5 bisher kommissarische Landräte (davon 4 Nationalsozialisten) endgültig eingesetzt, 8 Landräte (darunter 1 Nationalsozialist) und 8 kommissarische Landräte (darunter 3 Nationalsozialisten) neu ernannt und 101 Landräte vertretungsweise – ohne Ernennung durch das Staatsministerium – eingesetzt (darunter 26 Mitglieder der NSDAP, 1 Mitglied der DVP, 2 Mitglieder des Zentrums und 76 ohne Parteizugehörigkeit). Durch Parteiaus- und -übertritte veränderte sich die Parteizugehörigkeit derartig, daß nun für die Landräte und kommissarischen Landräte folgende Zahlen galten: NSDAP 47, Zentrum 42, DVP 12, Staatspartei 4, DNVP 6, SPD 1 (einschließlich der vertretungsweise besetzten Landratsämter: NSDAP 73, Zentrum 43, DVP 13, DNVP 6, Staatspartei 4, SPD 1, ohne Parteizugehörigkeit 194). Während sich jedoch unter den Landräten, die am 27. April amtierten, nur 10 »Außenseiter« befanden (6 Nationalsozialisten), zählten zu den 101 zur vertretungsweisen Verwaltung von Landratsämtern Ernannten nur noch 40 ehemalige Staats- oder Kommunalbeamte.

175 Nationalsozialistische Staatssekretäre erhielten vor dem Abgang Hugenbergs außer dem Reichsinnenministerium die Reichskanzlei

(Lammers, vorher Ministerialrat im Reichsinnenministerium), das Reichsfinanzministerium (Reinhardt, vorher Berufsschullehrer und Reichstagsabgeordneter) und das neu errichtete Reichsministerium für Volksaufklärung und Propaganda (Funk, Leiter der Wirtschaftspolitischen Abteilung in der Reichsleitung der NSDAP), in Preußen das Staatsministerium (Körner, ehemaliger Offizier), das Innenministerium (Grauert, von Februar bis April 1933 Ministerialdirektor), das Justizministerium (Freisler, Rechtsanwalt) und das Ministerium für Wissenschaft, Kultur und Volksbildung (kommissarisch Stuckart, kurz zuvor zum Ministerialdirektor ernannt, seit März 1933 kommissarischer Oberbürgermeister in Stettin, davor Rechtsanwalt und Rechtsberater der SA). Das preußische Kultusministerium ist verhältnismäßig früh schon zu einer Domäne der Nationalsozialisten geworden. Minister Rust, ein ehemaliger Studienrat, baute in kürzester Frist das leitende Personal einer Abteilung nach der anderen ab, um alte bekannte Mitglieder der NSDAP an seine Stelle zu bringen. (Allein am 5. Mai wurden sechs Ministerialräte ernannt: Achelis, Bojunga, Schnoering und die Landtagsabgeordneten Haupt, Löpelmann und Sunkel; *HAB,* Rep. 90, Sitzungsprotokolle 1933, fol. 89 f.)

176 Schreiben eines Regierungspräsidenten an Staatssekretär Grauert vom 3. Mai 1933 (*HAB,* Rep. 77, Grauert 3).

177 Das Folgende nach den Angaben des Ministerialdirektors Schütze, des Leiters der Beamtenabteilung des preußischen Innenministeriums und später des Reichsinnenministeriums, in: *Dr. Wilhelm Frick und sein Ministerium. Aus Anlaß des 60. Geburtstages des Reichs- und Preußischen Ministers des Innern Dr. Wilhelm Frick am 12. März 1937,* hrsgg. von Hans Pfundtner, München 1937, S. 50 und S. 55 f.

178 *HAB,* Rep. 77, Grauert 3.

179 *Ebda.,* unter Bezugnahme auf eine Unterredung mit Popitz, von dem solche Vorschläge ausgingen.

180 So auch im Grundsätzlichen Grauerts Antwort vom 5. Mai 1933 (Durchschlag *ebda.*).

181 *Bayerische Staatszeitung,* Nr. 88 vom 14./15. April 1933. – Dem folgte etwas später die Etatisierung von Einrichtungen und Führerstellen der SA, für die ab Oktober 1933 monatlich 2,6 Mill. RM in den Reichshaushalt aufgenommen wurden (Durchschl. eines Aktenvermerks über SA- und Polizeikosten vom 27. Oktober 1933 für Frick, *HAB,* Rep. 320, Pfundtner 304).

182 Auf Anfrage des bayerischen Ministerpräsidenten Siebert gab ein Telegramm Pfundtners den Erlaß des Reichsinnenministers an Siebert, daß Gauleiter grundsätzlich und ausnahmslos zu Regierungspräsidenten ernannt werden sollten (Durchschl. eines Aktenvermerks Pfundtners für Frick vom 12. Juni 1934: *HAB*, Rep. 320, Pfundtner 19).

183 *HAB*, Rep. 90, Sitzungsprotokolle 1933, fol. 83.

184 Durchführungsbestimmung vom 23. Mai 1933 (*Preußisches Justizministerialblatt,* 1933, S. 160 ff.).

185 Rundschreiben Hugenbergs (Kommissar für das preußische Mini-

sterium für Wirtschaft und Arbeit) vom 31. Mai 1933 an den Innenminister und die übrigen Staatsminister (*BA*, P 135/6334, fol. 102). Vorher schon hatte ein Rundschreiben des Staatssekretärs im preußischen Kultusministerium, Lammers (nicht identisch mit dem gleichnamigen Staatssekretär in der Reichskanzlei), eine einheitliche Normierung der Feststellungen, die zur Durchführung des Gesetzes getroffen werden sollten, angeregt. Auch er hatte sich gegen den Widerspruch des preußischen Justizministers nicht durchsetzen können (Rundbrief des preußischen Kultusministeriums an den Ministerpräsidenten und die Staatsminister vom 29. April 1933 und Antwort des preußischen Justizministeriums vom 4. Mai 1933; Entwurf mit Abgangsvermerk *a. a. O.*, fol. 19 f.).

186 Ein Schreiben aus dem preußischen Justizministerium an den schleswig-holsteinischen Gauleiter und Oberpräsidenten Lohse vom 23. Juni 1933 und zwei weitere an norddeutsche Rechtsanwälte vom gleichen Tage luden zu einem geheimen Treffen mit dem Minister in Westerland auf Sylt ein. Dem Gauleiter wurde aufgetragen, noch weitere »Vertrauensleute« hinzuzuziehen. Mit Hilfe der mitzubringenden Personalunterlagen sollten alle »Personalveränderungen in der Justiz« der Provinz Schleswig-Holstein durchgesprochen werden (Durchschläge mit Abgangsvermerk *a. a. O.*, fol. 138[a–c]). Für ein derartiges Vorgehen Kerrls in anderen Provinzen sind keine Nachweise vorhanden.

187 Ausführungsverordnung des preußischen Justizministers vom 15. Juni (*Preußisches Justizministerialblatt*, 1933, S. 186). Auf nationalsozialistische Proteste hin antwortete der zuständige Ministerialdirektor, ein ehemaliger Senatspräsident beim Kammergericht, der sein neues Amt wie Freisler seit dem 29. Mai innehatte, in einem Schreiben an den Leiter der Beamtenabteilung (politische Abteilung) der NSDAP, daß »Beamte, die Kämpfer für den Nationalsozialismus waren, um dieser Tätigkeit willen« nicht »zurückgesetzt« würden; »jedoch sollte zum Ausdruck gebracht werden, daß derartige Beamte nicht lediglich auf Grund ihrer Betätigung für den Nationalsozialismus für sich Vorteile bei dem Umbau der Beamtenschaft beanspruchen dürften. Wenn solche Beamte auf Grund ihrer Fähigkeiten und Leistungen eine Beförderung verdienen, so ist selbstverständlich, daß sie nicht zurückgesetzt, sondern vorzugsweise berücksichtigt werden« (Entwurf mit Abgangsvermerk vom 9. August 1933 *a. a. O.*, fol. 179).

188 Papen in der Chefbesprechung der Reichskommissare am 8. März (*HAB*, Rep. 90, Sitzungsprotokolle 1933, fol. 45).

189 Hugenberg in der Sitzung am 25. März (*a. a. O.*, fol. 66).

190 Popitz in der Sitzung der Staatsminister am 24. April (*a. a. O.*, fol. 78).

191 Gemeinschaftliche Rundverfügung an die obersten Reichsbehörden, Reichsstatthalter usw. über Neuernennungen zu Regierungsräten, Oberregierungsräten und Ministerialräten vom 26. Juli 1933 (*BA*, P 135/2662, fol. 92–94).

192 So wurde für die Ernennung zum Regierungsrat eine Probezeit von drei Jahren und ein Mindestalter von 32 Jahren verlangt.

193 Dieser Umstand ist zuerst von Sigmund Neumann (Anm. I/18) gewürdigt worden. Neuerdings hat Hannah Arendt treffend von der »Bewegungssüchtigkeit totalitärer Bewegungen« gesprochen (Anm. I/1, S. 488). Neben diesem Ausdruck und seiner Charakterisierung sollte man die Bedeutung der permanenten institutionellen Labilität als Folge der einseitigen Personalisierung und der Auflösung der Personalbeziehungen, die Sigmund Neumann hervorgehoben hat, nicht übersehen.

194 Arendt, *ebda.*

195 Vervielfältigtes Aktenexemplar eines Erlasses des preußischen Justizministers vom 26. August 1933 (*BA*, P 135/4542, fol. 88b).

196 Runderlaß des Innenministers über Zusammenarbeit der Ober- und Regierungspräsidenten mit den Gauleitern der NSDAP vom 29. Mai 1933 (*Ministerial-Blatt für die Preußische innere Verwaltung,* I, 1933, Sp. 649 f.).

197 Zuerst in einem nicht veröffentlichten Erlaß Görings vom 7. Juni, dann in einem Runderlaß vom 30. Oktober 1933 (*a. a. O.*, Sp. 1303 ff.). Der weiterreichende Umfang der Befugnisse der Sonderbevollmächtigten und Sonderbeauftragten innerhalb Bayerns, die die Ansätze einer Nebenregierung verraten, wird durch Anordnung des Obersten SA-Führers für Bayern vom 15. Januar 1934 illustriert, die in Faksimile bei K. D. Bracher, »Zusammenbruch des Versailler Systems und zweiter Weltkrieg«, in: *Propyläen Weltgeschichte,* Berlin–Frankfurt–Wien 1960, S. 392 f., wiedergegeben ist.

198 Zu den Aufgaben zählten unter 19 d: »Verhinderung der Anmaßung unzulässiger Befugnisse durch SA-, SS- und Stahlhelm-Einheiten und -Angehörige. Sofortiges Eingreifen und Abstellen ist unbedingt erforderlich« (*a. a. O.*, Sp. 1306).

199 § 41 Ziffer 1 des Gemeindeverfassungsgesetzes vom 15. Dezember 1933 (*Preußische Gesetzsammlung,* 1933, S. 427).

200 *A. a. O.,* § 34 Ziffer 3.

201 Auszugsweise Abschrift einer Niederschrift über die Sitzung des Preußischen Staatsministeriums am 29. Mai 1933 (Niederschrift außerhalb der Tagesordnung: *BA,* P 135/5168, fol. 1).

202 Gesetz vom 8. Juli 1933 (*Preußische Gesetzsammlung,* 1933, S. 241).

203 Erst seit dem Änderungsgesetz vom 31. Juli 1933 (*a. a. O.*, S. 289).

204 Gesetz über den Provinzialrat vom 17. Juli 1933 (*a. a. O.*, S. 254); Änderungsgesetz vom 31. Juli 1933 (*a. a. O.*, S. 289). Mitglieder des Provinzialrates waren kraft ihres Hauptamtes der Oberpräsident, der Vizepräsident des Oberpräsidiums, die Regierungspräsidenten der Provinz und der Landeshauptmann. Wie beim Staatsrat wurden außerdem in der Regel die obersten Amtswalter der Politischen Organisation, die rangältesten Führer der SA und der SS und andere Persönlichkeiten zu Mitgliedern des Provinzialrates ernannt. Abstimmungen gab es nirgends, in Wirklichkeit aber auch keine Beratungen, nur Meinungen und Äußerungen des Vorsitzenden (Ministerpräsident bzw. Oberpräsident). Der brandenburgische Gauleiter und Oberpräsident Kube hat diese Verhältnisse während des Vortrages seines ersten Haushaltsplanes im branden-

burgischen Provinzialrat sehr drastisch mit der Frage charakterisiert: »Wünscht jemand zu opponieren? Das ist nicht der Fall. Ich würde es auch niemandem geraten haben.« Niemand in diesem Gremium, dem Männer wie der Landesdirektor v. Arnim-Rittgarten, Feldmarschall v. Mackensen, der ehemalige ostpreußische Oberpräsident Kutscher und Prinz August Wilhelm von Preußen angehörten, gedachte zu opponieren. Vgl. Hermann Fricke, »Die Landesdirektoren der Provinz Brandenburg 1876–1945«, in: *Jahrbuch für die Geschichte Mittel- und Ostdeutschlands* (Anm. II/80), V, S. 320.

205 Poetzsch-Heffter, »Vom Deutschen Staatsleben« (Anm. I/183), S. 78 f.

206 »Gesetz betreffend die Dienststrafgewalt über die Mitglieder der SA und SS« vom 28. April (*RGBl.*, I, 1933, S. 230), praktisch aufgehoben durch das »Gesetz zur Sicherung der Einheit von Partei und Staat« vom 1. Dezember (*a. a. O.*, S. 1016), § 3, der eine besondere Partei- und SA-Gerichtsbarkeit nur noch in bezug auf die Verletzung der besonderen Mitgliedschaftspflichten aufrechterhielt.

207 Poetzsch-Heffter, »Vom Deutschen Staatsleben« (Anm. I/183), S. 100.

208 Ein augenfälliges Beispiel bieten spätere Regelungen in bezug auf die preußische Polizei durch Göring. Bei Beförderungen von staatlichen oberen Polizeiverwaltungsbeamten und Kriminalbeamten mußte für jeden vorgeschlagenen Beamten eine Äußerung der Gauleitung eingeholt werden (Runderlasse des Innenministers vom 8. November bzw. 18. Dezember 1933; *Ministerial-Blatt für die Preußische innere Verwaltung,* I, 1933, Sp. 1334; Sp. 1516). Zugleich aber verbot Göring den Polizeibeamten, sich »mit irgendeiner Dienststelle der NSDAP, SA, SS und des SD in Verbindung« zu setzen oder Mittelspersonen in Anspruch zu nehmen, um »Beschwerden und Gesuche vorzutragen oder Vorgänge dienstlicher Art zu besprechen« (Runderlaß des Innenministers vom 20. Dezember, *a. a. O.*, Sp. 1515 f.).

209 *A. a. O.,* Sp. 1515.

210 Ein Rundschreiben des Staatssekretärs in der Reichskanzlei an die Reichsminister, Reichsstatthalter und Ministerpräsidenten der Länder vom 2. Dezember 1933 (Abschr. *BA,* P 135/672, fol. 120) unterband die bis dahin gepflogene Übung, daß Beamte über Angelegenheiten publizierten oder Vorträge hielten, die sie bearbeiteten, die jedoch noch nicht gesetzlich geregelt waren. Hitler habe hierüber seine Mißbilligung ausgesprochen und verlange, daß dieser Mißstand künftig beseitigt werde. Nach dieser rechtlich vagen, tatsächlich aber bindenden Anordnung aus der Reichskanzlei durfte der Beamte hinfort praktisch nur noch erlassene Gesetze und Verordnungen kommentieren, interpretieren und entsprechend seiner Gehorsamspflicht vertreten.

Drittes Kapitel: INSTRUMENTE TOTALITÄRER VERWALTUNG

1 Zur Justiz in der Weimarer Periode vor allem Radbruch (Anm. II/84), S. 140 ff.; Eugen Schiffer, *Die deutsche Justiz. Grundzüge einer durchgreifenden Reform,* Berlin 1928; Ernst Fraenkel, *Zur Soziologie der Klassen-Justiz (Jungsozialistische Schriftenreihe),* Berlin 1927.

2 Als bekannteste Zeugnisse seien hier die anklagenden Denkschriften von Emil Julius Gumbel über die Rechtsverfolgung im Zusammenhang mit Fememordprozessen genannt: *Vier Jahre politischer Mord,* Berlin 1922, ist am bekanntesten geworden, ferner vom gleichen Verfasser: *Denkschrift des Reichsjustizministers zu »Vier Jahre politischer Mord«,* Berlin 1924; die Denkschrift der Deutschen Liga für Menschenrechte e. V., *Acht Jahre politische Justiz. Das Zuchthaus – die politische Waffe,* Berlin 1927; polemische Literatur von links und rechts: Friedrich Karl Kaul, *Justiz wird zum Verbrechen. Der Pitaval der Weimarer Republik,* Berlin 1953; Rüdiger Graf von der Goltz, *Tribut-Justiz. Ein Buch um die deutsche Freiheit,* Berlin 1932; Gottfried Zarnow, *Gefesselte Justiz. Politische Bilder aus deutscher Gegenwart,* 2 Bde., München 1931/32; einen Versuch, die politische Strafrechtshandhabung der nationalsozialistischen Zeit nachträglich undifferenziert in die gleiche Linie mit der politischen Strafrechtspflege in der Weimarer Ära zu bringen, enthalten die persönlichen Aufzeichnungen von Friedrich Grimm, *Politische Justiz, die Krankheit unserer Zeit. 40 Jahre Dienst am Recht,* Bonn o. J. [1953]. Eine umfassende Untersuchung über die Entwicklung der Verhältnisse zwischen Politik und Justiz in diesem Jahrhundert fehlt bislang. Über einige politische Fälle, die besondere Rückschlüsse auf die eigenartige Tätigkeit von Polizei und Justiz in Bayern während der frühen Jahre der Republik, namentlich unter dem deutschnationalen Justizminister Roth, erlauben, hat neuerdings Wilhelm Hoegner aus seiner Kenntnis als ehemaliger Staatsanwalt berichtet: *Die verratene Republik. Geschichte der deutschen Gegenrevolution,* München 1958, S. 83 ff. und S. 261 ff.; ders., *Der schwierige Außenseiter. Erinnerungen eines Abgeordneten, Emigranten und Ministerpräsidenten,* München 1959, S. 15 f. Roth, der 1928 Generalstaatsanwalt des Bayerischen Verwaltungsgerichtshofes wurde, und zwei Richter des Bayerischen Obersten Landesgerichts, v. d. Pfordten und Pöhner, schlossen sich frühzeitig der Hitler-Bewegung an.

3 Eine Übersicht über den Republikanischen Richterbund liefert eine Reihe von Listen im Aktenbestand des ehemaligen Preußischen Justizministeriums (*BA,* P 135/6334). Die erste Liste »Verzeichnis der Mitglieder des Republikanischen Richterbundes« (fol. 183 d) eines anonymen Verfassers enthält 75 Namen, darunter die des einstigen preußischen Finanzministers Höpker-Aschoff, des sozialdemokratischen Reichstagsabgeordneten und Staatsanwaltes Hoegner, von zwei Ministerialdirigenten des preußischen Justizministeriums, zwei Senatspräsidenten und zwei Landgerichtspräsi-

denten. Eine Folge mehrerer Listen (fol. 189–201) ging dem preußischen Justizministerium vom Kammergerichtspräsident Hölscher zu (mit Schreiben vom 24. August 1933; fol. 186 ff.), der sie vom Geheimen Staatspolizeiamt erhalten hatte: 1. Liste »Republikanischer Richterbund Berlin. A. Kammergerichtsbezirk. 1. Ordentliche Mitglieder« umfaßt 148 Namen, von denen nur 20 mit Namen der ersten Liste (fol. 183 d) identisch sind, darunter die des ehemaligen Ministerpräsidenten und Dortmunder Bürgermeisters Hirsch, des ehemaligen Parteiführers der Demokraten, Reichsinnenministers und Reichsjustizministers Koch-Weser, des preußischen Ministerialdirektors Brecht, der beiden genannten Ministerialdirigenten des Justizministeriums und dreier Senatspräsidenten des Kammergerichts. 2. Liste »Republikanischer Richterbund Berlin. A. Kammergerichtsbezirk« ist offenbar eine Ergänzung zur 1. Liste, denn sie enthält nur 28 Namen, die in den anderen Listen nicht erscheinen. 3. Liste »Republikanischer Richterbund Berlin. B. Auswärtige Mitglieder. I. Ordentliche Mitglieder« führt 68 Namen auf, darunter die der bis 1932 amtierenden Oberpräsidenten der Provinzen Sachsen und Pommern, Falck und Lippmann, den Hamburger Senator Nöldeke, die Universitätsprofessoren Kantorowicz, Laun, Radbruch und Sinzheimer, zwei Senatspräsidenten und zwei Landgerichtspräsidenten. Drei dieser Namen sind auch in der ersten Liste (fol. 183 d) enthalten. – 4. Liste »Republikanischer Richterbund Berlin. B. Auswärtige Mitglieder. II. Beratende Mitglieder« enthält lediglich vier Namen. – Ständiges Organ des Republikanischen Richterbundes war die Monatsschrift *Die Justiz,* hrsgg. von Wilhelm Kroner, die seit 1926 fortlaufend erschien und ein höchst bemerkenswertes Sprachrohr der demokratischen Juristenschaft bildete.

4 Ende November 1928 berichtete der Polizeipräsident von Köln unter Vorlage von Material über Vorbereitungen zur Gründung des Bundes Nationalsozialistischer Deutscher Juristen, die von dem damaligen Münchener Rechtsanwalt Frank II ausgingen und im Rheinland von Ley und einem nicht unbekannten rheinländischen Verleger geleitet wurden (Abschrift des Berichtes an den Regierungspräsidenten, mit Anlagen, dem Justizministerium mitgeteilt vom Oberpräsidenten der Rheinprovinz; vom 24. November 1928; *BA,* P 135/3147, fol. 29 ff.). Die Angelegenheit wurde vom Ministerium nicht weiter verfolgt, da von den zur Berichterstattung aufgeforderten Chefs der höchsten rheinländischen Justizbehörden die beruhigende Mitteilung kam, daß von der »Gründung einer rheinischen Gaugruppe des Bundes nationalsozialistischer deutscher Juristen . . . nichts bekannt« sei und daß sie es für »ausgeschlossen« hielten, »daß rheinische Juristen in irgendwie beachtlicher Zahl sich der beabsichtigten Gründung anschließen werden, zumal die Nationalsozialisten im Rheinland überhaupt nur über eine geringe Zahl von Anfängern [wohl: Anhängern] verfügen« (Bericht des Präsidenten des Oberlandesgerichts, des Generalstaatsanwalts und des Präsidenten des Strafvollzugsamts in Köln an den preußischen Justizminister vom 7. Januar 1929;

a. a. O., fol. 33).

5 Ludwig Fischer, Art. »Das Reichsrechtsamt der NSDAP«, in: *Nationalsozialistisches Handbuch für Recht und Gesetzgebung* (Anm. II/11), S. 1555–1565.

6 Wilhelm Heuber, Art. »Der Bund Nationalsozialistischer Deutscher Juristen und die Deutsche Rechtsfront«, in: *Nationalsozialistisches Handbuch . . ., a. a. O.*, S. 1566–1571.

7 Bühler, »Das Reichsjustizkommissarat« (Anm. II/11).

8 Schreiben des Notars Dr. Voss an Freisler vom 3. und 8. Mai 1933 (*BA*, P 135/106, fol. 187 ff.).

9 Ein Schreiben des deutschnationalen Stuttgarter Justizrates Seeger I vom 17. Mai 1933 an den preußischen Justizminister, das sich auch auf andere Einwendungen bezog, protestierte »gegen das unzulässige Verfahren« bei der Auflösung des Anwaltvereins (*a. a. O.*, fol. 102).

10 Während in Preußen die einschneidenden Anordnungen Kerrls ergingen (vgl. o. Anm. II/134), erließ in Bayern der Kommissar für das Justizministerium, Frank II, sogar »bis auf weiteres« ein Verbot für die jüdischen Rechtsanwälte, die Gerichtsgebäude zu betreten.

11 Gesetz über die Zulassung zur Rechtsanwaltschaft vom 7. April (*RGBl.*, I, S. 188); Gesetz betreffend die Zulassung zur Patentanwaltschaft und zur Rechtsanwaltschaft vom 22. April (*a. a. O.*, S. 217) und Patentanwaltsgesetz vom 28. September, § 3 (*a. a. O.*, S. 669).

12 Gesetz über die Zulassung von Steuerberatern vom 6. Mai (*a. a. O.*, S. 25).

13 Eine aufschlußreiche Übersicht veröffentlichte das *Berliner Tageblatt*, Nr. 38 vom 23. Januar 1934.

14 Sie betrug am 1. Januar 1930: 7042, ein Jahr später 8205, am 1. Januar 1932: 9278 und am 1. Januar 1933: 10 065 (*Deutsche Justiz* 95, 1933, S. 15).

15 Dieser Erlaß (I 6724 vom 31. März 1933) hat sich weder im *Justiz-Ministerial-Blatt* noch bei den Akten des preußischen Justizministeriums auffinden lassen; jedoch geht sein Inhalt aus wiederholten Aktenbezügen hervor (*BA*, P 135/80).

16 Gesamtaufstellung über Rechtsanwälte und Notare in den preußischen Oberlandesgerichtsbezirken bei den Generalakten des preußischen Justizministeriums (*BA*, P 135/80, fol. 172).

17 Statistiken über den Stand am 1. Januar 1934 (*BA*, P 135/76). Der Rückgang war zu diesem Zeitpunkt jedoch keineswegs abgeschlossen; er verlangsamte sich lediglich. In den folgenden vier Monaten bis zum 1. Mai schieden weitere 57 jüdische Rechtsanwälte und 32 Notare aus; offizielle Statistik nach dem Stande vom 1. Mai 1934 in: *Deutsche Justiz* 96 (1934), S. 950.

18 Niederschrift über eine Besprechung von Vertretern der Landesjustizministerien im Reichsjustizministerium am 25. Mai 1934, S. 4 (*BA*, P 135/76).

19 Eingabe des Vorstandsvorsitzenden der Anwaltskammer im Oberlandesgerichtsbezirk Königsberg an das preußische Justizministe-

rium vom 27. November 1933 (*a. a. O.*, fol. 173 ff.).

20 Vom Vorstand der Hanseatischen Anwaltskammer veranlaßtes Schreiben des Chefs der Landesjustizverwaltung Hamburg, Senator Rothenberger, an Freisler vom 3. März 1934 (*a. a. O.*, fol. 200 a).

21 Rundschreiben des Gauobmannes des BNSDJ im Gau Groß-Berlin vom 26. Mai 1933 (Abschr. *BA*, P 135/6334, fol. 153). Empfänger waren sämtliche Mitglieder des BNSDJ, das preußische Justizministerium, der Kammergerichtspräsident, sämtliche Berliner Landgerichtspräsidenten und Amtsgerichtsdirektoren, Reichsleitung und Landesleitung des BNSDJ und der Berliner Anwaltsverein; sogar in allen Anwaltszimmern sollte das Rundschreiben ausgehängt werden. Ähnlichen Inhalts war ein Telegramm des Anwaltskammervorstandes beim Oberlandesgericht Hamm an das Justizministerium vom 8. Juli 1933 (*a. a. O.*, fol. 157).

22 Anfang 1934 gab es im preußischen höheren Justizdienst 250 planmäßige höhere Beamte bei den Gerichten und Staatsanwaltschaften, die »Nichtarier« waren, jedoch unter die Frontkämpferausnahmevorschrift des § 3 des Berufsbeamtengesetzes fielen (Aktennotiz und Zahlenaufstellung des Landgerichtsdirektors Arndt im preußischen Justizministerium vom 26. Januar 1934; *BA*, P 135/6335, fol. 16 b). Eine ähnliche Zahl findet sich auch noch in einer bei Übergang der preußischen Justiz auf das Reich gefertigten Statistik, die neuerdings von Hubert Schorn, *Der Richter im Dritten Reich. Geschichte und Dokumente,* Frankfurt a. M. 1959, S. 730 f., veröffentlicht worden ist: Von 1704 »Nichtariern« der 45 181 Beamten der preußischen Justiz (einschließlich 938 von insgesamt 10 246 Referendaren) waren lediglich 213 Beamte des höheren Dienstes, 35 Gerichtsassessoren, 65 Referendare und 17 andere Beamte übriggeblieben.

23 Brieftelegramm des BNSDJ, Gau Berlin, an das preußische Justizministerium vom 30. Juni 1933 (*BA*, P 135/6334, fol. 154). In den von nationalsozialistischen »Rechtswahrern« beherrschten Anwaltskammern wurde vielfach zu noch früheren Zeitpunkten derart verfahren, daß man die »nichtarischen« Rechtsanwälte kurzerhand als ausgeschlossen betrachtete. Wie der Verkehr mit diesen Berufskollegen geregelt wurde, läßt sich aus dem Beispiel einer Anordnung des Vorstandes der Anwaltskammer Düsseldorf vom 15. Mai 1933 ersehen: »Zur Behebung von Zweifeln teilt der Vorstand der Anwaltskammer folgende *Richtlinien* über den Verkehr mit nichtarischen Parteien und nicht mehr zugelassenen, nichtarischen Rechtsanwälten mit: 1. Es ist zulässig, die Vertretung nichtarischer Parteien zu übernehmen. 2. Es ist standeswidrig, Mandate von nicht mehr zugelassenen nichtarischen Rechtsanwälten anzunehmen. Es muß vielmehr in jedem einzelnen Fall gefordert werden, daß die Partei selbst, die bisher von einem nichtarischen Rechtsanwalt vertreten war, an einen arischen Rechtsanwalt herantritt und ihn um ihre Vertretung ersucht. Auch die Akten müssen von der Partei selbst überbracht werden. 3. Es ist standeswidrig, die Praxis eines nicht mehr zugelassenen Rechtsanwalts ganz oder teilweise zu übernehmen, desgleichen dessen Büro oder Mobiliar. Ange-

stellte nichtarischer Rechtsanwälte dürfen nur mit Genehmigung des Vorstandes des örtlichen Anwaltsvereins eingestellt werden. 4. Es ist standeswidrig, nichtarische ehemalige Rechtsanwälte als Bürovorsteher oder sonstwie zu beschäftigen. 5. Standeswidrig ist jeder berufliche Verkehr mit nicht mehr zugelassenen nichtarischen Anwälten. Dazu gehört insbesondere auch die Annahme von Mandaten durch Vermittlung eines nicht mehr zugelassenen nichtarischen Rechtsanwalts. Ausgenommen sind Zustellungen und sonstige Maßnahmen, die in laufenden Sachen notwendigerweise zur Abwendung wesentlicher Nachteile für eigene Mandanten den Genannten gegenüber vorgenommen werden müssen. 6. Bei Übernahme von Mandaten, die bisher nichtarische Rechtsanwälte hatten, ist in allen Fällen Vorschuß einzufordern in Höhe der noch nicht fällig gewordenen Gebühren. Durch den Wechsel des Rechtsanwalts dürfen den Parteien Mehrkosten nicht entstehen. Nur in besonders umfangreichen und schwierigen Sachen sind Ausnahmen, d. h. Vereinbarung eines Sonderhonorars, dies aber nur mit Genehmigung des Vorstandes des örtlichen Anwaltsvereins, zulässig. 7. Assoziationen und Bürogemeinschaften zwischen arischen und nichtarischen Rechtsanwälten sind sofort aufzulösen. 8. Das Verbleiben der weiterhin zugelassenen nichtarischen Rechtsanwälte in den örtlichen Anwaltvereinen erscheint nicht mehr angängig, ebensowenig ihre Teilnahme oder Vertretung im Kartell, wo ein solches besteht. 9. Nichtzugelassene nichtarische Rechtsanwälte sind als Schiedsrichter abzulehnen. Sollten sie sich als Rechtskonsulenten niederlassen oder betätigen, so gilt jeder berufliche und außerberufliche Verkehr mit ihnen natürlich erst recht als standeswidrig« (*HAB*, Rep. 320, Grauert 31).

24 *Berliner Tageblatt*, Nr. 218 vom 10. Juni 1933.

25 Die meisten Eingaben dieser Art an das Ministerium blieben unbeantwortet. Seine Haltung kann aus einem Schreiben an den Anwaltskammervorstand in Hamm vom 15. Juli 1933 erschlossen werden: »Nachdem die Frage der Beschäftigung jüdischer Richter durch den Führer geordnet und durch gesetzliche Vorschrift geregelt ist, muß vom Vorstand der Anwaltskammer erwartet werden, daß er die in Durchführung begriffene Neuordnung auch anerkennt und durch Fühlungnahme mit den Parteistellen dafür sorgt, daß Schwierigkeiten nicht mehr gemacht werden« (*BA*, P 135/6334, fol. 159).

26 Rundverfügung vom 27. Juni 1933 an den Kammergerichtspräsidenten und die Oberlandesgerichtspräsidenten (*a. a. O.*, fol. 267).

27 Sitzung der Kommissare des Reichs am 10. März 1933 (*HAB*, Rep. 90, Sitzungsprotokolle 1933, fol. 51 v).

28 Chefbesprechung der Reichskommissare am 15. März 1933 (*a. a. O.*, fol. 53 f.).

29 Chefbesprechung der Reichskommissare, *a. a. O.* Vgl. auch die Darstellung und Dokumentation von Paul Kluke, »Der Fall Potempa«, in: *Vierteljahrshefte für Zeitgeschichte* 5 (1957), S. 278–297. Ergänzend ist anzumerken, daß dieser für die Geschichte der politischen Derivation der Rechtsstaatlichkeit so über-

aus wichtige Fall des abscheulichen Gewaltverbrechens von Potempa vom 10. August 1932 die Reichskommissare schon einmal in ihrer Sitzung vom 2. September beschäftigt hatte. Damals gingen die Meinungen sehr weit auseinander. Die parlamentarische preußische Regierung verfolgte im Jahre 1932 die Tendenz, Todesurteile nicht zu bestätigen. Eine Reihe von Todesurteilen wurde nicht mehr vollzogen, weil die Regierung Braun nach der Landtagswahl ablehnte, zur Frage, ob sie begnadigen wolle oder nicht, Stellung zu nehmen, da ihr nach ihrer Auffassung als geschäftsführender Regierung das Begnadigungsrecht nicht mehr zustand. Da niemand über die Begnadigung entschied, blieben auch die Urteile ohne Vollzug. Der Staatsstreich vom 20. Juli gestaltete die Frage der Anwendung des Begnadigungsrechts noch komplizierter. Auch die Verordnung des Reichspräsidenten vom 18. November löste diese Frage keineswegs. Eine Vollstreckung der Todesurteile, die das Sondergericht im Potempa-Prozeß ausgesprochen hatte, wurde allgemein abgelehnt. Papen wollte aber den Anschein einer politischen Unsicherheit der Kommissarsregierung vermeiden und führte am Ende den Beschluß herbei, die Todesurteile des Sondergerichts beim Landgericht Beuthen auf dem Gnadenwege in lebenslängliche Zuchthausstrafen umzuwandeln mit der Begründung, daß die Verurteilten objektiv keine Kenntnis von der Verordnung vom 9. August hatten, die im Tatbezirk nicht einmal über Radio bekannt geworden war. Bracht und vor allem Papen hoben in dieser Sitzung mehrmals sehr deutlich hervor, daß unter keinen Umständen der Eindruck entstehen dürfe, daß sich die Regierung »von der Öffentlichkeit in die Zange nehmen« lasse. Der mit der Führung der Geschäfte des preußischen Justizministers beauftragte Staatssekretär Hölscher sprach in der Sitzung vom 2. September seine Überzeugung aus, daß die Urteilsbegründung »das Urteil trage«; zugleich empfahl er aber nachdrücklich, vom Recht der Begnadigung Gebrauch zu machen und die Todesurteile in lebenslängliche Zuchthausstrafen umzuwandeln. Bei späterer Gelegenheit sollte das Verfahren erneut aufgenommen werden, wobei sich dann nach Auffassung Hölschers wahrscheinlich niedrigere, zeitlich begrenzte Zuchthausstrafen ergeben hätten. Die weitere Geschichte des Falles entzog die Mörder indessen vollends einer wohlverdienten Strafe. Vor dem politisch-historischen Hintergrund hatte der Fall Potempa beachtliche Konsequenzen: Hitler fühlte sich düpiert, da sich Papens Auffassung von der Staatsautorität plötzlich gegen ihn und seine Anhänger kehrte. Jedenfalls ist behauptet worden (Aussage Kurt Frhr. v. Schröders, Anm. I/122; Anm. I/132), daß das Verhalten Papens im Fall Potempa neben dem mißglückten Empfang Hitlers durch Hindenburg wesentlich zur zeitweiligen Entfremdung zwischen Hitler und Papen beigetragen habe. Ein bezeichnendes Licht auf die Beziehungslosigkeit zwischen nationalsozialistischer Propaganda und Recht wirft die Tatsache, daß sich Hitler und seine Partei einer in sachlicher Hinsicht bewußt unlogischen Propaganda bedienten. Trotz der möglichen juristischen Einwendungen gegen das Urteil und trotz der ohnehin bestehenden Neigung, Todesurteile nicht zu vollstrecken, verzichteten sie vollkommen auf rechtliche Erwägungen, um das Feuerwerk ihrer demagogisch aggressiven Presse ausschließlich gegen die rechtsförmige Behandlung des Gewaltverbrechens zu richten, das Angehörige der SA begangen hatten. Sie suchten in der Öffentlichkeit allein die Meinung zu verbreiten, daß der Ermordete ein diskriminierter Mensch und die Tat der verbrecherischen SA-Leute, die überdies auf Befehl handelten, keine strafwürdige Handlung gewesen sei. Diese Demagogie enthält den Vorgeschmack der Hölle, die der totalitäre Staat in den späteren Konzentrationslagern einrichtete. Die Propaganda der NSDAP, die den Tätern vor der Öffentlichkeit die stärkste Unterstützung zu geben versuchte, zu der sie fähig war, charakterisierte von vornherein die wahrscheinliche Modifizierung des Todesurteils vor dieser Öffentlichkeit entweder als Schwäche der Regierung oder als Legitimierung der Einwände der NSDAP. Im Bewußtsein vieler Menschen mußte der Rechtsstaat ins Wanken geraten, wenn die Regierung scheinbar dem atavistischen Appell der NSDAP nachgab.

30 Verordnung des Reichspräsidenten über die Gewährung von Straffreiheit vom 21. März 1933 (*RGBl.*, I, 1933, S. 134).

31 Niederschrift der Reichsministerbesprechung am 28. Februar 1933 (Anm. I/167), S. 90.

32 Es muß erwähnt werden, daß dieser Zurückhaltung trotz der unruhigen Zeitverhältnisse keine allgemeine Zunahme der Kriminalität gefolgt ist. Die Ziffer der wegen Vergehen und Verbrechen rechtskräftig verurteilten Personen blieb 1932 gegenüber 1931 nahezu gleich. In Preußen ging die Gesamtzahl der durch Mord und Totschlag ums Leben Gekommenen trotz der Massierung politischer Gewalttaten in den Sommermonaten 1932 sogar von 492 auf 399 zurück (Statistik bei Kurt Daluege, *Nationalsozialistischer Kampf gegen das Verbrechertum,* München 1936, S. 84). Die Zahl der wegen Tötungsdelikten (Mord oder Totschlag) rechtskräftig verurteilen Personen betrug 1931: 502, 1932: 653, die Zahl der Todesurteile 1931: 49, 1932: 52, davon 45 wegen vollendeten Mordes; doch nur 3 Personen wurden im Jahre 1932 hingerichtet; Ernst Roesner, Art. »Kriminalstatistik«, in: *Die Rechtsentwicklung der Jahre 1933 bis 1935/36,* hrsgg. von Erich Volkmar, Alexander Elster, Günther Küchenhoff (*Handwörterbuch der Rechtswissenschaft,* Bd. VIII), Berlin–Leipzig 1937, S. 382 ff.

33 Gesetz über Verhängung und Vollzug der Todesstrafe vom 29. März (*RGBl.,* I, 1933, S. 151). Das Gesetz trug übrigens die Unterschriften von Hitler und Papen, nicht die Gürtners.

34 Niederschrift der Reichsministerbesprechung am 7. März 1933 (Anm. I/168), S. 117 f.; Auszug auch: *MGN* 11, Ankl.-Dok.-B. 28, Dok. NG–2287. Bemerkenswert unter den Einwendungen, die im Reichskabinett erhoben wurden, ist der Hinweis des Staatssekretärs im Reichsjustizministerium Schlegelberger auf die weltweite Anerkennung des Satzes *nulla poena sine lege,* die Hitler jedoch gänzlich unbeeindruckt ließ: »Nur in Rußland, China und einigen kleinen Kantonen der Schweiz« gelte dieser Satz nicht. Einem in

der Reichsministerbesprechung vorgelegten, von Hitler verlangten Gutachten der angesehenen Strafrechtslehrer Oetker, Nagler und v. Weber vom 4. März 1933 lagen zwei Fragen zugrunde: »ob 1) auf Verbrechen der Art, wie sie dem Reichstagsattentat zur Last gelegt werden, die verschärfenden Strafbestimmungen des § 5 der Notverordnung vom 28. Februar 1933 im Wege einfacher (nicht verfassungsändernder) Gesetzgebung noch nachträglich erstreckt werden können, obschon jene Handlungen bereits vor dem Inkrafttreten der Notverordnung begangen worden sind, und ob 2) die Aburteilung solcher Verbrechen durch ein neu zu bestellendes Gericht rechtlich zulässig ist«. Hinsichtlich der ersten wählten die drei Juristen eine verklausulierte und keineswegs eindeutige Stellungnahme, indem sie auf kontroverse Auffassungen verwiesen. Es sei zwar anzunehmen, daß »der Oberste Gerichtshof ... in folgerichtiger Weiterentwicklung der bisher von ihm aufgestellten Prinzipien die rückwirkende Strafverschärfung auf Grund eines einfachen Gesetzes zulassen muß, gestützt auf die Änderung der Fassung, die Art. 116 RV. gegenüber § 2 Abs. 1 StGB. bringt und die *auch nach unserer Ansicht* auf eine inhaltliche Verschiedenheit der beiden genannten Gesetze zu schließen zwingt, dergestalt, daß Art. 116 RV. sich nur mit dem ›Ob‹ der Bestrafung [nach dem Grundsatz *nullum crimen sine lege* = keine Rückwirkung von Strafgesetzen auf bis dahin nicht strafbare Handlungen], § 2 Abs. 1 StGB. dagegen sowohl mit dem ›Ob‹ wie mit dem ›Wie‹ der Bestrafung befaßt [nach dem Grundsatz *nulla poena sine lege* = keine Rückwirkung strafverschärfender Gesetze]«. Dieser Teil des Gutachtens schloß jedoch mit der Feststellung, in der Literatur werde »überwiegend ... die Rückwirkung des nachträglich strafschärfenden Gesetzes abgelehnt ... Die letztere Auffassung wird auch dem (für die Entstehung des in Art. 116 RV. anerkannten Grundsatzes bestimmenden) Zwecke am meisten gerecht, nämlich dem Zwecke, den Täter vor einem Strafübel zu schützen, das für seine Tat zur Zeit ihrer Begehung noch nicht angedroht war [*nulla poena sine lege*]. Diese Gedankenfolge kehrt im Schrifttum immer wieder, und daran anknüpfende kritische Bedenken werden sicherlich auch in der Öffentlichkeit erhoben werden, wenn eine Notverordnung rückwirkende Strafverschärfungen enthalten würde.« Die zweite Frage beantwortete das Gutachten mit Entschiedenheit negativ. – Auf dieses Professorengutachten hatte Staatssekretär Schlegelberger im Reichsjustizministerium in zwei gesonderten, wissenschaftlich ungleich gründlicheren Aufzeichnungen erwidert. Die erste befaßte sich mit der »Frage der Bestrafung der Täter, die am 27. Februar 1933 das Reichstagsgebäude in Brand gesetzt« hatten, und legte an Hand der Entstehung des Art. 116 RV dar, daß sich die gelehrten Strafrechtler im Irrtum befanden, als sie eine Differenz des Sinnes dieses Verfassungsartikels und des einschlägigen Strafgesetzbuchparagraphen konstruierten. Schlegelberger riet dringend vom Erlaß einer »Rückwirkungsverordnung« des Reichspräsidenten ab und machte darüber hinaus grundsätzliche Bedenken gegen eine Außerachtlassung des Grundsatzes *nulla poena sine lege* geltend, der »fast in der ganzen Kulturwelt« herrscht. Hierbei bemühte er auch den Mordfall von Potempa, dessen Behandlung gezeigt habe, daß die erst wenige Stunden vor dem Mord erfolgte und den Tätern aus objektiven Gründen noch unbekannt gebliebene Verkündung der die Todesstrafe androhenden Verordnung vom 9. August 1932 als nicht ausreichend erachtet wurde, um die Todesstrafe zu vollziehen. Diese Aufzeichnung Schlegelbergers endete mit der Bemerkung: »Die Geschichte der Nachkriegszeit ist nicht arm an Abscheu erregenden Taten. In keinem Fall jedoch ist der Grundsatz der Nichtrückwirkung strafschärfender Gesetze bisher verlassen worden. Seine Preisgabe müßte notwendig zu einer Verwirrung des allgemeinen Rechtsbewußtseins führen. Hiervon würde ich für das Rechtsgefühl des Volkes einen Schaden befürchten, der nach meiner Überzeugung durch die Befriedigung über die angemessene Sühne einer einzelnen Untat nicht wettgemacht wird.« – In der zweiten Aufzeichnung »zur Beschleunigung der Verfahren« warnte der Staatssekretär davor, den Anschlag gegen den Reichstag einem Sondergerichtsverfahren zu unterwerfen; er sprach sich aber auch dagegen aus, ein Schnellverfahren einzuführen, das die drei Universitätsprofessoren immerhin empfohlen hatten. Schlegelberger hielt nicht dafür, »daß der Staat auf die Möglichkeit und auf die Notwendigkeit, diese Zusammenhänge [des Täters »mit einer oder gar mit mehreren großen Parteien«] wirklich aufzuklären, sollte verzichten können«. Diese Äußerungen stellten also in keiner Hinsicht eine Ermutigung oder Unterstützung Hitlers in seiner Absicht dar, die Reichstagsbrandstiftung mit der Todesstrafe zu ahnden.

35 Funksprüche des Generalstaatsanwalts vom 9. und 12. Mai 1933 im Zusammenhang mit dem Verfahren »gegen Leipart und Genossen wegen Korruption«, die sich auf den § 1 der Verordnung vom 28. Februar (Aufhebung der Grundrechte) beriefen, mitgeteilt in einer Anfrage der Vertretung Sachsens beim Reich an den Reichsinnenminister vom 3. August 1933 (zufolge einer besonderen sächsischen Verordnung vom 3. Mai war damals eine Doppelbeschlagnahme eingetreten, die besondere Fragen aufwarf); Abschrift bei den Akten des preußischen Justizministeriums (*BA*, P 135/10 733, fol. 144 ff.).

36 Verordnung gegen Verrat am deutschen Volke und hochverräterische Umtriebe, worunter jetzt auch die Verbreitung »hochverräterischer« Druckschriften verstanden wurde (*RGBl.*, I, 1933, S. 85).

37 Verordnung zur Abwehr heimtückischer Angriffe gegen die Regierung der nationalen Erhebung vom 21. März 1933, § 3 (*a. a. O.*, S. 135).

38 Verordnung über die Bildung von Sondergerichten vom 31. März 1933 (*a. a. O.*, S. 136). Einer abschwächenden Verordnung der Reichsregierung über die Zuständigkeit der Sondergerichte vom 6. Mai 1933 (*a. a. O.*, S. 259) folgte eine verschärfende Ausführungsverordnung des preußischen Justizministers vom 16. Mai (*Deutsche Justiz* 95, 1933, S. 154). Die Sondergerichte wurden zwar

mit drei Berufsrichtern besetzt; es bestand auch die Notwendigkeit zur Pflichtverteidigung, und es galten die Strafprozeßordnung und das Gerichtsverfassungsgesetz. Doch die gerichtliche Voruntersuchung und der Eröffnungsbeschluß entfielen. Die Aburteilung mußte sofort, ohne Einhaltung von Fristen, erfolgen, wenn die Schuld des Täters offenkundig war, so daß die Möglichkeit einer sorgfältigen Vorbereitung der Verteidigung fehlte. Einer Wiederaufnahme des Verfahrens stellten sich in der Praxis stets größere Schwierigkeiten in den Weg; die Entscheidungen selbst waren unanfechtbar. Vgl. Schorn (Anm. III/22), S. 111 f.

39 Dieses Gesetz vom 4. April 1933 (*RGBl.*, I, 1933, S. 162) dehnte Todesstrafe und Zuchthaushöchststrafen auf eine Reihe als »politisch« bezeichneter Gewalttaten aus: gemeingefährlichen Gebrauch von Sprengstoffen (§ 5 Abs. 2 des Sprengstoffgesetzes vom 9. Juni 1884), Brandstiftung, Sprengungen, Giftbeibringung, Veranstaltung von Überschwemmung, Beschädigung von Eisenbahnanlagen usw. (§ 229 Abs. 2; §§ 306–312; § 315 Abs. 2 und § 324 des Strafgesetzbuches). Inzwischen hatte das Gesetz über Verhängung und Vollzug der Todesstrafe vom 29. März (*a. a. O.*, S. 151) die Wirksamkeit der Reichstagsbrandverordnung auch auf Taten aus der Zeit vor dem 28. Februar ausgedehnt und außerdem für Todesstrafen bei Verbrechen gegen die öffentliche Sicherheit Erhängen angeordnet und damit eine Steigerung in der Form der Todesstrafe für bestimmte politische Delikte geschaffen. Zu den späteren Verschärfungen von Strafbestimmungen Leopold Schäfer, Hans Richter und Josef Schafheutle, *Die Strafgesetznovellen von 1933 und 1934. Mit Ausführungsvorschriften,* Berlin 1934; und von denselben, *Die Novellen zum Strafrecht und Strafverfahren von 1935 . . .,* Berlin 1936.

40 Während man die Vollstreckung von Todesurteilen auf allen Seiten zu umgehen versuchte, brachte die Verordnung des Reichspräsidenten vom 9. August 1932 eine wesentliche Strafverschärfung unter Anwendung der Todesstrafe im Falle des Totschlags aus politischen Gründen. § 1 Ziff. 1 dieser Verordnung bezog sich auf die §§ 212–215 StGB; die nach diesen Paragraphen zulässigen Strafen (§ 213 sieht z. B. als Mindeststrafe nur sechs Monate Gefängnis vor) wurden allesamt bis zur Todesstrafe heraufgesetzt.

41 1933 wurden in Preußen insgesamt 2006 Hauptverhandlungen geführt, 1774 Personen für schuldig und 376 für nicht schuldig in den Punkten der Anklage befunden. Von den Schuldsprüchen entfielen allein 287 auf das Sondergericht beim Landgericht Altona, dagegen nur 6 auf das Sondergericht in Essen (Handschriftliche Referentenniederschrift einer Statistik über die Tätigkeit der Sondergerichte 1933; *BA,* P 135/998, fol. 386 f.). Das Sondergericht in Hamburg verurteilte in einem einzigen Prozeß am 2. Mai 1934 39 Kommunisten wegen Teilnahme an Schießereien und Überfällen, die schon am 21. Februar 1933, also vor dem Reichstagsbrand stattfanden und bei denen zwei Straßenpassanten erschossen, ein SA-Mann und ein weiterer Passant verletzt wurden. Acht Kommunisten erhielten die Todesstrafe, zwei Strafen von je 15, zwei von

10 und 22 von 3 bis 9 Jahren Zuchthaus (Danner, Anm. I/230, S. 240).

42 Gesetz vom 23. Oktober 1933 (*RGBl.*, I, 1933, S. 723).

43 Begründung zum Entwurf des Gesetzes zur Gewährleistung des Rechtsfriedens, abgedr. bei Poetzsch-Heffter, »Vom Deutschen Staatsleben« (Anm. I/183), S. 18 f.

44 Die veröffentlichten Justizstatistiken lassen kaum eine zuverlässige Aufschlüsselung nach politischen Straftaten zu. Eine der wenigen in die Presse gelangten offiziellen Meldungen gab Zahlen über Urteile der Strafsenate I und II des Oberlandesgerichts Hamm bekannt. Sie ging von der Justizpressestelle in Dortmund aus und zählte für zwei Monate, Mitte Oktober bis Mitte Dezember 1933, allein 300 verurteilte Personen auf: 124 wegen Herstellung, Verbreitung oder Aufbewahrung kommunistischer Flugblätter und Handzettel, 15 wegen Errichtung einer Geheimdruckerei, 9 wegen Erteilung von oder Teilnahme an nicht erlaubtem Schießunterricht; 90 wegen Errichtung eines Waffenlagers, Verstecken von Waffen und Munition, Herstellung von Sprengkörpern, 7 wegen Verkaufs von Beitragsmarken für die KPD, 3 wegen Bemalens von Zäunen mit kommunistischen Parolen, 4 wegen Verheimlichung von Eigentum der KPD, 2 wegen Teilnahme an einem antifaschistischen Kongreß in Paris, 46 wegen Tätigkeit zugunsten der Revolutionären Gewerkschafts-Opposition oder der KPD, eine Person wegen kommunistischer Werbetätigkeit im Freiwilligen Arbeitsdienst (*National-Zeitung,* Essen, Nr. 353 vom 23. Dezember 1933). Vgl. hierzu u. Anm. III/214.

45 Gesetz über den Widerruf von Einbürgerungen und die Aberkennung der deutschen Staatsangehörigkeit vom 14. Juli 1933 (*RGBl.*, I, 1933, S. 480).

46 Es fehlte auch nicht an gelegentlichen Versuchen, bestimmten Kategorien bekämpfter politischer Gegner kurzerhand eine besonders auffällige Neigung zur Kriminalität nachzusagen, um sie zu diskriminieren. Hierunter fällt ebenso der von Goebbels und seiner Propagandamaschine zu unzähligen Malen gebrauchte Ausdruck vom »kommunistischen« oder »bolschewistischen Untermenschentum« wie der antisemitische Anwurf, daß der Hang zur Straffälligkeit eine »rassische Lebenserscheinung der Juden« sei. So Gerd Rühle, *Rasse und Sozialismus im Recht* (*Deutsche Rechtsbücherei,* hrsgg. von Hans Frank), Berlin [1935], S. 28. Alle diese Bestrebungen gehen auf die propagandistische Tendenz zurück, politisch Bekämpfte zu Kriminellen zu stempeln, um mit größerer Sicherheit den Abscheu der großen Massen zu erregen.

47 Auf einem Presseempfang am 11. April 1933 gab Freisler nach der Aufzeichnung eines Zeugen »ganz offen zu, daß er von den Methoden des sowjetischen Aufbaus eine ganze Menge gelernt habe« und daß er sich nach wie vor »zur Trotzkischen Lehre der permanenten Revolution« bekenne. Er sei der Überzeugung, »daß auf Jahrzehnte hinaus das deutsche Volk in einem revolutionären Stadium fieberhaft gehalten werden müsse ...« Der Berichterstatter fährt fort: »Andererseits legte ... [Freisler] ein so deut-

liches Bekenntnis zur nationalen Revolution ... ab, daß versichert werden kann, daß er von dem Sowjetsystem nur die Methode, keineswegs aber die Ziele irgendwie anerkennt ...« (Informationsbericht Dr. Kausch vom *Dienst nationaler Tageszeitungen, Dienatag,* vom 12. April 1933; *BA*, Sammlung Brammer 26). Es ist wahrscheinlich, daß Hitler selbst ein letztes Mißtrauen gegen Freisler nicht überwinden konnte und ihn später aus diesem Grunde auf den Präsidentenstuhl des von dem Staatssekretär erfundenen Volksgerichtshofs abschob, wo Freislers Tätigkeit keine Grenzen gesetzt waren, ihm aber doch kein politischer Einfluß zuwuchs. Vgl. Henry Picker, *Hitlers Tischgespräche im Führerhauptquartier 1941–42,* Bonn 1951, S. 212; und die Bemerkungen über Freisler von Helmut Heiber, »Zur Justiz im Dritten Reich. Der Fall Eliáš«, in: *Vierteljahrshefte für Zeitgeschichte* 3 (1955), S. 276 f.; ders., »Der Fall Grünspan«, in: *Vierteljahrshefte* ... 5 (1957), S. 155.

48 Das Ausmaß der kommunistischen Tätigkeit gehört zu dem umstrittensten Kapitel der Geschichte des Jahres 1933 und bedarf noch weiterer Aufklärung. Unabhängig von der Klärung dieser Frage lassen sich jedoch die Kampfparolen gegen den Kommunismus und gegen den Marxismus, die während des Wahlkampfes vor dem 5. März von Hitler und den Seinen ausgegeben (bereits in der Reichsministerbesprechung am 1. Februar 1933, Auszug aus der Niederschrift in: *Documents* ..., Anm. I/159, S. 15) und vom 27. Februar an in schärfster Form angewendet wurden, als taktische und propagandistische Mittel der Nationalsozialisten während der Machtergreifung durchschauen. Die amtlichen Unterlagen, die den Regierungsstellen vorlagen, soweit sie bekannt sind, stützen zumindest nicht für das Frühjahr 1933 die Behauptung besonders aggressiver politischer Umtriebe der KPD in Deutschland; das gilt auch für die auf geheimem Informations- und Anweisungsmaterial beruhenden Berichte der Nachrichtensammelstelle des Reichsinnenministeriums über die Tätigkeit der KPD und der Roten Hilfe nach Jahresbeginn 1933 (*BA,* P 135/8474). Im Juni 1933 wandte sich der Polizeiherr von Bremen an Freisler (geheimes Schreiben an den »Pg. Dr. Freisler« [!] vom 19. Juni; *a. a. O.,* fol. 52) und der Bremer Staatskommissar für Reichs- und auswärtige Angelegenheiten an den Reichsjustizminister (beglaubigte Abschr. eines Schreibens vom gleichen Tage; *a. a. O.,* fol. 53). Beide forderten, ohne mit irgendwelchem Tatsachenmaterial oder mit sachlichen Angaben aufzuwarten, wegen der angeblich »allgemein im Reiche« an Umfang gewinnenden illegalen kommunistischen Tätigkeit die »schärfsten Maßnahmen«, »reichsrechtliche Bestimmungen von rücksichtsloser Schärfe, Einrichtung von Standgerichten und Verhängung der Todesstrafe gegen illegale kommunistische Tätigkeit«. Solche Anträge dürfen wohl als Ausdruck des Unsicherheitsgefühls und einer übersteigerten Angstpsychose der an eine illegale KPD nicht gewöhnten NSDAP-Funktionäre verstanden werden. Eine spätere, vierzigseitige »Denkschrift über die kommunistischen Umsturzbestrebungen in Deutschland«, die im Auftrage des Oberreichsanwalts angefertigt wurde und am

3. Oktober 1933 in einem Exemplar über die Nachrichtensammelstelle des Reichsinnenministeriums an Staatssekretär Pfundtner gelangte (vervielf., *HAB*, Rep. 320, Pfundtner 307), bringt zwar den Nachweis der staatsfeindlichen, einen gewaltsamen Umsturz vorbereitenden Tätigkeit der KPD, verzeichnet jedoch erstaunlich wenig Material von Anfang und aus dem Frühjahr 1933 – lediglich einige Broschüren und Flugblätter; der letzte aufgeführte Waffenfund wurde am 27. Dezember 1932 gemacht. Es bedarf keines weiteren Beweises dafür, daß das Material, mit dem Göring am Tage nach dem Reichstagsbrand die Reichsminister düpierte, lediglich in der Phantasie existierte.

49 Die Aktenvermerke der befragten zuständigen Referenten im preußischen Justizministerium vom 28. Juni 1933 stellten auf Grund der anhängigen Strafverfahren eine regere kommunistische Aktivität »lediglich in den Oberlandesgerichtsbezirken Hamm und Breslau«, im übrigen aber eher einen Rückgang als eine Zunahme fest (*a. a. O.*, fol. 54).

50 Freislers Antwort mußte den Bremer Polizeiherrn eher bestärken als beruhigen (von Freisler unterzeichneter Entwurf mit Abgangsvermerk vom 8. Juli 1933; *a. a. O.*, fol. 55). Er bemerkte, daß auch er »die Tätigkeit der KPD ... auf Grund der hier eingehenden Berichte der Staatsanwaltschaften mit besonderer Aufmerksamkeit« verfolge; Freisler wollte sich angeblich, »sobald sich hierzu Gelegenheit bietet, insbesondere bei einer etwa vom Reichsministerium des Innern einzuberufenden Referentenbesprechung, ... im Sinne ... [der] Ausführungen des Polizeiherrn« aussprechen. Die Akten geben keinen Anhalt für eine derartige Konferenz auf Initiative des Reichsinnenministeriums in der nächsten Zeit. Jedoch berief Freisler zum 22. Juli eine Konferenz der Generalstaatsanwälte in das preußische Justizministerium, die offenbar mit den erwähnten Vorgängen in Zusammenhang stand.

51 Rede des Generalstaatsanwalts in Breslau vor den Oberstaatsanwälten seines Oberlandesgerichtsbezirks, die er am 27. Juli 1933 auf Grund der erwähnten Besprechung beim preußischen Justizminister hielt und dem Justizministerium im vollen Wortlaut mitteilte (*BA*, P 135/4542, fol. 81–88). Der Generalstaatsanwalt gab weiterhin die Anweisung, daß jeder Angehörige seiner Behörde Hitlers Buch *Mein Kampf* lesen müsse; jeder Staatsanwalt müsse »mit dem Gedankengut der nationalsozialistischen Weltanschauung erfüllt sein, damit jeder deutsche Volksgenosse, jeder nationalsozialistische Kämpfer weiß, daß der Staat seine Sicherheit garantiert«.

52 Niederschrift über die Besprechung des Generalstaatsanwalts in Naumburg/Saale mit den Oberstaatsanwälten seines Bezirks am 8. August 1933, die sich ebenfalls auf die Konferenz der Generalstaatsanwälte bezog. die am 22. Juli im Justizministerium stattgefunden hatte (vervielf. Exemplar, *a. a. O.*, fol. 104–120).

53 Der Generalstaatsanwalt in Breslau am 27. Juli 1933 (*a. a. O.*, fol. 81–88).

54 Für die Delikte stehen dem Verf. nur Zahlen aus Preußen zur

Verfügung; sie lassen deutlich einen Rückgang erkennen: 1932 betrug die Zahl der Tötungsdelikte 390, 1933 dagegen 357, die Zahl der Raubdelikte (einschl. räuberischer Erpressung) 1932: 1 971, demgegenüber 1933: 1 428; *Die Rechtsentwicklung* ... (Anm. III/32), S. 385; S. 387.

55 Gesetz über die Gewährung von Straffreiheit vom 7. August 1934 (*RGBl.*, I, 1934, S. 769) und Allgemeine Verfügung des Reichsjustizministers vom 8. August in: *Deutsche Justiz* 96 (1934), S. 1018.

56 *Deutsche Justiz* 96 (1934), S. 1210 f. Die Ziffern beruhen auf Aktenunterlagen des preußischen Justizministeriums (*BA*, P 135/7932, fol. 33–38). Bemerkenswert ist der Vergleich mit der letzten voraufgegangenen Amnestie vom 20. Dezember 1932, die in Preußen 51 933 Personen betraf, obgleich diese den Kreis der berücksichtigten Delikte viel weiter zog als die Hitler-Amnestie, der überdies im Sommer 1933 schon besondere preußische Gnadenerweise vorausgegangen waren (Ausführungsverordnung des preußischen Justizministeriums vom 25. Juli; *Deutsche Justiz* 95, 1933, S. 236).

57 Hierzu Friedrich Oetker, Art. »Grundprobleme der nationalsozialistischen Strafrechtsreform«, in: *Nationalsozialistisches Handbuch für Recht und Gesetzgebung* (Anm. II/11), S. 1317–1361.

58 »Nicht nur, wer egoistisch eingreift in die Sphäre eines Volksgenossen, ... auch wer seine Gliedstellung vergißt, sich an der Gemeinschaft vergreift, ihr den Gehorsam versagt, ist Volksfeind« (Oetker, *a. a. O.*, S. 1317). Will man den Wurzeln dieser Auffassungen nachspüren, so wird man hierbei auch die sogenannte politische Jurisprudenz Rudolf v. Iherings und Otto Bährs nicht unberücksichtigt lassen dürfen, die nicht zu Unrecht eine »technische Sozialwissenschaft« genannt worden ist (Reinhold Schober, *Politische Jurisprudenz. Eine Würdigung ihres Wegbereiters Ihering,* Berlin 1933). Bezeichnend für die Auseinandersetzung mit der individualistischen Kriminallehre Franz v. Liszts war die Leipziger Antrittsvorlesung Friedrich Schaffsteins, *Politische Strafrechtswissenschaft* (*Der deutsche Staat der Gegenwart,* Heft 4), Hamburg 1934. Grundlegend für das Staatsrecht der ersten Jahre: Otto Koellreutter, *Grundriß der Allgemeinen Staatslehre,* Tübingen 1933, vgl. S. 42 ff.; S. 50 ff.; S. 54 ff.; charakteristisch für die unmittelbare Verknüpfung von Strafrecht, Nationalismus und Antisemitismus die Schrift eines nationalsozialistischen Justizfunktionärs, des Reichsamtsleiters Hermann Schroer, *Mord – Judentum – Todesstrafe* (*Judentum und Recht,* Heft 2), München o. J.

59 Die Akademie für Deutsches Recht wurde am 2. Oktober 1933 auf dem Deutschen Juristentag in Leipzig mit Ansprachen von Frank und den Münchner Professoren Wilhelm Kisch und Otto v. Zwiedineck feierlich proklamiert. Ihre Satzung erhielt sie im Juli 1934. Ursprünglich war eine Mitgliederhöchstzahl von 100 vorgesehen; doch 1937 bildete sie bereits 45 Ausschüsse mit fast 300 Mitgliedern. Für ihre Werbetätigkeit, namentlich im Ausland, bediente sie sich außerdem eines Kreises von »Freunden der Akademie für Deutsches Recht«. Vgl. *Deutscher Juristentag 1933.*

4. Reichstagung des Bundes Nationalsozialistischer Deutscher Juristen. Ansprachen und Fachvorträge, zusammengest. und bearb. von Rudolf Schraut, Berlin 1933, S. 222 ff.; Karl Lasch, Art. »Die Akademie für Deutsches Recht«, in: *Nationalsozialistisches Handbuch für Recht und Gesetzgebung* (Anm. II/11), S. 1572–1580; ders., Art. »Akademie für Deutsches Recht«, in: *Die Rechtsentwicklung der Jahre 1933 bis 1935/36* (Anm. III/32), S. 1–5; *Jahrbuch der Akademie für Deutsches Recht* 2 (1935), S. 187 ff. (Satzung).

60 Den Vorsitz im Ausschuß für Staats- und Verwaltungsrecht führte der Staatsrechtslehrer Carl Schmitt, im Ausschuß für gewerblichen Rechtsschutz der Großindustrielle Carl Duisberg; dem Ausschuß für Bank- und Börsenrecht präsidierte der Münchener Bankier August v. Finck, dem Ausschuß für Finanz- und Steuerrecht der nationalsozialistische Staatssekretär im Reichsfinanzministerium, Reinhardt, dem Ausschuß für Bevölkerungspolitik der Münchener Staatsrechtler van Calker, dem Ausschuß für Polizeirecht Staatssekretär Grauert und dem Ausschuß für Rechtsphilosophie Frank und neben ihm Carl August Emge, der Leiter des Nietzsche-Archivs in Weimar. Den Vorsitz im Ausschuß für Strafrecht und Strafprozeßrecht erhielt Staatssekretär Freisler.

61 *Nationalsozialistisches Strafrecht. Denkschrift des preußischen Justizministers,* Berlin 1933.

62 *A. a. O.,* S. 6.

63 Kerrl in der Einleitung, *a. a. O.,* S. 4.

64 Roland Freisler, »Willensstrafrecht; Versuch und Vollendung«, in: *Das kommende deutsche Strafrecht. Allgemeiner Teil. Bericht über die Arbeit der amtlichen Strafrechtskommission,* hrsgg. von Franz Gürtner, Berlin 1934, S. 11. Die Bearbeiter dieses Berichts waren neben Freisler Ministerialdirektor Ernst Schäfer, Ministerialrat Leopold Schäfer, Oberlandesgerichtsrat Karl Schäfer und Oberregierungsrat v. Dohnanyi vom Reichsjustizministerium, Ministerialrat Rietzsch und Vizepräsident Grau vom preußischen Justizministerium, Senatspräsident Klee und Oberstaatsanwalt Reimer. Die Fortsetzung dieses Berichts erschien als *Besonderer Teil,* Berlin 1935.

65 Auf diese Weise wurde »der Erfolg seiner strafbegründenden und straferhöhenden Wirkung entkleidet« (*Nationalsozialistisches Strafrecht,* Anm. II/61, S. 112) und ein einheitlicher Täterbegriff konstruiert, der die klassischen Differenzierungen »Mittäterschaft«, »Beihilfe«, »Anstiftung«, »mittelbare Täterschaft« und »Täterschaft« aufhob.

66 Hierzu gehörte beispielsweise die »Preisgabe von Erfindungen« an das Ausland, »die für die Landesverteidigung von wesentlicher Bedeutung« und die nicht zuvor der zuständigen deutschen Behörde zur Übernahme angeboten wurden (*a. a. O.,* S. 29). Eine Kodifizierung dieses Vorschlages hätte den regen Patent- und Erfindungsaustausch mit ausländischen Unternehmen, den wichtige großindustrielle Zweige der deutschen Wirtschaft pflegten und vertraglich vereinbart hatten, unter schwere Strafe gestellt.

67 *A. a. O.*, S. 38 f.
68 *A. a. O.*, S. 114.
69 *A. a. O.*, S. 115.
70 Das Gesetz gegen gefährliche Gewohnheitsverbrecher und über Maßregeln der Sicherung und Besserung vom 24. November (*RGBl.*, I, 1933, S. 995) brachte eine allgemeine Strafverschärfung für Gewohnheitsverbrecher, die Sicherungsverwahrung bis auf Lebenszeit und ließ die Entmannung von Sittlichkeitsverbrechern zu.
71 Gesetz zur Änderung von Vorschriften des Strafrechts und des Strafverfahrens vom 24. April (*RGBl.*, I, 1934, S. 341).
72 Karl Schäfer, »Nullum crimen sine lege, nulla poena sine lege«, in: *Das kommende deutsche Strafrecht. Allgemeiner Teil* (Anm. III/64), S. 128–139.
73 Freisler (Anm. III/64), S. 11 f.
74 *A. a. O.*, S. 12.
75 »Hie – sozialistische Energie, verkörpert im nationalsozialistischen Staat; hie – antisozialistische Energie, verkörpert in den Trägern böser, unrechter, antisozialistischer, anarchistischer Tatbereitschaft« (*a. a. O.*, S. 19).
76 *Schultheß, 1933,* S. 70.
77 Freisler (Anm. III/64), S. 19. – Treffend bemerkt Martin Broszat in seiner Einleitung der Dokumentation »Zur Perversion der Strafjustiz im Dritten Reich«, in: *Vierteljahrshefte für Zeitgeschichte* 6 (1958), S. 395: »... man verfuhr mit der Volksgemeinschaft wie mit einer Pflanzenzucht, deren mißratene Schößlinge in bestimmten zeitlichen Abständen regelmäßig ›ausgekämmt‹ und ›ausgejätet‹ werden mußten.«
78 Wörtlich in dem Beitrag des sächsischen Justizministers Thierack in: Roland Freisler, Walter Luetgebrune et al., *Denkschrift des Zentralausschusses der Strafrechtsabteilung der Akademie für Deutsches Recht über die Grundzüge eines Allgemeinen Deutschen Strafrechts* (*Schriften der Akademie für Deutsches Recht,* H. 1), Berlin 1934, S. 29.
79 Freisler (Anm. III/64), S. 15.
80 Freisler/Luetgebrune (Anm. III/78), S. 7–24.
81 Der Satz: »Mißbräuchliche Ausnutzung und Verwendung des Bodens sind zu unterbinden« (*a. a. O.*, S. 9) ist unmittelbar aus dem Parteiprogramm der NSDAP abgeleitet.
82 Hierfür führte Freisler den Begriff des »Volksverrats« ein, den er später zum Generalterminus erweiterte, der alle politischen Delikte umfaßte, Staatsverbrechen, Landes- und Hochverrat. Vgl. Roland Freisler, Art. »Volksverrat«, in: *Die Rechtsentwicklung der Jahre 1933 bis 1935/36* (Anm. III/32), S. 813–820.
83 Freisler/Luetgebrune (Anm. III/78), S. 9. Es fehlte sogar völlig unter den Leitsätzen des Zentralausschusses (Beitrag Thieracks, *a. a. O.*, S. 25–30).
84 *A. a. O.*, S. 11. Ausführlich hierzu auch der Beitrag des Rechtsberaters der Obersten SA-Führung, SA-Gruppenführer Walter Luetgebrune, in: Freisler/Luetgebrune, *a. a. O.*, S. 42 ff.

85 *A. a. O.*, S. 87.

86 Dieser Satz wurde zum ersten Male von Frank 1926 formuliert und danach, teilweise abgewandelt, häufig zitiert. Vgl. Hans Frank in: *Nationalsozialistisches Handbuch für Recht und Gesetzgebung* (Anm. II/11), S. XIV. Helmut Nicolai, *Die rassengesetzliche Rechtslehre. Grundzüge einer nationalsozialistischen Rechtsphilosophie* (*Nationalsozialistische Bibliothek,* Heft 39), 2. Aufl., Berlin 1933, S. 33: Recht ist, »was dem Leben der Volksgemeinschaft dient«.

87 Fritz v. Hippel, *Die Perversion von Rechtsordnungen,* Tübingen 1955, S. 41.

88 Hans Frank, *Die Technik des Staates* (*Schriftenreihe des Institutes für die Technik des Staates an der Technischen Hochschule München*), Berlin–Leipzig–Wien 1942, S. 23.

89 Hierzu Hippel (Anm. III/87), S. 122 ff.

90 Friedrich Oetker, »Gefährdungs- und Verletzungsstrafrecht«, in: Freisler-Luetgebrune (Anm. III/78), S. 46–61; auch August Schoetensack, »Der Versuch«, *a. a. O.,* S. 62–69; dagegen Freisler, *a. a. O.,* S. 70–75.

91 *Nationalsozialistisches Strafrecht* (Anm. III/61), S. 123 f.

92 Vgl. hierzu auch den Überblick über die Strafjustiz bei Schorn (Anm. III/22), S. 62 ff.

93 Einen Eindruck von der Art und den Ausmaßen dieser Diskussion in den späteren Jahren vermitteln die Aufsätze von Georg Dahm und Friedrich Schaffstein, *Methode und System des neuen Strafrechts,* Berlin 1937, und die dort aufgeführte kontroverse Literatur. Einen Überblick über Fortgang der Erörterungen und Literatur geben die Abschnitte »Strafrechtsreform« in: *Jahrbuch des Deutschen Rechts,* N. F., 1934 ff., hrsgg. von Franz Schlegelberger, Roland Freisler, Werner Hoche, Eberhard Staud, ab 1935 auch Reinhard Neubert.

94 Rudolf Diels, *Lucifer ante portas ... es spricht der erste Chef der Gestapo ...,* Stuttgart 1950, S. 165; vgl. die Darstellung des ersten Leiters der Politischen Polizei (1921–1925) und späteren Polizeivizepräsidenten von Berlin, Bernhard Weiß, *Polizei und Politik,* Berlin 1928, S. 51 ff.; auch den Art. »Politische Polizei« in: *Handwörterbuch der Rechtswissenschaft,* Bd. IV, Berlin–Leipzig 1927, außerdem die materialreiche, aber vollständig in nationalsozialistischen Auffassungen befangene juristische Abhandlung von Alfred Schweder, *Politische Polizei. Wesen und Begriff der politischen Polizei im Metternichschen System, in der Weimarer Republik und im nationalsozialistischen Staate,* Berlin 1937.

95 Runderlaß des Innenministers vom 26. April (*Ministerial-Blatt für die Preußische innere Verwaltung,* I, 1933, Sp. 503). Es ist nicht ganz richtig, von Göring als eigentlichem Leiter der GeStapo zu sprechen, wie es Diels, *a. a. O.,* S. 17, tut. Göring führte offiziell die Bezeichnung »Chef der Geheimen Staatspolizei«; voll verantwortlicher und selbständig handelnder Amtsleiter unter ihm war der »Inspekteur der Geheimen Staatspolizei«, zuerst Diels, später Himmler mit seinem ständigen Stellvertreter Heydrich, der sich

nach und nach noch mehr Befugnisse aneignete, als sein Vorgänger besaß. Die verhältnismäßig kleine Abteilung I A wurde bei der Neuorganisation wesentlich vergrößert. Eine Übersicht über den Mehrbedarf im Haushaltsjahr 1933 verzeichnet für das Gestapo-Amt 20 zusätzliche Stellen für höhere, 90 für mittlere und untere Beamte und 600 Stellen für Kriminalangestellte. Hinzu kamen 8 höhere und ein mittlerer Beamter für Görings »Forschungsamt« und 253 Angehörige seiner »Stabswache«. Die Kosten für die Geheime Staatspolizei wurden für das Rechnungsjahr 1933 auf 3 950 000 RM, die der Hilfspolizei (Stabswache) auf 765 000 RM, des »Forschungsamts« auf 575 000 RM und für die preußischen Konzentrationslager auf 9 850 000 RM beziffert (Anlagen zu den Unterlagen für eine Staatssekretärbesprechung am 7. September 1933, *HAB,* Rep. 320, Grauert 28).

96 Schon im Oktober 1933 war im Reichsinnenministerium der Entwurf eines Gesetzes über die Politische Polizei ausgearbeitet worden (Original des Entwurfes nebst Begründung vom 20. Oktober 1933: *HAB,* Rep. 320, Pfundtner 304). Die Begründung wandte sich ausdrücklich gegen die selbständige Tätigkeit der Politischen Polizei. Aus dem Text des Entwurfes läßt sich aber auch auf Bedenken gegen eine unkontrollierbare Personalpolitik schließen. § 2 lautet: »Die obersten Landesbehörden und, bei Weisungen im Einzelfall, die Behörden, an die die Weisungen ergangen sind, sind dem Reichsminister des Innern für die Befolgung seiner Weisungen verantwortlich.« Die leitenden Beamten, die mit Aufgaben der Politischen Polizei betraut waren, sollten nur im Einverständnis mit dem Reichsminister des Innern amtsenthoben, versetzt oder in den Ruhestand versetzt werden. Auch Neuernennungen sollten seines Einverständnisses bedürfen (§ 3).

97 Aktenvermerk Pfundtners vom 20. Oktober 1933, von Frick abgezeichnet (*HAB,* Rep. 320, Pfundtner 304).

98 Gesetz vom 30. November (*Preußische Gesetzsammlung,* 1933, S. 413).

99 Gesetz vom 1. Dezember 1933 (*a. a. O.,* S. 417).

100 Gesetz vom 18. Januar 1934 (*a. a. O.,* 1934, S. 46).

101 Runderlasse des preußischen Ministerpräsidenten vom 8. und 14. März 1934 (*Ministerial-Blatt für die Preußische innere Verwaltung,* 95, 1934, S. 469–473). Vgl. auch Bernhard Vollmer, *Volksopposition im Polizeistaat. Gestapo- und Regierungsberichte, 1934–1936* (*Quellen und Darstellungen zur Zeitgeschichte,* Bd. 2), Stuttgart 1957, S. 9.

102 »Denkschrift über den Aufbau einer Geheimen Reichspolizei und eines Geheimen Reichspolizeiamtes« von Lengrießer, nebst Organisationsplan, überreicht unterm 19. Dezember 1933 (Orig. *HAB,* Rep. 320, Pfundtner 304). Der Organisationsplan sah vier Abteilungen vor, die bereits die Grundzüge des späteren Aufbaus des Reichssicherheitshauptamtes erkennen lassen: I. Überwachung der öffentlichen Sicherheit; II. Justitiarat und Presse; III. Organisation und Verwaltung und IV. Abwehr.

103 Vgl. o. Anm. II/28.

104 Vgl. Hans Buchheim, »Die organisatorische Entwicklung der politischen Polizei in Deutschland in den Jahren 1933 und 1934«, in: *Gutachten des Instituts für Zeitgeschichte* (Anm. I/226), S. 294–307; ders., »Die SS in der Verfassung des Dritten Reiches«, in: *Vierteljahrshefte für Zeitgeschichte* 3 (1955), S. 127 ff. Die Verknüpfungen zwischen SS und Politischer Polizei beschränkten sich keineswegs auf die Besetzung einzelner Leitungsstellen. Die Beamtenstellen wurden vermehrt und meist mit SS-Leuten aufgefüllt, teilweise auch kasernierte Bereitschaften der Politischen Polizei aus »besonders ausgesuchten SS-Leuten« gebildet, auf diese Weise also ausgewählte Teile der SS etatisiert. In Württemberg z. B. rief Reichsstatthalter Murr schon im Frühjahr 1933 derartige Bereitschaften ins Leben, die ein Jahr später in einer Gesamtstärke von 800 Mann in Ellwangen und Reutlingen kaserniert waren und zu besonderen Aktionen verwendet wurden, »bei denen die allgemeine Polizei, in der sich noch viele Nichtnationalsozialisten befinden, nicht zu brauchen« war. Zu dieser Zeit beantragte er beim Reichsinnenministerium eine Vermehrung der Beamtenstellen der Politischen Polizei um 70 (Durchschlag eines Referentenvermerks für Frick vom 31. Mai 1934, *HAB,* Rep. 320, Pfundtner 304).

105 Diels trat am 11. Mai 1934 das Amt des Regierungspräsidenten in Köln an.

106 Wortlaut mehrerer gleichlautender Mitteilungen des Inspekteurs der GeStapo an den preußischen Innenminister vom 31. Mai 1934 (Abschriften *HAB,* Rep. 90/951).

107 Heinrich Müller, einst Mitglied der Bayerischen Volkspartei, wurde als Regierungsoberinspektor Leiter der Abteilung III und mußte jahrelang auf einen höheren Rang verzichten, da eine Übernahme in die höhere Beamtenlaufbahn gegen den Einspruch des Reichsfinanzministers nicht zustande kam. Erst 1937 konnte Müller zum Oberregierungs- und Kriminalrat befördert werden.

108 Unter den anderen 7 »Neulingen« im GeStapo-Amt (2 Oberregierungsräten, 5 Regierungsräten) befanden sich kein weiteres Mitglied des SD, nur zwei Angehörige der SS (ein Sturmführer, ein SS-Mann) und ein förderndes Mitglied der SS. Im Zeitpunkt der Ernennung gehörten sie ausnahmslos der NSDAP an; vor 1933 war jedoch nur einer von ihnen Nationalsozialist, ein anderer Mitglied der DNVP; einer gehörte der Deutschen Staatspartei und republikanischen Verbänden an. Alle waren schon vor 1933 höhere Beamte, einer von ihnen kam aus dem Kriminalpolizeidienst; die übrigen waren aus der inneren Verwaltung hervorgegangen, hatten sich aber vor ihrer Versetzung in das GeStapo-Amt als Leiter von Staatspolizeistellen in der Provinz betätigt (Personalunterlagen *HAB,* Rep. 90/951). Es muß aber angemerkt werden, daß es zu dieser und in späterer Zeit auch höhere GeStapo-Beamte gab, die ursprünglich nicht der NSDAP angehörten, sondern erst in Verbindung mit ihrer Aufnahme in die SS und den SD Parteimitglieder wurden. Hierzu zählte auch ein späterer Regierungsdirektor und Polizeivizepräsident von Berlin, der bis 1933 Regierungsassessor und Stahlhelmmitglied war. Er

wurde 1933 Mitglied der SS und Obersturmführer im SD. 1934 kam er zur GeStapo in Königsberg und war in den folgenden Jahren nacheinander Leiter der GeStapo in Osnabrück, Hannover und Düsseldorf, ehe er 1937 zum Leiter der Staatspolizei-Leitstelle in Berlin ernannt wurde (Personalunterlagen *HAB*, Rep. 90/1049).

109 Zur weiteren Geschichte der GeStapo und ihrer Beziehungen zur SS sind außer den Arbeiten von Buchheim (Anm. III/104) und den Memoiren von Diels (Anm. III/94) noch zwei weitere wichtige Untersuchungen zu erwähnen: Ermenhild Neusüß-Hunkel, *Die SS* (*Schriftenreihe des Instituts für wissenschaftliche Politik* in Marburg/Lahn, Nr. 2), Hannover–Frankfurt a. M. 1956, S. 41; und Edward Crankshaw, *GeStapo. Instrument of Tyranny*, London 1956. Eine umfassende kritische Übersicht über die Literatur zum Thema »SS« gibt Karl O. Paetel, »Der Schwarze Orden. Zur Literatur über die SS«, in: *Neue Politische Literatur* 3 (1958), Sp. 263–278.

110 Vervielf. Schreiben des Leiters des Geheimen Staatspolizeiamtes in Berlin, Diels, »an alle Reichs- und Preußischen Staatsministerien« vom 22. August 1933 (*BA*, P 135/3715, fol. 175^{c1}).

111 Von Grauert unterzeichneter Erlaß vom 10. November 1933 (*a. a. O.*, fol. 182). Den unmittelbaren Anlaß zu diesem Erlaß gab, wie aus einem Zusatz an den Regierungspräsidenten in Düsseldorf hervorgeht, die Verbringung einiger Beamter in ein Lager, dessen Existenz nicht einmal vom Innenminister genehmigt war und das lediglich aus leeren Fabrikräumen ohne sanitäre Anlagen und ohne Waschräume bestand.

112 In einer im Hinblick auf die Anfänge treffenden Charakterisierung bezeichnet die juristische Dissertation von Klaus Lauer, *Die Polizei im nationalsozialistischen Staat,* Hamburg 1935, S. 16, die Begriffe »öffentliche Sicherheit« und »öffentliche Ordnung« angesichts ihres »im nationalsozialistischen Geist begründeten inhaltlichen Wandels« als »die Einbruchsstellen, durch die das alte Rechtsleben überflutet« wurde.

113 *BA,* P 135/3715, fol. 175^{c}.

114 Ein Schreiben eines Berliner Rechtsanwalts und Notars an das preußische Justizministerium vom 24. August 1933 enthielt den Vorschlag, »eine allgemeine Anordnung dahingehend zu treffen, daß vor der Entlassung von Untersuchungs- oder Strafgefangenen in politischen Strafsachen der für die Unterbringung volksfeindlicher Elemente ins Konzentrationslager zuständigen Behörde (Geheimes Staatspolizeiamt, SS-Gruppe, Feldpolizei) Gelegenheit zur Stellungnahme und unmittelbaren Überführung in das Konzentrationslager zu geben ist . . .«. Der zuständige Referent versah es unter Verweis auf die ergangenen Verfügungen mit dem Vermerk, daß solche Maßnahmen nicht in Betracht kämen (*a. a. O.*, fol. 175^{d} f.).

115 Geheime Mitteilung des Geheimen Staatspolizeiamtes, Abt. IV, an das preußische Justizministerium vom 24. November 1933 (*a. a. O.*, fol. 185^{b}).

116 Geheimer Erlaß des preußischen Justizministers an die Provinzialjustizbehörden vom 20. Dezember 1933 (vervielf.; *a. a. O.,* fol. 185f). Im Anfang wurde dieser Erlaß wahrscheinlich überaus unterschiedlich angewendet. Hierauf läßt eine gemeinsame Verfügung des Oberlandesgerichtspräsidenten und des Generalstaatsanwalts in Naumburg/Saale vom 5. Januar 1934 schließen, die den Ministererlaß in einem etwas verengten Sinne auslegte, keine Initiative von seiten der nachgeordneten Justizbehörden anordnete, sondern die direkte Maßgabe der Staatspolizeistellen voraussetzte (*a. a. O.,* fol. 186). Der Primat der Staatspolizei blieb jedoch unverändert.

117 Nach einem Erlaß des preußischen Ministerpräsidenten vom 11. März 1934 (Anm. III/101) war die GeStapo allein für die Vollziehung der Schutzhaft zuständig. Entsprechend die Erlasse des Reichsinnenministers an die Reichsstatthalter und Landesregierungen vom 28. Februar und 12./26. April 1934 (*BA,* P 135/3715, fol. 199 ff.).

118 Ein geheimer Erlaß des preußischen Innenministers vom 13. November verfügte die Anwendung der »vorbeugenden Polizeihaft« gegen Berufsverbrecher. Ein weiterer Erlaß vom 10. Februar 1934 dehnte sie auf weitere Fälle aus: Falschmünzerei, Scheck-, Wechsel-, Aktien-, Paßfälschung u. a. m. (beide Erlasse in Abschrift als Anlagen zu einem Runderlaß des preußischen Justizministers vom 26. Februar 1934; *a. a. O.,* fol. 187 ff.).

119 Die GeStapo lehnte in einem Schreiben an den preußischen Justizminister vom 20. Juli 1934 eine Bekanntgabe von Anordnungen über die Gestaltung der Schutzhaft ab (von Heydrich unterzeichneter Brief *a. a. O.,* fol. 211). Später nannte es auch Freisler unumwunden eine »Zweckmäßigkeitsfrage, ob man Lebensfälle einer justizmäßigen oder anderen Bearbeitung zuweisen will«. Unter der Bedingung dieser politischen »Zweckmäßigkeitserwägungen« vertrat er den Grundsatz der »Übertragung« von »bestimmten Aufgaben auf die Rechtspflege oder zur sonstigen justizmäßigen Bearbeitung«. Doch nur noch die »Arbeitsmethode« unterschied die Justiz von dem staatspolizeilichen Zwangsinstrument. Vgl. Roland Freisler, »Justiz und Politik«, in: *200 Jahre Dienst am Recht. Gedenkschrift aus Anlaß des 200jährigen Gründungstages des Preußischen Justizministeriums,* hrsgg. vom Reichsminister der Justiz Franz Gürtner, Berlin o. J., S. 202 f.

120 Werner Spohr, »Das Recht der Schutzhaft«, in: *Deutsche Justiz* 96 (1934), S. 59; s. auch Otto Geigenmüller, *Die politische Schutzhaft im nationalsozialistischen Deutschland,* 2. Aufl., Würzburg 1937. Walter Hamel leitete die ausgedehnte Form der Schutzhaft aus dem »Wesen eines wahrhaft politischen Staates, der von liberalen Fesseln befreit ist«, her; *Deutsches Verwaltungsrecht,* hrsgg. von Hans Frank, München 1937, S. 394 f.

121 Grauert, »Die Entwicklung des Polizeirechts« (Anm. I/208).

122 *Jahrbuch des Deutschen Rechts,* N. F., 1 (1934), S. 3.

123 Über Entstehung und Aufgaben der Politischen Polizei: Hans Buchheim (Anm. III/104), S. 294–307. Aus der Literatur der

nationalsozialistischen Zeit seien genannt: eine der ersten Darstellungen von Klaus Lauer (Anm. III/112); Werner Best, Art. »Die politische Polizei im Dritten Reich«, in: *Deutsches Verwaltungsrecht* (Anm. III/120), S. 417 ff.; ders., *Die deutsche Polizei* (*Forschungen zum Staats- und Verwaltungsrecht,* hrsgg. von Reinhard Höhn, Reihe A, Bd. V), 2. Aufl., Darmstadt 1941; Schweder (Anm. III/94). Eine ausführliche, systematische Darlegung der Aufgaben der Staatspolizei brachte der *Völkische Beobachter* am 22. Januar 1936, der auch dem Militärgerichtshof in Nürnberg als Quelle diente (*MGN* 11, Vert.-Dok.-B. 57 C, Dok. 1956–PS).

124 Rundschreiben des Reichsinnenministers an den Staatssekretär in der Reichskanzlei, das Auswärtige Amt und den Reichsminister für Volksaufklärung und Propaganda vom 11. September 1933 (*MGN, a. a. O.,* Dok. NG–969). Für die übrigen Länder nennt diese Aufstellung folgende Zahlen: Sachsen 4 500, Bayern 4 152, Württemberg 971, Hamburg 682, Baden 539, Braunschweig 248, Bremen 229, Oldenburg 170, Hessen 145, Anhalt 112, Mecklenburg-Schwerin 35, Lübeck 27, Schaumburg-Lippe 24, Lippe-Detmold 17, Mecklenburg-Strelitz 16 und Thüringen 16. Es ist allerdings zweifelhaft, ob diese Aufstellung auch die illegalen, nicht gemeldeten Haftstätten der SA berücksichtigt, die zu diesem Zeitpunkt, wenn auch in geringer Zahl, hier und da noch bestanden.

125 Diese Zahlen enthält ein Rundschreiben des Auswärtigen Amtes an sämtliche Auslandsmissionen und Berufskonsulate vom 8. Dezember 1936 (*a. a. O.,* Dok. NG–4048). Auch diesen offiziellen Angaben gegenüber ließen sich noch einige Vorbehalte begründen. Bemerkenswert ist der hohe Anteil politischer KZ-Häftlinge. Er scheint den sachlichen Kern der Behauptung des »*Völkischen Beobachters* vom 22. Januar 1936 zu bestätigen: »Den großen Stamm der Insassen [der Konzentrationslager] ... bilden diejenigen kommunistischen und sonstigen marxistischen Funktionäre, die nach den gemachten Erfahrungen in Freiheit sofort ihren Kampf gegen den Staat wieder aufnehmen würden.« Als Konzentrationslager wurden lediglich Dachau, Lichtenburg, Sachsenburg, Sachsenhausen und Sulza aufgeführt. Daneben existierten die sogenannten Justizlager im emsländischen Moor, Papenburg und Esterwege, in die verurteilte Strafgefangene verbracht wurden und die der Aufsicht der Justiz unterstanden. Doch die terroristische Art der Gefangenenbehandlung, Lagerorganisation und Überwachung durch SS-Einheiten stempelten auch sie zu Konzentrationslagern im üblichen Sinne. Nach Eugen Kogon, *Der SS-Staat. Das System der deutschen Konzentrationslager,* 3. Aufl., Frankfurt a. M. 1948, S. 39 f., waren dies die größten der »KL«. Eine andere Quelle, die als zuverlässig gelten darf, führt für Januar 1936 14 Konzentrationslager (und Nebenstellen) auf und schätzt die Zahl der Gefangenen zu dieser Zeit auf »etwa zehntausend«; für Dezember 1933 werden 68 Lager namentlich aufgeführt. *Der Strafvollzug im III. Reich. Denkschrift und Materialsammlung,* hrsgg. von der Union für Recht und Freiheit, Prag [1936], S. 37.

26 Eine Sammlung von monatlichen Lageberichten aus dem Regie-

rungsbezirk Aachen, die auf Grund eines staatspolizeilichen Erlasses vom 23. Dezember 1933 seit Jahresbeginn 1934 von den Staatspolizeistellen der preußischen Regierungsbezirke dem Geheimen Staatspolizeiamt erstattet werden mußten, hat Bernhard Vollmer (Anm. III/101) veröffentlicht. Unbeschadet der regionalen Besonderheiten des katholischen Grenzbezirkes, die sich in diesen Berichten niederschlagen und ihren Charakter als allgemeines repräsentatives Zeugnis für die Volksopposition stark einschränken, kommt der streng verwaltungsmäßigen Sachlichkeit dieser Berichte, die die Technik und Präzision des Informationsapparates der Staatspolizei bezeugen, erhebliche Quellenbedeutung zu.

127 Ein Geheimdokument des Chefs des Reichssicherheitshauptamtes enthält eine Übersicht über die »Erfassung führender Männer der Systemzeit« nach dem Stande vom Juni 1939. Allein diese Aufstellung enthält 553 Personen. Bemerkenswert sind die Aufteilungen nach verschiedenen Gesichtspunkten: Zur Gruppe »Marxisten – Kommunisten« gehören 192, zur Gruppe »Liberalisten – Pazifisten« 82, »Konfessionelle Parteien« 76, »Rechtsopposition« 73 Personen usw. 349 lebten im Inland, 204 im Ausland; davon waren 138 führende Emigranten. Von den Inländern befanden sich 102 zeitweilig oder ständig in Gefängnissen, Zuchthäusern oder Konzentrationslagern. Aber immerhin 61 bekleideten noch ebenso wie vor 1933 Ämter im staatlichen oder öffentlichen Leben (*MGN* 11, Vert.-Dok.-B. 57 C, Dok. 1430–PS).

128 »Nicht Terror und Propaganda, sondern Organisation und Propaganda« seien »die zwei Seiten der gleichen Medaille«, bemerkt Hannah Arendt (Anm. I/1), S. 578. Doch dieser Satz hat weit mehr Bedeutung für die Zeit des Aufstiegs der NSDAP oder anderer radikaler, totalitärer Parteien und der Machteroberung als für die Konsolidierung des nationalsozialistischen Staates. Sehr treffend ist das Wort von den *»propaganda- and terror-bureaucracies«* des Nationalsozialismus (Burin, »Bureaucracy and National Socialism«, Anm. I/13, S. 38).

129 Zit. in: Georg-Wilhelm Müller, *Das Reichsministerium für Volksaufklärung und Propaganda* (*Schriften zum Staatsaufbau. Neue Folge der Schriften der Hochschule für Politik,* Teil II, hrsgg. von Paul Meier-Benneckenstein, Heft 43), Berlin 1940, S. 7.

130 Dieses Problem ist erst nach dem Ende des nationalsozialistischen Systems und unter besonderer Berücksichtigung der Verhältnisse in den Ostblockstaaten in aufsehenerregender Weise erörtert worden, so daß es hier Erwähnung verdient. Vgl. Czeslaw Milosz, *Verführtes Denken,* deutsch von Alfred Loepfe, mit einem Vorwort von Karl Jaspers, Köln–Berlin 1953.

131 Die sozialen Symptome eines totalitären Propaganda-Terror-Systems lassen sich gewiß auch psychologisch erfassen. Im Hinblick auf charakterologische Dispositionen kann man wohl – mit aller Vorsicht – von einer »totalitären Personalität« sprechen, wie es Theodor W. Adorno, Else Frenkel-Brunswik, Daniel J. Levinson und R. Nevitt Sanford in dem material- und gedankenreichen, methodologisch interessanten Sammelband *The Authoritarian Per-*

sonality (*Studies in Prejudice Series,* vol. 3), New York 1950, ausführlich darzulegen versucht haben. Interesse verdient auch das Maß der Wirkungen des totalitären »psychischen Fluidums«, das von Propaganda und Institutionen im totalitären Staat erzeugt wird, bei sogenannten »klinischen Fällen«. Allerdings ergibt sich hierbei eine wesentliche Schwierigkeit bei der Bemessung, der Auslese und Bestimmung solcher »Fälle«. Diese Problematik zeigt sich auch an zwei frühen, wahrscheinlich vorzeitigen Versuchen in dieser Richtung: dem von Wassilij Großmann, *Die Hölle von Treblinka,* Moskau 1946, der sich um eine Psychologie von in sowjetrussischem Gewahrsam beobachteten deutschen Kriegsverbrechern der Ostfront bemühte, und dann, an dieses Vorbild anknüpfend, an den knappen skizzierenden Aufzeichnungen eines ostdeutschen Nervenarztes, Dietfried Müller-Hegemann, *Zur Psychologie des deutschen Faschisten,* Rudolstadt 1955, der anhand systematisierter Beobachtungsergebnisse dieser »klinischen Fälle« die Persönlichkeit des »Nazi« zu konstruieren versucht. Der Katalog der Charaktermerkmale ergibt: »Aggressivität und Sentimentalität, Ängstlichkeit und Gehemmtheit im persönlichen Verhalten und Angstfremdheit im ›Einsatz‹, d. h. tiefreichende Widersprüche, ferner mangelnde soziale Eigenschaften, mangelnde Bewußtheit in bezug auf die soziale und persönliche Situation, mangelnde persönliche Willenskraft bei weitestgehender Gefügigkeit gegenüber den faschistischen Autoritäten« (S. 37). Alles das mutet recht einseitig und doch unbefriedigend an und führt zu der Frage nach Maßstab und Auswahl dieser »klinischen Fälle« zurück. Der Autor suchte eigentlich nur »Faschisten«, wie er sie nennt, die sich im totalitären System besonders hervorgetan hatten; so bewertet er, abgesehen davon, daß das Maß des Kriminellen im einzelnen Fall gar nicht deutlich wird, im Grunde ohne Prüfung des Grades an Repräsentation nur die Charaktereigenschaften von Menschen, die sich durch dieses System gefördert sahen und ihren Neigungen folgen durften. Schließlich münden auch hier die Probleme wieder in die Frage nach der charakterologischen Disposition, dem Vorhandensein spezifischer psychischer Ursachen einer Bereitschaft zur »Faschisierung«. Hierzu zählen nach Müller-Hegemann vor allem »Züge einer Entpersönlichung«, die der Verfasser, wohl seiner persönlichen Ansicht folgend, im »kapitalistischen Wirtschaftssystem« begründet sehen möchte. Sie ergeben sich aus Einflüssen der Berufstätigkeit, Erziehung, öffentlichem Leben, Kindheitserlebnissen in einer Gesellschaft, die »vom Geiste eines Unterdrückungsregimes durchsetzt« war, und in Familien, in denen Väter »eine Art privaten Exerzierplatz« sahen (S. 44). Es ist schlechthin der aus der Literatur bekannte »Untertan«, der hierbei zustande kommt, aus dem jedoch ein Typ des »gewalttätigen Untertans« geworden ist.

132 Zusammenstellung bei E. Kurt Fischer, *Dokumente zur Geschichte des deutschen Rundfunks und Fernsehens* (*Quellensammlung zur Kulturgeschichte,* Bd. 11), Göttingen–Berlin–Frankfurt 1957, S. 79 ff.

133 Hierzu Hans Bausch, *Der Rundfunk im politischen Kräftespiel der*

Weimarer Republik 1923–1933 (*Tübinger Studien zur Geschichte und Politik,* Nr. 6), Tübingen 1956, S. 75 ff.; weit weniger eingehend Heinz Pohle, *Der Rundfunk als Instrument der Politik. Zur Geschichte des deutschen Rundfunks von 1923–1938* (*Wissenschaftliche Schriftenreihe für Rundfunk und Fernsehen,* Bd. 1), Hamburg 1955, S. 150 ff.

134 Bausch, *a. a. O.,* S. 118.

135 *A. a. O.,* S. 79 ff.

136 *A. a. O.,* S. 85 ff.

137 Rundschreiben des preußischen Innenministers an den Ministerpräsidenten und an die übrigen Staatsminister vom 4. November 1930, das eine Zusammenarbeit mit der Melophon-Filmgesellschaft m.b.H. vorschlägt, einer Tochtergesellschaft der Tobis (vervielf.; *BA,* P 135/4013, fol. 1).

138 Rundschreiben des preußischen Innenministers vom 8. Dezember mit anliegender Niederschrift über eine Ressortbesprechung vom 14. November 1930 (vervielf.; *a. a. O.,* fol. 4) und Hausverfügung des Staatssekretärs im preußischen Justizministerium vom 24. November (*a. a. O.,* fol. 1[6]).

139 Vgl. Schmeer (Anm. I/25), S. 29.

140 Vgl. hierzu o. Bracher (Anm. I/3), I. Kapitel.

141 Hermann Mau und Helmut Krausnick, *Deutsche Geschichte der jüngsten Vergangenheit 1933–1945,* Tübingen–Stuttgart 1956, S. 20.

142 Vgl. Goebbels, *Vom Kaiserhof . . .* (Anm. I/130), S. 58.

143 *A. a. O.,* S. 256 (Eintragung vom 3. Februar 1933).

144 *A. a. O.,* S. 258 (5. Februar 1933).

145 Vertrauliches Rundschreiben der Pressestelle der Reichsleitung der NSDAP (Dietrich) an alle Hauptgeschäftsleitungen der nationalsozialistischen Presse vom 6. Februar 1933 (*MGN* 11, Ankl.-Dok.-B. 11, Dok. NG–3160).

146 Vgl. o. Bracher (Anm. I/3), I. Kapitel.

147 Niederschrift der Reichsministersitzung vom 1. Februar 1933 (Anm. III/48), S. 15.

148 Reichsministersitzung vom 2. Februar 1933 (Anm. I/163), S. 18.

149 Als erste Zeitung wurde die in Düsseldorf erscheinende kommunistische *Freiheit* vom Regierungspräsidenten in Düsseldorf am 31. Januar 1933 gleich für vier Wochen auf Grund des § 6 der Präsidialverordnung vom 19. Februar 1932 (*RGBl.,* I, S. 548) in Verbindung mit den §§ 85 und 86 des Strafgesetzbuches verboten. Am nächsten Tage verbot der Regierungspräsident in Breslau für 14 Tage das Erscheinen der *Arbeiter-Zeitung für Schlesien;* am 2. Februar folgte das Verbot des *Echo des Ostens* in Königsberg und der kommunistischen *Arbeiter-Zeitung* in Wiesbaden ebenfalls für 14 Tage, dann für drei Tage des *Vorwärts* durch den Polizeipräsidenten Melcher von Berlin auf Grund des § 6 der Verordnung vom 9. Dezember 1932, am 4. Februar der *Roten Fahne,* der *Schlesischen Bergwacht* in Waldenburg und der *Volkswacht* in Breslau. Am gleichen Tage verbot der Regierungspräsident Lukaschek den *Oberschlesischen Volksboten* in Oppeln und das *Volksblatt* in Gleiwitz, hob das Verbot jedoch am nächsten

Tage wieder auf. Es folgten ebenfalls noch am 4. Februar die *Rheinische Woche* in Koblenz und das Trierer *Volksblatt* für die Dauer von drei Tagen (*Deutscher Reichsanzeiger und Preußischer Staatsanzeiger,* 1933, Nr. 28 ff. vom 2. Februar ff., jeweils S. 1 bzw. S. 2). Die Liste der weiteren verbotenen Zeitungen ist lang; die Dauer der Verbote nahm von Tag zu Tag zu und reichte bis zu zwei Monaten (*RGBl.,* I, 1933, S. 35, §§ 10–12). Die Verordnung vom 4. Februar setzte in ihren Auswirkungen noch vor den Wahlen des März der Tätigkeit des größten Teils der freien Presse ein Ende. (Allein der *Deutsche Reichsanzeiger und Preußische Staatsanzeiger,* 1933, Nr. 43 vom 20. Februar, enthält 18, Nr. 44 vom 21. Februar 12, Nr. 45 vom 22. Februar 8, Nr. 46 vom 23. Februar 11, Nr. 47 vom 24. Februar 18, Nr. 48 vom 25. Februar 4, Nr. 49 vom 27. Februar 22 und Nr. 50 vom 28. Februar 13 Verbote.) Diese Entwicklung strebte unmittelbar nach dem Reichstagsbrand und der »Reichstagsbrandverordnung« ihrem Höhepunkt zu. Die ersten Märztage bis zum Tage der Reichstagswahl brachten allein 108 Verbote und 26 Verlängerungen bereits erlassener Verbote.

150 Goebbels, *Vom Kaiserhof* ... (Anm. I/130), S. 276 (Eintragung vom 6. März).

151 Denkschrift »Reichskommissariat für Volksaufklärung und Propaganda« (*MGN* 11, Ankl.-Dok.-B. 29 A, Dok. NG–3946). Vgl. auch o. Bracher (Anm. I/3), II. Kapitel.

152 Auszug aus der Niederschrift der Reichsministerbesprechung am 11. März 1933 (*MGN, a. a. O.,* Dok. NG–3946).

153 Die förmliche Errichtung des Reichsministeriums für Volksaufklärung und Propaganda nahm der Reichspräsident kraft seiner Organisationsgewalt durch Erlaß vom 13. März vor (*RGBl.,* I, 1933, S. 104).

154 Rundschreiben des Kommissars, Staatssekretär Lammers, an den preußischen Ministerpräsidenten und die Staatsminister vom 2. Februar 1933 (*BA,* P 135/4013, fol. 168). Dieses Rundschreiben stützte sich auf die preußische zweite Verordnung zur Vereinfachung und Verbilligung der Verwaltung vom 29. Oktober 1932 (*Preußische Gesetzsammlung,* 1932, S. 333), die das Lichtspielwesen in die Zuständigkeit des preußischen Kultusministeriums aufnahm.

155 Aktenvermerk des Pressereferenten des Justizministeriums, Amtsgerichtsrat Lenz, über die Konferenz in der Pressestelle des Preußischen Staatsministeriums am 3. Mai 1933 (*BA,* P 135/4014, fol. 2).

156 Abschrift eines Schreibens Rusts an Göring vom 26. Mai 1933 (*BA,* P 135/4013, fol. 183–185).

157 Zit. nach Bausch (Anm. III/133), S. 106.

158 *RGBl.,* I, 1933, S. 449.

159 Rundschreiben an die Reichsstatthalter der Länder. Zit. bei Bausch (Anm. III/133), S. 107 f.

160 *A. a. O.,* S. 109 ff.

161 Hagemann (Anm. I/199), S. 317 f.

162 *A. a. O.,* S. 35.

163 *RGBl.,* I, 1933, S. 713. Kommentar von Hans Schmidt-Leonhardt und Peter Gast, *Das Schriftleitergesetz vom 4. Oktober 1933 nebst den einschlägigen Bestimmungen,* Berlin 1934. Vgl. o. I. Teil, V. Kapitel.

164 Die Begründung zum zweiten Entwurf des Schriftleitergesetzes vom 15. August 1933, der bereits eine Abänderung und glättende Überarbeitung des ersten darstellte, jedoch immer noch höchst unbeholfene Formulierungen enthielt, nahm noch ausdrücklich auf »das italienische Vorbild« Bezug. Dem italienischen Muster entsprach auch der im endgültigen Gesetzestext fallengelassene Kündigungsschutz, der »in Anlehnung an das Beamtenrecht den Schriftleiter zum Ausgleich der Pflichten und der Verantwortung, die er übernimmt, von Existenzsorgen entlasten« sollte (vervielf. Exemplare des Entwurfes vom 15. August nebst Begründung: *BA,* P 135/4015, fol. 6–21).

165 Auch diese Generalklausel entstammte dem italienischen Presserecht (Schmidt-Leonhardt/Gast, Anm. III/163, S. 59).

166 Rede aus Anlaß der Verkündung des Schriftleitergesetzes am 4. Oktober 1933, abgedruckt bei Schmidt-Leonhardt/Gast, *a. a. O.,* S. 20.

167 Acht Seiten umfassende Denkschrift für den preußischen Ministerpräsidenten vom August 1933 (Abschrift, Tagesangabe fehlt, mit handschriftlicher Anmerkung »vom Min. d. Inn.« und anliegendem Zettel mit der Notiz »von Herrn Staatssekretär [Freisler] erhalten«; *BA,* P 135/4015, fol. 23–31). Die Abschrift gelangte als Anlage eines Schnellbriefes des preußischen Innenministers vom 26. August an den preußischen Justizminister; am Vortage war bereits ein Schnellbrief vorangegangen, der eine ausführliche Darlegung der Bedenken gegen den Entwurf zum Schriftleitergesetz angekündigt hatte (*a. a. O.,* fol. 1–4). Die Denkschrift war demnach keine Gelegenheitsäußerung eines Referenten, sondern sie lag als offizielle Stellungnahme des preußischen Innenministeriums einer Aktion zugrunde, die allerdings zuletzt erfolglos blieb.

168 *Ebda.*

169 Die Denkschrift führt diese »Besprechung vom 8. u. 10. d. J. [richtig: 8. u. 10. d. Ms. = August]« an und erwähnt, daß auch das Reichsjustizministerium und das Auswärtige Amt Bedenken erhoben.

170 *RGBl.,* I, 1933, S. 483. Hierzu die Verordnung über die Errichtung einer vorläufigen Filmkammer vom 22. Juli (*a. a. O.,* S. 531).

171 *A. a. O.,* S. 661. Hierzu die Erste Verordnung zur Durchführung des Reichskulturkammergesetzes vom 1. November (*a. a. O.,* S. 797). Vgl. Karl-Friedrich Schrieber, *Die Reichskulturkammer. Organisation und Ziele der deutschen Kulturpolitik,* Berlin 1934, bes. S. 53 ff., und vom gleichen Verfasser *Das Recht der Reichskulturkammer. Sammlung der für den Kulturstand geltenden Gesetze und Verordnungen, der amtlichen Anordnungen und Bekanntmachungen der Reichskulturkammer und ihrer Einzelkammern,* Berlin 1935, das dauernd fortgesetzt und auf den jeweiligen Stand gebracht wurde.

172 Für den Geschäftsverkehr und den inneren Betrieb galt später

der *Leitfaden für den Geschäftsbereich der Reichskulturkammer. Geschäftsordnungs-, Personal-, Haushalts-, Kassen- und Wirtschaftsbestimmungen,* zusammengestellt und erläutert von H. Grensemann, Berlin 1937, der sich auf Bestimmungen der gemeinsamen Geschäftsordnung der Reichsministerien (*GGO* I) und auf die Wirtschaftsbestimmungen für Reichsbehörden stützte und sie analog anwandte.

173 Vgl. auch o. Bracher (Anm. I/3), V. Kapitel.

174 Die genauer fassende Gesetzessprache der wichtigen Verordnung über das Inkrafttreten und die Durchführung des Schriftleitergesetzes vom 19. Dezember (*RGBl.,* I, 1933, S. 661), die der Reichspropagandaminister, der Reichsinnenminister und der Reichsjustizminister gemeinsam erließen, enthielt eine Reihe bedeutsamer Differenzierungen und Ergänzungen, die überhaupt erst das Gesetz anwendbar machten. Sie setzte das Inkrafttreten auf den 1. Januar 1934 fest und bestimmte u. a. den Begriff des Schriftleiters als »jede unmittelbare oder mittelbare Textgestaltung durch Wort, Nachricht oder Bild« im Hauptberuf (§ 5; § 4), nahm aber jede Tätigkeit dieser Art bei Drucksachen, die weder Zeitung noch Zeitschrift waren, bei Zeitschriften nicht politischer Art oder bei Zeitungen und Zeitschriften, die im amtlichen Auftrag, d. h. nur von einer Reichs-, Landes- oder Gemeindebehörde, herausgegeben wurden, aus (§ 7). Zu diesen Drucksachen zählten auch Periodika, die im Abstand von mehr als drei Monaten erschienen (§ 8), und alle Publikationen, deren Bezug an einen bestimmten Personenkreis gebunden, die also nicht im freien Handel erhältlich waren (§ 9). »Politisch« war jedoch auch jede Zeitschrift mit unterhaltendem Inhalt; ausgenommen blieben nur Publikationsmittel ausschließlich wissenschaftlichen oder technischen Inhalts (§ 10). Außerdem gab es eine Anzahl von Ausnahmebestimmungen. Die Tätigkeit bei Korrespondenzbüros wurde praktisch etwas milder behandelt (vgl. bes. den Kommentar von Schmidt-Leonhardt/Gast, Anm. III/163, S. 207, Anm. 2 zu § 20). Im ganzen läßt diese Verordnung die Absicht durchscheinen, bei der ersten Anwendung des Gesetzes vorerst mit milderen Auslegungen zu beginnen.

175 Vgl. Emil Dovifat, »Die Presse im neuen Staat. Bemerkungen zum Schriftleitergesetz«, in: *Märkische Volkszeitung,* Nr. 275 vom 6. Oktober 1933.

176 Von Max Rychner wiedergegeben in dem Aufsatz »Bemerkungen zum deutschen Schriftleitergesetz«, in: *Neue Zürcher Zeitung,* Nr. 1830 vom 10. Oktober 1933.

177 Zit. *ebda.*

178 Hagemann (Anm. I/199), S. 39.

179 § 4 der Ersten Verordnung zur Durchführung des Reichskulturkammergesetzes vom 1. November 1933 bestimmte: »Wer bei der Erzeugung, der Wiedergabe, der geistigen oder technischen Verarbeitung, der Verbreitung, der Erhaltung, dem Absatz oder der Vermittlung des Absatzes von Kulturgut mitwirkt, muß Mitglied der Einzelkammer sein, die für seine Tätigkeit zuständig ist.«

180 Anordnung über Fragen des Vertriebes und der Betriebswerbung

sowie Neugründungen auf dem Gebiet der Presse zur Befriedung der wirtschaftlichen Verhältnisse im Deutschen Zeitungswesen vom 13. Dezember 1933, Ziff. 1 (Schrieber, *Das Recht* . . ., Anm. III/171, S. 229); 4. Anordnung über Fragen des Vertriebes usw. vom 8. Februar 1934, Ziff. 1 (*a. a. O.*, S. 238); 8. Anordnung über Fragen des Vertriebes usw. vom 6. August 1934 (*a. a. O.*, S. 248); 10. Anordnung über Fragen des Vertriebes und der Bezieherwerbung sowie über Neugründung auf dem Gebiete der Presse vom 31. Januar 1935 zur Befriedung der wirtschaftlichen Verhältnisse im deutschen Zeitungshandel (*a. a. O.*, II, 1935, S. 102 ff.).

181 Anordnung betr. das Verbot von Neugründungen auf dem Gebiet des Korrespondenz- und Nachrichtenwesens vom 2. Mai 1934 (*a. a. O.*, I, S. 243); Anordnung betr. das Verbot usw. vom 12. Dezember 1934 (*a. a. O.*, S. 254); Anordnung usw. vom 15. Februar 1935 (*a. a. O.*, II, S. 105).

182 Anordnung über Neugründungen von Zeitungs- und Zeitschriften-Großvertrieben vom 19. September 1934 und Anordnung über Neugründung von Unternehmen des werbenden Zeitschriftenhandels vom 24. Oktober 1934 (*a. a. O.*, I, S. 253).

183 Anordnung über Fragen des Vertriebes usw. vom 13. Dezember 1933, Ziff. 2, 3 und 5 (*a. a. O.*, S. 229).

184 3. Anordnung über Fragen des Vertriebes vom 23. Januar 1934 (*a. a. O.*, S. 233 ff.).

185 Anordnung über Gewährung von Vorzugspreisen und Gratislieferungen von Zeitschriften vom 13. Juli 1934 (*a. a. O.*, S. 245).

186 Anordnung betr. die Abschaffung der Abonnentenversicherung bei Zeitungen vom 31. August 1934 (*a. a. O.*, S. 251).

187 Die von Zeitungsverboten betroffenen Verlage – das gilt vor allem von Verlagen, die der Sozialdemokratischen Partei gehörten, vor der Beschlagnahme des Parteivermögens am 10. Mai – hatten schon im Frühjahr und im Sommer 1933 stark gelitten, da Verkaufserlöse und Anzeigeneinnahmen empfindlich gemindert wurden oder gar gänzlich ausblieben. Vgl. Kurt Koszyk, *Zwischen Kaiserreich und Diktatur. Die sozialdemokratische Presse von 1914 bis 1933* (*Deutsche Presseforschung*, Bd. 1), Heidelberg [1958], S. 215 ff. Mit welchen aus politischen Ursachen verschärften Schwierigkeiten aber auch andere nichtnationalsozialistische Verlage selbst bei alltäglichen Geschäften wie der Bezieherwerbung zu kämpfen hatten, bezeugen Einzelheiten, die durch ein Duisburger Presseurteil im März 1934 bekannt wurden. Die Klage eines katholischen Verlagshauses, der Vereinigten Verlagsanstalten A.G. in Oberhausen, eine einstweilige Verfügung gegen die unlauteren Wettbewerbsmethoden der nationalsozialistischen *National-Zeitung* in Essen zu erlassen, wurde vom Landgericht Duisburg abgelehnt. In den längeren Auslassungen der Urteilsbegründung findet sich der auf den Hintergrund des anhebenden Kirchenkampfes hinweisende bezeichnende Satz, »daß die katholische Presse heute eine überflüssige Erscheinung ist . . .«. Die *National-Zeitung* hatte diese Auffassung in die Praxis umzusetzen versucht, indem sie Bezieherwerber in SA-Uniform eingesetzt hatte, die in Fällen von Abonne-

mentskündigungen regelrechte Verhöre mit ehemaligen Beziehern veranstalteten und bei Beziehemeuwerbungen Nachteile im Falle des Nichtbestellens androhten (Abschrift des Urteils der Kammer für Handelssachen des Landgerichts Duisburg vom 28. März 1934; *BA*, P 135/4006, fol. 130[4—7]). Das Urteil wurde einige Monate später im Berufungsverfahren vom 2. Zivilsenat des Oberlandesgerichts Düsseldorf abgeändert und eine einstweilige Verfügung gegen die *National-Zeitung* erlassen (Abschrift des Urteils *a. a. O.*, fol. 165–174).

188 Hagemann (Anm. I/199), S. 39 f. Über die Rolle Winklers in der Weimarer Zeit ist aus bisherigen Veröffentlichungen nur sehr wenig bekannt geworden. Severing (Anm. II/80, II, S. 325) gibt an, daß W. auch an der Finanzierung der Wiederwahl Hindenburgs im Frühjahr 1932, die später die Nationalsozialisten benutzten, um Beschuldigungen gegen Severing und Braun zu erheben, als Beauftragter der Reichsregierung beteiligt war.

189 *BA*, Sammlung Brammer I (Mitteilung Dertingers an Dyrssen vom 20. Oktober 1933). Das Informationsmaterial des *Dienatag (Dienst nationaler Tageszeitungen)* der »Sammlung Brammer« redet eine deutliche Zeugensprache über die Politik der Presselenkung in den letzten Monaten vor und nach Erlaß des Schriftleitergesetzes. Neben den Bestellungen aus der Reichspressekonferenz finden sich im Anfang noch sehr zahlreiche Mitteilungen, die teilweise als Anweisungen bezeichnet werden, deren Herkunft jedoch nicht ausdrücklich angegeben wird oder als deren Quelle eine Stelle außerhalb des Reichspropagandaministeriums genannt wird (z. B. Reichswehrministerium, Oberste SA-Führung, Reichsführung der NS-Volkswohlfahrt). Der Charakter dieser Bestellungen unterscheidet sich wenig von solchen aus der Reichspressekonferenz. Es kann angenommen werden, daß sie größtenteils auch von dort herkamen und diese Herkunftsbezeichnung lediglich aus unerheblichen Gründen unterblieben ist oder daß ergänzende Informationen bzw. Weisungen zwischen den Pressekonferenzen gegeben wurden, daß solche Nuancen und Spielarten allmählich in zunehmender Gleichförmigkeit des Betriebes auf der Pressekonferenz aufgingen. Außerdem gab es Rundrufe des DNB, das als übergeordneter Nachrichtendienst ebenfalls eilige Zwischenmeldungen oder Weisungen den Nachrichtenbüros der deutschen Presse vermittelte. Das tägliche Informationsmaterial wurde seit April 1934 in monatlichen Lieferungen fortlaufend veröffentlicht: *Das Archiv. Nachschlagewerk für Politik, Wirtschaft, Kultur,* hrsgg. von Kurt Jahncke, bearb. von Ernst Jaenicke, Jg. 1934/35 ff. Vgl. auch die historischen Parallelen in der öffentlichen Nachrichtenlenkung während des ersten Weltkrieges nach der reichhaltigen Materialsammlung von Kurt Mühsam (Anm. I/199), S. 64 ff.

190 *BA*, Sammlung Brammer, I, Bestellung an v. Neuhaus vom 21. September 1933.

191 *BA*, Sammlung Brammer, III, Anweisung Nr. 460 und Nr. 500; Bestellung vom 20. April 1934.

192 *BA*, Sammlung Brammer, I, Bestellung an Balk vom 16. Juni;

Rundruf vom 27. Juni; Bestellung an Dyrssen vom 18. August; *a. a. O.*, III, Anweisungen Nr. 177, 183, 222 und 363.

193 *BA*, Sammlung Brammer, I, Rundruf vom 6. Juli 1933.

194 Ziemlich eindeutig – wie es allerdings nur selten vorkam – war die Feststellung des Reichswehrministeriums, daß eine Veröffentlichung in einer bestimmten Frage, die im Zusammenhang mit der Aufrüstung steht, den Tatbestand des Landesverrats erfülle (*a. a. O.*, Bestellung an v. Neuhaus vom 21. September 1933).

195 *A. a. O.*, vertrauliche Mitteilung vom 2. September 1933.

196 *A. a. O.*, Mitteilung an Dyrssen vom 20. Oktober 1933.

197 *A. a. O.*, Bestellung an Heerdegen vom 11. Juli 1933.

198 *BA*, Sammlung Brammer, II, Anweisung Nr. 81.

199 *BA*, Sammlung Brammer, III, Anweisung Nr. 271.

200 *A. a. O.*, Anweisung Nr. 504.

201 Auch andere Blätter durchbrachen vereinzelt den Rahmen der ministeriellen Weisungen. Vom *Dienatag* wurde jedoch nachdrücklich gemahnt, diesem Beispiel nicht zu folgen; sowohl dem *Hamburger Fremdenblatt* wie der *Frankfurter Zeitung* sei aus außenpolitischen Gründen »eine gewisse Narrenfreiheit« eingeräumt worden. Ob diese Behauptung lediglich auf Vermutungen, auf Erfahrungen oder gar offiziellen Verlautbarungen beruhte, ist nicht festzustellen (*a. a. O.*, Bestellung für Dertinger vom 11. und Antwort vom 21. Juni 1934).

202 *BA*, Sammlung Brammer, IV, Bestellung vom 31. Juli 1934.

203 *BA*, Sammlung Brammer, I, Mitteilung an v. Neuhaus.

204 Max Rychner in der *Neuen Zürcher Zeitung*, Nr. 1830 vom 10. Oktober 1933.

205 Müller (Anm. III/129), S. 7 ff.

206 Vgl. die Übersicht in: *Die neuen Männer. Verzeichnis der Dienststellenbesetzungen in Reichs- und Länderministerien*, Berlin 1933, S. 15 f. Die sieben Abteilungen führten die Bezeichnungen »Haushalt und Verwaltung« (Abt. I unter dem Ministerialdirektor Greiner), »Propaganda« (Abt. II, Ministerialrat Haegert), »Rundfunk« (Abt. III, Ministerialrat Dreßler-Andreß), »Presse« (Abt. IV, Ministerialrat Jahncke), »Film und Bekämpfung von Schund- und Schmutz-Schriften« (Abt. V, Ministerialrat Seeger), »Theater und Kunst« (Abt. VI, Ministerialrat Laubinger), »Lügen-Abwehr« (Abt. VII, Ministerialrat Demann). Die Organisation von Landesstellen bekümmerte sich nicht um die Ländergrenzen. Das Propagandaministerium nahm eine eigene Regionalgliederung vor, die aber auch mit der Gau-Einteilung der NSDAP nichts gemein hatte. Die Landesstellen hießen: Berlin-Brandenburg-Grenzmark (Sitz in Berlin), Hamburg-Schleswig-Holstein (Hamburg), Niedersachsen (Hannover), Westfalen (Münster), Rheinland (Köln), Hessen-Nassau (Frankfurt a. M.), Baden-Württemberg (Karlsruhe), Bayern (München), Mitteldeutschland (Halle), Sachsen (Dresden), Schlesien (Breslau), Ostpreußen (Königsberg) und Pommern-Mecklenburg (Stettin).

207 Müller (Anm. III/129), S. 11 ff. Die Abteilungen hatten folgende Zuständigkeiten: 1. Haushalt, 2. Personal, 3. Recht, 4. Propaganda,

5. Deutsche Presse, 6. Ausländische Presse, 7. Ausland, 8. Fremdenverkehr, 9. Rundfunk, 10. Film, 11. Schrifttum, 12. Theater, 13. Bildende Kunst, 14. Musik, 15. Besondere Kulturaufgaben (diente hauptsächlich zu antisemitischen Aktionen in den »Kulturberufen«).

208 Übersicht *a. a. O.*, S. 32 ff. (nach dem Stand von 1940). Hierzu zählten auch das Werbe- und Beratungsamt des Deutschen Schrifttums, der Reichsbeauftragte für künstlerische Formgebung, der Reichsausschuß für Fremdenverkehr, die Filmprüfstelle, die Reichsarbeitsgemeinschaft Schadenverhütung, die Deutsche Kongreßzentrale, die Deutsche Filmakademie u. a. m. Außerdem waren dem Reichspropagandaministerium die Deutsche Bücherei in Leipzig, die Reichsrundfunk-Gesellschaft und eine Reihe Berliner Theater unmittelbar unterstellt. Das Theatergesetz vom 15. Mai 1934 (*RGBl.*, I, 1934, S. 411; Begründung im *Reichsanzeiger,* 1934, Nr. 116 vom 22. Mai) wandelte auch die Theater in »Träger einer öffentlichen Aufgabe« um und unterstellte die Zulassung von Theaterstücken, die Anstellung von Theaterpersonal der gehobenen Sparten, die Aufsicht über Theater- und Theaterbesucher-Vereinigungen und die Regelung des Handels mit Theaterkarten grundsätzlich der Verwaltung des Reichspropagandaministeriums, das die wichtigsten dieser neuen Zuständigkeiten durch eine »Reichstheaterkammer« besorgen ließ (Verordnung zur Durchführung des Theatergesetzes vom 18. Mai 1934; *RGBl.*, I, 1934, S. 413).

209 Dietrich (Anm. I/123), S. 10. Hierzu die eindrucksvolle sprachkritische Untersuchung von Victor Klemperer, *LTI* [*lingua tertii imperii*]. *Notizbuch eines Philologen,* 2. Aufl., Berlin 1949.

210 Verlauf und Ergebnis des Reichstagsbrandstifter-Prozesses erzeugten nach der Verkündung des Urteils durch das Reichsgericht im Dezember 1933 einen offenen Zwiespalt zwischen der öffentlichen Meinung, soweit sie von der nationalsozialistischen Propaganda beherrscht wurde, und juristischen Fachkreisen. Die parteiamtliche Stellungnahme der NSDAP gab sich keine Mühe, die Enttäuschung über den Ausgang des mit hohen Erwartungen verfolgten Prozesses zu verbergen, und sprach vorbehaltlos vom »Leipziger Fehlurteil«; *Deutsches Recht* 4 (1934), S. 19. Sie wurde in der gesamten Tagespresse veröffentlicht und sollte offensichtlich eine Stimmung gegen die Leipziger Richter und das Reichsgericht schaffen. Demgegenüber wurden in der repräsentativen *Deutschen Juristen-Zeitung* 39 (1934), Sp. 127 f. und 131 ff. (beide Artikel unter voller Namensnennung der Autoren), entschiedene Gegenmeinungen geäußert, die nicht nur an dem fiktiven Begriff des von der NSDAP angeführten »Volksempfindens« Kritik übten (»Schwerlich kann das Volk, das ja einer Strafverhandlung nicht beiwohnt, davon überzeugt sein, daß die Schuld eines bestimmten Angeklagten durch die Verhandlung bewiesen ist«), sondern auch Bedenken gegen die Veranstaltung solcher aufwendigen Monsterprozesse vorbrachten und nachdrücklich zugunsten des Reichsgerichtsurteils Stellung nahmen: »Das Urteil der höchsten deut-

schen Richter ist schon gescholten worden, noch bevor es gefaßt worden war; gescholten im Auslande und im Inlande auf Grund von ›Unterlagen‹, die nicht nur wegen ihres Ursprunges das Licht des Tages zu scheuen haben [!]. Die Richter des Reichsgerichts können getrost in den Kampf um die Urteilsschelte eintreten; sie werden rein und gerechtfertigt durch ihr Gewissen, dem sie pflichtgemäß allein gefolgt sind, aus ihm hervorgehen« (Sp. 132). Das amtliche Organ des Reichsjustizministeriums versuchte, sowohl die Version einer erwiesenen Mitschuld der kommunistischen Angeklagten aufrechtzuerhalten wie auch das Urteil trotz seiner »peinlichen Objektivität« und »gewissen formalistischen Mängeln« als »großen moralischen Gewinn« zu werten, der »Rechtssicherheit und ordentlichen Rechtsgang ... unter Beweis gestellt« habe; *Deutsche Justiz* 95 (1933), S. 870 f. Vgl. hierzu jetzt auch Schorn (Anm. III/22), S. 67 ff.

211 Die *Vossische Zeitung,* Nr. 274 vom 9. Juni 1933, benutzte die Gelegenheit, um eine genaue Beschreibung des Verfahrens zu geben und auf die älteren Beispiele dieser Art aus Sowjetrußland (u. a. Schachty-Prozeß 1928, Vickers-Prozeß im Frühjahr 1933) einzugehen.

212 Undatierter Aktenvermerk (*BA,* P 135/4013, fol. 180 f.).

213 Schreiben des preußischen Justizministers an den Reichsminister für Volksaufklärung und Propaganda (Entwurf mit Abgangsvermerk vom 1. Juli 1933; *a. a. O.,* fol. 181).

214 Diese Tatsache geht eindeutig aus einem Schriftwechsel zwischen dem Leiter der Justizpressestelle des Oberlandesgerichtsbezirks Hamm in Dortmund und der Pressestelle des Preußischen Justizministeriums über die Presseberichterstattung bei Hochverratsprozessen vom November/Dezember 1933 hervor (*a. a. O.,* fol. 114^{a-c}; 203^{b-h}; 225). In Frage stand die Bekanntgabe von Namen im Zusammenhang mit einem Hochverratsprozeß, die untersagt wurde. Nach einem Erlaß des preußischen Justizministers vom 26. Januar 1934 an die Provinzialbehörden und an die Leiter der Pressestellen (*a. a. O.,* fol. 215) durften selbst Statistiken über die Tätigkeit von Sondergerichten nur mit Genehmigung durch die Pressestelle des Justizministeriums bekanntgegeben werden. Vgl. auch Alfred Klütz, »Die Aufgaben der Justizpressestellen«, in: *Deutsche Justiz* 95 (1933), S. 405 f.

215 Referat Freislers in einer Konferenz der preußischen Justizpressestellen im Justizministerium am 27. April 1933 (vervielf. Abschrift einer von Freisler unterzeichneten Niederschrift; *BA,* P 135/4013, fol. 169^{b} f.).

216 Verfügung des Justizministers an den Kammergerichtspräsidenten und den Generalstaatsanwalt beim Kammergericht vom 27. April 1933 (Entwurf mit Abgangsvermerk *BA,* P 135/4006, fol. 39); *Völkischer Beobachter*, Nr. 112 vom 22. April 1933. Alfred Klütz, der neue Leiter der Justizpressestelle Berlin, war zuvor Mitarbeiter des *Völkischen Beobachters* und Gerichtsberichterstatter der von Goebbels herausgegebenen Tageszeitung *Angriff* gewesen. In früheren Jahren hatte er sich als Parteiredner in Pommern hervor-

getan.

217 Mitteilungen dieser Art gingen in größerer Zahl beim preußischen Justizministerium ein (für die Monate Februar–Oktober 1934 Unterlagen *BA,* P 135/4013, fol. 216 ff.). Als typisches Beispiel für die kleinliche Beckmesserei des Kritikers sei nur die Besprechung einer Aufführung der Komödie »Rembrandt vor Gericht« von Hans Kyser im Deutschen Theater am 14. Februar 1934 erwähnt. Er bemängelte u. a. den »allzu blöden Gesichtsausdruck eines Schöffen«, der von vornherein zeigte, »daß er der Materie keineswegs gewachsen« sei, oder »die lächerlich wirkende Darstellung eines Schöffen und des Justizwachtmeisters«, weil sie »die Arbeit der Justiz lächerlich« mache. – Vgl. auch Alfred Klütz, »Die deutsche Justiz und das Filmschaffen«, in: *Licht-Bild-Bühne,* Nr. 79 vom 5. April 1934, S. 1 f.

218 Lichtspielgesetz vom 16. Februar 1934 (*RGBl.,* I, 1934, S. 95).

219 »Tätigkeitsbericht der Justizpressestelle über Justizpropaganda in Film, Theater und Rundfunk« für den preußischen Justizminister vom 16. August 1934 (*BA,* P 135/4013, fol. 255 ff.). Vgl. auch Alfred Klütz, »Die Arbeit der Justizbehörden in der Darstellung durch Theater, Film und Rundfunk«, in: *Deutsche Justiz* 96 (1934), S. 322–324.

220 Die Justiz sollte »künftig ... nicht nur richtend, sondern auch beratend dem Volke zur Seite« stehen (Erlaß des preußischen Justizministers an die Provinzialjustizbehörden und die Leiter der Justizpressestellen vom 16. Mai 1934, von Freisler gezeichnet; *BA* P 135/4006, fol. 131b f.). Rundverfügung des preußischen Justizministers vom 15. Mai 1934; *Deutsche Justiz* 96 (1934), S. 634.

221 Bericht über die Arbeitstagung der preußischen Oberlandesgerichtspräsidenten und Generalstaatsanwälte unter Vorsitz Gürtners am 25. Juni 1934 mit einem Referat Freislers über »Aufklärung der Öffentlichkeit« (vervielf. Informationsschreiben der Pressestelle des preußischen Justizministeriums vom 7. Juli 1934; *BA,* P 135/4006, fol. 160 f.).

222 Schriftwechsel zwischen dem Reichsjustizminister und dem preußischen Justizminister vom 24. bzw. 30. Juli 1934 und Schreiben an die Justizpressestelle Berlin vom gleichen Tage (*a. a. O.,* fol. 162b).

223 Goebbels bei Verkündung des Schriftleitergesetzes; Schmidt-Leonhard/Gast (Anm. III/163), S. 13.

224 Sitzung des Staatsministeriums am 22. Februar 1933 (*HAB,* Rep. 90, Sitzungsprotokolle 1933, fol. 31 ff.).

225 Nach Meldungen des *Amtlichen Preußischen Pressedienstes* bis zum 3. Mai 1933 einschl.; vgl. hierzu auch o. I. Teil, V. Kapitel.

226 Es waren die Privatdozenten Ernst Rudolf Huber, Paul Ritterbusch, Georg Dahm, Hans Julius Wolff, Ernst Forsthoff, Fritz v. Hippel, Heinrich Henkel, Hermann Bente, Karl Larenz, Siegfried Reicke, Hans Würdinger, Max Kaser, Karl Siegert, Gustav Adolf Walz, der zuerst ao. Professor und kurze Zeit später ordentlicher Professor wurde, und die ao. Professoren Erwin Wiskemann und Heinrich Herrfahrdt (Personalunterlagen *HAB,* Rep. 90/1767).

227 Die Liste der neuen Ordinarien umfaßte die Namen Erich Schu-

mann (Ministerialrat), Bolko v. Richthofen, Werner Kirsch, Walter Elze, Gunther Ipsen (bis dahin ao. Professor) und Ministerialdirektor i. e. R. Gerullis.

228 Personalunterlagen *HAB*, Rep. 90/1768.

229 Allein in den ersten vier Monaten von 1935 erfolgten 105 Ernennungen zu Professoren an Universitäten und 11 Ernennungen an Technischen Hochschulen Preußens (Personalunterlagen *HAB*, Rep. 90/1769 und 1780).

230 Erlaß über Beamtenernennungen vom 17. Juli 1933 (*Preußische Gesetzsammlung*, 1933, S. 266), Ziff. 1 g.

231 Aktenvermerk des Regierungsrates Gritzbach mit handschriftlichen Zusätzen von Gritzbach und dem Ministerialrat im Staatsministerium Neumann vom 8. August 1933 (*HAB*, Rep. 90/1767). Seit Februar 1935, also nach dem zweiten Reichsstatthaltergesetz, trat insofern eine Änderung ein, als die Personalunterlagen an die Reichskanzlei weitergereicht und die Ernennungen durch den »Führer und Reichskanzler« ausgefertigt wurden. Die gleiche Prozedur mußte auch bei Ernennungen der beamteten Lehrer an den staatlichen und technischen gewerblichen Lehranstalten beobachtet werden. Im Laufe des folgenden Jahres bildete sich dann das Verfahren aus, nach Unterzeichnung des Vorschlags und Gegenzeichnung der Ernennungsurkunde durch den Minister den Führer und Reichskanzler über den Ministerpräsidenten um Vollzug der Ernennung durch Unterzeichnung der Ernennungsurkunde zu bitten. Der Vorschlag enthielt die Versicherung, daß der Stellvertreter des Führers keine Einwände erhebe.

232 Im Falle der Berufung eines Staatsrechtlers an die Universität Königsberg lehnte das Kultusministerium die gesamte Vorschlagsliste der Fakultät ab, um die Ernennung seines eigenen Kandidaten, eines Leipziger Privatdozenten, durchzusetzen (Mitteilung des preußischen Ministers für Wissenschaft, Kunst und Volksbildung, unterzeichnet von Stuckart, an den Ministerpräsidenten vom 28. September 1933; *ebda.*).

233 Einen Überblick über die Entwicklung bis Ende Mai 1933 vermittelt Joachim Haupt (Ministerialrat im Preußischen Ministerium für Wissenschaft, Kunst und Volksbildung), *Neuordnung im Schulwesen und Hochschulwesen* (*Das Recht der nationalen Revolution*, hrsgg. von Georg Kaisenberg und Franz Albrecht Medicus, Heft 5), Berlin 1933.

234 *Zentralblatt für die gesamte Unterrichts-Verwaltung in Preußen* 75 (1933), S. 77.

235 *Ebda.*, vgl. auch S. 110 f.; auszugsweise abgedr. bei Haupt (Anm. III/233), S. 6 ff.

236 Gesetz gegen die Überfüllung der deutschen Schulen und Hochschulen vom 25. April (*RGBl.*, I, 1933, S. 225).

237 Erste Verordnung zur Durchführung des Gesetzes gegen die Überfüllung . . . vom 25. April (*a. a. O.*, S. 225), Ziff. 8.

238 Gesetz über die Bildung von Studentenschaften an den wissenschaftlichen Hochschulen vom 22. April 1933 (*a. a. O.*, S. 215).

239 Eine preußische Studentenrechtsverordnung vom 12. April 1933

bestimmte als ausschließliche Rechte der Studentenschaft die Vertretung der Gesamtheit der Studenten, Wahrnehmung der studentischen Selbstverwaltung und Mitwirkung an der Selbstverwaltung der Hochschule u. a., aber auch die »Mitwirkung an der Aufrechterhaltung der akademischen Zucht und Ordnung«; *Zentralblatt für die gesamte Unterrichts-Verwaltung in Preußen* 75 (1933), S. 117.

240 *Ebda.*

241 Erlaß des Preußischen Ministers für Wissenschaft, Kunst und Volksbildung vom 9. August 1933, unterzeichnet von Stuckart (*BA,* R 21–U I, Nr. 22 525). Vorher schon ein nicht auffindbarer, jedoch im Erlaß vom 9. August zitierter Erlaß vom 29. Juni 1933. Als den Ausschluß begründendes Merkmal bezeichnete der Erlaß, ». . . wenn ein Studierender in Wort, Schrift oder durch sein sonstiges Verhalten gehässig gegen die nationale Bewegung aufgetreten ist, ihre Führer beschimpft oder nationalgesinnte Studierende zu verfolgen, zurückzusetzen oder sonst zu schädigen versucht hat.« Hierzu zählten in jedem Falle Studierende, »die sich in den letzten Jahren nachweislich in kommunistischem Sinne betätigt« hatten, »auch ohne Mitglied der KPD zu sein«, und solche, die als Sozialdemokraten aufgefallen waren. Als besonders erschwerend galt die Zugehörigkeit zu pazifistischen Organisationen.

242 Runderlaß des Preußischen Ministers für Wissenschaft, Kunst und Volksbildung betr. »Vorläufige Maßnahmen zur Vereinfachung der Hochschulverwaltung« vom 28. Oktober 1933 (*Zentralblatt . . .*, 1933, S. 291).

243 Richtlinien des Reichs- und Preußischen Ministers für Wissenschaft, Erziehung und Volksbildung vom 1. April 1935 (*BA,* R 21–W I a 588/35) auf Grund des Erlasses des Führers und Reichskanzlers über die Ernennung und Entlassung von Landesbeamten vom 1. Februar 1935 (*RGBl.,* I, 1935, S. 73), der die Zuständigkeit für die Personalverwaltung sämtlicher Hochschulen dem Reichsminister für Wissenschaft, Erziehung und Volksbildung zugewiesen hatte.

244 Meldung durch Wolffs Telegraphisches Büro (*W.T.B.I.,* 84. Jg., Nr. 3303 vom 28. Dezember 1933; *HAB,* Rep. 90/1752). Die Richtzahl 15 000 wurde für die einzelnen Länder aufgeschlüsselt. Preußen erhielt 8984, Bayern 1670, Sachsen 1339, Württemberg 611 usw. Für Lübeck blieben 34, für das Ländchen Schaumburg-Lippe 12 Studienzulassungen.

245 *Amtlicher Preußischer Pressedienst* vom 8. Februar 1934.

246 *Ebda.*

247 Verfügungen des Preußischen Ministers für Wissenschaft, Kunst und Volksbildung vom 20. April bzw. 6. Mai 1933, zit. bei Haupt (Anm. III/233), S. 20 ff. – Die erste preußische »Hochschule für Lehrerbildung« entstand in Lauenburg in Pommern.

248 Verfügung des Preußischen Ministers für Wissenschaft, Kunst und Volksbildung vom 12. Mai 1933; zit. *a. a. O.,* S. 24.

249 Georg Usadel, »Jugenderziehung im nationalsozialistischen Staat«, in: *Deutsche Erziehung im neuen Staat,* hrsgg. von Friedrich Hiller, Langensalza–Berlin–Leipzig 1934, S. 48.

250 Diesen Ausdruck prägte Bernhard Rust in seiner Rede bei der

Einweihung der »Landgebundenen Hochschule für Lehrerbildung in Lauenburg« am 24. Juni 1933 in: *Deutsche Erziehung ..., a. a. O.*, S. 44.

251 *A. a. O.*, S. 41.

252 Neusüß-Hunkel (Anm. III/109), S. 71.

253 So Erich Voegelin, *Rasse und Staat,* Tübingen 1933, S. 122, wo die heidnisch grausame mythisch-biologistische Derivation dieser Weise politischen Denkens deutlich gemacht wird: »Der Mensch ... ist Animale mit allen Wesenszügen eines solchen. Er ist nicht in sich geschlossenes Individuum, sondern hineingeflochten in die Kette der Zeugungen. Er gehört einer Blutlinie an, die über seine Eltern in eine unendliche Ahnenreihe hinaufreicht und sich von ihm aus weiter erstreckt über Kinder und Kindeskinder ins Unendliche ... In der Ideenhierarchie steigen wir von der Idee der Art über die engeren Gruppen zu den Blutlinien und schließlich zu den einzelnen Individuen hinunter [!]. Die gesamte Hierarchie ist objektive animalische Wirklichkeit als die in ihrer leiblichen Formenmannigfaltigkeit sich ausbreitende und fortpflanzende Menschheit.«

254 Arthur Gütt war nach Neusüß-Hunkel (Anm. III/109), S. 73, Brigadeführer im Stab des Reichsführers SS.

255 Vom 14. Juli 1933 (*RGBl.*, I, 1933, S. 529). Vgl. auch die umfangreiche Ausgabe von Text und Kommentar von Arthur Gütt, Ernst Rüdin und Falk Ruttke, *Gesetz zur Verhütung erbkranken Nachwuchses vom 14. Juli 1933,* München 1934, die einen Eindruck von den Anfängen und Grundlagen der nationalsozialistischen »Volkshygiene« vermittelt.

256 Vom 24. November 1933 (*RGBl., a. a. O.*, S. 995), Art. 2, Abs. 1. Vgl. auch Gütt/Rüdin/Ruttke, *a. a. O.*, S. 179 ff.

257 Vom 18. Oktober 1935 (*RGBl.*, I, 1935, S. 1246).

258 Reichsbürgergesetz und Gesetz zum Schutze des deutschen Blutes und der deutschen Ehe vom 15. September 1935 (*a. a. O.*, S. 1146). Ausführliche Darlegung, Kommentierung und Textsammlung von Arthur Gütt, Herbert Linden und Franz Maßfeller, *Blutschutz- und Ehegesundheitsgesetz,* München 1936; dagegen die in Grenzen gemilderte Auslegung von Wilhelm Stuckart und Hans Globke, *Reichsbürgergesetz, Blutschutzgesetz und Ehegesundheitsgesetz* (*Kommentare zur deutschen Rassengesetzgebung,* Bd. 1), München–Berlin 1936. (Darin noch S. 15: »Die beiden Nürnberger Gesetze ... schaffen ... die gesetzliche Grundlage für einen modus vivendi, der allen Belangen gerecht wird ... Ausgehend von der Erkenntnis, daß es sich beim Judentum um eine blutmäßige Gemeinschaft handelt, gewährleisten die Nürnberger Gesetze dieser Gemeinschaft ihr Eigenleben in gesetzlichen Grenzen, wie sich insbesondere aus der Bestimmung ergibt, daß den Juden das Zeigen der jüdischen Farben unter staatlichem Schutz gestattet ist. In gleicher Weise garantiert der nationalsozialistische Staat dem Judentum freie Religionsausübung, kulturelles Leben und Erziehung.«) Später wurde die inhaltlich bei weitem dürftigere und derartige, in der Sache längst zweifelhaft gewordene »Garantien« nicht mehr berücksichtigende Kommentar- und Textausgabe von

Bernhard Lösener und Friedrich A. Knost, *Die Nürnberger Gesetze mit den Durchführungsverordnungen und den sonstigen einschlägigen Vorschriften,* 5. Aufl., Berlin 1942, gebräuchlich.

259 Verordnung über die Auflösung der preußischen Landwirtschaftskammern vom 21. Juni (*Preußische Gesetzsammlung,* 1933, S. 224).

260 Der Antrag Hugenbergs, die Landwirtschaftskammern für die Provinzen Oberschlesien, Sachsen, Schleswig-Holstein und den Regierungsbezirk Wiesbaden aufzulösen, weil »Störungen des Rechtszustandes und in der Geschäftsführung entstanden« waren, stammte vom 7. April 1933 (vervielf. Rundbrief mit anliegendem Verordnungsentwurf: *BA,* P 135/1964, fol. 115–116). Da sich die Angelegenheit hinzog, mahnte Hugenberg die Entscheidung an, legte nun aber einen Verordnungsentwurf vor, der alle Landwirtschaftskammern auflöste (Rundbriefe vom 31. Mai und 13. Juni 1933, dieser mit Verordnungsentwurf; *a. a. O.,* fol. 120–122). Die Herausnahme der ostpreußischen Kammer erfolgte dann auf besonderen Wunsch des Reichskanzlers (Rundschreiben vom 19. Juni; *a. a. O.,* fol. 126).

261 Gesetz über die Neuwahlen zu den Landwirtschaftskammern vom 24. Oktober (*Preußische Gesetzsammlung,* 1933, S. 384). Hierzu Rundbrief Darrés vom 12. September mit anliegendem Gesetzentwurf (*BA,* P 135/1964, fol. 128).

262 Kerrl in der Sitzung des Staatsministeriums vom 11. Mai 1933 (*HAB,* Rep. 90, Sitzungsprotokolle 1933, fol. 93).

263 In der Sitzung des Staatsministeriums vom 15. Mai (*a. a. O.,* fol. 97).

264 So Kerrl (*a. a. O.,* fol. 93).

265 In der Staatsminister-Sitzung am 19. Mai in »zweites Glied« abgeändert (*a. a. O.,* fol. 97 v).

266 *Ebda.* – Gesetz über das Bäuerliche Erbhofrecht vom 15. Mai (*Preußische Gesetzsammlung,* 1933, S. 165).

267 Über die Lage der ostdeutschen Landwirtschaft nach 1918 und ihre politischen Folgen hofft der Verfasser in einiger Zeit eine gesonderte Untersuchung veröffentlichen zu können.

268 Unterlagen und Berichte über die Lage in diesen Verwaltungsbezirken bei den Akten des Preußischen Staatsministeriums (*HAB,* Rep. 90/1079).

269 Der Oberpräsident der Provinz Ostpreußen bezifferte den Umfang des Ernteausfallschadens mit 50 Millionen Reichsmark, der Landwirtschaftsverband Ostpreußen mit 68 Millionen Reichsmark (Bericht des Oberpräsidenten Kutscher an Reichskommissar Bracht vom 24. Januar 1933; *ebda.*).

270 Bericht Kutschers, *a. a. O.*

271 So in einer Entscheidung der Generalversammlung der Kreisabteilung Johannisburg e. V. des Landwirtschaftsverbandes Ostpreußen vom 20. Januar 1933 (Anlage zu dem Bericht Kutschers, *a. a. O.,* dem auch noch andere Entschließungen und Zeugnisse dieser Art beigefügt waren).

272 Schriftwechsel zwischen Meinberg und v. Rohr aus der Zeit vom 30. Mai bis 21. Juni 1933 (*HAB,* Rep. 90/877).

273 Schreiben Meinbergs an Rohr vom 15. Juni 1933 (Abschrift *ebda.*). Auch an anderer Stelle sprach Meinberg von der nationalsozialistischen Revolution als einer »Bauernrevolution« und dem nationalsozialistischen Staat als einem »Bauernreich« (so im Geleitwort zu Otto Baumecker, *Handbuch des gesamten Reichserbhofrechts,* 2. Aufl., Köln 1934, S. III). Über die »Bauernpolitik« später Hans-Jürgen Seraphim, *Deutsche Bauern- und Landwirtschaftspolitik,* Leipzig 1939. Vgl. hierzu auch die Schlußbemerkungen in dem Aufsatz von Hans Rosenberg, »Die Demokratisierung der Rittergutsbesitzerklasse«, in: *Zur Geschichte und Problematik der Demokratie* (Anm. I/1), S. 485 f. Als Zeugnis für Bemühungen im ostdeutschen Großgrundbesitz, den Rittergutsbesitzer auch in der Ära des Reichsnährstandes zum »Kulturträger der Volkheit« zu stempeln und seine führende Rolle in der Agrarpolitik zu behaupten, verdient Beachtung der Sammelband *Großgrundbesitz im Umbruch der Zeit,* hrsgg. von Hans Olof v. Rohr, 2. Aufl., Berlin, 1935.

274 Als Beispiel für die Demonstrationen gegen die deutschnationale Spitze der beiden Landwirtschaftsministerien, die offenbar sehr bereitwillig von den örtlichen Ämtern weitergegeben wurden, der Text eines Telegramms des Landrats in Wehlau (Ostpr.) an den Regierungspräsidenten in Königsberg vom 3. Mai 1933: »Viele Hunderte Bauern des Kreises Wehlau verlangen in machtvoller Kundgebung vor Kreishaus Abberufung Hugenbergs und von Rohrs und Übertragung des Reichsernährungsministeriums an Walter Darré und Preußischen Landwirtschaftsministeriums an Willykens [richtig: Willikens] mit der Begründung, daß Bauernschaft bei letzten Wahlen fast 100 % für Hitler gestimmt hat. Erregung wächst täglich. Bitte beschleunigte Weitergabe der berechtigten Wünsche der Landbevölkerung veranlassen zu wollen« (Abschrift *HAB,* Rep. 90/877).

275 *RGBl.,* I, 1933, S. 685. Hierzu Baumecker (Anm. III/273).

276 Gesetz zur Regelung des ständischen Aufbaus der Landwirtschaft vom 15. Juli (*RGBl.,* I, 1933, S. 495) und Gesetz über den vorläufigen Aufbau des Reichsnährstandes vom 30. 9. 1933 (*a. a. O.,* S. 626).

277 Erlaß über den Reichskommissar für das Siedlungswesen vom 29. März 1934 (*RGBl.,* I, 1934, S. 295).

278 Mit Schreiben vom 13. Juli 1933 überreichte ausführliche Denkschrift, bei den Akten des Preußischen Ministeriums für Wirtschaft und Arbeit, Siedlungsabteilung, später beim Reichsarbeitsministerium (*HAB,* Rep. 318/120).

279 Aktenvermerk des Ministerialrats Scholtz im Preußischen Ministerium für Wirtschaft und Arbeit vom 15. Juli 1933 (*ebda.*; handschriftl. Zusatz von Scholtz).

280 So in einem Schreiben des Reichsarbeitsministeriums an den Preußischen Minister für Wirtschaft und Arbeit vom 16. September 1933, das den Abschluß der Vorarbeiten zu einem Reichsplanungsgesetz ankündigte *(ebda.).*

281 Vertraulicher Referentenentwurf als Anlage zu einem vertraulichen Rundschreiben des Reichsarbeitsministeriums vom 5. Februar

1934 *(ebda.).*

282 Nach den Bestimmungen des Entwurfs erhielt das Reichsarbeitsministerium das Recht, jederzeit bestehende Landesplanungsgebiete zu ändern, zu vereinigen, zu unterteilen oder aufzuheben, die zuständige Landesplanungsbehörde zu bestimmen, die die Geschäftsführung der Landesplanungsverbände zu überwachen hatte.

283 Aktenvermerke von Scholtz vom 1., 24. und 17. März 1934 *(HAB,* Rep. 318/120).

284 Gesetz über einstweilige Maßnahmen zur Ordnung des deutschen Siedlungswesens vom 9. Juli (*RGBl.*, I, 1934, S. 568).

285 Erlaß über das Siedlungs- und Wohnungswesen vom 4. Dezember 1934 (*a. a. O.*, S. 1225).

286 Vgl. Neusüß-Hunkel (Anm. III/109), S. 70 f.

287 Bei den Akten des Reichs- und Preußischen Arbeitsministeriums befindet sich ein Bericht des Oberpräsidenten und Gauleiters Lohse von Schleswig-Holstein mit der Abschrift einer Denkschrift des Regierungspräsidenten in Schleswig, die in ihren Grundgedanken manche Ähnlichkeit mit dem Gesetzentwurf des Reichsarbeitsministers aufwies, sich aber besonders auf das Thema der Übernahme der Planungsaufgaben durch Organe der Staatsverwaltung beschränkte (*HAB,* Rep. 318/120).

288 Kopie eines Schreibens des Stellvertreters des Führers an den Reichsarbeitsminister vom 12. August 1935 (*HAB,* Rep. 318/123). Die Akademie scheint jedoch keine bedeutende Tätigkeit entfaltet zu haben. 1934 erschien eine Druckschrift für den Dienstgebrauch des Präsidenten Ludowici, *Die Verteilung des deutschen Bodens,* mit zwei Anlagen »Material zu einer Bilanz über den deutschen Boden« und »Der Wohnungs- und Siedlungsbedarf in Deutschland«, die Material verarbeiteten, das andere Stellen zusammengetragen hatten und keine neuen Gesichtspunkte enthielten. 1935 hielt die Akademie zwei Schulungslager in Zusammenarbeit mit dem Reichsarbeitsdienst ab. Aber schon am 13. März 1936 vermerkte Ministerialrat Scholtz: »Durch die Gründung einer besonderen Hochschulorganisation unter Führung der Reichsminister Rust und Kerrl dürfte die ›Akademie für Landesforschung und Reichsplanung‹ in ihrem Zuständigkeitsbereich stark eingeschränkt sein. Die weitere Entwicklung bleibt abzuwarten.« Und am 12. Oktober 1936: »Weitere ›Mitteilungen‹ sind nicht eingegangen. Von einer nennenswerten Tätigkeit der Akademie ist nichts bekannt geworden« (*HAB,* Rep. 318/123). Ludowici war gleichzeitig im Rang eines Hauptamtsleiters der Beauftragte für das Siedlungs- und Planungswesen im Stabe des Stellvertreters des Führers und Leiter des »Reichsheimstättenamtes« der NSDAP und der Deutschen Arbeitsfront (*Gutachten des Instituts für Zeitgeschichte,* Anm. I/226, S. 283).

289 Vom 29. März 1935 (*RGBl.*, I, 1935, S. 468).

290 Erlaß vom 26. Juni 1935 (*a. a. O.*, S. 793).

291 Die von der Reichsstelle beaufsichtigte Reichsarbeitsgemeinschaft für Raumforschung gab eine eigene wissenschaftliche Monatsschrift, *Raumforschung und Raumordnung,* heraus.

Viertes Kapitel: NATIONALSOZIALISTISCHE »REICHSREFORM«

1 Arendt (Anm. I/1), S. 488.

2 Hans Frank, *Recht und Verwaltung,* München 1939, S. 8.

3 Klaus Lauer schrieb in seiner Untersuchung (Anm. III/112), S. 11: »Der nationalsozialistische Staat nimmt für sich das Recht in Anspruch, das gesamte öffentliche und private Leben mit seinem Staatsgeist zu durchdringen; es gibt daher kein Lebensgebiet, das den Staat nichts angeht und auf dem er nicht befugt ist, seine Staatsgewalt im Interesse der staatlichen Zwecke zu betätigen.«

4 Unter einseitiger Berufung auf Carl Schmitt am entschiedensten von Hans Frank, *Die Technik des Staates* (Anm. III/88); dort findet sich auch eine Bemerkung – »Die Verwaltung des Staates ist die Hauptdomäne der Technik des Staates« (S. 11) –, die mit ihrer klaren und eindeutigen Aussage innerhalb des nationalsozialistischen Schrifttums geradezu Seltenheitswert besitzt. C. J. Friedrich bemerkt übrigens wohl zu Recht, daß die »totale Bürokratisierung« ein allgemeines Merkmal des modernen Totalitarismus bilde; »ohne diese Bürokratie könnte der totalitäre Charakter des Systems nicht aufrechterhalten werden«. *Totalitäre Diktatur* (Anm. I/1), S. 56; S. 161.

5 Angesichts dieser im Laufe der Jahre immer deutlicher hervortretenden Tendenz verzichtete schließlich Ernst Fraenkel in seiner Untersuchung *The Dual State* (Anm. I/6) und zur Begründung seiner Theorie sogar auf jede Trennungslinie zwischen Partei und Staat.

6 Mit der kommissarischen Einsetzung eines Reichsjugendführers durch den Reichsinnenminister begann unter der Führung v. Schirachs die Umwandlung des nationalsozialistischen Jugendlichenverbandes, der Hitlerjugend und ihrer Untergliederungen, zur Staatsjugendorganisation, die nach und nach einen zwangsartigen Charakter annahm. Die nationalsozialistische Sportorganisation, die im Verlaufe der Gleichschaltung eine monopolartige Stellung gewonnen hatte, wurde durch die Personalunion ihres Führers v. Tschammer und Osten an die Leitung der zuständigen Ministerialabteilung des Reichsinnenministeriums angeschlossen. Die nationalsozialistische Organisation des Freiwilligen Arbeitsdienstes, die einzige verbliebene Arbeitsdienstorganisation, wurde durch Übernahme ihrer Leitung, mit der kommissarischen Beauftragung und mit der Ernennung ihres Führers Hierl zum Staatssekretär im Reichsinnenministerium aus einer Parteiorganisation in eine Staatsorganisation umgewandelt. Der Deutsche Beamtenbund kam unter die Führung Neefs, den Frick als Referenten in das Reichsinnenministerium holte. Der Nationalsozialistische Ärztebund war zunächst unter Führung Gerhard Wagners eine Parteiorganisation, die zu monopolistischem Rang gelangte, wurde jedoch später ähnlich der Sportorganisation v. Tschammers durch Personalunion mit einer Abteilung des Reichsinnenministeriums verknüpft.

7 Kurt Jeserich in: *Der Deutsche Gemeindetag* 2 (1934), S. 4.

8 Aus Gründen der Propaganda war freilich der Ausdruck »Polizeistaat« ebenso verpönt wie das Wort »totaler Beamtenstaat« ungebräuchlich. Bezeichnend ist z. B. der gekünstelte und obendrein auf Täuschungen beruhende Versuch Lauers in seiner obengenannten Arbeit (Anm. III/112), den Begriff des Rechtsstaates für das nationalsozialistische System zu retten: ». . . trotz der unbeschränkten Machtbefugnisse des Staates gegenüber dem einzelnen, die dem nationalsozialistischen Staat wie dem Polizeistaat zu eigen sind, ist doch daran festzuhalten, daß der nationalsozialistische Staat . . . ein Rechtsstaat ist – im Gegensatz zum Polizeistaat –, die vollziehende Gewalt nicht gänzlich ungebunden, sondern in ihrer Betätigung durch die geltenden Gesetze beschränkt ist . . . In dem heutigen Staat bestehen zwar keine ideenmäßigen Hindernisse [!] dafür, daß man die polizeiliche Zwangsgewalt auch auf andere Gebiete als das der Gefahrenabwehr, z. B. auf die Sorge für die Erhaltung und Reinerhaltung der Rasse, ausdehnt; für eine solche Ausdehnung . . . liegt jedoch, sofern die bisherigen Vollmachten im nationalsozialistischen Sinne gehandhabt werden, kein Bedürfnis vor . . . Auch im nationalsozialistischen Staat ist demnach der Polizeibegriff auf die Abwehr von Gefahren beschränkt« (S. 11). Aber auch dieser Autor konnte die nicht limitierte Zuständigkeit, die sich hinter der fiktiven Formel von der »Abwehr der Gefahren« verbarg, nicht ganz verhehlen. Er bezeichnete als »Gefahren«: »alle Äußerungen und Handlungen, die geeignet sind, die Durchführung der nationalsozialistischen Bestrebungen zu verhindern oder der Autorität und Einheitlichkeit des Staates Abbruch zu tun . . .« (S. 15). Im Vergleich hierzu Schweder, der auf diese Formel ebenso grundsätzlich verzichtete wie auf den fiktiven »Rechtsstaat«: »Widerstand ebenso gegen die wesentlichen Einrichtungen des Volkes und Staates wie gegen die Durchführung seiner großen Pläne muß seine schärfste Abwehr hervorrufen . . . Staatsfeind ist heute jeder, der dem Volk, der Partei und dem Staat, ihren weltanschaulichen Grundlagen und ihren politischen Aktionen entgegenwirkt . . . Eine Reihe von Strafbestimmungen fixiert einzelne derartige Tatbestände, will und kann aber keineswegs vollständig sein.« (Schweder, Anm. III/94, S. 147.)

9 Den alten Begriff des Polizeistaates charakterisierte Otto Mayer als »Übergang zur neueren Zeit«, in der die öffentliche Gewalt »überall die alten Rechtsschranken zu überfluten« suchte: »Die Polizei, welche dem Ganzen den Stempel gibt, wird zu einer planmäßigen Bearbeitung des zur Verfügung stehenden Menschenmaterials, um es einem großen Ziele zuzuführen« (Otto Mayer, »Deutsches Verwaltungsrecht«, in: *Systematisches Handbuch der Deutschen Rechtswissenschaft,* begr. von Karl Binding, hrsgg. von Friedrich Oetker, 6. Abt., I. Bd., 3 Aufl., München–Leipzig 1924, S. 34; S. 38).

10 Ein in mehrfacher Hinsicht bemerkenswertes Bild der späteren Funktionen der Reichskanzlei vermittelt die Darstellung des Reichskabinettsrates Hermann v. Stutterheim, *Die Reichskanzlei* (*Schriften zum Staatsaufbau.* Neue Folge der *Schriften der Hoch-*

schule für Politik, Teil II, hrsgg. von Paul Meier-Benneckenstein. Heft 45), Berlin 1940.

11 Für den unter anderen Äußerungen häufig hervorbrechenden fanatischen Unitarismus Hitlers ist die Zitatensammlung von Werner Siebarth recht aufschlußreich: *Hitlers Wollen. Nach Kernsätzen aus seinen Schriften und Reden,* 8. Aufl., München 1940 (1. Aufl., 1935), S. 34 ff.

12 Poetzsch-Heffter, »Vom Deutschen Staatsleben« (Anm. I/183), S. 93 f.

13 *Vollsitzungen des Reichsrats,* 1933, § 304.

14 Gesetz über die Aufhebung des Reichsrats (*RGBl.*, I, 1934, S. 89).

15 Am 19. Februar 1934 verfügte ein Rundschreiben Fricks an die präsidierenden Mitglieder der Länderregierungen und die Reichsstatthalter, es sei »nicht ausgeschlossen, daß die Länder – jedenfalls zunächst noch – Beamte in Berlin belassen, die die Geschäfte der aufgegebenen Landesvertretungen abwickeln, sich der wirtschaftlichen Interessen ihrer Gebietskörperschaften annehmen und in der Abwicklungszeit auch der Reichsregierung zur Unterrichtung auf Wunsch zur Verfügung stehen« (*HAB,* Rep. 77, Pfundtner 54). Über den Umfang dieser Tätigkeit der Ländervertretungen finden sich einige Angaben bei Hans-Joachim Schreckenbach, »Innerdeutsche Gesandtschaften 1867 bis 1945«, in: *Archivar und Historiker. Studien zur Archiv- und Geschichtswissenschaft zum 65. Geburtstag von Heinrich Otto Meisner,* Berlin 1956, S. 416 ff.

16 *Dokumente der Deutschen Politik,* hrsgg. von Paul Meier-Benneckenstein, Bd. I: *Die nationalsozialistische Revolution 1933,* Berlin 1939, S. 91.

17 Abschrift für Grauert (*HAB,* Rep. 77, Grauert 31).

18 Schreiben vom 19. Mai 1933 *(ebda.).*

19 Nicolai, *Grundlagen der kommenden Verfassung* (Anm. II/13).

20 Schreiben vom 19. Mai 1933 *(HAB,* Rep. 77, Grauert 31).

21 Rundschreiben des Reichsinnenministers an die Reichsstatthalter und die Länderregierungen vom 6. Oktober 1933 (*HAB,* Rep. 77, Pfundtner 56).

22 Frick kündete im gleichen Rundschreiben einen Erlaß Hitlers an die SA an, »der jeder SA-Dienststelle und jedem einzelnen SA-Mann bekanntgegeben« werde. Dieser Erlaß ist jedoch nicht bekannt; und es muß füglich bezweifelt werden, daß er jemals ergangen ist. Eine handschriftl. Notiz Pfundtners vermerkt: »Der Stabschef hat Erlaß nicht bekommen, weil Kanzler *selbst* [unterstrichen im Orig.] an ihn schreiben wollte.« Das Rundschreiben nimmt außerdem auf die Tätigkeit von Hilfspolizeikräften Bezug, die es zu diesem Zeitpunkt also noch gegeben haben muß.

23 Undatierte Referentenaufzeichnung »Verhältnis von Partei und Staat«, die vermutlich zur Vorbereitung einer Konferenz der Reichsstatthalter unter Beteiligung der Ministerpräsidenten und Innenminister der Länder (!) am 23. März 1934 diente und von Nicolai und Pfundtner mit Anstreichungen versehen wurde. Möglicherweise stellt sie den Entwurf oder gar den Text einer Eröffnungsrede dar, die von Pfundtner gehalten wurde.

24 Die genannte Denkschrift ließ es im übrigen an energischen Wendungen nicht fehlen. Die wirklichen Verhältnisse dieser Zeit verraten Sätze wie der, daß es völlig unzulässig sei, »daß Parteistellen einen offenen Kampf gegen staatliche Behörden führen, deren Maßnahmen öffentlich angreifen und die in Frage kommenden Beamten womöglich durch Drohungen einzuschüchtern suchen«. In diesem Zusammenhang darf die besondere Personalkontrolle, die die NSDAP auf indirektem Wege – etwa durch die Parteigerichtsbarkeit über ihre Mitglieder, seit dem Gesetz zur Sicherung der Einheit von Partei und Staat vom 1. Dezember 1933 kraft Strafgewalt eigenen Rechts – ausübte, nicht übersehen werden. Je stärker die Verpflichtung der Parteizugehörigkeit in der Beamtenschaft durchgedrückt wurde, desto wirksamer mußte die externe Bindung des Personals der Verwaltung werden. Das Reichsinnenministerium bemühte sich daher, diese Gefahr durch Begrenzung der Parteigerichtsbarkeit für Beamte zu neutralisieren. Diesen Bestrebungen war im Frühjahr 1934, wie eine Denkschrift des Obersten Parteigerichts vom 11. April 1934 über die künftige Zuständigkeit der Parteigerichte (*HAB,* Rep. 320, Pfundtner 51) bezeugt, einiger Erfolg beschieden. Der oberste Parteirichter Walter Buch suchte eine Konkurrenz mit der ordentlichen Disziplinargerichtsbarkeit auszuschließen, indem er die Zuständigkeit der Parteigerichtsbarkeit mit einem erweiterten Pflichtenkreis der NSDAP-Mitglieder begründete, die den Nationalsozialisten auch außerhalb der üblichen Beamtenpflichten »Verteidiger und Propagandist der staatlichen Maßnahmen zu sein« zwang. Im Ergebnis mußte sich die Parteigerichtsbarkeit in einer das Disziplinarrecht grundsätzlich oder in den Auswirkungen verstärkenden Strafgewalt äußern, gegen die der »Reichsbeamtenminister« keine Einwendungen hatte.

25 Hitler ließ, vermutlich auf Betreiben des Reichsinnenministers, den Reichsstatthaltern schon im Juli 1933 mitteilen, daß er sie künftig allmonatlich zu einer Konferenz nach Berlin zusammenrufen wollte, um die Unterrichtung der Länder über die Führung der Reichsgeschäfte nach Art. 67 der Reichsverfassung »durch Vermittlung der Reichsstatthalter« vorzunehmen (Rundschreiben des Reichsministers des Innern an die Reichsstatthalter, die Länderregierungen und die Vertretungen der Länder beim Reich vom 12. Juli 1933; *HAB,* Rep. 77, Pfundtner 56). Die erste Reichsstatthalterkonferenz fand jedoch erst am 28. September 1933 statt. Ihr ging am gleichen Tage eine Vorbesprechung der Reichsstatthalter voraus, die der hessische Reichsstatthalter Sprenger veranlaßt hatte, weil er »die Verschiedenartigkeit der Auslegung« des Reichsstatthaltergesetzes für erörterungsbedürftig hielt. Die in zahllosen Einzelheiten zerfallene Aussprache brachte zwar keine Klärung, vermittelt aber durch die stenographische Niederschrift (28 Seiten; *ebda.*) das erschütternde Bild einer Gruppe, in der sich Unsicherheit und Anmaßung, Kleinlichkeit und Brutalität in merkwürdiger Weise ergänzten. Die Unbedenklichsten hatten es offenbar noch am leichtesten, mit ihrer Reichsstatthalterrolle fertig zu werden.

Von den Gauleitern und Reichsstatthaltern Röver und Meyer hat das wortgetreue Protokoll keine Äußerungen festgehalten. Als ständige Wortführer traten Sprenger (Hessen), Sauckel (Thüringen), Loeper (Braunschweig und Anhalt), Murr (Württemberg), Wagner (Baden) auf, auch Ritter v. Epp (Bayern), der als verhältnismäßig korrekt argumentierende und großzügig denkende, gemäßigte Persönlichkeit unter dieser negativen Auslese von Parteimännern geradezu auffällt. Unter den Sorgen, die die Reichsstatthalter bewegten, stand an erster Stelle die Auswahl gefügiger Beamter, der sie offensichtlich ihre weitaus größte Aufmerksamkeit zuwandten – damit »im voraus die Gewähr geboten wird, daß die Politik des Kanzlers tatsächlich geführt wird«. Fast alle Reichsstatthalter griffen aus eigenem Ermessen tief und mit radikaler Rücksichtslosigkeit in das Personalwesen der Länder ein.

26 Titel einer Denkschrift des Ministerialrats Medicus vom 12. Oktober 1933 (*HAB,* Rep. 77, Pfundtner 53).

27 Dieser Ausdruck Max Webers ist für die preußischen Verhältnisse der zweiten Jahreshälfte 1933 zwar nicht ohne Einschränkung, aber wenn überhaupt irgendwann in Deutschland, dann hier anwendbar. Vgl. Max Webers Aufsatz »Wahlrecht und Demokratie in Deutschland« vom Dezember 1917, in: Weber, *Gesammelte politische Schriften* (Anm. II/61), S. 277: »In jedem Massenstaat führt Demokratie zur bürokratischen Verwaltung, und, ohne Parlamentarisierung, zur reinen Beamtenherrschaft.«

28 Gemeindeverfassungsgesetz vom 15. Dezember 1933 (*Preußische Gesetzsammlung,* 1933, S. 427); Gesetz über die Haushalts- und Wirtschaftsführung der Gemeinden und Gemeindeverbände (Gemeindefinanzgesetz) vom 15. Dezember 1933 (*a. a. O.,* S. 442); Gesetz über die Staatshaushaltsordnung vom gleichen Tage (*a. a. O.,* S. 475); Gesetz über die Erweiterung der Befugnisse der Oberpräsidenten (*a. a. O.,* S. 477); Gesetz über die Anpassung der Landesverwaltung an die Grundsätze des nationalsozialistischen Staates (*a. a. O.,* S. 479); Gesetz über die Änderung der Staatsaufsicht über die Hauptstadt Berlin, das den Staatskommissar in der Hauptstadt Berlin dem Ministerpräsidenten unterstellte (*a. a. O.,* S. 483).

29 Aufzeichnung Pfundtners für Frick über das Ergebnis einer Unterredung mit Staatssekretär Grauert vom 20. Oktober 1933 (*HAB,* Rep. 77, Pfundtner 72). Göring hat bei späteren Gelegenheiten hervorgehoben, daß Preußen im Herbst 1933 sogar eigene Pläne ausgearbeitet habe, die eine Aufgliederung des Landes in »Reichsgaue« vorsahen; vgl. *Dokumente* ... (Anm. IV/16), II, 5. Aufl., Berlin 1939, S. 166 und S. 172 ff.

30 Abschrift eines Rundschreibens des Staatssekretärs in der Reichskanzlei, Lammers, an den Stellvertreter des Reichskanzlers und die Reichsminister vom 19. Juli 1933, das auf eine Reichskabinettssitzung am 14. des gleichen Monats Bezug nimmt (*BA,* P 135/672, fol. 104).

31 Petwaidic (Anm. I/19), S. 10 ff., gibt viele gute Beobachtungen wieder und hebt besonders – allerdings hauptsächlich unter Berücksichtigung der späteren Periode des nationalsozialistischen

Staates – den Byzantinismus in der nächsten Umgebung Hitlers als Form der Einflußnahme auf den Führer hervor. Er hielt mit der wachsenden Führerautorität Schritt und wurde in dem zunehmenden Führerkult nach außen hin sichtbar.

32 Mitteilung von Lammers an Göring vom 12. September 1933 (Abschr. *BA*, P 135/672, fol. 115 f.).

33 Vgl. Medicus, *Das Reichsministerium des Innern* (Anm. I/206), S. 44.

34 Das Reichskabinett hatte vor Jahren auf einen Antrag des Reichssparkommissars »zur Beschleunigung einer Verwaltungsvereinfachung« einen Dreier-Ausschuß eingesetzt, dem neben dem Reichsinnenminister der Reichsfinanzminister und der Reichssparkommissar angehörten. Zu einer Sitzung dieses Ausschusses ist es das ganze Jahr 1932 und im Januar 1933 nicht mehr gekommen. Frhr. v. Gayl hatte diesen Ausschuß allerdings zu neuer Tätigkeit bringen wollen (Abschrift eines vertraulichen Rundschreibens des Reichsinnenministers Frhr. v. Gayl an die Reichsminister und den Reichssparkommissar vom 17. Oktober 1932 und Durchschlag einer undatierten »Aufzeichnung zur ersten Sitzung des Dreier-Ausschusses« für Reichsinnenminister Frick, wahrscheinlich aus dem Februar 1933; *HAB*, Rep. 77, Pfundtner 53).

35 Gesetzentwurf mit dem Vermerk »Streng geheim« nebst Entwurf einer elf Maschinenseiten umfassenden »Ersten Verordnung ... zur Vereinfachung und Verbilligung der Verwaltung« mit An- und Durchstreichungen von der Hand des Staatssekretärs Pfundtner, beide mit der handschriftlichen Notiz »5. 9. 1933« versehen, als Anlage zur Abschrift des Entwurfs zu einem »streng geheimen« Schreiben des Reichsministers an den Reichskanzler (*HAB*, Rep. 77, Pfundtner 53). Dieses Schreiben trägt nur eine Monatsdatierung »September ... 1933«; eine Tageseintragung fehlt. Auf dem Kopf hat Pfundtner eine Aktenverfügung angebracht und das Datum 28. 8. hinzugefügt. Danach ist anzunehmen, daß es nicht zu Hitler gelangt ist.

36 Entwurf eines »Gesetzes zur Übertragung von Verwaltungsaufgaben auf die Länder« vom 28. August (vervielf. Exemplar *ebda.*).

37 Rundschreiben des Reichsinnenministers vom 1. September an den Reichsfinanzminister, Reichswirtschaftsminister, Reichsarbeitsminister, Reichsjustizminister, Reichsverkehrsminister und den Reichsminister für Ernährung und Landwirtschaft (vervielf. Exemplar *ebda.*). Das Rundschreiben lud zu einer kommissarischen Beratung ein, die am 5. September stattfinden sollte. Es ist anzunehmen, daß die Entwürfe des Reichsinnenministeriums als Unterlagen für diese Beratung haben dienen sollen und wahrscheinlich aus diesem Grunde mit dem Datum »5. 9.« versehen wurden.

38 Aufzeichnung von Medicus für Frick vom 17. November 1933 (*ebda.*).

39 Zwei Seiten, undatiert und nicht unterzeichnet, doch wahrscheinlich von Nicolai oder Medicus stammend, teilweise in wortwörtlicher Übereinstimmung mit Formulierungen und Gedanken, die Nicolai auch in seinen Denkschriften äußerte (*HAB*, Rep. 77,

Pfundtner 60[5]). Es ist jedoch nicht sicher, ob der Plan schon vor Annahme des Ermächtigungsgesetzes aufgestellt wurde; ebensogut könnte die erste Position nachträglich in den Plan aufgenommen worden sein. Das könnte auch dann angenommen werden, wenn der Plan von Nicolai herrühren sollte, der erst im Oktober 1933 in das Reichsinnenministerium kam. Es ist zweifelhaft, ob Nicolai ihn schon früher als Privatarbeit entworfen hat; denn die Liste der von Nicolai und anderen im Auftrage der Reichsleitung der NSDAP vor der nationalsozialistischen Machtergreifung angefertigten Ausarbeitungen für eine künftige Gesetzgebung (Liste v. Heydebrand und der Lasas; vgl. Anm. I/147) führt diesen »Generalplan« nicht auf.

40 Schreiben Kubes an Göring vom 1. April 1933 und an Staatssekretär Grauert vom 12. April 1933 (*HAB*, Rep. 320, Grauert 2).

41 Abschrift eines Schreibens des Oberpräsidenten der Provinz Niederschlesien, Brückner, an Ministerialdirektor Schellen im preußischen Innenministerium vom 20. September 1933 *(ebda.)*.

42 Schreiben Loepers an Staatssekretär Grauert vom 29. September 1933 *(ebda.)*.

43 Helmut Nicolai, *Grundlagen der kommenden Verfassung* (Anm. II/13); ferner ders., *Der Staat im nationalsozialistischen Weltbild* (*Neugestaltung von Recht und Wirtschaft*, hrsgg. von C. Schaeffer, Heft 1), Leipzig 1933, 2. Aufl. 1934; ders., *Die rassengesetzliche Rechtslehre* (Anm. III/86).

44 Nicolai schied im Frühjahr 1935 aus dem Reichsinnenministerium aus und trat niemals mehr öffentlich hervor; er eröffnete ein Wirtschafts- und Steuerberatungsbüro in Berlin, nahm am Kriege teil, wurde kriegsbeschädigt, lebte seit 1945 in Marburg und ist dort im Dezember 1955 nach längerer Krankheit verstorben. Vgl. die Angaben bei Helmut Nicolai, *Staat, Behörden und Beamte in Waldeck 1814–1868* (*Geschichtsblätter für Waldeck*, 48. Bd.), Waldeck 1956, S. IV f. (Vorwort von H. Steinmetz).

45 Vier Seiten umfassendes Schreiben Loepers an Staatssekretär Lammers in der Reichskanzlei vom 23. November 1933 (*BA*, R 43 II/495, Rk. 13 647).

46 Entwürfe eines Antwortschreibens an Loeper und eines Rundschreibens des Staatssekretärs in der Reichskanzlei an die Reichsminister, die Reichsstatthalter und die Ministerpräsidenten der Länder mit Abgangsvermerk vom 4. Dezember 1933 (*a. a. O.*, Rk. 14 020).

47 Vgl. o. S. 204 ff.

48 Acht Maschinenseiten umfassende Denkschrift Nicolais für Frick unter dem Titel »Merksätze über die Reichsreform« vom 6. Dezember 1933 mit handschriftlichen Anstreichungen und Anmerkungen des Staatssekretärs Pfundtner. Sie steht inhaltlich in engem Zusammenhang mit einer etwas älteren ausführlicheren Denkschrift Nicolais für Frick (wahrscheinlich vom November 1933), die 21 Seiten in Maschinenschrift umfaßt (beide *HAB*, Rep. 77, Pfundtner 60[5]).

49 Pfundtner versah diese Stelle mit der Randnotiz: »Die kann nur das

Reichsministerium des Innern sein!« *(ebda.)*.

50 Denkschrift Medicus' vom 12. Oktober 1933 (*HAB*, Rep. 77, Pfundtner 53).

51 Vervielf. Rundschreiben des Preußischen Ministers des Innern an die Staatsminister vom 11. Oktober 1933 mit beigefügter Anlage eines Erlasses an die Ober- und Regierungspräsidenten und Landräte (*BA*, P 135/10 086, fol. 4). Ähnlich lautete auch schon ein Beschluß des Preußischen Staatsministeriums vom 29. Juni 1933 (*HAB*, Rep. 90, Sitzungsprotokolle 1933, fol. 121).

52 Gesetz über den Deutschen Gemeindetag vom 15. Dezember 1933 (*RGBl.*, I, 1933, S. 1065). Das Reichsinnenministerium hat sich schon zu diesem Zeitpunkt bemüht, organisatorische Maßnahmen in den Ländern zu verkünden oder im Dringlichkeitsfall nur mit seiner Begutachtung zuzulassen. Hierbei ist es auch zu einer Kontroverse mit dem preußischen Finanzminister Popitz gekommen, als im Reichsinnenministerium die unmittelbar bevorstehende Verkündung des Kommunalverfassungsgesetzes und des Gemeindefinanzgesetzes in Preußen bekannt wurde. Allerdings konnte das »Vorprellen Preußens« nicht mehr verhindert werden (Durchschlag eines Eilvermerkes Pfundtners für Frick vom 11. Dezember; *HAB*, Rep. 77, Pfundtner 53). Pfundtner riet seinem Minister eine Besprechung mit Popitz und Grauert an und empfahl, »daß wir gleichzeitig den OBM Gördeler unter der Hand beordern, damit er uns – ohne Fühlungnahme mit den preußischen Herren – für interne Beratungen zur Verfügung steht«.

53 Durchschlag eines Schreibens an den bayerischen Ministerpräsidenten Siebert mit Abgangsvermerk vom 1. November 1933 *(ebda.)*.

54 Denkschrift Sieberts »Gedanken zur Neugliederung des Reiches« vom 24. November 1933 (*HAB*, Rep. 77, Pfundtner 60[2]).

55 Original mit handschriftlichem Zusatz Nicolais »1. Entwurf von Dr. Medicus und Dr. Nicolai« (*HAB*, Rep. 77, Pfundtner 60[5]). Die ungewöhnliche Reihenfolge, in der sich der sonst keineswegs um Zurückhaltung bemühte Abteilungsleiter selbst zuletzt nennt, läßt darauf schließen, daß dieser Entwurf im wesentlichen von Medicus stammt, aber die Zustimmung Nicolais gefunden hat.

56 Es existiert ein undatierter, acht Paragraphen umfassender Entwurf ohne Verfasserangabe, der die Bezeichnung »Entwurf eines Reichsgesetzes über Fortführung der Reichsreform« trägt (Durchschlag *HAB*, Rep. 77, Pfundtner 53).

57 Anweisung Pfundtners für Nicolai und Medicus vom 27. November 1933 auf Grund einer Mitteilung von Frick (Durchschlag *ebda.*).

58 Die äußerliche Kürzung der Fassung ging mit einer fortgesetzten Erweiterung der Ermächtigung einher:

Entwurf Frick November 1933 § 4 (1)	*Eigener Änderungsvorschlag Fricks, November 1933 § 4*	*Änderungsentwurf Nicolais, 23. November 1933 § 4*	*Neuaufbaugesetz vom 30. Januar 1934 (endgültige Fassung) Artikel 4*
»Die Reichsregierung übt die Aufsicht über die Länder in den Angelegenheiten aus, die entweder reichsrechtlich geregelt sind oder in denen sonst die Reichsregierung den Einklang mit den Zielen der Reichspolitik sicherstellen will.«	»Art. 2 des Gesetzes zur Behebung der Not von Volk und Reich vom 24. März 1933 erhält folgende Fassung: Die von der Reichsregierung beschlossenen Reichsgesetze haben verfassunggebende Wirkung. Die Rechte des Reichspräsidenten bleiben unberührt.«	»(1) Der Reichskanzler kann durch Gesetz das Reich neu gliedern und Verfassung und Verwaltung neu ordnen. (2) Die Rechte des Reichspräsidenten bleiben unberührt.«	»Die Reichsregierung kann neues Verfassungsrecht setzen.«

59 *RGBl.*, I, 1934, S. 75.

60 Frick in der letzten Sitzung des Reichsrats am 30. Januar 1934, der das Gesetz ebenfalls »einstimmig und ohne Aussprache« annahm (*Deutscher Reichsanzeiger und Preußischer Staatsanzeiger,* Nr. 26 vom 31. Januar 1934, 2. Beilage).

61 Verhandlungsniederschrift über die Tagung des Reichsjustizministers mit den Landesjustizverwaltungen in Dresden am 12. Februar 1934 (*BA,* P 135/4365, fol. 37).

62 Die Erste Verordnung über den Neuaufbau des Reiches vom 2. Februar 1934 (*RGBl.,* I, 1934, S. 81), die nun auf Grund der Ausführungsbestimmung des Art. 5 des Neuaufbaugesetzes ohne Kabinettsbeschluß vom Reichsminister erlassen werden konnte, übertrug die »Wahrnehmung der Hoheitsrechte«, die von den Ländern auf das Reich übergegangen waren, wieder insoweit auf die Länder, »als das Reich nicht allgemein oder im Einzelfalle von diesen Rechten Gebrauch« machen wollte (§ 1). Weiter bestimmte diese Verordnung, daß Landesgesetze nunmehr der Zustimmung der zuständigen Reichsminister bedurften und daß die Reichsminister im Bereich ihrer Zuständigkeit die Vorlage von Rechtsverordnungen der Länder vor Erlaß anordnen konnten (§ 3). Die Reichsminister erhielten das Anordnungsrecht gegenüber den obersten Landesbehörden (§ 4). Außerdem war von nun an die Versetzung von Landesbeamten in den Reichsdienst und die der Reichsbeamten in den Landesdienst zulässig (§ 5).

63 Verhandlungsniederschrift (*BA*, P 135/4365, fol. 37).

64 Carl Schmitt, »Das neue Verfassungsgesetz«, in: *Völkischer Beobachter*, 32. Ausgabe vom 1. Februar 1934.

65 Undatierter Aktenvermerk von Medicus (*HAB*, Rep. 77, Pfundtner 54). Medicus stützte seine Auffassung auf die Formulierung einer Bestimmung des § 58 der Gemeinsamen Geschäftsordnung der Reichsministerien (*GGO*, II), daß »die zur Ausführung der Reichsgesetze erforderlichen allgemeinen Verwaltungsvorschriften, soweit die Gesetze nichts anderes bestimmen, *die Reichsregierung, und zwar in der Regel der zuständige Minister«*, erlasse. Dieses weit abgelegene »und zwar« hat Medicus für seine schwerwiegende Konstruktion zu Hilfe genommen.

66 Der Reichsfinanzminister richtete in einer Angelegenheit der Kommunalaufsicht, die die Ausgabenpolitik der Stadt Berlin betraf, unter Berufung auf Art. 2 Abs. 2 des Neuaufbaugesetzes am 5. Februar 1934 ein Ersuchen an den preußischen Finanzminister, obgleich dieser nicht für die Kommunalaufsicht der Stadt Berlin zuständig war, sondern der preußische Ministerpräsident, der sich bei der Durchführung der Kommunalaufsichtsangelegenheiten des preußischen Innenministers bediente. Der preußische Finanzminister Popitz erklärte seine Nichtzuständigkeit und fügte in einem persönlichen Schreiben an den Reichsfinanzminister vom 6. Februar 1934 mit einem herben Protest hinzu, »daß bei Ausübung einer so entscheidenden und von der bisherigen Praxis recht abweichenden Befugnis, wie es die Berufung auf den Art. 2 Abs. 2 des Gesetzes vom 30. Januar 1934« darstelle, »eine besonders sorgfältige Prüfung nicht nur der Notwendigkeit und Zweckmäßigkeit, sondern auch der eigenen Zuständigkeit und der Zuständigkeit und Person des Empfängers geboten sein dürfte«. (Eine Abschrift dieses Schreibens wurde vom Staatssekretär im Reichsfinanzministerium Reinhardt, Pfundtner zur Vorlage bei Frick zugestellt. *HAB*, Rep. 77, Pfundtner 54, mit handschriftlicher Randbemerkung Pfundtners: »Das ist sehr erstaunlich, außerdem *nicht* im Sinne der Reichsreform!«)

67 Überaus aufschlußreich hierzu: *Dr. Wilhelm Frick und sein Ministerium* (Anm. II/177), S. 23 f.; Medicus, *Das Reichsministerium des Innern* (Anm. I/206), S. 31.

68 Unter diesem Titel eine undatierte, wahrscheinlich im Frühjahr 1934 entstandene, vier Seiten umfassende Aufzeichnung mit handschriftlichen Korrekturen von Ministerialrat Medicus, in dem vermutlich auch der Verfasser zu sehen ist (*HAB*, Rep. 77, Pfundtner 60^5).

69 Aktenvermerk des Staatssekretärs Stuckart für Frick vom 19. März 1935 (*HAB*, Rep. 77, Pfundtner 60^7).

70 Medicus, *Das Reichsministerium* . . . (Anm. I/206), S. 43.

71 Erlaß an die Reichsstatthalter vom 19. Februar 1934 (*HAB*, Rep. 77, Pfundtner 54).

72 Erlaß über die Landespolizei vom 9. März 1934 (*BA*, P 135/2056, fol. 249).

73 Aktenvermerk Pfundtners vom 13. März 1934 (*HAB*, Rep. 77,

Pfundtner 54).

74 Göring suchte sein nach allem voraufgegangenen überraschendes Nachgeben hinter dem Anschein einer eigenen Entscheidung zu verbergen, indem er in einem pathetischen Brief an Hitler – um »die Maßnahmen des Reichs auf dem Gebiet der Reichsreform von Preußen aus in jeder Hinsicht zu unterstützen« – den Vorschlag unterbreitete, den preußischen Kultusminister zum Reichskultusminister zu ernennen und den Reichsinnenminister mit der Wahrnehmung der Geschäfte des preußischen Innenministers zu betrauen. Diesem Vorschlag stimmte Hitler sofort zu. Der Briefwechsel Göring–Hitler, den der *Völkische Beobachter* in großer Aufmachung veröffentlichte, ist abgedr. in: *Dokumente* ... (Anm. IV/16), II, S. 166 ff.; s. auch die Rede Görings am 18. Juni 1934 vor dem preußischen Staatsrat; *a. a. O.*, S. 168 ff.

75 Hierzu Hans-Joachim Neufeldt, Jürgen Huck und Georg Tessin, *Zur Geschichte der Ordnungspolizei 1936–1945* (*Schriften des Bundesarchivs,* Bd. 3), als Manuskript gedr., Koblenz 1957, S. 8 ff.

76 Vgl. o. III. Kapitel.

77 Vom 19. Juli 1934 (*RGBl.,* I, 1934, S. 719).

78 Auf Grund des Erlasses des Reichspräsidenten vom 1. Mai 1934 (*a. a. O.,* S. 365). Die Zuständigkeiten bestimmte ein Erlaß des Reichskanzlers über die Aufgaben des Reichsministeriums für Wissenschaft, Erziehung und Volksbildung vom 11. Mai 1934 (*a. a. O.,* S. 375).

79 Verordnung über die Aufgaben des Reichsministeriums für Volksaufklärung und Propaganda vom 30. Juni 1933 (*RGBl.,* I, 1933, S. 449).

80 Der Erlaß des Reichsministers der Justiz vom 16. Oktober 1934 (*Deutsche Justiz* 96/1934, S. 1295) führte die Vereinigung mit Wirkung vom 22. Oktober 1934 herbei und gliederte das neue »Reichs- und preußische Justizministerium« in sechs Abteilungen und zwei Sonderabteilungen. Die VI. Abteilung umfaßte allein die preußische Justizverwaltung. Diese Maßnahme wurde durch den Art. 5 des Ersten Gesetzes zur Überleitung der Rechtspflege auf das Reich vom 16. Februar 1934 (*RGBl.,* I, 1934, S. 91) vorbereitet. Das Zweite Überleitungsgesetz vom 5. Dezember 1934 (*a. a. O.,* S. 1214) leitete die Zuständigkeiten der obersten Landesjustizbehörden auf den Reichsjustizminister über und ermächtigte ihn, sie wieder auf nachgeordnete Behörden zu übertragen (§ 1).

Es ist hier anzumerken, daß die vielschichtige Problematik, die mit der Übernahme der Justiz der Länder durch das Reich entstand und nur in umfassenden Reformen gelöst werden konnte – die Vereinheitlichung des allgemeinen Dienstrechts, von Zulassungs- und Laufbahnbestimmungen für den Justizdienst, Vereinheitlichung der Gesetzgebung, Schaffung eines Reichsnotariatsrechts u. a. m. –, die sich von Anfang an mit den Zielen einer allgemeinen Rechtsreform verbanden, wesentlich den tieferen Einbruch des Nationalsozialismus in die Justiz förderte. Für die Aspekte des Anfangs vgl. Franz Schlegelberger, *Was erwarten das deutsche Volk und der deutsche Jurist von der Vereinheitlichung der deutschen Justiz. Vortrag, gehalten in der Bezirksgruppe Köln des Gaues Köln–Aachen des Bundes Nationalsozialistischer Deutscher Juristen,* Berlin 1934.

81 Erlaß des Reichs- und Preußischen Ministers des Innern vom 25. Oktober 1934 (*Reichsministerialblatt* 62, Nr. 42 vom 26. Oktober 1934, S. 681). Das »Reichs- und Preußische Ministerium des Innern« erhielt acht Abteilungen unter der Oberleitung von drei Staatssekretären: Pfundtner, Grauert und dem Reichskommissar für den Freiwilligen Arbeitsdienst, Hierl. Pfundtner, zugleich ständiger Vertreter des Ministers, waren die Zentralabteilung und die Abteilungen I (Verfassung und Gesetzgebung), IV (Volksgesundheit) und VI (Deutschtum, Leibesübungen und Kirche) unterstellt, Grauert die Abteilungen II (Beamtentum und Verwaltung), III (Polizei) und V (Kommunalverwaltung); Hierl leitete die Abteilung VII (Arbeitsdienst).

82 Vgl. o. III. Kapitel.

83 Die Pläne zur Errichtung eines Reichsschatzministeriums, die anscheinend von Graf Schwerin-Krosigk ausgingen und von Popitz, vielleicht anfangs auch von Frick, unterstützt wurden, zielten ursprünglich darauf, einen »finanziellen Gegenspieler [des Reichsinnenministeriums] in jedem Stadium der Reichsreform« zu schaffen, und stießen daher von Anfang an auf erheblichen Widerstand des Reichsinnenministeriums, das einen Einbruch in seinen Machtbereich befürchtete (zwei undatierte Referentendenkschriften spätestens vom August 1934 bei einer Aktenvorlage von Medicus; *HAB,* Rep. 320, Pfundtner 203). Pfundtner suchte später offenbar den Rückzug seines Ministers vorzubereiten, indem er vereinfachend vorschlug, daß »ein besonderes Reichsschatzministerium zurechtgemacht wird, bei dem die Dinge untergebracht werden, die zur Zeit mehr oder weniger heimatlos sind oder Fremdkörper in den bestehenden Reichsfachministerien darstellen« (Vertraulicher Vermerk Pfundtners für Frick vom 13. März 1935; *ebda.*). Im Verein mit Pfundtner hatte der Staatssekretär im Reichsfinanzministerium Reinhardt eine Intrige angesponnen, in die schließlich Frick und Hitler einbezogen wurden.

84 Bis zum Frühjahr 1936 gab es noch besondere Sitzungen des Preußischen Staatsministeriums. Allerdings unterschied sich dieses Kollegium, in dem Göring präsidierte, nur noch zum Teil vom Reichskabinett, da ihm nicht nur die Chefs der ehemals preußischen Ressorts angehörten, sondern alle für preußische Verwaltungen zuständigen und schließlich auch noch andere Reichsminister hinzugezogen wurden; es fehlten nur Hitler, Heß, Goebbels und Blomberg. Die Bedeutung und das Schicksal des Staatsministeriums zu untersuchen, würde den Rahmen dieser Studie sprengen.

85 Vermerk des Ministerialrats Medicus vom 22. August 1934 für Staatssekretär Pfundtner (*HAB,* Rep. 77, Pfundtner 91).

86 *HAB,* Rep. 77, Pfundtner 60[5].

87 Denkschrift »Neuorganisation des Reichs« vom 12. Juni 1934 (*BA,* R 18).

88 Vermerk Nicolais für Frick vom 13. Juni 1934 (vier Seiten; *ebda.*).

89 Wilhelm Frick, *Der Neuaufbau des Dritten Reiches. Vortrag, gehalten vor Offizieren der Reichswehr am 15. November 1934,* Berlin o. J., S. 14. Die »nationalsozialistische« Behördenorganisation erblickte Frick vor allem darin, »daß an allen entscheidenden Stellen des staatlichen Apparates Nationalsozialisten mit der Amtsführung betraut wurden und ihre Aufgabe, einen zuverlässigen Staatsapparat zur Verfügung des Führers zu halten, gewissenhaft durchführen«.

90 Es verdient Interesse, wie Frick in der oben zitierten Rede vor Reichswehroffizieren das auf Hitlers Äußerungen auf dem Reichsparteitag der NSDAP 1934 zurückgehende, häufig zitierte Schlagwort »Die Partei befiehlt dem Staat«! interpretierte: »Tatsächlich hat der Führer aber gesagt: ›Nicht der Staat befiehlt uns, sondern *wir* befehlen dem Staate‹! Das bedeutet, daß die vom Führer und Reichskanzler beauftragten *Minister,* die sein Vertrauen haben, ausschließlich ihm gegenüber verantwortlich sind dafür, daß die nationalsozialistischen Grundideen überall zur Durchführung gelangen. Ebenso sind auch die Untergebenen der Minister wieder bis hinunter zum letzten Landrat und Gemeindevorsteher oder dem letzten Offizier und Soldaten nicht den Befehlen irgendeiner Parteistelle unterworfen, sondern sie sind für ihre Amtsführung oder ihren Dienst *ausschließlich ihren Vorgesetzten verantwortlich,* und keine andere Stelle hat das Recht und die Aufgabe, in den geordneten Befehlsgang einzugreifen, der hier wie da letzten Endes beim Führer endet« (S. 15; Auszeichnungen i. Orig.). Eine solche bürokratische Auslegung seiner Worte hat Hitler indessen, soweit bekannt, niemals autorisiert und hätte er auch schwerlich in der Öffentlichkeit autorisieren können.

91 Durchschlag *BA,* R 18.

92 Schmitt, »Das neue Verfassungsgesetz« (Anm. IV/64).

93 Entwurf einer Begründung zu dem späteren zweiten Reichsstatthaltergesetz (*HAB,* Rep. 77, Pfundtner 57).

94 Einem Schreiben an Pfundtner vom 5. April 1934 war ein 65 Paragraphen umfassender Entwurf zu einem »Gesetz über den Reichsgau Thüringen«, den der thüringische Ministerialrat Sommer ausgearbeitet hatte, nebst ausführlicher Begründung beigefügt (Abschriften *HAB,* Rep. 77, Pfundtner 59). Der Entwurf sollte nicht nur die Verwaltung alter Art, sondern auch die Justiz und »die im Gau vorhandenen Stellen des ständischen Aufbaus« dem Reichsstatthalter unterstellen und ihm das Ernennungsrecht bzw. das Erfordernis seiner Zustimmung zu Ernennungen in seinem Bereich einräumen, um die »Zusammenfassung dieser Gebilde untereinander« mit dem Hebel der Personalpolitik zu ermöglichen. In das Land Thüringen wollte Sauckel nicht nur die Enklaven, sondern auch angrenzende preußische Gebiete einbeziehen: den gesamten Regierungsbezirk Erfurt, vom Regierungsbezirk Merseburg Stadt und Landkreis Sangerhausen, die Kreise Querfurt, Eckartsberga, Naumburg, Weißenfels und Zeitz und vom Regierungsbezirk Kassel den Kreis Schmalkalden.

95 Erlaß an die Reichsstatthalter vom 12. Februar 1934 (*HAB*, Rep. 77, Pfundtner 56).

96 *RGBl.*, I, 1934, S. 1190.

97 Undatierter Vermerk von Medicus (*HAB*, Rep. 77, Pfundtner 57). Dem preußischen Ministerpräsidenten wurde übrigens in der Verordnung eine freundliche, aber praktisch belanglose Geste erwiesen mit der keineswegs erforderlichen Einleitungsphrase, die Verordnung erfolge »im Einvernehmen mit dem preußischen Ministerpräsidenten«.

98 Aktenvermerk Nicolais vom 7. November 1934 *(ebda.)*.

99 Schreiben Pfundtners an Frick vom 13. November 1934 (Durchschlag *ebda.*). Nicolai hatte überdies auch einen Entwurf »Gesetz über die Reichsstatthalter und Oberpräsidenten« ausarbeiten lassen (Durchschlag *ebda.*), der die »möglichste Gleichstellung der Reichsstatthalter und der Oberpräsidenten« anstrebte. Dieser Entwurf scheint jedoch bei Frick oder gar schon bei Pfundtner auf Widerstand gestoßen zu sein; denn von gemeinsamen gesetzlichen Regelungen innerhalb und außerhalb Preußens war hinfort niemals mehr die Rede.

100 *RGBl.*, I, 1935, S. 65.

101 Neunseitiger zusammenfassender Bericht von Medicus für Staatssekretär Pfundtner (ohne Datum und ohne Unterschrift, jedoch dem Inhalt nach frühestens Ende April 1936 abgefaßt; *HAB*, Rep. 77, Pfundtner 56).

102 Bereits im November 1934 ernannte Hitler den Reichsstatthalter Mutschmann zum sächsischen Ministerpräsidenten. Ein Jahr später wurde jedoch zum Nachfolger des verstorbenen braunschweigischen Reichsstatthalters Loeper entgegen dem Vorschlag des Reichsinnenministeriums nicht der braunschweigische Ministerpräsident, sondern der thüringische Reichsstatthalter Sauckel ernannt. In späteren Jahren sind lediglich für Hessen und Groß-Hamburg Ernennungen nach dem Plan des Reichsinnenministeriums erfolgt, die den Dualismus Reichsstatthalter–Landesregierung beseitigten.

103 Entwurf zur Begründung des Reichsstatthaltergesetzes (Durchschlag *HAB*, Rep. 77, Pfundtner 57).

104 Durchschlag für Staatssekretär Pfundtner mit beigefügtem Durchschlag eines Aktenvermerks für Frick vom 27. April 1934 (*HAB*, Rep. 77, Pfundtner 60[1]). Der Entwurf trägt die Bezeichnung »Referentenentwurf II«. Einen früheren Entwurf hat der Verfasser aber weder im Hauptarchiv Berlin-Dahlem noch im Bundesarchiv zu Koblenz auffinden können.

105 Vervielfältigter Gesetzentwurf, Original einer ausführlichen Begründung und Original eines Vermerkes Nicolais vom 8. Oktober 1934 für den Minister mit Rotstiftanmerkung Pfundtners vom 9. Oktober, die eine Vorbesprechung anordnete und erkennen läßt, daß dieser Entwurf Frick nicht unmittelbar vorgelegt wurde (*HAB*, Rep. 77, Pfundtner 60[5]). Der Name »Friesland« war in diesem Entwurf durch »Nordmark« ersetzt, auch an der Grenzziehung in Norddeutschland einiges verändert worden. Gänzlich neu traten drei »Reichsstädte« hinzu: Berlin, Hamburg und Bremen.

106 Original einer Vorlage Nicolais vom 13. November 1934 für Staatssekretär Pfundtner mit beigefügtem Gesetzentwurf (*ebda.*). Sie nimmt Bezug auf eine »schriftliche Weisung vom 16. Oktober«, scheint also mit der von Pfundtner anberaumten Besprechung des obengenannten Entwurfs in Verbindung zu stehen.
107 Handschriftl. Notiz Fricks vom 10. Oktober 1934 zu einem Bericht Crämers vom 5. Oktober (drei Seiten; *BA*, R 18).
108 Aktennotiz Crämers für Frick vom 11. September 1934 (*ebda.*), mit handschriftl. Bemerkung Fricks: »Wir müssen zunächst einmal im RIM uns über die Grundlinie (territorial und Kompetenzen) klarwerden, dann werden auch andere Stellen noch gehört werden müssen. (Historiker? Akademie für Deutsches Recht?).«
109 *Völkischer Beobachter,* Nr. 279 vom 6. Oktober 1934.
110 Vermerk für Frick vom 6. Oktober 1934 (*BA,* R 18).
111 Nur so ist Fricks Erklärung vor den Reichswehroffizieren am 15. November 1934 zu verstehen, die »künftigen Reichsgaue« würden »nach geographischen, volklichen und wirtschaftlichen Gesichtspunkten . . . gebildet . . ., wie es dem Wohl des Volkes und Reiches am besten entspricht. Es mögen dann rund 20 Territorien entstehen mit 3–4 Millionen Einwohnern im Durchschnitt, deren Grenzen sich weitestgehend mit den für die Wehrmacht notwendigen Gliederungen decken werden. Dieser Territorien und ihrer Leiter wird sich die Reichsregierung bedienen, um ihren Willen bis ins letzte Dorf durchzusetzen« (Anm. IV/89).
112 Vervielfältigte Abschrift eines Rundschreibens des Reichs- und Preußischen Ministers des Innern an die Reichsminister, Länderregierungen usw. vom 9. April 1935 (*BA,* R 21).
113 Aktenvermerk Nicolais für Frick vom 8. Juni 1934 über ein Telefongespräch mit dem bayerischen Ministerialdirektor Frhr. v. Imhoff mit handschriftlichen Bemerkungen Pfundtners und Fricks (drei Seiten; *BA,* R 18). Darin Nicolai: »Man kann Bayern unmöglich mehr sagen als etwa den Ministern Preußens oder eines anderen Landes. Es besteht ja auch keine Gewähr dafür, daß Herr Minister Wagner in seiner Eigenschaft als Gauleiter nicht mit den anderen Gauleitern spricht und das hiesige Vorgehen in der Reichsreform auf das empfindlichste gestört wird. Es ist in jedem Fall mißlich, wenn der Reichsminister des Innern mit einer nachgeordneten Stelle in seinen Angelegenheiten eine Vereinbarung treffen soll.« Hierzu Frick: Es käme nur »eine unverbindliche Information« in Betracht, »wobei von einer Stellung des RM.d.I. zur endgültigen Lösung keine Rede sein kann. In Frage kommt vielmehr in 1. Linie das historische Kartenmaterial v. H. Krämer [*recte:* Crämer] als Grundlage für eine Lösung.«
114 Bericht des Ministerialrats Medicus für Frick vom 14. Juni 1934, der ausdrücklich bemerkt, daß unter dem Wagner gezeigten Material sich »die hier im Hause ausgearbeiteten Vorschläge nicht befanden« (fünf Seiten, *ebda.*).
115 *Ebda.*
116 Nicolai in dem genannten Vermerk vom 8. Juni 1934 (Anm. IV/113).

117 Medicus bemerkte daher auch, Wagner dürfte in dieser »konkreten Einzelfrage zutreffend urteilen«.
118 Von Medicus wörtlich zitierter Ausspruch Wagners.
119 Ein Abdruck der Denkschrift ist später, am 19. Februar 1935, dem Reichsinnenministerium zugegangen (*BA*, R 18). Darin heißt es u. a.: »Die Grenzlandschaft muß also, weil sie mehr aushalten muß, noch mehr › in sich fest gegründet sein und ihren eigenen Schwerpunkt in sich selbst tragen‹; aber der Hauptschwerpunkt-Träger ist das Reich. Und außerdem muß jede Grenzlandschaft Werbekraft und Werbereiz nach Außen entfalten, da wir nun einmal als Ganzes ein verstümmelter Restraum sind und nicht mit weiteren ›Eroberungen von Außen her‹, sondern mit – sagen wir vorsichtig – werbender Entfaltung rechnen, die von uns nach Außen geht!«
120 Handschriftl. Bemerkung zu dem genannten Bericht von Medicus vom 18. Juni. Pfundtner wollte die Auffassung im Hause klären und dann durch einen Vortrag bei Hitler eine Entscheidung herbeiführen *(ebda.)*.
121 Bericht Crämers für Frick vom 5. Oktober 1934 über ein Gespräch mit Wagner (Anm. IV/107). Das selbstbewußte Auftreten der Münchener Parteiführer scheint ebenso wie die Behauptung Haushofers nicht gänzlich unbegründet gewesen zu sein. Epp ließ jedenfalls über einen Verbindungsmann dem Reichsinnenministerium warnende Informationen über Kontakte zwischen Wagner und dem Münchener Wehrkreiskommandeur, General Adam, zukommen, die sich auf die Reichsreform-Thematik bezogen. (Schreiben an Pfundtner vom 6. Februar 1935, *HAB*, Rep. 77, Pfundtner 57.)
122 Durchschlag einer »Vorläufigen Stellungnahme zu der Denkschrift des Reichsstatthalters in Thüringen« vom 1. April 1936 mit dem Vermerk »Geheim« (*HAB*, Rep. 77, Pfundtner 60^2). Bezeichnend sind die Vorfälle, die die Veranlassung zur Denkschrift Sauckels gegeben hatten: 1. Der Reichswirtschaftsminister hatte die Aufsicht über die thüringische und die braunschweigische Staatsbank auf direktem Wege übernommen, ohne den zuständigen Landesminister einzuschalten. 2. Die Referenten des Reichskultusministers verkehrten mit den zuständigen thüringischen Referenten, ohne Reichsstatthalter oder Landesminister zu beachten. Hinsichtlich des Vorgehens des Reichswirtschaftsministers gelangte die von Frick angeforderte Stellungnahme der Abteilung I des Reichs- und Preußischen Ministeriums des Innern vom 2. April 1936 zu der bemerkenswerten Feststellung, die Maßnahmen des Reichswirtschaftsministers seien »in der Art ungewöhnlich«, jedoch »rechtlich gedeckt und sachlich zweckmäßig« (Anlage A zur Denkschrift Stuckarts).
123 Denkschrift »Gefährdung der Einheit der Gemeindeverwaltung durch Maßnahmen des ständischen Aufbaus« vom 12. Juni 1934 (vervielf.; *BA*, P 135/879, fol. 285–288). Im gleichen Sinne erging ein Runderlaß des Reichsinnenministers an die Länderregierungen vom gleichen Tage (vervielf.; *a. a. O.*, fol. 284).
124 Ein Befehl des Stabschefs Röhm vom 6. Februar 1934 übertrug

die Bearbeitung sämtlicher Gemeinderatsangelegenheiten dem Sonderbevollmächtigten des Obersten SA-Führers für das Land Preußen, Gruppenführer v. Detten, und schuf damit eine Art Kommunalbefehlsstelle der SA (vervielf.; *a. a. O.*, fol. 264).

125 Viertes Gesetz zur Durchführung der Gleichschaltung von Reich, Ländern, Gemeinden und Gemeindeverbänden im Land Baden (*Badisches Gesetz- und Verordnungs-Blatt* vom 8. Juni 1933, S. 111), § 2.

126 Gesetz vom 5. Juli 1933 (*Gesetzblatt für den Freistaat Oldenburg*, Landesteil Oldenburg, 48. Bd., 38. Stück), Art. 2.

127 Gesetz über die Änderung der Städteordnung, der Landgemeindeordnung und der Kreisordnung vom 21. Juli 1933 (*Braunschweigische Gesetz- und Verordnungssammlung,* Stück 40, S. 137), § 2.

128 Gesetz des Staatsministeriums zur Vereinfachung und Verbilligung der Verwaltung vom 27. Juni 1933 (*Mecklenburgisches Gesetzblatt,* Nr. 39).

129 Bekanntmachung über die Neubildung des Bayerischen Landtags vom 5. April 1933 und Gesetz zur Gleichschaltung der Gemeinden und Gemeindeverbände in Land und Reich vom 7. April 1933 (*Gesetz- und Verordnungs-Blatt für den Freistaat Bayern,* 1933, S. 104 f. bzw. S. 105 f.).

130 Gesetz zur Gleichschaltung der Gemeinden und Gemeindeverbände, *a. a. O.,* Art. 1, Abs. 2.

131 *RGBl.,* I, 1933, S. 647.

132 Vgl. u. V. Kapitel.

133 Ein Bild von den Anfängen des Deutschen Gemeindetages vermitteln ein Aktenvermerk Jeserichs über die nächsten organisatorischen Maßnahmen des Deutschen Gemeindetages vom 22. Mai 1933 (*ADST,* DGT 0–4–40–6) sowie ein Brief Hopfs an Fiehler vom 30. Mai 1933 (*a. a. O.*, 0–1–10–2, Bd. 1).

134 Rundschreiben Fiehlers an die Gauleiter Sprenger, Brückner, Röver und Kube vom 27. Mai 1933 (Durchschlag *ADST,* DGT, 0–08–131).

135 *Der Angriff* vom 7. Juni 1933.

136 Innerhalb der Spitzenverbände waren in den letzten Wochen vor der Gleichschaltung nur 10 dieser 16 »Parteigenossen« bekannt geworden: die Gauleiter Schwede und Florian, der Stuttgarter Oberbürgermeister Strölin, die kommissarischen Oberbürgermeister Weidemann aus Halle und Will aus Königsberg, der Berliner Staatskommissar Lippert, Bürgermeister Linder aus Frankfurt am Main, der erste Bürgermeister von Deutsch-Krone, Sperling, Bürgermeister Lange aus Weißwasser und der ehemalige Reichsminister v. Keudell.

137 Niederschrift über den Verlauf der Landesdirektorenkonferenz des Verbandes der preußischen Provinzen am 9. Juni 1933 mit Äußerungen Fiehlers (*ADST,* A 743).

138 Bericht Jeserichs an Fiehler vom 5. September 1933 (*ADST,* DGT 0–1–10–2, Bd. 1).

139 Sitzung am 29. Juni (*HAB,* Rep. 90, Sitzungsprotokolle 1933,

S. 121).

140 Erlaß des preußischen Innenministers vom 11. Oktober 1933 (vervielf.; von Grauert unterzeichnet; *BA,* P 135/10086, fol. 4). Auch die gesetzlich festgelegten Mitspracherechte provinzieller kommunaler Spitzenverbände wurden aufgehoben: Gesetz über die Regelung verschiedener Punkte des Staatsaufsichtsrechts vom 4. Oktober 1933 (*Preußische Gesetzsammlung,* 1933, S. 366), § 2.

141 Rundschreiben des preußischen Innenministers an Ministerpräsidenten und Staatsminister vom 31. Oktober 1933 (vervielf.; von Grauert unterzeichnet; *BA,* P 135/10086, fol. 7).

142 Gesetz über den Deutschen Gemeindetag vom 15. Dezember 1933 (*RGBl.,* I, 1933, S. 1065 ff.).

143 *RGBl.,* I, 1934, S. 433. Entwürfe hierzu waren schon in den ersten Wochen der Tätigkeit des Deutschen Gemeindetages ausgearbeitet worden. Der älteste davon, der sich noch bei den Akten des ehemaligen Deutschen Gemeindetages auffinden ließ und der bereits als dritter Entwurf einer Satzung bezeichnet ist, trägt das Datum des 1. Juni 1933 (*ADST,* DGT 0–0–0–7). Ursprünglich sollte nicht der Reichsinnenminister, sondern der Reichskanzler den Vorsitzenden ernennen und dem Vorstand eine verhältnismäßig wichtige Rolle zukommen; von einem öffentlich-rechtlichen Charakter des Gemeindetages war nicht die Rede. Daß manche Merkmale der Satzung des vormaligen Städtetages hierbei Pate standen, ging auch daraus hervor, daß dieser Entwurf einen besonderen preußischen Gemeindetag vorsah, dem als Vereinigung der preußischen Landesverbände teils innerhalb, teils neben dem Deutschen Gemeindetag eine besondere Stellung zugedacht war. Das Gesetz über den Deutschen Gemeindetag, an dessen Zustandekommen die Geschäftsstelle des Gemeindetages offenbar nicht beteiligt war, schränkte jedoch die Möglichkeiten für eine satzungsmäßige Regelung erheblich ein. Der nächste Entwurf, der am 22. Januar 1934 dem Reichsministerium des Innern übergeben wurde (*ebda.*), beschränkte sich im wesentlichen auf eine nähere Ausführung und brachte teilweise sogar nur eine Wiederholung der Bestimmungen, die das Gesetz enthielt. Er stieß jedoch auf Widerspruch des Innenministeriums, das »eine möglichst umfassende Regelung aller in Betracht kommenden Fragen durch die Satzung« verlangte (Schreiben des Reichsministeriums des Innern vom 8. Februar 1934; *ebda.*). Der nächste, sehr umfangreiche Entwurf vom März 1934 enthielt dann das Verbot von Vereinigungen und Zusammenschlüssen leitender Gemeindebeamter zu kommunalpolitischen Zwekken, die Begrenzung der Höchstzahl der Vorstandsmitglieder und die Bestimmung, daß sie je zur Hälfte aus der städtischen und der ländlichen Verwaltung zu nehmen seien, weiterhin die Benennung und Regelung der Aufgaben von 18 Fachausschüssen und die Festsetzung der Höchstziffer ihrer Mitglieder, die vom Reichsminister des Innern auf Vorschlag des Vorsitzenden, jedoch ohne Bindung an ihn zu bestellen waren, sowie Einzelheiten über den Haushaltsplan. Auch hiergegen erhob das Reichsinnenministerium noch einmal Einspruch; u. a. verlangte es, daß eine Regelung

der »inneren Dienstverhältnisse« des Deutschen Gemeindetages und aller seiner Dienststellen vorgenommen und einer Genehmigung des Reichsinnenministeriums unterworfen und daß die »wichtigsten Zahlen des Haushaltsplanes« veröffentlicht würden (Schreiben des Reichsinnenministers vom 3. April 1934; *ebda.*). Erst der daraufhin mit einem Schreiben Fiehlers vom 11. April 1934 (*ebda.*) folgende nächste Entwurf wurde vom Reichsministerium des Innern nach geringfügigen Änderungen als Satzung des Deutschen Gemeindetages akzeptiert und verkündet.

144 Aktenunterlagen über die Kartei des Deutschen Gemeindetages über Gemeinden und leitende Gemeindebeamte (*ADST*, DGT 0–0–0–11 und 0–0–0–12; *Nachrichtendienst des Deutschen Gemeindetages* vom 1. November 1933 und vom 1. Dezember 1934).

145 Schreiben des Reichsministeriums des Innern vom 13. Februar 1934 (*ADST*, DGT 0–1–11–2, Bd. 1). Der neue Vorstand zählte 37 Mitglieder, von denen 21 aus Preußen, 4 aus Bayern, 3 aus Sachsen, 2 aus Baden und je eines aus Württemberg, Thüringen, Mecklenburg, Oldenburg, Anhalt, Hamburg und Bremen kamen; die übrigen Länder waren nicht vertreten. 13 Vorstandsmitglieder vertraten Großstädte, 2 Mittelstädte, 2 Kleinstädte, 7 Dorfgemeinden, 3 Provinzen, 8 Kreise, und zwei kamen aus Landesministerien; nur zwei gehörten nicht der NSDAP an: Berlins Oberbürgermeister Sahm und Oberbürgermeister Goerdeler aus Leipzig. Von den nationalsozialistischen Kommunalpolitikern waren die Oberbürgermeister Will (Königsberg), Rebitzki (Breslau), Brix (Altona), Riesen (Köln), Schwede (Coburg), Strölin (Stuttgart), Bürgermeister Linder (Frankfurt a. M.), Ministerialrat Kunz (Dresden), Ministerialreferent Schindler (Karlsruhe) und die Landeshauptleute Fiebing (Schneidemühl), Otto (Merseburg) und Haake (Düsseldorf) aus dem »Reichsvorstand« übernommen worden. Mehrere der Vorstandsmitglieder hatten mittlere Parteifunktionen inne, waren z. B. Kreisleiter und drei von ihnen Vertreter des Amtes für Kommunalpolitik der NSDAP, die »eine enge Verbindung des Deutschen Gemeindetages mit dieser Parteidienststelle zu sichern« hatten (Schreiben des geschäftsführenden Präsidenten Jeserich an den Reichsminister des Innern vom 29. Januar 1934; *ADST*, DGT 0–1–11–2, Bd. 1).

146 Schreiben Wagners an den Vorsitzenden des Deutschen Gemeindetages vom 14. August 1934 und ähnlich vorher vom 20. Februar 1934 (*ebda.*).

147 Schreiben des Deutschen Gemeindetages an die Provinzialdienststellen Rheinland und Hohenzollern und an die Landesdienststelle Hessen/Hessen-Nassau vom 2. Juli 1934 (*ebda.*).

148 Den Höhepunkt dieser Art der Entfaltung seiner Tätigkeit bildete der 6. Internationale Gemeindekongreß, der im Olympiajahr in Berlin stattfand. Ihm ging eine groß aufgezogene Tagung der Vorstände des Deutschen Gemeindetages und seiner Landes- und Provinzialdienststellen in Berlin voraus, die einen »machtvollen nationalen Auftakt« des Internationalen Gemeindekongresses darstellen sollte (*Tagung der Vorstände des Deutschen Gemeindetages*

und seiner Landes- und Provinzialdienststellen am 6. Juni 1936, Sonderdruck des DGT, S. 7).

149 Sitzung des Staatsministeriums vom 26. Oktober 1933 (*HAB,* Rep. 90, Sitzungsprotokolle 1933, fol. 142 v.).

150 Angabe Grauerts in einem Rundschreiben des Innenministers an die Staatsminister vom 13. Dezember 1933 (vervielf.; *BA,* P 135/879, fol. 1a f.).

151 Das Gesetz bestimmte über die Aufgaben der Gemeinderäte, sie sollten »dem Leiter der Gemeinde erfahrenen und verantwortungsbewußten Rat geben. Sie sollen den Entschlüssen und Handlungen des Leiters der Gemeinde im Volke Verständnis verschaffen und die Nöte der Gemeinde und ihrer Glieder dem Leiter der Gemeinde nahebringen« (§ 40, Abs. 3).

152 § 59.

153 Vgl. Ritter, *Carl Goerdeler* ... (Anm. II/35), S. 44 und S. 455 f. Einen trotz seiner eindeutigen Stellungnahme aufschlußreichen Bericht über das Zustandekommen der Deutschen Gemeindeordnung enthält der Aufsatz des Oberbürgermeisters von Halle und Vorsitzenden des Ausschusses für Kommunalrecht und Kommunalverfassung an der Akademie für Deutsches Recht, Johannes Weidemann, »Zur Entstehungsgeschichte der Deutschen Gemeindeordnung«, in: *Jahrbuch der Akademie für Deutsches Recht* 2 (1935), bes. S. 95 ff.

154 Als weitere wichtige Beteiligte zählte Weidemann auf: Popitz und Kerrl, die Staatssekretäre Pfundtner und Grauert, die Ministerialdirektoren Surén vom preußischen Innenministerium, Neumann vom Preußischen Staatsministerium, und Sommer, den Sachbearbeiter für Staatsrechtsfragen beim Stellvertreter des Führers, die Ministerialräte Strutz, Schattenfroh und Markull, Oberregierungsrat Loschelder und Regierungsrat Müller (*ebda.*).

155 »Die Deutsche Gemeindeverfassung«, abgedr. in: *Jahrbuch ..., a. a. O.,* S. 112–134.

156 Brief von Heß an Grauert vom 8. November 1934 (*HAB,* Rep. 77, Grauert 22).

157 Schreiben von Heß an Grauert vom 10. Dezember 1934 *(ebda.).*

158 Nach einer Bleistiftnotiz Grauerts ist diese Aussprache für den 17. November 1934 festgesetzt worden. Grauert vermerkte die Namen »Heß (Wagner, Sommer), Kerrl« (*ebda.*).

159 Weidemann (Anm. IV/153), S. 101 f.

160 *RGBl.,* I, 1935, S. 49. Dieses Gesetz hat die meisten und umfangreichsten Kommentare des nationalsozialistischen Staates erhalten, u. a. Friedrich-Karl Surén und Wilhelm Loschelder, *Die Deutsche Gemeindeordnung vom 30. Januar 1935. Kommentar,* 2 Bde., Berlin 1940; *Die Deutsche Gemeindeordnung vom 30. Januar 1935. Textausgabe,* bearbeitet von Harry Goetz, 8. Aufl., Berlin 1940.

161 Weidemann (Anm. IV/153), S. 103.

162 *Die Deutsche Gemeindeordnung* ... (Anm. IV/160), S. 360.

163 § 2, Abs. 1; *a. a. O.,* S. 5.

164 Heffter, *Die deutsche Selbstverwaltung* ... (Anm. I/257), S. 788.

165 Staatssekretär Pfundtner bei der Eröffnung der Festwoche der

Verwaltungsakademie im April 1937: »Reichsreform und Selbstverwaltung«, in: *Deutsche Allgemeine Zeitung,* Nr. 181 vom 20. April 1937.

166 So verwahrte sich der Vorsitzende der Provinzialdienststelle Westfalen, Oberbürgermeister Irrgang (Bottrop), dessen Berufung in den Vorstand des Gemeindetages zu mehreren Protesten des Gauleiters Wagner von Westfalen-Süd geführt hatte, dagegen, daß in die Arbeitsausschüsse Persönlichkeiten berufen worden seien, die von den zuständigen Kommunal- und Parteistellen »hundertprozentig abgelehnt« würden, ohne daß »den zuständigen Stellen Gelegenheit zur Mitwirkung« gegeben worden sei. Irrgang beklagte sich »über das diktatorische Verhalten der Berliner Geschäftsführung« (Schreiben Irrgangs an den Deutschen Gemeindetag vom 20. Juni 1934; *ADST,* DGT 0–1–14–0). Dieser Protest und ähnliche Widersprüche führten dazu, daß die Liste der Arbeitsausschußmitglieder des Deutschen Gemeindetages nur vertraulich in der Geschäftsstelle gebraucht werden und nicht an die Städte gelangen durfte, damit die benannten Persönlichkeiten nicht in breiteren Kreisen bekannt wurden. Später trat hierin eine Lockerung ein.

167 Vom Reichsministerium des Innern wurde beispielsweise verlangt, daß die Vorstände der Landesdienststellen keine Gauamtsleiter für Kommunalpolitik zu Mitgliedern haben durften. Den Tagungen des Deutschen Gemeindetages wurde vom Ministerium ein besonderes Interesse entgegengebracht; daher verlangte es, daß hierfür stets leicht erreichbare Orte in der Nähe von Berlin vorgesehen wurden (Aktenvermerk über eine Besprechung im Reichs- und Preußischen Ministerium des Innern zwischen Jeserich, den Beigeordneten Bitter und Schlempp, Ministerialdirektor Surén, Ministerialrat Schattenfroh und Oberregierungsrat Loschelder; *ADST,* DGT 0–1–14–0, Bd. 1). Auch Ratsherren sollten in die Ausschüsse des Deutschen Gemeindetages nicht berufen und diese lediglich den leitenden Gemeindebeamten vorbehalten werden. Die Partei durfte nach den Auffassungen, die vom Reichsinnenministerium vertreten wurden, wohl bei Berufungen mitbestimmen, sollte jedoch selbst nicht vertreten sein.

168 *Die nationalsozialistische Gemeinde,* Folge 14 vom 15. Juli 1934, S. 351. Das Verhalten des Deutschen Gemeindetages in dieser Frage war allerdings, wie es bei seiner ambivalenten Stellung zwischen Ministerium und NSDAP-Reichsleitung kaum wundernimmt, etwas unsicher. In einem Bescheid vom 14. Februar heißt es, daß »noch Bestimmungen des Stellvertreters des Führers auf Grund von § 118 DGO abgewartet werden müßten«. Am 17. Mai 1935: »§ 42 Abs. 1 der Deutschen Gemeindeordnung bestimmt . . ., welche Personen nicht Bürgermeister oder Beigeordnete sein dürfen. Da der Ortsgruppenleiter in § 42 der DGO nicht genannt ist, kann er Bürgermeister sein.« Ein Schreiben vom 27. Mai 1935 enthält dann denselben Satz mit der Ergänzung: »Trotzdem bestehen gewisse Bedenken gegen eine Personalunion« (*ADST,* DGT 1–2–1–11). Deutlicher konnte die Unsicherheit der Grenzziehung gegenüber der Partei kaum ausgedrückt werden.

169 Oberbürgermeister Weidemann (Halle) in: *Der Gemeindetag*, Jg. 1935, Heft 9 vom 1. Mai 1935, S. 268.

170 Bericht über eine Rede Weidemanns auf einer kommunalwissenschaftlichen Veranstaltung der Leibniz-Akademie in Hannover über Wesen und Werden des deutschen Verfassungsrechts, nach der Wiedergabe im *Berliner Tageblatt*, Nr. 79 vom 15. Februar 1935.

171 Die Denkschrift trägt das Datum des 3. Oktober 1935 und den Vermerk: »Nachfolgende Aufzeichnung ist Herrn Oberbürgermeister Fiehler vorgelegt worden und hat seine Zustimmung gefunden« (Abschrift; *ADST*, DGT 0–4–40–6).

172 Über die Stellung des Deutschen Gemeindetages heißt es in dieser Denkschrift: Er sei »durch einen revolutionären Akt der Partei durch Zusammenschluß der früheren kommunalen Spitzenverbände gebildet und durch Reichsgesetz bestätigt, um die Gemeinden und Gemeindeverbände zu beraten und der Reichsregierung die Erfahrungen der praktischen kommunalen Arbeit zu vermitteln. Es ist kein Zweifel, daß die einheitliche Linie der Kommunalpolitik nur innegehalten werden kann in engster Zusammenarbeit der drei maßgebenden Stellen. Die Verbindung zwischen Ministerium und Deutschem Gemeindetag ist durch das Gesetz über den Deutschen Gemeindetag angeordnet; der Deutsche Gemeindetag arbeitet unter der Aufsicht des Ministeriums selbständig nach den ihm durch das Gesetz gegebenen Richtlinien. Die einheitliche Linie von Gemeindetag und Hauptamt für Kommunalpolitik ist gesichert durch die Personalunion: Vorsitz des Deutschen Gemeindetages und Leitung des Hauptamts für Kommunapolitik.« Auch hier blieb also als dürftiger Nachweis einer Lösungsmöglichkeit nur die Personalunion an der Spitze, während sie auf der Gemeinde- und Kreisebene abgelehnt wurde, da der »Führerstaat« keine lokale Machtakkumulation dulden wollte.

173 Jeserich versuchte vergeblich, Staatssekretär Körner vom Reichswirtschaftsministerium zu erreichen, um ihn zu einer Intervention in der Kreditfrage zugunsten der Kommunen zu veranlassen (Aktenvermerke vom 9. November 1936 und 8. Januar 1937; *ADST*, DGT 0–4–40–6). Dann folgte eine rigorose Rede Görings am 8. April 1937, mit der die wehrwirtschaftliche Politik des neuen Vierjahresplanes angekündigt wurde. Fiehler will zwar später in einer Aussprache mit Reichswirtschaftsminister Funk die Zusicherung einer Lockerung der Bestimmung über das Kommunalkreditverbot erreicht haben (Aktenvermerk über eine Besprechung Fiehlers, Jeserichs und Zeitlers am 29. Mai 1938; *ebda.*). Inzwischen war aber eine Verschärfung der Kreditsperre durch Runderlaß des Reichswirtschaftsministeriums vom 14. April 1938 eingetreten. Auch die Länder suchten sich, wie in älteren Zeiten, in der Bedrängnis wieder auf Kosten der Kommunen gesund zu erhalten. In der genannten Besprechung übergab Fiehler einen Bericht des Stadtkämmerers von München, nach dem das Land Bayern danach trachtete, den drohenden Verlust seines Anteils am Aufkommen der Grunderwerbssteuer zu Lasten der Gemeinden auszugleichen.

174 Aktennotiz des Hauptreferenten Bobermin über eine Rücksprache

mit Ministerialrat Schattenfroh vom Reichsministerium des Innern vom 6. März 1936 *(ebda.)*.

175 Rundschreiben des Reichsministers für Volksaufklärung und Propaganda vom 20. Dezember 1935 an die Obersten Reichsbehörden und Rundschreiben an die Obersten Reichsbehörden vom 2. Juli 1936 (Abschrift; *ADST*, DGT 0–5–50–9).

176 Aktennotiz von Bobermin (Anm. IV/174).

177 *Tagung der Vorstände des Deutschen Gemeindetages* ... (Anm. IV/148), S. 32 f.

178 Bei den Handakten des geschäftsführenden Präsidenten befindet sich u. a. das vervielfältigte Exemplar einer Denkschrift von 25 Seiten: »Die Gauselbstverwaltung im Rahmen der Reichsreform«, die, der Einleitung zufolge, vom Deutschen Gemeindetag »dem Herrn Reichsminister des Innern auftragsgemäß unterbreitet« worden war (*ADST*, DGT 0–10–100–52, N 5). Sie hebt hervor, daß sie »besonders die in erfolgreicher Arbeit gesammelten Erfahrungen der preußischen provinziellen Selbstverwaltung nutzbar« gemacht hat. Eine genaue zeitliche Bestimmung der Abfassung der Schrift ist nicht möglich. Da von der Deutschen Gemeindeordnung die Rede ist, muß ihre Abfassung nach dem 30. Januar 1935 angesetzt werden. Es ist aber fraglich, ob der gelegentliche Gebrauch der Bezeichnung »Reichsminister des Innern«, die es offiziell zwischen 1934 und 1938 nicht gab, dahingehend ausgedeutet werden darf, daß die Denkschrift erst nach 1938 abgefaßt worden ist. Indessen wird an keiner Stelle vom »Großdeutschen Reich« gesprochen, sondern nur vom »Reich«. Außerdem stehen die Reformgedanken noch sichtlich unter dem Eindruck des Dualismus Reich–Preußen und des Problems der Aufgliederung Preußens, das im Jahre 1938 oder gar zu einem noch späteren Zeitpunkt kaum noch diskutiert wurde. Infolgedessen möchte man hier die Bezeichnung »Reichsminister des Innern« für eine Abkürzung des offiziellen Titels »Reichs- und Preußisches Ministerium des Innern« halten. Im übrigen legen die zahlreichen direkten wie indirekten Bezüge auf die Deutsche Gemeindeordnung die Annahme nahe, daß die Abfassung dieser Denkschrift zeitlich in die Nähe der Verkündung dieses Gesetzes gehört.

179 Goerdeler in einem Brief an Max Rehm vom 13. Juni 1941, im Auszug abgedr. von Max Rehm, »Carl Goerdeler«, in: *Staats- und Kommunal-Verwaltung*, Heft 2, Februar 1956, S. 25.

Fünftes Kapitel: DIE DIKTATUR IN DER WIRTSCHAFT

1 Ausspruch von Bill Drews, zit. von Johannes Popitz, »Zentralismus und Selbstverwaltung«, in: *Volk und Reich der Deutschen* (Anm. I/257), II, S. 346. Für die nationalsozialistische Verunglimpfung des historischen Begriffs ist bezeichnend, daß gelegentlich die »Selbstverwaltung« auf den Begriffsinhalt »Körperschaft« reduziert wurde mit den Merkmalen, Trägerin hoheitlicher Befugnisse und »personenrechtlich aufgebaute Gemeinschaft« zu sein. Aber auch diese Ausdrücke erhielten einen vagen Sinn. Schließlich

blieb für die »Selbstverwaltung« (Körperschaft) nichts anderes übrig als »ein Mittel der Führung«, bestimmt zur »Vollziehung in Befehlsform« *(sic!)*, mit dem fragwürdigen Anspruch, der bei anderen Institutionen des nationalsozialistischen Staates keineswegs fehlte, »auf der Bereitschaft und freiwilligen Gefolgschaft der Volksgenossen aufgebaut und gegründet« zu sein (Kurt Münch, *Wirtschaftliche Selbstverwaltung*, Hamburg 1936, S. 11).

2 Auf die Versuche Hugenbergs zur Wiederbelebung des Vorläufigen Reichswirtschaftsrates im April und das ephemere Ereignis des Generalrates der deutschen Wirtschaft im Juli 1933, die der Sache nach wohl zum Thema ständeorganisatorischer Entwicklungen gehörten, braucht im Folgenden wegen ihrer Bedeutungslosigkeit für den Gang der Geschehnisse von 1933 nicht des Näheren eingegangen zu werden; s. Friedrich Facius, *Wirtschaft und Staat. Die Entwicklung der staatlichen Wirtschaftsverwaltung in Deutschland vom 17. Jahrhundert bis 1945* (*Schriften des Bundesarchivs*, Bd. 6), Boppart 1959, S. 142 f.

3 Ludwig Bernhard, »Der Diktator und die Wirtschaft«, in: *Prozeß der Diktatur*, hrsgg. von Otto Forst de Battaglia, Zürich–Leipzig–Wien 1930, S. 109.

4 Unter Außerachtlassung eben dieser Entwicklung hat ein bedeutender Wirtschaftswissenschaftler sogar behaupten können, daß »in der ganzen langen Zeit zwischen den beiden Weltkriegen nirgendwo in der Welt eine so konstruktive Wirtschaftspolitik getrieben worden sei wie bei uns in den Jahren 1933 bis 1935«; Adolf Weber in einem Gutachten im Entnazifizierungsverfahren für Dr. Schacht vor der Spruchkammer in Ludwigsburg, zit. von Heinrich Stuebel, »Die Finanzierung der Aufrüstung im Dritten Reich«, in: *Europa-Archiv* 6 (1951), S. 4136.

5 Rudolf Hilferding in einem nachgelassenen fragmentarischen Essay, veröffentlicht unter dem Titel »Das historische Problem«, in: *Zeitschrift für Politik*, N. F. 1 (1954), S. 293–324.

6 Hugenberg versuchte bereits Anfang April 1933, zu einem Zeitpunkt also, da Pläne zur Zusammenlegung von Ministerien Preußens und des Reichs noch keinerlei Gestalt gefunden hatten, jeweils die beiden Wirtschaftsministerien und die beiden Landwirtschaftsministerien zusammenzulegen. Vervielf. Schreiben Hugenbergs an Papen vom 5. April 1933 mit Entwurf und Begründung eines Staatsvertrages Preußens mit dem Reich (*BA*, P 135/2056, fol. 111–114; fol. 121–130).

7 Vgl. neben anderer Literatur vor allem Reichmann (Anm. I/59).

8 Uhlig (Anm. I/59), S. 77 ff.; S. 209 ff.

9 Präsidialtagung am 16. und 17. Februar 1933; *Schultheß, 1933*, S. 48.

10 Eidesstattliche Erklärung Georg v. Schnitzlers, Mitglied des Vorstandes der I.G. Farben (*MGN* 5, Ankl.-Dok.-B. 14 A, Dok. EC–439); Abschrift einer telegrafischen Einladung Görings an Krupp v. Bohlen und Halbach (*a. a. O.*, Ankl.-Dok.-B. 14 C, Dok. D–201).

11 Aufzeichnung Krupps zur Besprechung bei Göring am 20. Februar

1933 (gemeint war offenbar das Treffen von etwa 25 Industriellen unter Führung Krupps mit Hitler und Göring, das tatsächlich am 20. Februar stattfand; *MGN* 10, Vert.-Dok.-B. Bülow 2, Dok. Bülow 182); s. hierzu auch o. Bracher (Anm. I/3), I. Kapitel.

12 *IMT* (Anm. I/82), XXXV, S. 42 ff., Dok. 203–D.

13 *A. a. O.,* S. 47.

14 Notiz Krupps vom 22. Februar über seine Erwiderung; *a. a. O.,* S. 48, Dok. 204–D.

15 Schreiben des Reichsverbandes der Deutschen Industrie an Hitler vom 24. März 1933, das eine Stellungnahme des Präsidiums vom 23. März wiedergibt; *MGN* 10, Ankl.-Dok.-B. 6, Dok. NI–910.

16 Einen Überblick über die Vorgänge beim Reichsverband der Deutschen Industrie bietet neben der sehr knapp gehaltenen Darstellung von Heinz Müller, »Die Reichsgruppe Industrie«, in dem Sammelband: *Der Weg zum industriellen Spitzenverband* (Anm. I/75), S. 296 ff., die umfangreiche Aufzeichnung des ehemaligen Justitiars des Reichsverbandes, Gustav Schwartz, vom 8. Februar 1948, die dem amerikanischen Militärgerichtshof in Nürnberg vorgelegen hat (*MGN* 10, Vert.-Dok.-B. Bülow 62); ferner die Eidesstattliche Erklärung des Max Ferdinand Frhrn. v. Brackel vom 8. März 1948 (*a. a. O.,* Dok. Bülow 175).

17 Affidavit von Hans Kehrl vom 24. September 1946 (*MGN* 5, Ankl.-Dok.-B. 14 A, Dok. NI–903). Nach Darstellung Kehrls hielt dieser Kreis seit 1932 häufig Zusammenkünfte ab, um Finanz-, Wirtschafts- und Währungsfragen zu erörtern; später kam er regelmäßig einmal in jedem Monat zusammen. Unter seinen Mitgliedern können Albert Vögler, Heinrich Gattineau, Kurt Frhr. v. Schröder, K. Vinzent Krogmann, Friedrich Flick, Wilhelm Börger, August Rosterg, Otto Steinbrinck, Emil Helfferich, Friedrich Reinhart, Ewald Hecker, Karl Rasche und später der Reichswirtschaftsminister Kurt Schmitt als die namhaftesten gelten.

18 Aufzeichnung Schwartz' (Anm. V/16); etwas abweichend hiervon *Schultheß, 1933,* S. 82.

19 Schreiben Krupps an Hitler vom 4. und 25. April 1933 mit Memorandum über die Reorganisation des Reichsverbandes (*MGN* 10, Ankl.-Dok.-B. 6, Dok. NI–904 und NI–157).

20 Aufzeichnung Schwartz' (Anm. V/16).

21 Eidesstattliche Erklärung August Heinrichsbauers vom 31. Januar 1948 über eine Beratung zwischen Ernst Brandi (Vorsitzender des Bergbauvereins), Fritz Springorum (Vorsitzender des Langnamvereins) und Albert Vögler, der Heinrichsbauer beiwohnte (*MGN* 10, Vert.-Dok.-B. Bülow 1, Dok. Bülow 67).

22 Affidavit des Bankiers Kurt Frhr. v. Schröder über die Beziehungen der deutschen Großwirtschaft zu Hitler vom 21. Juli 1947 (*MGN* 10, Ankl.-Dok.-B. 6, Dok. NI–7990).

23 Reupke schickte einen Durchschlag seiner 11 Seiten umfassenden »Aufzeichnungen über ein System der berufsständischen Organisation der deutschen Wirtschaft« mit einem persönlichen Schreiben an Ministerialdirektor Grauert (*HAB,* Rep. 320, Grauert 39). Das Datum ist vergessen worden, jedoch lassen die Titulierung Grauerts

wie auch der Inhalt der Denkschrift den Vorgang in die Zeit zwischen Ende März und Anfang Mai 1933 einordnen.

24 Vgl. o. Anm. I/52 und I/90.

25 Auszug aus der Niederschrift über eine DAF-Tagung in Münster am 29. Juni 1933 (Rede des DAF-Bezirksleiters und Gauwirtschaftsberaters der NSDAP), Anlage zu einem Schreiben eines westdeutschen Industriellen an Staatssekretär Grauert vom 10. Juli 1933 (*HAB*, Rep. 320, Grauert 39). Einer handschriftlichen Notiz zufolge fand auf Grund dieses Schreibens eine Unterredung zwischen Grauert und Feder statt, die mit der Feststellung endete, daß derartige Vorkommnisse innerhalb Westfalens als Ausnahmeerscheinung bewertet werden können.

26 *Ebda.*

27 *Ebda.*

28 Denkschrift Reupke (Anm. V/23).

29 Vgl. o. Anm. I/85.

30 Denkschrift Reupke (Anm. V/23).

31 Gesetzentwurf und Begründung der Obersten Leitung der P.O. der Nationalsozialistischen Betriebszellenorganisation wurden mit Schreiben vom 14. März 1933 von Walter Schuhmann dem damaligen Ministerialdirektor Grauert übersandt (*HAB*, Rep. 320, Grauert 10). Auch Heß und Ley wurden informiert. Weitere Einzelheiten über Entstehung und Aufbau der Deutschen Arbeitsfront lassen sich dem Buch von Gerhard Starcke entnehmen, *NSBO und Deutsche Arbeitsfront* (Anm. I/31), S. 197 f.; S. 41 ff.; ferner F. Zinner-Biberach (d. i. Maria Winter), *Führer, Volk und Tat. Geschichte und Gestalt der Nation,* München 1934, S. 259 ff. Fast gar keine Aufschlüsse gibt die spätere, in bezeichnender Dürftigkeit abgefaßte kurze Darstellung des Organisationsleiters der DAF, Claus Selzner, *Die Deutsche Arbeitsfront. Idee und Gestalt* (*Schriften der Deutschen Hochschule für Politik,* hrsgg. von Paul Meier-Benneckenstein, II, 5), Berlin 1935. Die Unterwerfung der Christlichen Gewerkschaftler am 3. Mai 1933 schildert eine von Jakob Kaiser für Staatssekretär Grauert angefertigte Aufzeichnung vom November 1933, »Zur Situation in der früheren deutschen Arbeiterbewegung« (13 Seiten, Durchschl., *HAB*, Rep. 320, Grauert 23). Die im Vergleich zu ihren Kollegen von den Freien Gewerkschaften im Anfang etwas schonendere Behandlung der Führer der Christlichen Gewerkschaften, die zunächst auch in die DAF aufgenommen wurden, scheint in erster Linie durch Rücksichten begründet gewesen zu sein, die Ley auf die bevorstehende Internationale Arbeiterkonferenz in Genf nahm. Doch der Verlauf dieser Konferenz setzte der »Mitarbeit Christlicher Gewerkschaftsführer in der Deutschen Arbeitsfront« (Kaiser) ein frühes Ende. Ley hatte Bernhard Otte in die deutsche Delegation aufgenommen in der Hoffnung, eine Anerkennung dieser Delegation durch den Kongreß zu erreichen. Mit Ausnahme der Italiener lehnten jedoch die Gewerkschaftsvertreter aller Länder, die nur mit Vertretern »unabhängiger Arbeiterorganisationen« verhandeln wollten, diese Anerkennung ab. Otte bemühte sich erfolglos um eine Vermittlung

und mußte dann den Zorn und die Rache Leys als wehrloses Opfer erleben. Die Folge der Vorgänge in Genf war »die Diffamierung der deutschen christlichen Gewerkschaftsführer«, ein Verbot an alle Dienststellen der DAF, mit ihnen irgendeinen Verkehr zu pflegen, die Auflösung des Gesamtverbandes der Christlichen Gewerkschaften und seiner Untergliederungen, die Beschlagnahme aller Vermögenswerte und die fristlose Entlassung aller Angestellten – also das gleiche Schicksal, das die Freien Gewerkschaften schon am 2. Mai erleiden mußten. Bernhard Otte, Friedrich Baltrusch, Theodor Brauer, Franz Behrens, Adam Stegerwald und Heinrich Imbusch wurden aus der DAF ausgestoßen. Sie wurden nun ebenso »Staatsfeinde« wie die Führer der Freien Gewerkschaften und in Diffamierung und Verfolgung mit diesen »gleichgeschaltet«. Das Organisationsamt der DAF veröffentlichte eine Liste mit den Namen dieser »Geächteten«, denen die bemerkenswerte »Strafe« zuerkannt wurde, daß sie keine Arbeit mehr erhalten durften. (Ausführungen hierzu auch in einer Rede Walter Schuhmanns, wiedergegeben in: *Der Deutsche,* Nr. 152 und Nr. 159/1933.) – Über das Ende der Gewerkschaften im allgemeinen o. I. Teil, III. Kapitel. Als Kuriosum sei vermerkt, daß der Verband nationaler Arbeitnehmer »Der Deutsche Arbeiter« (DDA), ein kleiner gewerkschaftlicher Organisationssplitter deutschnationaler Observanz, bis Ende September 1933 ungestört fortbestand und das offenbar unbehagliche Dasein einer im großzügigen Gleichschaltungsvorgang übersehenen Einzelorganisation führte (Schreiben des Leiters der Hauptverwaltung des DDA in Essen, Fritz Quint, an Grauert vom 5. August und vom 5. Oktober 1933; *HAB,* Rep. 320, Grauert 23).

32 Uhlig (Anm. I/59), S. 63 f. Biographische Angaben über v. Renteln bei Facius (Anm. V/2), S. 127.

33 *Schultheß, 1933,* S. 118; Facius, *a. a. O.,* S. 144.

34 Über die Tätigkeit Wageners im Frühjahr 1933 unterrichtet eine ungedruckte Dissertation von Raimund Rämisch, im Auszug veröffentlicht: »Der berufsständische Gedanke als Episode in der nationalsozialistischen Politik«, in: *Zeitschrift für Politik,* N. F. 4 (1957), S. 262–272. Verschiedene Angaben Rämischs sind allerdings korrekturbedürftig; vor allem läßt sich die Behauptung, daß »der berufsständische Aufbau ... Anfang 1933 allein von dem Einflußgrade Wageners abhängig geworden« sei (S. 268), angesichts der weit verbreiteten ständischen Bestrebungen nicht halten. Vgl. aus der Literatur der ersten nationalsozialistischen Jahre: Max Frauendorfer, *Was ist ständischer Aufbau?,* Berlin 1934; Friedrich Bülow, *Der deutsche Ständestaat. Nationalsozialistische Gemeinschaftspolitik und Wirtschaftsorganisation,* Leipzig 1934; sowie die jur. Diss. von Gerhard Meyer, *Neue ständische Formen,* Köln 1935. Für die spätere Entwicklung: Paul Hameit, *Die Entwicklung des ständischen Problems,* jur. Diss., Hamburg 1937.

35 Uhlig (Anm. I/59), S. 76.

36 *Völkischer Beobachter* vom 14. März 1933, abgedr. bei Uhlig, *a. a. O.,* S. 196.

37 Uhlig, *a. a. O.*, S. 82 ff.
38 Vom 12. Mai 1933 (*RGBl.*, I, 1933, S. 262).
39 Verordnung zur Durchführung des Gesetzes zum Schutze des Einzelhandels vom 23. Juli 1934 (*RGBl.*, I, 1934, S. 726).
40 »Mittelständische« Pressestimme *(Der Überblick),* zit. von Uhlig (Anm. I/59), S. 197. Vgl. auch Paul Hilland in: *Die Deutsche Volkswirtschaft* 2 (1933), S. 141.
41 Uhlig, *a. a. O.*, S. 94 ff.
42 *A. a. O.*, S. 75.
43 Beides im Wortlaut wiedergegeben bei Uhlig, *a. a. O.*, S. 105 f.
44 *HAB,* Rep. 90, Sitzungsprotokolle 1933, fol. 121.
45 *A. a. O.*, fol. 115.
46 Rämisch (Anm. V/34), S. 271.
47 Anordnung von Heß vom 7. Juli 1933, wiedergegeben bei Uhlig (Anm. I/59), S. 111. Die wirtschaftliche Krise und die Gesetze »der Bilanz« führten sogar dazu, daß der neue Reichswirtschaftsminister Hitlers Zustimmung zu einer Sanierung des »nichtarischen« Hermann-Tietz-Warenhauskonzerns erhielt, die nur mit Reichshilfe durchgeführt werden konnte, so daß die soeben erbittert bekämpften und immer bedrohten Konkurrenten des nationalsozialistischen »Mittelstandes« paradoxerweise vom Reich am Leben erhalten wurden (*a. a. O.*, S. 115 ff.).
48 So in einem Schreiben des Vorsitzenden des Reichsbundes des deutschen Handwerks vom 6. Mai 1933 an Ministerpräsident Göring, in einem Telegramm des Reichsbundes des deutschen Baugewerbes e. V. (*HAB,* Rep. 90/871) und in Telegrammen der Einzelhandelsvereinigung Hannover e. V. und des Einzelhandelsverbandes Niedersachsen e. V. Anfang Mai an Göring (*a. a. O.*, Rep. 90/896).
49 Telegramm des Präsidenten des Reichsverbandes des Photohandels und weitere Telegramme des Deutschen Zigarrenhändler-Bundes, des Einzelhandelsverbandes Königsberg, des Hauptverbandes Deutscher Optiker-Vereinigungen, des Vorsitzenden des Edeka-Verbandes, der Bäckerzwangsinnung des Dillkreises und der Vertreter der Genossenschaftsbanken von Dillenburg und den angrenzenden Kreisen *(ebda.).* Das zeitliche Zusammentreffen dieser Demonstrationen, die häufig unrichtige Schreibung des Namens (v. Rentelen; v. Rinteln) und die große Ähnlichkeit der Texte lassen auf eine zentrale, allerdings nicht schriftlich ausgeübte Regie schließen.
50 Beglaubigte Abschrift der Ernennungsurkunde vom 30. Juni 1933 *(ebda.).*
51 Aufzeichnung von Frhr. v. Brackel (Anm. V/16).
52 *HAB,* Rep. 90, Sitzungsprotokolle 1933, fol. 99 v. Am gleichen Tage erließ der Leiter der NSBO, Schuhmann, eine Anordnung, die »eigenmächtige Eingriffe in die Betriebsführung« untersagte (*Schultheß, 1933,* S. 129).
53 Rede Hitlers auf der Konferenz der Reichsstatthalter am 6. Juli 1933 (*a. a. O.*, S. 169 f.).
54 Diese Worte sind in dem von *Schultheß* wiedergegebenen Auszug

aus der Rede Hitlers vor den Reichsstatthaltern nicht enthalten. Sie werden aber in einer offiziellen Parteizeitschrift zitiert (Geleitwort zum 2. Jahrgang der *Braunen Wirtschafts-Post. Nationalsozialistischer Wirtschaftsdienst,* Hrsg. Josef Klein, Düsseldorf 1933, S. 2). Diese Zeitschrift bezeichnete sich als »Amtliches Organ des Treuhänders der Arbeit für das Wirtschaftsgebiet Westfalen« (Klein) und als »Veröffentlichungsblatt des Instituts für Ständewesen Düsseldorf«.

55 Gesetz über Treuhänder der Arbeit (*RGBl.*, I, 1933, S. 285).

56 Durchführungsverordnung zum Gesetz über Treuhänder der Arbeit vom 13. Juni 1933 (*a. a. O.*, S. 368).

57 Sitzung des Staatsministeriums am 29. Mai 1933 (*HAB*, Rep. 90, Sitzungsprotokolle 1933, fol. 108 v.).

58 Amtliche Mitteilungen des Treuhänders der Arbeit für das Wirtschaftsgebiet Westfalen: Anordnung Nr. 1 vom 5. Juli 1933 (*Braune Wirtschafts-Post*, 1933, S. 24 f.).

59 Zum Wirtschaftsbezirk Westfalen gehörte außer der Provinz Westfalen u. a. auch der rheinländische Regierungsbezirk Düsseldorf. Der Zuständigkeitsbezirk des Sonderbeauftragten, Bergwerksdirektor Walter Tengelmann, umfaßte die Stadt- und Landkreise Bottrop, Gelsenkirchen, Buer, Gladbeck, Recklinghausen (Reg.-Bez. Münster), Wattenscheid, Wanne-Eickel, Herne, Castrop-Rauxel, Bochum, Witten, Dortmund, Lünen, Unna, Hamm (Reg.-Bez. Arnsberg), Essen, Oberhausen, Mülheim/Ruhr, Duisburg-Hamborn, Dinslaken, Wesel und Moers (Reg.-Bez. Düsseldorf); *Braune Wirtschafts-Post*, 1933, *ebda.* und S. 710.

60 Abschrift des Berichtes an das Reichsarbeitsministerium vom 7. August 1933 bei den Akten des Staatssekretärs Grauert (*HAB*, Rep. 320/16).

61 Abschrift eines vier Seiten umfassenden Schreibens an Ernst Poensgen von den Vereinigten Stahlwerken vom 13. Oktober 1933 bei den Akten des Staatssekretärs Grauert mit beigefügten Unterlagen aus DAF-Kreisen, die diese Behauptung zu stützen vermögen *(ebda.)*.

62 Abschrift eines sechs Seiten umfassenden Schreibens an Ernst Poensgen vom 4. Oktober 1933 *(ebda.)*.

63 Denkschrift Raabes, *ebda.* In seinem Brief vom 13. Oktober 1933 bezog sich Raabe auf eine Rede Hitlers. Dessen Unterscheidung und die Schulungstätigkeit der DAF habe Köttgen (ehemals Arbeitgebervereinigung) in einer Besprechung am 6. Oktober grundsätzlich »anerkannt«.

64 Raabe unterbreitete Poensgen den Plan, »eine von allen Industriezweigen gebilligte Denkschrift an den obersten Führer aufzusetzen«, die jedoch »nicht durch die Post dem Reichskanzler zugestellt werden« solle; vielmehr sollte der Einfluß von Thyssen und Pietzsch ausgenutzt und »Herr Keppler ganz auf unsere Linie« gebracht werden, um »mit seiner Unterstützung eine klare Entscheidung des obersten Führers herbeizuführen«. Auch der Ministerialdirektor im Reichsarbeitsministerium Mansfeld und Staatssekretär Grauert sollten informiert werden, was hinsichtlich

des letzteren mit der Zusendung des zitierten Schreibens und der beigefügten Unterlagen geschehen ist.

65 So der Hamburger Handelskammer-Vizepräsident C. C. Fritz Meyer in der Sitzung des Beirats des Deutschen Industrie- und Handelstages am 28. August 1933 (Niederschrift *BA,* R 11/19); ähnlich Protokoll der Sitzungen vom Präsidium und Beirat am 11. Dezember 1933 (*BA,* R 11/17).

66 Darauf weist die Auskunft v. Rentelns hin, die durchaus glaubwürdig den veränderten Kurs zu erklären versuchte: der Führer wolle, »daß der ständische Aufbau nicht von oben herab erzwungen werde, sondern organisch von unten aufwärts wachse« (Niederschrift der Beiratssitzung des Deutschen Industrie- und Handelstages am 28. August 1933; *BA,* R 11/19).

67 So auch v. Renteln in der Sitzung des Beirats des Deutschen Industrie- und Handelstages am 13. Juli 1933 (Protokoll *BA,* R 11/17).

68 *Ebda.*

69 In einem Schreiben an Staatssekretär Körner vom 11. August 1933 bemerkt Thyssen: »Gelegentlich der Besprechung beim Führer am 19. V. ... sind Herr Dr. Klein und ich bevollmächtigt worden, das N.S. Institut für Ständewesen zu errichten, was inzwischen mit großem Erfolg geschehen ist.« Thyssen erbat in dem Brief das Vorgehen Görings gegen das von Ley gegründete Konkurrenzunternehmen der Deutschen Arbeitsfront, die Staatlichen Schulen für Wirtschaft und Arbeit in Düsseldorf (*HAB,* Rep. 90/1767).

70 *Braune Wirtschafts-Post* 2 (1933), S. 3.

71 Kurt Petersen, »Zur großwirtschaftlichen Neugestaltung«, in: *Braune Wirtschafts-Post* 2 (1933), S. 17.

72 So Petersen, *a. a. O.,* S. 17 f.: Das Kapital »durchläuft zwar noch den Bank- und Börsenapparat wie vordem, aber es kann nicht mehr jener willkürlichen qualitativen Umformung unterworfen sein, die nur noch eine ungenügende Erfüllung der wichtigen Verteilungsfunktionen zuläßt und zudem das dauernde Streben nach erhöhter Rendite und Gewinnchance wachhält und immer wieder anstachelt«.

73 *A. a. O.,* S. 19.

74 Bericht über die Sitzung des Beirats des Deutschen Industrie- und Handelstages am 28. August 1933 (*BA,* R 11/19). Der preußische Wirtschaftsminister sanktionierte schließlich die Ergebnisse der Machtergreifung auch ohne Änderung des Handelskammergesetzes, indem er vom Februar 1934 an Tätigkeit und Entscheidungen der Kommissare und kommissarischen Vorstände als »Übergang zum Führerprinzip« erklärte, dem er nachträglich seine Zustimmung gab; *Ministerial-Blatt für Wirtschaft und Arbeit* 34 (1934), S. 80; S. 131 und *passim.*

75 Renteln erklärte auf der ersten Sitzung des von ihm berufenen Beirats des Deutschen Industrie- und Handelstages am 13. Juli 1933, er habe dem Reichswirtschaftsminister ausdrücklich zusagen müssen, daß er in wichtigen Fragen stets den Rat des Beirates

einholen wolle. Diese Erklärung mußte in Protokoll und Satzung ausdrücklich festgehalten werden (Protokoll der Beiratssitzung *BA*, R 11/17). Über die Einführung von Beiräten im Reichsstand der Deutschen Industrie berichten auch die beiden Affidavits von Gustav Schwartz und Max Ferdinand Frhr. v. Brackel (Anm. V/16). Nach ihrer Darstellung war es indessen Krupps eigene Idee, Beiräte zu berufen.

76 Außer von Renteln gehörten ihm Hilland, Lüer und die Industrie- und Handelskammerpräsidenten Gelpcke (Berlin), Hecker (Hannover), Huber (München), Kuebarth (Königsberg), Frhr. v. Schröder (Köln) und Vizepräsident C. C. Fritz Meyer (Hamburg) an.

77 Bericht über die Sitzung des Präsidiums des Deutschen Industrie- und Handelstages am 28. August 1933 (*BA*, R 11/19).

78 Sitzungsbericht des Präsidiums am 7. November 1933; »streng vertraulich« *(ebda.)*.

79 Hilland hob hervor, daß »bereits jetzt ... an vielen Stellen ein sehr gutes und vertrauensvolles Zusammenarbeiten der Treuhänder mit den Kammern« stattfinde *(ebda.)*.

80 Niederschrift über diesen Empfang, der am 7. November in Gegenwart von Staatssekretär Posse, Ministerialdirektor Schalfejew und Ministerialrat Frielinghaus stattfand (»streng vertraulich«; *ebda.)*.

81 Vom 20. Januar 1934 (*RGBl.*, I, 1934, S. 45). Hierzu der Kommentar von Alfred Hueck, Hans Carl Nipperdey, Rolf Dietz, *Gesetz zur Ordnung der nationalen Arbeit mit sämtlichen Durchführungsverordnungen ...*, München–Berlin 1934.

82 *Deutscher Reichsanzeiger und Preußischer Staatsanzeiger*, 1934, Nr. 12 vom 15. Januar, S. 3.

83 Gedrucktes, von Krupp unterzeichnetes Rundschreiben des Reichsstandes der Deutschen Industrie an seine Mitglieder vom 22. März 1934 (Akten des ehemaligen Reichsverbandes der Deutschen Industrie im Archiv des Deutschen Industrieinstitutes zu Köln; *ADIK)*.

84 Vervielfältigtes Rundschreiben des Reichsstandes an Geschäftsführer und Mitglieder der Geschäftsführungen der angeschlossenen Verbände vom 22. Dezember 1933 *(ebda.)*.

84 *Ebda.* und Rundschreiben vom 7. Februar 1934 *(ebda.)*.

86 *Schultheß, 1933,* S. 83.

87 Gesetz über die Neubildung deutschen Bauerntums vom 14. Juli *(RGBl.*, I, 1933, S. 517); Gesetz über die Zuständigkeit des Reichs für die Regelung des ständischen Aufbaues der Landwirtschaft vom 15. Juli 1933 (*a. a. O.*, S. 495) und im besonderen das Gesetz über den vorläufigen Aufbau des Reichsnährstandes und Maßnahmen zur Markt- und Preisregelung für landwirtschaftliche Erzeugnisse vom 13. September 1933 (*a. a. O.*, S. 626).

88 Hans Claß, *Die gelenkte Selbstverwaltung. Das Verhältnis des Deutschen Reiches zur materiellen (echten) Selbstverwaltung* (*Abhandlungen aus dem Staats- und Verwaltungsrecht mit Einschluß des Völkerrechts,* 62. Heft), Breslau 1941, S. 96.

89 Über den Reichsnährstand im einzelnen hierzu die interessante Studie von Claß, *a. a. O.*, S. 93 ff.; nationalsozialistisches Schrifttum: Ludwig Häberlein, *Das Verhältnis von Staat und Wirtschaft*

mit besonderer Hervorhebung der Selbstverwaltung des Reichsnährstandes und der landwirtschaftlichen Marktordnung, Bd. I: *Staat und Wirtschaft;* Bd. II: *Bauerntum, Reichsnährstand und landwirtschaftliche Marktordnung,* beide Berlin 1938; Hermann Reischle, »Nationalsozialistische Rechtsgestaltung im Reichsnährstand«, und Hans Merkel, »Recht und Rechtsschöpfung im Reichsnährstand«, beide in: *Zeitschrift der Akademie für Deutsches Recht* 2 (1935), S. 753–758; ferner Baumecker (Anm. III/273).

90 Protokoll der Sitzungen des Präsidiums und Beirats am 11. Dezember 1933 und am 23. Januar 1934 (*BA,* R 11/17); u. a. wurde auch darüber die gewiß übertriebene Klage geführt, daß durch die Neuregelung der Milchwirtschaft »etwa 30 000 Menschen insgesamt ... plötzlich brotlos geworden« seien.

91 Ausführungen Darrés in einer Sitzung des Ausschusses für allgemeine Wirtschafts- und Sozialpolitik des Reichsstandes der Deutschen Industrie; *Deutscher Reichsanzeiger und Preußischer Staats-Anzeiger,* 1934, Nr. 12 vom 15. Januar, S. 4. Wie sehr sich die Lage gerade in den rein agrarischen Gebieten infolge des mehr organisationspolitischen als praktisch agrarpolitischen Vorgehens Darrés zuspitzte, mag man daraus ersehen, daß sich z. B. der ostpreußische Oberpräsident und Gauleiter Koch schlechthin weigerte, eine Anordnung für die Milchwirtschaft des von Darré eingesetzten Reichskommissars, Frhr. v. Kanne, zu veröffentlichen, so daß sie nicht rechtskräftig wurde. Über die Lage in Ostpreußen schrieb der Vizepräsident Bethke in einem Bericht vom 30. August 1933, den er dem Oberpräsidenten zum Reichsparteitag der NSDAP nach Nürnberg nachsandte, wohl weil er den Führern der Partei bekannt werden sollte: »Die landwirtschaftlichen Preise sind schlechter denn je. Bei der großen Verschuldung ist die ostpreußische Landwirtschaft gezwungen, den größten Teil ihres Verkaufsgetreides zu den jetzigen Schleuderpreisen zu verkaufen ... Durch diese Umstände ist die Stimmung der Bauern in Ostpreußen außerordentlich gedrückt und der Glaube an den Nationalsozialismus weitgehend im Schwinden begriffen ...« Der agrarpolitische Apparat versuche daher, den Bauern zu überzeugen, daß hieran nur der Oberpräsident Schuld trage. »Es ist selbstverständlich, daß unter diesen Umständen die Bauern in eine ungeheure Erregung gegen den Staat und seine Vertreter gebracht werden, denn der Bauer hat kein Verständnis für Vorfälle, wie sie sich hier ereignet haben ... Überall werden jetzt zwangsweise die einzelnen Stände als Säulen des agrarpolitischen Apparats zusammengeschlossen, die Landwirte selbst, die Landhändler, die Genossenschaften u. a. Als Führer werden in Ostpreußen planmäßig solche Personen eingesetzt, die dem Oberpräsidenten feindselig gegenüberstehen. Die Folge davon ist, daß dieser gesamte ungeheure Apparat die innere preußische Verwaltung aus dem Vertrauen der Landwirtschaft herausreißt. Schlimmer ist aber noch die Wirkung, daß der Landmann an dem Staat zu verzweifeln beginnt, dessen einzelne Teile gegeneinander geführt werden ... Die Macht des agrarpolitischen Apparats über die Bauern ist, wenn die Entwick-

lung noch einige Zeit in der jetzigen Weise weitergeht, allumfassend, denn mit der Landschaft, mit den Kreditgenossenschaften, mit den sonstigen Genossenschaften, mit den Händlern hält der agrarpolitische Apparat den Kredit jedes Bauern in seiner Hand. Ein Bauer, der irgendwie nicht im Sinne des agrarpolitischen Apparats ... ficht, kann von den Säulen des agrarpolitischen Apparats abgewürgt werden. Die Hoheitsträger der preußischen inneren Verwaltung stehen einem solchen Treiben machtlos gegenüber« (Abschr. für den preußischen Innenminister, *HAB*, Rep. 320, Grauert 39).

92 Persönliches Schreiben Krupps an Schacht vom 30. Mai 1933 (*MGN* 5, Ankl.-Dok.-B. 14 M, Dok. NI–439). Gemeinsames Rundschreiben Krupps (Reichsverband) und Köttgens (Vereinigung der Deutschen Arbeitgeberverbände) zur Durchführung der Sammlung vom 1. Juni 1933 (*a. a. O.*, Ankl.-Dok.-B. 14 B, Dok. NI–1224 F.).

93 Ein markantes Beispiel ist das Max Oboussiers, der, deutschbelgischer Abkunft, 1918 sein Geburtsland Belgien verließ, in einem Amsterdamer Seegeschäft tätig war und schließlich nach Hamburg zur HAPAG kam. Bei diesem größten deutschen Seeverkehrsunternehmen wurde Oboussier 1925 Prokurist, um dann im Laufe des Jahres 1933 sehr rasch zum Generaldirektor aufzusteigen. O., der Günstling Helfferichs, des Aufsichtsratsvorsitzenden der HAPAG und des Norddeutschen Lloyd, befand sich jedoch bald in heftigem Gegensatz zu den HAPAG-Direktoren und zu konservativen hanseatischen Kreisen, so daß O. im November 1934 von seinem Amt zurücktrat. Nicht nur durch O.'s, sondern auch durch andere Verbindungen einiger Berliner Agenten, die auch zum Reichsinnenminister Frick, zu Pfundtner und zu dem persönlichen Referenten Fricks, dem Ministerialrat Metzner, reichten, suchte die HAPAG ihre Interessen vorzubringen. »Oboussier ist und bleibt der Mann für uns, und wir wären Narren, wenn wir einen Mann, den wir uns mühsam auf Grund unserer Freundschaft zum Führer ausgesucht haben, auch nur in der geringsten Form schädigten bzw. nicht stützten, wie es unter Freunden selbstverständlich ist«, bezeugte am 3. November 1933 einer der Berliner Agenten der HAPAG, Sch., in einem Brief an Metzner, der die Bestrebungen der HAPAG innerhalb des Reichsinnenministeriums unterstützte. Die HAPAG revanchierte sich durch Überlassung von Ehrenkarten oder Reiseeinladungen, von denen auch der Reichsinnenminister persönlich mit seiner Frau Gebrauch machte, indem beide inkognito an einer Orientreise teilnahmen. Mehrfach tauschte man gegenseitig zusätzliche Aufmerksamkeiten aus. Frick schenkte ein Bild mit eigenhändiger Unterschrift, und er erhielt gelegentlich das Manuskript einer Rede, die Oboussier vor der Belegschaft der HAPAG gänzlich im Sinne nationalsozialistischer Propaganda gehalten hatte. Es standen aber auch schwerwiegende Wünsche zur Erörterung, so etwa die »Hineindelegierung des Kapitäns Christiansen in den Reichsverkehrsrat«, über die v. Sch. am 24. November 1933 an Metzner schrieb: »Herr Oboussier und Herr Helfferich werden voraussichtlich über Keppler/Kranefuß

[»Freundeskreis«] am einfachsten angedreht ... es liegt mir daran, ... einen dritten Mann hereinzubekommen, der auf Grund seiner jahrelangen eigentlichen Seefahrts-Erfahrungen die Gewähr gibt, daß dieser Reichsverkehrsrat nicht wieder ein Ausbund von Geheimräten wird, sondern tatsächlich die Belange der Seefahrt vertreten kann.« Und an anderer Stelle des gleichen Briefes: »Auf jeden Fall aber möchte ich dieses Gremium dazu benutzen, die divergierenden Interessen des Seeschiffahrtskreises zunächst untereinander auszutauschen [gemeint wohl: auszugleichen], damit dann ein vernünftiges Gremium dasteht, das auch aktionsfähig ist« (*HAB*, Rep. 77, Pfundtner 90). Ein anderes Beispiel für das Fortleben wirtschaftlicher Interessen im Schutze nationalsozialistischer Beziehungen ist das des Niederlausitzer Braunkohlenbergbaus. Die zumeist mit stärkerer ausländischer Beteiligung arbeitenden Großunternehmungen des Mitteldeutschen Braunkohlenindustrievereins, der Gesellschaften Eintracht, Ilse, Niederlausitzer Braunkohlenwerke, Bubiag und F. C. Th. Heye, wußten sich als Interessengemeinschaft über mehrere nationalsozialistische Staatsräte großen Einfluß in Berlin zu sichern und die Wirtschaftsgesetzgebung zu beeinflussen. Auch die Reichsstatthalter von Sachsen, Anhalt und Braunschweig versuchte diese *pressure group* im nationalsozialistischen Staat für ihre Absichten zu gewinnen (Schreiben des brandenburgischen Oberpräsidenten Kube vom 12. September 1933 an Grauert und Bericht des Regierungsvizepräsidenten in Frankfurt/Oder, Sandes v. Hoffmann, vom 9. September 1933, *HAB*, Rep. 320, Grauert 39).

94 Schreiben v. Schapers an Metzner vom 3. November 1933, *ebda.*

95 Frhr. v. Brackel in einem Vortrag über industrielles Verbandswesen in der Lessing-Hochschule, den der *Reichs-Anzeiger*, 1934, veröffentlichte (Nr. 1 vom 20. Januar, Erste Beilage, S. 3).

96 Übereinstimmend hiermit auch die Neujahrsadresse des Reichsstandes an seine Mitglieder vom 31. Dezember 1933 (*ADIK*).

97 Brackel (Anm. V/95).

98 Wiedergabe des Inhalts *ebda.*; Pressenotiz in der *Deutschen Wirtschaftszeitung*, Nr. 50 vom 14. Dezember 1933, S. 1202.

99 Vor den heftigen Angriffen seiner Präsidialkollegen im DIHT blieb Renteln nichts anderes übrig, als seine eigene Überraschung und damit seine Einflußlosigkeit, da er den Gang der Dinge nicht zu ändern vermochte, einzugestehen (Niederschrift der Präsidial- und Beiratssitzung am 13. März 1934; *BA*, R 11/17).

100 Frhr. v. Schröder (*ebda.*).

101 Hecker, *ebda.*

102 *Ebda.*

103 Beschluß in der Präsidial- und Beiratssitzung am 13. März 1934, Protokoll, verkürzte Niederschrift, *ebda.*

104 Bericht Hillands in der Sitzung des Präsidiums am 27. März 1934 (Protokoll, »streng vertraulich«; *ebda.*).

105 Wörtliche Wiedergabe der Ansprache des Reichswirtschaftsministers im Plenarsaal des Reichswirtschaftsrates über den organischen Aufbau der deutschen Wirtschaft im *Reichsanzeiger*, 1934, Nr. 62

vom 14. März, S. 3 f.

106 Übereinstimmend Affidavit Gustav Schwartz und Affidavit Frhr. v. Brackel (Anm. V/16).

107 Weitere Hauptgruppen: 4 (Steine und Erden, Holz-, Bau-, Glas- und keramische Industrie), 5 (Chemie, technische Öle und Fette, Papier und Pappe verarbeitende Industrie), 6 (Leder, Textilien und Bekleidung), 7 (Nahrungsmittelindustrie), 8 (Handwerk), 9 (Handel), 10 (Banken und Kredit), 11 (Versicherungen) und 12 (Verkehr). Diese Hauptgruppen waren untergliedert in insgesamt 32 Untergruppen. Die Industrie- und Handelskammern dienten weiterhin dem örtlichen Zusammenwirken.

108 Gesetz über die Aufhebung des vorläufigen Reichswirtschaftsrats vom 23. März 1934 (*RGBl.*, II, 1934, S. 115). Schon mit dem Gesetz über den vorläufigen Reichswirtschaftsrat vom 5. April 1933 (*RGBl.*, I, 1933, S. 165) schuf sich die Reichsregierung die Möglichkeit für eine völlige Umgestaltung des Reichswirtschaftsrates, von der jedoch nie Gebrauch gemacht worden ist – ein deutliches Zeichen für die konzeptionslose Überstürzung der anfänglichen Wirtschaftspolitik.

109 *Reichsanzeiger,* 1934, Nr. 100 vom 30. April, S. 4.

110 Rundschreiben des Reichswirtschaftsministers und Preußischen Ministers für Wirtschaft und Arbeit vom 23. Juli 1934 an die beteiligten Referate des preußischen Ministeriums (*HAB,* Rep. 327/33).

111 Referat Keßlers über »Organisatorische Maßnahmen in der Industrie« auf einer Arbeitstagung des Reichsstandes der Deutschen Industrie Ende April 1934 (*Reichsanzeiger,* 1934, Nr. 96 vom 25. April, S. 2).

112 Erstmals erläutert in dem Referat des Münchener Industriellen und Präsidenten der Industrie- und Handelskammer München, Pietzsch, auf der gleichen Arbeitstagung; *ebda.*

113 *Ebda.*

114 *Ebda.*

115 Vgl. o. S. 361 ff.

116 Arthur Schweitzer, »Organisierter Kapitalismus und Partei-Diktatur 1933 bis 1936«, in: *Schmollers Jahrbuch für Gesetzgebung, Verwaltung und Volkswirtschaft* 79 (1959), S. 37–79, der einen Teil seiner Ausführungen auf unveröffentlichte Aktenstücke aus den *National Archives* in Washington stützt, führt im besonderen einen Brief Blombergs an Hitler vom 20. Mai und ein Memorandum des Generals Thomas vom 20. Juni 1934 an, das Hitler am 23. Juni »vorgetragen« wurde (S. 42). Ein von Schweitzer erwähntes »Abkommen zwischen Hitler und Schmitt« vom Sommer 1933, das hier interessieren könnte, findet jedoch keine nähere Erläuterung. Im übrigen enthält dieser Aufsatz einige Ungenauigkeiten und Unrichtigkeiten. Den Thesen Schweitzers über die schon von Franz Neumann so genannte »bilaterale Machtstruktur« und seinem Versuch, den totalitären Staat des Nationalsozialismus auf die Existenz von zwei »Machtsphären« – »der Partei« und der »kapitalistischen Klasse« – zurückzuführen und erschöpfend zu

erklären, wird sich die Forschung künftig wohl nicht anschließen können.

117 § 1 des Gesetzes über wirtschaftliche Maßnahmen (*RGBl.*, I, 1934, S. 565). Es hat den Anschein, daß die Ermächtigung des Reichswirtschaftsministers auf Grund dieses Gesetzes nicht so sehr im Hinblick auf beabsichtigte organisatorische Maßnahmen geschaffen wurde als vielmehr für solche wirtschaftspolitischer Art und daß sie die Handlungs- und Entscheidungsbefugnis des Ministers gegenüber dem Reichsbankpräsidenten festlegen sollte. Auch ein anderes Gesetz vom gleichen Tage, das Gesetz über die Anwendung wirtschaftlicher Vergeltungsmaßnahmen gegenüber dem Ausland *(ebda.)*, erteilte zur Behebung der schwierigen Devisenlage dem Reichswirtschafts-, dem Reichsernährungs- und dem Reichsfinanzminister besondere Ermächtigung auf Gebieten, in die Schacht bereits eingegriffen hatte, nämlich »gegenüber jedem Lande, das den Waren- oder Zahlungsverkehr mit Deutschland ungünstigeren Bedingungen unterwirft als den Verkehr mit anderen Ländern, Vergeltungsmaßnahmen zu treffen, die den Waren- und Zahlungsverkehr mit diesem Lande abweichend von den allgemeinen Bestimmungen regeln«. – Daß der Reichswirtschaftsminister seine seither verfolgten Organisationspläne aber nur in der alten Richtung weitertrieb, bezeugt noch ein Rundschreiben an die Referenten seines Ministeriums mit Datum vom 23. Juli 1934 (!), das die Namen der vom Führer der Wirtschaft vorgeschlagenen Leiter der Bezirksorganisationen aufführte. Außerdem gab es für die ersten der drei Hauptgruppen eine neue Organisationsweise – nun unter Ausschaltung Krupps – bekannt: Der Kohlenbergbau wurde von der eisenschaffenden Industrie getrennt und diese von der Eisen- und Metallverarbeitung; allerdings sind die kurzen Angaben zu unklar, als daß sich ein vollständiges Bild gewinnen ließe. Für die Spitzen der Gruppen waren vorgesehen: Knepper, Springorum, Hartkopf und Vögler (Abdruck bei den Akten des Generalinspektors für Wasser und Energie, *HAB*, Rep. 327/23). Von den vorher ernannten Hauptgruppenleitern blieb also nur Hartkopf, dessen Gruppe wesentlich vergrößert wurde. Man darf hierin wohl den Gegenschlag des Wirtschaftsministers gegen die Opposition unter den führenden Wirtschaftlern erblicken.

118 *Reichsanzeiger*, 1935, Nr. 38 vom 14. Februar.

119 Verordnung über die Industrie- und Handelskammern vom 20. August (*RGBl.*, I, 1934, S. 790).

120 Schweitzer (Anm. V/116), S. 45, erwähnt einen Brief dieses Inhalts, den der Reichswehrminister am 20. Oktober an den Reichswirtschaftsminister richtete.

121 Erste Verordnung zur Durchführung des Gesetzes zur Vorbereitung des organischen Aufbaus der deutschen Wirtschaft vom 27. November 1934 (*RGBl.*, I, 1934, S. 1194).

122 Krupp trat jetzt zurück. Die Leitung der Reichsgruppe übernahm der ehemalige Staatssekretär im Reichswirtschaftsministerium Trendelenburg. Vgl. Karl Guth, *Die Reichsgruppe Industrie. Standort und Aufgabe der industriellen Organisation (Schriften zum Staats-*

aufbau), Berlin 1941.

123 Eine eingehende Interpretation der Verordnung enthält ein Rundschreiben des Reichsstandes der Deutschen Industrie an den Leiter der bisherigen Hauptgruppen I bis VII vom 15. Dezember 1934 *(ADIK).*

124 Mitteilung Heckers durch Rundschreiben vom 12. Dezember 1934 an die Leiter der Reichsgruppen, der industriellen Hauptgruppen I–VII, der Wirtschaftsgruppen und der Industrie- und Handelskammern (*HAB,* Rep. 327/33).

125 Vgl. Schacht, *Nicht reden ...* (Anm. I/103).

126 Vgl. die kürzlich erschienene Darlegung von Rolf E. Lüke, *Von der Stabilisierung zur Krise,* hrsgg. vom Basle Centre for Economic and Financial Research, Series B, No. 3, Zürich 1958, S. 334 ff. Hierzu auch den Literaturbericht von Gerhard Schulz, »Die ›große Krise‹ in der Zeitgeschichte«, in: *Neue Politische Literatur* 4 (1959), Sp. 805–824.

127 Anton Reithinger, *Stand und Ursachen der Arbeitslosigkeit in Deutschland (Vierteljahrshefte zur Konjunkturforschung,* hrsgg. vom Institut für Konjunkturforschung, Sonderheft 29), Berlin 1932, S. 7.

128 *A. a. O.,* S. 24.

129 *A. a. O.,* S. 22.

130 Für die Behauptung, daß schon die Devisenbewirtschaftung ausgereicht hätte, um einen Ausgleich der Zahlungsbilanz zu erreichen, bleibt Lüke (Anm. V/126), S. 348, allerdings den überzeugenden Beweis schuldig.

131 Brecht, *Vorspiel zum Schweigen* (Anm. II/35), S. 62; vgl. die Charakterisierung durch Hermann Höpker-Aschoff, »Währungsmanipulationen seit 1914«, in: *Finanzarchiv,* N.F. 11 (1949), S. 39 ff.

132 Vgl. die Zusammenstellung bei Grotkopp (Anm. I/105); kritisch, ergänzend und umfassend Kroll (Anm. I/104), S. 375 ff.; eine Auswahl aus den Schriften eines der bedeutendsten Autoren, des »deutschen Keynes«, ist von Wolfgang Stützel herausgegeben worden (Vorwort von Wilhelm Röpke): Wilhelm Lautenbach, *Zins, Kredit und Produktion,* Tübingen 1952.

133 Zur theoretischen Erfassung der Arbeitsbeschaffungswirtschaft Karl Schiller, *Arbeitsbeschaffung und Finanzordnung in Deutschland* (Schriftenreihe: *Zum wirtschaftlichen Schicksal Europas,* II. Teil: *Arbeiten zur deutschen Problematik,* hrsgg. von Carl Brinkmann, 4. Heft), Berlin 1936, S. 6 ff.

134 Verordnung über den Freiwilligen Arbeitsdienst vom 16. Juli 1932 (*RGBl.,* I, 1932, S. 352).

135 Will Decker, *Der deutsche Arbeitsdienst. Ziele, Leistungen und Organisation des Reichsarbeitsdienstes* (*Schriften zum Staatsaufbau,* Heft 14/14a), 3. Aufl., Berlin 1941; ders., *Der deutsche Weg. Ein Leitfaden zur nationalpolitischen Erziehung der deutschen Jugend im Arbeitsdienst. Aufgaben, Organisation und Aufbau,* 5. Aufl., Berlin 1933. Zur Vorgeschichte und über die ideellen Grundlagen in der Arbeitslagerbewegung die vom Deutschen Stu-

dentenwerk herausgegebene Darstellung von Georg Keil, *Vormarsch der Arbeitslagerbewegung. Geschichte und Erfahrung der Arbeitslagerbewegung für Arbeiter, Bauern, Studenten 1925–1932,* Berlin–Leipzig 1932.

136 Vgl. Kroll (Anm. I/104), S. 694 ff.

137 *A. a. O.,* S. 645 ff.

138 Die abnehmende Kurve der Beteiligung der Gemeinden (ohne Hansestädte) an der wertschaffenden Arbeitslosenfürsorge zeichnet sich in dem Anteil der Gemeinden an den Gesamtaufwendungen zu diesem Zweck ab: Im Etatjahr 1929/30 betrug er 45,0 % (gegenüber 28,4 % des Reiches und 26,6 % der Länder einschließlich der Hansestädte), 1930/31: 47,1 %; 1931/32: 43,2 %; 1932/33 aber nur noch 25,1 % (gegenüber 58,2 % des Reiches und 16,7 % der Länder). Errechnet auf Grund amtlicher Statistiken von Schiller (Anm. V/133), S. 153.

139 Der Anteil der Gemeinden an den Zuschüssen für Zwecke der wertschaffenden Arbeitslosenfürsorge betrug 1929/30: 54,7 %; 1930/31: 39,5 %; 1931/32: 30,6 % und 1932/33: 8,7 %; *ebda.* Über die Bedeutung des Arbeitslosenproblems in der Kommunalpolitik der Weimarer Republik: Gerhard Schulz, »Die kommunale Selbstverwaltung in Deutschland vor 1933 – Ideen, Institutionen und Interessen«, in: *Franz-Lieber-Hefte. Zeitschrift für politische Wissenschaft,* 1959, Heft 3, bes. S. 25 ff.

140 Sitzungen des engeren Vorstandes am 5. November und 16. Dezember 1931 (*ADST,* A 7).

141 Sitzung des engeren Vorstandes am 23. Juni 1932 (*ebda.*).

142 Niederschrift der Sitzung des engeren Vorstandes am 20. Oktober 1932 (*ADST,* A 295).

143 Der Richtsatz der Wohlfahrtserwerbslosenunterstützung betrug für den Verheirateten mit einem Kind monatlich 62 Reichsmark. Für die Notstandsarbeit war bei durchschnittlich 32stündiger Arbeitszeit in der Woche eine Entlohnung vorgesehen, die den Unterstützungssatz um 10 % übersteigen sollte.

144 Der Durchschlag einer elf Seiten umfassenden Denkschrift mit dem Titel »Hitler schafft Arbeit« befindet sich bei den Akten des Staatssekretärs Grauert. Ihr ist ein Zettel mit dem Vermerk angeheftet: »Dieser Arbeitsbeschaffungsplan, der die Beschäftigung von einer Million Volksgenossen vorsieht, wurde am 31. Dezember 1932 dem Führer in Obersalzberg übergeben« (*HAB,* Rep. 320, Grauert 39). Zwar hatte Heinrich Dräger von der »Studiengesellschaft für Geld- und Kreditwirtschaft« schon in das Arbeitsbeschaffungsprogramm der NSDAP vom Sommer 1932 den Gedanken der »produktiven Kreditschöpfung« einzubringen versucht (vgl. o. Anm. I/104), seine Aussöhnung mit den wenigen anderen Beiträgen zu diesem Arbeitsbeschaffungsprogramm jedoch nicht herbeiführen können. Man muß daher diesen früheren Versuch einer exogenen Beeinflussung der nationalsozialistischen Wirtschaftsprogrammatik als zunächst nicht gelungen ansehen.

145 Zeugnis von Wilhelm Röpke im Vorwort zu Lautenbach (Anm. V/132), S. X. Vgl. auch noch für das Jahr 1935 die Schilderung

von Gerhard Ritter (Anm. II/35), S. 78.

146 Sitzung des geschäftsführenden Vorstandes des Verbandes der Preußischen Landgemeinden am 29. Juli 1932 (*ADST*, A 313).

147 Denkschrift »Entwurf von Leitsätzen für ein Arbeitsbeschaffungsprogramm zur Behebung der Arbeitslosigkeit« (Gereke-Plan), *ebda.* Zum Gereke-Prozeß vgl. Anm. I/301.

148 Bericht Gerekes vor dem engeren Vorstand am 27. Februar 1933 (*ebda.*).

149 Gereke wurde am 24. März 1933 verhaftet und am 27. März aus dem Reichsdienst entlassen (Facius, Anm. V/2, S. 132).

150 Das vom Reichsbankpräsidialsekretariat herausgegebene, »nicht zur Veröffentlichung« bestimmte gedruckte Rücktrittsgesuch Luthers an den Reichspräsidenten wies deutlich auf die Differenz mit dem Reichskanzler hin, die »die volle Bereitwilligkeit zu enger und vertrauensvoller Zusammenarbeit auf dem der Reichsbank übertragenen Arbeitsgebiet« ausschließe. Es wies indirekt auf die von Luther festgehaltenen Grundsätze hin, die Gegenstand der Verhandlung mit Hitler waren, wenn es hervorhob, »daß die Reichsregierung keinerlei Währungsexperimente zu machen gedenkt«. (Abdruck des Rücktrittsgesuches vom 16. März 1933 *HAB*, Rep. 90/867.)

151 Es dürfte sich hierbei in der Hauptsache um Mittel handeln, die auf Grund der Verordnung des Reichspräsidenten über finanzielle Maßnahmen auf dem Gebiete der Arbeitsbeschaffung vom 28. Januar 1933 (*RGBl.*, I, 1933, S. 31) und auf Grund des Gesetzes zur Verminderung der Arbeitslosigkeit vom 1. Juni 1933 (*a. a. O.*, S. 323) bereitgestellt worden waren. Das Zweite Gesetz zur Verminderung der Arbeitslosigkeit vom 21. September 1933 (*a. a. O.*, S. 651) dürfte sich in diesen Zahlen noch kaum niedergeschlagen haben.

152 Aufstellung in einem Schreiben des Preußischen Ministers für Wirtschaft und Arbeit (Siedlungsabteilung) an den preußischen Finanzminister vom 25. Oktober 1933 (Entwurf mit Abgangsvermerk; *HAB*, Rep. 318/77). Es handelte sich hierbei um den ersten Teil jenes Programms, das meist mit dem Namen des nationalsozialistischen Staatssekretärs im Reichsfinanzministerium, Fritz Reinhardt, in Verbindung gebracht wird. Hierzu Fritz Reinhardt, *Generalplan gegen Arbeitslosigkeit,* Oldenburg i. O. 1933.

153 Zahlen der aufgewandten Mittel fehlen für Herbst 1933. Kroll (Anm. I/104, S. 472) beziffert die gesamten Aufwendungen der Reichsbahn für ihr Arbeitsbeschaffungsprogramm für die Zeit vom 1. Januar 1933 bis zum 31. Dezember 1934 auf 1 068 Millionen Reichsmark. Diese Mittel wurden jedoch erst im Sommer 1933 und 1934 eingesetzt. Die Reichspost beschloß im August 1933 die Aufwendung von 76,6 Millionen Reichsmark für Zwecke der Arbeitsbeschaffung. Im übrigen ist auf die Listen der Arbeitsvorhaben zu verweisen, die Heinrich Dräger wiedergibt (Anm. I/104, 3. Aufl., 1934, und 4. Aufl., 1956, Tabellen I u. II).

154 Reichswirtschaftsminister Schmitt in einer Rede am 13. Juli 1933 (*Schultheß, 1933,* S. 175).

155 Schacht in einer Generalversammlung der Reichsbank am 7. April 1933 (*a. a. O.*, S. 94).

156 Stuebel (Anm. V/4), S.'4134.

157 Kroll (Anm. I/104), S. 471. Willi Prion, *Das deutsche Finanzwunder. Die Geldbeschaffung für den deutschen Wirtschaftsaufschwung,* Berlin 1938, drückte es so aus – allerdings unter Außerachtlassung der geheimen Aufrüstung und der geheimen Rüstungszwecke vor dem Frühjahr 1935 –, daß die »Finanzierung der neuen Aufgabe ... sozusagen auf die im Gange befindliche Finanzierung der Arbeitsbeschaffung aufgesetzt wurde« (S. 84). Dieser Ausdruck ist nur dann richtig, wenn man damit – wie Prion es nicht tut – schon die staatskonjunkturelle Entwicklung während der Jahre 1933 und 1934 meint; denn 1935 spielten Arbeitsbeschaffungsmaßnahmen keine Rolle mehr.

158 *Schultheß, 1933,* S. 116.

159 Bericht über ein Referat Albert Vöglers in einem Schreiben des Treuhänders für Arbeit für das Wirtschaftsgebiet Westfalen, Klein, an Grauert vom 14. Oktober 1933 (*HAB,* Rep. 77, Grauert 9).

160 Dies ist im Organisatorischen greifbar in der Bildung des freilich nur episodisch existierenden Reichsverteidigungsrates durch Kabinettsbeschluß vom 4. April 1933, der die oberste Entscheidung in Verteidigungs- und Rüstungsfragen haben sollte, und dann des wichtigeren »Arbeitsausschusses der Referenten für die Reichsverteidigung« (Reichsverteidigungsausschuß), der bereits als interministerielles Koordinationsinstrument unter Leitung des Chefs des Truppenamtes (später Chef des Generalstabes des Heeres) bzw. des Chefs des Wehrmachtsamtes tätig war (Protokoll der 2. Sitzung des Arbeitsausschusses für die Reichsverteidigung, zugleich Gründungssitzung des Reichsverteidigungsrats vom 22. Mai 1933, *IMT,* Anm. I/82, XXXVI, Dok. 177–EC, S. 219 ff.).

161 Ein persönliches Schreiben Flicks an Schacht vom 23. November 1933 berichtete von einem Besuch Flicks bei Reichswehrminister Blomberg, der für eine Besichtigung der Stahlwerke Lauchhammer, Gröditz und Riesa gewonnen wurde (*MGN* 5, Ankl.-Dok.-B. 15, Dok. NI–3877). Selbst 1934 ging es noch um verhältnismäßig kleine Aufträge, einmal um einen Probeauftrag von 10 000 Stück Stahlgußgranaten an das Werk Gröditz (Notiz Dr. T. vom Dezember 1934; *a. a. O.,* Dok. NI–10057 F); und im August 1934 hatten die Mitteldeutschen Stahlwerke Rüstungsaufträge von »3 bis höchstens 3,5 Mill.« in Aussicht. Zur gleichen Zeit erhielten sie aber die Zusicherung, daß sie sich »unbedenklich für eine Reihe von Jahren für laufende erhebliche Aufträge einstellen könnten« (streng vertrauliche Notiz von Steinbrinck für Flick vom 20. August 1934; *a. a. O.,* Dok. NI–10056).

162 Auf Vermittlung von Grauert und Feder überreichten zwei führende Männer der Deutschen Gesellschaft für Erdölforschung, Professor Ubbelohde und Frhr. v. La Roche, Hitler am 29. Mai 1933 eine Denkschrift über den Aufbau einer deutschen Mineralöl-Industrie, die die Punkte umfaßte: 1. Gründung einer Dachgesellschaft unter Kapital- und Risikobeteiligung des Reichs und Fern-

haltung jedes ausländischen Einflusses, 2. Aufbau mehrerer Musterraffinerien, 3. Zollsenkung für den Import ausländischen Rohöls und Ausgleichung der Einnahmeausfälle durch Besteuerung der erzeugten Raffinate, 4. allmählicher Übergang von der Rohöleinfuhr auf die inländische Rohölerzeugung unter Förderung der Kohleverflüssigungsindustrie. Hitler erwähnte diese Denkschrift noch am gleichen Tage in der Reichsministersitzung. Die Reichskreditgesellschaft setzte sich für das Gesamtprojekt ein, beantragte Reichsförderung und bemühte sich um das Zustandekommen eines Bankenkonsortiums. (Der Vorgang ist ersichtlich aus einem Schriftwechsel zwischen Frhr. v. La Roche, Grauert und der Reichskreditgesellschaft während der Monate Mai und Juni 1933; *HAB*, Rep. 320, Grauert 39.) Über den Fortgang der Verhandlungen ist nichts festzustellen. Es hat jedoch den Anschein, als betreffe die gegen Ende 1933 einsetzende Förderung der synthetischen Industrie den autarkistischen Ausschnitt dieses ursprünglichen Programms.

163 Abschrift dieses von Feder, Graf Schwerin v. Krosigk, Bosch und Schmitz unterzeichneten Vertrages *MGN* 6, Ankl.-Dok.-B. 5, Dok. NI-881.

164 Verordnung über die Errichtung wirtschaftlicher Pflichtgemeinschaften in der Braunkohlenwirtschaft vom 28. September 1934 (*RGBl.*, I, 1934, S. 863).

165 Die Benzingewinnung in Deutschland stieg von 415 000 t im Jahre 1932 auf 577 000 t 1935 und 1 409 000 t 1938, die deutsche Erdölgewinnung in den gleichen Abständen von 230 000 t auf 427 000 t und 552 000 t; nach Kroll (Anm. I/104), S. 508 und S. 506. Die Zellwollproduktion stieg übrigens noch rascher an. Sie belief sich 1933 auf 4 500 t und 1938 auf 154 500 t (*a. a. O.*, S. 502). Kroll schreibt die Erfindung des von Schacht gewählten Verfahrens der indirekten staatlichen Produktions-Investitions-Lenkung Friedlaender-Prechtl zu (*ebda.*).

166 Rudolf Stucken, *Deutsche Geld- und Kreditpolitik 1914–1953*, 2. Aufl., Tübingen 1959, S. 118.

167 Lautenbach (Anm. V/132), S. 144 ff.

168 Kroll (Anm. I/104), S. 419.

169 Gesetz zur Verminderung der Arbeitslosigkeit vom 1. Juni 1933 (*RGBl.*, I, 1933, S. 323).

170 Als beste Darstellung über die Finanzierungspolitik des Reichs seien erwähnt: Wilhelm Dieben, »Die innere Reichsschuld seit 1933«, in: *Finanzarchiv*, N. F. 11 (1949), S. 656–701; Stucken (Anm. V/166), S. 149 ff.; Stuebel (Anm. V/4), S. 4130; und die jüngste, überaus verdienstvolle Untersuchung von René Erbe, *Die nationalsozialistische Wirtschaftspolitik 1933–1939 im Lichte der modernen Theorie (Basle Centre for Economic and Financial Research*, Serie B, No. 2), Zürich 1958, S. 24 ff. Über die Mefo-Wechsel im besonderen, die Schacht als Hauptmittel zur Beseitigung der Arbeitslosigkeit betrachtet: Hjalmar Schacht, *Abrechnung mit Hitler*, Hamburg–Stuttgart 1948, S. 8; und ders., *76 Jahre . . .* (Anm. I/109), S. 400 ff. Kritisch hierzu: Hero Moeller, »Schacht als Geld- und Finanzpolitiker. Bemerkungen zu seiner Selbstdar-

stellung«, in: *Finanzarchiv,* N. F. 11 (1949), S. 733–745.

171 Es soll nicht Aufgabe dieser Darstellung sein, auf alle Einzelheiten, und vor allem nicht auf den Umfang der Investitionen zu Rüstungszwecken einzugehen, die, wie heute festzustehen scheint, schon 1934 einen entscheidenden Anteil an dem Gesamtbetrag der öffentlichen Investitionen ausmachten, die in den folgenden Jahren rapide anstiegen und der gesamten Finanzwirtschaft des totalitären Staates das bestimmende Gepräge gaben. Die verschiedenen Angaben über die Gesamthöhe der Rüstungsausgaben bewegen sich zwischen den angeblich 90 Milliarden Reichsmark, die nach Hitlers Worten in seiner Reichstagsrede vom September 1939 ausgegeben, und der Summe von 34,25 Milliarden, die nach der Aussage Schachts vor dem Internationalen Militärgerichtshof Nürnberg während der Etatjahre 1934–38 aufgewandt wurden; *IMT* (Anm. I/82), XLI, S. 249. In entsprechenden Verhältnissen differieren auch die Angaben, die sich auf das Jahr 1934 beziehen; vgl. hierzu die kritischen Bemerkungen zur Literatur von René Erbe, *a. a. O.,* S. 37 ff. Die minutiöse Untersuchung dieser Frage stößt bei dem Versuch einer genauen Feststellung der wirklichen Beträge auf recht erhebliche Schwierigkeiten verschiedener Art und Tragweite: In erster Linie macht sich die Dürftigkeit des offiziellen statistischen Materials seit 1935 bemerkbar; überdies ist es zuweilen höchst problematisch, den Rüstungszweck von Ausgaben festzustellen, und vermutlich angeraten, eine praktikablere Terminologie für die Zweckbestimmungen der Ausgabenwirtschaft des nationalsozialistischen Staates zu entwickeln. Schließlich ist es zweifelhaft, ob die Grenze zwischen Ausgaben zu Investitions- und zu Konsumzwecken statistisch vernachlässigt worden ist.

172 Nach einer nicht unterzeichneten Denkschrift Schachts vom 3. Mai 1935, die dem Internationalen Militärgerichtshof in Nürnberg vorlag; *IMT* (Anm. I/82), XXVII, S. 50, Dok. 1168–PS.

173 Aufstellung bei Dieben (Anm. V/170), S. 692.

174 *RGBl.,* I, 1935, S. 198.

175 Lutz Graf Schwerin v. Krosigk, »Wie wurde der zweite Weltkrieg finanziert?«, in: *Bilanz des zweiten Weltkrieges. Erkenntnisse und Verpflichtungen für die Zukunft,* Oldenburg–Berlin 1953, S. 325.

176 Moeller (Anm. V/170), S. 737.

177 *Nationalsozialistische Aufbauarbeit in Ostpreußen. Ein Arbeitsbericht*, auf Grund amtlicher Quellen hrsgg. im Auftrage des Oberpräsidiums, Königsberg 1934, S. 78.

178 Koch hat offenbar auch durch Vermittlung Görings außerordentliche Kredithilfen für das Arbeitsbeschaffungsprogramm in seiner Provinz erhalten. Das geht aus einem Schreiben Kochs an Göring vom 3. September 1934 hervor: »Ich weiß nicht, ob Sie sich der Stunde im vorigen Sommer noch entsinnen werden. Wir konnten die Arbeitsschlacht nur beginnen, wenn uns ein beantragter größerer Kredit gewährt wurde. Die Widerstände waren aber unüberwindlich. Da gelang es mir, Ihre Unterstützung zu erreichen. Ein kleiner Zettel, den Sie zu unseren Gunsten damals unterschrieben,

wirkte Wunder. Die Türen, die eben noch verschlossen waren, öffneten sich und wir erhielten den notwendigen Kredit« *(HAB,* Rep. 90/1079).

179 *Nationalsozialistische Aufbauarbeit* ... (Anm. V/177), S. 79.

180 Ein Bericht des Oberbürgermeisters von Berlin an den Oberpräsidenten der Provinz Brandenburg und Berlin vom 4. Dezember 1933 enthält eine Aufstellung über Preisveränderungen vom Frühjahr bis zum Herbst. Die Preissteigerungen schwankten zwischen 7 % und 55 % und waren am stärksten bei den wichtigsten Baustoffen, Ziegelsteinen, Dachpappen und Installationsmaterialien, ließen aber die Löhne aus. (Abschrift im Bericht des Oberpräsidenten an den Preußischen Minister für Wirtschaft und Arbeit vom 10. Januar 1934; *HAB,* Rep. 318/196.)

181 Bericht des Oberpräsidenten an den Reichsarbeitsminister durch die Hand des Preußischen Ministers für Wirtschaft und Arbeit vom 11. September 1933 (*HAB,* Rep. 318/195).

182 Runderlaß des Preußischen Ministers für Wirtschaft und Arbeit vom 20. Dezember 1933 (*Ministerialblatt für Wirtschaft und Arbeit,* 34. Jg., 1934, S. 2).

183 Runderlaß des preußischen Finanzministers vom 30. November 1933 betr. Überwachung der Baumarktpreise (*Zentralblatt der Bauverwaltung,* hrsgg. im Preußischen Finanzministerium, 53. Jg., 1933, S. 664).

184 Runderlaß des Preußischen Ministers für Wirtschaft und Arbeit vom 20. Dezember 1933 (Anm. V/182) und Einzelregelungen durch Erlaß vom 19. April 1934 (*Ministerialblatt für Wirtschaft und Arbeit,* 1934, S. 182).

185 Erlaß des Reichsministers für Ernährung und Landwirtschaft an die Treuhänder der Arbeit vom 7. Dezember 1933 (*HAB,* Rep. 318/195).

186 Rundschreiben des Reichswirtschaftsministers an den Deutschen Industrie- und Handelstag, den Reichsstand der Deutschen Industrie, den Reichsverband des Deutschen Groß- und Überseehandels, die Hauptgemeinschaft des Deutschen Einzelhandels und den Reichsverband des Deutschen Handwerks *(ebda.)*.

187 Gemeinsame Erklärung zur Frage der Preisgestaltung in: *Die Bauindustrie* 33, Nr. 52 vom 30. Dezember 1933, S. 291 f.

188 Ein Schreiben des Reichswirtschaftsministers an den preußischen Minister vom 8. Januar 1934 teilte mit, daß die Kalksandstein-Industrie den von ihr geschaffenen Kartellen, die natürlich gar nichts mit einer dämpfenden Preiskontrolle zu tun hatten, die Bezeichnung »Preisüberwachungsstellen« gegeben habe (*HAB,* Rep. 318/196). Nach außen hin wurde hier scheinbar eine Angelegenheit der staatlichen Wirtschaftspolitik in eigene Regie übernommen; doch dieser Anschein diente der Verschleierung anderer Absichten.

189 Schreiben des Reichswirtschaftsministers an den Reichsarbeitsminister (Abschr. *HAB,* Rep. 318/195).

190 Kroll (Anm. I/104), S. 461, vermutet, daß diese Seite der Tätigkeit der Treuhänder bei der Schaffung dieser Institutionen nicht vor-

ausgesehen worden war.

191 Gesetz über den vorläufigen Aufbau des Reichsstandes vom 13. September 1933 (*RGBl.*, I, 1933, S. 626); Gesetz zur Sicherung der Getreidepreise vom 26. September 1933 (*a. a. O.*, S. 667); s. hierzu Ulrich Teichmann, *Die Politik der Agrarpreisstützung. Marktbeeinflussung als Teil des Agrarinterventionismus in Deutschland,* Köln–Deutz 1955, *passim,* und die zusammenfassende Darstellung aus der nationalsozialistischen Zeit: Bernhard Mehrens, *Die Marktordnung des Reichsnährstandes* (*Schriften der Internationalen Konferenz für Agrarwissenschaft*), Berlin 1938.

192 Vgl. hierzu Kroll (Anm. I/104), S. 626; Erbe (Anm. V/170), S. 84 f.

193 Verordnung zur Verhinderung von Preissteigerungen auf dem Textilgebiet vom 19. April und Verordnung zur Verhinderung von Preissteigerungen auf dem Gebiet der Lederwirtschaft vom 20. April 1934 (*RGBl.*, I, 1934, S. 317 und S. 318).

194 Prion (Anm. V/157), S. 101.

195 Gesetz über Bestellung eines Reichskommissars für Preisüberwachung vom 5. November 1934 (*RGBl.*, I, 1934, S. 1085). Am gleichen Tage wurde der Leipziger Oberbürgermeister Goerdeler zum Reichskommissar für die Preisüberwachung ernannt; Ritter (Anm. II/35), 3. Aufl., S. 76.

196 Verordnung über Preisbindungen und gegen Verteuerung der Bedarfsdeckung vom 12. November 1934 (*RGBl.*, I, 1934, S. 1110).

197 Vgl. hierzu Arthur Schweitzer, »Die wirtschaftliche Wiederaufrüstung Deutschlands von 1934–1936«, in: *Zeitschrift für die gesamte Staatswissenschaft* 114 (1958), S. 597 ff.; Erbe (Anm. V/170, S. 92), der eine Gesamtanalyse der nationalsozialistischen Wirtschaft vornimmt, gelangt zu dem Ergebnis, daß der Lebensstandard der Arbeiter »im Verhältnis zu den Jahren 1928/29 zumindest nicht gestiegen« ist.

198 Bereits 1936 setzte eine Gewinnabschöpfung durch Erhöhung des Körperschaftsteuersatzes und durch Dividendenstop, die allerdings Personengesellschaften frei ausgehen ließen, und durch eine verschärfte Kapitallenkung und Investitionspolitik ein; vgl. hierzu die Gesamtdarstellung von Prion (Anm. V/157), S. 36 ff. – Allgemeine Überblicke über die Entwicklung der deutschen Wirtschaft in diesem Zeitraum vermitteln die Berichte der Reichs-Kredit-Gesellschaft, *Deutschlands wirtschaftliche Lage an der Jahreswende 1933/34* (als Manuskript gedr.), und ... *an der Jahreswende 1934/35.* Materialien zur Wirtschaftspolitik enthält das *Jahrbuch für nationalsozialistische Wirtschaft,* hrsgg. von Otto Mönckmeier, zuerst Stuttgart–Berlin 1935.

199 Gesetz gegen den Verrat der deutschen Volkswirtschaft vom 12. Juni 1933 (*RGBl.*, I, 1933, S. 360).

200 Hierzu Stucken (Anm. V/166), S. 134 f., und Schweitzer (Anm. V/197).

201 Hierzu bereits Anton Reithinger, *Am Wendepunkt der Konjunktur,* Berlin 1932. Wertvolle Quellen sind: die Wochenberichte des Instituts für Konjunkturforschung und die Gutachten des Instituts: *Skizze über den deutschen Außenhandel,* Berlin 1935, und *Über*

die Probleme der deutschen Außenwirtschaft, Berlin 1936. Vgl. hierzu jetzt auch *Hitlers zweites Buch* (Anm. I/65, die dort angegebenen Stellen).

202 Hierzu Stucken (Anm. V/166), S. 98 ff.

203 *RGBl.*, I, 1934, S. 1203. Das Gesetz errichtete bei der Reichsbank ein Aufsichtsamt für das Kreditwesen und gab dem Reichskommissar für einen befristeten Zeitraum das Recht, bestehenden Kreditinstituten die Fortführung ihres Geschäftes im ganzen oder einzelner Teile zu untersagen, auch wenn die Zuverlässigkeit der Geschäftsführung gewährleistet war; außerdem waren Unternehmungen des Kreditwesens an die Zulassung durch den Reichskommissar gebunden. Dem Aufsichtsamt gehörten der Reichsbankpräsident, der Vizepräsident der Reichsbank, die Staatssekretäre der beteiligten Reichsministerien und ein vom »Führer und Reichskanzler« ernanntes Mitglied an, außerdem – mit beratender Stimme – der Reichskommissar für das Bankwesen. Der Reichsbankpräsident schlug den Reichskommissar vor, führte den Vorsitz im Aufsichtsamt und entschied nach dem »Führerprinzip«. Die Rechte des Aufsichtsamtes reichten bis zur Befugnis, Grundsätze über die Geschäftsführung der Geldinstitute aufzustellen. Mit Recht hat Lüke (Anm. V/126), S. 352, darauf hingewiesen, daß die »Sozialisierung des deutschen Bankwesens« durch die Sanierungsaktion der Regierung Brüning im Frühjahr 1932 bei der Beurteilung der weiteren Entwicklung der Finanzwirtschaft beachtet werden muß. Ihr kommt größte Bedeutung zu, die allerdings in vielen Darstellungen nur mit vorsichtigen Andeutungen umschrieben wird. Aus dem Schrifttum der nationalsozialistischen Ära: Friedrich Reinhart, »Die deutschen Banken in der Krise«, in: *Probleme des deutschen Wirtschaftslebens. Erstrebtes und Erreichtes. Eine Sammlung von Abhandlungen,* hrsgg. vom Deutschen Institut für Bankwissenschaft und Bankwesen, Berlin–Leipzig 1937, S. 163–196; und Otto Christian Fischer, »Das deutsche Bankwesen. Strukturwandlungen und Neubau«, *a. a. O.,* S. 83–162, bes. S. 113 ff.

204 *Statistisches Handbuch von Deutschland 1928–1944,* hrsgg. vom Länderrat des Amerikanischen Besatzungsgebiets, München 1949, S. 600.

205 Vgl. Erbe (Anm. V/170), S. 66.

206 *A. a. O.,* S. 52; Dieben (Anm. V/170), S. 686 f.

207 Erbe, *a. a. O.,* S. 177.

208 *A. a. O.,* S. 160; Erbe kommt sogar zu dem erstaunlichen Ergebnis, daß »in keinem der Jahre 1933–38 ... weniger als 60 %« des Brutto-Sozialprodukts durch Versteuerung, Nichtverteilung von Gewinnen oder Abschreibungen »neutralisiert«, d. h. dem disponiblen Einkommen entzogen wurde.

209 Affidavit des ehemaligen Generals Walter Warlimont vom 31. Januar 1947 (*MGN* 5, Ankl.-Dok.-B. 1, Dok. NI–3512). Umfang und Inhalt der »Wehrwirtschaftsordnung« lassen sich aus dem Bericht über die 10. Sitzung des Arbeitsausschusses des Reichsverteidigungsrates vom 26. Juni 1935 erschließen. *IMT* (Anm. I/82),

XXXVI, Dok. 405–EC, S. 410 ff.

210 Vgl. o. IV. Kapitel.

211 Schacht in einer Rede zur Aktienrechtsreform am 30. November 1935 vor der Akademie für Deutsches Recht; Auszug in: *Schacht in seinen Äußerungen,* im Auftrage des Reichsbankdirektoriums zusammengestellt in der Statistischen Abteilung der Reichsbank, Berlin 1937, S. 97.

Überblick und Schluß: DAS SYSTEM DES TOTALEN ZWANGES

212 Hilferding (Anm. V/5), S. 298.

213 *A. a. O.,* S. 297.

214 Erich Kaufmann, *Das Wesen des Völkerrechts und die Clausula Rebus sic Stantibus. Rechtsphilosophische Studie zum Rechts-, Staats- und Vertragsbegriffe,* Tübingen 1911, S. 140.

215 Ein charakteristisches Beispiel des bereits sehr weit gediehenen Übergangs findet sich in einer Entscheidung des Hanseatischen Sondergerichts vom 15. März 1935, das das Programm der NSDAP zur Hilfe nahm, um ein Urteil zu begründen, für das die geltenden Rechtssätze nicht ausgereicht hätten: »Die ... zu erörternde Frage ist die, inwieweit Rechtsnormen der Weimarer Verfassung nicht als altes Verfassungsrecht, wohl aber als einfache Rechtssätze über den Zeitpunkt der Errichtung des Dritten Reiches hinaus von Bestand geblieben sind. Sie sind es nicht, soweit sie mit der nationalsozialistischen Staatsauffassung nicht vereinbar sind. Die Grundlagen des geltenden Verfassungsrechts finden sich außer in der Gesetzgebung des Dritten Reichs vor allem im Programm der NSDAP, dessen 25 Punkte Bestandteil des jetzigen Verfassungslebens geworden sind« (*Deutsche Richterzeitung* 27, 1935, II. Teil, Sp. 568).

216 Aus der Fülle charakteristischer Urteile (vgl. auch Fraenkel, *The Dual State,* Anm. I/6, *passim*) sei hier eine Entscheidung des I. Strafsenats des Reichsgerichts als ein hervorstechendes Zeugnis der ersten Jahre herausgegriffen, die am 24. September 1935 erging und die sich auf die Verordnung »zum Schutze von Volk und Staat« vom 28. Februar 1933 stützte. Obgleich sich keine Beziehung zur »Abwehr kommunistischer staatsgefährdender Gewaltakte« konstruieren ließ, der die »Reichstagsbrandverordnung« ursprünglich dienen sollte, berief sich die Urteilsbegründung auf das Abwehrmoment. Sie gab aber zu erkennen, wie schwankend der Begriff der Staatsgefährdung geworden war, wenn sie erklärte, es bedürfe »nicht des Nachweises, daß die Gefährdung des Staatsbestandes schon in unmittelbare Nähe gerückt oder gar der Staatsbestand bereit erschüttert wäre ... Wo also auch nur Einrichtungen, Handlungen, Bestrebungen von einer solchen Art auftreten, daß damit – sei es auch nicht bewußt – staatsgefährdenden kommunistischen Gewaltakten die Wege bereitet würden [!], würden die obersten Landesbehörden ... zur Abwehr oder zur Vorbeugung eingreifen können; dabei würde eine solche Maßnahme nicht davon abhängig sein, ob eine nähere oder fernere Gefahr [!]

solcher Art bereits mit Sicherheit nachgewiesen wäre [!] ...« (*Entscheidungen des Reichsgerichts in Strafsachen,* hrsgg. von den Mitgliedern des Gerichtshofes und der Reichsanwaltschaft, 69. Bd., Berlin–Leipzig 1936, S. 343). Vorher hatte der 1. Strafsenat des Kammergerichts in einem Urteil vom 31. Mai 1935 »die Auffassung vertreten, daß ein Einschreiten auf Grund der Verordnung [vom 28. Februar 1933] u. a. schon durch die bloße mittelbare Gefahr [!] gerechtfertigt werde, die für den Staat dadurch entsteht, daß in der Öffentlichkeit Neigungen verbreitet werden, die sich als Ausdruck der Unzufriedenheit mit der neuen Ordnung der Dinge kennzeichnen und damit auch dem Wiederauftauchen kommunistischer Bestrebungen den Boden zu bereiten geeignet sind«. *Deutsche Richterzeitung* 27 (1935), II, S. 63. Das Hanseatische Sondergericht stützte in einem Urteil vom 15. März 1935 seinen Rechtfertigungsversuch zugunsten einer Verordnung der Hamburger Polizeibehörde u. a. auf eine geradezu exzessive Interpretation der Direktive der sogenannten Reichstagsbrandverordnung »zur Abwehr kommunistischer staatsgefährdender Gewaltakte«: »Diese Verordnung ist in größter Eile erlassen, nachdem der Reichstagsbrand in der vorangegangenen Nacht die außerordentlich große Gefahr für den neuen Staat mit erschreckender Deutlichkeit gezeigt hatte. Es war daher klar, daß die Bekämpfung solcher kommunistischer Gewaltakte im Vordergrund stehen mußte. Die Verordnung richtet sich aber ihrem ganzen Inhalt nach nicht nur gegen die Staatsgefährdung, die von kommunistischer Seite kommt, sondern auch gegen diejenige, die aus anderen Kreisen herrührt« (*a. a. O.,* S. 570). Hier wurde der Verordnung ein Sinn unterstellt, der zum Zeitpunkt des Erlasses vermutlich nicht die Zustimmung des Reichspräsidenten gefunden hätte – offenbar zu dem Zweck, ihre Bestimmungen so weit zu dehnen, daß die Maßnahme der Hamburger Polizeibehörde dadurch gedeckt wurde.

217 Ausführungsverordnungen des preußischen Justizministers vom 24. und 27. Juli 1933 (*Justiz-Ministerial-Blatt,* 1933, S. 235 und S. 249).

218 Roland Freisler, »Die Zentralstaatsanwaltschaft«, für die Verbreitung durch den »Zeitungsdienst (Berliner Dienst)« geschriebener Aufsatz vom 25. Juli 1933, u. a. erschienen in: *Der Deutsche,* Nr. 239 vom 12. Oktober 1933. Auch Adolf Thiesing, »Die Geschichte des Preußischen Justizministeriums«, in: *200 Jahre Dienst am Recht* (Anm. III/119), S. 169. Vgl. Schorn (Anm. III/22), S. 21.

219 Eidesstattliche Erklärungen von Werner v. Haacke vom 15. April 1947 und von Ludwig Grauert vom 21. März 1947 (*MGN* 3, Vert.-Dok.-B. Joël 1, Dok. Joël 4 und Joël 5).

220 Erlaß des Führers und Reichskanzlers vom 17. Juni (*RGBl.,* I, 1936, S. 487).

221 Hans Frank, Heinrich Himmler, Werner Best, Reinhard Höhn, *Grundlagen der deutschen Polizei. Bericht über die konstituierende Sitzung des Ausschusses für Polizeirecht der Akademie für Deutsches Recht am 11. Oktober 1936,* Hamburg 1937, S. 11.

222 *MGN* 4, Plädoyer Oswald Pohl.

223 Im einzelnen Mau/Krausnick (Anm. III/141) und u. III. Teil.
224 Begl. Abschrift eines Erlasses Görings vom 1. Juli 1934 (*Document Center Berlin,* br. 42).
225 Begl. Abschr. *a. a. O.,* br. 42. Hitlers Befehl ging noch weiter als der Görings: Er ordnete für die fünf östlichen SA-Gruppen die Verhaftung aller Führer bis hinab zum Standartenführer an.
226 Begl. Abschr. eines Befehles, den Göring schon am 30. Juni in seiner Eigenschaft als Chef der Landespolizei erließ und der die Übergabe einer Verhaftungsliste des SS-Gruppenführers v. Woyrsch an den Polizeigeneral Niehoff anordnete, den er durch diesen Befehl zum Sonderkommissar für die Provinz Schlesien ernannte *(ebda.).*
227 Befehl Hitlers vom 2. Juli 1934 (Anm. V/225).
228 Vier Seiten mit handschriftl. Anmerkung: »Am Mittw. den 4. Juli, 1/2 6 Nachm. R. Inn. Mi. Dr. Frick vorgetragen E« *(Document Center Berlin,* br. 42).
229 Gesetz über Maßnahmen der Staatsnotwehr vom 3. Juli (*RGBl.,* I, 1934, S. 529).
230 Walter Hamel, »Die Polizei im neuen Reich«, in: *Deutsches Recht* 5 (1935), S. 412.
231 Alfred Schweder, trotz seiner Jugend einer der frühesten Angehörigen des SD und Mitarbeiter Heydrichs, neben diesem in jeder Hinsicht der unbedenklichste und kühnste Theoretiker des SS-Polizeistaates, tat die »Ausschaltung der politischen Polizei vom weltanschaulichen Ringen um die Grundlage des Staates« und ihre Beschränkung auf das »Repressivverfahren« als überwundene Merkmale einer »neutralen« Politischen Polizei der Weimarer Republik ab (*Politische Polizei,* Anm. III/94, S. 113). Die von der SS beherrschte Politische Polizei hatte nach Schweder die weit umrissene Aufgabe, alle »Frontbildungen« zu verhindern und »gegen alles ›Staatsgefährliche‹, nicht nur gegen den bewußten Staatsfeind im engeren Sinne« vorzugehen »nach großen Richtlinien mit dem Ziel vernichtender Schläge ... Dieser Kampf wird um so besser geführt, je weniger das Volk ... von der Tatsache dieses Kampfes merkt« (S. 172). Er bezeichnete als den »Grundgedanken jeder völkischen Abwehr gegen staatsfeindliche Angriffe, ... sie als Verstöße gegen das Heiligste unbedingt zu brechen, mit jedem Mittel, das Erfolg verspricht. Selbstbeschränkungen in den Mitteln sind nur gerechtfertigt, wenn auch geringerer Aufwand zum Erfolg führt ...« (S. 149).
232 *A. a. O.,* S. 414.
233 *Ebda.*
234 Reinhard Heydrich, »Die Bekämpfung der Staatsfeinde«, in: *Deutsches Recht* 6 (1936), S. 121–123.
235 Walter Hamel, »Wesen und Rechtsgrundlagen der Polizei im nationalsozialistischen Staate«, in: *Deutsches Verwaltungsrecht* (Anm. III/120), S. 394.
236 Schweder (Anm. III/94), S. 161, kehrte diesen Sinn des »Umbaues« der Polizei am stärksten hervor: Die allgemeine Polizei »bestimmt nicht wie früher ... auch den Charakter ihres Spezial-

zweiges, der politischen Polizei«; sondern es »drängt umgekehrt diese auf Verwirklichung des ihr innewohnenden Prinzips auch bei der allgemeinen Polizei«.

237 *A. a. O.*, S. 187.

238 In einem am 24. August 1935 an Hitler gerichteten Schreiben beschwerte sich der brandenburgische Oberpräsident und Gauleiter Kube über persönliche Belästigungen durch die Geheime Staatspolizei und den SD. Kube schrieb, er habe in der Weimarer Zeit mehrmals unter Anklage gestanden, einmal wegen Fememordes, und sei zu einer Geldstrafe verurteilt worden. »Aber um meine privaten Verhältnisse hat man sich bis zur Machtübernahme nicht gekümmert. Ich appelliere daran, daß führende Nationalsozialisten Ritterlichkeit zu wahren haben.« Solche Begriffe hatten freilich kaum noch Kurswert. Es war nur der ohnmächtige Zorn eines Enttäuschten und betrogenen Kampfgenossen, der solche Worte fand: »Ich weiß nicht, wodurch ich mir den besonders niederträchtigen Haß des Herrn Heydrich zugezogen habe; das aber weiß ich, daß Herr Heydrich mit seinen Einrichtungen fast alle Gauleiter bespitzeln läßt« (Durchschl. *HAB*, Rep. 320, Pfundtner 52).

239 Rudolf Hilferding, »Zwischen den Entscheidungen«, in: *Die Gesellschaft. Internationale Revue für Sozialismus und Politik*, 1933, S. 7.

240 Der Beitrag, den maßgebliche Juristen zur Ideologie des »Führers« und des »Führerstaates« lieferten, ist kaum zu unterschätzen. Nach den Morden des 30. Juni 1934 schrieb der angesehene Staatsrechtler Carl Schmitt, den Ereignissen auf dem Fuße nachfolgend, in dem Aufsatz »Der Führer schützt das Recht«, der am 1. August veröffentlicht wurde (*Deutsche Juristen-Zeitung* 39, 1934, Sp. 945–950) und eins der bemerkenswertesten Zeugnisse geistiger Unterwerfung darstellt: »In Wahrheit war die Tat des Führers echte Gerichtsbarkeit. Sie untersteht nicht der Justiz, sondern war selbst höchste Justiz.« Er begründete das mit der Behauptung, der Führer sei »immer auch Richter. Aus dem Führertum fließt das Richtertum.« Schmitt ging sogar so weit, hieraus zu folgern, daß der Führer »Inhalt und Umfang seines Vorgehens« immer nur selbst bestimmen könne. Hier scheint die Lehre vom justizlosen Hoheitsakt durch, die sich in der Weimarer Republik außerordentlich förderlich und begünstigend für die Anwendung der Diktaturgewalt des Reichspräsidenten auf Grund der Bestimmung des Artikels 48 Abs. 2 der Reichsverfassung erwiesen hatte. (Hierzu Hans Peter Ipsen, *Politik und Justiz. Das Problem der justizlosen Hoheitsakte,* Hamburg 1937.) Carl Schmitt lieferte die exzessive Anwendung, die dann Freisler übernahm, um eine neuartige Theorie über die Organfunktion des Richters und der Justiz im Führerstaat zu entwickeln. Besaß der Führer unbegrenzte »Rechtsmacht« und war er »auch oberster Richter« (»Das Imperium ist ungeteilt und unteilbar!«), entfiel jedes Nachprüfungsrecht bei Führerentscheidungen und war »die Rechtspflege ... Organ der Volksführung« in dem Sinne, daß sie einer »Kommandogewalt« des Führers unterstand; anderseits mußte der Richter seine

Entscheidungen nicht mehr allein durch Bezugnahme auf gesetzliche Normen begründen, sondern sich letztlich durch Berufung auf den Führerwillen legitimieren. (Roland Freisler, »Justiz und Politik«, Anm. III/119.) Die Praxis ging indessen noch nicht allgemein so weit, daß der einzelne Richter einzig zum Ausleger des »höchsten« politischen Willens wurde. Die Rechtsverhältnisse blieben vorerst ambivalent und ermöglichten mannigfache Reaktionen, wenn auch das allmähliche Vordringen des »neuen Richtertyps«, des »Typs des nationalsozialistischen Juristen« nach Freisler, infolge vielfältiger Einwirkungen nicht unterschätzt werden darf. Vgl. Hubert Schorn (Anm. III/22), S. 88 ff. (Aus der späteren Literatur vor allem: Curt Rothenberger, *Der deutsche Richter,* Hamburg 1943.) Aber in späteren Jahren entwickelte sich eine allen Möglichkeiten nachspürende Lehre von der (unzulässigen) richterlichen Nachprüfung politischer Führungsakte, die die Grenzen nach der einen oder anderen Richtung weiter oder enger zu ziehen suchte, den unpersönlichen politischen Führerakt und mit ihm den Begriff des Führers als zentrale Rechtsquelle ständig weiter in den Vordergrund schob und damit – bewußt oder unbewußt – auch einen Teil der Aufgaben der Propaganda übernahm. Allerdings wurde der Begriff des »Führers« zusehends formalisiert; auch Maßnahmen der GeStapo und einzelne Anordnungen der Partei galten jetzt als »Führungsakte« ohne Rücksicht darauf, ob sie überhaupt zur Kenntnis des Führers gelangten. Und bisweilen ließ sich auch die Ansicht hören, daß ministerielle Anordnungen hierunter fielen (Überblick bei Siegfried Grundmann, »Die richterliche Nachprüfung von politischen Führungsakten nach geltendem deutschen Verfassungsrechts«, in: *Zeitschrift für die gesamte Staatswissenschaft* 100, 1940, S. 511–544). Der leibhaftige »Führer« war bisweilen nur von untergeordneter Bedeutung; die Berufung auf ihn diente letztlich der Legitimierung von Befehlen einer absoluten Obrigkeit. Demgegenüber war es von geringerer Bedeutung, daß sich der »Reichsjuristenführer« Frank bemühte, eine Art umfassenden Zuständigkeitskatalog des Führers aufzustellen. Danach war dieser »der oberste weltanschauliche Repräsentant des deutschen Volkes«, »der höchste Lenker seiner staatlichen Geschicke«, »Staatschef des Deutschen Reiches«, »Chef der deutschen Reichsregierung ... und damit Chef des gesamten Verwaltungsapparates des Deutschen Reiches«, der »verfassunggebende Abgeordnete des deutschen Volkes«, »Oberbefehlshaber der deutschen Wehrmacht« und »Oberster Gerichtsherr des Deutschen Reiches und Volkes« (Hans Frank, *Recht und Verwaltung. Rede, gehalten anläßlich der Schulungstagung für Rechtswahrer der Verwaltung ... am 5. Dezember 1938,* Linz [1938], S. 6 f.). Darin drückte sich das eben schlechthin totalitäre Streben aus, keine Begrenzung anzuerkennen, sondern nur Direktionen zu bezeichnen, um alles Denkbare zu erfassen. Frank hatte dies Jahre zuvor etwas weniger ambitiös, aber anschaulicher mit dem simplen, an die Juristen gerichteten Satz ausgedrückt: »Alles, was wir leisten, leisten wir für unseren Führer Adolf Hitler« (*Nationalsozialistische*

Leitsätze für ein neues Strafrecht, 1. Teil, hrsgg. von Hans Frank, 2. Aufl., Berlin 1935, S. 5).

241 Kube erwähnt in dem oben zitierten Schreiben an Hitler (Anm. V/238) seine »Berufung« in diesen »engeren Kreis« der Ratgeber Hitlers einige Zeit vor der Machtergreifung

242 Faksimile eines Abdrucks für den Reichsstatthalter in Bayern in: Bracher, »Zusammenbruch des Versailler Systems und zweiter Weltkrieg« (Anm. II/197).

243 Anmerkung *ebd.* Im Original sind einige Wörter abgekürzt, die hier ausgeschrieben sind.

Nachwort

1 Vgl. besonders IV. Kapitel, 4. Abschnitt: »Die Polykratie der Ressorts und die Neugliederung«.

2 Martin Broszat, *Der Staat Hitlers. Grundlegung und Entwicklung seiner inneren Verfassung* (dtv-Weltgeschichte des 20. Jahrhunderts), München 1969 (S. 363 ff.: »Polykratie der Ressorts und Formen des Führerabsolutismus seit 1938«). Vgl. außerdem die Monographien von Alan S. Milward, *Die deutsche Kriegswirtschaft 1929–1945* (Schriftenreihe der Vierteljahrshefte für Zeitgeschichte, Nr. 12), Stuttgart 1965; Hans Mommsen, *Beamtentum im Dritten Reich* (Schriftenreihe der Vierteljahrshefte für Zeitgeschichte, Nr. 13), Stuttgart 1966. Neuere Arbeiten haben dazu beigetragen, dieses Bild in anderen Bereichen zu bestätigen und zu verdeutlichen; so Horst Matzerath, *Nationalsozialismus und kommunale Selbstverwaltung* (Schriftenreihe des Vereins für Kommunalwissenschaften, Bd. 29), Stuttgart–Berlin–Köln–Mainz 1970; Peter Diehl-Thiele, *Partei und Staat im Dritten Reich. Untersuchungen zum Verhältnis von NSDAP und allgemeiner Staatsverwaltung,* München ²1971; schließlich Hans-Adolf Jacobsen, *Nationalsozialistische Außenpolitik 1933–1938,* Frankfurt a. M. 1968; in einigen wesentlichen Hinsichten auch die Arbeit von Dieter Ross, *Hitler und Dollfuß. Die deutsche Österreich-Politik 1933–1934,* Hamburg 1966, die unter dem Eindruck von Uneinheitlichkeit und Widersprüchlichkeit der deutschen Österreich-Politik sich müht, einen Weg durch die verwirrende Szenerie einander widersprechender Ziele, Absichten und heimlicher Ränke zu bahnen. Schließlich hebt eine jüngere amerikanische Untersuchung die »administrative confusion« im Dritten Reich und »a confusion of Private Empires« nachdrücklich hervor, Berenice A. Carroll, *Design for Total War. Arms and Economics in the Third Reich* (Studies in European History, XVII), Den Haag 1968, S. 250. Hierbei ist der Eindruck nicht zu übersehen, den die authentischen Aufzeichnungen des Generals Georg Thomas vermitteln, *Geschichte der deutschen Wehr- und Rüstungswirtschaft* (1918–1943/45), hrsgg. von Wolfgang Birkenfeld (Schriften des Bundesarchivs, 14), Boppard a. Rh. 1966. Doch diese Einsichten beziehen sich im wesentlichen auf die späteren dreißiger Jahre und die Kriegszeit, weniger auf die Machtergreifungsphase, die in diesem Buch behandelt wurde. Zu nennen sind in diesem Zusammenhang auch wichtige Hinweise von Arthur Schweitzer, *Big Bussiness in the Third Reich,* Bloomington (Ind.) 1964. Aber auch die Untersuchung der Entstehung und der Entfaltung einzelner dieser »Imperien« bestätigt diese Erkenntnisse; so am Beispiel der SS Heinz Höhne, *Der Orden unter dem Totenkopf. Die Geschichte der SS,* Hamburg–Gütersloh 1966. Diese Beobachtungen haben aber auch der Erforschung der Geschichte der NSDAP vor 1933 neue Anregungen vermittelt, in der nun wieder mehr die an sich nicht neue Kenntnis des heterogenen Charakters der nationalsozialistischen Bewegung und der internen Machtkämpfe zu

ihrem Recht gekommen und gründlich belegt worden ist. Nach dem anregenden Versuch, diese Problematik in einer Monographie über einen Teil der NSDAP in einer wichtigen Zwischenphase zu behandeln, von Reinhard Kühnl, *Die nationalsozialistische Linke 1925–1930* (Marburger Abhandlungen zur politischen Wissenschaft, Bd. 6), Meisenheim am Glan 1966, ist eine Reihe von Regionalstudien und auch umfassenden Darstellungen zur Parteigeschichte erschienen. Genannt seien Wolfgang Horn, *Führerideologie und Parteiorganisation in der NSDAP (1919–1933),* Düsseldorf 1972; Dietrich Orlow, *The History of the Nazi Party,* Pittsburgh 1969; auch die Dokumentation von Albrecht Tyrell (Hrsg.), *Führer befiel ... Selbstzeugnisse aus der Kampfzeit der NSDAP. Dokumentation und Analyse,* Düsseldorf 1969; Peter Hüttenberger, *Die Gauleiter. Studie zum Wandel des Machtgefüges der NSDAP* (Schriftenreihe der Vierteljahrshefte für Zeitgeschichte, Nr. 19), Stuttgart 1969 (für die Zeit von 1925 bis 1945); sodann Jeremy Noakes, *The Nazi Party in Lower Saxony 1921–1933,* Oxford 1971.

3 H. Mommsen, *Beamtentum,* S. 13. Dramatisch, aber vielleicht mißverständlich sind die generellen Aussagen über das nationalsozialistische System formuliert, die Reinhard Bollmus seiner interessanten Studie anfügt, *Das Amt Rosenberg und seine Gegner. Zum Machtkampf im nationalsozialistischen Herrschaftssystem,* Stuttgart 1970, S. 236 ff. (»Das Führungs-Chaos im Führer-Staat«).

4 Uwe Dietrich Adam, *Judenpolitik im Dritten Reich* (Tübinger Schriften zur Sozial- und Zeitgeschichte 1), Düsseldorf 1972.

5 So der Titel einer für amerikanische Leser gewiß nützlichen Darstellung von Edward N. Peterson, *The Limits of Hitler's Power,* Princeton (N. J.) 1969.

6 Am solidesten das 8. Kapitel von Werner Maser, *Adolf Hitler. Legende, Mythos, Wirklichkeit,* München–Esslingen 1971, S. 326 ff.; umstritten die jetzt erst veröffentlichte ältere gutachtliche Studie von Walter C. Langer, *The Mind of Adolf Hitler. The Secret Wartime Report,* New York 1972. Zum Persönlichkeitsbild liefert auch die jüngste Memoiren-Literatur neue Beiträge, vor allem Albert Speer, *Erinnerungen,* Berlin 1969; und Ernst Hanfstaengl, *Zwischen Weißem und Braunem Haus,* München 1970. Zu Hitlers Weltanschauung und geistiger Entwicklung ist seit dem einflußreichen Werk von Hermann Rauschning, *Die Revolution des Nihilismus,* Zürich–New York ^{4}1938, Neuauflage 1964, neben der biographischen eine spezielle Literatur entstanden. Zu nennen sind vor allem Gerhard L. Weinberg (Hrsg.), *Hitlers Zweites Buch. Ein Dokument aus dem Jahr 1928* (Quellen und Darstellungen zur Zeitgeschichte, Bd. 7), Stuttgart 1961, dessen Entstehungsumstände und Zweck freilich ungeklärt sind; Hugh R. Trevor-Roper, »Hitlers Kriegsziele«, in: *Vierteljahrshefte für Zeitgeschichte,* 8. Jg. (1960); Ernst Nolte, *Der Faschismus in seiner Epoche. Action française, Italienischer Faschismus, Nationalsozialismus,* München 1963, S. 385 ff.; Eberhard Jäckel, *Hitlers*

Weltanschauung. Entwurf einer Herrschaft, Tübingen 1969; Werner Maser, *Hitlers Mein Kampf. Entstehung, Aufbau, Stil, Änderungen, Quellen, Quellenwert, kommentierte Auszüge,* München 1966; Karl Lange, *Hitlers unbeachtete Maximen,* Stuttgart 1968; Fritz Dickmann, »Machtwille und Ideologie in Hitlers außenpolitischen Zielsetzungen vor 1933«, in: *Festschrift für Max Braubach,* Münster 1964, S. 915–941.

7 Nolte, *Faschismus in seiner Epoche*; ders., *Die faschistischen Bewegungen. Die Krise des liberalen Systems und die Entwicklung der Faschismen* (dtv-Weltgeschichte des 20. Jahrhunderts, Bd. 4), München 1966; ders. (Hrsg.), *Theorien über den Faschismus* (Neue Wissenschaftliche Bibliothek), Köln–Berlin 1967; außerdem sei hier hingewiesen auf die Versionen von Eugen Weber, *Varieties of Fascism-Doctrines of Revolution in Twenthieth Century,* New York 1964; Francis L. Carsten, *Der Aufstieg des Faschismus in Europa,* Frankfurt a. M. 1968; den wichtigen Sammelband von Peter F. Sugar, *Native Fascism in the Successor States, 1918–1945,* Santa Barbara (Cal.) 1971; auf die kontroverse Behandlung der Grundlagen: Hans Rogger, Eugen Weber, *The European Right. A Historical Profile,* London 1965; Barrington Moore, *Soziale Ursprünge von Diktatur und Demokratie. Die Rolle der Grundbesitzer und Bauern bei der Entstehung der modernen Welt,* Frankfurt a. M. 1966 (Übers. aus dem Amerikanischen); Alastair Hamilton, *The Appeal of Fascism. A Study of Intellectuals and Fascism,* 1919–1945, London 1971; die Dokumentation von Charles F. Delzel (Hrsg.), *Mediterranean Fascism, 1919–1945,* New York 1970; auch die Anti-Modernismus-These von Henry Ashby Turner jr., *Faschismus und Kapitalismus in Deutschland. Studien zum Verhältnis zwischen Nationalsozialismus und Wirtschaft,* Göttingen 1972, S. 157–182.

8 Hierzu der bibliographische Anhang: Machtergreifung und Kirchenkampf (Seite 613).

BIBLIOGRAPHIE

A. Gedruckte Quellen und Literatur

Abshagen, Karl Heinz, *Canaris. Patriot und Weltbürger,* Stuttgart 1949.

Absolon, Rudolf, *Wehrgesetz und Wehrdienst 1935–1945. Das Personalwesen in der Wehrmacht* (*Schriften des Bundesarchivs,* (Bd. 5), Boppard/Rh. 1960.

Adam, Uwe, Dietrich, *Judenpolitik im Dritten Reich* (Tübinger Schriften zur Sozial- und Zeitgeschichte 1), Düsseldorf 1972.

Adler-Rudel, S., *Ostjuden in Deutschland 1880–1940,* Tübingen 1959.

Alexander, Edgar, "Church and Society in Germany", in: *Church and Society. Catholic Social and Political Thought and Movements 1789–1950,* ed. by Joseph N. Moody, New York 1953.

Alexander, Franz, *Irrationale Kräfte unserer Zeit. Eine Studie über das Unbewußte in Politik und Geschichte,* Stuttgart 1946.

Aloisi, Baron (Pompeo), *Journal,* Paris 1957.

d'Alquen, Gunther, »Die SS. Geschichte, Aufgabe und Organisation der Schutzstaffeln der NSDAP«, in: *Das Dritte Reich im Aufbau. Der organisatorische Aufbau,* hrsgg. von Paul Meier-Benneckenstein, Teil II: *Wehrhaftes Volk,* Berlin 1939.

Althaus, Paul, *Die deutsche Stunde der Kirche,* Göttingen 1933.

Angress, Werner T., und Bradley F. Smith, "Diaries of Heinrich Himmler's Farly Years", in: *The Journal of Modern History* 31 (1959).

Anschütz, Gerhard, *Die Verfassung des Deutschen Reichs vom 11. August 1919,* 12. Aufl., Berlin 1930.

Apelt, Willibald, *Geschichte der Weimarer Verfassung,* München 1946.

»Das nationalsozialistische Arbeitsbeschaffungsprogramm und seine Finanzierung«, in: *Die deutsche Volkswirtschaft. Zeitschrift für nationalsozialistische Wirtschaftsgestaltung* (Hrsg. Reichstagsabgeordneter Hunke-Heinrichsen), 1. Sonderheft 1932.

Arendt, Hannah, *Elemente und Ursprünge totaler Herrschaft,* Frankfurt a. M. 1955.

Aretin, Erwein v., *Krone und Ketten. Erinnerungen eines bayerischen Edelmannes,* hrsgg. von Karl Buchheim und Karl Otmar v. Aretin, München 1955.

Aretin, Karl Otmar Frhr. v., »Die deutschen Generale und Hitlers Kriegspolitik«, in: *Politische Studien* 10, H. 113 (1959).

Arndt, Adolf, »Eine Dokumentation zur gewaltsamen Unterdrückung der SPD im Jahre 1933«, in: *SPD-Pressedienst* P/XII/256 (8. November 1957).

Aßmann, Kurt, *Deutsche Schicksalsjahre. Historische Bilder aus dem zweiten Weltkrieg und seiner Vorgeschichte,* Wiesbaden 1950.

–, *Deutsche Seestrategie in zwei Weltkriegen,* Heidelberg 1957.

Nationalsozialistische Aufbauarbeit in Ostpreußen. Ein Arbeitsbericht, auf Grund amtlicher Quellen hrsgg. im Auftrage des Oberpräsidiums, Königsberg 1934.

Der Februar-Aufruhr 1934. Das Eingreifen des österreichischen Bundesheeres zu seiner Niederwerfung (als Manuskr. gedr.), Wien 1935.

Bade, Wilfried, *Die SA erobert Berlin. Ein Tatsachenbericht,* 8. Aufl., München 1943.

Baeck, Leo, "In Memory of Two of our Dead", in: *Publications of the Leo Baeck Institute, Year Book I,* London 1956.

Bäumler, Alfred, *Männerbund und Wissenschaft,* Berlin 1934.

–, »Nietzsche und der Nationalsozialismus«, in: *NS-Monatshefte* 5, H. 49 (April 1934).

–, »Der politische Volksbegriff«, in: *Recht und Jugend* (1934).

–, »Rosenberg der Ghibelline«, in: *Politische Erziehung* (hrsgg. vom NS-Lehrerbund Sachsen), 1935.

–, »Der Kampf um den Humanismus«, in: *Internationale Zeitschrift für Erziehung* (1936).

–, *Politik und Erziehung,* Berlin 1937.

Baeyer-Katte, Wanda v., *Das Zerstörende in der Politik. Eine Psychologie der politischen Grundeinstellung,* Heidelberg 1958.

Ball, M. Margaret, *Post War German-Austrian Relations. The Anschluss-Movement, 1918–1936,* Stanford (Calif.) 1937.

Balla, Erich, *Landsknechte wurden wir ... Abenteuer aus dem Baltikum,* Berlin 1932.

Banse, Ewald, *Lehrbuch der organischen Geographie,* Berlin 1937.

–, *Wehrwissenschaft. Einführung in eine neue nationale Wissenschaft,* Leipzig 1933.

Bartel, Walter, »Probleme des antifaschistischen Widerstandskampfes in Deutschland«, in: *Zeitschrift für Geschichtswissenschaft* 6 (1958).

Barth, Karl, *Theologische Existenz heute!* München 1933.

Baum, Walter, »Reichsreform im Dritten Reich«, in: *Vierteljahrshefte für Zeitgeschichte* 3 (1955).

–, »Vollziehende Gewalt und Kriegsverwaltung im ›Dritten Reich‹«, in: *Wehrwissenschaftliche Rundschau* 6 (1956).

Baumecker, Otto, *Handbuch des gesamten Reichserbhofrechts,* 2. Aufl., Köln 1934.

Bausch, Hans, *Der Rundfunk im politischen Kräftespiel der Weimarer Republik 1923–1933* (*Tübinger Studien zur Geschichte und Politik,* Nr. 6), Tübingen 1956.

Bayle, François, *Psychologie et éthique du nationalsozialisme. Étude anthropologique des dirigeants SS,* Paris 1953.

Der Beamte im Geschehen der Zeit. Worte von Hermann Neeß, Berlin 1936.

Becker, Josef, »Zentrum und Ermächtigungsgesetz 1933«, in: *Vierteljahrshefte für Zeitgeschichte* 9 (1961).

Beer, Max, *Die auswärtige Politik des Dritten Reiches,* Zürich 1934.

Behrend, Hans-Karl, »Zur Personalpolitik des preußischen Ministeriums des Innern. Die Besetzung der Landratsstellen in den östlichen Provinzen 1919–1933«, in: *Jahrbücher für die Geschichte Mittel- und Ostdeutschlands* 6 (1957).

Die zweite Bekenntnissynode der Deutschen Evangelischen Kirche zu Dahlem. Text, Dokumente, Berichte (Arbeiten zur Geschichte des Kirchenkampfes, hrsgg. von K. D. Schmidt, Band III), Göttingen 1958.

Benedict, Ruth, *Race: Science and Politics,* New York 1940.

Benn, Gottfried, *Der neue Staat und die Intellektuellen,* Stuttgart–Berlin 1933.

Bensel, Rolf, *Die deutsche Flottenpolitik von 1933 bis 1939. Eine Studie über die Rolle des Flottenbaus in Hitlers Außenpolitik* (Beiheft 3 der *Marine-Rundschau,* April 1958).

Berdrow, Wilhelm, *Alfred Krupp und sein Geschlecht. Die Familie Krupp und ihr Werk 1787–1940,* Berlin 1943.

Bergmann, Ernst, *Deutschland. Das Bildungsland der neuen Menschheit. Eine nationalsozialistische Kulturphilosophie,* Breslau 1933.

Bergmann, Robert, »Die Reichswehr«, in: *Das Buch der Hitlerjugend. Die Jugend im Dritten Reich,* hrsgg. von Ulf Uweson und Walther Ziersch, München 1934.

Berndorff, Hans Rudolf, *General zwischen Ost und West. Aus den Geheimnissen der deutschen Republik,* Hamburg 1951.

Bernhard, Ludwig, »Der Diktator und die Wirtschaft«, in: *Prozeß der Diktatur,* hrsgg. von Otto Forst de Battaglia, Zürich–Leipzig–Wien 1930.

–, *Der Staatsgedanke des Faschismus,* Berlin 1931.

Berning, Cornelia, *Die Sprache des Nationalsozialismus,* Bonn 1958 (ungedr. Diss.).

Besson, Waldemar, *Württemberg und die deutsche Staatskrise, 1928 bis 1933. Eine Studie zur Auflösung der Weimarer Republik,* Stuttgart 1959.

Best, Werner, *Die deutsche Polizei* (*Forschungen zum Staats- und Verwaltungsrecht,* hrsgg. von Reinhard Höhn, Reihe A, Bd. V), 2. Aufl., Darmstadt 1941.

Bettelheim, Charles, *L'Économie allemande sous le nazisme. Un aspect de la décadence du capitalisme,* Paris 1946.

Betz, Werner, "The National-Socialist Vocabulary", in: *The Third Reich,* London 1955.

Beveridge, William Henry, Lord, *A Defence of Free Learning,* London 1959.

Bewley, Charles, *Hermann Göring,* Göttingen 1956.

Beyer, Hans, »Die Landvolkbewegung Schleswig-Holsteins und Niedersachsens 1928–1932«, in: *Jahrbuch der Heimatgemeinschaft des Kreises Eckernförde* 15 (1957).

Beyer, Justus, *Die Ständeideologien der Systemzeit und ihre Überwindung* (*Forschungen zum Staats- und Verwaltungsrecht,* hrsgg. von Reinhard Höhn, Reihe A, Bd. VIII), Darmstadt 1941.

Bibliographie zur Zeitgeschichte und zum Zweiten Weltkrieg für die Jahre 1945–1950, München 1955.

Humanistische Bildung im nationalsozialistischen Staate, Leipzig–Berlin 1933.

Binz, Gerhard L., »Analyse der Wehrbereitschaft«, in: *Wehrwissenschaftliche Rundschau* 4 (1954).

Bischoff, Josef, *Die letzte Front 1919. Geschichte der eisernen Division im Baltikum,* Berlin 1934.

Blau, Bruno, *Das Ausnahmerecht für die Juden in den europäischen Ländern 1933–1945,* New York 1952.

Blomberg, Werner v., »Wehrhaftigkeit oder Pazifismus«, in: *Alma-*

nach der nationalsozialistischen Revolution, hrsgg. von Wilhelm Kube, Berlin 1934.
Blunck, Hans Friedrich, *Unwegsame Zeiten* (Lebensbericht, Bd. II), Mannheim 1952.
Boehm, Max Hildebert, *Das eigenständige Volk. Volkstheoretische Grundlagen der Ethnopolitik und Geisteswissenschaften,* Göttingen 1932.
–, *Volkstheorie als politische Wissenschaft,* Jena 1934.
Böhmer, Karl, *Das Dritte Reich im Spiegel der Weltpresse. Historische Dokumente über den Kampf des Nationalsozialismus gegen die ausländische Lügenhetze,* Leipzig 1934.
–, *Die Freiheit der Presse im nationalsozialistischen Staat. Ein Wort an das Ausland,* Oldenburg–Berlin 1933.
Böttcher, Oskar, »Die kommunalen Reichsspitzenverbände«, in: *Zeitschrift für Kommunalwirtschaft und Kommunale Politik* 22 (1932).
Bollmus, Reinhard, *Das Amt Rosenberg und seine Gegner. Zum Machtkampf im nationalsozialistischen Herrschaftssystem,* Stuttgart 1970.
Bonhoeffer, Dietrich, *Gesammelte Schriften,* hrsgg. von Eberhard Bethge, Bd. II, München 1959.
–, *Widerstand und Ergebung. Briefe und Aufzeichnungen aus der Haft,* München 1951.
Bonhoeffer, Karl, und Jürg Zutt, »Über den Geisteszustand des Reichstagsbrandstifters Marinus van der Lubbe«, in: *Monatsschrift für Psychiatrie und Neurologie* 89 (1934).
Books on Persecution. Terror and Resistance in Nazi Germany, hrsgg. von The Wiener Library, Catalogue Series No. 1, 2. Aufl., London 1953.
Bor, Peter [d. i. Paul Lüth], *Gespräche mit Halder,* Wiesbaden 1950.
Borch, Herbert v., *Obrigkeit und Widerstand. Zur politischen Soziologie des Beamtentums,* Tübingen 1954.
–, »Obrigkeit und Widerstand«, in: *Vierteljahrshefte für Zeitgeschichte* 3 (1955).
Borries, Kurt, »Deutschland und Polen zwischen Diktatur und Verständigung«, in: *Die Welt als Geschichte* 18 (1958).
Bracher, Karl Dietrich, *Verfall und Fortschritt im Denken der frühen römischen Kaiserzeit. Studien zum Zeitgefühl und Geschichtsbewußtsein des Jahrhunderts nach Augustus,* Diss. Tübingen 1948 (ungedr.).
–, »Auflösung einer Demokratie«, in: *Faktoren der Machtbildung,* Berlin 1952.
–, »Die Weimarer Republik im Spiegel der Memoiren-Literatur«, in: *Politische Literatur* 2 (1953), H. 9.
–, *Nationalsozialistische Machtergreifung und Reichskonkordat. Ein Gutachten zur Frage des geschichtlichen Zusammenhangs und der politischen Verknüpfung von Reichskonkordat und nationalsozialistischer Revolution,* Wiesbaden 1956.
–, »Der 20. Juli 1932«, in: *Zeitschrift für Politik* 3 (1956).
–, *Die Auflösung der Weimarer Republik. Eine Studie zum Problem des Machtverfalls in der Demokratie,* 5. Aufl., Villingen 1971.
–, »Das Anfangsstadium der Hitlerschen Außenpolitik«, in: *Viertel-*

jahrshefte für Zeitgeschichte 5 (1957).
–, »Stufen totalitärer Gleichschaltung«, in: *ebenda* 4 (1956).
–, *Der Aufstieg des Nationalsozialismus als Problem der Zeitgeschichte,* 1958 (als Manuskr. gedr.).
–, »Die lehrreiche Geschichte des Artikels 48«, in: *Deutsche Zeitung* 15, Nr. 43 (20./21. Februar 1960).
–, »Zusammenbruch des Versailler Systems und zweiter Weltkrieg«, in: *Propyläen-Weltgeschichte,* hrsgg. von Golo Mann, Bd. 9, Berlin 1960.
–, *Deutschland zwischen Demokratie und Diktatur,* München–Bern 1964.
–, *Die deutsche Diktatur,* 4. Aufl., Köln 1970.
–, *Das deutsche Dilemma,* München 1971.
Braeutigam, Harald, *Wirtschaftssystem des Nationalsozialismus,* Berlin 1932.
Bramstedt, Ernest K., *Dictatorship and Political Police. The Technique of Control by Fear,* New York 1945.
Brand, Artur, *Das Beamtenrecht. Die Rechtsverhältnisse der preußischen Staats- und Kommunalbeamten* (*Handbücher des Preußischen Verwaltungsrechts,* Bd. V), 3. Aufl., Berlin 1928.
Braubach, Max, »Politisch-diplomatische Vorgeschichte des zweiten Weltkriegs«, in: *Schicksalsfragen der Gegenwart. Handbuch politisch historischer Bildung,* hrsgg. vom Bundesministerium für Verteidigung, Innere Führung, Bd. I, Tübingen 1957.
Braun, Otto, *Von Weimar zu Hitler,* Hamburg 1949.
Braunbuch über Reichstagsbrand und Hitler-Terror, Vorwort von Lord Marley, Basel 1933.
[Braunbuch II]: *Dimitroff contra Göring. Enthüllungen über die wahren Brandstifter,* Paris 1934.
Brauweiler, Heinz, »Der Anteil des Stahlhelm«, in: *Deutscher Aufstand. Die Revolution des Nachkriegs,* hrsgg. von Curt Hotzel, Stuttgart 1934.
Brecht, Arnold, »Bureaucratic Sabotage«, in: *Annals of the American Academy of Political and Social Sciene* 189 (Jan. 1937).
–, *Vorspiel zum Schweigen. Das Ende der deutschen Republik,* Wien 1948.
–, *Das deutsche Beamtentum von heute* (vervielf. Manuskript der Deutschen Gesellschaft für Personalwesen e. V. in Frankfurt a. M.), 1951.
–, "How Bureaucracies Develop and Function", in: *The Annals of the American Academy of Political and Social Science* 292 (March 1954).
–, »Die Auflösung der Weimarer Republik und die politische Wissenschaft«, in: *Zeitschrift für Politik* 2 (1955).
Breyer, Richard, *Das deutsche Reich und Polen 1932–1937. Außenpolitik und Volksgruppenfragen* (*Marburger Ostforschungen,* Bd. 3), Würzburg 1955.
Brinkmann, Carl, *Soziologische Theorie der Revolution,* Göttingen 1948.
Brinton, Crane, *The Anatomy of Revolution,* London 1953.
Brockdorff-Rantzau, Ulrich Graf, *Dokumente und Gedanken um Versailles,* 3. Aufl., Berlin 1925.
Broszat, Martin, »Zur Perversion der Strafjustiz im Dritten Reich«, in:

Vierteljahrshefte für Zeitgeschichte 6 (1958).
–, »Die Anfänge der Berliner NSDAP 1926/27«, in: *Vierteljahrshefte für Zeitgeschichte* 8 (1960).
–, *Der Nationalsozialismus. Weltanschauung, Programm und Wirklichkeit,* Stuttgart 1960.
–, *Der Staat Hitlers. Grundlegung und Entwicklung seiner inneren Verfassung* (dtv-Weltgeschichte des 20. Jahrhunderts), München 1969.
Brüning, Heinrich, »Ein Brief«, in: *Deutsche Rundschau* 70 (1947), H. 7.
Brunner, Andreas, *Rechtsstaat gegen Totalstaat,* 2 Teile, Zürich 1948.
Brunner, Otto, *»Feudalismus«. Ein Beitrag zur Begriffsgeschichte,* Wiesbaden 1959.
Bruns, Paul, *Vom Wesen und der Bedeutung der DAF. Ein Beitrag zu ihrer Würdigung als Wegbereiterin einer neuen deutschen Sozialordnung,* Diss. Leipzig 1937.
Buchheim, Hans, *Glaubenskrise im Dritten Reich. Drei Kapitel nationalsozialistischer Religionspolitik (Veröffentlichungen des Instituts für Zeitgeschichte München),* Stuttgart 1953.
–, »Die SS in der Verfassung des Dritten Reiches«, in: *Vierteljahrshefte für Zeitgeschichte* 3 (1955).
–, »Grundlagen und politische Entwicklung des Dritten Reiches«, in: *Schicksalsfragen der Gegenwart. Handbuch politisch-historischer Bildung,* hrsgg. vom Bundesministerium für Verteidigung, Bd. II, Tübingen 1957.
–, *Das Dritte Reich,* München 1958.
–, »Die Liquidation des Deutschen Reichstags«, in: *Politische Studien* 9 (1958), H. 95.
–, »Die organisatorische Entwicklung der politischen Polizei in Deutschland in den Jahren 1933 und 1934«, in: *Gutachten des Instituts für Zeitgeschichte,* München 1958.
Buchheim, Karl, *Geschichte der christlichen Parteien in Deutschland,* München 1953.
–, »Totalitarismus«, in: *Dokumente* 12 (1956), H. 4.
Buchheit, Gert, *Hitler, der Feldherr. Die Zerstörung einer Legende,* Rastatt 1958.
Buchner, Franz, *Kamerad! Halt aus! Aus der Geschichte des Kreises Starnberg der NSDAP,* München 1938.
Buchner, Hans, *Die goldene Internationale. Vom Finanzkapital, seinem System und seinen Trägern (Nationalsozialistische Bibliothek,* H. 3), München 1928.
–, *Grundriß einer nationalsozialistischen Volkswirtschaftstheorie* (*Nationalsozialistische Bibliothek,* H. 16), 4. Aufl., München 1932.
–, *Warenhauspolitik und Nationalsozialismus* (*Nationalsozialistische Bibliothek,* H. 13), 3. Aufl., München 1931.
Buchner, Max, *Auf dem Wege nach Weimar und von Weimar nach Potsdam. Ein geschichtlicher Rückblick auf die Wandlung des Bismarckreiches zum Parteienstaat und das Wieder-Erwachen des nationalen Deutschlands,* München o. J. [1933].
Bülow, Friedrich, *Der deutsche Ständestaat. Nationalsozialistische Gemeinschaftspolitik durch Wirtschaftsorganisation,* Leipzig 1934.

Bullock, Alan, *Hitler. A Study in Tyranny,* Long Acre–London 1952.
Burg, Paul (Hrsg.), *Neue Geschichte des Deutschen Reiches für jedermann. Von König Heinrich dem Vogelsteller bis zum Volkskanzler Adolf Hitler,* Leipzig 1934.
Burin, Frederic S., "Bureaucracy and National Socialism. A Reconsideration of Weberian Theory", in: *Reader in Bureaucracy,* hrsgg. von Robert K. Merton *et al.,* Glencoe (Ill.) 1952.
Bußmann, Walter, »Politische Ideologien zwischen Monarchie und Weimarer Republik«, in: *Historische Zeitschrift* 190 (1960).
Butler, Rohan, *The Roots of National Socialism 1783–1933,* London 1941.
Buttinger, Joseph, *Am Beispiel Österreichs. Ein geschichtlicher Beitrag zur Krise der sozialistischen Bewegung,* Köln 1953.
Carossa, Hans, *Ungleiche Welten,* Wiesbaden 1951.
Carroll, Berenice A., *Design for Total War. Arms and Economics in the Third Reich* (Studies in European History, XVII), Den Haag 1968.
Carsten, Francis L., *Der Aufstieg des Faschismus in Europa,* Frankfurt a. M. 1968.
Castellan, Georges, *Le réarmement clandestin du Reich 1930–1935,* Paris 1954.
Čelovský, Boris, *Das Münchener Abkommen, 1938* (*Quellen und Darstellungen zur Zeitgeschichte,* Bd. 3), Stuttgart 1958.
–, »Pilsudskis Präventivkrieg gegen das nationalsozialistische Deutschland. Vorbereitung und Widerlegung einer Legende«, in: *Die Welt als Geschichte* 14 (1954).
Chamberlain, Houston Stewart, *Die Grundlagen des 19. Jahrhunderts,* 2 Bde., München 1899.
–, *Mensch und Gott,* München 1922.
Choltitz, Dietrich v., *Soldat unter Soldaten,* Konstanz–Zürich–Wien 1951.
Claß, Hans, *Die gelenkte Selbstverwaltung. Das Verhältnis des Deutschen Reiches zur materiellen (echten) Selbstverwaltung* (*Abhandlungen aus dem Staats- und Verwaltungsrecht mit Einschluß des Völkerrechts,* 62. Heft), Breslau 1941.
Conrad, Walter, *Der Kampf um die Kanzeln. Erinnerungen und Dokumente aus der Hitlerzeit,* Berlin 1957.
Conrad-Martius, Hedwig, *Utopien der Menschenzüchtung,* München 1955.
Conze, Werner, »Nationalstaat oder Mitteleuropa?«, in: *Deutschland und Europa. Historische Studien zur Völker- und Staatenordnung des Abendlandes. Festschrift für Hans Rothfels,* Düsseldorf 1951.
–, »Zum Sturz Brünings«, in: *Vierteljahrshefte für Zeitgeschichte* 1 (1953).
–, »Die Krise des Parteienstaats in Deutschland 1929/30«, in: *HZ* 178 (1954).
Craig, Gordon A., »Briefe Schleichers an Groener«, in: *Die Welt als Geschichte* 11 (1951).
–, *The Politics of the Prussian Army 1640–1945,* Oxford 1955.
Crankshaw, Edward, *Die Gestapo,* Berlin 1959.

A Crisis in the University World, London 1935.
Cunio, Hermann, *Führerprinzip und Willensbildung im Aktienrecht,* Leipzig 1935.
Czech-Jochberg, Erich, *Deutsche Geschichte nationalsozialistisch gesehen,* Leipzig 1933.
Daeschner, Leon, *Die Deutsche Arbeitsfront,* München 1934.
Dahm, Georg, und Friedrich Schaffstein, *Methode und System des neuen Strafrechts,* Berlin 1937.
Daim, Wilfried, *Der Mann, der Hitler die Ideen gab,* München 1958.
Dale, Harold Edward, *The Higher Civil Service of Great Britain,* Oxford 1941.
Dallin, Alexander, *Deutsche Herrschaft in Rußland 1941–1945. Eine Studie über Besatzungspolitik,* Düsseldorf 1958.
Daluege, Kurt, *Nationalsozialistischer Kampf gegen das Verbrechertum,* München 1936.
Danner, Lothar, *Ordnungspolizei Hamburg. Betrachtungen zu ihrer Geschichte 1918–1933,* Hamburg 1958.
Darré, R. Walther, *Das Bauerntum als Lebensquell der nordischen Rasse,* München 1929.
–, *Das Schwein als Kriterium für nordische Völker und Semiten,* München 1933.
–, *Neuadel aus Blut und Boden,* München 1934.
–, *Erkenntnisse und Werden. Aufsätze aus der Zeit vor der Machtergreifung,* hrsgg. von Marie Adelheid Prinzessin Reuß-zur Lippe, Goslar 1940.
Decker, Will, *Der deutsche Arbeitsdienst. Ziele, Leistungen und Organisation des Reichsarbeitsdienstes* (*Schriften zum Staatsaufbau,* Heft 14/14 a), 3. Aufl., Berlin 1941.
–, *Der deutsche Weg. Ein Leitfaden zur nationalpolitischen Erziehung der deutschen Jugend im Arbeitsdienst. Aufgaben, Organisation und Aufbau,* 5. Aufl., Berlin 1933.
Deimel, Theodor, *Carlyle und der Nationalsozialismus. Eine Würdigung des englischen Denkers im Lichte der deutschen Gegenwart,* Würzburg 1937.
Deist, Wilhelm, »Brüning, Herriot und die Abrüstungsgespräche von Bessinge 1932«, in: *Vierteljahrshefte für Zeitgeschichte* 5 (1957).
–, »Schleicher und die deutsche Abrüstungspolitik im Juni/Juli 1932«, in: *Vierteljahrshefte für Zeitgeschichte* 7 (1959).
Dell, Robert, *The Geneva Racket,* London 1940.
[Delp, Alfred], *Alfred Delp. Kämpfer, Beter, Zeuge. Letzte Briefe und Beiträge von Freunden,* Berlin 1954.
–, *Im Angesicht des Todes. Geschrieben zwischen Verhaftung und Hinrichtung. 1944–1945,* Frankfurt a. M. 1947.
Delzel, Charles F., Hrsg., *Mediterranean Fascism, 1919–1945,* New York 1970.
Denne, Ludwig, *Das Danzig-Problem in der deutschen Außenpolitik 1934–1939,* Bonn o. J. [1959].
Dennewitz, Bodo, *Das nationale Deutschland ein Rechtsstaat. Die Rechtsgrundlagen des neuen deutschen Staates,* Berlin 1933.
Dernedde, Carl, »Kommissare«, in: *Reichs- und Preußisches Verwal-*

tungsblatt 55 (1934).
Deuerlein, Ernst, *Das Reichskonkordat. Beiträge zur Vorgeschichte, Abschluß und Vollzug des Konkordates zwischen dem Heiligen Stuhl und dem Deutschen Reich vom 20. Juli 1933,* Düsseldorf 1956.
–, »Wehrordnung und Föderalismus in Deutschland, Teil II: 1919 bis 1935«, in: *Wehrwissenschaftliche Rundschau* 6 (1956).
–, »Hitlers Eintritt in die Politik und die Reichswehr«, in: *Vierteljahrshefte für Zeitgeschichte* 7 (1959).
Deutschland und der Weltkrieg, hrsgg. von Otto Hintze, 2., erw. Aufl., Leipzig–Berlin 1916.
Dickmann, Fritz, »Machtwille und Ideologie in Hitlers außenpolitischen Zielsetzungen vor 1933«, in: *Festschrift für Max Braubach,* Münster 1964.
Dieben, Wilhelm, »Die innere Reichsschuld seit 1933«, in: *Finanzarchiv,* N. F. 11 (1949).
Dieckmann, Carl, *Die Selbstverwaltung im neuen Staat,* Berlin 1933.
Dieckmann, Hildemarie, *Johannes Popitz. Entwicklung und Wirksamkeit in der Zeit der Weimarer Republik bis 1933 (Studien zur europäischen Geschichte aus dem Friedrich-Meinecke-Institut der Freien Universität Berlin,* Bd. IV), Berlin 1960.
Diehl-Thiele, Peter, *Partei und Staat im Dritten Reich. Untersuchungen zum Verhältnis von NSDAP und allgemeiner Staatsverwaltung,* München ²1971.
Diels, Rudolf, *Lucifer ante Portas ... es spricht der erste Chef der Gestapo ...,* Stuttgart 1950.
Dienstkenntnis. Leitfaden für den Unterricht an der Marineschule, bearb. von der Marineschule Mürwick, Teil III: *Verfassungsrecht,* Berlin 1938.
Dietrich, Otto, »Adolf Hitler als künstlerischer Mensch«, in: *NS-Monatshefte* 4, H. 43 (Oktober 1933).
–, *Mit Hitler in die Macht. Persönliche Erlebnisse mit meinem Führer,* 4. Aufl., München 1934.
–, *12 Jahre mit Hitler,* München 1955.
Diller, Albert, *Die Legalität der nationalsozialistischen Revolution,* Erlangen 1935.
Dimitroff contra Göring s. [Braunbuch II].
The Diplomats 1919–1939, hrsgg. von Gordon A. Craig und Felix Gilbert, Princeton 1953.
Dirksen, Herbert v., *Moskau, Tokio, London. Erinnerungen und Betrachtungen zu 20 Jahren deutscher Außenpolitik 1919–1939,* Stuttgart 1949.
Documents on German Foreign Policy 1918–1945, Series C *(The Third Reich: First Phase),* vol. I, Washington 1957.
Soviet Documents on Foreign Policy, selected and edited by Jane Degras, Bd. III (1933–1941), London–New York–Toronto 1953.
Dönitz, Karl, *Zehn Jahre und zwanzig Tage,* Bonn 1958.
Dokumente der Deutschen Politik, hrsgg. von Paul Meier-Benneckenstein, Bd. I: *Die nationalsozialistische Revolution 1933,* Berlin 1939.
Dokumente der Zeitgeschichte (Dokumente der Sammlung Rehse aus der Kampfzeit, Bd. 1), hrsgg. von Adolf Dresler und Fritz Maier-

Hartmann, 3. Aufl., München 1941.
Dorn, Walter, "The Prussian Bureaucracy in the Eighteenth Century", in: *Political Science Quarterly* 46 (1931); 47 (1932).
Dorpahlen, Andreas, *The World of General Haushofer,* New York 1942.
Dovifat, Emil, »Die Presse im neuen Staat. Bemerkungen zum Schriftleitergesetz«, in: *Märkische Volkszeitung,* Nr. 275 (6. Oktober 1933).
Dräger, Heinrich, *Arbeitsbeschaffung durch produktive Kreditschöpfung. Ein Beitrag zur Frage der Wirtschaftsbelebung durch das sogenannte Federgeld* (*Nationalsozialistische Bibliothek,* H. 41), München 1932.
Dräger, Werner, *Primat des Volkes? Ein Beitrag zur Grundfrage einer völkischen Staatslehre,* Berlin 1935.
Drage, Charles, *The Amiable Prussian,* London 1958.
Duderstadt, Henning, *Vom Reichsbanner zum Hakenkreuz. Wie es kommen mußte. Ein Bekenntnis,* Stuttgart 1933.
Duesterberg, Theodor, *Der Stahlhelm und Hitler,* Wolfenbüttel–Hannover 1949.
Ebeling, Hans, *The Caste. The Political Role of the German General Staff Between 1918 and 1938,* London 1945.
Ebenstein, William, *The Nazi State,* New York 1942.
Edelmann-Muehsam, Margaret T., "The Jewish Press in Germany", in: *Publications of the Leo Baeck Institute, Year Book I,* London 1956.
Edinger, Lewis J., *German Exile Politics. The Social Democratic Executive Committee in the Nazi Era,* Berkeley–Los Angeles 1956.
–, "German Social Democracy and Hitler's 'National Revolution' of 1933: A Study in Democratic Leadership", in: *World Politics* 5 (1953).
Ehmke, Horst, *Grenzen der Verfassungsänderung,* Berlin 1953.
Ehrich, Emil, *Die Auslands-Organisation der NSDAP,* Berlin 1937.
Eichenauer, Richard, *Musik und Rasse,* München 1932.
Eichstädt, Ulrich, *Von Dollfuß zu Hitler. Geschichte des Anschlusses Österreichs 1933–1938,* Wiesbaden 1955.
Elster (Pol. Maj.), »Der ›militärische‹ Charakter der deutschen Polizei«, in: *Die Polizei* 30 (1933).
Das Ende der Parteien 1933 (Veröffentlichung der Kommission für Geschichte des Parlamentarismus und der politischen Parteien), hrsgg. von Erich Matthias und Rudolf Morsey, Düsseldorf 1960.
Engelbrechten, Julius Karl v., *Eine braune Armee entsteht. Die Geschichte der Berlin–Brandenburger SA,* München–Berlin 1937.
Engelbrechten, Julius Karl v., und Hans Volz, *Wir wandern durch das nationalsozialistische Berlin. Ein Führer durch die Gedenkstätten des Kampfes um die Reichshauptstadt,* München 1937.
Entwicklung und Reform des Beamtenrechts (Veröffentlichungen der Vereinigung der Deutschen Staatsrechtslehrer, H. 7), Berlin–Leipzig 1932.
Der katholische Episkopat in der nationalen Revolution Deutschlands 1933, hrsgg. von Emil Franz Josef Müller, Freiburg (Schweiz) 1934.
Erbe, René, *Die nationalsozialistische Wirtschaftspolitik 1933–1939 im Lichte der modernen Theorie,* Zürich 1958.

Erbt, Wilhelm, *Weltgeschichte auf rassischer Grundlage. Urzeit, Morgenland, Mittelmeer, Abendland und Nordland*, 2. Aufl., Leipzig 1934.

Erdmann, Karl Dietrich, »Das Problem der Ost- oder Westorientierung in der Locarnopolitik Stresemanns«, in: *Geschichte in Wissenschaft und Unterricht* 6 (1955).

–, *Die Zeit der Weltkriege* (*Handbuch der deutschen Geschichte*, Bd. IV), Stuttgart 1959.

Erdmann, Lothar, »Die Wege des Satans«, in: *Die Hilfe* 40 (1934).

Erfurth, Waldemar, *Die Geschichte des deutschen Generalstabes von 1918 bis 1945* (*Studien zur Geschichte des zweiten Weltkrieges*, Bd. 1), Göttingen–Berlin–Frankfurt 1957.

Ermarth, Fritz, *Theorie und Praxis des faschistisch-korporativen Staates* (*Heidelberger Rechtswissenschaftliche Abhandlungen*, Nr. 14), Heidelberg 1932.

Ernst, Fritz, »Aus dem Nachlaß des Generals Walther Reinhardt«, in: *Die Welt als Geschichte* 18 (1958).

Der Erzberger-Mord. Dokumente menschlicher und politischer Verkommenheit, Bühl (Baden) 1921.

Deutsche Erziehung im neuen Staat, hrsgg. von Friedrich Hiller, Langensalza–Berlin–Leipzig 1934.

Eschenburg, Theodor, *Der Beamte in Partei und Parlament* (*Kleine Schriften für den Staatsbürger*, H. 15), Frankfurt a. M. 1952.

–, *Die improvisierte Demokratie der Weimarer Republik* (*Geschichte und Politik*, H. 10), Laupheim 1954.

–, *Staat und Gesellschaft in Deutschland*, Stuttgart 1956.

Esser, Hermann, *Die jüdische Weltpest. Judendämmerung auf dem Erdball*, 6. Aufl., München 1943.

Eulenburg, Franz, *Großraumwirtschaft und Autarkie* (*Kieler Vorträge* . . ., Nr. 37), Jena 1932.

Everling, Friedrich, *Organischer Aufbau des Dritten Reichs*, München 1931.

Ewers, Hanns Heinz, *Horst Wessel. Ein deutsches Schicksal*, Stuttgart–Berlin 1933.

Eyck, Erich, *Geschichte der Weimarer Republik*, 2 Bde., Erlenbach–Zürich–Stuttgart 1954–1956.

Faber du Faur, Moriz v., *Macht und Ohnmacht. Erinnerungen eines alten Offiziers*, Stuttgart 1953.

Facius, Friedrich, *Wirtschaft und Staat. Die Entwicklung der staatlichen Wirtschaftsverwaltung in Deutschland vom 17. Jahrhundert bis 1945 (Schriften des Bundesarchivs*, Bd. 6), Boppard a. Rh. 1959.

Faul, Erwin, »Hitlers Über-Machiavellismus«, in: *Vierteljahrshefte für Zeitgeschichte* 2 (1954).

Faulhaber, Michael, *Judentum, Christentum, Germanentum*, München [1934].

Feder, Gottfried, *Das Manifest zur Brechung der Zinsknechtschaft des Geldes*, München 1919.

–, *Das Programm der NSDAP und seine weltanschaulichen Grundgedanken* (*Nationalsozialistische Bibliothek*, H. 1), 41.–50. Aufl., München 1931.

–, *Der deutsche Staat auf nationaler und sozialer Grundlage. Neue Wege in Staat, Finanz und Wirtschaft,* 5. Aufl., München 1932.
–, *Kampf gegen die Hochfinanz,* 6. Aufl., München 1935.
Feickert, Andreas, *Studenten greifen an. Nationalsozialistische Hochschulreform,* Hamburg 1934.
Feiling, Keith, *The Life of Neville Chamberlain,* London 1946.
Feinberg, Nathan, "The Activities of Central Jewish Organisations Following Hitler's Rise to Power", in: *Yad Washem Studies on the European Jewish Catastrophe and Resistance,* I, Jerusalem 1957.
Felgen, Friedrich, et al., *Die Femelüge,* München 1928 (4. Aufl., 1932 u. d. T.: *Femgericht*).
Fiehler, Karl, »Die Aufgabe des Deutschen Gemeindetages«, in: *Der Gemeindetag* 27 (1933).
Fijalkowski, Jürgen, *Die Wendung zum Führerstaat. Ideologische Komponenten in der politischen Philosophie Carl Schmitts (Schriften des Instituts für politische Wissenschaft,* Bd. 12), Köln–Opladen 1958.
Fischer, Kurt, E., *Dokumente zur Geschichte des deutschen Rundfunks und Fernsehens (Quellensammlung zur Kulturgeschichte,* Bd. 11), Göttingen–Berlin–Frankfurt 1957.
Fischer, Rudolf, *Schleicher. Mythos und Wirklichkeit,* Hamburg 1932.
Flechtheim, Ossip K., *Die Kommunistische Partei Deutschlands in der Weimarer Republik,* Offenbach 1948.
Föhr, Ernst, *Geschichte des badischen Konkordats,* Freiburg 1958.
Foerster, Wolfgang, *Generaloberst Ludwig Beck. Sein Kampf gegen den Krieg. Aus den nachgelassenen Papieren des Generalstabschefs,* München 1953.
Foertsch, Hermann, *Die Wehrmacht im nationalsozialistischen Staat,* Hamburg 1935.
–, *Schuld und Verhängnis. Die Fritschkrise im Frühjahr 1938 als Wendepunkt in der Geschichte der nationalsozialistischen Zeit (Veröffentlichungen des Deutschen Instituts für Geschichte der nationalsozialistischen Zeit* [jetzt: *Institut für Zeitgeschichte*], Nr. 1), Stuttgart 1951.
Forell, Birger, "National-Socialism and the Protestant Churches in Germany", in: *The Third Reich,* London 1955.
Forsthoff, Ernst, *Die Krise der Gemeindeverwaltung im heutigen Staat,* Berlin 1932.
–, *Der totale Staat,* Hamburg 1933.
Fraenkel, Ernst, *Zur Soziologie der Klassenjustiz (Jungsozialistische Schriftenreihe),* Berlin 1927.
–, *The Dual State. A Contribution to the Theory of Dictatorship,* London–New York–Toronto 1941.
–, »Freiheit und politisches Betätigungsrecht der Beamten in Deutschland und USA«, in: *Veritas, Justitia, Libertas. Festschrift zur 200-Jahrfeier der Columbia University New York,* Berlin o. J. [1953].
–, *Die repräsentative und die plebiszitäre Komponente im demokratischen Verfassungsstaat,* Tübingen 1958.
François-Poncet, André, *Als Botschafter in Berlin. 1931–1938,* 2. Aufl., Mainz 1949.
Frank, Hans, *Recht und Verwaltung,* München 1939.

–, *Die Technik des Staates (Schriftenreihe des Institutes für die Technik des Staates an der Technischen Hochschule München),* Berlin–Leipzig–Wien 1942.
–, *Im Angesicht des Galgens. Deutung Hitlers und seiner Zeit auf Grund eigener Erlebnisse und Erkenntnisse,* München-Gräfelfing 1953.
Frank, Hans, Heinrich Himmler, Werner Best, Reinhard Höhn, *Grundfragen der deutschen Polizei. Bericht über die konstituierende Sitzung des Ausschusses für Polizeirecht der Akademie für Deutsches Recht am 11. Oktober 1936,* Hamburg 1937.
Frank, Walter, *Hofprediger Adolf Stoecker und die christlichsoziale Bewegung,* Berlin 1928.
–, *Die deutschen Geisteswissenschaften im Kriege* (Rede am 18. Mai 1940 an der Universität Berlin), Hamburg 1940.
–, »Die Erforschung der Judenfrage. Rückblick und Ausblick«, in: *Forschungen zur Judenfrage (Schriften des Reichsinstituts für Geschichte des neuen Deutschlands,* Bd. 5), Hamburg 1941.
–, »Deutsche Wissenschaft und Judenfrage«, in: *Forschungen zur Judenfrage,* Hamburg 1941.
Franz, Leopold, *Die Gewerkschaften in der Demokratie und in der Diktatur,* Karlsbad 1935.
Frauendorfer, Max, *Der ständische Gedanke im Nationalsozialismus (Nationalsozialistische Bibliothek,* H. 40), München 1932 (3. Aufl. 1933).
–, *Was ist ständischer Aufbau?,* Berlin 1934.
Freisler, Roland, Walter Luetgebrune et al., *Denkschrift des Zentralausschusses der Strafrechtsabteilung der Akademie für Deutsches Recht über die Grundzüge eines Allgemeinen Deutschen Strafrechts (Schriften der Akademie für Deutsches Recht,* H. 1), Berlin 1934.
Freksa, Friedrich, Hrsg., *Kapitän Ehrhardt. Abenteuer und Schicksale,* Berlin 1924.
Freudenberger, Heinrich, »Bauernkraft – Wehrkraft«, in: *Der Bauer im Umbruch der Zeit,* hrsgg. von Wolfgang Clauß, Berlin 1935.
Freund, Gerald, *Unholy Alliance, Russian-German Relations from the Treaty of Brest-Litowsk to the Treaty of Berlin,* London 1957.
Freund, Michael, *Deutsche Geschichte,* Gütersloh 1960.
Freyer, Hans, *Das politische Semester. Ein Vorschlag zur Universitätsreform,* Jena 1933.
Frick, Wilhelm, *Der Neuaufbau des Dritten Reiches. Vortrag, gehalten vor Offizieren der Reichswehr am 15. November 1934,* Berlin o. J.
–, »Student im Volk. Völkische Aufgaben der Hochschulreform«, in: *Mann's Pädagogisches Magazin,* Langensalza 1934.
[–,] *Dr. Wilhelm Frick und sein Ministerium. Aus Anlaß des 60. Geburtstages des Reichs- und Preußischen Ministers des Innern Dr. Wilhelm Frick am 12. März 1937,* hrsgg. von Hans Pfundtner, München 1937.
Fried, Ferdinand [Friedrich Zimmermann], *Das Ende des Kapitalismus,* Jena 1931.
Friedensburg, Ferdinand, *Die Weimarer Republik,* (Neuaufl.) Hannover–Frankfurt 1957.

Der Friedensvertrag von Versailles nebst Schlußprotokoll und Rheinlandstatut, durchgesehene Ausgabe in der durch das Londoner Protokoll vom 30. August 1924 revidierten Fassung, Berlin 1925.

Friedrich, Carl Joachim, »Das Ende der Kabinettspolitik«, in: *Außenpolitik* 1 (1950).

–, *Der Verfassungsstaat der Neuzeit (Enzyklopädie der Rechts- und Staatswissenschaft, Abt. Staatswissenschaft),* Berlin–Göttingen–Heidelberg 1953.

–, *Totalitarian Dictatorship and Autocracy,* Cambridge (Mass.) 1956.

Fritsch, Hans v., *Die Gewaltherrschaft in Österreich 1933 bis 1938. Eine staatsrechtliche Untersuchung,* Leipzig–Wien 1938.

Frobenius, Else, *Die Frau im Dritten Reich,* Berlin 1933.

Das deutsche Führerlexikon 1934/1935, Berlin 1934.

Funk, Walther, *Befreiung von Kriegstributen durch wirtschaftliche und soziale Erneuerungen* (Vortrag . . ., hrsgg. von der Gesellschaft für deutsche Wirtschafts- und Sozialpolitik), Berlin 1929.

Furtwängler, Josef, *ÖTV. Die Geschichte einer Gewerkschaft,* Stuttgart 1955.

Gaertner, Hans, "Problems of Jewish Schools in Germany During the Hitler Regime", in: *Publications of the Leo Baeck Institute, Year Book I,* London 1956.

Ganzer, Karl Richard, *Aufstand und Reich. Lebenskräfte deutscher Geschichte. Reden und Aufsätze,* München–Berlin 1940.

Gatzke, Hans W., *Stresemann and the Rearmament of Germany,* Baltimore 1954.

–, »Stresemann und die deutsche Rußlandpolitik«, in: *Vierteljahrshefte für Zeitgeschichte* 4 (1956).

–, "Russo-German Military Collaboration During the Weimar Republic", in: *American Historical Review* 63 (1958).

Gauger, Joachim, *Chronik der Kirchenwirren,* Elberfeld 1934.

Die jüdischen Gefallenen des deutschen Heeres, der deutschen Marine und der deutschen Schutztruppen 1914–1918. Ein Gedenkbuch, hrsgg. vom Reichsbund jüdischer Frontsoldaten, 2. Aufl., Berlin 1932.

Gehl, Walther, *Die Jahre I–IV des nationalsozialistischen Staates,* Breslau 1937.

Geigenmüller, Otto, *Die politische Schutzhaft im nationalsozialistischen Deutschland,* 2. Aufl., Würzburg 1937.

Geiger, Theodor, *Die soziale Schichtung des deutschen Volkes. Soziographischer Versuch auf statistischer Grundlage,* Stuttgart 1932.

Geissmar, Berta, *Musik im Schatten der Politik,* 3. Aufl., Zürich–Freiburg/Br. 1951.

Deutscher Geist zwischen gestern und morgen. Bilanz der kulturellen Entwicklung seit 1945, hrsgg. von Joachim Moras und Hans Paeschke, Stuttgart 1954.

SA-Geist im Betrieb. Vom Ringen um die Durchsetzung des deutschen Sozialismus, hrsgg. von der Obersten SA-Führung, München 1938.

Die Deutsche Gemeindeordnung vom 30. Januar 1935. Textausgabe, bearb. von Harry Goetz, 8. Aufl., Berlin 1940.

Generalfeldmarschall Keitel. Verbrecher oder Offizier?, hrsgg. von Walter Görlitz, Göttingen–Berlin–Frankfurt a. M. 1961.

Die Generalstäbe in Deutschland von 1871–1945. Aufgaben in der Armee und Stellung im Staate [von Wiegand Schmidt-Richberg]. – *Die Entwicklung der militärischen Luftfahrt in Deutschland von 1920–1933. Planung und Maßnahmen zur Schaffung einer Fliegertruppe in der Reichswehr* [von Karl Heinz Völker], in 1 Bd. (*Beiträge zur Militär- und Kriegsgeschichte,* Bd. 3), Stuttgart 1962.

Gengler, Ludwig, *Rudolf Berthold,* 2. Aufl., Berlin 1934.

Gerber, Hans, »Vom Begriff und Wesen des Beamtentums«, in: *Archiv des öffentlichen Rechts,* N. F. 18 (1930).

–, *Politische Erziehung des Berufsbeamtentums im nationalsozialistischen Staat. Eröffnungsvortrag ... am 30. Oktober 1933,* Tübingen 1933.

Gercke, Achim, *Die Aufgaben des Sachverständigen für Rasseforschung beim Reichsministerium des Innern* (*Flugschriften für Familiengeschichte,* H. 23), Leipzig 1933.

Germany in the Third Reich. As Seen by Anglo-Saxon Writers, selected and annotated by Gustav Schad, Frankfurt a. M. 1936.

Germino, Dante L., *The Italien Fascist Party in Power. A Study in Totalitarian Rule,* Minneapolis 1959.

Gerth, Hans, "The Nazi Party: Its Leadership and Composition", in: *American Journal of Sociology* 14 (Jan. 1940).

Geschichte der Republik Österreich, hrsgg. von Heinrich Benedikt, München 1954.

Zur Geschichte der deutschen antifaschistischen Widerstandsbewegung 1933–1945. Eine Auswahl von Materialien, Berichten und Dokumenten, Berlin 1957.

Die Gesetzgebung des Kabinetts Hitler, hrsgg. von Werner Hoche, H. 1, Berlin 1933.

Geßler, Otto, *Reichswehrpolitik in der Weimarer Zeit,* hrsgg. von Kurt Sendtner, Stuttgart 1958.

Das nationalsozialistische Gewissen in Danzig. Aus sechs Jahren Kampf für Hitler. Nach Reden und Niederschriften des Gauleiters von Danzig, Albert Forster, hrsgg. von Wilhelm Löbsack, Danzig 1936.

Das Gewissen steht auf. 64 Lebensbilder aus dem deutschen Widerstand 1933–1945, ges. von Annedore Leber, hrsgg. in Zusammenarbeit mit Willy Brandt und Karl Dietrich Bracher, Berlin–Frankfurt a. M. 1954.

Das Gewissen entscheidet. Bereiche des deutschen Widerstandes von 1933–1945 in Lebensbildern, hrsgg. von Annedore Leber in Zusammenarbeit mit Willy Brandt und Karl Dietrich Bracher, Berlin–Frankfurt a. M. 1957.

Geyr v. Schweppenburg, Leo Frhr., *Erinnerungen eines Militärattachés. London 1933–1937,* Stuttgart 1949.

–, *Gebrochenes Schwert,* Berlin 1952.

Giese, Friedrich, *Das Berufsbeamtentum im deutschen Volksstaat,* 2. Aufl., Berlin 1930.

Giese, Fritz Ernst, *Die deutsche Marine 1920–1945. Aufbau und Untergang,* Frankfurt a. M. 1956.

Giese, Gerhardt, *Staat und Erziehung. Grundzüge einer politischen Pädagogik und Schulpolitik,* Hamburg 1933.

Gilbert, Felix, "Mitteleuropa – The Final Stage", in: *Journal of Central European Affairs* 7 (1947).
Glombowski, Friedrich, *Organisation Heinz (O. H.). Das Schicksal der Kameraden Schlageters,* Berlin 1934.
Glungler, Wilhelm, *Die Lehre vom neuen Staat,* Darmstadt 1934.
–, *Vorlesung über Volk und Staat,* München–Leipzig 1936.
–, *Theorie der Politik. Grundlehren einer Wissenschaft von Volk und Staat,* München–Leipzig 1939.
Goebbels, Joseph, *Der Nazi-Sozi. Fragen und Antworten für den Nationalsozialisten,* Elberfeld o. J. [1927].
–, *Vom Kaiserhof zur Reichskanzlei. Eine historische Darstellung in Tagebuchblättern,* Berlin 1933.
–, *Revolution der Deutschen,* Oldenburg 1933.
–, *Signale der neuen Zeit,* 2. Aufl., München 1934.
–, *Der Angriff. Aufsätze aus der Kampfzeit,* München 1935.
Goerdeler, Carl, »Die Gemeinde als Teil des Reichsganzen«, in: *Der Städtetag* 27 (1933).
Göring, Hermann, *Aufbau einer Nation,* Berlin 1934.
–, *Reden und Aufsätze,* München 1941.
Görlitz, Walter, *Der deutsche Generalstab. Geschichte und Gestalt, 1657–1945,* Frankfurt a. M. [1950].
–, *Hindenburg. Ein Lebensbild,* Bonn 1953.
–, Hrsg., *Paulus »Ich stehe hier auf Befehl!« Lebensweg des Generalfeldmarschalls Friedrich Paulus,* Frankfurt a. M. 1960.
Görlitz Walter, und Herbert A. Quint, *Adolf Hitler. Eine Biographie,* Stuttgart 1952.
Götte, Karl-Heinz, *Die Propaganda der Glaubensbewegung »Deutsche Christen« und ihre Beurteilung in der deutschen Tagespresse,* Diss. Münster 1957.
Goetz, Walter, *Historiker in meiner Zeit. Gesammelte Aufsätze,* hrsgg. von Herbert Grundmann, Köln–Graz 1957.
Goldberg, Otto, *Die politischen Beamten im deutschen Rechte,* Diss. Leipzig 1932.
Goltz, Friedrich Frhr. von der, und Theodor Stiefenhofer, *Unsterbliches Deutschland. Völkischer Durchbruch in der Geschichte,* Hamburg 1936.
Goltz, Rüdiger Graf von der, *Meine Sendung in Finnland und im Baltikum,* Leipzig 1920.
–, *Tribut-Justiz. Ein Buch um die deutsche Freiheit,* Berlin 1932.
Gordon, Harold Jackson, »Ritter v. Epp und Berlin 1919–1923«, in: *Wehrwissenschaftliche Rundschau* 9 (1959).
–, *The Reichswehr and the German Republic 1919–1926,* Princeton (N. Y.) 1957 (*Die Reichswehr und die Weimarer Republik 1919 bis 1926,* Frankfurt a. M. 1959).
Graml, Hermann, *Der 9. November 1938, »Reichskristallnacht«* (*Schriftenreihe der Bundeszentrale für Heimatdienst,* H. 2), Bonn 1953.
–, »Mischlinge und Mischehen«, in: *Gutachten des Instituts für Zeitgeschichte,* München 1958.
Grauert, Wilhelm, »Die Entwicklung des Polizeirechts im national-

sozialistischen Staat«, in: *Deutsche Juristenzeitung* 39 (1934).
Grebing, Helga, *Der Nationalsozialismus,* München 1959.
Grensemann, Heinrich, *Leitfaden für den Geschäftsbetrieb der Reichskulturkammer,* Berlin 1937.
Grimm, Friedrich, *Hitlers deutsche Sendung,* Berlin 1934.
–, *Politische Justiz, die Krankheit unserer Zeit. 40 Jahre Dienst am Recht*, Bonn o. J. [1953].
Grimm, Hans, *Volk ohne Raum,* 1. Aufl., München 1928.
Gritzbach, Erich, *Hermann Göring, Werk und Mensch,* München 1941.
Groener, Wilhelm, *Lebenserinnerungen. Jugend, Generalstab, Weltkrieg,* hrsgg. von Friedrich Frhr. Hiller v. Gaertringen, Göttingen 1957.
Groener-Geyer, Dorothea, *General Groener. Soldat und Staatsmann,* Frankfurt a. M. 1955.
Groppe, Theodor, *Ein Kampf um Recht und Sitte. Erlebnisse um Wehrmacht, Partei, Gestapo,* 2. Aufl., Trier 1959.
Grosser, Alfred, *Hitler, la presse et la naissance d'une dictature,* Paris 1959.
Großmann, Wassilij, *Die Hölle von Treblinka,* Moskau 1946.
Grotkopp, Wilhelm, *Die große Krise. Lehren aus der Überwindung der Wirtschaftskrise 1929–1932,* Düsseldorf 1954.
Gruenewald, Max, "The Beginning of the 'Reichsvertretung'", in: *Publications of the Leo Baeck Institute, Year Book I,* London 1956.
Grunsky, Hans Alfred, *Seele und Staat. Die psychologischen Grundlagen des nationalsozialistischen Siegs über den bürgerlichen und bolschewistischen Menschen,* Berlin 1935.
Grzesinski, Albert, *Das Beamtentum im neuen Staat. Zwei Vorträge von Grzesinski und Hans Völter auf dem Mitteldeutschen Beamtentag in Magdeburg am 1. Dezember 1929,* Berlin 1930.
–, *Inside Germany,* New York 1939.
Guderian, Heinz, *Achtung – Panzer! Die Entwicklung der Panzerwaffe, ihre Kampftaktik und ihre operativen Möglichkeiten,* 4. Aufl., Stuttgart [1943?].
–, *Erinnerungen eines Soldaten,* Heidelberg 1951.
Günther, Albrecht Erich, »Die Aufgabe der Wehrwissenschaften an der Hochschule«, in: *Zeitschrift für die gesamte Staatswissenschaft* 95 (1935).
Günther, Gerhard, *Das Reich* (*Das Reich im Werden. Arbeitshefte im Dienste politischer Erziehung,* Heft 3), Frankfurt a. M. 1934.
Günther, Hans F. K., *Platon als Hüter des Lebens. Platons Zucht- und Erziehungsgedanken und ihre Bedeutung für die Gegenwart,* München 1928.
–, *Rassenkunde des deutschen Volkes,* 1. Aufl. München 1922.
Gürtler, Paul, *Nationalsozialismus und evangelische Kirchen im Warthegau* (*Arbeiten zur Geschichte des Kirchenkampfs,* Bd. 2), Göttingen 1958.
Gütt, Arthur, Ernst Rüdin und Falk Ruttke, *Gesetz zur Verhütung erbkranken Nachwuchses vom 14. Juli 1933,* München 1934.
Gütt, Arthur, Herbert Linden und Franz Maßfeller, *Blutschutz und Ehegesundheitsgesetz,* München 1936.

Gumbel, Emil Julius, *Vier Jahre politischer Mord,* Berlin–Fichtenau 1922.
–, *Verschwörer. Beiträge zur Geschichte und Soziologie der deutschen nationalistischen Geheimbünde seit 1918,* Wien 1924.
–, *Denkschrift des Reichsjustizministers zu »Vier Jahre politischer Mord«,* Berlin 1924.
–, *Acht Jahre politische Justiz. Das Zuchthaus – die politische Waffe,* Berlin 1927.
–, *Verräter verfallen der Feme. Opfer, Mörder, Richter 1919–1929,* Berlin 1929.
Gurian, Waldemar, *Der Kampf um die Kirche im Dritten Reich,* Luzern 1936.
Gutachten des Instituts für Zeitgeschichte, München 1958.
Guth, Karl, *Die Reichsgruppe Industrie. Standort und Aufgabe der industriellen Organisation (Schriften zum Staatsaufbau),* Berlin 1941.
Hadamovsky, Eugen, *Propaganda und nationale Macht. Die Organisation der öffentlichen Meinung für die nationale Politik,* Oldenburg i. O. 1933.
Häberlein, Ludwig, *Das Verhältnis von Staat und Wirtschaft mit besonderer Hervorhebung der Selbstverwaltung des Reichsnährstandes und der landwirtschaftlichen Marktordnung,* Bd. I: *Staat und Wirtschaft;* Bd. II: *Bauerntum, Reichsnährstand und landwirtschaftliche Marktordnung,* beide Berlin 1938.
Haensch, Walter, *Der organisatorische Weg zur einheitlichen Reichspolizei seit 1933,* Leipziger Diss., Berlin 1939.
Haensel, Carl, und Richard Strahl, *Politisches ABC des neuen Reichs. Schlag- und Stichwörterbuch für den deutschen Volksgenossen,* Stuttgart 1933.
Härtle, Heinrich, *Nietzsche und der Nationalsozialismus,* 3. Aufl., München 1942.
Hagemann, Walter, *Publizistik im Dritten Reich. Ein Beitrag zur Methodik der Massenführung,* Hamburg 1948.
–, *Vom Mythos der Masse. Ein Beitrag zur Psychologie der Öffentlichkeit,* Heidelberg 1951.
Hagen, Walther, *Die geheime Front. Organisation, Personen und Aktionen des deutschen Geheimdienstes,* Linz–Wien 1950.
Hagmann, Meinrad, *Der Weg ins Verhängnis. Reichstagswahlergebnisse 1919 bis 1933, besonders aus Bayern,* München 1946.
Halder, Franz, *Hitler als Feldherr,* München 1949.
Hallgarten, George Wolfgang F., *Hitler, Reichswehr und Industrie. Zur Geschichte der Jahre 1918–1933,* Frankfurt a. M. 1955.
–, *Dämonen oder Retter. Eine Geschichte der Diktatur,* Frankfurt a. M. 1957.
Hameit, Paul, *Die Entwicklung des ständischen Problems,* Diss. Hamburg 1937.
Hamel, Walter, »Die Polizei im neuen Reich«, in: *Deutsches Recht* 5 (1935).
Hamilton, Alastair, *The Appeal of Fascism. A Study of Intellectuals and Fascism, 1919–1945,* London 1971.
Hammer, Hermann, »Die deutschen Ausgaben von Hitlers ›Mein

Kampf‹«, in: *Vierteljahrshefte für Zeitgeschichte* 4 (1956).
Hammerstein, Kunrat Frhr. v., »Schleicher, Hammerstein und die Machtübernahme 1933«, in: *Frankfurter Hefte* 11 (1956).
Hancke, Kurt, *Deutscher Aufstand gegen den Westen,* 2. Aufl., Berlin 1941.
Statistisches Handbuch von Deutschland 1929–1949, hrsgg. vom Länderrat des Amerikanischen Besatzungsgebiets, München 1949.
Nationalsozialistisches Handbuch für Recht und Gesetzgebung, hrsgg. von Hans Frank, München 1935.
Handbuch des deutschen Staatsrechts, Bd. II, Tübingen 1932.
Hanfstaengl, Ernst, *Hitler. The Missing Years,* London 1957.
–, *Zwischen Weißem und Braunem Haus,* München 1970.
d'Harcourt, Robert, "National Socialism and the Catholic Church in Germany", in: *The Third Reich,* London 1955.
Hart, Basil Henry, Liddell, *Jetzt dürfen sie reden. Hitlers Generale berichten,* Stuttgart–Hamburg 1950.
Hartshorne, Edward Y., *The German Universities and National Socialism,* Cambridge (Mass.) 1937.
Hartung, Fritz, *Staatsbildende Kräfte der Neuzeit. Gesammelte Aufsätze,* Berlin 1961.
Hase, Günther, *Der Werdegang des Arbeitsdienstes,* Berlin–Leipzig 1940.
Haugg, Werner, *Das Reichsministerium für die kirchlichen Angelegenheiten,* Berlin 1940.
Haupt, Joachim, *Neuordnung im Schulwesen und Hochschulwesen* (*Das Recht der nationalen Revolution,* hrsgg. von Georg Kaisenberg und Franz Albrecht Medicus, H. 5), Berlin 1933.
Haus, Wolfgang, »Staatskommissare und Selbstverwaltung 1930–1933«, in: *Der Städtetag,* N. F. 9 (1956).
Hausser, Paul, *Waffen-SS im Einsatz,* Göttingen 1953.
Heberle, Rudolf, *From Democracy to Nazism. A Regional Case Study on Political Parties in Germany,* Baton Rouge (Louisiana) 1945.
–, *Social Movements. An Introduction to Political Sociology,* New York 1951.
Heer, Friedrich, *Koexistenz, Zusammenarbeit, Widerstand. Grundfragen europäischer und christlicher Einigung,* Zürich 1956.
Heffter, Heinrich, *Die deutsche Selbstverwaltung im 19. Jahrhundert. Geschichte der Ideen und Institutionen,* Stuttgart 1950.
Heiber, Helmut, »Zur Justiz im Dritten Reich. Der Fall Elias«, in: *Vierteljahrshefte für Zeitgeschichte* 3 (1955).
–, »Der Fall Grünspan«, in: *Vierteljahrshefte für Zeitgeschichte* 5 (1957).
Heidegger, Hermann, *Die deutsche Sozialdemokratie und der nationale Staat 1870–1920. Unter besonderer Berücksichtigung der Kriegs- und Revolutionsjahre,* Göttingen–Berlin–Frankfurt a. M. 1956.
Heidegger, Martin, *Die Selbstbehauptung der deutschen Universität,* Breslau 1934.
Heiden, Konrad, *Geschichte des Nationalsozialismus. Die Karriere einer Idee,* Berlin 1932.
–, *Der Fuehrer. Hitler's Rise to Power,* Boston 1944.

–, *Geburt des Dritten Reiches. Die Geschichte des Nationalsozialismus bis Herbst 1933,* 2. Aufl., Zürich 1934.
–, *Adolf Hitler. Das Zeitalter der Verantwortungslosigkeit. Eine Biographie,* Bd. I, Zürich 1936.
Heigert, Hans, »Der Selbstmord der deutschen Studentenschaft«, in: *Frankfurter Allgemeine Zeitung,* Nr. 80 (5. April 1958).
Heinkel, Ernst, *Stürmisches Leben,* hrsgg. von Jürgen Thorwald, 3. Aufl., Stuttgart 1953.
Heinrich, Walter, *Das Ständewesen mit besonderer Berücksichtigung der Selbstverwaltung der Wirtschaft,* Jena 1932 (2. Aufl. 1934).
–, »Überwindung der Krise durch ständische Neuordnung der Wirtschaft«, in: *Braune Wirtschaftspost,* H. 1 (Juli 1932).
Heinrichsbauer, August, *Schwerindustrie und Politik,* Essen-Kettwig 1948.
Heinrichsen, H. [= Hunke, Heinrich], »Nationalsozialismus und Weltwirtschaft«, in: *Die deutsche Volkswirtschaft* 1 (1932).
Helbig, Herbert, *Die Träger der Rapollo-Politik,* Göttingen 1958.
Helbing, Lothar, *Der dritte Humanismus,* 3. Aufl., Berlin 1935.
Heller, Hermann, *Europa und der Faschismus,* 2. Aufl., Berlin–Leipzig 1931.
Henningsen, Hans, *Niedersachsenland, du wurdest unser! Zehn Jahre Nationalsozialismus im Gau Ost-Hannover. Streiflichter aus der Kampfzeit,* Harburg-Wilhelmsburg 1935.
Hentig, Hans v., *Der Gangster. Eine kriminalpsychologische Studie,* Berlin–Göttingen–Heidelberg 1959.
Herlin, Hans, *Udet – eines Mannes Leben und die Geschichte seiner Zeit,* Hamburg 1958.
Hermelink, Heinrich, *Kirche im Kampf. Dokumente des Widerstands und des Aufbaus der evangelischen Kirche in Deutschland von 1933–1945,* Stuttgart 1950.
Herre, Paul, *Kronprinz Wilhelm. Seine Rolle in der deutschen Politik,* München 1954.
Hertz, Paul, »Das Ende der deutschen Konsumgenossenschaftsbewegung«, in: *Zeitschrift für Sozialismus,* Karlsbad 1936.
Herzfeld, Hans, »Zur neueren Literatur über das Heeresproblem in der deutschen Geschichte«, in: *Vierteljahrshefte für Zeitgeschichte* 4 (1956).
–, *Demokratie und Selbstverwaltung in der Weimarer Epoche* (*Schriftenreihe des Vereins zur Pflege kommunalwissenschaftlicher Aufgaben,* Bd. 2), Stuttgart 1957.
–, *Die moderne Welt 1789–1945,* Teil II, 2. Aufl., Braunschweig 1957.
–, »Johannes Popitz. Ein Beitrag zur Geschichte des deutschen Beamtentums«, in: *Forschungen zu Staat und Verfassung. Festgabe für Fritz Hartung,* Berlin 1958.
[–,] *Zur Geschichte und Problematik der Demokratie. Festgabe für Hans Herzfeld,* Berlin 1958.
Hesse, Kurt, *Der Feldherr Psychologos. Ein Suchen nach dem Führer der deutschen Zukunft,* Berlin 1922.
–, *Miliz,* Hamburg 1933.
Heusinger, Adolf, *Befehl im Widerstreit. Schicksalsstunden der deut-*

schen Armee 1923–1945, Tübingen–Stuttgart 1950.
Heuss, Theodor, *Hitlers Weg. Eine historisch-politische Studie über den Nationalsozialismus,* 9. Aufl., Stuttgart–Berlin–Leipzig 1932.
–, »Der Kampf um das deutsche Geschichtsbild«, in: *Die Hilfe* 40 (1934).
–, *Friedrich Naumann. Der Mann, das Werk, die Zeit,* 2. Aufl., Stuttgart–Tübingen 1949.
Heyden, Günter, *Kritik der deutschen Geopolitik. Wesen und soziale Funktion einer reaktionären soziologischen Schule,* Berlin 1958.
Heydrich, Reinhard, »Die Bekämpfung der Staatsfeinde«, in: *Deutsches Recht* 6 (1936).
[–,] *Reinhard Heydrich. Ein Leben der Tat,* hrsgg. von Erich Schneider, Prag 1944.
Heye, Hellmuth, *Die deutsche Kriegsmarine. Aufgaben und Aufbau,* Berlin 1939.
Hierl, Konstantin, *Grundlagen einer deutschen Wehrpolitik. Rede, gehalten am Nürnberger Parteitag 1929,* München 1929.
Hieronimi, Hermann, *Berufsbeamtentum und Politik,* Würzburg 1933.
Hilferding, Rudolf, »Das historische Problem« (aus dem Nachlaß hrsgg. von Benedikt Kautsky), in: *Zeitschrift für Politik,* N. F. 1 (1954).
Hilger, Gustav, *Wir und der Kreml. Deutsch-sowjetische Beziehungen 1918–1941. Erinnerungen eines deutschen Diplomaten,* 2. Aufl., Frankfurt a. M.–Berlin 1956.
Hinkel, Hans, und Wulf Bley, *Kabinett Hitler,* 2. Aufl., Berlin 1933.
Hintze, Otto, *Staat und Verfassung. Gesammelte Abhandlungen zur allgemeinen Verfassungsgeschichte (Gesammelte Abhandlungen,* Bd. I, hrsgg. von Fritz Hartung), Leipzig 1941.
–, *Geist und Epochen der preußischen Geschichte* (*Gesammelte Abhandlungen,* hrsgg. von Fritz Hartung, Bd. III), Leipzig 1943.
Hippel, Fritz v., *Die nationalsozialistische Herrschaftsordnung als Warnung und Lehre. Eine juristische Betrachtung,* 2. Aufl., Tübingen 1947.
–, *Die Perversion von Rechtsordnungen,* Tübingen 1955.
Hirsch, Emanuel, *Das kirchliche Wollen der Deutschen Christen,* Berlin 1933.
Hirsch, Helmut, *Die Saar von Genf. Die Saarfrage während des Völkerbundregimes von 1920–1935* (*Rheinisches Archiv* 42), Bonn 1954.
Hirsch, Paul, *Der Weg der Sozialdemokratie zur Macht in Preußen,* Berlin 1929.
Hirsch-Weber, Wolfgang, *Gewerkschaften in der Politik. Von der Massenstreikdebatte zum Kampf um das Mitbestimmungsrecht (Schriften des Instituts für politische Wissenschaft,* Bd. 13), Köln–Opladen 1959.
[*Hitler, Adolf*], *Vortrag Adolf Hitlers vor westdeutschen Wirtschaftlern im Industrie-Klub zu Düsseldorf am 27. Januar 1932,* München 1932.
–, *Mein Kampf, Volksausgabe,* 18. Aufl., München 1933.
[–,] *Die Reden Hitlers für Gleichberechtigung und Frieden,* München 1934.

[–,] *Die Reden Hitlers als Kanzler. Das junge Deutschland will Arbeit und Frieden,* 4. Aufl., München 1934.

[–,] *Sozialismus wie ihn der Führer sieht. Worte des Führers zu sozialen Fragen,* zusammengestellt von Fritz Meystre, München 1935.

[–,] *Adolf Hitler an seine Jugend,* München 1936.

–, *Volk und Erziehung. Abschnitte aus »Mein Kampf« und den Reden des Führers,* Breslau 1937.

[–,] *Der Führer antwortet Roosevelt. Reichstagsrede vom 28. April 1939,* München 1939.

[–,] *Aufrufe, Tagesbefehle und Reden des Führers im Krieg 1939/41,* Karlsruhe 1941.

Hitler in der Karikatur der Welt. Tat gegen Tinte, Berlin 1938.

Hitlers Tischgespräche s. Picker, Henry.

Hitlers zweites Buch. Ein Dokument aus dem Jahr 1928, eingel. und komm. von Gerhard L. Weinberg (*Quellen und Darstellungen zur Zeitgeschichte,* Bd. 7), Stuttgart 1961.

Hoare, Sir Samuel, *Neun bewegte Jahre. Englands Weg nach München,* Düsseldorf 1955.

Hochmann, Walther, »Zur nationalpolitischen Erziehung«, in: *Die Erziehung* 8 (1933).

Hochschule für Politik der NSDAP. Ein Leitfaden, hrsgg. von Josef Wagner und Alfred Beck, München 1933.

Neue Hochschule. Vorschläge für eine totale Hochschulreform (*Corpsstudentische Schriftenreihe* 3), Frankfurt a. M. 1935.

Hochstetter, Franz, *Leihkapital und Goldwährung als Grundlagen der Geldversklavung in Deutschland* (*Nationalsozialistische Bibliothek,* H. 26), München 1931.

Hock, Wolfgang, *Deutscher Antikapitalismus. Der ideologische Kampf gegen die freie Wirtschaft im Zeitalter der großen Krise (Veröffentlichungen des Instituts für Bankwirtschaft und Bankrecht an der Universität Köln),* Frankfurt a. M. 1960.

Hoegner, Wilhelm, *Die verratene Republik. Geschichte der deutschen Gegenrevolution,* München 1958.

–, *Der schwierige Außenseiter. Erinnerungen eines Abgeordneten, Emigranten und Ministerpräsidenten,* München 1959.

Höhne, Heinz, *Der Orden unter dem Totenkopf. Die Geschichte der SS,* Hamburg–Gütersloh 1966.

Höltje, Christian, *Die Weimarer Republik und das Ostlocarno-Problem 1919–1934. Revision oder Garantie der deutschen Ostgrenze von 1919* (*Marburger Ostforschungen,* Bd. 8), Würzburg 1958.

Höpker-Aschoff, Hermann, »Demokratie und Führertum«, in: *Die Hilfe* 40 (1934).

–, »Die Lehre vom Rechtsstaat«, in: *Die Hilfe* 40 (1934).

–, »Zu den Waffen des deutschen Geistes!«, in: *Die Hilfe* 40 (1934).

–, »Währungsmanipulationen seit 1914«, in: *Finanzarchiv,* N. F. 11 (1949).

Höß, Rudolf, *Kommandant in Auschwitz. Autobiographische Aufzeichnungen.* Eingeleitet und kommentiert von Martin Broszat (*Quellen und Darstellungen zur Zeitgeschichte,* Bd. 5), Stuttgart 1958.

Hofer, Walther, *Der Nationalsozialismus. Dokumente 1933–1945*

(*Fischer-Bücherei*, Bd. 172), Frankfurt a. M.–Hamburg 1958.
–, *Die Diktatur Hitlers bis zum Beginn des zweiten Weltkrieges*, I. Teil (*Handbuch der deutschen Geschichte*, Bd. IV, Abschn. 4), Konstanz [1959].
Hoggan, David L., *Der erzwungene Krieg. Die Ursachen und Urheber des 2. Weltkrieges*, Tübingen 1961.
Hohlfeld, Johannes, Hrsg., *Deutsche Reichsgeschichte in Dokumenten. Urkunden und Aktenstücke zur inneren und äußeren Politik des Deutschen Reiches*, Bd. IV: *Die nationalsozialistische Revolution. 1931–1934*, 2. Aufl., Berlin 1934.
Holthusen, Hans Egon, »Deutscher Geist im Urteil der Welt«, in: *Merkur* 13 (1959).
Hommes, Jakob, *Lebens- und Bildungsphilosophie als völkische und katholische Aufgabe*, Freiburg/Br. 1934.
Hoppe, Willy, *Die Führerpersönlichkeit in der deutschen Geschichte* (*Schriften der Deutschen Hochschule für Politik*, H. 2), Berlin 1934.
Hordt, Philipp, *Ernst Krieck. Volk als Schicksal und Aufgabe*, Heidelberg 1932.
Horn, Wolfgang, *Führerideologie und Parteiorganisation in der NSDAP (1919–1933)*, Düsseldorf 1972.
Horneffer, Ernst, *Demokratie und Selbstverwaltung. Ein Entwurf zum deutschen Staate*, Essen 1927.
Horneffer, Reinhold, »Das Problem der Rechtsgeltung und der Restbestand der Weimarer Verfassung«, in: *Zeitschrift für die gesamte Staatswissenschaft* 99 (1938).
Hornung, Klaus, *Der Jungdeutsche Orden* (*Beiträge zur Geschichte des Parlamentarismus und der politischen Parteien*, Bd. 14), Düsseldorf 1958.
Horwitz, Hans Werner, *Der Staatskommissar als Mittel der Staatsaufsicht über die Gemeinden. Eine geschichtliche, dogmatische und in Bezug auf deutsche Länder rechtsvergleichende Darstellung*, Diss. Heidelberg 1933.
Horstmann, Kurt, *Der Ottplan und der Sturz von Papen* (ungedr. Prüfungsarbeit an der Pädagogischen Akademie Bielefeld).
Hoske, Hans, *Die menschliche Leistung als Grundlage des totalen Staates*, Leipzig 1936.
Hoßbach, Friedrich, *Zwischen Wehrmacht und Hitler 1934–1938*, Wolfenbüttel–Hannover 1949.
–, *Die Entwicklung des Oberbefehls über das Heer in Brandenburg, Preußen und im Deutschen Reich von 1655–1945*, Würzburg 1957.
Hubatsch, Walther, *Der Admiralstab und die obersten Marinebehörden in Deutschland, 1845–1945*, Frankfurt a. M. 1958.
Huber, Engelbert, *Das ist Nationalsozialismus. Organisation und Weltanschauung der NSDAP*, 7. Aufl., Stuttgart–Berlin–Leipzig o. J.
Huber, Ernst Rudolf, »Bedeutungswandel der Grundrechte«, in: *Archiv des öffentlichen Rechts* 23 (1932).
–, Hrsg., *Quellen zum Staatsrecht der Neuzeit*, Bd. 2: *Deutsche Verfassungsdokumente der Gegenwart (1919–1951)*, Tübingen 1951.
Hueck, Alfred, Hans Carl Nipperdey und Rolf Dietz, *Gesetz zur Ordnung der nationalen Arbeit mit sämtlichen Durchführungsverord-*

nungen . . ., München–Berlin 1934.
Hue de Grais, Robert Graf, *Handbuch der Verfassung und Verwaltung in Preußen und dem Deutschen Reiche,* 23. Aufl., Berlin 1926.
Hüttenberger, Peter, *Die Gauleiter. Studie zum Wandel des Machtgefüges der NSDAP* (Schriftenreihe der Vierteljahrshefte für Zeitgeschichte 19), Stuttgart 1969.
[Hugenberg, Alfred], *Hugenbergs Ringen in deutschen Schicksalsstunden. Tatsachen und Entscheidungen in den Verfahren zu Detmold und Düsseldorf 1949/50* (hrsgg. von Josef Borchmeyer), Detmold [1951].
Hunger, Kurt, »Die Bildungsidee des Humanismus in ihrem Verhältnis zu der politischen Bildungsidee der Gegenwart«, in: *Zeitschrift für Geschichte der Erziehung und des Unterrichts* 23 (1933).
Hunke, Heinrich, »Die Eingliederung des Kampfbunds des gewerblichen Mittelstandes in die DAF«, in: *Arbeitertum* 3 (1933/34).
Hutten, Kurt, *Seher, Grübler, Enthusiasten. Sekten und religiöse Sondergemeinschaften der Gegenwart,* 4. Aufl., Stuttgart 1954.
Ihde, Wilhelm, *Wegscheide 1789,* 4. Aufl., Leipzig–Berlin 1940.
Im Kampf um die Macht. Hitlers Rede [vom 28. Februar] *vor dem Hamburger Nationalklub von 1919* (*Veröffentlichungen der Forschungsstelle für die Geschichte des Nationalsozialismus in Hamburg,* Bd. 1), Frankfurt a. M. 1960.
Ipsen, Hans Peter, *Hamburgs Verfassung von Weimar bis Bonn,* Hamburg 1956.
Jacobsen, Hans-Adolf, und Werner Jochmann, Hrsg., *Ausgewählte Dokumente zur Geschichte des Nationalsozialismus,* Bielefeld 1961.
Jacobsen, Hans-Adolf, *Nationalsozialistische Außenpolitik 1933–1938,* Frankfurt a. M. 1968.
Jäckel, Eberhard, *Hitlers Weltanschauung. Entwurf einer Herrschaft,* Tübingen 1969.
Nationalsozialistisches Jahrbuch 1931, 5. Jg., hrsgg. unter Mitwirkung der Reichsleitung der NSDAP, München 1930.
Nationalsozialistisches Jahrbuch 1932, 6. Jg., hrsgg. unter Mitwirkung der Reichsleitung der NSDAP, München o. J. [1931].
Kirchliches Jahrbuch für die evangelische Kirche in Deutschland 1933–1944, hrsgg. von Johannes Beckmann, Gütersloh 1948.
Statistisches Jahrbuch für das Deutsche Reich, hrsgg. vom Statistischen Reichsamt, 49. Jg. (1930).
Statistisches Jahrbuch deutscher Städte. Amtliche Veröffentlichung des Deutschen Städtetages, bearb. vom Verband der deutschen Städtestatistiker, begr. von M. Neefe, 27. Jg. (N. F. 6. Jg.), Jena 1932.
Jahrbuch für nationalsozialistische Wirtschaft, hrsgg. von Otto Mönckmeier, Stuttgart–Berlin 1935.
200 Jahre Dienst am Recht. Gedenkschrift aus Anlaß des 200jährigen Gründungstages des Preußischen Justizministeriums, hrsgg. vom Reichsminister der Justiz Franz Gürtner, Berlin o. J.
Zehn Jahre unbekannter SA-Mann, Oldenburg i. O. 1933.
Jarman, Thomas Leckie, *The Rise and Fall of Nazi Germany,* London 1955.
Jellinek, Walter, »Verfassungsneubau«, in: *Reich und Länder. Vor-*

schläge, Begründung, Gesetzentwürfe, Bd. X (1932–33).
–, *Verwaltungsrecht,* 3. Aufl., Berlin–Göttingen–Heidelberg 1931, Neudruck Offenburg 1948.
Jeserich, Kurt, »Die Gemeinde im nationalsozialistischen Staat«, in: *Der Städtetag* 27 (1933).
German Jewry, Its History (*The Wiener Library Catalogue,* Series no. 3), London 1958.
Jünger, Ernst, *Der Kampf als inneres Erlebnis,* Berlin 1922.
–, *Der Arbeiter. Herrschaft und Gestalt,* 3. Aufl., Hamburg 1932.
–, Hrsg., *Krieg und Krieger,* Berlin 1930.
Deutscher Juristentag 1933. 4. Reichstagung des Bundes Nationalsozialistischer Deutscher Juristen. Ansprachen und Fachvorträge, zusammengest. und bearb. von Rudolf Schraut, Berlin 1933.
Jux, Hubert, *Der Zeitschriftenverleger und die Anordnungen der Reichspressekammer,* Berlin 1934.
Die Kämpfe im Baltikum nach der zweiten Einnahme von Riga, Juni bis Dezember 1919 (Darstellungen aus den Nachkriegskämpfen deutscher Truppen und Freikorps, Bd. III), Berlin 1938.
Kaisenberg, Georg, »Das Ermächtigungsgesetz«, in: *Deutsche Juristenzeitung* 38 (1933).
Kaiser, Joseph Heinrich, *Die Repräsentation organisierter Interessen,* Berlin 1956.
Kandler, Johannes, *Der deutsche Heeresetat vor und nach dem Kriege,* Leipzig 1930.
Kanter, Hugo, *Staat und berufsständischer Aufbau,* Wolfenbüttel 1932.
Kaufmann, Erich, *Das Wesen des Völkerrechts und die Clausula Rebus sic Stantibus. Rechtsphilosophische Studie zum Rechts-, Staats- und Vertragsbegriffe,* Tübingen 1911.
Kaufmann, Walther H., *Monarchism in the Weimar Republic,* New York 1953.
Kaul, Friedrich Karl, *Justiz und Verbrechen. Der Pitaval der Weimarer Republik,* Berlin 1953.
Keil, Georg, *Vormarsch der Arbeitslagerbewegung. Geschichte und Erfahrung der Arbeitslagerbewegung für Arbeiter, Bauern und Studenten 1925–1932,* Berlin–Leipzig 1932.
Keil, Wilhelm, *Erlebnisse eines Sozialdemokraten,* Bd. II, Stuttgart 1948.
Kelsen, Hans, »Die staatsrechtliche Durchführung des Anschlusses Österreichs an das Deutsche Reich«, in: *Zeitschrift für öffentliches Recht* 6, H. 3 (1926), (Sonderdruck Wien 1927).
Kern, Ernst, *Die Institution des Berufsbeamtentums im kontinentaleuropäischen Staat. Eine rechts- und verwaltungsvergleichende Studie* (*Verwaltung und Wirtschaft. Schriftenreihe der westfälischen Verwaltungs- und Wirtschaftsakademien,* Heft 5), Dortmund 1952.
Kesselring, Albert, *Soldat bis zum letzten Tag,* Bonn 1953.
Kielmannsegg, Johann Adolf Graf v., *Der Fritsch-Prozeß 1938. Ablauf und Hintergründe,* Hamburg 1949.
Killinger, Manfred, *Ernstes und Heiteres aus dem Putschleben,* München 1934 (1. Aufl. 1927).
–, *Die SA. In Wort und Bild,* Leipzig 1933.

Klagges, Dietrich, *Geschichtsunterricht als nationalpolitische Erziehung,* Frankfurt a. M. 1936.

Klein, Burton Harold, *Germany's Economic Preparations for War,* Cambridge (Mass.) 1959.

Klein, Fritz, »Zur Vorbereitung der faschistischen Diktatur durch die deutsche Großbourgeoisie (1929–1932)«, in: *Zeitschrift für Geschichtswissenschaft* 1 (1953).

Kleist-Schmenzin, Ewald v., »Die letzte Möglichkeit. Zur Ernennung Hitlers zum Reichskanzler am 30. Januar 1933«, in: *Politische Studien* 10 (1959).

Klemperer, Klemens v., *Germany's New Conservativism,* Princeton 1957.

Klemperer, Viktor, *LTI* [*lingua tertii imperii*]. *Notizbuch eines Philologen,* 2. Aufl., Berlin 1949.

Klepper, Jochen, *Unter dem Schatten Deiner Flügel,* hrsgg. von Hildegard Klepper, Stuttgart 1956.

Klineberg, Otto, "Racialism in Nazi Germany", in: *The Third Reich,* London 1955.

Klönne, Arno, *Hitlerjugend. Die Jugend und ihre Organisation im Dritten Reich,* Hannover–Frankfurt a. M. 1955.

–, *Gegen den Strom. Bericht über den Jugendwiderstand im Dritten Reich,* Hannover–Frankfurt a. M. 1957.

Klütz, Alfred, »Die Arbeit der Justizbehörden in der Darstellung durch Theater, Film und Rundfunk«, in: *Deutsche Justiz* 96 (1934).

–, »Die Aufgaben der Justizpressestellen«, in: *Deutsche Justiz* 95 (1933).

–, »Die deutsche Justiz und das Filmschaffen«, in: *Licht – Bild – Bühne,* Nr. 79 (5. April 1934).

Kluke, Paul, »Der Fall Potempa«, in: *Vierteljahrshefte für Zeitgeschichte* 5 (1957).

–, »Nationalsozialistische Europaideologie«, in: *Vierteljahrshefte für Zeitgeschichte* 5 (1957).

Knight-Patterson, W. M., *Germany from Defeat to Conquest 1913–1933,* London 1945.

Koch, Erich, »Sind wir Faschisten?«, in: *Arbeitertum* 1, H. 9 (1. Juli 1931).

Koch, Horst-Adalbert, *Flak. Die Geschichte der deutschen Flakartillerie 1935–1945,* Nauheim 1954.

Koch, Karl W. H., *Das Ehrenbuch der SA,* Düsseldorf 1934.

Kochan, Lionel, *Pogrom. 10. November 1938,* London 1957.

Koellreutter, Otto, *Grundriß der Allgemeinen Staatslehre,* Tübingen 1933.

–, »Der nationale Rechtsstaat«, in: *Deutsche Juristenzeitung* 38 (1933).

–, *Vom Sinn und Wesen der nationalen Revolution* (*Recht und Staat in Geschichte und Gegenwart,* H. 101), Tübingen 1933.

–, *Der deutsche Führerstaat,* Tübingen 1934.

–, *Volk und Staat in der Weltanschauung des Nationalsozialismus,* Berlin 1935.

Koerner, Ralf Richard, *So haben sie es damals gemacht. Die Propagandavorbereitung zum Österreich-Anschluß durch das Hitlerregime 1933 bis 1938,* Wien 1958.

Koeth, Josef, »Von der Wehrwirtschaft«, in: *Wehrfreiheit. Jahrbuch der »Deutschen Gesellschaft für Wehrpolitik und Wehrwissenschaften« 1935,* Hamburg 1935.

Köttgen, Arnold, *Beamtenrecht (Jedermanns Bücherei),* Breslau 1929.

–, *Das deutsche Berufsbeamtentum und die parlamentarische Demokratie,* Berlin–Leipzig 1928.

–, *Die Krise der kommunalen Selbstverwaltung,* Tübingen 1931.

–, »Die Neuordnung der kommunalen Selbstverwaltung«, in: *Der Städtetag* 27 (1933).

Kogon, Eugen, *Der SS-Staat. Das System der deutschen Konzentrationslager,* 3. Aufl., Frankfurt a. M. 1948.

Kolnai, Aurel, *The War Against the West,* London 1938.

Der Konkordatsprozeß (*Veröffentlichungen des Instituts für Staatslehre und Politik,* Bd. VII), München 1957.

Kops, Hans, »Das Akademische Wissenschaftliche Arbeitsamt (AWA), die Wehrsportorganisation der deutschen Studentenschaft. Seine Entstehung und Organisation«, in: *Deutsche Corpszeitung* 49 (1932/33).

Kordt, Erich, *Wahn und Wirklichkeit. Die Außenpolitik des Dritten Reiches,* 2. Aufl., Stuttgart 1948.

–, *Nicht aus den Akten. Die Wilhelmstraße in Frieden und Krieg. Erlebnisse, Begegnungen und Eindrücke 1928–1945,* Stuttgart 1950.

Korfes, Otto, *Grundsätze der Wehrwirtschaftslehre. Allgemeine Grundlagen der Wehrwirtschaft und Kriegswirtschaft,* Hamburg 1936.

Koszyk, Kurt, *Zwischen Kaiserreich und Diktatur. Die sozialdemokratische Presse von 1914 bis 1933,* Heidelberg 1958.

Kral, Josef, *Deutsche Katholiken und Nationalsozialismus. Versuch einer Synthese,* Abensberg 1934.

Krausnick, Helmut, »Der 30. Juni 1934. Bedeutung, Hintergründe, Verlauf«, in: *Das Parlament,* Beilage: *Aus Politik und Zeitgeschichte,* B XXV/54.

–, »Vorgeschichte und Beginn des militärischen Widerstandes gegen Hitler«, in: *Die Vollmacht des Gewissens,* hrsgg. von der Europäischen Publikation e. V., [München] 1956.

Krebs, Albert, *Tendenzen und Gestalten der NSDAP. Erinnerungen an die Frühzeit der Partei* (*Quellen und Darstellungen zur Zeitgeschichte,* Bd. 6), Stuttgart 1959.

Krieck, Ernst, »Der Neubau der Universität«, in: *Die deutsche Hochschule* 1, Marburg 1933.

–, *Nationalpolitische Erziehung,* 8. Aufl., Leipzig 1933.

Krieger, Leonhard, *The German Idea of Freedom. History of a Political Tradition,* Boston 1957.

Krockow, Christian Graf v., *Die Entscheidung. Eine Untersuchung über Ernst Jünger, Carl Schmitt, Martin Heidegger* (*Göttinger Abhandlungen zur Soziologie,* Bd. 3), Stuttgart 1958.

Kroll, Erwin, »Verbotene Musik«, in: *Vierteljahrshefte für Zeitgeschichte* 7 (1959).

Kroll, Gerhard, *Von der Weltwirtschaftskrise zur Staatskonjunktur,* Berlin 1958.

Kühnl, Reinhard, *Die nationalsozialistische Linke 1925–1930* (Marburger Abhandlungen zur politischen Wissenschaft, Bd. 6), Meisenheim

am Glan 1966.
Külz, Wilhelm, »Die Parteien und die Kommunalpolitik«, in: *Selbstverwaltung und Demokratie. Monatsschrift für demokratische Kommunalpolitik* 6, Nr. 2 (15. Februar 1933).
Künneth, Walther, *Der große Abfall. Eine geschichtstheologische Untersuchung der Begegnung zwischen Nationalsozialismus und Christentum,* Hamburg 1947.
Kuhn, Helmut, »Das geistige Gesicht der Weimarer Zeit«, in: *Zeitschrift für Politik* 8 (1961).
Deutsche Kultur im Neuen Reich. Wesen, Aufgabe und Ziel der Reichskulturkammer, Berlin 1934.
Kunz, Willi, *Ernst Krieck, Leben und Werk,* Leipzig 1942.
Kupisch, Karl, *Zwischen Idealismus und Massendemokratie. Eine Geschichte der evangelischen Kirche in Deutschland von 1815–1945,* Berlin 1955.
Deutschland wirtschaftliche Lage an der Jahreswende 1933/34 (*Berichte der Reichs-Kredit-Gesellschaft,* als Manuskript gedr.). Dass. für *1934/35.*
Lamm, Hans, *Die innere und äußere Entwicklung des deutschen Judentums im Dritten Reich,* Diss. Erlangen 1951.
Lammers, Clemens, *Autarkie, Planwirtschaft und berufsständischer Staat?,* Berlin 1932.
Lammers, Hans Heinrich, »Die Staatsführung im Dritten Reich«, in: *Deutsche Justiz* 96 (1934).
Lange, Karl, *Hitlers unbeachtete Maximen,* Stuttgart 1968.
Langemann, Hans, *Das Attentat. Eine kriminalwissenschaftliche Studie zum politischen Kapitalverbrechen,* Hamburg 1956.
Langenbucher, Hellmuth, *Nationalsozialistische Dichtung. Einführung und Übersicht,* Berlin 1935.
Langer, Walter C., *The Mind of Adolf Hitler. The Secret Wartime Report,* New York 1972.
Langhoff, Wolfgang, *Die Moorsoldaten. 13 Monate Konzentrationslager. Unpolitischer Tatsachenbericht,* Zürich 1935.
Lasswell, Harold Dwight, "The Psychology of Hitlerism", in: *Political Quarterly* 4 (1933).
Lauer, Klaus, *Die Polizei im nationalsozialistischen Staat,* Hamburg 1935.
Lautenbach, Wilhelm, *Zins, Kredit und Produktion,* Tübingen 1952.
Leber, Julius, *Ein Mann geht seinen Weg. Schriften, Reden und Briefe,* hrsgg. von seinen Freunden, Berlin-Schöneberg–Frankfurt a. M. 1952.
Lederer, J. J., «La sidérurgie européenne et les cartels avant le plan Schuman«, in: *Politique Etrangère* 16 (1951).
Leeb, Emil, *Aus der Rüstung des Dritten Reiches (Das Heereswaffenamt 1938–1945),* in: *Wehrtechnische Monatshefte,* Beiheft 4 (Mai 1958).
Leibbrandt, Gottlieb, *Stand, Staat, Volk* (*Gesellschaftswissenschaftliche Abhandlungen,* hrsgg. von Othmar Spann, Bd. V), Leipzig–Wien 1935.
Leibholz, Gerhard, »Ideologie und Macht in den zwischenstaatlichen Beziehungen des 20. Jahrhunderts«, in: *Göttinger Vorträge und*

Schriften 4 (1949).
–, »Das Phänomen des totalen Staates«, in: *Mensch und Staat in Recht und Geschichte* (Festschrift für Herbert Kraus), Kitzingen/Main 1954.
–, *Strukturprobleme der modernen Demokratie,* Karlsruhe 1958.
Leiß, Ludwig, *Großdeutsches Abstammungsrecht. Gesamtdarstellung mit einschlägigen Gesetzesbestimmungen,* Berlin–Leipzig–Wien 1943.
Leistritz, Karl, *Staatshandbuch des Volksgenossen,* 11. Aufl., Berlin-Südende 1936.
Leitfaden der Geschichte der Kommunistischen Internationale, Moskau–Leningrad 1934.
Lepawski, Albert, "The Nazis Reform the Reich", in: *American Political Science Review* 30 (1936).
Lerner, Daniel, *The Nazi Elite,* Stanford 1951.
Leschnitzer, Adolf, *The Magic Background of Modern Anti-Semitism. An analysis of the German-Jewish Relationship,* New York 1956.
Leuschner, Joachim, *Volk und Raum. Zum Stil der nationalsozialistischen Außenpolitik,* Göttingen 1958.
Ley, Robert, *Deutschland ist schöner geworden,* hrsgg. von Hans Dauer und Walter Kiehl, Berlin 1936.
Lingg, Anton, *Die Verwaltung der Nationalsozialistischen Deutschen Arbeiterpartei,* 4. Aufl., München 1941.
Lipset, Seymour Martin, »Der ›Faschismus‹ – die Linke, die Rechte und die Mitte«, in: *Kölner Zeitschrift für Soziologie und Sozialpsychologie* 11 (1959).
Litt, Theodor, "The National-Socialist Use of Moral Tendencies in Germany", in: *The Third Reich,* London 1955.
Lochner, Louis Paul, *Die Mächtigen und der Tyrann. Die deutsche Industrie von Hitler bis Adenauer,* Darmstadt 1955.
Löbe, Paul, *Der Weg war lang. Lebenserinnerungen,* 2. Aufl., Berlin 1954.
Loerke, Oskar, *Tagebücher 1903–1939,* hrsgg. von Herman Kasack, Heidelberg–Darmstadt 1955.
Lösener, Bernhard, und Friedrich August Knost, *Die Nürnberger Gesetze,* 3. Aufl., Berlin 1939.
Löwenstein, Karl, »Zum Machtverfall der Weimarer Republik«, in: *Zeitschrift für Politik* 4 (1957).
Löwith, Karl, »M. Heidegger, Denker in dürftiger Zeit«, in: *Neue Rundschau* 63 (1952).
Lohmann, Gertrud, *Friedrich Naumanns deutscher Sozialismus,* Berlin 1935.
Lohmann, Heinz, *SA räumt auf! Aus der Kampfzeit der Bewegung. Aufzeichnungen,* Hamburg 1933.
Lohmann, Karl, *Hitlers Staatsauffassung,* Berlin 1933.
Lorenz, Reinhold, *Der Staat wider Willen. Österreich 1918–1938,* 2. Aufl., Berlin 1941.
Lortz, Joseph, *Katholischer Zugang zum Nationalsozialismus kirchengeschichtlich gesehen,* Münster 1933.
Lüke, Rolf E., *Von der Stabilisierung zur Krise,* Zürich 1958.
Luetgebrune, Walter, *Neu-Preußens Bauernkrieg. Entstehung und Kampf der Landvolkbewegung,* Hamburg–Berlin–Leipzig 1931.

–, *Ein Kampf um Röhm,* Diessen vor München 1933.
Lukács, Georg, *Die Zerstörung der Vernunft,* Berlin 1954.
Lunau, Heinz, *Die geistige Situation der Deutschen. Untersuchung über den Zustand der politischen Wissenschaften in Deutschland, einschließlich des Völkerrechts,* Brüssel 1936.
Lutz, Hermann, »Fälschungen zur Auslandsfinanzierung Hitlers«, in: *Vierteljahrshefte für Zeitgeschichte* 2 (1954).
–, *German-French Unity. Basis for European Peace. Historical Facts for a Constructive Policy, 1870–1933,* Chicago 1957.
Maaß, Bruno, »Vorgeschichte der Spitzengliederung der früheren deutschen Luftwaffe (1920–1933)«, in: *Wehrwissenschaftliche Rundschau* 7 (1957).
Die neuen Männer. Verzeichnis der Dienststellenbesetzungen in Reichs- und Länderministerien, Berlin 1933.
Malaparte, Curzio [d. i. Karl Suckert], *Der Staatsstreich,* Leipzig–Wien 1932.
Malinowski, Wolfgang, »Das deutsch-englische Flottenabkommen vom 18. Juni 1935 als Ausgangspunkt für Hitlers doktrinäre Bündnispolitik«, in: *Wehrwissenschaftliche Rundschau* 5 (1955).
SS-Mann und Blutsfrage. Die biologischen Grundlagen und ihre sinngemäße Anwendung für die Erhaltung und Mehrung des nordischen Blutes, hrsgg. vom SS-Hauptamt-Schulungsamt, Berlin o. J.
Manstein, Erich v., *Aus einem Soldatenleben. 1887–1939,* Bonn 1958.
Marcks, Erich, »Das Reichsheer von 1919 bis 1935«, in: *Deutsche Heeresgeschichte,* hrsgg. von Karl Linnebach, Hamburg 1935 (2. Aufl., 1943).
Martini, Winfried, *Das Ende aller Sicherheit. Eine Kritik des Westens,* Stuttgart 1954.
Maser, Werner, *Hitlers Mein Kampf. Entstehung, Aufbau, Stil, Änderungen, Quellen, Quellenwert, kommentierte Auszüge,* München 1966.
–, *Adolf Hitler. Legende, Mythos, Wirklichkeit,* München/Esslingen 1971.
Mattern, Johannes, *Geopolitik: Doctrine of National Self-Sufficiency and Empire,* Baltimore 1942.
Matthias, Erich, *Sozialdemokratie und Nation. Ein Beitrag zur Ideengeschichte der sozialdemokratischen Emigration in der Prager Zeit des Parteivorstandes 1933–1938 (Veröffentlichungen des Instituts für Zeitgeschichte München),* Stuttgart 1952.
–, »Der Untergang der Sozialdemokratie«, in: *Vierteljahrshefte für Zeitgeschichte* 4 (1956).
–, »Die Sitzung der Reichstagsfraktion des Zentrums am 23. März 1933«, in: *Vierteljahrshefte für Zeitgeschichte* 4 (1956).
Matzerath, Horst, *Nationalsozialismus und kommunale Selbstverwaltung* (Schriftenreihe des Vereins für Kommunalwissenschaften, Bd. 29), Stuttgart–Berlin–Köln–Mainz 1970.
Mau, Hermann, »Die ›zweite Revolution‹ – der 30. Juni 1934«, in: *Vierteljahrshefte für Zeitgeschichte* 1 (1953).
Mau, Hermann, und Helmut Krausnick, *Deutsche Geschichte der jüngsten Vergangenheit 1933–1945,* Tübingen–Stuttgart 1956.
Medicus, Franz Albrecht, *Programm der Reichsregierung und Ermäch-*

tigungsgesetz (*Das Recht der nationalen Revolution,* H. 1), Berlin 1933.
–, *Das Reichsministerium des Innern. Geschichte und Aufbau,* Berlin 1940.
Mehrens, Bernhard, *Die Marktordnung des Reichsnährstandes (Schriften der Internationalen Konferenz für Agrarwissenschaft),* Berlin 1938.
Mehringer, Helmut, *Die NSDAP als politische Ausleseorganisation,* München 1938.
Meinck, Gerhard »Der Reichsverteidigungsrat«, in: *Wehrwissenschaftliche Rundschau* 6 (1956).
–, *Hitler und die deutsche Aufrüstung 1933–1937,* Wiesbaden 1959.
Meinecke, Friedrich, *Die deutsche Katastrophe. Betrachtungen und Erinnerungen,* 4. Aufl., Wiesbaden 1949.
–, *Politische Schriften und Reden,* hrsgg. und eingel. von Georg Kotowski (*Werke,* Bd. 2), Darmstadt 1958.
Meißner, Hans Otto, und Harry Wilde, *Die Machtergreifung. Ein Bericht über die Technik des nationalsozialistischen Staatsstreichs,* Stuttgart 1958.
Meißner, Otto, *Staatssekretär unter Ebert–Hindenburg–Hitler. Der Schicksalsweg des deutschen Volkes von 1918–1945, wie ich ihn erlebte,* Hamburg 1950.
Menne, Bernhard, *Krupp. Deutschlands Kanonenkönige,* Zürich 1937.
Merk, Walther, *Der Gedanke des gemeinen Besten in der deutschen Staats- und Rechtsentwicklung,* Weimar 1934.
Merkel, Hans, »Recht und Rechtsschöpfung im Reichsnährstand«, in: *Zeitschrift der Akademie für Deutsches Recht* 2 (1935).
Merker, Paul, *Deutschland. Sein oder nicht sein?* Bd. I, Mexico 1944.
Merkl, Adolf, *Die ständisch-autoritäre Verfassung Österreichs. Ein kritisch-systematischer Grundriß,* Wien 1935.
Merton, Richard, *Erinnernswertes aus meinem Leben, das über das Persönliche hinausgeht,* Frankfurt a. M. 1955.
Metnitz, Gustav Adolf v., *Die deutsche Nationalbewegung. 1871–1933,* Berlin 1939.
Meyer, Gerhard, *Neue ständische Formen,* Köln 1935.
Meyer, Henry Cord, *Mitteleuropa in German Thought and Action 1815–1945,* The Hague 1955.
Michaelis, Cassie, Heinz Michaelis, W. O. Somin, *Die braune Kultur. Ein Dokumentenspiegel,* Zürich 1934.
Miller, Max, *Eugen Bolz. Staatsmann und Bekenner,* Stuttgart 1951.
Milosz, Czeslaw, *Verführtes Denken,* Köln–Berlin 1953.
Milward, Alan S., *Die deutsche Kriegswirtschaft 1929–1945* (Schriftenreihe der Vierteljahrshefte für Zeitgeschichte 12), Stuttgart 1965.
Mirgeler, Albert, »Der Faschismus in der Geschichte des modernen Staates«, in: *Saeculum* 6 (1955).
Moeller, Hero, »Schacht als Geld- und Finanzpolitiker. Bemerkungen zu seiner Selbstdarstellung«, in: *Finanzarchiv,* N. F. 11 (1949).
Moeller van den Bruck, Arthur, *Das Dritte Reich,* 4. Aufl., Hamburg 1931.
Mößmer, Ferdinand, »Rassenmischehe und geltendes Recht«, in:

Zeitschrift der Akademie für Deutsches Recht 1 (1934).
Mohler, Armin, *Die konservative Revolution in Deutschland 1918–1932. Grundriß ihrer Weltanschauungen,* Stuttgart 1950.
Mommsen, Hans, *Beamtentum im Dritten Reich* (Schriftenreihe der Vierteljahrshefte für Zeitgeschichte 13), Stuttgart 1966.
Mommsen, Wilhelm, *Politische Geschichte von Bismarck bis zur Gegenwart. 1850–1933,* Frankfurt a. M. 1935.
Moore, Barrington, *Soziale Ursprünge von Diktatur und Demokratie. Die Rolle der Grundbesitzer und Bauern bei der Entstehung der modernen Welt,* Frankfurt a. M. 1966.
Morsey, Rudolf, »Aus westfälischer Wissenschaft und Politik«, in: *Westfälische Forschungen* 10 (1957).
–, »Hitlers Verhandlungen mit der Zentrumsführung am 31. Januar 1933«, in: *Vierteljahrshefte für Zeitgeschichte* 9 (1961).
Morstein Marx, Fritz, »Civil Service in Germany«, in: *Civil Service Personnel,* New York–London 1935.
–, *Government in the Third Reich,* 2. Aufl., New York–London 1937.
Mowat, Charles Loch, *Britain Between the Wars 1918–1940,* London 1955.
Mühlen, Norbert, *Die Krupps,* Frankfurt a. M. 1960.
Mühsam, Kurt, *Wie wir belogen wurden. Die amtliche Irreführung des deutschen Volkes,* München 1918.
Müller, Alfred, *Die neugermanischen Religionsbildungen der Gegenwart,* Bonn 1934.
Müller, Georg-Wilhelm, *Das Reichsministerium für Volksaufklärung und Propaganda* (*Schriften zum Staatsaufbau,* H. 43), Berlin 1940.
Müller, Heinz, »Die Reichsgruppe Industrie«, in: *Der Weg zum industriellen Spitzenverband,* hrsgg. vom Bundesverband der Deutschen Industrie, Darmstadt 1956.
Müller, Josef, *Die Entwicklung des Rassenantisemitismus in den letzten Jahrzehnten des 19. Jahrhunderts* (*Historische Studien,* H. 372), Berlin 1940.
Müller, Karl Alexander v., *Vom alten zum neuen Deutschland (1914–1938),* Stuttgart–Berlin 1938.
Müller, Karl Valentin, *Aufstieg des Arbeiters durch Rasse und Meisterschaft,* München 1935.
Müller, Willy, *Das soziale Leben im neuen Deutschland unter besonderer Berücksichtigung der Deutschen Arbeitsfront,* Berlin 1938.
Müller-Blattau, Josef, *Germanisches Erbe in deutscher Tonkunst,* Berlin 1938.
Müller-Hegemann, Dietfried, *Zur Psychologie des deutschen Faschisten,* Rudolstadt 1955.
Mueller-Hillebrand, Burkhart, *Das Heer 1933–1945. Entwicklung des organisatorischen Aufbaues,* Bd. I, Darmstadt 1954.
Münch, Kurt, *Wirtschaftliche Selbstverwaltung,* Hamburg 1936.
Münzenberg, Willi, *Propaganda als Waffe,* Basel [1937].
Mulatty, Frederick, *Fascism Inside England,* London 1946.
Muschg, Walter, *Die Zerstörung der deutschen Literatur,* Bern 1956.
Muschler, Reinhold Conrad, *Das deutsche Führerbuch. Sieger aus eigener Kraft,* Berlin 1933.

–, *Ein deutscher Weg,* Leipzig 1933.
Nadler, Josef, *Literaturgeschichte der deutschen Stämme und Landschaften,* 1. Aufl., 3 Bde., Regensburg 1912–1918.
(4. Aufl., 4 Bde., Berlin 1938–1941: *Literaturgeschichte des deutschen Volkes.*)
–, *Das stammhafte Gefüge des deutschen Volkes,* München 1934.
–, *Nation, Staat, Dichtung,* München 1934.
Nadolny, Rudolf, *Germanisierung oder Slawisierung,* Berlin 1928.
–, *Mein Beitrag,* Wiesbaden 1955.
Namier, Sir Lewis, *In the Nazi Era,* London 1952.
Was wir vom Nationalsozialismus erwarten. Zwanzig Antworten, hrsgg. von Albrecht Erich Günther, Heilbronn 1932.
Die Nationalversammlung von Potsdam. Deutschlands große Tage 21. bis 23. März 1933, mit verbindendem Text von Hans Wendt, Berlin 1933.
Naumann, Hans, *Deutsche Nation in Gefahr,* Stuttgart 1932.
–, *Wandlung und Erfüllung,* Stuttgart 1934.
Nawiasky, Hans, *Die Stellung des Berufsbeamtentums im parlamentarischen Staat,* München 1926.
Nazis Against the World. The Counter-Boycott is the Only Defensive Weapon Against Hilterism's World-Threat to Civilization. Selected Speeches from World Leaders of Public Opinion, issued by the Non-Sectarian Anti-Nazi League to Champion Human Rights, New York o. J. [1934].
Neeß, Hermann, *Der Beamte im Geschehen der Zeit,* Berlin 1936.
Neeße, Gottfried, *Partei und Staat,* Hamburg 1936.
Nell-Breuning, Oswald v., »Ständischer Gesellschaftsaufbau«, in: *Handwörterbuch der Sozialwissenschaften,* Bd. XII, Stuttgart–Tübingen–Göttingen 1956.
Neufeldt, Hans-Joachim, Jürgen Huck und Georg Tessin, *Zur Geschichte der Ordnungspolizei 1936–1945* (*Schriften des Bundesarchivs,* Bd. 3), als Manuskr. gedr., Koblenz 1957.
Neuhäusler, Johann, *Kreuz und Hakenkreuz. Der Kampf des Nationalsozialismus gegen die katholische Kirche und den kirchlichen Widerstand,* Bd. I, 2. Aufl., München 1946.
Neumann, Franz Leopold, *Behemoth. The Structure and Practice of National Socialism,* 2. Aufl., New York 1944.
–, »Intellektuelle und politische Freiheit«, in: *Sociologica. Aufsätze Max Horkheimer zum sechzigsten Geburtstag gewidmet* (*Frankfurter Beiträge zur Soziologie,* Bd. 1), Frankfurt a. M. 1955.
–, *The Democratic and the Authoritarian State. Essays in Political and Legal Theory,* ed. by Herbert Marcuse, Glencoe (Ill.) 1957.
Neumann, Sigmund, »Englische Wandlungen«, in: *Die Hilfe* 40 (1934).
–, *Permanent Revolution. The Total State in a World at War,* New York–London 1942.
Neurohr, Jean, *Der Mythos vom Dritten Reich. Zur Geistesgeschichte des Nationalsozialismus,* Stuttgart 1957.
Neusüß-Hunkel, Ermenhild, *Die SS* (*Schriftenreihe des Instituts für wissenschaftliche Politik,* Bd. 2), Hannover–Frankfurt a. M. 1956.
Nicolai, Helmut, *Der Staat im nationalsozialistischen Weltbild (Neuge-*

staltung von Recht und Wirtschaft, hrsgg. von C. Schaeffer, H. 1), Leipzig 1933.

–, *Die rassengesetzliche Rechtslehre. Grundzüge einer nationalsozialistischen Rechtsphilosophie* (*Nationalsozialistische Bibliothek,* H. 39), 3. Aufl., München 1934.

–, *Grundlagen der kommenden Verfassung. Über den staatsrechtlichen Aufbau des Dritten Reiches,* Berlin 1933.

–, *Staat, Behörden und Beamte in Waldeck 1814–1868* (*Geschichtsblätter für Waldeck,* 48. Bd.), Waldeck 1956.

Niederer, Werner, *Der Ständestaat des Faschismus. Der italienische Berufsverein und seine rechtliche Struktur,* München–Leipzig 1932.

Niekisch, Ernst, *Das Reich der niederen Dämonen,* Hamburg 1953.

–, *Gewagtes Leben,* Köln–Berlin 1958.

Niemöller, Wilhelm, *Kampf und Zeugnis der Bekennenden Kirche,* Bielefeld 1948.

–, *Bekennende Kirche in Westfalen,* Bielefeld 1952.

–, *Die Evangelische Kirche im Dritten Reich. Handbuch des Kirchenkampfes,* Bielefeld 1956.

Nilson, Sten S., »Wahlsoziologische Probleme des Nationalsozialismus«, in: *Zeitschrift für die gesamte Staatswissenschaft* 110 (1954).

Noakes, Jeremy, *The Nazi Party in Lower Saxony 1921–1933,* Oxford 1971.

Nolte, Ernst, *Der Faschismus in seiner Epoche. Action française, Italienischer Faschismus, Nationalsozialismus,* München 1963.

–, *Die faschistischen Bewegungen. Die Krise des liberalen Systems und die Entwicklung der Faschismen* (dtv-Weltgeschichte des 20. Jahrhunderts, Bd. 4), München 1966.

–, Hrsg., *Theorien über den Faschismus* (Neue Wissenschaftliche Bibliothek), Köln–Berlin 1967.

Norden, Albert, *Lehren deutscher Geschichte. Zur politischen Rolle des Finanzkapitals und der Junker,* Berlin 1947.

Noske, Gustav, *Erlebtes aus Aufstieg und Niedergang einer Demokratie,* Offenbach a. M. 1947.

Obermann, Emil, *Soldaten, Bürger, Militaristen. Militär und Demokratie in Deutschland,* Stuttgart 1958.

Oehme, Walther, und Kurt Caro, *Kommt das »Dritte Reich«?* Berlin 1930.

Oertzen, Friedrich Wilhelm v., *Die deutschen Freikorps 1918–1923,* 6. Aufl., München 1939.

Oertzen, Karl Ludwig v., *Rüstung und Abrüstung. Eine Umschau über das Heer- und Kriegswesen aller Länder,* Berlin 1929.

Okraß, Hermann, *»Hamburg bleibt rot«. Das Ende einer Parole,* Hamburg 1934.

Olden, Rudolf, *Hitler,* Amsterdam 1936.

Organisation der Deutschen Arbeitsfront und der NS-Gemeinschaft Kraft durch Freude, Berlin–Leipzig o. J. [1934].

Organisationsbuch der NSDAP, hrsgg. vom Reichsorganisationsleiter der NSDAP, 2. Aufl., München 1937.

Orlow, Dietrich, *The History of the Nazi Party,* Pittsburgh 1969.

Pachter, Henry M., "Freedom and Democracy in Germany", in:

World Politics 11 (1959).
Paetel, Karl O., »Der Schwarze Orden. Zur Literatur über die ›SS‹«, in: *Neue Politische Literatur* 3 (1958).
Papen, Franz v., *Der Wahrheit eine Gasse,* München 1952.
–, *Memoirs,* London 1952.
Pareto, Vilfredo, *The Mind and Society,* ed. by Arthur Livingston, 4 Bde., 3. Aufl., New York 1942.
Parteien in der Bundesrepublik. Studien zur Entwicklung der deutschen Parteien bis zur Bundestagswahl 1953 (*Schriften des Instituts für politische Wissenschaft,* Bd. 6), Stuttgart–Düsseldorf 1955.
Parteitage der NSDAP:
Der Kongreß zu Nürnberg vom 5. bis 10. September 1934. Offizieller Bericht über den Verlauf des Reichsparteitages mit sämtlichen Reden, München 1934.
Der große Reichsparteitag der NSDAP in Nürnberg vom 1. bis. 3. September 1933. Der Kongreß des Sieges, Dresden 1934.
Der Parteitag der Freiheit vom 10. bis 16. September 1935. Offizieller Bericht, 2. Aufl., München 1935.
Pascal, Roy, *The Nazi Dictatorship,* London 1934.
Peace and War. US Foreign Policy 1931–1934, Washington 1943.
Pechel, Rudolf, *Deutscher Widerstand,* Erlenbach–Zürich 1947.
–, *Zwischen den Zeilen. Der Kampf einer Zeitschrift für Freiheit und Recht. 1932–1942. Aufsätze*, Wiesentheid 1948.
Pelloux, Robert, *Le parti national-socialiste et ses rapports avec l'état,* Paris 1936.
Perroux, François, *Des mythes hitlériens á l'Europe allemande,* 2. Aufl., Paris 1940.
The Authoritarian Personality (Studies in Prejudice Series, vol. 3), New York 1950.
Peters, Hans, *Grenzen der kommunalen Selbstverwaltung,* Berlin 1926.
–, *Lehrbuch der Verwaltung,* Berlin–Göttingen–Heidelberg 1949.
–, »Der Kampf um den Verwaltungsstaat«, in: *Verfassung und Verwaltung in Theorie und Wirklichkeit. Festschrift für Wilhelm Laforet* (*Veröffentlichungen des Instituts für Staatslehre und Politik in Mainz,* Bd. 3), München 1952.
Petersen, Julius, *Die Sehnsucht nach dem Dritten Reich in deutscher Sage und Dichtung,* Stuttgart 1934.
Petersen, Kurt, »Zur großwirtschaftlichen Neugestaltung«, in: *Braune Wirtschafts-Post* 2 (1933).
Peterson, Edward N., *The Limits of Hitler's Power,* Princeton, N.J. 1969.
Petwaidic, Walter, *Die autoritäre Anarchie. Streiflichter des deutschen Zusammenbruchs,* Hamburg 1946.
Pfaff, Alfred, *Wege zur Brechung der Zinsknechtschaft,* München 1932.
Phelps, Reginald H., »Aus den Groener-Dokumenten«, in: *Deutsche Rundschau* 76 (1950).
–, »Aus den Groener-Dokumenten«, in: *Deutsche Rundschau* 77 (1951).
Picker, Henry, *Hitlers Tischgespräche im Führerhauptquartier 1941–1942,* Bonn 1951.
Pikart, Eberhard, »Preußische Beamtenpolitik 1918–1933«, in: *Viertel-*

jahrshefte für Zeitgeschichte 6 (1958).

Pitsch, Ilse, *Das Theater als politisch-publizistisches Führungsmittel im Dritten Reich,* Diss. Münster 1952.

»Plaidoyer des Generalstaatsanwalts in Freiburg im Prozeß gegen Heinrich Tillessen« (27. November 1946), in: *Die Wandlung* 2 (1947).

Plessner, Helmuth, *Das Schicksal des deutschen Geistes im Ausgang seiner bürgerlichen Epoche,* Zürich–Leipzig 1935, Neuaufl. u. d. T.: *Die verspätete Nation. Über die politische Verführbarkeit bürgerlichen Geistes,* Stuttgart 1959.

Pleyer, Klemens, *Die Vermögens- und Personalverwaltung der deutschen Universitäten. Ein Beitrag zum Problemkreis Universität und Staat,* Marburg 1955.

Poetzsch-Heffter, Fritz, »Vom Staatsleben unter der Weimarer Verfassung, III. Teil (vom 1. Januar 1929 bis 31. Januar 1933)«, in: *Jahrbuch des öffentlichten Rechts der Gegenwart* 21 (1934).

–, »Vom Deutschen Staatsleben (vom 30. Januar bis 31. Dezember 1933)«, in: *Jahrbuch des öffentlichen Rechts der Gegenwart* 22 (1935).

Pohle, Heinz, *Der Rundfunk als Instrument der Politik. Zur Geschichte des deutschen Rundfunks von 1923–1938* (*Wissenschaftliche Schriftenreihe für Rundfunk und Fernsehen,* Bd. 1), Hamburg 1955.

Poliakov, Léon, "The Weapon of Antisemitism", in: *The Third Reich,* London 1955.

Poliakov, Léon, und Josef Wulf, *Das Dritte Reich und die Juden. Dokumente und Aufsätze,* Berlin-Grunewald 1955.

–, *Das Dritte Reich und seine Denker. Dokumente,* Berlin-Grunewald 1959.

Pollock, James Kerr, und Homer Thomas, *Germany in Power and Eclipse. The Background of German Development,* New York–Toronto–London 1952.

Popitz, Johannes, »Zentralismus und Selbstverwaltung«, in: *Volk und Reich der Deutschen. Vorlesungen, gehalten in der Deutschen Vereinigung für Staatswissenschaftliche Fortbildung,* hrsgg. von Bernhard Harms, Bd. II, Berlin 1929.

[–], *Johannes Popitz zum Gedächtnis,* Sondernummer der *Finanzrundschau* 5 (1954).

Portmann, Heinrich, *Kardinal von Galen,* 2. Aufl., Münster 1950.

Presse in Fesseln. Eine Schilderung des NS-Pressetrusts, Berlin 1948.

Preußen, Prinz Louis Ferdinand v., *Als Kaiserenkel durch die Welt,* Berlin 1952.

Prion, Willi, *Das Finanzwunder. Die Geldbeschaffung für den deutschen Wirtschaftsaufschwung,* Berlin-Wilmersdorf 1938.

Prittwitz und Gaffron, Friedrich v., *Zwischen Petersburg und Washington. Ein Diplomatenleben,* München 1952.

Das Problem des Reichsrats. Leitsätze mit Begründung, Gesetzentwürfe mit Begründung, Vergleiche mit anderen Staaten, hrsgg. vom Bund zur Erneuerung des Reiches, Berlin 1930.

Über die Probleme der deutschen Außenwirtschaft, Gutachten des Instituts für Konjunkturforschung, Berlin 1936.

Probleme des deutschen Wirtschaftslebens. Erstrebtes und Erreichtes.

Eine Sammlung von Abhandlungen, hrsgg. vom Deutschen Institut für Bankwissenschaft und Bankwesen, Berlin–Leipzig 1937.

»Promemoria eines bayerischen Richters zu den Junimorden 1934«, in: *Vierteljahrshefte für Zeitgeschichte* 5 (1957).

Prophetien wider das Dritte Reich. Aus den Schriften des Dr. Fritz Gerlich und des Pastors Ingbert Naab, ges. von Johannes Steiner, München 1946.

Quentin, Emil, *Die Deutschen als Volk für andere,* Berlin–Leipzig 1938.

Rabenau, Friedrich v., *Die alte Armee und die junge Generation. Kritische Betrachtungen,* Berlin 1925.

–, *Seeckt. Aus seinem Leben 1918–1936,* Leipzig 1940.

Radbruch, Gustav, *Der innere Weg. Aufriß meines Lebens,* Stuttgart 1951.

Raeder, Erich, *Mein Leben,* Bd. I, Tübingen 1956.

Rämisch, Raimund, »Der berufsständische Gedanke als Episode in der nationalsozialistischen Politik«, in: *Zeitschrift für Politik,* N.F. 4 (1957).

Ramcke, Bernhard, *Vom Schiffsjungen zum Fallschirmjäger-General,* Berlin 1943.

Rantzau, Johann Albrecht v., "The Glorification of the State in German Historical Writing", in: *German History. Some New German Views,* ed. by Hans Kohn, London 1954.

Ratzel, Friedrich, *Erdenmacht und Völkerschicksal. Eine Auswahl aus seinen Werken,* Stuttgart 1940.

Rauschning, Hermann, *Die Revolution des Nihilismus. Kulisse und Wirklichkeit im Dritten Reich,* 4. Aufl., Zürich–New York 1938, Neuauflage 1964.

–, *Gespräche mit Hitler,* 4. Aufl., Zürich–Wien–New York 1940.

Rave, Paul Ortwin, *Kunstdiktatur im Dritten Reich,* Hamburg 1949.

Réal, Jean, "The Religious Conception of Race: Houston Stewart Chamberlain and German Christianity", in: *The Third Reich,* London 1955.

Reche, Otto, »Das Problem der Auslese für das Hochschulstudium«, in: *Volk und Rasse* 9 (1934).

Die Rechtsentwicklung der Jahre 1933 bis 1935/36, hrsgg. von Erich Volkmann, Alexander Elster, Günther Küchenhoff (*Handwörterbuch der Rechtswissenschaft,* Bd. VIII), Berlin–Leipzig 1937.

Rehm, Max, »Carl Goerdeler«, in: *Staats- und Kommunal-Verwaltung,* H. 2 (Februar 1956).

Das Dritte Reich und Europa. Bericht über die Tagung des Instituts für Zeitgeschichte in Tutzing, Mai 1956, München 1957.

The Third Reich, London 1955.

Reichmann, Eva Gabriele, *Die Flucht in den Haß. Die Ursachen der deutschen Judenkatastrophe,* Frankfurt a. M. [1956].

Der Reichsführer SS. Der Chef des Sicherheitshauptamtes, *Zersetzung der nationalsozialistischen Grundwerte im deutschsprachigen Schrifttum seit 1933,* Sonderbericht, Nr. 245 (Juni 1936; hektogr.).

Reichstagsbrandprozeß. Dokumente, Briefe, Aufzeichnungen, Berlin 1946.

Reichstags-Handbuch, VIII. Wahlperiode 1933, Berlin 1933.

Der Großdeutsche Reichstag. 4. Wahlperiode. Beginn am 10. April 1938, verlängert bis zum 30. Januar 1947, hrsgg. von Ernst Kienast, Berlin 1943.

Reinhardt, Fritz, *Die Herrschaft der Börse* (*Nationalsozialistische Bibliothek,* H. 2), München 1927.

–, *Generalplan gegen die Arbeitslosigkeit. Vortrag, gehalten im Klub zu Bremen,* Oldenburg 1933.

Reischle, Hermann, »Nationalsozialistische Rechtsgestaltung im Reichsnährstand«, in: *Zeitschrift der Akademie für Deutsches Recht* 2 (1935).

Reithinger, Anton, *Am Wendepunkt der Konjunktur,* Berlin 1932.

–, *Stand und Ursachen der Arbeitslosigkeit in Deutschland* (*Vierteljahrshefte zur Konjunkturforschung,* Sonderheft 29), Berlin 1932.

Reitlinger, Gerald, *Die Endlösung. Hitlers Versuch der Ausrottung der Juden Europas 1939 bis 1945,* Berlin 1956.

–, *Die SS. Tragödie einer deutschen Epoche,* Wien–München–Basel 1957.

Reitmann, Erwin, *Horst Wessel. Leben und Sterben,* Berlin 1933.

Reitz, Wilhelm, "German Higher Education and National Socialism", in: *Journal of Higher Education* 5 (1934).

Nazi-Soviet Relations, 1939–1941. Documents from the Archives of the German Foreign Office, ed. by Raymond James Sontag and James Stuart Beddie, Washington 1948.

Religionsfreiheit. Amtliche Dokumente. Worte führender Männer, 5. Aufl., Zwickau 1936.

Renner, Karl, *Österreich von der ersten zur zweiten Republik,* Wien 1953.

Reupke, Hans, *Das Wirtschaftssystem des Faschismus,* Berlin 1930.

–, *Der Nationalsozialismus und die Wirtschaft. Erläuterung der wirtschaftlichen Programmpunkte und Ideenlehre der nationalsozialistischen Bewegung,* Berlin 1931.

–, *Unternehmer und Arbeiter in der faschistischen Wirtschaftsidee,* Berlin 1931.

Reventlow, Ernst Graf, *Deutscher Sozialismus. Civitas Dei Germanica,* Weimar 1930.

Rheinbaben, Werner Frhr. v., *Viermal Deutschland. Aus dem Erleben eines Seemanns, Diplomaten, Politikers 1895–1954,* Berlin 1954.

Ribbentrop, Joachim v., *Zwischen London und Moskau. Erinnerungen und letzte Aufzeichnungen,* Leoni 1953.

Richtlinien für die Parteigeschichte der NSDAP in der Fassung vom 17. Februar 1934, hrsgg. von der Reichsleitung der NSDAP, München 1934.

Rieck, Heinz, *Volkstum und Wissenschaft* (*Gesellschaftswissenschaftliche Abhandlungen,* hrsgg. von Othmar Spann, Bd. VII), Leipzig–Wien 1937.

Rieckhoff, Herbert Joachim, *Trumpf oder Bluff? 12 Jahre deutsche Luftwaffe,* Genf 1945.

Riemer, Hans, *Volk und Wirtschaft. Herkunft und Ziele ständischer Wirtschaftsverfassung,* Bonn 1933.

Rieß, Curt, *Joseph Goebbels. Eine Biographie,* Baden-Baden 1950.

Rimscha, Hans v., »Zur Gleichschaltung der deutschen Volksgruppen durch das Dritte Reich«, in: *Historische Zeitschrift* 182 (1956).

Ritter, Emil, *Der Weg des politischen Katholizismus in Deutschland,* Breslau 1934.

Ritter, Gerhard, »Die Fälschung des deutschen Geschichtsbildes im Hitlerreich«, in: *Deutsche Rundschau* 70 (April 1947).

–, *Europa und die deutsche Frage. Betrachtungen über die geschichtliche Eigenart des deutschen Staatsdenkens,* München 1948.

–, *Carl Goerdeler und die deutsche Widerstandsbewegung,* Stuttgart 1954.

–, *Staatskunst und Kriegshandwerk. Das Problem des Militarismus in Deutschland,* Bd. I (1740–1890), München 1954.

–, "The Historical Foundations of the Rise of National-Socialism", in: *The Third Reich,* London 1955.

Ritterbusch, Paul, *Idee und Aufgabe der Reichsuniversität* (*Der deutsche Staat der Gegenwart,* H. 8), Hamburg 1935.

Ritthaler, Anton, »Eine Etappe auf Hitlers Weg zur ungeteilten Macht«, in: *Vierteljahrshefte für Zeitgeschichte* 8 (1960).

Rock, Christa Maria, und Hans Brückner, *Das musikalische Juden-ABC,* München 1935.

Röhm, Ernst, *Die Geschichte eines Hochverräters,* 4. neubearb. Aufl., München 1933.

–, »SA und deutsche Revolution«, in: *Nationalsozialistische Monatshefte,* Nr. 31 (1933).

Rößle, Wilhelm, *Ständestaat und politischer Staat* (*Recht und Staat in Geschichte und Gegenwart,* H. 113), Tübingen 1934.

Rogge, Heinrich, *Hitlers Versuche zur Verständigung mit England,* Berlin 1940.

Rogger, Hans und Eugen Weber, *The European Right. A Historical Profile,* London 1965.

Roh, Franz, *Geschichte der deutschen Kunst von 1900 bis zur Gegenwart,* München 1958.

Rohr, Hans Olof v., Hrsg., *Großgrundbesitz im Umbruch der Zeit,* Berlin 1935.

Roos, Hans, »Die ›Präventivkriegspläne‹ Pilsudskis von 1933«, in: *Vierteljahrshefte für Zeitgeschichte* 3 (1955).

–, *Polen und Europa. Studien zur polnischen Außenpolitik 1931–1939* (*Tübinger Studien zur Geschichte und Politik,* Bd. 7), Tübingen 1957.

Rosenberg, Alfred, *Wesen, Grundsätze und Ziele der Nationalsozialistischen Deutschen Arbeiterpartei. Das Programm der Bewegung,* München 1930.

–, *Das Wesensgefüge des Nationalsozialismus. Grundlagen der deutschen Wiedergeburt,* München 1932 (10. Aufl., 1934).

–, *Der Mythus des 20. Jahrhunderts. Eine Wertung der seelisch-geistigen Gestaltenkämpfe unserer Zeit,* 67.–70. Aufl., München 1935.

–, *Gestaltung der Idee. Reden und Aufsätze von 1933–1935,* München 1936.

–, *Weltanschauung und Wissenschaft* (*Nationalsozialistische Wissenschaft,* Schriftenreihe der *NS-Monatshefte,* H. 6), München 1936.

–, *Weltanschauung und Glaubenslehre* (*Schriften der Hallischen Wissenschaftlichen Gesellschaft,* Bd. 4), Halle/S. 1939.

–, Tagebuch s. Seraphim, Hans-Günther.
Rosenberg, Arthur, *Geschichte der deutschen Republik,* Karlsbad 1935.
–, *Entstehung und Geschichte der Weimarer Republik,* Frankfurt a. M. 1955.
Rosenberg, Hans, *Bureaucracy, Aristocracy and Autocracy. The Prussian Experience, 1660–1815,* Cambridge 1958.
Rosenstock, Werner, "Jewish Emigration from Germany", in: *Publications of the Leo Baeck Institute, Year Book I,* London 1956.
Ross, Dieter, *Hitler und Dollfuß. Die deutsche Österreich-Politik 1933–1934,* Hamburg 1966.
Rossbach, Gerhard, *Mein Weg durch die Zeit. Erinnerungen und Bekenntnisse,* Weilburg/Lahn 1950.
Rossitter, Clinton L., *Constitutional Dictatorship. Crisis Government in the Modern Democracies,* Princeton 1948.
Rosten, Curt, *Das ABC des Nationalsozialismus,* 6. Aufl., Berlin 1933.
Roth, Jack J., »Sorel und die totalitären Systeme«, in: *Vierteljahrshefte für Zeitgeschichte* 6 (1958).
Rothfels, Hans, »Sinn und Grenzen des Primats der Außenpolitik«, in: *Außenpolitik* 6 (1955).
–, »Vom Primat der Außenpolitik«, in: *Außenpolitik* 1 (1950).
–, *Gesellschaftsform und auswärtige Politik* (*Geschichte und Politik,* H. 5), Laupheim 1951.
–, *Die deutsche Opposition gegen Hitler. Eine Würdigung* (*Fischer-Bücherei,* Bd. 198), Frankfurt a. M.–Hamburg 1958.
Rothstein, Andrew, *The Munich Conspiracy,* London 1958.
Rüdiger, Wilhelm, »Grundlagen deutscher Kunst«, in: *NS-Monatshefte* 4, H. 43 (Oktober 1933).
Rühle, Gerd, *Das Dritte Reich. Dokumentarische Darstellung des Aufbaues der Nation.* Ergänzungsband: *Die Kampfjahre 1918–1933,* Berlin [1936].
–, *Rasse und Sozialismus im Recht* (*Deutsche Rechtsbücherei,* hrsgg. von Hans Frank), Berlin [1935].
Rüstow, Alexander, *Ortsbestimmung der Gegenwart. Eine universalgeschichtliche Kulturkritik,* 3 Bde., Erlenbach–Zürich 1950–1957.
Ruge, Friedrich, *Der Seekrieg 1939–1945,* Stuttgart 1954.
Ruhland, Gustav, *System der politischen Ökonomie,* bearb. von Günther Pacyna, Goslar 1939.
Russell, Bertrand, "The Revolt Against Reason", in: *Atlantic Monthly,* Febr. 1935.
Rychner, Max, »Bemerkungen zum deutschen Schriftleitergesetz«, in: *Neue Zürcher Zeitung,* Nr. 1830 (10. Oktober 1933).
Sack, Alfons, *Der Reichstagsbrand-Prozeß,* Berlin 1934.
Salomon, Ernst v., *Die Geächteten,* Gütersloh 1930.
–, *Der Fragebogen,* Hamburg 1951.
Sauer, Wilhelm, *Kriminalsoziologie,* Berlin 1933.
–, *Kriminologie als reine und angewandte Wissenschaft. Ein System juristischer Tatsachenforschung,* Berlin 1950.
Sauer, Wolfgang, »Armee und Politik in Deutschland«, in: *Neue Politische Literatur* 4 (1959).
–, »Die Reichswehr«, in: Karl Dietrich Bracher, *Die Auflösung der*

Weimarer Republik. Eine Studie zum Problem des Machtverfalls in der Demokratie (*Schriften des Instituts für politische Wissenschaft*, Bd. 4), Teil I, IX. Kapitel, 3. Aufl., Stuttgart–Düsseldorf 1960.
Sauberzweig, Dieter, »Die Kapitulation der deutschen Universitäten«, in: *Die Zeit* 16 (1961), Nr. 11 ff.
Schacht, Hjalmar, *Nicht reden, handeln! Deutschland, nimm dein Schicksal selbst in die Hand* (Rede ... am 3. Dezember 1930), Berlin o. J. [1931?].
[–,] *Schacht in seinen Äußerungen*, im Auftrag des Reichsbankdirektoriums zusammengestellt in der Statistischen Abteilung der Reichsbank, Berlin 1937.
–, *Abrechnung mit Hitler*, Hamburg–Stuttgart 1948.
–, *76 Jahre meines Lebens*, Bad Wörishofen 1953.
Schäfer, August Max, *Konzentrationslager Oranienburg. Das Anti-Braunbuch über das erste deutsche Konzentrationslager*, Berlin [1934].
Schäfer, Leopold, Hans Richter und Josef Schafheutle, *Die Strafgesetznovellen von 1933 mit Ausführungsvorschriften*, Berlin 1934.
–, *Die Novellen zum Strafrecht und Strafverfahren von 1935 ...*, Berlin 1936.
S., R. [Schäfer, Rudolf], »Die Vorgänge um das Ermächtigungsgesetz von 1933«, in: *Frankfurter Hefte* 2 (1947).
Schäfer, Wolfgang, *NSDAP. Entwicklung und Struktur der Staatspartei des Dritten Reiches* (*Schriftenreihe des Instituts für wissenschaftliche Politik*, Marburg/Lahn, Nr. 3), Hannover–Frankfurt a. M. 1956.
Schaffstein, Friedrich, *Politische Strafrechtswissenschaft* (*Der deutsche Staat der Gegenwart*, Heft 4), Hamburg 1934.
Schallaufnahmen politischen Inhalts des Deutschen Rundfunks. 31. Januar 1933 bis 15. Januar 1935, Berlin 1935.
Schaller, Hermann, *Die Schule im Staate Adolf Hitlers. Eine völkische Grundlegung*, Breslau 1935.
Schaumburg-Lippe, Friedrich Christian zu, *Zwischen Krone und Kerker*, Wiesbaden 1952.
Schellenberg, Walter, *The Labyrinth. Memoirs*, New York 1956.
Schemann, Ludwig, *Die Rasse in den Geisteswissenschaften, Studie zur Geschichte des Rassengedankens*, 3 Bde., München–Berlin 1928.
[Schemm, Hans], *Hans Schemm spricht*, bearb. von Gertrud Kahl-Furthmann, Bayreuth 1935.
Scheringer, Richard, *Das große Los unter Soldaten, Bauern und Rebellen*, Hamburg 1959.
Scheunemann, Walther, *Der Nationalsozialismus. Quellenkritische Studie einer Staats- und Wirtschaftsauffassung*, Berlin 1931.
Scheuner, Ulrich, »Das Verordnungsrecht der Länder nach dem Gesetz über den Neuaufbau des Reiches«, in: *Reichsverwaltungsblatt und Preußisches Verwaltungsblatt* 55 (1934).
–, »Die nationale Revolution. Eine staatsrechtliche Untersuchung«, in: *Archiv des öffentlichen Rechts* (1933/34).
Schieder, Theodor, *Die Probleme des Rapallo-Vertrags. Eine Studie über die deutsch-russischen Beziehungen 1922–1926*, Köln–Opladen

1956.
Schiffer, Eugen, *Die deutsche Justiz. Grundzüge einer durchgreifenden Reform,* Berlin 1928.
Schiller, Karl, *Arbeitsbeschaffung und Finanzordnung in Deutschland* (*Zum wirtschaftlichen Schicksal Europas,* II. Teil, 4. H.), Berlin 1936.
Schilling, Hans, »Richard Wagners ethischer Nationalsozialismus«, in: *NS-Monatshefte* 4, H. 40 (Juli 1933).
Schirach, Baldur v., *Die Pioniere des Dritten Reiches,* Essen [1933].
–, *Revolution der Erziehung,* München 1938 (4. Aufl., 1943).
Schlabrendorff, Fabian v., *Offiziere gegen Hitler,* 2. Aufl., Zürich–Wien–Konstanz [1950].
Schlegelberger, Franz, *Was erwarten das deutsche Volk und der deutsche Jurist von der Vereinheitlichung der deutschen Justiz. Vortrag . . .,* Berlin 1934.
Die Schleife. Dokumente zum Weg von Ernst Jünger, zusammengestellt von Armin Mohler, Zürich 1955.
Schlemmer, Oskar, *Briefe und Tagebücher,* München 1958.
Schlossarek, Max, *Nationalsozialistische Revolution in der humanistischen Bildung,* Breslau 1933.
Schmahl, Eugen, und Wilhelm Seipel, *Entwicklung der völkischen Bewegung,* Gießen 1933.
Schmalz, Kurt, *Nationalsozialisten ringen um Braunschweig,* Braunschweig–Berlin–Hamburg 1934.
Schmaus, Michael, *Begegnungen zwischen katholischem Christentum und nationalsozialistischer Weltanschauung,* Regensburg 1933.
Schmeer, Karlheinz, *Die Regie des öffentlichen Lebens im Dritten Reich,* München 1956.
Schmidt, Kurt Dietrich, *Die Bekenntnisse und grundsätzlichen Äußerungen zur Kirchenfrage 1933–1935,* 3 Bde., Göttingen 1934–1936.
–, *Grundriß der Kirchengeschichte,* Bd. IV, Göttingen 1954.
Schmidt, Paul, *Statist auf diplomatischer Bühne 1923–1945. Erlebnisse eines Chefdolmetschers im Auswärtigen Amt mit den Staatsmännern Europas,* Bonn 1950.
Schmidt-Hannover, Otto, *Umdenken oder Anarchie,* Göttingen 1959.
Schmidt-Leonhardt, Hans, und Peter Gast, *Das Schriftleitergesetz vom 4. Oktober 1933 nebst den einschlägigen Bestimmungen* (*Taschen-Gesetzsammlung* 157), Berlin 1934.
Schmidt-Pauli, Edgar v., *Geschichte der Freikorps 1918–1924,* Stuttgart 1936.
Schmieder, Gottfried, *Die Beschränkung der Regierungsgewalt durch eigenständische Organisationen in Österreich,* Diss. Leipzig, Innsbruck 1935.
Schmitt, Carl, *Die geistesgeschichtliche Lage des heutigen Parlamentarismus,* 1. Aufl., München–Leipzig 1923.
–, *Die Diktatur. Von den Anfängen des modernen Souveränitätsgedankens bis zum proletarischen Klassenkampf,* 2. Aufl., München–Leipzig 1928.
–, *Legalität und Legitimität,* München–Leipzig 1932.
–, »Das Gesetz zur Behebung der Not von Volk und Reich«, in: *Deutsche Juristenzeitung* 38 (1933).

–, *Staat, Bewegung, Volk. Eine Dreigliederung der politischen Einheit,* Hamburg 1933.
–, »Ein Jahr nationalsozialistischer Verfassungsstaat«, in: *Deutsches Recht* 4 (1934).
–, »Das neue Verfassungsgesetz«, in: *Völkischer Beobachter* (1. Februar 1934).
–, *Der Leviathan in der Staatslehre des Thomas Hobbes. Sinn und Fehlschlag eines politischen Symbols,* Hamburg 1938.
–, *Positionen und Begriffe im Kampf mit Weimar–Genf–Versailles. 1923–1939,* Hamburg 1950.
–, *Verfassungslehre,* unver. Neudr. Berlin 1954.
–, *Verfassungsrechtliche Aufsätze aus den Jahren 1924–1954. Materialien zu einer Verfassungslehre,* Berlin 1958.
Schnabel, Raimund, *Macht ohne Moral. Eine Dokumentation über die SS,* Frankfurt a. M. 1957.
Schnee, Heinrich, *Geschichtsunterricht im völkischen Nationalstaat. Ein Handbuch für Lehrende,* Bochum 1933 (4. Aufl., 1936).
Schneider, Erich, »Technik und Waffenentwicklung im Kriege«, in: *Bilanz des zweiten Weltkrieges. Erkenntnisse und Verpflichtungen für die Zukunft,* Oldenburg i. O.–Hamburg 1953.
Schneider, Hans, »Das Ermächtigungsgesetz vom 24. März 1933. Bericht über das Zustandekommen und die Anwendung des Gesetzes«, in: *Vierteljahrshefte für Zeitgeschichte* 1 (1953). – 2. erw. Aufl., Bonn 1961, in: *Schriftenreihe der Bundeszentrale für Heimatdienst,* Heft 10.
Schneider, Peter, *Ausnahmezustand und Norm. Eine Studie zur Rechtslehre von Carl Schmitt* (*Quellen und Darstellungen zur Zeitgeschichte,* Bd. 1), Stuttgart 1957.
Schober, Reinhold, *Politische Jurisprudenz. Eine Würdigung ihres Wegbereiters Ihering,* Berlin 1933.
Schoeps, Hans Joachim, *Die letzten dreißig Jahre. Rückblicke,* Stuttgart 1956.
Schorn, Hubert, *Der Richter im Dritten Reich. Geschichte und Dokumente,* Frankfurt a. M. 1959.
Schrade, Hubert, »Der Sinn der künstlerischen Aufgabe und politische Architektur«, in: *NS-Monatshefte* 5, H. 51 (Juni 1934).
Schreckenbach, Hans-Joachim, »Innerdeutsche Gesandtschaften 1867–1945«, in: *Archivar und Historiker. Studien zur Archiv- und Geschichtswissenschaft zum 65. Geburtstag von Heinrich Otto Meisner,* Berlin 1956.
Schrieber, Karl-Friedrich, *Das Recht der Reichskulturkammer. Sammlung der für den Kulturstand geltenden Gesetze und Verordnungen, der amtlichen Anordnungen und Bekanntmachungen der Reichskulturkammer und ihrer Einzelkammern,* Berlin 1935.
–, *Die Reichskulturkammer. Organisation und Ziele der deutschen Kulturpolitik,* Berlin 1934.
Das grenzdeutsche Schrifttum. Ein bibliographisches Verzeichnis, Berlin 1933.
Schröder, Gerhard, »Aus den Schriften politischer Buchverlage«, in: *Der Deutsche Student. Amtliches Organ der Deutschen Studenten-*

schaft (Juni 1935).
Schroer, Hermann, *Mord – Judentum – Todesstrafe* (*Judentum und Recht,* Heft 2), München o. J.
Schüddekopf, Otto-Ernst, *Das Heer und die Republik. Quellen zur Politik der Reichswehrführung 1918 bis 1933,* Hannover–Frankfurt a. M. 1955.
Schüßler, Wilhelm, *Deutsche Einheit und gesamtdeutsche Geschichtsbetrachtung,* Stuttgart 1937.
Schütz, Wilhelm Wolfgang, *Organische Außenpolitik. Vom Einzelstaat zum Überstaat,* Stuttgart 1951.
Schultes, Karl, *Die Jurisprudenz zur Diktatur des Reichspräsidenten nach Art. 48 Abs. II der Weimarer Verfassung. Ein kritischer Rückblick* (*Bonner Rechtswissenschaftliche Abhandlungen,* H. 30), Bonn 1934.
Schultz, Wolfgang, *Grundgedanken nationalsozialistischer Kulturpolitik,* München 1939.
Schultze-Naumburg, Paul, *Kunst und Rasse,* München 1927.
–, »Das neue Reich und die Kunst«, in: *NS-Monatshefte* 4, H. 43 (Oktober 1933).
–, *Rassegebundene Kunst,* Berlin 1934.
–, *Kunst aus Blut und Boden,* Leipzig 1934.
Schultze-Pfaelzer, Gerhard, *Hindenburg und Hitler zur Führung vereint,* Berlin 1933.
Schulz, Gerhard, »Die CDU – Merkmale ihres Aufbaus« in: *Parteien in der Bundesrepublik. Studien zur Entwicklung der deutschen Parteien bis zur Bundestagswahl 1953* (*Schriften des Instituts für politische Wissenschaft,* Bd. 6), Stuttgart–Düsseldorf 1955.
–, »Der Stil der Historie und der Stand der Erfahrungen«, in: *Zur Geschichte und Problematik der Demokratie. Festgabe für Hans Herzfeld,* Berlin 1958.
–, »Die ›große Krise‹ in der Zeitgeschichte«, in: *Neue Politische Literatur* 4 (1959).
–, »Die kommunale Selbstverwaltung in Deutschland vor 1933 – Ideen, Institutionen und Interessen«, in: *Franz-Lieber-Hefte. Zeitschrift für politische Wissenschaft,* H. 3, 1959.
Schulze-Soelde, Walther, *Weltanschauung und Politik,* Leipzig 1937.
Schumann, Hans-Gerd, *Nationalsozialismus und Gewerkschaftsbewegung. Die Vernichtung der deutschen Gewerkschaften und der Aufbau der »Deutschen Arbeitsfront«,* Hannover–Frankfurt a. M. 1958.
Schwarz, Albert, *Die Weimarer Republik,* Konstanz 1958.
Schwarz, Hermann, *Nationalsozialistische Weltanschauung. Freie Beiträge zur Philosophie des Nationalsozialismus aus den Jahren 1919–1933,* Berlin 1933.
Schwarz, Otto, *Die Entwicklung der Ausgaben und Einnahmen Deutschlands, Englands, Frankreichs und Italiens vor und nach dem Weltkrieg,* Magdeburg 1921.
Schwarzenberger, Georg, *Power Politics. A Study of International Society,* 2. Aufl., New York 1951.
Schweitzer, Arthur, »Die wirtschaftliche Wiederaufrüstung Deutsch-

lands von 1934–1936«, in: Zeitschrift für die gesamte Staatswissenschaft 114 (1958).
–, »Organisierter Kapitalismus und Parteidiktatur 1933 bis 1936«, in: *Schmollers Jahrbuch für Gesetzgebung, Verwaltung und Volkswirtschaft* 79 (1959).
–, *Big Business in the Third Reich,* Bloomington, Ind. 1964.
Schwend, Karl, *Bayern zwischen Monarchie und Diktatur. Beiträge zur bayerischen Frage in der Zeit von 1928 bis 1933,* München 1954.
Schwerin v. Krosigk, Lutz Graf, *Es geschah in Deutschland. Menschenbilder unseres Jahrhunderts,* Tübingen–Stuttgart 1951.
–, »Wie wurde der zweite Weltkrieg finanziert?«, in: *Bilanz des zweiten Weltkrieges. Erkenntnisse und Verpflichtungen für die Zukunft,* Oldenburg–Berlin 1953.
–, *Die große Zeit des Feuers. Der Weg der deutschen Industrie,* Bd. II, Tübingen 1958.
Schwertfeger, Bernhard, *Rätsel um Deutschland,* Heidelberg 1948.
Seabury, Paul, *The Wilhelmstrasse. A Study of German Diplomats Under the Nazi Regime,* Berkeley–Los Angeles 1954.
Sedlmayr, Hans, *Verlust der Mitte. Die bildende Kunst des 19. und 20. Jahrhunderts als System und Symbol der Zeit,* Salzburg 1948.
Seeckt, Hans v., *Gedanken eines Soldaten,* Leipzig 1929.
Seelbach, Hermann, *Das Ende der Gewerkschaften. Aufzeichnungen über den geistigen Zusammenbruch eines Systems,* Berlin 1934.
Seger, Gerhart, *Oranienburg. Erster authentischer Bericht eines aus dem Konzentrationslager Geflüchteten,* Karlsbad 1934.
Seiz, Wolfgang, »Zum Ursprung einiger Seeckt-›Zitate‹«, in: *Wehrwissenschaftliche Rundschau* 8 (1958).
Sell, Friedrich C., *Die Tragödie des deutschen Liberalismus,* Stuttgart 1953.
Selzner, Claus, *Die Deutsche Arbeitsfront. Idee und Gestalt. Kurzer Abriß,* Berlin 1935.
Sendtner, Kurt, *Rupprecht von Wittelsbach Kronprinz von Bayern,* München 1954.
Senger, Alexander v., »Der Baubolschewismus und seine Verkoppelung mit Wirtschaft und Politik«, in: *NS-Monatshefte* 5, H. 51 (Juni 1934).
Seraphim, Hans-Günther, *Das politische Tagebuch Alfred Rosenbergs aus den Jahren 1934/35 und 1939/40,* Göttingen–Berlin–Frankfurt a. M. 1956.
–, »SS-Verfügungstruppe und Wehrmacht«, in: *Wehrwissenschaftliche Rundschau* 5 (1955).
Severing, Carl, *Mein Lebensweg,* Bd. II, Köln 1950.
Shirer, William L., *Aufstieg und Fall des Dritten Reiches,* Köln–Berlin 1961 (Titel des amerik. Orig.: *The Rise and Fall of the Third Reich,* London 1960).
Shuster, George N., *Like a Mighty Army. Hitler Versus Established Religion,* New York 1935.
Siebarth, Werner, *Hitlers Wollen. Nach Kernsätzen aus seinen Schriften und Reden,* 8. Aufl., München 1940.
Sieburg, Friedrich, *Es werde Deutschland,* Frankfurt a. M. 1933.
–, *Polen – Legende und Wirklichkeit,* Frankfurt a. M. 1934.

Simmel, Georg, *Soziologie. Untersuchungen über die Formen der Vergesellschaftung,* 2. Aufl., München–Leipzig 1922.
Simon, Ernst, "Jewish Adult Education in the Nazi Germany as Spiritual Resistance", in: *Publications of the Leo Baeck Institute, Year Book I,* London 1956.
–, *Aufbau im Untergang. Jüdische Erwachsenenbildung im nationalsozialistischen Deutschland als geistiger Widerstand,* Tübingen 1959.
Six, Alfred, »Nachwuchs und Auslese an den deutschen Hochschulen«, in: *Der deutsche Student,* März 1935.
Skilling, H. G., "Austrian Origins of National Socialism", in: *University of Toronto Quarterly* 10 (1940–41).
Skizze über den deutschen Außenhandel (*Gutachten des Instituts für Konjunkturforschung),* Berlin 1935.
Smend, Rudolf, *Verfassung und Verfassungsrecht,* München–Leipzig 1928.
Snyder, Louis L., *German Nationalism. The Tragedy of a People. Extremism Contra Liberalism in Modern German History,* Harrisburg (Penn.) 1952.
Wirtschaftliches Sofortprogramm der NSDAP, ausgearb. von der Hauptabteilung IV (Wirtschaft) der Reichsorganisationsleitung der NSDAP, München 1932.
Sombart, Werner, *Deutscher Sozialismus,* Berlin 1934.
[–,] *Werner Sombart: Deutscher Sozialismus im Urteil der Presse. Ein Zeitbild, zusammengestellt von den Verlegern . . .,* Berlin 1935.
Sommer, Paul, *Deutschlands Erwachen. 120 Aufsatzthemen und -entwürfe über die jüngste nationale Erhebung zum Gebrauch für die deutsche Schule und die Hitler-Jugend,* 2. Aufl., Leipzig 1933.
Sommerfeld, Martin H., *Ich war dabei. Die Verschwörung der Dämonen 1933–39. Ein Augenzeugenbericht,* Darmstadt 1949.
Sontheimer, Kurt, »Antidemokratisches Denken in der Weimarer Republik«, in: *Vierteljahrshefte für Zeitgeschichte* 5 (1957).
–, »Der Tatkreis«, in: *Vierteljahrshefte für Zeitgeschichte* 7 (1959).
Sorel, Georges, *Reflexions sur la violence,* 6. Aufl., Paris 1925.
Spahn, Martin, *Für den Reichsgedanken. Historisch-politische Aufsätze 1915–1934,* Berlin–Bonn 1936.
Spann, Othmar, *Der wahre Staat. Vorlesungen über Abbruch und Neubau der Gesellschaft,* Leipzig 1921.
–, *Irrungen des Marxismus. Eine Darstellung und Prüfung seiner Wirtschaftslehre* (*Die Bücherei des Ständestaates,* 1. H.), 1. Aufl., Berlin 1929.
–, *Hauptpunkte der universalistischen Staatsauffassung* (*Die Bücherei des Ständestaates,* 3. H.), 1. Aufl., Berlin 1930.
Speer, Albert, *Erinnerungen,* Berlin 1969.
Speidel, Helm, »Reichswehr und Rote Armee«, in: *Vierteljahrshefte für Zeitgeschichte* 1 (1953).
Spengler, Oswald, *Der Untergang des Abendlandes. Umrisse einer Morphologie der Weltgeschichte,* 2 Bde., 1. Aufl. 1918–1922.
Spohr, Werner, »Das Recht der Schutzhaft«, in: *Deutsche Justiz* 96 (1934).
Sport und Staat, Berlin 1934.

Spranger, Eduard, *Mein Konflikt mit der Hitlerregierung 1933* (als Manuskr. gedr.), Tübingen 1955.
Sprengel, Johann Georg, *Der Staatsgedanke in der deutschen Dichtung vom Mittelalter bis zur Gegenwart,* Berlin 1933.
Srbik, Heinrich Ritter v., *Geist und Geschichte vom deutschen Humanismus bis zur Gegenwart,* Bd. II, München 1951.
Stadelmann, Rudolf, »Deutschland und England am Vorabend des zweiten Weltkriegs«, in: *Festschrift für Gerhard Ritter zu seinem 60. Geburtstag,* hrsgg. von Richard Nürnberger, Tübingen 1950.
Der Deutsche Städtetag. 25 Jahre Gemeinschaftsarbeit deutscher Städte (*Schriftenreihe des Deutschen Städtetages,* H. 12), 3. Aufl., Berlin 1930.
Stahlhelm-Handbuch, hrsgg. von Heinrich Hildebrand und Walter Kettner, 4. verb. Aufl., Berlin 1931.
Stammer, Otto, »Politische Soziologie«, in: *Soziologie. Ein Lehr- und Handbuch zur modernen Gesellschaftskunde,* hrsgg. von Arnold Gehlen und Helmut Schelsky, Düsseldorf–Köln 1955.
Stampfer, Friedrich, *Die ersten 14 Jahre der Deutschen Republik,* 2. Aufl., Offenbach a. M. 1947.
–, *Erfahrungen und Erkentnisse,* Köln 1957.
Starcke, Gerhard, *NSBO und Deutsche Arbeitsfront,* Berlin 1934.
Staritz, Ekkehart, *Die West-Ostbewegung in der deutschen Geschichte. Ein Versuch zur Geopolitik Deutschlands,* Breslau 1935.
Stasiewski, Werner, »Die Kirchenpolitik der Nationalsozialisten im Warthegau 1939–1945«, in: *Vierteljahrshefte für Zeitgeschichte* 7 (1959).
Statistik des Deutschen Reiches, bearb. im Statistischen Reichsamt, Bd. 434, Berlin 1935.
Steed, Wickham, "From Frederick the Great to Hitler. The Consistency of German Aims", in: *International Affairs* 17 (1938).
Stegemann, Hermann, *Weltwende,* Berlin 1934.
Steinbrink, Konrad, *Die Revolution Adolf Hitlers. Eine staatsrechtliche und politische Betrachtung der Machtergreifung des Nationalsozialismus,* Berlin 1934.
Steiner, Felix, *Von Clausewitz bis Bulganin. Erkenntnisse und Lehren einer Wehrepoche,* Bielefeld 1956.
Stellrecht, Helmut, *Der deutsche Arbeitsdienst. Aufgaben, Organisation und Aufbau,* 5. Aufl., Berlin 1933.
Stengel, Theo, und Herbert Gerigk (u. a.), *Lexikon der Juden in der Musik,* Berlin 1940.
Sterling, Eleonore, *Er ist wie du. Aus der Frühgeschichte des Antisemitismus in Deutschland 1815–1850,* München 1956.
Sternfeld, Wilhelm, »Ungesühnte Verbrechen: Der Mord an Professor Theodor Lessing«, in: *Deutsche Rundschau* 82 (1956).
Stippel, Fritz, *Die Zerstörung der Person. Kritische Studie zur nationalsozialistischen Pädagogik,* Donauwörth 1957.
Stirk, Samuel Dickinson, *The Prussian Spirit. A Survey of German Literature and Politics 1914–1940,* London 1941.
Stone, Shepard, "Twilight of the German University", in: *Current History* 40 (April 1934).

Das kommende deutsche Strafrecht. Allgemeiner Teil, Bericht über die Arbeit der amtlichen Strafrechtskommission, hrsgg. von Franz Gürtner, Berlin 1934.
–, *Besonderer Teil,* Berlin 1935.
Nationalsozialistisches Strafrecht. Denkschrift des preußischen Justizministers, Berlin 1933.
Der Strafvollzug im III. Reich. Denkschrift und Materialsammlung, hrsgg. von der Union für Recht und Freiheit, Prag [1936].
Strasser, Otto, *Hitler und ich,* Konstanz 1948.
Straß, Willi, *Die Konzentrationsbewegung im deutschen Bankgewerbe. Ein Beitrag zur Organisationsentwicklung der Wirtschaft unter dem Einfluß der Konzentration des Kapitals mit besonderer Berücksichtigung der Nachkriegszeit* (*Sozialwissenschaftliche Forschungen,* Abt. IV–4, 6), Berlin–Leipzig 1928.
Strausz-Hupé, Robert, *Geopolitics: The Struggle for Space and Power,* New York 1942.
Strölin, Karl, »Gemeinde und Mittelstand«, in: *Der Städtetag* 27 (1933).
Stuckart, Wilhelm, und Hans Globke, *Reichsbürgergesetz, Blutschutzgesetz und Ehegesundheitsgesetz* (*Kommentare zur deutschen Rassengesetzgebung,* Bd. I), München–Berlin 1936.
Stucken, Rudolf, *Deutsche Geld- und Kreditpolitik 1914–1953,* 2. Aufl., Tübingen 1953.
Stuebel, Heinrich, »Die Finanzierung der Aufrüstung im Dritten Reich«, in: *Europa-Archiv* 6 (1951).
Stumme, Wolfgang, Hrsg., *Musik im Volk. Grundfragen der Musikerziehung,* Berlin 1939
Sturm 33 Hans Maikowski, geschrieben von Kameraden des Toten, Berlin-Schöneberg 1934.
Stutterheim, Hermann v., *Die Reichskanzlei* (*Schriften zum Staatsaufbau,* H. 45), Berlin 1940.
Sugar, Peter F., *Native Fascism in the Successor States 1918–1945,* Santa Barbara (Cal.) 1971.
Surén, Friedrich-Karl, und Wilhelm Loschelder, *Die Deutsche Gemeindeordnung vom 30. Januar 1935. Kommentar,* 2 Bde., Berlin 1940.
Sweet, P., "Recent German Literature on Mitteleuropa", in: *Journal of Central European Affairs* 3 (1943).
Täschner, Franz, *Der Totalitätsanspruch des Nationalsozialismus und der deutsche Katholizismus,* Münster 1934.
Tagung der Vorstände des Deutschen Gemeindetages und seiner Landes- und Provinzialdienststellen am 6. Juni 1936, Sonderdruck des Deutschen Gemeindetages.
Das Tagebuch von Joseph Goebbels 1925/26, mit weiteren Dokumenten hrsgg. von Helmut Heiber (*Schriftenreihe der Vierteljahrshefte für Zeitgeschichte,* Nr. 1), Stuttgart [1960].
Talmon, J. L., *The Origins of Totalitarian Democracy,* London 1952.
Oertzenscher Taschenkalender für die Offiziere des deutschen Reichsheeres, hrsgg. von E.-J. Graf v. Westarp, 55. Jg. (1934/1935), Grimmen 1934.
Taube, Otto v., »Gedanken an Willi Schmid, ermordet von der SS am

30. Juni 1934«, in: *Deutsche Rundschau* 79 (1953).

Taylor, Alan John Percival, *The Origins of the Second World War*, London 1961 (dtsch. u. d. Titel: *Die Ursprünge des zweiten Weltkrieges*, Gütersloh 1962).

Taylor, Horace, "German Education in the Republic and in the Third Reich", in: *Redirecting Education*, Bd. II, New York 1935.

Taylor, Telford, *Sword and Swastika. The Wehrmacht in the Third Reich*, London 1953.

Teichmann, Ulrich, *Die Politik der Agrarpreisstützung. Marktbeeinflussung als Teil des Agrarinterventionismus in Deutschland*, Köln-Deutz 1955.

Tenenbaum, Joseph, *Race and Reich. The Story of an Epoch*, New York 1956.

Teske, Hermann, *Die silbernen Spiegel. Generalstabsdienst unter der Lupe*, Heidelberg 1952.

Tessin, Georg, *Formationsgeschichte der Wehrmacht 1933–1939. Stäbe und Truppenteile des Heeres und der Luftwaffe* (*Schriften des Bundesarchivs*, Bd. 7), Boppard/Rh. 1959.

Texte zur Geschichte des Pfarrernotbundes, hrsgg. von Wilhelm Niemöller, Berlin 1958.

Theisen, Helmut, *Die Entwicklung zum nihilistischen Nationalismus in Deutschland 1918–1933. Eine historisch-soziologische Studie*, München 1955.

Thier, Erich, *Wegbereiter des deutschen Sozialismus*, Stuttgart 1940.

Thimme, Anneliese, *Gustav Stresemann. Eine politische Biographie zur Geschichte der Weimarer Republik*, Hannover–Frankfurt a. M. 1957.

Thomas, Georg, »Gedanken über die deutsche Wehrwirtschaft«, in: *Bericht über die Mitgliederversammlung der Wirtschaftsgruppe Eisen schaffende Industrie in Berlin am 9. Juni 1936* (als Manuskr. gedr.), Berlin 1936.

–, »Breite und Tiefe der Rüstung«, in: *Militärwissenschaftliche Rundschau* 2 (1937).

–, »Wehrwirtschaft«, in: *Die deutsche Wehrmacht 1914–1939: Rückblick und Ausblick*, hrsgg. von Georg Wetzell, Berlin [1939].

–, *Geschichte der deutschen Wehr- und Rüstungswirtschaft (1918–1943/45)*, hrsgg. von Wolfgang Birkenfeld (Schriften des Bundesarchivs, 14), Boppard a. Rh. 1966.

Thomée, Gerhard, *Der Wiederaufstieg des deutschen Heeres 1918–1938*, Berlin 1939.

Thyssen, Fritz, *I Paid Hitler*, New York–Toronto 1941.

Tillich, Paul, "The Totalitarian State and the Claims of the Church", in: *Social Research* 1 (November 1934).

Tobias, Fritz, *Der Reichstagsbrand. Legende und Wirklichkeit*, Rastatt 1962.

Toéche Mittler, Theodor, *Kommissare. Eine staats- und verwaltungsrechtliche Studie*, Berlin 1934.

Tönnies, Ferdinand, *Gemeinschaft und Gesellschaft. Grundbegriffe der reinen Soziologie*, 6. u. 7. Aufl., Berlin 1926.

Treue, Wilhelm, »Gummi in Deutschland zwischen 1933 und 1945«, in: *Wehrwissenschaftliche Rundschau* 5 (1955).

–, »Hitlers Denkschrift zum Vierjahresplan 1936«, in: *Vierteljahrshefte für Zeitgeschichte* 3 (1955).
–, »Rede Hitlers vor der deutschen Presse (10. November 1938)«, in: *Vierteljahrshefte für Zeitgeschichte* 6 (1958).
Trevor-Roper, Hugh Rewald, *Hitlers letzte Tage,* Zürich 1948.
–, »Hitlers Kriegsziele«, in: *Vierteljahrshefte für Zeitgeschichte* 8 (1960).
Troeltsch, Ernst, *Spektator-Briefe. Aufsätze über die deutsche Revolution und die Weltpolitik 1918–1922,* Tübingen 1924.
Turner jr., Henry Ashby, *Faschismus und Kapitalismus in Deutschland. Studien zum Verhältnis zwischen Nationalsozialismus und Wirtschaft,* Göttingen 1972.
Tyrell, Albrecht, Hrsg., *Führer befiehl ... Selbstzeugnisse aus der Kampfzeit der NSDAP. Dokumentation und Analyse,* Düsseldorf 1969.
Uhlig, Heinrich, *Die Warenhäuser im Dritten Reich,* Köln–Opladen 1956.
Ullmann, Hermann, *Durchbruch zur Nation. Geschichte des deutschen Volkes, 1919–1933,* Jena 1933.
Vagts, Alfred, *A History of Militarism. Civilian and Military,* 2., überarb. Aufl., London 1959.
Vallotton, Henry, *Bismarck et Hitler,* Paris 1954.
Vansittard, Lord Robert, *Black Record. Germans Past and Present,* London 1941.
Veit, Otto, *Die Flucht vor der Freiheit,* Frankfurt a. M. 1947, neubearb. u. d. Titel: *Soziologie der Freiheit,* Frankfurt a. M. 1957.
Verboten und verbrannt. Deutsche Literatur, 12 Jahre unterdrückt, hrsgg. von Richard Drews und Alfred Kantorowicz, Berlin–München 1947.
Vermeil, Edmond, «Le national-socialisme et la culture allemande», in: *Centre d'études germaniques de l'université de Strasbourg,* cahier no. 1 (1950).
–, "The Origin, Nature, and Development of German Nationalist Ideology in the 19th and 20th Centuries", in: *The Third Reich,* London 1955.
Deutsches Verwaltungsrecht, hrsgg. von Hans Frank, München 1937.
Voegelin, Erich, *Rasse und Staat,* Tübingen 1933.
Völker, Karl Heinz, *Die Entwicklung der militärischen Luftfahrt ... s. Die Generalstäbe ...*
Vogelsang, Thilo, »Neue Dokumente zur Geschichte der Reichswehr«, in: *Vierteljahrshefte für Zeitgeschichte* 2 (1954).
–, »Die Reichswehr in Bayern und der Münchener Putsch 1923«, in: *Vierteljahrshefte für Zeitgeschichte* 5 (1957).
–, »Zur Politik Schleichers gegenüber der NSDAP 1932«, in: *Vierteljahrshefte für Zeitgeschichte* 6 (1958).
Vollmer, Bernhard, *Volksopposition im Polizeistaat* (*Quellen und Darstellungen zur Zeitgeschichte,* Bd. 2), Stuttgart 1957.
Volz, Hans, *Die Geschichte der SA von den Anfängen bis zur Gegenwart,* bearb. im Auftrage der Pressestelle der SA-Obergruppe III (Berlin-Brandenburg), Berlin 1934.

–, *Daten der Geschichte der NSDAP,* 9. Aufl., Berlin–Leipzig 1939.
Wacker, Wolfgang, *Der Bau des Panzerschiffes »A« und der Reichstag* (*Tübinger Studien zur Geschichte und Politik,* Bd. 11), Tübingen 1959.
Wagemann, Ernst, *Zwischenbilanz der Krisenpolitik. Eine international vergleichende konjunkturpolitische Studie,* Berlin 1935.
Waite, Robert G. L., *Vanguard of Nazism. The Free Corps Movement in Postwar Germany 1918–1923,* Cambridge (Mass.) 1952.
Waldmann, Guido, *Rasse und Musik,* Berlin 1939.
Wallowitz, Werner, *Deutschland, nur Deutschland, nichts als Deutschland. Grundriß einer deutschen Staatsbürgerkunde,* Leipzig 1933.
Walter, Friedrich, *Schicksal einer deutschen Stadt. Geschichte Mannheims 1907–1945,* Bd. II, Frankfurt a. M. 1950.
Walz, Gustav Adolf, *Das Ende der Zwischenverfassung. Betrachtungen zur Entstehung des nationalsozialistischen Staates,* Stuttgart 1933.
Warlimont, Walter, »Volk und Wehrwirtschaft«, in: *Volk und Wehrkraft. Jahrbuch der »Deutschen Gesellschaft für Wehrpolitik und Wehrwissenschaften« 1936,* Hamburg 1936.
Watt, D. C., "The Anglo-German Naval Agreement of 1935: An Interim Judgment", in: *The Journal of Modern History* 28 (1956).
Weber, Eugen, *Varieties of Fascism-Doctrines of Revolution in Twentieth Century,* New York 1964.
Weber, Max, *Gesammelte politische Schriften,* München 1921.
–, *Politik als Beruf,* München–Leipzig 1926.
–, *Wirtschaft und Gesellschaft* (*Grundriß der Sozialökonomie,* III. Abt.), 3. Aufl., 2. Halbbd., Tübingen 1947.
Weber, Werner, »Die kleinen Religionsgemeinschaften im Staatskirchenrecht des nationalsozialistischen Regimes«, in: *Gedächtnisschrift für Walter Jellinek,* München 1955.
–, »Die staatskirchenrechtliche Entwicklung des nationalsozialistischen Regimes in zeitgenössischer Betrachtung«, in: *Festgabe für Rudolf Smend,* Göttingen 1952.
Weberstedt, Hans, und Kurt Langer, *Gedenkhalle für die Gefallenen des Dritten Reiches,* München 1935.
Wehrgedanken. Eine Sammlung wehrpolitischer Aufsätze, hrsgg. von Friedrich v. Cochenhausen, Hamburg 1933.
Wehrgeist und Schule im Ausland, Hamburg 1935.
Durch Wehrhaftigkeit zum Frieden. Jahrbuch der »Deutschen Gesellschaft für Wehrpolitik und Wehrwissenschaften« 1934, Hamburg 1934.
Weidemann, Johannes, »Zur Entstehungsgeschichte der Deutschen Gemeindeordnung«, in: *Jahrbuch der Akademie für Deutsches Recht* 2 (1935).
Weigmann, Hans, *Politische Raumordnung. Gedanken zur Neugestaltung des deutschen Lebensraumes,* Hamburg 1935.
From Weimar to Hitler. Germany 1918–1933, hrsgg. von The Wiener Library, Catalogue Series no. 2, London 1951.
Weinberg, Gerhard L., Hrsg., *Hitlers Zweites Buch. Ein Dokument aus dem Jahr 1928* (Quellen und Darstellungen zur Zeitgeschichte, Bd. 7), Stuttgart 1961.
Weinstock, Heinrich, »Die Grenzen der formalen Bildung«, in: *Politik*

und Erziehung, Berlin 1937.
Weippert, Georg, *Das Reich als deutscher Auftrag* (*Philosophie und Geschichte,* H. 51), Tübingen 1934.
Weiß, Bernhard, *Polizei und Politik,* Berlin 1928.
Weißdorn, B. J., »Grenzschutz-Miliz!«, in: *Militärpolitisches Forum* 3 (1954).
Weizsäcker, Ernst v., *Erinnerungen,* München–Leipzig–Freiburg 1950.
Wells, Roger H., "The Liquidation of the German Länder", in: *American Political Science Review* 30 (1936).
Weltgeschichte der Gegenwart in Dokumenten, Bd. I (1934–1935), bearb. von Michael Freund, Teil I, Essen 1944.
Wendt, Hans, *Die Märzrevolution von 1933,* Oldenburg 1933.
–, *Hitler regiert,* 4. Aufl., Berlin 1933.
Wessel, Ingeborg, *Mein Bruder Horst. Ein Vermächtnis,* 8. Aufl., München 1939.
Westphal, Siegfried, *Heer in Fesseln. Aus den Papieren des Stabschefs von Rommel, Kesselring und Rundstedt,* 2. Aufl., Bonn 1952.
Wheeler-Bennett, John W., *Munich. Prologue to Tragedy,* London 1948.
–, *The Nemesis of Power. The German Army in Politics 1918–1945,* London 1953.
"Where Gleichschaltung Failed. Nonconformity in the Third Reich", in: *The Wiener Library Bulletin* 8 (1959).
Whiteside, Andrew G., "The Nature and Origins of National Socialism", in: *Journal of Central European Affairs* 17 (1957).
Whittlesey, Derwent, *German Strategy of World Conquest,* New York 1942.
Wilden, Josef, *Die berufsständische Organisation der Wirtschaft,* Köln 1932.
Wilhelm, Theodor, *Die Idee des Berufsbeamtentums. Ein Beitrag zur Staatslehre des deutschen Frühkonstitutionalismus,* Tübingen 1933.
Winkler, Franz, *Die Diktatur in Österreich,* Zürich–Leipzig 1935.
Winzer, Otto, *Zwölf Jahr Kampf gegen Faschismus und Krieg. Ein Beitrag zur Geschichte der Kommunistischen Partei Deutschlands 1933 bis 1945,* 2. Aufl., Berlin 1955.
Wiskemann, Elizabeth, *The Rome–Berlin Axis. A History of the Relations Between Hitler and Mussolini,* London–New York 1949.
Wittfogel, Karl August, *Oriental Despotism. A Comparative Study of Total Power,* New Haven 1957.
Wittmayer, Leo, *Die Weimarer Reichsverfassung,* Tübingen 1923.
Wittram, Reinhard, »Geschichtsauffassung und Außendeutschtum«, in: *Volk und Hochschule im Umbruch,* hrsgg. von Artur Schürmann, Oldenburg–Berlin 1937.
Wolf, Heinrich, *Wie wir Deutschen uns selbst entdeckten,* Leipzig 1933.
Wolff, Richard, *Der Reichstagsbrand 1933. Ein Forschungsbericht* (*Aus Politik und Zeitgeschichte,* Beilage zu: *Das Parlament,* B. III), Bonn 1956.
Wundt, Max, *Aufstieg und Niedergang der Völker. Gedanken über Weltgeschichte auf rassischer Grundlage,* München 1940.
Wurm, Theophil, *Erinnerungen aus meinem Leben. Ein Beitrag zur neuesten Kirchengeschichte.* Stuttgart 1953.

Young, George Malcolm, *Stanley Baldwin,* London 1952.
Zarnow, Gottfried, *Gefesselte Justiz. Politische Bilder aus deutscher Gegenwart,* 2 Bde., München 1931/32.
Zeitler, Ralf, »125 Jahre kommunale Selbstverwaltung«, in: *Der Städtetag* 27 (1933).
Zeller, Eberhard, *Geist der Freiheit. Der zwanzigste Juli,* 2. Aufl., München 1954.
Vor der Zertrümmerung des waffenstudentischen Ehrbegriffes durch »Revolutionierung«? Wehrschrift der anerkannten ADW-Verbände, Berlin 1935.
Ziebill, Otto, *Geschichte des Deutschen Städtetages. Fünfzig Jahre deutscher Kommunalpolitik,* hrsgg. vom Deutschen Städtetag, Stuttgart–Köln 1955.
Zimmermann, Karl, *Deutsche Geschichte als Rassenschicksal,* Leipzig 1933.
Zimmermann, Ludwig, *Deutsche Außenpolitik in der Ära der Weimarer Republik,* Göttingen–Berlin–Frankfurt a. M. 1958.
Zinner-Biberach, F. [d. i. Maria Winter], *Führer, Volk und Tat. Geschichte und Gestalt der Nation,* München 1934.
Zweig, Stefan, *Die Welt von gestern. Erinnerungen eines Europäers,* Frankfurt a. M. 1947.
Zwoch, Gerhard, *Die Erfüllungs- und Verständigungspolitik der Weimarer Republik und die deutsche öffentliche Meinung,* ungedr. Diss., Kiel 1950.

B. Ungedruckte Quellen

Die Verfasser haben auf folgende, derzeit verfügbare Aktenbestände und ungedruckte Materialien zurückgreifen und diese systematisch benutzen können:

1. Aus dem Bundesarchiv zu Koblenz:
   Akten der ehemaligen Reichskanzlei betreffend Reichsreform.
   Akten des ehemaligen Reichs- und Preußischen Ministeriums des Innern betreffend die Reichsreform 1934/35.
   Runderlaßsammlung und Handakten von Beamten des ehemaligen Reichs- und Preußischen Ministeriums für Wissenschaft, Erziehung und Volksbildung.
   Generalakten des ehemaligen Preußischen Ministeriums der Justiz.
   Akten des ehemaligen Deutschen Gemeindetages (Teilbestand; vgl. auch Ziff. 4).
   Akten der ehemaligen Reichswirtschaftskammer (Akten des ehemaligen Deutschen Industrie- und Handelstages betreffend den berufsständischen Aufbau der deutschen Wirtschaft). Handakten des Geschäftsführers der Reichstagsfraktion der NSDAP.
   Sammlung Karl Brammer (Informationsberichte des »Dienstes nationaler Tageszeitungen« [Dienatag]: Anweisungen des ehemaligen Reichsministeriums für Volksaufklärung und Propaganda, Bestellungen und Rundrufe aus der Reichspressekonferenz).
2. Aus dem Hauptarchiv Berlin:
   Akten des Staatssekretärs im ehemaligen Reichsinnenministerium

Pfundtner.
Restakten des ehemaligen Reichsarbeitsministeriums (Akten der Abteilungen Ia und IVb).
Restakten der Abteilung Energiewirtschaft beim ehemaligen Reichsinspektor für Wirtschaft und Energie.
Akten des ehemaligen Preußischen Staatsministeriums.
Akten des Staatssekretärs im ehemaligen Preußischen Ministerium des Innern Grauert.

3. Aus dem Bayerischen Hauptstaatsarchiv:
Akten der bayerischen Landespolizei Bamberg.
4. Aus dem Archiv des Vereins zur Pflege Kommunalwissenschaftlicher Aufgaben e. V. im Ernst-Reuter-Haus zu Berlin:
Akten der ehemaligen kommunalen Spitzenverbände und des Deutschen Gemeindetages.
5. Aus dem Archiv des Deutschen Industrieinstituts in Köln:
Einzelne Aktenstücke des ehemaligen Reichsverbandes der Deutschen Industrie.
6. Aus dem Institut für Zeitgeschichte München:
Befehlshaberbesprechungen des Reichswehrministeriums (Originalnotizen des Generals Liebmann).
Zeugenschrifttum.
Fotokopien von Akten aus dem Document Centre Berlin (Akten zur Geschichte der SA; Bestand Hauptarchiv der NSDAP).
7. Nachlässe und persönliche Aufzeichnungen:
Nachlaß des ehemaligen Reichswehrministers General Groener (Mikrofilm im Friedrich-Meinecke-Institut der Freien Universität Berlin).
Nachlaß des Generalobersten v. Seeckt (Mikrofilm ebendort).
Aufzeichnungen des ehemaligen Reichsfinanzministers Lutz Graf Schwerin von Krosigk in der Rathmannsdorfer Hauschronik (Original in den National Archives, Washington D.C., Captured German Documents: World War II).
8. Akten der Prozesse vor dem US-Militärgerichtshof zu Nürnberg:
Fall 3 (Juristen-Prozeß),
Fall 4 (Einsatzgruppen-Prozeß),
Fall 5 (Flick-Prozeß),
Fall 6 (I.G. Farben-Prozeß),
Fall 10 (Krupp-Prozeß),
Fall 11 (Wilhelmstraßen-Prozeß),
Fall 12 (OKW-Prozeß).
9. Aus dem Prozeß gegen Joseph Dietrich und Michael Lippert (sog. Röhm-Putsch-Prozeß):
Anklageschrift des Generalstaatsanwalts beim Landgericht München I vom 9. Juli 1956.
Urteil des Schwurgerichts beim Landgericht München I vom 14. Mai 1957.
10. Aus dem Prozeß gegen Udo Woyrsch und Ernst Müller:
Anklageschrift des Oberstaatsanwalts beim Landgericht Osnabrück vom 21. April 1956.
Urteil des Schwurgerichts beim Landgericht Osnabrück vom

2. August 1957.
Benutzte Einzelstücke und kleinere Aktensplitter sind in dieser Aufzählung nicht enthalten.

Bibliographischer Anhang: MACHTERGREIFUNG UND KIRCHENKAMPF

Die Literatur zum Kirchenkampf setzte mit einer Reihe teils umfangreicher Zeugnissammlungen und Erinnerungen sowohl aus der evangelischen »Bekenntniskirche« als auch von katholischer Seite ein. Katholische Schriften: Johann Neuhäusler, *Kreuz und Hakenkreuz. Der Kampf des Nationalsozialismus gegen die katholische Kirche und der kirchliche Widerstand,* München ²1946; auf evangelischer Seite: Heinrich Hermelinck (Hrsg.), *Kirche im Kampf. Dokumente des Widerstands und des Aufbaus in der Evangelischen Kirche Deutschlands von 1933 bis 1945,* Tübingen u. Stuttgart 1950; die Bücher von Wilhelm Niemöller, *Kampf und Zeugnis der Bekennenden Kirche,* Bielefeld 1948; ders., *Die Bekennende Kirche sagt Hitler die Wahrheit. Die Geschichte der Denkschrift der Vorläufigen Leitung vom Mai 1936,* Bielefeld 1954; ders., *Die Evangelische Kirche im Dritten Reich. Handbuch des Kirchenkampfes,* Bielefeld 1956; ders., *Hitler und die evangelischen Kirchenführer,* Bielefeld 1959; ders., *Wort und Tat im Kirchenkampf. Beiträge zur neuesten Kirchengeschichte,* München 1969; sowie die von W. Niemöller herausgegebenen Dokumentensammlungen: *Die zweite Bekenntnissynode der Deutschen Evangelischen Kirche zu Dahlem. Text, Dokumente, Berichte,* Göttingen 1958 (Arbeiten zur Geschichte des Kirchenkampfes 3); *Die vierte Bekenntnissynode zu Bad Oeynhausen,* Göttingen 1960 (Arbeiten 7); *Die dritte Bekenntnissynode ... zu Augsburg,* Göttingen 1969 (Arbeiten 20); und Gerhard Niemöllers Darstellung und Dokumentation: *Die erste Bekenntnissynode der Deutschen Evangelischen Kirche zu Barmen,* 2 Bde., Göttingen 1959 (Arbeiten 5, 6); schließlich die Beiträge in der Festschrift: *Bekennende Kirche. Martin Niemöller zum 60. Geburtstag,* hrsgg. von Joachim Beckmann und Herbert Mochalski, München 1952.

Die Bekennende Kirche hatte schon früh und in zunehmender Offenheit von ihrer Entwicklung Zeugnis abgelegt. Zuerst Kurt Dietrich Schmidt, *Die Bekenntnisse und grundsätzlichen Äußerungen zur Kirchenfrage,* Bd. 1: 1933, Bd. 2: 1934, Bd. 3: 1935, Göttingen 1934–36; auch Joachim Gauger, *Chronik der Kirchenwirren,* 3 Teile, der 1. u. 2. Teil erschienen als Sonderveröffentlichung im Rahmen der *Gotthard-Briefe,* hrsgg. von Joseph Gauger, Elberfeld 1934–36. Hieran hat dann die retrospektive Kirchenkampfliteratur und die Kirchenkampfhistoriographie angeknüpft, die zunächst konsequent der Devise folgte »sehr viel wichtiger« als die »politisch-weltanschaulichen Aspekte« seien »für uns aber doch die theologisch-kirchlichen«: K. D. Schmidt, »Probleme und Ergebnisse der Forschungsarbeit über den Kirchenkampf in Deutschland«, in: *Zeitschrift für Kirchengeschichte,* Bd. 72 (1961), S. 126; so die Auswahl der von Schmidt herausgegebenen *Dokumente des Kirchenkampfes,* 2 Teile, II: Göttingen 1964, I: 1965 (Arbeiten 13, 14); sowie der Sammelband von Günther Harder und Wilhelm Niemöller (Hrsg.), *Die Stunde der Versuchung. Gemeinden im Kirchenkampf 1939–1945. Selbstzeugnisse,* München 1963; Jürgen Schmidt, *Martin Niemöller im Kirchenkampf* (Hamburger Beiträge zur Zeitgeschichte, Bd. VIII), Hamburg 1971; sowie die Aufhellungen einiger regionaler Vorgänge: Gerhard Schäfer (Hrsg.), *Die Evangelische Landeskirche in Württemberg und der Nationalsozialismus. Eine Dokumentation zum Kirchenkampf,* 2 Bde., Stuttgart 1971/72; für die spätere Zeit ders., *Landesbischof D. Wurm und der nationalsozialistische Staat 1940–1945. Eine Dokumentation,* Stuttgart 1968; Joachim Fischer, *Die sächsische Landeskirche im Kirchenkampf 1933–1937* (Arbeiten 8), Göttingen 1972; Helmut Baier, Ernst Henn, *Chronologie des bayerischen Kirchenkampfes 1933–1945* (Einzelarbeiten aus der Kirchengeschichte Bayerns, XLVII. Bd.), Nürnberg 1969; Georg Prater (Hrsg.), *Kämpfer wider Willen. Erinnerungen des Landesbischofs von Sachsen Dr. Hugo Hahn aus dem Kirchenkampf 1933–1945,* Metzingen 1969.

In jüngerer Zeit hat sich die Erforschung der kirchlichen Zeitgeschichte, die an die Seite der Kirchenkampfhistoriographie getreten ist, entschiedener auch mit der nationalsozialistischen Politik gegenüber den Kirchen beschäftigt. So Kurt Meier, *Die Deutschen Christen. Das Bild einer Bewegung im Kirchenkampf des Dritten Reiches,* Göttingen 1964; ders., »Kirche und Nationalsozialismus. Ein Beitrag zum Problem der nationalsozialistischen Religionspolitik«, in: *Zur Geschichte des Kirchenkampfes. Gesammelte Aufsätze I,* hrsgg. von Heinz Brunotte u. Ernst Wolf, Göttingen 1965 (Arbeiten 15), S. 9–29; Helmut Baier, *Die Deutschen Christen Bayerns im Rahmen des bayerischen Kirchenkampfes* (Einzelarbeiten, XLVI), Nürnberg 1968; Klaus Scholder, »Die evangelische Kirche in der Sicht der nationalsozialistischen Führung bis zum Kriegsausbruch«, in: *Vierteljahrshefte für Zeitgeschichte,* 16. Jg. (1968), S. 15–35; ders., »Die Kirchen im Dritten Reich«, in: *Aus Politik und Zeitgeschichte. Beilage zur Wochenzeitung »Das Parlament«,* Bd. 15/71, 10. April 1971, S. 3–31; auch die von Georg Kretschmer herausgegebenen *Dokumente zur Kirchenpolitik des Dritten Reiches* sind hier zu nennen, bisher Bd. I: *Das Jahr 1933,* bearbeitet von Carsten Nicolaisen, München 1971; sowie die wichtigen Zeugnisse des zuständigen Referenten im Reichsinnenministerium, Walter Conrad, *Der Kampf um die Kanzeln. Erinnerungen und Dokumente aus der Hitlerzeit,* Berlin 1957. Die schwer durchschaubare taktische Haltung eines einflußreichen Mannes der kirchenpolitisch neutralen Mitte, des Bischofs Marahrens, behandelt kritisch Eberhard Klügel, *Die lutherische Landeskirche Hannovers und ihr Bischof 1933–1945,* Berlin 1964; hierzu Dokumentenband 1965. Dagegen haben die institutionellen und politischen Gesichtspunkte die theologischen, religiösen und ideologischen Zeugnisse in der bislang umfangreichsten Darstellung des nationalsozialistischen Vorgehens gegen die Kirchen fast vollkommen verdrängt: John S. Conway, *The Nazi Persecution of the Churches 1933–45,* London 1968; die deutsche Übers. mit originalem Wortlaut der zitierten deutschen Quellen und neuem Dokumentenanhang, der aus überwiegend unveröffentlichten Akten besteht, hat Carsten Nicolaisen besorgt: *Die nationalsozialistische Kirchenpolitik 1933–1945. Ihre Ziele, Widersprüche und Fehlschläge,* München 1969.

Seit der ersten, schon sehr umfangreichen *Bibliographie zur Geschichte des Kirchenkampfes* von Otto Diehn, 1958, hat sich der Stand der Forschungen wesentlich verändert. Neuere, teils bibliographische, teils problemorientierte Übersichten geben Kurt Meier, »Der Kirchenkampf im Dritten Reich und seine Erforschung«, in: *Theologische Rundschau N.F.*, Bd. 33 (1968), S. 120–173 und 273–275; Jürgen Schmidt, *Die Erforschung des Kirchenkampfes. Die Entwicklung der Literatur und der gegenwärtige Stand der Erkenntnis,* München 1968 (Theologische Existenz heute, 149); Klaus Scholder, »Zur gegenwärtigen Situation der Erforschung des Kirchenkampfes«, in: *Verkündung und Forschung,* Bd. 13 (1968), S. 110–133; Victor Conzemius, «Eglises chrétiennes et totalitarisme nationalsocialiste. Un bilan historiographique», in: *Bibliothèque de la Revue d'histoire ecclésiastique,* Fasc. 48, Louvain 1969; John S. Conway, »Der deutsche Kirchenkampf. Tendenzen und Probleme seiner Erforschung anhand neuerer Literatur«, in: *Vierteljahrshefte für Zeitgeschichte,* Bd. 17 (1969), S. 423–449.

Immer noch wichtig sind, wenn auch teilweise überholt, der erste Versuch einer umfassenden Darstellung des Katholizismus wie des Protestantismus in der nationalsozialistischen Zeit von Hans Buchheim, *Glaubenskrise im Dritten Reich. Drei Kapitel nationalsozialistischer Religionspolitik,* Stuttgart 1953 (Veröffentlichungen des Instituts für Zeitgeschichte München), und die neuere Darstellung von Friedrich Zipfel, *Kirchenkampf in Deutschland 1933–1945. Religionsverfolgung und Selbstbehauptung der Kirchen in der nationalsozialistischen Zeit,* Berlin 1965 (Veröffentlichungen der Historischen Kommission zu Berlin beim Friedrich-Meinecke-Institut der Freien Universität Berlin, 11; Publikationen der Forschungsgruppe Berliner Widerstand beim Senator für Inneres von Berlin, 1). Neuere Forschungen zu verschiedenen Fragen werden sichtbar in dem Sammelband von Paul Rieger, Johannes Strauß, *Kirche und Nationalsozialismus. Zur Geschichte des Kirchenkampfes* (Tutzinger Texte, Sonderband I), München 1969. Eine Pionierarbeit, die erstmals die ökumenischen Beziehungen der deutschen evangelischen Kirche und einzelner Männer des deutschen Widerstands darstellt, liegt in der Arbeit von Armin Boyens vor, *Kirchenkampf und Ökumene 1933–1939,* München 1969. Sie erweitert den Ertrag der wichtigen Biographie eines bedeutenden Theologen der Bekennenden Kirche, der dem Kreisauer Kreis und unmittelbar der politischen Widerstandsbewegung angehörte, Eberhard Bethge, *Dietrich Bonhoeffer. Theologe, Christ, Zeitgenosse,* München 1967. Die Erforschung dieses neuen Problemkreises ist jedoch noch nicht abgeschlossen. Auch die soziale und politische Lage der Kirchen vor 1933 wurde wiederholt schon gestreift, wenn auch seltener systematisch behandelt, so in der Monographie von Karl-Wilhelm Dahm, *Pfarrer und Politik. Soziale Position und politische Mentalität des deutschen evangelischen Pfarrerstandes* (Dortmunder Schriften zur Sozialforschung, Bd. 29), Köln–Opladen 1965.

Früher und entschiedener als die evangelische Kirchenkampfliteratur ist die zeitgeschichtliche Forschung der Kirchenprobleme auf katholischer Seite, die in dem Werk des klugen Zeitbeobachters Waldemar Gurian, *Der Kampf um die Kirche im Dritten Reich,* Luzern 1936, ein frühes Zeugnis ablegte, in letzter Zeit zu historischer Quellenforschung und Darstellung geworden, die gegenüber theologischen Problemen und inneren religiösen Fragen größere Distanz bewahrt. Allerdings ist ihr eine aus der Parteiengeschichte erwachsene Erforschung der Zentrumsgeschichte zugute gekommen, deren Blick auf Politik und Staat nicht minder klar war als die Beobachtung des Kirchenvolkes und deren Unbefangenheit sich von dem Geruch ekklesiologischer Historiographie oder Parteinahme weithin freizuhalten wußte: Rudolf Morsey, »Die Deutsche Zentrumspartei«, in: *Das Ende der Parteien* 1933, hrsgg. von Erich Matthias und Rudolf Morsey, Düsseldorf 1960 (Veröffentlichung der Kommission für Geschichte des Parlamentarismus und der politischen Parteien), S. 281–453; ders., »Ludwig Kaas, Tagebuch 7.–20. April 1933. Aus dem Nachlaß von Prälat Ludwig Kaas«, in: *Stimmen der Zeit,* Bd. 166 (1960), S. 420–430; ders., »Briefe zum Reichskonkordat. Ludwig Kaas – Franz v. Papen«, in: *Stimmen der Zeit,* Bd. 167 (1960/61), S. 11–30; sowie, von Morsey herausgegeben, *Die Protokolle der Reichstagsfraktion und des Fraktionsvorstands der Deutschen Zentrumspartei 1926–1933,* Mainz 1969 (Veröffentlichung der Kommission für Geschichte des Parlamentarismus und der politischen Parteien); Alfons Kupper, »Zur Geschichte des Reichskonkordats. Ein Beitrag zur Geschichte des Verhandlungsablaufs«, in: *Stimmen der Zeit,* Bd. 163 (1958/59), S. 278–302 u. 354–375, u. in: *Stimmen der Zeit,* Bd. 171 (1962/1963), S. 25–50; Karl Otmar Frhr. von Aretin, »Das Ende der Zentrumspartei und der Abschluß des Reichskonkordats am 20. Juli 1933«, in: *Frankfurter Hefte,* Bd. 17 (1962), S. 237–243; ders., »Zeitgeschichtliche Aufklärung von Legendenbildungen um Ereignisse von 1933«, *ebendort,* Bd. 19 (1964), S. 600–605; alsdann die grundsätzlichen Bemerkungen von Ernst-Wolfgang Böckenförde, »Der deutsche Katholizismus im Jahre 1933. Eine kritische Betrachtung«, in: *Hochland* 1960/61, S. 215–239; auch Josef Becker, »Das Ende der Zentrumspartei und die Problematik des politischen Katholizismus in Deutschland«, in: *Die Welt als Geschichte,* Bd. 23 (1963), S. 149–173; schließlich Frhr. v. Aretin, »Prälat Kaas, Franz v. Papen und das Reichskonkordat von 1933«, in: *Vierteljahrshefte für Zeitgeschichte,* Bd. 14 (1966), S. 252–279; und eine Reihe weiterer Äußerungen und Diskussionsbeiträge von Hans Buchheim, Paul Mikat u. a.; die Untersuchungen von Ludwig Volk, »Päpstliche Laudatio auf Hitler«, in: *Stimmen der Zeit,* Bd. 173 (1963/64), S. 221–229; ders., »Zur Kundgebung des deutschen Episkopats vom 28. März 1933«, *ebendort,* S. 431–456; ders., »Zwischen Geschichtsschreibung und Hochhuthprosa. Kritisches und Grundsätzliches zu einer Neuerscheinung über Kirche und Nationalsozialismus«, in: *Stimmen der Zeit,* Bd. 176 (1965), S. 29–41; ders., »Kardinal Faulhabers Stellung zur Weimarer Republik und zum NS-Staat«, in: *Stimmen der Zeit,* Bd. 177 (1966), S. 173–195; ders., »Die Fuldaer Bischofskonferenz von der Enzyklika ›Mit brennender Sorge‹ bis zum Ende der NS-Herrschaft«, in: *Stimmen der Zeit,* Bd. 178 (1966), S. 241–261; und Konrad Repgen, *Hitlers Machtergreifung und der deutsche Katholizismus, Versuch einer Bilanz,* Saarbrücken 1967 (Saarbrückener Universitätsreden).

Diesen gewichtigen Forschungen, die die politische Publizistik zum Problem der Beziehungen des Nationalsozialismus zur Kirche abgelöst haben, folgten seit 1965 die *Veröffentlichungen der Kommission für Zeitgeschichte bei der katholischen Akademie in Bayern,* Reihe A:

Quellen, Reihe B: *Forschungen;* darunter: *Quellen,* Bd. 1: Der Notenwechsel zwischen dem Hl. Stuhl und der deutschen Reichsregierung, I: Von der Ratifizierung des Reichskonkordats bis zur Enzyklika »Mit brennender Sorge«, bearbeitet von Dieter Albrecht, Mainz 1965; Bd. 10: *dasselbe,* II: 1937–1945, Mainz 1969; Bd. 2: Staatliche Akten über die Reichskonkordatsverhandlungen 1933, bearb. von Alfons Kupper, Mainz 1969; Bd. 3: Die kirchliche Lage in Bayern nach den Regierungspräsidentenberichten 1933–1943, bearb. von Helmut Witetschek, I: Regierungsbezirk Oberbayern, Mainz 1966; Bd. 8: *dasselbe,* II: Ober- und Mittelfranken, Mainz 1967; Bd. 14: *dasselbe,* III: Regierungsbezirk Schwaben, Mainz 1971; Bd. 4: Die Briefe Pius' XII. an die deutschen Bischöfe 1939–1944, hrsgg. von Burkhart Schneider, Mainz 1966; Bd. 5: Akten deutscher Bischöfe über die Lage der Kirche 1933–1945, bearb. von Bernhard Stasiewski, Mainz 1968; Bd. 6: Deutsche Briefe 1934–1938. Ein Blatt der deutschen Emigration, bearb. von Heinz Hürten, I: 1936–1938, Mainz 1969; Bd. 7: *dasselbe,* II: 1936–1938, Mainz 1969; Bd. 9: Morsey, Protokolle, s. oben; Bd. 11: Kirchliche Akten über die Reichskonkordatsverhandlungen, bearb. von Ludwig Volk, Mainz 1969; Bd. 12: Berichte des SD und der Gestapo über Kirchen und Kirchenvolk in Deutschland 1934–1944, bearb. von Heinz Boberach, Mainz 1971. Reihe B, *Forschungen,* Bd. 1: Ludwig Volk, Der bayerische Episkopat und der Nationalsozialismus 1930–1934, Mainz 1965; Bd. 5: L. Volk, Das Hockerts, Die Sittlichkeitsprozesse gegen katholische Ordensangehörige Reichskonkordat vom 20. Juli 1933, Mainz 1970; Bd. 6: Hans Günther und Priester 1936/37. Eine Studie zur nationalsozialistischen Herrschaftstechnik und zum Kirchenkampf, Mainz 1971; Bd. 8: Klaus Gotto, Die Wochenzeitung Junge Front/Michael. Eine Studie zum katholischen Selbstverständnis und zum Verhalten der jungen Kirche gegenüber dem Nationalsozialismus, Mainz 1970.

Neben den stimulierenden, zeitkritischen Darstellungen von Carl Amery, *Die Kapitulation oder deutscher Katholizismus heute,* Reinbek b. Hamburg 1963; der Dokumentation von Hans Müller, *Katholische Kirche und Nationalsozialismus. Dokumente 1930–1935,* München 1963; und Guenter Lewy, *Die katholische Kirche und das Dritte Reich* (Übers. aus dem Amerikanischen), München 1965, ist auch bereits der erste umfassende Versuch einer Einordnung der Geschichte der deutschen Katholiken während der Jahre des Übergangs von der Republik zum totalitären Staat in die politische Geistesgeschichte der Zeit zu verzeichnen: Klaus Breuning, *Die Vision des Reiches. Deutscher Katholizismus zwischen Demokratie und Diktatur (1929–1934),* München 1969.

PERSONENREGISTER *

* Der Name Hitler ist nicht berücksichtigt worden, ebenso die Anmerkungen S. 384–557.

Geschichte der Philosophie

Herausgegeben von
François Châtelet

ein Ullstein Buch

Band I
Die heidnische Philosophie
Ullstein Buch 2991

In Vorbereitung:

Band II
Die Philosophie des Mittelalters

Band III
Die Philosophie der Neuzeit

Band IV
Die Aufklärung

Band V
Philosophie und Geschichte

Band VI
Die Philosophie im Zeitalter von Industrie und Wissenschaft

Band VII
Die Philosophie der Sozialwissenschaften

Band VIII
Das XX. Jahrhundert